毛姆随笔集

[英] W.S.毛姆 著

刘文荣 译

上集

A Collection of Maugham's Essays

文汇出版社

图书在版编目（CIP）数据

毛姆随笔集／（英）W.S.毛姆著；刘文荣译. —上海：文汇出版社，2022.11
ISBN 978-7-5496-3881-9

Ⅰ.①毛… Ⅱ.①W… ②刘… Ⅲ.①随笔—作品集—英国—现代 Ⅳ.①I561.65

中国版本图书馆CIP数据核字（2022）第162167号

毛姆随笔集

著　　者／［英］W.S.毛姆
译　　者／刘文荣

策划编辑／周伯军　陈今夫
责任编辑／陈　屹
封面装帧／薛　冰

出版发行／**文汇**出版社
　　　　　上海市威海路755号
　　　　　（邮政编码200041）
经　　销／全国新华书店
排　　版／南京展望文化发展有限公司
印刷装订／上海颛辉印刷厂有限公司
版　　次／2022年11月第1版
印　　次／2022年11月第1次印刷
开　　本／720×1000　1/16
字　　数／1120千字
印　　张／69.25

ISBN 978-7-5496-3881-9
定　　价／198.00元

▲ 童年时代的毛姆（虽然父母早亡，他的叔叔还是让他受到了良好的教育，但他一开始就对学校教育感到不满。）

◤ 留学德国时的毛姆（虽然年仅二十几岁，还是个医科生，但他却读了许多文学书、历史书，甚至哲学书。）

▶ 青年时代的毛姆（虽然个子不高，但有一张挺英俊的脸，深邃的眼睛，打扮得又很潇洒。）

▶ 三十多岁的毛姆（此时他已是颇有名气的剧作家，但他仍对许多事情感到很困惑。）

▲ 毛姆摄于二十世纪二十年代（此时他对东方宗教深感兴趣，但经过一番研究之后，他觉得东方宗教和基督教一样，也不能令他信服。）

◀ 毛姆摄于二十世纪初（他年轻时就是宗教怀疑论者，他虽不反对宗教，但他并不相信宗教。）

▶ "一战"期间的毛姆（在此期间他受雇于英国情报部门在瑞士和俄罗斯从事间谍活动。这段间谍生活后来写进了他的间谍小说《艾兴顿》。）

▼ 毛姆和西莉结婚时摄于西莉家门口（此时他43岁，西莉30岁但已是第二次结婚，前夫是一个商人。毛姆和西莉的婚姻后来仅延续了12年即告破裂，而且被毛姆认为是他一生中最大的错误。）

▲ 毛姆和妻子西莉（他们婚后生活优裕，但他们俩的性情很不一样，毛姆喜欢清静，西莉则喜欢热闹。）

◀ 毛姆外出旅行前与亲友告别（毛姆曾到远东旅游，在中国逗留，并以此见闻写成散文集《在中国的屏风上》和以中国为背景的长篇小说《面纱》。）

▶ 毛姆在钓鱼（像这样一个人或几个人的活动，他都要去试一试，但人多的活动，如舞会之类，他似乎羞于参加。）

◀ 毛姆和他的塑像（人们为他塑像，他并不反对，但他要人拍下这张照片，以此表明，塑像并不代表他本人。）

译者前言

一

威廉·萨默塞特·毛姆(William Somerset Maugham, 1874—1965),这个名字现在对于中国读者来说已经很熟悉了。他的长篇小说,如《人性的枷锁》(*Of Human Bondage*, 1915)、《月亮和六便士》(*The Moon and Sixpence*, 1919) 以及《刀锋》(*The Razor's Edge*, 1944) 等,不仅早已有了中译本,而且还赢得了众多中国读者的喜爱。不过,毛姆不仅是一位成功的小说家,还是一位成功的剧作家和散文家。

实际上,毛姆最初的名声来自他的剧作,而不是小说。他最出名时,伦敦的几家剧院曾同时上演他的四个剧本,其中一个剧本还连续上演了一年之久。这样的盛况,对一个当代剧作家来说实为罕见,也许只有和他同时代的大剧作家萧伯纳才能与之一比。

至于散文家的名声,则在毛姆晚年时才得之。因为他在六十岁时决定,尽量少写小说和剧本,以便腾出时间来回顾和总结自己的一生(此时他觉得自己将不久于人世,没想到还要活三十一年),于是他写了《总结》一书(有人称之为"回忆录",但他不同意,认为他不仅仅是在"回忆",更多的是在"思考")。他原本只是想给自己一个交代,没想到此书再次使他出名,甚至引起了一阵轰动。受此鼓舞,他把自己为报纸杂志写的文章结集出版,甚至把他早年做的笔记也整理出版,竟然也几乎每出版一部就引起一阵轰动(其中原因,我到后面再做解释)。就这样,他有了散文家的名声。

需要说明的是,毛姆的散文虽然写得有理有据,有思想、有观点,但他的写

法却很随意,大多像是聊天,想到哪儿说到哪儿,既不是正式的评论文章,更不是学术论文,称作"随笔"更为合适,故而本书将他的散文集称作"随笔集"。

毛姆的随笔集,主要有六部,分别是《总结》(*The Summing Up*, 1938)、《书与你》(*Books and You*, 1940)、《作家笔记》(*A Writer's Notebook*, 1949)、《兴之所至》(*Vagrant Mood*, 1952)、《十大长篇及其作者》(*Ten Novels and Their Authors*, 1954)和《一得之见》(*Points of View*, 1958)。本书就是这六部随笔集的合集。

毛姆的随笔,大致说来可分为四类,分别可称为"人生随笔""读书随笔""艺术随笔"和"旅游随笔"。这四类随笔虽分布在这六部随笔集中,但不是平分的。实际上,每部随笔集总以某类随笔为主,间有其他一两类随笔。譬如,《总结》主要是人生随笔,间有艺术随笔;《书与你》和《十大长篇及其作者》主要是读书随笔,间有艺术随笔;《兴之所至》和《一得之见》主要是艺术随笔,间有人生随笔;《作家笔记》主要是旅游随笔,间有艺术随笔和人生随笔。下面,就以这四类随笔为序,分而述之。

二

首先是人生随笔。毛姆的人生随笔是他对人生的思考和感悟,但和其他写人生随笔的作家不同,他着重于思考和感悟他自己的人生,也就是谈他自己的人生经历和他对人生的看法。

我们先来看看他的人生经历。毛姆在他的随笔中时而会谈到他在人生各阶段、从青春之时到耄耋之年的感受。这也许人人都有,但有一点他与众不同,他说他一开始就为自己设计了人生,不像大多数人那样随波逐流,也不像有些人那样异想天开,而是冷静地选择了写作生涯。为什么?他原本可以成为一名医生,因为他学的就是医学;或者成为一名律师,像他父亲那样——为什么偏要选择以写作为生?要知道,想要成为一名成功的作家,远比成为一名成功的医生或者一名成功的律师难得多,甚至是希望渺茫的。但他却为自己设计了作为一名作家的人生。因为,他一开始就知道自己的缺点:他身材矮小①,而且口吃。一个身材矮小而且口吃的医生,想想看,要有多高的医术才能赢得病人

---

① 他身高1.75米,这在英国是矮个子(男人1.80米至1.85米才是中等个子,高个子是1.85米以上)。

的信任？至于一个身材矮小而且口吃的律师，那就不谈了，也许没有一个主顾会去找他办案。所以，他选择了跟身材和口才无关的职业——写作。因为他也一开始就知道自己的优点：他思路敏捷，而且兴趣广泛。这至少是作为一名作家的基本条件——至于能不能成功，那就另当别论了，还要看他是否努力，更要看他是否幸运。

是的，他很努力，也很幸运，所以他成功了。这时，他刚刚步入中年。作为著名作家，他收入丰厚。他从来就不是苦行僧，也不是工作狂；他喜欢享受，而且对此直言不讳。他吃得好，穿得好；他拥有豪宅和汽车；他雇用保姆和厨师；他还在意大利买下一幢度假别墅和一艘游艇。他喜欢旅游，但不喜欢体育。譬如，他从不去打高尔夫球，或者骑马，尽管这是富人的象征。他也不喜欢舞会、派对之类的交际场合——他说，在那里，那些口齿伶俐的家伙风风光光，而他说话结结巴巴，实在没劲。至于女人，他和其他男人一样也是喜欢的，只是他说他要挑挑拣拣，所以常有"饥渴"的时候。总之，在他享受生活的同时也有一些不满。他和托尔斯泰一样，也是一辈子对自己的身高耿耿于怀，总觉得自己若长高十厘米就好了。

不过，尽管不是仪表堂堂，他成名后还是吸引了不少女士。她们或许是崇拜他的才华，或许是贪图他的富有，谁知道呢——反正她们送上门来，他也就"挑挑拣拣"，时而缓解一下"饥渴"。但不知怎么一来，其中有一位年轻美貌的女士——西莉·康威尔——使他真的动了心。他于一九一七年四十三岁时娶了这位女士为妻，而她虽然只有三十多岁，却是第二次结婚，前夫康威尔先生是个富有的商人。婚后最初几年，他们相安无事，毛姆夫人还生下了女儿丽莎。但渐渐地，毛姆夫妇的关系变得紧张起来。其中原因，表面上很大众化——妻子抱怨丈夫不顾家，丈夫指责妻子乱花钱——实际情况到底如何，他们没说，我们也就不得而知。所有传说都是别人的猜测。有人说，毛姆夫人发现丈夫是同性恋（应该是双性恋，这一点毛姆到了晚年才承认）；有人说，毛姆发现妻子一直和前夫有来往。这一点，他早先一直没说过，直到八十多岁（那时他早已和妻子离婚），他突然宣称丽莎不是他的亲生女儿，而是他妻子和她的前夫康威尔先生的私生女，因而他要剥夺丽莎的继承权。对此，有人说他老糊涂了；有人说他是想把继承权转给他的同性恋情人，等等。可惜那时没有DNA鉴定，所以谁也说不清楚。不管怎么说，反正到了他们婚后第十二年，也就是一九二

九年,他们离了婚。那时他五十五岁,按他的说法,他在等待老年的到来。

如前所说,毛姆在六十岁时自动退休,开始总结自己的一生。他的总结不是记流水账,而是借自己的一生思考人生的意义,同时表明他对人生的态度和看法,也就是表明他的人生观。

不过,在说到他的人生观之前,有一件事不妨提一下。那就是他在"一战"期间(1914—1918)曾受雇于英国情报部门去瑞士和俄国从事过间谍活动。尽管时间很短,他很快就退出了,但对于一个作家来说,有这种经历还是很令人吃惊的。他为什么要这么做?是好奇?还是想试试自己有没有这方面的才能?或许有这种可能,但更有可能是为了写作。因为在这之后,他就以自己的亲身经历写了一部间谍小说。遗憾的是,这部间谍小说并没有引起读者多少兴趣,可说是失败之作。看来,在这方面他错了,"真实的"间谍小说不是"成功的"间谍小说,"成功的"间谍小说是根本就没有做过间谍的间谍小说家们编造出来的。

现在,我们来谈谈他的人生观。我觉得,他的人生观是超前的,至少超前一代人。也就是说,他的人生观和出生在二十世纪初的相当一部分西方人很相近①——他的作品在当时大多为年轻人所喜爱,原因大概就在于此——然而,他却是出生于十九世纪七十年代的人,比杰克·伦敦早出生两年,比契诃夫仅小十三岁,比 D. H. 劳伦斯还年长十一岁,只是因为他活得时间长(一九六五年才去世),给人的印象好像他是个当代作家,其实他是十九世纪的人——至少,他最初受到的教育,是十九世纪的传统教育,其中基督教的影响特别大。为什么要说这些呢?因为你会发现,毛姆在谈自己的人生观时总要谈到基督教,但并非求助于基督教;相反,是要摆脱基督教。也就是说,他的人生观是在摆脱基督教影响的过程中形成的。

在这过程中,最重要的是他对上帝的存在产生了怀疑。不过,他并没有成为无神论者,按他自己的说法,他是个"不可知论者",也就是认为上帝存在不存在,是不可知的,因为相信上帝存在的人和相信上帝不存在的人,都拿不

---

① 在欧美,两次世界大战期间以及"二战"后的五六十年代,存在主义思潮极大程度上影响了那一代人的人生观,以至于直到今日,大多数人的人生观仍是存在主义的。存在主义人生观简单说来就是:人活在世上本无意义,所谓人生的意义,只是这件事对那件事的意义,而对于人生的最后结局——死亡——来说,任何事情都毫无意义,因为死亡就是毁灭,就是无。

出证据。在毛姆早先所受的教育中，人们总是教导他，要信奉上帝，要敬畏上帝，因为只有相信上帝，人生才有意义（即赎罪和得到灵魂的永生）；但他却从自己所学的医学中得知，人体的运作和其他动物并没有什么两样，人体的死亡和其他动物也差不多，并没有什么可以证明人体死了之后还有什么灵魂存在。既然灵魂的存在得不到证明，那么又何来灵魂的永生？那也许只是人们的一种愿望，一种美好的愿望，可惜永远不可能实现。过去的人或许不知道，现在的人难道还不肯承认吗？如若承认灵魂的永生只是人们的一种美好愿望，那么据说可以使灵魂得到永生的上帝，又会是什么呢？会不会是一种更加美好的愿望？若是，非常可惜，这一愿望或许更加不可能实现，因为好像更没有什么可以证明上帝的存在。所有所谓的证据，或许只是一些错觉而已。既然这样，我们怎能把自己的一生交付给一种无望的愿望呢？所以，他的结论是："你自管做人，只当上帝并不存在。"

既然"上帝并不存在"，人死后也没有什么灵魂的永生，那么人生还有什么意义呢？他说，人生从根本上说没什么意义；因为我们现在知道，人类只是短暂地存在于一颗叫地球的行星上，而宇宙中还有无数像地球一样的行星，那里根本没有什么人类，甚至连一点生命迹象也没有。那或许是宇宙的常态。如若这样，那么地球迟早也要恢复常态，地球上包括人类在内的所有生命形态都将消失，重新化为宇宙物质。想想看，既然是这样，人生还有什么意义可言？至少，人生没有永恒的意义。那么，是不是说，人活着和死了没什么区别？那倒也不是。他说，他既然看不出自己活着有什么重大意义，所以"我只能自问：我活着对我自己有何意义？也就是说，我该怎样活，我该怎样在我的一生中最好地应对一切，从而最大限度地获得我想获得的东西"。这就是他的人生观。

有人或许会说，那不是太狭隘了吗？一个人活着，只是为了自己？难道为亲人谋福利、为社会做贡献，不是人生的意义所在？对此，他或许会说："是的，这些确实很有意义，但你也是在最大限度地获得你想获得的东西，归根结底，还是为了你自己。"

确实，一个人自愿做任何事情，都是为了自己，只有被迫做他不愿做的事情，才不是为自己。换句话说，一个人做他愿意做的事情，就有意义；做他不愿做的事情，就没有意义。反过来说，有意义的人生，就是最大限度地做自己

愿意做的事情。这听上去好像没什么，似乎很容易。然而，你不妨想想，在你的生活中有多少你愿意做而且做了会觉得高兴的事情？

是的，现代人或许不再受制于宗教信仰，但仍受到许多习俗的束缚，如家庭的束缚、工作的束缚、社会的束缚……如果你在这些束缚中过惯了，而且麻木了，不再考虑什么人生问题，那谁都对你无话可说，你也不必听谁来跟你谈什么人生。若不然，如果你对人生还有一点困惑，你对自己的人生还有点不满（其实，凡是思考人生的人都对自己的人生有所不满），那么了解一下毛姆对人生的看法或许会对你有益。尽管他未必对你的人生会有什么具体指导（他也没有这个意思），但你至少能从他那里受到一点启发，或者得到一点安慰，那也是好的。

三

其次是读书随笔。毛姆的读书随笔主要见于他的随笔集《书与你》和《十大长篇及其作者》。毛姆不仅是剧作家、小说家、散文家，还是"读书家"。他不仅读了无数的书，对所读的书以及对读书本身还很有一套自己的看法，所以他的许多随笔都和读书有关。这类读书随笔可分为三个方面：第一方面可称为"关于读书"；第二方面可称为"推荐好书"；第三方面可称为"关于名家名作"。

关于读书，顾名思义，就是要和读者谈为何读书、怎样读书和读什么书。关于读书，毛姆的看法很明确，他认为读书就是为了享受。当然，这是指业余时间的读书，也就是我们所说的"读闲书"。不过，这样的读书除了首先要有乐趣，其次还应该在个人修养方面有所获益。所以，仍有怎样读和读什么的问题。对此，毛姆的看法是，读书要"挑剔"，不要稀里糊涂地听信"开卷有益"之类的说法。那些似乎有"乐趣"的书，如武侠小说、惊险小说，偶尔看看固然也无妨，但绝不要认为那是应该读的书。反之，有些书可能很有教益，但写得枯燥沉闷，读起来毫无乐趣（绝大多数教科书、理论书就属此类），他认为也不是好书，除非万不得已，也没必要去读。还有一些书总体上有乐趣，也有教益，但有些部分写得啰唆冗长，他认为对这些部分只要一目十行地溜一遍就可以了，或者干脆跳过去不读。只有读起来自始至终让人觉得趣味盎然而且又很有教益的书，他才认为是真正的好书，只是这样的好书实在不多。

基于此，他为读者开列了三份书单（见《书与你》）。这三份书单，就是他的第二方面的读书随笔——推荐好书。他推荐的好书，大多是历史上的经典名作，因为他认为，经典名作经历了时间考验，曾被无数前人读过，一定有其可读性，今人没有理由不读。此外，他推荐的好书，都是文学书。这是因为他觉得自己是小说家，不敢贸然推荐非文学类的书，如历史书、哲学书。尽管他自己读过许多历史书和哲学书，而且有他自己的看法，但他还是不敢多嘴，贸然评判其好坏。最后，他推荐的好书（请注意，他是为英国读者推荐的）主要是英法两国的长篇小说，美国则小说和诗歌并重。这是因为，十八、十九世纪英法两国的长篇小说创作成就斐然、大师辈出，最值得注意。当然，十九世纪俄国的长篇小说也很引人注目，但值得注意的仅三位小说家，即屠格涅夫、陀思妥耶夫斯基和托尔斯泰。至于美国，他最推崇的是两部小说，即麦尔维尔的《白鲸》和马克·吐温的《哈克贝利·费恩历险记》，和两个诗人，即爱伦·坡和惠特曼。当然，他对自己推荐的书都有一番评论，虽然简短，但很中肯，也很在行。

那么，关于文学名作，毛姆又有何见解？简单地说，毛姆不是批评家（他还有点讨厌批评家），他的见解是"读书家"的见解，不是正儿八经的，而是幽默诙谐的。他详尽细致地谈论一部部小说名作，如简·奥斯汀的《傲慢与偏见》、狄更斯的《大卫·科波菲尔》、司汤达的《红与黑》、巴尔扎克的《高老头》、福楼拜的《包法利夫人》、陀思妥耶夫斯基的《卡拉马佐夫兄弟》和托尔斯泰的《战争与和平》，等等。他对小说创作深有体会，知道其中的甘苦和成败所在，因而在谈论这些大师的作品时往往很贴切，很中肯，既不吹毛求疵，也不盲目吹捧；尽管这些大师名声之大，如雷贯耳，他仍直抒己见，从不讳言他们作品中的种种缺陷。此外，你会发现，他在谈到这些大师的作品时，总是先要介绍他们的生平。这不是为介绍而介绍的，而是用他的小说家的特殊才能为这些大师描绘了一幅幅逼真的肖像，勾画出这些天才的性格特征，从而为准确理解他们的作品作了最好的铺垫；因为他坚信，"怎样的人，写怎样的书"。而关于这些大师的生平，他又讲得很精彩。在他笔下，他们不是崇拜的偶像，而是一个个有血有肉的、有个性也有缺点的人。他们值得我们尊敬，因为他们有非凡的创作才能，但也仅此而已。他就是这样对待大师们的。

四

再次是艺术随笔。毛姆的艺术随笔主要见于他的随笔集《兴之所至》和《一得之见》,还有在《总结》一书中也有相关内容。这类艺术随笔大体可分为四个方面:一是谈美学,即艺术与美;二是谈戏剧艺术;三是谈小说艺术;四是谈其他艺术,如散文艺术和绘画艺术。

艺术与美通常被相提并论,是因为一直以来有权威观点认为,艺术是美的表现。其实,就如毛姆所认为的,艺术不一定是美的,丑也可以变成艺术(如讽刺艺术)。但不管怎么说,和艺术最相近的是美(多数艺术与美有关,如音乐、绘画、雕塑等)。就艺术而言,毛姆首先思考的是艺术的目的和功用,而其结论是:艺术的目的是娱乐(包括文学在内,如果你认为文学是一门艺术的话)——同意不同意,随你便。此外,他还思考了艺术创作中的灵感问题、艺术家的创作动机问题、艺术家与普通人的异同,等等,都有其独特观点,颇为发人深省。就美而言,他思考的是,美是否有评判标准?美是不是永恒的?以及,美是客观的,还是主观的?等等,同样很有意思。虽然美学是深奥的哲学,他却以"平常心"对待之,倒也看出了一些问题。

谈论艺术与美,免不了抽象,而当他谈到戏剧时,就具体多了。这就是第二方面关于戏剧的艺术随笔。如果说第一方面关于艺术与美的随笔是他"不安分"地想和哲学家"玩玩",那么这第二方面的艺术随笔却是他的"分内之事",因为他本人就是个出了名的剧作家(尽管他承认,他写剧本是为了挣钱)。在这方面的随笔中,他谈到他自己的戏剧创作,还谈到"散文剧"的局限、"观念剧"的短命、戏剧不可能是"现实主义"的,等等。这些言论在当时很得罪人,即使在今天,或许仍有不少人会认为是"大逆不道"。此外,他还谈到了与戏剧演出直接有关的三种人:演员、导演和观众。有意思的是,作为剧作家,他竟然对这三种人都大不以为然。譬如,他说演员大凡都是些"自负""做作"的家伙,就是女演员也是如此,否则,他们就不会去做演员了;又说导演往往"既愚蠢,又自负",常常歪曲剧作家的意图;要是有可能,剧作家最好自己做导演。对于观众,他的"衣食父母",他也照样出言不逊,说他们"不用大脑思考,而用腹腔感受""主要兴趣是把戏剧的虚假当作生活的真实来欣赏"，所以他"对那一大群到剧院里来看戏的人，即观众，越来越觉得厌烦"，等等。总之，他心里怎么想的，就怎么说，别人会有什么反应，他毫不在乎。他早就说了，他写剧本是为了赚钱，现在钱赚到了，别的都无所谓了。

是的，他写戏赚足了钱，而等他赚足了钱，戏剧也没落了，观众越来越少，新戏很难上演，旧戏也越来越没人看。于是，他走了，去写小说，竟然又成了赫赫有名的小说家。小说家当然要来谈小说。这就是他的第三类艺术随笔。在这类随笔中，他更加头头是道，因为我们知道，他不仅是小说家，还是"读书家"，读过无数小说。英国小说不用说了，法国小说、德国小说，稍有点名气的，他都读过，有些还是原著（他的母语是法语，又到德国留过学）。就是俄国小说，至少陀思妥耶夫斯基的小说、托尔斯泰的小说和契诃夫的小说，他也很熟。所以，他既谈小说原理，又谈到某些小说家的创作。他谈到小说的两种写法和两种类型，谈到小说家的个性和小说人物的原型，谈到他自己的几部小说，谈到短篇小说和侦探小说，谈到诗人歌德的三部小说，谈到莫泊桑的小说、契诃夫的小说，还有亨利·詹姆斯的小说。而他对小说的最重要的看法是：小说要有故事。这不是他的癖好，请注意，他认为他是在坚持小说的"正道"。因为当时现代派小说兴起，小说家不是热衷于心理分析，就是热衷于手法创新，讲故事被认为是"小儿科"。对此，他说，原始人就围着篝火讲故事，听故事可说是人性所需，小说就是一种讲故事的艺术；反之，小说家不讲故事，而去做心理学家，或者去做"语言魔术师"，在遣词造句方面花样翻新，那小说就不是小说了。在这一点上，他倒是很传统，很反潮流的。

除了上述这些，毛姆的艺术随笔中还有一些是谈其他艺术的。譬如在《兴之所至》中有一篇随笔，篇幅很长，谈论的是埃德蒙·伯克的文体风格；还有在《一得之见》中，有一篇关于散文家蒂洛森的随笔，谈到了英国散文风格的变迁与蒂洛森的影响，等等。至于《兴之所至》中的《苏巴朗》一文，则是毛姆唯一的一篇单独发表的与绘画艺术有关的随笔。不过，在他的《作家笔记》中还有好几处谈到一些名画。可见，他对绘画艺术是一直关注的。不仅如此，他还是个名画收藏者。那么，他对绘画艺术有没有鉴赏力呢？你读了那篇关于苏巴朗的随笔后就知道了。在此，我仅就苏巴朗说几句话，因为中国读者一般不太知道这位画家，更不了解他的作品。其实，苏巴朗是十七世纪名气仅次于委拉斯开兹的西班牙巴洛克画派的画家。他的作品绝大多数是宗教题材

的，而且以肖像画为主，即：为历史上的圣徒或圣女画肖像。其实，这很难说是"肖像"，而是创作——因为，尽管有模特儿，但模特儿仅仅为画家提供想象的基础，最终画出的是画家想象中的圣徒或圣女。这些圣徒或圣女，在西方几乎家喻户晓，而在中国，几乎无人知晓。不过，这不要紧，毛姆在那篇随笔中有相关介绍，你读了之后仍会觉得很有趣。

五

除了上述三类随笔，毛姆还有第四类随笔，即旅游随笔。这类随笔其实仅见于他的《作家笔记》，也就是他当年外出旅游时所做的笔记。毛姆不仅是剧作家、小说家、散文家、"读书家"，还是旅行家。他去过的地方之多，就是在见多识广的西方作家中也少有人能及。下面列表，是他三十岁到七十一岁四十年间的大概行踪（不包括许多短期旅游）：

1904 年	到巴黎。
1908 年	到希腊。
1914 年	"一战"爆发，自愿到法国为军队开救护车。
1915 年	到西班牙卡普里岛。
1916 年	先到美国，然后从美国到南太平洋诸岛。
1917 年	到俄国和瑞士执行秘密任务。
1919 年	再次到美国。
1920 年	到中国。
1922 年	到东南亚。
1923 年	再次到东南亚。
1929 年	又一次到东南亚。
1930 年	到塞浦路斯。
1933 年	到西班牙。

续　表

1936年	到法属圭亚那、西印度群岛等地。
1938年	到印度。
1939年	到法国。
1941年	移居美国。
1945年	返回欧洲，定居法国。

在他三十岁之前，也就是在他十八岁时，曾到德国留学，而在他七十一岁之后，仍经常外出旅游，只是旅程较短。他一生热衷于旅游，但他说，那不是玩乐，而是为了写作，为了体验生活和收集素材。因而，他做了大量笔记。这些笔记，我称之为"旅游随笔"，大体有三方面内容：一是记人、二是写景、三是记事。

记人是毛姆旅游随笔中最重要的内容。他在旅途中或者暂居某地时遇到甚至认识了许多人，而他最感兴趣的，是那些身居海外的欧洲人。他把自己对他们的印象、他们的音容笑貌、品格行为记在笔记本上，以备将来写作之用（他后来也确实根据某些笔记写了好几个短篇小说），而实际上，他记下的不仅是素材，其中有不少本身就是很有意思的人物素描。譬如："他是旧金山船运公司的雇员，一个短小精悍、年纪不大的男人，来自俄勒冈州的波特兰。他把头发都剃了，一双棕色的大眼睛、一张油腔滑调的脸。他总是蹦蹦跳跳、嘻嘻哈哈，像是脚下装了弹簧似的。他还喜欢喝酒，每天晚上都喝醉，早上起来头痛得厉害。'天哪，昨天夜里我真是难受极了。'他说，'以后不喝了，从今天起，我戒酒了。'但是，到了中午，头不痛了，他又像往常一样，轻松愉快地喝了一杯。"寥寥数笔，一个人物跃然纸上。

在旅游随笔中，写景是免不了的。不过，毛姆的写景，有些固然是单纯写景，譬如："灰蒙蒙的天上挂着奇形怪状的乌云，阳光照射下来，使那些乌云镶上了银边。"有些却是触景生情，譬如："太平洋就像一片空旷的荒野，而正是这种空旷，使你仿佛有一种不祥之感。这无边无际、无声无息的空旷，真有点令人毛骨悚然。"还有一些则是以写景感悟人生，譬如："田野里生机勃勃，青草已经长得很高，金凤花开得很茂盛；它们沐浴在阳光中，就像先前在雨中

一样欢快。雏菊上还留着可爱的小雨滴。微风吹过,蒲公英毛茸茸的小球随风飘荡,漫无目的,唯一的使命就是把种子播撒在大地上,等到来年夏天,发芽、生长、开花,再飘出毛茸茸的小球,然后死去。这正是人生的象征。"

至于记事,毛姆在笔记中不仅记述了许多新奇之事——譬如,南太平洋诸岛上的异域风情、东南亚诸国的奇风异俗——还记下了他在海上和丛林中遭遇的险境。毛姆曾说,他在远涉东南亚丛林时几次染病,差点丧命;几次遇到土匪,差点被杀。不过,在《作家笔记》中并没有这些事情的记述——可能是他没记,也可能他记了,在出版时删掉了(据他在《作家笔记》的前言中所说,该书只是他的部分笔记)。不过,此书中还是有好几处记述了他的遇险,譬如有一次,他坐的小舢板在一条河里被汹涌的潮水掀翻,几个人全都落水,而河的两边都是原始丛林,根本没人救援,生机渺茫。幸好那条河不是很宽,他们在水里挣扎了一阵之后,拼命朝河边游;幸好此时刚好涨潮,河水涌向河岸,他们这才死里逃生。

当然,除了记人、写景和记事,《作家笔记》中还有其他一些内容;也就是说,除了旅游随笔,还有一些简短的人生随笔和艺术随笔。譬如他写道:"我很想把人生看作下棋,因为其中的规则是不可改变的。没有人会问,为什么马要这么跳,车要这么走,象要这么飞。你必须接受这样的规则,按规则下棋,抱怨不但没用,而且愚蠢。"再譬如他写道:"艺术家和宗教家一样,也是超凡脱俗的。区别在于:宗教家超脱的是凡俗的享受,艺术家超脱的是凡俗的陈规。"——不仅比喻贴切、对照精辟,而且寓意深刻、别具一格。

此外,还有一些格言警句也写得不俗,譬如:"有人说时间久了痛苦的感觉会麻木,那么,欢乐的感觉是不是也一样?""懂得一点女性生理知识,比世上所有的哲学和至理名言更有助于你了解女人的特点。""要是好人能少一点愚钝,那就好了!"虽有点刻薄,但机智而有见地——这正是他的个性所在,也是他的风格所在。

六

以上所述,就是关于毛姆随笔的一个大致情况,也就是关于他的六部随笔集的一个概述。这六部随笔集,如前所说,当初几乎每出版一部就引起一阵轰动。原因何在？简单说来，有两个原因：一是出格，二是揭丑。

所谓"出格"，就是越出常规，不同寻常。这是毛姆写随笔所用的一个重要技巧，即：有意把话说得有点过分（注意，是"有点过分"，是有分寸的），以此避免平庸，因为随笔写得平庸，是读者最不喜欢的，然而随笔又最容易写得平庸，因为随笔通常都写一些平常之事，而要把平常之事说得不寻常，确实难而又难。毛姆的随笔或多或少都写得有点出格，有人说他玩世不恭，有人说他愤世嫉俗，这正中他的下怀，因为他知道，唯有这样才能"惊动"读者，才能使读者趋之若鹜。实际情况也确实如此，他的随笔集每出版一部，读者都纷纷拜读，而且很欣赏他的玩世不恭或愤世嫉俗。殊不知，他的"玩世"或"愤世"乃是他的一种写作技巧。不过，必须说明的是，他的玩世不恭或愤世嫉俗并不是装出来的——绝对不是，而是他的人生观的表露。他是个世俗论者和怀疑论者（这是他自己也承认的），而当他把自己的世俗个人主义和宗教怀疑论故意"有点过分"地表达出来时，看上去确实有点像玩世不恭或愤世嫉俗。因此，说他玩世不恭或愤世嫉俗虽不恰当，但也并非无中生有。

至于第二个原因——揭丑，则显而易见，无论谁读了他的随笔都会发现，他谈到名人时总要揭露一点他们的丑事——当然，都是有根有据的。譬如，他说歌德是个薄情之人、巴尔扎克是个粗鄙之人、福楼拜是性无能、陀思妥耶夫斯基是赌徒、亨利·詹姆斯很虚伪、保罗·莱奥托甚至想和他母亲乱伦，等等。有人因此说他是"毒舌"，说他"刻薄""恶毒"。殊不知，这也是他的一种写作技巧，一种吸引读者的手法。因为他深知人性的弱点，深知人人都有窥视癖，都有窥探他人隐私的嗜好。所以，他的随笔集几乎每出版一部都被人津津乐道也就不足为怪了。他越是"毒舌"，越是"刻薄"、越是"恶毒"，普通读者读得越是起劲；他也越是"臭名昭著"，越是遭人唾骂，因为被他"揭丑"的前辈名人有崇拜者，遭他"毒舌"的当代名人还活着——对这些人来说，是可忍，孰不可忍。但他毫不在乎，因为他只为普通读者写作——只要普通读者感兴趣，他就心安理得了。不过，如果认为他的"毒舌"只是为了讨好普通读者，只是一种恶作剧，那也太肤浅了。实际上，他之所以要揭名人之丑，旨在表明他对人的看法。因为在他看来，世上既没有纯粹的好人，也没有纯粹的坏人；人人都是善与恶的混合体；人人都有善心、人人都有邪念，只是孰多孰少而已。此外，他还要以此表明他对艺术的看法。他之所以要谈论艺术家的隐私（诗人、小说家、剧作家当然都是艺术家），谈论他们的怪癖乃至他们的丑行，是要表明：艺术家仅仅是艺术家，不是道德家——要求艺术家又是道德家，那是荒谬的。实际上，艺术家只有在进行艺术创作时才是艺术家，平时就是常人，和常人一样，也是善与恶的混合体，也是虽有点善心，也时而会有点邪念。既然艺术家不是道德家，也就是说，艺术与道德无关——这就是他对艺术的看法。

七

至此，我把我该说的和我能说的都说了，感谢你有如此耐心读完如此冗长的前言。最后，诚如毛姆所说，"读书应该是一种享受"，希望本书能为你带来读书之乐。

刘文荣

2022年3月于上海

目录

总结 *1*

书与你 *173*

作家笔记 *219*

总　结

The Summing Up
1938

初版 *The Summing Up*, William Heinemann Ltd, London, 1938.

根据 *The Summing Up*, Vintage Random House, London, 2001. 译出

1

此书不是自传，也不是回忆录。我在生活中遇到的事情，我已经用这样或那样的方式都用在我的作品中了。有时，我把自己的某种经历作为主题，并虚构了一系列事件来加以表现。更为经常的是，我关注那些和我泛泛而交或者亲密交往的人，并以他们为基础来构想作品中的人物。所以，在我的作品中，真人真事和虚构想象是混杂在一起的——现在回想起来，我自己也分辨不出哪是真的、哪是假的。即使我还记得有些事情是真的，我也没有兴趣要把它们牢牢记住，因为它们为我所用，都已经被我比较好地用过了。再说，这些事情似乎都很平常，没必要记住它们。我的生活虽说多变，有时还很有趣，但并没有什么惊险之处。我的记性不好，就是一个好听的故事，我也要再听一遍才会记住，而当我有机会把这个故事讲给别人听的时候，我可能又把它忘了。我甚至连自己闹过的笑话也记不住，因而常常会不自觉地又闹出同样的笑话。这个缺点，我知道，使我的同伴们大为不快；不然的话，他们可能会对我好一些。

我从不写日记。现在想来，我作为剧作家初获成功后的那一年，我应该写日记，因为那时我结识了许多有影响的人物，写日记就能提供一份有价值的记录。那一时期，由于那些上层贵族和乡绅地主把南非的事情①搞得一团糟，人们对他们已丧失信心，而他们却浑然不知，还像过去一样自以为是。在我常去的一些政界人士的府邸，他们还是那样交谈，好像治理大英帝国是他们的私事。那时大选在即，他们却在讨论由谁来掌管内务部门，派谁到爱尔兰去他会不会满意。听到这样的讨论，我觉得特别古怪。我想，如今没有人会读汉弗莱·沃德夫人②的小说。但是，她的小说也许有点沉闷，我却记得其中有几部还是很好地描绘了当时统治阶级的生活。小说家对此一直是很关心的，即使从未结识过一个贵族的作家也认为，有必要多花笔墨写写那些有地位的人。现在要是有人拿着当日的戏剧说明书想知道里面到底有多少角色是贵族，简直会令人震惊。那时却不然，剧院经理认为贵族角色最能吸引观众，演员也最乐于演

---

① 南非的事情：指19世纪末、20世纪初英国在南非与布尔人（荷兰移民）的"第二次布尔战争"，结果以英国失败而告终。
② 汉弗莱·沃德夫人：19世纪英国二流女作家，一度颇有名气。

这样的角色。不过，随着贵族身份在政治上越来越失去重要性，观众对贵族也就越来越不感兴趣了。喜欢看戏的人开始想看到他们自己那一阶层的人物和情节，看到成功的企业家和处理国家事务的专业人士，而且有一条不成文的规则，即认为：除非是主题必需的，否则，作家就不应在作品中设置有贵族头衔的角色。那时，要观众对下层贫民感兴趣还不可能。凡是描写下层贫民的小说和戏剧，都被认为是污秽不堪的。有意思的是，如果下层贫民获得了政治权力，观众就会像他们当初对贵族生活和后来对富裕人家的生活一样，对下层贫民的生活感兴趣了。

我在这一时期结识了一些人，他们的等级、名望或地位使他们自己也认为他们将来一定会青史留名。但我发现他们并不像我想象的那么才华出众。英国是个政治民族，我经常应邀去一些人家，那里谈得最多的就是政治。我在那里遇到过一些著名的政治家，但我并没有发现他们有什么突出的才能。于是我就或许有点轻率地下结论说，统治一个国家并不需要多么高超的智慧。后来，我又在其他几个国家认识了许多身居高位的政界人士。我依然感到困惑，因为在我看来，他们的思想也都平庸至极。我发现他们对生活中的日常事务全都知之甚少，而且也没有发现他们常有精妙的思辨力或生动的想象力。我一度倾向于认为，他们之所以身居要职是因为他们全都能说会道，因为在民主社会，如果你不能使公众倾听你说话，那你就得靠边，不可能获得什么权力，而能说会道，就如我们所知，并不一定善于思考。但是，由于我看到有些在我看来并不怎么聪明的政治家相当成功地处理了公共事务，我不得不承认是我错了，因为可以肯定，治理国家需要一种特殊智力，你没有通常所说的才能不要紧，只要有这种特殊智力就可以了。同样，我认识一些做生意的人，他们全都企业兴旺、腰缠万贯，但一谈起和他们的行业无关的事情，他们甚至连基本常识都没有。

那时，我听到的名人访谈也不像我指望的那么机智，很少会使你有所思考。这些访谈虽然大多不太有趣，但都很轻松，态度很亲切，内容很浅薄。严肃话题不在此列，因为人们总觉得在公共场合讨论严肃话题是自找麻烦，还有害怕被解雇，也使人们避而不谈自己感兴趣的事情。按我的判断，这些访谈大多不过是些文绉绉的插科打诨，但又不经常能听到真的很逗人的巧言妙语。也许，有人认为，文化的唯一用处就是可以使人一本正经地胡说八道。我觉得，总的说来，我所知道的最有趣的而且一直讨人喜欢的访谈者是埃德蒙·戈斯①。他读书读得很多，但很明显，他读得不太认真。他的访谈倒是非常机智的。他有惊人的记忆力，幽默风趣而又刻薄恶毒。他曾和斯温伯恩②过往甚密，谈起他来简直令人着迷，但他也谈论雪莱，虽说他不可能认识雪莱③，却也像老朋友似的谈到他。戈斯多年来致力于结交名人望士。我觉得他是个虚荣心很重的人，喜欢打听名人的怪癖和秽行。我敢肯定，他嘴里的那些名人都是经过他添油加醋的，实际上他们并没有那么有趣。

2

我一直觉得奇怪，竟有那么多人热衷于巴结名人。在朋友面前吹嘘你认识多少多少名人来抬高自己，只能证明你的卑微低贱。其实，名人都已经练就出一套手段来对付巴结他们的人。他们向世界展示的不过是一个假面具，通常还是一个给人留下深刻印象的假面具，而他们真正的自我，是小心翼翼地隐藏起来的。他们扮演人们希望他们扮演的角色，而且经过排练，会扮演得很好。如果你以为这种公众形象是他们内心的真实表现，那你就是个傻瓜。

我也曾对某些人着迷，深深地着迷，但我对别人感兴趣通常是为了我的写作，而不是因为别人真的使我感兴趣。我并不认为每个人都像康德所说的那样，是独立自主的，我只把他们看作一种对一个作家来说或许有用的写作材料。所以，我关注的大多是普通人，而不是什么名人。普通人往往更有人的本色，他们既不需要躲躲闪闪来避开外界的侵扰，也不需要装模作样来骗取他人的好感。他们在自己有限的活动范围内更有可能表现出他们的个性。再说，他们从来不被公众注意，也不需要隐瞒什么东西。他们会把自己的怪癖暴露出来，因为没有人提醒过他们那是怪癖。说到底，我们作家要表现的是普通人的行为。国王、独裁者、商业大亨，在我们这儿反而不重要。虽然常有作家经不起诱惑，冒险去写这些人，但不管他们怎样努力，都以失败而告终。这是因

---

① 埃德蒙·戈斯：19世纪与20世纪之际英国著名评论家。
② 斯温伯恩：19世纪后期英国诗人，著有诗集《诗歌与歌谣》等。
③ 雪莱：19世纪英国大诗人，死于1822年（戈斯生于1848年）。

为，国王之类的人实在太罕见，不适合作为艺术作品的表现对象。他们是不可能被表现很真实的。只有普通人的生活才是作家耕耘的园地。那里形形色色、样样都有，总能给人以惊喜，可用于写作的素材可说无穷无尽。大人物往往很沉闷，因为他们总是言行一致，严肃认真；小人物则往往言行不一、自相矛盾、洋相百出。这才趣味无穷。他们的行为永远使你倍感惊讶。所以，如果要我在一个荒岛上住一个月，我宁愿和一个兽医朝夕相处，也不愿和一位首相住在一起。

3

在此书中，我想尽力把我对某些事物的思考表述出来，因为对这些事物的思考是我一生中的主要兴趣所在。只是，当我做出这样的决定时，我的头脑就像一艘沉船的残骸在波涛汹涌的海面上漂浮。我似乎觉得，要是把我思考的东西分门别类，我就能更加清晰地看到我在想些什么，或许还能看到它们之间的某种连贯性。很长时间以来，我一直都想这么做，而且不止一次决定动手，就像出发去作一次长达几个月的旅行。时机好像很好，但我总觉得有那么多的印象纷至沓来，有那么多的新奇事物曾为我所见，有那么多使我浮想联翩的人曾与我相识，我根本没有时间把他们全都好好想一想。还有那么鲜活的瞬间经历，我也没法冷静下来反复思考。

还有我讨厌把自己的想法直接说出来，也使我迟疑不决。我虽然写过许多东西，但那是我作为一个小说家而写的，在那里，我总以某种方式让自己在故事中充当一个角色。这是长期养成的习惯，我总觉得通过笔下的人物发表看法要自在一些。人物应该怎么思考，我很容易决定，而要我决定我自己应该怎么思考，就不那么容易了。前者对我来说永远是件乐事，后者对我来说却是一桩我很想推却的苦差事。然而，现在我不能再拖延了。一个人在年轻时总觉得往后的日子还长得很，几乎是没完没了的；即使到了中年，由于那时总在追求那些大家都在追求的东西，也很容易找到借口，拖延他本该做而不想做的事情。但是，这样的时候终究会到来，他不得不想到死亡。他的同龄人一个接一个地死了。我们知道人人都会死（苏格拉底是人，所以……）[①]，但这对我们来说往往只

[①] 这里套用著名"三段论"（即大前提、小前提、结论）：人人都会死；苏格拉底是人；所以，苏格拉底会死。

是逻辑上的大前提,一直要到我们经历过那些庸庸碌碌的世事后,我们才会被迫承认自己的末日不远了。只要偶尔看看《泰晤士报》上的讣告就知道,大多数人都是在六十多岁的时候死的。我也一直在想,我会不会还没把此书写完,就已一命呜呼。所以,最好还是马上就写。只要写完此书,我就可以平静地面对未来了,因为我已圆满结束了我的写作生涯。我不能再对自己说,我还没有准备好,因为现在不下决心做这件对我来说相当重要的事情,以后就不大可能再做了。令人高兴的是,我终于把长期飘浮在我意识中的种种想法收罗到了一起。等我把它们写出来,我就不会再去想它们了,而会去想别的东西,因为我并不希望这是我做的最后一件事情。一个人立遗嘱并不表示他马上就会死,而是以防万一。我对后事早作安排,是为了充分准备过一个无忧无虑的晚年。等我写完此书,我也就对自己有了一个交代。这样,在往后的岁月里,我就可以心平气和地做我想做的事情了。

4

在此书中,我不可避免地要讲到我曾经讲过的许多事情,因此我将此书取名为《总结》。法官总结案子的时候,总是在陪审团面前把案情重述一遍,然后再对律师的发言加以评议。他并不提供新的证据。我既然已经把我的一生都写入了我的作品,有许多我不得不说的事情,在那里当然都能找到。凡是我感兴趣的东西,几乎都被我或者轻松地、或者严肃地谈论过。我现在想做的事情,就是把我对这些东西的感受和看法集合起来,形成一个完整的画面。我或许还会在某些地方比较详尽地讨论某些观念,因为当初我在写小说和写剧本时需要遵守文学创作的规则①,在那里只是提了一下,没有加以阐述。

此书必然是以自我为中心的。书中的有些东西只是我觉得重要,只和我有关,因为我只能谈论对我有影响的东西。不过,我不会谈论我的行为。我并不打算在此书中袒露心迹,所以,我虽然希望和读者亲密交流,但还是有限度的。有些方面,我仍想保留我的隐私。没有人会把自己的事情统统讲出来。有些人本想在世人面前彻底袒露自己,但最后还是因为有所顾忌而没有说出全部

---

① 即文学创作只能描写具体事物,不能讨论抽象观念。

真相。还有一些人发现自己的某些下流爱好、某些阴暗心理或者某些古怪行为似乎很不正常而感到吃惊，于是不仅把这些东西公开讲出来，还特别加以强调，以此表明自己的坦诚。实质上，这些东西并不像他们想的那样不正常。譬如，卢梭在《忏悔录》里讲到的有些事情，确实令人震惊。但是，他讲得那么赤裸裸，反而扭曲了他的诚意，结果是他把这些事情夸大了。其实，这些事情在他的生活中并不重要，还有其他许多事情，许多合乎道德的或者至少没什么不道德的事情，他却没讲，因为那些事情太普通，他觉得不值得讲。有些人就是这样，不注意自己做的好事，只为自己做的坏事感到痛苦。这种人最喜欢写他们自己，而且从不写自己有什么好品质，总把自己写得那么软弱、那么糊涂、那么低劣。

5

我写此书是要使我的灵魂从某些观念的束缚中解脱出来，因为这些观念长期缠绕着我，使我不得安心。我写此书并不想指导任何人。我从不充当导师。我从来不会迫不及待地想把自己知道的事情告诉别人。我也从不在乎别人是否同意我的想法。当然，我自己总是认为我的想法是对的，否则我就不会那么想了。如果我发现别人的想法错了，我不会指责他。如果我发现我的想法不同于大多数人，我不会感到不安。我生来就很自信。

我在此书中必然会把我自己当作重要人物来写。因为对我来说，我才是最重要的，是世界上最重要的人。我对此念念不忘，甚至觉得天经地义，但是凭常识就能知道，我算不了什么。世界上没有我，世界还是世界，一点不会有什么区别。我写作时虽然总要使我的作品具有某种意义，但那不过是为了有个话题而已，否则我就无话可说了。至于对自己死后别人会怎样对待自己的作品，我想，很少有哪个态度严肃的作家是毫不关心的。但我高兴地看到，真能千秋万代流传下去的文学作品也许是没有的，只是有些作品可能会使几代人感兴趣，同时在本国文学史中占有一席之地（也就是说，所谓不朽的杰作，至多被人读上几百年，之后就只能在教科书里延续其不朽①了），而从我所知道的情况看来，就是这

---

① 在教科书里延续其不朽：意即被写进了文学史。

种可能性也很值得怀疑。因为就在我还活着的时候，我就看到有些名震一时、比我成功得多的已故作家已经被人忘记得一干二净了。譬如，我年轻时总认为乔治·梅瑞狄斯①和托马斯·哈代②肯定会流芳百世，没想到今天的年轻人已经不把他们当回事了。虽然偶尔还会有哪个评论家为研究某一课题写一篇关于他们的文章，虽然偶尔还会有几个读者从图书馆里借阅他们的一两部作品，但我认为他们的作品显然不像《格列佛游记》③《项狄传》④和《汤姆·琼斯》⑤那样会被人世世代代地读下去。

如果有人觉得我在此书中的表达方式有点主观武断，那是因为我觉得要在自己说的每句话前面都加上"我想"或者"我认为"实在太麻烦。我说的每句话当然只代表我个人的观点。至于读者愿不愿意听，那和我无关。不过，只要读者有耐心读下去，他就会知道，我其实只有在一件事情上是主观武断的，那就是我会非常武断地告诉他，世上的一切都难以武断。

6

当我开始写作时，我是把写作当作世上最自然不过的事情来做的。我从事写作，就像鸭子走进水里。我一直都很惊奇，我竟然成了一个作家，因为我除了有一种强烈愿望，并没有什么理由可以成为作家，而且我也不知道我为什么会有这样一种愿望。因为一百多年来，我的父辈一直是搞法律的。查《全国人物传记大辞典》可知，我祖父是"联合法律协会"的两个创始人之一，在大英博物馆的图书馆书目中有一长串他的法律著作。与专业无关的书他只写过一本。那是一本散文集，收入了他为当时几家正规的杂志社写的一些文章，而且出于郑重考虑，是匿名出版的。那本书我曾经有过，小牛皮封面的，很漂亮，但我一直没有读，后来也没能再搞到一本。我后悔我没有读，否则我或许就能对他这类人的情况有更多了解。他有好多年一直住在法院街，因为他是他所创办的那个法律协会的主管。退休后，他住在肯辛顿街区的一幢面对海德公园的

---

① 乔治·梅瑞狄斯：19世纪英国诗人、小说家，著有《利己主义者》等。
② 托马斯·哈代：19世纪和20世纪之际英国诗人、小说家，著有《德伯家的苔丝》等。
③ 《格列佛游记》：18世纪英国作家斯威夫特的代表作。
④ 《项狄传》：18世纪英国作家劳伦斯·斯特恩的代表作。
⑤ 《汤姆·琼斯》：18世纪英国小说家菲尔丁的代表作。

房子里。有人送给他一大套银制餐具，还有茶具、咖啡壶、咖啡杯和一只大托盘，也都是银制的，很豪华。这些东西后来传给他的后代时，还引起了纠纷。我少年时代认识的一个年长的律师告诉我说，他在做见习律师的时候曾到我祖父家里去出席过晚宴。他说，我祖父切下一大块牛肉时，有个仆人送来一大盘烤土豆，就是那种连皮烤熟、抹上厚厚一层黄油、撒上胡椒和盐很好吃的土豆。但我祖父显然认为这种烤土豆不好吃，便从餐桌一头的椅子上站起来，把盘子里的土豆一个个地朝墙上扔。墙上挂着许多画，他朝每幅画上扔一个土豆，直到全部扔完。然后，他依然一言不发，坐下来继续用餐。我问我那个老年朋友，我祖父这么做的时候，在座的其他人有什么反应。他告诉我说，所有人都装得若无其事。他还告诉我说，我祖父是他见过的最丑的矮男人。我为此还曾到法院街的"联合法律协会"的那幢楼里去过一次，因为那里挂着一幅我祖父的画像，我想看看我祖父是不是真像他说的那么丑。结果呢，要不是那个老先生在瞎说，就是那个画家为讨好我祖父在瞎画。他画的我祖父，有两条黑黑的眉毛，下面是一对俊美的黑眼睛，目光炯炯，眼神略带讽意。眼睛下面是挺直的鼻子、薄薄的嘴唇和结实的下巴。乌黑的头发是卷曲的，有点像阿妮塔·卢丝小姐①的那头秀发。他手里拿着一支鹅毛笔，手边有一叠无疑是他自己写的书。他身穿黑色外套，但并不给人威严的感觉，倒有一点恶作剧的样子。多年前，我在处理他的一个儿子即我叔叔的遗物时，偶尔发现了他年轻时、也就是十九世纪初写的日记。我从他的日记中看出，他当时正在法国、德国和瑞士作一次他称为"闲逛"的旅行。我还记得，他写到莱茵河上那个其实并不怎样的沙夫豪森瀑布时，说要感谢万能的上帝，因为上帝创造"这令人惊叹的大瀑布"是有意要"使他的那些可怜的创造物有机会认识到，他们和他那奇异而宏伟的杰作相比，是多么微不足道"。

7

我幼年时，父母就死了。母亲死的时候我八岁，父亲死的时候我十岁，所以，我对他们知之甚少，只是听说过一点。我父亲到巴黎做了英国大使馆的法

---

① 阿妮塔·卢丝小姐：20世纪美国好莱坞女编剧，才貌双全。

律顾问——不知为什么，大概是因为他和他的儿子一样，有一种不可名状的不安情绪。他在大使馆对面的圣奥诺雷大街有几间办公室，不过他平时住在当时叫德安丁大街的那条街上。那条街很宽，两边都是栗子树，直通圆形广场。在那时，他算得上是个了不起的旅行家。他去过土耳其、希腊和小亚细亚，甚至到过摩洛哥的菲斯，那是个当时很少有人去的地方。他不仅有一大堆旅行手册，而且在德安丁大街的那套公寓里还放满了他从各地带回来的东西；譬如，塔纳格拉的小塑像、罗得岛的器具，还有土耳其的短刀，刀柄上有许多白银装饰。他在四十岁时娶了比他小二十多岁的我母亲。我母亲是个好看的女人，他却是个难看的男人。我曾听人说，他们那时在巴黎是颇有名的"美女和野兽"。我母亲的父亲在军中供职，后来死在印度，他的遗孀，也就是我的外祖母，用完了相当大一笔财产后，移居到巴黎，靠丈夫的抚恤金度日。我猜想，我的外祖母是个很有个性的女人，说不定还有点天赋，因为她不仅用法语写小说，还为客厅歌谣①谱曲。我想象得出，她的那些小说和歌谣是写给奥克塔夫·弗耶②笔下的那种娇小姐阅读和吟唱的。我还有她的一张小照片，上面是一个穿着老式大摇裙的中年女人，眼睛很好看，神情和气而端庄。我母亲身材娇小，棕色的眼睛却很大，还有一头浓密的金红色头发，容貌清秀，皮肤白皙。她非常受人倾慕。安格尔西女士，一个前不久以高龄去世的美国女人，是我母亲的挚友，她告诉我说，她曾问我母亲："你这么漂亮，又有那么多人爱慕你，为什么对你那个又矮又丑的男人这样忠心耿耿？"我母亲回答说："他从不伤害我的感情。"

我看到过我母亲写的一封信，那是在我叔叔死后我去整理他的文件时偶尔发现的。我叔叔是牧师，我母亲曾请他做她的一个儿子的教父。她既简单又虔诚地表达了她的愿望，就是想请他以神圣的名义和她的一个刚出生的儿子建立一种关系，这样就能对他产生影响，使他往后成为一个敬畏上帝的好人③。她是个了不起的小说读者，在德安丁大街的那套公寓的弹子房④里有两个很大的

---

① 客厅歌谣：即适宜于在客厅里吟唱的歌谣。
② 奥克塔夫·弗耶：19世纪法国小说家、剧作家，其作品多以少女为主人公。
③ 这个儿子就是毛姆（他有好几个哥哥）。讽刺的是，毛姆后来虽然由他叔叔抚养（因为叔叔是他的教父），但他却并不"敬畏上帝"，而是称自己是个不可知论者，即对上帝的存在表示怀疑。
④ 弹子房：那时流行打台球，中上等人家都有所谓弹子房。后来不一定打台球，变成了一般的活动室，但仍称为弹子房。

书橱，里面放满了陶赫尼茨①版的小说。我母亲有结核病，我记得家门口常有人牵着几只驴子来挤奶给她喝，因为那时人们相信，驴奶可治结核病。夏天，我们总是住在多维尔②的一幢房子里，那时多维尔还不那么时髦，只是个不能和特鲁维尔相比的小渔村，而我母亲去世的那一年冬天，我们却是在波城度过的。我想，大概是在一次吐血之后，她躺在床上，想自己将不久于人世，或许还想到儿子们长大后可能会忘记她的容貌，于是就叫女仆扶她起来，帮她穿上白色绸缎的晚礼服，到照相馆去拍了一张照片。她有六个儿子。她死于分娩，因为那时的医生有一种说法，认为怀孕对患结核病的女人有好处。那时她三十八岁。

我母亲死后，她的女仆就成了我的保姆。我一直都由那个法国保姆照顾，后来又被送到一所法国小学。我的英语当然不会怎样。有人曾告诉我，我有一次在火车上看到外面有一匹马，大声喊："Regardez, Maman, voilà un 'orse. ③"我想，我父亲是有点浪漫情怀的。他带着这种浪漫情怀，想造一幢夏天住的房子。他买了叙雷纳④一座小山顶上的一小块土地。那地方视野极好，远处就是巴黎。有一条路通往河边，那里有一个小村庄。那幢房子造好后，很像博斯普鲁斯海峡旁的一幢别墅，四周都有阳台。每个星期天，我都会跟随我父亲，乘塞纳河上的游览船去看那幢房子造得怎样。房子造好后，我父亲买来一对古代的火钩，作为装饰物。他还订购了大量玻璃，上面都刻有他在摩洛哥发现的一种可防"邪恶之眼"⑤的符号。这是一幢白色的房子，百叶窗漆成红色。门前的花园也布置好了，房间里摆好了家具。这时，我父亲死了。

8

我从那所法国小学退学后，每天到使馆教堂里的一个英国牧师那儿去上课。他教我英语的方法是让我大声读《标准报》上有关治安和法院的新闻。我

---

① 陶赫尼茨：德国出版商，曾印行过大量廉价版英语书籍。
② 多维尔：法国城镇，位于诺曼底海滨，和下文中的特鲁维尔以及波城现都是法国的旅游胜地。
③ Regardez, Maman, voilà un 'orse：（法语）看哪，妈妈，一匹马。
④ 叙雷纳：巴黎西郊一地名。
⑤ 邪恶之眼：西方传说，有一种人的目光非常邪恶，被这种目光看一下，就要倒霉。

现在还记得，当我读到发生在巴黎到加莱①的一列火车上的一桩可怕的凶杀案时，心里有多么害怕。那时，我肯定已有九岁，但我还是一直读不准英语单词的发音。我永远不会忘记我在预备学校把短语 unstable as water 中的 unstable 读得和 Dunstable 押韵②时引起的哄堂大笑。

　　我一生上过的英语课不超过两次，因为我虽然在校时就写写文章，但我一点也不记得有谁来指导过我如何遣词造句。再说，我的这两次英语课也来得太迟，我恐怕很难希望从中受益。第一次是在几年前。那时我在伦敦住了几个星期，其间聘请一个年轻女子作为临时秘书。她有点羞涩，长得还算漂亮，正和一个已婚男人谈情说爱。我当时写完了一本叫《寻欢作乐》的书，打字稿已在星期六上午送来，我于是问她能不能辛苦一下，把打字稿带回家，在周末校对一下。我的本意只是要她改一改打字员可能有的拼写错误，或者手写稿上可能就有而打字员没有改正的拼写错误。没想到，她是个非常认真的年轻女子，不仅按我的要求修改了文字，还为我指出了许多问题。她在星期一早上把打字稿交还给我时，附了四大张写满修改意见的纸。必须承认，我一眼看到时有点恼火，但我随即想到，她辛辛苦苦做的事对我是有益的，我若不把它当回事，那实在太傻了，于是就坐了下来仔仔细细地看了。我想，这个年轻女子一定是从哪所秘书学校毕业的，她批改我的小说就像她的老师批改她的作业。四大张纸上写满了尖刻而严厉的评语。由此我只能推测，那所秘书学校里的那个英语教师一定非常严格而不讲情面；他一定会在学生的作业上划线，这是毫无疑问的，也一定不会允许学生讲到一件事情有两种观点。因为他的这个高才生和他一样，也不能容忍以介词结束的句子，也会在她认为用错某个习惯用语的地方打个感叹号，甚至也会觉得，在同一页稿纸上不能两次使用同一个词，而且一旦发现这种情况，也会替你找好同义词，写在适当的地方。我有时想卖弄一下，写了一个长达十行的长句子，她的批语是："不够清晰，最好分成两句或三句。"我有时用分号表示此处稍作停顿，她的批语是："此处要用句号。"我有时大胆地在某处使用冒号，她尖刻地批道："滥用标点符号！"不过，她最严厉批评的，是我说的笑话。我自认为某句笑话说得还不错，她却问道："你肯

---

① 加莱：法国西北部港口城市。
② 英语词 unstable 中最后的 e 是不发音的，法语词 Dunstable 中最后的 e 是发音的。此处意为他把 unstable 中的 e 读了出来。

定你是在说真话吗？"所有这一切，都使我不得不得出结论——她那所学校里的教师肯定都不会给我的写作打高分。

第二次英语课是一位知识渊博、和蔼可亲的大学教授给我上的。那时，我正在修改一本书的打字稿，碰巧在那时，我认识了那位大学教授。他出于好意，想看看我的稿子。我有点犹豫，因为我知道，他的判断总是高标准、高要求的。再说，我虽然听说他对伊丽莎白时期的文学深有研究，但他对《埃斯特·沃特斯》① 的大加赞赏使我有点怀疑他对当代作品是否真有眼力，因为读过十九世纪法国小说的人都知道，《埃斯特·沃特斯》与之相比根本算不了什么。但是，我急于把我的那本书尽可能写得好一点，因而希望能得益于他的评论。他的评论其实很宽容，而且我觉得特别有意思，所以我推测，他大概就是这样对待大学生的作文的。我想，这位大学教授肯定是有语言天赋的，因为这是他教书谋生的本钱。他的趣味，在我看来也没什么问题。只是，他喜欢咬文嚼字，这使我很惊讶。相对于声调柔和的词，他更喜欢读音响亮的词。举例来说，我写到 "**a statue would be placed** in the square"，他说应该写成 "**the statue will stand** in the square"②。我没有照他的意思改，因为我有点讨厌头韵之类的东西。此外，我还注意到，他认为遣词造句不应该仅考虑句子的平衡，还要考虑句子是否充分表达了所要表达的意思。这当然有道理，因为突如其来地把意思表达出来，往往效果不佳。不过，这是个敏感的问题，因为要充分表达意思，免不了就会有冗词赘语。这里，了解一下舞台对话或许有所帮助。演员有时会对作者说："你能不能在这句话里让我多说一两个词？否则的话，这句话好像没把意思说清楚。"总之，当我听到这位大学教授的评论时，我不由得想到，要是我年轻时就有幸得到这样明智、慷慨和亲切的教导，那我现在肯定会写得好得多。

9

就这样，我不得不自己教导自己。我读我自己早年写的短篇小说，想从中

---

① 《埃斯特·沃特斯》：19世纪爱尔兰小说家乔治·穆尔的长篇小说，初版于1894年。
② 这两句话的意思差不多：前面一句用的是被动语态，意为"有一座雕像将被安放在那个广场上"；后面一句用的是主动语态，意为"有一座雕像将站立在那个广场上"。但区别是：后面一句中的"statue"和"stand"押头韵"sta"（头韵是英语诗歌中特有的一种韵律），读起来比较有节奏。

看出自己有什么天赋,有什么天生的本事,以后能有意识地加以发挥。也许是我多年来自我放纵,我的态度有点傲慢。还有急躁易怒,也是我天生的缺点。不过,那仅仅是我的表达方式。我觉得我生来就有清晰的思路,只要掌握足够的技巧,就能写出简明易懂的人物对话。

当时,有一位很有名气的剧作家,亨利·阿瑟·琼斯①,他看了我的第一部长篇小说后对一个朋友说,我理应成为一名当今最成功的剧作家。我想,他大概是看到我文笔直白而且能有效地呈现某种具有戏剧意味的场景。其实,我文笔平庸,词汇有限,语法不严谨,短语不新颖。但是,那时写作对我来说却是出自本能,似乎就像呼吸一样自然而然,所以我从来不去想自己到底写得好不好。直到多年后,我才发现写作是一门精巧的技艺,要刻苦努力才能胜任。这是我被迫发现的,因为我总觉得要把自己的想法写在纸上困难重重。我写对话比较流畅,但要我较大篇幅地描写,我就捉襟见肘了。两三个句子,我花了两三个小时想把它写好,结果还是不行,还是没法把它写得顺顺当当。于是,我决定,要学会如何写作。不幸的是,根本没人来教我。我依然错误百出。要是有人像我前面说到的那个亲切的大学教授那样来指点我,我或许就不用花那么多时间了。那人或许会对我说,我在某一方面有些天赋,因而要在这方面加以努力。反之,要是去做自己没有天赋的事情,那么再努力也是徒劳。但是,对我来说很不幸,那时人们欣赏的是华丽的散文。那时所谓丰满的文体,就是文章中充满镶金嵌玉的词语和新奇怪异的句子。所谓理想的文章,就像一匹绣满金丝的锦缎,仅靠金子的分量来招人耳目。年轻知识分子都热衷于读瓦尔特·佩特②的文章。我凭常识知道,这是贫血综合征。我意识到,在那精巧、华丽的字句背后是一种苍白无力的人格,而我年轻、活跃,精力充沛。我需要新鲜空气,需要活动和刺激。我难以呼吸这种死尸般恶臭的空气,难以坐在那些死气沉沉的房间里装模作样地絮絮而言。然而,我却没有听从我的常识,反而说服自己,相信那就是高雅文化。至于外面那个到处充满叫喊声和咒骂声、到处是装疯卖傻、卖淫嫖娼、恣意酗酒的现实世界,我置若罔闻。我读了《意图集》和《道连·格雷

---

① 亨利·阿瑟·琼斯:19世纪和20世纪之际英国剧作家、戏剧理论家。
② 瓦尔特·佩特:19世纪英国理论家、批评家,唯美主义理论倡导者。

的画像》①。我为《莎乐美》② 中的浓郁色彩和奇言妙语所倾倒。我对自己的语言贫乏感到震惊，于是就带着纸和笔到大英博物馆去，把那些奇珍异宝的名称、那些拜占庭古瓷釉的色彩、那些丝绸锦缎的质感都写在纸上，然后用它们写出精巧华丽的句子。幸运的是，我后来没有找到机会正式使用这些东西，它们至今还在那本旧笔记本里——如果谁想写废话，我很愿意提供给他参考。那时，人们普遍认为，钦定本《圣经》③ 是最了不起的英语散文作品。我认认真真地读了这部《圣经》，尤其是其中的《雅歌》，还把其中我注意到的句法变化记下来，把那些特别华丽的词句抄录下来，以备将来之用。此外，我还研读了杰里米·泰勒④的《死得崇高》。为模仿他的文体，我大段大段地抄写，然后又尽力凭记忆默写出来。

　　这番辛苦的最初成果，是我写了一本薄薄的关于安达卢西亚⑤的书，书名是《圣母之地》。前几天，我还偶尔读了其中的几个章节。现在，我对安达卢西亚的了解要比那时多得多，所以我对我当时所写的许多事情已有不同想法。鉴于这本书在美国还有点销量，我觉得把它修订一下或许还值得。但是，我马上发现这不可能。它好像是一个被我完全忘记的人写的。这使我很郁闷，无心修订了。不过，就我所关注的散文而言，我写这本书是我的一种文体练习。它是含蓄的、暗示的、精巧的，既不拘束，也不奔放。它有点温室植物和周日晚餐的气味，就像在贝斯沃特⑥的某幢大房子里，温室中的气味混杂着餐厅里的气味。书中使用了大量悦耳动听的形容词，语调是感伤的，但它不会使人联想到富丽堂皇的意大利锦缎，而只会使人想起伯恩-琼斯⑦设计、威廉·莫里斯⑧制作的窗帘布。

---

　　① 《意图集》：19世纪英国唯美主义作家奥斯卡·王尔德的论文集。《道连·格雷的画像》：奥斯卡·王尔德的长篇小说。
　　② 《莎乐美》：奥斯卡·王尔德的唯美主义戏剧代表作。
　　③ 钦定本《圣经》：即由英国国王詹姆斯一世下令翻译的英文版《圣经》，初版于1611年，其译文对后世英语影响甚大。
　　④ 杰里米·泰勒：17世纪英国基督教圣公会牧师、散文家，其《死得崇高》为英语散文经典。
　　⑤ 安达卢西亚：西班牙一地名。
　　⑥ 贝斯沃特：地名，在英国伦敦。
　　⑦ 伯恩-琼斯：19世纪英国著名工艺设计师，拉斐尔前派代表人物之一。
　　⑧ 威廉·莫里斯：19世纪英国著名工艺美术家，伯恩-琼斯的好友。

10

不知道是因为无意识地喜欢散文写作呢，还是因为天生喜欢做事有条有理，我很关注奥古斯都时期①的散文作家。斯威夫特②的散文使我入迷，我认定他的散文是最完美的，所以我像看待杰里米·泰勒一样看待他。我读了他的《木桶的故事》。据说，这位教士晚年重读自己的这本书时曾惊叹道："那时我多么有才啊！"我倒觉得，他的其他几本书写得更有才。《木桶的故事》是个读来并不怎样的寓言故事，但它的文体却使你不得不佩服。我想不出还有哪种文体比它更好：没有华丽的词语，没有巧妙的措辞，也没有夸张的形容，只有朴实的词语、谨慎的措辞和直白的描述。这才是高品位的文体，既不故弄玄虚，也不哗众取宠。粗看上去，他好像写得随随便便，但由于他感觉敏锐、思维清晰，随随便便写出来的，竟是最恰当的词句。这种看似随便、实质严谨的文体，源于他的人品和修养。我曾大段大段抄录他的词句，看熟后再默写出来。我还曾想改写他的词句，看看哪里可改一个词语，哪里可改一下语序。结果发现，他的词语是最确切的，他的语序是最顺畅的，都不能改——真是毫无瑕疵的完美文体！

但是，完美也有不好的地方，那就是容易使人厌倦。斯威夫特的散文就像一条法国运河，笔直通畅，两岸整齐地种着白杨树，周围是一片田园风光。在这条运河上行驶，你只感到平稳而舒适，既不会摇晃，也不会颠簸。你读啊读，一点障碍也没有，没多久你就会有倦意。于是，尽管你佩服斯威夫特的文章写得清晰明了、流利通畅，但你仍会心不在焉，除非你被他讲的事情所吸引。我想，如果做过的事情能重做的话，当初我不应该花那么多时间去研读斯威夫特的散文，而应该把时间用在德莱顿③身上。我是做错事后才发现德莱顿的。他的散文不像斯威夫特那样完美，也不像艾狄生④那样优雅，但非常感人，

---

① 奥古斯都时期：即英国文学史上 17 世纪后半叶至 18 世纪初的古典主义时期，当时的散文作家以及剧作家都讲究"仿效典范"（即古希腊罗马文学），故称古典主义。
② 斯威夫特：18 世纪英国教士、作家，著有《格列佛游记》等。
③ 德莱顿：17 世纪英国诗人、戏剧家和批评家，著有政论诗《押沙龙与阿奇托菲尔》和剧作《格拉纳达的征服》等。
④ 艾狄生：17 世纪与 18 世纪之际英国散文家，与好友、散文家斯蒂尔同办《旁观者》杂志，开创英国近代散文。

有一种春天的感觉，适度惬意、轻松快活。德莱顿作为一个不错的诗人，虽然很少被人认为他有写抒情诗的天赋，但奇怪的是，他的散文却写得很抒情，而且抒的是一种温柔之情。在他之前，英国散文是从不这样写的。在他之后，也很少有人这样写。他是一个享乐时代的产物。詹姆斯一世时代①醇厚圆熟的语言深入他的骨髓，再加上从法语中学来的轻捷雅致②，他所使用的那种语言，既可表达严肃主题，又可表达即兴随想。他是英国第一位洛可可③艺术家。如果说斯威夫特的散文像一条法国运河，那么德莱顿的散文就像一条英国河流，它轻快地绕过山峦，穿过宁静而繁忙的小镇，紧挨着一个村庄，形成一个波光粼粼的湖泊，接着又水声汩汩地穿过一大片树林。它生机勃勃、千变万化，散发着英国郊外的那种令人欢愉的气息。

研读斯威夫特和德莱顿的散文，对我确实大有好处。我比以前写得好多了，但还不够。我写得还有点生硬，还不够洒脱。我总想形成自己的语言风格，而没有意识到自己写出来的东西太做作。我总想学斯威夫特的遣词造句，而没有意识到，他那种十八世纪的语句由我这个二十世纪的人写出来是极不自然的。我竭力想学斯威夫特，结果就是达不到他那种效果，这使我更加对他佩服得五体投地。后来，我写了许多剧本，脑子里除了想人物对话，别的都不想了。这样五年后，我又开始写小说。那时，我已经不想做什么文体家了，也不想写什么优美的散文了。我只想朴实无华地用直白、自然的语言写作。我只想把我要讲的事情讲清楚。一开始，我就定下了一个很难达到的目标，那就是：尽量不用形容词。因为我觉得，如果用确切的名词、动词讲得清楚，就没有必要啰里啰唆地用什么形容词了。所以，我自己也知道，我的书读起来就像一封长而又长的电报，因为要写得简洁明了，我把可用可不用的词语统统省略了。

自那以后，我又写了许多其他的书。虽然我不再大量研读以往那些散文大师的范文（就是我想读，精力也不够），但我仍努力把文章写得更好。我知道自己的局限，对我来说，唯一的明智之举就是在自己的局限范围内尽力而为。我知道我没有多少抒情才能，我的词汇量很少，虽曾努力增加，但效果不佳。我对

---

① 詹姆斯一世时代：即17世纪斯图亚特王朝的詹姆斯一世统治时期（1603—1625）。
② 17世纪英国文学深受法国文学影响，几乎所有英国诗人和文人都学法语。
③ 洛可可：本指18世纪西欧的一种轻快雅致的装潢风格，后用作轻灵、巧妙的同义词。

隐喻几乎一窍不通，明喻也很少有独到之处。诗意盎然、浮想联翩，就更加不谈了，不是我所能及的。我很羡慕别人有这种才能，就如我羡慕别人的绝妙比喻、别人的语言暗示能力，但我一点也不想学，因为要学自己不擅长的东西，实在太累。再说，我也并非一无是处。譬如，我的观察力比较敏锐，别人看不清的东西，我一眼就能看清，而且还能明白无误地表达出来。还有，我对声音的感知能力也比较强，虽然我对别人斟字酌句的言谈不能一下子弄明白其中的字面含义，但我却能立刻从他的语气语调中听出他的用意何在。我知道我永远不可能写得像我希望的那样好，但我觉得，只要我努力，我可以在我力所能及的程度上把散文写得最好。所以，我就想，我应该在三个方面努力：一要写得清晰，二要写得简洁，三要写得动听。我觉得，好的散文应该有这三个特点。下面就依次来谈谈它们的重要性。

11

对于那些文风艰涩的作家，我向来没有多少耐心。其实，只要你去读读那些大哲学家的著作，你就能知道，最深奥的哲理也是可以清晰地表达出来的。你或许会觉得休谟①的书很艰深——是的，如果你从未接触过哲学，那确实会一头雾水、不知所云，但只要是受过一定教育的人，每一句话都能看得明明白白。还有贝克莱②的书，更是写得既清晰又典雅，很少有英国作家能写出这样的书。那么，散文作品怎么又会写得含混不清、令人费解呢？无非是两种情况：一是作者疏忽大意，二是作者有意为之。

第一种情况，往往是因为作者没有花功夫，不知怎样才能把文章写得明白易懂。譬如，你经常可以看到，有些现代作家，甚至文学批评家，他们的文章写得很难读懂。这真是怪事一桩！本来，这些终身致力于文学事业的人，理应对文字表达有足够的修养，即便写出来的东西不怎么优美，至少也是清晰可读的。没想到，你竟会发现，他们写的文章至少要读两遍才能弄懂他们究竟想说什么。有时，你甚至还不得不猜测他们到底是什么意思。这其实并非作者卖关子，而是没有把话讲清楚，或者不懂怎样把话讲清楚。还有一个原因，不是作

---

① 休谟：18世纪英国哲学家、历史学家、经济学家，著有《人性论》《人类理智研究》等。
② 贝克莱：18世纪英国哲学家，著有《视觉新论》《人类知识原理》等。

者没有讲清楚，而是他自己没有想清楚，所以讲不清楚。他对自己想要讲的事情只有一个模糊印象，又由于智力有限，或者生性懒惰，在没有把要讲的事情想清楚之前，就稀里糊涂、乱七八糟地写出来了。这样写出来的东西，别人看得懂才怪呢！这在很大程度上是因为作者写作前没有完全想好，而是边写边想，即所谓"笔杆里的脑袋"。这样做的危险——是的，这是写作时必须经常提防的危险——就是写出来的东西会像鬼魂出现一样，恍恍惚惚、似有似无，别人看了也会觉得缥缥缈缈、神经兮兮。

这一种含混不清，和第二种有意为之的情况已经很接近。有些故意不作清晰思考的作家①，他们好像有这样一种想法，即：他们的思想具有比表面上更多的含义。有人真的相信他们的思想太深奥，因而他们的作品才会艰涩难懂。这当然是拍马屁的话，其实这些作家心里完全明白，自己是可以把思想清晰表达出来的，只是这样不及故弄玄虚对读者更有吸引力。这里涉及词语的魔幻性。人们很容易相信，自己不太明白的词语一定具有自己不太理解的神奇含义。正因为这样，才有人故意用含糊不清的语词描述含糊不清的所谓潜意识，让读者相信其中必有深意。这和我们经常看到的一种情况很相像，那就是痴呆症患者总是相信自己有一种隐匿的超凡能力。

还有一种有意为之的晦涩，则是贵族式的唯我独尊的自我伪装。作者故意写得晦涩难懂，似乎他拥有凡夫俗子不得进入的"圣地"。好像他的内心是一座秘密花园，唯有被选之人才能在克服重重障碍后一窥其中奥秘。这种故意的晦涩，低俗而短视，因为用不了多久，伪装就会被剥掉。一旦露出真相，不过是一堆毫无意义的繁词冗句，那就再也没人读了。那些步阿波里奈尔②后尘的法国作家所写的作品，其命运就是如此。其实，只要用冷静的目光审视那些貌似深奥的作品，很容易透过那层晦涩的语言伪装，看到其中不过是些普普通通的东西。譬如马拉美③的诗歌，几乎没有一首是清晰明了的。不难发现，这是因为他的思想特别缺乏独创性。他的很多诗句写得很优美，但他的诗歌在整体上却是那个时代的陈词滥调。

---

① 指现代派作家，如象征主义作家、意识流作家、超现实主义作家等。
② 阿波里奈尔：20世纪法国超现实主义诗人、剧作家、小说家，著有诗集《醇酒集》等。
③ 马拉美：19世纪法国象征派诗人、批评家，主要作品有《牧神的午后》等。

总　结

12

　　简洁作为优点，不像清晰那么明显。我以此为目标，是因为我没有渲染的才能。我对别人的这种才能虽不免会羡慕，但我其实是有点讨厌这种才能的。譬如，读罗斯金①的书，我读上一页还可以，读到二十页就觉得讨厌了。曲曲折折的长句子、富丽堂皇的修饰语、充满联想的名词、层层叠叠的从句，如同海浪般一波接一波地扑过来，无疑会把你弄得晕头转向。一个语词接着一个词语就如一个音符接着一个音符，你注意到的与其说是思想，不如说是声音。这种音乐般美妙的渲染，很容易使你想到，你欣赏欣赏它的声音就可以了，不必再思考它有没有意思。然而，语词是专为意思而存在的。如果你看不到它的意思，你就不想看了。你会心不在焉。也就是说，渲染要有适合渲染的主题。一点琐碎小事，大肆渲染，当然是不合适的。在善于渲染的作家中，托马斯·布朗爵士②大概是最成功的。但即便是他，也不免会出问题。就拿《瓮葬》来说，其中最后一章的主题有关人类命运，用华丽的辞藻予以渲染是很合适的，由此让我们看到这位诺威奇③的医生写出了文学史上少见的美文。但是，当他用同样华丽的辞藻渲染那只瓮的发现时，其效果，至少在我看来，就不如最后一章那么好了，就如某个现代作家写到一个雏妓接待一个少年嫖客时大肆渲染，只会使你觉得恶心。

　　如果说渲染的才能并非人人都有，那么简洁也不是容易做到的。要写得简洁，需要严格训练。英国散文，总的说来，与其说是精美，不如说是简洁。但也不是向来如此。莎士比亚的语言确实非常简洁、非常生动，但不要忘了，那是台词，是要让演员念出来的。如果莎士比亚像高乃依④那样为自己的剧本写序言的话，那就不知道他会写得怎样了。很可能，他会写得像伊丽莎白女

---

　　①　罗斯金：19世纪英国艺术评论家、散文家，被称为"维多利亚时代艺术趣味的代言人"，著有论文集《现代画家》《艺术的政治经济》等。
　　②　托马斯·布朗爵士：17世纪英国作家、医生，著有《一个医生的宗教信仰》和《瓮葬》等。
　　③　诺威奇：英国东部城市。
　　④　高乃依：17世纪法国古典主义悲剧奠基人，与莫里哀、拉辛并称法国古典戏剧三杰，著有《熙德》《西拿》《波利厄克特》《贺拉斯》等。

王①的书信那样,辞藻华丽,大肆渲染。不过,更早期的英国散文,譬如托马斯·莫尔爵士②的散文,并不渲染,既不华丽,也没有那种演说的口气,倒是有点土里土气。在我看来,钦定本《圣经》对英语散文的影响是有害的。当然,我不会愚蠢到要去否认它的文体之庄重,否认它的语言铿锵有力。但是,这是一本来自东方的书③,其中的异国人物和我们并没有多大关系。还有它那种既夸张又感性的比喻,对我们来说也是陌生的。我不禁又想,当初英国脱离罗马教会④,对我们这个国家的精神生活来说是一大不幸,因为脱离罗马教会后,很长一个时期,《圣经》就成了英国民众每天的读物,对很多人来说,甚至是唯一的读物⑤。这样,《圣经》中的那些用词、那种节奏、那种夸张的语言,就成了民众模仿的对象。简洁纯朴的英语被矫揉造作的英语淹没了。愚蠢的英国人模仿希伯来先知,也开始卷着舌头说话⑥。英国人的民族性格也明显地出现了类似的变化。这也许是因为英国人天生有点浮躁,也许是因为英国人本来就喜欢巧舌如簧,也许是因为英国人本来就有讲究修饰的怪癖,譬如喜欢花花绿绿的刺绣,我说不清,反正从那以后,英国散文要写得简洁,就不得不一次次地与渲染之风抗争。譬如,德莱顿和安妮女王时代的散文家坚持用简洁的英语写作,但很快就被吉本⑦和约翰逊博士⑧的渲染之风吹走。后来,赫兹里特⑨和作为散文家的雪莱,以及多产时期的查尔斯·兰姆⑩,又使英国散文变得简洁,但不久又在德·昆西⑪、卡莱尔⑫、梅瑞狄斯和沃尔特·佩特手里被大肆渲染。看来,渲染比简洁更讨人喜欢。实际上,还有不少人甚至认为,不渲染的散文算不上散文。奇怪的是,他们崇拜沃尔特·佩特,却更喜欢读马

---

① 伊丽莎白女王:即伊丽莎白一世,16世纪英国女王,其统治时期在文学史上也被称作"莎士比亚时代"。
② 托马斯·莫尔爵士:16世纪英国作家、律师,著有《乌托邦》等。
③ 《圣经》原文是以色列犹太人使用的希伯来文。
④ 指16世纪欧洲宗教改革期间,英王亨利八世宣布英国教会脱离罗马教廷。
⑤ 脱离罗马教廷后的英国教会更强调《圣经》的权威,要求信徒天天读《圣经》。
⑥ 希伯来语中常有卷舌音,而远古英语是没有卷舌音的。
⑦ 吉本:18世纪英国历史学家,著有《罗马帝国衰亡史》等。
⑧ 约翰逊博士:即塞缪尔·约翰逊,18世纪英国散文家、诗人、评论家、字典编纂家、传记作家,编纂了第一部英语词典,著有《诗人传》等。
⑨ 赫兹里特:19世纪英国散文家、评论家,著有《时代的精神》《论仇恨的快感》等。
⑩ 查尔斯·兰姆:19世纪英国散文家,著有《莎士比亚戏剧故事集》《伊利亚随笔》等。
⑪ 德·昆西:19世纪英国散文家、评论家,著有《一个英国吸食鸦片者的自白》《论谋杀》等。
⑫ 卡莱尔:19世纪英国历史学家、散文家,著有《法国大革命》《英雄与英雄崇拜》等。

修·阿诺德①的散文。他们赞赏马修·阿诺德的散文内容充实，却未曾注意到，他的散文风格是简洁的，清晰而冷静的。

人们常说"文如其人"，殊不知那是一句貌似深刻、其实瞎说的格言。在歌德小鸟般灵巧的诗歌中和山羊般倔强的散文中，歌德其人在哪里？那不是赫兹里特吗？不过，我相信，某人如果头脑混乱，其文也一定是混乱的；某人如果性情多变，其文也是多变的；某人如果知识丰富、思维敏捷，其文也一定会充满明喻和暗喻，除非他自控力超强，故意避之。詹姆斯一世时代的英国作家沉迷于那时刚引进的语言新财富②，后来吉本和约翰逊博士也成了那种糟糕理论③的受害者。不过，两者的渲染方式还是大不相同的。我能心情愉快地读约翰逊博士写的每个字，因为他有见解、有智慧。若不是他喜欢渲染，本可以比任何人都写得好。一篇文章写得好不好，他其实心知肚明，一看便知。譬如，他对德莱顿散文的夸奖，再恰当不过了。他说德莱顿没有别的才能，唯一所能，就是简洁明了地表述他要表述的东西。约翰逊博士在《诗人传》④的某一篇结尾处还这么说："不管是谁，要想学会一种平易而不粗俗、高雅但不浮华的英语文体，都必须夜以继日地苦读艾狄生的散文。"然而，当他自己坐下来写散文时，又是另一回事了。他误以为渲染就是激昂，夸张就是卓越。他没有受过好的熏陶⑤，不知道真正的卓越是简洁和自然。

要写出好的散文，就要有好的方法。散文和诗歌不同，是一门讲技巧的艺术。诗歌是巴洛克⑥艺术。巴洛克艺术不是激情澎湃的，就是神秘奇幻的。这需要超自然的感知力。所以，我总觉得，巴洛克时期的那些散文家，譬如钦定本《圣经》的译者、托马斯·布朗爵士，还有格兰维尔⑦，他们本应该写诗歌的，却阴差阳错地跑来写散文了。散文是洛可可艺术，它不需要伟力，但要有品位；不需要灵感，但要得体；不需要气势，但要流畅。对诗人来说，形式就如马的缰绳，没有它，只是不太容易驾驭坐骑，而对散文家来说，形式就如汽

---

① 马修·阿诺德：19世纪英国诗人、批评家、教育家，著有《新诗集》《评论集》《文学与教条》等。
② 语言新财富：指17世纪法国古典主义文学。
③ 那种糟糕理论：指古典主义理论。
④ 《诗人传》：约翰逊博士所著，全称《最卓越的英国诗人之生活及对其作品的批判性考察》。
⑤ 约翰逊博士出身贫苦，靠自我勤学而成为大学者。
⑥ 巴洛克：原指17世纪盛行于西欧的一种讲究豪华的艺术风格，后用作渲染、修饰的同义词。
⑦ 格兰维尔：17世纪英国哲学家、散文家，著有《独断的虚华》等。

车底盘，没有它，汽车就不存在了。当讲究优雅和适度的洛可可艺术处于巅峰期时，便随之而产生了最好的散文。这并非偶然，因为洛可可艺术就是在夸张浮华的巴洛克艺术遭到世人嫌弃时产生的。那时，人们厌倦了那种一味渲染的艺术，希望有一种讲究简洁的艺术。这是城市文明的自然表达，是市民（不是乡民）的趣味倾向。幽默、大度、常识，越来越受人赏识，而充斥于十七世纪上半叶的那种大喜大悲、少有节制的艺术，显然已经过时。因为这个世界已变得越来越舒适，有越来越多中上阶层的人可以什么都不做，享受他们的闲暇。有人说，好的散文应该像有教养的人之间的闲聊。是的，当人们不再为生活奔忙、不再为生活焦虑时，就会悠闲地聊天。他们不仅生活安宁，对灵魂能否得救也不再犯愁（因为人死后到底有没有灵魂，谁知道！）。他们相信，人类文明已趋完美。他们彬彬有礼、衣冠楚楚（不是有人说，好的散文应该像绅士的服饰，考究而不招摇吗？）。他们害怕被人厌倦。他们既不嬉皮笑脸，也不一本正经，总是恰如其分。他们把热情洋溢视为幼稚可笑。所有这些，都是非常适合散文的社会境况。而且，毫无疑问，正是这种社会境况，催生了我们今天所能看到的最好的散文家——伏尔泰①。英国作家可能由于英语本身有诗化倾向②，很少能像伏尔泰那样把散文写得那么纯真、那么自然、那么确切，但他们至少能像有些杰出的法国作家那样，写得平易近人，简洁而清晰。这已经很了不起了。

13

动听是我说的三个特点中的最后一个，你认为它重要不重要，就看你的耳朵灵敏不灵敏。有很多读者，还有很多颇有名气的作家，耳朵不灵敏。我们知道，诗人写诗是经常要押韵的。他们自己也相信，押韵会产生神奇的效果。但是在散文中，我觉得并非如此。在我看来，只有在某种特殊情况下，散文才需要押韵。如果在一般情况下也押韵，读出来反而别扭。遗憾的是，这种随便押韵的现象遍地都是，读者也都见怪不怪了。还有，有些作家会毫不在乎地把两

---

① 伏尔泰：18世纪法国哲学家、剧作家、小说家、散文家，著有《哲学通信》《老实人》等。
② 英语本身有诗化倾向：指英语语法（较之于法语、德语等）不太严谨，常常需要意会，不很确切，而意会是诗歌的特点，故有此语（按：汉语语法比英语语法更不严谨，故而汉语是更有诗化倾向的语言）。

个押韵的词并列使用，或者毫不在乎地用一连串形容词修饰一连串名词，或者毫不在乎地在一个双辅音结尾的词后面写上一个双辅音开头的词，四个辅音连在一起，读起来疙疙瘩瘩，难受极了。这不过是几个常见的例子。我说这些是想表明：一个作家如若写出这样的句子，不是因为他粗制滥造，就是因为他耳朵不灵。一个词，不仅有形和义，还有音。要写出一个不仅有意义而且既美观又动听的句子，必须同时兼顾词的形、义、音。

  我曾读过很多语法书，觉得都没有什么用处，因为它们不是写得含糊不清，就是通篇都是空头理论。不过，对《福勒英语用法辞典》，就不能这么说了。这是一本非常有用的辞典。我觉得，没有比这更好的辞典了，因为人人都能从中学到一点东西。此外，这本辞典还罕见地具有可读性。福勒[①]写的词条，简洁、明确、易懂，没有一条是浮华空洞的。他还有一种明智的看法，即：常用语是语言的精髓，因而他很重视那些形象、生动的词语。他从不盲目强调语法，而是很乐意为那些不太符合语法的另类说法开绿灯。确实，很少有作家是完全遵守语法的。就是像亨利·詹姆斯[②]这样谨慎的作家，有时也会写出不合语法的句子——这种句子如果是哪个学生写的，肯定会被老师臭骂一顿。当然，懂得语法总比不懂语法要好，遵守语法总比不遵守语法要好。但要知道，语法只是一种公式化的语言规则，实际效果才是衡量语言的终极标准。我就很喜欢写不成句的短语，尽管这是违反英语语法的。如果我使用的是法语，这样的短语不仅符合法语语法，而且还是很常见的。看来，英语和法语的最大区别是：在法语中很自然的事情，在英语中就是不让你做。鲜活的口语，竟然要服从僵死的书面语，这是用英语写作的一大难点。为此，我还曾大伤脑筋，受过不少委屈。我写的几乎每一页稿纸，别人都会以语法为由要我修改，以至于有几次，我一怒之下把稿纸往旁边一扔，对他们说：我已尽力，改不好了！约翰逊博士曾夸奖蒲柏[③]说："他从不漠视一个语法错误而不加改正，也从不因为无法改正而把句子划掉。"这是我无论如何也做不到的。我并不奢望写得怎么好，只能写成怎样就怎样。

  [①] 福勒：20世纪初英国辞典编纂家，因编纂《福勒英语用法辞典》和《简明牛津辞典》而闻名。
  [②] 亨利·詹姆斯：19世纪和20世纪之际美国出生的英国小说家，著有《一位女士的画像》《鸽翼》等。
  [③] 蒲柏：18世纪英国古典主义大诗人，著有《田园诗集》等。

不过，福勒的耳朵好像不太灵敏，因而他没有意识到，为了句子读出来动听，有时不得不牺牲一点简洁。有些词，写到句子里有点牵强、有点陈腐，甚至有点做作，但只要能使句子读出来动听，或者能加强句子前后的平衡感，我认为，也可以照用不误。但我马上要补充说明：尽管你为了动听可以牺牲一点简洁，但绝对不能为了动听牺牲清晰。没有什么比写得不清不楚更糟糕了。清晰和简洁，除了弄得不好可能会有干巴巴的感觉，你没有其他理由说它们不好。当你发现戴假发还不如露着秃顶时，这个险还是值得冒的。但是，动听也有风险，那就是很可能会显得空洞。乔治·莫尔①刚开始写作时，尚未形成什么文体，你会觉得他好像是用一支未削尖的铅笔在粗糙的包装纸上写字，模模糊糊的。但他逐渐形成了自己的文体，写出了富有音乐感的句子。他对自己写的那种读出来很动听的句子觉得很得意，但他也没有逃脱空洞的风险。就像海水拍打布满鹅卵石的海滩，那声音那么动听，但不久之后，你就会觉得它单调而空洞，不想听了，甚至希望哪里传来一阵噪声，可以打破这种单调和空洞。我不知道怎样才能逃脱动听的这种风险。我想，作家最好具有比读者更强的厌倦机能，这样就能事先感知读者会不会厌倦。同样，作家对所谓的独特风格也要保持警惕。当你发现某种节奏的句子不断出现在你笔下时，你要自己问一问，这是否已经成了你的无意识动作。要想防止某种独特风格在某个时候变成某种习惯，是很难的，就如约翰逊博士所说，"一旦努力形成一种风格，就很少再能自由自在地写作了"。虽然我不无钦佩地认为，马修·阿诺德的写作风格很适合于他的写作目的，但我还是不无遗憾地承认，他过分强调自己的风格而令人厌烦。他的风格是他打造的一个工具，虽能一劳永逸地使用，但却不能像人的手一样，灵活地做出各种各样的动作。

如果你能写得清晰、简洁、动听，而且还很生动，那你就能像伏尔泰一样，写出极佳的散文。然而，说到生动，如果一味追求，也是要冒很大风险的，弄不好会像梅瑞狄斯那样，写得像杂耍表演，令人一看就厌。麦考利②和卡莱尔也用差不多的方式吸引过读者，后来也都因为过于做作而被冷落。他们竭力渲染，但效果适得其反。就如一个人扛着铁犁来耕地，想吸引人，每走两

---

① 乔治·莫尔：19世纪和20世纪之际英国作家、文体家，著有长篇小说《伊丝特·沃特斯》等。
② 麦考利：19世纪英国诗人、作家，著有《古罗马短叙事诗》等。

步就挥舞一下铁犁，结果呢，原本想看的人也走开了，因为没人相信他真的是来耕地的。好的风格应该是不露痕迹，好像是信手写来，毫无雕琢，其实却是精心制作的。如今在法国，我认为没有哪个散文家比科莱特①更令人佩服了。她的散文写得那么轻松、那么从容，你完全可以相信，她是轻轻松松、从从容容地写出来的。据说，有些钢琴家是天生的，别人千辛万苦掌握的弹奏技巧，他们不用学就会。我很愿意相信，有些作家也是这样的，譬如科莱特，我想就是这样一个天生的作家。但是，当我后来问她本人时，她的回答却使我大吃一惊。她说她的每篇文章都是反反复复修改出来的。她还说，她通常一个上午只能写一页稿纸，能不能达到轻松、从容的效果，还吃不准。同样，就我来说，如果有人觉得我也写得比较轻松、比较从容的话，那也是我刻苦努力的结果。我的天赋有限，要是不努力，我是写不出恰到好处，既不做作、又不俗套的词句来的。

14

我曾读到过，说阿纳托尔·法朗士②是那么推崇十七世纪的作家，以致他自己总是竭力使用他们使用过的句式和词汇。我不知道这是不是真的。如果是真的，那倒可以用来解释法朗士写的那种优美而简洁的文章为什么会缺少活力。因为你没有能力把你应该说的东西说出来，你的简洁是敷衍了事。任何人都应该用本时代的方式写作。语言是活的，是不断变化的。想写得像古代作家那样，只会使人觉得做作而不自然。我当然知道，流行的东西都是昙花一现，但我毫不犹豫地使用当今流行的常用词语。即便是俗言俚语，我虽然知道它们不出十年也许就没多少人能听懂，但只要生动有力，我也照样毫不犹豫地使用。如果要采用古典形式的写作风格，那就要非常谨慎地使用地方性的和临时性的用语。但我宁愿做一个俗里俗气的作家，也不愿意装模作样，因为生活是俗里俗气的，而作家所要表现的，就是生活。

我想，我们英国作家应该学习我们的美国同行。因为美国人写作时已不受

---

① 科莱特：19世纪和20世纪之际法国女作家，著有《流浪的女人》《纯粹的与不纯粹的》等。
② 阿纳托尔·法朗士：19世纪和20世纪之际法国作家、评论家，曾获1921年诺贝尔文学奖，主要作品有《诸神渴了》《天使的反叛》等。

钦定本《圣经》的约束，美国作家也很少受那些古代大作家的写作方式的影响，而在我们这儿，古代大作家的写作方式却是传统文化的一部分。美国作家——可能是不自觉地——已形成他们自己的写作方式，一种更为直接地来自生活中的日常交谈的写作方式。这种写作方式的最大优点就是直率、生动而且有力，相形之下，我们的写作方式显得既做作又死板。还有一点对美国作家来说也很有利，那就是他们的许多作家都曾做过记者，他们写新闻稿所用的英语，比我们的英语更直率、更生动、更有力。我们现在读报纸，就如我们的祖先读《圣经》。这并非说两者都没什么好处，因为报纸——特别是发行量很大的报纸——告诉我们许多事情，而且是我们作家不应该视而不见的事情。这是直接来自屠宰场的生肉①，如果我们嫌它有血腥味而调转头去，那真是太傻了。实际上，不管我们怎样想逃避，最终还是无法逃脱这种日常散文②的影响。然而，一个时期的新闻报道总是用相似的风格写的，好像全都出自一人之手，没有个性差异。若要不受这种无个性风格的影响，需要改变一下阅读方式。也就是说，需要经常接触近来某个时代的散文作品。这样，就会有一种可用以检验自身风格的标准，还会有一个可作为现代方式加以追求的理想模式。就我来说，我发现对两位作家加以研读最有利于达到这一目的，那就是赫兹里特和纽曼主教③。当然，我并不想模仿他们。赫兹里特有时太讲究修辞，他的文章有时会像维多利亚时期的哥特式建筑一样装饰过度。纽曼有时也会写得华而不实。但是，就他们最好的作品来说，两人都值得钦佩。他们的风格并不怎么过时，到今天似乎仍可称为当代风格。赫兹里特的风格强劲有力，他的文章生气勃勃。不过，你从他的文章中感受到的那个人④，却不是他生前的熟人所知道的那个小里小气、牢骚满腹、难以相处的人⑤，而是他把自己理想化的一个人（这个人只存在于我们心中，但他和我们在现实生活中看到的那个可憎可鄙、走路一拐一拐的人⑥一样真实）。纽曼的风格精致高雅、美妙和谐，时而轻松活泼、时而稳重深沉。他的文章就如树林中的美景，既肃穆端庄又馥郁芬芳。他们两人都写得极

---

① 此处"屠宰场"喻现实世界，"生肉"喻原始材料。
② 这种日常散文：指新闻报道。
③ 纽曼主教：19世纪英国教士、作家、"牛津运动"领袖。
④ 意为文章给人的印象。
⑤ 意为生活中的赫兹里特。
⑥ 指赫兹里特本人。

其清晰明快，但就最纯粹的品位要求而言，他们都写得不怎么简洁。这一点，我觉得马修·阿诺德胜过他们。不过，他们有一种奇妙的词语平衡感，而且都知道怎样写出令人赏心悦目的语句。他们都有极其灵敏的耳朵[①]。

任何人只要能把他们的这些优点融合在当今的写作方式中，就能写得比任何人都要好。

15

我经常自问，要是我全身心地投入创作，会不会成为一个更好的作家。很早的时候，几岁我记不清了，我就想，人生只有一次，我要尽可能多做点事。仅仅搞创作，对我来说是不够的。我要为自己设定一种人生，其中创作固然是重要部分，但我还要从事其他各种对人有益的活动，直到死亡为我画上圆满的句号。我生来就有不少缺陷。我长得矮小，虽有点耐力，却没有多大的体力。我口吃，为此我很自卑。我的健康状况也不太好。我不喜欢运动，而运动是英国人日常生活的重要部分。不知是出于这些原因呢，还是出于其他原因，反正我和别人相处时有一种本能的畏惧感，使我很难和他们相互熟悉。我喜欢和一个个的人交往，而不喜欢一群人在一起聚会。我没有那种可以在社交场合向人展示的个人魅力。虽然多年后我学会了在不得不和陌生人接触时装得很热情，但我从来没有初次接触就喜欢上什么人。我想我不会在火车车厢里和一个不认识的人打招呼，也不会在客轮上和同船的某个人说话，除非他先开口。我也没有酒量，不会三杯酒下肚后广交朋友，因为还没等酒精使我进入兴奋状态，我的胃就已经吃不消了，难受得要命。所有这些，对一个作家乃至对一个男人来说，都是严重问题。对此，我不得不慎重考虑。所以，我为自己设计人生，我为自己制定了一整套行为方式。我不敢说这套行为方式是十全十美的，但就我的先天条件和我周围的环境而言，我想，这是我能期待的最佳方式了。

亚里士多德在论及人类独特性时认为，植物和人一样也会生长，动物和人一样也有知觉，因而人类的独特性不在于此，而在于人有理性，人有灵魂。进而他又推论，人的肉体和感官是不重要的，重要的是人独有的理性和灵魂。所

---

① 意为他们对词语的读音都很敏感，所以写出来的文句都朗朗上口。

以，历代哲学家和道德家都贬低肉体和感官享受。他们说，肉体的快感是短暂的。但是，不管短暂不短暂，快感毕竟是快感。你在大热天跳进冷水里，虽然一会儿你的皮肤就对冷水不敏感了，但毕竟还是凉快了一会儿。对于各种感官享受，我一直都用我自己的方式加以体验，那就是浅尝辄止。偶尔过度，我也不担心，倒是觉得很过瘾，很兴奋。这样可以防止因为老是保持适度而使人变得麻木，而且对身体有好处，可以使神经放松。当肉体获得满足时，精神也往往更舒畅。确实，有时在红灯区里看星星，比在山顶上看更明亮。肉体所能感受的最强烈的快感，就是性快感。我认识一些人，他们倾其一生享受这种快感。现在他们老了，我有点惊讶地发现，他们都觉得很满足，并不认为虚度此生。不幸的是，我因为生性挑剔，无法享受这种特殊快感。我总是保持适度，因为我要挑挑拣拣。不过，当我时不时地看到有人在那些公共情人①身上获得性满足时，我虽不羡慕他们，但还是很佩服他们的能耐：他们竟然连碎肉渣和烂菜叶都吃得津津有味，难怪他们从不挨饿。

　　大多数人随波逐流，过着受无常命运摆布的生活。很多人由于家庭出生和生活所迫，注定要在一条狭窄的人生之路上一直走到底，既不会左转，也不会右转。他们的行为方式就是在这条路上形成的。是生活决定人们，而不是人们决定生活。一般人只能这样，尽管这样的人生远不如自我设定的人生那样满意，他们也没有别的办法。但是，艺术家却与众不同，他们不是一般人。我这里用"艺术家"一词，并不是指有艺术成就的人，而是指所有以艺术创作为业的人。我本想找到一个更好的词，但用"创造者"一词似乎分量太重，因为创造要有独创性，而怎样才算独创又很难界定。若用"工匠"一词，似乎分量又太轻，因为木匠也是工匠，甚至可以算是艺人。但不管怎样说，木匠的职业自主性还不如最拙劣的三流文人和最蹩脚的三流画家。所以，我只好用"艺术家"一词来指那些因从事艺术创作而在相当限度上可以决定自身行为方式的人。在其他行业，譬如说开业医生或开业律师，你可以自主选择哪些病人或哪些客户，然而一旦选定了，你就不再自主；你会受到职业规范的束缚，你要遵守某些行为准则。你的生活就这样被决定了。所以，只有我说的艺术家，或许还有职业罪犯，才能自主决定自己的行为方式，从而决定自己的生活。

---

① 公共情人：即妓女。

总　结

　　或许是追求完美的天性在我年轻时就已表现出来，或许是因为我在生活中感悟到了什么，反正我为自己设计了一种人生模式。这样做的缺点是，我的灵活应变能力很可能一开始就被抹杀了。现实生活中的人和小说中的人物有一个很大的区别，就是现实生活中的人是会随机应变的。有人说，生活基于直觉，用形而上学来解释生活是行不通的。这就是说，对于我们应该怎样生活，是不可能事先就预设好的，而模式恰恰是事先预设的，其中不包括随机应变。此外，我觉得还有一个更大的缺点，那就是预设人生会使你过多地生活在未来。一直以来，我就知道这是我的一个缺点，而且还努力想改正，但总是徒劳。我除非强迫自己，否则绝不会留恋过去的时光，回味往日的甘苦。即使在得到自己极其渴望的东西时，我也只有片刻的喜悦，接着又会开始想象将来会怎样。我每次走在皮卡迪利街[①]上总是担心街对面会发生什么事情。这确实很傻。过去的事情不会再变，其好坏也可以确定，这是常识。将来总会变成现在，而且和现在不会相差很远，这也是常识。但是，常识对我不起作用。我并非对现在特别不满，现在的一切和我的人生模式并不相悖，我完全可以接受。然而，使我感兴趣的，还是未来。

　　我犯过很多错误。我经常会有一种小说家常有的冲动，想在现实生活中模仿自己笔下的某些人物的某些行为。我曾故意试着做一些违心的事，而且因为虚荣心，拒不承认失败，坚持这样做。我曾过多地注意别人对我有什么看法。我曾为了逃避痛苦而做过无谓的牺牲。我曾做过许多傻事。我不做坏事，但我确曾做过不可忘却的傻事。如果我是天主教徒，我就会把这些事看作自己的罪行，并在受到惩罚或者得到宽恕后把它们忘记得一干二净。但我不是天主教徒，我不得不按常识来对待它们。对此我并不后悔，因为我觉得，我犯过的错误或许会使我对别人更加宽容。只是，领悟到这一点花了我很长时间。我年轻时对人很不宽容。我记得有一次我听到有人说"伪善是邪恶向美德的致敬"，竟然也感到愤怒，其实这句话是古人说的[②]，而我是第一次听到。我想，人应该有勇气承认自己的劣行。我虽然抱有真诚待人的理想，但我对人仍不宽容。这不仅是我的弱点，也是人性的弱点。我看到有人做事马虎，有人见风使舵，就觉得不可容忍。我从没有想过，其实我自己最需要得到宽容。

---

　　① 皮卡迪利街：伦敦的一条商业街。
　　② 这句话出自17世纪法国作家拉罗什福科的《箴言集》，意思是：伪善看上去像美德，实质上是邪恶。

16

说来奇怪,我们好像永远不会把自己的过错看得像他人那样不可原谅。这里的原因,我猜想大概是我们知道自己的过错是怎么产生的,所以就尽可能地原谅了自己。我们平时并不注意自己的过错,而当遇到麻烦不得不考虑时,我们也会发现自己的过错是可以理解、可以原谅的。说不定,我们这样对待自己是正当的,因为我们自身的错与对、好与坏都是我们的一部分,我们必须一起接受。

然而,在评判别人时,我们的自我却不是真实的自我,而是把对自己不利的一面掩盖起来的自我。举例来说,我们义愤填膺地指责他人说谎,但有谁敢承认自己也曾说谎,还不止一次,而是上百次?当我们发现有些伟人有软弱和狭隘的一面、有些大师有虚伪和自私的一面、有些名人有淫乱和纵欲的一面时,我们无不感到震惊。有些人甚至认为,揭露公众人物的性格缺点是别有用心。殊不知,人与人之间本来就没有多少区别,人人都是伟大与渺小、美德与恶行、高贵与卑劣的混合体。只不过,有些人的欲念强一点,有些人的机会多一点,这才得以在某个领域崭露头角,而就人的本性来说,他们和其他人并没有什么两样。就我而言,我认为我的行为并不比大多数人更好,也不比大多数人更坏,但我知道,如果我把自己内心的每个欲念都讲出来,人们一定会把我视为恶魔,尽管他们自己内心的欲念也和我差不多。

我不知道,人们一旦敢于正视自己的内心,是不是还有勇气指责别人。我们很大程度上生活在幻想中。我们的想象力越丰富,我们的幻想也就越多样、越生动。然而,当我们面对这些幻想时,有多少人敢承认?我们一定会感到羞耻而又装着不知道。或者,我们会大声说,你不能因为我们有淫荡的幻想就说我们淫荡,也不能因为我们有邪恶的幻想就说我们邪恶,如此等等。然而,我们的幻想和我们的行为一样,是我们的一部分。如果地球上有什么生物能感知我们内心深处的幻想,那么我们还是要对自己的幻想负责的,就如我们要对自己的行为负责一样。

人其实都很卑劣,然而对别人的卑劣,又感到特别愤怒。歌德在

《诗与真》①中讲到，他年轻时对父亲感到很愤怒，因为他父亲是法兰克福的一名卑劣的小律师，而他觉得自己的血管里流淌着的是贵族的血液。所以，他认为一定有一位王子曾来到法兰克福，遇见并爱上了他的母亲，于是就有了他——一位王子的后代。对此，我读的《诗与真》那一版本的编辑不无愤慨地在注解中作了说明。在他看来，像歌德这样一位伟大的诗人，竟然为了炫耀自己而不惜玷污母亲的名声，把自己说成一个私生子，实属卑劣。是的，确实很卑劣，但也并非不近人情。我甚至敢说，这并不罕见。肯定有许多处于叛逆期的男孩有过类似的幻想：幻想自己不是那个古板而守旧的父亲的亲生儿子；幻想自己的优良品质是从某个诗人、某个政治家或某个王子那里遗传来的。我对歌德晚年的高贵和庄严一直深表敬意，而他这样卑劣的自白，又使我感到他无比亲切。因为这表明，不管他写出了多么伟大、多么不朽的作品，他终究还是一个人。

我想，即便是圣徒在为自己的信仰献身时，或者在为人类的罪行祈求上帝的宽恕时，他们的内心仍受着欲念的折磨，仍在苦苦地压制着自己的贪欲和淫欲。众所周知，圣罗耀拉②尽管在蒙塞雷特修道院作了最后忏悔并得到赦免，但他仍觉得自己罪孽深重，仍觉得自己为欲念所困，并为此而想自杀。在他皈依天主教之前，他一直过着和当时许多富家子弟一样的生活，颇以自己的出身为傲，通奸、赌博，习以为常。但他至少在通奸时的表现还不错，比较大方。他从不欺骗和他通奸的女人，一旦被人发现，他也敢于担当，从不推诿。如果说他内心感到不安，那是因为他无法原谅自己的欲念，和别人无关。

得知圣徒也会受欲念的折磨，对我们来说是一大安慰。当我看到那些受人尊敬的大人物端庄地坐在那里时，我经常自问：即使在这种时候，他们的内心不是依然很孤独吗？不是依然有一些隐秘的、卑劣的、肮脏的念头在他们的脑海里一闪而过吗？是的，这在我看来很正常，对所有人来说都很正常，而知道这很正常，也就会使我们对人对己都抱有宽容之心。如果这样能使我们幽默地对待最出色、最体面的朋友，或者能使我们不再那么苛刻地对待我们自己，我觉得也已经很不错了。当我听到法官在法庭上庄严宣判时，我总会自问，这个做法官的人平时会不会也像他宣读的判决书一样不讲人情？我很想在他的审判

---

① 《诗与真》：歌德的自传，全名为《我的生活：诗与真》。
② 圣罗耀拉：16世纪西班牙天主教圣徒，耶稣会创始人。

台上放一包卫生纸，以此提醒他：你和别人一样，也是一个人。

17

有人说我愤世嫉俗。有人指责我把人写得太坏。我觉得我并没有这样。我所做的，只是把许多作家视而不见的某些社会行为表现出来而已。我想，我对世人的最深印象是他们没有一贯性。我从未见过言行一贯的人，倒是万分惊讶地见过同一个人身上存在着最不一致的性格特点，而且把这些特点放在一起，看上去好像还很和谐。我常自问，显然不一致的性格特点，怎样可能同时存在于同一个人身上。我曾见过甘愿自我牺牲的恶棍、心地善良的小偷和注重名誉胜于金钱的妓女。我对此所能作的唯一解释是：人人都本能地相信自己在世界上是独一无二的，因而他会觉得，自己的所作所为可能对别人来说是错的，但对他自己来说，就算不是理所当然的，至少也是无所谓的。我在人们身上发现的这种自相矛盾，使我深感兴趣，但我认为我并没有过分强调这种矛盾。我之所以时不时地遭到责难，原因可能是我没有对我笔下的人物的所谓劣行予以谴责，也没有对他们的所谓善行予以颂扬。这肯定是我的错，因为我对别人的原罪[①]并不义愤填膺，除非他们直接伤害了我，否则的话，即使我知道他们犯了原罪，最后也会原谅他们的。这和"不要苛责于人"[②] 是相符的。别人待你好，你要感激不尽；别人待你不好，你要坦然处之。因为就如那个雅典的陌生人[③]所说，"我们每个人都是差不多的，都由欲望和天性组成"。阻止人们去寻求那些不管从哪个角度看都是属于他们自己的东西[④]，那是缺乏想象力，而因为有些人缺乏想象力，就对他们发火，那是缺乏理解力。

我想，如果我只看到人们的缺点而无视他们的德行，那我理应受到指责。但我觉得事实并非如此。世上没有什么比善良更美好了，而我时常乐意表现的，就是有些人的善良。因为按照普通标准，这些人总是受到无情的谴责。我之所以要表现它，是因为我亲眼看到了他们的善良。在我看来，善良在他们身

---

① 原罪：sins，基督教认为人天生就有的罪，即人欲、贪财与好色等。
② 不要苛责于人：基督教戒律之一。
③ 雅典的陌生人：《柏拉图对话录》中与苏格拉底对话的人物之一。
④ 寻求那些不管从哪个角度看都是属于他们自己的东西：意即满足他们自己的欲望。

上似乎显得特别光彩夺目，因为它的周围是一片昏暗与罪恶。我认为好人理所当然是善良的，所以当我发现他们也有污点甚至恶意时，我就觉得很好笑。我因为看到坏人身上的善良而深受感动，至于他们的邪恶，我很愿意耸耸肩表示宽恕。我不是我兄弟①的监护人。我没有权利评判我的同胞。我只是观察他们而已。通过观察使我相信，就整体而言，好人和坏人并不像道德家要我们相信的那样有那么大的区别。

总的说来，我不从表面上看人的好坏。我不知道我这种冷静细察的习性是不是从我的父辈那里遗传来的，因为他们当初如果不是那么精明而不为人们的外表所骗，是很难成为一名成功的律师的。或者说，是不是因为我天生缺乏和人打交道的热情，故而使我像许多人那样，如俗话所说，把家鹅当作了天鹅②。还有，我曾作为医科生所受到的训练，肯定也助长了这种习性。我并不想做医生。我什么都不想做，只想做作家。但是，我羞于把我的想法说出来。因为在当时，一个属于体面家庭的十八岁男孩，竟要以文学为职业，这不管怎么说都是闻所未闻的。这想法太荒唐，因而我连做梦也没想到要对别人说。我总以为自己会去搞法律。但是，我的三个年纪比我大许多的哥哥已经在做这一行了，我再去做，似乎也太没出息了。

18

我很早就离开了学校。当初在预备学校，我一直不开心。我是父亲去世后被送到那里去的，因为那所学校在坎特伯雷，离我叔叔③担任教区牧师的白马厩镇只有六英里，附属于古老的皇家学校。我是十三岁按时入学的。我觉得初级班的老师一个个都是可怕的坏蛋，好在没过多久，我就从那里出来了，因为生了一场病，不得不到法国南部疗养一个学期。我母亲和她的姐姐都死于结核病，所以当发现我的肺部受感染时，我叔叔和婶婶都很担心。他们把我安置在耶尔④一个家庭教师家里。等我病愈后回到坎特伯雷时，我已经有点讨厌那个

---

① 我兄弟：喻同胞。
② 此处原文是 take their geese for swans，套用英语谚语 All his geese are swans（直译"他的家鹅都是天鹅"），意为敝帚自珍。
③ 毛姆出生在法国巴黎，幼年时父母双亡，被送回英国，由叔叔亨利·毛姆抚养。
④ 耶尔：法国南部城镇。

地方了。因为和我交朋友的同学都交上了新朋友,我很孤独。很快,我转入了高级班。因为缺课三个月,我的成绩跟不上,班主任总是责骂我。于是,我就对叔叔说,我想离开那所学校,到里维埃拉①去度过冬天,这对我的肺也有好处。然后,再到德国去学德语,这对我也有好处。至于要进剑桥大学,我可以在德国预修必要的科目。我叔叔是个没主见的人,听我说得似乎有点道理,就答应了。他并不怎么喜欢我,但我不能怪他,因为我知道,我也不是个讨人喜欢的孩子。再说,我的教育费都是我自己的钱②,他也就随我怎么办了。我婶婶对我的计划也没什么意见。她是德国人,出生于一个贫穷的贵族家庭,家里有祖传的盾形纹章,她很为此自豪。我曾在别处也讲过,她虽然只是个穷牧师的妻子,却从来不愿去拜访附近的哪个富有的银行家夫人,因为她看不起那些经商的人。我到德国去留学,是她帮我找了海德堡的一户人家为我提供住宿,那是通过她在慕尼黑的一个亲戚介绍的。

从德国回来,我十八岁,那时我对自己的未来就有了明确的想法。我比过去开心多了。我在德国尝到了自由自在的滋味,一想到再要到剑桥大学去受束缚,我就受不了。我觉得我已经成人,应该有自己的生活。我觉得时间一刻也不能浪费。我叔叔一直希望我和他一样,做一名牧师,但他也知道,没有什么职业比做牧师更不适合我了——因为我口吃③。所以,当我告诉他说我不愿到剑桥大学去学神学时,他也就像他平时那样,随口答应了。不过,我知道他们还是为我应该从事哪种职业颇费了一番心思。好像先是说,我应该去做公务员,为此我叔叔还特地写信给他一个在内务部身居要职的朋友,要他推荐推荐,但那个朋友回信说,现在推行公务员考试制度,要到政府部门谋职必须通过考试,可以推荐的职位一个也没有了。没办法,他们最后决定,我应该做医生。

我对医生这个职业没多大兴趣,但它却使我有机会到了伦敦,由此而积累了不少生活经验。一八九二年秋天,我考入圣托马斯医院的附属医科学校。最初两年的课程,我觉得枯燥乏味,所以我只是应付考试,对学业没有什么热

---

① 里维埃拉:法国东南部和意大利交界处一城镇,有名的疗养胜地。
② 毛姆父亲去世时留下约5 000英镑遗产,毛姆和三个哥哥平分,各得约1 200英镑,存入银行每年可得约150英镑利息,他叔叔就用这笔钱作为他的教育费。
③ 牧师要布道,口吃当然不行。

情。我不是个好学生，但我很自由，这是我一直向往的。我很喜欢有自己的住处，在那儿我想做什么就可以做什么。我把住处布置得很舒适，为此我洋洋得意。我把所有课外时间都用来读书和写作，而不像其他学生那样用来自修。我几乎不读医学书，而是大量读文学书。我的笔记本上记的都是我读了小说和剧本后的感想，以及我自己尝试写的戏剧片段，还有我对人生、对世界的非常认真、非常幼稚的思考。因为我忙于做这些事，我对医院里的生活并不关心，也没有什么朋友。但两年后，我先在门诊部做医务助理，后到外科做助手，渐渐对医院产生了兴趣。后来我开始在病房里工作，就更有兴趣了。有一次，我解剖一具高度腐烂的尸体而染上脓毒性扁桃体炎，本需要卧床休息几天，但我没等完全康复，就去上班了。我学的是妇产科，必须经过实习才能得到助产士证书。一旦得到证书，我就要到兰贝斯区①的贫民窟去为那里的产妇接生。那地方既肮脏又混乱，连警察也不大敢进去，但我背着的黑色医疗箱是我最好的保镖，那里的人不仅对我很友善，甚至对我很感激。有一小段时间，我在急诊室值班。那些日日夜夜把我累得筋疲力尽，但也使我兴奋不已。

19

因为我在那里接触到了我想接触的东西——普通人的生活。我在医院的那三年里，充分感受了人类所能表达的各种感情。这激发了我的戏剧本能，发掘了我的小说家潜力。直到四十年后的今天，我还清楚地记得一些人，还可以把他们描述出来。我当时听到的一些话，至今仍在我耳边回响。我亲眼看到人们怎样死去，亲眼看到人们怎样忍受痛苦。我既看到过期待、恐惧或解脱在人们脸上形成的表情，也看到过绝望在人们脸上留下的阴影。我还看到过勇气和毅力。我看到过从人们的眼神中表现出来的那种信心②，但那不过是幻想而已。我还看到过那样傲慢的人，因为拒不承认内心的恐惧，他们嘲笑医生无能，坚称自己绝不会死。

那时（当时大多数人都生活得很安逸，和平似乎是确定之事，繁荣也好像非常稳固），

---

① 兰贝斯区：伦敦市的一个自治区，位于泰晤士河南岸。
② 指宗教信仰。

有一派作家夸大艰苦的道德价值。他们声称,艰苦是有益的。他们声称,艰苦能使人更有同情心,更加灵敏。他们声称,艰苦可为人们的精神世界开辟美好的新生之路,可使人们更接近神圣的上帝之城。他们声称,艰苦能增强性格的力量,能使人从粗俗中得到净化,从而获得更纯洁、更完美的愉悦。宣扬艰苦有益的几本书获得了巨大成功,那几本书的作者因此而住进了舒适的别墅,天天美味佳肴,身体健康,声名卓著。我曾不止一两次而是十多次地记录过我的亲眼所见。我看到,艰苦不但无益,而且有害。由于生活艰苦,人会变得更自私、更猥琐、更狭隘、更猜疑。由于生活艰苦,人的注意力会集中在一些琐碎小事上。艰苦不会使人变得高尚,反而会使人变得不像人。我曾刻薄地说过,我们根本不能从自己的艰苦中获益,倒是可以从他人的艰苦中大大获益。

所有这些经历,对我来说都是很有意义的。要做一个作家,我不知道还有什么比先做几年医生更好的训练了。是的,到律师事务所去做律师也能对人性有很多了解,但总的来说,你在那里应对的是完全有自控能力的人。那些委托人对你撒的谎,也许和病人对医生撒的谎一样多,但他们撒的谎往往合乎逻辑,你很难看透他们,看到他们身上的人性。再说,律师通常对委托人提供的材料更感兴趣,而不是委托人本身,因而可以说,他们是专业化地、间接地了解人性的。医院里的医生则不然,他们看到的是赤裸裸的人性。一般说来,病人若沉默不语,你是很容易让他开口的。不过,通常情况是,病人一开始就不想沉默。大多数病人都因为恐惧而撤除了所有心理防线,有时甚至连面子、尊严也顾不上了。他们没完没了地诉说自己的病情,直到别人不想听为止。对大多数人来说,遭到无数次拒绝后,又会变得特别拘谨。医生大多很慎重,都会倾听病人自诉病情。对医生,病人没有什么事情是私密而不能讲的。

既然这样,人性当然就会显露出来。但你如果没有足够的智慧,也是什么都发现不了的。如果你是个固执偏见、墨守成规的人,或者是个性格软弱、多愁善感的人,那你即使在病房里工作一辈子,最后到你退休时仍会像刚就业时一样无知。要在行医经历中懂得人性,必须要有开放的心态,而且要对"人"这种东西感兴趣。我从来没有喜欢过"人",但我很幸运,因为我毕竟还觉得"人"很有趣,而且从来没有对这种东西感到过厌烦。我不太喜欢说话,但特别喜欢听别人说话。我对别人感兴趣，但不在乎他们是否对我感兴趣。我也没有指导别人的愿望。别人错了，不关我的事，我没必要去纠正。只要你冷静观察，就是从最乏味的人身上你也能发现许多有趣的东西。记得有一次我在国外，有个热心的女士开车带我出去游玩。一路上，她说了许许多多废话，不是人人知道的常识，就是老生常谈的套话，我一句也记不得了。但她说的一句话，却像少数几句妙语一样被我记住了。那是在经过海边时，我们看到一排小房子。她对我说："那是周末牢房，你明白我的意思，就是周六关进去、周一放出来的地方。"这句话我终生难忘，忘记了一定会终生遗憾。

我既不会在我厌烦的人身上多浪费时间，也不会在我着迷的人身上多浪费时间①。我觉得社交活动是一件很吃力的事情。我知道大多数人都觉得聊聊天是很惬意的，但要我聊天却很困难。我从年轻时起就严重口吃，稍长一点时间的交谈，就使我疲惫不堪。现在虽然好多了，但要我交谈，我仍会感到紧张。能抽身去读一本书，对我无疑是一种解脱。

20

我当然不会说，在圣托马斯医院度过的那几年使我完全了解了人性。我想，任何人都不会这样指望。我四十年来一直有意无意地关注人性，但仍然觉得人性难以理解。我仍很惊讶，我非常熟悉的人会突然做出一件完全出乎我意料的事情，或者突然暴露出某种我从不知晓的性格特征。或许是我在医院的经历，影响了我对熟人的看法，因为我在医院里接触到的都是病人，而且大多数是无知无识的穷人。为此，我努力防止自己有先入之见。我从不轻易相信别人。我倾向于相信人性之恶，而不是人性之善。要想对生活抱有幽默感，这是必要的前提。所谓幽默感，就是以人性的自相矛盾为乐趣。有了幽默感，你就不会相信什么伟大人物、伟大事业了，而会发现伟大背后隐藏着的卑劣动机。发现这种内外矛盾，会使你非常高兴，以至于当你发现不了时，你可能会编造一个来自娱自乐。你拒不承认世上有什么真、善、美，因为你喜欢看到的是人性的矛盾和世界的荒谬。有幽默感的人，一眼就能认出骗子，但永远看不到圣

---

① 意为他喜欢冷眼旁观陌生人。

人。或许，片面认识人性是你要为幽默感付出的代价，好在幽默感也给你带来补偿——你对某人的行为幽默地一笑，就不会再去生他的气了。有幽默感的人善于容忍：你耸耸肩，一笑了之，至多再叹口气，也就不会严厉指责他人了。你不再一本正经地讨论孰是孰非，而是满足于对人性的理解——其实，理解就是同情与宽容。

但我必须说明，我在圣托马斯医院的门诊部和病房里并非有意识地考察人性——因为那时我太年轻，根本不懂怎样考察人性——我是无意识地感知了人性。我在那里看到了一些人，看到了他们的所作所为，于是就把他们描述出来。我描述得可能并不完全合乎实际，我也知道他们中有人会不高兴。但是，要完全合乎实际是不可能的，因为不管怎样，我只能用我的眼光看他们。如果是一个开朗、乐观、富有感情的人去看他们，看出来的当然会和我不一样，但我不是这样的人。我所能说的仅仅是，我自始至终看着他们。我不像有些作家，从来不观察生活，而是完全凭想象来描绘人物的。或者说，他们是凭记忆来描绘人物形象，而不是直接描绘活生生的模特儿。他们仅仅是把自己的幻象似是而非地表现出来，如此而已。当然，如果他们思想高尚或者气质高雅，他们会为你描绘出一些高尚的或者高雅的画像。这些画像即使和熙熙攘攘的现实生活毫不相干，也不要紧。

但是，我从来就是用活生生的模特儿来绘制画像的。我记得有一次，在解剖室，辅导教师帮我熟悉人体构造。他指着一根神经问我，这是什么神经，我说不知道。他告诉我这是什么神经。我说不对，因为他说的那根神经一般不在这个位置。但他坚持说，那确实就是那根神经。我抱怨说，那也太异常了。他笑着说，在解剖学上，异常是经常的。当时我差点恼羞成怒，但他的这句话我一直铭记在心。从那以后，我逐渐认识到，这句话不仅适用于解剖学，也适用于人性。正常的人性倒是很少见的，因为正常的人性是理想中的人性，是用人性的一般特征人为地组合起来的，而完全符合这些一般特性的人，其实很少。我前面所说的那些凭想象描绘人物的作家，就是在表现不常见的正常人性，而不是生活中常见的异常人性。实际上，自私与慈爱、清廉与贪欲、虚荣与羞涩、公正与鲁莽、懒惰与勤奋、勇敢与怯弱，都同时存在于一个人身上，而且看上去还相当和谐。你可能不信，不过时间长了，认识的人多了，你自然就信了。

我认为过去几百年里的人和今天的人没什么区别，而且在他们相互之间看来，要比我们今天看他们更加相似。否则，当时的小说家就不会这样表现他们了。小说家当然要把某种人的特性表现出来。譬如，守财奴吝啬、花花公子浮华、暴食者贪吃。但很少有人想到，守财奴也可能浮华，也可能贪吃，这是我们经常看到的。更少有人想到，守财奴还可能是个诚实、正直的人，不但忠于职守，还热爱艺术。然而，当小说家表现他自身或他人的多重性格时，却被人指控为诋毁人性。据我所知，第一个有意表现多重性格的小说家是写《红与黑》的司汤达。他使同时代的批评家大为恼火，甚至圣伯夫①也严厉指责他（其实，圣伯夫只要深刻反省一下就会承认，截然相反的性格特点是可以在同一个人身上和谐并存的，因为他自己就是个多重性格的人）。于连·索雷尔②是历来小说家笔下最有意思的人物之一，但我认为司汤达没能把这个人物塑造得真实可信。其中原因比较复杂，在此暂且不谈。小说的前四分之三部分，他写得非常连贯。虽然他时而使你充满恐惧，时而又那么悲天悯人，但其中有一种内在的连贯性，因而你在读的时候常常是既感到震惊，又不得不认可。

不过，司汤达树立的榜样要等很久之后才有结果。巴尔扎克仿效司汤达，并以其所有才能，创造出了他自己的人物。他把他自身的巨大活力赋予了他的人物，以至于你会认为他们和真人一样。实际上，他们和旧式喜剧中的人物一样，是固定化为几种气质类型的。巴尔扎克的人物令人难忘，但他们显然是按不同的支配性情绪倾向③组合成人物关系的。我想，把个人看作是单质的，是人类固有的先入之见。显然，人们总是不费太多的劲就简单地形成对个人的看法，而且会用一句话概括："他是个大好人。"或者："他是个大坏蛋。"所以，发现救国英雄可能是个吝啬鬼、创新诗人可能是个势利小人，会使人们惊慌失措。我们与生俱来的自我中心主义，总是引导我们根据他人和我们的关系来判断他人。对我们来说，他人要成为某种固定的东西，这样他人才是他人。至于他人的其他方面，由于对我们来说是无用的，所以都被忽略了。

上述原因也许可以解释，为什么人们会那么不愿意看到把人的矛盾性格或多重性格揭示出来，为什么实事求是的传记作家讲到名人的真实情况时人们会

---

① 圣伯夫：19世纪法国著名文史学家、批评家。
② 于连·索雷尔：司汤达小说《红与黑》的主人公。
③ 支配性情绪倾向：即气质类型。

那么失望地转过身去。想到写《名歌手》中著名五重奏的那个大音乐家①既贪图钱财，又出卖朋友，真是令人苦恼。但是，如果他没有这样严重的道德缺陷，或许就不会有那么了不起的音乐才能了。有人说，名人的道德缺陷应该予以忽略，我相信他们肯定是说错了。我认为，对名人的道德缺陷还是多了解一点为好。这样，即便当我们发现自己和他们一样有明显的道德缺陷时，也依然能相信，这样的缺陷并不会妨碍我们获得和他们一样的成就。

21

我在医科学校的那几年，除了使我对人性有所了解，还使我学到了一些科学知识，懂得了一些科学方法。在此之前，我只对文学艺术感兴趣。虽然医科学校的课程要求很低，学到的知识有限，但不管怎样，这些课程还是把我带入了一个新的领域，一个我过去茫然无知的领域。我逐渐懂得了一些自然法则。更为重要的是，我涉猎的科学领域是唯物论的，其中的观念和我自己的有些想法是相吻合的，所以我很乐意接受。这正如蒲柏所说："让人们想说什么就说什么吧，不要想让他们赞同你的意见，除非你的意见正好和他们的意见相合。"我很高兴地懂得了人的思维是人脑的一种功能，而人脑和身体的其他部分一样，甚至跟星星和原子一样，都是受因果律支配的。我很高兴地懂得了宇宙就如一台巨大无比的机器，其运作过程中的每个事件都是由前一事件所决定的。因此，宇宙就是宇宙本身，宇宙就是全部的存在，没有宇宙之外的存在②。这些科学观念不仅激发了我的戏剧潜能，还使我内心充满了一种令人激动的解放感。

怀着年轻人的强烈愿望，我还接受了适者生存的理论。我已经很满意地知道了地球不过是宇宙中的一小块岩石，在绕着一颗逐渐冷却的二等星③旋转。现在我又很高兴地知道，人类不过是生物进化的一种产物，它不得不调整自己以适应周边的环境，而由于那颗二等星在逐渐冷却，当地球环境变得越来越冷时，人类终究会无法适应而灭绝。最后，当地球变成冰球时，所有生物都将荡

---

① 即19世纪德国著名作曲家瓦格纳，《名歌手》为其著名歌剧。
② 宇宙之外的存在：指上帝。
③ 一颗逐渐冷却的二等星：指太阳。

然无存。我很乐意相信，人类是可怜巴巴的木偶，受冷酷无情的宇宙法则的支配，受亘古不变的自然法则的束缚，注定要在永无息止的生存竞争中挣扎，而最终，当然是失败而灭亡，不可能有别的结果。我还颇为得意地知道了人是受野蛮的自私欲望驱动的。所谓爱，无论是男女之爱，还是亲属之爱，都不过是大自然跟我们开的一个下流的玩笑，为的是骗我们交配而使物种延续。我认定，不管人类设定什么目标，都是自欺欺人，因为人除了追求自身的满足，不可能还会有别的什么目标。

有一次，我帮了一个朋友的忙（出于什么原因我没有仔细想，但我知道人的所有行为都是为了自己，我当然也不例外），他想对我表示感谢（其实他不必这样，因为我肯定不是要他感谢才帮他忙的），问我想要点什么，我想了想说，那就送我一本赫伯特·斯宾塞①的《第一原理》吧。我如饥似渴地读了这本书。但我不能理解，斯宾塞为什么要对人类的未来感到悲伤，因为我很乐意看到这个世界变得越来越坏。想到遥远的未来，人类的科学和艺术都已毫无用处，人类的后代只能蜷缩在山洞里眼巴巴地等着极度严寒和永久之夜的降临，我还特别高兴。

那时，我是个极端悲观主义者，同时又是个极端享乐主义者，总想多多地享受生活中的各种乐趣。我立志要成为一个作家。为此，任何一个有利机会我都不错过，任何一本有用的书，我都读。

22

那时，我生活在一群似乎天赋要比我好得多的年轻人中间。他们能写、能画、能作曲，多才多艺，使我羡慕不已。他们还具有我根本不可能有的艺术鉴赏力和批评家的判断力。但是，这些人中的有些人，在还没有实现我想他们应该有的理想前就死了，其余人呢，全都默默无闻地活着。我现在知道，他们拥有的只是年轻人的天然创造力。写写散文或者诗歌、在钢琴上弹弹曲子或者在画布上画画，是许许多多年轻人的本能表现。这种表现仅仅是出于年轻人的精力旺盛，并不比幼儿在沙滩上堆一座沙丘更有意义。所以，我怀疑，我当初之所以会那么羡慕我的那些朋友，是因为我自己太天真。不然的话，我或许早就

---

① 赫伯特·斯宾塞：19世纪英国哲学家、教育学家、社会学家、心理学家、社会达尔文主义倡导者。

能看出，他们的那些被我误以为是他们原创的作品其实都是二手货；他们写的诗和谱的曲，与其说是出于他们丰富的想象力，不如说是出于他们良好的记忆力①。关于这种能力，我想说的是，即便不是随处可见，大概也可说很常见，没什么稀奇。年轻即意味着冲动。艺术的一大悲剧就在于有许许多多年轻人因为受这种一时冲动的误导而去搞艺术创作。但是，随着年龄的增长，他们却什么也没有创作出来，这时他们不得不面对往后的漫长岁月，因为时到如今，他们既不愿意去从事平常的工作，又绞尽脑汁也创作不出什么东西。我知道这有多么痛苦。他们若能找到某种与艺术多少有点关系的谋生之道，譬如做记者或者教书，已是万般幸运了。

当然，艺术家也是从这些性格冲动的人中间产生的。没有冲动，他就不会有才能。但是，这仅仅是才能的一部分。我们每个人的意识一开始都处于孤寂状态，后来根据所得到的信息以及和他人意识的交流，我们才在自己内心构建起一个适合于我们自身的外部世界。由于我们人人都是进化的产物，加上我们的环境或多或少是相同的，因而我们每人在内心所建构的外部世界大致上也是相同的。为方便和简易起见，我们一般又会把它们视为完全相同，即承认我们有一个共同的外部世界。艺术家的特别之处，就在于他的内心不同于众，因而他所构建的外部世界也不同于众。正是这种特异性质，使他具有胜过众人的才能。他所描绘的那个他自己的世界，之所以会吸引相当多的人，不是因为它的新奇、它的内在趣味，就是因为它和他们自身的偏爱相契合（因为没有人的内心是和另一个人一模一样的，只是相像而已，所以不是每个人都认可共同世界的每个方面），这时他的才能就会广为人知。如果他是个作家，他就会很自然地满足某些读者的某种需要。他们会和他一起经历某种精神生活，而且这种精神生活比环境强加于他们的生活更使他们觉得满意。但是，也有人不会为艺术家的这种特异性质所吸引。他们对艺术家人为构建的那个世界不感兴趣。实际上，还可能非常反感。既然这样，艺术家对他们也就无话可说了。他们也不会承认艺术家的才能。

我不相信天才是一种和其他才能完全不同的奇特才能。我甚至都不太确定，天才是否有赖于艺术家与众不同的先天禀赋。譬如，我认为塞万提斯②在

---

① 意为都是无意识地模仿他人。
② 塞万提斯：16世纪西班牙作家，《堂吉诃德》作者。

写作方面并没有什么特别的先天禀赋，但几乎没有人不认为他是天才。反过来说也一样，在英国文学中，很难再找到比赫里克①更有先天禀赋的诗人，但没有人说赫里克是天才，只说他有一种讨人喜欢的才能。在我看来，天才是由创造性先天禀赋和一种特异性质组合而成的，后者不仅可以使人从一个极高的高度个性化地看待世界，而且还具有这样的普遍性，即：他不仅仅对这种人或那种人有吸引力，而是对所有人都有吸引力。天才的个人隐秘世界其实是一般人都有的，只不过，他的隐秘世界更为丰富、更为清晰。天才所传达的信息是普遍性的信息，人们虽然不能确切说出其中有何含义，但都觉得它很重要。天才其实比任何人都要正常。只不过，他生而有幸，精力充沛、情绪亢奋，就如音乐会上的男高音。同时，他又用和大多数人一样正常的眼光看待生活，看待生活中的千变万化。用马修·阿诺德的话来说，天才稳重地看待生活，看到了生活的全部。可惜，天才很少出现，一个世纪也只有一两个。这可以用解剖学来说明：完全正常的人是少而又少的。现在有许多人，看到有人写了五六个机智有趣的剧本或者画了二十幅还算不错的图，就称其为天才，那当然很愚蠢。其实，不说天才，只要有点才能就够好了，因为有才能的人也很少。即便是一个有才能的艺术家，也只能达到二流水平，但他不必为此惶惶不安，因为有许多二流艺术家的作品是价值非凡的。只要想一想，像《红与黑》那样的小说，像《什罗普郡的浪荡儿》②那样的诗歌，像华托③那样的绘画，其实都属二流，那就不必自惭形秽了。要想把自己的才能发挥到极致是不可能的，但在你发挥才能的道路上却会惊讶地发现许多景物：一个空旷宁静的峡谷、一条水花飞溅的激流，或者，一个神秘兮兮的洞穴。人性的乖僻，就在于人们往往不敢堂堂正正地面对人性，更不敢从从容容地考察人性。人们往往会躲开托尔斯泰《战争与和平》的熊熊大火而去享受伏尔泰《老实人》的沾沾自喜④。他们很难欣赏米开朗琪罗的西斯廷教堂穹顶画，却很容易喜欢康斯太布尔⑤的索尔兹伯里大

---

① 赫里克：17世纪英国"骑士派"诗人。
② 《什罗普郡的浪荡儿》：20世纪初英国诗人阿尔弗雷德·豪斯曼的诗集。
③ 华托：18世纪法国洛可可画派画家，其作品是洛可可画派的最高成就。
④ 此句意为《战争与和平》是一般人不会欣赏的一流作品，而《老实人》则是人们喜欢的二流作品。
⑤ 康斯太布尔：18世纪和19世纪之际英国风景画家，其代表作是有索尔兹伯里大教堂为主题的系列风景画。

教堂风景画①。

我的同情心是有限的。我只能是我自己，我部分是遗传的，部分是生活环境所致。我的自我是有偏向的。我不善于社交。我不会饮酒，也不会觉得我对我的同胞有什么了不起的爱心。请客吃饭使我厌烦。当人们坐在酒馆里或者坐在顺流而下的船舱里歌唱时，我坐在旁边一声不响。我甚至连一首赞美诗也从未唱过②。我不喜欢别人碰我，有人挽住我的手臂时，我总想把他甩开。我从不忘记我自己。我对人们的歇斯底里很反感，所以当我看到有人伤心得死去活来或者高兴得手舞足蹈时，我总是侧目而视。我虽曾恋爱过好多次，但我从未得到过爱的报偿。我知道恋爱是生活中最美好的事情，我也知道几乎人人都享受过恋爱的甜蜜，但都很短暂，也许转眼即逝。我最喜欢那些对我不太关心或者毫不关心的人，因为关心我的人总使我觉得尴尬。这是我一直不知如何应对的难题。为了不伤害他们的感情，我往往只好装得很热情，实际上毫无感觉。我总想摆脱这些关心我而且缠住我的人——可能的话，我想客客气气地打发他们；不然的话，我就只好怒气冲冲地赶走他们了。我很佩服自己，佩服自己的独立不羁。我从来不会唯唯诺诺地做人。我从来不会体谅普通人的感情，所以，我的作品从来都不是温馨的、感人的或者安详的——那只有最伟大的作家才能做到。

23

让读者了解作家的内情是危险的。作家在读者心中的偶像很容易毁坏，到那时他们反而会憎恨你，因为他们喜欢的是偶像，至于你是用什么方式使你变成偶像的，他们并不想知道。安东尼·特罗洛普③的小说至今已有三十年没人读了，原因就是他把自己每天规定要写多少字、自己是怎样使那些小说卖到好价钱的，全都说了出来。

不过，对我来说，人生之旅快要结束，隐瞒不隐瞒实情都无所谓了。我不

---

① 此句意为米开朗琪罗的西斯廷教堂穹顶画是一般人不会欣赏的一流作品，而康斯太布尔的索尔兹伯里大教堂风景画则是人们喜欢的二流作品。
② 意为他从不到教堂去做礼拜。
③ 安东尼·特罗洛普：19世纪英国最多产小说家，一度很有名，读者主要是年轻人，但他被后人称为"小说匠"，因为他出名后承认自己写小说纯粹是为了赚稿费。

想要别人把我想得好一点。我也不想只让喜欢我的人来说我怎样怎样，让其他人都走开。我除了有特殊的才能，还有头脑；除了有头脑，还有性格。其实，类似这样话，我多年前就曾对一个可爱可敬的批评家说过。现在想来，我还是不知道我为什么会对他说那些话，因为通常情况下我是不大在普通熟人面前谈论我自己的。那是战争爆发①后的最初几个月，在前往佩罗纳的途中，我们在蒙迪迪耶②吃午饭。我们已经辛苦工作了好几天，很高兴能舒舒服服地吃顿饭，所以一个个胃口大开。我想，我大概是多喝了一点酒，脸发红了。还有，我承认我那天可能有点兴奋，因为那天我根据在市场上看到的一座塑像推断，那个把土豆引入法国的帕尔芒捷③，他的出生地就是蒙迪迪耶。总之，那天酒足饭饱后，我一时兴起，对自己的才能作了一番高度的自我评价，但一点也不是自我吹嘘。没想到，几年后我在一份大报的专栏里竟然读到了我当时说的那番话，而且几乎是原原本本的。我有点恼怒，因为你自己说自己怎样怎样不等于别人就可以来说你怎样怎样。因为，那位批评家并没有说明，他写的那些东西是从我嘴里听来的。否则的话，我倒还会喜欢他的。但不管怎样，我还是责怪我自己不谨慎。我想，他要显示他多么有眼力，是理所当然的。事情也正是这样。但是，这却使我倒了霉，因为那位批评家是相当有影响力的，他在那篇文章中说的话后来被人反复引用，弄得满城皆知。还有一次也是，我坦率地告诉读者，我的才能不同寻常。按理说，人们应该理解，我这么说的意思无非是想表明，批评家应该懂得艺术家的创作能力是一种不寻常的能力。然而，没想到那以后人们开始用"不同寻常"一语来讥笑我。这使我百思不得其解，人们那么崇拜艺术作品，连那些艺术复制品也被当作宝贝来收藏，为什么艺术家的才能反被认为是不值钱的寻常之物。

　　我听说，有的歌手是天生的，有的歌手是训练出来的。当然，就是训练出来的歌手也肯定有较好的嗓音才能进一步加以训练，还要有音乐素养和品位才能发挥他的嗓音，才能唱得使许多人——特别是懂音乐的人——觉得好听。但是，训练出来的歌手毕竟不会像天生的歌手那样用鸟鸣般的纯正之音使你为之入迷。天生的歌手也许没经过什么充分训练，也许既不懂声乐技巧，也没有声

---

① 指第一次世界大战爆发，即1914年。
② 佩罗纳、蒙迪迪耶：均为法国地名。
③ 帕尔芒捷：18世纪法国人，因先在法国、后在全欧推广土豆种植而出名。

乐知识，可能还会违反艺术规则，但他的声音本身就具有魅力，会把你深深地吸引住。当他那种天堂般美妙的声音传入你耳朵时，你会觉得他的不守规则、他的不够雅致、他的不懂含蓄都是无所谓的。可惜，我是个训练出来的作家。不过，要是我把自己的所有成果都归功于我自己的精心设计，那也太自以为是了。我曾出于非常单纯的动机而走过各种不同的路，只是现在回过头来看，我才发现自己一直无意识地在努力达到某种目标。那就是充分展现我的个性，以此弥补我的天赋不足。

我头脑清醒而且井井有条，但不怎么精细，也不怎么聪明。我一直希望能再好一点，而且为我不能像自己所希望的那样而恼怒。我就像一个只会做加减法的数学家，虽然很想做各种复杂运算，但自知没有这种能力。我用很长时间才说服自己，应该发挥自己的长处。我觉得，我的头脑足以使我选择合适的职业并取得成功。我不是那种除了自己的专长一无所知的人。在法律、医学和政治方面，我清晰的头脑和敏锐的眼光是很有用的。

我有一个长处，即：从来不会缺少写作题材。我脑子里总有许多故事，只要有时间就能写出来。我时常听到有些作家抱怨说，他们很想写，就是没什么可写。我还记得有个颇有名气的作家曾对我说，她正在研读某本关于各类小说情节的书，以期从中找到某个主题。我从未有过这样尴尬的处境。我们知道，斯威夫特曾说他不管什么东西都能写，于是有人给他出难题，要他写一篇关于一把扫帚的文章，而他照样令人满意地写出来了①。我几乎可以肯定，我只要和某人在一起待上一个小时，就能从他身上找到材料写一个至少可读的故事。这使我很愉快，因为脑子里有许多故事，不管你心情如何，总有一个故事会使你耽于幻想，或一两个小时，或一两个星期。幻想是创造性想象的基础，幻想是艺术家的特权，因为幻想在艺术家那里不像在其他人那里是逃避现实，而是他进入现实的一条途径。他的幻想是有意图的。此外，幻想还能使他获得一种快感，一种相比之下使肉体快感显得黯然失色的快感，因为它保证了他的自由。即使艺术家沉溺于这种幻想的快感而逃避创作的艰辛和失败，我们也不必大惊小怪。

我的创作虽然很多样化——这是因为人是各式各样的缘故，不足为奇——

---

① 即斯威夫特的著名散文《关于一把扫帚的沉思》。

但我没有多少想象力。我往往只是把生活中的人直接置于某种和他们的性格相符的境况中，或是悲剧性的，或是喜剧性的。他们的故事，可以说是由他们自己讲述的①。我没有那种天马行空般展翅高飞的能力。我本来就没有丰富的想象力，还常常受制于自己头脑中的或然率②。我画的是写生画，不是壁画③。

24

我年轻时曾由衷地希望有个能人来指导我读书。因为我把大量时间浪费在那些无用的书上，而且每当我想起这件事，就叹息不已。好在我后来得到了一些指导，那是我在海德堡时和我同住的一个年轻人给予我的。他叫布朗——是的，没错。那时他二十六岁，从剑桥大学毕业后就成了一名律师。他有点钱，在那个物价还未上涨的年代，足以过得舒舒服服，但他却觉得做律师枯燥乏味，决定搞文学，还到海德堡来学德语。我认识他有四十年之久，直到他去世。在前二十年间，他所想的，就是以写作自娱自乐。在后二十年间，他所想的，则是祈求上帝仁慈，再让他以写作自娱自乐。他写了许多诗，但他既无想象力，又无激情，耳朵也有问题④。他曾花好几年时间翻译柏拉图的对话录。不说柏拉图的对话录大多数已经有人翻译过，我还怀疑他是否真的译出过一篇对话录。他不仅缺乏意志力，多愁善感，而且还有点虚荣。他个子矮小，但脸长得很英俊，身材也很匀称，还长着一头卷发，一双浅蓝色的眼睛，神情忧郁，若有所思。看上去，他完全是人们想象中的诗人的那副模样。而当他懒懒散散地过了几十年而变成一个瘦弱、秃顶的老人后，他的那副模样又会使你把他当作一个常年蛰居书斋的大学教授。他神情淡漠，就像一个洞悉宇宙奥秘而深知人生虚无的哲学家，对一切都抱着怀疑而鄙视的态度。他逐渐花光自己的积蓄后，宁可接受别人的施舍也不愿去工作，所以他常常会发现，要勉强维持生计也很困难。好在他从未丧失过自信心。这使得他能够顺从地忍受生活的穷困潦倒，漠然地面对自己的一事无成。我想，他从不觉得自己是个可恶的骗

---

① 意为他的故事是从人物性格中演化出来的。
② 或然率：即概率、可能性（当你考虑到可能性时，想象力就大打折扣了）。
③ 画写生画是有模特儿的，画壁画全凭想象。
④ 意为他不懂诗歌韵律。

子，而他的一生其实就是一场自我欺骗。但在他临死之际——如果他知道自己要死的话，而实际上他并不知道——我相信，他一定认为自己并未虚度此生。

确实，他很有魅力，不妒忌他人，虽然有点自私而不太关心他人，但也不是不近人情。尤其是，他具有真正的文学鉴赏力。我和他在海德堡的小山上一起散步时，他曾和我谈起过书与读书。他和我谈意大利，谈希腊，其实他并不了解这两个国家，但他却激发了我年轻的想象力，我于是开始学习意大利语。我以宗教皈依者的热诚接受他对我所说的一切。就是他要我仰慕的几本书后来表明并不值得仰慕，我也不想责备他。他刚来时发现我正在读从公共图书馆借来的《汤姆·琼斯》①，就对我说，这书当然不坏，但最好还是读一读《十字路口的戴安娜》②。他当时是个柏拉图主义者，但他还是把他的一本雪莱译的《会饮篇》③送给了我。他和我谈勒南④，谈纽曼主教，谈马修·阿诺德，但他竟认为阿诺德有点庸俗。他和我谈论斯温伯恩的《诗歌与歌谣》，谈论奥马尔·海亚姆⑤。他熟记很多四行诗⑥，在散步时背诵给我听。我顿时被两种情绪割裂，一边是由诗句中伊壁鸠鲁⑦式的快乐主义带来的热情，一边是由他背诵时的语调引起的困窘，因为他的语调就像助理牧师在昏暗的教堂地下室里念经，令人昏昏欲睡。

但不管怎么说，如果你想做个有文化的英国人而不想做一个英国市侩的话，你确实应该仰慕瓦尔特·佩特和乔治·梅瑞狄斯。为此崇高目标，我非常愿意照他所说的去做。虽然这看上去好像不可思议，但我还是咯咯地笑着读完了《夏巴特的修面》⑧。我觉得这本书非常有趣。随后，我就一本接一本地读乔治·梅瑞狄斯的小说。我觉得它们都很精彩，但没有我预想的那么精彩。我对它们的仰慕之心并非出于自然。我仰慕它们，是因为一个有教养的年轻人应

---

① 《汤姆·琼斯》：18世纪英国小说家菲尔丁的长篇小说。
② 《十字路口的戴安娜》：19世纪英国小说家梅瑞狄斯的长篇小说。
③ 《会饮篇》：柏拉图对话录中的一篇。
④ 勒南：19世纪法国哲学家、作家，著有《耶稣传》等。
⑤ 奥马尔·海亚姆：古代波斯大诗人，其诗集《鲁拜集》由19世纪英国诗人菲茨杰拉德译成英文，对英国诗坛颇有影响。
⑥ 四行诗：即奥马尔·海亚姆的诗体。
⑦ 伊壁鸠鲁：古希腊哲学家，倡导恬静无为的快乐哲学。
⑧ 《夏巴特的修面》：全名为《夏巴特的修面：一个阿拉伯故事》，乔治·梅瑞狄斯的长篇小说。

该有所仰慕。我陶醉在这样的情绪中，也就不愿倾听内心的呼声，挑它们的毛病了。现在我知道，这些小说里有大量浮夸的言辞。但奇怪的是，当我重读这些小说时，我就会想起初读它们时的情形。对今天的我而言，它们仍是丰富多彩的：阳光明媚的早晨、正在觉醒的才智，还有甜美的青春梦。所以，当我合上梅瑞狄斯的一本小说——譬如《埃文·哈林顿》——时，即便我内心认定它是那样虚假而令人气恼，那样势利而令人厌恶，那样冗长而令人难受；即便我暗暗发誓再也不读他的小说了，我还是会自我否定，最后还是会承认，这是一本极好的小说。

另一方面，我在同样兴奋的情绪中读瓦尔特·佩特的书，却有完全不同的感受。我觉得，读他的书并没有使我产生愉快的联想，因而他的书并没有那些他自己不敢声称的所谓超凡之处。我倒发现他的书和阿尔玛-塔德玛①的画一样枯燥乏味。至于他的散文，有人竟然会敬佩，那也很奇怪。其实，他的散文写得既不流畅，又没有什么艺术感，而是像某个手艺一般的工匠在火车站餐厅墙壁上所做的镶嵌细工装饰。他那种蔑视日常生活、自命清高的绅士派头——简而言之，那种学究作风——使我感到厌恶。艺术应该以热情和力量来获得欣赏，不能因为害怕有人在公共休息室里吹毛求疵，就变成那种不冷不热、不死不活的所谓优雅。不过，瓦尔特·佩特是个彬彬有礼的人，我也就不再强烈谴责他了。我不喜欢他，不是因为他这个人，而是因为他代表了文学界的一种可憎的普遍现象，那就是自以为有文化而自视甚高。

文化的价值在于它对性格的影响。如果文化不能使人品格高尚，不能使人力量倍增，那就一无用处。文化的目的在于人生，不在于美，而在于善。不过，就如我们所知，文化也常常使人自以为是、自鸣得意。有谁没见过某学者在纠正他人的一处小小的引文错误时的那种洋洋得意？有谁没见过某鉴赏家听到不同意见时的那种鄙夷神情？读一千本书并不比耕一千亩地更有价值。评论一幅画也不比修一辆汽车更有意义。每个行业都有专门知识。股票经纪人有专门知识，技工也有。知识分子有一个愚蠢的偏见，就是以为只有他们的知识才是知识。真、善、美并不专属于有钱上名校的人，也不专属于整天泡图书馆或经常出入博物馆的人。就是艺术家，也没有理由认为自己高人一等。如果艺术

---

① 劳伦斯·阿尔玛-塔德玛：19世纪和20世纪之际英国皇家学院派画家中的荷兰裔画家。

家认为自己的知识比别人的知识更重要，那只能说明他浅薄；如果他不能平等而愉悦地对待他人，那只能说明他愚蠢。由此看来，马修·阿诺德大大地损害了文化，因为他坚持反庸俗主义立场。

25

我十八岁时学会了法语、德语和一些意大利语，但我深知自己还很无知。于是，我就读我能弄到的所有能读的东西。我的好奇心如此强烈，以至于秘鲁的历史或者牛仔的回忆录，我也想读，就如我想读关于普罗旺斯诗歌的论文或者圣奥古斯丁①的《忏悔录》。我想，这使我有了相对多的知识，而拥有这些知识，对一个小说家来说是很有用的。因为说不定，哪一点冷僻的知识会在哪一天正好派上用场。

我曾把自己读过的书列成好几张书单，其中有一张出于偶然至今仍在我手边。那上面写着我在两个月里读过的书。当然，那是我为我自己写的，别人相信不相信无所谓。那张书单表明，我在这段时间里读了三部莎士比亚的剧本、两卷蒙森②的《罗马史》、大部分的朗松③《法国文学史》、两三部小说、一些法国古典作品，还有几本科学著作和易卜生④的一个剧本。

我那时确实是个勤奋的学徒。在圣托马斯医院实习期间，我系统地读了英国文学、法国文学、意大利文学和拉丁文学。我还读了很多历史书、一些哲学书和很多科学论著。我的好奇心太强了，以致对读过的书往往没花时间去认真思考。我迫不及待地读完一本书，又迫不及待地开始读另一本书。

读书对我来说是历险，每当我开始读一本名著时，我总是心情激动得像一个年轻的垒球选手要上场去击球，或者像一个少女要去参加交谊舞会。记者采访时经常会问受访者，什么时候是他生活中最激动的一刻。如果是问我而我不

---

① 圣奥古斯丁：古罗马帝国时期哲学家、神学家，生于北非塔加斯特，其神学思想成为基督教教义的基本来源。
② 蒙森：19 世纪和 20 世纪之际德国历史学家，曾获 1902 年诺贝尔文学奖，主要著作是五卷本《罗马史》（第四卷未完成）。
③ 朗松：19 世纪和 20 世纪之际法国文学批评家、文学史家，主要著作是《法国文学史》。
④ 易卜生：19 世纪末挪威著名剧作家，著有《玩偶之家》《人民公敌》等。

羞于回答的话,我会说,是我第一次拿起歌德的《浮士德》开始读的那一刻。我从未失去那种感觉,即便到了现在,我有时读这本书的最初几页,仍会热血沸腾。

读书对我来说也是休息,就像对别人来说,聊天和打牌是休息。不仅如此,读书还是我的必需,如果有谁剥夺我读书的权利,哪怕是一会儿,我也会像吸毒者被夺走海洛因一样暴跳如雷。我觉得读读火车时刻表或者菜单,也比什么都不读要好。还不只是读读而已。我曾认认真真读过军需部购物处的价目表和旧书店里的书目表,读得津津有味。我觉得,就是读读拉丁字母表也使我心旷神怡,比读近来出版的一半小说有意思得多。

但我也时常放下书,因为我意识到时光流逝,人生苦短。我活在这个世界上,因为要写作就要有人生经验,这是必须的,但我活在这个世界上本是为了经历人生,而非为了写作。对我来说,仅仅成为一名作家似乎还不够。因为我为自己设定的人生理想很明确:最大限度地体验人生,体验做人这件奇妙的事情。我要体验作为一个人的种种痛苦,同时也要体验作为一个人的种种欢乐,这是作为一个人的命运的一部分。我认为,没有理由要使肉体需求服从于精神准则。所以,在社会交往和人际关系中,我决定去做我能做的任何事情,无论是饮食、男女、奢侈、运动、艺术、旅行,"不管是什么,"——就如亨利·詹姆斯所说——"只要能做的,都应该做一做"。不过,你努力要做的,不一定都会成功。但无论是做成功了,还是做不成功,我最后总会如释重负似的坐下来,以书为伴。

说来我书虽然读了不少,可我是个差劲的读者。我读得很慢,跳读也读得不好。我发现,不管一本书多么糟糕,多么使我厌烦,我总要把它读完才安心。没有被我从头到尾读完的书,扳着手指就能数出来。另一方面,我读过两遍的书也寥寥无几。我虽然很清楚,有些书只读一遍是没法获取其全部价值的,但因为我读了一遍就觉得已经获取我所要的东西,所以也就不读第二遍了。这些书的具体内容可能已经被我忘记,但它们对我的影响仍是巨大而持久的。我认识有些人,他们总是一遍又一遍地读同一本书[①]。要说原因,只能说他们只用眼睛而没有用心在读,于是成了机械

---

① 指《圣经》。

运动。这当然没有什么坏处，但若认为这是智力活动，那就错了。

26

我年轻时读书，每当我对一本书的本能感受不同于权威批评家的说法时，我总毫不犹豫地认为我是错的。那时我不知道，批评家所说的其实常常是陈腐的传统观点。我也不知道，他们竟能把自己不怎么了解的东西说得头头是道。过了很久之后我才意识到，对于艺术作品，唯一重要的是我自己的看法。我现在对自己的判断已经相当自信，因为我发现，我在四十年前对某些作品的本能感受，以及我的一些因为和当时的流行观点不符而被我自己舍弃的看法，就是现在大多数人认可的感受和看法。尽管如此，我还是大量阅读评论文章，因为我认为文学评论也是一种旨在使人愉悦的文学样式。人们并不总是为了灵魂得救才读书的，而要打发一两个小时的空余时间，没有比读几篇评论文章更令人愉悦了。文章的观点和你相同，固然高兴；观点和你不同，也很有趣。就是先看看一个聪明人对一些你还没来得及读的书——譬如亨利·莫尔①的书，或者理查生②的书——说了些什么，也很有意思。

不过，读一本书，唯一重要的是它对你有何意义。批评家或许会说，它有怎样怎样的重要意义，但经批评家转手而来的东西，大凡是靠不住的。我不为评论书而读书，我为自己读书。评论一本书不是我的分内事。我所做的就是像变形虫吸收异体微粒，从书里吸收我能吸收的东西——凡是我无法吸收的，就是与我无关的。我不是学者，也不是学生或者批评家。我是个职业作家。所以，我只读对我的职业有所帮助的书。如果有谁写了一本书，推翻了好几个世纪以来人们对托勒密学说③的观点，我也不会去读。如果有谁写了一本描述他在巴塔哥尼亚④腹地令人难以置信的冒险之旅的书，我也照样不予理睬。作为小说家，除了关心自己的话题，没必要精通其他任何一个领域的知识。否则，

---

① 亨利·莫尔：17世纪英国哲学家、剑桥柏拉图学派重要人物，著有《歌剧神学》和《歌剧哲学》等。
② 理查生：18世纪英国小说家，著有《克拉丽莎》和《帕梅拉》等。
③ 托勒密学说：即古希腊天文学家托勒密创建的"地心说"，认为地球是宇宙中心，其他天体均绕地球旋转，该学说在15世纪被推翻，代之以哥白尼的"日心说"，即认为地球是绕太阳旋转的。
④ 巴塔哥尼亚：地名，位于南美洲安第斯山脉以东科罗拉多河以南的区域；主要在阿根廷境内，小部分属智利。

对他是有害的，因为人性脆弱，经不起诱惑，而一旦不恰当地使用专业知识，那就尴尬极了。所以，小说家过度使用专业知识是不明智的。流行于十九世纪九十年代的大量使用行话的做法，最后也令人厌恶。其实，不这么做也可以把小说写得很真实。然而，在那时，大家一窝蜂地这么做，结果是以小说的趣味性换取真实性，这代价也太昂贵了。不错，人物是小说家的话题，因而小说家应该对人物及其相关事物有所了解。不过，通常只需要知道一点就够了。他千万要注意，不要在这方面卖弄。因为除此之外还有许多话题可以发挥，所以我的做法是尽可能限定在对自己的目的有意义的话题范围内。对于你要写的人物，你永远会觉得了解得不够。写传记和回忆录，通常会有一些感人的或者具有暗示性的私密生活细节，而这样的细节，小说家是永远没法从人物的原型那里得到的。要了解人很难，诱导他们讲述自己的事情已经不容易，而要他们讲述对你有用的事情，就更加困难、更加费时了。对人的了解就是这样，你不能接触过他们之后就把他们撇到一边，然而对书的了解却在某种程度上可以这样：你从头到尾读完一本书之后，就把它撇到一边，因为你已经知道，它要说的东西不过如此。

27

有时，有些急于写作的年轻人会恭维我，请我为他们开列必读书。我照做了，但他们却很少会真的去读，因为他们对我开列的那些书并不感兴趣。他们不关心前辈作家写的书。他们读了两三本弗吉尼亚·伍尔夫的小说、一本E.M.福斯特的小说、几本D.H.劳伦斯的小说，还有——很奇怪——《福尔赛世家》①，就自以为对小说艺术有了充分了解，似乎该了解的都了解了。是的，当代文学确实比古典文学更能吸引人，年轻人对同时代人在写些什么和怎么写的有所了解，当然没错。但是，文学也有时尚，有些风靡一时的流行写法，到底有没有真正的价值，实在很难说。只有熟悉了以往的杰作，才能为此提供一个有效的比较标准。有时，我觉得很困惑，是不是因为无知，致使很多既有才智又懂技巧的年轻作家最终无所建树。他们写了两三部不错的、甚至很出色的

---

① 弗吉尼亚·伍尔夫、E.M.福斯特、D.H.劳伦斯，以及《福尔赛世家》的作者高尔斯华绥，均是与毛姆同时代的英国作家，也就是那时的"当代作家"。

作品，然后就结束了。但仅凭这几部作品，不可能丰富一国的文学。要丰富一国的文学，你不能仅仅写出两三部好作品，而必须是一大批。这一大批作品的水准当然是参差不齐的。然而，必须要有这一大批作品，才有可能幸运地产生一部杰作。杰作并非来自天才的灵光一现，而是来自许多人的辛勤劳作。一个作家，要多产，就要自我更新，而要自我更新，就要有新的体验来丰富自己的内心，而要丰富自己的内心，没有什么比研读历代杰作更有益、更有趣了。

艺术作品的诞生并非奇迹，而是要有先决条件的。要使土地保持肥沃，必须不断施肥。同样，艺术家也必须勤于思考，必须培养个性。然后，施过肥的土地必须休耕。同样，这时的艺术家也必须像基督的新娘①一样，耐心等待神灵的启示。他要尽量保持自己的各项爱好，让无意识发挥其神秘作用。然后，灵感就会突然出现，让你觉得它好像是凭空而来的。只是，这灵感就像种在旱地里的小麦，很容易枯萎，必须时时浇水施肥才行。也就是说，这时的艺术家要把自己的全身心、自己所有的技能、所有的经验、所有的梦想和所有和他的个性有关的一切，统统都用来维护这来之不易的创作灵感。然后，还要历尽千辛万苦，才能以适当的形式把它完整地呈现出来。

我对那些年轻人说，应该读读莎士比亚和斯威夫特——这是他们要求我说的，否则我也不会多嘴——他们却对我说，他们在幼儿园里就读过《格列佛游记》，在中学里就读过《亨利四世》②，还说《名利场》③难以卒读、《安娜·卡列尼娜》枯燥乏味。那都是他们自己的事，与我无关，因为读这类书本来就是要获得享受，否则是没必要去读的。所以，对于他们，我只能说：他们并不因为自己知识有限而感到难过。他们从不为了追求高雅文化而减少对普通人的关注，因为普通人毕竟是他们的写作对象。他们贴近同胞，他们的艺术一点也没有神奇的意味，只是一种平平常常的手艺而已。他们按部就班地写小说、写戏剧，就像别人造汽车一样。然而，这样行吗？看来不行。因为艺术家——特别是作家——要在自己的内心独自构想一个与现实世界并不完全相同的世界。作为作家，要具有与普通人完全不同的天赋。所以，问题就来了：他们想要忠

---

① 基督的新娘：修女的别称。
② 《亨利四世》：莎士比亚的历史剧。
③ 《名利场》：19世纪英国小说家萨克雷的名作。

实地描写普通人，却没有应有的天赋而不能清晰透视普通人的普通生活。这就像一个人迫切想看清一样东西，但由于凑得太近，那样东西总显得模模糊糊。作家应置身于普通生活之外，才能看透普通生活。他是个演员，一个既扮演角色又不失自我的演员，因为他既是演员，又是观众。有人说诗歌中的激情是诗人平静地回忆起来的激情，这固然没错，但要注意，诗人的激情是"诗人的"激情，是很特别的，不是普通人的激情。这就是为什么普通女人常常会觉得诗人的爱情不是爱情，因为普通女人只会以普通的性本能评判普通的爱情。当今作家的情况，也许就是这样：他们太贴近自己的写作对象了，仿佛成了一个混迹于一群普通人中的普通人，而不是一个与普通人保持距离的艺术家。因此，他们即使有作家的天赋，也无从发挥，无法看透普通人的真实面目。

28

我曾浑身沾染知识分子自命清高的习气，如果说我后来如我所愿，改掉了这种习气，那绝不是出于我自身的良知与反省，而是由于我比大多数作家有更多外出旅行的机会。我喜欢英国，但我在那里从未有过多少在家里的感觉①。我和英国人相处时总有点羞愧②。对我来说，英国是一个要我承担义务和责任的国家，而我讨厌承担这样的义务和责任。所以，我一直很不自在，直到我让英吉利海峡把我和我的祖国隔开③。有些人很幸运，在自己心中就能找到自由，但我没有他们那种精神力量，只能在旅行中寻求自由。我当年在海德堡时，就曾造访过德国的好多地方（在慕尼黑，我看到易卜生在马克西米连酒店一边喝啤酒，一边愁容满面地看报纸），还去过瑞士，但我第一次真正的旅行是去意大利。我去之前读了瓦尔特·佩特、罗斯金和约翰·阿丁顿·西蒙兹④写的许多书。我有六个星期的复活节假期，但口袋里只有二十英镑。我去了热那亚和比萨，在那里我徒步旅行，走累了就在一棵说不定雪莱当年就在那里读索福克勒斯⑤的剧本

---

① 毛姆写此书时已常年住在法国。
② 因为他出生在法国，英语讲得不流利。
③ 意为他住到海峡对面的法国去了。
④ 瓦尔特·佩特、罗斯金和约翰·阿丁顿·西蒙兹均为19世纪英国研究意大利文化的著名学者。
⑤ 索福克勒斯：古希腊三大悲剧作家之一，著有《俄狄浦斯王》等。

和弹着吉他写诗①的树下坐一会儿。这之后，我在佛罗伦萨的一位孀居女士家里住了将近一个月，和她的女儿一起读《炼狱》②，又花好几天时间，手里拿着罗斯金的书，辛辛苦苦地去造访那些景点。我去瞻仰了罗斯金在书中说值得瞻仰的所有地方（甚至那座可怕的乔托塔楼③），而对他在书中嗤之以鼻的地方，我也厌恶地转身就走。罗斯金从未有过像我这样忠心耿耿的门徒。这之后，我又去了威尼斯、维罗纳和米兰。我得意洋洋地回到英国，趾高气扬地藐视所有不赞成我（和罗斯金）对波提切利④和贝里尼⑤的看法的人。那时我二十岁。

一年后，我又去了意大利，最远到了那不勒斯，还发现了卡普里岛。那是我见过的最诱人的地方，第二年夏天我就在那里度过了整个假期。那时，卡普里岛还鲜为人知，从海滩到市镇还没有缆车。夏天去那儿的人很少，你每天只要花四个先令就能解决食宿，包括酒钱，从卧室的窗户里还能遥望维苏威火山。那时在那儿的还有一个诗人、一个比利时作曲家（我的朋友、从海德堡来的布朗）、一两个画家、一个雕塑家（哈佛·托马斯）和一个美国上校（他在内战⑥时曾为南方而战）。他们时而会在安纳卡普里的上校住所里或者皮亚扎⑦附近的莫尔加诺酒馆里聚会。当他们谈论艺术与美、文学和罗马历史的时候，我总是听得津津有味。我还亲眼旁观了他们中的两个人扭打在一起，因为他们对埃雷迪亚⑧的十四行诗是否有艺术价值意见不一。我想，这样的打架真是高雅之致。艺术、为艺术而艺术，曾是世上唯一重要的事情，因为那时的人们认为，唯有艺术家才能赋予这个无意义的世界以意义。政治、商业、学术，从绝对者⑨的角度看，又算得了什么？我的这些朋友（一个个都自负透顶），他们很可能会因为某一首十四行诗的价值如何或者某一幅古希腊浮雕是否精致而争论不休，但他们都一致同意艺术至上论，因为他们全都置身于晶莹剔透的艺术之火。我不好意思告诉他们，我已写了一部小说，另有一部也已写了一半，因为我也置身于

---

① 雪莱26岁时流亡到意大利，29岁时在意大利溺水身亡。
② 《炼狱》：但丁《神曲》中的第二部分，原文为意大利文。
③ 乔托塔楼：在佛罗伦萨大教堂广场上，因14世纪著名建筑师、画家乔托设计而得名。
④ 波提切利：15世纪意大利佛罗伦萨画派著名画家，作品有《春》《维纳斯的诞生》等。
⑤ 贝里尼：15世纪意大利威尼斯画派著名画家，作品有《圣母子》《耶稣降临地狱》等。
⑥ 内战：即1861年至1865年的美国内战，也称"南北战争"。
⑦ 安纳卡普里、皮亚扎：均是卡普里岛上的地名。
⑧ 埃雷迪亚：19世纪出生于古巴的法国诗人，著有十四行诗《锦悟集》等。
⑨ 绝对者：上帝的哲学代名词。

晶莹剔透的艺术之火,但我仍觉得很自卑,因为我担心他们会把我看作一个只知道解剖尸体、甚至还会假心假意地骗最好的朋友喝下一杯灌肠药的卑劣之人①。

29

后来,我总算有了资格。我出版了一部小说而且取得了意想不到的成功。我想,我的运气来了,于是我弃医从文,成了一个作家,还去了一次西班牙。那时我二十三岁。现在看来,我那时要比今天的年轻人无知得多。我住在塞维利亚②,蓄起胡子,抽着菲律宾雪茄,学弹吉他,还买了一顶平顶宽檐帽,戴着它在西普斯大街上晃荡,甚至还想买一件红绿相间、天鹅绒衬里的长披风。但是,因为太贵,我没有买。我还骑着一匹从朋友那里借来的马,到西班牙乡间去游览。日子过得太舒服了,我一时都无法专心致志地关注文学。我计划在西班牙住上一年,等我学会了西班牙语后再去罗马,因为我对罗马只有一点点了解,我的意大利语也需要进一步练习。这之后,我还打算到希腊去游历一番,同时可以学一点方言,作为学习古希腊语的准备。最后,我要到开罗③去学阿拉伯语。这是个雄心勃勃的计划,但我并不后悔我后来未能实施这一计划。我虽按计划去了罗马(在那儿我还写了我的第一个剧本),但很快又回到了西班牙,因为有些事情是我未曾料到的。我不仅怀念塞维利亚和那里的生活,还不知怎么一来,爱上了一个碧眼金发、笑貌迷人的女孩(不过,我后来还是作罢了)。我无法抗拒塞维利亚的诱惑。我年复一年地回到那里。我常在那洁白而宁静的街道上散步,沿着瓜达尔基维尔河走到塞维利亚大教堂附近,在那里流连忘返。我有时去看斗牛,有时和几个漂亮姑娘调情,要得到她们的温柔,并不需要我倾囊而出。一个人的青春年华如能在塞维利亚度过,真是天堂般的享受。就这样,我把我的学习计划推迟到合适的时候再去实施。结果呢,一拖再拖,我至今读的仍是《奥德赛》的英译本,要想读阿拉伯语的《一千零一夜》,也是壮志未酬。

---

① 因为那时作者是个实习医生。
② 塞维利亚:西班牙城市。
③ 开罗:埃及首都。

知识分子执掌俄国的时候①，我想起加图②八十岁开始学希腊语，开始学俄语。但那时，我已失去年轻时的热情。我的俄语学到能读懂契诃夫的剧本后就再也没有长进了，后来时间一长，甚至连这一点俄语也都忘记得精光。现在想想，我当初的学习计划是有点荒谬的。语言本身并不重要，重要的是它的意义，我看不出懂五六种外语会对一个人的思想修养有什么好处。我曾遇到过不止一个通晓多国语言的人。我发现他们并不比其他人聪明多少。当然，学习外语是有好处的，譬如你在某国旅行，如果你懂得那里的语言，就能方便地问路和投宿；如果有什么东西需要读，你也可以轻松愉快地读懂。好在，这一点点外语还是容易学会的。问题是，要想精通某种外语，那往往是徒劳无功。除非你用上毕生的精力，否则的话，你不仅不可能把别国语言说得很纯正的，也不可能精确地理解那里的人和那里的文学，因为那里的人有自身的行为方式，那里的文学有自身的特点，两者都很难理解。不仅如此，还有传统与习俗、从婴儿时期就开始形成的家庭感情，以及外国人永远不可能完全理解的民族气质，那就更加难以理解了。其实，就是要理解本国人也相当难，尤其是我们英国人。如果我们以为自己很理解外地人，那是自欺欺人，因为我们英国人住在一个个四面环海的岛屿上③，海洋把我们彼此分开，而一度克服岛民习气并把各岛居民维系在一起的宗教纽带，又因为宗教改革而断裂④。所以，学外语如果费了很大的功夫只学到一点皮毛，那是不值得的。我认为，外语只要学得略懂一些就可以了，要想学到精通，那是浪费时间。不过，有一种外语是唯一的例外，那就是法语。因为法语是有教养的人普遍使用的语言，所以使用法语确实有许多方便之处，足以使你应对交往过程中出现的任何问题。再说，还有伟大的法国文学。其他国家——除了英国——与其说有伟大的文学，不如说只有几个伟大的作家。法国文学对世界的影响，直到最近二十年还很明显。所以，学法语要想学到读法国文学作品就像读本国文学作品一样轻松，还是很有可能的。但要想把法语讲得像法国人一样准确，一样流利，那只有少数人才能做

---

① 指 1917 年俄国成立苏维埃政府，因列宁等人都是知识分子，故有此说。
② 加图：又称大加图，古罗马政治家、作家，政坛铁腕人物。
③ 英国领土即不列颠群岛，不列颠群岛俗称"英伦三岛"，即：大不列颠岛为一岛，爱尔兰岛为一岛，马恩岛等各小岛合称一岛。
④ 17 世纪宗教改革前，英国人集体信奉罗马天主教，宗教改革后，罗马天主教虽依然存在，但出现其他教派，最大的即所谓国教派。

到。实际上，当你遇到法语讲得很流利的英国人时，最好多加提防，因为他们不是外交部雇员的话，很可能就是骗子①。

30

我并不怎么喜欢剧场。我认识几个剧作家，他们每天晚上都要到剧场去转转，因为那里正在上演他们的剧本。他们说是去看看自己的戏有没有演砸，我猜他们是喜欢自我欣赏，去听别人把他们写的台词念出来。他们还喜欢在幕间休息时坐在化妆室里，一边看着某个演员化妆，一边谈论这幕戏怎样、那幕戏怎样，或者沉思默想，为什么今晚演出效果不佳，或者暗自庆幸，今晚演出总算不错。他们永远觉得剧场里的这一切其味无穷。他们喜欢剧场，喜欢剧场里的任何东西。他们的骨头里浸透了油彩②。

我从来不像他们那样。我最喜欢看到剧场里的道具上罩着布，观众席一片漆黑，舞台上没有布景，布景屏③卷着靠在后墙上，只有舞台下方的脚灯亮着④。我在看排演时有过不少快乐时光。我喜欢演员之间那种恬淡的友情。我喜欢约某个演员一起到街角处的那个餐馆里匆匆忙忙地吃顿午饭。我喜欢打杂女工下午四点送来的那种浓而苦的茶和涂了黄油的面包。我一直没有忘记，我在第一出戏的排演中听到我漫不经心地写下的台词被一群成年男女一本正经地念出来时，我激动得有点发抖。我看到剧本中的一个角色经由演员扮演，从最初平淡无奇地念台词，到最后塑造出类似我内心想象的人物形象，我觉得神奇之极。当然，我还要分心去注意其他一些并非不重要的事情；譬如，那个道具要放在哪个位置才合适；那个导演是不是太自作主张，篡改了剧本；那个女演员是不是因为让她演次要角色而在大发脾气；那个老演员是不是要注意一点，不该跑到舞台中央来抢戏——诸如此类意想不到的事情，总是没完没了。但不管怎样，最后总要彩排⑤。那时，剧场二层楼厅的前排坐着六个人。他们是服装师，一个个都像在教堂里一样谦卑，但工作很有效率。彩排进行时，他们会

---

① 因为法语讲得流利可以冒充上流人士。
② 意为由衷关心剧本的上演。油彩：演员化妆用的颜料，代指演出。
③ 布景屏：即画有背景的屏幕。
④ 这是排演时的剧场。
⑤ 彩排：即和演出时一模一样的排演，服装、布景、灯光、道具、音乐，一应俱全。

轻声而且简短地交谈，同时做着各种只有他们看得懂的手势。不用说，他们是在讨论裙子的长短、袖子的裁剪，或者帽子上的羽毛。最后，当大幕落下后，他们急匆匆地跑到后台，手里拿着剪刀，嘴里咬着别针。等到导演再喊一声"开幕"时，一个正在后台和两个穿黑衣裙的女士争论的女演员匆忙转身，跑到导演身旁大声说："哦，导演先生，我发现这金银线镶边有点不对，弗洛斯太太说要把它拆掉，换成绣花镶边。"

　　坐在观众席前面几排的是摄影师、管理员、售票房的某个售票员、某些女演员的母亲、某些男演员的妻子，还有某人的经纪人、某人的女朋友，还有三四个二十年来没演过戏的退休演员。这些人是地地道道的"观众"。每幕戏结束，导演都要把他临时写下来的评语念给大家听。有时，负责灯光的人会按错开关，整个剧场一片哗然。作为编剧，我对这样的粗心大意固然很恼火，但很快就原谅他了，因为他说他被台上演的戏吸引住了，所以一分心，按错了开关。有时，有个小场景要再排演一遍，因为台上的人要摆好架势在闪光灯下拍照。一幕排演好之后，要换布景，演员要到化妆室去换装。这时，那几个服装师都不见了；那几个退休演员躲在剧场角落里喝口酒；那个舞台监督垂头丧气地抽着廉价香烟；那几个演员的母亲或者妻子在低声交谈；那个经纪人在看晚报上关于赛马的新闻。一切都像在做戏，而且生动有趣。最后，那几个服装师从剧场旁边的安全门里进来，回到了他们的座位上；那来自几个演出公司的代表，因为相互是竞争对手，彼此坐得相隔很远。这时，舞台监督出现在大幕旁边。"都准备好了，导演先生！"他说。"好！上场，开幕！"导演说。

　　不管怎样，我写一个剧本，彩排是我最后的欢乐时光。等到正式上演时，尤其是我最初几个剧本上演的那几个晚上，我都如坐针毡，因为演出的成败将决定我的未来。《弗雷德里克夫人》上演时，我已经把我二十一岁时继承到的那点钱[①]用得差不多了，而我写小说的所得不足以维持生计，写评论文章更是赚不到什么钱。我虽然时常有机会为报纸写短评，有一次我也说服了一个编辑让我写一篇剧评，但我好像没有这方面的天赋。事实也是如此，那个编辑说我写的剧评没有剧场感[②]。这样，要是《弗雷德里克夫人》演出失败，我别无选择，只能回医院再用一年时间进修医学，然后到一条船上去做船医（那时没多少

[①] 二十一岁时继承到的那点钱：即他叔叔去世后他继承的遗产。
[②] 剧场感：即对舞台演出的感受（相对于对剧本的感受）。

人想做这种工作，像我这样有伦敦文凭①的人更是不屑一顾），为人包扎包扎伤口。没想到，我竟然成了一名成功的剧作家。但是，每次我的剧本上演，最初几个晚上，我仍会提心吊胆地到剧场去，坐在那儿注意观众的反应，想知道他们是不是觉得我才智枯竭，写不出好的剧本了。我尽力使自己融入观众。因为对观众来说，一出戏的首演不过是发生在晚餐时间七点半到夜宵时间十一点之间的一件有趣的事情，成功或者失败都是无所谓的；所以在最初上演的几个晚上，我努力使自己像看别人的戏一样看自己的戏。但即使这样，我还是觉得很不好受。无论是观众对剧中的戏谑之处发出笑声，还是在大幕落下时观众席上爆发的掌声，在我听来都觉得很不舒服。因为，说实话，即使在我最轻松的作品中，我也写入了我自己生活中的一些东西，所以看到这些东西展示在一大群人面前，我总觉得很尴尬。要知道，这些东西是我写的，其中不管怎样总有一点隐私是我不太情愿拿出来公开示众的。就是我的一个剧本被翻译成了他国文字，我坐在剧院里和一群完全陌生的他国观众一起观看那个剧本上演时，仍有一种说不出的厌恶感。其实，要不是为了写好剧本有必要知道观众的反应，我是不该去看自己的剧本上演的——不管是首演，还是其他时候，都不该去看。

31

做演员不容易。我说的演员，不是那些因为长得漂亮而上台表演的年轻女人——我觉得，如果哪里需要年轻漂亮的女打字员，她们还是坐到打字机旁边去比较好。我说的演员，也不是那些因为长相英俊而在演艺界进进出出的年轻男人——我觉得，他们还是到酒店里去做招待员比较好，或者到装潢公司去谋个职位也可以。我说的是那些演技高超、渴望发挥才能的职业演员。谁都知道，高超的演技要经过长期刻苦的训练才能获得，所以当一个演员慢慢学会扮演各种角色的技艺时，他往往已是中老年人，有些角色他想演也没法演了。做演员还要有极强的忍受力，因为在他的职业生涯中充满了失望。他可能长时间不受聘用，无戏可演。对此，他必须忍受。他可能所得报酬很少，机会又很

---

① 伦敦文凭：那时英国的好学校绝大多数集中在伦敦，故而这些学校发的文凭被统称为"伦敦文凭"。

少。对此,他也必须忍受。还有,他演得如何是由观众决定的,而观众往往是朝三暮四的,一旦他不再取悦于观众,就得滚蛋。对此,他也必须忍受。即使他红极一时,也没用,照样会饿死,因为那些把他捧为偶像的观众,照样会对他不屑一顾。想到这些,我觉得一个演员在风头上不管多么自负、多么做作、多么傲慢,我都能包容。他要自负,就让他自负吧!他要做作,就让他做作吧!他要傲慢,就让他傲慢吧!就是他荒唐可笑,也随他去吧!反正这一切都转眼即逝。再说,这些本来就是他个性中的一部分。否则,他是不会来做演员的。

曾经有一段时间,舞台像是一个进入浪漫世界的门户,凡是登上舞台的人,似乎都戴着神奇的光环,令人兴奋。那是在十八世纪,当时的文化氛围使演员生活蒙上一层浪漫的色彩。因为在那个理性时代,演员的无秩生活激起人们无限的想象,演员扮演的英雄美人、朗诵的诗句韵文,更使他们显得光彩照人。这从歌德的那部精彩却被人忽视的小说《威廉·迈斯特》中即可看出,他以何等的羡慕之情写到一个巡演剧团啊!其实,那不过是个二流剧团。到了十九世纪,演员使人们得以暂时逃避工业时代的循规蹈矩,演员的波希米亚①习气使得每天不得不在办公室里谋生的年轻人浮想联翩。演员是正经世界里的浪荡子、理智世界里的癫狂人,人们在想象中为他们穿上了迷人的外衣。譬如,在维克多·雨果的《目击录》里,有一段与无意识幻想有关的动人描述,其中有个神经兮兮的小市民一惊一乍地讲到一个女演员的晚宴,讲到他在晚宴上平生第一次见到一个那么了不起的女人,讲到——天哪!——在她的寓所里,香槟酒随手可拿,锃亮的银器随处可见,还有珍贵的虎皮!

如今,演员身上的神奇光环已经消失。演员只求过上稳定、体面而富裕的生活。他们由于常被人视为与众不同的另类,总是尽力表现得和常人没什么两样。他们有意让人们了解他们的日常生活,恳请人们相信,他们也打高尔夫球,也纳税,也是既有情欲又会害羞的男女。不过,在我看来,他们仍然在演戏。

我曾认识很多演员。我发现和他们相处很有意思。他们善于模仿、能说会道、心灵手巧,和他们交往真是趣味无穷。他们有的慷慨、有的和善、有的果敢。但我从来没把他们当常人看待。我从未和他们有过真正的友谊。他们就像

---

① 波希米亚:捷克一地区名,因该地曾是穷艺术家聚居的地方,而艺术家放浪不羁,故成放浪不羁的代名词。

一种填字游戏，要你填入的单词是词典里找不到的。我想，他们的个性其实都受他们所演角色的影响，因而是捉摸不定的。那是一种海绵般的可塑物，可呈现出任何形状、任何颜色。有个刻薄的作家曾说，再有名的演员也不能葬入名人墓地，这并不奇怪，因为想到演员也有灵魂，实在令人可笑。这说得有点过分，但也不无道理。小说家如果诚实的话，也应该承认自己和演员是同类。他们和演员一样，没有清晰可辨的性格。他们的性格是他们笔下人物性格的混合物，或者说，他们笔下人物的性格都是他们自身性格的一部分。小说家在作品中或演员在舞台上所表现的情感，也不是他们自己正在感受的情感。他们都是出于表现欲，把自我中的某一面表现了出来。虚假就是他们的真实，读者或观众表面上是他们的评判者，实质上是他们的受骗者。既然虚假是他们的真实，真实在他们那里也就是虚假。

32

我写剧本的原因，大概和多数年轻的写作者一样，觉得把一些对话写在纸上要比大段大段的叙述容易一些。约翰逊博士很久以前就说过，写一段对话不像写一次历险那么难。翻看一下我十八岁到二十岁期间写在笔记本上的一些戏剧片段，我发现写对话不管怎么说还是比较容易的。我对那些戏剧片段虽不自鸣得意，但我确实是用当时流行的口语写成的。我很善于掌握口语的特点。只是，那些戏剧片段数量少而且写得很粗糙。我的戏剧主题是忧郁而悲观的，总以死亡收场。我第一次去佛罗伦萨时，随身带着《群鬼》①。后来，我抽空研读但丁的作品时，还把《群鬼》从德文译成英文——主要是为了消遣，顺便也想看看，其中有何写作技巧。我还记得，那时我对易卜生虽然万般敬仰，但还是不由自主地觉得，他笔下的帕斯特·曼德斯②令人厌烦。那时，圣詹姆斯剧院③正在上演《谭格瑞的续弦夫人》④。

后来两三年间，我写了几个短剧，分别寄给几家剧院的经理。有一两家剧

---

① 《群鬼》：挪威剧作家易卜生的著名剧作。
② 帕斯特·曼德斯：《群鬼》中的主要人物。
③ 圣詹姆斯剧院：伦敦的一家著名剧院。
④ 《谭格瑞的续弦夫人》：19世纪与20世纪之际英国剧作家平内罗的代表作。

院连退都没有退还给我,就此石沉大海。其他几个剧院虽退给了我,但不是被我扔在一边,就是被我一怒之下撕掉了。在那时——后来好多年间也一样——没有名气的剧作家要想让自己的剧本上演,比现在要难得多。因为剧本上演的周期很长,又不需要多少经费,所以当剧院经理要想有新戏上演时,只要去找平内罗和亨利·阿瑟·琼斯①为首的那班剧作家写一两个剧本就可以了。法国的剧院虽然很热闹,但他们喜欢上演删节版的法国旧戏剧。在这种情况下,我看到小说家乔治·莫尔的剧作《阿灵福德的罢工》在独立剧院上演,便想到,要让自己的剧作上演,看来先要做小说家,而且要有名气。于是,我放下剧本,着手写小说。有人或许会认为,当时我还是个年轻人,这样处心积虑似乎太商人气了,和我的年龄不相称。其实,那不过是我的一种思想的转变,而不是我从小就老谋深算。当我出版了两部长篇小说而且有一部短篇小说集即将出版时,我坐下来写了第一个标准长度的剧本,取名《正人君子》。我把剧本寄给福布斯·罗伯逊,他是当时的名演员,因为有艺术气质而大受观众欢迎。三四个月后,他把剧本退还给我。我又寄给查尔斯·弗罗曼,他也退还了。那时,我又出版了两部长篇小说,其中一部《克雷笃克夫人》还相当成功,我因此而被视为颇有前途的小说家。于是,我把这部小说改写成剧本,寄给剧场协会。他们接受了,协会成员W.L.考特尼还特别喜欢这个剧本,把它放在《双周评论》上发表了。这对我来说是莫大的荣誉,因为《双周评论》此前仅发表过一个剧本,即克利福德夫人②的《夜晚景象》。

像剧场协会这样的组织,当时只有一个,由它发表的作品非常引人注目。所以,我的剧本很快受到评论界的认真对待,好像它已经在哪个大剧院里上演了。克莱门特·斯科特一类的老派文人却把它说得一无是处。《星期日泰晤士报》的剧评家——名字我忘了——还说这个剧本的作者毫无戏剧才能。不过,一些赏识易卜生的剧评家却认为它是一部值得重视的作品。这些剧评家很有见地,使我深受鼓舞。

我想,我已经迈出了第一步,后面的路应该比较顺畅了。但是,没过多久,我就发现,除了在写作技巧方面我已克服诸多困难,其他方面依然困难重

---

① 亨利·阿瑟·琼斯:19世纪与20世纪之际英国剧作家,著有《马加尔及其失去的天堂》《说谎者》等。
② 克利福德夫人:即露西·克利福德,19世纪与20世纪之际英国女作家。

重。我的剧本往往上演两场就完了，观众已寥寥无几。我的名字只有一小群对实验剧①感兴趣的人才有所耳闻。当然，只要我拿出合适的剧本，剧场协会还是会上演的。但是，那使我很不舒服。我在排演期间就发现，那些前来看排演的人特别欣赏格兰维尔·巴克特——那个在我的戏中扮演主角的男演员，而对我写的戏，他们好像很不以为然。至于对我这个写戏的人，他们更是摆出一副居高临下的恩人面孔。那时我二十八岁，格兰维尔·巴克特比我还要小一岁。他性格活泼，待人彬彬有礼而又自视甚高。他很有想法，但都是别人的想法。我觉得他内心很自卑，因而以蔑视一切来克服自卑心理。他没有魄力，而我认为艺术家应该比常人更有魄力、更率直、更有勇气。他写过一个名为《安·利特的婚姻》的剧本，我觉得很空洞，脱离生活的说教而已。我热爱生活，还要享受生活。我要得到我可能得到的一切。一小群舞文弄墨的人对我表示赞赏根本不能使我满足。我甚至怀疑他们的水平，因为我曾经去看过一出小型闹剧，是剧场协会莫名其妙上演的，剧情平庸、演技拙劣，而他们竟然笑得手舞足蹈。由此，我很怀疑他们对戏剧艺术的高谈阔论是不是在装模作样，其实根本就一窍不通。这样的赞赏者不是我想要的，我要的是真正的观众。当然，我还要钱，我讨厌穷困潦倒，不想住在阁楼里啃干面包。我觉得钱就是我的第六感觉②，没有它，其他五种感觉就会变得迟钝。

在《正人君子》排演期间，我发现第一幕中的几处戏谑对话总是引人发笑，由此我断定我可以写喜剧。于是，我就写了一出，题名《面包和鱼》。主人公是个机智且有贪欲的教区牧师，他既想勾引有钱的寡妇，又想谋求主教的职位，经过一番滑稽的周旋，最终如愿以偿。但没有一个剧院经理愿意上演这样一出戏。他们全都认为，一出嘲笑牧师的戏不但不会使观众发笑，而且是观众难以接受的。我只好另谋出路，想找一位有名的女演员，对她说，我专门为她写了一出戏，由她演女主角。如果她愿意演，就帮我去游说剧院经理上演那出戏。于是，我也没有考虑怎样的角色对女演员最有吸引力，便写了《弗雷德里克夫人》。其中我觉得最得意的一场——也是后来使这出戏大获成功的一场——是说女主角为了使一个年轻的爱慕者不再迷恋她，把他带进她的梳妆

---

① 实验剧：即以非传统手法创作的实验性戏剧。
② 第六感觉：即人的五种感觉（视觉、听觉、嗅觉、味觉、触觉）之外的直觉，并非来自感官，但确实存在。

室,当着他的面卸妆,让他看到她脸上的雀斑和蓬乱的头发。没想到,没有一个女演员愿意演这个女主角,因为她们全都觉得这简直是让她们出丑。既然没有女演员肯演,也就没人帮我去游说剧院经理,这个剧本便无疾而终。我只好再绞尽脑汁,想办法写一出女演员不会讨厌的戏。我写了《多特夫人》。结果呢,和前面一出戏一样,泡汤了。这回不是女演员不肯演,而是剧院经理不喜欢。他们全都说我写得太没有戏剧味了,平淡无奇得像一杯白开水。当红女演员玛丽·穆尔小姐还半真半假地建议我插入一桩盗窃案,说这样或许还有观众要看。我想,完了,我这辈子大概是写不出女演员喜欢演的戏了。于是,我尝试为男演员写戏。我写了《杰克·斯特劳》。

我一直以为,我在剧场协会的那次小小成功会使剧院经理比较看重我。然而,使我感到羞耻的是,事实并非如此。实际上,我和剧场协会的关系反而使他们对我产生了偏见,认定我只会写那种忧忧郁郁、没有多少人要看的戏。虽则他们不能说我写的喜剧也是忧忧郁郁的,但他们总隐隐约约觉得它们有点令人不快,认定它们是吸引不了观众、赚不到钱的。对此,我本该绝望地永远放弃戏剧写作,免得一次次被人拒绝、被人羞辱。幸运的是,我后来碰到了戈尔丁·布赖特,他认为我的剧本完全可以上演,还帮我一家一家地去找那些剧院经理。不过,那已经是一九〇七年了。我的六个剧本,有四个上演。其中,《弗雷德里克夫人》最初在宫廷剧院上演。三个月后,《多特夫人》在喜剧剧院上演,《杰克·斯特劳》在歌舞剧院上演。六月,抒情剧院经理路易斯·沃尔特同意上演《探险者》,那是我继《正人君子》之后写的第二个剧本。至此,我如愿以偿。

33

前三个剧本上演了很久。《探险者》只能说马马虎虎,没有失败而已。我没有赚到多少钱,因为在那个年代,一个受欢迎的剧本上演,剧作家所得报酬也远低于今天的普通剧本;发表剧本所得稿费,那就更低了。但是,不管怎样,我至少摆脱了贫困,未来看上去也很有希望。四个剧本同时上演,也给我带来不小的骂名。伯纳德·帕特里奇①还在《笨拙》杂志上发表一幅漫画,画

---

① 伯纳德·帕特里奇:19世纪至20世纪之际英国著名插图家与漫画家。

的是莎士比亚在我的剧作广告前咬着指头①。不过,还是有很多人来和我合影,有很多人来采访我。名人们纷纷来和我交朋友。我的成功使人吃惊,使人感到意外,我自己只有松了口气的感觉,并不怎么兴奋。我想,我大概是天生不会惊喜、不会激动的,就如我旅游时看到再古怪、再新奇的景物也不会大惊小怪,现在我看到人们这样为我忙乱,我也没有受宠若惊,只觉得再正常不过了。一天晚上,我在俱乐部里用餐,邻桌的一个我不认识的俱乐部会员和他的朋友在交谈。他们好像正要去看我的一出戏,所以说到了我。那个我不认识的俱乐部会员说我也是这个俱乐部的会员,他的朋友于是便问他:"你认识他吗?我猜他大概尾巴翘到天上了。""是啊,我认识他。"那个我不认识的俱乐部会员回答说,"他现在找不到适合的裤子了。"他们这么说我,是不公平的。我只是把自己的成功看作理所当然,并没有"翘尾巴"。好在,我从来就把被骂当消遣,一点都不在乎。那时的许多事情我现在都忘记了,唯有一件事我还记得,那就是有一天黄昏,我在潘顿街上散步,经过喜剧剧院时,我偶尔抬头,看见满天霞光,于是停下脚步,心里想:感谢上帝,我现在可以观赏霞光而不用再费心把它描绘出来了。我觉得自己不用再写什么小说,只要写写剧本,就能一辈子名利双收了。

我的剧本不仅在英国和美国出了名,在欧洲大陆也很受欢迎,但评论界却意见不一。大众报刊的剧评家普遍称赞我的剧本机智有趣,富有戏剧效果,同时也说我玩世不恭。学院派批评家则一致认为我的剧本是一堆垃圾,既粗俗不堪,又单调乏味。他们说我为了金钱出卖灵魂,说有良知的知识分子不仅应该鄙视我,还应该把我和魔鬼一起打入地狱。我很吃惊,也很屈辱,但我一如既往,我行我素,因为我知道,这不是故事的结局。当然,结局总会有的,而且我一直在努力以自己的方式达到某种可能的结局。但是,那些人愚蠢得连这一点都没有看到,那我只好耸耸肩膀表示遗憾了。如果我一成不变地写一些像《正人君子》那样的情景剧,或者像《面包和鱼》那样的讽刺剧,我就不会有所突破,也就写不出真正令人折服的好剧本。批评家指责我迎合公众趣味。是的,我恰恰就是这么做的。那时,我写作热情高昂,对话写得熟练而生动,还

---

① 咬指头是婴儿动作。此漫画的意思是:与毛姆的剧作相比,莎士比亚倒成了婴儿,以此反讽毛姆的剧作一塌糊涂。

能出其不意地营造喜剧效果，写得戏谑而有趣。我虽然还有其他能力，但我没有发挥，只是发挥了喜剧写作方面的能力，以此达到我的目的。我的目的，就是取悦公众。现在，这一目的达到了。

不过，我并不满足于已有成果，随即又写了两个剧本，以巩固我在公众心目中的地位。这两个剧本写得有点大胆，虽然现在看起来一点也没什么，那时一些思想保守的人却大惊失色，说它们有伤风化。但这两个剧本肯定有吸引人的地方，尤其是其中的《珀涅罗珀》，二十年后在柏林再次上演，整个演出季也一直是座无虚席。

那时，我已经掌握了我能掌握的所有写作技巧，而且屡试不爽，每次都很成功。只有《探险者》是个例外。原因我很清楚，没有取悦公众。因为我觉得是时候尝试写一点比较严肃的作品了。我想看看，我在处理复杂题材方面能做得怎样。我还想做几个技巧方面的实验，看看是否真有戏剧效果。我还想看看，我和公众之间到底能契合到何种程度。为此，我写了《第十个人》和《有地产的贵族》。两个剧本都上演了，既不成功，也未失败，剧院经理既没赚钱，也没赔钱。后来，在我的书桌抽屉里躺了十几年的《面包和鱼》也上演了，但时间不长，因为那时的公众看到牧师被人取笑总觉得不舒服。这个剧本多少有点不伦不类，既不是滑稽戏，又不是喜剧，好在其中有几个场景还算有趣。至于另外两个剧本，一个是写乡村贵族的陈腐守旧；一个是写政界和金融界的奢侈糜烂。这两种生活，都是我不熟悉的。所以，我就用夸张手法营造戏剧效果，只求引发观众感兴趣，至少可供消遣。然而，结果是两边都不讨好，既没有真实性，又没有戏剧性。我的冒失是致命的。观众发现，这两出戏既不趣味盎然，又不真实可信。这之后，我搁笔两年，到第二年年底才写《应许之地》。这出戏在大战①爆发前演了好几个月，而且场场客满。我七年间写了十个剧本。对此，早已把我看死的知识分子大不以为然，但公众却一直喜欢看我的戏。

34

大战期间，我有了较多空余时间。开始是因为我承担的战时工作每天只占用

---

① 大战：指第一次世界大战。

我部分时间，其余时间我便用来专心写剧本。后来，因为我得了肺结核，不得不长时间卧床，我便常常在床上写剧本，以此打发时间。所以，从一九一五年的《比我们高贵的人们》到一九二七年的《忠实的妻子》，我又写了一系列剧本。

这些剧本大多是喜剧，而且是按王政复辟时期①之后大为流行的传统风格写成的。这种风格的喜剧由哥尔密斯②和谢里丹③相传至今，可谓久经考验，据说还特别迎合英国人的趣味。不喜欢这种喜剧的人称其为"做作剧"，殊不知这很愚蠢，因为喜剧本来就是"做作"的。这种喜剧不是动作剧，而是对话剧，常以愤世嫉俗的态度表现上流社会的荒唐可笑，乃至罪恶。它是高雅的，又是感伤的，而且是不无夸张的。但它从不说教，偶尔要想劝诫观众，也只是耸耸肩膀、眨眨眼睛，好像是说"这个你知道就行了"。

据说，大名鼎鼎的伏尔泰曾去拜访康格里夫④，当谈到康格里夫的戏剧时，康格里夫说他并不是什么剧作家，不过是个乡间绅士。对此，伏尔泰说："如果你只是个乡间绅士，我是不会这样郑重其事地来拜访你的。"伏尔泰可说是当时最有智慧的人，但在这里，他好像不太聪明。康格里夫的话听似令人费解，但伏尔泰理应听得懂，康格里夫无非是说，剧作家写戏，写的是他自己。

35

到那时，我已经考虑过许多和戏剧有关的事情。

我得出的一个结论是，一出散文剧几乎和一张报纸一样短命。我们知道，剧作家需要有和记者相似的天赋，要一眼就能找出一个好故事和一个话题，而且要津津有味地把它写出来。此外，剧作家还需要有一种特殊的本领。这种本领到底是怎么来的，我不知道是否有人了解。反正，它是没法学的。它和受教育程度或者文化程度无关。它是这样一种能力，凭借它，剧作家才能写出可以在舞台上大声朗诵的台词，并用这些台词讲述一个故事，一个立体的⑤故事，在观众眼里栩栩如生、活灵活现。这是一种非常罕见的能力，正因为如此，剧

---

① 王政复辟时期：即17世纪60年代至80年代。
② 哥尔密斯：18世纪英国剧作家、小说家，著有《威克菲牧师传》《荒村》等。
③ 谢里丹：18世纪英国剧作家，著有《情敌》《造谣学校》等。
④ 康格里夫：18世纪英国戏剧家，著有《为爱而爱》《如此世道》等。
⑤ 立体的：意即由真人演的。

作家的报酬要比其他艺术家多得多。这和文学才能无关，因为我们知道，一些最有名的小说家想写剧本也都可悲地失败了。这是一种一点也不高级的能力，就像有人善于随机应变，并不是什么大才能。但是，没有它，你的思想再深刻，你的主题再新颖，你的人物再独特，你就是写不成一出戏。

关于戏剧技巧，人们已经说得够多了。这方面的著作，大部分我都认真读过。我觉得，要写好一出戏，最好的办法是去看一出你自己写的戏。这会使你写出更适合演员在舞台上说的台词。如果你听觉灵敏的话，还会使你把台词写得不仅流畅，而且有韵味。更会使你明白，怎样的台词、怎样的场景才有戏剧效果。至于写剧本有什么诀窍，我觉得有两个：一是兴趣导向；一是能删就删。

兴趣导向和人的思维有关。我们知道，很少有人有严谨的逻辑思维，一般情况下，人们看到一件事，就联想到另一件事，而另一件事，又会使人联想到第三件事。这种漫无边际的联想，是最常见的。也就是说，人很容易分心。剧作家呢，却要像圣徒竭力不使自己犯罪一样，竭力不使观众分心。一旦失败，后果甚至比圣徒犯罪还要严重。圣徒犯罪还可祈求上帝宽恕，剧作家若使观众分了心，就无处祈求宽恕了，因为他的上帝就是观众。由此可见，兴趣导向在戏剧中何等重要。当然，在小说中也很重要，但比起戏剧来，小说（特别是长篇小说）毕竟要宽松一些，可让读者有某种程度的分心，甚至还能像圣灵把罪恶变成美德一样，把读者的分心变成主题的延伸（《卡拉马佐夫兄弟》[①] 中关于佐西马长老早年经历的描述，就是绝佳例证）。关于兴趣导向，我或许应该解释一下。这是一种方法。用这种方法，剧作家一开始就把观众的注意力导向剧中的主要人物，使观众对这些人物的所作所为感兴趣，直到剧终为止。在这过程中，只要剧作家稍有疏忽，观众的注意力稍有分散，就极有可能再也抓不住观众了。剧作家要使观众一直对主要人物感兴趣，办法是：一开始就要让主要人物先上场，不然的话，主要人物若是后上场，很可能会变得不那么"主要"了。这是人的天生心理倾向，即先入为主。一般情况下，剧作家都会尽可能早地让主要人物出场，但也有精明的剧作家为追求戏剧效果，反而把主要人物的出场大大推迟[②]。但要这么做，就必须在先出场的次要人物的对话中不断提到主要人物，

[①] 《卡拉马佐夫兄弟》：19世纪俄国小说家陀思妥耶夫斯基的长篇小说。
[②] 最著名的例子就是莫里哀的名剧《伪君子》，主要人物答尔丢夫要到第三幕才出场。

把他（或者她）当作主要话题。这样，推迟出场的主要人物才会使观众更感兴趣。莎士比亚就是经常这么做的。

兴趣导向在情境剧①中特别困难。众所周知，契诃夫的戏剧是最有名的情境剧。在那里，受到关注的不是两三个主要人物，而是一群人物；所要表现的是这一群人物与周围世界的关系以及他们彼此间的关系。既然这样，剧作家就不能让观众把注意力仅仅集中到两三个人物身上，而是要注意所有人物。这势必会分散观众的注意力。注意力一分散，对人物的兴趣就会随之减弱；加上剧作家认为剧中所有的事情都很重要，要观众注意每一件事，因而剧中没有主要剧情和故事线索。这样一来，兴趣导向就极为困难了，要使观众不觉得单调乏味，那是几乎不可能的。所以，等大幕落下时，不仅人物、剧情没有给观众留下深刻印象，就是所谓的"情境"，观众也觉得一头雾水，不甚了了。实际演出表明，这样的情境剧，只有让演技极佳的演员来演，或许还能为观众所容忍。

下面说说第二个诀窍，能删就删。不管一句台词写得多么机敏，不管一幕戏写得多么出色，不管一段剧情写得多么生动，只要不是整个剧本所必需的，剧作家就应该把它删掉。这一诀窍不仅适用于剧作家，也适用于散文家。所谓剧作家，其实不过就是在纸上写写人物对话的人，但他往往很自负，把自己写在纸上的人物对话看得像上天的奇迹一样神圣，要他删一个字也好像割了他心头的肉。我清楚地记得，亨利·阿瑟·琼斯曾给我看过他的一个剧本。我惊讶地发现，像"你要在茶里放糖吗？"这样的日常语言，他竟然也挖空心思，想出了三种不同的说法。难怪他把自己写的东西视若珍宝。如果他是个写作老手，能轻轻松松、随随便便地想怎么写就怎么写，他就不会在乎删掉一些东西了。不幸的是，几乎每个剧作家都是好不容易才写出了自己满意的对话，所以要删掉任何一句，都像要拔掉他的一颗牙齿。这种时候，我想他最好还是忍忍痛——能删还是要删。

现在比过去更有必要这样做。因为现在的观众，反应比过去任何时代的观众都要快，因而更没有耐心，而剧作家不管怎样写，归根结底都是为了吸引观众的注意力。过去的观众会耐心地看一出戏一幕一幕慢吞吞地演，会耐心地听

---

① 情境剧：也称"氛围剧"，即剧中没有多少故事情节的戏剧，通常以表现人们的生存处境为主，故称。

一个演员念完一段台词后再听另一个演员念另一段台词。现在的观众则不然——我想这大概是受了电影的影响——尤其是英语国家的观众，往往一眼就能看懂某一场景的含义，往往第一幕还没演完，就已经想看第二幕了。他们只要听到人物说出几个词，就已猜到他后面要说什么，因而当人物说到后面几句话时，他们已心不在焉了。所以，对于某一场景的含义以及人物的自我表述，剧作家必须处理得非常精练，甚至只要暗示一下，观众也能心领神会。面对这样的观众，人物对话必须写得极其简洁。也就是说，剧作家必须把剧本删了又删，一直删到观众不那么容易听懂才行。因为只有这样，才能迫使他们集中注意力。

36

　　一出戏的演出成功，是剧作家、演员和观众相互合作的结果——当然，还要加上导演。现在我来谈谈观众。最好的剧作家，是为观众写作的剧作家。尽管剧作家说到观众时总是轻蔑多于好意，但他们心中有数，自己是靠观众养活的。观众是付了钱来看戏的，要是戏不好看，他们就不再来看。没有了观众，也就没戏了。实际上，所谓戏剧，就是由演员念给观众听的台词再加上一点动作。一个写出来供人阅读的剧本，其实不是剧本，应该称作"对话体小说"。一部对观众毫无吸引力的剧作，可能有其他可取之处，但它不能称为"剧作"，就像骡子不能称作马。（可叹的是，现在的剧作家时不时会弄出一些非驴非马的杂种。）凡是经营过剧院的人都知道，观众会那么出人意料地影响演出。同样一出戏，日场演出和晚场演出，观众的反应可能完全不同。听说，挪威观众看易卜生的戏，一个个笑得前俯后仰，而英国观众看他的戏，只觉得一头雾水，一点也笑不出来。观众的情感反应、观众的叹息声或笑声，是戏剧的一部分。是观众的反应，造就了戏剧效果，就如观光者的反应造就了日出的壮丽和大海的浩瀚。戏剧演出时，观众同时也是"演员"，而且还是很重要的"演员"。如果没有观众的配合，整场戏就成了一大堆胡言乱语。没有观众，剧作家写剧本就像一个人在网球场上打球，没有对手，只能自娱自乐。

　　现在的观众都很好奇，也很精明，但没有多少智慧。他们大多不是知识分子，智力有限。如果按智力把他们分成若干等级，从 A 级到 Z 级：A 级是 25

分，B级是24分，以此递减至Z级0分（即糖果店里的傻丫头）；那么，我认为观众的平均智力大概在O级上下，即11分和9分之间。他们很容易被逗乐，有些人根本没听懂笑话也会笑，因为他们看见别人在笑。他们会有情感反应，但又本能地厌恶负面情感，当他们感到惊恐或者悲哀时，就故意咯咯一笑，尴尬地予以逃避。他们也会同情，但他们只对某些事物表示同情。譬如在英国，他们对家庭成员之间的亲情特别容易表示同情，但儿子对母亲的爱不在此例——这种爱只会引来他们的嘲笑。如果剧情能使他们感兴趣，他们就不会在乎剧情是否可能。莎士比亚就曾大大利用了他们的这一特点。不过，太不合理的剧情，他们也会讨厌。有人认为英国观众太轻信，其实他们还是要求剧情有一定合理性的，只是要求不太高罢了。他们的道德观，也就是大众的道德观。他们会义愤填膺，但又常常息事宁人。他们不用大脑思考，而用腹腔感受。他们容易厌倦，喜欢新奇，但新奇要合乎传统，否则他们会惊慌不安。他们喜欢各种思想，但要以戏剧形式表现出来；而且，思想还必须是他们已有的、只是没有勇气表达出来的思想。如果你的思想冒犯了他们，他们不会和你纠缠，只会弃你而去。他们的主要兴趣是把戏剧的虚假当作生活的真实来欣赏。

　　从根本上说，观众是从不改变的。只是在不同时期和不同国家，观众的礼仪习俗会有所不同。戏剧既反映当代礼仪习俗，又反过来影响当代礼仪习俗。当礼仪习俗改变时，戏剧也会随之有所改变。譬如，电话的发明改变了礼仪习俗，戏剧的节奏随之加快，不能再慢吞吞地展开情节，因为有许多事情在过去是可能的，如今已不可能了。一件事可能不可能，要视观众接受不接受而定，而观众接受或不接受，通常是没有理由的。譬如，在伊丽莎白时代①，乱丢乱放可能有损名誉的书信，或者偶尔听到不该听到的话，那时的观众认为是可能的，但今天的观众却认为是不可能的，而且没有任何理由，就是认为不可能。不过，更为重要的是文化变迁导致的精神变化。随着这种变化，剧作家不得不放弃过去惯用的某些主题。譬如，复仇主题。现在再来写一出复仇戏，显然没人相信，因为我们早就不像古人那样把复仇看得那么重要，因而不仅没有那么强烈的复仇欲望，还可能受基督教的影响，把复仇视为丑恶行径。还有性妒忌主题，也一样。我曾大胆说过，现在的女性已赢得性自由，贞操不贞操对她们来说已无所谓了。既然这样，男人再为此

---

① 伊丽莎白时代：即16世纪伊丽莎白一世当政时期，也称"莎士比亚时代"。

而妒忌，就有点可笑了。也就是说，性妒忌不再是庄重的悲剧主题，而只能作为嘲讽的喜剧主题。不过，我还是少说为妙，因为我这么说，有许多丈夫会不高兴的。

37

我曾对观众作过点分析，因为对剧作家来说，观众的性质在他的创作过程中是最需要考虑的。各类艺术都有自身的传统，要求艺术家予以尊重，但传统也可能有损艺术本身。譬如，十八世纪的诗歌传统，反对主观抒情，提倡客观理性，结果产生的只是一些二三流的蹩脚诗歌。现在，戏剧观众大多不是知识分子，智力水平普遍较低，这是剧作家必须考虑到的。我认为，这已经使戏剧大大退化。人们不止一次地发现，现在的戏剧大多思想贫乏，落后于时代三十年，难怪知识分子都不大到剧院去看戏了。不过，我倒觉得，如果知识分子要到剧场中去寻觅思想，那他们的智力水平也太令人失望了。再说，思想是个人的、私密的，是理性的产物，而且思想还和一个人所接受的教育程度有关。思想从一个人的大脑传到另一个人的大脑，通常是隐秘的，而且，很可能，一个人的思想对另一人来说不过是常识而已。观众到剧院看戏，很少是想从戏中接受什么思想，大多是为了宣泄某种感情。我曾大胆提出过一种看法，即：如果按智力高低把观众分成 10 个等级，从最高智力的《泰晤士报》剧评家的"1"，到最低智力的糖果店里的傻丫头的"10"，那么观众的平均智力大概是在"6""7"之间。你怎么可能写出这样一部剧作，其中的思想既可使坐在前排的《泰晤士报》剧评家正襟危坐，同时又可使坐在后排的那个糖果店里的傻丫头睁大眼睛？不可能。实际上，观众跑到一起来看戏，吸引他们的通常不是戏中有什么思想，而是戏中有某些激发感情的东西。那就是生与死、爱与恨，也就是激发诗人写诗的那些东西。

再说，新思想、新观念不是从灌木丛里长出来的。它不会出现在芸芸众生的脑袋里，只会出现在少数人的头脑中。一个为观众写剧本的剧作家，固然会有某些想法，也有能力通过具体事物把自己的想法表达出来，但他不可能是一个独树一帜的思想家。如果他不能通过具体事物来表达自己的想法，他就成不了剧作家。他对具体事物有敏锐的观察力，但没有理由要他具备抽象的思辨能力。他可能会沉思默想，可能会思考一些当代的社会问题，但这和大智大慧的哲学思维是不能比的。一个剧作家同时又是哲学家固然很好，可惜这种可能性比他同时又是国王还要小。在我们这个时代，仅有两个以思想家闻名的剧作家，即易卜生和萧伯纳①。他们幸运地正好迎合时代需要。易卜生正好迎合当时的妇女解放运动，萧伯纳正好迎合当时的青少年反叛浪潮。他们有的是可供上演而且效果极佳的新题材。萧伯纳具有的长处，即情绪高昂、幽默机智，对任何剧作家来说都是很有用的，特别是对喜剧作家来说，有此长处，就不用再愁写不出作品。不过，如我们所知，易卜生的创作能力却很贫乏，他虽写了不少剧本，但构思都是重复的，人物除了姓名不同，也都是重复的。毫不夸张地说，他的所有剧本都可用这样一件事来加以概括：人们住在一个紧闭窗户而闷热的房间里，有个陌生人突然进来，把窗户打开；不幸的是，住在里面的人因为闷热惯了，打开窗户反而使他们严重感冒了。如果你认为这样一件事含有深刻的思想，那你一定接受了错误的教育。否则的话，你一定会发现，那不过是一件很平常的事情。在这方面，萧伯纳也差不多，他的思想固然表达得很生动，但他的思想本身却只能使那时的观众为之震惊，因为那时观众的智力都很有限。到了今天，他的思想已经不足为奇了。实际上，今天的年轻人还会把他的思想看作为一种插科打诨。在舞台上确实不利于表达思想。如果你表达的思想是人们可以接受的，那这样的思想早就被人接受了，用不着你再跑到舞台上来表达。所以，你要是想在舞台上表达思想，你的戏肯定完蛋。因为在演戏时，没有什么比一本正经地在那里上思想课更令人厌烦了。现在，人人都已承认妇女的应有权利，再听到《玩偶之家》中的那些台词而不觉得厌烦，那倒反而怪了。可见，写观念剧来表达思想的剧作家是很吃亏的。戏剧本来就很短命，因为戏剧往往和时尚沾边，时尚一变，戏剧也就随之失宠，而若把一出戏建立在一日一变的思想上，那这出戏更是短命得令人哀叹。当然，我说戏剧短命，是指现在流行的散文剧，而不是指诗剧——诗剧得以长存，是因为不朽的诗歌艺术赋予了速朽的戏剧以持久的生命。至于散文剧，我想不出有哪部正剧②能超越它的时代而为后人所关注。偶尔有几部喜剧，断断续续流传了几个世纪。之所以如此，往往是因为剧中的某个著名人物吸引了某个著名演员，或者某个剧院经理一时没有剧目上演，便上演一出不用付税的老戏。看这几部喜

---

① 萧伯纳：19世纪至20世纪之际爱尔兰剧作家，曾获1925年诺贝尔文学奖。
② 正剧：悲剧和喜剧之外的第三种戏剧，也称悲喜剧。

剧,就如观赏珍稀的老古董。观众看到其中的诙谐处,礼貌地一笑,看到其中的胡闹处,尴尬地一笑。他们既不会走开,也不会投入。他们并不认真对待,因而也没有多少好恶,就这样看了几个世纪。

既然戏剧生来短命,有人或许会问:看来剧作家和报社记者一样,是在剧作中谈论当前的政治问题和社会问题?是的,剧作家的思想不会比那些在报纸杂志上写写东西的年轻人更高明——当然,也不会更差劲。剧作家的思想一时很吸引人,而等到思想一过时,他的剧作也跟着过时,这不是很正常吗?不管怎样,观念剧很快会死。对此,有人或许会说,如果写观念剧的剧作家因为足够幸运而大获成功,如果他的作品被普遍认为是有持久价值的,那就没有理由说他的观念剧很快会死。但问题是,要大获成功就必须得到批评家的支持,而批评家其实是很不看好观念剧的,这一点剧作家心里都明白。批评家虽然嘴上都说要支持观念剧,但是当剧作家真的写出观念剧时,如果其中的思想是批评家熟悉的,他们不是嗤之以鼻,就是一笑了之;如果其中的思想是他们不熟悉的,他们又会群起而攻之,将其斥为异端邪说、胡言乱语。这种左右为难的尴尬处境,甚至连大名鼎鼎的萧伯纳也没能逃过。

至于成立戏剧协会,目的当然是要吸引那些不屑到商业剧院去看戏的人来观看他们的观念剧。然而,并不成功,没有多少知识分子被吸引来看他们的观念剧演出。就是那些愿意来的人,也要免费才会来。许多剧作家终其一生为戏剧协会写观念剧。他们鞠躬尽瘁,做着最不值得做的事情。因为,即使有人来看他们的观念剧,即使那些观众的平均智力高于商业剧院的观众,等到看戏时,他们的反应仍然和商业剧院的观众一样,受感情支配,而不是受思想支配。他们同样不想听辩论,而要看动作(当然,我说的"动作"不一定是肢体动作,因为在戏剧中,一个人说"我头疼"和一个人从塔顶上跳下来是一样的,都是动作)。这就注定了观念剧的失败。对此,那些剧作家宣称是因为观众不理解他们的思想。我认为这是错的。他们的观念剧之所以失败,是因为没有戏剧魅力。千万不要以为商业剧①获得成功是因为观众愚昧。商业剧确实故事老套、对话平庸、人物一般,但还是成功了。为什么?因为它们的细节处理具有吸引观众注意力的戏剧魅力。这种魅力是戏剧特有的,没有这种魅力,也就没有戏剧。再说,商

---

① 商业剧:即以营利为目的的戏剧演出。

业剧也不仅有戏剧魅力而已，德·维加①、莎士比亚和莫里哀②的商业剧表明③，商业剧除了戏剧魅力，同样也可以具有极大的思想意义。

38

我这样不厌其烦地谈论观念剧，是因为我认为，面对戏剧的可悲衰落，观念剧难辞其咎。批评家曾大声为观念剧叫好，现在看来，他们肯定做了最糟糕的事情。因为你想想，戏剧需要同时吸引一大群观众，因而对剧作家来说，最重要的是他的剧作要有感染力，要煽动观众的情绪，要使观众出神而忘我。只有这样，剧作家才能使观众产生共鸣，就如几百件乐器同时奏响。然而，批评家的职责却不是在剧场里感受戏剧，而是要对剧本及其演出做出评判。为此，他必须远离观众，避免共鸣，保持冷静。他绝对不能感情用事，他必须头脑清醒。他必须注意，不能让自己变成一名普通观众。他不是身处剧场在看戏，而是置身局外，冷静地评论。结果呢，由于他和观众保持距离，他看到的是剧本及其演出，而不是观众看的是"戏"。这样，他对剧本及其演出的要求和观众对"戏"的要求，自然就大相径庭了。再说，他若对剧作家提出什么要求，也是毫无道理的。剧作家并不是为批评家写作的，或者，至少可以说，剧作家不应该为批评家写作。然而，剧作家往往都很敏感，当批评家说他们的剧本写得幼稚可笑时，他们倍感痛苦。他们痛定思痛，决心痛改前非。于是，那些年轻有为的剧作家便怀着美好的憧憬，听从批评家的建议，开始写观念剧。他们这样做，果然名利双收。萧伯纳就是如此。

其实，对英国戏剧来说，萧伯纳始终是有害的。公众对他的喜爱虽不见得超过易卜生，但看了他的戏之后，公众便不再喜欢看用传统方式写的戏，这倒是真的。萧伯纳还有不少追随者，他们模仿他的剧作。但事实表明，没有萧伯纳的天分，是写不出萧伯纳的那种剧作的。在萧伯纳的模仿者中，最有天分的是格兰维尔·巴克。从他的剧作中可以看出，他具有剧作家的素质，不仅能写

---

① 德·维加：16世纪至17世纪之际西班牙剧作家，有"西班牙戏剧之父"之称，著有《羊泉村》等。
② 莫里哀：17世纪法国古典主义喜剧大师，著有《伪君子》《吝啬鬼》等。
③ 德·维加、莎士比亚和莫里哀均为商业目的写作，故而此处将他们的戏剧称为"商业剧"。

出平易、自然、有趣的对话，还能敏锐地发掘出人物身上的戏剧效果。萧伯纳对他的影响，就是他很注重所谓的"思想"。这些所谓的"思想"，其实都很平庸的，而他甚至把自己的一些胡思乱想也视为戏剧的"精华"。要不是他不听劝告，坚持认为公众都是喜欢豪言壮语的傻瓜，他本可以纠正错误，改用久经考验的传统方式写出许多很好的通俗剧的，但他始终执迷不悟。还有几个萧伯纳的模仿者，也都在复制萧伯纳的缺点。要知道，萧伯纳之所以取得成功，并不是因为他的"思想"，而是因为他的剧作，他的具有独创性的、不可模仿的剧作。他的独创性基于他的个性表现。他的个性其实并不独特，但在他之前，这种个性从未在戏剧中被表现过，因而当他把自己的个性表现在戏剧中时，似乎显得很独特。

姑且不管伊丽莎白时代的情况如何，近几百年来，英国人总的说来是不大动感情的。就是谈情说爱，他们也适可而止，不会情不自禁。虽然他们也繁殖后代，男女间的性行为不会比别人少，但他们总是本能地觉得"性行为是令人厌恶的"。他们更愿意把爱情看成是仁爱，而不是性爱。他们赞赏书里描述的那种"纯洁的爱情"，厌恶甚至嘲笑男女间的肌肤相亲。在他们看来，不顾一切地为了爱情，是不值得的。在法国，为了女人而毁掉自己的男人通常会令人同情，甚至令人赞赏，但是在英国，这样的男人只会被认为愚不可及，即使那个男人自己也会这样认为。正因为这个缘故，莎士比亚的《安东尼与克莱奥佩特拉》一直不为英国人所赏识。他们觉得安东尼为了一个女人而抛弃一个帝国，是可耻可鄙的。实际上，要不是这个剧本是根据一个流传已久的传说改编的，他们甚至会斩钉截铁地说，天下绝对不会有这种事情。

当英国人看完一出爱情戏后，会本能地觉得，爱情固然美妙，但也不像剧作家表现得那样重要，因为毕竟还有政治、高尔夫、工作和其他种种事情。当然，也有剧作家不把爱情看得那么重要，甚至认为爱情不过是一时冲动，结果往往令人尴尬。碰到这样的剧作家，英国观众会觉得很舒心、很愉快。萧伯纳就是这样一位剧作家，他的戏剧虽然不免夸张，但夸张中仍有真实（不要忘记，萧伯纳的戏剧技巧相当高超）。这种对爱情的轻视态度，是和盎格鲁-撒克逊人[①]根深蒂固的清教主义相呼应的。不过，英国观众并非冷酷无情，偶尔也会多愁善

---

① 盎格鲁-撒克逊人：即英国人。

感。只不过，他们觉得感情不是生活的全部。萧伯纳的戏剧之所以吸引他们，就是因为萧伯纳的个性正好和他们合拍。如果换了其他剧作家，即使亦步亦趋地学萧伯纳，也照样会把观念剧的片面性暴露无遗而令人厌烦。其实，剧作家所描述的世界是他的个人世界。只有当你对他这个人（也就是他的个性）感兴趣时，你才会对他的剧作感兴趣。所以，模仿萧伯纳，显然是枉费心机——你就是把他说过的话再说一遍，观众也会觉得你说得没他好。

39

在我看来，戏剧如果追求现实主义而远离诗歌的陪伴①，那肯定是误入歧途。诗歌具有一种特殊的戏剧效果——这种令人兴奋的效果，你只要读一段拉辛②或莎士比亚戏剧中的台词就能感受到，它不是理性的，而是由诗歌韵律产生的一种情感反应。不仅如此，诗歌还具有增强审美效果的固定形式，因而诗剧所产生的美感，是散文剧不可企及的。不管你多么赞赏《野鸭》《不可儿戏》或者《人与超人》③，如果你说这些散文剧写得很"美"，那你肯定是滥用了"美"这个词。诗剧中的诗歌，其主要功能是把戏剧从平庸的现实中拯救出来，使它摆脱现实的束缚而上升到精神层次，从而使观众更容易进入情感状态而感知戏剧的魅力。在诗剧中，现实不是如实反映的，而是由诗剧作家按自己的意愿描绘出来的。也就是说，诗剧作家有更广阔的天地，更自由，更能达到预期的艺术效果。其实，诗剧也好，散文剧也好，都是"戏"而已，都是假的，本来就不必讲究真实，只要观众觉得好看就行了。反过来说，观众只要觉得好看，就不会管你真实不真实，这就是柯勒律治④所说的"自愿受骗"。真实对于剧作家来说，通常也只是一种艺术手法，目的还是为了效果。再说，剧作家的真实至多是"像那么回事"，目的是要使观众觉得后面的事情是可接受的。譬如，只要使观众相信，一个男人得知妻子的手帕在另一个男人手里就一定会怀疑妻子不忠，那么这个男人后面的种种嫉妒行为就有了充分的动机而为

---

① 远离诗歌的陪伴：意为用纯散文写剧本，即散文剧（相对于韵文剧或诗剧）。
② 拉辛：17世纪法国古典主义剧作家，著有《安德洛玛克》《伊菲莱涅亚》等。
③ 《野鸭》：挪威剧作家易卜生的剧作。《不可儿戏》：英国剧作家王尔德的剧作。《人与超人》：英国剧作家萧伯纳的剧作。
④ 柯勒律治：19世纪英国大诗人、文论家，著有《古舟子咏》《忽必烈汗》等。

观众所接受①。同样,只要使观众相信一顿有六道菜的正餐可以在十分钟内吃完,那么观众也就会接受剧作家后面要讲的事情②。反之,如果在人物动机和行为两方面都对剧作家提出现实主义要求,剧作家便不能主动地演绎现实,而只能被动地模仿现实。这样一来,他的大部分表现手法就没用了。他既不能写人物独白,因为现实生活中没人会这样一个人自说自话;也不能快速展开剧情,因为现实生活中的事情总是一件接一件不快不慢地发生的;更不能用巧合来虚构故事,因为谁都知道,现实生活中哪有那么巧的事情!结果表明,现实主义只会使戏剧变得像现实生活一样枯燥乏味。

当有声电影出现时,散文剧只能坐以待毙了。电影展示场景要有效得多,而场景是戏剧的本钱。电影镜头又能制造出类似于诗歌的奇幻效果,以至于何为真实的标准也变了,只要是"可能的",就被视为"真实的",甚至"不可能的",也是"可以接受的"③。这样,电影如鱼得水,用它新奇、生动的画面刺激观众的神经,使观众兴奋不已。而那些写观念剧的剧作家呢,本为知识分子而写,没想到知识分子对观念剧也不感兴趣,宁愿去看滑稽戏,哈哈一笑,或者去看恐怖电影,紧张一阵。那些写观念剧的剧作家不得不吞下苦果。由此可见,知识分子也不喜欢什么思想意义、什么现实主义,而是像第一次去看德·维加戏剧或莎士比亚戏剧的观众一样,为有趣的虚构和娱乐所吸引。

我从不想做预言家,也不想做改革家,有谁想改革,就让谁去改革吧。不过,我还是想把我的看法说出来。我认为,我从事了那么多年的散文剧,正面临着死亡。实际上,任何迎合时代潮流而不是扎根于人性的艺术,都是短命的。譬如,无伴奏合唱一度非常流行,有不少作曲家为之创作歌曲,还产生了不少流派。但是,当音色美妙的乐器一件件相继发明后,就再也没人在舞台上清唱了。散文剧没有理由不遭遇同样的命运。有人或许会说,由活生生的、有血有肉的人在你面前表演,那种感受是电影银幕永远无法给你的。这就像有人说,听人唱歌的感受,是任何乐器无法给你的。但事实表明,乐器战胜了歌喉——没有乐器伴奏的清唱,没有人喜欢听;反之,没有人唱的交响乐,倒有

---

① 这是莎士比亚悲剧《奥赛罗》中的剧情。
② 这是莎士比亚历史剧《亨利四世》中的剧情。
③ 譬如,电影可以先拍门外一伙强盗在撞门,接着又拍屋里两个女孩在瑟瑟发抖。这种"神仙视角"在现实生活中是不可能的,但电影观众照样接受。

许多人喜欢听。

有件事可以肯定,那就是:如果舞台剧还有机会存活,那绝对不是去做电影擅长做的事。有些剧作家想用一系列快速变换的舞台场景来模仿电影镜头,那显然是行不通的。我曾想,剧作家或许可以考虑返回戏剧本源,再次和诗歌、音乐、舞蹈汇合,以此增强自己的娱乐性,但我马上想到,电影似乎无所不能,也可能这么做,而且可能比舞台剧做得更好。不管怎样,在这种情况下,要戏剧存活,剧作家必须兼做诗人,这是最起码的。因为对今天的剧作家来说,最好的机会就是致力于表现电影尚不能成功表现的东西——譬如,复杂的心理活动、机智的即兴表演,等等。电影擅长的是场景和动作,而无法用动作表现的情感,或者,只能用语言来表述的幽默和情趣,是电影不擅长的。戏剧致力于这些东西,或许还能存活一时。

总之,不管怎么说,戏剧——特别是喜剧——是绝对不能追求现实主义的。因为,说穿了,喜剧纯属胡编乱造,目的只有一个——逗人发笑。要做喜剧家,就要"为笑而笑"①。喜剧的目的不是再现生活,而是嘲讽地、有趣地议论生活。看喜剧时,观众不应该问:"这种事情真会发生吗?"而只要满足于"这真好笑"就可以了。也就是说,喜剧作家比一般剧作家更要求观众"自愿受骗"。所以,批评家时常批评某某喜剧"庸俗无聊"、某某喜剧"纯属胡闹",是无的放矢。他们自己才是纯属胡闹。实际上,喜剧家要在一部三幕喜剧中自始至终把观众吸引住,还非常不容易;不管他多么"无聊"、多么"胡闹",观众不会时时都笑——即便是闹剧,也是如此。观众看喜剧而笑,是脑袋里在笑;看闹剧而笑,是肚子里在笑。脑袋还算"高雅",肚子大概够"低俗"了,但真正的生命与其说在脑袋里,不如说在肚子里。正因为如此,伟大的喜剧家莎士比亚、莫里哀,还有萧伯纳,从来不避"无聊"与"胡闹"的嫌疑,不但写喜剧,也写闹剧。喜剧之所以有活力,是因为它的躯体里流动着生活的血。

40

上述想法模糊地浮现在我心里,使我渐渐地对戏剧越来越感到不满。最

---

① 为笑而笑:Laugh for Laugh's sake,仿 Art for Art's sake(为艺术而艺术)。

后，我决定放弃戏剧。我和别人合作从来就觉得很不自在，而要上演一出戏剧，就如我在前面已经说到过的，比其他任何一种艺术创作更需要多人的努力合作。但是，我发现我越来越难以跟我的合作者和睦相处了。

经常有人说，好演员能演得多于剧作家所写的。其实并非如此。天赋出众的好演员固然能把普通人读剧本时没读懂的内在含义表现出来，但他至多也只是充分表现了剧作家所要表现的东西。要做到这一点，他必须是个富有想象力的演员，因为他必须构想出和剧作家相一致的意象。我还算幸运，我的剧本中的多数人物都演得比较称心，但还是没有一个剧本的所有人物都演得如我所想。这是难免的，因为最适合扮演某一人物的演员往往找不到，你只好退而求其次，找一个还过得去的演员来扮演。最近几年，要找到合适的演员越来越困难，原因是英美两地的戏剧界都遇到电影业的竞争，好演员都去拍电影了，以致剧院经理一次次地明明知道有些演员演技平平，也只好滥竽充数，让他们登台表演。另一个原因是薪酬问题。即便是剧中的次要人物，按理也应该由最合适的演员来演，但从经营的角度考虑，要找这样一个演员就要付一定的薪酬，于是为了省钱，就找一个不是太合适、但要价比较低的演员来充数。结果是，一个次要人物没有演好，整场戏的效果照样会大受影响。一个本来很好的剧本，由于没有演好，就这样被糟蹋了。还有，某个合适的演员由于嫌角色太小而不肯出演，或者某个合适的演员因为嫌剧本不好而不愿出演，也是常有的事。

我说这些，并不表明我对那些杰出的男女演员没有感激之情。实际上，我的剧本之所以受观众欢迎，他们功不可没。我是有欠于他们的，是他们帮我实现了梦想。他们的名字本应在这里一一列出，但我怕读者不耐烦，所以只提一个人的名字，因为他没有成为明星，默默无闻，我很为他鸣不平。他就是C.V.弗朗斯。他曾在我的好几出戏里扮演不同人物，都演得令人佩服，即使人物性格的细微之处，也被他清晰地表现出来。在英国戏剧界，很难再找到像他这样演技高超、戏路广阔的演员。不过，尽管有这样的演员，我还是经常担心自己的剧本在上演时会打折扣，致使观众没有看到我想让他们看到的所有东西。选用演员一旦失误，要换本来就难，而若选用的是名演员，就更难换下来了。最后，剧作家只好屈辱地接受批评家根据失败的演出而作出的评判。没有不受演员影响的戏中人物。不管剧作家把一个人物写得多么有深意，到了舞台上，只有通过演员的成功扮演,才能给人深刻印象。最有趣的台词,也要靠演员恰到好处地表述出来才会有趣。再温馨的场景,也要靠演员的温馨表演才会温馨。反过来说,演员往往是剧作家不易觉察的陷阱。一旦选错演员,他便落入陷阱而自受其辱。剧作家塑造了一个人物,然后选一个他认为合适的演员去演,但没想到,这个演员把他自己的个性加到了那个人物身上,使那个人物完全变了形——原本真实而自然的人物,变得怪诞而可笑。因此,我曾想,如果让没有明显个性的演员扮演有个性的人物,是不是会好一点。但我没有真这么做,因为这要求演员具有极强的想象力和极高超的表演能力,我不知道何处能找到这样的演员。或许,最好的办法是我写剧本时不写有个性的人物,只写一个个人物轮廓,然后要求演员在演出时分别填入他们自己的个性。但要这样做,仍有那个老问题:你到何处去找这样的演员?

  选错演员的情况经常发生,因而剧作家的意图经常被演员歪曲。不仅如此,剧作家的意图还经常被导演歪曲。在我刚开始写剧本时,那时的导演对自身的定位还比较谦虚,他们仅仅把剧本中写得过于冗长的地方稍作删节,或者修改剧本中的一些明显错误的词句。然后,他们指导演员如何站位、如何念台词,帮助演员把人物演好。但后来,我想是赖因哈特[①],他最初把导演的定位从合作者变成了支配者。可笑的是,很多没什么才能的导演也都来学赖因哈特,有人甚至还宣称,剧作家的剧本不过是导演用来表达自身思想的工具而已。有些导演还把自己想象成剧作家。譬如,杰拉尔德·杜莫里耶[②],一位有名的导演,他曾告诉我说,他对执导一出不能让他大幅改写的戏不感兴趣。这当然是极端例子,但现在要找到一个不改剧本的导演确实越来越难了。他们常常把"导演"一出戏看作是自己"创作"一出戏。剧作家的意图常常被导演愚蠢地曲解,致使剧作家常常被观众指责为庸俗、低能——殊不知,这大多是由导演造成的。导演有自己的想法,但又没有多少想法,这是灾难性的。有想法会令人兴奋,但只有当想法足够多、足够恰当而且具有足够价值时,有想法才不会出丑。想法不多的人,总觉得自己有想法很了不起。一个想出几句对话、少许情节或者某个场景的导演,总觉得自己的想法胜过剧作家,于是便兴奋地着手改写剧作家的剧本,迫不及待地把自己的想法写进去。结果呢,不是

[①] 赖因哈特:20世纪初奥地利著名导演。
[②] 杰拉尔德·杜莫里耶:20世纪初英国著名导演。

把剧情搞得乱糟糟,就是把戏剧主题歪曲得不成样子。不仅如此,导演往往既愚蠢,又自负。他们自以为是地要演员这样做、那样做,而那些靠拍马奉承才有机会上舞台的演员,一个个唯命是从,哪里有什么发挥才能的余地。最好的导演是最少指手划脚的导演。我还算幸运,多次遇到态度诚恳的导演。他们尽力根据剧本排演,尽力满足我的想法。只是,要完全了解我的想法并不容易,所以,最和我合得来的导演也只能大致贯彻我的意图。我想,导演通常比剧作家更想取悦观众。但是,这不一定合乎剧作家的意图。

既然如此,最好的办法看来是剧作家自己做导演。但问题是,除了少数演员出身的剧作家,绝大多数剧作家是不会做导演的。仅仅指出演员的哪句台词念错了、哪个动作做错了,是远远不够的。你还要让演员明白,怎样念台词、怎样做动作才是正确的。这一点对那些演次要人物的演员来说特别有必要,因为他们的演技通常都不怎么样。杰拉尔德·杜莫里耶曾采用过一种有点羞辱演员、但很有效的方法,即:当某个演员做错某个动作时,他当着该演员的面,滑稽地模仿他(或者她)做错的动作,使其羞愧难当,然后再告诉他(或者她)正确的动作应该怎样做。杰拉尔德·杜莫里耶能这么做是因为他自己就曾是个好演员,很会模仿他人的动作。不过,这还是小事。做导演其实是一项非常复杂的事务,你甚至称它为艺术也可以。就是作为一门学科,"导演学"也要刻苦努力才能学成。导演要兼顾戏剧演出的各个方面。譬如,人物怎样上场、怎样下场、在舞台上怎样站位,才能不失时机地吸引观众的注意力;参演的演员各有怎样的长处与短处,若有可能暴露演员的短处,怎样使点"小花招"瞒过观众的眼睛;还有个别演员可能有特殊的心理问题,导演也要设法解决。譬如某个英国演员连续念一段超过二十行的台词就会心慌,导演就要设法把一段长台词截成几段短台词,免得那个演员心慌;此外,导演还要考虑观众的兴趣导向,怎样把观众的注意力引向戏剧焦点,同时还要使点手段防止观众在戏剧开场和剧情过渡时感到枯燥,因为一开始的人物引入和剧情开端,以及剧情发展中的过渡,是没有哪出戏免得了的;他还要考虑到,观众是很容易分心的,故而要时不时地制造"事端",在观众将要分心时牵住他的注意力;作为导演,他还要考虑到有的演员可能有妒忌心,有的演员可能有虚荣心,不能让他们的妒忌心和虚荣心破坏整出戏的演出;他还要防止演员抢戏,确保每个演员的戏份,绝对不能让某个演员在舞台上擅自发挥,侵占另一个演员的戏份,从而使剧中人物的轻重比率被打乱；他还要控制整场演出的节奏，何时加快、何时放慢、何时强调、何时略过、何时高昂、何时低沉；他还要处理布景，使布景与剧情相配合；他还要注意人物服装是否合适，特别要注意有些女演员只顾穿得漂亮而不顾人物应该穿怎样的服装；他还要注意灯光。总之，做导演是复杂的事务，甚至是一门艺术，不仅要有缜密精确的专业知识，还要有镇定机智的心理素质。就我而言，我清楚地知道，我既没有这样的专业知识，也没有这样的心理素质。还有我口吃，更做不了导演，所以我写完剧本交出去之后，就无事可做了——这很不幸，但事实就是如此。我有时虽然也好奇地想看看自己的剧本是如何被搬上舞台的，但通常是把剧本交给别人后就什么都不管了，就如小狗被人收养后母狗就不必关心了。别人常说我太迁就导演，对导演提出的要求都一口答应。实际上，是我一直觉得导演比我在行，他们的要求总是有道理的。所以，除非我心情特别不好，我不会和导演过不去，而我极少有心情特别不好的时候。但不管怎样，我对写戏还是越来越感到厌恶。其中的原因之一，倒不是我嫌导演无能，而是嫌我自己无能，不得不把剧本交给导演。

41

现在，再来说说观众。我对观众从不表示感谢①，这似乎很不礼貌。他们即使没有怎么颂扬我，至少没有辱骂我。况且，他们还给了我一笔钱财，能让我过上和我父亲从前一样的舒适生活。我到处旅游，住安静而豪华的海滨旅馆，宽敞的套房外面还有花园。我总想，人生短促，有些事情你根本不必自己做，完全可以付钱叫别人替你做。我有了钱，就只做我自己想做的事，这也是一种享受。我还可以招待朋友，资助我想资助的人。所有这些，我都归功于观众对我的钟爱。但是，我还是不得不承认，我对那一大群到剧院里来看戏的人——即观众——越来越觉得厌烦。我曾说过，我第一次去看自己的戏上演，就觉得非常别扭。这种别扭感后来并没有随着我的戏一次又一次上演而有所减弱，反而越来越强烈。想到一大群人正在那里看我的戏，我甚至还有一种莫名的恐惧感，以至于我有好几次出去散步，走到剧院附近故意避开，因为那个剧

---

① 指他从不上台谢幕（过去戏演完后，剧作者、导演和全体演员要上台向观众鞠躬，表示感谢）。

院正在上演我的戏。

我很久以前就得出结论,写一出不赚钱的戏没什么意思,而且我也知道怎样写一出能赚钱的戏。也就是说,我知道观众想看什么。没有观众的配合,我就赚不到钱,而且我也知道观众能配合到何种程度。但是,我对做这种事越来越觉得不舒服。剧作家必须迎合观众的需要才能成功,德·维加和莎士比亚就是最好的例子,他们至多只能表达观众内心已有的却又不敢表达或者表达不出的东西。我对这种替观众表达的事情感到厌倦,而观众又只认可这种表达。还有,我对这样的事情也感到厌倦,即:有些话在日常谈话中是人人都说的,在舞台上却不能说,这简直荒唐。还有,我必须把戏剧主题限制在一定范围内,必须把戏剧长度也限制在一定范围内,不能太长,也不能太短,因为观众喜欢不长不短的戏,这也使我感到厌倦。总之,我厌倦了怎样不使观众厌倦。也就是说,我不想写剧本了。我觉得,只有这样,我才能摆脱大众的低级趣味。为了证实这一点,我还特意去看了许多正受观众欢迎的戏。结果发现,全都乏味至极,那些使得观众哈哈大笑的笑话,我觉得并不好笑;那些使得观众伤心落泪的场景,我觉得莫名其妙。于是,我决定,不再写剧本了。

我想到写小说,那要自由得多。我想到有个读者孤独而沉静地捧着我的小说在读,就觉得很舒心,因为这时我的语词和他之间的那种亲密关系,是在剧院里的那一大群闹哄哄的观众身上绝对不能指望的。我认识很多落魄潦倒的剧作家。我发现,他们有的根本不知道时代已变,还在可怜巴巴地写他们的剧本。有的虽竭力想跟上时代,但一遇到挫折,就心灰意懒。我见过著名剧作家把剧本交给剧院经理时遭到冷落,甚至嘲讽,而正是这些剧院经理,当初为求得他的剧本,一个个跟在他屁股后面转。我听到不少演员轻蔑地议论剧作家。我见过有些剧作家最终意识到自己被观众抛弃时的困惑、惊慌与痛苦。我还记得名噪一时的阿瑟·皮内罗和亨利·阿瑟·琼斯两位剧作家分别对我说过同样的话,只是口气不同,一个是用绝望的口气说的,一个是用恼怒的口气说的——"他们不要我了。"既然这样,我想,我还是识相一点,自己走吧。

42

但是,我脑子里还有好几出戏,其中的两三出只是模糊的设想,不写也罢，但有四出戏却是我构想了很久，准备写出来的。我了解我自己，知道不把这四出戏写出来，我是不会安心的。这四出戏我已考虑了好多年，一直没有动笔是因为我认为它们可能不被观众看好。我从来不想让剧院经理在我身上赔钱，我想这大概是出于我的生意人本能，而总的来说，他们也确实没有亏本。一般认为，经营一出戏的演出，赢利的可能性是四比一，而我写的戏，我敢说，实际赢利还不止四比一，这并非吹牛。我把这四出戏一出一出地写出来，希望它们一出比一出成功。因为在我正式离开戏剧界之前，我还不想毁坏我在观众群中的声誉。前面两出使我吃惊，竟然相当成功。后面两出如我所料，不怎么样。这里，我只想说说其中的一出——《圣焰》，因为我在这出戏里做了一个实验。这个实验，本书的有些读者或许会感兴趣，愿意花几分钟了解一下的。我尝试在这出戏里写一种比较规范化的台词，不像我以往那样用日常口语来写对话。我写第一部正式的戏剧是在一八九八年，最后一部是在一九三三年。在这段时间里，我看到对话风格从亚瑟·皮内罗的文质彬彬、奥斯卡·王尔德①的优雅精致，变成了今天的极端口语化。剧作家受现实主义的诱惑，不知不觉地越来越倾向于自然主义，倾向于采用——如我们所知——被诺埃尔·考沃德②推向极端的那种风格。不仅"文学"被有意避开，而且追求现实也是过分的，以至于写出来的对话不讲语法、支离破碎，理由是据说人们在现实生活中说话是不讲语法的，而且说的都是没头没尾的只言片语，所用的词汇也是最普通、最简单的。这样写出来的对话，只有靠辅助动作，譬如耸耸肩、摆摆手或者做个鬼脸，才能勉强听懂。

在我看来，如今的剧作家为迎合时尚而严重损害了自己。因为他们在剧本中所使用的那种缩略式的、片段式的语言，只是社会上某一群人的语言——这群人就是报纸上说的那种"赶时髦朋友"，大都比较年轻、受过教育（不过是错误的教育），而且比较富裕。他们说起话来故意含糊不清，以此为时髦。确实，英国人说话大多不太清楚，但也不能说英国人说话从来就是含糊不清的。譬如，过去各行各业的职员、有文化的妇女，他们说的话就清清楚楚，不仅合乎语法、用词恰当，而且发音准确、流利顺畅。但如今，由于这种时髦语言大行其道，甚至连法官和医生也像酒吧间里的那群小混混

---

① 奥斯卡·王尔德：19世纪后期英国唯美主义剧作家，著有《莎乐美》等。
② 诺埃尔·考沃德：20世纪前期英国剧作家、导演、制片人，著有《水性杨花》等。

一样，说起话来含糊不清，这很可能会使他们不经意间歪曲了案情和病情的真相。剧作家所受的影响就更大了，因为他们是用人物对话来表现人物的，而对话如果写得就如象形文字，要靠观众去猜，那就不可能使观众真正了解人物的思想和感情。说白了，就是剧作家用清晰的日常口语写剧本，让善于掌握日常口语的演员来扮演人物，也不可避免地会使整场戏显得粗俗和浅薄，虽然这样做可能很受普通观众的欢迎。此外，使用日常口语还会使剧作家的写作题材受到限制，因为用日常口语是难以表现重大事件的。至于你想用日常口语来展示复杂的人性之类的戏剧主题，那就更加不可能了。也就是说，你用日常口语，就写不出富有哲理的剧本。反之，要写富有哲理的剧本，就得用复杂的书面语。这是散文剧固有的局限，它生于日常口语，死于日常口语。

所以，我在《圣焰》一剧中做了尝试，不再让剧中人物说日常口语，而是说一种更为精确的、适合他们的身份和思想的书面语。可能是我的书面语太书面化了，我在排练过程中发现，所有演员都很不习惯，觉得很别扭，好像不是在念台词，而是在背书。于是，我不得不稍稍加以口语化，改掉一些纯书面语，把太长的句子切割成几个短句，使它们读出来似乎有点像口语。不过，即使这样，我知道批评家还是有足够的理由来指责我，说这个剧本"咬文嚼字"，说现在活着的人不是这样说话的，等等。他们不知道，我本来就没想要他们像活着的人那样说话。不过，我没有和他们辩论，也没有坚持。我这个戏剧界的房客，租期快要到了，没必要再装修房间①。所以，我的最后两个剧本，仍使用过去一直使用的日常口语。

就如你多日穿行于山间，绕过一片岩石后，你相信前面会有平地出现，但迎来的却是又一片岩石，你依然行走在崎岖的山间小路上。穿过那片岩石，你想一定是平地了。不，不是平地，而是又一座山挡在你面前。你觉得自己快要走不动了。然而，当你气喘吁吁地翻越那座山，心里快要绝望时，一大片平原展现在你面前。你欣喜若狂地奔向那片平原，把山峦和岩石统统抛在身后。你觉得自己从此走出了困境，重重地叹了一口气。当我写完最后一个剧本时，就是这种感觉。

---

① 意为他就要离开戏剧界，没必要再坚持自己的主张。

总　结

当然，我不能说我就此会永远离开剧院，因为作家都是受自己的创作灵感驱使的奴隶，说不定，我哪天会身不由己地又想写一个剧本来表现某一主题。不过，我希望我不会，因为我有一种想法——读者一定会认为我既愚蠢又傲慢——即：我认为，剧院能给我的，我都得到了。我已赚够了钱，今后不但衣食无忧，还可以称心如意地享受一番。我已"臭名昭著"，但也曾"美名满誉"。我知足了。只是有一样我想得到的东西，我还不曾也不可能在戏剧中得到，那就是艺术上的完美。我指的不仅是我自己的剧作——我对自己的剧作，比别人更感到不满——我指的是流传至今的历代剧作。即便是最伟大的剧作也有严重缺陷。但是，考虑到历代习俗和演出条件的不同，你又不得不为这些缺陷开脱。譬如，古希腊戏剧，离我们那么遥远，其中蕴含的古希腊文化在我们看来是那么陌生，因而要对它作出公正评判是难而又难的。但不管怎样，在我看来，《安提戈涅》①或许是最接近完美的剧作。在近代戏剧中，我认为只有拉辛偶尔接近完美。要知道，他的创作受到多少限制②啊！但他仍以高超的技艺制作了一件精品③。至于莎士比亚，只有盲目崇拜他的人才不愿意承认，他在剧情处理和人物塑造方面是有缺陷的。不过，就如我们所知，莎士比亚为了达到最佳戏剧效果是不惜在其他方面作出牺牲的，因而有这样的缺陷也情有可原。所有这些戏剧，古希腊戏剧也好，拉辛的戏剧也好，莎士比亚的戏剧也好，都是诗剧，是用隽永的诗句写成的，因而才有可能接近完美。如果是散文剧，那是不可能的。我想谁都知道，易卜生是百年来最杰出的剧作家，但就是易卜生，他的剧作也是有缺点的；譬如，剧情贫乏、人物重复，不一而足。如若再往深处追究，你会发现，他的许多戏剧主题竟然那么愚蠢！看来，无论是散文剧，还是诗剧，都会有这样那样的缺陷，在这方面有所得，在那方面就会有所失。所以，要写一部在剧情、人物、主题、场景、语言等各个方面都完美无缺的剧作，是不可能的。不过，我认为小说是有可能写得完美无缺的，尤其是短篇小说。当然，要写出这样的小说，我毫无把握。但不管怎样，既然有了这样的想法，我还是想试一试，看看写小说是否比写剧本更有可能接近完美。

---

① 《安提戈涅》：古希腊剧作家索福克勒斯的名作，与《俄狄浦斯王》齐名。
② 限制：指古典主义"三一律"（17世纪法国古典主义戏剧均须遵守"三一律"，拉辛堪称运用"三一律"的大师）。
③ 一件精品：指拉辛的著名悲剧《安德洛玛克》。

43

我写的第一部长篇小说叫《兰贝斯的丽莎》，是和我第一次打交道的一个出版商约我写的。那时，出版商菲希尔·欧文推出一套称作"笔名丛书"的短篇小说系列，其中包括像约翰·奥利弗·霍布斯①等人的短篇小说。这套丛书很受读者欢迎，被认为很有意思，也很新鲜，有些作者由此而出了名，出版商也有了名气。于是，我写了两个短篇小说，合在一起正适合这套丛书中的一册。我把稿子寄给菲希尔·欧文。过了一些时候，他把稿子退了回来，但附了一封信，问我能不能写一部长篇小说让他看看。这对我是个极大的激励，我马上就着手写了。那时，我白天要到医院上班，只能晚上写。我通常六点钟一下班就回到住所，读完顺路在兰贝斯桥拐角处买的《星报》后，匆匆吃过晚饭，清理好桌子，就摊开稿纸来写。

菲希尔·欧文对作者是很苛刻的，他知道我年轻，没经验，急于想出书，就在签订出版合同时要我答应，等他把书卖得差不多后才给我稿费。不过，他很会宣传，把我的小说寄给了很多有名望的人。尽管评价不一，反应还是很强烈，甚至连大主教巴兹尔·威尔伯福斯在威斯敏斯特大教堂布道时也提到了这本书。圣托马斯医院②的产科主任读了这本书也觉得很不错，加上那时我已通过医师资格考试，他想提拔我，给我一个职位。但我不明智地拒绝了，因为我踌躇满志，决定弃医从文。因为这本书出版一个月后就再版了，我毫不犹豫地认为，我完全可以当一名小说家，以写作为生。一年后，我从塞维利亚回来后不久，收到了菲希尔·欧文寄来的稿费支票——竟然有二十英镑，这使我多少有点吃惊。根据这一段时间的销售情况，看来《兰贝斯的丽莎》还有许多人想读。要说它有什么吸引人的地方，那也是得益于我在医院实习期间有幸接触到生活的另一面，这是当时的小说家很少能接触到的。阿瑟·莫里森③的《陋巷故事》和《来自杰戈的孩子们》使公众注意到了下层社会的生活，我是步他

---

① 约翰·奥利弗·霍布斯：19世纪英国女作家珀尔·克雷吉的笔名。
② 毛姆从医科学校毕业后，就在这家医院实习。
③ 阿瑟·莫里森：20世纪英国作家、记者，以写维多利亚时代末期伦敦东区贫民窟生活的小说而闻名。

的后尘，因而也引起了公众的注意。

  我并不怎么懂得写作。我虽然就年龄来说，那时读过的书并不算少，但我是囫囵吞枣，一本接着一本读，往往只是看个大概，并没有认真思考。所以，我总觉得我并没有从中得到什么教益。然而，当我决定从事写作时，我还是发现自己特别受益于莫泊桑的小说。我十六岁就开始读莫泊桑的小说。每次去巴黎，我都会一下午一下午地在奥泰昂的长廊书店里翻阅各种各样的书。莫泊桑的短篇小说选，有的售价七十五生丁①，我就买下来；有的要三法郎半，我就买不起了，只好把书从架子上取下来，站在那里偷读，能读到多少就读多少。我常常乘书店伙计不注意，悄悄把书裁开几页②，读完后再若无其事地放回架子上。这样，我在二十岁之前就读了莫泊桑的大部分作品。如今，莫泊桑的名声已大不如前，但仍须承认，他的小说有很多优点。他不仅行文清晰明快、有条有理，而且懂得怎样最大限度地使自己所讲述的故事具有戏剧效果。我总觉得，和当时那些受年轻人追捧的英国小说家相比，他更值得我师从，更值得我效仿。

  我在《兰贝斯的丽莎》中既无虚构、又无渲染地描述了我在圣托马斯医院做产科实习医生时所认识的那些人，以及我在工作或闲暇时所遇到的那些事。因为缺乏想象力，我只能如实地记录自己的所见所闻（想象力是随阅历的增长而增长的，所以和大多数人相信的正好相反：中老年人比年轻人更有想象力）。其实，我的这本书取得成功是纯属偶然，或者说是我运气好，并不表明我将来一定会前途无量。但在当时，我并未意识到这一点。

  菲希尔·欧文要我再写一本关于贫民窟的书，篇幅可以再长一点。他说公众对此很感兴趣，还说我既然已经打开局面，这本书一定会比《兰贝斯的丽莎》更加成功。但是，这根本不在我考虑之中。我有自己的想法。因为不知何故，我总觉得不应该复制成功，而要超越成功。既然我已经成功地写了一本关于贫民窟的书，我就没兴趣再写第二本了。实际上，我已经在写一部完全不同的小说。菲希尔·欧文看到这部小说后，一定会很沮丧、很失望。小说的背景

---

① 生丁：法国货币名，100 生丁合 1 法郎。
② 当时还没有切边机，从印刷厂里出来的新书是不切边的，由读者自己将其裁开。

是文艺复兴时期的意大利，故事是我在马基雅维利①的《佛罗伦萨史》中读到的。为什么要写这部小说，是因为我读到了安德鲁·朗②的几篇关于小说艺术的文章。其中有一篇，我读了特别信服他的观点。他认为，年轻作家唯一有希望写成功的是历史小说，因为年轻作家没有足够的生活阅历，难以描写当代生活，而以历史人物和历史事件作为素材，便可以把年轻人特有的浪漫和热情充分发挥出来。现在我知道，他是胡说八道。首先，说年轻人没有足够的阅历来描写当代生活，就是错的。我们不能理所当然地认为，一个人到了晚年就一定比他年轻时更了解他周围的人。譬如，年轻人在他的童年时代，周围有家里人、仆人、老师，还有其他男孩和女孩——这些人，他都很了解。他可以直接观察他们。成年人在未成年人面前通常是不会装模作样的，会把自己的性格、欲念统统暴露出来，而在其他成年人面前，他是绝不会这样不谨慎的。此外，如果你是男孩，你还会对你周围的各种事物感兴趣，譬如你们家住的房子、街道上的店铺，等等；如果是在乡间，那就是田野、河流、牲畜，等等——所有这些事物留给你的印象，在你年轻时都是很清晰的，而当你上了年纪，就会变得模糊不清。其次，说年轻作家写历史小说容易成功，也是错的。写历史小说其实更需要作者富有生活阅历，这样才能把那些显然与当代人有着不同观念和不同习惯的历史人物塑造成当代人能够理解的小说人物。此外，再现历史事件不仅需要大量历史知识，还需要对历史事件有想象力，这在年轻作家那里也是很难指望的。所以说，事实和安德鲁·朗说的正好相反，小说家应该有了一定年纪和相当阅历后再来写历史小说。因为到了那时，他多年对世人的观察和对人生的思考已使他获得洞察人性的直觉能力，同时也具有了较多的历史知识。这样，他才能得心应手地创造出属于以往年代的人物形象。然而，我以自己的亲身经历写了第一部小说后，竟然听信安德鲁·朗的胡说八道，着手去写一部历史小说。那时，我正好在卡普里岛度假。我满腔热忱、干劲十足，让人每天早上六点就把我叫醒，起床后马上开始写，一直写到肚子咕咕叫，才停笔去吃早饭。其实，我是在浪费时间，还不如到海边去散散步更有好处。

---

① 马基雅维利：文艺复兴时期（15至16世纪）意大利政治家、历史学家，著有《君主论》《佛罗伦萨史》等。

② 安德鲁·朗：19世纪至20世纪之际英国历史学家、民俗学家，著有《安德鲁·朗童话集》等。

总　结

44

　　我在接下来几年间写的几部小说，都不值一谈。其中《克雷笃克夫人》还算可以，我也把它编入了我的选集。还有两部，原本是我写的剧本，因为没能上演，我就把剧本改编成了小说。这像是做了贼似的一直使我良心不安。我后悔自己怎么会写出那么差劲的东西，但现在我知道，我不必良心不安，即便是最伟大的作家，也会写出极差劲的作品。巴尔扎克就写过许多差劲的作品，他都不好意思把它们编入《人间喜剧》①。就是在《人间喜剧》中，也有不少作品写得实在不怎么样，只配哄哄小孩子。小说家完全可以放心，他自己都想忘记的作品，读者是绝对不会放在心上的。在我的这几部小说中，有一部是为了挣足第二年所需的生活费而写的。还有一部，是我为一个喜欢奢华生活的年轻女人而写的——当时我对那个女人着了迷，想用点钱来勾引她。但是，我的计划受到威胁，另一个男人也想勾引她，钱又好像比我多。当然，我比那个男人多一点点真情和幽默感。但那有什么用！于是，我决定写一本书，赚它三四百英镑，或许还可以和那个男人一争高下。那个年轻女人实在太迷人了！然而，就算我日夜不停地写，写一部长篇小说也要很长时间，写完后还要拿去出版，又要等上好几个月，出版商才会付钱给我。结果呢，等我拿到钱，我原本以为永不熄灭的情欲之火已经烧成一堆灰烬——我不想勾引那个年轻女人了。于是，我用那笔钱去了一次埃及。

　　除了这两个例外，我成为职业作家后最初十年间写的其他小说，都是为了学会小说写作技巧而写的习作。做职业作家的难点之一就是，他必须先用劣质作品去糊弄读者，骗读者的钱来养活自己，然后才能慢慢学会写作技巧，才有可能写出优质作品。他本能地想写，脑子里也有各种各样的想法，但他不懂技巧，不知道怎么写。他没有经验，也没人来教他。他不知道怎样发挥自己的天赋。此外，他写的东西还要尽可能地拿去出版，才能赚到稿费来养活自己，才能知道自己写的东西到底怎么样——因为只有出版后才会有读者和评论界的意见反馈，才能发现还有哪些不足之处。我一直听人说，莫泊桑最初写的小说都

---

① 《人间喜剧》：巴尔扎克自编的小说集，包括近百部中长篇小说。

只是写给福楼拜看的①，直到他写了好多年之后，福楼拜才允许他拿去发表。至于那篇叫《羊脂球》的杰作，全世界都知道，那是个特例②。莫泊桑在政府机构谋得一个职位，既可维持生计，又有足够时间用来写作。很少有人像莫泊桑那样有耐心，等了那么久才把作品拿出去碰运气，而有像福楼拜那样的大作家悉心指导的人，就更加少而又少了。如果要一个作家积累了足够的生活知识、掌握了足够的写作技巧才去写他想写的小说，那很可能会浪费掉许多出书的机会。我有时想，要是我的第一部小说没有那样幸运地得到好评就好了，因为这样的话，我就会继续从医，就会获得正式的医师资格，就会到各地去做开业医生的助手，就会有更多社会阅历和生活经验。如果我的书一本又一本地被出版商拒绝，我可能会加倍发奋而为读者写出更好的作品。我很后悔没有请人指导，否则我就不会走那么多弯路，浪费那么多时间和精力。我认识好几个有名望的作家，但我总觉得，和他们交往交往固然很愉快，和他们谈写作不见得会有什么好处。我生性孤傲、不愿求人，所以从未请教过他们。我读法国小说多于英国小说。我从莫泊桑那里学到了我能学到的东西，后来又学过司汤达、巴尔扎克、龚古尔兄弟、福楼拜和阿纳托尔·法朗士。

我做过各种尝试，其中之一在当时还是很新颖的。我根据自己的人生经验，认为小说家反映现实的方式通常都很片面，他们往往只写两三个人或一小群人的精神生活或物质生活，这些人好像是与世隔绝的。然而在我的生活中，就有好几个互不相干的社交圈子同时存在。所以，我想，如果能把同时发生在不同社交圈子里的故事都写出来，这样一幅图景，或许更接近现实生活。于是，我设置了比我以前的小说多得多的人物，还构想了四五个独立的故事——这些故事，仅通过一个在每个故事中都有一两个熟人的老女人联系在一起。小说取名为《旋转木马》。这部小说写得荒诞不经，原因是我当时受唯美派影响，把每个人物都写得出奇的美，而且还是用那种矫揉造作的方式写的。不过，主要问题还是没有一条能持续吸引读者注意力的故事线索。几个独立的故事毕竟

---

① 福楼拜是莫泊桑的老师。
② 当时福楼拜、龚古尔兄弟、左拉、都德、屠格涅夫等人常在巴黎郊外的梅塘（左拉在那里有一幢别墅）聚会。1870年普法战争爆发后，他们约定每人写一篇以当前战争为背景的小说，合集出版。当时莫泊桑还是福楼拜的学生，未曾发表过作品，他们也要他写一篇试试。莫泊桑写了，即中篇小说《羊脂球》。后来，他们的合集《梅塘之夜》出版，《羊脂球》也在其中。没想到，莫泊桑的这篇习作竟然力压师长们的作品，被认为是合集中最出色的一篇。

不是同样有趣的,而读者要在几个故事之间转来转去,很快就厌烦了。我彻底失败,因为我忽视了一个最简单的叙事方法,那就是以某一视角去看不同的事件和不同的人物。这种叙事方法曾在自传体小说中使用了一两百年,后经亨利·詹姆斯之手,又被发挥得淋漓尽致。亨利·詹姆斯把自传体小说中的故事叙述者"我"改成故事中某个人物的"我",即由故事中某个人物(也就是某个"他")作为故事的主要叙述者。简单说来就是,他在第三人称(他)的全知全能视角里又设置了一个第一人称(我)的有限视角。用这种双重视角叙述的故事,会有一种真实感。

45

我知道,我发挥自己的才能比大多数作家都要慢。大约在上世纪末、本世纪①初的那些年里,我被看作是个有点小聪明的年轻作家,虽然比较早熟、粗鲁而不那么讨人喜欢,但还值得考虑。所以,我写书虽然没有赚到什么钱,但我的书终究还是受人关注的,而且是认真地关注。只是,当我把自己早先写的小说和现在的年轻人写的小说加以比较时,我不得不承认,他们写得比我当初要好得多。上了年纪的作家应该多关心年轻人的写作,我时不时地会读他们的小说。那些还不到二十岁的女孩子,还有那些正在上大学的年轻人,他们写的小说在我看来都写得很好,不仅组织得很好,而且还很熟练,很老到。我不知道是不是现在的年轻人要比四十年前的同龄人成熟得早,或者,是不是那时的小说艺术到现在已经大大地发展,以至于当时写一部平常的小说都很困难,而现在写一部好小说也很容易。如果有人愿意费神去读上几期那时被认为最有才智的《黄皮书》②,就会惊讶地发现,其中的大部分文章都写得糟糕透顶。在那上面发表文章的那些作家,就是放在一起看,也不过是一潭死水里的一个漩涡,他们在英国文学史上连得到匆匆的一瞥好像也不大可能。我翻看着那些发霉的期刊,有点发抖。我问自己,再过四十年,如今这些春风得意、光彩照人的出版物是不是也会被人看得像他们孤身独居的老姑妈一样枯燥,像现在的人眼中的《黄皮书》一样乏味。

---

① 本世纪:指 20 世纪。下同。
② 《黄皮书》:19 世纪末期英国最重要的文学刊物,出版于 1894 年至 1897 年,共 13 期。

我很幸运地一下子成了一个颇受欢迎的剧作家,这使我大可不必再考虑每年写一部小说来维持生计。我发现剧本很容易写。写剧本为我带来名声,这当然不会使我不高兴。写剧本还使我赚到了不少钱,足以让我过得舒舒服服,再不会像过去那样拮据了。我一点也没有那种不为明天担忧的波希米亚习气①。我也从来没有向人借钱的习惯。我讨厌债务缠身。那种潦倒的生活对我毫无吸引力。我并非出生在潦倒的家庭中。我一有钱,就在梅费尔②买了一幢房子。

　　有人藐视财产。当然,如果他们是说艺术家不应该让财产来妨碍自己的创作,他们或许是对的,但是艺术家自己并不一定这么认为。艺术家并不像他们的崇拜者所希望的那样,喜欢住在阁楼上。他们倒是常常为了过上奢华的生活而不惜毁了自己。他们毕竟是人,只是想象力丰富一点而已。他们当然也向往豪华的府邸、成群的仆人、贵重的地毯、精妙的名画和炫丽的家具。提香③和鲁本斯④过得就像王公贵族。蒲柏拥有豪宅,司各特⑤拥有地产。埃尔·格列柯⑥拥有成套的住宅,吃饭时还有乐师为他演奏音乐,他的书房富丽堂皇,他的服饰考究之极,最后死于破产也在所不惜。反之,艺术家住在半间茅屋里,吃着一块乡下女人烤的土烧饼,那是不正常的。那不仅不公平,还会使艺术家显得卑微而无趣。不过,毫无疑问,艺术家喜欢生活奢华,其实是为了消遣。他的住宅、他的土地、他的汽车、他的名画,其实都是他用来娱乐、用来幻想的玩具。它们只是他用来体现他的创作才能的。它们并不影响他本质上的超然于物外。就拿我来说吧,用钱能买到的各种好东西,我都拥有,就像某人拥有某物一样,没什么不同。不同的是,我可以放弃我拥有的所有东西而毫不心痛。要知道,我们生活在这个不安定的世界上,我们拥有的任何东西都有可能被剥夺⑦。所以,只要有普通的食物满足我不大的胃口,只要有我自己的一个房间,只要有公共图书馆借来的书,只要有笔和纸,我就毫不遗憾了。我很高兴我作为剧作家赚了一大笔钱。钱给了我自由。但我用钱很谨慎,因为我不想

---

　　① 波希米亚习气:即吉卜赛人的流浪习气(波希米亚:捷克旧称,因那里是吉卜赛人的聚居地而被用来指吉卜赛人)。
　　② 梅费尔:伦敦上流住宅区。
　　③ 提香:16世纪意大利威尼斯派名画家。
　　④ 鲁本斯:17世纪佛兰德斯巴洛克画派名画家。
　　⑤ 司各特:19世纪英国小说家,以《威弗利》《艾凡赫》等历史小说闻名于世。
　　⑥ 埃尔·格列柯:16世纪西班牙名画家。
　　⑦ 当时的世界既处于战争的阴影中,又处于革命的喧嚣声中。

返回原状，不想因为缺钱而不能做自己想做的事情。

46

  我原本或许会成为一个医生或者一个律师，但我成了一个作家。作家这一行当似乎人人喜欢，所以毫不足怪，有许许多多没有资格做作家的人也想做作家。这一行当令人兴奋而且丰富多彩。做了作家，可以自由选择在何时何地工作。如果觉得身体不适或者情绪不佳，可以自行放假，休息休息。不过，做作家也有难处。其中之一就是，虽然世界上的任何人、任何地方、任何事情都是你的写作素材，但只有迎合你内心的某种隐秘冲动①的素材对你才有用。也就是说，矿藏无限丰富，我们每人却只能开采一点点。因此，食物虽然多得很，作家仍会饿死。因为他找不到合适的素材，也就是我们所说，他没什么可写。我想，几乎没有哪个作家心里是没有这种恐惧的。还有一个难处是，做作家必须要讨好人。因为，除非有足够的人喜欢读你的作品，否则你就只好忍饥挨饿。有时，由于生活压力太大，作家不得不心怀怨恨地屈从于公众的需求。但是，千万不要对人性有太多指望，你的苦苦乞求至多只能偶然一两次被人接受。独立不羁的作家固然可敬可爱，迫于生计而不得不寄人篱下的雇佣文人也不应受到嘲笑。切尔西②的一位小哲人③曾说，为钱写作的作家不是为他写作。他虽说过不少慧言妙语（作为哲人理应如此），这句话却说得愚蠢之极，因为作家的写作动机和读者无关。读者只关心他的写作结果如何。有许多作家确实是迫于生计而写作的（塞缪尔·约翰逊就是其中之一），但他们并非只是为了钱。如果他们只是为了钱而写作，那也太傻了，因为以同样的才能和精力去赚钱，很少再有哪个行当比写作更不赚钱了。大多数闻名世界的肖像画之所以问世，就是因为当初有人出钱让画家画的。画画和写作一样，开始需要某种刺激。不过，一旦动笔画了，画家就会全身心地投入其中。画家画画，要等顾主大致满意才能拿到佣金，同样，作家也要写得读者大致感兴趣，才会有人去买他的书。然而，作家却往往认为，读者"应该"喜欢他的书，如果他的书卖不出去，那不

---

① 某种隐秘冲动：即创作灵感。
② 切尔西：伦敦文人名士聚居区。
③ 小哲人：指批评家洛根·史密斯。

是他的错，而是读者的不是。我从未见到哪个作家承认过，读者不买他的书是因为他的书写得不好。是的，有不少画家的作品长久没人赏识，直到最后才获得名声，但我从未听说过，某个画家的作品始终被人忽视而画家本人获得了名声。像这样始终被人忽视的画家，其实有很多很多，他们辛辛苦苦奉献给世人的作品，如今在哪里？如果艺术家的才能确实是由某种能力和某种对世界的特殊看法构成的，那么很容易理解，独创性一开始总是不会受人欢迎的。因为在这个变化不停的世界上，人们对新鲜事物总是先表示怀疑，要过一段时间后，才会慢慢习惯。所以，具有某种特异性质的作家，只能慢慢地找到喜欢他的人。这不仅需要他花时间认识他自己（因为年轻作家总是羞羞答答地认识他自己），还需要他花时间使那些人（那些他最后可以颇为自豪地称之为他的读者的人）相信，他可以给他们某种他们想要的东西。在此期间，他会发现自己的个性越强，就越难成功，赚钱谋生所需时间也越长。就是有了结果，他也不能肯定它会长久，因为很可能由于他的个性太强，他只能给他们一点点东西。然后，他就从刚刚努力冒出头的地方迅速下沉，就此无声无息了。

有人会说，作家应该去找一个可为他提供面包和黄油的职业，然后利用业余时间从事写作。其实，过去的作家普遍都是不得不这么做的，因为那时的作家即使出了名，很受读者欢迎，他还是无法靠写作赚到足够的钱来养家糊口。在读者比较少的国家，大多数作家至今还只能这么做。他们必须到某个办公室（最好是政府部门）去上班，或者去做记者，才能维持生计。好在用英语写作的作家拥有数量庞大的潜在读者，理应是可以把写作当作一种职业的。要不是英语国家有点轻视艺术，本来还应该有更多的职业作家。但是，因为人们通常总觉得写作或画画不能作为一个人的职业，这样的社会意识阻止了许多人从事写作和绘画。要去从事一种似乎被人认为有点不道德的职业，你要下定决心或者一时冲动才行。在法国和德国，写作是受人尊敬的职业，即使收入不怎么令人满意，父母还是会鼓励孩子从事这一职业。在德国，你若遇到一位母亲，问她的那个年轻的儿子在做什么，她会自豪地说：做诗人。在法国，一个有大笔嫁妆的富家女嫁给一个有才华的年轻小说家，在她的家人眼里是合适的婚配。

然而，做作家不仅仅是伏在书桌上时才在写作。他整天都要写作，无论是思考时、阅读时，还是体验生活时，他都在写作。他看到的、感受到的任何东西，对他的写作都是有用的，而且他总是在有意无意地积累和梳理他的生活印象。所以，他去从事其他任何职业，都不会这样专心致志。他去做其他事情，既不会使他自己满意，也不会使他的雇主满意。他最愿意从事的职业是做记者，因为做记者似乎和他自己从事的写作比较相近。然而，这是非常危险的。报纸有一种非个人的性质，会不知不觉地影响作家。天天为报纸写稿的人似乎都会丧失自己看待事物的能力，因为他们总是用一种普遍化的、时常是灵活的、有时还很敏锐的目光看待事物，而从来不会用一种特殊的、虽有可能是片面的但却具有观察者个性的目光观察事物。毫无疑问，报纸会扼杀撰稿人的个性。就是为报纸写书评，也不是无害的，因为他要读那些需要他评论的书，就没有时间读其他的书，而他读那些往往由报社指定他写书评的书，就是读上一百部也不会使他有所长进，因为报社只需要他对那些书做一点就事论事的评论而已，他只需要泛泛而读即可——这种泛泛而读，不仅读不出什么东西，还会麻痹他的神经，埋没他的想象力。因此，写作是一种全职工作。作家要以写作为首要的人生目标，也就是说，要做职业作家。如果他本来就很有钱，不需要去赚钱养活自己，那当然很幸运。不过，就算作家兼做其他事情，并不一定会妨碍他做一名职业作家。斯威夫特担任教务长，华兹华斯①做闲职牧师，但他们仍与巴尔扎克和狄更斯一样，是地地道道的职业作家。

47

我们知道，绘画技巧和音乐技巧只有通过刻苦训练才能学会。对业余画家和业余音乐家的作品，人们不是一笑了之，就是不屑一顾。现在，我们很庆幸，因为有了收音机和留声机②，总算可以把那些业余钢琴师和业余歌手从我们的客厅里赶出去了。写作也一样，要有技巧，而且写作技巧的难度并不低于其他艺术技巧。但是，由于现在很多人能读信和写信，就有了一种似乎人人都能写书的想法。在如今的英国，写书好像成了人们的一种消遣方式。全家人都来写书，就像礼拜天全家上教堂一样。女人怀孕在家没事做，就来写小说。还有百般无聊的贵族、革职赋闲的官员、退休回家的小公务员，全都像饮酒作乐

---

① 华兹华斯：19世纪英国大诗人。
② 留声机：gramophone，也称唱机，听唱片用的机器，最初是手摇的，后来用电驱动，称为电唱机。

似的在家里舞文弄墨。这种情况使其他国家的人以为我们这儿似乎人人都能写出一本书来,但那是一种错觉。如果他们真以为我们这儿似乎人人都能写出一本好书来,那就更是错上加错了。是的,业余作者有时也能写出一本有点价值的书,那可能是因为他比较幸运,天生有点写作才能;也可能是因为他有一段不寻常的经历,随便讲讲也很有趣;再有可能是因为他有一种令人好奇的怪癖,又用怪里怪气的方式把他的怪癖写出来,以此引起了人们的注意。但不管怎么说,这位业余作者务必记住,尽管他的第一本书比较成功,他的第二本书绝对不会成功。如果他是个聪明人,肯定不会第二次再想去碰运气。他的第二本书肯定毫无价值。

职业作家和业余作者的重大区别之一,就是职业作家有进一步发挥的潜力。我再强调一遍,一个国家的文学仅靠几本好书是支撑不起来的,必须要有一大批作品才行,而这一大批作品,就要依靠职业作家来写。有些国家以业余作者为主,他们的文学和以职业作家为主的国家相比,显然既单薄又贫乏。所谓"毕生之作",是职业作家长期不懈努力的结果。作家写作,和其他人做其他事情一样,也要通过试验和出错才能取得成功。他的早期创作就是试验。他尝试各种题材和各种方法,同时尝试如何展示自己的性格。在此过程中,他找到了他的自我(这是他必须让读者知道的),而且学会了怎样把他的自我最好地表现出来。这样,由于他充分发挥了自己的能力,他终于写出了最好的作品。然后,由于写作是一种有利于健康的职业,他或许会活得很长久,再加上他已养成了根深蒂固的写作习惯,他肯定会一本一本接着写,但写出来的大多是平庸之作。对这些平庸之作,读者当然会不屑一顾。因为在读者看来,一个作家的一生至多只有几部作品才是重要的(我说"重要的",并不是在绝对意义上使用"重要"一词,意思仅仅是说,只有他的少量作品表现出了他的个性)。所以,我觉得,一个作家经过漫长的学徒生涯,以许许多多的失败为代价,最后也只能获得一点点成功,而且为了这一点点成功,他还必须终身以写作为业,还必须是个职业作家。

48

我已经说了做作家的难处,下面我要说说做作家的危险之处。

显然，没有哪个职业作家可以想写的时候才写。如果他要等到自己进入创作状态、等到有了所谓的灵感才开始动笔，那他可能要等很久很久才能写出一点点东西，甚至一点点东西也写不出。所以，职业作家必须自己营造创作状态。当然，他也要有灵感才能创作，但他在自己设定的写作时间内有意识地培养和激发灵感，从而使自己处于创作状态。对他来说，写作已成一种习惯，一到惯常的写作时间，他就会手痒，就会去拿纸和笔，就像退休的老年演员，一到他惯常去剧院准备晚场演出的时间，就会坐立不安。然后，他就机械地写起来。一连串词语很快出现在他笔下，而词语就是思想。虽然都是些陈腐的思想，但他还是用老练而娴熟的手法把这些陈腐的思想像模像样地写成大块文章。然后，他去吃饭，或者睡觉，心安理得地完成了一天的工作。说艺术家的每部作品都应该是艺术家心灵的呈现，那是一种完美的说法，实际上，在一个不完美的世界上，职业作家虽然应该努力达到完美，但他通常是不完美的。对此，人们理应予以包容。要知道，他执着于写作只是为了摆脱自己的精神负担，因为他心里总有些东西挥之不去，而他既然有能力把这些东西写出来，他就孜孜不倦地写了，目的仅仅是为了使自己的内心得以安宁。也许，要改变职业作家这种写作习惯，最简单的办法就是改变他的生活环境，使他没有机会每天去做同样的事。但是，没有了这种写作习惯，他不仅写不好，还写不多（我敢说，写不多，肯定也写不好）。既然这样，我认为，这种写作习惯就像生活中的其他习惯一样，没有多大害处，也就不必改变。

职业作家可能遇到的最大危险不是别的，而是成功。对职业作家来说，越成功，越危险，而且很不幸，这种危险很难提防。他经过长期努力，终于获得了成功，但却发现成功是一个陷阱，在诱惑他、毁灭他。更为要命的是，一般情况下他不会有意识地避开这种危险，除非他极有心计。通常总是认为，成功会毁掉一个人是因为成功会使人变得虚荣而自高自大，其实这是错的。成功的人多半会变得更谦卑、更宽容、更友好。失败才会使人变得刻毒而无情。但问题是，成功会使人的性格变得"和善"，对作家来说并不是什么好事，因为作家的性格不能"和善"，一"和善"，他很可能会丧失了当初使他获得成功的动力。要知道，作家的性格是在他的生活中形成的，而他的生活中充满了痛苦、失望和挣扎，充满了他对世态炎凉的切身感受。所以，他决不能让成功把他的性格变得"和善"，但这需要有何等坚定的意志啊！

此外，在其他方面，成功对作家来说也往往是毁灭性的。因为成功，作家很可能会脱离他原来的生活。他会进入一个新的世界。他会被人吹捧。而要他做到不为大人物的接见而得意，不为漂亮女人的献媚而动情，那他非得是个超人才行。他会渐渐习惯一种比他原有生活奢华得多的生活。他会渐渐和他过去交往的人疏远而习惯结交社会名流，因为他们更有修养，而且光彩照人。这时，再要他自由自在地生活在他原先所熟悉的、为他提供写作素材的那群人中间，可谓难而又难！再说，他的成功使他的老熟人也对他另眼相看。他们不再和他亲密无间。他们仰慕他、尊敬他，不再把他视为他们中的一员。当然，他成功后进入的那个新世界也可能激发他的想象力，他也可能会写那里的生活。但是，他是外来人，只能看到那里的表面，永远也无法融入其中而深入透视那里的一切。最好的例子就是阿诺德·班内特①。他出生和生长在五镇②，除了五镇，他什么都不太熟悉，因而只有他写五镇生活的作品才是成功的。他成功后进入了文人们、富人们和美人们的社交圈。他想写那里的生活，但写得一无是处。成功毁了他。

49

谨慎对待成功的艺术家才是明智的。他成功后，别人对他提出要求也好，委以重任也好，或者予以打击也好，他都平平淡淡地对待。对他来说，成功只有两个好处：一是可以比较自由；二是可以比较自信。即便是自以为是的、自负虚荣的艺术家，也会因为自己的作品和理想中的作品有差距而惴惴不安。由于他最好的作品也和理想中的作品相去甚远，他甚至会把自己的作品视为苟且之作。他可能会对自己作品中的这里或那里感到满意，会觉得某个情节或某个人物写得还不错，但他很少会对整部作品感到满意。他内心深处总是在怀疑自己的作品到底好不好。不过，虽然他心存疑虑，公众的称赞对他来说仍是莫大的安慰，可使他稍稍安心。

这就是为什么艺术家渴望得到称赞的原因所在。这是艺术家的一个弱点，

---

① 阿诺德·班内特：19世纪和20世纪之际英国小说家，著有《五镇的安娜》和《老妇人的故事》等。

② 五镇：英格兰中部斯泰福郡斯托克市的五个制陶小镇的合称。

一个或许可以原谅的弱点。其实，艺术家对称赞和指责都是漠不关心的，因为他的作品只和他自己的精神生活有关。他之所以渴望公众的称赞，并不是他的精神所求，而是他的物质需要——他是靠公众养活的。艺术家创作是为求自身灵魂的解脱。创作是艺术家的本能，就像水往低处流一样出于自然。艺术家把自己的作品比作心灵的婴儿，把自己创作时的艰辛比作分娩的阵痛，是再恰当不过的。最初，作品在艺术家的心灵中孕育，就如胎儿在子宫里孕育，而其受精的原因，则是艺术家的创作本能和某种外来刺激物的相遇，就如女人的卵子遇到了外来的精子。随着这个作品——胎儿在艺术家的心灵——子宫里越长越大，艺术家就和孕妇一样越来越难受，必须将其摆脱掉才能安宁。于是，他像产妇一样艰难地分娩（创作）。一旦婴儿（作品）产出，他和产妇一样，也会有一种浑身舒畅的解脱之感，甜美而安详地憩息了。有所不同的是，艺术家只做产妇，不做母亲。他对自己的孩子（作品）不但没有爱怜之情，而且很快就失去了兴趣。那东西已经跟他无关了。他把它"生"出来，已经满足了。现在，他的心灵正准备再次"受孕"，然后再次"分娩"。

　　艺术家把作品创作出来，就已经自我满足了。他不再关心自己的作品。至于别人怎样关心他的作品，那就让他们去关心好了，反正和他无关。他已经得到了解脱。别人要想探讨他的作品到底好不好、到底有没有价值，那就让他们去探讨好了。他已经满足了。别人热烈探讨的那件作品，只不过是他在寻求自我满足过程中的副产品而已。确实，艺术创作是一种很特别的生产活动，生产者只为自我满足而生产，并非为了产品而生产。艺术作品的好与坏，是别人想去评判的，跟艺术家无关。别人根据不同的审美观对艺术家的作品不管作出怎样的评判，艺术家都无所谓。如果有人说他的作品是逃避现实的表现，他觉得无所谓——那你把它说成劣等作品就是了。如果有人说他的作品有益于人的灵魂，可培养人的个性，他也觉得无所谓——那你把它说成不朽的杰作就是了。不过，我虽坚持认为别人怎样评判作品与艺术家无关，如若艺术家的作品能为别人带来欢乐，艺术家也会高兴的，这是人之常情——当然，如若别人对他的作品毫无感觉，他也不会见怪。他已经在创作过程中得到了自我满足（即自我解脱）。

　　那么，艺术家想不想流芳百世呢？当然想，而且这种对身后之名的渴望，这种无害的虚荣，还经常使艺术家产生挫败感，对自己感到失望。只要想一想二十年前那些名声大作、看上去会流芳百世的作家如今安在，就会知道那些生前没有多少名气的作家怎么可能流芳百世！他们的作品，现在还有谁在读？要知道，现在每天都有许许多多新书写出来，每个活着的作家都在拼命推销自己的书。在这种情况下，一个已故作家的一本已被遗忘的书被重新挖掘出来，可能性微乎其微！有件事有人认为不公平，其实一点不奇怪，那就是：人们只注意那些活着的时候就受大众欢迎的作家，认为只有这样的作家才有可能流芳百世，那些只为少数知音写作而不取悦大众的作家，不可能为后人所喜欢，因为后人根本不会知道他们的名字。不受大众欢迎即表明无价值——这千真万确，这对受大众欢迎的作家来说，无疑是莫大的喜讯。显然，莎士比亚、司各特、巴尔扎克都不是为少数文人雅士写作的。他们为大众写作，也就是为后人写作。不过，作为艺术家，最好还是不要去想什么流芳百世，只要能在创作中得到自我满足，只要能用作品使自己的灵魂得到解脱，只要能在讲述故事、塑造人物时得到一点审美愉悦，只要能使自己的辛勤劳作得到足够的回报，也就可以了。

50

由于职业作家的不利和危险都为一大有利之处所抵消，故而他的所有困难和失望——也许还有辛苦——都是无所谓的。他的职业给了他精神上的自由。对他来说，生活是一出悲剧，但他通过创作使自己得到净化，消除了怜悯与恐惧，这是亚里士多德所说的悲剧艺术的目的所在①。因为他以自身之力把他自身的罪孽和愚昧、他所遭遇的不幸、他的没有回报的爱情、他的肉体缺陷、疾病、贫困、他的无望的希望、他的悲伤、耻辱，等等，全都变成了他的素材，而且通过写作，他克服了这一切。任何事情，从在街上朝某人的脸匆匆一瞥到一场震撼文明世界的战争，从一朵玫瑰花的香味到一个朋友的死亡，都是他用来创作的原料。任何东西落到他手里，他都能把它变成一首诗、一首歌或者一个故事，而且还非要这样才肯罢休。艺术家是个一无所有、只有自由的人。

---

① 亚里士多德在《诗学》第六章中说："悲剧通过引发怜悯与恐惧使这些情感得到净化。"

也许，这就是为什么整个世界都会对艺术家深表疑心的原因所在。人们不相信艺术家是真诚的，因为他对人们的日常行为所作出的反应是那么不合常理。实际上，人们对他还很愤怒，因为他从来不觉得自己要遵守常规。他为什么要遵守？要知道，普通人遵守常规思考、遵守常规活动的根本目的，是为了满足日常需求而得以生存，但艺术家是靠他的艺术创作来满足自己的日常需求而得以生存的：普通人的娱乐，是他的正业，因而他对生活的态度是不可能和普通人一样的。他有他自己的价值观。人们认为他玩世不恭，因为他不崇尚道德，不抵制邪恶。其实，他不是玩世不恭，他只不过对人们所说的道德和邪恶并不特别注意罢了。因为在他用来进行创作的一系列事物中，道德和邪恶并不是什么重要的东西。当然，人们对他感到愤怒是有道理的。但这对他没什么用。他是不可救药的。

51

写剧本取得成功后，我曾想一辈子写剧本，但后来又变卦了。我那时很富足，也很忙碌，满脑子想的都是写剧本。但不知道是因为我这个人不知足呢，还是人人都这样，反正当我稳稳当当地成了一个受欢迎的剧作家之后，我内心仍然因为往日的记忆而倍感痛苦。母亲的去世、家庭的败落、入学后的屈辱——入学前我一直在法国，到英国入学，成绩不佳，又因为我口吃，常被同学取笑——在海德堡的求学①，单调、寂寞而令人兴奋；还有在医院令人厌恶的实习②、第一次去伦敦的激动——所有这些记忆，无论是在睡梦中、在散步时、在剧场排演时，还是在参加聚会时，一直沉重地压在我心头。所以，我认定，我必须用小说把这些记忆写出来，内心才会安宁。我知道，那肯定是一部很长的小说。为了写作时不被打扰，我拒绝了剧院经理们急着要我签订的合同，暂时退出了戏剧界。

其实，当初我拿着医科学位证书前往塞维利亚时，已经写了一部这样的小说。还好，菲希尔·欧文不愿出版这部小说（因为我要他支付几百英镑稿费），其他

---

① 毛姆18岁时曾由他叔叔（他很小就父母双亡，由叔叔抚养长大）安排到德国海德堡留学一年。
② 毛姆从医科学校毕业后，曾在圣托马斯医院做产科实习医生，为孕妇接生。

出版商没谈稿费就一口拒绝了。否则的话，我可能会认为，既然已经出过一本书，就不必再用这些东西大做文章了，结果，把绝好的素材浪费在一本不成熟的书里。当时的手稿还在，但我看过一遍后再没看过。不用说，写得非常不成熟。由于没有和自己所讲述的故事保持一定距离，因而没能理性地、冷静地讲述故事。由于没有足够的写作经验，因而没能适当地充实原有的故事情节。对我自己来说，写这部小说的目的只是为了使自己从那些令人痛苦的记忆中解脱出来。也就是说，当小说正式出版后，我也就不再去想那些事情了。这部小说，我最初取名为《灰烬之美》（出自《以赛亚书》①），后来发现这个书名已经有人用过，于是就改作《人性的枷锁》（出自斯宾诺莎②的《伦理学》）。这不是自传，而是自传体小说，既有事实，也有虚构。小说所表达的思想情感，是我的，但小说所讲述的事情，并不全都和我有关，其中发生在主人公身上的有些事情，也并不源于我的生活，而是我从熟人的生活中移植过来的。写了这部小说，我已如愿以偿，当它出版之时，我已经从那些痛苦的记忆中永远解脱了。

52

我厌倦了。我不仅厌倦了那么长久地盘踞在我心中的那些人和那些想法，也厌倦了我周围的那些人和我自己的生活。我觉得，我已经从我参与的这个领域得到了所能得到的东西。作为剧作家，我获得了成功。这使我过得很阔绰，我不仅有社交圈、豪华府邸中的盛大宴席、乡村别墅里的欢乐舞会和周末聚会，还有才华出众的作家、画家、演员和我交往；不仅有我很久不曾有的谈情说爱和亲密好友的结伴而行，还有日常生活的舒适与安逸。但这一切使我窒息。我希望换一种生活方式，希望有新的经历，而又不知道怎么做。我想到了旅行。我厌倦了我自己，我觉得作一次前往某个遥远国家的长途旅行，或许会使我有点新鲜感。那时，人们大多想到的是去俄国，所以我想到那儿去过上一年，进一步学习我已经有所掌握的俄语，因为我对这个幅员辽阔、激奋而又神秘的国家一直深感兴趣。我想，我也许会在那儿有所发现，从而使我的精神振奋起来。我已经四十岁了。如果我打算结婚而且要有孩子，就要抓紧时间，而有一段时

---

① 《以赛亚书》：《圣经·旧约》中的一部。
② 斯宾诺莎：17世纪荷兰哲学家，著有《伦理学》《神学政治论》等。

间，我也一直在想象，如果我结了婚，不知情况会怎样。但是，我又没有特别想和谁结婚，我只是对婚姻生活感兴趣而已。因为在我为自己设计的生活模式中，结婚是必要的一环，而且在我天真的幻想中（虽然我已不再年轻而且还自认为深知人情世故，但在很多方面仍不可思议地天真无知），结婚会给人一种安宁的生活，因为结了婚就不再需要谈情说爱，而谈情说爱一开始总是很愉快，但越到后来越麻烦，结果弄得焦头烂额（因为谈情说爱需要两个人，而男人的蜜糖往往是女人的砒霜①）；所以，结了婚，我就不用再浪费时间，可以潜心写作了。这种安宁生活是一种稳定而自尊的生活。我一直寻求自由，而且认为可以在婚姻中找到自由。我在写《人性的枷锁》时就有了这种想法，而且像许多作家那样，把自己的希望写进了小说，在结尾处描绘了一幅我自己很想能那样的婚姻美景。后来我发现，读者也发现，这是整部小说中写得最勉强的一章。

然而，就在这时，一件我无法控制的事情改变了我的不确定状况。战争爆发了②。我人生中的一章结束了。新的一章开始了。

53

我有个朋友是内阁大臣③。我写信给他，要他帮我找点事情做做，于是我就被请到战争部去作自我陈述。我急于想去法国④，担心会被安排在国内做文书工作，于是就加入了一个救护车队。我不认为我的爱国心比别人差，但我的爱国心却是和我寻求历险、寻求刺激的欲望混杂在一起的，所以一到法国，我就开始做笔记。直到后来，由于任务越来越繁重，一天下来累得只想上床睡觉，我才停止做笔记。我很享受当时那种只要听从别人指挥、不需要我负什么责任的新生活。这种生活使我很欣喜，因为我从学校毕业后从未有人命令过我，要我做这做那。尤其是等我完成任务后，那种无所事事、任意消磨时间的感觉特别好。因为作为作家，我从未有过这种感觉，总是觉得自己没有一分钟时间可以浪费。而现在，我心安理得地坐在小酒馆里聊天，一聊就是几个小

---

① 此处套用谚语"汝等之蜜糖，他人之砒霜"。
② 指1914年第一次世界大战爆发。
③ 即温斯顿·丘吉尔，"一战"时任海军大臣，"二战"时出任首相。
④ 第一次世界大战中，法国是主要战场。

时。我喜欢和一群人在一起，尽管不在写作，我还是把他们的个性铭记在心。我人在战场，却从未身处险境。我总想知道，如果遭遇危险，我会有怎样的感受。我从不认为我很勇敢，也不认为有勇敢的必要。我仅有一次机会，或许可以观察观察我的心理反应。那是在伊普尔①的大广场，当时我正从广场的一边走过来，想去看看古织坊遗址。我走到一堵墙旁边，靠在墙上休息了一会儿，然后就走了。没等我走多远，只听见背后轰隆一声，一颗炮弹打中了那堵墙。不过，我当时根本没有观察到自己的心理反应，因为我已经吓得目瞪口呆了。

后来，我加入了情报部门。在那里，看来比我不怎么熟练地开救护车更有意思。那种事情使我觉得很新奇，也觉得很怪异。我先要接受训练，有人教我怎样摆脱跟踪、怎样秘密接头、怎样传递情报、怎样偷越国境。这些训练当然是非常必要的，但总使我想起惊险小说中的那套东西；再说，在我看来，这些和我想体验的战争已没有多大关系，至多只能作为素材，或许哪天我还用得上。问题是，这些东西其实没什么新意，我都怀疑它们是否真的对我有用。不管怎样，我被派到了瑞士，在那儿待了一年，才完成任务。那项任务大多是露天工作，瑞士的冬天又很冷，但不管天气如何，我都要在日内瓦湖上来回穿梭。当时，我的健康状况很不好。等完成任务后，我在瑞士好像没什么事可做，就去了美国，因为那里即将上演我的两个剧本。我由于无知和虚荣而去搞情报工作，弄得自己心神不宁，这事我也不必多说了，反正我想使自己安下心来，就决定到南太平洋去。我年轻时读过《退潮》和《掠夺者》②，一直想到那儿去，再说我当时正在构思一部以保罗·高更③的生平为基础的小说④，想到那儿去搜集一些素材。

我去了，期待着美与浪漫，同时我也很高兴有一大片汪洋大海把我和那些时不时会来侵扰我的麻烦事情隔开。我发现了美与浪漫，还发现了我不曾期待的东西。我发现了新的自我。自从我离开圣托马斯医院后，我一直生活在那些崇尚文化的人中间。我渐渐地认为，世上没有什么事物比艺术更重要。我探求

---

① 伊普尔：比利时地名。
② 《退潮》和《掠夺者》：均为19世纪英国新浪漫主义小说家史蒂文森与人合著的南太平洋历险小说。
③ 保罗·高更：19世纪后期法国后印象派画家，曾在南太平洋的塔希提岛上住了十几年，其后期作品大多以南太平洋景物和岛民为题材，如著名的《两个塔希提妇女》等。
④ 即《月亮与六便士》。

世界的意义，而我能发现的唯一意义，是人们在世界各地创造的艺术之美。表面上，我的生活丰富多彩，实质上却片面而狭隘。现在我进入了一个新的世界，我作为小说家的本能使我欣喜不已地着迷于那里的新奇事物。吸引我的不是那海上的美景——这在赫尔曼·梅尔维尔①和皮埃尔·洛蒂②的书里我已经读到过了，虽然与众不同，也不见得比希腊或意大利南部的美景更美；吸引我的也不是那里粗犷而简单的生活，而是我在那里见到的一个个在我看来新奇无比的人③，使我兴奋不已。我就像一个博物学家，来到了一个动物种群丰富多样得不可想象的国度。有些人我认得出，他们是我在书里读到过的那种属于古老类型的人，我见到他们时的欣喜感，就如我有一次在马来群岛看到树枝上有一只我仅在动物园里见过的鸟，一眼看到，我还以为它是从鸟笼里逃出来的。还有一些人是我完全陌生的，他们使我震惊，就像华莱士④遇到新物种时那样震惊不已。但是，我发现他们都很容易相处。他们有许多种族，一般人很难弄清楚他们有多少种，好在我当时的观察力已训练得不错，不用太费劲就能分门别类地把他们记在脑子里。他们几乎全都没有文化。他们是在和我完全不同的环境中学会生活的，所以他们和我完全不同。他们的生活和我的生活完全不同，但我还算有点幽默感，不会认为我的生活比他们高级，只是不同而已。因为明眼人都能看出，他们的生活也有自身的规则和秩序。

所以，我放下了高等人的架子。在我看来，这些人比我迄今认识的那些人更有活力。他们不是绿莹莹的火苗，而是红彤彤的烈火。他们也有短见。他们也有偏见。他们也常常是愚昧无知的。但我不在乎。他们和我们不一样。在文明社会，个人的特性都因某些必要的行为规范而被压制。文化是掩饰文明人真实面容的假面具。但在这儿，人们是赤裸裸的。这些人类中的异类，过着一种很大程度上仍处于原始状态的生活，从不需要遵守什么传统的准则。这使他们的个人特性不受限制地表现出来。在我们的大城市里，人们就像装在同一个口袋里的一大堆石块。这些原本形状各异的石块，因相互不断摩擦，最后都被磨成了一块块圆溜溜的鹅卵石。这些人没有被磨过，他们各自的形状依然还在。

---

① 赫尔曼·梅尔维尔：19世纪美国小说家，著有《白鲸》等。
② 皮埃尔·洛蒂：笔名，原名于连·维昂，19世纪和20世纪之际法国小说家，著有《洛蒂的婚姻》等。
③ 指南太平洋诸岛上的各种土著人。
④ 华莱士：19世纪英国博物学家，与达尔文同时创立进化论。

所以，在我看来，他们比我此刻想到的那些涌进圣托马斯医院门诊部的人，甚至比我认识的任何人，都更加接近人类的本源。我把他们的容貌和性格都记在笔记本上。不久之后，出于某种联想，或者某件偶然的事情，或者某种可喜的发现，当初留下的大量印象就激发了我的想象力。我的有些短篇小说，最初就来自其中最生动的一些印象。

54

我返回美国后不久，又被派往彼得格勒①去完成一项任务。接受派遣时，我没有信心，因为那似乎需要有一种我认为我并不具备的能力，但当时好像找不到更合适的人选，而我是个作家，可以很好地"掩饰"我要去做的事情。当时我的身体不很好。我有足够的医学知识，可以预料到我的经常吐血意味着什么。一次X光检查证实了我患有肺结核。但是，我不想错过到托尔斯泰、陀思妥耶夫斯基和契诃夫的祖国去住上一段时间的机会。我是想利用派我到那里去工作的空余时间，为自己找到一些有用的东西，所以才那么高调地为国效力。我还说服了医生，使他放心，我不会在目前这种身体状况下去做不必要的冒险。就这样，我带着供我使用的经费，还有四个忠实的捷克联络员，精神抖擞地出发，去和马萨里克教授取得联系——他在俄国各地大约有六万名组织成员。我为自己肩负的责任感到兴奋。我是作为一名必要时可以否认自己身份的私家侦探前往那里的，任务是联络几个反政府团体制定一份计划，阻止俄国退出战争②，防止同盟国③支持的布尔什维克夺取政权。这里没有必要告诉读者，这次行动是怎样可悲地失败的；我也不想请求读者相信，如果提前六个月把我派到那里，我完全可以取得成功——至少，是有可能的。总之，我到达彼得格

---

① 彼得格勒：最初称作"圣彼得堡"，沙俄京城，1914年改名为"彼得格勒"。因为当时"一战"爆发，沙俄和德奥是敌对国，而"圣彼得堡"（Санкт-Петербург）是德文地名（其中 burg 是德文 burg［市镇］的音译），故改为"彼得格勒"（Петроград），其中的 град（汉语音译"格勒"）是俄语"市镇"的意思。1924年列宁去世，苏联将"彼得格勒"改名为"列宁格勒"。1991年苏联解体，又将"列宁格勒"改回最初的"圣彼得堡"。
② 当时第一次世界大战正在进行，沙俄是以英法为首的协约国中的一员，但由于国内爆发革命，俄军很可能会退出战争，这当然是英法不愿看到的。
③ 同盟国：即第一次世界大战中与英法等协约国作战的德奥诸国。

勒三个月后，大崩溃①发生了，我的计划全部落空。

我回到了英国。我不仅有了某些有趣的经历，还相当友好地结识了一个我所见过的最不寻常的人。此人就是鲍里斯·萨温科夫，暗杀特雷波夫②和塞尔吉乌斯大公③的恐怖主义者。不过，我是在幻想破灭中离开俄国的，因为我在俄国随处都发现，俄国人在需要行动时还在没完没了地讨论；应该做出决断时还在犹犹豫豫；明知冷酷无情只会带来毁灭却还是冷酷无情；表示异议时夸大其词；从来不会诚心诚意而永远是半心半意——所有这些，都使我感到恶心，而我回国时也确实身体很不舒服。那是因为我的身份使我无法得到为鼓励大使馆人员更好地服务于国家而提供的各种食物和用品，所以只好（像俄国人那样）节衣缩食。（有一次我去斯德哥尔摩④，要在那里待上一天，等一艘驱逐舰带我穿过北海⑤。我到糖果店里买了一磅巧克力，在街上就吃了起来。）后来，还有一个把我派到罗马尼亚去和一些波兰密谋分子接头的计划——具体情况我忘了——也落了空。不过，我并不遗憾。我那时咳嗽咳得喘不过气来，而且高烧不退，每天晚上都难过得无法入睡。回来后，我去看了我在伦敦能找到的最有名的专科医生。当时，达沃斯和圣莫里茨不方便去⑥，他就把我送进了苏格兰北部的一家疗养院。此后两年，我就在那里养病。

我过了一段美好的时光。我有生以来第一次发现，躺在床上是一件多么愉快的事。这真是令人惊讶，你整天躺在床上，却有那么丰富的生活，竟然发现有那么多事情可以思考。我很喜欢我的房间，很安静，没人来打扰，高大的窗户对着冬天的夜空，时而还有星光闪烁。这使我有一种安全、闲散而自在的舒适感。那静谧令人陶醉。无边无际的天空似乎就在我的房间里，我可以伴随着群星在空中神游。我的想象力从未这样敏捷，它就像一叶轻舟在风中扬帆疾驰。在那些单纯养病的日子里，我为自己可以回想曾经读过的书，可以沉思默想而感到高兴——可惜，那些日子竟然那么快就过去了。我很不乐意地下

---

① 大崩溃：指俄国革命爆发，临时政府垮台，新政府迅速和德国签订和约，退出了第一次世界大战。
② 特雷波夫：沙俄将军、圣彼得堡军事长官。
③ 塞尔吉乌斯大公：沙皇亚历山大二世之子。
④ 斯德哥尔摩：瑞典首都。
⑤ 北海：大西洋东北部边缘海，位于欧洲大陆的西北面。
⑥ 达沃斯和圣莫里茨均为瑞士有名的疗养地，从英国到那里去要经过法国，而法国当时正在打仗，所以说"不方便去"。

了床。

等我恢复到每天有一段时间可以和病友们在一起时，我又走进了一个陌生的世界。那些人——其中有不少人已经在那个疗养院里住了好多年——就像我在南太平洋诸岛上见到的土著人一样，形形色色。在那里，疾病，加上反常而封闭的生活，对他们产生了惊人的影响，扭曲、僵化或败坏了他们的心理，就像在萨摩亚岛和塔希提岛①上，热烘烘的气候和与世隔绝的环境败坏、僵化或扭曲了人们的性格。我想，我在那个疗养院里学到了许多有关人性的东西，要是不去那儿，我是永远不会知道的。

55

等我病愈时，战争已经结束。我去了中国。我和任何一个对艺术和古董感兴趣的旅游者一样，想到那儿去是看看一个陌生民族的生活习俗，因为他们的文明非常古老。不过，除此之外我还有一个想法，那就是：我在那儿肯定会遇到各种各样的人，我要和他们多多接触，从而丰富我的阅历。我做到了。我的笔记本里记满了有关某些地方和某些人的笔记，还有相关的故事②。我终于意识到旅游对我特别有好处，而在此之前，我只是本能地感觉到这一点。旅游可以使我得到精神上的自由，这是一个方面。另一方面，我还可以收集到各种各样的生活素材，这对我可能是很有用的。所以，后来我又去了很多国家。我乘定期邮轮、不定期货轮、帆船，到过十几个海域。我乘火车、乘汽车、坐轿子、步行、骑马，到过许许多多地方。我始终注意观察人们的习性、癖性和个性。我很快就懂得了，在我预感到某处有什么东西时要耐心等待才会有所得，否则就会空手而归。我不放过一路上的各种体验。只要钱袋允许，我就尽可能旅游得舒服一点，因为我觉得为吃苦而吃苦的旅游是再傻不过的。但是，如果我执意要做什么事情，我想我是不会因为艰苦或者危险而犹豫不决的。

我不是一般的观光客。我虽也曾那么热情地向往那些世界级的伟大景观，但当我面对它们时，我并不觉得怎么振奋。我宁愿去看普普通通的东西，譬如果树林中的一间小木屋、椰子树下的一个小海湾，或者路边上的一个小竹林。

---

① 萨摩亚岛和塔希提岛：南太平洋诸岛中的两个比较有名的岛屿。
② 毛姆在中国旅游所做的笔记，后来整理出版，即《在中国屏风上》（1922）。

我感兴趣的是人和他们的生活。我对结识陌生人有点拘谨，好在我很幸运，有个非常会和人打交道的人①与我结伴而行。他和蔼可亲，不用多少时间，船上的人、夜总会里的人、酒吧里的人或者宾馆里的人都会成为他的朋友，我就是通过他才得以接触到大量的人。否则的话，我只能远远地站在一边看着他们。

当然，我只是以合适的密切程度和他们接触。他们出于自身的空虚或者寂寞，也乐于和我接触，所以他们并不对我保守秘密。但不管怎样，这是一种过而就忘的接触。一分手就结束，这样的接触限度，双方都心知肚明。现在回想起那段时间，我想不出有哪个人没有把我想知道的事情告诉我。我觉得，我当时就像照相机里的胶卷一样敏感，脑子里形成了一幅幅图像。这些图像是否真实并不重要，因为我可以借助想象力把我接触到的每个人都写得有板有眼，似乎像真的一样。这是我搞过的最有意思的智力游戏②。

有人说，世上没有一个人和另一个人一模一样，每个人都是独一无二的。这话说得没错，但不免有点夸张。实际上，人们是很相像的。他们可以分成有限的几种类型。他们都是由差不多的环境、以差不多的方式塑造出来的。他们有某些特征，即意味着他们一定还有另一些特征。你可以像古生物学家那样，根据一根骨头来复原一种动物。自提奥弗拉斯托斯③之后就作为常用词使用的"性格"一词，以及十七世纪的"气质"一词，即表明：人们是把他们自己分为几种不同类型的。实际上，这也是现实主义的基础，因为现实主义要靠人们的相互认同才有吸引力。浪漫主义关注的是不寻常事物，现实主义关注的是寻常事物。那些生活在原始而环境恶劣的国度里的人，他们由于处在一种不稳定的氛围中，因而总是强调常规，强调他们之间的一致性，并由此形成了他们的性格。只有当他们之间发生不一致时，也就是常规对他们的约束力减弱时——当然，这种情况是偶尔发生的——他们才会朦朦胧胧地想到自由，而这种自由，在远比他们文明的社会里也是好不容易才得到的。所以，你在那里看到的是一群很难用现实主义来加以描写的人④。那时，我经常待在国外，一直待到

---

① 即毛姆的好友杰拉德·哈克斯顿。
② 最有意思的智力游戏：指文学创作。
③ 提奥弗拉斯托斯：古希腊植物学家。
④ 因为现实主义需要人们相互认同（见上文），而欧美读者是不会认同非欧美人的（譬如中国人，或者南太平洋诸岛上的土著人）。

我不再有新奇感为止,或者说,待到我觉得自己在遇见人时已不再有足够的想象力来形象地把他们描写出来时,我就回到英国,重温当时留下的印象,休息休息,直到我再次生出好奇心,再次外出。就这样,终于在第七次之后,我认为我经过七次长途旅行已经发现了人们的共同性,因为我越来越多地遇见我曾经见过的那几种人。我觉得,他们不再那么有意思了。于是,我得出结论,我不远万里热衷于考察当地人的任务已经完成,因为毫无疑问,我已经发现了他们的特性,而且可以肯定,不会再有什么新发现了。我曾两次差点死于高烧,我曾差点淹死,我曾遭土匪枪击。我想,我该恢复正常有序的生活方式了。

我每次外出旅游,回来时总会有点不一样。我年轻时读了很多书,不是因为我认为读书会带给我什么好处,而是为了满足我的好奇心和求知欲。我外出旅游是因为我很享受旅游,还可以获得有用的写作素材,但我却从来没有想过,这些新奇的经历对我本人有何影响。直到很久以后,我才发现它们改变了我的性格。在和所有那些异国人的接触中,我渐渐改变了我在庸庸碌碌的文化人生活中的油滑性格,我不再是一大袋石块中的一块被磨得圆溜溜的鹅卵石①。我又有了棱棱角角。我终于又成了我自己。我停止了外出旅游,因为我觉得旅游不会再有新的收获。我不可能再有新的体验。但是,我终究抛弃了文化人的习性,不再自视清高。在我内心已经包容了一切事物。我对别人的要求不会高于别人对我的要求。我学会了宽容。同胞们的善行使我高兴,但他们的恶行不会使我悲伤。我获得了精神上的独立。我已学会走自己的路,不再担心别人会怎么想。我需要自由,也准备给别人自由。你若看到有人对别人不好,很容易耸耸肩一笑了之,而若有人对你不好,你就很难耸耸肩一笑了之了。但我觉得这是可以做到的。我对世人的看法,我想借我在中国南海的船上偶尔遇到的一个人的嘴说出来。"兄弟,人是什么,我一句话跟你说了吧。"他替我说,"他们心都不坏,就是脑子一塌糊涂。"

56

我写小说总喜欢先把故事在脑子里酝酿很长时间。譬如,我在南海群岛构

---

① 见前文,喻生活在大城市中的人。

思的第一个故事,直到四年后我才把它写出来。我已经多年没写短篇小说了,而我的文学生涯却是从写短篇小说开始的。我的第一本书是一部短篇小说集,其中有六个短篇小说,写得都不怎么好。那之后,我时而仍会写写短篇小说,投到杂志社去。他们要我写得幽默一些,可我没有幽默细胞,总是写得一本正经,或者愤世嫉俗。所以,我从杂志社那里并没有赚到多少稿费。我的第一个短篇小说题名《雨》,尽管我觉得并不比我早年的习作好多少,但我还是一篇接一篇地继续写。写了六篇,投到杂志社去,竟然全都发表了。于是,我把它们集在一起,拿去出版,竟然也成功了,使我喜出望外。我喜欢写短篇小说。因为和想象中的人物一起过上两三个星期,然后就和他们告别,很合我的心意。如若写长篇小说,你要和那些虚构人物一起过上好几个月,甚至一两年,不免会感到厌倦。写短篇小说就不会,你没有时间厌倦。万把字的短篇小说,叙述故事、展开主题的空间都很有限,因而必须写得简洁明了。好在我有写剧本的经验,在这方面可谓训练有素。

  然而,我不太幸运,正致力于写短篇小说时,英美文学界却流行"契诃夫热"①。是的,就是文学界也时常会走极端,当某种写法流行时,其实不过是转眼即逝的时尚,却被看得像是自然法则。那时的看法是,不管小说家有何种艺术倾向,若要写短篇小说,就要像契诃夫那样写。有些小说家甚至把契诃夫小说中的那种俄国式的忧郁、神秘、痴呆、绝望和唉声叹气,也都搬到英美小说中来了,还赢得了一片叫好声。其实,契诃夫是很容易模仿的。我曾认识几十个俄国难民,他们中就有人模仿契诃夫写短篇小说,而且还模仿得很像。不过,他们后来对我很愤怒,原因是他们要我修改他们用英文写的稿子,并指望我帮他们把稿子拿到美国杂志上去发表,还指望得到高额稿酬。我帮他们修改了稿子,却没有帮他们去投稿,他们就和我翻了脸。契诃夫是个杰出的短篇小说家,虽然有局限,但很机智,把自己的局限变成了一种风格、一种特色。他没有讲故事的天赋,没有能力虚构一个完整而且富有戏剧性的故事——像《遗产》或《项链》②中的那种你可以在餐桌上绘声绘色地讲述的故事,他是想不出来的。在生活中,他是个性情随和、讲求实际的人,但作为小说家,他却显

---

  ① 契诃夫的短篇小说没有故事或几乎没有故事,而毛姆的长处是善于讲故事,所以他说"不太幸运"。

  ② 《遗产》《项链》:均是莫泊桑的短篇小说。

露出一副愁苦忧郁的面孔，对生活中任何事情都厌恶地皱眉头。这种痛苦不堪的表现，实质是情感受挫的愤怒反应。在他看来，生活是无聊的。他笔下的人物都死气沉沉，没有个性，也没有激情，而他对这种人物感兴趣，就是因为他们不是活生生的人。也许就是这个缘故，他总使你觉得，他笔下的人物都很相像，虽然外貌、身份彼此不同，但他们全都对无聊的生活感到无可奈何。这就是他的风格、他的特色。遗憾的是，模仿他的人都没有注意到这一点。

我不知道我能不能写出契诃夫式的短篇小说，但我不想模仿他。我只想写有故事、有情节、有起有落、有头有尾的短篇小说。我认为，短篇小说应该讲述一个故事，或是和物质生活有关的故事，或是和精神生活有关的故事，但要尽可能讲述得简洁明了，不能枝枝蔓蔓或节外生枝，要浑然一体，才能使故事具有戏剧性。我并不害怕别人把我的短篇小说称作"故事梗概"。在我看来，只有故事讲得不合逻辑才应受到指责，而就讲故事本身来说，如今常遭读者嫌弃是因为小说家往往随意胡乱地"拼凑"故事，而不是有条有理地"讲"故事。反正，我写小说，就是讲一个有头有尾的故事。

我想，也许就是这个原因，我的小说在法国比在英国更受人赏识。我们的经典小说①都是不讲形式、只求实质的。就是这一特点，使英国人乐于沉迷在那些冗长、芜杂而又感伤的小说中，因为它们那种松松散散的结构、枝枝蔓蔓的故事、婆婆妈妈的人物给人以一种特殊的现实感。但是，这些东西却使法国人大为反感。虽然亨利·詹姆斯关于小说形式的训诫引起了英国人的注意，但对英国的小说创作却没有什么影响。实际上，英国人对形式一直是心怀不满的。他们觉得形式有一种窒息感。他们厌烦形式的种种限制。他们认为，小说家若把小说内容装入他精心设计的形式，生活气息就会从他的手指间流失。法国批评家则强调小说要有头有尾，情节发展要有板有眼，小说主题要合情合理，而且，凡是和小说重点有关的东西，都要交代得清清楚楚。我可能是因为早年熟读莫泊桑的小说，又作为剧作家受过训练，还可能有点个人怪癖，所以我有一种法国人喜欢的形式感。不管怎么说，他们至少觉得我的小说从不无病呻吟，也从不啰里啰唆。

---

① 指18、19世纪英国小说名作，如笛福的小说、菲尔丁的小说、狄更斯的小说。

57

现实生活很少为小说家提供现成故事。实际上，现实生活常常是令人厌烦的。现实生活可以激发小说家的想象力，但有人却照搬现实生活，这对小说创作是有害的。譬如，《红与黑》就是最好的例子。《红与黑》是一部非常伟大的小说，但普遍认为，小说的结尾写得太令人失望。原因不难找到：司汤达是根据当时发生的一起刑事案件写这部小说的。那起刑事案件曾轰动法国，即：一个年轻的神学院学生，先是勾引一个女人，后来又因怨恨这个女人而开枪打死了她。后经法庭审讯，这个神学院学生被送上了断头台。司汤达虽然在这部小说的主人公于连·索雷尔身上植入了他自己的个性，还植入了他所向往而又不可能得到的东西，譬如英俊的相貌、伶俐的口齿，从而塑造了一个非常有趣的人物形象，而且足足花了全书四分之三的篇幅来塑造这一人物形象。但是，到了最后，他竟然想象不出这个人物应该有怎样的结局，而是照搬了现实生活中的那个神学院学生的行径，即：开枪打死了那个女人而被送上了断头台。这样一来，这个人物在性格方面和智力方面都变得前后不一致了。按小说前面所塑造的这个人物，无论是从性格上说，还是从智力上说，他都不可能会做这等傻事。这样的前后矛盾，实在太糟糕了。你不相信会有这种事，就等于你不相信这部小说，而当你不相信一部小说时，你就读不下去了。这里的教训是：如果现实事件和你想塑造的人物性格并不完全相符，那就干脆不要采用现实事件。我不知道司汤达应该怎样结束这部小说，但我想，随便怎样虚构一个结局，也不会比现在这个结局更糟糕。

至于人物，我曾以现实生活中的某人为原型而受到指责，那些评论文章说我胆大妄为，好像在我之前从未有人这样做过似的。这是胡乱指责。把现实生活中的某人当作人物原型，是小说家的普遍做法。自有文学以来，历代作家都无不为塑造人物找寻原型。我相信，后世学者一定知道，当初佩特罗尼乌斯[①]是以罗马的某个富婆为原型塑造了特里马乔这个人物的。研究莎士比亚的

[①] 佩特罗尼乌斯：公元1世纪古罗马朝臣，一般认为故事集《萨蒂利孔》是他的作品。下文的"特里马乔"就是故事中的一个重要人物。

学者也一定知道,贾斯蒂斯·沙洛先生①的原型是谁。同样,我们都知道,狄更斯笔下的米考伯先生②是以他父亲为原型的,还有哈罗德·斯基波③,是以利·亨特④为原型的。我很怀疑,那些否认自己笔下的人物是以真人为原型的小说家,是不是在自欺欺人(完全有这种可能,因为没有多少智慧的人也可以做个不错的小说家)。就算他们没有说谎,真的没有明确的原型,那也可能是他们记忆中的某个人或某些人,而不可能是凭空创造出来的。无论是达达尼昂⑤、普劳迪太太、阿奇迪肯·格兰特利⑥也好,或者简·爱⑦、热罗姆·夸尼亚尔⑧也好,我们都时常会在现实生活中遇到,只是名字不同、服饰不同罢了。所以说,小说家以现实生活中的某人作为人物原型,是普遍做法,甚至是必须的。我不明白,为什么有些小说家不肯承认。

我坚持认为,从原型到人物,就是小说家的创造。在现实生活中,即便是最亲密无间的人,我们往往也并不真正了解。即便有所了解,也不足以把他们变成小说中栩栩如生的人物。现实生活中的人是难以捉摸的,很会遮掩、伪装,很难复制,而且他们的行为举止又往往是不一贯的,甚至是自相矛盾的。小说家并非复制原型,而是从原型身上获取某些素材,或者说某些显著特征,然后发挥自己的想象力,塑造出小说中的人物。小说家并不关心写出来的人物是否和原型相像,他只关心写出来的人物是否完整、统一。常常还会有这种情况:某个人物写得和某个原型其实很不相像,甚至小说家用的不是这个原型而是另一个原型,这个人物仍会被认为是这个原型的逼真画像。由此可见,人物与原型的联系有很大的偶然性,而小说家获得原型也往往是偶然的。对小说家来说,在酒吧里瞥见某人,或者在轮船上的吸烟室里和某人聊了一刻钟,就足以把他们当作原型了。小说家所需的是一层薄薄的土壤(原型),只要这层土壤足够肥沃,小说家便撒上种子(他的人生经历、人性知识和创作才能),种出花卉

---

① 贾斯蒂斯·沙洛先生:莎士比亚剧作《亨利四世》中的人物。
② 米考伯先生:狄更斯小说《大卫·科波菲尔》中的人物。
③ 哈罗德·斯基波:狄更斯小说《荒凉山庄》中的人物。
④ 利·亨特:19世纪英国散文家、诗人、政论家,狄更斯的朋友。
⑤ 达达尼昂:法国作家大仲马的小说《三个火枪手》中的人物。
⑥ 普劳迪太太、阿奇迪肯·格兰特利:均为英国作家安东尼·特罗洛普的系列小说《巴塞特郡纪事》中的人物。
⑦ 简·爱:英国作家夏洛蒂·勃朗特同名小说中的主人公。
⑧ 热罗姆·夸尼亚尔:法国作家法朗士的小说《热罗姆·夸尼亚尔的意见》中的主人公。

（人物）。

  小说家这么做，本是很平常的事，不见得会得罪什么人。不幸的是，总有人神经过敏，哪怕是和小说家仅有一面之交的人，也会到小说家笔下去寻找自己的影子。他们捕风捉影，自作多情地认为小说中的某某人物写的是他们，而若这某某人物被写得不是什么好人，他们会觉得自己被大大地冒犯了。他们对别人随意挑剔、任意嘲笑，对自己却一点也不虚心，自以为白玉无瑕，哪怕是最中肯的批评，也会使他们火冒三丈。在他们看来，小说家总是心怀恶意，即便是对他人表示同情，也是虚情假意，比冷酷无情还要恶劣。更有甚者，还有人无中生有，利用小说家为自己搞出点名气来。譬如，有些女人声称，我曾和她们偷情，而我在小说中却辱没了她们的情意。可是，我不仅没有和她们偷情，就连认都不认识她们，有的甚至连听都没听说过。真是莫名其妙！这些厚脸皮的无耻女人，也许是因为空虚无聊，于是故意把自己认作小说中的某个坏女人，这样也好在她们那个圈子里轰动一阵。真是荒唐之极！我想，有此种"艳遇"的小说家，大概不止我一个。

  有时，小说家会以普通人为原型，塑造出或是品格高贵、或是克己奉公、或是见义勇为的人物。这是因为小说家在原型身上发现了这些品质，而原型周围的其他人呢，一直是对此视而不见的。因此，没有人会认出这样的原型，然而奇怪的是，只要你写出有这样那样缺点或者有这样那样怪癖的人物，你周围的人马上会认出，这个人物是以哪个人为原型的。对此，我曾无奈地得出结论：人们总是只注意别人的缺点，而不注意别人的优点。其实，小说家很少想得罪人，因而总是尽量不让别人看出人物的原型。为此，他会把人物放到另一个城市，或者让人物从事另一种职业，甚至把人物置于另一个社会阶层。但是，他不能轻易改变原型的体貌特征，因为个人的体貌特征是影响个人性格的重要因素。反过来说，个人性格也可以通过个人的体貌特征表现出来——至少大致上可以。所以，你不能把一个高个子写成了矮个子后，又让他的性格保持不变。一个人的身高决定了他看周围事物的视野大小，你改变了他的身高，他的性格也要相应有所改变。你不能把一个娇小的黑发女子写成一个高大的金发女郎后，仍然让她表现得像一个娇小的黑发女子。总之，你必须保留原型的体貌特征，否则你就违背了你自己的意愿，因为你用他作为原型，看中的就是他的性格，而他的性格是和他的体貌特征密切相关的。不过，这并不表明那个被你用作原型的人可以理直气壮地指着小说中的某个人物说:"这个人物就是我。"他至多只能说:"塑造这个人物的灵感是我提供的。"如果他是个通情达理的人,他只会对此感兴趣而决不会生气,因为小说家的观察与想象很可能会使他对自身有所领悟,而一个人对自身有所领悟,总是一件好事。

58

我对自己的文学地位不存幻想。在我自己的国家,只有两个重要批评家认真对待我的作品,聪明一点的年轻人在写关于当代小说的论文时,都是从来不会考虑到我的。我并不怨恨。这很自然。我不是宣传家。近来三十年间,读者的数量轻而易举就有大幅增加。这些读者读到小说中的人物对当今热门话题的高谈阔论,就以为能学到什么东西,所以读到小说中时不时写到男女做爱,就觉得其味无穷。小说被当作了宣扬某种观念或者某种趣味的讲坛,而有许多小说家也确实愿意充当作导师。他们写的小说是新闻报道,不是虚构作品。这种小说仅有新闻价值。其缺点是,过不了多久,它们就会像上星期的报纸一样毫无阅读价值了。不过,想从小说中获取知识的新读者群也使另一些小说大量问世。这些小说的题材是多数人感兴趣的,即科学、教育、社会福利和我不知道的什么题材,而且是用非专业语言写的。它们的成功非常巨大,甚至消灭了宣传小说①。显而易见,随着这种小说时尚的延续,它会越来越有意义,从而为小说家提供一种比性格小说或历险小说②更好的写作题材。

也就是从那时起,聪明的批评家和严肃的小说读者对那些似乎在技巧方面有所创新的作家③给予了极大的关注。这很容易理解,因为这些作家的创新不仅使陈旧的东西有一种新鲜感,而且其自身就是个新鲜话题。

说来有点奇怪,竟有那么多人注意这些事情。亨利·詹姆斯设计的方法很大程度上就是让小说中的某个和事件有点关系而且很关心事件的次要人物来讲述故事,从而非常机巧地使他的小说具有了某种戏剧效果。这对于一个深受法

---

① 宣传小说: the propaganda novel, 即以宣扬某种官方思想为宗旨的小说。
② 此处的"性格小说"和"历险小说"分别代表传统小说的两大类型:一类以写人物性格为主,一类以故事情节取胜。
③ 即指当时的现代派作家。

国自然主义小说①影响的作家来说，是可喜可贺的，因为他有效地回避了采用全知全能叙事角度的小说家所面临的困境。由于这个次要人物有所不知，还使他的小说具有某种神秘感。但是，这种方法不过是稍稍改变了一下本来就有许多优点的自传体形式②，把它说得好像是什么了不起的美学新发现，那是有点荒唐的。还有其他一些实验，其中最重要的是采用思维流③。小说家总被一些强调情感价值而且不是太难理解的哲学家所吸引。他们依次是叔本华、尼采和柏格森④。还有心理分析⑤，也势必会使小说家浮想联翩，从而为小说家提供了诸多可能性。小说家知道自己写得最好的作品在多大程度上要归功于他自己的潜意识，因为他就是通过他笔下人物的潜意识想象才得以深入探索人物性格的。这是一种机智而有趣的技巧，但也仅此而已。如果小说家不是用它来临时达到某一特殊目的，譬如讽刺、戏剧化或者解释说明，而是把它当作写作的基础，那他的作品肯定是单调乏味的。我推测，这种有点用处的技巧和类似的方法会在小说创作中被普遍采用，但采用这类方法的作品很快就会令人厌倦。因为那些致力于此类大胆实验的人好像没有注意到，他们拿来放在小说中加以处理的那些东西是极其琐碎的。他们看来好像是因为自己内心的空虚和不安才搞出了这些机巧的花样。然而，仅靠这些机巧，他们写出来的人物本质上是无趣味的，相关的主题也是没意思的。这可想而知。因为艺术家只有在觉得自己的主题没什么意思的情况下才会沉迷于技巧。如果他一心考虑自己的主题，就不会有空闲去想什么表现手法上的花样翻新。所以，在十七世纪，由于可写的东西都被文艺复兴时期的大作家写尽了，再加上国王的暴政和教会的权威不允许人们思考生活中的重大问题，那时的作家便都醉心于贡戈拉风格⑥，写绮丽浮华的文章，搞点自得其乐的雕虫小技。也许，近年来艺术领域的醉心于形形色

---

① 法国自然主义小说：即以司汤达、巴尔扎克和福楼拜为代表的法国现实主义小说（在法国文学理论中，自然主义和现实主义往往是同义的）。
② 自传体形式：autobiographical form，即以主人公第一人称叙述故事的小说形式，如《简·爱》《大卫·科波菲尔》等就采用这种形式。
③ 思维流：the stream of thought，即意识流（the stream of consciousness）。
④ 叔本华、尼采：均为19世纪德国唯意志主义哲学家，前者著有《作为意志和表象的世界》等，后者著有《查拉图斯特拉如是说》等。柏格森：19世纪和20世纪之际法国直觉主义哲学家，曾获诺贝尔文学奖，著有《物质与记忆》《道德与宗教的两个起源》等。
⑤ 心理分析：即指弗洛伊德精神分析学。
⑥ 贡戈拉风格：Gongorism，也译夸饰主义，即以16世纪和17世纪之际西班牙诗人、剧作家贡戈拉·伊·阿尔戈特为代表的夸饰风格（以语言晦涩难懂为特征）。

色的技巧实验表明,我们的文化正在衰败。现在,十九世纪的重要主题已无人问津,而艺术家们又看不到将来,看不到会对下一代人产生影响的重大问题,因而我们这一代人的文化终将为下一代人自己创造的文化所淘汰。

59

正因为这样,我的小说当然不会受当今文学界重视。奇怪的是,我写剧本时用的是传统方式,没有人说我不好,而当我写小说时,我像新石器时代住在山洞里围着篝火讲故事的原始人一样讲故事,这是最最传统的方式,别人却说我不好。可是,我有故事要讲,我就是喜欢讲故事。在我看来,小说的核心就是故事。不幸的是,如今的专家学者都轻视故事。我读了很多有关小说的理论专著,它们全都认为情节对于小说来说没有多大价值。(顺便说一句,我不太理解那些高明的理论家为什么要把故事和情节区分开来,故事不是由情节组成的吗?)它们全都认定,真正有智慧的小说家是不讲究情节的,只有愚蠢的小说家才用情节去讨好愚蠢的读者。是啊是啊,这么说来,小说家就是散文家,散文家就是小说家,查尔斯·兰姆和赫兹里特①才是"真正有智慧的小说家"。

不管怎样,听人讲故事乃是人性所需,如同看人跳舞、看人演戏一样天经地义。就是在今天,其实也是人人喜欢听故事的,侦探小说的大受欢迎就证明了这一点。那些高明的理论家原本是不应该屈尊去读侦探小说的,但他们还是读了。他们不是认为不讲故事的心理分析小说和教育小说是最好的小说吗?为什么要去读专讲故事的侦探小说?可见,他们内心有这种需要。不过,也不是所有小说家都会讲故事。有许多并不愚蠢的小说家,脑子里有一大堆事情要讲,还有一系列活生生的人物形象,但就是不知道怎样把这些事情和人物编排在一起。他们想不出一个令人信以为真的故事。当然,就像所有人一样,所有小说家也都有自欺倾向,也都会掩饰自己的缺点,说他不讲故事是为了能让读者更好地发挥想象力,或者干脆指责读者庸俗无聊,只想听故事,不肯动脑筋。或者辩称,生活中没有那种有头有尾的故事,事情不是悬而未决,就是不了了之。其实,并非总是如此,至少死亡是我们每个人的故事结尾。再说,就

---

① 查尔斯·兰姆和赫兹里特是19世纪英国最有名的两大散文家。

算他们说得对,那也不能作为不讲故事的理由。

如果小说家承认自己是艺术家,那他就不能复制生活,而要艺术地表现生活。小说家要艺术地表现生活,就是要讲故事,就如画家要表现生活,就要用画笔与颜料。小说家对生活的感受和他的个人性格,就是通过讲故事而有意无意地表现出来的。只要回顾一下艺术史,你就会发现,以往的艺术家很少讲什么现实主义。他们往往把现实生活(或者大自然)当作素材,用以表现他们所要表现的生活。只有当艺术想象力过于奇幻,离现实生活太远时,他们才会注意到,有必要在某种程度上回归现实生活,回归自然。

要想知道自己感兴趣的人究竟会怎样,是读者的自然欲望。小说家讲故事,就是为了满足这种欲望。要讲好一个故事固然不易,但这不能成为轻视故事、不讲故事的理由。好的故事必须要与小说主题密切相关,同时又要真实可信,还要自然而然地展示人物性格(这在当今小说中特别重要),要前后照应、交代清楚,不能让读者看出前后有矛盾或者哪里有漏洞。当然,还要像亚里士多德说到悲剧时所说的那样,要有开端、有中段、有结尾。情节是故事的组成部分,很多人似乎并未注意到它的主要用途。它是用来牵住读者鼻子的一根绳子,可说是小说中最重要的东西。小说家就是用这根绳子牵住读者的鼻子,使他满怀期待、饶有兴味地埋头读书,读了一页又一页,直到把一大本书读完。不过,有经验的小说家知道,你绝对不能让读者觉察到你在用一根绳子牵住他的鼻子,而是要让他以为书中的有趣之处是他自己发现的,让他以为自己并没有被人牵着鼻子走。至于如何牵住读者鼻子的种种方法,因为我在这里不是写关于小说创作的专业论文,所以也就不一一列举了。最后,我想以《理智与情感》和《情感教育》为例,说明牵住读者的鼻子有多么重要,忽视这一点又会有怎样的后果。简·奥斯汀在《理智与情感》中牵住读者的鼻子一路往前走,以至于读者根本没有注意到,那个埃莉诺其实是不太可信的——虽是少女,也不至于拘谨到这等地步。还有那个玛丽安娜,也不可能那么傻。至于那三个男人,更是写得不像活人,像是石膏做的人体模型。反之,福楼拜在《情感教育》中不屑牵读者的鼻子,而以严格精细的客观描述自居,不在乎读者关心不关心人物命运。结果呢,这部小说枯燥得令人难以卒读。可惜啊,其实这部小说有很多优点,就因为福楼拜不屑用故事情节吸引读者,以至于几乎没人关心这部小说到底好在哪里。

60

我二十几岁时，批评家说我蛮横。三十几岁时，他们说我轻率。四十几岁时，他们说我油滑。五十几岁时，他们说我能干。现在我六十几岁了，他们说我肤浅。反正，我走的是我自己的路，按自己设定的路线、用自己的作品努力去实现自己的理想。我认为，小说家不读批评家的文章是不明智的，应该训练自己在被人责难或被人赞扬时能同样淡定自如。这大有好处，因为有人说你是天才时你耸耸肩固然不难，但有人说你是傻瓜时也能这样，就不那么容易了。批评史表明，当代批评最可能错误百出。所以，在多大程度上重视批评、多大程度上忽视批评，小说家应该把握好分寸。批评家的意见纷纭不一，小说家想从中总结出自己的优点非常不易。何况，在英国一直有一种轻视小说的自然倾向。某个三流政客的自传、某个宫廷女官的传记都能受到批评家的认真对待，而六七本小说却会同时塞给一个写书评的人去评论。这个写书评的人为了取悦读者，通常又是不分青红皂白地把这些小说全都嘲笑一番。事实明摆着，英国人热衷于纪实作品，对艺术作品兴趣寥寥。既然这样，小说家想从批评中获益，当然也就难而又难了。

对英国作家来说，非常不幸的是我们在本世纪没有一位像圣伯夫、马修·阿诺德甚至像布吕纳蒂耶①那样的批评家。当然，即使有这样一位批评家，他也不会太关心当代文学，而若可以根据上述三位批评家来加以判断的话，他即使关心当代文学，对当代作家也不会有任何直接帮助。因为我们知道，圣伯夫太想找到一种他一直在找而又找不到的完美形式，所以他对他的同时代人的态度是不公平的。马修·阿诺德在对待当时的法国作家时也是那样不予好评，所以没有理由认为他对英国作家的评价会好一点。布吕纳蒂耶更是毫不宽容。他衡量作家的标准严格之极，凡是写作目的不合他心意的作家，统统被他视为毫无价值。他的影响力与其说来自他的才能，不如说来自他的性格。但不管怎么说，苛求于作品的批评家对作家是有好处的。他们即使恨他，也有可能受逆反心理的刺激，更为明确地认清自己的写作目的。他挑动了他们的愤激之情，致

---

① 布吕纳蒂耶：19 世纪法国批评家。

使他们更自觉地努力写作，而他所树立的榜样，则会鼓励他们更严肃、更认真地对待艺术。

柏拉图在他的一篇对话录中似乎想表明，批评是不可能有效的。实际上，他只是表明了苏格拉底的方法①有时会导致批评家过于自负。不过，有一种批评显然是无效的。那就是年轻时受过屈辱的批评家为补偿自己的自卑心理而作的批评。他把批评当作恢复自尊心的工具。因为他在学校时不能适应那里狭隘的环境，曾被人又打又踢，现在轮到他了，他要安抚自己受伤的心灵，于是就对人又打又踢。他的批评只图自己痛快，从不考虑别人会作何感想。

我们现在比以往任何时候更需要权威批评家，因为现在的文艺界乱七八糟。我们看到作曲家在讲故事，画家在谈哲学，小说家在布道。我们看到诗人抛弃诗歌韵律，把诗歌写得像散文一样毫无节奏，而散文家呢，又试图把散文写得像诗歌一样有节奏。所以，现在急需有人来对各种艺术形式加以界定，使那些误入歧途的人明白，他们的所谓实验只会导致混乱。当然，要想找到一个对各种艺术形式都有发言权的人是不可能的。但是，有需要就有供应，我们还是希望不久的将来会出现一位文学批评家，像当年的圣伯夫和马修·阿诺德一样登上权威的宝座。这个人将大有作为。

我最近读了两三本书，书中都谈到要建立一门独立的学科——批评学②。但我不相信这能做到。在我看来，批评总具有个人性质，只要批评家够格，也就没有什么好反对的。对批评家来说，最危险的是他把批评当作创作。他的职责是对作品加以评估，然后为作家提供建议。如果他把自己看得像作家一样，那他就会迷恋于人类最虚玄的精神活动——想象，从而耽误了自己应尽的职责。批评家若写过一出戏、一部小说或者几行诗句，可能对他很有好处，因为这样可以使他对文学创作有充分体验。但是，除非他清楚地知道创作不是他的本分，否则他就不会是一个好的批评家。

当代批评之所以这样一无是处，原因之一就是当代作家把写批评文章当成了副业。诚然，他们认为自己所做的是值得做的事情。殊不知，做一名大批评

---

① 苏格拉底的方法：即辩证法，就是在辩论中从正反两方面来证实自身观点的方法（柏拉图的对话录即苏格拉底和其他人的辩论）。

② 意为批评要规范化。

家不仅要有学问，还要有感染力。这种感染力不能是冷冰冰的、一本正经的，不能强迫人们接受自己不感兴趣的东西，而必须是生动活泼的、令人愉悦的。大批评家还必须是心理学家和生理学家，因为他必须知道文学和人的心灵与肉体之间有何内在联系。他还必须是哲学家，因为他要从哲学中懂得沉思默想、不偏不倚和世事的转眼即逝。他不能仅仅知晓本国文学，还要在掌握文学普遍准则的基础上理解他国文学，并从中看出它的发展趋势，从而为本国文学指点未来的方向。他必须以传统为依托，因为传统是一国文学得以存在的关键因素，但他又必须尽可能地使传统合乎自然而不至于僵化。传统是向导，不是看守。他要有热心和耐心，更要有恒心。他读每一本书都必须是一次新奇的探险，然后用足够的学识和胆量对它作出判断。说白了，大批评家就是大伟人。他必须非常伟大，而且要伟大到能够心平气和地接受这样一个事实：他的批评不管多么伟大，也可能是过眼烟云。因为他很可能只对他那一代人作出了伟大贡献，满足了他们的愿望，而当新一代人出现时，他们很可能会有新的愿望，眼前展现的是另一条道路。这时，他就一文不值了，就会连同他的批评文章一起被扔进垃圾箱。

不过，只要这个人想到文学是人类追求的伟大目标之一，那么对他来说，这样度过一生也是值得的。

61

这也是作家们所认定的。只是，他们从这一认定中又衍生出另一认定，即认定：他们是与众不同之人，因而不必遵守世俗行为准则。这无疑会招来"凡夫俗子"的讥笑乃至谩骂，但他们不以为然。他们自视甚高，不管在哪里，不管遇到什么事，都要表现得与众不同。有时，他们故意做出怪异举动，以此炫示自己并非"凡夫俗子"。譬如，故意穿着泰奥菲勒·戈蒂埃①的红马甲去见

---

① 泰奥菲勒·戈蒂埃：19世纪法国诗人、剧作家、小说家和文学评论家，著有《莫班小姐》《珐琅与雕玉》等。戈蒂埃性格叛逆，定居巴黎时，常常是一副引人注目的打扮：上身总是穿着一身黑丝绒马甲，脚上穿的是黄色的鞋子，手上带着一把雨伞或阳伞。在雨果的剧本《欧那尼》上演的首日，戈蒂埃特意穿了一件红马甲。这里的红色象征着浪漫主义对古典主义的抗争。那晚，他成了整个剧院里望远镜的目标。后来，在法国文学史上，这件红马甲成为人生中爱好光明和色彩的一个天真的标志。

客，为的只是让那些小市民大吃一惊，或者像热拉尔·德·奈瓦尔①那样，用粉红丝带牵着一只大龙虾在街上昂首阔步，让所有过路人都看得目瞪口呆。有时，他们以戏弄的心情装得和凡俗之人一样，但内心深处却清高得连罗伯特·勃朗宁②也俗气得像个只会数钞票的银行小职员。

我们所有人都可能有一个自相矛盾的自我，只是作家和艺术家对此特别敏感。一般人在生活中通常只突出自我的某一面，另一面则深藏在潜意识中，这样久而久之，整个人好像只有一个单面的自我。然而，作家、艺术家，还有圣徒，却总要把自我的另一面表现出来，好像单一自我会使他们感到厌恶似的。也就是说——他们自己可能并没有意识到——他们实质上是不想成为他们现在这样一个人，而是想成为另一个人。既然这样，要他们的自我稳定不变、保持一致，当然是不可能的。

经常有人发现，艺术家的为人和他们的作品大相径庭。对此，有人还很愤怒。他们简直不敢相信，贝多芬交响乐表现那么崇高的精神，而贝多芬本人却性格卑微；瓦格纳③歌剧那么慷慨激昂，而瓦格纳本人却自私欺诈；《堂吉诃德》写得那么机智风趣，而塞万提斯本人却品行不端。有人愤怒之余还会对自己说：这样的人写的作品，本不应该有什么价值的。而当他们听说某位德高望重的大诗人身后留下许多淫秽诗的时候，更是惊恐不已，怒不可遏。他们惶惶不安地想："这会不会是个骗局，我上当了？"他们愤愤不平地说："这些人原来都是可恶的骗子！"但是，作家的特别之处就在于他不是一个人，而是许多人④。因为他是许多人，所以他才能创造许多人物，而衡量一个作家是否伟大的标准，就是看他这个人的"自我"有多少。如果他创造的某个人物不能令人信服，那就说明他的"自我"中没有那种人物。于是，他就不得不去观察那种人，然后加以描述——这样的人物，就不是他"创造"的了。作家的观察不是同情，而是体会。作家不应同情人物，因为同情只会导致感伤而有损客观描

---

① 热拉尔·德·奈瓦尔：19世纪法国诗人、散文家，创作全盛时期精神严重失常，多次进出精神疗养院，最后在巴黎街头自缢身亡。著有《奥蕾莉娅》《西尔维》《东方之旅》等。据说他有一只宠物龙虾。
② 罗伯特·勃朗宁：19世纪英国维多利亚时期代表诗人之一，著有《戏剧抒情诗》《剧中人物》《指环与书》等。
③ 瓦格纳：19世纪德国作曲家、剧作家，著有《尼伯龙根的指环》《特里斯坦与伊索尔德》等。
④ 意为作家有多重人格。

写。他应该做的是心理学家所说的"换位",也就是设身处地。莎士比亚就是因为可以"换位"到惊人的程度,所以他是描述得最生动、同时又最不感伤的艺术家。关于艺术家的多重人格,我想,歌德是第一个意识到这种多重人格的艺术家。歌德不仅一生都受多重人格的困扰,而且常常还要在他的艺术家人格和平常人人格之间加以协调,因为两者常常是矛盾的。好在,艺术家的目的和一般人的目的不同。艺术家的目的是创作成功,而一般人的目的是行为正确。因此,艺术家对生活的态度是很独特的,和一般人截然不同。根据心理学家的说法,一般人总是重感觉、轻想象的,即:看重直接感觉到的东西,看轻内心想象的东西。对一般人来说,想象只是一种淡化的内在感觉,或者说,只是一种可为外在感觉或者日常行为提供参考的讯息而已。一般人做白日梦,只是为了满足某种情感需求,或者说,只是为了安抚自己受挫的欲望。对一般人来说,白日梦只是暂避人生烈日的一个阴暗角落,之后他还是会去面对火辣辣的大千世界的。然而,艺术家却截然相反。艺术家满脑子的想象不是为日常行为提供参考的讯息,而是日常行为本身。因为对他来说,想象就是感觉,甚至胜于感觉。所以,艺术家做白日梦就是其生活本身,外面的大千世界反倒成了他暂避白日梦之炙热的一个阴暗角落。对他来说,白日梦中的西班牙城堡并非空中楼阁,而是实实在在的,他就生活在其中。

　　既然如此,艺术家自负得惊人,便不足怪了。艺术家必然是唯我论者,因为他生活在自我之中,外在世界只是为他提供参考的资料而已。作为一个人,他仅以自己的一小部分参与生活,决不会全身心地投入日常事务。所以,不管遇到什么事情,即使跟他有关的事情,他也总是心不在焉,因为他永远是生活的旁观者。这常常使他显得不近人情。对此,聪明的女人都知道要有所提防。她们既为他所吸引,同时又本能地知道,要想完全得到他是不可能的,因为不管他怎样对天发誓,最后还是会扬长而去。"情圣"歌德不是告诉过我们吗?他在和情人拥抱时,心里想的是怎样写一首情诗;他在用手抚摸情人洁白的胸脯时,想的是六韵步诗节。和艺术家一起生活是有害无益的。他在创作时的感情或许相当真挚,然而他内心还住着一个"卑劣小人"——他的另一个自我——正在对真挚感情嗤之以鼻。因此,他的感情是不可靠的。

　　然而,上帝造人就是这样,给你一点天才就一定会给你一点缺陷。艺术家既然是天才与缺陷的复合体,那么艺术家所创造的人物,当然也像上帝创造的艺术家一样，也是优点与缺陷的复合体，而且从来都不会是完全真实的。"现实主义"也是相对而言的。最现实主义的作家，也会因为自身的兴趣而对现实有所背离。要知道，他是用"他的"眼睛观察世界的。他会使普通人变得不那么普通。他会使他们变得像他自己一样多思多虑。他想把自己也变成普通人，以便更好地描写普通人，但这注定是要失败的。道理很简单，因为他是有天赋的作家，不是普通人，也不可能变成普通人。他看到的并不是普通人的真相，而不过是他自身个性的"换位"。他的天赋越高，个性就越强，他所描绘的生活也就越玄虚。有时，我甚至觉得，后人如果想了解当今这个世界的模样，不应该去读当今那些极有天赋的作家所写的极其动人的书，而应该去读那些出自平庸作家之手的平庸作品，因为它们平庸，或许会老老实实地写出当今世界的真相。当然，那些平庸作家的名字，我不想在此提起，因为没人会喜欢我称他为"平庸"，即便我说他的作品对后世可能很有价值，也没用。不过，我想谁都会承认，要想了解十九世纪的生活真相，与其读查尔斯·狄更斯的杰作，不如读安东尼·特罗洛普的平庸之作。

62

有时，作家必须问问自己，他的写作除了对他自己，是否还有其他什么价值。这个问题现在也许很迫切，因为，至少对我们这些活在世上的人来说，现在的世界正前所未有地处于一种动荡和悲惨的状态中。对我来说，这个问题特别重要，因为我从来都不希望自己什么都不做，只做一个作家。我希望过完整的生活。我不安地意识到我有一种责任，应该参与一些公共福利事务。但我生性孤僻，喜欢离群索居，虽然极不情愿，我还是到一些临时成立的委员会去任职。想到用一辈子时间写作也未必写得好，我又很不愿意把我用来实现自己内心目标的宝贵时间用在其他事情上。我从未能真正说服自己，世上除了写作还有其他事情要做。但是，当数百万人面临饥饿之时，当自由在地球上的大多数地方正在消失或者已经消失之时，当一场可怕的战争[①]持续多年而使大批大批的人失去幸福之时，当人们因为看

---

① 指第一次世界大战。

不到生活的意义而迷惘困惑之时，当几个世纪以来一直在穷困岁月里支撑着人们的希望也已丧失之时，你难免要问，除了写剧本、写短篇小说和长篇小说，是不是其他事情都是无所谓的。对此，我唯一能想到的回答是，我们这些人天生就是这样，是不可能做其他事情的。我们写作不是因为我们要写作，而是因为我们必须写作。世上也许还有其他更要紧的事情要做，但我们必须从写作的重压下释放自己的灵魂①。我们必须这样，即便是罗马大火②也不在乎。人们也许会责怪我们，说我们没有伸出手来帮他们提水灭火。我们没法帮忙，因为我们不知道怎样提水桶。大火只会使我们兴奋，只会使我们想出一些佳句妙语。

尽管如此，还是有作家时不时地会参与政治。这对他们作为作家来说其实是有害的。再说，我也没有看到他们的参政对各项政治事务产生了多大影响。我唯一能想到的例外是狄斯累利③。但是，就他来说，写作不是为了写作，而是他在政界往上爬的一种手段。我这么说，一点也没有冤枉他。所以，在我们现在这样一个专业分工的时代，我认为鞋匠还是一辈子做鞋子为好。

因为听说德莱顿曾通过研读蒂洛森④的布道文来学写英文，我就去读了这位作家的几篇文章，偶尔还读到一段话，使我在这方面得到了少许安慰。他是这么说的："看到那些适合为政府做事的人听从征召而甘愿挑起重担，我们应该感到高兴——是的，还应该感激他们，感激他们不辞辛苦、不骄不躁地为公众服务。可以说，有人天生擅长公共事务，或者至少对他们来说公共事务并非难事，这是全世界的荣幸……凡是诚心诚意、死心塌地、专心致志地过一种生活的人，他们的可贵之处便是心无旁骛，不受诸多事物的诱惑。他们的心思只在一件事情上。他们的情感之河只有一条河道。他们所想的和他们所做的，全都集中在一个大目标和大计划上，故而他们的生活自成一体，至死不变。"

---

① 意为满足自己的创作欲望。
② 罗马大火：（西方谚语）喻大难临头（出自古罗马暴君尼禄统治时期的公元 64 年罗马城发生的大火灾，那场大火当天就烧毁了大半个罗马城）。
③ 狄斯累利：19 世纪英国小说家，同时又是保守党领袖，曾两次出任英国首相。
④ 蒂洛森：17 世纪坎特伯雷大主教，其布道文被视为 17 世纪最好的散文。

总　结

63

  我曾告诉过读者，我唯一能确定的，也许就是我什么都不能确定。我现在只是把自己对各种问题的想法提出来，别人同意不同意，我都无所谓。实际上，我在好多地方说过这样的话，虽然说的是真心话，但在有些地方我还是把它删掉了，免得有人说我啰里啰唆。尽管如此，我在这里还是要重申：请读者注意，不管我说什么，都是我的个人看法。我的看法可能是肤浅的，也可能自相矛盾，因为它们出自我的个人经历，又受制于我的个性、我的思想、我的情感和我的欲望，因而不可能像欧几里得①几何学那样有严密的逻辑。当我谈到戏剧和小说时，我或多或少还有一点从实践中得来的知识，而我现在要谈的是哲学家们思考的问题，在这方面，我的知识和一个多年来一直忙于生计的普通人相比，也多不了多少。

  诚然，生活本身就是一门哲学，但这门哲学就像一个幼儿园，孩子们在里面只玩他们喜欢玩的游戏。他们只关心自己觉得有意思的事情，和他们没有直接关系的事情，他们就不闻不问了。在心理实验中，人们用老鼠来做实验，就是把一只老鼠放在一个迷宫里，看它能不能找到出路。这只老鼠东探探、西窜窜，很快就会找到出路，从而获得食物。我现在就像这样一只老鼠，要在哲学的迷宫里东撞西闯，试图找到出路。很可能，我还不及实验室里的那只老鼠，最后并没有成功。当然，也有可能，那里根本就没有出路。

  最初为我介绍哲学的是库诺·费舒尔②，那时我在海德堡听他的讲座。他在那里很有名气，那年冬天他开设的是关于叔本华③哲学的系列讲座，听讲者济济一堂，要想找个好位子还得提早去排队。费舒尔是个短小精悍的人，衣着整洁，圆圆的头，白头发梳理得很平整，一张红润的脸，一对机敏的小眼睛炯炯有神，但他扁平的鼻子却很滑稽，好像是被人一拳打扁似的，所以他看上去像是退休的拳击手，不像哲学家。他很有幽默感，而且也确实写过一本论幽默的书。那本书我当时正在读，现在已忘记得一干二净了。他时不时地会说句笑

---

① 欧几里得：古希腊数学家，著有《几何原本》，是世界上最早公理化的数学著作。
② 库诺·费舒尔：19世纪和20世纪之际德国哲学家。
③ 叔本华：19世纪德国唯意志论哲学家，尼采的先驱。

话，逗得听讲者哄堂大笑。他嗓音洪亮，是个口若悬河、善于辞令和鼓动人心的演说家。我那时太年轻也太无知，不很理解他所讲的一切，但我对叔本华古怪而独特的个性却有了一个清晰的印象，对他的生动而奔放的哲学体系也有了一点模糊的感觉。时隔多年，我不敢发表什么评论，只想说明一点，库诺·费舒尔的讲座与其说是严肃的哲学讲座，不如说是精彩的艺术表演。

从那以后，我就大量地读哲学书了。我发现读哲学书很有趣。确实，对一个把读书看作是一种需要和一种享受的人来说，哲学在各种可供阅读的重要科目中是最丰富多彩和引人入胜的。古希腊令人兴奋，但从这方面讲，它能给你的激动却很有限，因为过了一段时间，你就把留传至今已少得可怜的古希腊文献以及有关的论述全都读完了。意大利文艺复兴也令人神往，但相对而言，这个题目较小，蕴含的思想不多，艺术方面的创造性价值也早已枯竭，所剩的只有优雅、妩媚和匀称（这样的性质，你也司空见惯了），因此你会感到厌倦，而对那个时期的人，你也同样会觉得厌倦，因为他们虽多才多艺，却是千人一面，像一个模子里铸出来似的。接着，你可以永无止境地去读那些有关意大利文艺复兴的论著，只是不等把这些书读完，你已经兴味索然了。法国大革命也是个很有吸引力的题目，其优点就是它具有现实意义。它在时间上离我们很近，因此我们只要稍稍发挥一下想象力，就能使自己置身于发动那场大革命的人群中。他们几乎可以说是我们的同时代人，因为他们的思想和活动至今仍影响着我们的生活。确实，就某些习惯而言，我们都是法国大革命的后继者。这方面的资料非常丰富，有关的文献浩如烟海，而且还在没完没了地出现，你始终可以找到新颖而有趣的材料来读。然而，它仍不能使你满意。由它直接产生的艺术和文学微不足道，你只能去研读发动那场大革命的那些人物，而关于他们，你越读就越会因为他们的猥琐和庸俗而感到惊讶。出演世界史上最伟大的一场戏剧的那些演员，竟然那么可悲地和他们所扮演的角色不相配。最后，你怀着一丝淡淡的厌恶之情，抛开了这个题目。只有哲学永远不会让你失望。你永远不可能到达它的尽头。它就像人的灵魂一样多姿多彩。它真是了不起，因为它几乎涉及人类的全部知识。它谈论宇宙，谈论上帝和永生，谈论人类的理性功能和人生的终极目的，谈论人的能力及其局限。如果有人带着这些问题在这个神秘朦胧的世界里去游历而又得不到回答的话，它就劝说他心安理得地满足于自己的无知，教他退守为安，并且赋予他退却的勇气。它启迪人的心智，同时也激发人的想象力。我觉得，它为业余爱好者提供了比给予专家学者还要多的冥思遐想，这样的冥思遐想趣味无穷，借此可以消闲解闷。

由于受库诺·费舒尔讲座的启发，我便开始读叔本华的著作，后来又几乎读了所有经典哲学家的重要著作。那里固然有许多东西我没法理解，而且即使我自以为理解的也未必真的理解，但我在读它们的时候却觉得趣味盎然。其中只有黑格尔①一直使我感到厌烦。这当然是我的不是，因为他对十九世纪哲学思想的影响已证明了他的重要性。我觉得他过于冗长曲折，不管论证什么总要兜个大圈子，实在使我难以忍受。不过，对其他柏拉图以后的哲学家，我都是像一个在异国旅游的游客那样兴致勃勃地一个接一个读的。我不是思辨地研读，而是像看小说一样，寻求兴奋和乐趣。（我曾坦率地说过，我读小说不是为了受教育，而是为了乐趣，请读者谅解。）作为一个关心人类性格的人，我从这些不同的哲学家提供给我检验的自我表白中获得莫大的喜悦，看到了隐藏在各派哲学后面的一个个的人。当我看到某些人很崇高时，我就肃然起敬，而当我发现有些人很古怪时，又觉得好笑。当我随着普鲁提诺②从一片孤寂中头晕目眩地跃入另一片孤寂时，我感觉到一种奇妙的欣喜。我虽然知道笛卡尔③从合理的前提得出了荒谬的结论，但他明快的笔调仍使我入迷。读他的书就像在湖泊里游泳。湖水是那么清澈，直见湖底。晶莹的波澜让你心旷神怡。我把初读斯宾诺莎视为我生活中一次不平凡的经历，它使我充满庄严、崇高之感，就像仰望一片巍峨的群山。

我在读英国哲学时也许有点偏见，因为我在德国受到影响，认为除了休谟之外，其他英国哲学家大多是不值一提的，而休谟之所以重要，也是因为康德④批判过他。不过，我觉得英国哲学家不仅仅是哲学家，也是很出色的散文家。他们或许称不上是杰出的思想家（对此我不敢妄加判断），但不管怎么说，他们肯定是一批富有探索精神的人。我想，大概不会有人在读霍布斯⑤的《利维坦》时，不为他那率直爽快的英国作风所吸引，也不会有人在读贝克莱的《哲学对话》时，不为这位主教可亲可爱的魅力所陶醉。再说，康德固然把休谟的

---

① 黑格尔：19 世纪德国古典哲学集大成者。
② 普鲁提诺：古罗马哲学家。
③ 笛卡尔：17 世纪法国哲学家，欧洲近代理性主义哲学代表人物之一。
④ 康德：18 世纪和 19 世纪之际德国哲学家、德国古典哲学开创者。
⑤ 霍布斯：17 世纪英国哲学家，英国近代经验主义哲学代表人物之一。

理论批驳得一无是处，但我觉得休谟那种优美、文雅和清晰的文笔却是无与伦比的。包括洛克①在内，英国哲学家写出的英文，确实可以成为所有注重文体的文人学士的楷模。我每次想写一部长篇小说时，都要重读一遍《老实人》②，在自己心里确立一个标准，以此检验自己是否写得像它那样流畅、那样优雅、那样机智。我觉得，现在的英国哲学家在动手写作前，若都能认真读一遍休谟的《人类理解论》作为一种借鉴，那对他们一定大有好处，因为他们写出来的东西并不总是很出色的。也许是因为他们的思想要比他们的先辈来得严密，所以不得不使用一套自己创造出来的术语，但这样做却很危险，因为当他们谈论到与所有会思考的人都密切相关的问题时，人们就会抱怨他们没有把意思讲清楚，往往叫人不知所云。据说，怀德海教授③的头脑是当今从事哲学研究的人当中最灵敏的，但我只是觉得可惜，他为什么就没有想到，应该把自己的思想尽量表达得清楚一点呢？斯宾诺莎就遵守一条很好的规则，那就是：他在表达事物性质时所用的词语，其含义决不会背离该词语的一般含义。

64

虽然没有理由说哲学家不能同时又是文体家，但是好的文体并非自然形成，而是一种需要推敲和锤炼的技巧。哲学家不仅仅是在对其他哲学家和攻读学位的大学生说话，他们也在对直接影响下一代人思想的作家、政治家和知识界说话。作家、政治家和知识界，他们当然欢迎一种简明而容易理解的哲学。众所周知，尼采的哲学是如何对世界的某些地区产生影响的，对它造成的不良后果④，应该说也是众所周知的。但尼采哲学的流传，其实并不是靠他可能具有的深刻思想，而是得力于他生动的文体和简明的形式。哲学家如果不重视把自己的思想表达得通俗明了，那只能说明他考虑的仅仅是哲学的学术价值而已。

可以自我宽慰的是，我发现职业哲学家之间也往往会相互不理解。布拉德

---

① 洛克：18世纪英国经验主义哲学集大成者。
② 《老实人》：法国哲学家、作家伏尔泰的哲理小说。
③ 怀德海：19世纪和20世纪之际英国数学家、哲学家。
④ 有人认为尼采哲学是纳粹主义的先声。

莱①就时常明确表示，他并不理解和他争论的对方所持的究竟是什么观点；怀德海教授有一次也说，布拉德莱说的有些话令人不知所云。既然最杰出的哲学家都彼此不能理解，我们外行人常常会听不懂他们说的话，也就毫不足怪了。当然，哲学往往是艰涩的，我们对此应有思想准备。外行人读哲学，就像手里没有平衡杆又要走钢丝，所以只要他能平安地从钢丝上下来，就谢天谢地了。但是，这游戏够刺激，即便要冒摔跟头的风险也值得。

我在好多地方听人说，哲学是那些高级数理学家的专门领地。这使我百惑不解。既然进化论学说认为，知识是为生存竞争的实际需要而发展起来的，那么和全人类利益密切相关的知识总和——哲学，又怎么可能仅仅属于一小群搞冷僻专业的人呢？我难以相信。尽管如此，要不是我有幸知道布拉德莱也承认他对深奥的数理学知之甚微的话，我很可能会望而却步，放弃对哲学的愉快探究了，因为我是没有数学头脑的。布拉德莱也不是平庸的哲学家。我们知道，不同的人有不同的口味，要不是这样，也就没有人了。所以，不见得你一定要是个数理学家，否则就不可能掌握关于宇宙以及人类在宇宙中的地位、关于罪恶的根源以及现实的意义等正确理论，就像你不一定在品酒方面已训练得能准确说出二十瓶葡萄酒不同的生产年份，但照样能品尝葡萄酒的美味。

哲学并不是一门仅仅与哲学家和数理学家有关的学问。它和我们人人有关。确实，我们多数人只是间接地接受某些哲学思想，而大多数人都不知道自己到底有什么哲学，而事实上，即使最没有思想的人也有自己的哲学。第一个说"泼翻了牛奶，哭也没用"的老婆子，就是一个自成体系的哲学家。因为她这句话的意思，不正说明后悔是无济于事的这一道理吗？这里就显示出一个完整的哲学体系。决定论者认为，你在生活中没有一个举动不是由你是怎样一个人所决定的：你不仅是你的肌肉、你的神经、你的内脏和你的脑子，同时也是你的习惯、你的见解和你的各种各样想法——所有这些，不管你对它们知道得多么少，也不管它们多么矛盾、多么褊狭、多么荒谬，它们存在着，而且影响着你的行为反应。即便你从未说到过它们，它们却是你的哲学。大多数人也许并不想用某种形式把它们表现出来。他们所有的，很难说是思想，至少不是有意识的思想，而是一种模糊的感觉，一种就像生理学家不久前刚发现的肌肉感

---

① 布拉德莱：19 世纪和 20 世纪之际英国哲学家。

那样的经验。这种感觉是他们各自从社会流行观念中获得的，同时又根据自己的经验稍稍加以改变。他们过着有秩序的生活，有这样一种思想和感觉的混合体就可以了。由于其中含有某些世代累积起来的智慧，它是和日常生活的一般需要相适应的。但是，我却想形成我自己的思想模式，而且从年轻的时候起就想弄明白，哪些是我必须去面对的重要问题。我尽力想获得有关宇宙总体构造的知识。我想作出决断，我是否只需要考虑此生呢，还是只需要考虑来生？我想搞清楚，我是完全自由的呢，还是出于一种幻觉才自以为在按自己的意志行事？我想知道，人生是本来就有意义的呢，还是必须由我来赋予它某种意义？于是，我便开始杂乱无序地读各种各样的书。

65

我首先关注的是宗教。因为我首先要解决这样一个问题：我活在这个世界上，是不是只需要考虑这个世界呢，还是要把这个世界看作一个为来世作准备的地方，真正需要考虑的是另一个世界。

我在写《人性的枷锁》时，专门用了一章写主人公如何放弃他从小被灌输的宗教信仰。有一位关心我的聪明女士读了这本书的打字稿后对我说，这一章写得不充分。我于是重写了一遍，但还是差不多，没有多大变化。这里的原因是，我写的是我自己的经历，而我当初这么做，显然其本身就没有充分理由。那是一个天真少年的理由，出自他的直接感受，而不是认真思考出来的。我父母去世后，我和叔叔住在一起。他是个牧师，五十多岁了，没有子女，要他来照顾我这样一个小男孩，我想他肯定是很不情愿的。他每天早晨和晚上都要做祷告，星期天要带我一起到教堂去做早晚两次礼拜。星期天是最忙的，我叔叔总是说，他是这个教区里唯一每星期工作七天的人。其实，他空闲得令人难以置信，因为他把教区的事情全都叫副牧师和教堂执事们去做了。尽管如此，我还是受到他的影响，很快变得非常虔诚。我叔叔在家里对我的教诲以及后来学校里教给我的东西，我都毫不迟疑地接受了。

但是，有一点又很快使我发生了变化。我进学校后不久，就发现我因为口吃而蒙受天大的不幸。别人总是嘲笑我，侮辱我。我在《圣经》里读到过，只要你信仰上帝，山也可以搬动。我叔叔对我说，确实是这样。所以，有一天晚上，我诚心诚意地向上帝祈祷，求他去掉我的口吃。对此我很确信，上床时心里想，明天早上醒来，我就能像其他人一样说话了。我甚至还想象，学校里的那些同学突然发现我不再口吃了，会有多么惊讶。然而，当我第二天早上满怀期待地醒来时，却发现自己依然口吃，一点没变。这真是可怕的打击！

我稍大一些后进了皇家学校。那里的教师都是牧师，又凶又蠢。他们讨厌我口吃，不是对我很冷漠（我宁愿这样），就是对我很粗暴。他们似乎认为，口吃是我的罪过。不久，我发现我叔叔很卑劣，除了过闲散日子，他什么都不关心。附近的一些牧师也差不多，他们有时会来拜访我叔叔。其中一个因为懒惰，把家里的奶牛饿坏了，被罚款①。还有一个因为酗酒，被革职。我听他们说，我们生活在上帝面前，人活着就是为了拯救自己的灵魂，而我看到的是，他们没有一个是这么做的。那时我虽然还真诚地信仰上帝，但我不论在家里，还是在学校里，都讨厌到教堂去做礼拜。后来我去了德国，欣喜地觉得自己总算得到了解脱。但出于好奇，我在海德堡时还是到那里的耶稣会教堂去过两三次，看神父做弥撒②。我叔叔虽然对天主教有一种自然的认同感（他属于英国国教的高教会派③，这一派在教会选举时会在花园的篱笆上大大地写着"这条大道通罗马"④），但他仍相信天主教徒是要下地狱的。他对永恒的惩罚深信不疑。他仇视不信国教者⑤，认为政府容忍他们的存在是怪事一桩。不过，使他聊以自慰的是，他相信政府里的那些人也是要下地狱的。他认为天堂只属于信奉英国国教的人，认为我能在这一群人中间长大是上帝的恩惠。这就像我是英国人一样值得自豪。

然而，我却在德国发现，德国人也以自己是德国人为荣，就像我以自己是英国人为荣一样。我听他们说，英国人不懂音乐，莎士比亚只有在德国才真正

---

① 当时英国为了保证牛奶供应，立法保护奶牛，凡是在饲养奶牛过程中有过错的人要受到惩罚。

② 耶稣会属天主教（也称"罗马天主教"），其神职人员称为"神父"，神父布道称为"做弥撒"。后文提到的英国国教（也称"英国基督教圣公会"）属新教（也称"基督教新教"），其神职人员称为"牧师"，牧师布道称为"做礼拜"。天主教和新教虽然同属基督教，但却是两个互不相容、甚至相互敌对的教派。

③ 高教会派是英国国教中比较认同罗马天主教的一派，主张维护教会的高地位、高权威，故称"高教会派"。

④ "这条大道通罗马"是套用谚语"条条大道通罗马"。谚语中的"罗马"是指罗马城，这里的"罗马"则是暗指罗马天主教。

⑤ 不信国教者：即英国的天主教徒。16世纪之前，英国人都是罗马天主教徒；16世纪宗教改革时期，英国的许多地方教会脱离罗马天主教，自称国教（正式称呼是"英国基督教圣公会"），但仍有不少英国地方教会并未脱离罗马天主教，因而英国一直是有天主教徒的。

得到欣赏。他们说英国是一个小店主的国家,而小店主在他们看来是肯定不能和艺术家、科学家、哲学家相提并论的。这使我很吃惊。这也使我在海德堡看神父做弥撒时,注意到教堂里挤满了学生,而且人人都很虔诚。是的,他们和我一样,有他们的宗教信仰,而且,就像我认为他们的信仰是怪异的假信仰,他们也一定认为我的信仰是怪异的假信仰。

  我想,我大概天生就没有什么宗教感情,我对那些牧师的言行不一感到震惊,或许只是出于一个年轻人的少见多怪。否则的话,我怎么会因为稍稍想了想就使自己发生那么重大的变化。我稍稍想到的是,如果我出生在德国南部——这并非不可能——那我就会在一个天主教家庭里长大,自然也就会成为一名天主教徒,而我现在不是天主教徒并不是我的过错,为什么天主教徒要对我另眼相看,甚至还要诅咒我。这太荒谬了。我以我的良心认定,这是不可接受的。接下来,我就轻而易举地得出了结论:这样的宗教信仰一文不值,上帝不会因为你是西班牙人或者是霍屯督人①就惩罚你。

  如果我到此为止,只要我不太无知的话,我很可能会相信十八世纪特别流行的自然神教②。但是,常年灌输到我头脑里来的各种信仰是相互纠集在一起的,有一种变得不可容忍,其他的也都不可容忍。这一可怕的信仰体系原本就不是出于对上帝的爱,而是建立在对地狱的恐惧之上,现在它像纸板房一样坍塌了。

  不管怎样,我至少在理智上不再信仰上帝了,而且还有一种如获新生的喜悦感。不过,由于我只是在理智上不信仰上帝,在我的灵魂深处仍残留着对地狱之火的恐惧。所以,在我的喜悦感里仍夹杂着来自远古祖先的困惑与不安。我虽然不相信上帝,但我内心深处仍晃动着魔鬼的阴影。

66

  当我成为一名医科大学生后,我进入一个新的世界。我读了许多医科书。

---

  ① 霍屯督人:这是欧洲人对非洲西南部土著人的称呼。他们自称"科伊科伊人",意为"人中人"或"真正的人",主要分布在纳米比亚、博茨瓦纳和南非。
  ② 自然神教把上帝解释为非人格的始因,即认为上帝创造了宇宙和宇宙规则,在此之后上帝不再对这个世界的发展产生影响,而让世界按照它本身的规律存在和发展。该教主要由18世纪法国启蒙思想家伏尔泰、孟德斯鸠、卢梭等人倡导。

它们告诉我，人是一架机器，受机械法则的控制，当机器停下来时，人的生命也就终止了。我在医院里看到人们死去，惊恐之余便相信了书本上所说的东西。我自以为是地相信，宗教和上帝的观念是人类在进化过程中为生存需要而构想出来的，它们在过去——或许现在也是——体现为某种有利于种族生存的价值观，但那只能历史地予以解释而不能视为真实的存在。我虽自称是不可知论者①，但在心灵深处却把上帝看作是一种有理智的人必须予以拒绝的假设。

然而，要是根本没有那个会把我投入永恒之火的上帝、也根本没有可以被投入永恒之火的灵魂的话，要是我只是机械力量的玩物，生存竞争就是它的推动力，那么我就不明白了，像人们曾经教导过我的善，到底还有没有意义。于是，我开始读伦理学。我用心啃完一部部令人生畏的巨著，最后得出结论：做人的目的不是别的，只是为了寻求自身的快乐，即使是舍己为人，那也是出于一种幻想，以为自己所要寻求的快乐就是慷慨大方。既然未来是不确定的，及时行乐便是理所当然的常识。

我认定，"是"与"非"只是两个词，行为准则不过是人们为保护各自利益而形成的一种习俗而已。自由之人没有理由非要遵循它们，除非他觉得它们对他并无大碍。那时流行格言，于是我也把自己的信念写成一句格言，用以自勉："想做什么就做什么，只是别让警察盯上。"我到二十四岁时，已建立了一套完整的"哲学体系"，它以两条原理为基础：（一）物的相对性；（二）人的圆周率。后来我才发现，第一条原理并不是什么新发现。第二条原理也许很深刻，但我现在就是绞尽脑汁，大概到死也想不出来，它到底是什么意思。

有一次，我偶然读到一个小故事，觉得非常有趣。那是在阿纳托尔·法朗士的《文学生涯》的某一卷里读到的，已经是好多年前的事了，但至今还记得。故事大致是这样的：

东方有个年轻的国王，登基后一心要把他的王国治理好，就把国内的贤士都召来，命令他们去收集全世界的智识慧言，并编纂成册供他阅读，因为他要成为世上最英明的君王。贤士们遵命而去。过了三十年，他们牵着一队骆驼回来了，骆驼背上载着五千本书。他们对国王说，这些书里收录了历代圣哲的所

---

① 不可知论：与可知论相对，即认为我们所知的一切都源自我们的感官，因而我们所知的世界是我们感官中的世界，至于世界本身，是不是和我们感官中的世界一样，那是不可知的。

有智慧。但是，国王正忙于国事，没时间读那么多书，就命令贤士们回去对这些智慧之书加以精选。过了十五年，贤士们回来了，这回他们的骆驼背上只有五百本书。他们禀告国王说，从这五百本书里就可得知天下全部智慧。但是五百本书还是太多，国王命令他们回去再精选。又过了十年，贤士们又回来了。这回他们带来的书不过五十本而已。然而，国王却老了，他疲惫不堪，就是读五十本书的精力也没有了。于是他命令贤士们再一次精选，要在一本书里为他提供人类智慧的精华，让他最后能学到他最迫切需要的东西。贤士们奉命而去。又过了五年，他们又回来了。这回他们自己也都成了老年人。他们把那本包含着人类全部智慧精华的书送到了国王手里。然而，这时候的国王已经奄奄一息，就连这一本书也来不及读了。

我想寻找的就是这么一本书，一本能使我一劳永逸地解决一切疑问的书。解决了一切疑问，我就可以放手去建立自己的生活模式了。于是，我从古典哲学家读到现代哲学家，希望在他们那里找到我想得到的东西。但我发现他们的言论很不一致。我觉得他们著作中的批判部分都很有道理，但读到其中的建议部分，我虽然说不出有什么问题，却总觉得难以使我心诚口服。这些哲学家给我的印象是，尽管他们学识渊博、推理严密、分类精细，但是他们各自持有这样那样的观点，却不是因为出于理性的思考，而是由于他们不同的气质所致。不然的话，我无法理解他们为什么要这么长时间争论不休，为什么彼此所见如此不同，差异如此之大。

我好像在哪里读到过，费希特①曾说，一个人持怎样的哲学观点，取决于他是怎样的人。我读到这句话后，当时就想，我很可能是在寻找根本没法找到的东西。于是我就想，既然在哲学上并不存在适用于每个人的普遍真理，而只有符合个人气质的真理，那么我只好缩小探索范围，去寻找一个其哲学体系符合我胃口的哲学家，一个和我是同一种人的哲学家。他对我的疑问所作的解答一定会使我满意，因为他的解答正好迎合我的气质。

有一段时间，我对美国实用主义产生了浓厚兴趣。我还读过英国名牌大学的教授们写的哲学著作，从中也没有得到什么教益。我嫌他们太绅士气，不像是很好的哲学家，甚至还有点怀疑，他们是不是因为社交的缘故，害怕伤了同

---

① 费希特：19世纪德国古典哲学四大师之一（另三位是康德、谢林和黑格尔）。

事的感情而不敢大胆做出合乎逻辑的结论。实用主义哲学家很有活力，他们生气勃勃，其中最重要的几位文笔也很好。他们写到了我一直没法想通的那些问题，而且写得深入浅出。不过，尽管我很希望相信，却还是不能像他们那样，相信真理就是我们用来达到实用目的的工具。

我认为，作为一切知识基础的感性资料是客观存在的，无论对你来说是否有用，它们总是存在的。此外，他们还说，如果我因相信上帝的存在而得到了安慰，那么上帝对我来说就是存在的。对这种说法，我也觉得不舒服。最后，实用主义再也不能使我感兴趣了。我觉得读柏格森的书特别有趣，但特别难以让人信服。对本尼台托·克罗齐①，我也觉得不合我意。而在另一方面，我却发现伯特兰·罗素②写的东西不但清晰易懂而且语言优美，读来使人心旷神怡。我不胜钦慕地读他的书。我很愿意把他当作我所要寻找的向导。他知识广博而且通情达理。对于人的弱点，他很宽容。

但我及时发现，他是一个不太明确方向的向导。他的心智游移不定。他就像一个建筑师，当你要想有一所房子住时，他先劝你用砖头来造，接着又向你提出种种理由来证明，为什么应该用石头而不是用砖头来造。而当你同意应该用石头来造后，他又提出同样充足的理由向你证明，唯一可用的材料是钢筋混凝土。最后，你连一个顶篷也没有盖起来。我要寻求的是一个首尾一致而且能自圆其说的哲学体系，就像布拉德莱的那样，里面的每一部分都不可分地连接在一起，以至于任何一个部分都不能改动，否则整个体系就会分崩离析。伯特兰·罗素没能给我这样的体系。

最后我得出结论，我永远也找不到这么一本完整而能使我满意的书，因为这样的书只是我自己的一种理想而已。于是，我大胆地决定，这本书应该由我自己来写。我找来那些为研究生攻读哲学学位所规定的必读书，一本本地细心研读。我想，这样至少可以使我自己的写作有个基础。我觉得，有了这个基础，加上我四十年来积累起来的生活知识（因为我产生这个念头的时候正好四十岁），再加上我准备花几年时间悉心研究一番哲学名著，我将有能力实现自己的理想，写出这样一本书来。我知道，这本书除了对我自己，不会有任何价值，至

---

① 本尼台托·克罗齐：19世纪至20世纪之际意大利新黑格尔主义哲学家。
② 伯特兰·罗素：20世纪英国数学家、逻辑实证主义哲学家、历史学家，曾获1950年诺贝尔文学奖。

多是一个喜欢思考的人的灵魂写照（因为没有确切的词，姑且这么说），说明这个人的生活经验要比一般职业哲学家丰富一点。我清楚地知道，我在哲学思维方面毫无天赋可言，所以我准备从多方面收集各种理论。这些理论不仅要满足我的心智，还要满足（应该说比我的心智更重要的）我的本能、感情和根深蒂固的偏见——即作为一个人固有的一部分的偏见，它很难和本能区分开来。根据这些理论，我将建立一个对我有效并且能为我指引生活之路的哲学体系。

但是，我越读越意识到这个课题的复杂，也越来越意识到自己的无知。尤其是那些哲学杂志，更加使我灰心丧气。我在那里看到有些题目显然很重要，而且是长篇论述，但我读起来却像处在一片昏暗之中，只觉得烦琐而茫然。它们那种论述方式和推理过程、对每个论点的精密论证和对可能遇到的反面意见的陈述、对作者自己初次使用的术语的界定和随处可见的引经据典，全都在向我证明，哲学——至少是现代哲学——只是专家们之间的事情，门外汉难以了解其中的奥秘。看来，我要写这本书至少需要准备二十年，然后才能开始。这样等我写完之际，大概也像阿纳托尔·法朗士所说的那个国王一样，已经奄奄一息了。所以，我的这番努力，到那时对我也就没什么用了。

于是，我放弃了这个念头，因为经过这番努力，我能拿出来的只是几本散乱的笔记。我知道，那里面毫无独到见解，甚至连我写在那里面的字句也平庸之极。我就像一个流浪汉，至多只能用一条从一个好心肠的农妇那里乞讨来的裤子、一件从稻草人身上扒下来的上衣、两只从垃圾桶里翻出的不成对的靴子和一顶在路边捡到的帽子来装束自己。这些都是破烂货，但穿在他身上倒很合适，很舒服，而且，尽管这些东西很不合身，他却认为穿在他身上已经足够好了。不仅如此，当他从一个身穿笔挺套装、头戴崭新帽子、脚蹬锃亮皮鞋的绅士旁边经过时，他还觉得自己和那个绅士一样衣冠楚楚、不相上下。只是，他不能肯定，那个一身华服的绅士，心里是否和他这个一身破烂的人一样坦然、一样自得。

<h2 style="text-align:center">67</h2>

我读了康德，觉得必须抛弃我年轻时一度入迷的唯物论，以及和唯物论联系在一起的生理决定论。我当时并不知道康德体系已受到责难，只觉得他的哲

学给了我一种感情上的满足。它启发我去思考那不可知的"物自体"①，而我原先是满足于从现象方面认识世界的。它使我有一种心灵获得了解放的特殊感觉。不过，康德的那句格言，我却不大能接受。他说，人的行为必须遵循一种普遍律令。我是坚信人性的多样性的，因此不能相信他的这一要求是合理的。我认为，某人认为对的事情，别人很可能会认为是错的。就拿我自己来说，我最大的希望就是别人不要来管我的事，但我也发现，并非人人都是这么希望的，要是我不去管他们的事，他们反而会认为我冷漠、自私、无情无义。

确实，你若研究那些唯心论哲学家，必然很快就会碰到唯我论②问题。唯心论总是要涉及唯我论的。哲学家们虽像受惊的小鹿一样躲避唯我论，但他们的论述却又不断把他们带到它面前，而根据我的判断，他们躲避唯我论的原因，就在于他们不愿对此追根究底。这种理论对小说家来说倒总是有吸引力的。因为它所宣扬的，也就是小说家平时所做的。它既彻底又不失优雅，因而具有无限魅力。我不能假定我的每一个读者对各种哲学体系都有所了解，因此请已有这方面知识的读者原谅，我将简短地解说一下唯我论。

唯我论者只相信他自己和他自己的经验。他所设想的世界，就是他自己的活动范围。他的世界只由他自己以及他的思想和感情组成，此外什么都不存在。任何可知事物，任何经验事实，都只是他心灵中的一种观念；没有他的心灵，它们也就不存在。对他来说，没有可能、也没有必要去假设在他自身之外还存在着什么东西。梦和现实，对他来说是一回事。生活是一场梦，梦中所呈现的一切事物都是他自己创造的。这是一场持续而连贯的梦，只要他停止做梦，世界——连同它的美、它的痛苦和忧患以及种种不可想象的变化——也就不复存在。这是一种完美的理论，只有一个缺点，就是不可信。

当我一心想写一本有关这些问题的书时，我想必须从头开始，于是我研究认识论。我发现，我探究的那些理论竟然没有一种能完全令人信服。在我看来，普通人（也就是哲学家鄙视的对象，除非他的观点碰巧和哲学家相符，认为他们的理论

---

① 物自体：也译"自在之物"，康德所用术语，即指感官外的物体（因为所有物体都是被人感知的，即感官中的物体，那么感官外有物体吗？应该有，也就是引起我们感知的那个物体，即物自体。那么，物自体和我们感知到的物体是一样的吗？不知道。说一样，没有证据；说不一样，也没有证据）。

② 唯我论：即绝对唯心论，认为"存在就是（我的）感觉"：凡是我感觉到的，是存在的；凡是我感觉不到的，就是不存在的。这种理论难以反驳，但又和常识相悖。

极有价值）虽然没有能力判断那些理论是否有价值，但他或许有权从中选择一种最合他心意的理论。要是选择不下，又不想犹豫不决，我看暂时还是接受这样一种理论为好，那就是认为：除了被称为给定的某些基本感觉材料以及被推断的他人心灵的存在，人们对任何事物都无法确定。人们关于事物的知识都是假设，是由他们的心灵建构的，而他们建构这样的假设则是为了有利于生活。他们在进化过程中为了适应不断变化的环境，从这里或那里收集到适合他们目的的零星材料，然后拼成了一幅图画。这幅图画就是他们所认识到的现象世界。真实性也只是他们提出的一种假设。要是他们收集到的是其他一些零星材料，而且把它们拼成了另一幅图画，那么这个不同的世界也会和我们现在自以为认识的这个世界一样和谐，一样真实。

很难说服一个作家相信，肉体和心灵之间并不存在密切的相互作用。福楼拜在写爱玛·包法利自杀时，他自己也感受到砒霜中毒的痛苦，他的这种经验虽然只是一个极端的例子，但每个小说家都有类似的经验。大多数小说家在写作过程中会发冷和发热、疼痛，有时还会恶心。不过，他们又意识到，自己的许多最得意的构思恰恰来自这种病态的身体状况。由于得知自己许多最深沉的情感、许多似乎从天而降的灵感很可能是因为缺少运动或者肝功能有问题而引发的，他们便以某种嘲讽态度对待自己的精神活动了。这很有好处，因为这样他们才能把握和控制自己的精神活动。在我看来，在哲学家提出的有关物质和精神关系的各种理论中，就普通人而言，至今仍使我觉得最满意的是斯宾诺莎的看法，即认为：思维实体与广延实体①是同一的，是同一种实体。当然，今天我们可以更为简便地称之为能量。伯特兰·罗素曾提到过一种中性材料，并认为这种中性材料是同时构成精神世界和物质世界的最初的原料。他的这种思想，要是我没有理解错的话，与斯宾诺莎的看法并没有多大区别，只是用现代方式加以表述罢了。

我竭力想形成自己的看法，于是就把精神想象成一条在物质的丛林中穿行的河流，但河流就是丛林，丛林就是河流，因为河流和丛林是一体的。生物学家将来会在实验室里成功地创造出生命，这并非不可能，那时我们或许就会比较清楚地知道这两种东西了。

---

① 思维实体与广延实体：斯宾诺莎所用的哲学术语，意思和后世哲学家所说的"精神与物质"相近。其中的"实体"和后世所用的"存在"一词意思相近。

68

　　一般人对哲学的兴趣是讲求实际的，他要知道人生的价值是什么，他该如何生活，他能赋予宇宙以怎样的意义。对这些问题，如果哲学家回避作出哪怕是尝试性的回答，那也是在逃避责任。现在，摆在一般人面前的最迫切的问题，就是有关恶的问题。

　　使人觉得奇怪的是，哲学家在讲到恶的时候，往往喜欢用牙疼作为例子。他们一本正经地指出，你不可能感觉到我的牙疼。看来，在他们舒适、悠闲的生活中，牙疼是唯一能感受到的痛苦，因此我们似乎可以得出结论说，随着美国齿科医学的改进，整个问题将不必再提了。我时常想，哲学家在获得学位、因而可以向年轻人传授知识前，最好是先花一年时间到某个大城市的贫民区里去搞搞社会服务，或者从事体力劳动来维持生计。只要他们看到过一个小孩是怎样患脑膜炎死去的，他们就会用另一种眼光来看待和他们有关的某些问题了。

　　倘若你不是这么紧迫地想到这个问题，那么在读《现象与实在》①中论恶的那一章时还是会觉得它写得很诙谐，很有趣。其中的绅士风度令人震惊，它给你这样的印象：把恶的问题看得郑重其事其实有点无聊，虽然恶的存在不可否认，但也没必要大惊小怪，因为不管怎么说，恶被夸大了，而恶中也颇有善在，倒是显而易见的。布拉德莱坚持认为，就整体而言，根本就不存在痛苦。"绝对者"②大于它所包容的种种不和谐现象和所有差异。他告诉我们，就像一部机器，各部分产生的阻力和压力都为一个超越各部分自身的目的服务，"绝对者"的情形与此类似，只是层次要高得多。恶和谬误都服务于一个比它们自身范围更广的计划，而且在这计划中才得以显现。它们在一个高于它们的善里面起着部分作用，所以从这个意义上说，它们在无形之中也是善。简言之，恶只是我们的一种错觉，仅此而已。

　　我很想知道其他派别的哲学家对这个问题是怎么说的。这方面的言论并不多。也许是因为对这个问题没什么可多说的，哲学家们都很自然地把重点放到那些便于他们发表长篇大论的题目上去了。而在他们不多的言论中，又简直找

---

① 《现象与实在》：19世纪至20世纪之际英国哲学家布拉德莱的重要著作。
② 绝对者：上帝的哲学代名词。

不到能使我感到满意的。我们或许会因为看到各种各样的恶而感到震惊，从而会变得好一点，但事实表明，我们又不能把这当作普遍法则。或许，勇气和同情要经历危险和苦难才会有，因而难能可贵。但是，又很难想象，一个士兵冒生命危险救下一个试图自杀的盲人，我们授予这个士兵维多利亚十字勋章，这对那个盲人到底有多大安慰。施舍表示慈善。慈善是一种美德。但是，这种美德是否减轻了一个靠施舍活着的跛子所承受的恶呢？恶就在那里，到处都有：精神痛苦、身体疾病、亲人亡故、贫穷、犯罪、作孽、希望破灭，等等，举不胜举。哲学家对此是如何解释的呢？有的说，恶从逻辑上讲是必须的，否则我们无从知道善。有的说，世界从其本质上说就有善与恶的对立，两者从哲学上讲是相互依存的。神学家又是如何解释的呢？有的说，上帝使人间有恶是为了考验我们。有的说，上帝降恶于人间是为了惩罚人们所犯的罪孽。然而，我所见到的却是一个孩子无辜地死于脑膜炎。对此，我能找到的只有一种在理智上和感情上还能接受的解释。那就是灵魂轮回说。众所周知，灵魂轮回说并不把一个人的生命设想为从出生开始或者到死亡结束，而是设想为一个无限的生命系列中的一环，每一环的命运取决于前一环的所作所为。行善能使灵魂升入天堂，作恶则使灵魂堕入地狱。一切生命都有其终点，即使神的生命也有尽期，只有当超脱了生的轮回之后才能得到幸福，即止息于被称为"涅槃"的不变境界。既然一个人相信他生活中所遭遇的恶是自己前世作孽所致，他也就不难忍受了，而且还会努力行善，以期来世得到善报。

确实，一个人对自己的不幸总比对他人的不幸感觉强烈（就如哲学家所说，我不能感觉到你的牙疼）。但是，一个人又会因为他人的不幸而义愤填膺。对自己的不幸感到愤慨，这完全可能，但只有满脑子"绝对"理论的哲学家，才会对他人的不幸无动于衷。要是真有"羯磨"（因果报应），人们就只能遗憾地、无可奈何地看待不幸了。若对不幸感到厌恶，不予理会，那就等于回避人生之苦的荒诞性，而这种人生之苦的荒诞性正是悲观论者所坚持的论点，对此还很难予以辩驳。但不管怎样，我仍然觉得这种理论就像我刚才所说的灵魂轮回说一样，是不可信的。

69

关于恶的问题，我还没有讲完。当你思考上帝是否存在，以及如果上帝存在应该用怎样的性质来描述他时，这个问题就凸显出来了。那时我和其他人一样，也去读物理学家写的那些很吸引人的著作。我深感畏惧地读到，星球之间的距离如此遥远，就是星光要到达我们这里也需要很长时间。还有浩瀚无边得令人难以想象的星云，更使我大为震惊。如果我对我读到的那些东西没有理解错的话，我只能这样假设：宇宙中的两种力，即引力和斥力，最初是相互平衡的，因而在漫长得不可言说的时间中宇宙一直保持着一种完全均匀的状态。然后在某一时间，这种均匀状态被打破，失去平衡的宇宙就成了天文学家所说的现在这个宇宙，还有我们所知的小小的地球。但是，宇宙最初是从哪里来的？为什么最初的均势与平衡要被打破？我似乎不可避免地要想到造物主，因为除了一种全能的存在，谁能创造出这样广阔、这样巨大的宇宙？然而世上的恶又迫使我们承认，这个存在不可能是全能和全善的。因为世上有恶，对一位全能的上帝提出责难也许是合理的，对上帝赞美和崇拜也许是荒唐的。人的理智与情感在叛逆全能的上帝。因此，我们不得不接受这样的推测：上帝并不全能，因为这位上帝既不能解释他自身的存在，也不能解释他所创造的宇宙。

当你读过作为世界各大宗教基础的那些教义后，便会不无惊异地注意到，其中大部分是后人对原始教义的发挥。他们的说教，他们的榜样，已形成一种比他们自身更为重要的教规。我们大多数人听到别人的恭维总会感到困窘。奇怪的是，虔诚的教徒们在奴颜婢膝地恭维上帝时，却以为上帝会高兴。我年轻时，有个年长的朋友常邀请我到他乡间的家里去做客。他是个教徒，每天一早都要把家人聚到一起念祈祷文。但是，他却把《祈祷书》里的那些赞美上帝的段落全都用铅笔划掉了。他的理由是，没有比当面讨好别人更恶俗的事了。他是个绅士，不相信上帝会那样没有绅士风度。那时，我觉得他实在古怪。现在想想，我的这位朋友还真有道理。

人是有感情的。人是脆弱的。人是愚昧的。人是可怜的。要人承受上帝的愤怒，这事非同小可，似乎没有人承受得起。不过，要宽恕他人的罪过倒不是太难，只要你设身处地为他人想想，总不难想到一定有什么原因使他做了不该做的事情，因而也总能为他找到辩解的理由。一个人受了伤害，出于本能会感到愤怒，会采取报复行动，很难保持超然态度。但是，如果仔细想一想的话，就有可能从局外反观自己的所作所为。这样，也就比较容易宽恕他人对自己的伤害，甚至比宽恕他人对他人的伤害还要容易。要宽恕他人对他人的伤害确实比较难，需要不寻常的反省能力。

每个艺术家都希望有人接受他的艺术，但对拒不接受的人也不会发火。上帝却不像艺术家这样通情达理。上帝要求人们信仰他，其迫切程度简直会使你觉得，他好像只有用你的信仰才能证明他的存在。上帝许诺说，信仰他的人会得到恩惠，同时又威胁说，不信仰他的人会遭到可怕的惩罚。所以，我不信仰上帝。因为我不愿信仰一个我不信仰他、他就要对我发火的上帝。因为我不愿信仰一个还不如我宽宏大量的上帝。因为我不愿信仰一个既无幽默感、又不懂人之常情的上帝。在这方面，普鲁塔克①就比上帝明智得多。他说："我宁愿有人说从来就没有、现在也没有什么普鲁塔克，也不愿有人说，普鲁塔克是个反复无常、动辄发火、为一句闲话就要报复、为一点小事也要恼怒的人。"

不过，尽管人们把自己都不愿意有的种种缺点放到了上帝身上，却不能就此证明上帝是不存在的。这只能说明，人们信奉的各种宗教就如在一片难以深入的密林里开辟出来的一条条死路，其中没有一条是可以通往密林深处的。至于人们用来证明上帝存在的种种理由，我请读者耐心地听我简单介绍一下。其中有一种理由认为，人有关于完美的观念，既然有关于完美的观念，也就有完美的存在，即上帝的存在。另一种理由认为，万事万物都有起因，既然有宇宙，也就有宇宙的起因，这起因就是造物主，就是上帝。第三种理由认为，依据自然法则，上帝必然存在。这一理由，康德说是最清楚、最古老和最符合人类理性的，而休谟则在他的《对话录》里通过其中的一个人物之口作了这样的表述："大自然有其秩序和安排，终极原因奇妙地产生作用，每一部分和每一机制有其明显的用途和目的。这一切都清楚地说明，存在着一个智慧的源泉，或者说，一个伟大的创造者。"但康德并不同意这种说法，他认为这种说法并没有提出新的理由，和前面两种理由没有多大差别。所以，他提出了另一种说法。简单地说，康德认为，如果没有上帝，人的责任感就会失去根据，就会成为虚幻之物，而责任感是自由、真实的自我的必要前提，所以，从道德上说，我们必须相信上帝的存在。一般认为，康德的这种说法更多地是出于他的道德理想，而非他的缜密思考。我倒觉得，这种说法比其他几种说法更有说服力，虽然这种说法现在已不时兴了，只在当作"学术观点"的佐证时才有人提到。

---

① 普鲁塔克：古罗马时期的古希腊史学家，著有《希腊罗马名人传》等。

这种说法表明，人类从遥远的原始时代起就有某种对上帝的信仰，所以很难想象这样一种和人类一起进化的信仰，一种为最杰出的智者、东方圣人、希腊哲学家和经院派哲学大师所接受的信仰，到头来是毫无根据的。在许多人看来，这是人的一种本能，但情形也许是（只能说"也许"，因为没法肯定），除非一种本能有可能得到满足，否则这种本能便没必要存在。但经验表明，一种信仰的流行不论时间多长，都不能保证它一定是真理。由此看来，上述关于上帝存在的种种理由没有一种是充分有效的。当然，你也不能因为无法证明就否认上帝的存在。人总有畏惧感和孤独感，总希望自己和宇宙万物是和谐一致的。这些，既是自然崇拜或者祖先崇拜、巫术崇拜的根源，也是道德的根源，更是宗教的根源。虽然没有理由相信，你希望有的东西就一定会有，但是也没有理由说，你无法证明的东西就一定不能相信。为什么你不能相信？就因为你觉得缺少证据？这不成其理由。我倒是认为，如果你凭本能感觉到有某种东西会使你在艰难之时得到安慰，会支撑和鼓励你的爱心，那么你就不必过问这种东西的存在有没有证据。信仰不需要证据，凭你的直觉就行了。

神秘主义不需要证明，只需要内在的信念。这种信念并不来自教义，而是源于人的自身需要——它完全是个人的，满足的也是个人的特殊需要。它使人感觉到自己生活于其中的这个世界是神秘宇宙的一部分，因而有其自身的意义。它使人意识到有某种力量在支持他和安慰他——这种力量就是"上帝"。神秘主义者时常会说到某种神秘体验，而且说得都差不多，所以我很难说这肯定是不真实的。说实话，我自己也曾有过一次这样的体验，其神秘性也只能用神秘论者描述灵魂出窍时的语言才能描述。当时，我正坐在开罗近郊的一座荒芜的清真寺里，忽然我觉得自己如醉如痴，就像伊纳提乌斯·罗耀拉[①]坐在曼雷萨河边时的那种情形，仿佛有一种宇宙的神力将我笼罩，有一种和宇宙融为一体的感觉。我简直可以说，我好像觉得上帝就在我面前。毫无疑问，这种感觉是相当普遍的。神秘论者对此特别重视，因为他们认为这种感觉对人有明显影响，而且会有看得见的结果。我认为，除了宗教原因，其他原因也可能引起这种感觉。不仅圣徒们乐于承认，艺术家也会有这种感觉。还有，就如我们所知，爱情也能产生类似的状态，所以神秘论者都喜欢用情人的言辞来表达那种

---

① 伊纳提乌斯·罗耀拉：16世纪西班牙教士、耶稣会创始人。

极乐心境。我不知道另一种心理状态是不是更加神秘，那就是你有时会有这样一种强烈感觉，觉得自己眼前的情景好像是在过去什么时候经历过的。对于这种心理状态，心理学家至今还没有作出解释。神秘论者的灵魂出窍就算是真的，也只对他们自己有意义。在这方面，神秘论者和怀疑论者是一致的，那就是他们都认为，不管我们凭智力怎样探索，一个神秘的大谜团始终存在。

面对这个大谜团，同时出于对宏大宇宙的敬畏，以及对哲学家和神学家的解释感到不满，我时而会直接求教于穆罕默德①、耶稣基督、释迦牟尼、希腊诸神、耶和华②和太阳神③，甚至求教于《奥义书》④里的婆罗门⑤。那种神力（如果婆罗门是一种神力的话）既超越于万物之上，又是万物的来源，同时又将万物包容其间。这很难理解，但不管怎么说，至少它的混沌很能考验我的想象力。只是我多年来一直和文字打交道，不能不对这种说法有所怀疑。就是看一下我自己刚刚写下的这些文字，我也总觉得它们的意思是含糊不清的。尽管对宗教而言，万物之上有某个终极原因，也就是人格化的、至高无上的、仁爱慈悲的上帝，他的存在就像"二加二等于四"一样确定无疑，但我对这种神秘的说法仍然半信半疑。所以，我始终是个不可知论者，而不可知论的观点很实际：你自管做人，只当上帝并不存在。

70

相信灵魂不死，不一定要信仰上帝，但这两者又很难分开。即使你朦胧地觉得人死后灵魂依然存在，并会融入某种混沌的灵魂世界，你也没有否认上帝的存在，只不过没有把灵魂世界称作上帝罢了。实际上，就如我们所知，灵魂和上帝总是联系在一起的，人死后灵魂会怎样，总被认为是由上帝来处理的。这才给了仁慈的上帝奖赏善人的机会，也给了严酷的上帝惩罚恶人的机会。

关于灵魂不死的说法，不一而足，但如果没有以上帝的存在为前提，所有

---

① 穆罕默德：伊斯兰教创始人。
② 耶和华：犹太教信奉的上帝，也是基督教信奉的天父，即耶稣基督的在天之父。
③ 太阳神：古代腓尼基人信奉的神。
④ 《奥义书》：远古印度宗教文献。
⑤ 婆罗门：印度四大种姓中的最高种姓（即印度教［也称婆罗门教］的祭司），也指由婆罗门的祈祷而感知的一种神力。

这些说法就算不是胡说八道，也全都没有什么说服力。不过，我还是愿意把这些说法列举出来。

一种说法以人生的不完美为依据，即认为，我们生前总希望实现自己的理想，但由于外界的原因和我们自身的原因，我们的理想总不能实现，总有一种挫败感，因而需要不死的灵魂来弥补，消除这种挫败感。所以，歌德生前尽管做了那么多事情，获得了那么大的成功，他仍然觉得还有许多事情要死后去做。

与此相似的另一种说法以人的盼望为依据：既然我们能想到灵魂不死，而且盼望灵魂不死，这不就表明灵魂很可能是不死的吗？要解释我们为什么会盼望灵魂不死，只有相信灵魂确实是不死的才有可能。

还有一种说法则强调，这个世界充满了不公和不义，人生有太多的愤怒、痛苦和困扰。恶人就像月桂树的枝叶一样繁茂。所以，人必然会有来世，这样才能公正地惩恶扬善。现世的罪孽要通过来世的行善弥补，因而老天爷不会让灵魂死去，因为唯有灵魂不死，老天爷才能表明他的公正和慈悲。

还有一种唯心论哲学家的说法，即认为，人的意识不可能随肉体的死亡而死亡，因为意识的死亡是不可思议的，因为只有意识才能意识到死亡。他们继而又宣称，人生的价值仅存在于人的灵魂，而人生的最高价值，就是造就最完美的灵魂。既然如此，既然这是上帝的旨意，那么不难相信，上帝是不会让人的灵魂死去的。然而，正是在这一点上，这种说法露出了破绽。因为，就凭哲学家自己的日常经验也应该知道，绝大多数人并没有什么了不起的灵魂。说芸芸众生都有不死的灵魂，那也太抬举他们了，那是他们承受不起的奢侈品。他们太卑微了，根本不配得到永恒的祝福，就连永恒的惩罚，对他们也没必要。

于是，又有一种说法，也是哲学家提出的，即认为，凡是有可能达到完美的人，他们死后，灵魂会继续存活，而且继续努力达到完美；这之后，他们的灵魂才欢快地融入上帝的国度，而没有这种可能的人，其灵魂在他们死后就随即被仁慈地处理掉了。那么，到底具有怎样品质的人才有可能达到完美，才有可能享受这种有限的灵魂不死？我们仔细探究后发现，只有寥寥无几的少数哲学家才有这样的品质，真是令人失望！不过，就算这样，我们仍好奇地想问，这些哲学家得到这种奖赏后，他们的灵魂还有什么事情可做？因为曾困扰他们的哲学问题在他们活着的时候好像都已经解决了。所以，我们不得不猜想，他们大概会到贝多芬的灵魂那里去学弹钢琴，或者让米开朗琪罗的灵魂来指导他们画画。可是，除非人死后灵魂会变得面目全非，否则的话，这两位大师的暴躁脾气一定会把他们吓得望风而逃。

要知道某种信仰能不能接受，检验的方法就是问问你自己，你在日常生活中要买什么东西的时候是怎么检验的。你会只看广告，既不检验房产商的营业执照，也不检验房源信息，就买下一套房子吗？关于灵魂不死的各种说法，单独看就不可信，放在一起看就更加不可信了。有人或许会相信这种说法，不相信那种说法，但在我看来，它们就像房产商在报纸上做的各种广告，都是不可信的。

我无法理解肉体死亡后灵魂怎么存在，因为我坚信肉体和灵魂是相互依存的。退一步讲，就算我死后我的灵魂还能存在，我也觉得没有多大意思；就算我的灵魂会融入一个神奇的灵魂世界，我也不觉得有多大安慰。那不过是有些人想出来骗骗自己的东西。对我来说，唯一有意义的存在，是肉体和灵魂的同时存在。

71

如果你不相信人生是由上帝决定的，甚至不相信上帝的存在，那么你就必然会问，人生的意义何在。如果死就是一切的终结，人生既无天堂可期盼，也无地狱可惧怕，那么你就必然会问：我为何要活着？既然活着，又该怎样活？

对于第一个问题，回答是明确的，但非常令人沮丧，以致多数人都不愿面对：人活着，既没有理由，也没有意义。我们每一代人都只是短暂地存在于一颗行星①上。这颗很小的行星围绕着一颗恒星②旋转，而那颗恒星则是无数星系中的一个微不足道的星系③中的一个微不足道的成员。或许，只有我们这颗行星上才有生物；或许，在其他行星上也有适合生物繁衍的物质环境，但不管怎么说，我们人类是在这颗行星上的物质环境中经历几十万年缓慢进化而来的。如果天文学家没有瞎说，那么这颗行星上的物质环境最终也会变得不适合

---

① 即地球。
② 即太阳。
③ 即银河系。

生物繁衍，就如我们现在所知的其他行星一样（这或许才是常态），而且在此之前几十万年，人类就已经灭绝了。到那时，人类是否存在过，还有什么意义？那只是宇宙历史中的昙花一现，就如远古地球上曾出现过某种怪物，对我们还有什么意义？

既然如此，我只能自问：我活着对我自己有何意义？也就是说，我该怎样活，我该怎样在我的一生中最好地应对一切，从而最大限度地获得我想获得的东西。我这么说，不是我的理智在说话，而是我内心与生俱来的本能欲望在发声。这种欲望存在于每一个人的内心，它来自原始生物之所以会出现的生命之源，是每一种生物之所以能生存的基本动力。这是人的根本所在，也就是斯宾诺莎所说的生存极限——只求自我满足，"因为生存就是为了生存，没有其他目的"。

我们应该这样设想：在很久以前，人类为了应对环境而逐渐有了智慧，而且在很长一段时间里，人类智慧除了直接有助于生存，并没有其他用处，只是到了某个历史时期，人类智慧才超越实际需求、超越具体环境而被用于不可见的抽象事物。至此，人类开始想象，开始想回答自己提出的问题，其中就包括人生有无意义的问题。由于人的内心始终只求自我满足，因而对自身的重要性从不怀疑。他的自我满足无所不包，其中就包括要满足这样的想象：自己是不死的——至少，灵魂是不死的。对许多人来说，这样的想象很令人满意，因为这样一来，人生就有了意义，他们的虚荣心也就得到了安抚。

大多数人并不思考，他们被动地活在这个世界上。他们是盲目的奴隶，得过且过，唯一的动力是他们的生存本能。他们受生存本能驱使，时而这样做，时而那样做，直到什么也做不动了，就像一支烧光的蜡烛一样熄灭。他们完全凭本能活着。这或许比想象自己的灵魂不死要聪明一点。但是，如果你意识到人生有何意义的问题，而且认为灵魂不死的说法是不可信的，那你又怎么回答这个问题呢？

关于这个问题，有两个或许是有史以来最聪明的人曾给出过各自的回答。对他们的回答，你只要稍加思考，就会发现两者其实大同小异，没多大区别，而且，至少在我看来，他们的回答也没有多大意思。亚里士多德说，人生的意义在于实现真理。歌德说，人生的意义在于实现理想。

我想，歌德的意思是说，实现自我，即充分发挥自己的才能和实现自己的愿望，是人生的最大意义。所以，他对不切实际的虚妄人生和随波逐流的庸俗人生都嗤之以鼻。确实，充分实现自我，可以使你的每一种能力发挥到极致，从而使你最大限度地获得人生价值和人生乐趣。但是，要实现自我却困难重重。别的不说，就说他人的同样要求，就会限制你的活动，使你无法实现自我。因而，赞成这一说法而又担心其不良后果的道德家便连篇累牍地表示，忘却自我、牺牲自我才是最完美的实现自我。这当然不是歌德的意思，而是道德家的一厢情愿。虽然很少有人否认，自我牺牲也有其独特乐趣，而且就其为自我提供一种新的表现方式而言，还有其独特价值；但是，如果你追求的实现自我仅仅是处处退让、与世无争，那你还有什么成就可言！要实现自我，就需要贯注自我，不为他人所动，而这势必会令人反感，甚至招来嫉恶。大家都知道，很多和歌德有过交往的人都对他很恼火，原因就是歌德只关心自己要做的事，从来不管别人有何感受。

72

也许是因为自高自大，我从不追随哪怕是看上去比我聪明得多的人。我觉得我们大家都差不多。但我也知道，世界上没有两个一模一样的人（我们的指纹就是明证）。既然如此，我走哪条人生之路当然由我自己选择。我为自己设计人生。这种人生，我想可以称作是轻松愉快地实现自我：凡事量力而行，决不勉强。不过，这里有一个问题是我不可回避的。这个问题虽然我解决不了，却不能不谈。我记得我曾多次说过，人有自由意志是理所当然的，也就是说，我可以决定自己的事情，可以按我自己的意志，想怎么做就怎么做。但我也记得，我在有些地方又说过，我相信决定论①。如果我是在写一部哲学著作，这样的自相矛盾当然是犯了大忌。但我不是哲学家，只是个业余爱好者，怎么能指望我来解决这么一个哲学界一直争论不休的难题？

一般人回避这个问题也许是明智的，但小说家却不能不注意这个问题。因为作为小说家，我发现读者总是要求我在讲述故事的时候严格遵循因果关系。我也曾说过，想在戏剧中用人物的冲动行为来推进情节发展是行不通的，观众

---

① 决定论：和自由意志论相反，认为凡事都由因果关系决定，个人意志无法改变其结果。

绝对不会接受。这是因为，冲动行为是不自觉的，类似于本能反应，你无法预知它会在什么时候出现。当然，严格说来，冲动行为其实还是有其理由的，但往往不明显，好像是莫名其妙地出现的，所以放在戏剧里不会被观众所接受。无论是戏剧观众，还是小说读者，都要求知道人物做出某种行为的理由；如果理由不充分，他们就不相信，不接受。此外，人物的行为还必须符合其性格，也就是说，他的行为必须符合观众或者读者对他的了解和预期。如要他们接受某种意外或者巧合，尽管在现实生活中他们不假思索就会接受，但在戏剧或者小说中却需要创作者有相当高的技巧才能做到。总之，观众和读者无一不是决定论者，剧作家和小说家如果不注意这一点，那简直就是在瞎搞了。

然而，回顾我自己的人生，我却发现有许多对我影响重大的事情似乎纯属偶然。决定论认为，人总是选择最想做和最容易做的事情，但我并不觉得自己总想做最容易做的事情，至于最想做的事情，那也是我有意识要做的，并非迫于什么压力。有一个老掉牙的比喻，说人生就如下棋，我觉得很有道理。棋子放在我面前，每一个棋子的走法都是规定好的，我必须遵守。我还必须遵守一次只能走一个棋子的规定。但是，走哪个棋子，朝哪个方向走，却是由我决定的。我想走哪个棋子，就走哪个棋子；想朝哪个方向走，就朝哪个方向走。所以，在这个层次上，我是自由的，是凭我的自由意志在下棋。我似乎经常会走出一些不合套路的走法，那也是出于我自己的盘算，有用没用并没有把握。现在我知道了，在通常情况下，我的许多走法绝对是错的。但不知何故，大概是我的对手不那么"通常"，竟让我这样那样稀里糊涂地达到了目的。这是侥幸，我当然不希望自己犯那么多错误。不过，要是犯了错误而失败，我也不会后悔，因为那毕竟是我自己决定的，没什么可后悔。

认为宇宙间的所有一切，包括我们的思想、感情、行为，都是相互联系在一起的，而且互为因果，这种观点你当然不能说它不正确。但是，要断定某种结果是必然的，永远不会改变，那就要知道造成这种结果的全部原因，其中包括布劳德博士[①]所说的"终极原因"。而休谟早就说过，因果之间的某些内在

[①] 布劳德博士：20世纪英国哲学家，从事认识论、科学哲学、道德哲学、哲学史及精神现象研究。

联系或许是人类思维无法认知的。近来的"测不准原理"[1]也表明，有些物理现象的原因或许永远无法准确测定，从而使人怀疑最基本的科学方法——观察与记录——是否在任何地方都适用。看来，我们对偶然性要重新加以考虑。既然我们的行为并非完全受因果规律制约，那么我们的自由意志也就不能说只是一种错觉了。

这使主教们欣喜不已，因为自由意志一直是协助他们说教的老精灵，现在他们又可以抓起这只老精灵的尾巴，把它拖出来好好表现表现了。所以，即便不是天堂里充满欢乐，至少也是教堂里喜气洋洋。然而，赞美诗也许唱得有点早了。不要忘记，当今两位最重要的科学家并不认同海森堡的"测不准原理"。普朗克[2]认为，进一步研究将推翻这一怪异原理。爱因斯坦则把基于这一原理而作出的哲学推论称为"文学"，这大概是指责它凭空虚构的文雅说法。其实，这些哲学家自己也知道，而且说过，现代物理学发展迅速，只有不断关注最新发展，才能了解最新情况。然而，根据这样一门正在迅速发展的学科[3]而提出这样一种哲学推论的人，恰恰是率先支持爱因斯坦狭义相对论并为此写出动力学方程的那位物理学家。这当然太轻率了。不过，薛定谔[4]自己也承认，在目前情况下，要对这一问题作出最终判断还为时过早。对这一问题，一般人完全可以骑在墙上不作选择。不过，为谨慎起见，我觉得最好还是把两条腿都放到决定论一边，随时准备往下跳。

73

生命是强有力的。随生命而来的欢乐抵消了人们不得不面对的所有艰难困苦。这使人觉得还值得活下去，因为只要有生命在，生命之火就会把一个人身边的一切都照亮，以致对他来说，再难以忍受的事情，似乎也是可以忍受的。

---

[1] 测不准原理：1927年由德国物理学家海森堡提出，其要点是：原子内部的运动规则永远无法准确测定，因为要观察原子内部的运动必须打开原子，而打开原子就干扰了原子的内部运动。

[2] 普朗克：19世纪末、20世纪初德国物理学家，最初提出"量子假说"，曾获1918年诺贝尔物理学奖。

[3] 指现代原子物理学。

[4] 薛定谔：20世纪奥地利物理学家，波动力学的创始人，因发展了原子理论而获1933年诺贝尔物理学奖，在哲学上确信主体与客体是不可分割的。

总　结

造成悲观主义的原因，很大程度上是你在别人面前为受苦者诉苦，好像你自己也和他一样在受苦。就是这种诉苦（作为原因之一）使小说变得那么虚假。小说家从他自己的个人世界中杜撰出一个公共世界，还把他自己的神经过敏、多思多虑和多愁善感的特性赋予他幻想中的人物。其实，大多数人很少想象，他们并不把自己周围的一切想象得那么不可忍受。举例来说，没有隐私的生活对我们这些注重隐私的人来说似乎很糟糕，但对那些穷困潦倒的人来说，却并非如此。他们不喜欢独立生活，一群人住在一起使他们有一种安全感。凡是和他们一起住过是人都不会不注意到，他们并不怎么羡慕富人。实际上，有许多我们觉得很重要的东西，他们并不需要。这对富人来说是幸运的。因为他根本不会知道，大城市里的下层贫民过着怎样一种悲惨而混乱的生活。这是事实，但很难让人接受：那些人都不会有工作，即使有也是又脏又累的；他们和他们的妻子儿女都生活在饥饿的边缘；他们除了赤贫，根本没有什么指望。这种状况，如果只有革命才能改变，那就让革命快些到来。在这些通常被称为文明社会的国家里，当我们看到人与人之间至今还是那么冷酷无情时，说现在穷人的生活要比过去好，那当然是胡说八道。但是，如果认为当今世界的生活总体上要比我们从历史中得知的过去的世界好一点，那也不能说毫无道理。大多数人的命运虽然还很惨，但已不像过去那么可怕了。所以，我们有理由指望，随着知识的增长，随着愚昧的迷信和陈腐的传统被抛弃，随着仁爱精神的发扬光大，人间的许多恶将被消除。但是，即使如此，还有许多恶必然会继续存在。我们是大自然的玩物。地震会继续造成大破坏、干旱会继续摧残庄稼、突发的洪水会继续冲垮房屋。是啊，还有人类的愚蠢会继续使人发动战争，使各民族相互残杀。还有，无法适应生活、生不如死的人[①]会继续出生。只要有人强、有人弱，弱者就会被强者逼入墙角。只要人还有那该死的占有欲（我想，再怎么诅咒它也没用），就有人会侵占他人无力保护的财产。只要人还有自作主张的本能，就有人会不顾他人死活，独断独行。总之，只要人还是人，就必须做好面对恶、承受恶的准备。

恶的存在，无法解释。看来恶一定是宇宙秩序的必要组成部分。无视恶的存在是幼稚的。哀叹恶的存在是无用的。斯宾诺莎把怜悯称作女人气。这话出

---

① 即先天性严重残疾、严重智障的人。

自一个温和而纯朴的人之口好像有点难听。我想,他的意思是:对你无法改变的事情作出强烈反应,那是浪费感情。

我不是悲观主义者。如果我是悲观主义者,那真是太荒唐了,因为——连我自己都很惊奇——我一生都很幸运。我完全知道,有许多人更应该获得我所获得的成功,只是他们运气不好罢了。反之,如果我也这里倒点霉、那里倒点霉,我就不会是现在的我,而会像那些天赋和我差不多、甚至超过我的人一样,承受失败之苦。我这么说,是希望他们相信,我并不把我的成功自以为是地归因于我的才能,而是归因于某些我也无法解释的偶然机会。有些事情好像是不可能的,但就是发生了。我在身体上和精神上都有缺陷,虽然活得还算愉快,但我并不愿意再像这样活一次。那太没意思了。我不愿意再去经受一次因为天生有缺陷而带来的尴尬与窘困,致使再怎么幸福的生活也大打折扣。我想,要是给我健全的身体和健全的心灵,我还是愿意再到这个世界上来活一次的。

现在,展望我们未来的岁月,看来还是大有希望的。如今的年轻人踏入生活时有许多我们这代人年轻时没有的便利条件。他们受传统的束缚比较少,而且知道年轻有多么宝贵。我二十几岁时的世界是中年人的世界,年轻人都想尽可能快地度过青春期而成为中年人。现在的年轻人,至少像我所属的中产阶级的年轻人,我觉得他们都做了很好的准备。他们受到很好的教育,学到了很多有用的东西,而我们那时都是靠自己尽力、零零星星地学的。现在两性之间的关系也比较正常。年轻女子懂得怎样做年轻男子的伴侣。我们这一代人正好碰上女性解放运动,我们当时遇到的一个难题是:女人都不做家庭主妇了,年轻的母亲都不跟随丈夫生活,而是凭自己的兴趣或者按自己的某种想法竭力参与男人的事务,但又没有这样的能力。她们承认自己不如男人,要求男人对她们多多关照,但又坚持她们有权利——刚争取到的权利——参与男人的所有事务。结果呢,她们自己也知道,什么事情都做不好,只会叫人讨厌。她们不再是家庭主妇,但又没有学会怎样做好伙计。现在的年轻姑娘则是老先生最乐意雇用的伙计。她们那么能干、那么自信,既能管一个办公室,又能打一场网球赛;既能评析社会问题,又能欣赏艺术作品。她们已站稳脚跟,用冷静、精明而又宽容的目光看待生活。

我从未想过要做预言家,但我想,有一点是清楚的,那就是:现在这些登上舞台的年轻人肯定希望经济制度发生变化,从而使文明随之改观。他们不会知道,战前①已经成年的人在缅怀那时轻松安逸的生活,就像法国大革命之后的人缅怀旧时代。他们不会知道那种"生活的甜蜜"②。我们现在正处于大革命前夕。我没法怀疑,逐渐意识到自身权利的贫民阶级最后会在一个又一个国家夺取政权,而使我惊讶不已的是,今天的统治阶级竟然还在徒劳地和这种压倒性力量作斗争,而不是尽可能地教导市民如何应对未来,以免到时候像在俄国那样遭遇悲惨命运。实际上,狄斯累利多年前就告诉过他们怎么做③。至于我自己,说句老实话,我希望在我去世前不要发生这种事情。但我们活在一个急速变化的时代,说不定我还是会看到西方国家屈服于共产主义统治。我认识的一个俄国流亡者告诉我,他失去土地和财产时彻底绝望,但两星期后就心平气和了,再也不去想他那些被剥夺的东西。我对我拥有的一切也并不怎么依恋。即使失去了,我也不会怎么惋惜。所以,即使失去一切,我想,我还是会活下去的。但是,如果我觉得活着非常空虚,一点意思也没有,那我大概也不会苟且偷生,没有勇气离开一个已经没戏可唱的舞台。我不明白为什么会有那么多人把自杀看得那么可怕,那么可恶。说自杀是懦弱的表现,那纯粹是胡说。当一个人的生活中只剩下痛苦的时候,我赞成他自己结束生命。普林尼④不是说过想死就死的权利是人对付苦难的天赋权利?撇开那些认为自杀有违上帝的旨意而将其视为罪过的人⑤不谈,我认为自杀之所以会使那么多人感到可恶,是因为自杀者嘲笑了生命,因为他蔑视人类最强烈的求生本能,从而对人类的繁衍提出了可怕的质疑。

如果我还活着,我还会写几本书来自娱自乐,同时希望读者也能从中得到乐趣。不过,我并不认为我写的书还会对我的人生有什么实质性意义。房子已经造好了。再造一个阳台,不过是为了在上面看看风景。再造一个亭子,不过是为了在里面乘乘凉、发发呆。如果没等我造好这些,死亡就已来临,那么在我下葬后的第二天就有人来把房子拆了,那也无妨,反正我把房子造好了。

---

① 战前:指"一战"前。
② 原文为法文 douceur de vivre。
③ 指狄斯累利当政时实施的济贫法,即由富裕市民建立慈善事业,救济贫民,以维持社会安定。
④ 普林尼:古罗马作家、学者,有一部百科全书式的著作《博物志》传世。
⑤ 指基督徒。基督教认为,生命是上帝给予的,只有上帝才能结束生命,因而自杀和谋杀一样有罪。

不过,我还是期待老年的到来。阿拉伯的劳伦斯①死后,我读到一个朋友写的一篇文章,其中说,劳伦斯成名后总是超速驾驶摩托车,因为他很想在一次意外事故中结束生命,这样他就不用蒙受老年的屈辱和痛苦了。如果真是这样,那只能说明这个多少被人夸大的传奇人物有严重心理缺陷。他徒有勇气而缺乏理性。完整的人生应该包括青年、中年和老年。早晨的清爽和中午的阳光固然美好,但如果太阳一下山你就拉上窗帘,打开电灯,把宁静的夜晚拒之窗外,那你就太傻了。老年的乐趣虽然不同于青春之乐,但一点也不逊色。哲学家告诉我们,人是情欲的奴隶。那么,从情欲中解放出来,难道是小事一桩?愚蠢的人到了老年还是愚蠢,因为他年轻的时候就很愚蠢。年轻人很害怕年老,因为他以为他到了老年还会想做他现在想做的那些事情。他错了。实际上,到了老年,他不会再想去爬阿尔卑斯山了,也不会再想有哪个姑娘来和他上床了。是的,就算他还有这样的欲望,别人对他却一点兴趣也没有了。所以,人到老年,死心塌地了,这样倒也免掉了相思之苦,免掉了那些常常把年轻男女弄得死去活来的相互妒忌。除了这些消极的好处,老年还有积极的好处,那就是老年人的时间更加充裕,尽管这听上去好像有点矛盾。普鲁塔克说,加图八十岁时开始学希腊语,我年轻时觉得很惊讶,现在不再惊讶了。年轻人害怕做耗费时间的事情,老年人却很乐意做。还有,到了老年,见识总会多一些,所以在欣赏文学艺术时就有可能不像年轻时那样褊狭和武断。老年人倾向于自我满足,同时又不再受自我中心的束缚,真正地自由了,因而时不时地会有一种忘我的愉悦,但又不是刻意追求的。老年是人生的完成。歌德希望他死后还有生命,以继续做他生前没有时间做完的事情。但他不是也说过凡事都要适可而止吗?然而,读他的传记,你又会惊讶地发现他曾一次又一次地把时间浪费在一些琐碎无聊的事情上。如果他对这些事情适可而止的话,或许就有时间完成他的崇高事业,那也就不必寄希望于死后了。

74

斯宾诺莎说,死亡是自由之人最少想到的一件事。是的,对死亡没必要多

---

① 阿拉伯的劳伦斯:即托马斯·劳伦斯,英国人,一生富有传奇色彩,因其在第一次世界大战中率领阿拉伯人抗击土耳其军队而被称为"阿拉伯的劳伦斯",后死于一次摩托车事故。

想，但有许多人一点也不想，极力回避，那也不近情理。应该对这件事有适度的思考。在死亡还没来之前，谁也不知道自己是不是很怕死。我曾想象，如果有一天医生告诉我，我得了不治之症，没多少时间可话了，那时我的心情将会如何。后来，我虽然把我想象的那种心情通过我的人物之口说了出来，但我知道，那已经被戏剧化了。再说，我也没有把握说，那种心情是我确确实实感受到的。

我觉得我并不是那种贪生怕死的人。我曾生过几次重病，但只有一次我觉得自己好像离死不远了。那时，我已经虚弱得连恐惧感也没有了，只希望早点结束挣扎，一死了之。死亡不可避免，怎么死都无所谓。有人希望自己死得快点，甚至希望在不知不觉中死去，这想法我也能理解。

我总是生活在对未来的憧憬中，甚至到了现在，我已经没有多少未来了，但我仍然改不掉这个习惯。我仍然抱着坚定的信心，企盼着哪一天能圆满实现我自己设定的人生理想。不过，有时我也会瞬间有一种冀求死亡的冲动，想一头扑向死亡，就像扑入情人的怀抱一样。这种对死的向往很刺激，就像多年前对爱的渴求一样刻骨铭心。一想到死，我就像沉醉了一样，恍恍惚惚地觉得自己终于彻底自由了。

尽管如此，只要医生能使我的健康保持得还可以，我还是想活下去的。我对这个熙熙攘攘的世界很感兴趣，特别是将来会发生什么事情，我很想知道。很多和我同时活在这个世界上的人都遵从自然法则，一个个地完成了人生的使命。这使我一次次地想到我自己，想到我很久以前为自己设计的人生目标还是不错的。但我还是为自己将要离别亲友而感到难过，特别是长久以来一直依靠我的人①，我不忍心抛下他们。不过，我想，他们依靠我那么久了，让他们自谋生路、自由自在，或许也是件好事。我在这个世界上占着一个位子已经太久了，我希望早日让位给他人。因为说到底，不管你设计怎样一种人生，目的都在于自我满足。一旦满足了，没什么需要增加了，设计者也就可以走了。

不过，如果有人问我：你设计的人生究竟有何意义？我只能说：没什么意义，那只不过是我这个小说家对本无意义的人生的一种强行处理。我只是为了使我自己满意，使我自己高兴，使我自己的身心需要得到满足，才特意为自己

---

① 毛姆成名后，收入颇丰，他把其中相当一部分用来接济贫穷的亲友。

设计了这样的人生。它有开端、有发展、有结局,就如我根据他人的生活构思出来的一个剧本、一部长篇小说或者一个短篇小说一样。

我们每个人都受制于各自的天性和环境。我为自己设计的人生并不是最好的人生,甚至都不是我喜欢的人生,而只是一种就我的天性和环境来说似乎是可行的人生。有许多人生比我要好得多,譬如农夫的人生,我觉得是所有的人生中最好的。他们耕种收获,享受劳作,也享受闲暇。他们恋爱结婚、生儿育女,然后死去。我这么说,当然不是受了文人墨客的影响,矫揉造作地赞美什么田园生活,而是我实实在在地看到田野里的农夫时感受到的。那里的土地仿佛是大自然的恩赐,不需要多少劳力就有丰硕的收获。那里的喜怒哀乐,也是源于自然、人皆有之的喜怒哀乐。所以,我觉得那里的生活是最自然的,也是最完美的。在那里,人生就像一个好听的故事,从头到尾都按一条明确的主线讲述,从从容容,直到最后。

75

人的自我主义使人不愿接受无意义的生活,所以当人很不幸地发现自己不再能信奉一种可以为之献身的崇高理想时,他就会设置一些特殊的理想,从而使自己的生活具有意义。历代有识之士认定,有三种理想是最有价值的。他们认为只要追求这三种理想,就能使生活富有意义。虽然这三种理想很可能具有生物学功能①,但表面上它们显然是非功利的,因而给人一种幻觉,以为通过它们便可摆脱人生的枷锁,而它们的崇高性质更使人跃跃欲试,一心向往某种精神生活,而且不管其效果如何,认为努力追求这三种理想总是值得的。这三种理想就像人生大沙漠上的三块绿洲,既然人在人生旅途中不知其他目标,就只好使自己相信,这三块绿洲毕竟还是值得一去的,因为在那里他将得到安宁,他的疑问也会得到解答。这三种理想就是真、美、善。

我觉得,"真"是出于修辞方面的缘故才在这里占有一席之地的。人们把一些品质,譬如勇敢、荣誉感和独立精神等,也归入这个词的含义。这些品质固然往往是为了求"真"而表现出来的,但实际上它们和"真"并没有什么

---

① 生物学功能:即实用价值,此句意即:真、美、善很可能是人类出于实际需要而形成的理想。

关系。只要发现有自我表现的好机会，就会有人不惜一切代价地去抓住它。然而，他们感兴趣的只是他们自己，而不是"真"。如果说"真"是一个理想，那就是因为它是真的，而不是因为说出"真"来是勇敢的。然而，由于"真"是一种判断，人们便以为它的价值更多地在于这种判断，而不是"真"本身。就像一座连接两个城市的桥比一座连接两块荒地的桥重要，但这和桥本身无关。此外，如果说"真"是终极价值之一的话，那么奇怪的是，好像没有人完全知道它是怎样一种终极价值。哲学家们一直就"真"的意义争论不休，甚至相互攻讦。在这样的情况下，一般人只能让他们去争论，自己则满足于一般人的"真"。这是一种很谦让的姿态，只要求维护某些特殊的存在。那就是简单地陈述事实。但是，如果这也算是一种价值的话，那只能说，没有什么比这种价值更不重要了。谈论道德的书里往往会举出许多事例，以此说明"真"是可以合法维护的。其实，这些书的作者大可不必自找麻烦，历代的智者早已断定，说真话未必聪明。人为了虚荣、安乐和利益，总是不顾"真"的。人并不以"真"为生，而是靠骗为业的。他的理想主义，有时在我看来，也不过是想借"真"的名义弄虚作假，以此满足他的自负心理罢了。

76

"美"的情况稍好一点。多年来我一直以为只有"美"才能使生活有意义，以为人类在地球上世代相传，唯一能达到的目的就是不时地产生艺术家。我认定，艺术品是人类活动的至高产物，是人类经受种种苦难、无穷艰辛和绝望挣扎的最后证明。在我看来，只要米开朗琪罗[①]在西斯廷教堂的天顶上画出了那些人像，只要莎士比亚写出了那些台词，以及济慈[②]唱出了他的颂歌，数以百万计的人便没有白活和白白受苦，也没有白死。我除了说艺术能赋予生活意义外，还把艺术品所表现的美好生活也包括在内。后来我虽然改变了这种夸张说法，但我珍视的仍然是"美"。现在，我已彻底抛弃了这种想法。

我首先发现，"美"是一个句号。当我面对美的事物时，我总觉得自己只能凝视和赞赏，此外便无事可做了。美的事物所激起的情感固然高雅，但我既

---

① 米开朗琪罗：16世纪意大利雕刻家、画家、建筑师，意大利"画坛三杰"之一。
② 济慈：19世纪英国浪漫派大诗人，著有《夜莺颂》和《秋颂》等。

不能保持它，也不能不受限制地重复它。就是世上最美的事物，最终还是使我厌倦。我注意到，我从那些带有实验性的作品中反而能得到较持久的满足，因为它们尚未臻于完善，我的想象力还有较大的活动余地。在伟大的艺术杰作中，一切都已尽善尽美，我不能再做什么，活跃的心灵就会因被动的观照而倦怠。我觉得"美"就像高山的峰巅，你一旦爬到那里，可以做的事情就是再爬下来。完美无缺是有点乏味的。这并非是生活中最微不足道的小小讽刺。我们最好还是不要真正达到完美，虽然这是人人追求的目标。

我想，我们说到"美"，意思就是指那种能满足我们的美感的对象，精神的或者物质的对象，尤其是指物质对象。然而，这等于是在你想知道水是怎样的时候，人们告诉你说水是湿的。我为了想知道权威们是否把这个问题讲得稍微清楚一点，读了许多书。我还结识了许多醉心于艺术的人，但我想说，无论是从他们那儿，还是从书本里，我都没有学得什么特别有用的东西。使我不得不承认的一个最令人惊异的事实是，对美的评判是从来没有固定标准的。博物馆里放满了被过去某个时代最具鉴赏力的人认为是美的东西，但这些东西在我们今天看来已毫无价值。在我自己的一生中，我也见过一些不久前还被认为美轮美奂的诗歌和绘画，转眼之间却像朝露在阳光下一样失去了它们的美。也许，即便像我们这样傲慢的一代人，也不大敢认为自己的判断就是最后判断。我们认为美的东西，无疑会被下一代人抛弃，而我们轻视的东西，则很可能受到他们的重视。唯一可下的结论是，"美"是相对于一代人的特殊需要而言的，要想在我们认为美的东西里找到美的绝对性，那是枉费心机。"美"虽然能赋予生活以意义，却是不断变化的，所以也无法分析，因为就如我们不能闻到我们的祖先曾闻到过的玫瑰花香一样，我们也几乎感受不到他们曾感受到的美。

我试图从美学家那里得知，是人性中的什么东西有可能使人产生了审美情感，这种情感又到底是怎么回事。人们一再谈到所谓的审美本能，使用这个词似乎要表明，审美就如食欲和性欲一样属于人类的基本欲望之一，而且还具有一种特殊性质，即哲学上的统一性。也就是说，审美起源于一种表现本能、一种精力过剩、一种关于绝对的神秘感。可我一点也不懂，这是什么意思。要我来说的话，我就会说审美根本就不是什么本能，而是一种部分基于某种强烈本能的身心状态，而且和作为进化产物的人类特性以及生命的一般状况密切相关。譬如，事实表明审美和性本能就有很大关系（这一点已被普遍承认），因此那些在审美方面特别敏感的人,在性欲方面也往往趋于极端,甚至是病态的。或许,在人的身心结构中有某种东西使某些声调、某些节奏、某些颜色特别吸引人,也就是说,我们认为"美"的那些要素或许是出于某种生理原因。但是,我们也会因为某些东西使我们想起其他某些对象、某些人或者某些地方而觉得它们美,因为那些被想起的对象、人或者地方,是我们喜欢的或者是随着时光流逝而获得感情价值的。我们会因为熟悉某些东西而觉得它们美,与此相反,我们也会因为某些东西新奇而觉得它们美。所有这些都意味着,相似性联想或者相对性联想是审美情感的重要组成部分。只有联想才能解释"丑"的美学价值。我不知道是否有人研究过时间在使人产生美感方面的影响。有些事物不仅仅是因为我们熟悉才觉得它们美,而且还会因为前辈们的赞赏而不同程度地使它们增添了美。我想,这可以用来说明,为什么有些作品刚问世时几乎无人问津,现在却似乎成了"美"的代表。我想,济慈的颂诗现在读来肯定要比当初他刚写出它们时更美。因为历代就有人从这些生动的诗篇中得到安慰和勇气,他们的情感反过来又使这些诗篇显得更加生动。我并不认为审美情感是明确而简单的,相反,我觉得它非常复杂,是由多种相互不同而且往往是相互矛盾的因素造成的。美学家说,你不应该因为一幅画或者一首交响乐使你充满情欲、或者使你缅怀往事、或者使你浮想联翩而感到激动。这话毫无用处,你还是激动了,因为这些方面同样是审美情感的组成部分,就像在均衡和结构方面非功利性地获得满足一样。

  对一件艺术杰作,人的反应究竟如何?譬如,某人在卢浮宫里观看提香的《埋葬》或者在听《歌咏大师》①里的五重唱时,他的感觉如何?我知道我自己的感觉。那是一种激越之情,它使我产生一种知性的、但又充满感性的兴奋感,一种似乎觉得自己有了力量、似乎已从人生的种种羁绊中解脱出来的幸福感。与此同时,我又从内心感受到一种富有人类同情心的温柔之情。我感到安定、宁静,甚至精神上的超脱。确实,有时当我观赏某些绘画或雕像、聆听某些乐曲时,我会激动万分,其强烈程度,只有用神秘论者描述与上帝会合时所用的那种语言才能加以描述。因此,我认为这种和一个更高的现实相交融的感觉并非宗教的专利,除了祈祷和斋戒,通过其他途径也可能获得。但是,我问

---

① 《歌咏大师》:19世纪德国作曲家瓦格纳的歌剧。

自己,这样的激情又有何用。诚然,它是愉悦的。愉悦本身虽然很好,但又是什么使它高于其他愉悦,而且高得连把它称为愉悦都似乎在贬低它呢?难道杰里米·边沁①那么愚蠢,竟然会说一种愉悦和另一种愉悦一样,只要愉悦的程度相同,儿童游戏便和诗歌一样?对这个问题,神秘论者所作的回答倒是毫不神秘的。他们说,除非能提高人的品性而且能使人有更多的能力去做好事,否则再大的欣喜也是毫无意义的。它的价值就在于实际效用。

我命中注定要经常和一些审美力敏感的人来往。我说的不是搞创作的人,因为在我心目中,搞艺术创作的人和欣赏艺术的人是大不相同的。搞创作的人之所以创作是迫于内心的强烈欲望,他们往往只是表现自己的个性。他们的作品中即便有"美"也是偶然的,极少是他们特意追求的。他们各自用得心应手的手段,如用笔、用颜料或者用黏土进行创作,其目的是要使自己从灵魂的重压中解脱出来。我这里说的是另一种人。他们是以鉴赏和评价艺术品为其主要谋生手段的。我对这种人不太赞赏。他们总是自命不凡。他们自己不善于处理生活中的实际事务,却又瞧不起安分守己地从事平凡工作的人。他们自以为读过许多书或者看过许多画,就可以高人一等。他们借艺术来逃避现实生活,还愚昧无知地鄙夷日常事务,贬低人类的基本活动。他们其实比吸毒成瘾的人好不了多少,甚至更坏,因为吸毒成瘾的人至少还不像他们那样自以为是、盛气凌人。艺术的价值就像神秘论的价值一样,是由其效果而定的。如果它只能给人以享受,那么不管这种享受有多少精神价值,也没有多大意义,或者说,至少不会比一打牡蛎和一杯葡萄酒更有意义。如果它是一种安慰,那就可以了。世界不可避免地充满了邪恶,若能有一方净土可使人隐退一阵,那当然很好,但不是为了逃避邪恶,而是为了积聚力量去面对邪恶。艺术,要是它可以被视为人生的一大价值的话,就必须教导人们谦逊、坚韧、聪慧和宽容。艺术的价值不是"美",而是正确的行为。

如果说"美"也是生活的一大价值的话,那么就很难叫人相信,使人们得以鉴别美丑的美感是某一阶层的人特有的。我们总不能把一小批人拥有的一种感受力,说成是全人类所必需的吧。然而,这正是美学家们所主张的。我得承认,我在无知的青年时代,也曾把艺术(其中也包括自然美,因为我那时认为——现

---

① 杰里米·边沁:18世纪至19世纪之际英国伦理学家、法学家。

在也依然认为——自然美是由人心自身创建的,就像人们创作油画和交响乐一样)看作是人类努力的最高目标和人类生存的理由所在,而且还带着一种非常得意的心情认为,只有经过优选的人,才能真正欣赏艺术。不过,这种想法早就被我抛弃了。我不再相信"美"是一小批人的世袭领地,而倾向于认为,那种只有经过特殊训练的人才能理解其含义的艺术表现,就像被它所吸引的那一小批人一样不值一谈。只有人人都可能欣赏的艺术,才是伟大而有意义的艺术。一小批人的艺术,只不过是一种玩物。我不明白,为什么要区分古代艺术和现代艺术。艺术就是艺术。艺术总是活生生的。要想依靠历史的、文化的或者考古学的联想使艺术对象获得生命,那是荒唐的。一座雕像是古希腊人雕刻的,还是现代法国人雕刻的,那无关紧要。唯一重要的是,它在此时此地要给我们以美的刺激,而且这种刺激还要使我们有所作为。如果它不只是一种自我陶醉甚或自鸣得意的话,那就必须有利于你的性格培养,使你的性格更适宜于做出正确的行为。对艺术品的评判必须依据其效果如何。要是效果不好,那就没有价值可言。这样的结论,我虽然不太喜欢,但又不得不接受。有一个奇怪的事实——我不得不把它看作是事物的本性,因为我无法作出解释——那就是,艺术家只有在无意中才能收到这样的效果。当他并不知道自己在说教时,他的说教是最有效的。蜜蜂只为自己生产蜂蜡,并不知道人类会拿它去做其他事情。

77

无论是"真",还是"美",看来都谈不上有其自身的固有价值。那么"善"又怎样呢?在谈到"善"之前,我想先谈谈"爱",因为有些哲学家认为,"爱"包括其他所有价值,因而把"爱"看作是人类的最高价值。柏拉图学说和基督教结合在一起,更使"爱"带有一种神秘的含义。"爱"这个词给人的联想,又使它蒙上一层感情色彩,使它比一般的善更加令人激动。相比之下,善是有点沉闷的。不过,"爱"有两种含义:纯粹的、单纯的爱,也就是性爱,和仁慈的爱。我认为,即便是柏拉图,也不曾精确地区分过这两种爱。他似乎把伴随着性爱而出现的那种亢奋、那种有力的感觉、那种生气勃勃的情绪说成了另外一种爱,即他所谓的"神圣之爱",而我倒宁愿称其为"仁慈之爱",虽然这样一来,会使它带有任何世俗之爱所固有的缺陷,因为这样的爱是会消失的，是会死的。人生的大悲剧不是因为人会死，而是因为人会停止爱。你所爱的人不再爱你了，这不是生活中的一个小小的不幸，而是一种简直不可原谅的罪恶。当拉罗什福科①发现两个情人之间总是一个爱、一个被爱时，他便用一句格言说出了这种不和谐状态，而正因为这种不和谐，人们将永远不可能获得幸福圆满的爱情。不管人们多么讨厌，也不管他们多么愤怒地予以否认，毋庸置疑的事实是，爱情是以一定的性腺分泌为基础的。绝大多数人的性腺都不会无限制地受同一个对象的刺激而经久不衰地分泌。再说，随着年事增长，性腺也会萎缩。人们在这方面都很虚伪，都不愿面对现实。当他们的爱情已衰退成他们所谓的坚贞不渝的爱怜时，他们是那样地自欺欺人，甚至还为此沾沾自喜，好像爱怜和爱情是同一回事！爱怜之情产生于习惯、利害关系、生活便利和有人做伴的需要，它与其说令人兴奋，不如说使人安宁。我们是变化的产物，变化是我们赖以生存的必要条件，难道作为我们最强烈的本能之一的性本能，就能背离这一法则吗？今年的我们已不再是去年的我们。我们所爱的人也不再是去年的那个人。要是我们自己变了，却还能继续爱一个同样也变了的人，那是幸运所至。在绝大多数情况下，由于自己变了，我们就得作出巨大努力，才能勉强地继续爱一个我们曾经爱过、而如今已变了的人。这只是因为，爱情的力量在抓住我们时曾是那么强大，以至于我们总相信它是经久不衰的。一旦它变弱了，我们便自觉惭愧，觉得受了骗，就责怪自己不够坚贞，而实际上，我们应该把自己的变心看作是人类本性的自然结果。人类的经验使人类用复杂的情绪对待爱情。他们对爱情已有所怀疑。他们时常赞美它，也时常诅咒它。除了一些短暂的瞬间，渴望自由的人类灵魂总是把爱情所要求的自我服从看作是有失体面。爱情带来的也许是人所能得到的最大的幸福，但却非常难得。爱情难得无忧无虑。由爱情讲述的故事，其结局总是令人忧伤的。许多人害怕它的威力，满腹怨恨地只求摆脱它的重压。他们拥抱着自己的锁链，同时又怀恨在心，因为他们知道那是锁链。爱情并不总是盲目的，因为没有什么事比死心塌地去爱一个你明知不值得爱的人更可悲了。

但是，仁慈之爱却不像爱情那样带有不可弥补的缺陷，不像爱情那样昙花一现。诚然，仁慈之爱并非把性的因素全然排斥在外，就像跳舞一样，某人去

---

① 拉罗什福科：17世纪法国作家，著有《箴言集》等。

跳舞，是为了享受有节奏运动的乐趣，并不一定就是想和舞伴上床。不过，只有在跳的时候不觉得舞伴很讨厌，跳舞才是一种愉快的刺激。在仁慈之爱里，性本能虽已得到升华，但它仍然赋予这种爱的情感以某种热情与活力。仁慈之爱是"善"的较好的一面，它使本身具有严肃性的"善"变得温厚，从而使人可以不太困难地遵循那些较细微的德行，如自制、忍耐、诚实和宽容等，因为这些德行原本是被动的和不太令人振奋的。看来，"善"是这个世界上唯一可以宣称有其自身目标的价值。德行就是它自身的回报。我觉得很惭愧，自己竟然得出了一个这样平庸的结论。凭我对本文效果的直觉，我本可以用某种惊世骇俗的悖论或者用一种会使读者发笑并以为是我特有的玩世不恭态度来结束本文。但是，除了这些甚至从字帖上也能读到或者从牧师那里也能听到的老生常谈，我觉得没有别的话可说了。我兜了一大圈，发现的仍然是人人熟知的东西。

我是不大有崇敬心的。世人的崇敬心已经够多了，甚至太多了。有许多被认为可敬的东西是名不副实的。还有一些东西，我们对它们表示敬意往往只是出于传统习惯，而不是真的对它们感兴趣。至于那些伟大的历史人物，如但丁、提香、莎士比亚和斯宾诺莎等，要对他们表示敬意，最好的方法是把他们当作我们的同时代人，和他们亲密无间，而不是对他们顶礼膜拜。这样才是真正表示我们的最高敬意，因为和他们亲密无间也就是认为他们依然活在我们中间。不过，当我在现实生活中遇到真正的善时，我仍会情不自禁地肃然起敬。在这种情况下，我对那些难能可贵的行善者便不再像通常那样，认为他们往往是不太明智的。我的童年生活是很不幸的，那时我总是夜夜做梦，梦想我的学校生活最好也是一场梦，梦醒时我便会发现自己原来仍在家里，仍和母亲在一起。我母亲去世至今已有五十年，但在我心中留下的创伤仍未痊愈。虽然我已好久没做这样的梦了，但我始终没有彻底摆脱这样的感觉，总觉得自己好像生活在幻景中。在这幻景中，因为总有这样那样的事情发生，我也就做这做那的。然而，即便我在其间扮演着角色时，我也能反省自己，知道那不过是一种幻景而已。当我回顾我的一生，回顾我一生中的成功和失败、一生中数不尽的错误、一生中所受的欺骗和得到的满足、一生中的欢乐和悲伤时，我觉得一切好像都很陌生，都不像是真的。一切都像影子似的虚幻不实。也许，这是因为我的心灵找不到任何安息之处，仍深深地怀着祖先们对上帝和永生的渴望，尽管我在理智上已断然拒绝了上帝和永生。有时,我只能不得已而求其次,聊以自慰地想,我在一生中所见到的"善"毕竟还不算少,其中有许多还是我自己碰到的。也许,我们从"善"里面找不到人生的缘由,也找不到对人生的解释,但可以找到某种安慰。在这冷漠的世界上,无法躲避的邪恶始终包围着我们,从摇篮直到坟墓。对此,"善"虽然算不上是一种挑战或者一种回应,但却是我们自身独立性的一种证明。它是幽默感对命运的悲剧性和荒诞性所作的反驳。"善"和"美"不同,永远不会达到尽善而使人厌倦。"善"比"爱"更伟大,不会随时间的推移而失去欢愉。不过,"善"是从正确的行为中表现出来的,那有谁来告诉我们,在这个无意义的世界上,怎样的行为才算正确?正确的行为并不以追求幸福为目的。即使后来得到幸福,那也是幸运所至。我们知道,柏拉图曾要求智者为世俗事务而放弃沉思默想的宁静生活,由此他把责任感置于享受欲之上。我想,我们每一个人有时都会作出这样的选择:明知道自己所做的事情眼前不会、将来也不会带来幸福,但还是做了,因为我们认为那是正确的。那么,正确的行为究竟是怎样的呢?就我个人而言,我认为路易斯·德·莱昂修士①对此作了最好的回答。他的话做起来并不难,虽说人性脆弱,也不会将其视作畏途。他说:美好之人生,不外乎各人顺其性情,做好分内之事。

---

① 路易斯·德·莱昂修士:16 世纪西班牙宗教诗人。

书与你

Books and You
1940

初版 *Books and You*, William Heinemann Ltd, London, 1940.

根据 *Books and You*, Penguin Books Ltd, London, 1975. 译出

目　录

前言　*177*

第一篇　英国文学　　*185*

第二篇　欧洲大陆文学　　*194*

第三篇　美国文学　　*205*

前　　言

我曾应《周末夜读》杂志①之约写过三篇文章。由于许多读者希望这三篇文章能以较为持久的形式予以收藏，同时也为了使当时没有在杂志上读到的人得以一读，现在将这三篇文章结集出版。

我写这三篇文章时受到限制，每篇只能写四千字。我虽然超出了不少，但我还是不可能不用你将看到的那种简略的方式来写这三篇文章。实际上，这三篇文章中的每一篇都可以写成一大本书，但我的目的仅仅是为不知哪些经典名著最为重要的读者开列一张书单，从而使他们愉快地阅读他们应该读的书，并从中收益。只是，由于受篇幅限制，我不得不忽略许多有价值的名著。对每一位我选中的作家，我通常也只能选出他们的一本书作为"代表作"，而有许多作家，譬如简·奥斯汀、狄更斯、萨克雷、巴尔扎克和陀思妥耶夫斯基，他们每人其实都有好几本书是有资格出现在我开列的书单上的。此外，我还必须忽略一些相当优秀的作家，譬如夏洛蒂·勃朗特②，因为我没有篇幅来谈还算不上一流的作家。还有像艾萨克·瓦尔顿③的《文人传》和詹姆斯·摩莱尔④的《伊斯帕恩在海吉巴巴的历险》这样有趣的书，我也完全忽略而只字未提，因为除了真正一流的杰作，我不能用二三流的东西来浪费读者的时间。这就像要

---

① 《周末夜读》：以刊载小说为主的英国文学周刊。
② 夏洛蒂·勃朗特：19世纪英国女作家，"勃朗特三姐妹"之一，代表作《简·爱》。
③ 艾萨克·瓦尔顿：17世纪英国小品、传记作家，《文人传》为其代表作，内容包括约翰·堂恩等五位诗人和宗教家的传记。
④ 詹姆斯·摩莱尔：19世纪初英国外交官、小说家。《伊斯帕恩在海吉巴巴的历险》是以流浪汉为主角的小说，描述波斯的风俗人情，颇具异国情调。

我引导一位虽有很大兴趣、但没有多少时间的朋友去看古代雕像。古罗马雕像尽管很有价值，但我不能带他去看。古罗马以后的雕像尽管很有意思，我也不能带他去看。我只能把他直接带到古希腊黄金时期①的雕像面前，让他把所有时间用来观赏一流的杰作。

　　这本书的篇幅虽然很小，但我相信，读者不会觉得它肤浅。我在写这三篇文章时并不认为自己是评论家——我确实不是评论家——甚至也不认为自己是作家（如果这样认为的话，我对文学的兴趣就会有特殊倾向），而是把自己视为一个通情达理的普通人。所以，我推荐的书，首先要有可读性，因为我希望读者真的会去读这些书，而文学研究者和评论家往往会以自身为标准，认为凡是有价值的书就有可读性，好像这是理所当然的。其实，并非如此。许多在文学史上很有价值的作品，现在除了给专业人员作研究，普通人根本不会也不用去读。因为，生活在繁忙的现代社会，大多数人除了读自己感兴趣的书，很少有人会读无关紧要的书，以此消磨时间。因此，我要在此声明，我在后面谈到的书都是人人会感兴趣的，因而都有可读性。不过，我说有可读性，并不是说你一点不用心也能读下去。你必须对你周围的事物很关心，必须对世界和人类的过去和将来感兴趣，还必须要有一定的想象力。我听许多人说，他们觉得小说读不下去。我觉得这不外乎有那么几个原因：有些人心里只想着几件对自己有切身利益的事情，对其他事情一概漠不关心，这些人其实是画地自牢。或者，有些人对自己的生活也没有什么热情，当然就不可能对发生在他人身上的事情感兴趣了。要不就是，有些人毫无想象力，既不能感受小说人物的欢乐，也不能体会小说人物的悲哀——既然不想了解他人，也就不会同情他人。如果你对他人既无好奇心，又无同情心，那你确实是一本书也读不下去的。一本书有可读性，即意味着书里有什么东西和你有关，这是可读性的一个重要方面，而且和你的兴趣成正比。你越有兴趣，可读性就越大。我相信，只要你稍有兴趣，我推荐的书大体上都是你会喜欢的，而且会使你产生共鸣，因为这些书里蕴含着我们人人都很熟悉的普遍人性。

　　你可能会注意到，我在那篇谈美国经典文学的文章中所用的语调多少和另外两篇有所不同。对此，我想应该说明一下。

---

　　①　古希腊黄金时期：即公元前5世纪雅典城邦时期。

当我谈到英国文学和欧洲大陆文学时，经典作家那么多，经典作品那么丰富，我所做的就是把一般人都会同意的杰作指出来并推荐给读者就行了。如果有哪本书不够资格称为杰作，我根本就不用提它。但是，谈到美国文学时，情况就不一样了。美国文学的历史很短，如果用欧洲的标准加以衡量，那么有资格被称为经典作家的人可能不会超过四个。这样我就没有什么话可说了。而若我提到一个作家，并对你说："这个作家很值得注意，因为他是美国人。"那也似乎太荒唐了。时至今日，既然美国文学已经确立，我们就应该不抱偏见地对它加以同样的关注①。我要你用自己的眼光去看待他们的作品，不必考虑权威人士的意见。

我在这里先提一下我将在第一篇文章中要表达的观点：一本书对你有没有意义，唯一的要点是它对你有没有用。你的看法即使和全世界所有人都不同也没关系，因为只有你自己的看法对你才是有用的。遗憾的是，凡遇到和艺术有关的事情，尤其是在美国，一般人总是心甘情愿地接受专家和批评家的所谓论断，就如遇到和政治有关的事情一样，他们总是表示反对。然而，在讨论艺术问题时往往没有谁是谁非可言，读者和他所读的书之间的关系，就像神秘主义者和他所信奉的神之间的关系一样自由，一样私密。文学上的权威主义，无论何种形式，都是可憎可恨的。因为别人对某本书的看法和自己不合而看不起别人，这样的愚蠢行为也是不可原谅的。还有在文学鉴赏方面自我炫耀，也非常令人厌恶。所以，即使所有最有名望的批评家对某本书一致予以好评，而只有你一个人不以为然，你也不要觉得不好意思。只是，对你没有读过的书，你最好不要发表意见。

现在，回过头来再说美国文学。由于美国文学历史很短，没有多少经典，因而有些作家很容易就出了名。他们的作品为读者所器重，而我觉得，这些作家有名不副实之嫌——他们的作品不值得那么器重。我还觉得，时至今日，美国人已毫无必要再怀着爱国之心来偏爱美国作家了。他们应该以世界公民而不只是美国人的身份，对本国的伟大艺术家作出适当评价。

---

① 美国独立后，虽然很快在政治上被承认是独立国家，但在文化、艺术、文学等方面却迟迟不被承认有其独立地位。尤其是英国人，仍把美国的文化、艺术和文学视为是英国文化、英国艺术和英国文学的一个分支。直到20世纪20年代后，美国才在这些方面逐渐获得独立，人们（包括英国人）才逐渐承认美国有独立的文化、艺术和文学。毛姆写此文时，正是在这过程中。

当时限于篇幅，有三部小说我在谈英国文学的一文中只提了一下书名。为了满足我自己的愿望，我想在这里就这三部小说谈上几句。这三部小说是特罗洛普①的《尤斯塔斯钻石》、梅瑞狄斯②的《利己主义者》和乔治·艾略特③的《米德尔马契》。

当初我写第一篇文章时，已多年没有重读这三本书了。后来我又把它们读了一遍。我当初建议你读特罗洛普的《尤斯塔斯钻石》，而不是他最著名的《巴切斯特城堡》，因为《尤斯塔斯钻石》是一部独立完整的作品。至于《巴切斯特城堡》，我认为要真正欣赏它就得把整个系列的小说都读一遍④，否则是很难弄清楚人物动机及其行为后果的。而根据我提出的既有趣又有益的读书宗旨，特罗洛普又算不上是那么重要的作家，值得你去读他的六大本用小字印得密密麻麻的系列小说。此外，我记得《巴切斯特城堡》里有许多近似漫画的描写。这些描写可说是维多利亚小说的一种特色，现在读来是令人生厌的。但是，当我重读了《尤斯塔斯钻石》之后，我觉得你最好还是去读那部更有名一点的《巴切斯特城堡》，尽管它有这样那样的小缺点。《尤斯塔斯钻石》可当作一本侦探小说来读，有两个很巧妙的悬念设计，只是写得实在太长。从特罗洛普写出《尤斯塔斯钻石》后，到现在，我们已掌握了许多写这类小说的技巧。同样这些内容，现代作家只需用三百页的篇幅照样能写得很出色。特罗洛普对人物的刻画虽然很精细，但是这些人物并不十分有趣。他们无非就是维多利亚时代的小说中常出现的那些老面孔。这部小说给你的印象是，特罗洛普希望像狄更斯那样写出能使读者轰动的作品，只是没有成功。书中最有人情味的人物是莉奇·尤斯塔斯，但特罗洛普显然对她极为反感——至少他希望读者对她反感——所以对她的处理很不公正。就像律师在法庭上大势威吓犯人反而会使你不顾犯人的罪行而同情犯人，你会觉得莉奇这个人其实并不比别人坏多少，作者是大可不必对她大加鞭挞的。但是，尽管如此，这部小说读起来却很流畅，对维多利亚时代古老的英国习俗感兴趣的人，从中还可得到很大的乐趣。这也算是对它的一种赞许吧。我虽然劝你读《尤斯塔斯钻石》不如读

---

① 特罗洛普：19世纪英国小说家，生前很有名，去世后被人遗忘，20世纪初又重新出名。
② 梅瑞狄斯：19世纪英国小说家、诗人。
③ 乔治·艾略特：19世纪英国女作家玛丽·安·伊文斯的笔名。
④ 《巴切斯特城堡》是六部系列长篇小说《巴赛特郡纪事》中的第二部。

《巴切斯特城堡》，但我必须说明，要是期望过高，那是要失望的。特罗洛普的成就近年来多少有点被人夸大了。这是因为曾有一代人几乎把他完全忘了，而当他重新被发现后，由于相隔已久而产生的那种出土文物似的魅力，人们又给了他过分的赞誉。他是个老实而勤奋的"小说匠"，有相当敏锐的观察能力。他有使人动情的天赋。他的小说结构固然松散，却还能用流畅的文笔写出流畅的故事来。不过，他既缺乏激情和机智，又没有深刻的见解。他没有能力用一句话揭示人物性格，或者点明事件的重要含义。他现在之所以使人感兴趣，只是因为他质朴、准确而真挚地描绘了一种早已消逝的社会风貌。

五十年前，凡自认为有文学修养的年轻人都热衷于读梅瑞狄斯的书，就像此后的一代年轻人热衷于读萧伯纳①的书，十年前的年轻人热衷于读 T.S.艾略特②的书。现在，我敢肯定，在年轻人中间已经很少再有梅瑞狄斯的读者了。然而，他的《利己主义者》却是一部出色的小说。当然，对梅瑞狄斯所描绘的那个社会阶层，我们不会像他那样敬畏。我们也不会承认那些乘着四轮马车来来往往的乡村绅士和肥胖的贵妇人是社会中坚，倒会觉得他们庸俗无聊，因为从梅瑞狄斯从事创作的那个时代到现在，世界已经大大地改变了。小说中的克莱拉·米德尔顿③是个既有自由思想又有大笔嫁妆的姑娘，容易冲动，当她发现自己不再爱威罗比·帕特恩爵士④时，就想和他解除婚约，于是大惊小怪地把事情弄得沸沸扬扬。放到现在，她是很难触动我们的。现在的姑娘遇到这种事，轻而易举就把它处理掉了。再说，现在我们都要求小说写得合乎情理，所以对于那种只要有点常识就能避免的所谓困境，我们只会觉得不耐烦。克莱拉最后决定逃到伦敦去。她慌慌张张溜出家门，直奔火车站，但是途中遇到一场暴雨，没赶上火车，最后又被劝说回家。一般认为，机智是女性的特点，而克莱拉连一点小小的机智也没有表现出来。说来奇怪，她怎么会没想到，结婚是需要添置衣服的，正好可以作为去伦敦的借口。这是谁也不会感到意外的。梅瑞狄斯的文体又使他的书读起来很艰涩。他那种玩弄文字技巧、跳跃回旋的风格简直令人厌烦。你会觉得他好像没法简单明了地写出一句简单明了的话来，

---

① 萧伯纳：19世纪至20世纪之际爱尔兰剧作家，曾获1925年诺贝尔文学奖。
② T.S.艾略特：20世纪美裔英国现代派诗人，曾获1948年诺贝尔文学奖。
③ 克莱拉·米德尔顿：《利己主义者》中的女主人公。
④ 威罗比·帕特恩爵士：《利己主义者》中的男主人公。

所以他自己颇为得意的机智也就失去了锋芒。不过，他有一种才能，那就是他能创造出活灵活现的人物，使你久久难忘。这些人物和《白鲸》① 等小说里的人物不同，并不超过真实的人，但又比平常人要奇特一些。他们有康格里夫②喜剧人物的那种不自然的地方，却又不显得死板。梅瑞狄斯用他自己的活力赋予他们生命。他们别有情趣，就像霍夫曼③怪诞小说中那些由魔术师赋予生命的木偶一样。他们是真正的创造物，只有真正的小说家才能创造出来。所以，当你读梅瑞狄斯的小说时，尽管他的文笔闪闪烁烁，他的社会准则虚浮不当，他的构思有时也很拙劣，但你仍会读得津津有味。这全靠他在小说中注入的那种活力。他让故事自然展开，用他富有创造性的力量和热情奔放的节奏冲天而上，把你带到空中，并在那里翱翔。说《利己主义者》是梅瑞狄斯最出色的小说，是因为它的主题具有普遍性。利己主义是人性的主要因素。这是我们唯一无法逃避的因素（虽然它极其丑恶，但我不愿称它为罪恶，因为它也是美德的动力），就是它决定了我们的生存。如果没有它，我们便不会是现在这样子。如果没有它，我们便不会存在。但是，我们又必须时时努力抑制它，因为只有竭尽全力控制住它，我们才能平平安安地生活。梅瑞狄斯通过威罗比·帕特恩爵士这个人物描绘出一幅利己主义者的绝妙画像。我想，没有一个人读了这本书而不感到一点良心不安的。如果他看不到自己身上至少有些地方也像威罗比爵士一样既丑恶又可笑，那他就是个比威罗比爵士更加彻头彻尾的利己主义者。梅瑞狄斯说得对，他这个可怜的主人公不是这个人或那个人，而是我们每一个人。所以，我建议你读《利己主义者》，因为它不仅是一部生动有趣的小说，而且还可能有助于你认识自己。

现在我要谈谈《米德尔马契》。如果仅仅就一部小说而言，《米德尔马契》似乎比我刚才谈到的两部小说都要好。它是一件尽善尽美的艺术精品。这是很不容易的，因为乔治·艾略特不是以某一社会阶层的某一群人而是以不同阶层的一群群不同的人作为小说的描写对象，所以她为你描绘的这幅图画中，既包括靠米德尔马契镇周围的地产为生的地主，也包括居住在那里的从事各种职业的人，如店主和商贩等。她不像其他许多小说家那样，只要你关注两三个人的

---

① 《白鲸》：19世纪美国小说家麦尔维尔的长篇小说。
② 康格里夫：18世纪初英国剧作家。
③ 霍夫曼：19世纪初德国浪漫派小说家，以怪诞小说闻名。

命运，好像他们就代表了现实生活，他们之外的世界是无关紧要的。不是的，她要你关注的就是构成我们这个世界的各种各样的富人和穷人的命运，而且她还用精湛的技巧把发生在他们之间的形形色色的故事安排得井井有条。她不像那些想写结构复杂的小说而又缺少技巧的作家那样，使你的兴趣集中到某一批人物身上之后，再要你转向另一批人物时，会使你觉得别扭。不是的，她使你同等地对所有人物都感兴趣。她从这一批人写到另一批人时，你会觉得非常自然，就像我们在现实生活中从这方面的人转向另一方面的人那样。这就使她的小说显得特别真实。虽然故事是从乔治四世在位时就开始了，但我们觉得我们所知道的生活就是那样的。人物——书中人物众多——都非常自然。她对人物的观察又很精细，所以个个都是独具风格的活生生的人。然而，乔治·艾略特缺乏激情，所以她不能像梅瑞狄斯那样创造出天马行空式的人物来（我忽然想到，这倒可以为克莱拉·米德尔顿竟然没有想到嫁妆作出合理解释，因为"天马"是无须考虑结婚礼服的）。她冷静、准确同时又不无同情地看待她的人物。她的小说主人公不比我们崇高，坏蛋也不比我们坏。她那样深入地刻画人物，不但使我们能像旁观者那样看到他们，而且使他们自己也能看到自己的真实面目。所以，即便是那个卡索朋先生①，也不仅仅可恨，还很可怜。她的人物有现代气质，他们不只是纠缠在个人情感中。他们关心政治，对当时的各种问题都感兴趣。他们还像我们一样思考经济问题。他们有感情，也有头脑。总之，他们在很大程度上是和我们一模一样的。总结我对《米德尔马契》的看法，我想说的是，乔治·艾略特具有伟大小说家的所有天赋，唯独缺少火热的激情。确实，在充分而合理地解释生活方面，没有一个英国作家能和她相比，但在她理智而富有同情地观察生活时，她却偏偏忽视了生活中的浪漫因素。

　　在结束本文之前，我还想弥补一个疏漏。我在"英国文学"那一文中谈到诗选时，忘了把罗伯特·勃里奇斯②选编的《人之精神》也提一下。有个批评家在评论我的那篇文章时说，我不该把《牛津英诗选》列出，因为他认为那部诗选并不好。我不同意他的看法。但我承认，《牛津英诗选》的后半部分确实选了一些不怎么好的诗。这是不可避免的。任何选本都只是代表选编者的判断力。一般说来，在选收历代作家的作品时，选编者大多是有把握的。但是，在

---

① 卡索朋先生：《米德尔马契》中的重要人物。
② 罗伯特·勃里奇斯：19世纪初英国桂冠诗人。

选收当代作家的作品时,他们便犹豫不决了,因为当代作家的作品尚未受到时间的考验。今天使我们感动的作品,会不会继续感动下一代人,这是谁也不敢保证的。但是,如果谁对《人之精神》还想挑剔一番的话,那他一定是个苛刻的批评家。这部诗选非常鲜明地体现了选编者的个人取向,其中所选的每一首诗都是按他的取向选定的。由于罗伯特·勃里奇斯学识渊博又有个人见地,同时还非常崇尚美,所以他选入了不少普通读者不太熟悉的冷门作品。这是一部高雅而有吸引力的诗选。

最后,让我用约翰逊博士[①]写给施莱尔夫人[②]的一封信里的一句话,作为本文结束语。他说:"不读书的人不经常思考,所以也不经常有话可说。"

[①] 约翰逊博士:即塞缪尔·约翰逊,18世纪英国文豪、批评家、散文家、词典编纂家。
[②] 施莱尔夫人:约翰逊博士的亲密女友。

第一篇　英　国　文　学

一个人说话时①，往往会忘记应有的谨慎。我曾在一本名叫《总结》的书里就一些年轻人提出的关于如何读书的问题说了几句话，当时我并没有认真考虑，后来我便收到各种各样读者的来信，问我究竟提出了怎样的看法。对此，我虽然尽我所能给予答复，但在私人信件里却又不可能把这样的问题讲清楚。于是我想，既然有这么多人好像很希望得到我能提供的指导，那么我根据自己有趣而有益的经验，在此简要地提出一些建议，他们或许是愿意听的。

首先，我要强调的是，读书应该是一种享受。不错，有时为了对付考试，或者为了获得资料，有些书我们不得不读，但读那种书是不可能得到享受的。我们只是为增进知识才读它们，所希望的也只是它们能满足我们的需要，至多希望它们不至于沉闷得难以卒读。我们读那种书是不得不读，而不是喜欢读。这当然不是我现在要谈的读书。我要谈的读书，它既不能帮你获得学位，也不能帮你谋生；既不会教你怎样开船，也不会教你怎样修机器，却可以使你生活得更充实。只是，要想得到这样的好处，你必须喜欢读才行。

我这里所说的"你"，是指在业余时间里想读些书而且觉得有些书不读可惜的成年人，不是指本来就钻在书堆里的"书虫"。"书虫"们尽可以想读什么就读什么。他们的好奇心总是使他们踏上书丛中荒僻的小路，沿着这样的小路四处寻觅被人遗忘的"珍本"，并为此觉得其乐无穷。我却只想谈些名著，就是那些经过时间考验而已被公认为一流的著作。一般认为这样的名著应该是

---

① 一个人说话：意即写作（毛姆认为，写作就是一个人自说自话）。

人人都读过的,令人遗憾的是真正读过的人其实很少。有些名著是著名批评家们一致公认的,文学史家们也长篇累牍地予以论述,但现在的一般读者却没有时间、也没有兴趣去读了。它们对文学研究者来说是重要的,只是随着时间和兴趣的转移,它们原来的诱人之处已不再诱人,所以现在要读它们,是很需要有点毅力也需要花一番功夫的。举例说吧:我读过乔治·艾略特的《亚当·比德》,但我没法从心底里说,我读这本书是种享受。我读它多半是出于一种责任心,坚持读完后,才不由得松了口气。

关于这类书,我不想说什么。每个人自己就是最好的批评家。不管学者们怎么评价一本书,不管他们怎样异口同声地竭力颂扬,除非这本书使你感兴趣,否则它就与你毫不相干。别忘了批评家也会出错,批评史上许多明显的错误都出自著名批评家之手。你在读,你就是你所读的书的最后评判者,其价值如何就由你定。这道理同样适用于我向你推荐的书。我们各人的口味不可能完全一样,只是大致相同而已。因此,如果认为合我口味的书也一定合你的口味,那是毫无根据的。不过,我读了这些书后,觉得心里充实了许多,要是没读的话,恐怕我就不是今天的我了。所以我对你说,如果你或者别人看了我在这里写的,于是便去读我推荐的书而读不下去的话,那就把它放下。既然它不能使你觉得是一种享受,那它对你就毫无用处。没有一个人有这样的义务,一定要读诗歌、小说或者任何纯文学作品(纯文学,法语是 belles-lettres,我不知道英语怎么说,恐怕没这个词)。他只是为了一种乐趣,才去读这些东西的。谁又能要求,使某人觉得有趣的东西,别人也一定要觉得有趣?

请不要以为,享受就是不道德。享受本身是件好事。享受就是享受,只是它会造成不同后果,所以有些方式的享受,对有理智的人来说是不可取的。享受也不一定是庸俗的和满足肉欲的。过去的有识之士就已发现,理性的享受和愉悦,是最完美、最持久的。养成读书的习惯确实使人受用无穷。很少有什么娱乐,能让在你过了中年之后还会从中感到满足。除了玩单人纸牌、解象棋残局和填字谜之外,几乎没有什么游戏,你可以单独玩而不需要同伴。读书就没有这种不便,也许除了做针线活——但那是不大会让你安下心来的——没有哪一种活动可以那样容易地随时开始,随便持续多久,同时又干着别的事,而且随时可以停止。今天,我们很幸运地有公共图书馆和廉价版图书,可以说没有哪种娱乐比读书更便宜了。养成读书的习惯,也就是为自己营造一个几乎可以逃避生活中一切愁苦的庇护所。我说"几乎可以",是因为我不想夸大其词,宣称读书可以解除饥饿的痛苦和失恋的悲伤。但是,几本引人入胜的侦探小说再加一只热水袋,确实可以使人对最严重的感冒满不在乎。反之,如果有人硬要他去读他讨厌的书,又有谁能养成为读书而读书的习惯呢?

  为了方便起见,我将按年代顺序来谈我要谈的书。不过,要是你有意读这些书的话,我也没有理由一定要你照着这个顺序读。我想,你最好还是随你自己的兴趣来读,我甚至都不认为你一定要读完一本再读另一本。我自己就喜欢同时读四五本书,因为我们的心情毕竟天天都在变化,即便在同一天里,也不是每小时都热切地想读某本书的。我们必须适应这样的情况。我当然采取了最适合我自己的办法。早晨开始工作前,我总是读一会儿科学或者哲学方面的著作,因为读这类书需要头脑清醒、思想集中,这有助于我一天的工作。等工作做完后,我觉得很轻松,就不想再进行紧张的脑力活动了,这时我便读历史、散文、评论或者传记。晚上,我看小说。此外,我手边总有一本诗集,兴之所至就读上一段,而在我床头,则放着一本既可以随便从哪里开始读、又可以随便读到哪里都能放得下的书。可惜的是,这样的书很少见。

  在我的书单上,第一本书就是笛福①的《摩尔·弗兰德斯》。没有一个英国小说家能写得比笛福更为逼真;确实,当你读这本书时,你很难觉得自己是在读小说,而更像是在读一篇完整的报道。他使你相信他的人物就是像他写的那样说话的,他们的举动是那样合乎常理,以至于你无法怀疑他们在那种环境里就是那样行动的。《摩尔·弗兰德斯》不是一本道德说教的书。它是喧闹的、粗俗的、野蛮的,但我认为它具有英国人性格中的那种活力。笛福的想象力不太丰富,幽默感也不够,但他拥有丰富的、多方面的生活经验。他是个出色的记者,对各种各样古怪的事件都能用敏锐的目光加以仔细观察。他没有高潮观念,也不想精心结构。所以,读者不是被一股无法抗拒的力量席卷着,而是像随着人群一路徜徉。当走到某个街口时,他便可能自顾自地走掉了。说得清楚一点,他读了一两百页后就会觉得读够了,因为读到的东西都是大同小异的。这没什么关系。不过,我是很愿意跟随作者的,一直跟着他把那粗野的女主人公驯服,最后还让她带着忏悔之情进入体面的上流社会。

---

  ① 笛福:18世纪英国小说家,其《鲁滨孙漂流记》被认为是欧洲第一部小说,因而他也被认为是"欧洲小说之父"。

接下来,我希望你读一读斯威夫特①的《格列佛游记》。我在后面要谈到约翰逊博士。这里我只想提一下,他在讲到这本书时曾说过:"只要你能想出巨人国和小人国来,其他一切就算不了什么了。"约翰逊博士是个杰出的批评家,以富有才智而出名,但他的这句话却是胡说。《格列佛游记》里有机智和讽刺,更有巧妙的构思、出色的幽默感、泼辣的言辞和充沛的生命力。斯威夫特的文笔可谓精妙绝伦,至今还没有人能像他这样,使用我们这种笨拙的语言②,却写得如此简洁、明快而自然。我想,约翰逊博士当初若能把评价另一个作家的话用到斯威夫特身上就好了。他曾说:"任何人若想把英文写得既通俗又不粗鲁,既优雅又不浮华,就必须刻苦研读艾迪生③的著作。"除了这两对形容词,他还可以加上第三对——既雄辩又不傲慢。

下面,再谈两部长篇小说。菲尔丁④的《汤姆·琼斯》也许是英国文学中最遒劲有力的长篇小说。这是一本豪爽、勇敢和欢快的书,刚毅而宽宏——当然,也很坦率。汤姆·琼斯容貌出众、精力过人。作为朋友,我们每个人都会喜欢他的,只是他做了一些使道德家感到不愉快的事。但是,谁会管这些呢?除非我们是一本正经的道德家,否则是不在乎的。我们只知道汤姆·琼斯既不自私,心地还很善良。菲尔丁和笛福不同,是个自觉的艺术家。他的小说结构有利于他描绘一系列互不相干的事件,也有利于塑造大批人物。这些人物生活在一个熙熙攘攘、纷乱不堪的现实世界里,他们形象鲜明,富有活力。菲尔丁写作很认真——当然,作家都该如此——所以,他对许多重要问题都觉得有必要提出他自己的看法。所以,在这部小说每部分的开端,总有一篇评论文章,对这样那样的问题发表议论。这些议论有时很幽默,有时又很严肃。但是,我觉得即使把它们统统跳过不读,也不会影响对小说的欣赏。此外,我想说的是,不会有人读《汤姆·琼斯》而不感到愉快的,因为这是一本富于男性气的好书,书中没有半点虚伪,而且会使你怦然心动。斯特恩⑤的《项狄传》则是一部性质完全不同的长篇小说,可以用约翰逊博士评述《查尔斯·格兰逊爵士》⑥的话

---

① 斯威夫特:18世纪英国政论家、小说家。
② 我们这种笨拙的语言:指英语。
③ 艾迪生:17世纪末、18世纪初英国著名散文家。
④ 菲尔丁:18世纪英国小说家。
⑤ 斯特恩:18世纪英国感伤派作家。
⑥ 《查尔斯·格兰逊爵士》:18世纪英国小说家理查生的长篇小说。

来说明这本书："如果你是为了故事而读它，那你宁愿去上吊。"不过，这要看你的性情如何。你或许会觉得它比你读过的任何一本小说都有趣，也可能会觉得它沉闷之极，矫揉造作。这部小说既不协调又不连贯，而且枝蔓横生，但它却具有奇妙的独创性，幽默诙谐，很有感染力。书中五六个极具个性的人物非常可爱。你一旦认识他们，便会觉得不认识他们是一种不可弥补的损失，而认识他们，则可以增加你的精神财富。斯特恩的另一部小说《感伤的旅行》，我想你最好不要漏读了。不过，我除了能说它读起来很吸引人之外，别的就没什么可说了。

我们暂且搁下小说，来看看别的。我想包斯威尔①的《塞缪尔·约翰逊传》是一部已得到公认的最伟大的英语传记。不管你是什么年龄，读这本书总会觉得趣味盎然，而且获益匪浅。你不论什么时候拿起它，随便从哪一页读起，都会读得津津有味。不过，这么说实在是多余的，因为它早已出名，用不着今天再来赞扬它一番。我还是谈谈包斯威尔的另一部著作吧，它不太出名，而且我认为人们对它也有欠公正。那就是包斯威尔的《赫布雷德群岛游记》。大家可能都知道，包斯威尔的手稿一向是由马隆负责编辑的，而他认为《赫布雷德群岛游记》写得不够典雅。为了迎合当时的典雅风尚，他便自己动手对这部著作进行删改，结果反而把许多精彩的章节都删掉了。后来，伊沙姆上校买下了包斯威尔的手稿，才使未经删节的新版本得以问世。这本书既可使你进一步了解约翰逊，又可使你进一步了解包斯威尔。它会使你更加仰慕那位健壮刚毅的老博士，又会使你更加尊敬这位备受屈辱而可怜巴巴的传记家。他是个不该受轻视的作家。他能敏锐地观察到有趣的事情，深刻地领悟新颖活泼的妙语，而且还有一种独特的天赋，能把各种气氛不同的场景或者一席富有情趣的谈话生动地再现出来。

约翰逊博士是巍然雄踞于十八世纪英国文坛的人物。他瑕瑜并存的性格，被公认为英国国民性的典型代表。可以说，我们几乎人人都读过他的传记，而且对他的了解甚至多于对许多和我们朝夕相处的人。但是，在我们当中，读过他本人著作的人其实并不多。他至少有一部著作是非常耐人寻味的。以我所见，在假日里或者在床头，最好的读物就是他的《诗人传》。此书写得清新有力、妙趣横生，简单实用的常识随处可见。虽然他的有些见解会使你吃惊——

---

① 包斯威尔：18世纪英国散文家、传记作家，约翰逊博士的好友。

譬如，他认为格雷①的诗味同嚼蜡，对弥尔顿②的《列西达斯》也不加称许，等等——但你仍然会兴致勃勃地读下去，因为他所写的一切都表现出他的个性。他对自己所论述的那些诗人，和对他们的诗作一样感兴趣。所以，读着他对那些诗人的犀利、生动、宽容的描绘，你即使没有读过他们的一行诗，也同样会觉得趣味盎然。

我接着想谈到一本书，但不免有些犹豫，因为我前面说过，我在这里谈到的都是读了能使人生变得更充实的书，而我虽然喜欢吉本③的《自传》，却又不得不说，这本书即便不读，也不会有什么大的损失。当然，是会错过一种很大的乐趣的。只是，我如果因此而把这本书提出来的话，我觉得用不同的标准还可以提出许许多多算不上杰作的作品，那就需要专门来写一章了。不管怎么说，吉本的《自传》确实很好看。它篇幅不长，文笔优美异常，这是他驾轻就熟的技巧。整本书写得既严肃又幽默。说到幽默，我忍不住想举个例子：吉本在瑞士洛桑时坠入情网，但他父亲不同意，还威胁要剥夺他的继承权。他经过慎重考虑后，放弃了自己心爱的人。他在叙述了这段经历后，最后写了这样一段话："作为情人，我叹息；作为儿子，我服从；我的创伤，由于时间、分离和新的生活习惯，便不知不觉地痊愈了。"我想，就凭这段妙语，这本书也值得一读。

现在，由于要谈到两部伟大的小说，我想放弃到此为止我大致遵循的年代顺序。这两部小说是狄更斯的《大卫·科波菲尔》和勃特勒④的《众生之路》。我这样做，不仅因为这两部小说在英国长篇小说的伟大传统中占有重要地位，而且联系到前面简略谈及的作品，我认为这两部小说充分体现了英国文学的特色。也许除了《项狄传》⑤是个例外，上述所有作品都具有雄浑、率直、幽默、遒劲的特点。我认为，这是民族性格的表现。所有这些作品都没有特别机敏之处，甚至是不太精致的。它们是行动者的文学，而非沉思者的文学。它们富有常识，有点多愁善感，充满浓厚的人情味。关于《大卫·科波菲尔》，我不用多说，它是狄更斯最好的长篇小说。在这本书里，狄更斯的缺点几乎看不到，而他的优点却表现得非常突出。至于《众生之路》，虽然继它之后还有许

---

① 格雷：17世纪英国墓园派诗人，长诗《墓园哀歌》为其传世之作。
② 弥尔顿：17世纪英国大诗人，长诗《失乐园》为其传世之作。
③ 吉本：18世纪英国历史学家、散文家，《罗马帝国衰亡史》为其传世之作。
④ 勃特勒：19世纪后期英国小说家、批评家。
⑤ 《项狄传》：18世纪英国伤感主义小说家斯特恩的作品。

许多多长篇小说问世，但我觉得它是最后一部纯英国风格的长篇小说。在具有相当价值的作品中，它是最后一部没有受法国和俄国小说家影响的作品。它是《汤姆·琼斯》的正统继承者，而从它的作者身上，我们仍可以看到那位被称为典型的英国人的老词典编纂家①的气质。

现在，我回头来谈谈简·奥斯汀②。我不想称她为英国最伟大的小说家。狄更斯尽管有夸张、庸俗、拖沓和感伤等缺点，但仍是英国最伟大的小说家。狄更斯心胸开阔，不仅描写了我们熟知的世界，还创造了另一个世界。他的作品有悬念，有戏剧性，又有幽默感，使人感受到生活的纷繁和变幻无穷，而这些，据我所知，除他之外只有一个小说家也做到了，那就是托尔斯泰。狄更斯以充沛的生命力塑造了一系列人物，形形色色而且各具个性，他们动荡不定——不，不是动荡不定，而是在生活中骚动不安。狄更斯以惊人的技巧处理复杂的、往往使人难以相信的故事，竟然讲得有条不紊。对于这种技巧，除非你自己也是个小说家，否则是很难知其高深的。然而，简·奥斯汀却是小巧玲珑的。她的小说世界很狭小，她所描写的仅是那个乡绅、牧师和中产阶级的小天地，但有谁比她更具洞察力？有谁比她更精微、更合理地深入到了人物的内心？她不需要我来赞扬。我唯一想提请你注意的是，她很有特点，只是因为表现得那么自然，你便以为是平平常常的了。她的小说虽然从总体上说没有故事性，因为她总是避开戏剧性的事件，但不知何故，你却会一页接着一页地往下读，急切地想知道下文如何。这是小说家最重要的才能——没有这种才能，他就完了。我想不出还有哪个作家比简·奥斯汀更熟练地掌握了这种才能。现在使我为难的倒是，在她为数不多的几部小说中应该特别推荐哪一部为好。就我个人而言，我最喜欢的是《曼斯菲尔德庄园》。我承认，小说中的女主人公太一本正经，男主人公也是个自以为是的傻瓜，但我并不在乎。这是一部观察精细入微、充满讽刺和幽默的杰作，写得机智、巧妙，非常感人。

谈到这里，我想请你注意一下赫兹里特③。他的名声虽然已被查尔斯·兰姆④淹没，但在我心目中，他是个比兰姆更为出色的散文家。兰姆生性可爱、

---

① 老词典编纂家：指约翰逊博士，他编纂了第一部英语词典。
② 简·奥斯汀：19世纪初英国女作家，小说《傲慢与偏见》为其传世之作。
③ 赫兹里特：19世纪英国散文家。
④ 查尔斯·兰姆：19世纪英国最有名的散文家。

温和、机智，认识他的人都喜欢他，所以也容易得到读者的青睐。赫兹里特却大不一样，他粗鲁、笨拙、嫉妒、好斗，实在不讨人喜欢。但令人遗憾的是，最好的书并不总是由最和蔼可亲的人写出来的。说到底，艺术家的个性才是最关键的。对我来说，较之于查尔斯·兰姆温顺而伤感的和蔼性格，赫兹里特痛苦、叛逆和刻毒的灵魂更使我感兴趣。作为作家，赫兹里特是有魄力的，是大胆而健康的。他想说的话，都斩钉截铁地说出来。他的散文有血有肉，读起来不像读兰姆的散文那样使人觉得像是在品尝一道美味的菜肴，而是像大口大口吃着一顿饱饭。他最精彩的作品大多收在他自编的《桌边漫谈》里，此外还有许多后人为他编的散文集，而所有这些集子，没有一本是不收他的名篇《初识诗人》的。我认为，《初识诗人》不仅是他的散文中最扣人心弦的，还是英国散文中最精彩的一篇。

　　接下来，再谈两部长篇小说——萨克雷①的《名利场》和艾米丽·勃朗特②的《呼啸山庄》。由于篇幅有限，我只能简单地谈一下。当代批评家对萨克雷是颇为苛刻的。也许他生不逢时，本该生在我们这个时代，若在今天写作，他就不会有那么多清规戒律了。然而，在当时那个维多利亚时代，小说家无论看到多么严酷的现实，大多是不敢如实描写的。萨克雷的观点是现代的，他深刻地意识到世人的平庸，而且执着地探究人性的矛盾。无论你对他的感伤情绪和说教倾向感到多么遗憾，或者对他一味迎合大众口味的软弱性格觉得多么可悲，但事实上，他还是塑造了贝姬·夏普③这样一个堪称英国小说中最真实、最丰满和最生动的人物形象。《呼啸山庄》别具一格。这部小说不太容易读，因为它有许多地方写得太不近情理，简直叫人莫名其妙。尽管如此，它却充满了激情，而且非常感人。它有伟大诗篇的那种深度和力度。读这本书，你会觉得它不像小说，因为读小说无论怎样入迷，需要的话你总能提醒自己说，那不过是作者编出来的故事。《呼啸山庄》却不然，它深深地刺激你，就像你自己在生活中遭到了不幸似的。

　　还有三部小说，我觉得不读可惜，但是在这里我只能提一下书名。它们是乔治·艾略特的《米德尔马契》、特罗洛普的《尤斯塔斯钻石》和梅瑞狄斯的

---

① 萨克雷：19世纪英国小说家，《名利场》为其传世之作。
② 艾米丽·勃朗特：19世纪英国女作家，"勃朗特三姐妹"之一。
③ 贝姬·夏普：萨克雷长篇小说《名利场》中的女主人公。

《利己主义者》。

至此,你一定注意到了,说不定还会觉得有点奇怪,为什么我对诗歌只字未提。我们国家固然没有产生能与其他国家的大师并驾齐驱的大画家、大雕刻家和大作曲家(这些方面的成就虽则也很可观,却并不怎么卓越),但是,如果我声称我们的诗人是绝对一流的,那我敢相信,别人决不会说这是出于民族偏见或者褊狭的爱国主义。然而,诗是文学之花和文学之冠,它容不得凡俗和平庸。我记得埃德蒙·戈斯①曾对我说,他宁愿读平凡的诗,也不愿读普通的长篇小说。他说,读诗无须多花时间,也无须集中精力。不过,我对那些只有韵脚的东西不感兴趣,不管它们的格律多么完美。对我来说,诗必须是伟大的,否则就不值一读,还不如读读报纸。我也没法随随便便地读诗。我需要有一定的心情和合适的环境才行。我喜欢在夏天的黄昏时分,在花园里读诗。我喜欢坐在悬崖上,面对大海,或者躺在长满青苔的林中斜坡上,从口袋里拿出一卷诗来读。但是,即便最伟大的诗篇也不免有令人生厌的地方。许多诗人一生写了不少诗集,其中也不过两三首是真正的好诗。我认为,凭这两三首诗已经足以对他们作出评价了。我不愿读那么多而所得却那么少。所以,我喜欢读诗选。我知道批评家看不起诗选。他们说,要欣赏某个作家,就得读他的全部作品。但是,我不需要像批评家那样来读诗。我是作为一个普通人,为了寻求安慰、丰富生活或者获得安宁才来读诗的。为此,我很感谢那些目光敏锐的学者,他们从浩如烟海的英国诗歌中去芜存菁,正好适合我的需要。据我所知,最好的三本诗选是帕格雷夫选编的《黄金诗库》《牛津英诗选》和杰拉尔德·布莱特选编的《英国短诗精华》。不过,我们既然生活在当今世界,对当代诗人的作品也不该忽视。他们总该为我们写出了某些值得一读的东西吧?遗憾的是,我能读到的仅有的一本当代诗选,也选得不好,所以我连它的书名也不提了。当然,我们每个人都应该读莎士比亚的那些伟大的悲剧。莎士比亚不仅是有史以来最伟大的诗人,也是我们民族的光荣。我很希望哪位有鉴赏力、有才学、有识别力的人哪天能选编出一部莎士比亚戏剧和诗歌的精选集来,其中除了收入我们大家都该熟悉的那些著名段落外,还把一些精彩片段甚至单行诗句也选入。这样,每当我需要享受一下诗之精华时,便可随手翻阅了。

---

① 埃德蒙·戈斯:20世纪初英国文学批评家。

第二篇　欧洲大陆文学

在第一篇中，我仅限于提及英国作家的作品，它们是说英语的人共有的文化遗产。现在，我要把一些用其他语言写成的书介绍给你。不过，为了让你读起来方便，我仅限于推荐有英文译本的作品。这一限制使我的这份愉快的工作做起来比较容易一些，因为我可以撇开诗歌不谈了。诗歌除非读原文，否则不如不读。我不是诗人，不敢随便谈论诗歌，但我总觉得，诗歌的美妙，很大程度上源于它的韵律，所以不管翻译得多么精巧，至多只能译出一首诗的大概内容，因为韵律是无法翻译的。也就是说，只有用母语写成的诗歌，我们才能充分欣赏，因为由词语产生的联想，是随着母乳、童年、初恋一起形成的。所以，我仅限于谈论散文作品①。

首先，我要说的是《堂吉诃德》。这部作品早在十七世纪初就由谢尔顿译成了英文，但他的译文读起来很艰涩，而我是提倡愉快地读书的。所以，我建议你去读由奥姆斯毕在一八八五年翻译的那个较新的译本。我还要提醒你一件事：塞万提斯很穷，他写作多半是为了挣钱，所以他写了一些类似短篇小说的东西，就插在《堂吉诃德》里充数。我把这些东西都读了，但是就像约翰逊博士读《失乐园》②一样，是觉得应该读而不是喜欢读才读的。所以，如果我是你的话，是会跳过这些东西不读的。在奥姆斯毕的译本中，这些东西都用小字排印，大概是为了降低书的成本，因为你读《堂吉诃德》，毕竟是要看堂吉诃德本身——堂吉诃德和他那个忠实的侍从桑丘·潘沙。堂吉诃德先生忠厚老

---

① 此处的"散文"是泛指所有不押韵的文本，相对于韵文（诗歌）。
② 《失乐园》：17世纪英国诗人弥尔顿的长诗。

实、胸襟坦荡，尽管他的荒唐历险可能使你忍俊不禁（其实，现代人已经不像他的同时代人那样觉得好笑了，因为我们的感情比他们脆弱，觉得作者对他的嘲笑有点残忍，使人笑不起来），你却不仅会喜爱这位"愁容骑士"①，而且还会对他表示尊敬。如果不是这样的话，那你也太铁石心肠了。他是人类奇想的不朽产物，任何一个心地善良的人都会被他深深打动。

接下来，我还不打算谈到法国文学——因为它拥有大量杰作，还有一部分我至少应该提一提书名，那就可能占用许多篇幅，其他语种的好书就没法谈了——但我想在这里先提到一本法国书，因为它也为我们描绘了一个人的画像。这个人和堂吉诃德截然不同，他会在不知不觉间赢得你的爱慕，而当你一熟悉他，你就成了他的莫逆之交。那就是蒙田②。他用一系列的随笔给自己画了一幅完整的肖像，不仅画出了他的性情和他的癖好，同时也画出了他的缺点，使你就像了解一个朋友一样了解他，甚至比朋友还觉得亲切。而就在你了解他的同时，你对自己的内心也会有所发现。因为，他在冷静而幽默地描述自己的性格时，也把探索的目光投向了普遍人性。经常有人说，蒙田是个怀疑论者。是的，当看到事物的两面而无从肯定时，虚心地不作结论，当然是最为适宜的。如果这就是怀疑论，那么我想他确实是个怀疑论者。不过，他的怀疑论使他对人对己都很宽容——一种我们今天特别需要的美德——这种宽容来自对人类的兴趣和对生活的热爱，而反过来，只要抱着宽容的态度，我们对自己的生活会更加热爱，对他人的幸福也会更加关心。蒙田的随笔曾由弗洛里奥用华丽的文笔译成英文。不过，对他那种伊丽莎白时代③的浮华语言不太喜欢的人，会觉得后来由赫兹里特校订过的柯登的译本读起来更加流畅一点。蒙田的随笔不管挑哪一篇来读，你都会觉得趣味盎然。但是，如果你想读到他最精彩的随笔，最好是把第三卷都读一遍。这一卷里的随笔都比较长，他那种宜人的闲谈特点也发挥得比较充分。虽然这些随笔的题目相对来说有点一本正经，但随笔本身依然妙趣横生。在写这些随笔时，蒙田对随笔这种体裁已驾轻就熟，对读者的兴趣已了如指掌，所以你在那里将领略到他那种不拘一格的随笔精髓。不要看到某一篇随笔的题目就认为你不会对它感兴趣，因为他的题目往往和内容

---

① 愁容骑士：堂吉诃德自拟的名号。
② 蒙田：16 世纪法国作家，以多卷随笔闻名于世。
③ 伊丽莎白时代：即 16 世纪女王伊丽莎白一世当政时期，也称莎士比亚时代。

并没有多大关系。譬如，在一篇题为《论维吉尔的几首诗》的随笔中，他谈得最多的却是女人。这是他最有趣的一篇妙文，尤其是其中的有些段落，即便是不太拘谨的人，读了也不免会脸红。

接下来我想跳过两百年时间①，试着劝你去读一本书——这本书，哪怕是只听说过书名的人，也大多会对你说：它很难读。那就是歌德的《威廉·迈斯特》，曾由卡莱尔②非常忠实地译成了英语。现在，即使在德国，歌德也被湮没在尘埃中了；因为他想成为世界公民而不是一国臣民，这个观念是和德国当前的统治者③格格不入的。不过，即使在他们上台之前，在德国也很少有人读《威廉·麦斯特》。有一次，我在柏林的一个知识分子聚会上表示了对这本书的推崇，引来的竟是极大的惊讶。他们中没有一个人读过这本书，原因是他们听说这本书写得非常枯燥。我请他们自己去读一读。几个月后，我再次遇到了他们中的几个人，很高兴地听他们说，他们读了这本被他们忽视的书之后，心里便不再嘲笑我了。我认为，这是一本非常有趣而且非常有意义的书。它既是最后一部十八世纪感伤主义小说，又是第一部十九世纪浪漫主义小说，同时也是现今各种自传体小说的鼻祖。小说主人公就像大多数自传体小说中的主人公一样意气消沉、没精打采。我不知道为什么要这样。或许是因为我们写到自己时，总认为自己的实际成就和应该达到的目标之间有太大的距离，于是觉得灰心丧气，接着就开始发那种怀才不遇的牢骚，而这样一来，呈现在读者面前的就只能是一个灰溜溜的而不是神抖抖的角色了。也许，就像我们在一条街上走，总觉得有趣的东西都在街的那一边，我们自己这一边的东西都是平淡无奇的，所以要我们说自己的经历，我们都会说得平淡无奇，好像只有别人的经历才显得新奇，才有罗曼蒂克的动人之处。也许就是这个缘故，歌德用一个死气沉沉的主人公串起了一连串的离奇事件。他在主人公的周围设置了许多不寻常的甚至稀奇古怪的人物，把他们作为他的代言人，表达他自己对各种问题的见解。《威廉·麦斯特的学习年代》（我不推荐《威廉·麦斯特的漫游年代》，那是一本不堪卒读的书）④ 既有诗意又很荒诞，既有深刻之处，又有沉闷之处。读到沉闷的

---

① 蒙田是 16 世纪作家，后面提到的歌德是 18 世纪末、19 世纪初作家，其间约相隔两百年。
② 卡莱尔：19 世纪英国史学家、散文家。
③ 德国当前的统治者：指纳粹。
④ 《威廉·麦斯特》有两部，一部是《威廉·麦斯特的学习年代》，出版于 1795 年，一部是《威廉·麦斯特的漫游年代》，出版于 1821 年。

地方，我们可以跳过去不读。卡莱尔曾说，这本书是他六年间所读的书中最有教益的。但我要老老实实地补充一句，他又曾说："歌德是一百年来最大的天才，同时也是三百年来最大的蠢驴。"

让我们再跳过几十年，来看看十九世纪俄罗斯的三部长篇小说，即屠格涅夫的《父与子》、托尔斯泰的《战争与和平》和陀思妥耶夫斯基的《卡拉马佐夫兄弟》。

在这三个作家中，屠格涅夫较不重要，但他是个艺术家，能敏锐地感受到生活中的诗意，而且他很有魅力、同情心和博爱精神。他虽不使人强烈地受到感动，却也不会令人厌烦。《父与子》是他最好的作品。在这部作品中，他首次塑造了俄国虚无主义者①的形象。说来奇怪，根据不同的政治观点，人们在这部小说的主人公巴扎洛夫身上看出了许多不同的特点；有人说他在我们这个世界制造了极大的混乱，有人却说他为我们开拓了新的生活前景。巴扎洛夫是个粗暴的人，但他给人的印象却特别深刻，再说他也不是毫无人情味的。他很有能力，只是由于没有行动的机会，所以只能用言论来表现自己。如果给他合适的机会，他是肯定会把自己的大胆设想付诸行动的。他有一种阴暗、可悲的崇高品质。

关于托尔斯泰，我原先想劝你读他的《安娜·卡列尼娜》而不是《战争与和平》，因为在我的记忆中，好像前者比后者更好一点。但是，为慎重起见，我又把这两本书都重读了一遍。现在我可以毫不犹豫地告诉你，还是《战争与和平》更出色。托尔斯泰在《安娜·卡列尼娜》中虽然描绘了十九世纪后半期俄罗斯社会生活的丰富而生动的图面，但他在故事中掺入了太多的道德说教，读起来很难让人觉得轻松愉快。安娜爱上了渥伦斯基，托尔斯泰对此大不以为然。为了让读者懂得罪恶的报应就是死亡，他便把一个悲惨的结局强加到安娜身上。安娜的死，除了托尔斯泰有意要把她引向死路，没有其他理由可以解释。既然安娜从未爱过她丈夫，她丈夫也从不把她放在心上，她为什么就不可以跟丈夫离婚，改嫁渥伦斯基，从此快快活活地过日子呢？托尔斯泰为了把故事引向悲惨结局，就把他的女主人公写得既愚蠢又令人讨厌，既苛刻又不讲情理。虽然我毫不否认，像这样的女人世上确实很多，但是我对她们因愚蠢而

---

① 19世纪俄国虚无主义的主要特点就是对历史和传统一概予以否定。

自找的麻烦，实在难以表示由衷的同情。我原先之所以对推荐《战争与和平》有所迟疑，原因是我觉得它有不少地方写得过于沉闷。战争写得太多。对许多战役的叙述太烦琐。关于彼埃尔①在秘密宗教团体共济会里的经历，读起来也令人乏味。不过，即使把这些东西统统省略掉，这部小说仍不失为一部伟大的作品。它以史诗般的大手笔描绘了整整一代人的成长和发展。故事发生的地点是从伏尔加河到奥斯特里茨的整个欧洲大陆。众多栩栩如生的人物在这广阔的舞台上亮相。数量惊人的素材被处理得尽善尽美。在有些地方，笔触就像荷兰画派那样细致入微，而在有些地方，却又像西斯廷教堂里米开朗琪罗的天顶画那样气势磅礴，令人屏息凝神。它写出了人生的纷扰，以及在与决定各国命运的黑暗力量的对照下，个人的卑微和渺小，给你一种简直无法抵御的深刻印象。《战争与和平》确实是一部天才的惊人之作。这部作品中还有一个成功之处对于小说家来说是最难能可贵的，那就是托尔斯泰塑造了一个自然纯朴、活泼可爱的少女形象②。她也许是所有小说中最迷人的女主人公。但是，托尔斯泰最后又写出了一种只有最伟大的小说家才能构想出来的奇妙结局。他让你看到，她在幸福的婚姻生活中变成了一个家庭主妇。那个欢快活跃的姑娘，变得既琐屑又平庸，而且身体也发胖了。你觉得惊讶，但只要稍想一想，马上就会意识到，这种结局是再自然不过了。它最后给这部惊人的小说加上了一个平淡而真实的注解。

　　你一定还记得，我在谈英国文学的时候曾说过，凡是你觉得没有趣味的书，你就没必要读。现在，当我要谈到《卡拉马佐夫兄弟》时，我对自己说过的话又感到犹豫了，因为我不知道这部冗长而深沉的悲剧性作品会不会让你觉得有趣。这要看你的取向如何了。如果你觉得像海上风暴、森林大火和江河泛滥这类令人惊心动魄的景象很有吸引力的话，那么《卡拉马佐夫兄弟》对你来说一定会很有趣。我又曾说过，你要读那些不读会觉得可惜的书，或者说，读那些会使你的生活变得更充实的书。依此标准的话，我想《卡拉马佐夫兄弟》就理应在我们的书单上占有一席之地，也许还应占据最重要的位置。在所有小说中，除了我们的艾米莉·勃朗特写的《呼啸山庄》和美国作家麦尔维尔写的《白鲸》，没有哪部作品和陀思妥耶夫斯基的作品相近，而在陀思妥耶夫斯基的

---

① 彼埃尔：即彼埃尔·别素号夫，《战争与和平》中的男主人公。
② 一个自然纯朴、活泼可爱的少女形象：即《战争与和平》中的女主人公娜塔莎·罗斯托娃。

所有作品中,《卡拉马佐夫兄弟》又是最震撼人心的。你决不能像读那些描写你所熟悉的平常人的小说那样去读它。我刚才说到的海上风暴或者森林大火,并非信手拈来的比喻。陀思妥耶夫斯基笔下的人物是和大自然的黑暗势力息息相通的。他们不是平常人。他们充满激情,精神极度紧张,神经极度敏感,而且往往忍受着极度的痛苦。他们在经受上帝的折磨。他们的行为就如疯人院里的疯人,然而就在他们疯狂的语言和疯狂的举止里,却蕴含着极其深刻的意义。你会深深地意识到,他们不仅在极度痛苦地向你作自我表白,同时也在向你揭示人类灵魂的深不可测和神秘可怕。《卡拉马佐夫兄弟》篇幅很长,结构很不匀称,有些部分写得冗长而且松散。不过,除了后面几章,其他部分是很有吸引力的。虽说有些场面写得可怖可憎,但也有极美的画面。我从未见过这样的小说,它把人性的崇高和卑劣都写得那么出神入化,把个人灵魂的历险及厄运写得那么生动有力。陀思妥耶夫斯基对人类苦难深怀哀怜之心。这种哀怜之心只有自己也经受过苦难的人才有。"不要做别人的裁判官。"他说,"要爱怜人,不要害怕人的罪恶,要爱怜有罪的人。"当你合上这本书时,你不会感到绝望,只会感到欢欣鼓舞,因为善与美最终透过恶与丑而闪闪发光。

  回头看看前面的章节,我发现自己不止一次建议读者使用好跳读方法。这个建议也许是多余的。我想,大概只有学者才不会跳过蒙田按当时风尚像撒胡椒粉似的撒在随笔中的那些拉丁语引文。同样,大概只有最有毅力的读者才会一字不漏地把《卡拉马佐夫兄弟》的最后几章读完。我在读到陀思妥耶夫斯基让辩护人发表长篇演说时就没有认真读,只是粗粗地扫视了一下。就是我在这里提到的书,尽管我认为很重要,值得仔细阅读,但你仍有跳读的权利,而且只要你跳读得合理,读起来会更有趣。趣味是会变的,就是一部了不起的经典杰作,其中的有些部分也会变得令人厌烦。譬如,十八世纪津津乐道的道德说教、十九世纪流行一时的景物描写,我们现在都觉得不屑一顾。还有现实主义兴起后,小说家们全都热衷于细节描写,甚至为描写而描写,直到后来才发现,只有和小说本身有关的细节描写才有必要。懂得怎样跳读,也就是懂得怎样既有趣又有益地阅读。可惜,我没法教你怎样跳读,因为我也没有掌握其中的要点。我是个差劲的跳读者。我生怕漏掉可能对我有用的东西,常常会徒劳无益地把不该读的部分也读了,而当我想跳读时,又不知道在什么地方停下来,结果一直跳到了最后一页。这时,我心里总是很不满意,觉得这种跳法不对,好像根本就没读过那本书!

现在回过头来谈法国文学。在各国文学中,法国文学是最丰富多彩的。美中不足的是,法国的诗人大多是冷冰冰的。不过,法国的散文艺术却硕果累累,其成就无与伦比。法国作家长期以来一直影响着我国作家,这是有目共睹的事实。即使到了最近,法国人在散文写作方面似乎仍然是我们学习的典范。当然,法国有自己的有利条件。它地处欧洲中部,人口众多、生活富裕、文化发达,这些都有利于文学的发展。法国人天生就有朴质、节制和富有理性的性格特点,这些特点较之于诗人对散文作家更加有用,因而很容易产生杰出的才智之士。法语是一种精确和讲究逻辑的语言。运用这种语言,作家能优雅而明晰地表达自己的思想感情。相比之下,英语就显得相当混杂和累赘,原因就在于它还没有把几百年来吸收进来的各种外来语加以同化。法国文学是一个如此丰富的宝库,可惜我篇幅有限,显然只能挑出其中的几本书来谈谈。

首先,我要你注意一本不厚的书,它叫《克莱芙王妃》,作者是德·拉·法耶特夫人①。这本书出版于一六七八年,文学史家会对你说,它是最早的一部心理小说。当然,它写得很有趣。但说得更恰当一点,它是一部具有现代风格的小说。小说背景是亨利二世的宫廷。女主人公是个显要而贞洁的贵妇人。她尊敬自己的丈夫,但并不爱他。在一次宫廷舞会上,她遇到了奈莫尔公爵,两人一见倾心。但是,她不愿做出伤风败俗的事情。为了抵制那种使她心神不安的诱惑,她便求助于丈夫,向丈夫坦白了自己对奈莫尔公爵的爱慕之情。她丈夫生性善良而且相信妻子不会对他不忠,但他的性格又很脆弱,不由自主地用妒忌折磨着自己。他于是变得多疑、烦躁而易怒。小说中对他在精神重压下性格逐渐变化的描写,我觉得是我读过的所有小说中写得最自然的。小说中的故事很有吸引力。人物都一心想安分守己,然而在环境的影响下却又无法自制,最后当然是一败涂地。小说的寓意似乎是想告诉你,对人的要求不能过高,不能超过他力所能及的限度。这本书今天读来特别有意义,因为现在的人大多认为爱情是不顾法律的,好像在任何情况下情欲都要比责任来得重要。

我接下来要你读的一部长篇小说,性质就完全不同了。它是普雷沃神父②写的《曼侬·莱斯戈》。此书的人物一点不像《克莱芙王妃》中的人物,

---

① 德·拉·法耶特夫人:17 世纪法国女作家。
② 普雷沃神父:18 世纪法国作家。

没有那种敢于面对悲剧处境的崇高灵魂。他们只是些脆弱的、尽干蠢事的凡夫俗子，而我们之所以会同情他们，就是因为我们发现他们的弱点正是我们自己的弱点。这是一部富有人情味的小说。任何初读这本书的人都会觉得趣味盎然。曼侬尽管有种种过错，但她是那么活泼，那么自然，那么可爱。泰格里昂对这个不忠实的女人的坚贞不渝的爱情，又是那么令人感动！他是意志薄弱？确实，他意志薄弱。她是坏女人？确实，她是个坏女人。她是淫荡的、势利的、狠毒的，同时又是殷勤的、慷慨的、温柔的。这样的人当然算不上是有德之人。但是，我想，任何一个男人见到美丽的曼侬都不会无动于衷。

在此我还要谈到一部较短的长篇小说——伏尔泰①的《老实人》——但在它不长的篇幅中却包含着无限的机智、幽默、揶揄、理智和趣味。能把这样丰富的内容压缩在这么短的篇幅里，真是前无古人。我们一看就知道，这本书很明显是讽刺当时流行的乐观主义哲学的。它就像把大片地区变为废墟、使成千上万人丧命的里斯本大地震，把那些一向相信世界是无比美好的大人先生一个个震倒在地。没有谁的头脑能比伏尔泰更包罗万象，更生动活泼了。就在这部小说中，他用玩世不恭的冷嘲热讽取笑了当时仍被认为神圣的种种事物，如宗教、政治、爱情、勇气和忠诚等，而小说的寓意（其实并不邪恶）则是：宽容和忍耐才是真正的美德——你要耕耘自己的园地，要勤奋而坚毅地做好你必须做的事情。

下面要谈到的一部作品极其重要。那就是卢梭②的《忏悔录》。我想，这本书是大多数人都会感兴趣的，虽然有一些人觉得它讨厌。如果你认为研究人性比研究其他东西更有意思的话，那你一定会觉得这本书很值得一读。因为就在这里，一个人把自己的灵魂赤裸裸地呈现在你面前。他不像其他人那样，写到自己时往往只是展示自己的一些毕竟不失为有趣的弱点。他毫不犹豫地解剖自己，让你看到他是怎样一个忘恩负义的、无法无天的、弄虚作假的和卑鄙龌龊的小人。你不可能对他有半点同情，因为他实在是十恶不赦。然而，就是这个人，他对自然之美却爱得如此深切，他的感情是如此温柔，他的叙述又是如此神奇，因而无论你怎么嫌恶他，他还是会把你迷住。再说，无论是谁，只要他不是自欺欺人，在听这个意志薄弱的、浮躁而自负的可怜虫作自我忏悔时都

---

① 伏尔泰：18世纪法国启蒙思想家、大文豪弗朗索瓦-马利·阿鲁埃的笔名。
② 卢梭：18世纪法国哲学家、文学家。

会扪心自问:"我和他到底有什么两样?要是我把自己内心的真实情况也袒露出来,那些东西我自己看了也会不胜震惊,也会觉得无地自容,那时我还会像现在这样煞有介事吗?"所以,我得预先告诉你,虽然在这个处处不如人意的世界上自得其乐往往是我们用以应付生活的重要法宝,但是读了这本书之后,你的自得其乐心理多少是要受到一点干扰的。

整个十九世纪,法国小说可谓琳琅满目,美不胜收。最伟大的三个小说家是巴尔扎克、司汤达和福楼拜。

我认为,巴尔扎克可以说是全世界空前伟大的小说家。他和我们的狄更斯一样,擅长写异常的人而不是寻常的人,擅长写邪恶的人而不是善良的人,但他的旺盛的创造力和庞大的规模却是狄更斯望尘莫及的。巴尔扎克旨在记述他那个时代的社会历史,而且做得相当成功。你读他的小说,不会觉得你所看到的仅仅是一小群人物,而是觉得你看到了整个社会,其中还蕴含着远比个人命运重要的种种意义。我认为他是第一个认识到事件本身的重要性的小说家。他的人物忙于开店或者经商——他们不是发财,就是破产。他虽然也像其他人一样把爱情放在一个重要位置上,但是推动他所创造的那个世界运转的真正动力,却是金钱。他尽管写得粗糙、过分,而且缺乏高雅的鉴赏力,但他有激情,有活力。他所创造的人物虽然有点夸大和不太正常,却一个个栩栩如生,呼之欲出。有人指责他,说他的小说就像传奇剧。然而,我倒想问,既然他写的是一些奇特的人物,那又怎么可能让他们在一个循规蹈矩的平凡世界里活动呢?要表现暴风雨的壮观,必须用高山和大海来烘托。巴尔扎克的许多长篇小说都写得非常生动有趣,很难说哪一部是最好的。不过,在我看来,《高老头》最充分地体现了他那种富有变化的创造力。所以,我想还是向你推荐它吧。

司汤达的两部长篇小说,我希望你读一读。首先,当然是读《红与黑》,然后——如果你愿意和我一样的话——读《巴玛修道院》。我得承认,司汤达是我偏爱的小说家。我喜欢他那种朴质而精确的风格,还有他那种冷静细致的心理分析。他对人的心灵活动可谓独具慧眼。在人的各种品质中,他最崇尚的是精力旺盛,所以在他塑造的人物中,他描写得最细腻、最用心的,就是那些不怕任何障碍而执意要实现自身愿望的人,或者说,那些为了达到自己的目的而不择手段的人。在我看来,《红与黑》前面三分之二部分是所有长篇小说中写得最好的,后面三分之一部分相对来说似乎差一点。不过,这是有特殊的原因的。司汤达原先以事实为基础构思这部小说①，但是当他对自己虚构的人物于连·索雷尔已失去控制时——虚构人物常会如此——他却仍然要求人物的行动和他原先设计的环境相适应。这就使你大为扫兴了，因为你根本就不会相信，那个无情无义、野心勃勃、老谋深算的于连，竟会干出那么一件无知而鲁莽的蠢事②！

我接着要谈的是福楼拜的《包法利夫人》。这是现代小说史上的一座里程碑。不过，我最近重读了一遍，却不能不觉得福楼拜一心想写得客观，结果却使这部小说读起来有点生硬和枯燥。这多少影响了我对他的爱慕，尽管我依然认为这部小说是一部了不起的杰作。小说中的人物描写非常细腻，非常逼真。当你读完它之后，你会觉得生活对于那些平凡的人来说是那么残酷无情，因而会深切地、同时不免有点轻蔑地哀怜他们。福楼拜把那些人物展现在你面前，不仅他们本身是那么真实，就是他们忍受的痛苦也那么真实，以致他们已不再是个别的人，而成了人类的典型代表。

由于篇幅有限，有些不太重要的书我只能简略提一下了。本杰明·贡斯当③写过一部篇幅不长的长篇小说，名为《阿道尔夫》。大多数作家习惯写爱情的产生，贡斯当却相反，他以罕见的有力笔调描写了爱情的衰退。这部作品是对人性的一种真实记录。《三个火枪手》④是一部出色的传奇小说。或许，它算不上真正的文学杰作。人物都是粗线条的，结构又很松散，但它却很有吸引力——这一点，我必须指出，对小说家来说恰恰是最重要的。至于阿纳托尔·法朗士⑤，他虽然没有多大才气，但风格很优美。这种风格在一本名叫《珍珠贝盒》的短篇小说集里发挥得最为出色。他一度被人过分推崇，现在却又被人过分冷落。

---

① 《红与黑》取材于当时轰动法国的"伯尔岱案件"：伯尔岱是神学院学生，先是在一个叫M.米舒的人家里当家庭教师，后来又到另一个叫M.德·高尔东的人家里当牧师。在米舒家里，他企图勾引或者说确实勾引了米舒太太，而在高尔东家里，他又勾引了高尔东的女儿。为此，他被主人辞退。他想回神学院，可是他名声太坏，没有一所神学院愿意接受他。他走投无路，就把怨恨发泄在米舒一家人身上，到教堂去向在那里做礼拜的米舒太太开了枪，然后自杀。但他的伤势并不致命，于是受到审判。在法庭上，他还想把罪责都推到不幸的米舒太太身上，以此为自己开脱，但最后还是被判处死刑。
② 那么一件无知而鲁莽的蠢事：指于连向德瑞纳夫人开枪。
③ 本杰明·贡斯当：18世纪和19世纪之际法国政治思想家、作家。
④ 《三个火枪手》：19世纪法国作家大仲马的长篇历史小说（他最出名的小说是《基度山伯爵》）。
⑤ 阿纳托尔·法朗士：19世纪和20世纪之际法国小说家，曾获1921年诺贝尔文学奖。

最后，我要指出的是，就在我们这个时代，法国产生了一位堪与历代大师媲美的伟大小说家。那就是马塞尔·普鲁斯特。他的作品已有英译本而且译文非常完美。在我看过的所有翻译作品中，我觉得只有这个译本没有使原文有所减色。普鲁斯特一生只写了一部长篇小说①，但这部长篇小说却长达十五卷。这部洋洋巨著一出版就让人惊叹不已，对它的颂扬也到了失去理智的地步。我自己就曾说过，我宁愿读普鲁斯特读得厌烦，也不愿读其他作家的作品来解闷。但是，重读这部作品，我们大多数人的态度也许会变得比较清醒。普鲁斯特其实经常重复。他的自我剖析也过于烦琐。对妒忌心理的分析冗长而乏味，即使最有耐心的读者最后也不免生厌。但是，尽管如此，他的优点还是远远超过他的缺点。他是个具有独创精神的伟大作家。他的观察细致入微。他的创造力和心理透视力无与伦比。但我相信，他在未来将作为一个卓越的幽默作家而受人称颂。因此，我劝你在读这部大作时，虽然有许多枯燥的地方完全可以跳过去不读，但是那些描写万杜兰夫人和夏吕男爵的文字却千万不要遗漏。这是两个刻画得最淋漓尽致的喜剧人物，是我们这个时代不多见的。

顺便提一下，我在这两篇文章②中为你推荐了好多书，虽然我对每本书所说的话并不多，但都是赞美之词，因为我若认为这些书没有多方面的价值，我是不会推荐它们的。我还谈到有些书的作者，对此我觉得自己好像有点可笑。我就像是在竞选下院议员似的③，竭力讨好选民，所以时而摸摸简·奥斯汀的下巴，时而拍拍歌德的头，时而又向陀思妥耶夫斯基挥挥手。但是，我只能这么做。如果仅仅开列一张书单，你肯定会觉得很枯燥，因而我在有限的篇幅里尽可能地对我推荐的书略加评论，为的就是要使你对它们感兴趣。好了，我现在只能希望这些书——就是其中一本也好——能给你教益，又能给你乐趣；希望你读过之后像我一样觉得自己没有浪费时间。如果真能这样，如果你觉得没有白读，那么，我的这两篇文章也就没有白写。

---

① 即《追忆似水年华》。
② 这两篇文章：指本文和前面一篇关于英国文学的文章。
③ 英国议会分上下两院，上院议员由王室推荐，下院议员由民众选出。

第三篇 美 国 文 学

我为《周末夜读》杂志写的两篇推荐英国文学名著和欧洲大陆文学名著的文章刊出后,许多读者写信给杂志社,希望我再写一篇推荐美国文学名著的文章。杂志社慎重考虑之后把读者的信转给了我。我回复说,这篇文章最好还是请一位美国作家来写。但是,这显然不是读者希望的,杂志社坚持要我来写。于是,我就不无顾虑地答应了。

我必须有言在先,虽然我读过许多美国书——实际上,我不到十岁就一边笑一边读《阿狄莫斯的书》①和《海伦的小娃娃》②了——但我并不想装得好像和一个喜欢看书的美国人一样,已经把该读的书都读过了。我没有必要把那些书都读一遍。我是随便读读的。每个国家都有不少只有本国人感兴趣的书,外国人去读是不合适的。譬如,我就觉得没有必要去读乔纳森·爱德华兹③的书,而像《里默大叔》④里的美国方言,也不是我能完全弄懂的。所以,我绝不认为我是在发表权威性意见。我只是谈谈我的看法,而且我还得承认,这是一个英国人根据他本国的观点读了一些美国书之后的看法,因此是不免有偏见的。我知道我的有些看法并不符合美国评论界的权威观点,很可能会受到指责。

我想谈的是美国文学中那些最富有美国特性的作家,至于那些明显受英国

---

① 《阿狄莫斯的书》:19世纪早期美国幽默作家布朗的作品。
② 《海伦的小娃娃》:18世纪后期美国作家哈伯顿的作品。
③ 乔纳森·爱德华兹:美国早期宗教作家。
④ 《里默大叔》:19世纪美国作家哈里斯的小说。

文学影响的作家，我不感兴趣。一本美国书，要我感兴趣就得有美国味。对于那些我将谈到的书，我当然不可能说出连美国人也没听说过的新鲜话来，但是我相信，我能给非美国人（包括我们英国人）开一张书单，使他们对美国的"美国特性"有个概念，从而了解是哪些东西影响了这个国家的国民性，以便他们往后和这个国家的人有更好的交往。我只想谈一些经典的文学名著。我对当代作品一概不提，这一方面是因为我对此不太熟悉，另一方面是因为在最近五十年来出现的大量作品中哪些将被证明是有永久价值的或者是有代表性的，目前还说不上来①。

　　和有些批评家的看法不同，我认为不能因为某一本书读者多，成了畅销书，就说它没有价值；《大卫·科波菲尔》《高老头》和《战争与和平》都曾是畅销书。但也不能因为畅销，就说某一本书一定是杰作。一本书受人欢迎可能有许多原因，如果这些原因一旦不复存在，这本书也就没人读了。对于畅销书，我的做法是，在它出版后的两三年内决不去读它，因为两三年后我会惊喜地发现，许多轰动一时的书已不再需要我费神去读了。我在这里必须再次强调，我坚决主张为娱乐而读书。不应该把读书当作一项任务。读书是一种乐趣，是人生所能给予的最大乐趣之一。如果我在下面谈到的那些书不能使你感动，或者不能使你感兴趣，那你就完全没有必要去读。我在动手写这篇文章时确实就是这么想的。否则的话，我就不敢下笔了，因为我要谈到的那些问题并不是我十分精通的。我知道我在这方面的知识不够，所以在收集资料的同时，还读了两三本有权威性的美国文学史。我本想把自己的看法和那些最权威的观点比较一下，以便在发现他们的观点和我的看法不一致时，是否可以考虑修正我的看法。然而，我却不无惊异地发现，他们谈论的尽是些我认为和文学本身毫不相干的问题。他们大谈特谈某个作家写作时的社会条件和影响他写作的政治环境。他们的评述很有趣，见解也无疑是正确的。他们讨论某个作家对当时重大社会问题的看法，探讨他的思想的哲学意义，等等。但是，对于他的风格，他们好像认为是不必多谈的。对于他的作品结构、写法以及塑造人物的手法，他们也都不大在意，而对于他的作品的可读性如何，他们根本就只字不提。在我看来，这些一本正经的先生一点也没有注意到书是可以为娱乐而读

---

　　① 基于这一原因，毛姆没有提到当时已经出名的一些美国现代作家的名字，如海明威、福克纳等。这些作家的作品，后来"被证明是有永久价值的"。

的，没有注意到文学是一种艺术。然而，文学恰恰是一种艺术。它不是哲学，不是科学，不是社会经济学，也不是政治。它是一种艺术。艺术是为人提供娱乐的。

在我开始谈那些美国书之前，我还有一句话要说：你千万不要指望它们会像我在前面谈到的那些书一样振奋人心。虽然天才一词现在用得很滥，但我仍不愿把它随便用在一个写了三四个成功的剧本或者两三部成功的小说的人身上。我认为天才是非常罕见的，所以在我下面将要谈到的所有作家中，没有一个配得上这一称号。在美国作家中，有的很有才华，有的却不太有才华，但他们大多需要克服重重困难。不管他们自己是否意识到，为了创造一个国家的文学，他们必须摆脱由教育和社会偏见加在他们身上的束缚，摆脱外国影响的束缚，开辟出一条新路来。他们生活在一个新的国家里，这个国家的文化还刚刚在形成，有许多重要的实际问题需要解决，因此艺术必然不受重视。我们知道，他们中有些人忍受不了这样的环境，就逃到欧洲来了，因为这些人认为欧洲的环境比较适合于艺术。明智的人留了下来。这些人如果条件再有利一些，原是可以创作出更完美的作品来的。不过，尽管障碍重重，他们还是难能可贵地写出了不少优秀作品，这说明他们确实富有精神活力，富有扎实的才能。美国文学的历史还不到一百年，对它应该公正一点。请你想一想，如果在英国文学中去掉整个十八世纪——且不谈乔叟①和莎士比亚，还有十七世纪的那些伟大的诗人和散文家——只要我们没有了蒲柏，没有了斯威夫特，没有了菲尔丁，没有了约翰逊博士，没有了包斯威尔，英国文学就不可能像现在这样成为英国精神的不朽象征。

不过，我还是要从一本十八世纪的书开始谈起。美国文学史上提到的自传寥寥无几，但其中的一本，也就是本杰明·富兰克林②的《自传》，却写得极为有趣。它以质朴的英语写成，流畅可读，就如作者自身的为人。我们知道，富兰克林深受英国语言大师的熏陶。他的《自传》不仅叙述得很流畅，还成功地为自己描绘了一幅既生动又真实可信的肖像。但我不明白，为什么在美国一

---

① 乔叟：14世纪英国诗人，被誉为"英国诗歌之父"，《坎雷伯雷故事集》为其传世之作。
② 本杰明·富兰克林：18世纪美国政治家（美国独立战争时期重要领导人之一）、物理学家、作家、慈善家。

提到富兰克林，人们就有轻蔑之意①。他们对他吹毛求疵，说他的箴言其实是常识，他的理想其实很平庸。确实，富兰克林不是浪漫主义者。但他精明而勤奋，是个出色的实干家。他为他的同胞谋福利，同时头脑也很清醒，决不让他的同胞来欺骗他，而是非常机敏地利用他们的弱点来达到自己的目的。他的动机有时确实很自私，但有时也很大公无私。在生活中，他讲究个人享受，同时对种种不幸也能坦然处之。他很仗义，也很慷慨，是个够朋友的人。他谈吐机智泼辣，他喜欢喝酒，也喜欢女人，甚至有点放荡，常找女人寻欢作乐。他是个多才多艺的人。他活得很潇洒，从不虚度时光。他为他的国家、他的州县和他的城镇都做过不少好事。我觉得，就如约翰逊博士是个典型的英国人，富兰克林是个典型的美国人。那么，为什么他的同胞们会对他没有好感呢？我常这样自问，而且想来想去只想出一种解释：也许是因为他从不虚伪。

接下来，让我们直接进入十九世纪。这一百年间，最杰出的作家是赫尔曼·麦尔维尔、爱德加·爱伦·坡和瓦尔特·惠特曼。要是只允许我说出三个最有才华的美国作家，我会毫不犹豫地选择这三个名字。不过，我要暂时把他们搁一搁。因为，我再说一遍，我写这篇文章的主要目的——也是你的兴趣所在——是要尽我有限的知识和篇幅谈谈美国文学中的美国特点，所以，我不想按年代顺序来谈。还得加上一句，为了避免冗长啰唆，我将只谈那些我有充分理由认为应该读一读的书。那些书谁都不能不读。任何有教养的人读了它们，一定会觉得趣味无穷，受益匪浅。

然而，我不得不承认，为写这篇文章，我把《红字》②重读一遍之后，却觉得所得教益和乐趣都很有限。我想，实事求是总没有坏处，所以我坦率地对你说，就在最近的四十年间，美国至少出现了五到六个才华远胜过霍桑的小说家。只是出于陈见以及这些小说家还活着的缘故，我们才不承认这一点。尽管如此，《红字》毕竟是很有名的，我想每个读过些书的美国人肯定都读过这部传奇小说。我觉得，小说的序言"海关"，比小说本身读起来更有意思，因为它写得轻松幽默，很有吸引力。一部小说，首先要让人觉得可信。如果你本能

---

① 美国有不少人对富兰克林一直颇有微词，主要原因是富兰克林并不虔诚信教（如后文提到的秘密结婚），尽管他的头像印在一百美元钞票上（一美元钞票上印的是华盛顿头像，以此排序，钞票值越大，印有头像的人名声越小。一百美元是最大值，意思就是富兰克林的名声在这几个伟人中是最小的）。

② 《红字》：19世纪美国小说家霍桑的著名小说。

地觉得人物的行为举止不合常理，那么这部小说就完蛋了，小说家也完蛋了。霍桑在《红字》的开头部分就面临这样一个难题：他得找到理由让人相信，那个随便去哪儿都可以的海丝特·白兰①，为什么偏要留在那个使她备受羞辱的地方。当然，他可以把这归因于她对亚瑟·丁姆斯代尔的爱情，是强烈的爱情使她宁愿含羞忍辱留在那个地方的。但是，他却没有解决另一个更大的难题，因为他要是解决了这个难题，他的小说也就不会是现在这样子了。清教徒是虔诚的，同时也是很现实的，对于男女之间的事情，他们不会不懂：天上的鸟是不会使女人怀孕的，只有男人才会。这一点，海丝特是理应知道的。既然怀孕了，她又为什么不到远些的地方去把孩子秘密地生下来？这让人无法相信。如果说，是因为情人相爱而舍不得分离，那么，既然他们后来能很容易地乘船返回欧洲，为什么在情况如此严重的时候反而会想不到走这条路呢？真是令人费解。他们也许不知道罗格·齐灵渥斯②已经死了。否则的话，他们就会像一个世纪后本杰明·富兰克林和可敬的里德小姐那样按习惯法结婚③。霍桑没有塑造生动的人物形象的天赋。罗格·齐灵渥斯简直不是一个活人，而是邪恶和狠毒的堆砌物。海丝特不过是一尊精美的雕像。丁姆斯代尔牧师也是死气沉沉的，只有当他和海丝特最后决定私奔之际，在他急切地想知道船究竟在什么时候起航时，才开始显示出一点生气。他已经为自己的当选写好了布道的讲稿，很不愿意放弃。在这里，霍桑对人性作了非常精彩的刻画。我要你读《红字》，不是去欣赏它的故事，而是要欣赏它的深刻动人的文笔。霍桑的文笔是以十八世纪英国的伟大作家为楷模的。譬如"他的仁慈之心不能容忍从蝴蝶翅膀上抹下一些粉末"，很像出自斯特恩之手。斯特恩见了一定会大加赞赏。霍桑有敏锐的耳朵④，又善于遣词造句。他能把一个句子写得长达半页，从句层叠，但结构匀整，就如水晶般明晰，而且读来铿锵有力。他能写得精美而多变。他的散文就像哥特式织锦一样，精致而华丽，但他的审美观又很有节制，从不流于浮华或者夸张。他的隐喻意味深长，明喻恰到好处。他的用词也完全符合他的题材。文学的风尚随时代而变，很可能今天流行的粗俗文风今后会不再流行，

---

① 海丝特·白兰：《红字》女主人公，即脸上被烙上红色A字的女人。
② 罗格·齐灵渥斯：《红字》中的人物，海丝特·白兰的丈夫。
③ 富兰克林和里德小姐于1730年按习惯法结婚，即不举行宗教仪式，过婚姻生活。这在当时的美国，是惊世骇俗的。
④ 意为很懂得语音的作用。

很可能读者会重新喜欢典雅的文风。届时,作家们也就会纷纷向霍桑学习如何写好一个较长的句子,如何写得既庄重又明快,如何使文句读上去富有韵味而又不显得做作。

霍桑属于文学史家所谓的"康科德派"①。这一派的主要成员是爱默生和梭罗,所以我似乎也应该谈谈这两个作家。《瓦尔登湖》②的好坏,要看读者的口味而定。我读这本书时,既不觉得厌烦,也不觉得兴奋。这本书写得很流畅,文笔轻松文雅,而不是一本正经的。不过,如果我被大雪困在荒无人烟的美国西部草原上,身边只有一头不会说话的牲口,而我在避雪的小木棚里发现的一本书恰恰是梭罗的《瓦尔登湖》的话,我会感到万分沮丧。写这种书是需要有充沛的精力、独特的经验和大量的冷僻学问的,而梭罗这个人却生性懒散,生活经验和生活知识都很有限。书虽读过不少,但他读的都是些过了时的旧书。我觉得他缺乏激情,所以他尽管大胆使用了这样的主题,却没有从中生发出深刻的含义。他发现了一个"知足常乐"的秘密,说如果你没有多大追求,就无须付出多大代价,也就容易满足。这些我们早就听说过了。霍桑说:"你若能习惯于跟一些和你不同的人相处,由于他们无视你所追求的东西,你就不得不放下自己所关心的一切而去了解他们的生活和他们的才能,这对于你的道德修养和知性健康来说都是很有益的。"这话说得倒很有道理,写书的人尤其应该铭记在心。和梭罗相比,爱默生的地位当然要高得多。多年前,我在科摩湖③畔碰到一个金发女人,就是她使我开始读爱默生的。在我们的旅游途中,她身边一直带着一本爱默生的《论文集》,其中她认为重要的句子和段落还用蓝色铅笔(也许是为了和她眼睛的颜色相一致)划了出来,每页至少有两三处。她告诉我说,她从爱默生那里得到莫大的安慰,说她在生活中一遇到难题或者不幸,便求助于他,而且总能如愿以偿。多年后,我在夏威夷又碰到她。她热情地叫我到她在那儿临时租下的寓所里去共进午餐。她本来就很有钱,自从我们上次相遇后,她身份也提高了,因为她丈夫封了爵位,她成了贵族夫人。她接待我时穿着一身卡洛服装(卡洛姐妹是巴黎最时髦的服装设计师),戴着一条价值

---

① 康科德派:康科德是波士顿附近的一个小镇,因爱默生住在那里,所以评论家常常把当时追随爱默生的一群作家称为"康科德派"。"康科德派"也称"超验主义派",超验主义的思想宗旨类似于欧洲的浪漫主义。
② 《瓦尔登湖》:19世纪美国作家梭罗的一部散文作品,讲述他在瓦尔登湖畔的隐居生活。
③ 科摩湖:意大利第三大湖,旅游胜地。

至少五万英镑的珍珠项链，脚上却不穿鞋袜。"你看，"她指指她那双赤着的脚说，"我在这里过着简朴的生活。"但我看到她两只脚的脚趾都很肿胀①。这时，一个穿得像明朝皇帝似的中国管家为我们端来了一大盘各种各样的鸡尾酒。我问她是不是还在读爱默生。她赶紧从桌子上抓起一本书，按在她平坦干瘪的胸口上，对我说：是呀！她无论到哪里，都一直带着爱默生的这本《论文集》。她挥了挥戴着珠宝的手，指着窗外的大海说，要是不读爱默生，她也就不可能真正领略到太平洋的伟大精神意义。不久前，这个女人寿终正寝，但她至死都是爱默生的忠实信徒。她把她的游艇和藏书全都遗赠给了她的一个情夫，也算是她晚年的另一种安慰。只是，她没有给那个情夫留下足够的钱来维持那艘游艇，于是他就把它卖了。至于那些旧书，是换不到几个钱的，他可能还保存着。如果真是这样，我希望他能知道，他那位已故贵妇人从爱默生的书里也得到过不少安慰。但是，我得承认，我从爱默生的书里却从来没有得到过什么安慰。我不想对这位被他的同胞们引以为荣的作家说大不敬的话。我承认，他的性格很有魅力，而且很仁慈。你读他的日记，不能不钦佩他从小就有深邃的思想，钦佩他竟能把自己的思想表达得那么流畅。他是个演说家，他是为了在讲台上演说而写作的，但他当年演说时的那种风度和语调，在书页上已经领略不到了。尽管如此，我还是只能说老实话，我在他那些著名的散文中甚至都没有得到多大的教益或者乐趣。有许多地方，他几乎可以说还很陈腐。他有使用华丽辞藻的天赋，但往往华而不实。他就像一个动作敏捷的滑冰运动员，在一片陈词滥调的冰面上滑来滑去，竟然在那上面划出了一幅幅令人眼花缭乱的图案。他要不是那么一个好人，倒有可能成为一个更好的作家。那么，人们自然会好奇地问，又是什么使爱默生成为一个著名作家的呢？他在世界文坛上也占有重要地位，这又是为何呢？为此，我劝你读一读他的《英国人的性格》一书。在这本书里，由于他不得不写到许多具体事物，也就不像在《论文集》里那样容易被一些空洞无物的所谓"思想"所框住。这本书比他的其他所有的书都写得更加生动、更加贴切，也更加有趣。读这本书，我才确确实实觉得是一种享受。也许，美国人对"康科德派"作家的重视是外国人无法理解的。作为外国人，我们只好把其余的"康科德派"作家都忽略掉，去看看别的作家。

---

① 脚趾肿胀通常是少走路引起的。

　　艾德加·爱伦·坡的情况正好和爱默生相反，他在欧洲其实比在本国更受尊敬。譬如，他在法国文学界的影响至今还很大。也许是因为他的品性和为人不那么高尚①，他的同胞才没有给予他应有的尊敬。然而，作家的品性和为人是和读者无关的。读者关心的只是他的作品。爱伦·坡的诗歌非常优美，是美国历史上前所未有的。他的诗歌就像威尼斯画派的有些画，以一种意想不到的美使你惊心动魄。你读着他的诗歌，只觉得感官得到了满足，也就不去管它到底有没有激发你的想象力了。它给你的就是纯粹的美，无与伦比的美。除了是诗人，爱伦·坡还是一个目光敏锐的批评家，尤其是他对短篇小说的看法，长期以来一直是后世小说家的座右铭。至于他自己写的那篇小说，也是出类拔萃的。不用我说，你也知道，他的《金甲虫》和那位杜宾先生的故事开了侦探小说的先河，结果是世界上出现许许多多这种我们大家都喜欢看的书。现在已经有许多作家在侦探小说这片园地里耕耘，他们尽管各显神通，却没有一个人在爱伦·坡最初开垦出来的这片园地之外开垦出新田地来。爱伦·坡的恐怖小说和神秘小说或许得到过霍夫曼②和巴尔扎克③的启发，但他是个最自觉的艺术家，他的作品出色地达到他自己预期的效果。凭着这些作品，他也得到了应有的名声。爱伦·坡的文笔是浮夸的，他喜欢使用浪漫的修饰和夸张的对话，就像他笔下的人物一样纯属虚构。他的题材也很褊狭。但你必须容忍这些，因为他给我们的是当时世上独一无二的东西。他写得很少，写出来却几乎篇篇趣味无穷。只是，他的作品没有特殊的美国味，无论在他的散文中，还是在他的诗歌中，我都找不到什么东西是英国作家不可能写出来的。所以，我们如果想在美国文学中寻找有美国特性的作品，还得到别处去找。

　　不过，在此之前我得先谈谈一个故意回避美国背景的作家——亨利·詹姆斯④。他不是美国最伟大的作家，但确实是最出名的作家之一。他才华卓著。

---

① 爱伦·坡是个酒鬼，还有行骗嫌疑。
② 霍夫曼：18世纪末、19世纪初德国小说家，以志怪小说闻名。
③ 巴尔扎克的长篇小说（他以此而出名）都是写实的，但他的中短篇小说中有一些是写神秘事件的。
④ 亨利·詹姆斯出生在美国，但长期居住在伦敦和巴黎，其作品也大多以欧洲为背景，即写生活在欧洲的美国人。这里，毛姆似乎背离了他前面的说法，他说他"对当代作品一概不提"，而亨利·詹姆斯的小说恰恰是当代作品；而且，毛姆还认识亨利·詹姆斯。也许，亨利·詹姆斯的小说大多是在英国出版的，而毛姆说的"当代作品"，是指当时在美国出版的作品——可见，他对美国当代文学不屑一顾。

可惜的是，他性格上的某种缺点使他的才华没能得到充分发挥。他有幽默感，有洞察力，感觉细腻，又有戏剧感，但是他平庸的灵魂使他对死亡的恐惧和生命的神秘感到困惑。他观察事物的表面极其敏锐，却不能看透事物的底蕴。亨利·詹姆斯把他的《奉使记》视为自己最好的长篇小说。最近，我重读了一遍，颇为它的空洞感到惊讶。小说使用的那种迂回曲折的文体使人厌烦。人物的语言没有表现出人物的个性，似乎每个人说的话都是千篇一律的，都是亨利·詹姆斯自己的语言。唯一的一个比较有趣的人物是纽萨姆太太，但她却始终没有出场。斯特雷切尔则是个愚蠢的老太婆，专爱打听别人的隐私。幸亏亨利·詹姆斯有讲故事的才能，能使读者急于想知道下文如何，再加上他对巴黎的春天和夏天的那种宜人景色的描绘（我从未见过这样精彩的描绘），读者才跟着他一页一页地读下去——这是小说家最重要的才能，否则的话，这部小说简直令人难以卒读。我还是比较喜欢他的另一部长篇小说——《美国人》。这部小说写得明快而优美，或许用词稍嫌陈旧（譬如，不说人们"走了"，而说"辞别"；不说"回家"，而说"回府"；不说"上床睡觉"，而说"就寝"）。不过，这可以使人感受到一种历史气息，倒也不是全然不可取的。这部小说的奇特之处在于它讲的是一个没有爱情的爱情故事。克里斯托弗·纽曼娶德·桑特雷女士为妻，本来就只是为了让他的几个孩子有一个母亲，使餐桌有一个女主人，从而给家庭增添一点光彩，所以当他们的婚姻破裂时，他内心并不痛苦，只是觉得丢了面子。小说里的人物都不是真实的人。男的就像一件塞满填料的衬衫，女的就像一条撑在裙架上的裙子。桑特雷女士尽管妩媚动人、温文尔雅，却纯粹是个俗套人物，让人觉得不是自然的写生，而是作者悉心研读巴尔扎克的小说后从中移植过来的。然而，巴尔扎克能把自己的激情赋予哪怕是最俗套的人物，亨利·詹姆斯却毫无激情，因而这个人物只能像《妇女杂志》上的时装模特儿一样了无生气。那个美国人纽曼是个西部开拓者，按照故事里的那个特定历史时期，他很可能到加利福尼亚去淘过金，但是亨利·詹姆斯对他所要描写的人物好像太不了解，以至于从表面上看这个人物也是不近情理的。无论在圣路易的赌场里，还是在旧金山海滨，纽曼都不大可能学会写那种文雅的书信。我觉得，亨利·詹姆斯是被自己的人物愚弄了。贵族贝尔加德家拒绝与纽曼联姻，也不是因为纽曼的财产是靠做生意挣来的，而是因为他们及时发现了他原来是哈佛大学的一个英文助理讲师。尽管如此，《美国人》还是值得一读的。亨利·詹姆斯讲故事的才能确实高明，故事中的悬念设计确实奇妙，对戏剧场面的运用也确实娴熟而自如，所以他自始至终都能把你吸引住。小说情节就像侦探小说一样扣人心弦，甚至比侦探小说还要玄乎。此外，你也不时会感受到作者的那种和蔼、文雅、富有教养的性格魅力。《美国人》不是伟大的小说，但读起来非常有味。一部六十年前出版的小说还能这样，真是不可多得。

现在我要谈一部伟大的小说，那就是《白鲸》。我在南太平洋诸岛时，一度曾津津有味地读过麦尔维尔的南太平洋小说《奥穆》和《泰比》，但后来就再没有想要重读。至于《比埃尔》，我根本就没有读，因为我听一些有见识的批评家说，麦尔维尔写这本书时精力不济，所以写得一塌糊涂。然而，就凭《白鲸》，也足以使任何作家成名。有些批评家说这部小说的文笔过于夸张，我认为这很适合小说的题材。夸张手法是得失无凭的：使用得当，可以出神入化；使用不当，则会荒诞不经。我得承认，麦尔维尔有时确实流于荒诞，但要一个人始终在高空行走是不可能的。只要想一想他那些最好的章节写得何等苍劲有力、何等简洁明快，那么对他的偶尔失足也就不会计较了。有好几章，譬如关于图书馆所藏文物的掌故和详述鲸鱼历史的那几章，我觉得是多余的。麦尔维尔显然是想炫耀一下自己的渊博知识。但是，对一个有杰出才华的作家，你得允许他有怪癖。荷马也有打盹的时候。智者千虑，必有一失。莎士比亚有时也会洋洋洒洒写出一大段废话。麦尔维尔对新贝德福德①风光的描写，对事件的叙述，以及对人物的刻画——尤其是对那个可怕的人物艾哈伯的刻画，确实不同凡响。这里有一种惊悸、一种神秘、一种征兆、一种激情。它显示出人生的凶险、命运的不可抗拒以及邪恶的无处不在，而所有这一切，都使你凝神屏息、瞠目结舌。你被震倒在地，然而你又觉得仿佛高高地升到了空中，有一种奇异的感觉。如果你是个作家，当你把自己所从事的艺术提升到了如此高度，对人的心灵、人的思想和感情产生了如此重大的影响时，你一定会觉得无比自豪。尽管麦尔维尔的这部小说一开始写到了新贝德福德，后来的故事也是发生在一艘美国捕鲸船上的，然而我在小说中却找不到我想寻找的那种特殊的、因而是可贵的美国特性。他的教养是欧洲教养；他的文风给你的印象也是十七世纪英国散文家的那种文风。他笔下的人物——至少是主要人物——虽然

---

① 新贝德福德：美国东海岸一地名。

都是美国人，但他们只是表面上的美国人。他们比任何真实的人都要高大，确实不属于世界上任何国家，而属于一个令人望而生畏的奇异国度，那里同时还有类似陀思妥耶夫斯基小说中和《呼啸山庄》中的那种心情烦躁、相互折磨的人物。

要想说清楚美国特性究竟是什么，这本来就不容易，而我的篇幅又很有限，所以更加不可能了。在文学中，特性就是指这样一种特点：它使一个国家的作品有别于另一个国家的作品，使人一眼就能看出，这样的作品只能在这样一个国家里产生出来。让我举一个很好的例子来加以说明。在马克·吐温的作品中，譬如在他的《哈克贝利·费恩历险记》中，你就能很明显地感受到极其浓郁的而且是极为典型的美国特性。《哈克贝利·费恩历险记》是马克·吐温最好的作品，一部真正的杰作。在马克·吐温生前，人们只把他看作幽默作家，读他的作品只是为了消遣，而当时的权威批评家对幽默作家往往是不屑一顾的。然而，在他去世之后，人们的对他的态度就变了，我想他现在已是一致公认的美国最伟大的作家之一。这无须我多说。我只想指出一点，当马克·吐温想用正规的文学语言来写作时，他写出来的东西（如《密西西比河上》）往往只是些干巴巴的新闻报道，而当他写《哈克贝利·费恩历险记》时，他却聪明地想到了用主人公自己的口气来写，于是就开了美国方言文学的先河，而就是这种方言文学，现已证明是当今许多最典型的、最优秀的美国作家汲取灵感的源泉。马克·吐温向他们表明，从十七或者十八世纪的英国作家那里是找不到生动的文学语言的，只有到本国人民的语言中去找。然而，如果认为哈克贝利·费恩所说的那种语言，就如画家所谓的"写真"，就是方言本身，那也是愚蠢的。一个未受过教育的孩子是绝不可能说出那么干净利落的词句的，也不可能出口就有那么恰当的措词。很可能，马克·吐温觉得，如果使用方言直接用第一人称叙述，会有损文学的尊严，所以他采用了这种表现方法，让我们觉得这种语言是他的小主人公的真实语言，而当我们很乐意地接受了这种语言时，他也就使美国文学从长期的束缚中解脱了出来。《哈克贝利·费恩历险记》以其多变而惊人的奇妙构想，以其充沛的活力和饱满的热情，继承了"流浪汉小说"的伟大传统，而且足以和这一传统中两大杰作即《吉尔·布拉斯》① 和

---

① 《吉尔·布拉斯》：18世纪法国小说家勒萨日的长篇小说。

《汤姆·琼斯》相媲美；可惜的是，马克·吐温把那个讨厌的小笨蛋汤姆·索耶①引了进来，破坏了小说的最后几章；否则的话，这部作品真可以说是无懈可击了。

给我的篇幅现在已不多了，所以关于《俄勒冈的小路》②我只能简单提一下。帕克曼作那次旅行迄今还不到一百年，那时草原上有成千上万的野牛，还有心怀敌意的印第安人，处处有危险需要防备。他很勇敢，也很坚毅，还有一种沉静的幽默感；他就是以这样的性格，以荒野为题材，写了一本从头到尾都很有趣的书。这本书确实很好，如求全责备的话，就是文采稍差一点。

关于艾米莉·狄金森③，我也得说上几句。在我看来，她不配受到那么多的赞誉。我这么说，大概许多人会觉得不高兴。她被推崇为伟大的"美国诗人"，然而诗和国籍是无关的。诗人生活在天界里，不属于任何国家。我们说荷马，何尝把他称作伟大的"希腊诗人"，或者说但丁，何尝把他说成伟大的"意大利诗人"？这样说的话，只会贬低他们。我们不应该让一个诗人的个人经历来影响我们的判断。艾米莉·狄金森有一段不幸的恋爱经历，长年孤独隐居；爱伦·坡酗酒，常常忘恩负义，但这并不会使前者的诗好一些，后者的诗差一些。读艾米莉·狄金森的诗，最好还是读她的诗选，因为那些经过挑选的诗最能显出她的机智、辛辣和质朴。她的诗选大多选得太少，如果多选几首的话，内容会丰富不少，但是你若去读她的全集，则很可能会大失所望。她在自由唱歌时，节奏协调而且转换灵活，用词贴切，感情真挚，新奇的意境层出不穷，这时她写出来的诗最精彩。可惜，她并不经常处于这种最佳状态。就像艾默琳·格兰杰福德小姐④一样，艾米莉·狄金森也胡乱地写诗。在形式上，她又非常刻板，老是用四行一节的旧格律或者民歌格律。这种形式本身就有局限，而到了她手里更见局促，因为她的耳朵不灵⑤，语言也难得简练，很不适

---

① 汤姆·索耶：马克·吐温早先所写的《汤姆·索耶历险记》中的主人公，一个顽童，后又出现在《哈克贝利·费恩历险记》行将结束的时候，他明知道黑奴孩子吉姆已获自由，还自导了一场劫狱，目的是寻求刺激。有评论家认为，汤姆·索耶的出现抢了主人公哈克贝利·费恩的戏，是一败笔。
② 《俄勒冈的小路》：19世纪美国小说家帕克曼的著名历险小说。
③ 艾米莉·狄金森：19世纪美国女诗人，生前不为人知，去世后家人将其遗作发表，名声大作。
④ 艾默琳·格兰杰福德小姐：马克·吐温《哈克贝利·费恩历险记》中的人物。
⑤ 即不懂音律。

用这种格律。她的性格和思想很复杂，因此往往为了写得"思想深刻"而不惜牺牲优美的抒情。她也写讽刺短诗。这需要一针见血，但她刺下去的针头却往往偏离目标。她有天赋，但天赋不大。有人硬说她有多大的才华，而在她作品中却显不出多少。这样名不副实，常使读者困惑不解。诗歌是文学的王冠。我们有权要求王冠上的珍珠不能是人工培养的，宝石也不能是重新打磨过的。美国将产生一大批新诗人（我认为实际上已经产生），他们将使那些硬堆在艾米莉·狄金森身上的赞美之辞更显得浮夸不实。

现在只剩下瓦尔特·惠特曼了。我把他留到最后，因为在他的《草叶集》①中，我们终于找到了我们一直在寻求的、真正摆脱了欧洲影响的、纯粹的、地道的美国特性。《草叶集》虽是一部极其重要的作品，但我不得不告诉你，很少有像惠特曼这样不平衡的大诗人。因为我一开始就提醒过你，我劝你读的书，不管其他方面有什么优点，必须是读起来非常有趣的。有不少书，读者读过后之所以会大失所望，我觉得就是因为批评家把它们说得太好了。世界上没有十全十美的东西。一般说来，有缺点的东西才有优点。书也一样，读者最好是知道自己从中可以指望获得什么。否则的话，一旦发现自己的所获远不如批评家说得那么多，很可能会错误地认为自己没有能力欣赏某些东西，而事实上，这些东西根本就不存在。惠特曼的诗，开始部分都写得非常好，但不知是因为他觉得写诗是件很容易的事呢，还是因为他天生喜欢唠唠叨叨，他常常会没完没了地往下写。其实，要说的，前面都已经说过了，后面并没有写出什么新东西。对此，你必须容忍。他写的诗，有的地方模仿《圣经》的韵味，有的地方模仿十七世纪的无韵诗，有的地方则模仿那种既刺耳又单调的劣等散文。对此，你也必须容忍。当然，有这些缺点是令人遗憾的，但也没有多大关系，我们可以跳过去不读。《草叶集》是一本可以随便从哪里开始读的书，你觉得有趣就往下读，觉得没趣就翻过去，随便翻到哪里都可以，然后再往下读。惠特曼能写出既纯又美的诗，能写出震撼人心的诗句，而且往往能营造出异常动人的意境。不用我说，他是所有诗人中最具爆发力的诗人。他充满活力，充满对生活的真切感受。他感受到生活的缤纷和喧哗，感受到生活的热情和美好，感受到生活的刺激和欢乐，这就是美国人引以为自豪的真正的美国特

---

① 《草叶集》：惠特曼自编诗歌总集。

性。此外，他还把诗的艺术交还给了普普通通的人。他使我们看到，并不只是在月光下、在城堡的废墟上和在少女的相思之苦中才有诗，在大街上、在火车上、在轮船上、在工匠的粗活和农夫的耕耘中、在日常的劳作和休息中，都有诗。总之，在整个生活或者说在各种各样的生活中，都有诗。就像华兹华斯①曾向我们表明，写诗不一定要用诗的语言，用日常语言也照样能写诗，惠特曼向我们表明，写诗不一定要用风花雪月、生离死别，用普通人的普通生活也照样能写诗。他的诗不但不逃避现实，反而紧紧拥抱现实。要是哪个美国人读了惠特曼的诗而没有对自己国家的辽阔和富饶感到自豪，或者没有对未来充满希望，那他准是个心智愚钝的白痴。我认为，惠特曼的诗表明美国已经在文学中真正意识到了自己。这是一种具有男性气的豪放的诗，也是民主的诗。它是一个新兴国家的真正的战歌，也是一个国家的民族文学的坚实基础。在欧洲的博物馆里，我们有时会看到人们把耶西②的家谱画成一棵树的样子：亚当③是这棵树的粗壮的树干，以色列的历代圣贤和帝王则是从树干上长出来的一根根树枝。如果我们也想用一棵树来表示美国文学的系谱，如果我们用伸展的树枝来形容像欧·亨利、林·拉德纳、西奥多·德莱塞、辛克莱·刘易斯、威拉·卡瑟、罗伯特·弗洛斯特、范切尔·林赛、尤金·奥尼尔和埃德温·阿林顿·罗宾逊等美国作家的话，那么，傲然挺立的树干，就是瓦尔特·惠特曼。

---

① 华兹华斯：19世纪英国"湖畔派三诗人"之一。
② 耶西：《圣经》中的人物，以色列大卫王之父。
③ 亚当：《圣经》中的人物，上帝造的第一个人、人类始祖。

作家笔记

A Writer's Notebook
1949

初版 *A Writer's Notebook*，Doubleday Doran & Company，New York，1949.

根据 *A Writer's Notebook*，Vintage Random House，London，2010. 译出

前　言[1]

儒勒·雷纳尔[2]的《日记》是法国文学中的一部不太重要的著作。雷纳尔还写过三四个独幕剧，既不很好，也不很坏，既不能使你开心，也不能使你动情，但只要演得好，还是可以看看的，并非无聊之极。此外，他还写过几部小说，其中的一部，即《胡萝卜须》，还很成功。那是他自己的童年故事，一个傻乎乎的小男孩的故事，他的母亲粗暴得不近人情，使他的生活惨不忍睹。雷纳尔的笔法朴实无华。在他笔下，那可怕的故事更显凄惨，那可怜的孩子受尽折磨，毫无指望，令人悲伤痛心。你会讥笑他卑躬屈膝地讨好那个恶魔似的女人，但你会感受到他的屈辱，并为他的无辜受罚感到愤怒，好像是你自己在经受这一切。看到这样的荼毒残忍而不觉得热血沸腾，你就是个不正常的人了。这是一本你不会轻易忘记的书。

雷纳尔的其他小说都没有什么影响。它们不是一些自传性的片段，就是他对一些关系密切的人所作的笔记的拼凑，根本算不上是小说。他没有创造力，有人甚至觉得奇怪，他是怎么成为作家的。他既没有彰显某一事物要点的创见，甚至对自己仔细观察到的东西也没能给予一个完整的形式。他只是收集事实，而小说是不能仅用事实来堆砌的，因为事实本身是死的东西。事实是用来阐明某一观念或者体现某一主题的，因此小说家不仅有权改造事实使其适合他的目的，有权强调某些事实或者弃用某些事实，而且还必须这样做。当然，雷

---

[1] 这篇前言是1949年毛姆在出版他的笔记时写的，故而用楷体表示（他往年所做的笔记均用宋体表示）。

[2] 儒勒·雷纳尔：19世纪和20世纪之际法国小说家、散文家、剧作家。

纳尔有他自己的理论。他说他的目的仅仅是陈述事实，而让读者根据他提供的材料自行构成他们各自的小说，此外他再想做什么的话，那就是文学造假了。但是，我对小说家的理论从来就持怀疑态度，从来就不知道他们除了找理由掩饰自己的无能还会做什么。譬如，有的小说家没有能力编出合情合理的故事，就会对你说，讲故事的能力对小说家来说是最不重要的；有的小说家缺少幽默，就会哀叹说，现在的小说全都被幽默毁了。然而，要让死的事实具有活力，就必须用感情来改造事实。所以说，雷纳尔只写了一部好小说，因为在这部小说中，他的感情、他的自我怜悯和他对母亲的憎恨主导了他对不幸童年的痛苦回忆。

我想，如果雷纳尔死后没有人出版他生前认认真真地写了二十年的日记，他很可能早就被人忘了。这是一部不寻常的作品。雷纳尔不仅认识当时文学界和戏剧界的许多重要人物——譬如像莎拉·伯恩哈特和吕西安·吉特里那样的演员、像罗斯丹和卡普斯那样的剧作家——还把他和那些人的交往记了下来，而且记得很出色，既真实又略带讽意。在这里，他的敏锐观察力使他得心应手。不过，他记述得虽然很逼真，那些文人雅士的面貌全都活灵活现，但你或许还是要对十九世纪末、二十世纪初那些年间的巴黎社会有所了解，或曾亲身经历，或曾道听途说，才能真正欣赏他所记述的那些东西。这部《日记》出版后，那些和他认识的作家都大为恼火，因为他们发现他在日记中对他们冷嘲热讽。他把当时的法国文学界描绘成一派野蛮景象。人们说，狗不应该咬狗。但这话用在法国文人身上是错的。在英国，我觉得文人之间很少相互打扰，不像法国作家那样相互纠缠。实际上，英国文人很少见面，即使见面，大多也是偶然碰到。我记得几年前还有个作家对我说："我喜欢枯坐书房。"他们甚至都不怎么读其他人的作品。有一次，有个美国批评家到英国采访，想请一些著名作家谈谈英国文学现状，但他采访了一个作家之后就放弃了计划，因为他发现那个有名的作家竟然连吉卜林[①]的作品也没有全读过。英国作家评判同行时，会对你说，这个很不错，那个不怎样，但他们对前者不会大肆赞扬，对后者也不会大肆贬低，总是那种不冷不热的态度。别人获得成功，他们不会特别妒忌。即使那人明显不配获得成功，他们也只会哈哈一笑，不会愤愤不平。我觉得英

---

① 吉卜林：20世纪初英国诗人、小说家，曾获1907年诺贝尔文学奖。

国作家都是自顾自的。他们也许和任何人一样有虚荣心，但只要有一小群熟人赏识他们，他们的虚荣心也就满足了。他们既不怎么在乎别人的严厉批评，也不怎么在乎别人的热情吹捧。他们自己活，也让别人活。

在法国，情况就大不一样了。在那里，所谓文学生涯，就是文人间的激烈争斗、无情打击，就是这一派攻击那一派，因此你必须时时保持警惕，提防你的对手布下的陷阱，同时你还没法保证，你的朋友不会从你背后捅你一刀。那是不分青红皂白的混战，或者说，就像有些摔跤比赛，没有规则，什么动作都可以做。这样的文学生涯，充满了烦恼、妒忌和背叛，充满了恶毒与仇恨。我想，这里有几个原因。其中之一，毫无疑问，就是法国人对待文学要比我们严肃认真得多。出一本书，对我们来说是小事一桩，但对他们来说却是一个重大事件，因为他们时刻准备就某些基本原则展开论战，其激烈程度常常使我们吃惊——不仅吃惊，还常常使我们觉得好笑，觉得他们那么剑拔弩张地对待艺术问题实在有点滑稽。此外，在法国，政治和宗教问题往往会混杂在文学中，以致一个作家会发现自己的书受到猛烈抨击不是因为他写得不好，而是因为他是新教徒、民族主义者、共产主义者，或者什么。这很值得称赞。这很好，可以使一个作家认识到不仅仅是自己写的书才重要，别人写的书也很重要。这很好，可以使众多作家至少知道，书其实是有影响的，而且有好有坏——好的应该坚持，坏的应该抵制。如果作家自己都不认为书是重要的，书也就不可能重要。法国作家之所以那么激烈地相互攻讦，就是因为他们认为书是极其重要的。

还有一件法国作家常做的事情，也总使我很吃惊，那就是无论在写作过程中，还是在作品完成后，他们都要把自己写的东西念给同行听。在英国，有些作家有时也会把自己尚未出版的作品寄给同行，表面上是请求指教，实质上是要别人夸奖一番，而要是真有哪个作家对另一个作家的书稿提出异议，那是鲁莽行为——他的意见不但没人听，而且还冒犯了别人。所以，我不相信哪个英国作家会耐心地端坐几个小时听他的一个同行小说家念他新写的作品。但是，在法国，这似乎是一个作家理所当然要做的事，而更使我惊讶的是，他们的一些名作家竟然也经常会听从别人的批评，大幅修改自己的作品。譬如福楼拜，我们知道，就曾听从过屠格涅夫的意见；还有从安德烈·纪德①的《日记》中

---

① 安德烈·纪德：与毛姆同时代的法国小说家，曾获1947年诺贝尔文学奖。

你也能得知,他也经常得益于这种批评。这使我觉得很奇怪,而我对此所作的自我解释是,这大概是由于写作在法国属于崇高职业(在英国从来不是),因而往往会有许多没有多少创作天赋的法国人也去从事写作。这些人虽然凭他们聪明的头脑、良好的教育和文化修养也能写出较好的作品,但这些作品并非出自他们强烈的创作欲望,而是出自他们的勤奋、学识和思考;所以,有见地的人对这些作品提出的意见,也就是批评,对他们来说是相当重要的。但是,当我得知像巴尔扎克这样大名鼎鼎的多产作家也不厌其烦地征求别人意见时,我还是很吃惊。因为他们写作是为了谋生,是不得不写,而且往往写完一本就要马上考虑后面一本,按理是没时间去征求意见的。看来,就是以写作为生的法国作家,也竭尽全力要把自己的作品写得尽可能地完美。他们虽然也有点自负,但总不像他们的许多英国同行那样自以为是。

还有一个原因也使得法国作家比英国作家更激烈地相互敌对,那就是他们的读者群太小,难以供养那么多作家。我们的读者有两亿,而他们只有四千万①。每个英国作家都有充裕的空间。你虽然从未听说过哪个英国作家发了大财,但英国作家只要有点才能,总能赚到足够的钱来养活自己。他当然没想发大财,因为想发大财的话,当初他也就不会从事写作了。但他会及时拥有自己的读者群,加上报纸想得到出版商的广告,往往会留出大幅版面刊登书评,他还有可能在公共出版物上赢得足够多的人对他的注意。既然这样,他也就不必心怀妒忌地看待其他作家了。然而,在法国,几乎没有哪个作家能够仅靠写小说为生,若不是自己开公司或者从事其他职业,譬如做记者为报纸写报道,他们就难以维持生计。因为买书的人太少,不足以使每本书都有人买;也就是说,一个作家的书卖得好,就意味着另一个作家的书卖不掉。所以,就要拼命使自己出名,或者拼命保住自己在读者心目中的地位。结果就是,他们都拼命想得到批评家的好评。得知某张报纸上将要登出一篇书评来评论自己的一本书,就是功成名就的作家也会惶惶不安,担心那篇书评会不会影响自己的声誉。如果是差评,他会气得发疯。确实,法国批评家的影响力远远大于英国批评家。有些法国批评家的影响力之大甚至能决定一本书的成败。虽然世界上有

---

① 这两个数字是指世界范围内的英语读者和法语读者。虽然英国和法国的本土人口差不多,当时都只有三四千万,但英国的殖民地远远大于法国,也就是说,世界上讲英语或懂英语的人要远远多于讲法语或懂法语的人(这里还不包括美国,因为美国本身就有许多作家)。

文化的人大多懂法语，而且法语书也不仅仅在巴黎才有人读，但所有法语作家却只关心巴黎，只关心巴黎作家、巴黎批评家、巴黎知识界的巴黎观点。正因为整个文学界都把目光集中在一个地方，所以就出现了那么多的纷争与嫉恨。正因为写作得到的报酬那么可怜，所以作家们才那么渴望、那么不择手段地想获得每年的图书奖，或者进入某个学会，因为这不仅可以为自己贴上名人标签，还可以抬高自己的市场价格，可谓名利双收。然而，奖项那么少，想得奖的人那么多；学会的席位那么少，想补缺的人那么多。所以，为了获奖，为了获得席位，不知有多少辛酸、多少交易、多少阴谋诡计。

当然，在法国也有漠视金钱、鄙薄名誉的作家，而且由于法国也有厌弃传统、心存叛逆的民众，从而使这些作家得到了不应有的名声。这些法国作家，特别是有些年轻作家，不论按何种合理的标准来看都是无足轻重的，竟然在法国赢得了那么大的名声，大得简直令人目瞪口呆。但不幸的是，他们的品德高尚并不代表他们才华出众。①

雷纳尔很诚实，他在《日记》中并没有美化自己。他这个人自私自利、冷酷无情、心胸狭窄、忘恩负义。他唯一的温馨之处是对妻子还算有点爱心——她是他在整部《日记》中唯一用亲切的语气提到的人。对其他人，他全都疑神疑鬼，因为他虚荣心十足。他也毫无仁爱之心。凡是他不理解的东西，他一概怒目而视，从不反省自己有没有弄错的可能。他愤世嫉俗，毫无宽容之心，甚至连一点宽容的影子都没有。但就是这样一部《日记》，读来却妙不可言、趣味无穷。它诙谐而机智，时而还很深刻。这是一个职业作家出于写作需要而做的笔记，他执意探求事物的真相，探求风格的完美和语言的纯正。作为一个作家，没有人比他更尽心尽职了。他把他所听到和看到的慧言妙语、人情世态、风物景色、日出日落，一切的一切，全都记在里面，以备在他坐下来写一些想要发表的文章时所用，而在有些情况下，就如我们所知，他还可以把这些资料汇编成一个或多或少有点连贯的故事，从而写出一本书来。就一个作家来说，他这部《日记》最有意思的地方就在这里，因为它能把你带到作家的工作室里，让你看到哪些材料是他认为值得收集的，以及他是怎样收集这些材料的。至于他有没有能力更好地使用这些材料，那是另一回事。

---

① 这一段说的是当时反传统的法国现代派作家，如印象派、荒诞派等，尤其是布勒东、阿拉贡、艾吕雅等年轻的"超现实主义"作家（毛姆对现代派从来没有好感）。

　　好像有谁说过，具体是谁我忘记了，说每个作家都应该做笔记，但不要参考笔记。这话仔细想想，我觉得是很有道理的。你记下某件事，也就是你把这件事从你熙熙攘攘、川流不息的内心印象中分离了出来，这样它或许就永远留在你的记忆中了。我们人人都觉得自己有些很好的想法或者真切的感受将来有一天是有用的，但由于我们太懒惰而没有及时记下来，到时候全都忘了。反之，当你有意识要做笔记时，你会特别关注你要记的那件事，而且在做笔记的过程中，你还会想出和你在现实生活中遇到的那件事相对应的词句。但是，写作时参考笔记，又有可能使你依赖笔记，从而使你写得不再那么自然、那么流畅。我们知道，要让你的无意识充分起作用，也就是要让那种有点夸张地称作灵感的东西起作用，你才会写得自然而流畅。此外，参考笔记还有可能使你直接采用笔记中的文字而没有考虑它们是否合适。我曾听说，瓦尔特·佩特①读书和思考时习惯大量做笔记，而且把所做的笔记分门别类，等到某一类笔记足够多时，他就把这类笔记汇总起来，写成一篇文章。如果真是这样，也许就能解释为什么读他的文章总使人觉得他写得不够顺畅。也许，这就是他的文笔既不灵活又不生动的原因所在。但就我而言，我不仅觉得大量做笔记是件好事，还很后悔自己因为天生懒惰而没有勤奋做笔记。其实，笔记对写作很有用的，但要理智而谨慎地使用。

　　在这方面，我注意到雷纳尔的《日记》特别有意思，而且正因为这样，我才把自己的笔记整理出来，请我熟悉的几位作家看看。但我随即就要声明，我的笔记远不如雷纳尔的《日记》那么有趣。我的笔记是断断续续的。我有好几年没有做笔记。我的笔记也不是日记。譬如，我曾和一些著名人物有过一些有趣的交往，我一点也没有记。现在我很后悔，要是当初我把自己和那些熟悉的或不太熟悉的名作家、名画家、名演员和政界名人的谈话都记下来，那么本书读起来肯定会有趣得多。但我根本没想到要那么做。因为那时我总觉得，对写作没什么用的东西是没必要记的。虽然我随手写下各种各样的个人想法和个人感受（特别是在早年的笔记中），但那也只是着眼于将来塑造人物时或许有用。我把我的笔记本看作一个贮存写作材料的仓库，如此而已。

　　后来，我年纪越来越大，关注的东西越来越多。我在笔记本里越来越少地

---

① 瓦尔特·佩特：19世纪英国理论家、批评家，唯美主义倡导者。

记录我个人的看法，而是越来越多地及时写下我对某些人和某些地方的印象，因为这些人和这些地方对我来说似乎特别有用。譬如，有一次我去中国，本来打算写一部游记，所以做了非常详细的笔记，但后来我根本就没写什么游记，而是把这些笔记直接出版了①。当然，这些笔记在本书中已被删除。同样，我在其他地方用过的东西也都删掉了。如果有哪位热心的读者发现其中有些词句似乎在我的其他作品中见到过，那是疏漏所致，并不是我偏爱这些词句而有意重复一遍。不过，有几个地方我确实有意保留了当时所做的笔记，因为这些笔记是我构思某个短篇小说或者某部长篇小说的基础；所以，我想，还记得那个短篇小说或者那部长篇小说的读者或许会对这些笔记感兴趣，因为从中可以看出我是根据怎样的原始材料写出那些作品来的。我从不宣称我有凭空虚构的能力，我总是需要有某件事情或者某个人作为出发点，但我运用想象力、创造力和某种戏剧感受力，把它变成了我自己的东西。

我早年所做的笔记大多是我当时打算写而后来并没有写的剧本中的一些对话。这些东西我觉得不会有人感兴趣，所以也都删掉了，但我没有删掉那些我现在看来既浮夸又愚蠢的评论和思考。因为这些笔记见证了一个年轻人对现实（或者说对他所认为的现实）、对自由所作出的反应，因为在此之前，他的生活一直受到种种禁锢和限制，所以他喜欢胡思乱想，喜欢读小说，这对于像我这样出身的年轻人来说是很自然的。这些笔记还见证了他对自身环境和自身所接受的传统观念的反叛心理。所以，我想，如果我把这些东西也删掉，那我就有欺骗读者之嫌了。我的第一本笔记本上的日期是一八九二年，那时我十八岁。我不想掩饰那时的我。那时的我是无知的，既幼稚又冲动。

我的笔记本有厚厚一叠，总共十五本，但就如我在前面所说，删掉了许多，现在所剩大概和一部普通的长篇小说差不多厚。出版一本这样厚薄的书，我想读者还是能接受的。这并不是因为我自视甚高，好像我写的一些只言片语也有永久保存的价值。我出版本书是因为我对文学创作的技巧和过程颇感兴趣，要是其他作家出版这样一本书，我拿到手一定会迫不及待地翻看。有幸的是，我感兴趣的东西好像其他许多人也感兴趣。这很出乎我的意料，至今我还很惊讶，但也许就如俗话所说，"过去常发生的事情总会再发生"②，过去对我

---

① 即出版于1922年的《在中国屏风上》。
② 原文 What has happened so often before will happen again，英国俗语。

感兴趣的读者总会在本书中再发现一点有趣的东西。我知道，在我活跃于文学界的时候出版这本书是不合适的，因为那会被人认为我自高自大，会冒犯我的同行。但如今，我是个老人，谁都不用怕我了，因为我已退出那蝇营狗苟之地，只求独善其身而与世无争了。过去，我或许也曾争名夺利，现在我已名利双收，可以满足了。我不想和任何人争辩，不是因为没人值得我和他争辩，而是因为我打算把自己要说的话说完后，就高高兴兴地让位，让别人来占据我在文学界的这一点点地位。我想做的事，我都做了，现在该走了。有人说，如今这世道你不搞出点新东西来，不常在别人面前露脸，别人会把你忘记得一干二净。是的，是这样，一点不错。是的，我已经准备好了。我准备让人们最终在《泰晤士报》上看见我的讣告时说："什么，我以为他早就死了！"这时，我的鬼魂会咯咯地笑。

1892

这一年我进入圣托马斯医院的附属学校。我在那里待了五年。我当时认真标明的年份既说明我是在那几年里开始做笔记的,同时我也希望这些年份有助于解释笔记的内容。我后来的笔记都没有标明年份,实际上我的许多笔记都是随手写在某张纸上或者某个信封上的,现在只能根据它们的内容来推断是什么时候写的。有些地方可能会有一两年的出入,但我觉得那是无所谓的。①

* * *

考虑到人们做事那么愚蠢,闲聊那么开心,让他们多说话少做事也许对世界更为有益。

* * *

音乐剧会使愚钝之人变得机灵,就如谚语会使他们变得聪明。

* * *

好运总带来报偿,但报偿却不会带来好运。

* * *

牧师箴言:

---

① 此段说明是毛姆在整理他往年的笔记时加入的,用小五号楷体表示。后面类似的说明还有许多,均用小五号楷体表示,恕不加注。

人们付钱给一个人，是要他布道，不是要他自行其道。

请人留宿、吃饭，要请那些能回请你的人。

"你怎样待人，别人就会怎样待你。"至理名言——但只是说给别人听的。

他总是对主张禁酒的人说"上帝指示我们要珍惜世上的万事万物"，而且说到做到，他一直在享用威士忌和利口酒①，但他又把它们小心翼翼地锁在柜子里。"不是人人喝酒都有好处的。"他说，"确实，引诱别人喝酒是一大罪过。再说，他们也不会品尝酒的真正滋味。"

这些言论都出自我叔叔之口，他是白马厩镇的牧师。当时我很把它们当真，现在回想起来，我有点觉得他只是在向我显示他那种出我意料的幽默感。

* * *

读书并不能使人聪明，只不过使人多学到一点知识罢了。

* * *

名誉地位是一些蠢人用来掩盖其愚蠢的外衣。

* * *

行为本身无所谓好坏，好坏是由习俗规定的。

* * *

老处女总是穷的。如果有哪个老处女很富，那她只是个有点年纪的未婚女人。

* * *

天才只有把平庸当墨水才能把自己的名字写入世界历史。

---

① 利口酒：liqueur，一种味甜而芳香的烈酒。

有天才就是有确立理想的能力。

当稍有点才能的人被捧上天时,天才便饿死了。

五十年后,当今的天才大多不过是稍有点才能的人。

*　*　*

请一位朋友一起去看画展也许是你对他的最大考验。多数人去看画展,都会把他们的礼貌和教养像他们的雨伞和手杖一样留在门口。他们剥掉伪装走了进去,赤裸裸地表现他们的性情。这时你会发现他们既陈腐又独断、既轻率又愚蠢,不要说反对意见,就是对不同看法,他们也不能容忍。他们毫不掩饰对你的看法,而他们的看法多半又是很不友好的。

在这种情况下,能耐心倾听你的意见而且承认你的意见和他一样有道理的人,才真的是朋友。

*　*　*

"不过,首先要问,你是不是完全信任我的友情?你是不是相信我对你说的都是我最私密的事情?"

"当然相信,我的朋友,像你这样真心诚意,再不好的事情也可以对我说。继续说吧。"

*　*　*

布鲁克斯。他是个身材不到中等的男人,宽厚结实、不胖不瘦,头型俊美、鼻梁挺直、前额饱满,但他的脸型狭长、下巴削尖,胡子刮得精光。他双眼浅蓝、目光沉静,嘴巴宽大、双唇肥厚,颇为肉感。他头发卷曲但已见稀疏,所以留得很长。他举止文雅、气质浪漫。

他在上剑桥时曾与一群喜欢运动的富家子为伍,而且在他们中间鹤立鸡群、才华出众,这一点连他的导师和学院院长也是承认的。他除了吃饭,就是读书,希望进法律界。他以二等成绩毕业。到伦敦后,他穿着奢华的服装,养着一个情妇,还入选为改革俱乐部①成员。这是他的几个朋友怂恿的结果,因为他们认为他具有政治家素质。他的那几个朋友都是书虫,所以他轻松愉快地从他们那儿学到了英国古典文学的一点皮毛。但他赏识乔治·梅瑞狄斯②,对三卷本小说③嗤之以鼻。他是每周出版的六便士小说④、每月出版的文学月刊和每季度出版的文学季刊的忠实读者。他大部分晚上都去剧院看戏或去歌剧院听歌剧。其余晚上,他不是在某个朋友的房间里就是在某个老式酒馆里度过,喝威士忌、抽烟,谈论生与死、谈论命运、谈论基督教、谈论书与政治,直到深夜。他读纽曼⑤的书,印象深刻;他去布朗顿礼拜堂⑥,被天主教深深吸引。后来,他生了一场病。病愈后,他去了德国。在那儿,他遇到一些人,他们的爱好与追求完全不同于他以前认识的那些人。他开始学德语,为此他还读了德国古典名著。所以,他除了崇拜梅瑞狄斯和纽曼,还崇拜歌德。他在意大利度假期间,爱上了这个国家,因而他回德国后没几个月,就再次去了意大利。

他读但丁和薄伽丘,但他后来接触到一些人,一些研究古希腊、古罗马经典作家的学者,发现他们并不认可他那种浅尝辄止的学习方式。他太容易受影响,太会见异思迁,马上就接受了这些新朋友的看法,开始学希腊语和拉丁语。

他自称崇尚美,但只会竭力称赞诸如波提切利⑦的画、阿尔卑斯山的雪、海上的日落之类人人都称赞的东西,对自己身边的美却视而不见。他并不是装模作样,而是诚心诚意地称赞他所称赞的东西,但他只能看到别人指给他看的美,自己什么都发现不了。他想写作,但他既没有动力和想象力,也没有毅力。他手脚勤快,脑子却很懒惰。过去两年间,他一直在研究莱奥帕尔迪⑧,

---

① 改革俱乐部:1836 年成立于伦敦,因其成员均支持 1832 年《大改革法案》而得名。早期会员均为政界人士,后逐渐扩大,其他职业的人也可成为会员,但要求很严格,需有一定社会地位方能入选。
② 乔治·梅瑞狄斯:19 世纪后期英国小说家、诗人,在毛姆做这一笔记时他还健在,因而可说是当代作家。
③ 三卷本小说:即指 19 世纪早中期的小说,因当时的小说大多分为三卷出版(若第一卷卖得好,再出第二、第三卷)而得名。实际上,三卷本小说也就是指包括简·奥斯汀、司各特、勃朗特姐妹、狄更斯等著名小说家的作品在内的 19 世纪英国古典小说。
④ 六便士小说:即当时出版的廉价小说。
⑤ 纽曼:19 世纪英国基督教牛津运动的领袖,著有《论教会的先知职责》和《大学宣教集》等。
⑥ 布朗顿礼拜堂:伦敦的天主教教堂之一。
⑦ 波提切利:15 世纪意大利佛罗伦萨画派大画家,著名作品有《维纳斯的诞生》等。
⑧ 莱奥帕尔迪:19 世纪意大利浪漫派诗人、哲学家,著有《西尔维娅》《回忆》《乡村的星期六》等。

想把他的一些作品翻译出来，但至今还未动笔。他由于长期独居，变得很自负，看不起芸芸众生。他自以为是。只要有人说到某个话题，他就会摆出一副大智大慧的样子，说出一些陈词滥调，好像这就把问题解决了，再也没什么可说了。他极其敏感，只要有人不同意他的看法，他就觉得受到了伤害。他渴望有人称赞他。他懦弱、虚荣，而且极端自负，但当事情对他有利时，他却是和蔼可亲的，而如果你有意讨好他的话，他还很慷慨大度。他既没有文学品位，也没有真正的文学感受力。他从来没有独到的见地，但他却是个敏锐的、看事情一目了然的观察者。

* * *

如果你做一件事情做到最后还能像开始的时候一样兴致勃勃，如果你觉得杯子底上的最后一口酒还是像第一口酒一样浓烈，你的生活一定会很美好。

* * *

不管你多么讨厌某个亲戚，不管你多么不想说到他，你仍然不喜欢别人在你面前对他说三道四或者冷嘲热讽，因为不尊重你的亲戚就是不尊重你，会伤害你的自尊心。

* * *

在医院。有两个人是好朋友，他们一起吃饭、一起工作、一起玩乐，形影不离。其中一个回家去了几天，此时另一个在做尸检时血液中毒，四十八小时后死了。那一个回来后原本是约定在尸检室见面的。他走进去，发现他的朋友赤身裸体躺在工作台上，已经死了。

"我一看，转身就走。"他在把事情告诉我时，对我说。

* * *

我刚从伦敦回来。走进客厅，看见年老的婶婶坐在桌子旁做着什么事。灯亮着。我走过去拍拍她的肩膀。她惊叫一声，看见是我，跳起来用瘦弱的双臂抱住我的脖子亲我。

"哦，可爱的孩子，"她说，"我以为再也见不到你了。"然后，她叹了一口气，把苍老的脸贴在我胸口上说："威利①，我好伤心啊。我知道我要走了，挨不过这个冬天了。我本希望你叔叔先走，那样他就不用为我伤心了。"

眼泪从我眼睛里涌出，流到了我的面颊上。这时，我才发现我是在做梦，我婶婶两年前就死了，而且在她死后不久，大概灵魂还未安息，我叔叔就结婚了。

* * *

去年，圣·伊夫斯海湾有一场大风暴，一艘意大利船被卷了进去。船在下沉，急救火箭带着绳索射到了船上，但那些船员好像都不知道怎样使用那根绳索。他们看得到陆地，完全有可能逃生，但就是不知所措。埃利斯太太告诉我说，她一直站在窗前，眼睁睁地看着那艘船沉了下去。她痛苦得再也无法忍受，只好走进厨房，整整一夜都在那里祈祷。

* * *

由于大多数人都很愚蠢，因而说某人不同寻常确实不是在恭维他。

* * *

大多数人都长得那么丑！他们竟然还不想补救一下，待人和气一点，这真是令人遗憾。

* * *

她没有结婚。她对我说，一个女人一次只能有一个丈夫的婚姻，她认为是注定要失败的。

* * *

当诸神把希望和邪恶一起装入潘多拉的盒子时，他们一定在得意地笑，因为他们知道，希望是最大的邪恶，它会诱使人类到死都甘愿受苦受累。

---

① 威利：毛姆的小名（大名是威廉）。

* * *

今天早上，刺杀卡诺总统①的卡塞里奥·桑托被执行死刑。报纸上充满了诸如"桑托死得像个懦夫"之类的话。

实际上，他并非这样。是的，他浑身颤抖得几乎没法走上绞刑架，说最后几句话的声音微弱得几乎听不清，但是有一句话表明了他的信念：无政府主义万岁②。他至死忠于他的信念。他内心并不懦弱，就像他当时开枪行刺时一样坚定，知道自己难免一死。他浑身颤抖、几乎说不出话虽然表明他的肉体极度害怕死亡——这在最勇敢的人身上也是难免的——但他所说的那句话，却表明他有不寻常的勇气。肉体是软弱的，只有精神不屈不挠。

---

① 卡诺：19 世纪法国政治家，曾任法兰西第三共和国总统，后遇刺身亡。
② 原文是法语 Vive l'Anarchie。

1894

最近这几天,听说英法可能开战,人人都特别紧张。

一周前还毫无动静,人们做梦也不会想到这种事情,但上周六的报纸上说,两国关系紧张。即使这样,也没有提到战争,因为提到战争,会被人人嘲笑为荒唐。第二天的报道比较详细,说争端的起因是法国人想吞并马达加斯加①。报纸上说这导致严重纠纷,还说有可能要打仗,不过,人们私下里仍把这看作是毫无根据的自我恐慌,因为他们认为法国人不会愚蠢到为此开战的地步。但是在今天,十月三日,星期三,一份紧急召开内阁会议的通告惊动了全城,所有外出的内阁大臣都被紧急召回伦敦。

后来几天,人们越来越紧张,说法国人越来越妒忌英国,说他们还想图谋暹罗②和刚果,于是报纸遭抢购,附有马达加斯加地图的相关报道被争相阅读。证券交易市场出现恐慌,股价大跌,人人都在谈论战争,还有许多市民在谈论志愿参军。你不论走到哪里,都有人向你打听消息。人人焦躁不安。他们对法国人并无敌意,但如果需要,他们仍会毫不犹豫地参战。政府并没有得到民众的信任,因为谁都知道政府内部有分歧。虽然罗斯伯里爵士③深受民众信任,但谁都知道有些内阁大臣和他意见不一,不论他要做什么事,他们都会阻挠。人们普遍认为,如果英国再次容忍法国的胡作非为,政府就要倒台。因而,到处弥漫着对战争的焦虑与恐惧气氛。人们几乎全都相信,英法之间的战争虽有

---

① 马达加斯加:非洲岛国,当时属英国殖民地。
② 暹[xiān]罗:泰国旧称。
③ 罗斯伯里爵士:当时的英国首相。

可能推迟，但由于法国人太贪婪、太自大、太妒忌，战争迟早会爆发。不过，如果真爆发了战争，是不会有多少人知道其原因的——那个马达加斯加，究竟为什么会引起争端，其实谁也说不清楚。

今天晚上我去看望几个人，路上走过两个邮递员身边，听到他们正在谈论那个共同话题。到了那儿，我发现我的几个朋友也和其他人一样，全都烦躁不安。除了战争，我们没有谈其他事情。我们谈到一八七〇年普法战争①前夕法国人和德国人的情绪，并和现在的情绪加以比较。我们谈到克雷西战役和阿金库尔战役②，谈到皮特和威灵顿③。我们还讨论了战争初期可能会怎样：如果法军登陆英国，会在哪里登陆，会怎样行动，以及，他们会怎样受阻而无法攻占伦敦。

十月四号。恐慌结束。紧急召开内阁会议的原因得到解释，即：要为在北京的英国公民提供保护④，于是，一切又恢复了原样。但是，民众对自己被这样误导多少有点愤怒，他们质问政府，召开这样一个紧急会议有何必要隐瞒原因，尤其是，政府本应预见到这会引起恐慌，会使证券交易市场损失大量金钱。在这一事件中，作为主要角色的新闻界，也由于自己被愚弄而大为光火。

＊　＊　＊

安南戴尔。我注意到他把自己房间里的两个塑像转过来，脸对着墙壁。我问他为什么。他说事物背面更显本质。

安南戴尔："我常想，对一个姓史密斯⑤的人来说，生活肯定和我不一样，既不会有诗意，也不会有特点。"

他很喜欢读《圣经》。"我总觉得，里面的有些人物特别像法国人。"

昨天晚上，他说了个老笑话，我对他说，我已经听到过好多次了。他说："根本没必要说新笑话。实际上，我还看不起说新笑话的人。他们是挖

---

① 普法战争：即19世纪普鲁士（即德国）与法国之间的战争。
② 克雷西战役和阿金库尔战役：均为15世纪英法百年战争中的著名战役。
③ 皮特和威灵顿：19世纪拿破仑战争时期的英国首相和将领。
④ 晚清时期的中国时有"教案"发生，即袭击在华传教的"洋教士"，如有史料记载的山东"曹州教案"，即发生在1897年11月。
⑤ 史密斯：英美最常见的姓，此处代指凡俗之人。

钻石的矿工,而我是切割和打磨钻石的艺术家,经我之手,钻石才使女人喜欢。"

稍后他又说:"我不明白,为什么一个人只能对别人说恭维话,就不能说自己好。譬如,我很聪明,我知道这一点,但为什么我就不能对别人说?"

* * *

我在圣托马斯医院时,住在威斯敏斯特区文森特广场11号的一套带家具的房间里。女房东真是个人物。我后来在一部名为《蛋糕与啤酒》①的小说中粗略地描绘了她的形象,并没有过多提及她的许多长处。她很善良,还是一名好厨师。她通情达理,还有伦敦人的幽默感。她从房客身上找到许多乐趣。下面所记,就是她和房客的对话。

昨天晚上,福尔曼太太和住在14号的布朗小姐一起到教区礼堂去听了一场音乐会。在某个街角上开了一家小酒馆的哈里斯先生,也在那儿。福尔曼太太回来后对我说:"'啊呀,那是哈里斯先生,'我说,'要不是他,就是我见鬼了。'布朗小姐戴上眼镜看了一下说:'是啊,真是哈里斯先生。'我说:'他穿得很像样,是吗?'她说:'真的很像样!像样得不得了,好时髦啊!'我说:'是啊,看得出,他那套服装不是借来的,很合身。'她说:'这么一套服装,可不是人人有的,是吗?'"

然后她又对我说:"我跟你说啊,他还像模像样地在纽扣上挂了好大一朵白花,脸呢,红彤彤的,那样子真有意思,真的,一点没错。"

"是啊,我想要个男孩子,上帝啊,他给了我想要的。可我现在想要的,不是他给我的,我想我要是有个女孩子,我会教她洗锅刷地板,教她弹钢琴,教她用黑铅炉子,还有好多好多,说不完。"

她对我说了一个有人曾对她说过的长单词②:"你知道,aristocratic③,这样一个字眼,要从嘴里说出来,哇,下巴也累得掉下来了。"

"哦,等到一便士可以买四团绒线时就什么事都没了。"

---

① 《蛋糕与啤酒》:*Cakes and Ale*,中译改名《寻欢作乐》。
② 英语中的长单词大多是书面语,平时说话是不用的。
③ aristocratic:有贵族高雅气派的。

"他看上去很不好,我想他快要回老家了。"

我进去时,壁炉里的火熄了,福尔曼太太把它重新点燃。"我不在的时候,你要让火烧着,知道不?不要只看着它烧,懂不懂?要是你不懂,你就不会看到火烧得那么旺。"她说。

"我知道我们的儿子不是很乖,从来都不乖,小时候就这样。因为他知道我宠他,就调皮捣蛋。我们两口子都喜欢他。哦,他是一块果冻!我饿了的时候真想吃了他,真想咬上一口,他身上有的地方又嫩又软。"

*　*　*

世上有两种友谊。一种友谊源于体貌的相互吸引。你喜欢你的朋友不是因为他有什么特别的品质或者才能,而仅仅是因为你被他的体貌所吸引。他是我的朋友是因为我喜欢他,我喜欢他是因为他是我的朋友[①]。这是不讲理由的,也没有理由可讲。然而,具有讽刺意味的是,你很可能会对这位朋友产生这样的感觉:他其实并不值得你喜欢。这种友谊尽管和性无关,但它确实和爱情很相似:它像爱情一样产生,也可能像爱情一样消退。

第二种友谊是知性的。吸引你的是新朋友的才能和见解。他的有些观点,你想都不曾想过;他的所见所闻,你都一无所知;他的经历和谈吐,使你赞叹不已。然而,就如每一口井都有底,你的朋友再怎么见多识广,也总有一个限度,总会有一天,他再也讲不出使你感兴趣的新东西了。这是决定你们的友谊能否继续的关键时刻。如果他的知识是从书本和自身经历中得来的,他已经没法吸引你了。这口井见底了,你把桶放下去再也打不上水来了。这就是为什么这种友谊来得快、去得快的原因。同时也表明,为什么你后来会厌恶这样的朋友。因为当你发现他们其实不值得你那么钦佩时,最初的失望会进而变成鄙视,乃至厌恶。不过,有时由于某些原因,你依然会和他们时不时地有所交往。这样的话,就应该在两次交往之间留足时间,使他们在此期间有可能获得新见识,产生新思想,从而像新朋友一样再次吸引你。这样的话,你当初对他

[①] 此句原文是法语:C'est mon ami parce que je l'aime parce que c'est mon ami.

们的失望情绪会渐渐消失，进而习惯了，即便他们没有什么新见解、新思想，你也不再计较，继续和他们保持朋友关系。另一种情况是，你发现你的朋友已经没有什么新知识能吸引你了，但你觉得他的个性、气质和思维方式还是很讨人喜欢的。如果这样，那么你们的友谊可能更加牢固。这样的友谊令人羡慕，是前面那种出于体貌吸引力的友谊无法比拟的。

你可以设想，如果你和某个人同时有这两种友谊，那么这个人一定是最完美的朋友。但是，碰到这样一个朋友的可能性极小，几乎不可能。常有的情况倒是，一对朋友中的一方是被对方的体貌所吸引，另一方则是被对方的知性所吸引。遗憾的是，这样的友谊很快就会因为相互不满而告终。

当你年轻时，友谊是很重要的，你每交一个新朋友都是一次令人激动的经历。我已记不得是谁使我产生了以上这些混杂的想法，但鉴于年轻人总倾向于把个别情况视为普遍规律，我想，当时可能是我对某人很有好感，而他没有理我；也可能是我为某人的才智所吸引，而事实表明，他并非像我想的那么聪明。

* * *

除了要我们去做一些好像非做不可的事情，我不知道哲学在日常生活中还有什么用处。有些事请，若不是迫不得已，我们是绝不会主动去做的，而哲学却告诉我们，做这些事情是有好处的。于是，我们就去做了，尽管并没有得到什么好处，但也就此安心了。哲学使我们心甘情愿地去做一些我们其实并不想做的事情——这就是哲学的用处。

* * *

恋爱时，应该控制交往次数。毕竟，我们中谁也没法永远爱一个人。如果在恋爱开始前有些障碍、有些挫折的话，爱情或许会比较牢固。如果恋爱时所爱之人不在身边，或者所爱之人反复无常，可以想象一下，一旦所爱之人投入你的怀抱该有多么幸福，由此得到一点安慰。爱情就是这样，如果一路畅通，很容易得到，最后会受到惩罚，那就是丧失爱的能力。或许，最忠贞不渝的爱情，是永远得不到的爱情。

* * *

毋庸置疑，基督教给了我们不少美德，但基督教也给了我们不少偏见，这同样毋庸置疑。譬如，追求自身利益，是人的主要行为动机，是人性的本质所在，说它是生存所必须的也不为过；然而，基督教却将此视为罪恶。按基督教义，人不能追求自身利益，不能关心身外之物，甚至不能为自己的身体着想，而只能关注自己的灵魂，追求灵魂的纯洁和得救。这样一来，基督教其实是要我们违背自己的本性，从而使我们变得很虚伪。当我们顺从自己的本性时，基督教要我们感到愧疚，而当别人这样做时，即使一点也不妨害我们，我们也要予以谴责。实际上，追求自身利益并非罪恶，它就像万有引力一样，对我们并没有什么妨碍，因为人人都知道人是为自身利益着想的——他是，你是，我也是；所以，应该将此视为天经地义、理所当然。

* * *

有一句很好的格言是：不要请求别人做他不方便做的事。

* * *

对上帝的信仰既不需要常识，也不需要逻辑，更没有理由可言，只是出于人的感情需要。所以，人们既不能证明上帝的存在，也不能证明上帝的不存在。但不管怎样，我不信仰上帝。因为我觉得，上帝对我来说没什么用；因为我根本就不相信人有来世之类的说法。在我看来，说人死后要受惩罚是胡说八道，说人有来世幸福是异想天开。我相信，我死后什么都没有了，只有一具尸体被埋入地下。虽然我能想象，将来有一天我或许会信仰上帝，但现在还不会。我现在不信仰上帝，是基于我的观察和推理，而将来我若信仰上帝，则是出于我的感情需要。你们说上帝是存在的，那我就不明白了，为什么你们仍不敢肯定人死后真能复活；你们说上帝是万能的，那我就不明白了，为什么你们没有给予他使人复活的能力。

基督教宣称，《新约全书》中说到的种种神迹都是经过验证的，而实际上，任何一种宗教用来证明自己的所谓证据，都是差不多的。所以，我很好奇，如果一个基督徒考虑过这样一个问题，他是不是还会笃信基督教，那就是：他若出生在摩洛哥,他就会是伊斯兰教徒;他若出生在锡兰①,他就会是佛教徒;如若这样,他就会认为基督教是荒唐的邪教,就像他现在一样,把伊斯兰教和佛教看作邪教。

*　　*　　*

妇科教授。他这样开始他的讲座:"先生们,女人是这样一种动物,每天排尿、每周排便、每月排卵、每年分娩、每有机会就性交。"

我觉得他这句话说得很有道理。

---

① 锡兰:今斯里兰卡的旧称。

1896

我觉得，人生并不受制于所谓的人生哲学，而往往是受人的欲望、本能、甚至人性的弱点所支配。

有一天晚上，我和 B 君聊天，谈到人生哲学，我问他如何看待自己的人生。他说，人生的最高目标就是活出自己的个性，而要达到这个目标，就要凭本能行事，自由自在地在人世间飘浮，不管是遇到好运还是噩运，都安然接受。这样，就像经过一次洗礼，心灵得到净化，就能自如地应对未来。他说他有爱心，所以他相信上帝，相信灵魂不死。他相信，无论是肉体上的爱，还是精神上的爱，都可以使人得到净化。他认为人生没有真正的幸福，只有一些暂时的满足，而正因为这样，人们才对幸福无限渴望，这也从另一个侧面证明了灵魂不死。他认为自我牺牲是不可想象的，人做任何事情，无论是开始，还是结果，都是为了自我发展。不过，他也不否认，自我牺牲有时对自我发展也有好处。

听完这些，我问他，他那些乱七八糟的风流韵事究竟是怎么回事。这使他有点恼火，不过他还是回答了，说他的性欲确实很强烈，但实际上他并不仅仅为了性需要，而是为了追求一种美的理想。他在许多女人身上发现各种不同的美，于是就在和她们的性关系中分别感受，然后在心中合成一种理想的女性美。这就如雕刻家选这个人的嘴唇、那个人眼睛，又选这个人的身材、那个人的神态，最终雕刻出一座理想的雕像。

但问题是，一个人在凭本能寻求自我发展的过程中，势必要涉及他人。所以，我问他，如果某人的本能是抢劫或者谋杀，他怎么看。他说，社会认为这种本能是有害的，应该加以惩罚。

"但是,"我说,"如果某人凭自己的本能,虽然没有违法,却做了有损他人的事呢?譬如,他看上一个有夫之妇,勾引她抛弃丈夫和子女,和他同居;后来他又厌倦了,抛弃了她,又去勾引另一个女人。"

对此,他支支吾吾地说:"唔,那我说他可以凭自己的本能做事……当然……当然……最好不要伤害别人……心里要有数……"

显然,他前面说的那套东西一文不值。事情明摆着,那只是他的自我开脱,而实际情况是,他控制不住自己的欲望,就像一根羽毛随风飘荡。是的,B君这个人意志薄弱,没有勇气去面对生活中的是是非非。若是没有烟抽,他会心烦意乱;若是酒菜不好,他会无比难受;就是天下雨,也会弄得他手足无措。稍有挫折,他就闷闷不乐,自怨自艾。别人和他意见不合,哪怕稍不一致,他就生气、发火。他是个自私的家伙,毫不在意别人的感受。但他又很在意英国绅士那套风度,一举一动看上去都很得体。他懒得穿过马路去帮助哪个朋友,但只要哪位女士走过来,他立刻会起身致意。

* * *

当你贬低自己时,人们很乐意相信你,而当人们真的看低你时,你会火冒三丈。

* * *

我就像一句俗语,而你却要把它变成警句,这使我很烦恼。

人人都能说出真相,但只有几个人能说出警句。

不过,在九十年代,我们都想说警句。

* * *

"你懂法语吗?"
"哦,是的,我看得懂法语的色情小说。"

* * *

女人想要多坏就可以多坏,但如果她不漂亮的话,那就什么都做不了。

＊　＊　＊

"哦，我讨厌变老。做人的乐趣全没了。"我说。

"但还是有一点的。"

"什么？"

"嗯，譬如，喜欢年轻人。如果我像你这样年轻，我就会把你看作一个狂妄自大的人，我想这不是不可能的，而现在呢，我只把你看作一个很讨人喜欢的小伙子。"

我已不记得这话是谁跟我说的。大概是我婶婶朱莉娅。不管怎样，我很高兴当时我认为这话值得记下来。

　　＊　＊　＊

有人嘲讽有钱的年轻人说，他们鬼混了一整夜，第二天早上八点却去做弥撒。

　　＊　＊　＊

在宴会上，吃要吃得精明而不要吃太多，话要说得多而不要太精明。

　　＊　＊　＊

智慧是灵活多用的工具，除了它，人没有其他工具，但智慧遇到本能时，却毫无用处。

　　＊　＊　＊

人类道德的历史明显地影响了文学的进程。作家不管采用什么题材，所要表现的总是他那个时代的道德准则。历史小说的最大问题就在这里：人物的所作所为是历史的，然而却要符合当代道德标准。这一矛盾显而易见。

　　＊　＊　＊

人们时常给饥饿的人一点食物，这样他们自己就可以安安心心地大吃大喝了。

* * *

一旦群情激昂，文明的普遍约束力就会丧失，人们又会服从以牙还牙的古老法则。

* * *

认为自我牺牲、自我奉献是一种美德，实属错误。那仅仅做了伤害自己的事情，根本不是什么美德。

* * *

大多数人一生辛劳，只是为了他们的后代有吃有住，而他们的后代成年后，又和他们的父辈一样，为他们的后代而一生辛劳。

* * *

一个人越聪明，越可能倒霉。

* * *

女人不太显露痛苦并不表明她们能忍受痛苦，而是她们很少感到痛苦。

* * *

爱情基于人的种族繁衍本能，具体表现为：绝大多数男人见到中意的女人就会追求，如果追不到第一个，就追第二个。男人不会一辈子只爱一个女人。如果一个男人真的只爱一个女人，那只能说明他的性本能有问题。

* * *

一旦繁殖本能得到满足，求爱者如痴如癫的激情便会消失，留给他的是一个毫无激情的妻子。

* * *

我不知道抽象的美是什么意思。我只知道美是激起艺术家审美兴趣的东西。今天只有艺术家觉得美的东西,到了十年后,所有的人都会觉得美。前些年,人们认为冒着烟的烟囱奇丑无比;但有些画家发现这样的烟囱可用来装饰画面,于是就把它画了出来。一开始,人们还嘲笑这些画家,但慢慢地,他们发现这些画家的作品有一种别样的美感。于是乎,画家所描绘的烟囱本身也好像有了美感。现在,无须艺术家的慧眼,在普通人眼里,一排排冒着烟的烟囱也是很美的,就像原野上盛开的一朵朵鲜花,令人百看不厌。

* * *

诗人和艺术家的情欲总是令人惊讶;其实,更令人惊讶的是诗人和艺术家的表现欲。有些事情发生在普通人身上毫不起眼,发生在有表现欲的人身上就引人注目。不要看事情大小,要看发生在谁身上。

* * *

关于人在自然界中的位置,人们有一种特别错误的观点,而且这种错误是不可根除的。

* * *

要是好人能少一点愚钝,那就好了!

* * *

哲学家就像登山者,千辛万苦爬上山顶,是为了看到日出;但到了山顶,看到的却是一片浓雾,于是就摇摇晃晃下了山。如果他下山后没有对你说日出景象有多么壮观,那他还算是个老实人。

* * *

如今,已不需要从理智上驳斥基督教了,到处都有反基督教情绪。既然宗教是一种情感表现,当然也就只能以情感反情感。一个人有宗教信仰,另一个人没有,也许只能这样解决:双方承认对方的情感是正当的。

* * *

为社会而活、为社会而工作的人,当然需要得到社会的认可。但是,为自己而活的人,是不需要得到社会认可的。如果一个人根本不在乎别人,他怎么会在乎别人对他的看法呢?

* * *

大喜悦之后必有大悲哀。感觉迟钝之人真是令人羡慕,因为他们既不会欣喜若狂,也不会伤心欲绝。天大的幸福也会有苦涩的回味,而且这苦涩是很纯正的。

* * *

没有一个男人的内心会真正像一个有教养的女人那样循规蹈矩。

* * *

一个男人和一个女人长期生活在一起,就算是社会认可的那种①,一般也只有一个结果:他会变得更加狭隘,更加低劣。要不是他总和一个女人在一起,他本不至于如此。

* * *

男人心目中的理想女人,仍然是童话故事中的那个公主,那个在她的七层床垫下放一粒豌豆也会使她睡不着的公主②。没有男人不害怕粗犷老练的女人。

懂得一点女性生理知识,比世上所有的哲学和至理名言更有助于你了解女人的特点。

* * *

一个女人如果不接受男人对女人的普遍看法,她会处处倒霉。

* * *

没有什么比爱情更能改变一个男人的观点,因为新观点多半是新情绪,源于心情,而非理智。

---

① 即婚姻生活。
② 见《安徒生童话》中的《豌豆上的公主》,意即娇嫩。

*　*　*

人们的疑难与困惑多半是由于人们总想对任何问题都要有一个"对"或者"错"的回答。也许,回答"对"或者"错"都不对,而是有点"对",有点"错"。

*　*　*

当有一种新想法时,当新的地平线渐渐展现在我眼前时,我总是兴奋不已。一种新颖的思想使我心如明镜,使我有超凡脱俗、飞天入圣的感觉。一时间,我仿佛远离尘世,在空中漫步。

*　*　*

有时,我反省反省自己的性格,感到很困惑。我知道我的性格由多种个性组成,此刻由某种个性占上风,不久又会让位给另一种个性。但是,哪一种是真正的我?都是,还是都不是?

*　*　*

生活中有那么多错误和谬见,有的正缠着我,有的我可以摆脱,但我觉得都很有趣。摧毁那些从我年轻时就扎根在我心里的偏见,既是一件正事,又是一种娱乐。

*　*　*

我不知道什么时候基督教会彻底衰亡,什么时候人们会彻底驱除享乐有害、艰苦有益的观念。

*　*　*

人们总是因为坚持要做有背自己良知的事情而不断毁坏他们的生活。

*　*　*

很少有人想到,一个为了崇高目的而不惜坐在外面淋雨的人,其结果和一个因为喝醉酒而躺在街上的醉鬼是一样的,即很可能——甚至更可能——得风湿症。

* * *

如果你只顾自己不为他人,人们就会认为你自私、可恶,但人们并不关心你为他人而不顾自己会不会生病。

* * *

关注细节和记忆精确是女人最大的特点。一个女人几年前和一个朋友聊过天,几年后仍可以详详细细地讲给你听——说真的,这太可怕了。

* * *

苦难是有害的,认为苦难使人变得高尚简直荒谬之极。尼采美化苦难,甚至颂扬苦难,他是《伊索寓言》里的那只断了尾巴的狐狸①。尼采宣称,苦难会使人更具影响力,性格更为坚毅。其实,稍加分析就可看出,他的这种说法只是表明了这样一个事实:经受苦难的人总想报复。尼采自己苦难不堪,于是就希望别人也这样——这就是他所谓的影响力。

* * *

我们如何对待他人,取决于自我保护原则。一个人怎样对待他人,若不是为获得某种好处,就是为了避免某种坏处。个人并不欠社会,个人以某种方式从社会获益,社会也以某种方式从个人获益。个人对社会做了好事,社会给予他奖励;个人对社会做了坏事,社会给予他惩罚。

* * *

即使在大教堂里,或者在面对人类的宏伟杰作时,我也不觉得个人是微不足道的,而是深深感受到个人的力量。个人的心灵几乎无所不能,以致我忘记

---

① 《伊索寓言》中有一则,说的是一只狐狸被夹断了尾巴,就在其他狐狸面前极力表明,没有尾巴后比有尾巴好,并劝说其他狐狸把尾巴割了。当然,其他狐狸没有上当。毛姆用这个比喻,意即尼采自己身心都很痛苦,于是就美化痛苦,颂扬痛苦。

了他只是太阳系的一颗行星上的一种渺小的在泥土地里爬行的生物。反正，不管人们愿不愿意，大自然和人类艺术表明了个人的伟大，只有科学才说个人是微不足道的。

* * *

科学可以安抚烦恼、消除烦恼，因为科学让你知道，充满了失败的生命现象是多么微不足道，多么无关紧要。

* * *

因为欢乐会转眼即逝而逃避欢乐，就像因为吃饱饭后肚子还是会饿而拒绝吃饭一样，是很愚蠢的。

* * *

要使一个人的习惯符合他的信念，就像要使他的信念符合他的习惯一样困难。大多数人是言行不一致的。就是在事实面前，他们也会辩解说，那是他们没有能力，心里还是想坚持原则的。这是狡辩。人们行事总想既合乎自己的愿望又合乎原则，而因为他们往往有各种各样的愿望，所以他们会不知所措。不过，要是强迫他们坚持原则而压制他们的愿望，那他们除了希望进天堂，就别无希望了。

* * *

慷慨似乎总比公平更受人们赞赏，这说明人们是按对自己是否有利来评判品质高低的。公平之人不会过分给人好处，当然也就不会像慷慨之人那样备受人们赞赏。

* * *

有一种荒唐之极的说法是，因为欢乐不能用数字表示，所以欢乐肯定是没有价值的。

* * *

个人之于社会，就如个人之于个人一样。个人 A 帮个人 B 造房子，是因为个人 A 若要造房，个人 B 也会帮他。这就是互助互利的社会契约。

* * *

一个人做了某事而没有解释理由，并不表明他没有理由。就是他不知道理由，也不表明他没有理由。但是，如果他想找理由，那他找出来的一定是错误理由。

* * *

野蛮人因为害怕报复而不敢冒犯同伴，我们和社会的关系也是这样。

* * *

如果说道德是随社会的进化而进化的，那是社会的自保方式，和个人肯定没什么关系。

* * *

真是岂有此理，个人良心竟然要根据社会准则来加以判断。

* * *

个人的职责就是充分发挥他的潜力。既然个人和个人有那么大的差异，怎么可能会有适合每个人的道德准则呢？

* * *

要找到支配人类行为的共同因素，那是很难很难的。

* * *

大多数人为得到一先令①而花了十八便士。在为长远利益而放弃眼前利益时，我们必须认清长远利益到底有多大。长远本身并不是利益。

---

① 在当时，1 先令等于 12 便士。

*　*　*

利他行为若不是为了获得暂时的或长远的自我愉悦,就是神经错乱。你可以指望别人无私,但别人若不这样,你也只好算了。反正,你没有权利为此感到愤怒。

*　*　*

要是个人不在乎种族存亡,那会怎样?要是个人不想为种族繁衍而牺牲自己,又会怎样?

*　*　*

无私的父母有自私的孩子。这不是孩子的错。既然孩子认为父母为他们所作的牺牲是理所当然的,他们怎么还会知道在这个世界上没有付出就没有所得?

*　*　*

根据纯理性的观点,没有任何正当理由可以要求一个人为了他人的幸福而牺牲自己的幸福。

*　*　*

就算无怨无悔的无私行为能给行为人带来极大的欢乐和精神奖励,那种欢乐和精神奖励仍具有自私的性质。

*　*　*

若不是为了自我愉悦,世上很少会有什么利他主义。人人都指望自己的无私行为获得这样那样的回报。根本没有绝对的利他主义。就是社会利他主义也时常意味着为他人而牺牲自己的人是有好处的。原始的自我牺牲只有一种,那就是生育后代。但就是在这里,仍涉及最强烈的动物本能,如果本能欲望受挫,仍会引起极度的反感,甚至真正的痛苦。父母指责孩子忘恩负义是可笑的。不要忘了,他们当初是为了寻乐作乐才生出孩子来的。

* * *

自我牺牲是一点不值得称赞的。一个人在作出自我牺牲前也许应该理性地问问自己,这么做是不是值得。然而,自我牺牲似乎总有那么一种强烈的愉悦感,以致有人为了最卑劣的目的而乐于自我牺牲。

* * *

施恩于他人本身就有一种强烈的满足感,这种满足感又由于世人的称赞而变得更加强烈,但施恩者却很少会想到自己的施恩是不是别人乐于接受的。就算是别人乐于接受的,施恩者也不仅仅有一种满足感。他还要别人表示感恩而获得一种愉悦感。

* * *

公众趣味很大程度上和流行有关,而且像女装一样多变。一种公众趣味之所以流行,通常就是因为公众希望有这种趣味。所以,本身没有什么趣味的东西也会因为流行而变成公众趣味。

* * *

如今,最流行的公众趣味就是装腔作势的仁慈与怜悯。既然这样,指责布尔战争①时到开普敦去劳军的女人,说她们到那里去只是为了玩玩或者和士兵调调情,我认为是不必要的,因为她们到那里去的目的不过就是为了迎合公众趣味,去装装腔而已。

* * *

对一个男孩来说,有一个真正溺爱他的母亲是一种后果颇为严重的不幸遭遇。

* * *

个人和社会的关系就像轮盘赌。社会是庄家。个人有输有赢,而庄家总是

---

① 布尔战争:19世纪末英国人和南非布尔人(荷兰移民的后裔)之间的战争。

赢的。

* * *

有人说时间久了痛苦的感觉会麻木，那么欢乐的感觉是不是也一样？

* * *

理想的欢乐是想象中的欢乐，不可能像实际的欢乐那样鲜活。

* * *

不管一件事多么无害，只要是法律禁止的，多数人就会认为它是不对的。

* * *

我们常听说劳动最光荣，但劳动本身一点都不光荣。只要看看古代社会就能明白，那时战争频繁，劳动遭鄙视，打仗被推崇。如今，劳动者成了绝大多数，劳动便受推崇了。事情很简单，人都是自高自大的，都把自己这一行看得最光荣。

劳动被推崇是因为人们可以借此来突出自己。愚蠢之人无事可做就百无聊赖，唯有像多数人那样劳动才能使他们摆脱无聊，但因此而说劳动光荣实在可笑。做有闲之人才光荣，因为要有才能、有文化，或者说，有特别聪明的头脑，才能做有闲之人。

* * *

谁都知道，不管一般人看来多么不道德的事情，只要在任何情况下都坚持做，就不再被认为不道德了。

* * *

只要你经常对人们说怎样的事情应该怎样做，他们最终就会怎样做，绝不会问你为什么。只要你经常对人们说怎样的事情怎样做才是对的，他们最终就会相信你，而且你越是不作解释，他们可能越是愿意相信你。

* * *

我不会反对文明种族对不文明种族的血腥战争,但需要注意的是,文明种族的所谓正义其实就是强权。这是一种不公平对抗,是现代武器和原始武器之间的一种无仁无义的较量。这是征服者把自己的文明强加于被征服的野蛮人,但有人却说这会使野蛮人获得幸福。这种说法虚伪透顶。你有什么理由说,他们现在被异族统治——被迫接受他们不想要的文化,被迫进行他们不需要的改革——比他们的原始生活更幸福?

* * *

人们起初认为,因为有些事情是对的,所以是法律,但后来却相信,因为是法律,所以另一些事情也是对的。

* * *

布尔战争最初失败时,英国人还在为自己的人数优势鼓掌喝彩。要最后打赢战争,人数优势固然重要,但仅想靠人多打赢战争却表明他们既无骑士风度和英雄主义,又无温情主义。真是奇怪,原本具有这些品质的民众一见情况不妙,竟会这么快就把这些品质全都忘了。由此可见,只有胜券在握时你才会有骑士风度,否则——嗨,做你该做的,管它什么骑士风度!

* * *

我的目标是要为现在处于正常状态的普通人找到一条行为规则。

* * *

个人能不能完全适应社会?或许有一天,个人不必再仅仅为了生存而相互竞争。但这样就天下太平了吗?有的人虚弱,有的人强壮,这一事实永远存在。每个人的生理要求也不尽相同。还有,总会有一些人比其他人漂亮;总会有一些人更有才能,因而获得更多报酬。失败者总会嫉妒成功者。人总会变老,而有些人总会不顾自己的年龄而像年轻人一样行事,直到别人强迫他靠边。就算所有这些问题都得到解决,人们在两性问题上仍会产生矛盾。没有哪个男人会把自己心爱的女人让给另一个男人，至少不会主动出让。哪里有爱情，哪里就一定会有妒忌和怨恨。就算有人会为公共利益而牺牲自己，也不能设想他们会为此而牺牲自己的孩子。人是不会变的，总会有一时的冲动，野蛮的原始本性总会一次次显露出来。

* * *

人们很少认识到，年轻人和老年人应该有不同的行为准则。法律往往是由一些古板的人或者一些老年人制定的，他们不合理地想要限制年轻人的过火行为。然而，年轻人是有权玩乐的。老年人尽可以谈论他们从文学艺术中得到的精神满足，一直谈到脸色发白、上气不接下气，但年轻人却不然，他们不在乎什么交响乐，只想找一个女朋友。

* * *

对那些由于生活环境特殊而不受战争影响的民族的研究表明，和平也有不好的一面。譬如，丛林维达人①和爱斯基摩人②不知战争为何物，但他们免于战争似乎并没有使他们创造出高度发达的文明。

* * *

个人的利他行为出于利己的动机。个人不会热衷于消除某种社会弊端，除非他自己深受其害。即使这样，他还是要别人相信，他对穷人的施舍是出自他的仁慈之心。

* * *

现在的道德观念如此僵化，就连哲学家也会因为自己的观点和流行的观点相一致而沾沾自喜。如果他没有观点，他就袖手旁观，看到谁的观点占了上风，他就同意谁的观点。

* * *

一百年来，没有多少人敢于面对新思想而毫不畏惧。好在，一百年来也没

---

① 丛林维达人：生活在斯里兰卡原始森林中的土著人。
② 爱斯基摩人：生活在北冰洋上的土著人。

有多少新思想。

* * *

如果一种追求被认为比另一种追求更高尚，那是因为这种追求在当时比较重要（譬如，对武器的追求），或者，因为这种追求一直以来都比较时髦（譬如，对艺术的追求）。但是，一个人若真心诚意地相信艺术家的自我评价，那他显然上当了。有些人对自己的行业很有主见，却会没头没脑地相信某个作家的胡言乱语，这使那个作家自己也颇为惊讶。

* * *

尽管人的思想行为有这样那样的重要性，但人的思想行为肯定不能用来解释人本身。人从根本上说是卑劣的、野蛮的、愚昧的。除了迷信，人还是贪婪的、自私的、冷酷的。

* * *

对人宽容是对人冷漠的另一种说法。

* * *

最近两年来我一直在致力于寻找某种规律，一直在问自己，人活着究竟有何原因、有何目的。现在，我对我所寻求的真理似乎有了一点模糊的概念，答案似乎在我头脑里慢慢地形成，但还不清晰，还有点乱。我已经积累了大量的事实、观念和经验，但我还不能把这些东西整合成一个体系，或者说，制定出一个明确的模式。

* * *

由于生存的需要，才产生出是非观念。

* * *

孩子们的成长被寄予厚望，但孩子们的精神食粮却是童话和幻想，这会使他们将来无法适应现实生活。不彻底砸碎他们的幻想，他们将来会痛苦不堪。

而他们之所以会这样，那全是因为他们身边的那些不懂装懂的人，那些母亲、那些保姆、那些教师，对他们无微不至的呵护。

* * *

两性关系与外部环境密切相关。战争，或者说男人之间的相互屠杀，会导致一夫多妻；土地贫瘠，则会导致一妻多夫①。现在，人口大幅增长，谋生和抚养孩子越来越困难，卖淫自然也就越来越多。男人结不起婚，性欲仍须满足。那么女人呢，她们的性欲怎么办？

* * *

将来，卖淫不仅会被默许，还会是合法的。女性婚前贞洁会被认为无关紧要。

关于卖淫我说错了，但关于贞洁，我说对了。

* * *

为什么不能有肉体享受？不管通过何种方式，只要肉体得到满足，就会有欢乐。只是，后果必须要加以考虑。② 斯宾塞③说不应该追求肉体快感是因为他从小受了卫斯理宗④的影响，而且一生都没能摆脱。他所提倡的审美享受，似乎只适合旅游观光。

* * *

民众只会听信那种既武断又自大的人。所以，民众领袖只能是那种大言不惭、偏激狂妄的人，而不会是哲学家。不过，哲学家也不必自卑，那群乌合之众根本就不值得他去领导。

---

① 因土地贫瘠而养不活和男孩同样数量的女孩，导致男多女少。
② 这里说到的肉体享受，联系前面两段笔记，应该是指嫖娼。
③ 赫伯特·斯宾塞：19世纪英国社会学家和哲学家、社会达尔文主义理论的倡导者，著有《综合哲学体系》等。
④ 卫斯理宗：基督教新教的宗派之一，因创始人英国神学家约翰·卫斯理而得名。该宗派强调禁欲。

* * *

弱者遵守道德信条，强者自创信条。

* * *

卡普里岛①。我独自徘徊，总是问自己同样的问题：生活的意义何在？生活有没有目的或者结局？有没有像道德这样的东西？人应该怎样对待生活？有没有人指导生活？是不是一种生活方式比另一种生活方式更好？诸如此类的问题，不一而足。还有一天下午，我在度假别墅后面的那座小山上的岩石间攀爬，头顶上是蓝色的天空，四周被大海围绕着，远处隐约可见维苏威火山。我想起了那棕色的土壤，那参差不齐的橄榄树林，这里或那里有一棵松树。我突然停了下来，心里一片迷惘，满脑子的想法纷至沓来，只觉得头晕目眩。我理不出任何头绪，那简直是一团乱麻。我只能绝望地喊道：我弄不清楚！我不知道，我不知道！

* * *

那不勒斯湾中糟糕的一天。那些那不勒斯人把他们吃的一大盘通心粉全都呕吐出来，猛地一阵狂吐，就像水从爆裂的水管中喷出来。他们一个个张大着嘴，那样子就像刚从水里捞上来的鱼，既痛苦又可笑。但你又不能像对待鱼那样对待他们，朝他们头上猛击一棍，结束他们的痛苦。再说，我手边也没有棍子。

* * *

我认为，我们的家庭神圣观念来自犹太人②。他们当时只有在家里才有安全感，才能避开外面世界的纷乱和迫害。家庭是他们唯一的避难所，所以他们热爱家庭。但这是因为他们软弱无力。古希腊人似乎并不重视家庭生活。但是，并没有人指责他们没有家庭观念。他们精力充沛、欲情似火，也许比任何民族更会享受生活。他们把世界看作战场，无论是战争的喧嚣、战胜者的欢

---

① 卡普里岛：意大利南部一岛屿，位于那不勒斯湾南端。
② 西方人的家庭神圣观念来自《圣经》，而《圣经》来自犹太人。

呼，还有战败者的呻吟，在他们听来都是美妙的音乐。他们投身于生活，就如无畏的游泳健将跃入惊涛骇浪之中。

* * *

人类智慧最常见的错误之一，就是坚持认为世界上存在着某种普遍适用的规则。就拿解剖学来说，在二十个人身上，有八个人的主动脉在动脉根部的第二小段处分叉，另外十二个人，六个人在第一小段处分叉，六个人在第三小段处分叉。虽然例外多于常例，但规则却是在第二小段处分叉。

* * *

人类智慧除了用于自我保存和种族繁衍，大部分都用于卑鄙恶劣的事情。

* * *

我觉得很有可能，文明一旦达到某个高级阶段，人类会自愿返回野蛮状态，或者说，从已经达到但无法保持的高级阶段倒退到低级阶段。

* * *

人生本无意义可言，人生的所有苦难也都没有意义。人生没有终极目标，因为对大自然来说，人活着不过是为了物种繁衍，其他一切都无关紧要。我这么说，你能说我是目光短浅吗？你能说我是不负责任吗？

* * *

愿死亡用黑夜笼罩我的岁月。

1897①

一个人的品质会在吃大餐时显露无遗。

* * *

T.正站在火车站上,有个女人走过来对他说,他曾是她的一桩刑事案中的公诉人,她很感谢他当时对她很宽容,但最重要的是,她其实是完全无辜的。他连她的脸都记不得了。那桩刑事案对她来说是一场悲剧,而对他来说却是一件小事,早就忘了。

* * *

泰晤士河上的一个水手爱上了一个女孩,但没钱带她出去玩。一天,他看到水里有个人,好像快要淹死了。他知道,救人是没有报酬的,于是就用钩子钩住那人的衣服把他拖上来②。那人被拖上来后,有个过路人说那人还没死。但他转过身去把那过路人骂了一通。他还把那个拖上来的人翻了个身,让他脸朝下,叫他再也活不过来。就这样,他得到了五先令的捞尸费,带他的女朋友出去玩了一次。

* * *

治安法庭抓到了三个女人。她们是妓女。其中两个健康壮实,第三个却是

---

① 这一年,毛姆23岁,这是他在圣托马斯医院附属学校的最后一年。此后,他就弃医从文,成为一名职业作家。
② 这是打捞尸体,不是救人。

个快要死的结核病人。那两个有钱，付了罚金，第三个没钱，要关十四天。那两个出去后，很快又回来了。原来她们不顾天冷，当掉了自己的大衣，来为第三个付罚金。她们不想把她送到济贫医院去。"我们会照顾她到最后。"她们说，而且三个人一起住进了一家妓院。她们照顾那个垂死的年轻女人一个月，直到她死。她们凑钱安葬她，还穿着新做的黑色丧服，手里拿着花圈，跟在她的灵车后面。

* * *

一个女人坐在那里看着她丈夫。他醉倒在床上，而这天是他们结婚二十周年的纪念日。当初他们结婚时，她以为自己会很幸福。但她嫁的是一个懒汉、酒鬼、畜生，生活艰难困苦。她走到隔壁房间，服了毒。她被送进圣托马斯医院，渐渐康复了。但她后来又企图自杀，被告到了治安法庭。她没有做任何自我辩解，但她的女儿站起来，把她母亲的不幸告诉了治安官。最后，法庭判决他们夫妻分居，丈夫每星期支付给妻子十五先令生活费。她丈夫签了字，同意分居，然后拿出十五先令，对她说："这是第一个星期的钱。"她拿过钱来扔到他脸上。"我不要你的钱。"她哭喊着说，"把二十年时间还给我！"

* * *

那天，我到手术室去看剖腹产。这种手术很少见①，那里挤满了人。开始前，C医生做了简短的介绍。我听得并不认真，但我好像记得他说这种手术至今还很少成功。他对我们说，那个孕妇没法顺产，而且已经流产过两次，但她很想要孩子，所以又怀孕了；他说，他已经向她解释了手术的风险，母子存活的概率都只有百分之五十，但她还是对他说，她准备冒这风险。她丈夫也很想要孩子，这似乎加大了她的决心。手术看来很顺利，C医生取出婴儿时满脸笑容。今天早上，我在病房里问一个护士，那个产妇情况如何。她告诉我说，当天夜里她就死了。不知为什么，我听了心里一颤，紧锁眉头，才没有哭出来。这很傻，我并不认识她，第一次看到她时，她已躺在手术台上。我想，是她的决心感动了我。她是医院里的一个普通病人，为了要生一个孩子，决心去冒可

---

① 当时极少有医生能做剖腹产手术，而且成功率极低。

怕的风险。这实在太残酷了,她真的死了。护士告诉我说,婴儿安然无恙。可怜的女人。

* * *

恳求从来不会没有效果,但奇怪的是,并不需要真心相求,只需要装得很诚恳就可以了。

* * *

一场盛大的晚宴就是一次放纵食欲而不必害羞的机会。

* * *

星期天,教区牧师①把那些很容易懂的经文讲解了两遍,大约花了二十分钟,而且为了使那些粗人也能听懂,他还不惜使用通俗语言,把钦定本《圣经》和当天的报纸混在一起讲。他的才能就是认认真真地讲解那些连低能儿也看得懂的经文。他收到的献金分别用于救济本教区的穷人和购买本教堂的日用品。他知道教堂里用的木炭、祭坛上用的蜡烛和他所宣讲的教义是有关系的②。所以,他在布道时总是要攻击异端邪说,而且总是要为那些土里土气的乡下人和傻头傻脑的年轻人讲解《亚大纳西信经》③的难懂之处。不过,他最大的能耐是用尖刻的语言嘲笑无神论、嘲笑天主教、嘲笑科学家。他肆无忌惮地嘲笑进化论,他像玩九柱戏④似的连连抨击哲学家的学说,他毫不犹豫地把它们统统推翻。他危言耸听、不计后果,好在他的一大半听众是听不懂的,所以不会提出质疑,还有一小半听众根本就没有听,不知在想什么。

---

① 新教(基督教一宗派)的神职人员称为牧师,天主教(基督教另一宗派)的神职人员称为神父。
② 意即他讲得好,献金就多,就能买更多木炭和蜡烛。
③ 《亚大纳西信经》:也有译为《阿塔那修信经》《亚大那西乌斯信经》《得救经》等,基督教三大信经之一。
④ 九柱戏:一种用球击倒九根小立柱的游戏,一般认为,它是现代保龄球的前身。

1900[①]

如果一个四十岁的女人对一个男人说,她老得可以做他的母亲了,那个男人最好立刻逃跑。她不是想嫁给他,就是想在离婚案中拖死他。

* * *

偏见都是人自己培养出来的。

* * *

康沃尔郡。狂风把大海从底部翻了起来,海水在沉沉黑夜中聚成大浪撞击岩石。头顶上,天空瞬息万变,纷乱缠结的乌云掠过夜空,狂风呼啸着、嘶鸣着、尖叫着。

* * *

乱云在空中飞过,仓皇而混乱,就像一群痛苦而沉默的灵魂在被一位嫉恨而复仇的上帝追赶着。

* * *

远处传来雷鸣声,雨淅淅沥沥地落下来,像是上帝的眼泪。

[①] 这期间毛姆专注于写小说,笔记中的许多景物描写是他看到某些景色后写下的,以备写小说之用。

* * *

风就像一辆四轮马车里的一个驾车人,他的马全都肌肉紧绷,在缰绳下踢着蹄子,他举起鞭子朝它们狠狠一抽,它们就迅速地冲了出去,凄厉的马嘶声就像女人被逼急时的尖叫声一样划破清晨的天空。

* * *

我漫无目的地走着。有上百条细流蜿蜒而过的松软大地上,覆盖着一层棕色的落叶,散发出潮湿的泥土味,这是女人的体味,是静静地孕育着生命的大地母亲的体味。野蔷薇的长长枝条缠住了我的脚。这儿和那儿的隐蔽角落里,樱草花和紫罗兰尽情绽放。山毛榉细软的黑色枝条上刚刚萌生出嫩绿的新叶,鲜活而娇弱。这是个绿色天堂,眼前只见一片郁郁葱葱。精美细巧的青枝绿叶,比夏雨更轻柔,比暮雾更缥缈,就如奇思妙想,令人赞叹。这样的苍翠景象,使人顿时忘记心中的忧愁和悲苦。这样的碧玉绿茵,使我心如白纸、返老还童。这儿和那儿的树木中间,偶尔有一棵冷杉树高高耸立,虽则高大挺拔,却死气沉沉。而在这一片寂静中仅能听到的声响,是一只兔子蹿出草丛,或一只松鼠跳上树枝。

雨后,黄昏时分,鸟儿忽然欢快地鸣唱。显然,这是个无忧无虑的世界。椋鸟躲在山毛榉顶上的树叶里放声高歌,还有红腹灰雀和画眉鸟也一样。远处的田野里,一只布谷鸟在"布谷布谷"地叫唤,而在更远处,仿佛是传来的回声,另一只布谷鸟在"布谷布谷"地回应。

* * *

冬天的格林公园[①]

雪花轻轻飘落,就像孩子的脚步。积雪掩埋了整齐的小路,覆盖了凌乱的草地。放眼望去,屋顶上、树枝上到处都是雪。乌云沉沉低垂,寒风凛厉,天地昏暗。弥漫在枯树间的是紫色雾气。一长排闪闪烁烁的是圆形路灯,远远看去,就像冬夜里的一列火车。酷寒抹掉了其他东西的颜色,唯有雾气是紫色

---

① 格林公园:伦敦的皇家公园之一。

的，轻盈柔和，但是很冷很冷，冷得连伤心之人也几乎忘了伤心。卡尔顿府邸街①的房子在白茫茫的雪景中就如一团可怕的阴影。白昼在鬼气森森的静寂中逝去，甚至连一抹落日的余晖也没看见。昏暗的天空变得越来越昏暗，闪烁的灯光变得越来越闪烁，而且每盏灯的周围都有一道惨白的光环。

* * *

伦敦。西边落日时的晚霞就像奉命前去复仇的大天使飞过天空时的巨大翅膀，火红的羽翼在城市上空投下一片耀眼的光芒。

* * *

薄薄的乌云飘浮在树梢上，缠绕在光秃秃的树枝间，仿佛像是从织锦大袍上撕下来的一缕缕布条。

* * *

薄薄的乌云慢慢飘过树梢，零零落落地分散在光秃秃的树枝间。

* * *

那空气般轻盈的海燕。

* * *

静止的乌云堆积成一大团，那么清晰、线条分明，那么圆鼓鼓的，上面似乎还留有一位巨人雕塑家的手指印。

* * *

一大片高耸的冷杉树，阴暗而杂乱，深绿色枝叶上有一层银白色的雾，好像是一百个冬天的霜雪熬到夏天而散发出来的寒气。在这些冷杉树前面，在那挤满几百棵松树的山崖边，这儿或那儿，有一棵刚刚长出新叶的橡树，像是穿着翠绿欲滴的衣裳，像是青春之神的新娘。就如白昼与黑夜适成对照，与青春

---

① 卡尔顿府邸街：伦敦圣詹姆士区的一条街道。

常在的橡树适成对照的是暮气沉沉的冷杉树。

* * *

冷杉树林就像人生的丛林，昏暗而阴郁的迷宫，里面游荡着代表地狱与死神的诗人。

* * *

田野里生机勃勃，青草已经长得很高，金凤花开得很茂盛；它们沐浴在阳光中，就像先前在雨中一样欢快。雏菊上还留着可爱的小雨滴。微风吹过，蒲公英毛茸茸的小球随风飘荡，漫无目的，唯一的使命就是把种子播撒在大地上，等到来年夏天，发芽、生长、开花，再飘出毛茸茸的小球，然后死去。这正是人生的象征。

当时我不知道用这种普通的草还可以做出那么美味的色拉。

* * *

整齐而茂盛的山楂树篱上正长出小小的花蕾，这儿和那儿，野玫瑰在鲜花丛中盛开。

* * *

日落时分，西边铅灰色的云团上透出火红的霞光。天上下起毛毛细雨，金色的雨点洒落在就像火之女神的裙裾般平静的海面上。顷刻，太阳像泰坦巨神撞倒监狱高墙般冲破黑沉沉的云墙，光芒四射，像一个巨大的铜球。它仿佛用尽全身力气，推开拦住它的云团，把整个天空照亮。这时，平静的海面上展现出一条金光大道，仿佛在指引人们炙热的灵魂永不停息地奔向不朽的光明之源。

* * *

雨云低垂在山谷上空。看到它饱含雨水而又痛苦地落不下来，这使人感到莫名的惆怅。

*　*　*

松树林阴冷而沉静,合我心意。高高的树干笔直而挺拔,就像帆船上的桅杆,还有淡淡的松香味、柔和的光线和紫色的薄雾,都似有似无,几乎觉察不到,只是在空气中散发出温暖的气息——这一切使我心旷神怡。我脚踩着枯黄的松针,无声无息,松松软软,舒适而惬意。我深深吸一口芬芳的空气,似乎吃了东方迷魂药,如醉如痴。眼前的一切,那么朦朦胧胧,那么难以形容,那么难以用颜料和画笔将它再现,因为所有东西都被那似乎有色的空气萦绕着,轮廓已模糊不清。我沉醉在沉思遐想中,那愉悦之情不可言说,只觉得自己仿佛做了一个似乎有点性感的白日梦。

*　*　*

感受大自然的魅力而不想分析这魅力的人,是多么幸运啊!

*　*　*

风吹过松树林的声音,凄惨得就如失恋少女的痛哭哀嚎。

*　*　*

开着无数金凤花的金黄色田野,就像一块柔软的地毯,那上面也许很适合佩鲁吉诺①笔下的天使来行走。

*　*　*

这是一场无尽多样的音乐会。每个灌木树篱上,每棵树的树枝上,都有鸟儿躲在树叶里歌唱。每只鸟儿都在纵情歌唱,似乎都想胜过其他鸟儿,仿佛只要靠歌唱就能活得轻松而愉快。

*　*　*

这地方是一大片起伏不平、郁郁葱葱的山地和肥沃的肯特郡田野。这是肯

---

① 佩鲁吉诺:15世纪和16世纪之际意大利画家,拉斐尔的老师。

特郡最富饶的地方,树林茂密,有榆树林、橡树林和栗树林。这里的人世世代代都尽心尽力,把这地方修整得像个花园。

这里的景物就像普桑①和克劳德②的风景画一样中规中矩,既没有旷野之景,也没有散漫之物,随处可见人工的缜密安排和悉心布置。

有时,我站在一座稍高一点的小山上往下看,看到沐浴在阳光下的田野一片金黄,令人目眩。玉米地、苜蓿地、道路和溪流,全都整整齐齐,形成一幅和谐的图案,既华美又轻巧。

* * *

一幢方方正正的白色泥灰房子,两扇大大的圆顶窗,门前种着几棵金银花和月季花。这房子的结构是乔治时代的建筑风格和死板的建筑常识的混合物,丑陋之极,连大自然也无法使它美观一点。不过,住起来还是很安稳、很舒适的。四周都有枝叶茂盛的树木,到了夏天,花园里会有各种各样的玫瑰花盛开。一道低矮的树篱把房子围在中间,树篱外面有一块草地,那是村里的男孩打板球的地方。对面不远处,就是村里的教堂和小酒店。

* * *

铅灰色的天空那么枯涩、那么阴沉,像是人工画出来的。这是无限悲哀的色调。

* * *

圣詹姆斯公园

天空灰蒙蒙的,单调而低垂。太阳只是一个模糊的白色光圈,把微微颤动的光线投在黑黝黝的水面上。树木在这阴天里不见翠绿,只见薄雾弥漫中的一大团枝叶。那边,被白杨树遮挡不见全貌的是政府办公楼,还有特拉法尔加广场③的屋顶。

---

① 尼古拉斯·普桑:17世纪法国古典主义画家。在他的风景画中,自然界的杂乱被几何学的规则取代。
② 克劳德·洛兰:17世纪法国风景画家,主张作品应该比生活更美,更富有诗意。
③ 特拉法尔加广场:伦敦的地标之一。

映照出灰蒙蒙天空和黑乎乎树木的河水阴沉死寂，散发出潮湿而难闻的气味，令人作呕。

* * *

阳光下，山谷里郁郁葱葱，清静宜人，但是当西边的乌云滚滚而来围绕着山头时，那情景却令人压抑，我好像真感到身体痛苦似的想哭出来了。还有那种悉心规划出来的景象，也令人难以忍受。整齐划一的榆树林和草地都是细心栽培的。所以，当天上乌云密布时，我都觉得自己像是在关禁闭。此时想逃出去是不可能的，再说，我也没有能力逃出去。我只能置身于这种刻意布置、井然有序的环境中，一辈子也无法挣脱它的束缚。过去几百年间的人一直以某种方式生活，有某些标准，受某些感情影响，他们对我来说实在太强大了。我觉得自己就像一只愚笨的鸟，一只出生在鸟笼里的鸟，没有能力获得自由。我对自由生活的渴望是痴心妄想，因为我知道要获得自由需要有某种能力，而我没有。我只能沿着田边的路一直往前走，旁边还有整齐的栏杆围着那块田地。我四周都是人工规划的痕迹。大自然似乎也在这种规划形式的影响之下而到处显得那么刻板、那么拘谨。没什么东西是野生的。树林也被布置成合适的形状：这儿多了几棵不好看，就砍掉几棵；那里少了几棵不匀称，就种上几棵。

* * *

暴风雨后，被呼啸的狂风吹得干干净净的天空就像不讲人情的正义一样可怕。

* * *

往日的岁月笼罩着一层薄雾、一团青烟，这使我的记忆不再那么清晰而有了一种奇异的魅力，就像你从远处眺望一个笼罩在晨曦中的城市或者港湾，原本鲜明的轮廓和斑斓的色彩变得模糊而混沌，变得更加微妙、更加和谐。但是，从深深的永恒之海①飘来的雾气也从不间断、从不减弱，岁月最终会把我的记忆埋葬在无穷无尽的黑夜里。

---

① 深深的永恒之海：喻死亡。

* * *

过去的岁月变得像是时间之海上的一团雾气,因而我的记忆呈现出新的面貌,不再像过去那样清清楚楚、实实在在。但是,就像从岸上突然吹来的一阵风会驱散海上的雾气,偶然,一句话、一个手势、一段旋律,会打破时间擅自造成的模糊不清,使我比较清晰地回想起我年轻时的有些事情,回想起那时的严酷现实。不过,我觉得这对我并没有什么影响。我就像一个看戏的人一样,对自己的一生冷眼旁观,有时则像一个老年演员看到自己曾演过的某个角色那样,也许会对自己曾演过这样拙劣的角色感到惊讶。我好奇地看到过去的我,只觉得有点好笑。

* * *

四月的欢乐之雨。

* * *

难熬之夜①。

* * *

闷热而凝重的沉静笼罩着乡间。

* * *

秋天,到处都是阴沉沉的死亡色彩,就像一段忧郁的旋律,就像一首悲伤的哀歌。但是,在这阴沉沉的色彩中,仍有苹果树上的点点鲜红。就是在枯黄的落叶中,仍有什么东西使人领悟到,大自然在死亡和腐朽中孕育着新生命。

* * *

热情洋溢、星光闪耀的夜空。

---

① 原文 The patient night 是双关语,其实不可译(其中 patient 既可作"病人"解,又可作"忍耐"解)。

* * *

变幻无穷的玫瑰色晨光。

* * *

邪恶而鬼气森森的风,就像一只无形的动物穿过高耸而无叶的枯枝。

* * *

对相思的恋人来说,没有什么声音比嘀嗒嘀嗒的钟声更令人忧伤了。

* * *

那盏灯摇摇晃晃,就像一个人临死前恍恍惚惚的眼神。

* * *

黎明会在漫漫长夜之后到来,但没有光亮来到他痛苦的心中,他的灵魂将永远在黑暗中游荡,永远在黑暗中,永远……

* * *

在乡间,夜间的黑暗友好而亲切,但是在城里,灯火通明,夜间是那么不自然,那么充满敌意而咄咄逼人,就像一只巨大的秃鹫,在空中久久盘旋。

* * *

晨光从乌云中钻出,就像一个未被邀请的客人,不知道自己是否受人欢迎。

* * *

C.G.和我一起看日落,他说他认为日落平平常常,没什么好看。我正在欣赏日落,觉得受了羞辱。他鄙夷地说我太英国气,而我还颇为自豪。他对我说,他崇尚法国精神。我想,遗憾的是他这话是用英语说的。

* * *

C.G.。他风度翩翩、品德高尚（姑且这么说吧，其实他的品德并不怎么好），而且以自己的幽默感为荣。在他看来，最值得提出来讨论的事情，一定是不平常的事情。他特别看不起自己的国家，以此来表明他的胸襟开阔。他用库克优惠券①到巴黎去了十天，从此对优等的法国人深信不疑。他笑声朗朗地谈论理想的爱情、人生的希望，同时也到斯特兰德大街去找每次只要十先令的劣等妓女。他把自己的失败解释为时运不济，是因为这个时代、这个国家不肯承认他的才能，还说"难道不是吗？"所以，他说他本应出生在古希腊，而实际上，他只是个乡村医生的儿子，如若出生在古希腊，他可能是个奴隶。他看不起我，因为我洗冷水澡。他每次考试都考得一塌糊涂，但他每次都能找到理由为自己辩解，把一件不光彩的事情说得好像还很光荣。他还写一些毫无诗意的诗。他胆子很小，每次游泳都不敢到水深一点的地方去，但他对自己的胆小竟然也有说词，说胆子大的人是因为没有想象力。

* * *

上帝经过世界每一个地方都要翻耕土地，并由西向东播下痛苦和悲伤的种子。

* * *

夏日黄昏时的金色风光。

* * *

就像那把剑，它喷出火焰，烤干了夏娃凄惨的眼泪②。

* * *

佩特③的唯美风格就像暖房里的一束兰花，散发出热带花卉的腐烂气味。

---

① 库克优惠券：库克公司发售的旅游优惠券。
② 典自《圣经·创世记》，上帝将亚当和夏娃逐出伊甸园后，在伊甸园东边插上一把喷火的剑，把守通往生命之树的道路。
③ 瓦尔特·佩特：19世纪英国理论家、批评家，唯美主义倡导者。

* * *

太阳像是一只熊熊燃烧的火炉，把大片的云层融化为金灿灿的热雨，而太阳发出的光那么强烈，使人觉得好像要天崩地裂，要有一个强大的新世界即将产生。你看东方的那些云，就是一场太阳大火发出的浓烟。你可以把这想象为新世界的缔造者正在把所有妖魔鬼怪、虚荣浮华、废铜烂铁、拙著劣作统统丢进那个大熔炉，然后在一阵可怕的沉寂中，所有生物都被融化、分解，变成无形无状、玄虚神秘的新物质。

* * *

微风轻轻吹拂，嫩叶微微颤动，妖娆而迷人。

* * *

我的灵魂是一把上帝用来弹奏悲哀曲调的五弦琴。

* * *

我的心为她而忧伤，虽然我已不再爱她，但仍然无法平静。苦涩的空虚取代了之前的悲痛欲绝，这也许更加难受。爱情或许会消失，但记忆还会留存。记忆或许也会消失，但即使到那时，仍不会安心。

* * *

大海中苦涩的波浪。

* * *

晚霞飘在空中，天蓝色映衬着橘红色。

* * *

石南花饱含紫石英般温柔而端庄的色彩。

* * *

灰蒙蒙的天空下，景物的颜色显得格外清晰。在树篱和树林的深色调映衬下，田野里的棕色或绿色显得格外浓郁。这一景色虽然只是由一些基本色构成，不像意大利景色那样华丽，但同样对比强烈、色彩丰富。这使人想起那些早期绘画，在那里，同样明显的效果是由厚厚的一层金黄色的底色造成的。

* * *

如果恋爱时对方只对你表示善意、友情和好感，那对你有什么用？那是些华而不实的东西，只是在嘴上说说的。

* * *

过去，只要和她在一起，和她一起默默地散步，和她谈论一些最无关紧要的事情，就可以了，而现在，一到我们没话说的时候，我就要拍脑袋找话说，而当我们交谈时，说话是那么勉强，那么不自然。我觉得和她单独在一起很尴尬。

* * *

认为改变就会带来进步，这是多么奇怪的想法！欧洲人总是指责中国工匠至今还在使用几百年来一直使用的工艺①。但是，既然他们使用原始的工艺可以做出胜过西方工艺师的既精美又实用的产品，他们为什么要改变？

* * *

女人的三件要事。一是要漂亮，二是要打扮，三是要听话。

* * *

伦敦在轻轻吟唱，就如一个大马达在远处嗡嗡作响。

* * *

人会随着年龄的增长而变得越来越沉默寡言。年轻时，他渴望向他人诉说自己的想法；他总觉得别人会亲切地接纳他，因而他向别人敞开心扉，无话不说。他总希望自己能像河水汇入大海一样融入别人的生活。但是，渐渐地，这

---

① 指中国传统陶瓷工艺。

一动力消失了。他发现他和朋友之间是有隔阂的;他意识到他们其实都是陌生人。之后,他也许会把所有的热情集中在某个人身上,最后一次(可以这么说)想和这个人沟通心灵。他竭尽全力想要把她拉向自己,试图了解她,也希望她能了解自己,透彻地了解。但是,渐渐地,他发现这也不可能。不管他多么爱这个人,不管他和她的关系多么亲密,她似乎仍然是个陌生人。是的,就连同床共寝的夫妻,也不能相互了解。于是,他不再和人交往,默默地蜷缩在自己的世界里。他避开所有人的目光,包括他最爱的人;因为他知道,就是对这个人,他也无话可说。

* * *

有时,有人会因为自己对所爱之人了解得那么少而感到恼怒和绝望。想到自己不可能完全了解他们,不可能和他们心心相印,他的心都碎了。有时,出于偶然原因或者受某种情绪影响,他发现了他人的内心和自我。这使他更加绝望,因为他看到的是那么愚钝的内心和自我,跟他的自我简直格格不入。

* * *

两人谈论着某个话题,突然沉默了。他们各自想了一会儿。等到再开始谈话时,他们发现没什么东西可谈了。

* * *

有人说,人生是短暂的,这对回头看的老年人来说也许是对的,但对朝前看的年轻人来说,人生却长得可怕,漫无尽头。有时,有人还会觉得人生漫长得难以忍受,会觉得,为什么不能一觉睡下去,永远、永远不再醒来?我希望那些长生不老的人永远幸福,至于我,若要我永远活着,那简直太可怕了!

* * *

世界上的人那么多,一个人的行为那么微不足道。

* * *

你滔滔不绝说得太多了!好像应该吸几撮鼻烟,打个喷嚏停顿一下。

* * *

无法表达真是可怕,你的感受会成为永远的秘密。

* * *

难道我是个把自己的五脏六腑掏出来示众的二流诗人吗?

* * *

如果结婚后第一年就能体面地离婚,五十对新婚夫妻中没有一对会坚持到第二年。

* * *

读者不知道,他们用半小时甚至五分钟就读完的那些文字,是作者花很长时间、费尽心机写出来的。读者认为那么真实的感情,其实是作者搜肠刮肚、熬夜想出来的。

* * *

人生的悲哀,就如人体的心脏,必不可少。

* * *

当你跟人打招呼说"你好吗"时,许多人会回答说"很好,谢谢"。他们以为你是在关心他们,那也太自作多情了!

* * *

要认识到人类并非宇宙中心,而是身处宇宙边缘,这对任何人来说都是难而又难的。

* * *

苏格兰人似乎都以自己是苏格兰人为荣①。

---

① 原文 Scotchmen seem to think it's a credit to them to be Scotch 是双关语,其实是无法翻译的。其中的 Scotchmen 既可作"苏格兰人"解,又可作"有伤疤的人"解;to be Scotch 既可作"是苏格兰人"解,又可作"有伤疤"解。所以,此句也可译作"有伤疤的人似乎都以自己有伤疤为荣"(伤疤喻某种痛苦经历)。

1901[①]

生命的尽头。就像人在黄昏时分读书,读啊读,没有察觉到光线渐暗,直到他停下来休息,才猛然发现白天已经过去,天已经很暗。再低头看书,什么都看不清了,那本书已毫无意义。

* * *

卡比斯湖。金雀花是橘黄色和绿色的。有人采了一束石南花,然后又扔掉了。那束花在草地上枯萎而呈紫色,仿佛是一个帝国衰败的象征。

* * *

纪念碑。它矗立在一座俯瞰山谷和大海的小山上。赫尔城,连同它那条平静的河流,就像一个古老的意大利城镇,在阴沉沉的天空下也照样多姿多彩。纪念碑周围全是枯死的蕨类植物,土黄色的,脚踩上去也毫无动静。它们是最早死去的夏季植物,一到九月,就被轻轻吹过的寒风冻死了。

* * *

乔奈斯·尼尔[②],一七八二年。他是谁?你可以把他想象成十八世纪形式

[①] 继前一年,这一年笔记中仍有不少景物描写,但这一年毛姆研读了杰里米·泰勒、马修·阿诺德等人经典散文,想使自己的文笔更精致一点,所以这一年笔记中有一些是关于文笔,也就是如何遣词造句的思考。

[②] 乔奈斯·尼尔:18世纪英国的一个名不见经传的三流诗人。

主义造成的那种乖戾而阴郁的角色。那是个缺少新鲜空气的陈腐年代。那时的人依然捧着当初伊丽莎白时代①的人享受生活乐趣的那个酒杯喝酒,但那酒杯中的酒已渐渐喝完,剩下的残渣中只有空虚和无聊。

* * *

在夏日里,几棵枯死的树看上去很不协调,那一小块灰暗的颜色和康沃尔郡六月的明媚风光显得格格不入,好在大自然已渐渐把它们和周围的东西混为一体。它们歪歪扭扭、无枝无叶、无声无息地站立着,仿佛领悟了永恒的天意。曾经有过的红花绿叶,就像四月里的蝴蝶和凉风,转眼即逝,唯有现在这样子,持久不变。这里是那么寂静,就连在天上飞来飞去的白嘴鸦拍动翅膀的声音仿佛也能听见。说来奇怪,在这寂静中,我觉得我好像听到了伦敦在轻轻召唤我。

天色阴沉了,饱含雨水的乌云飘过山顶。到了黄昏时分,开始下起雨来。雨下得很小,康沃尔郡的一场毛毛细雨,就像雾气一样悬浮在大地上空,就像人生的忧愁,无处不在。渐渐地,整个乡间沉入了黑夜之中。

* * *

风就像一个年轻而壮实的乡下人,哼着小曲轻快地穿过田野。

* * *

大地上笼罩着大雾,乳白色的,有一种奇异的不透明的透明感。

* * *

杰里米·泰勒②。也许,没有哪句话比"文如其人"这句话更有道理了。当你读了《死得崇高》之后,根据它那种稳健的笔调、典雅的意境、洋溢的诗情,你就能想象杰里米·泰勒是怎样一个人,如若再对他的生活经历和生活境

---

① 伊丽莎白时代:即16世纪女王伊丽莎白一世当政时期。
② 杰里米·泰勒:17世纪英国基督教圣公会主教、散文家,其《死得崇高》被认为是英语散文经典。

况作一番研究，你就可以大胆推测出他的文风就如他的为人。他是卡洛林时代①的一个主教，生活舒适、富裕而且踌躇满志。他的文风也是这样。他不像弥尔顿那样激越、那样洪流般一泻千里，而是像涓涓细流，蜿蜒流过鸟语花香的芳草地。但他从不玩弄文字游戏，而总是按常规词义使用词语。他形容事物从不玄虚，也从不刻意求新或引人注目。他使用形容词只是为了修饰名词，而且同样的形容词会反复使用，看上去并没有多少新意，甚至有的形容词和有的名词已成固定搭配。所以，尽管他文风华丽，但给人的感觉却又很简洁。此外，他似乎很注意词语的读音，因而他虽然用了许多文雅的书面语，读出来却仍有口语的意味。也许，这种自然流畅的感觉还和他频繁使用and一词有关②：一个又一个长长的从句用and连接在一起，就像一根似乎无穷无尽的链条，使人觉得这文章好像是一口气写出来的，一点也不费劲，像是一个和蔼可亲而有点啰唆的老人在侃侃而谈。是的，他笔下的一长串短语和从句往往是随意连接在一起的，只是用标点符号把它们勉强分开，并不怎么考虑句子的含意，也不怎么顾及句子的结构。但是，只要重新安排一下，他的松散的长句就会变成结构紧凑而且前后平衡的复合句。实际上，只要他乐意，杰里米·泰勒自己也能把词语安排得既整齐又巧妙，从而写出像下面这样富有音乐感的句子：

> He that desires to die well and happily above all things must be careful that he do not live a soft, a delicate, and voluptuous life; but a life severe, holy and under the discipline of the Cross, under the conduct of prudence and observation, a life of warfare and sober counsels, labour and watchfulness.③

在另一方面，他的句子有时也会失控。一个and接着一个and，一层意思接着一层意思，相互堆积在一起，简直使人弄不清楚整个句子的头在哪里，尾

---

① 拉丁文Caroline（卡洛林）即英文Charles（查尔斯）。此处指查尔斯一世（也译"查理一世"）时代，即17世纪20年代至40年代（1625—1649，查尔斯一世在位）。
② and是英语中的连词，通常用来连接两个词或两个短语，但在英语口语中，这个词频繁出现，人们每说一句话几乎都要先说and，这是英语口语的特点。
③ 毛姆引用此长句是显示其"音乐感"，这种"音乐感"无法用汉语复制，只能将其意思译出："希望安乐而死的人首先要注意，不可过骄奢淫逸的生活，而要过一种朴素、圣洁、遵循主耶稣教诲、行为谨慎小心的生活，一种坚毅、刚强、勤劳而警觉的生活。"

在哪里，只觉得它是含含糊糊的、零零碎碎的，既不完整，又无规则。不过，这些超长的句子有时却是以惊人的技巧写出来的：在一连串从句中，具体的描述和次序的安排不仅错落有致，而且既优雅又巧妙。

不过，《死得崇高》的巨大魅力还在于这本书的总体氛围，即：温馨而端庄、沉静而文雅，偶尔还有美妙的诗韵，就像一个古色古香的庭院。你在每一页上都能发现某种恰到好处的表达、某种赋予简单词语以新含义的新语序，时而还有某种如画般的描述，锦上添花，就如早期迷人的洛可可艺术，华丽无比，但又始终保持着纯正高雅的格调。

现在一些尽职的作家在寻求描写方式时，总想从某种新的视角来描写事物，总想把某种隐秘的特点突现出来（通常是徒劳的!），但杰里米·泰勒从未这样做过，甚至都没想过要这样做。他心里想到哪个形容词，就用哪个形容词。譬如，对大海的描写有成千上万种，如果你想要有自己的特色，就千万不要用"蔚蓝的"这个形容词，但杰里米·泰勒却照用不误，还觉得很满意。在他笔下不会出现那种弥尔顿[①]式的奇特短语，因为他没有大诗人的魄力，敢于用前所未有的方式把名词和形容词、动词和副词连接在一起。他从来不作惊人之语。他的想象力既不强烈也不大胆。他满足于走老路，使用现成的句法和表达方式。他的独特风格主要在于他那种田园牧歌式的温和人生观。他友善地看待生活，精准地再现生活，虽非伟大的艺术家，但却以美好的愿望，尽其所能，把事物描绘得如图画般美轮美奂。

* * *

初升的太阳为晨雾染上颜色，直到把它染得像五彩石一样绚丽灿烂。

* * *

小陶俑。看到那些小陶俑轻松自然的姿势和安详平静的神态，我很着迷。从它们衣服上似动非动的皱褶中可以看出那种文明精神的生气勃勃，而这也许就是古希腊生活中的关键要素。一系列从塔纳格拉出土的小陶俑充分体现了古人的想象力和对自由、简朴生活的渴望。

---

① 弥尔顿：17世纪英国大诗人，著有长诗《失乐园》等。

作家笔记

* * *

悲惨的、永远该诅咒的暴风雨之夜。

* * *

偶尔,疾驶的乌云露出一道缝隙,从中可以看见一颗苍白的星星,正冷得瑟瑟发抖。

* * *

一种天蓝色,比法国蓝宝石更加晶莹剔透。

* * *

在阳光下,翻耕过的田野就如一块巨大无比的宝石,五彩缤纷。

* * *

榆树叶簇的颜色比绿宝石还要浓郁。

* * *

在阳光下,湿漉漉的树叶上有一层像绿宝石似的光泽,看上去就像那种俗里俗气的、很适合妖冶堕落的宫廷妓女用来梳妆打扮的宝石。

* * *

矫揉造作得就像那种镶满宝石的老式首饰。

一种就像古老瓷釉首饰上的绿色,比翡翠色更亮丽。

* * *

色泽浓郁的石榴石。
它就像大块的玛瑙,既晶莹又华丽。

* * *

雨后天晴,日落时的乡间别有一番景色,就如利摩日①瓷釉一样色泽华美。

---

① 利摩日:法国中西部城市,以陶瓷业闻名于世。

　　　　　　＊　＊　＊

　　像利摩日瓷盘一样光彩照人。

　　　　　　＊　＊　＊

　　在半明半暗的阴影下，水面就如黑宝石，黝黑而凝重。

　　有的读者也许会问自己，为什么这儿会出现瓷釉、珠宝、玛瑙这样的奢侈品。我会告诉他的。那时，我深受九十年代流行的华丽文风的影响，同时意识到自己的文笔平平淡淡，所以觉得应该尽量写得有点文采。这就是为什么我当时会满腔热忱地研读弥尔顿和杰里米·泰勒的原因。一天，我还带着纸和笔，心里想着奥斯卡·王尔德《莎乐美》中的精彩片段，到大英博物馆去做了这些笔记，希望哪天能对我有用。

　　　　　　＊　＊　＊

　　黎明前的皮卡迪利大街①。由于整天喧闹不停、行人不断，黎明前几小时的皮卡迪利大街宁静得似乎令人难以相信。这种宁静不太自然，甚至有点鬼气森森。空荡荡的大街宽阔而肃穆，一路向前延伸，就像一条平静的河流，庄重而坦然。空气纯净清澈，但很容易颤动，只要有一辆马车驶过，整条街立刻充满声响，马蹄声会久久地回荡。街道两边，一根根黄铜灯杆整齐排列，灯光把周围的东西照得雪亮。向上的灯光比较弱，模糊地照在沉静的大房子上，向下的灯光比较强，把公园的围栏和旁边的树木照得清清楚楚。在这明亮的电灯光里，就如镶嵌着一颗颗不起眼的珠宝，闪烁着煤气灯的淡黄色火苗。

　　到处都是静悄悄的，但沉寂的楼房却安静得和其他东西不一样，因为在雪白的墙面上有一个个黑洞洞的窗户。这些楼房也在沉睡，闭着门，关着窗，仿佛很无助地耸立在人行道两旁，有的高，有的低，全都是平平常常的，而且全像是废物，因为没有人进进出出，也没有人大呼小喊。

　　　　　　＊　＊　＊

　　秋天也有花卉，但少有人喜爱，更少有人赞美。

---

① 皮卡迪利大街：伦敦市中心一条著名街道，有许多高档商店和酒店。

这样的废话我相信当时一定有言外之意。我在想，写出这种牵强的比喻是不是因为当时有个年纪比我大许多的女人挑逗了我这个羞答答的年轻人。

* * *

K.。我觉得，你往往可以看一个人读怎样的书来了解他是怎样一个人。我们大多数人都过着平淡无奇的生活，除了读书，我们的好奇心很难用其他方式得到满足。在读书时，人们被导入了一种虽是人为虚构、但往往比现实环境更加真实的生活。如果你问 K.，哪些书对他的影响最大，他很可能一时回答不出，因为这个问题虽然常有人问，其实并不像看上去那么容易回答。通常总是回答说，是《圣经》和莎士比亚。这样的回答有时虽纯属敷衍了事，但经常是因为有顾虑，担心说出其他书来会被人认为自命不凡。我想，当 K.说到那些最合他心意、最使他深有感触的书时，他总不免会有点得意。他说出一连串书名，其中有佩特罗尼乌斯①的《萨蒂利孔》和纽曼②的《为己申辩》、阿普列乌斯③的书和瓦尔特·佩特的书、乔治·梅瑞狄斯④的书，还有大智大慧的理查德·胡克⑤、杰里米·泰勒、托马斯·布朗爵士⑥和爱德华·吉本⑦的书。显然，他喜欢风格华丽的书。是的，他像一头驴子，不过，是一头聪明博学的驴子。

* * *

他觉得自己就像一个陷入深渊的人，在中午看到了生活在阳光下的人看不到的星星。

* * *

在他自己看来，只有孕育生命的洪流汇聚在一起，才能浇灭他如火似的渴望。

---

① 佩特罗尼乌斯：公元 1 世纪古罗马朝臣，一般认为故事集《萨蒂利孔》是他的作品。
② 纽曼：约翰·亨利·纽曼，19 世纪英国宗教家、"牛津运动"领袖，著名的思想家和散文家。
③ 阿普列乌斯：公元 2 至 3 世纪古罗马作家，著有《金驴记》等。
④ 乔治·梅瑞狄斯：19 世纪英国诗人、小说家。
⑤ 理查德·胡克：16 世纪英国基督教神学家，著有《论教会体制的法则》等。
⑥ 托马斯·布朗爵士：17 世纪英国作家、医生，著有《一个医生的宗教信仰》和《瓮葬》等。
⑦ 爱德华·吉本：18 世纪英国历史学家，著有《罗马帝国衰亡史》等。

* * *

一个响亮而动听的判断①。

* * *

大主教。他回避所有宗教问题,好像这些问题问得不合适。就是有人追问,他也躲躲闪闪。他总是说,宗教像其他事物一样,也必然会进化。他半是睿智,半是愚钝。"在这里,人类理智已不再适用。"他说,而且立刻占据了那个昏暗而未知的国度②。但是,当科学像海浪般推进并表明人类理智可以主宰一个又一个领域时,他马上就溃败了。他就像一个死要面子的败将,把自己的失败称为战略性后撤。他把他的信仰建立在不可知事物上。他把赌注押在理智的局限性上。但是,就像一个败家子眼睁睁地看着债主一处一处没收他的房产,他眼睁睁地看着科学步步进逼,心里万分焦虑却又竭力掩饰。

他明知道聚集在教堂里听他布道的人不是把《圣经》当作故事看,就是把它看作是人为虚构的,但他仍在圣坛上一本正经地朗读《圣经》中的某些章节,尽管他自己也知道,那些东西不过是些传说,有头脑的人是绝对不会相信的。有时,他也会怀疑自己的这种做法,但也只是暗地里耸耸肩。"不管怎样,"他说,"让那些愚昧的人相信这些东西,还是有好处的。动摇人们的信仰永远都很危险。"不过,有时他也会觉得自己实在不想去朗读那些章节,于是就安排他的助手去读。他的几个助手都很愚蠢,他对此颇为满意。

当他大发雷霆时,他说这是正义的愤怒。当别人做了他不喜欢的事情时,他说他义愤填膺。

* * *

马修·阿诺德③的风格。这种风格非常适合用来表述思想。它简洁明了,

---

① 原文 A sound and well-advised judgment 是双关语,很难翻译,其中 sound 既可作"响亮"解,又可作"合理"解;well-advised 既可作"动听"解,又可作"明智"解,所以此句也可译作"一个合理而明智的判断"。
② 那个昏暗而未知的国度:指宗教。
③ 马修·阿诺德:19 世纪英国诗人、批评家、教育家,著有《新诗集》《评论集》《文学与教条》等。

就像一条静静流淌、清澈见底的河流——那流水简直太平静了。如果把风格比作得体的男士服装，要既不引人注目，又经得起别人打量，那么阿诺德的风格就是这样。它从不张扬，从来没有什么生动的短语或者优美的描写来分散读者的注意力，但细心读来，你会发现那些句子是那么小心翼翼地加以平衡的，那节奏是那么和谐、那么优雅。你会觉得那些词语组合得那么得当，甚至还会有点惊讶，那些平常使用的普通词语在他手里竟然会产生那么大的效果。确实，阿诺德可以点石成金。他的风格就像一位有修养、有才学的女士，她虽然上了年纪，已没有多少激情，翩翩风度也已在岁月中失去，但她的气质和活力却使人根本不会想到她是老一辈人。只不过，使用这种风格需要有大量的材料才行，因为它是那么适合用来嘲讽某事，或者揭示某物，适合用来指出某一言论的弱点。使用它可以无情地指出理性的弱点和思想的平庸，甚至可以令人恐惧地将其驳得原形毕露。这与其说是一种艺术，不如说是一种方法。不过，除我之外谁也没有认识到，要使用这种既优雅又冷酷的方法，非得花大功夫才行。人们常说，要写得简洁是最难的。确实，就是在阿诺德那里，你有时也会察觉到他是经过了种种努力之后才形成他这种风格的。我这么说，没有任何想要贬低他的意思，但我总觉得，他经过这样长期的磨练才形成的风格，对他来说就几乎成了机械动作。我们知道，佩特的风格就不是这样的，他那种生动的描写、大胆的想象和形象的比喻其实都要求他不断地予以创新。然而，这正是阿诺德的风格所缺乏的。他的词汇量太少、转折句太多，而他追求简洁又限制了自己的想象力。他不管写什么都采用同样的风格。这或许和他的古典主义批评一样，也是他经常被指责为没有个性的原因之一。不过，在我看来，阿诺德的风格和佩特的风格或者卡莱尔①的风格一样，也是有个性的。实际上，他的风格似乎还明显地表现出了他的性格，即：有点女人似的急躁、有点傲慢和冷漠，但作为弥补，他文质彬彬、头脑敏捷而且趣味高雅。

* * *

很高兴我并不信仰上帝。当我看到人间的苦难时，我总觉得，没有什么比信仰更丑恶了。

---

① 托马斯·卡莱尔：19世纪英国历史学家、散文家，著有《法国大革命》《英雄与英雄崇拜》等。

* * *

一个有趣的问题是：某民族的文明程度过高，对该民族是否有害。在古代，继文化鼎盛期之后总是文化衰败期，因而古代史就是一部记述伟大民族一个接一个衰退和败落的历史。对此的解释看来是，某民族的文明程度过高会使该民族不适应生存竞争，因而会被其他不曾有过高雅文化的野蛮民族征服。譬如，古希腊就是被尚武的古罗马摧毁的。同样，温文尔雅的法国被粗鲁蛮横的德国击败①。艺术家敌不过大俗人，读书人最怕乡下人。由此看来，粗俗是有益的，而不是相反。

加拿大人、澳大利亚人、新西兰人比英国人粗俗，因而有优势。至于苏格兰人，人们早在他们身上看到了这种优势。由于生存环境恶劣，自然选择发挥了作用，他们比古老的文明民族更适应生存竞争。他们用粗浅的目光看待生活，他们较为原始的本能也较为强大。他们不像我们这样文明，不像我们这样关注优雅生活，而是粗壮狂放的。他们的道德、他们的人生观，是由他们的民族利益而非他们的个人利益所决定的（当然，是无意识的）。他们出不了几个文化名人，但在另一方面，他们的民族性格却更坚强、更独特。

* * *

说到底，种族优化的唯一途径是自然选择，而这必须淘汰弱者才会有效。所有旨在于保护弱者的做法——譬如，教育盲人和聋哑人、照顾残疾人、关心犯罪者和酗酒者——都只会导致种族退化。

* * *

理性最终也只有在自然选择的前提下才能发挥作用。虽然理性支持的利己主义和宗教支持的利他主义之间存在着冲突，但归根结底，就如进化史所表明的，是个人利益促成了历史进步。如果认为人类社会还有别的途径，那是不合逻辑的。

---

① 指 19 世纪法国在普法战争中败于普鲁士（即德国）。

* * *

美德源于人的本能，因为所谓美德，就是一个种族独有的某些性格特点。就如一个种族理想的美貌是该种族的普通相貌在某种程度上的拔高，所谓美德，也就是该种族对自身性格的某种升华。

* * *

所有这一切都是自然选择的结果。为什么？因为所有社会活动的目的都是为了普通人的衣食和繁殖。此外还有什么？

* * *

和世上所有东西一样，道德标准也是会变的。所谓善，就是与当时社会环境最相适应的某种行为，而社会是不断进化的，所以，现有的道德理想很可能会被抛弃，我们现在所认为的美德，很可能会被颠覆。衡量道德的唯一标准是生存竞争的成败。成功生存下来的，就是善的。

* * *

道德是处于生存竞争中的社会用来对付个人的一件武器。社会奖励和表彰那些有利于社会的行为和品质。道德的官方功能就是用来诱使个人相信，对社会有利就是对他自己有利。

* * *

有些人真是太没有幽默感了，至今还因为哥白尼推翻了人类在宇宙中的核心地位而对他耿耿于怀。他们觉得，哥白尼使他们不能再把自己视为宇宙的中心是对他们的一种侮辱。

* * *

为了讨论真、善、美，人们提到了康德的"自为目的"①。有人说，真、

---

① "自为目的"：the End in Itself，也译作"内在目的"，康德所用术语，意为某种人类活动的目的不在于影响其他事物而只在于其自身，最好的例子就是审美活动。

善、美都是暂时的，一点也不比野外的花草更持久，你对此有何看法？是的，即便在短短的历史时期内，真、善、美的概念就发生了巨大变化。你怎么可以想当然地认为我们今天的真、善、美的概念是绝对的？那么，你又如何看待纯粹相对的"自为目的"？在你和我们谈论"自为目的"之前，先告诉我们，什么是绝对？

* * *

流行的看法总认为，享受美味应该受到鄙视，然而人的味觉其实比人的艺术审美力更重要。一个人没有艺术审美力，照样可以轻松愉快地过完一生，而若没有味觉，那他这辈子真过得没什么味道了。如果要把人体的各项功能按它们对生存的重要程度加以排序，排在最前面的、最重要的，当然是人体的消化功能和性功能。

* * *

显然，信仰宗教的人其实也是想要享乐的——享乐主义对他们的影响并不小于纯粹的享乐主义者——只是，他们追求的是来世的享乐，而不是现世的享乐。实际上，选择这种方式追求永恒幸福的人，其享乐主义倾向再明显不过了。而且，只要关注一下他们所谓的永恒幸福，不难发现，其中充满了粗俗的物质欲望。这样的欲望，甚至连许多公开的享乐主义者也羞于承认。

是的，有些信仰宗教的人似乎特别高尚，他们坚信自己做任何事情都不图回报，只是出于对上帝的爱。但是，只要仔细分析一下，就会发现他们所信仰的仍然是享乐主义，即享受行善后获得的自我满足，享受自己做了好事后的好心情。只是，这样的享受是精神上的享受，比粗俗的物质享受总要高尚一些。

* * *

为了爱上帝，人们竟然做出了那么卑劣、那么残忍的事情。

* * *

人体美取决于性吸引力。这是某一民族在某一时期所具有的某些普遍特征的一种强化，但只是稍稍强化，因为和一般情况相去太远会令人反感而非赞美。就两性而言,无论是男人还是女人,都旨在于使自己显得与众不同而引人注意。为此,他们有意彰显本种族的某些特征。譬如,中国女人天生脚比较小,就把它缠得更小;欧洲女人天生腰比较细,就把它束得更细①。而当某一民族的特征有所改变时,他们的理想美也会随之改变。譬如,在过去一百年间,英国女人的身高有所增长,所以,十九世纪前期小说中的女主人公都不是很高②,而到了丁尼生③之后,文学作品中便以稍高几英寸的女子为美了。

* * *

有些人谈起艺术来好像无所不知,因为在他们看来,凡是他们不知道的,都是不值得知道的。然而,艺术并不那么简单。艺术涉及许许多多东西,譬如性幻想、无意识模仿、游戏心态、传统惯例、精神空虚、求变倾向、自我娱乐、自我麻醉,等等,怎么会像他们想象的那么简单。

* * *

人生之所以艰难,是因为凡事都不可补救。没有一件事会再次发生,和之前一模一样。因而在人生的重要事情上,其实没有前车之鉴。无论什么事,一旦做了就不可改变;无论什么错误,一旦犯了就无法改正。有时,回顾往事,你会为自己所犯的错误感到惊讶;你好像完全走错了路,浪费了一年又一年的时光。

* * *

在大多数传记中,最使人感兴趣的是传主的死。那不可避免的最后一步不仅吸引人,还具有前面那些事情不具有的实用价值。我不明白,传记作家既然已经向世人展示了某个名人的生活细节,为什么常常会对展示他死亡时的细节犹豫不决。读传记,读者最感兴趣的是传主的性格,他的优点和缺点,他何时会勇往直前,何时会垂头丧气,而只有当他躺在病床上奄奄一息时,他的性格才表现得最为明显。对我们来说,知道一个名人是怎么死的,就像知道他是怎

---

① 此处说的是旧时中国女人缠足和欧洲女人束腰,这类风俗至 20 世纪后都已废除。
② 那时英国以 1 米 65 左右为女子标准身材。
③ 丁尼生:19 世纪后期英国桂冠诗人。

么活的一样重要。我们活着要受制于周围的人，死却是我们自己的事。看看别人是怎么走完最后一程的，这是我们自己踏上这条路时的唯一安慰。

* * *

有时到了晚上，我会问自己，这一天我做了什么事，有什么新的想法，有什么特别的感受，有什么值得注意的东西——结果往往是，一切对我来说都毫无意义、毫无用处。

* * *

道德家说，履行责任使人愉快。责任是由法律、舆论和良心共同指定的。这三者中任何一个也许都没有多少影响力，但三者合在一起，则可说势不可挡。只是，舆论和法律往往会不一致——譬如，对待欧洲传统的决斗，舆论就不一致：一部分人谴责，一部分人赞成。此外，不同的职业，军界、教会、商界，还有各自的准则。

在有些情况下，履行责任显然不是一件愉快的事情，所以往往没有充分履行，于是就必须设立新的奖惩制度来促使人们履行责任。譬如，在布尔战争中，军官们一遇到危险就撤退，宁愿名誉扫地也不愿拼死一战，直到后来，有些被枪毙，更多被革职，这才使大部分军官不得不鼓起勇气作战。

* * *

说到底，神父们所宣讲的基督教真谛就是原罪①意识。正是这种意识影响了信徒们对人生的看法，使他们感到恐惧，使他们不能也不敢直面人生。他们说，除非承认原罪，否则，关于人自身的理论是不完善的。但是，什么是原罪？原罪就是会使自己良心不安的行为。那么，什么是良心？良心就是你做了一件别人（也许就是上帝）不赞成的事情后的自我反省。既然如此，那就要对良心加以分析，就有必要考察一下，它是如何产生的、如何赢得尊重的，以及它有怎样的心理基础和怎样的具体表现。可是，帕坦人②杀死自己的仆人不会良

---

① 原罪：即人天生有罪（因为人类始祖亚当和夏娃是因罪而被上帝逐出乐园的）。
② 帕坦人：分布在阿富汗东南部和巴基斯坦西北部的一个中亚游牧民族。

心不安，科西嘉人①杀死家族的仇人也不会良心不安。信教的英国人虽不会轻易说谎，但同样信教的西班牙人却满口谎言。

* * *

或许，恺撒·博尔吉亚②也可以作为自我实现的典范。就一个人自身而言，他唯一遵循的原则就是要把自己的天性在身心两方面都充分展现出来。一个人做一番大事所具有的审美价值也就在这里。所以，就这方面而言，恺撒·博尔吉亚的一生和亚西西的方济各③是一样的。他们两人都履行了自己的天性，如此而已。世人只是根据他们的行为后果作出评判，把一个称为恶棍，把一个称为圣徒。那么，像托尔克马达④这样一个人，又如何评价呢？他是他那个时代最虔诚的信徒，而他用刑具所造成的死亡和痛苦，远超过许多长期而血腥的战争。

* * *

就个人与其自身的关系而言，无所谓义务，也无所谓责任。这两个词，对个人来说是无意义的，只有在个人与他人的关系中才有意义。个人就其自身而言是完全自由的，因为没有任何权力可以指使他。

* * *

社会为自身安全而制定规则，但个人却不会对社会负责，他除了小心谨慎，在其他方面并不会约束自己。他会自说自话、自我放纵、自行其是，但当他因为没有按社会的指令行事而受到社会的惩罚时，他也绝对不会抱怨。可见，法律是不太有效的，而比法律较为有效的是讲良心，也就是在每个人心里都安置一个警察，自我监视，以此保证社会的安全。但奇怪的是，甚至在许多

---

① 科西嘉人：即地中海上的科西嘉岛民，生性强悍（科西嘉岛虽隶属法国，但岛上的居民并不认为自己是法国人，自称科西嘉人）。
② 恺撒·博尔吉亚：15世纪后期意大利大主教，罗马教廷的顾问，曾征服过无数属地，被视为邪恶、残忍和征战的天才。
③ 亚西西的方济各：Francis of Assisi，13世纪罗马天主教圣徒，创建圣方济各修道会和圣方济各女修会。
④ 托尔克马达：15世纪西班牙教士、西班牙宗教裁判所第一任总裁判官，被称为"中世纪最残暴的教会屠夫"。

私人场合,在许多和社会毫不相干的个人隐秘方面,人们竟然也在讲良心,要人做有益于社会的事。

* * *

基督教和科学之间的一个显著区别就是,前者赋予个人以重大价值,而对于后者,对于科学来说,个人毫无价值。

* * *

基于人类善恶观念的短暂性,相对性必定适用于良心。某个时代的某个人会因为没做某件事而良心不安,而换在另一个时代,他会因为做了这件事而后悔不已。

* * *

常规往往被当作道德准则。但是,如果仔细分析,如果逐条研究其中的规定,研究者就会为他所发现的矛盾所震惊。他将难以理解,对于不同国家之间的相互对立的事物,以及对于同一个国家的不同阶层和不同区域之间的相互对立的事物,怎么可能会有协调一致的常规。他甚至会发现,就是在同一个国家、同一个阶层或同一个区域内,人们的常识也不处处相同,而往往是相互矛盾的。

* * *

常规看来只是没脑子、没想法的代名词。常规是由童年的偏见、个人的癖好和报纸上的观点组成的。

在我们和他人的交往中,常规使我们显得很节俭,但那仅仅是表面的。如果问,到了周围没有人再忍饥挨饿时,我们可不可以纵情享受?常规照例会说:不可以。

要谴责享受,就应该彻底谴责。要谴责对食物的享受或者对性的享受,你就应该把其他享受,把对温暖的享受、对舒适的享受、对运动的享受、对艺术的享受和对自然美景的享受统统加以谴责。否则的话,你就不是在谴责享受,而是在谴责人类的食欲和性欲。

* * *

教会的成功证明了人的自我中心和精神失常。

没有哪种利己主义比基督徒对自身灵魂的看法更令人难以忍受。

* * *

聪明很难说是一种美德,因为聪明不聪明是由一个人有没有智力所决定的。就算聪明人不会做错事,但这样的聪明人是很少见的。

* * *

直觉主义有赖于道德上的某种绝对原则,但这是不可靠的,因为事实表明,人们凭直觉行事的情况在不同的国家、不同的时代和不同的人之间是很不一样的。在某个时代,某人会凭直觉行凶谋杀,而在另一个时代,他凭直觉却只是心怀不满而已。凭直觉作出的判断看上去好像原因不明,其实很容易证明,那是来自童年所受的教育和周围人所施加的影响。直觉的形成就如广告效应的产生:对一个人说一万次"皮尔牌肥皂有美容之功",他最终就会直觉地相信这是事实。

* * *

真是令人惊讶,竟然有一位神父,即圣克里索斯托①,也说道德是相对的,不是绝对的:"不要问这些(指《圣经·旧约》中的训诫)有什么用处,因为现在不需要这些了,而是要问那时它们有什么用处。"

* * *

享乐主义者应该牢记,自觉意识和幸福感是不相容的。如果他有意追求幸福,幸福就会离他而去。

---

① 圣克里索斯托:公元4世纪希腊东正教会神父,曾任君士坦丁堡东正教会的牧首(相当于罗马天主教会的教皇)。

* * *

爱情一开始会使人快乐，但随着爱情越来越强烈，会越来越使人觉得痛苦。到后来，爱情几乎就是痛苦，使人竭力想摆脱它，不再想追求原先竭力想得到的东西了。有时，爱情甚至会来得那么强烈，一开始就叫人受不了，所以有些男人为了从这样的爱情中解脱，会杀死自己所爱的女人。

* * *

饥饿是一种既痛苦又快乐的欲望。它最能说明痛苦和快乐源于不同程度的欲望。稍有饥饿感时，感觉很好，因为想到食物使人快乐。但是，极度饥饿时就另当别论了，那时你想的不是吃一顿美餐有多么快乐，而只是想这难忍的饥饿有多么痛苦。

* * *

在人们为痛苦辩护而发明出来的各种各样的理由中，我认为"痛苦使人高尚"的说法最愚蠢。之所以有这种说法，是因为基督教必须证明痛苦的合理性①。实际上，痛苦不过是神经发出的信号，表示身体处于不适状态。如果说痛苦会使人高尚，那就等于说危险信号会使火车高尚。我觉得，只要简单地看看周围的人，就不难明了，痛苦绝不会提高人的修养，而只会使人变得低贱卑劣。住院病人就是一个很好的例子：病痛使他们变得更加自私、更加烦躁、更加褊狭、更加贪婪。我可以说出一长串痛苦的坏处，却说不出一个好处。贫困也是一种痛苦。很多人不得不生活在比自己富裕的人群中——我很了解这种人——他们深感自己贫困而痛苦不已。由此，他们往往会变得贪婪而卑鄙，奸诈而虚伪。这是贫困和痛苦教会他们的。如果他们稍富有一点，或许就不会这样，但在贫困和痛苦的折磨下，他们连最起码的羞耻心也没有了。

---

① 基督教认为，人生来有罪，即"原罪"（也就是生来就有的欲望），人生就是赎罪过程；所以，基督教认为人生总是痛苦的，因为只有经历痛苦，洗涤"原罪"（也就是消除欲望），人的灵魂才能最后得救。

* * *

对一般人来说，有这样一条生活原则就足够了：遵照自己的本能行事，同时接受社会道德的约束。

* * *

他，一个低贱卑微的普罗米修斯①，愤愤不平，仿佛有许多不安宁的想法在噬咬着他的心，因为他竭力想猜出人生之谜。

* * *

我很想把人生看作下棋，因为其中的规则是不可改变的。没有人会问，为什么马要这么跳，车要这么走，象要这么飞。你必须接受这样的规则，按规则下棋，抱怨不但没用，而且愚蠢。

* * *

伦理学研究是科学研究中的重要部分，因为一个人必须认清自己在人群中的位置后才会有正确的、理智的行为举止。

* * *

说人类的存在是有目的、有结果的，不管这种说法是出于什么目的，希望得到什么结果，都毫无根据。这就如在古代和中世纪，人们只能凭空想象"天体必须以圆形轨道运行，因为圆形是最完美的形状"。

那么，人类存在到底有没有目的？只要想想亚里士多德派②对哥白尼体系的质疑就明白了。他们当时问哥白尼："那么，太阳系以外的宇宙空间又为何要存在呢？"

---

① 普罗米修斯：古希腊神话中的预言之神，后被宙斯缚于悬崖，并有一只鹰每天来噬咬他的心脏。
② 在哥白尼之前，人们一直相信亚里士多德的说法，即地球是宇宙的中心，其他天体都绕地球旋转，而且宇宙之所以存在的目的就在于此。

* * *

人所共有的行为不可能是邪恶的。许多道德学说都有同样的错误,都在不同程度上武断地把人的某些行为视为"善",某些行为视为"恶"。要是性行为从未被视为"恶",那人生将会多么幸福!所以,真正的道德学说应该归纳出人所共有的各种行为,并把它们视为"善"。

* * *

有些行为得到赞许是因为它们或多或少能使人受益,而有些行为虽然不能使人实际受益,却能使人开心,它们也应该得到赞许。

* * *

我们虽不经常有意识把"寻开心"作为我们的行为目的,但这并不说明"人类行为往往以获得快乐为目的"的说法是错误的。

* * *

理论上说,除了害怕革命,国家的权力是无限的,唯一能限制国家行为的是国家自身的能力。因此,国家若自认为经营得比私人好,就会把所有的工业都国有化,只留下部分商业似乎可以让私人的贪婪比较彻底、比较实惠地得到表现。但是,国家千万不要忘记曼德维尔①那句格言中的真理:个人的邪恶就是公众的福利。

* * *

自由的权利。其实根本没有这种权利,除非国家出于自身目的而允许这种权利。

* * *

对个人来说,道德行为往往只是可以使个人感到满意的行为表现,所以道德问题仅仅是个审美问题。

---

① 曼德维尔:17世纪和18世纪之际英国作家,以《蜜蜂寓言》而闻名。

* * *

有力即有理①。世上没有责任或者道德义务之类的东西。就其本身来说，一种行为和另一种行为都是正当的，衡量道德的唯一标准是国家利益。个人与国家之间的关系是一种这样的默契：个人以有利于国家的方式为自身谋利。

* * *

就算四千万人在说一件愚蠢的事情，这件事情也不会变得聪明，而此时聪明人如果还想骗他们，那他就和他们一样愚蠢。

* * *

要想知道宇宙和人类的终极目的是不可能的。一切都是相对的。没有绝对。道德依靠的是国家，国家才是万能的。有力即有理。

* * *

发展有何好处？日本人接受了西方文明，这对他们有何好处？住在森林边上的马来人②、住在肥沃岛屿上的卡纳卡人③，难道不比住在贫民窟里的伦敦人幸福吗？发展到底是怎么回事？发展到底有何用处？我不明白。

* * *

快感是短暂的，但这不表明它是邪恶的，因为有什么东西你能说是持久而永恒的？

* * *

认识到个人心灵的彻底孤独，是有益的。除了我们自己的意识，我们对任何人的意识都没有确切的了解。我们只能凭自己的个性认识世界。由于别人的

---

① 原文 Might is right 是英语成语，与"弱肉强食""丛林法则"同义，其中的 might 和 right 是押韵的，通常译作"强权即真理"，既不押韵，也太实，缩小了此成语的含义。
② 马来人：东南亚马来半岛上的土著人。
③ 卡纳卡人：夏威夷岛上的土著人。

行为和我们很相似，我们就推测他们和我们是一样的，结果却惊讶地发现，并非如此。随着年纪越来越大，我越来越惊讶地发现，人和人竟然会那么不同。我基本上相信，每一个人都是独一无二的。

* * *

我认为，完全可以确证，人们努力追求的无非就是快感。一般人觉得"快感"一词不好，更愿意说"幸福"。其实，幸福的定义就是持续不断的快感。既然"幸福"一词被接受，"快感"一词就不应被排斥。幸福就如一条线，快感就如这条线上的一个个点；如果你把这条线上的一个个点视为"恶"，那你就不能把这条线视为"善"。当然，"快感"一词并不单纯指感官刺激，但不知何故，人们一听到这个词，首先想到的就是那方面的刺激。也许是因为，对一般人来说，审美快感、思维快感、玄想快感远不如感官刺激那么强烈，所以当他们听到"快感"一词时也就不会想到，除了感官刺激，还有其他什么快感。

有些人，譬如歌德，认为人生的理想状态是"和谐"，而另一些人，譬如沃尔特·佩特，则认为是"美"。歌德教导人们要全面发挥自己的能力，要体验生活的方方面面，这无疑就是提倡享乐主义，因为人越是多方面体验生活，获得的快感也就越多。而若把"美"视为人生目标，我觉得有点愚蠢，因为这样会使人只能同甘，不能共苦，一遇到阻碍，就灰心丧气了。

* * *

良心。约翰·亨利·纽曼在《为己申辩》的一个注释中很好地指出了良心的力量，他说：有良心的人"宁愿为了良心做错事，也不会只凭理智做事"。

* * *

神学家说，科学一遇到不能解释的事物就束手无策了。但宗教有办法吗？德尔图良①的那名言——"因为神奇，所以信仰"② ——其实就是承认，宗教

---

① 德尔图良：公元2至3世纪迦太基基督教神学家，最初用拉丁语取代希伯来语作为西方教会的正式用语。

② 原文是拉丁语 Credo quia absurdum est。

也没有办法。

*　*　*

如果宗教的用途在于培养人的道德，那么只要能培养道德，遵循哪种教义就无所谓了。这似乎是说，一个人出生在哪里，就应该接受哪里的宗教。那么，我们的传教士又为什么要到印度和中国去传教，要他们放弃原有的宗教信仰呢？就算大多数印度的印度教徒和中国的佛教徒实际上并没有印度教和佛教所教诲的那些道德修养，那也不能成为我们前去干涉他们的理由，因为谁都知道，大多数基督徒其实也没有基督教所教诲的那些道德修养。如果不是这个理由，那么是不是因为我们的传教士认为必须把基督教信仰传给别人，否则就会受到上帝的惩罚？所以，如果你对他们说"上帝是仁慈的"，他们也会觉得你在为难他们。

*　*　*

如果能证明，害怕死亡是欧洲人的一种心理疾病，那一定很有意思。看看东方人和非洲人，他们全都镇定自若地等待着死亡的到来。

*　*　*

完美似乎就是完全适应环境，但环境总在变化，所以完美也总是暂时的。

*　*　*

人对新事物有一种发自内心深处的反感，这从幼儿和野蛮人身上很容易发现。野蛮人感兴趣的东西很少，就是身上穿的东西也没有兴趣更换，长年累月地穿着。他们的艺术更是一成不变。所以，因循守旧对他们来说是必然的。不过，人也有一种为变化而变化的爱好，而且在文明状态下压倒了对变化的原始恐惧。文明人以各种方式求变化；譬如，廉价和批量生产使服装不断变化，方便的交通使旅游景点不断变化。

*　*　*

同一个句子不可能对两个人产生完全相同的效果，因为句子中的每个词在

两个人心中产生的联想都是有所不同的。

* * *

没有人证明过阿波罗或阿芙洛狄忒①是不存在的,但人们不再相信他们是真实存在的,因为人们的普遍智力水平已远远高于古希腊人。

* * *

人的尊严。当有人出于极度的虚荣而自我吹嘘时,他其实很像那些东方小王国的国王,一本正经地把自己说成是大地的主人和太阳的兄弟。

* * *

对当前流行的观点持怀疑态度是明智的。过去几百年来流行的观点看上去好像也很正确、很有理,但我们知道,其实是错误的,甚至是荒唐的。现在我们所接受的那些理论、那些观点,在我们看来好像也是很正确、很有理的,所以难以想象它们可能和过去的那些错误理论、观点一样是靠不住的。或许,它们真的和十八世纪关于完美人格的胡言乱语一样,也是胡说八道。

* * *

他们在谈论他们都认识的 V.F.。她出版了一本热情洋溢、但显然不是为她丈夫而写的爱情诗集。想到她一直在丈夫鼻子底下与人私通,他们不由得哈哈大笑,而且很想知道她丈夫读了这些诗之后会作何感想。

四十年后我根据这段笔记写了一个短篇小说,即《上校夫人》。

* * *

人的品德好坏,是按其社会作用的大小分出来的,所以勇敢比谨慎好,因为人们把一个不顾生命危险的人称为勇士,而实际上他可能是个没头脑的莽汉。勇敢还意味着慷慨,而谨慎则往往使人联想到狡猾和卑鄙。放纵是坏品

---

① 阿波罗和阿芙洛狄忒:古希腊神话中的日神和美神。

德，但由于对社会的危害不大，所以人们对它的态度并不严厉。在某种程度上（至少在英国），人们还有点赞赏放纵，所以有的男人会得意洋洋地自我吹嘘，说他们喝了多少酒，醉得怎样。只有当放纵妨害了他人时，放纵才会受到指责。对无损他们自身利益、甚至对他们还有点好处的坏品德，人们总是很宽容。譬如，出于某种怪癖而挥霍金钱、浪费时间的人被称为"性情中人"，至多说他"怪里怪气"。

* * *

每一代人总认为前人要比自己勤奋和高尚。无论在希罗多德①的史书中、在罗马共和国②后期作家的作品中，还是在蒙田③的随笔中、在当代作家的笔下，你都能听到同样的抱怨声，说世道不济、人心不古。之所以这样，原因是人们讨厌变化，害怕变化。习惯变了，人心没变。

* * *

对那些似乎不证自明、显而易见的说法，要特别当心。由于那些说法很流行，我们从小就把它们当作公认的真理，而且周围的人也都是毫无疑虑地认可的，所以我们往往不会对它们有所怀疑。然而，必须加以认真检验的，恰恰是那些说法。

上一代人的假设往往会变成下一代人的信条，对此提出疑问的人会被认为精神失常。然而，到了再下一代人，那些信条会被视为陈腐、荒谬，会像废品一样被抛弃。

---

① 希罗多德：古希腊史家，西方史学之父。
② 罗马共和国：古罗马前期（后期为帝国）。
③ 蒙田：16世纪法国作家，以多卷《随笔》闻名于世。

1902①

在我看来,普通人和永生这样的大事情是毫不相干的。普通人有点热情,有点德性,也有点邪念,在这个庸庸碌碌的世界上很适宜,而关于永生的观念实在太大,实在和他们不相配。我不止一次看到人们死去,平静地死去,或者痛苦地死去,但我在他们临终之际从未看到有什么迹象表明他们有不朽的灵魂。他们死了,和一只狗死了没什么区别。

* * *

提香②的《耶稣下葬》。看这幅画,我既不感觉到死者的痛苦与恐惧,也不感觉到生者的悲哀与忧伤,只感觉到生气勃勃的意大利式的壮丽。生命即使到了死亡之时,也照样能显得无比威严、无比壮丽。也许,所有艺术都应该这样表现死亡:用壮丽代替悲哀,用生命的讴歌代替死亡的恐惧。

* * *

再美妙的旋律也是由音符组成的,再崇高的思想也是人脑的物理现象。

---

① 这一年毛姆转向戏剧创作(因为他之前写的小说并没有使他出名),直到11年后的1913年,他放弃戏剧创作,再次转向小说创作(尽管他写剧本非常成功,很有名气,但他认为戏剧已经没落)。

② 提香:16世纪意大利威尼斯画派画家,擅长肖像画和宗教画,《耶稣下葬》是其著名宗教画。

* * *

自觉的生活直接或间接地取决于个人在世间所处的位置，取决于他怎样对待周围的人，是让周围的人来适应他呢，还是让他自己去适应周围的人。

* * *

关于人们的道德建立在怎样一个古怪的基础上，也许可以从这样的事实中看出，即：人们历来对《圣经》中记载的恶人恶事都一概视而不见。他们谴责过雅各的欺诈①或约书亚的残忍②吗？一点没有。他们对约伯的子女受到那么冷酷无情的对待③感到震惊吗？一点没有。他们对不幸的瓦实提④抱有一点同情之心吗？一点没有。

* * *

我觉得，最好的处世态度是幽默与谦让。

* * *

认识到痛苦的不可避免，就不会太痛苦了。我想，一个人若能找到痛苦的生理原因，也能大大缓解他的痛苦。康德早年患有忧郁症，痛苦万分，后来他知道这是由于他的胸腔扁平狭窄而引起的，他也就不怎么忧郁了。

* * *

一个人的性格在未出生时的胚胎期就形成了。出生后，又受到生理条件和生活环境的影响。说来真是无奈，一个人若有某种别人不喜欢的性格，那根本

---

① 雅各的欺诈：指《圣经·旧约》记载犹太人的族长雅各当初从父亲那里骗取祝福，从而获得长子名分而继承了父业。
② 约书亚的残忍：指《圣经·旧约》记载约书亚继摩西之后带领犹太人越过约旦河进入迦南，并驱逐所有迦南人而占据了迦南。
③ 约伯的子女受到那么冷酷无情的对待：指《圣经·旧约》记载上帝暗中考验约伯，不仅使他失去财产、身患恶疾，还使他的子女一个个遭受可怕的厄运，但约伯不为所动，仍坚信上帝的慈爱。
④ 不幸的瓦实提：指《圣经·旧约》记载波斯王后瓦实提因不愿赴国王的宴席去接待宾客而被国王废黜。

不是他的错,但他却注定要一辈子倒霉。

* * *

年轻人个个都像午夜出生的孩子,只看见太阳升起而不知道昨日的存在。

* * *

现代文化中的一件大蠢事,典型的英国式大蠢事,就是对人体的自然功能遮遮盖盖。严禁不雅行为的标语不仅贴满街头巷尾,还贴在每个英国人的心上,以致许多无害的、必要的男女交往也被视为近乎下流的色情行为。与此相对照,在过去,就是最拘谨的人对待这些事情也是很坦率的。

* * *

人的高级机体使人体容易有痛感,人的复杂神经使人的肉体痛感更加敏锐、更加多样,然而人竟然还有道德和良心上的痛苦,这是低等动物根本不会有的。

* * *

人生是痛苦而虚空的,这是宗教的基本观点。也许,宗教能给人的所有好处都被这种消极的人生观抵消了。宗教把人生看作是追求来世幸福的朝圣之旅,这就否定了现世生活的所有价值。

* * *

床。没有哪个女人值五英镑以上,除非你爱上她。那时她值多少,就要看你在她身上花了多少。

1904①

巴黎。它有点像鲁本斯②的第二个妻子海伦娜·富尔曼那样体态丰满,蓝眼睛就像夏天的大海,金色头发就像秋天阳光下的玉米地,但更加婀娜多姿,而且不会像海伦娜·富尔曼那样不幸发胖。

* * *

她是个成熟的女人,丰腴而迷人,脸色红润,秀发飘逸,眼睛像夏天的大海般碧蓝,体形柔和,乳房丰满。她稍有点肥胖。她就像鲁本斯以海伦娜·富尔曼为模特儿所画的那种肉鼓鼓的女人,性感而令人心动。

* * *

真像华托③笔下的多人场景,站在草地上的那个人,使人觉得像是看到了吉勒斯④,穿着白衣白裤,锃亮的皮鞋上打着粉红色的结,正用厌倦而嘲讽的眼光看着别人,嘴唇在颤抖。但他是想哭泣呢,还是想骂人?谁知道。

---

① 这期间毛姆一直忙于写剧本,但他从未真正放弃小说创作,所以笔记中仍有许多似乎是为写小说而记的。
② 鲁本斯:17世纪弗兰德斯巴洛克画派画家,笔下的女性形象大多以其妻子海伦娜为模特儿,体态丰满、肌肤白皙,富有肉感。
③ 华托:18世纪法国洛可可画派画家,画风优雅而缥缈。
④ 吉勒斯:华托一幅名画中的人物。

* * *

神圣的童贞女①身披一件像南方的夜空一样深蓝的锦缎长袍,上面还用金丝绣着别致的花纹。

* * *

平静的湖面映照着白云,树木已成褐色,秋天即将来临,但远处的榆树林和橡树林依然翠绿。这是一幅需要精心呵护的庄重景象。那湖边正坐着几个像是华托笔下的娇弱女子,正和几个身穿彩衣的少年谈论着拉辛②的诗句和赛维涅夫人③的书简。

* * *

装模作样,装腔作势,看不起人,却又把自己的愤世嫉俗当作儿戏,就像安东尼·华托技艺高超地在《漫不经心》一画中所画的那个不朽形象,那个自寻开心的家伙,上身穿蓝色紧身衣、下身穿玫瑰色鞋袜、袖口有白色绲边、胳膊上还漫不经心地搭着一件薄披风。

* * *

清晨,太阳还未升起,树木、水面都呈柔和的、淡淡的浅灰色,就像柯罗④的画一样迷人。在这景色中,有一种既隐约又显眼的优雅情调,使人平心静气、俗念顿消。

* * *

他的五官有点大,脸有点方,但看上去还是很英俊。不仅英俊,他的脸上还有一种忧郁的表情,尤其在他平静的时候特别明显。他大而黑的眼睛像东方人,是杏形的;他红而有型的嘴唇很性感;他短而卷的头发是深栗色的,和他

---

① 神圣的童贞女:即圣母玛利亚。
② 拉辛:17世纪法国古典主义悲剧作家,著有诗剧《安德洛玛克》等。
③ 塞维涅夫人:17世纪法国女作家,以其《书简集》闻名于世。
④ 柯罗:19世纪法国写实主义风景画家,重要作品有《沙特尔大教堂》等。

的头很相配，这些都使他看上去就有一种孤傲不羁、自视甚高、对别人不屑一顾的样子。这是一张邪恶的脸，虽然英俊不等于不会邪恶。这是一张狠毒的脸，虽然冷淡不等于不会狠毒。这是一张你忘不了的脸，它使你既爱慕又害怕。他的皮肤洁白如象牙，微微透红；他的手指长而直，结实灵活的双手就像布龙齐诺①画的雕塑家肖像中的那双手。你会觉得，只要这双手一碰，陶土似乎自己会变成漂亮的塑像。

* * *

这是一张古怪的脸，无情而冷漠，懒洋洋的而又容易动情，冷冰冰却又很性感。

* * *

活力四射，笃信生命之崇高，就如威尼斯绘画中的人物。

* * *

他双唇透出邪气，目光冷酷无情，笑起来就像维耶纳的潘神②那样狰狞。他尖削的鼻子、畸形的脑袋也像维耶纳的潘神，虽然是人的形状，却使人想起传说中的某种动物。

* * *

她有一种冷峻之美，一种优雅的、处女般的高洁，一种完全是无意识的沉静，会使你想起（同时还会微微一笑）卢浮宫里的那座戴安娜③雕像，一个做着束衣动作的少女形象。她的耳朵像戴安娜一样娇小而秀丽，她的容貌比戴安娜更精妙优雅。

* * *

瘦而直的鼻子，轮廓分明的双唇紧抿着，一副狂热的样子。从他那双瞳距

---

① 布龙齐诺：16世纪意大利佛罗伦萨画派画家，擅长肖像画，重要作品有《托列多的埃莉诺及其子乔万尼的肖像》等。
② 维耶纳的潘神：古希腊神话中半人半羊的神祇。
③ 戴安娜：古希腊神话中的月亮女神。

很小的眼睛和那个扁而平的下巴中,以及从他那种时时表现出来的不安和紧张情绪中,你可看出一种冷酷的决心和一种愠怒的执着。

* * *

卷曲浓密的黑色络腮胡子修剪得很整齐,低低的额头、笔挺的鼻梁和红彤彤的面孔,他看上去就像巴克斯①的雕像,就像这个从来不被表现为年轻人形象而只以中年男人模样出现的神祇。

* * *

弗拉基米尔。他好几天没见到弗拉基米尔了,很想知道他近来情况如何。在他常去的那几家小餐馆里也找不到他。他知道他住在哪儿,于是就到他住的那家旅馆去找他。那是个拉斯普尔大道旁的廉价旅馆,经常有一些学生和一些落魄的演员和乐师在那儿住。弗拉基米尔住的是五楼的一间肮脏的小客房。他看到他正躺在床上。

"你病了?"他问。

"没有。"

"那你为什么不出去走走?"

"我起不了床。我只有一双靴子,太破了,天气又那么不好,我总不能穿着拖鞋出去。"

他看看那双靴子,确实没法穿了。于是,他虽然手头很紧,还是给了弗拉基米尔二十法郎,让他去买一双新靴子。弗拉基米尔对他感激不尽。他们约定还是像以前那样,每天晚饭前在穹顶餐馆见面。但是,弗拉基米尔却没有来,当天傍晚没来,第二天傍晚也没来。这样到了第三天,他又去了那个旅馆。他爬到五楼,进了弗拉基米尔的房间,只见房间里满是鲜花,而弗拉基米尔仍躺在床上。

"你为什么没来穹顶餐馆?"

"我出不去。我没有靴子。"

"可我给了你二十法郎去买一双啊。"

---

① 巴克斯:古罗马神话中的酒神。

"我买了这些花。你看这些花美不美?家里有花,心里乐开花①。"

* * *

他的灵魂就像一个被关在塔楼里的囚犯,从牢房的小窗口里可以望见自由世界的绿色草地和茂密树林,但自己却一直被囚禁在这阴冷潮湿的牢房里,永无天日。

* * *

静静地,绿色的树木在废弃的塔楼间生长。常春藤奇异而温柔地掩盖了灰墙上的百孔千疮。

* * *

白杨树,优雅而挺拔,排列在河边,平静的水面上映照出它们修长的身影。

* * *

一条浅浅的法国小河,清澈的水面上映照着星光。河中央的小岛,在皎洁的月光下优美动人。两岸的树木疏密有间。富饶而迷人的都兰②,充满了温雅的气息和对往日浪漫之情的回忆。

* * *

乡间的原野展现在你眼前,大地起伏,白杨树、栗子树、落叶松郁郁葱葱,你不由得心旷神怡而深深地吸一口气。这使你有一种心满意足、甚至奢侈豪华的舒适感,但这种奢侈豪华一点也不俗气,而是高雅的、优美的、端庄而稳重的。

---

① 家里有花,心里乐开花:原文是法语 Qui fleurit sa maison fleurit son coeur。
② 都兰:法国西北部一区域,有"法兰西花园"之称。

1908①

我觉得成功对我没什么影响，原因在于我一直认为我会成功的，所以当成功到来之时，我认为是理所当然，没什么可惊讶的。对我来说，成功的唯一好处是让我摆脱了经济上的窘境，因为我一直没有稳定的收入，而我讨厌穷困、讨厌省吃俭用。现在，我觉得自己不像十年前那样拮据了。

* * *

雅典。我坐在狄俄尼索斯剧场里，从我坐的地方可以望见蓝色的爱琴海。当我想到那舞台上曾演出过的那些了不起的剧作时，我不由得浑身一阵寒颤。这真是震撼人心的一刻。我既惊悚又敬畏。这时，有几个年轻的希腊学生走过来，用蹩脚的法语和我攀谈。过了一会儿，其中有一个就问我，愿不愿意听他朗诵。我求之不得。我想，他大概会朗诵索福克勒斯或欧里庇得斯②的一些著名片段。我知道自己一个字也听不懂，但还是准备接受一种美妙的体验。他退后几步，摆好架势，然后带着难听之极的口音用法语开始朗诵："我们是加斯科尼的军校生。"③

* * *

他是个慈善家。他的工作很重要，意义深远。他努力工作，不谋私利。他

---

① 此时毛姆34岁，已是一个颇有名气的剧作家，剧本连连上演，赚了不少钱，这使他觉得很满意。
② 索福克勒斯、欧里庇得斯：与埃斯库罗斯合称"古希腊三大悲剧诗人"。
③ 原文是法语，是法国一首有名的打油诗的首句。

是个为人低调的大人物。他把喝酒视为罪恶,不管多忙都要找时间到各地去做禁酒演说。他不允许家里任何人喝酒。他家里有一个房间总是锁着,除了他,任何人不许进去。有一天,他突然死了。葬礼一结束,他家里人就迫不及待地撬开了那个房间的门,因为他们一直很好奇,不知道里面藏着什么东西。他们发现,里面堆满了空酒瓶,不仅有白兰地、威士忌、杜松子酒的空酒瓶,还有甜露酒、荨麻酒、利口酒的空酒瓶。显然,他把酒一瓶一瓶带到房间里,喝完瓶里的酒之后也不把空酒瓶处理掉。我真想知道,他当初做完禁酒演说回到家躲在这房间里喝荨麻酒时,心里到底是怎么想的。

1914①

我在用早餐时遇到一个怪人。他是个轻骑兵，在他那个团里是打先锋的。他用早餐时还有一个勤务兵在外面的树底下为他看马。他告诉我说，他是出生在西伯利亚的哥萨克人，十一年来一直在西伯利亚边境上和中国土匪打仗。他很瘦，相貌却很慓悍，特别是那双蓝眼睛。他早先在瑞士度假，战争②爆发前三天，接到命令要他马上来法国报到。宣战③后，他发现自己回不了俄国了，而是被派到了法国的一个骑兵团里。他话很多，而且夸夸其谈。他告诉我说，他曾俘虏过一个德国军官，并把他带到自己的营地里。在那儿，他对他说："现在，我让你看看，我们是怎样对待俘虏的。"说完，就给了那个德国军官一杯巧克力酱。等他喝完，他又对他说："现在，我再让你看看，你们是怎样对待俘虏的。"说完，就狠狠地扇了他一个耳光。"他怎么说？"我问。"什么也没说。他知道，只要他一开口，我就会杀了他。"他还说到塞内加尔人④，说他们一定要把德国人的脑袋砍下来："这样，你就可以肯定他们死了——好把那东西用来做汤⑤。"他还这样形容炮弹："嗖嗖地乱飞，不落到地上，你不知道自己是死是活。"

---

① 这一年，"一战"爆发，毛姆自愿到法国为军队开救护车，所以这一年的笔记大多和战争有关。
② 战争：指第一次世界大战。
③ 宣战：指法国对德宣战。
④ 当时塞内加尔是法国殖民地，大战时塞内加尔人为宗主国法国而战。
⑤ 好把那东西用来做汤：原文是法语 et ça fait une bonne soupe。

作家笔记

* * *

战斗在二十五公里外继续。我在等着用午餐时和一个十三岁的孩子交谈。他告诉我说前天有人押解两个俘虏经过这里，还说那时他正用帽子装了一堆栗子，就顺手一个一个地往那两个倒霉蛋脸上扔。我说他这样做不对。他听了哈哈大笑，说："为什么？别人也都扔啊。"有几个德国人①前来取一辆被征用的汽车，然后和镇长一起开车到车主那里去了。宪兵——有十个人——得知这情况后，一路追了过去。他们赶到时，看见有个军官正和镇长一起朝屋子那边走，有个德国人在车底下不知做什么。那军官停下脚步，让镇长先走——"这说明他很有礼貌。"我的房东太太后来说——而就在这时，宪兵朝他开枪，然后又打死了车底下的那个德国人。其余人举手投降，但也被打死了。

* * *

我被指定住在一所小而怪的房子里。房主是一个年老退休的商店伙计和他的妻子。他们的三个儿子都已应征入伍。他们很热情，很高兴有一名军官②住在他们家里，很乐意为我做这做那。他们在我上床前给我喝热牛奶，还说只要我住在他们家里，我就是他们的儿子。我的房间很小，一张有顶盖的木床倒挺大。从窗户里望出去，是一个院子和一个大而斜的红屋顶。

* * *

整个上午，我都在一个医院里干活，那医院原本是一所学校。那里肯定已有两三百个伤员。到处都散发着伤口化脓发出的恶臭，所有窗户都关着，地板也没人打扫，那肮乱和悲惨景象真是令人难以置信。那里好像只有两个医生在值班，还有两个外科手术助手，是一对夫妇，还有就是从镇上来的一群女人，她们对医学、护理全都一窍不通。有个德国俘虏，我和他聊了一会③。他的一条腿被截掉了，而他似乎认为，如果他是法国人的话，是不会这样轻易被截肢的。那个外科手术助手要我对他解释一下，要保住他的命，不得不截肢。他还

---

① 这是居住在法国的德国人，战争期间处境凶险。
② 其实毛姆不是军官，但他在救护车队里有一点小职务，所以那老夫妻俩就把他当作军官了。
③ 毛姆曾在德国留学，因而会说一些德语。

详细描述了他的腿伤当时有多严重。那个俘虏听了我的解释很悲伤，一言不发。他还患上了思乡病。他躺在那儿，脸色蜡黄，胡子拉碴，眼神既忧郁又狂乱。为了安慰他，医生特意把一个截了肢的法国人安排在他旁边，好让他知道，法国人也照样要截肢，而且那个法国人一点也没有忧忧郁郁，而是高高兴兴地躺在床上。我已多年没有干这种活了，一开始有点忙乱，笨手笨脚的，但很快我就发现，我还是可以帮上一点忙的；譬如，清理清理伤口、涂涂碘酒、扎扎绷带。我从未见过那么可怕的伤口。有的肩部受伤，骨头断裂，伤口化脓发臭；有的背部受伤开裂；有的肺部被子弹射穿；有的双脚被炸烂，真不知道腿还能不能保住。

* * *

午餐后我们奉命把一百名伤员送到火车站，因为要尽量清空设在道伦斯①的临时医院，以备接纳此次战役打响后出现的大量伤员。我们到这儿后的这几天里，确实天天都看到路上有部队在行军，看来战役很快就要打响。要转移的伤员有的可以自己走，有的却要用担架抬上车。正当我们把第一批担架抬出来时，听到有人在大声诵读经文，担架员都放下了担架。传来"哧嘟哧嘟"喑哑的铃声，有人摇着一个破手铃。那是一个胖胖的神父。他走了过来，身上穿着长袍，长袍外面罩一件白色的马甲，前面有个盲人为他领路，旁边有个小孩牵着他的手②。我想，这大概是出殡仪式，一开始就要为死者诵读经文。接着，看到四个人抬着一口棺材走来，棺材上盖着一块旧黑布，黑布上放着一个杉木做的小十字架，十字架上钉着一块身份牌，身份牌上写着战死者的名字。棺材后面有四个士兵和一个护士跟随。他们没走几步就停了下来，走在前面的神父停住脚步，回头看了一眼，恼火地耸耸肩。他们好像在等人。终于，又有一口棺材抬了过来，接着是第三口、第四口，排成一个队伍。破手铃又"哧嘟哧嘟"响起，出殡队伍正式上路。他们出了院子，到了大路上。行人纷纷脱帽致哀，士兵行军礼致敬，出殡队伍缓缓地朝墓地走去。我不知道，那些正在医院里等死的伤员，听到这破手铃的恐怖铃声，会是怎样的感受。

---

① 道伦斯：法国北部一区域。
② 西方有些地方的出殡习俗，主持出殡仪式的神父要由盲人领路、孩子陪同（意思大概是像盲人和孩子一样听从天意）。

＊　　＊　　＊

　　这是一幢白石砌成的别墅，一座受人尊重的建筑，既有路易十四时期的稳重端庄，又有一点精巧明快的风格，门上刻着的年份是"1726"。就是这幢别墅，被匆忙地改作为一所战地医院。伤员躺在大厅和餐厅地板的草垫上，客厅则被用来做急救室——时间紧迫，一时无法搬走的家具都被推到墙边——所以，很怪诞，脸盆、包扎带和药品放在一架大钢琴上，等待包扎的伤员躺在担架上，而担架放在一张制作精美的书桌上。

　　法国人前天夜里试图攻占安德西村，但还没有等炮兵为他们清除障碍，就发起了进攻。有一个团虽然攻破了敌军阵地，但另一个属地方部队的团却被敌军打散，四处逃窜。这样一来，那个攻破敌军阵地的团不得不撤退，而且在撤退时遭到敌军的猛烈反攻，伤亡惨重，死三百人，伤一千六百人。我们从救护车上抬出担架，等着把那些可以挪动的伤员抬进那幢别墅。别墅前面有一大片圆形的草坪，可以想象，原本是修剪得整整齐齐的，现在却成了一片泥泞，就如有人冒雨在这里踢过一场足球赛。要知道，整个夜晚，担架员、救护车一直在那上面来来回回地踩踏、碾压，草坪早已成了泥地。

　　别墅旁边的平房里摆满了尸体。有的是送来时就死了，有的是送来后不久死的。他们一个挨一个地被摆放在地上，姿势各异，但军装上全都沾满了血和泥。他们有的身体扭曲得很厉害，可见死的时候极其痛苦；有的伸着双臂，好像在弹竖琴；有的已不成人形，仿佛就是一堆衣物。但是，这些阵亡士兵原本粗糙、肮脏的双手，却因为毫无血色而全都显得非常白皙、非常特别。

　　我们往这所医院送了两三次伤员后，又去了村里的教堂。那是一座简陋、破旧的乡村教堂，建在一座陡峭的小山顶上。礼拜堂里的长椅都堆在当中，四周铺着干草。伤员头朝着墙一个一个躺在干草上，躺得满满当当，要在他们中间走动都有点困难。由于是紧急改作救护站的，教堂里的神像也没来得及撤掉，高高的圣坛上有一尊石膏圣母塑像，脸颊红红的，正瞪着双眼俯视着下方。塑像两旁摆着蜡台和插着纸花的镀金花瓶。伤势不太严重的伤员都在抽烟，礼拜堂里烟雾缭绕。这景象也真独特。

　　门廊周围有一群士兵，抽着烟在低声交谈，时而忧伤地朝里望望那些伤员。还有一些士兵走来走去，在寻找受伤的战友，时而停下来询问一个伤员的伤势如何。医院护工也在伤员中间走来走去，他们拿着水或者汤。担架员小心翼翼地穿过人群，把伤员抬上救护车。说话声中夹杂着痛苦的呻吟声和垂死的啜泣声，有些伤势不太严重的伤员在相互开玩笑，庆幸自己还活着。一个神父站在一根柱子旁，正在为一个马上就要断气的人施行最后的圣礼。他压低声音，喃喃地念着祷文。大多数人看来伤势都很严重，横七竖八地躺在那儿，和我刚才看到的那些尸体差不多。有个人背靠着教堂的中门半躺着，他是在另一场战役中受伤的。他脸色灰白，胡子拉碴，形同枯槁。他一声不响，一动不动，眼神呆滞，似乎意识到自己必死无疑，心里充满怒火。他腹部有一可怕的伤口，谁都无能为力。他在等死。

我还看到一个伤员，几乎还是个孩子，脸圆而丑，黄皮肤、小眼睛，看上去像是个日本人。他受了致命伤，也知道自己必死无疑，但他却是惊恐万状。三个士兵蹲在他旁边，他抓住一个士兵的手，大喊大叫："上帝啊，我要死了！"他伤心地痛哭，大颗泪珠从他那张脏而丑的脸上滚落下来。他不停地说着："倒霉啊，上帝，我真倒霉啊！"那三个士兵竭力安慰他，那个被他抓住一只手的士兵还用另一只手抚摸他的脸。"不会的，朋友，你会好起来的！"

另一个伤员坐在圣坛的台阶上抽烟，冷冷地看着。他面色红润，看上去好像没什么大碍。见我朝他走去，他高兴地笑了。我见他胳膊上缠着绷带，便问他伤得重不重。他笑着说："哦，这算不了什么，要是就这点伤倒好了！我脊椎骨里打进一颗子弹，两条腿都瘫痪了。"

* * *

驻扎在蒙迪迪耶①。我找到了那个藏书室。法国大革命前，附近的贵族在蒙迪迪耶拥有市内住宅，用作冬季的社交聚会，但后来，他们的豪宅被分割成两处或三处房产，分别由富裕的市民购得，而我被指定居住的地方，看来就是其中一处大房产的一部分，那个藏书室就是底楼的一个小房间，要走原本的一个后楼梯才能找到。那是个有护壁板的房间，有一整面墙都是书橱，里面的书有金属网挡着，而且橱门都上了锁，我没法把书拿出来，但我很乐意看看书脊上的书名。大部分都是十八世纪的著作，都是烫金小牛皮封面。上面几层是祈

---

① 蒙迪迪耶：法国北部一区域。

祷书之类的著作，但我发现其中有一本比较破旧，是一本流浪汉小说《堂·古斯曼·德·阿尔法拉切》①。就在这本书下面，是一本《一个年轻贵族的回忆录》②。此外，还有波舒哀③的全集、马西隆④的布道集和一个我从未听说过的作家的十二卷集。我很想知道这到底是怎样一个作家，到底有何过人之处，值得出这样一套文集。我也很想把那部四卷本的《蒙迪迪耶史》拿出来翻翻。那里还有卢梭的书，但仅有一部《忏悔录》。在下面一层，我看到一套布封⑤的书，其版本和我小时候喜欢读的那个版本是一样的。显然，这些书的收藏者是个很有思想的人，因为我发现其中有笛卡尔⑥的著作，有一部装帧华丽的世界史，有一部多卷本的法国史，有休谟⑦《英国史》的法译本。还有大开本的司各特小说集，八开本、黑皮封面，一看就很厚重；还有某一版本的拜伦⑧爵士作品集，装帧得似乎过于严肃。我很快就不想读我看到的这些书了，因为比起真的去读这些书，我觉得还不如隔着金属网看看它们的书名来得有趣。这有一种雾里看花的魅力，而若真的把这些发了霉的书捧在手里一页一页读，那是不会有这种魅力的。

*　*　*

亚眠⑨。这里的英国人几乎和布伦⑩一样多，贵妇人们开着豪华轿车去探视伤员、管理医院。有人告诉我其中一位的一件趣事。一列车伤员从前线送来，被临时安置在车站医院。有一位贵妇人为他们分送热汤。她走到一个被子弹射穿食道和肺的伤员床前，正要给他汤喝，医生制止她说，这会把他呛死的。"这是什么意思？"她说，"他应该喝点汤，这不会对他有什么伤害的。""我行医已有多年，经历过三次战役，"医生回答说，"根据我的医学经验，如

---

① 《堂·古斯曼·德·阿尔法拉切》：也译《恶棍外传》，16世纪西班牙作家马特奥·阿莱曼所著。
② 《一个年轻贵族的回忆录》：也译《曼侬·莱斯科》，18世纪法国作家普雷沃神父所著感伤小说。
③ 波舒哀：17世纪法国天主教主教、著述家，著有《根据经文论政治等》。
④ 马西隆：18世纪法国天主教主教，著名布道家。
⑤ 布封：18世纪法国博物学家、作家，著有36卷《自然史》等。
⑥ 笛卡尔：17世纪法国哲学家。
⑦ 休谟：18世纪英国历史学家、哲学家。
⑧ 拜伦：19世纪英国浪漫派诗人。
⑨ 亚眠：法国北部城市。
⑩ 布伦：法国北部城市。

果你给这个人喝汤,他会死的。"那贵妇人很不耐烦,说:"你胡说些什么!"医生说:"你给他汤喝,后果由你负责。"她还是不听,把汤匙送到了那人嘴边。那人喝了一口,想咽下去时突然挣扎起来,随即便死了。那贵妇人怒斥医生说:"是你害死了他!""对不起,"医生回答说,"是你害死了他。我曾警告过你会有这种结果。"

* * *

斯滕福德①的旅店老板。这真是个人物,一个佛兰芒人②,他胆小、迟钝、笨重、圆脸、圆眼、圆鼻子,大约四十五岁,不欢迎客人来投宿,反而会在客人住店或用餐时给客人找麻烦。客人需要什么东西,要百般求他,他才会提供。不过,当客人和他混熟后,他倒是很友好的。他喜欢开一些幼稚的玩笑,尽管又笨又重,却喜欢搞点恶作剧,然后哈哈大笑。他现在和我已经很熟,虽然对我还有疑心,但态度已经很和气、很殷勤了。有时我对他说:"老板,你这里的咖啡真好!"他会客气地回答说:"哦,是您客人说得好。"他说话有很重的口音,听不太清楚他是说"你"还是说"您"。他使人想起佛兰芒古典绘画中的那种贡品捐赠人,而且他的妻子也真像个捐赠人的太太,一个肥胖的女人,老是板着那张满是皱纹的脸,看上去有点吓人。不过,你有时也会感觉到,她这种愁眉苦脸的背后藏着佛兰芒人的那种爽朗性格,因为只要有哪个冒犯过她的人倒了霉,我总会听到她幸灾乐祸地哈哈大笑。我入住这里的第一天,请求老板为我提供晚餐,他却要去问问他太太。"我和她睡一张床,"他说,"有事总要问问她。"

* * *

我在斯滕福德过得很愉快。这里很冷,不舒服。洗个澡也不可能。食物很难吃。工作又累又单调。但是,令人愉快的是,我没有责任。我不用做决定。别人告诉我怎么做,我就怎么做。做完之后,我的时间都是我自己的了。我可以心安理得地浪费时间。以前我总认为时间那么宝贵,一分钟也不能浪费。我满脑子是这种想法,而且还竭力想表现出来。我觉得我有太多东西要学,太多

---

① 斯滕福德:法国北部城市。
② 佛兰芒人:即说佛兰芒语的比利时人。

地方要去，太多生活要体验，不能白白错过。但是，多年过去，总嫌时间不够。我从来都很有责任感。什么责任？哦，我想是对我自己、对我的才能负有的责任，也就是要充分发挥我的才能、发挥我自己。而现在，我不用负什么责任了。我尽情享受我的自由。我的愉悦之情是很实在的，甚至有点像性刺激。有些人对我说，他们在战争中才体会到他们的时间有多宝贵，对此我很能理解，但我不知道英语里有没有像 hebetude① 这样的词，如果有，那我充分享受到的就是这种状态。

---

① hebetude 是法语词，英语已引进这个词，但很少用，意为愚钝。

1915①

我们正坐在卡普里岛②上的一家酒馆里,诺曼进来告诉我们说,T.想开枪自杀。我们都很震惊。诺曼说,刚才T.对他说想自杀时,他实在找不出什么理由来劝阻他。

"那你什么都没说?"我问。

"没说。"他要了瓶酒,坐下来等着枪响。

---

① 大概在这一年的年中,毛姆离开法国前线回英国继续写长篇小说《人性的枷锁》,其间他到卡普里岛去度过几次假。

② 卡普里岛:意大利南部的旅游胜地。

1916①

从利物浦②到纽约。兰特利夫人也在船上。我和她都不认识其他人,所以大部分时间就我们俩在一起。此前,我对她不太了解。她依然风度翩翩,走在她后面,你会以为她是个年轻女人。她告诉我说,她已经六十六岁了。她的眼睛据说很美,其实要比想象中的小得多,一度可能是湛蓝的,可现在好像并不怎么蓝,唯有薄薄的嘴唇和迷人的微笑依然很美。她化着淡妆。她的举止是身居上流社会的女人常有的那种举止,轻松自然而又不失高雅。

她说的一句话,我觉得很豪迈,是我从未从其他女人嘴里听到过的。有一天,她几次说到弗雷迪·格布哈特,而我第一次听到这个名字,所以就问她那是谁。她大吃一惊,而且显然是真的。"你是说,你从来没有听说过弗雷迪·格布哈特?"她大声说,"天哪,他是世界上最出色的男人。""为什么?"我问。"因为我爱过他。"她回答。

她告诉我说,她初次在伦敦期间只有两套晚礼服,其中一套还是抽掉了一根条子的日常礼服,用来晚上穿。她告诉我说,那时没有女人化妆,她是天生丽质,所以很占便宜。她说她曾引来万人关注,每当她从马房里租一匹马在公园里骑马时,公园都得关上大门,因为外面总有一大群人要涌进来看她。

---

① 这一年,毛姆先到美国,然后从美国到了南太平洋诸岛,因而这一年的笔记几乎都是他在那里的所见所闻。

② 利物浦:英国西北部港口城市。

她告诉我说，她曾和鲁道夫皇储①相恋许久，皇储还送给她一枚珍贵的绿宝石戒指。一天晚上，他们发生了争吵，她当即就从手指上脱下那枚戒指，扔进了火里。皇储惊叫一声，马上俯下身去，拨开（这是她的原话）烧得很旺的木炭，想把那枚宝贵的戒指抢救出来。说到这里，她鄙夷地翘起了她那薄薄的嘴唇。"那之后我就不爱他了。"她说。

到了纽约后，我又见过她两三次。她对跳舞很痴迷，几乎每天晚上都要去舞厅跳舞。她说那里的男舞伴舞跳得很漂亮，而且每次只要付给他们五十美分。她说得那么赤裸裸，我听了都有点恶心。这个曾使全世界拜倒在她脚下的女人，竟然花半美元去找男人陪她跳舞，这真是令人羞耻。

* * *

檀香山。联谊酒吧。从国王街穿过一条小巷就到了这家酒吧。小巷里有厕所，因而别人弄不清，那些匆匆忙忙走进小巷的人是酒瘾来了呢，还是急着去方便。这家酒吧有三个门，进去是一个很大的店堂，方方正正的，正面是吧台，两边隔成几个小包间。据说，当初隔出这些包间是因为卡拉卡瓦国王②要来喝酒，不能让他的百姓看见。这个古铜色皮肤的国王也许就曾坐在其中一个包间里，一边喝酒，一边和 R.L.S.③ 谈论传教士的胡说和美国人的禁令④。这家酒吧的店堂四周有大约五英尺高的深色护壁板。护壁板上方的墙壁上挂着乱七八糟的画，不伦不类的，有几幅维多利亚女王的画像和一幅卡拉卡瓦国王的画像，都是油画，都配有富丽堂皇的画框；还有几幅十八世纪的老式版画，其中有一幅是德怀尔德⑤戏剧画的仿制品，天知道它怎么会在这儿；还有从二十年前《画报》和《伦敦新闻画报》圣诞节特刊中剪下来的仿油画石版画；还有威士忌、杜松子酒、香槟酒和啤酒的广告画、棒球队的照片和本地乐队的照片。吧台服务员是两个肥胖的混血男人，穿着白短衣，脸刮得干干净净，皮肤

---

① 鲁道夫皇储：奥匈帝国皇帝弗兰茨·约瑟夫一世和茜茜公主的独生子，因与妻子感情不和，私下找了很多漂亮情妇和社交名媛，后因父亲勒令其断绝与所有情妇的关系，精神崩溃而开枪自杀，时年 31 岁。
② 卡拉卡瓦国王：夏威夷并入美国前的最后一位国王。
③ R.L.S.：即 19 世纪英国新浪漫派作家 Robert Louis Stevenson（罗伯特·路易斯·史蒂文森）的缩写，著有《金银岛》《化身博士》等。他曾于 1890 年到过夏威夷，而且见过卡拉卡瓦国王。
④ 传教士的胡说和美国人的禁令：指传教士宣扬戒酒和美国的禁酒运动。
⑤ 德怀尔德：18 世纪至 19 世纪之际英国画家。

黝黑，头发卷曲，眼睛又大又亮。

聚在这里的有做生意的美国人、开船的人——不是水手，是船长、轮机长和大副——开店的人和当地的卡纳卡人。各种各样的交易都在这里进行。这地方有点神秘兮兮，你完全可以把它想象成一个适合做肮脏交易的场所。这里白天都很昏暗，晚上的灯光更是阴森而邪恶。

* * *

中国人聚居区。满街都是一层、两层、三层的木板房，颜色各异，但岁月和风雨把它们全都弄得灰不溜秋、邋里邋遢。它们破旧不堪，可能是租期快到，租户们觉得没必要再修缮了。店铺里，出人意料，东方和西方的物品样样都有。中国伙计一个个面无表情地坐着，懒洋洋地望着过路行人。有时，在晚上，你可以看到两个黄皮肤、小眼睛、满脸皱纹的中国男人在聚精会神地玩一种奇怪的游戏，大概就是中国象棋。他们旁边围着好几个人，同样专注地在看他们下棋，而两个棋手下棋之慢真是令人吃惊，每走一步都要想老半天。

* * *

红灯区。沿着港口附近一条幽暗的小巷一直走，走过一座摇摇晃晃的桥，你就到了一条坑坑洼洼的路上。再往前走一点，路边有一个停车库，还有一家灯火通明的酒吧和一家理发店，还有你热切期待的、骚动不安的心情。然后，再拐进一条小巷往前走，到了一条街上。这时，你无论是向左看还是向右看，都会发现这里就是红灯区。那条街把伊韦雷①一分为二，但两边却是一模一样的，都是一排排小别墅，涂成绿色，看上去很整洁，甚至有点古板，而当中的那条街也是宽而直的。

伊韦雷像个花园城区，中规中矩、有条有理，这使人觉得既可笑又可怕，因为发泄性欲从来都不会中规中矩、有条有理的。那些漂亮的小别墅，每一幢里都有两套寓所，每套寓所里有两个房间和一个小厨房，住着一个女人。两个房间，一个是卧室，放着一个衣橱、一张挂着蚊帐的大床和一两把椅子，显得很拥挤；另一个是客厅，放着一张餐桌、一部留声机和六把椅子，有时还会

---

① 伊韦雷：檀香山海湾北部的著名红灯区。

有一架钢琴。墙上挂着从旧金山博览会①上带回来的锦旗,有的还贴着一些廉价的印刷品,其中最热门的是《九月的清晨》②和旧金山或洛杉矶的风景照。小厨房里很杂乱,但为客人准备的啤酒和杜松子酒总是有的。

女人们都坐在窗前,为的是让人清楚地看到她们。她们有的装着看书,有的装着缝纫,好像并不注意外面的行人,有的却一看见有人走来,就大声招呼。她们各种年龄、各种国籍都有,不但有日本女人、黑女人、德国女人,还有美国女人、西班牙女人(当你走过那里听到有留声机在播放考普拉歌或者塞吉迪亚舞曲③时,既会感到意外,又会被它勾起思乡之情)。她们大多看上去既不年轻又不漂亮,你甚至会觉得奇怪,像她们这样的女人,怎么能维持生计。她们脸上涂着厚厚的脂粉,身上穿着廉价的衣裙。你一旦走进去,百叶窗就会放下,这时若再有人敲门,就回答说:正忙着。那女人马上会请你喝啤酒,还会告诉你说,她今天已喝了许多杯。她还会问你是从哪儿来的。然后,打开留声机。每次只要一美元。

那条街上没几盏路灯,主要是靠那些小别墅的窗户里透出的灯光照亮的。男人们在街上逛来逛去,大多是一声不响地看看这个女人,看看那个女人。偶尔,有人拿定主意,快步登上门前的三级台阶,敲门,进去。随即,门和窗关上,百叶窗放下。大多数男人去那儿只是看看而已。他们也是各种国籍都有,不但有进港货轮上的水手、美国炮艇上的水兵(大多喝得醉醺醺的),还有驻岛部队中的白人和黑人士兵,还有夏威夷人、中国人和日本人。他们在夜色中逛来逛去,空气中也似乎充满了性欲的骚动。

* * *

当地报纸写关于伊韦雷的丑闻已有一段时间了,传教士们一片哗然,但警方却拒绝干预。他们的理由是瓦胡岛④上男人大大多于女人,卖淫嫖娼难以避免,只要将其限制在可控制的范围内再加上医学检查即可。报纸对此予以抨击,最后警方只好采取行动。一次突袭,十四个皮条客被捕。奇怪的是,起诉

---

① 旧金山博览会:即1915年旧金山市举办的"巴拿马太平洋万国博览会"。
② 《九月的清晨》:20世纪初法国画家保罗·埃米尔·查瓦斯画的一幅裸体画,曾引起争议,画家还被起诉,因而此画广为人知。
③ 考普拉:西班牙歌谣。塞吉迪亚:西班牙民间舞曲。
④ 瓦胡岛:夏威夷群岛的主岛。

书上称这些人大多是法国国籍。这表明拉皮条的行当对法国公民最有吸引力。几天后，召集所有卖淫女，勒令她们一年内必须规规矩矩，否则将受牢狱之灾。她们中的大多数人随即就回旧金山去了。突袭的那天夜里，我去了伊韦雷。大多数房子都关着门，街上几乎没什么人。偶尔看到有三四个女人聚在那里低声谈论着这件事。那地方黑洞洞的，一片寂静。伊韦雷不存在了。

* * *

豪拉旅馆。瓦胡岛东南部的一家小旅馆，是一个德裔瑞士人和他的比利时妻子开的。这是一座木板平房，周围有宽敞的阳台，门是防蚊的纱门。院子里有香蕉树、木瓜树和椰子树。那瑞士老板是个矮小的男人，方形的德式头颅大得和身体不成比例，而且是秃顶，但蓄着一把乱糟糟的长胡子。他的妻子很有主妇的样子，身体壮实、脸色红润，一把棕色的头发束在脑后。她给你的印象是既能干又踏实。他们俩都喜欢谈论离别了十七年的故乡。丈夫喜欢谈论伯尔尼①，妻子喜欢谈论纳穆尔②附近的乡村，她的出生地。晚饭后，女主人会走进客厅，一边玩单人纸牌，一边唠叨。不一会儿，旅馆老板兼厨师，也会进来，坐在那儿聊天。

从这儿出发去看那条被当地土著人视为神圣的瀑布，要穿过一块甘蔗地，然后沿一条小溪进山。小溪边的那条小路，时而在小溪这一边，时而在小溪那一边，所以时不时要涉水穿过溪流。一路上，只要有比较光滑的大石头出现，你总会看到上面放着许多树叶，有的还用小石头压着。这是当地土著人祭祀山神的贡品。那条瀑布从悬崖上的一道裂缝里喷涌而出，落入一个圆形的深潭。深潭周围，全是盘根错节的灌木丛，翠绿色的，非常茂密。远处仿佛有个山谷，但我听说，从来没有人去过。

* * *

夏威夷人。他们的肤色，从古铜色到几乎全黑，有好多种。他们身材高大而且很匀称，鼻子是扁平的，眼睛很大，嘴唇厚而圆润，头发黑而卷曲。他们似乎都有点胖，尤其是女人，年轻时很苗条，到了中年就变得又肥又胖。奇怪

---

① 伯尔尼：瑞士首都。
② 纳穆尔：比利时中南部一城市。

的是，不论男女，他们年轻时都很好看，到了老年全都变得很丑，就像一只只猴子。也许，要有思想、有活力、有激情、有性格，人到了老年才会仪表堂堂。夏威夷人一辈子都过着纯粹的动物生活，到了老年就完全变成了动物模样。

* * *

威基基①的种植园劳工。大汉比尔，一个又高又黑的家伙，厚嘴唇，像浪荡子或者黑人一样喜欢吹牛。霍尔斯坦，绰号"香蕉"，自称是十八世纪一个在此地落难的丹麦水手的后代，但奇怪的是，他长着一头深红色的头发②。胖子米勒，一个皮肤黑黝黝、面孔圆鼓鼓的胖男人，样子像小丑，但说来奇怪，他为人很正直。

* * *

呼啦呼啦舞③。一间墙上糊着纸的小房间，挂着几面加利福尼亚的三角旗，放着几件廉价的藤制家具。房间的一头，有个老头，盘着双腿，席地而坐。他又老又瘦，灰白的头发剪得很短。他看上去就像一座希腊化时期④的渔夫雕像，黝黑的脸上毫无表情，一边用手在一只葫芦上敲出奇怪的节奏，一边用低沉而单调的声音哦哦地哼唱。他好像不用换气，不停地唱。跳舞的是两个已不年轻的女人，一胖一瘦。她们的脚几乎没有什么动作，只是不停地扭动着身体。据说，她们的每个舞蹈动作都表达出了那老头哼唱的歌词含义。

* * *

离别。码头入口处，女人们纷纷向行人兜售鲜花花环或者黄色的纸花环。花环挂在即将离开的游客脖子上。船甲板上的人向站在下面的人扔出彩色纸带，船舷上挂满五彩缤纷的细纸条，有黄的、有绿的、有蓝的、有紫的。乐队

---

① 威基基：夏威夷群岛主岛瓦胡岛上的东南沿海一区域。
② 丹麦人应是黄头发。
③ 呼啦呼啦舞：Hula-Hula，夏威夷土风舞，也译作"草裙舞"。
④ 希腊化时期：即介于古希腊和罗马帝国之间的大约300多年时间（公元前4世纪末至公元1世纪初），因这一时期是古希腊文化向外传播时期，故称。

高奏离别曲①,在一片道别声中,船缓缓离开码头,那些彩色纸带都被拉断。

* * *

基拉韦厄火山②。这座火山在夏威夷群岛中最大的岛夏威夷岛上。从希罗③登岛,驱车先穿过稻田和甘蔗地,然后穿过一片茂密的热带丛林,一路向前。丛林里的树千奇百怪,仿佛是某个恐怖的绘图员想象出来的。树上密密麻麻地爬满各种各样的藤蔓。再往前,植物渐渐少了,最后你来到一大片灰白、死寂的岩石前。那儿寸草不生、禽鸟绝迹。你可以看见这儿或那儿冒出烟来,有的地方甚至浓烟滚滚,就像从烟囱里冒出来似的。你下车步行。熔岩在你脚下嘎嘎作响。你时而会踩到一条细细的缝隙,里面冒出来的硫黄烟呛得你连连咳嗽。最后,你来到凹凸不平的火山口旁边。那景象是你难以想象的,既壮观又恐怖。你看到那下面有一大片炙热的岩浆,黝黑的、厚重的,在不停地蠕动。那层刚刚冷却的岩浆很薄,时不时会被下面的岩浆冲破。火红的岩浆喷出,高达三十英尺、四十英尺或五十英尺,就像一股股灼热的喷泉。有两点最令人震撼:一是岩浆喷出时的声响,既像怒海咆哮,又像瀑布轰鸣,令人胆战心惊;二是岩浆喷出后的流动,火红的岩浆四处流淌,缓慢而凝重,令人肃然起敬。你仿佛觉得它们是活的,是有意识的。它们匍匐而行,曲曲折折,无往不前、无孔不入,坚韧到了令人发指的地步。更可怕的是,它们胜过一切生物,就如命运一样不可逃避,就如时间一样冷酷无情。它们仿佛是从远古岩层里爬出来的一条条怪异的火蛇,诡异地爬行着,寻找着可以一口吞噬的猎物。最后,它们毅然爬向一个个火光熊熊的洞口,跌落进去,仿佛又返回到无底的岩层里去了。你看到的火山口,就是这样一个个大火洞,一个个大火坑。有人站在火山口边上说:"天哪,这就像地狱。"但站在他旁边的神父转过身来说:"不,这就像上帝的面孔。"

* * *

太平洋。有些时日,太平洋会使你浮想联翩。海上风平浪静,蔚蓝的天空

---

① 离别曲:原文 Aloaha Oe,夏威夷土语"再见"的音译。
② 基拉韦厄火山:夏威夷岛中南部的活火山。
③ 希罗:夏威夷岛东岸由美国传教士创建的海港城镇。

下，海水蓝得耀眼。地平线上云层堆积，在落日的霞光中形成奇怪的形状，你甚至会真的相信你看到的是群山起伏。然后，夜空是那么可爱，星光灿烂，特别是当月亮升起后，夜空中银光皎洁。但更为经常的是，海上风高浪急、波涛汹涌，有时还会像大西洋一样灰暗，而且更显苍茫。但最令人惊异的是太平洋的荒僻凄凉。你航行了一天又一天，看不到一艘船。偶尔看到海鸥在飞，知道不远处有陆地，或许是一个迷失在这茫茫大海中的小岛，但你就是看不到货船，看不到帆船，也看不到渔船。太平洋就像一片空旷的荒野，而正是这种空旷，使你仿佛有一种不祥之感。这无边无际、无声无息的空旷，真有点令人毛骨悚然。

* * *

旅客。格雷，一个身材高大、体格健壮的犹太人，但他的行为举止却很低劣。他瘦长的脸是土黄色的，大鼻子、黑眼睛，说起话来粗声粗气，总是一副咄咄逼人的样子，总想独断独行、自作主张。他急躁易怒、神经过敏，总提防着别人，生怕别人看不起他。他老是嘀嘀咕咕，老是说要把某人的鼻子揍扁。他喜欢打牌，而且打牌的时候从来不会放过机会偷偷看一眼别人的牌。他总是没完没了地抱怨自己的牌多么臭、运气多么不好，但结果又几乎都是他赢。要是他输了牌，那就连礼貌也一起输了，他会把所有和他打牌的人都骂一顿，然后独自走开，一晚上谁都不理。他对钱可说计较透顶，只要有可能，从朋友那儿骗六便士这种事他也会做。但是，听到留声机里播放一段咿咿呀呀的音乐，或者看到像海面上的月光这样常见的景色，他也会深受感动，声音颤抖地说："哎呀，这，这真是，太棒了！"

* * *

埃尔芬拜因。他为公司出差到悉尼。他比格雷小许多，短小精悍，头很大，黑头发很浓密，但头顶已经秃了。他脸刮得很干净，一双棕色眼睛是外突的。他来自布鲁克林①。他和格雷一样啰唆、庸俗、大声喧哗。不过，他虽然说话冲撞他人，而且好像时时警惕着要自我防卫似的，但他心底其实很善良。

---

① 布鲁克林：纽约当时的犹太人区。

他对自己所属的种族很敏感，一有人提及，他马上就会转过头去，默不作声，很尴尬。他精力充沛。他不停地咆哮。他对钱特别精明，从来不会被人"宰"了。在帕果帕果①，他拿几件旧衬衣上岸去和当地人交易，换来了玩具独木舟、香蕉和菠萝。

* * *

马克斯。一个澳大利亚宝货，一个年纪不到四十已经头发灰白、满脸皱纹的矮男人。他是个天生的小丑，喜欢出自己的洋相。他兴致勃勃地参加船上的所有活动。在化妆表演中，他打扮得像个呼啦呼啦舞女，还兴奋地跳起了呼啦呼啦舞。

* * *

麦尔维尔。一个高个子男人，五官端正、神情忧郁，长而卷的黑头发已经有点灰白。他正前往澳大利亚去演出美国滑稽剧和音乐剧。他曾周游世界，谈起锡兰和塔希提岛②情绪激动。如果有人和他说话，他很友善，但他生性喜欢安静。他会一整天坐着，看法国小说。

* * *

那个轮机员告诉我关于阿方的事情。阿方最初是在夏威夷做苦力，后来成了厨师，买了地，雇用中国劳工干活，最后发了财。他娶了一个葡萄牙混血女人为妻，生了一大群孩子。孩子们长大后都成了美国人，他觉得自己在家里是个外国人。他从心底里鄙视西方文明。他想起自己年轻时在中国的妻子，想起那时他住在一个海边城镇上的生活。一天，他把家里人叫到一起，告诉他们说，他要离开他们。然后，他就神秘地消失了。

根据这段笔记可以写一个短篇小说，但我一直没写，因为我发现杰克·伦敦已经写了。

---

① 帕果帕果：南太平洋美属萨摩亚的首府。
② 塔希提岛：南太平洋波利尼西亚群岛中的较大岛屿，当时为法国殖民地（1958年成为法国的海外领地）。

* * *

帕果帕果。船开始沿着海岸航行。海岸很快变得陡峭，成了一座座小山，山上全是茂盛的草木，山下是浓密的椰树林。椰树林中隐约可见萨摩亚①人的茅屋，偶尔还可看见一座白晃晃的小教堂。很快，就到了港口的入口处。船慢慢地驶入和停靠。这是个巨大的内陆港，三面有高耸的青山围绕，足以停泊一整队战舰。在入口处附近，海岸上矗立着总督府的楼房，旁边有一个花园，吹拂在来自海上的微风中。靠近港口的地方有几间平房和一个网球场，然后就是码头和仓库。来接船的是一小群当地土著人、一些美国水手和几位当地官员。因为每三个星期只有一艘来自美国的船，所以这艘船的到来成了一件大事。船上有许多将继续前往悉尼的旅客，当地土著人要做这些人的生意，拿来了菠萝、大串的香蕉、桑树皮衣服、用甲虫串成的或用褐色种子串成的项链，还有卡瓦②碗和独木舟模型。

帕果帕果没有风，只有酷热和大雨。刚刚还是晴空烈日，突然间港口上空乌云聚集，接着就是大雨倾盆。

* * *

当地土著人。他们的皮肤是棕褐色的，通常说作古铜色，大多数人的头发是浅黑色的，有不少是卷发，但也有不少是直发。和他们端正的五官相比，他们的头发显得格外奇特。他们经常染发，男人、女人、小孩都染，染成深浅不同的红色，这在年轻男女身上还有一点相互调情的意味。他们的眼睛分得比较开，眼窝并不深，这使他们的脸看上去有点像古代的浅浮雕。他们身材高大而且匀称，你经常可以看到一些典型的当地土著人，他们会使你想起古希腊雕像。他们大步行走，但走得很慢，既轻松又端庄。他们在路上遇到你，会和你打招呼，同时脸上带着微笑。他们动不动就会笑。大多数幼童和少年人都有雅司病③，一种就像慢性溃烂一样会使人毁容的疾病。你还可以看

---

① 萨摩亚：南太平洋波利尼西亚群岛中的较大岛屿，东萨摩亚为美属萨摩亚；西萨摩亚当时为德国殖民地，后被新西兰占领（1962年独立，1977年更名为"萨摩亚独立国"）。

② 卡瓦：南太平洋土著人用胡椒树的根调制的一种特殊饮料，当场调制和饮用，具有特殊意义，故而使用一种特殊的碗。

③ 雅司病：一种热带的痘状慢性皮肤传染病。

到许多患象皮病①的人拖着粗大的双臂或严重畸形的双腿在路上走。女人下身围着拉瓦拉瓦②，上身穿一件有点像女衬衫似的宽松上衣。

这里的男人都文身，无论是腰部、膝盖，还是手腕，都文着细而密的图案。女人则是在手臂和大腿上零星地文着小十字花。男人经常在耳朵后面夹一朵芙蓉花，火红色的花映衬着他们棕褐色的脸。女人则是在头发上插一朵闻上去甜滋滋的白色提亚蕾③，走动时花香四溢。

* * *

传教士。他是个又高又瘦的男人，长长的四肢松松垮垮，脸颊凹陷、颧骨凸出，一双俊美而乌黑的大眼睛深陷在眼窝里，嘴唇肉鼓鼓的，头发留得很长。他脸色憔悴，郁郁寡欢。他的手很大，手指细长，很有样子。他原本苍白的皮肤已被太平洋上的赤日晒得黝黑。

W.太太，他的妻子，是个矮小的女人，头发梳理很讲究，戴着金丝边眼镜，镜片后面有一双明亮的蓝眼睛，脸很长，就像羊的脸，但她一点也不会给人愚蠢的印象，倒是有点过于精明。她的动作快得像飞鸟。最引人注意的是她的声音，尖细、刺耳，没有一点音调变化，听起来单调之极，就像风钻发出的噪声一样令人恼火。她身穿一件黑色衣裙，脖子上戴着一条细细的金项链，项链上挂着一个小小的十字架。她是新英格兰④人。

W.太太告诉我，她丈夫是个行医传教士，由于传教的区域（吉尔伯特群岛⑤）由相距很远的许多小岛组成，他经常要划独木舟出远门。海上常有风浪，他一路上很危险。他出去时，她就留在传教士总部做点事情。她说到当地人的堕落时，再也不能保持平静，声音中带着一种强烈的、做作的恐惧感。她说当地人的婚姻习俗淫秽得简直叫人说不出口。她说他们初到这吉尔伯特群岛时，所有村子里都找不到一个真处女。她非常厌恶当地的土风舞。

---

① 象皮病：一种由丝虫引起的人体寄生虫病，多见于热带国家，患者四肢异常增大、皮肤增厚，故称。
② 拉瓦拉瓦：lava-lava，南太平洋土著人围在腰间的花布。
③ 提亚蕾：tiare，南太平洋群岛上的一种花。
④ 新英格兰：美国东北部六个州（缅因州、佛蒙特州、新罕布什尔州、马萨诸塞州、罗得岛州、康涅狄格州）的总称。
⑤ 吉尔伯特群岛：太平洋中西部环礁群，由十六座珊瑚岛组成。

* * *

汤普森小姐。粗俗型的健壮美女,也许还不到二十七岁。她穿着白色衣裙,戴着硕大的白色帽子,脚上的白色长筒靴被她穿着白色丝袜的小腿撑得胀鼓鼓的。她在伊韦雷遭袭击后离开那里,前往阿皮亚①,希望在某家旅馆的酒吧找到一份工作。她是跟着船上的一个舵手到这里来的。那个舵手是个满脸皱纹的矮男人,邋遢得难以形容。

* * *

寄宿处。布劳德路上的一座两层楼房子,上下都有阳台,面朝大海,离码头大约五分钟行程。底层是杂货店,卖罐头食品,如猪肉黄豆罐头、牛肉罐头、汉堡牛排罐头、芦笋罐头、桃子罐头和杏子罐头;也卖一些棉织品,如拉瓦拉瓦、帽子、雨衣之类的东西。店主是个欧亚混血的男人,娶了当地女人,生下一群棕色皮肤的孩子。客房里几乎没什么家具,只有一张破铁床,挂着破蚊帐,还有就是一把椅子和一个脸盆架,都是摇摇晃晃的。雨噼里啪啦地落在铁皮屋顶上。这里不提供餐食。

根据上面三段笔记,我构思了短篇小说《雨》。

* * *

瑞德。他本是美国海军的一名水兵,为了到帕果来,他退了役。他做过屠夫,但在帕果的三年里他几乎没干过什么活。在我看来,他简直是个流浪汉。他是个大约二十六岁的男人,中等身材,偏瘦,五官端正,但神情忧郁,上唇蓄着八字胡,下巴上的胡子却经常不刮干净,卷曲的红头发看上去还可以。他穿着一件无袖衫和一条脏兮兮的厚布裤子。小吃店老板病了,瑞德为他照看店铺,以此挣点生活费。他说他要回美国去找工作,但我觉得他是下不了决心离开这个岛的。他曾含含糊糊地问过我,在阿皮亚能不能找到工作。那家小吃店开在帕果的郊区,紧挨着树林,旁边都是面包树、椰子树和芒果树,一间绿色

---

① 阿皮亚:西萨摩亚的首府。

小平房，里面有一个简单的店堂，放着一张吧台，但不卖酒，因为帕果是禁酒的。此外，店堂里还放了两张铺着红桌布的小桌子。吧台的后面有一个货架，上面放着牛肉罐头、番茄酱罐头和糖水杏子罐头，都积满了灰尘。店堂的隔壁是一间肮脏的小卧室。房子后面有个阳台，阳台屋檐下放一只炉子，瑞德就在那里做饭。那里还有一张粗木桌子，用来当橱柜。小吃店要等有船进港，运来鸡蛋，才有鸡蛋卖，否则就只有现做的炸肉饼和咖啡。做肉饼剩下的骨头，瑞德就在做晚饭时用来熬汤。这家小吃店的顾客只有为数不多的一些途经帕果前往澳大利亚的陌生旅客，还有一些停泊此地的美国军舰上的水兵和一些当地的土著人。瑞德是个寡言少语的人，要他说话很不容易。递烟给他，他也拒绝。就是最后撬开他的嘴让他说起话来，他说的不是哪个女人，就是哪个地方，不是说哪个女人怎么毁了男人，就说哪个地方怎么叫人过不下去，同时还会把他收集的一大堆色情明信片拿给你看。

* * *

马纽亚号。一艘七十吨的帆船，装上煤油发动机，顺风时的航速也只有四到五节，而且破烂不堪，船身上的白漆早已剥落，变得黑不溜秋。这船原本只能在浅水中航行，到了深水里摇摇晃晃。"总有一天，"船老大对我说，"这船会底朝天，把我们统统送进太平洋里去喂鱼。"主船舱大约八英尺长、五英尺宽，既是餐室和旅客的卧室，又是押运员的工作室。晚上仅靠一盏煤油灯照明。

船员包括船老大、押运员、轮机手和他的助手，还有一个中国厨子和六个卡纳卡人。这船是用煤油作动力的，所以船上到处弥漫着刺鼻的煤油气味。那几个卡纳卡人只穿一条蓝棉布裤子，别的什么都不穿。厨子穿着肮脏、破烂的白衣白裤。船老大穿一件蓝色法兰绒衬衫，敞开着衣领，头上戴一顶旧的灰色毡帽，下身穿一条旧的蓝色哔叽裤子。轮机手的穿着和全世界的轮机手一样，一顶旧的粗花呢帽子、一条旧的深色裤子、一件旧的灰色法兰绒衬衫，全都是脏兮兮、油腻腻的。

还有三间小船舱，每间有一两张床，舱门一关，里面一片漆黑，而且小得几乎连站个人的地方都没有。船老大的那间稍大一点，只放一张床，还有一扇舷窗，稍为通风一点，也稍为宽敞一点。那些土著乘客都穿着拉瓦拉瓦，挤在船头和船尾。他们每人都背着一个用绿色的椰树叶编的篮子，里面放着干粮和一个个五颜六色的小布包，里面是他们的个人物品。

我们大约在四点半离开帕果。一些当地土著人来为他们的亲友送行，好几个远行人和送行人都哭了。我们的帆船沿着海岸缓缓而行，上下颠簸，但过了一会儿，风向变了，船升起帆，顺风而行，就不太颠簸了。海上没有风浪，但潮水很大。

五点半，厨子做好了晚饭。一盆不知道什么汤、几个大蒜味很重的肉丸子和土豆，最后是罐装杏子。还有茶和罐装牛奶。船上的乘客没几个，一个到阿皮亚的一家医院去就职的苏格兰医生和他的妻子、一个传教士、一个要去伯恩斯-菲尔普公司①阿皮亚分公司的澳大利亚商人，还有杰拉尔德②和我。晚饭后，我们走到甲板上。夜幕很快降临，船不再颠簸。这时，远远望过去，陆地已成了天边的一条黑黑的影子。南十字星座明亮而闪烁。不一会儿，船员中的三四个卡纳卡人来到甲板上，坐下来抽烟。其中一个带着一把班卓琴，另一个带着一把夏威夷吉他和一个六角形手风琴。他们开始弹琴、唱歌，一边唱一边还拍着手。有两个人站起来跳舞。跳的是一种古怪的土风舞，一种原始、野蛮的舞蹈，动作急速、手舞足蹈，身体不停地扭动，做出各种怪异的动作。这种土风舞很刺激，甚至很性感，但只有性感，没有情感；它是动物性的，原始而单纯，怪异但不神秘，简单说来就是纯自然的，或者也可以说，是幼稚的。

在这星光闪烁的夜空下，在这静谧的海上航行，还听着、看着卡纳卡人弹琴、唱歌、跳舞，真是别有一番滋味。最后，他们跳累了，仰面躺在甲板上，睡着了。一切归于平静。

* * *

船老大。他是个圆鼓鼓的、没有一点棱角的小个子男人，一张满月似的圆脸红红的、刮得很干净，一个纽扣似的鼻子小而肥，牙齿很白，黄头发剪得很短，两条腿和两条胳膊都短而粗。手也是圆鼓鼓的，指关节上还有肉窝。蓝眼睛也是圆圆的，戴一副金丝边眼镜。他并不叫人讨厌。虽然他一开口就诅咒发誓，但没什么恶意。他是个乐呵呵的家伙，一个美国人，大约三十岁，一直在

---

① 伯恩斯-菲尔普公司：澳大利亚食品业巨头。
② 杰拉尔德：毛姆的挚友，经常陪毛姆一起旅行。

太平洋上谋生。他最初是公务员，后来在加利福尼亚海沿岸的客轮上做船老大。但他的船沉了，他的执照也没了，现在只好来开这种肮里肮脏的小货轮。不过，这并不影响他的好脾气。他活得轻松愉快。他喜欢喝点威士忌，喜欢萨摩亚少女，还津津有味地把他怎样勾引她们的趣事讲给别人听。

* * *

押运人。他是旧金山船运公司的雇员，一个短小精悍、年纪不大的男人，来自俄勒冈州的波特兰。他把头发都剃了，一双棕色的大眼睛、一张油腔滑调的脸。他总是蹦蹦跳跳、嘻嘻哈哈，像是脚下装了弹簧似的。他还喜欢喝酒，每天晚上都喝醉，早上起来头痛得厉害。"天哪，昨天夜里我真是难受极了。"他说，"以后不喝了。从今天起，我戒酒了。"但是，到了中午，头不痛了，他又像往常一样，轻松愉快地喝了一杯。

* * *

阿皮亚。一个建在海边椰树林中的嘈杂城镇，木板房上盖的是红色的铁皮屋顶。有座天主教教堂是全白的，高高耸立，颇为壮观，而它旁边的那几座新教的礼拜堂看上去就像普通的会所①。这儿并没有可供船只进出的港口，只不过是周围有礁石防波的一片锚地而已。在此停泊的船很少，只有几只快艇、几只捕鲸舢板②、一艘摩托艇和一些当地人的独木舟。

* * *

中心旅馆。一幢三层的木板楼房，四周都有阳台，一边有个围栏，里面养着一匹灰色的小马；后面有两个院子，一个院子里有一间平房，是旅馆里的中国服务员住的；另一个院子是马厩和车库，来自岛上其他地方的双轮马车和四轮马车就停在这儿。旅馆里最大的地方是个分为左右两室的酒吧，还有一个狭长、低矮的餐厅和一个摆着一张圆桌和几把藤椅的客厅。在二楼，有个较大的阳台，摆着几把大椅子，坐在那儿可以看到下面的街道。客房在一条过道的两

---

① 基督教新教崇尚简朴，因而其教堂不像天主教教堂那么豪华，甚至有点简陋。
② 捕鲸舢板：原文 whale-boat，是南太平洋土著人用来捕鲸的一种舢板，不是欧洲人的捕鲸船（whaling ship 或 whaler）。

旁,过道尽头有两间很小的浴室。

* * *

旅馆老板。他原是个职业牙医,来自纽卡斯尔①,一个矮小的男人,不胖,也不瘦,黑头发,有点秃顶,还有点白发,蓄着凌乱的小胡子,红彤彤的脸,红彤彤的小鼻子,可能是日晒所致,也可能是酗酒所致。他穿着白色衣裤,戴一条黑色领带。他是个容易激动的小个子男人,常常喝得醉醺醺,而且喜欢告诉你一些岛上的丑闻。他五十岁了,还自豪地说,准备明年二月上前线,但到了明年二月,你不用问,他会说三月再去。他常坐在吧台后面和客人聊天,以此消磨时间,而且在那儿又总有客人会请他喝一杯。他在悉尼还有几家旅馆,但他随时准备做买卖,从一家旅馆到一匹马,从一辆汽车到一张野营床,他随时准备买进或卖出。他说起话来神气活现,总喜欢告诉你说,他怎样把这个人或那个人宰得血淋淋,他做生意从来不会失败。然而,就是这家旅馆,他也只是个挂名老板,实际上是由他的老婆经营的。他的老婆是个又高又瘦的女人,四十五岁,大鼻子、大眼睛、大嘴巴,一副精明能干的样子。他很怕她,据旅馆里的人说,他们夫妻吵架时,他老婆不仅会破口大骂,还会拳脚相加,打得他服服帖帖。据说,有一天晚上他喝醉了酒,他老婆让他睡在卧室的小阳台上,而且第二天一整天不允许他出来,他没办法,只好可怜地站在阳台上,和下面街上的行人说说话。

* * *

香蕉叶。它们有一种衰败的美感,就像一个可爱的女人穿着一身破衣裙。

* * *

轻浮却很优雅的棕榈树。

* * *

椰子树蔓延到了海边,不是一排一排的,而是铺散成各种各样的形状。它

---

① 纽卡斯尔:英国东北部港口城市。

们有点像老处女跳芭蕾舞，年老却很轻佻，拼了老命，傻笑着做出一个亭亭玉立的姿势。

* * *

行政官。他在阿皮亚是因为他妻子正等着分娩。他妻子是个肥胖而懒散的女人，穿着薄纱衣裙，总使人想起诺丁山门或西肯辛顿①。她动作懒洋洋，说起话来也是懒洋洋的。她一点不漂亮，甚至有点难看，但有一张讨人喜欢的娃娃脸。她的丈夫是个高个子男人，削瘦的脸常年在热带的阳光下晒得很黑。他的嘴不太好看，但被上唇的小胡子掩盖了。他笑起来特别难看，一笑就露出一口黄牙。他最初是学医的，而且对自己的医学知识很觉得自豪。他喜欢讲无聊的笑话，还喜欢作弄人。他对阿皮亚的白人嗤之以鼻。不用说，他有效地管理着这个岛，只是有点过分强调一些小事情。他用公立学校学生的标准衡量任何事物。他把当地土著人看得就像幼稚的顽童，没有头脑，只有欲望，所以，他觉得不必对他们说什么废话，要严厉，但又不能太严厉。他自我吹嘘说，他把这个岛管理得就像一根新门栓②。说来，他这个人还有点古板。他期待着哪天退了休能回英国，住在伦敦的哪条灰蒙蒙的街上——显然，他认为那里才是他真正的家。但他想得太美了。

* * *

出了中心旅馆，如果向左转，走过一些大多是混血亚洲人开的店铺，你就到了一家德国公司的大楼前。大楼里是这家德国公司的总部和办公室，这家公司几乎垄断了南太平洋的贸易。再往前走，你就到了一个别墅区，里面的居民生活舒适，待人也颇为友好。再往前走，就是一个当地土著人的村落，那里脏乱不堪。如果出了旅馆向右转，你会走过更多店铺，走过政府大楼和英国人俱乐部，然后同样是到了一个当地土著人的村落。再往前走，到了阿皮亚城外，那里有一些仓库和一些住着中国人和混血亚洲人的木板房。再外面，又是一大片当地土著人的茅屋。到处可见椰子树和芒果树，有些树上还开着一簇一簇的花。

---

① 诺丁山门、西肯辛顿：伦敦的红灯区。
② 新门栓：喻安全可靠。

* * *

L.。他是伦敦的一个房地产经纪人,到萨摩亚来原本是为了疗养。一个瘦小的男人,长脸,尖而小的下巴,大而瘦的鼻子,一双深褐色眼睛长得还可以。他娶了个混血女人,有个年幼的儿子,但他妻子却和她父母一起住,他住在旅馆里。他那副鬼头鬼脑的样子,别人一看就知道他不是好东西,但他又一心想让别人认为他是个大好人,总是对着人傻笑。他其实一点不笨,就是喜欢喝酒,一星期总有三四回喝得烂醉,经常是在下午三点左右。他喝醉了酒,便寻事生非,找人打架。他内心压抑,想发泄。要不,就是醉倒在地上呼呼大睡,直到睡醒了,才摇摇晃晃地站起来。

* * *

加德纳是德裔美国人,"加德纳"这个姓氏是从德国姓氏"卡特纳"改过来的。他是个高而胖的男人,秃顶,总是穿着干干净净的白裤子。他有一张圆圆的、刮得干干净净的脸,两眼透过一副金丝边眼镜和蔼地看着你。但他是个伪君子。他在这儿是为旧金山的一家批发公司做生意,把棉布、机械等各种能卖的东西推销到这个岛上,然后换成这里的椰子干。他酒瘾很大,五十岁了,还老是喜欢和一些二流子一起彻夜饮酒。不过,他从不喝醉。他看上去平易近人,其实诡计多端。他生意之所以做得好,很大一个原因就是他很善于混在各种人中间。他甚至和那些二流子一起打牌赌博,为的是把他们的那点小钱也赢到他自己的口袋里。

* * *

T.A.斯科特医生,说话有阿伯丁①口音,原本在新西兰行医,战争②爆发后,他到法国做军医,后来负伤退役,被派到这儿来"混混"。他是个瘦弱的男人,有一张苍白的脸和一头短而稀疏的红头发。他说话时声音低沉平稳,带着苏格兰口音。他是个严谨得颇有点迂腐的矮男人。

---

① 阿伯丁:苏格兰东北部一城市。
② 战争:指"一战"。

* * *

夏普。一个轮机员，早先在美国海军服过役。他在阿皮亚娶了个混血女人，有两个孩子。他是个瘦长的男人，细脖子、小脸蛋、鹰钩鼻，看上去像一只鸟，一只猛禽。他穿着蓝色的背带服和蓝色的无袖衫，两条胳膊上都文满了旗帜、裸女和大写字母。他赤脚穿着一双原本是白色的、但现在差不多已成黑色的网球鞋，头上戴着一顶不成样子的黑帽子，而且不管是出门，还是在家里，都戴着。

* * *

英国人俱乐部。一间面对大海的木板房子，小而简单，一边是个台球室，后面有个小酒吧；另一边是个休息室，放着几把藤椅。楼上，有个房间里放着旧报纸和旧杂志。这儿不过是个用来喝喝酒、玩玩牌、打打台球的地方。

* * *

C.。他是当地赛马场的驯马师，澳洲人，高大健壮，皮肤黝黑，你很可能会把他误认为混血儿。他的五官在他脸上显得有点大，但当他穿上白色马裤和带马刺的马靴时，还是很神气的，英俊潇洒。他的混血妻子相貌平平，黄皮肤，还镶着几颗金牙，但他很喜欢她。他有一个白皮肤、黑眼睛的婴儿，还刚刚会爬，他就很得意。他的房子周围有一个很大的园子，房子四周都有阳台，可以在那儿欣赏富饶的乡村景色，还可以远远眺望阿皮亚城镇和大海。但是，房子里面却很简陋而且很杂乱，地板上铺一条草席就算床，还有几把摇椅和几张廉价的桌子，还有就是到处乱放的报纸、画报、枪、马靴和尿布。

* * *

斯万。一个小老头，满脸皱纹，很瘦而且驼背，看上去像一只白皮肤的猴子。红红的两圈眼睑中间有一双浅蓝的眼睛，狡黠地看着你。他像一棵老树，歪歪斜斜、疙疙瘩瘩。他是瑞典人，四十年前就来到这些岛上，那时他是一艘帆船上的大副。后来，他还做过一艘贩运奴隶的四桅船上的船老大，做过"黑鸟贩子"①，做过铁匠，做过商人，做过种植园主。不少人曾想杀他，他至今胸前还有伤疤，那是他和几个所罗门岛上的人打斗留下的。他一度相当富有，但一场大台风把他的仓库统统毁了。如今他仅靠十八亩椰子地来维持生计，什么都没了。他曾娶过四个当地土著女人，孩子多得连他自己也数不清。现在，人们每天都可以看到他坐在中心旅馆的酒吧里，穿着破旧的蓝色亚麻布衣服，喝着兑水的朗姆酒。

* * *

一个商人。看上去，他好像一辈子都生活在这热带地区，皮肤晒成了深棕色。他瘦得皮包骨头，好像身体里的水全都被晒干了。他秃顶，胡子也刮了。他对任何人都不怎么注意，埋头做他自己的事情。

* * *

另一个商人。一个帅气的高个子男人，披着长发，前额有一缕伦敦商人特有的卷发。他说话有伦敦口音，而且很做作，总让人觉得他好像去洗一下手也会对你点头哈腰地打一下招呼，总让人觉得他好像随时都会说："这边请，夫人，右边第二个柜台，女士针织品。"看上去他好像十天前刚从斯万-埃德加公司②来到这里，而实际上，他在阿皮亚已有十年了。

* * *

格斯。他是个混血儿，是他的丹麦父亲和一个萨摩亚女人的儿子，拥有一家当地有名的店铺，经营椰子干、罐头和织物，而且雇用了几个白人来干活。他胖胖的、圆圆的，笑容可掬，总使人想起君士坦丁堡的阉人③。他很会拍马奉承、谄媚讨好。

* * *

萨洛洛加④。帆船大约一点从阿皮亚出发，将近六点，我们到了萨瓦伊

---

① 黑鸟贩子：即贩卖黑奴的人。
② 斯万-埃德加公司：英国一著名百货公司。
③ 君士坦丁堡的阉人：即古代土耳其宫殿里的男侍从，类似中国古代的太监。
④ 萨洛洛加：萨摩亚群岛中的萨瓦伊岛东端的港口区。

岛①附近海域。礁石带就像一串白色泡沫似的浮在海面上。我们的船沿着礁石带来回行驶,想找到可以驶入的开口处,但天很快黑了,所以船老大只得掉转船头,驶向外海,然后抛锚。船收帆后颠簸得很厉害。那天晚上,我们只好打扑克消磨时间。第二天一早,我们找到开口处,驶入了潟湖②。潟湖很浅,很清澈,湖底都能看得清清楚楚。天上无云,水上无浪,只见岸边绿树成荫,一派宁静祥和的景象。我们放下一只小舢板,划向一个小水湾,然后上岸。那儿有个小村落。我远远看到了我最想看到的一间小屋,就在一棵开满红花的大树和几棵椰子树旁边,周围是低矮的灌木丛。我们一上岸,有个年轻女人从那间小屋里出来,请我们进去。我们在草垫上坐下后,有人端来切成片的菠萝给我们吃。这家人中有两个老妪,驼着背,满脸皱纹,头发又白又短,还有两个比较年轻的女人和一个男人。从那户人家出来后,我们沿着海边的一条长满青草、两边有椰子树的小路走了三英里,来到一个叫劳瑞的商人家里。他借给我们一匹马和一辆马车。我驾着马车上路,经过好几个村落、好几个港湾、好几个池塘,里面有几个男孩在嬉水;最后,我们来到一个叫本的商人家里。我一进门就问他,能不能为我们提供一顿晚饭。他是个小脑袋、灰白头发的瘦男人,戴着眼镜,穿着脏兮兮的睡衣。他妻子是个混血女人,有三个脸色苍白、身体瘦弱的孩子。他好像喝醉酒,睡了很久后刚刚醒来,还有点昏昏沉沉、糊里糊涂,说话结结巴巴,一双干瘪的手不停地抖动,还时不时地回头张望。他是英国人,在这个岛上已经住了二十多年,做椰子干、棉布和罐头生意。他妻子为我们准备了晚饭,有鸽子、蔬菜和奶酪。他装着陪我们吃,其实他一口也吃不下。等我们吃完,他说:"哦,你们要急着赶路,我就不留你们了。"显然,他是赶我们走。没办法,我们只能再回到劳瑞那里。他是另一种类型的商人。他曾在阿皮亚用白铁皮搭了个铁匠铺,在那里做过多年铁匠。他是个五十岁的矮男人,留着一把黑胡子。他给我的印象是他好像脾气很犟,但很胆小。他耳朵很聋,你要大声喊叫,他才能听见,而他自己说话却很轻,带着澳洲口音。他的妻子是个高大壮实的女人,但很和气,容貌也很端正,稍稍梳理过的头发长得很浓密。他们有七个孩子,两个男孩在新西兰上学,其余几个在父亲

---

① 萨瓦伊岛:萨摩亚群岛中最大的岛屿。
② 潟[xì]湖:(误称泻湖)靠近海岸由沙嘴、沙坝或珊瑚礁阻隔而形成的局部水域。

的店铺和种植园里帮忙。我看到两个聪明伶俐、皮肤白皙的男孩和两个小女孩。两个男孩穿着衬衫和短裤,光着脚跑来跑去。显然,他们都很健康,而且见到陌生人也很大方。他们这家人是基督复临派①信徒,不喝酒,不吸烟,星期六是安息日,不是星期天。在我的印象中,这是一个勤劳、虔诚、和睦的家庭。他们很好客,为我端来一大壶茶、一只烹饪得很好的鸡、一大盘用他们自家种的蔬菜做的色拉,吃起来很爽口,还有两道甜点。他们自己既不喝茶也不喝咖啡②,但他们给客人喝茶、喝咖啡。他们总有一点这样的意识,即认为自己是与众不同的。若说他们有什么缺点,我想,这大概是你在他们身上能找到的唯一缺点。

我们的小舢板上有几箱东西带给他们,把这几箱东西搬上岸交给他们后,我们就划着小舢板回到大船上去。大约要划两三英里,划桨的人一边划桨一边唱歌。只要看到岸边土著人的茅屋旁有女孩,他们就会大声挑逗。

晚上,我们再次上岸,这次和几个土著船员一起到了一个酋长的家里。喝过当场调制的卡瓦③后,我们还吃了菠萝。这之后,在班卓琴和夏威夷吉他的琴声中,那几个土著船员跳起舞来。酋长家里的几个女人和他们一起跳。土著船员中有一个是斐济④人,黑得简直像煤炭,头发披散,纵情狂舞,怪异的动作使观看的人兴奋得连声尖叫。舞越跳越疯狂,越跳越淫荡。我们回到船上时,已夜深人静。

第二天,我们前往阿波利马岛⑤。我们事先准备好一只可以穿过暗礁带的小舢板,还雇用了几名划小舢板的水手,拖在我们的帆船后面。帆船在风急浪高的外海行驶。船上有几个女人显然是准备到那个岛上去野餐的,所以也带了划桨的水手⑥。阿波利马岛很小,几乎成圆形,在萨瓦伊岛和马诺诺岛之间。到了暗礁带附近,我们就下到小舢板上,水手们把船划向海滩。暗礁带的开口不到十二英尺,两边都是锯齿状的礁石。水手中的老大掌舵。当小舢板划入开口时,一个巨浪涌来,他一声呼喊,水手们绷紧全身肌肉,使出全身力气一阵

---

① 基督复临派:基督教新教宗派之一,创建于美国,因相信基督即将第二次降临而得名。
② 基督复临派信徒拒绝一切享受,不仅烟酒不沾,茶和咖啡也被认为是奢侈品而予以拒绝。
③ 卡瓦是当地土著人的一种用树根调制的饮料,为客人调制卡瓦是土著人的欢迎仪式。
④ 斐济:南太平洋一岛国。
⑤ 阿波利马岛:萨摩亚群岛四个有人居住的岛屿中最小的一个岛。
⑥ 海岛周围都有暗礁,大船进入会搁浅,只有小舢板才能通过。

猛划，才把小舢板划进潟湖。那里的潟湖又小又浅。

　　那个小岛其实是一座海底死火山，当我们划入潟湖——也就是被海水淹没的火山口——时，那个小岛看上去就像一块当中被吃掉只剩外面一圈的斯提尔顿奶酪，而且那外面一圈也有一个地方被咬掉了一截（即成了和外海相连的出口）。潟湖边上有个村落，那里似乎是岛上仅有的一小块平地，三面的地势都很高，而且长满了椰子树、香蕉树和面包树。我们爬到最高处去眺望大海，低头看到海滩上有两只海龟在晒太阳。从那里下来后，村里的族长请我们到他家里去喝了卡瓦。风刮得很猛，划小舢板的几个水手都担忧地望着波涛汹涌的海面，不知道能不能顶着风浪把小舢板从出口处划出去。但不管怎样，我们还是上了小舢板。那个族长是个白发苍苍的老人，毅然过来帮我们。那几个和我们一起来的女人也都坐到了为她们划桨的水手旁边。我们划过浅水区，到了出口处，停下来看看风浪大不大。只停了一会儿，他们就试着往前划。但是，小舢板却被礁石卡住了，若有一波海水涌来，就会把我们全部淹没。我马上脱掉鞋，准备弃船游泳。这时，那个年老的族长跳下水，过来帮我们把舢板从卡住的地方推了出来。接着，水手们一声喊叫，开始发疯似的拼命划桨。海浪冲击着小舢板，水花四溅，我们全身透湿，但终于从出口处划了出去。那个族长朝我们的小舢板游来。看着那老人在那么大的风浪里游泳，真是令人惊叹。我们把他拉上小舢板后，他还不停地喘着气。大船还在很远的地方，显然看不见我们。我们只好慢慢地朝大船的方向划，大约划了一个小时，才看见大船朝我们驶来。但大船也摇晃、颠簸得厉害，要从小舢板上爬到大船上去很不容易。我在大船摇摇晃晃地靠近小舢板的一瞬间，纵身一跳，抓住了大船边上的绳梯。上面那个中国厨子俯下身来，抓住我的手腕，把我拉了上去。

＊　＊　＊

　　卡瓦。这种饮料要由一个少女来调制，而且这个少女还必须是处女。先由一个年轻男子或者另一个少女把卡瓦树的根放在石头上砸烂，并把砸烂的树根递给调制卡瓦的少女。那个少女先把一些水倒进一只碗里，然后把砸烂的树根放进去，用手搅拌成浆水。接着，她用一小束干椰子壳的纤维当筛子，把树根的残渣从浆水中捞出，并连同那束纤维一起递给那个年轻男子。那个年轻男子拿着那束纤维在空中抖动，把残渣抖掉，然后交还给那个少女。那个少女再用那束纤维在浆水中捞一遍。这样重复多次,直到浆水中不再有残渣。然后,往浆水中加入清水,卡瓦就调制好了。这时,那个少女口中念念有词,旁边的人击掌应和。之后,那个年轻男子递给她一个椰壳碗,她把调制好的卡瓦倒在里面。这时,坐在一边的酋长说出一个名字,那个椰壳碗就端到了那个最尊贵的客人面前。那客人接过椰壳碗后,先把里面的卡瓦泼一点在地上,同时说一声"健康长寿",然后就开始喝碗里的卡瓦。喝不完可以倒在地上,务必把空碗递回去。然后,就用这一只碗,按年龄或者地位,轮流为客人送上卡瓦。

* * *

潟湖。上面有一座桥,桥面是用椰子树枝捆扎而成的,桥墩是插入水底的叉形木桩。岸上零零星星有几间土著人的茅屋,周围是香蕉树,还有椰子树。在灌木丛中步行四分之一英里,就到了树林中的小河边,那里是土著人的浴场。河水是甘甜的,但到了涨潮时,潟湖里的海水倒灌进来,河水会变咸,会变得很阴凉,很清澈。这是个很可爱的地方。

* * *

威廉姆斯。一个爱尔兰人。当他还是个十五岁的孩子时,就承担起了抚养另一个孩子的责任。那个孩子是某个姑娘①和当地牧师的儿子生的,那牧师的儿子承诺付给孩子抚养费,但从未兑现,威廉姆斯只能自己每星期垫付半克朗②,把那个孩子养到十四岁。二十年后,他回爱尔兰,找到那个男人,发现他已结婚生子,便痛打他,直到他认错求饶为止。

有一段时间,威廉姆斯在新西兰。有一天,他和一个朋友一起去打猎。那个朋友是个银行职员,没有持枪证,突然看见警察来了,惊恐万状,生怕自己会被警察抓住。威廉姆斯叫他别动,自己拔腿就跑。警察见他跑,就在后面追,一路追到了奥克兰。一到奥克兰,威廉姆斯就不跑了。警察追上来,要他出示持枪证。他马上拿了出来。警察问他为什么要跑,他回答说:"哦,你和

---

① 某个姑娘:从上下文中看不出这个姑娘和威廉姆斯是什么关系,为什么那孩子要威廉姆斯抚养?也许是他的情人?不太可能,因为他那时只有15岁。也许是他姐姐?要这样的话,也就是那时他们姐弟俩已父母双亡。

② 半克朗:英国旧币,相当于30便士。

我一样，也是爱尔兰人，如果你能保密，我就告诉你吧。那家伙没有持枪证。"警察听了哈哈大笑，说："你真够朋友！来，我们去喝一杯！"

他是个粗鲁、放荡的男人，喜欢吹嘘他和多少女人睡过觉。他确实和十来个萨摩亚女人生过十来个孩子，其中除了一个十五岁的女孩是送到新西兰去读书的，其余都被他花一笔钱送到摩门教传教士那里去了。

他二十六岁就离家来到这几个岛上，做了种植园主。他是德国人占据萨瓦伊岛时就定居在这里的几个白人之一，而且在当地土著人中间很有威信。他喜欢土著人，因为按他的性格，他对什么人都很喜欢。德国人让他做地方长官，他做了十六年。有一次，他去拜访德国外交部长索尔夫。索尔夫对他说："你在德国殖民地做了这么多年的地方长官，想来德语应该说得很流利了吧。""不，"他回答说，"我只知道一个词，Prosit[①]。不过，这次来柏林，我还没听到有人说。"外交部长听了哈哈大笑，赶快叫人拿来一瓶啤酒。

* * *

R.。他是个瘦瘦的年轻人，看上去好像是伦敦某家证券交易所的职员。他牙齿很不好，年纪轻轻就镶了金牙，而他的那张小嘴巴总是抿着，好像总是在生气。他其实是个没什么文化的下等人，说话不发"h"音[②]。他在这些岛上已经住了好多年，而且像土著人一样文了身。我真不明白，他为什么要去受这种罪。也许是因为这个地方太美了，这里的人太友好了，使他这个粗俗之人深受感动，于是他就文了身，以为这很浪漫。也许是因为他觉得文了身更能吸引那些和他睡过觉的女人[③]。

* * *

萨瓦伊岛。雨后，阳光炎热，走在灌木丛中就像在暖室里，只觉得潮湿、闷热，气也喘不过来，只觉得周围的一切，那些树木、那些花草、那些藤蔓，全都在疯狂地生长。

---

① Prosit：（德语）干杯。
② 在英国，下层没文化的人说话不发"h"音，如"her"说作"er"，"him"说作"im"，因而只要听到一个人说话不发"h"音，就可知道他是下等人。
③ 那些和他睡过觉的女人：即他嫖过的妓女。

　　　　　　＊　＊　＊

　　我乘马斯塔尔号返回阿皮亚。这是一艘大约三十英尺长、属于一个卡纳卡人的快艇。十小时航程。艇上装着一袋袋椰子干,有一股浓浓的椰子味。艇上没有舱房,我只能盖一条毛毯、头枕一个装着椰子干的粗麻袋躺在甲板上。甲板下面就是引擎。艇上的船员只有三个:一个是掌舵的船老大,长得很英俊,皮肤黝黑,看上去有点像罗马帝国后期的哪个皇帝,身体虽有点发胖,但仍有一脸阳刚之气;另一个是卡纳卡人,正盖着一条麻袋,摊手摊脚地睡着了;还有一个中国人,正悠闲地抽着烟,坐在那里看月亮。

　　月光明亮,星光暗淡。海上很平静,只见太平洋上的那种长长的、奇异的波纹。驶入阿皮亚港口时,我们仿佛驶入了一个无声无息的静谧之地。远处,只见天幕下黑黢黢的椰树林和白色的大教堂;近处,只见几只船上灯火闪闪。我想找词语来形容这情景,但没有找到,而是莫名其妙地想起了两句诗:"将那雅各的天梯之路照亮/让它把天堂与查令十字街相连。"①

　　　　　　＊　＊　＊

　　苏瓦②。那海湾很美,很开阔,周围有雾蒙蒙的、神奇地一直延伸到天边的群山环绕。你会觉得,在那个遥远的国度,森林密布,人们过着一种奇怪而隐秘的生活。这种生活似乎有点原始,有点愚昧而残忍。那个城镇就在码头旁边,有许多木板房,店铺虽然比阿皮亚要多,但这地方过去肯定是个集市,现在仍然有点像集市。当地土著人腰围拉瓦拉瓦,身穿无袖衫或汗衫,走来走去。他们大多是身材高大的男人,皮肤黑得如同黑人,头发也是短而卷的,但往往用石灰染成白色,而且修剪成一种奇怪的形状。这里有不少印度人,穿着白长袍,慢吞吞地走着。这里的女人都戴鼻环、金项链和手镯。你若出城镇到乡间去,就会经过一个个拥挤的印度人村落,就会看到他们在地里劳作。他们只在腰里围一块布,几乎赤身裸体,而且一个个都瘦得皮包骨头。这里地处亚

---

① 引自19世纪英国诗人汤普森的《天国》一诗,原文是:"Shall shine the traffic of Jacob's ladder / Pitched between heaven and Charing Cross.""雅各的天梯"典出《圣经·创世记》第二十八章,雅各一日做梦,梦见"一个梯子立在地上,梯子的头顶着天,有神的使者在梯子上,上去下来。耶和华站在梯子顶上"。查令十字街:伦敦市中心一条著名的街道,此处代指尘世。

② 苏瓦:斐济首都。

热带，棕榈树长不高，但芒果树却长得很好。这里不像萨摩亚岛那样明快，而是阴沉沉的，连植物的绿色也呈墨绿色。空气又闷又热又潮湿，下起雨来没完没了。

* * *

太平洋大酒店。一幢两层的大房子，灰泥墙，四周有阳台。这座房子既阴凉又宽敞，里面有一个大厅，放着舒适的靠背椅，还有电扇在不停地旋转。侍者都是不言不语、不太客气的印度人，一个个穿着干净的白制服，裹着缠头巾，光着脚走来走去。伙食很差，但房间很好，干净而且阴凉。这里入住的人很少，只有某家公司的一个代理人和他的家人、几个在此地等船的人，还有几个从其他岛上到苏瓦来出差或者度假的官员。

* * *

蓝球衣①。他是从牛津大学直接到这里来的，已经五年了。当初他是牛津大学足球队的蓝球衣，现在是管理一个岛的行政官，而且是那个岛上唯一的白人。他一有空就到苏瓦来，而且每次都要喝酒。他会喝上一整天，而且在中午时就已经醉了。他是个不到三十岁的男人，矮小，但身材匀称，仍有一副运动员的样子。他的脸讨人喜欢，举止轻快，也很讨人喜欢。他剪着短发，有点乱，但并不难看。他有一双蓝眼睛，五官虽不十分端正，但却很有吸引力。可想而知，他是个讨人喜欢的好人，一个没有一点坏心思的人。他仍然是个学生。

* * *

校长。一个爱尔兰人，他上前线受了重伤，伤愈后被政府派到了斐济。他小时候从书上读到过斐济，对这个地方一直抱有一种浪漫的幻想。所以，派他来时，他求之不得，欣然接受了。但如今，他厌倦了，既孤独又失望。他的学校离苏瓦大约有七英里，但他一有时间就驱车去那儿，而且整个假期都住在太平洋大酒店，整天喝酒，喝威士忌加苏打。他还不到二十八岁，矮小，一双笑

---

① 蓝球衣：代指牛津大学校运动队队员（均穿蓝色运动服）。

眯眯的蓝眼睛，时不时地会微微一笑。

* * *

保险公司代理人。一个有点年纪的男人，高个儿，稀疏的白头发精心梳理过，穿着整洁，衣冠楚楚，但有点肥胖。他三十年前随一个剧团到澳大利亚，娶了一个有钱的女人，此后换过许多职业，做过种植园主，担任过公职，还做过商人。现在，他被阴云笼罩。他受保险公司委派，到阿皮亚做代理人，但他却挪用了公款。保险公司出于他是公司代理人的缘故，没有过多追究，又因为不想让家丑外扬而没有把他告上法庭。他现在大多数时间在太平洋大酒店的酒吧里一杯接一杯地喝酒，但又毫无醉意。他因为受过专业演员训练，气派还是有点的。但想到这家伙差一点被关进监狱，又觉得很好笑。

* * *

雷瓦河。那条河很宽，河岸平坦，沿岸是土著人的村落和香蕉地。远处是雾蒙蒙的灰色山峦。不知道为什么，有几段开阔的河面我总觉得有点神秘，有点可怕。有时，你会看到一个土著人在河上划着一只独木舟。雷瓦河边上还有几家糖厂和一家肮里肮脏的旅馆，那是一排平房，老板是一对肥胖的英国夫妇。看他们那副样子，好像他们是在泰晤士河上开了一家河畔宾馆，那女人一天到晚躺在屋檐下的吊床上看小说。

* * *

神父。他是个七十岁仍很活跃的法国小老头，身上穿一件破旧的教士袍，脚上穿一双黑色的长筒靴，头上戴一顶灰色遮阳帽。他枯瘦干瘪，剃干净的脸上满是皱纹，灰白头发长而直，眼圈发红，眼睛水汪汪的。他的样子似乎特别古怪。他很健谈，英语说得很流利，但口音很重。他双手青筋爆满，指甲残缺不全。他是个校长，曾在法国教了十七年书，在澳大利亚教了十七年书，如今在斐济又教了十七年书。他会讲多种语言。他大概是阿尔萨斯①人。他谈到他的几个侄子，他们大多是神父，现在都在法国军队里服役而且获得了很多勋

---

① 阿尔萨斯：法国东部一区域。

章，他很以此为荣。他也为自己在斐济的学校和学生为荣，而他的学生几乎都是当地土著人的孩子。他和他从前的澳大利亚学生至今仍保持联系。说来有点滑稽，他在那家怪里怪气的小旅馆里用餐，偶尔发现有两个人和他同桌，他竟然对他们大谈莎士比亚和弥尔顿。那两个人目瞪口呆，不知道他在讲些什么。他对斐济的一切都充满热情，对当地土著人的任何事情都了如指掌。尽管他年纪很大，但他给你的印象却是他好像有用不完的精力。

* * *

在斐济，有两个男人住在一起，他们相互厌恶，相互不说话，但因为工作，又不得不住在一起。他们每天晚上都喝得烂醉，昏头昏脑。一天晚上，偶尔来了个年老的神父，是个法国人，在这个岛上已经住了好多年。他们请他吃晚饭，还让他留宿。他谈论起莎士比亚和华兹华斯[①]。他们惊异地听他说完，便问他怎么会到这么个地方来。他说他曾经耽于声色犬马，而且后悔自己做了神父，但他又觉得自己应该过正常人的生活，所以他有意抛弃他过去喜欢的那些东西，到这儿来了。现在他老了，一切都结束了。他们问他这么做值不值得，他说很值得。他们从他身上隐约看到一种高尚的生活，这是他们从未想到的。他们相互看了看，相互伸出了手。

我遇到的那个老神父使我写了上面这段梗概，打算以此写一个短篇小说，但后来我一直没有写。

* * *

巴奥。这是个位于河口和环礁内的小岛，小得只要半小时就能在上面兜一圈，和它旁边的大岛相距仅半英里。但这个小岛一度还是斐济的首都，据我的房东、当地的酋长告诉我说，那时这个小岛上盖满了茅屋，密密麻麻，街道窄得往往要侧身而过。岛上有些人的土地在其他岛上，每天要出海去干活，晚上再回来。小孩子成天都在小岛周围的海水里玩。茅屋是用茅草盖的，有方形的，也有椭圆形的，没有窗户，只有木门。大多数茅屋里用桑树皮当作帘子隔

---

① 华兹华斯：19 世纪英国诗人。

成两间。我的房东是已故酋长的侄子、现任酋长和斐济国会成员,一个高大强壮、和蔼可亲的老人,一举一动都很端庄。他穿着白色短裤和网格无袖衫。

* * *

斐济的坐舞。四个少女,身穿白衣,脖子上挂着绿色叶环,头上插着赤素馨花,席地坐成一排。领头的少女开始唱一首圣歌,其余三个少女和坐在她们后面的几个男人跟着她一起唱。与此同时,他们全都摇摆着上身,手和臂做出有节奏的动作。这种舞蹈并不欢乐,而是阴沉忧郁的。

* * *

塔伦号。这是一艘属于联合轮船公司的航船,往返于奥克兰①和阿皮亚之间,途经斐济和汤加②。这船的排水量是一千二百吨,已有三十六年船龄,脏兮兮的,到处是老鼠和蟑螂,但开起来很稳,是一艘非常不错的远洋轮。船上有一间设备简陋的浴室,没有吸烟室,客舱又脏又暗。我搭乘此船从苏瓦到奥克兰去的时候,船上还装着香蕉,一大筐一大筐地堆放在后甲板上。乘客很拥挤,有从阿皮亚和苏瓦到新西兰去上学的学生、有休假的士兵,还有一大群人,我说不出他们是些什么人,也在太平洋上旅行。二等舱只保留给土著人,所以其他形形色色的人就只能去头等舱。最奇怪的是个又高又瘦的男人,他红脸、大鼻子、大嘴巴,但穿着黑色的长礼服,衣帽都很整洁。他独自走来走去,不和任何人说话,老是抽烟、吐痰,还带着一只鸟笼,里面关着两只大鹦鹉。这是个像谜一样的人,猜不出他从哪儿来,要到哪儿去,职业是什么,祖籍在哪里。他模模糊糊地使人觉得,他好像是个被解职的牧师。

* * *

汤加。基督复临派。他是个有点耳聋的老头,住在这个岛上已有三十年。他独居,很穷,几乎不为邻居所知,而他也看不起那些邻居,视他们为上帝的弃儿。他把自己视为上帝的宠儿。他的生活中,每件事都糟糕透顶。妻子死了,子女堕落,种的椰子树也不结果。他把这些倒霉事情都看作是上帝对他的磨

---

① 奥克兰:新西兰最大城市。
② 汤加:南太平洋一岛国。

难,是上帝要降福于他的预兆。然而,事实表明,这些大多是他自己的过错。

* * *

帕皮提①。当船进入礁石间的通道时,鲨鱼围了上来,随后跟着船进了潟湖。潟湖里的水平静而清澈。几艘白色的帆船停泊在码头边。一群前来接船的人聚集在那里,女人都穿得花花绿绿,男人身上也有白、黄、蓝三种颜色。在阳光灿烂的码头上,这五颜六色的人群真是一种欢欣喜悦的景象。

这里的商铺和办公楼沿海滩而建。海滩上有一长排苍翠的大树,其间夹杂着暗红的凤凰木,因而绿得更为鲜艳。这里的建筑,无论是邮政局,还是海洋航运公司的办公楼,都不像大多数太平洋岛屿上那样简朴,而是比较华丽,但总体上还可以。海滩,还有海滩上那些挺拔的树木,都有点法国风情,使人想起都兰②的某个外省城镇。这里虽然都是英国商店和美国商店,还有中国开的店铺,但似乎都有些法国的特点,干净整洁、舒适惬意。你能感觉到,人们在这里生活显然不像在英伦三岛上那样利欲熏心。这里的道路也很好,就像法国的许多道路一样好,一样精心养护,绿树成荫。靠近海滩的地方,在一棵巨大的芒果树下和一片小竹林旁,有一个如同我在阿拉斯③附近见过的那种用砖石砌成的洗衣台,几个休假的士兵正在那里洗衬衫。这里的市场也和法国的乡村集市相仿。不过,这里总体说来仍有一种异国情调,仍有它自身的特质。

这里的人除了说塔希提语,平时也说英语和法语。当地土著人结结巴巴地说法语,他们的口音使人想起巴黎的俄国学生。这里的每幢小房子周围都有一个花园,但并不打理,杂草、树木、野花,在花园里自生自灭。

塔希提土著男人大多时候穿着裤子④,上身穿衬衫,头上戴一顶大草帽。他们看上去比大多数波利尼西亚人⑤都要清瘦。土著女人穿宽松的直统长罩衣,而且大多数是黑色的。

---

① 帕皮提:塔希提岛上一城镇,南太平洋法属波利尼西亚的首府。
② 都兰:法国卢瓦尔河谷的一个地区。
③ 阿拉斯:法国北部一城市。
④ 在南太平洋波利尼西亚群岛中的绝大多数岛屿上,土著男人都不穿裤子,而是在腰间围一块称作"拉瓦拉瓦"的花布。这里说到塔希提土著男人穿裤子,显然是被欧洲殖民者欧化了,因为塔希提岛是波利尼西亚群岛中最大的岛屿,岛上的帕皮提城还是整个法属波利尼西亚的首府,因而那里的土著人最早被欧化。
⑤ 波利尼西亚人:南太平洋波利尼西亚群岛上各种土著人的总称。

* * *

提亚蕾旅馆。大约五分钟，就能从城镇尽头的海关大楼走到这家旅馆，而你一踏出这家旅馆的大门，就已经身在乡村了。旅馆前面有个小花园，开满鲜花，周围用成排的咖啡树当作篱笆。旅馆后面有个大院子，种着面包树、鳄梨树、夹竹桃和芋芳。如果你午餐时想吃梨，从鳄梨树上摘一个即可。旅馆本身是一座平房，周围有阳台，里面有一大间是餐厅，还有一间较小的休息室，铺着打蜡地板，摆着一架钢琴和原木家具，上面都盖着天鹅绒。客房又小又暗。厨房是独立的一间小屋，劳瓦纳太太整天坐在那儿监督中国厨子。她自己也是个好厨子，而且很好客。附近的人想吃顿好饭，只要到旅馆里来就能吃到。劳瓦纳太太是个大约五十岁的混血女人，很白，体形硕大。她不仅胖，而且大，大得不成样子。她穿着一件粉红色的宽松长罩衣，戴着一顶小草帽。她的大脸上长着一个小鼻子、一个小嘴巴，但下巴又宽又大。她的棕色眼睛很大，而且是水汪汪的，她的表情很愉快，而且是傻乎乎的。她总是面带微笑，高兴起来就哈哈大笑。她像母亲似的关心每个年轻人，当莫安纳号船上的那个孩子气的事务长喝得烂醉时，我看见她挪动硕大的身躯走过去，一把夺下他手里的杯子不让他喝了，还叫她儿子护送他回船上去。

* * *

提亚蕾是塔希提岛的岛花，一种开在深绿色枝叶间的星形小白花，散发出特别甜美的芳香，常被用来编成小花环，戴在耳朵后面的头发上。当地女人的头发乌黑，戴着它更显得多姿多彩。

* * *

乔尼。一眼看上去，没有人会想到他有土著血统。他二十五岁，一个有点肥胖的年轻人，卷曲的黑头发已有点稀疏，肉鼓鼓的脸刮得干干净净。他容易激动，而且一激动就手舞足蹈。他讲话很快，但常常走音，虽然英语和法语都讲得很流利，但发音都不太准，口音很怪；他的母语是塔希提语①。当他脱衣

---

① 塔希提语：即塔希提岛上的土著人语言。

洗澡或赤身围一块围裙时，立刻就可看出他有土著血统，这时唯有他的肤色表明他还有白人血统。他自认为自己就是个土著人。他喜欢吃土著食物，喜欢土著习俗。他以自己的土著血统为荣，一点也没有混血儿常有的那种尴尬。

* * *

乔尼的房子。房子建在大约离帕皮提五英里的一个小山坡上，三面俯瞰大海，和莫雷阿岛①隔海相望。海滩边上有一大片浓密的椰树林，椰树林后面是几座神秘的小山。那房子简陋得难以想象。一间大而低的平房，有点像仓库，下面有地基，要走几级台阶才能进去。木板墙上千疮百孔，好多地方都已破裂。平房后面搭了两个棚，其中一个用作厨房，也就是在地上挖个坑生火，在上面做饭。平房里搭了两个阁楼，每个阁楼里只有一张桌子和一个地铺，别的什么都没有。阁楼下面的那个仓库似的房间用作起居室。家具仅有一张铺着绿油布的杉木桌子、两把折叠椅子和两三只破旧的木凳子。木板墙上用椰树叶当作墙纸。叶子是对剖开的，钉在墙上或者包在梁上。天花板上挂着六只日本纸灯笼。那里唯有一束嫩黄的芙蓉花，稍显一点亮丽之色。

* * *

女酋长。她住在一幢两层楼的、离帕皮提大约三十五英里的木板房里。她是一个酋长的遗孀，那个酋长因为当年法国政府把帕皮特从法国保护地变为法国领地时没有惹麻烦而获得过荣誉军团勋章②。她的客厅里全是廉价的法式家具，墙上挂着和那个酋长获得勋章有关的文件，还有政界重要人物的签名照和一些普通的结婚照，都是灰蒙蒙的。有几间卧室，每间都放一张大床，看上去很简陋。女酋长是个高大壮实的老妇人，灰白头发，独眼，经常闭着，但有时会睁开，用神秘的目光看着你。她戴着眼镜，穿着一件破旧的黑色宽松长罩衣，舒舒服服地坐在地板上，抽着当地的土烟。

她告诉我说，离她这儿不远的一幢房子里有高更③的画。我说很想去看看，

---

① 莫雷阿岛：南太平洋法属波利尼西亚一火山岛。
② 荣誉军团勋章：法国最高级别的奖章。
③ 高更：19世纪法国画家、后印象派三大画家之一，曾长期居住在塔希提岛，其绘画也多以塔希提岛上的人和物为素材。

她就叫来一个男孩为我带路。我们驱车沿大路行驶了几英里，然后离开大路，在草地上的一条泥泞小路上行驶，最后到了一幢破败不堪的灰色木板房前。房子里只有几张草垫，什么家具都没有，阳台上有几个脏兮兮的小孩在玩耍。有个年轻男人正躺在阳台上抽烟，有个年轻女人懒懒地坐在那里。房子的主人是个当地土著人，鼻子扁平、皮肤黝黑，微笑着走过来和我们说话。他请我们进去，我一眼就看到门上有高更的画。事情是这样的，高更有一段时间曾病倒在这幢房子里。那时，现在的这个房主只有十岁，是他的父母照顾了病中的高更。高更很感激他们，所以当他渐渐康复后，就想在这儿留下点什么东西作为纪念。这幢平房有两个房间，其中一间有三扇门，三扇门的上半部分都镶着玻璃板，他就在每块玻璃板上都画了一幅画。其中两幅已经被孩子们剥得差不多了：一幅仅剩角落里的一个模糊的人头，别的什么都没了；另一幅只能大概看出有个女人的身体轮廓，后仰的姿势热情而优雅。第三幅保存得还算不错，但过不了几年，显然也会落得和另外两幅同样的下场。房主人对这些画没什么兴趣，只是把它们当作一个已故客人留下的纪念品而已。所以，当我对他说要买那第三幅画时，他一口答应了。"只是，"他说，"我得去买一扇新门。""要多少钱？"我问。"一百法郎。""那好，"我说，"我再给你两百法郎。"

我想最好在他改变主意前就把画拿走，于是从车上取来工具，卸下铰链，把整扇门带走了。回到女酋长那里，我们把门的下半部分锯掉，以便搬运。就这样，我带着那幅画回到了帕皮提。

* * *

我乘一艘无篷小船到莫雷阿岛上去，船上挤满了土著人和中国人。开船的是个浅肤色、红脸膛、蓝眼睛、身材高大的当地白人，会讲一点英语，也许他父亲是个英国水手。船一出环礁，事情就明摆着，这是一次糟糕的旅行。巨大的海浪打在船上，把我们全都打湿。小船左右摇晃、上下颠簸。突然又狂风四起、大雨倾盆，淋得我们眼睛都睁不开。一个个巨浪像一座座小山似的扑面而来。经历这样的风浪，真是令人兴奋（对我来说，还惊恐不已）。这期间，有个土著老妇人一直坐在甲板上，一口一口吸着当地土烟。有个中国男孩一直在晕船，吐得昏天黑地。好在莫雷阿岛渐渐出现了，接着椰子树也看得清了。最后，船进了潟湖，我们这才松了口气。大雨依然倾盆而下。我们的衣服全都湿透,一直湿到皮肤上。接着,我们换乘一只从岸边划过来的小舢板,但最后还得涉水上岸。上岸后,继续在大雨中沿着一条泥泞的小路走了四英里,涉水穿过一条条小溪,总算到达了那幢可以留宿的房子。我们脱掉全身衣服,用一块布裹着身体。

那是一幢小小的木板房,前面有一个阳台,里面有两个房间,每个房间里有一张大床。房子后面是厨房。那房子是一个新西兰人的,他曾和一个当地土著女人一起住在这里,此刻他们都不在家。那房子前面有小花园,种满了提亚蕾、芙蓉花和夹竹桃。花园旁边有一条小溪,还有一个可以用作浴盆的小水池,里面的水很清澈。

阳台的台阶旁边放着一个大水桶和一个小水盆,是用来进屋前洗脚的。

* * *

莫雷阿岛。当地土著人的茅屋是椭圆形的,屋顶是一层厚厚的树叶,墙壁是用细竹子扎成的,竹子和竹子中间有缝,透气透光。没有窗,但通常有两三扇门。大多数茅屋里有一张铁床,而且几乎都有一台缝纫机。

他们的礼拜堂①是同样简陋的一间茅屋,但很大,所有人都坐在地上。我去看他们唱诗排练。领唱的是个双目失明的少女,带着他们一连几小时唱着长长的赞美诗。站在旁边听他们唱,声音又响又刺耳,但离得远一点,坐在柔和的夜空下听,效果却很美妙。

* * *

叉鱼。我沿着小路走了一会儿,突然听到有说话声和笑声。循声而去,只见一片沼泽地,里面的芦苇长得比人高,好几处的泥水齐腰深。我涉水而过,到了一条湍急的小河边,看见大约有十几个人,男人和女人,上身赤裸,下身围着一块布,一个个都拿着长长的鱼叉。他们旁边有一堆大银鱼,全都是血淋淋的,是被他们刚叉死的。我等了一会儿,听见他们中有人一声喊叫,所有人都睁大眼睛,举起了鱼叉,而就在这时,只见一大群鱼顺着河流迅速地游向下游的入海口。他们全都兴奋地喊叫,猛烈地朝河里投掷鱼叉,随即就有十几条

---

① 南太平洋群岛绝大多数是欧洲殖民地,当地土著人随殖民者信奉基督教。

大鱼被叉中,被拎出水面,扔到地上。那些鱼扭动着、蹦跳着,用尾巴拍打着地面。

* * *

环礁内。那里的海水颜色不一,从深蓝到浅绿,深深浅浅都有。环礁圈很大,珊瑚丛五颜六色。你可以走到环礁上,惊奇地看到环礁外是汪洋大海,波涛汹涌,环礁内却是风平浪静,就如一塘秋水。各种各样的奇异动物隐藏在珊瑚丛里,有色彩鲜艳的鱼、海螺、海参、海胆和浅红色的软体动物。

* * *

渔网。要用大网捕鱼时,整个村落里的人都倾巢而出。拥有大网的那家人划一只独木舟出去,其中一两个人还要跳进水里。女人、男孩和男人站成一排,抓住网绳的每一头使劲地拉。其他人坐在海滩上看热闹。大网在慢慢收拢,一个男孩跳进去抓住一条银鱼,塞在自己的围腰布里。接着,连同这个男孩一起,大网就被拖上了海滩。海滩上挖好了一个坑,网里的鱼都被倒了进去。然后,开始分鱼,每个出力的人都能分到一份。

* * *

基督教。有位法国舰队司令乘着他的旗舰来到一个岛上,当地土著人的女酋长设宴款待,以示敬意。女酋长请他坐在她右边①,但传教士的妻子却坚持说,应该让传教士坐在女酋长右边,因为她丈夫是基督的代表,她自己的地位也高于女酋长。传教士本人也这么认为。对此,当地土著人表示抗议,传教士夫妇大为恼火,威胁说,这样轻视他们是会招来报应的。土著人害怕了,只好屈服。传教士夫妇如愿以偿。

* * *

特提亚岛②。我们乘一艘汽油小快艇到特提亚岛上去。凌晨一点就出发,要在天亮时赶到那里,因为这时海水通常比较平静,在礁石间航行不太困难。

---

① 按土著习俗,酋长的右边是贵客的位子。
② 特提亚岛:南太平洋毗邻塔希提岛的一个小岛。

夜色寂静而温柔，空气清新，环礁中风平浪静，水面上映着星光点点。我们在甲板上铺了一条毯子，舒舒服服地坐在上面。出了环礁，太平洋还是和往常一样波浪起伏。黎明时，我们仍在外海，但很快就看到了那个岛，大约在几英里外，岛上的一排排椰子树看上去还很低矮。然后，我们就到了岛边礁石林立的地方，换乘一只木船。快艇的主人是个名叫利维的男人。他说他来自巴黎，但他说的法语有很重的口音，我想他可能是阿尔及利亚的犹太人。他把锚抛在礁石上后，我们就上了那只登陆用的木船，朝礁石间的入口处划去。其实，那也算不上什么入口，只是礁石下面有个缺口而已。趁一波海浪涌来，木船借水势勉强挤了进去。但进去后没法划船，因为珊瑚礁太密。于是，几个土著人跳下船，在齐腰深的水里拖着船在弯弯曲曲的珊瑚礁夹缝里行走。这样，才把船拖到海滩边。海滩上布满白沙、珊瑚碎片和贝壳。穿过沙滩，从椰子树边走过，就到了一个仅有六间茅屋的小村落。这六间茅屋，一间是一个领班住的，两间是贮藏椰子干的，另一间是几个劳工住的，还有两间比较好的茅屋，是这个小岛的主人用的，一间用作客厅，一间用作卧室。这几间茅屋全都建在树林里，在高大的老树庇荫下，还算阴凉。我们卸下随身所带的物品和被褥，着手把那间客厅弄得舒适一点。这里蚊子比我去过的任何地方都要多，只要一坐下来，就被蚊子包围，嗡嗡声一片。我们在客厅外面的阳台上搭起一顶防蚊篷帐，里面放了一张桌子和几把椅子。但蚊子还是有办法钻进来，我们至少打死了二十来只才勉强得以安宁。茅屋旁边有个棚，用作厨房。我带来的那个中国人捡来一些树枝，在那里生火做饭。

这个小岛显然是比较晚近才露出水面[①]，岛中央的大多地方还寸草不生，几乎一片泥泞，脚踩上去会陷进去好几英寸，或许可以比作一个正在干涸的咸水湖，其中一部分仍有水，但这部分正在一点点缩小。这里除了椰子树，似乎只有杂草和一种有点像金雀花的灌木才能生长。其他岛上随处可见的八哥鸟，这里只有两三只，还是最近被人带过来的。还有就是一些黑色羽毛的大海鸟，喙又长又尖，叫起来像吹哨，尖厉刺耳。

海滩上的白沙真的像那些关于南太平洋群岛的书上所说，是银白色的。当你在阳光下沿着沙滩散步时，白晃晃的沙滩令人眩晕，使你几乎不敢对它直

[①] 太平洋上的许多小岛都是由于地壳运动而从海底下升起来的。

视。在那里,你只是偶尔会看到一只死螃蟹的白壳或一只死海鸟的枯骨。但是,到了晚上,几乎整个海滩都活了起来。开始很奇怪,只听到一些诡异的声响,然后你点燃火把去查看的话,会发现有数不清的甲壳类动物在那里不停地爬来爬去。虽然它们的动作很慢,而且是鬼鬼祟祟的,但它们的数量实在太多了,以至于你会觉得似乎整个海滩都在蠕动。

* * *

沿岸礁石。就像一条宽阔的礁石路,你可以沿着它绕岛一圈,但这条路太粗糙、太崎岖,会把你的双脚磨破。水坑里有鱼在游,时而还会有一条鳗鱼探出丑陋的头。要捕捉龙虾,就在夜里提着防风灯沿着这条礁石路慢慢地找。要两边都看看,不要放过任何一个角落。水里的鱼受到灯光惊吓会噼啪乱跳。你走路要极其谨慎,不然就有可能踩到海胆,被它的刺深深戳进脚底。龙虾很多,没走几步就能看见一只。用脚踏住它,跟在你身后的土著人马上会上前把它抓住,扔进他背着的一个罐子里。这样,在夜里边走边找龙虾,很容易迷路,而要在夜里找船回去又不容易。一时间,我们觉得好像要在这礁石上过夜了。那天没有月亮,好在天上无云,星光灿烂。

* * *

礁上钓鱼。在靠近环礁的入口处,礁石就如悬崖般陡峭,你在那里往下看,海水深不可测。就在这潟湖的珊瑚礁之间,土著人布了一张网,我们还准备了一些鱼当作诱饵。看土著人杀鱼令人心惊胆战。他们用拳头捶鱼肚,或者用珊瑚石砸鱼。我们到了捕鱼的地方后,把独木舟系在珊瑚礁上,然后领头的人撕碎几条鱼,扔进海里。很快就引来了许多瘦得像虫一样的小鱼,窜来窜去;接着,就把几条黑色的大鱼引来了。没过几分钟,水面上露出了两个鲨鱼的鱼鳍,只见两条褐色的鲨鱼像可怕的盗贼在水里绕来绕去。土著人的鱼竿就是一根竹竿,一头系着一根线。那几条黑色的大鱼绕着诱饵游了几圈,就张口咬饵了,所以不用费多大劲就把它们一条一条钓了上来。鲨鱼也想咬饵,但不能让它们咬,因为我们的鱼线太细,无法把它们钓出水面。然而,还是有一条鲨鱼咬住了我的鱼钩,而且猛一挣扎就把鱼线拉断了。放下两根用鱼内脏做诱饵的鱼线后,我们钓到一条少说也有四十磅重的金枪鱼。

* * *

钓鲨鱼。将近黄昏时,你把一条大鱼的鱼鳔钩在鱼钩上,再把鱼线的另一头系在一棵树上。很快,你就会听到啪啪啪的击水声,跑到海滩上一看,一条鲨鱼上钩了。你把它拖到海滩上时,它还在挣扎。当地土著人用一种很大的匕首——这种匕首由最初发现这些岛屿的欧洲人所携带的弯刀变化而来——猛砍鲨鱼的头。鲨鱼既凶猛又丑陋,有一张可憎的嘴巴和一种邪恶的眼神。要等它死了,才能取出鱼钩。然后,中国人会割下鲨鱼的鳍,把它们放在太阳底下晒干,卡纳卡人则会把鲨鱼可怕的牙齿从它的颚骨上敲下来①。死鲨鱼被扔回海里。

当地土著人睡觉前经常把鱼线系在自己腿上,只要鱼线一动,他们就会醒来。

* * *

鱼。这里的鱼,种类多得令人难以置信,有金黄色的、黑黄相间的、黑白相间的、满身斑纹的,还有不规则花纹的。一天,当地土著人去捕鱼,当他们收网时,我看见网里的鱼五颜六色、五花八门,很是惊讶,不由得想到《一千零一夜》里讲的那个奇异的捕鱼场景,想到眼前的这些五颜六色、五花八门的鱼中间是不是也会有一只封着苏莱曼②印的瓶子,里面关着一个法力无边的精灵。

* * *

海的色彩。外海呈深蓝色,落日映照下会呈深红色,但潟湖里却是色彩丰富,从淡绿色到亮绿色,落日时的一段时间里还会呈金黄色。至于一丛丛的珊瑚,更是色彩艳丽,有棕色的、白色的、粉色的、红色的、紫色的,而且形状千奇百怪,就像一个魔幻花园。游弋在珊瑚丛中的鱼,就如飞舞在花间的蝴蝶。这情景神奇得简直不像是真的,而像是出自某种超级想象力的奇思幻想。珊瑚丛之间的一个个小水塘,里面的水清澈透底,水下的一层白沙分明可见。

* * *

瓦罗。在太平洋,人们把沙蚕③叫作瓦罗。瓦罗的样子有点像小龙虾,但

---

① 中国人用鲨鱼鳍做鱼翅,卡纳卡人用鲨鱼牙齿做项链。
② 苏莱曼:16世纪奥斯曼帝国的苏丹(1520年至1566年在位)。
③ 沙蚕:一种海洋环节动物,俗称海虫、海蛆、海蜈蚣、海蚂蟥。

颜色不同,是奶白色的。它们成双结对住在同一个洞里,雌的要比雄的大一些,颜色也明亮一些。瓦罗只有在细沙滩上才能找到,因而要抓到它们,就得涉水穿过潟湖,大约走一英里远,到一个我认为是属于像特提亚岛那样的小岛上去。几个土著人已准备好了一种奇特的工具——从椰树叶的叶柄上抽出的一根柔韧的茎,约两英尺长,一头系一个小钩子,钩子上放一片鱼肉作为诱饵。我们到了那里,在海滩边的浅水中寻找瓦罗居住的小圆洞。找到一个洞,就把钩子放进去。土著人会念一句咒语,希望瓦罗能从洞里出来,然后用手指划划洞口的水。大多没有什么动静,只有几次,那根椰树叶茎被拉了下去。这时我们知道,里面有瓦罗咬了诱饵,被钩住了。小心翼翼地把那小东西拖出来,看见它咬着钩子挣脱不掉的样子,这是最令人兴奋的。从钩子上把它取下,扔进一个临时用椰树叶编起来的小筐里。钓瓦罗真不是件爽快的事情,我们花了三个小时才钓到八只瓦罗。

* * *

潟湖的夜晚。日落时,海面上一片闪亮的紫红色。天上无云,火红的太阳很快沉入海里,但并不像有些作家所说的那么快。接着,金星闪耀。清爽而寂静的夜晚降临了,但炙热而狂暴的生命几乎喷薄而出。无数有壳动物开始在海边爬来爬去,海里的每一种生物似乎都在活动。一条鱼尾巴一甩,发出一声神秘的击水声。一条鲨鱼突然引起一阵骚乱,所有的鱼虾都被它的阴险和凶残吓得四处逃窜。几百条小鱼同时跃出水面,有时还会有一条色彩斑斓的大鱼跟着一跃,仿佛海面上电光一闪。这时,最令人难忘的就是感受到生存的紧迫和残酷。在这平静而美好的夜晚,总有一种神秘的东西令人不寒而栗。

* * *

夜晚寂静而奇妙。天上星光灿烂,那是南十字星座和老人星。没有一丝风,但空气里有一种奇妙的香味。椰子树映衬在夜空中,仿佛在倾听。时不时地,有一只海鸟嘤嘤而鸣。

1917

这一年,我被派到俄国去完成一项秘密任务①,于是就有了下面这些笔记。

* * *

俄国。我之所对俄国感兴趣,原因和现在的大多数人差不多,显然是因为俄国的小说。托尔斯泰和屠格涅夫,主要是陀思妥耶夫斯基,呈现了一种和其他国家的小说不同的情感。他们使西欧最伟大的小说家也显得有点虚伪。他们的小说使我对萨克雷、狄更斯和特罗洛普以及他们的传统道德不再那么敬重,甚至连巴尔扎克、司汤达、福楼拜这样的伟大作家,和他们相比也似乎有点保守和固执。这些英国和法国小说家所表现的生活,是我们所熟悉的生活,而我和我们这一代人中的其他人一样,对这种生活已经厌倦了。他们描绘的是一个循规蹈矩的社会,其思想已陈旧不堪。其情感,甚至在放纵之时也是有规有矩的放纵。这种小说适应于中产阶级文明,讲究吃得好、穿得好、住得好,而读者心中有数,知道自己所读到的都是编造的。

* * *

充满幻想的九十年代②刺激了冷漠的知识界,使他们不再安分,不再自满,

---

① 这一年,"一战"已打了三年,毛姆被英国情报部门派往俄国,任务是集合俄国境内亲西方势力,阻止布尔什维克夺权,从而阻止俄国退出战争,但没有成功(按毛姆自己的说法,是因为他去得太晚了),"十月革命"爆发,苏维埃政权旋即与德国签署协议,退出了战争。

② 九十年代:指19世纪90年代。下同。

但又一点也没有使他们满意。旧的偶像被砸碎了，取而代之的却是些纸壳子。九十年代大谈艺术，大谈文学，但那时的作品却像玩具兔子，拧紧发条后会跳两跳，接着就死翘翘了。

* * *

现代诗人。我希望他们多一点情感，少一点理智。他们写抒情诗不是出于悲愤，而是出于教育出来的洋洋得意。

* * *

特工。他是个中等身材的男人，但肩宽体壮。他脚步轻快，步态很特别，有点像游击队员。他的两条手臂与身体两侧稍稍分开，给你的印象是他仿佛随时都会像猿猴似的一跃而起，弹跳力大得惊人。他的头大而方，脖子粗而短，脸刮得干干净净，一双小眼睛机敏而狡黠。奇怪的是，他的脸是平的，好像被人一拳打扁了。鼻子大而塌，肉鼓鼓的；嘴巴很大，嘴里发黄的牙齿却很小。浓密的头发是浅灰色的，梳得油光光，紧贴着头皮。他从不放声大笑，但经常会呵呵一笑，这时他目光闪闪，流露出一种幸灾乐祸的表情。他很得体地穿着美式便服，初一看，你会把他当作一个在美国中西部的某个商业城市做做小生意、日子过得还算安稳的中产阶级移民。他英语讲得很流利，但发音不准确。只要和他相处一段时间，你就会感觉到他的行事果断。和他的强壮体格相对应的是他的坚毅性格。他不动感情、机智而又谨慎，为达到目的会不择手段。说白了，他有点令人恐惧。他头脑里似乎装满了主意，而且都是既阴险又大胆的主意。他就像艺术家对待艺术一样热爱他所干的那个充满欺诈的行当，而且当他对你讲起一个预想的计划或者一次成功的逃脱时，他那双蓝色的小眼睛会闪闪发光，脸上会露出既兴奋又邪恶的表情。他像英雄一样藐视人的生命，他使你觉得他会为了事业而毫不犹豫地牺牲朋友，甚至牺牲自己的儿子。毫无疑问，他勇气可嘉，因为他不仅能面对危险——这并非难事——而且能以同样的心态面对艰辛与无聊——这才是真正的难事。他是个生活节俭的人，可以令人难以置信地长时间不吃不睡。他对自己从不马虎，对别人也从不马虎，而且精力充沛得令人吃惊。他虽然冷酷无情，却脾气温和，可以一点也没有恶意地杀掉一个同事。除了特别想抽高级雪茄，他唯一强烈的感情就是他的爱国主义。

他严守纪律，无条件服从上司，也要求下属无条件服从他。

* * *

俄国人的爱国主义是一种奇怪的东西，很大程度上是自高自大。他们觉得自己不同于其他民族，而且以这种不同为荣。他们自满地说到他们的农民有多么愚钝；他们自夸地说到他们自己有多么神秘、多么复杂；他们反复说到他们既面向西方、又面向东方；他们不仅以自己的缺陷为荣——就像一个蠢人对你说他的愚蠢也是上帝所造——还会不无得意地承认自己多么愚昧、多么混乱、多么懦弱，而像其他民族所知道的那种爱国主义，那种复杂的感情，他们是没有的。我曾试图分析我自己的这种特殊感情。对我来说，英国在地图上的那种形状就意味深长，不仅会使我浮想联翩，混杂地回想起许多东西——白色的多佛海岸和黄褐色的海水、肯特郡的乡间小路和苏塞克斯郡的丘陵、圣保罗大教堂和伦敦港；柯林斯①的颂诗、马修·阿诺德的《博学的吉卜赛人》、济慈的《夜莺颂》、莎士比亚戏剧中的几段台词和《英国史》中的几个章节、德雷克②和他的战舰、亨利八世和伊丽莎白女王、《汤姆·琼斯》③和约翰逊博士、我所有的朋友和维多利亚火车站上的告示牌——还会使我隐隐约约地有一种国力强大、经久不衰的感觉；还会——天知道为什么——使我想到一艘沿英吉利海峡扬帆疾驶的三桅船——"啊，好一艘雄伟壮观的船，你扬起白帆驶往何方"④——这时，红彤彤的落日悬挂在地平线上。诸如此类的感觉和联想合在一起形成一种感情，一种使人乐于献身的感情。这是一种由自豪、渴望和爱混合而成的感情，但它是谦卑的，不是自高自大的，而且并不排斥幽默感。然而，俄国人却没有这种微妙的感情，这也许是因为俄国太大了，历史上太缺乏骑士风尚和浪漫精神，民族性格太不确定，文学太贫乏；所以，很难想象俄国人会有这种想拥抱整个国家、拥抱整个历史与文化的感情冲动。他们只会对你说，他们的农民都爱自己的村庄。他们只有这点眼界。你只要读一读俄国的历史书就会惊讶地发现，一代又一代的俄国人竟然全都那么缺少民族感情。同样

---

① 柯林斯：威廉·柯林斯，18世纪英国诗人。
② 德雷克：16世纪英国海军上将，因打败西班牙无敌舰队有功而被视为民族英雄。
③ 《汤姆·琼斯》：18世纪英国小说家菲尔丁的长篇小说。
④ 啊，好一艘雄伟壮观的船，你扬起白帆驶往何方；引自20世纪英国桂冠诗人布里奇斯《路人》一诗，原文是"Whither, O splendid ship, thy white sails crowding"。

令人惊讶的是，只有当外敌入侵时，俄国人才会爱国主义热情高涨，才会同仇敌忾抵抗外敌，但那种事情少得可怜。通常情况下，他们遇到和自己没有直接关系的事情全都是态度冷漠的。所以，神圣俄罗斯帝国那么长时间、那么低声下气地甘受鞑靼人的奴役，并不是偶然的。现在，同盟国①也许已侵占了俄国的领土，而俄国人好像对此并不怎么愤慨，可能只是耸耸肩，聊以自慰地说："反正俄国大得很。"

但是，我的工作还使我和捷克人有密切交往，所以我又看到了一种使我震惊不已的爱国主义。这种爱国主义感情那么单纯、那么强烈，以致排斥掉了所有其他感情。我对这些为了事业而牺牲一切的人不仅仅是赞赏，更是感到敬畏。他们不是芸芸众生中的两三个热血青年，而是成千上万愿意为国家的独立而牺牲自己的安宁、家庭、财产乃至生命的人。他们分工合作就如一家百货公司，纪律严明就如一个普鲁士军团。我在其他地方遇到的大多数爱国人士——哦，就在我们国家，这样的爱国人士太多了——他们虽然也都急于为国效力，但可以肯定，他们为国效力并不是对他们自己一点好处也没有的（譬如，可以找到工作、可以捞点外快、可以扩大影响、可以使人羡慕，等等，这样的意图在国家危亡之际不是有损国家吗？），捷克人则不然，他们完全不考虑个人利益。他们像母亲照料孩子一样不图回报。当别人有机会冒险立功时，他们欣然接受单调乏味的工作；当别人被委以重任时，他们甘愿默默无闻。和所有从事政治活动的人一样，他们也有不同的党派和不同的纲领，但他们全都服从共同的事业。在俄国建立的捷克人组织，其成员，从富有的银行家到手艺人，全都在战争期间捐出了自己收入的十分之一，这是不是一个奇迹？甚至是战俘——天知道这些人有多穷、多可怜——也把各人积攒的几个戈比②捐了出来，总共有几万卢布。

* * *

九十年代的文学诉诸思想，就像一条干净清澈的溪流，而当代文学却诉诸情感，就像一口污浊混沌的水井。九十年代的情感流露在外，就如所罗门窗前的兰花绽放，而我们这代人却把情感放在污水池里。激情如火燃烧也许有点荒

---

① 同盟国：即"一战"时结盟的德国、奥匈帝国、土耳其和保加利亚等国。
② 戈比：俄罗斯货币单位，100戈比＝1卢布。

唐，但用面包做酱也太没味道①。

*　*　*

在我从事写作很久以前，那时我还是个孩子，我就读了由瓦尔特·司各特出版的蓝封面的英译本《安娜·卡列尼娜》，但我只有一点模糊的记忆。多年后我从专业角度重读这部小说，关注的是小说艺术，觉得这部小说写得很有力，很奇特，但有点生硬，有点枯燥。后来，我又读了法译本《父与子》②。我对俄国的事物太无知，无法鉴定它的价值所在。那些奇怪的人名③，那些从未见过的人物，确实使我有一种新奇感，但那不过是一部小说，还和当时的法国小说有关④，所以不管怎样，在我看来没有多大意思。直到后来，我发现自己真的对俄国有了兴趣，于是又读了屠格涅夫的几部小说，但我仍没什么感觉。它们的理想主义太多愁善感，我不欣赏，而我读的是翻译本，又感觉不到俄国人所重视的文字与风格之美，所以我觉得它们味同嚼蜡。再后来，直到我读了陀思妥耶夫斯基的小说（我读的是《罪与罚》的德译本），我才感受到一种狂躁不安的激情。这里有一些我觉得真正有意思的东西，于是就热切地一连读了好几部这位最了不起的俄国作家的最了不起的小说。最后，我还读了契诃夫和高尔基的小说。我觉得高尔基不怎么样。他的题材虽然奇特而冷僻，但他的才能似乎很一般。他对下层贫民生活的如实描写虽可一读，但我对彼得格勒⑤的贫民窟并没有持久的兴趣，而当他开始思考社会问题或者谈论人生哲学时，我发现他还很浅薄。他的才能来自他的出身。他是穷人写穷人，不像大多数作家是富人写穷人。另一方面，我在契诃夫的小说中感受到的一种精神却使我喜欢之极。这才是真正有个人风格的作家，他的风格和陀思妥耶夫斯基的狂躁、惊骇、奋激、恐怖、令人困惑的风格正好相反，是平易近人、亲切随和的。我觉

---

① 激情如火燃烧：喻浪漫幻想。用面包做酱：喻摹写现实。
② 《父与子》：19世纪俄国小说家屠格涅夫的代表作。
③ 俄国人的姓名除了姓与名，还有父名夹在当中，如 Иван（伊凡，名）Сергеевич（谢尔盖耶维奇，父名）Тургенев（屠格涅夫，姓），从其父名可知其父名叫"谢尔盖"（后缀"耶维奇"是"之子"的意思）。这父名已使英美人不习惯，俄国人还有小名、昵称，等等，因而一个人物出现在小说中，可能有十来种不同的叫法。
④ 19世纪俄国文学深受法国文学影响，尤其是屠格涅夫，不仅创作风格受法国文学影响，而且长期旅居法国，与福楼拜、左拉等法国小说家为伍。
⑤ 彼得格勒：即圣彼得堡（一战爆发后改为此名，后又改为列宁格勒，苏联解体后改回原名圣彼得堡）。

得从他那里比从其他人那里更能探知俄国的秘密。他涉及的范围很广,他对生活的了解很直接。他经常被人和莫泊桑相提并论,但这样做的人肯定对他们两人都不太了解。莫泊桑是个善于讲故事的人,在这方面效果极佳——毫无疑问,对每个作家都应该在这方面加以评判——但是,和现实生活没有太大关系。他那些有名的短篇小说读起来兴味盎然,但都是凭空编造的,因而经不起仔细推敲。他的人物都是舞台上的人物,他们的命运悲惨只是因为他们的行为像是木偶,而不像是活生生的人。他们对生活的基本看法是含混不清、庸俗无聊的。莫泊桑的灵魂是一个贪图口福的推销商的灵魂,他的眼泪、他的笑声都带着某个外地旅馆客房里的气味。他是郝麦先生①的儿子。然而,当你读契诃夫时,你却几乎读不到什么故事。那里显然没有巧妙的构思,以至于你可能会觉得这样的小说人人都会写,而实际上,没人写得出来。作家除了要有某种感情,还要有能力用文字把这种感情表达出来,然后你才会感受到这种感情,你才会成为他的读者。像"生活的横断面"这样的老生常谈,你不能用于契诃夫的短篇小说,因为横断面就是切割成片,而读契诃夫的短篇小说时,你绝对不会有切割成片的感觉,倒会觉得像是从指缝里看风景,虽然每次看到的只有一点点,但可以连续不断地看下去。

当时我对莫泊桑的说法是有失公正的②,《泰利埃公馆》③ 就足以证明这一点。

* * *

如今,谈论俄国作家是那么时髦,以至于许多严肃认真的人也不分青红皂白地大肆赞扬那些在俄国从事写作的人,以至于像库普林、柯罗连科和索洛古勃④这样不值得注意的俄国作家也备受关注。在我看来,索洛古勃的作品没什么价值,他只不过把肉体欲望和神秘主义混杂在一起,从而吸引了某一阶层的

---

① 郝麦先生:福楼拜的长篇小说《包法利夫人》中的人物,一个药剂师,人不坏,但就是喜欢吹牛。
② 对于莫泊桑和契诃夫这两位短篇小说大师,毛姆早期的看法是抑莫扬契,后期的看法则是抑契扬莫(可参见他60岁时写的《总结》一书)。
③ 《泰利埃公馆》:"La Maison Tellier",也译《戴家楼》《戴丽叶春楼》等,莫泊桑的一部中篇小说("泰利埃公馆"是一家妓院的名称)。
④ 库普林、柯罗连科、索洛古勃:均为当时在世的俄国作家。

读者。另一方面，我也不像有些人那样鄙视阿尔志跋绥夫①。在我看来，《沙宁》是一部颇有价值的小说，它的优点是俄国小说中很少见的，那就是阳光。小说中的人物不再生活在我们看惯了的凄风苦雨中，那里的天空是蔚蓝的，夏日里微风习习，吹拂着白桦林。

刚开始关注俄国文学的人肯定会对它的贫乏感到惊讶。是的，就是对俄国文学满腔热忱的批评家也不得不承认，十九世纪之前俄国只有一点历史记载，根本没有文学，所谓俄国文学是从普希金开始的，然后是果戈理、莱蒙托夫、屠格涅夫、托尔斯泰、陀思妥耶夫斯基，然后是契诃夫，就这些，没了。当然，专门研究俄国文学的人还会提到另一些人的名字，但那些人其实都不值一提，普通人偶尔读过他们的作品都会想，这种书不读也罢，没什么意思。我在想，如果英国文学是从拜伦、雪莱（或用汤姆·摩尔②代替雪莱也可以）和瓦尔特·司各特开始的，接着是狄更斯、萨克雷和乔治·艾略特，然后到乔治·梅瑞狄斯就没了，那会有什么后果。第一个后果就是，这些作家会被看得重要得不得了。

* * *

正因为俄国人只有那么一点点文学③，他们才对本国文学有那么透彻的了解。俄国的知识分子可以把所有的俄国书都读上好几遍，读得就像我们读钦定版《圣经》一样滚瓜烂熟。正因为俄国文学只能以小说为主④，小说在俄国有教养的人心目中的地位才那么远远高于其他国家。

* * *

《钦差大臣》⑤在俄国特别出名。这个剧本撑起了整个俄罗斯古典戏剧。这个剧本是每个俄国中学生必读的，就如我们必读《哈姆雷特》；这个剧本在

---

① 阿尔志跋绥夫：当时的俄国作家，其长篇小说《沙宁》引起争议，后于1923年流亡海外。
② 汤姆·摩尔：Tom Moore，与雪莱同时代的爱尔兰大诗人。
③ 俄国文学历史很短，至多只能追溯到18世纪。
④ 意为俄国没有多少诗人和剧作家。
⑤ 《钦差大臣》：19世纪俄国作家果戈理的讽刺喜剧，讲一个假钦差在各地行骗，各地官僚、名流拍马奉承，洋相百出。

俄国每到节假日是必演的，就如法兰西剧院每到节假日必演《熙德》①。对俄国人来说，这个结构松散的剧本就如我们的莎士比亚和伊丽莎白时代的戏剧家，就如康格里夫②和威彻利③，就如哥尔斯密④和《造谣学校》⑤。剧中的所有角色几乎都被视为典型人物，剧中的几百句台词都被认为是至理名言。然而，这不过是一个并没有什么特别意义的滑稽剧而已，比柯策布⑥的《小市民》好不了多少，也坏不了多少，说不定就是受《小市民》的启发而写的。它和《委曲求全》⑦差不多层次。剧情很琐碎，剧中人物是以漫画方式塑造的，而非性格典型。这些人物，不管你怎么想，都难以相信他们是真实的。好在，果戈理还算明智，没有在剧中引入智者或贤人，否则整个滑稽场面都将被破坏。他保持了某种程度的艺术完整性，剧中人物不是坏蛋，就是笨蛋，没有什么好人或者半好人来破坏这种完整性。康格里夫也同样明智，他写一群坏蛋时非常小心，绝对不会让一个好人出现。对于果戈理的这部寻开心的滑稽剧被他的同时代人看得那么重要，我们并不十分奇怪，但那些熟知西欧文学的批评家竟然也会这么认为，那实在令人惊异。至于那些把俄国文学介绍给世界的人，他们大多不太了解其他国家的文学，一看到和我们英国不同的东西就认为是俄国特色，就大肆赞扬，殊不知那是自然条件造成的，那些东西在和俄国自然条件相似的其他国家也能找到。要完全了解某个异域国家，你不仅要在你自己的国家和那个国家都住过，还至少要在另一个国家也住过。否则的话，你就会像阿诺德·班内特⑧那样自以为是地认为，早餐不喝咖啡、不吃蛋糕，是法国人的特色。

* * *

我没有什么不寻常的才能，但我有坚毅的性格，这多少弥补了我的不足。

---

① 《熙德》：17世纪法国剧作家高乃依的悲剧名作，被视为法国古典主义悲剧的奠基作。
② 康格里夫：18世纪英国风俗喜剧作家。
③ 威彻利：17世纪英国王政复辟时期喜剧作家。
④ 哥尔斯密：18世纪英国诗人、剧作家、小说家。
⑤ 《造谣学校》：18世纪英国剧作家谢里丹的喜剧名作。
⑥ 科策布：Kotzebue，18世纪德国三流剧作家，曾流亡国外，在俄国任官职，后由俄皇派往国外，被视为间谍，遭暗杀。
⑦ 《委曲求全》：哥尔斯密的风俗喜剧。
⑧ 阿诺德·班内特：20世纪早期与毛姆同时代的英国小说家。

我头脑清醒，大多数人看不透的事情，我能看得很清楚。最伟大的作家甚至能看透砖墙，我还没有这样敏锐的目光。一直以来，人们都说我愤世嫉俗，其实我只是有话直说罢了。我就是我，我不希望别人把我看成别的样子；同时，我也不喜欢别人在我面前装腔作势。

* * *

研究他国文化的人，相对来说只能指望对他国民众有一点点了解，因为语言不同、文化不同，他甚至许多年后也不会和他们有亲密接触。即便是英国人和美国人，相互之间只有很小的语言差异，也不能真正地相互了解。也许，只有在青少年时代而且接受同样的教育，人们才能最好地相互了解。我的印象是，一个人在最初二十年间就定型了。所以，在英国人和俄国人之间，有一条又宽又深的鸿沟。仅语言交流的困难就足以使他们保持很大距离。即使你学会了他们的语言，你的语言也不可能好得使他们忘记你是外国人，他们仍然不会像他们之间那样和你打交道。外国人要依靠阅读才能最大限度地了解另一个民族。在这方面，读二流作家的作品要比读一流作家的作品有用得多，因为伟大作家创造生活，而不那么伟大的作家很善于模仿生活。譬如，关于俄国人，契诃夫能告诉你的就多于陀思妥耶夫斯基。最后，把你读到的那些人和你认识的那些人加以比较，你也许就对他们有了某种印象，虽然这种印象与实际情况仍有差距，但总的说来还是比较完整、比较合理、比较连贯的。

* * *

我在外语学习方面有自己的看法。我认为只要学到能够比较流畅地阅读、听和说能够应付日常生活需要就可以了，再想学下去是浪费时间。因为想要真正精通一门外语是难而又难的，下再大功夫也没用。

* * *

近年来，上帝在文人中间很时髦，他们五花八门地用万能的上帝来平衡一个句子或者使一个段落具有抒情意味。现在，连萧伯纳和 H.G. 威尔斯[①]也用起

[①] H.G. 威尔斯：20 世纪早期与毛姆同时代的英国小说家。

上帝来了，虽然才刚刚开始，但后来居上，很快就成了领路人。只是，如果你不再像以往那样有活力，要做一个思想领路人是很艰难的，所以不足为奇，他们俩似乎都有点气喘吁吁。

* * *

我希望哪位有识之士著文论述一下，为何宗教信仰甚至在战前就在英国文人中间复活的原因。因为奇怪的是，这既没有影响普通民众，教堂依然是空荡荡的，也没有对知识界和文化程度更高的人产生任何影响。无论是法律界和科学界的人士，还是普通商人和职员，总的来说都是对宗教持怀疑态度的，所以这纯粹是文学界的动向。可以肯定的是，这和出现在法国的类似动向有某种关系，只是法国的类似动向很大程度上是出于政治原因，其根源是一八七○年的战败①，即战后成长起来的一代人灰心丧气，于是便只好求之于信仰了：既然第三共和国②是反天主教的，那么要表示对第三共和国的不满，自然就是站在天主教一边；也就是说，许多法国人把信仰天主教等同于爱国主义，等同于法国的伟大。最后还有一个原因是，由于科学没有兑现那些不明智的人所期待的诺言，或者说，由于科学实事求是地承认有些问题无法回答，许多人对科学大为不满，于是就投入了教会的怀抱。

法国文学界的一举一动，在英国总有人亦步亦趋。我们这个国家总有那么一些文人，他们所崇尚的独创性就是专心致志地阅读法国人的评论。所以，在英国同样有许多人对科学大为不满。大学依然属于宗教，依然在向年轻人灌输宗教观念：要做好人，就要信奉上帝。至于这次宗教的复活为何主要是在文人中间，那是不难理解的。一个原因是，有些生来就有宗教本能的人在过去都会在教会任职，但如今在教会任职不被看好，于是这些人就把全部时间或者部分时间用来搞写作，成了文人。另一个原因是，搞写作的人是一群变化无常的人，要不断求变，而维护一种垂死的信仰既可表明他们别出心裁，又可满足他们的浪漫激情。

对浪漫经历的渴望，我们知道，近来二十年间一直有增无减。我们全都在

---

① 一八七○年的战败：即法国在普法战争中败于普鲁士。
② 第三共和国：即普法战争时的法兰西第三共和国。

贝斯沃特大街上寻找鲁里坦尼亚王国①。后来,战争来了,痛苦、恐惧和困惑把许多人带入宗教。许多人因为不怎么关心别人的死活而感到内疚,于是就以信奉全知全能、大慈大悲的造物主来聊以自慰。有一次,我在海上遇险,我想我要死了,嘴里就不由自主地祈祷起来。那是我童年时代遗留下来的信仰残骸,我已记不大清了,要努力回想才能记起来,但我希望它仍会应验。那一刻,我好像真有点相信上帝了,好像真的既强烈又古怪地觉得上帝会使我逢凶化吉。

我在《人性的枷锁》中竭力想说明,我为什么会舍弃童年时代非常虔诚的信仰。但要把这种事情精确描述出来是很难的,所以我对自己写下的那些东西并不满意。我的思维方式虽然是具体的,但我的智力经常促使我作一些抽象思维。我喜欢哲学,觉得能像哲学家那样在一根玄而又玄的钢丝上巧妙地行走真是快乐之极。为此,我读过许多哲学书,我虽然不知道怎样才能有理有据地拒绝承认某些关于"绝对"的理论,但我发现这些理论确实不可能使我不再对"宗教"一词通常所指的那些东西本能地觉得可疑。我对这些试图把哲学中的"绝对"和基督教的"上帝"合并成一个概念的作者没有多少耐心。不过,不管我有怎样的疑问,都因为战争而无暇顾及了。

* * *

凡是关注俄国生活或者俄国小说的人无不注意到,那里有一种强烈的负罪感。俄国人不仅总是会对你说他是个罪人,而且还似乎真觉得自己有罪,真的为此感到自责和痛苦。这真是个奇怪的特点,我很想弄清楚其中的缘由。是的,我可以说我们在教堂里是可怜的罪人,但我们并不相信自己真的有罪,因为我们有常识,知道自己并不是那样的罪人,只是有点过错,做过自己也感到后悔的错事。但我们清楚地知道,我们用不到为这点过错咬牙切齿、捶胸顿足。我们中的多数人是相当正派的,在生活中随遇而安、尽力而为,即使我们相信末日审判,我们也都会觉得,上帝既然那么睿智、那么明理,他对我们所

---

① 贝斯沃特大街:伦敦西区的一条街,有不少名人曾住在这条街上。鲁里坦尼亚王国:与毛姆同时代的英国作家安东尼·霍普在其小说《赞达的囚徒》中虚构的一个中欧王国,那里连阴谋诡计也很浪漫,因而被用作"浪漫国"的代名词。此句意为:身在现实世界而心怀幻想,暗指19世纪末、20世纪初盛行于英国的新浪漫主义文学。

犯的这点连我们的邻居也会原谅的小过错肯定是不会追究的。这并不是我们自以为是，我们总的说来还是很谦卑的，只是我们总做着自己手边的事，并不怎么为自己的灵魂操心。俄国人则不然，他们比我们更喜欢自我反省，因而他们的负罪感也比我们强烈。他们确实有很重的负罪感，会为一点鸡毛蒜皮的小事痛哭流涕地忏悔，而换了我们，这点小事也许根本不会放在心上。德米特里·卡拉马佐夫视自己为大罪人，因为陀思妥耶夫斯基把他看作是灵魂被魔鬼攫取的粗暴狂躁之人，但是稍冷静一点加以判断，德米特里只能被视为品行不端：他沉溺于打牌、喝酒，喝醉后吵吵嚷嚷；他性欲强烈，脾气急躁，总是控制不住自己；他总是匆匆忙忙、心血来潮；但他的罪孽也就如此而已。和德·凡尔蒙先生①相比，或者和那个还未被爱情弄成幸福的伪君子时的乔治·黑尔爵士②相比，他的罪孽根本算不了什么。

其实，俄国人并不是什么罪人。他们虽然懒懒散散、浑浑噩噩、啰里啰唆、莽莽撞撞、嘻嘻哈哈、吹吹拍拍，但总的说来，他们还是和和善善、客客气气的。他们并不心怀恶意；他们慷慨大度，不太计较他人的过失。他们不像西班牙人或者法国人那样风流成性；他们很友好；他们容易发火，但也很容易平息。如果说他们有深深的负罪感，那显然不是因为他们没做好事或者做了坏事（实际上他们归罪于自己的主要是前者），而是因为某种生理上的怪癖。凡是对俄国人聚会有所见识的人，几乎都会注意到他们喝起酒来简直惨不忍睹。他们喝醉了会号啕大哭。他们常常喝得酩酊大醉。整个民族都受着酒后的头痛、呕吐之苦。如果能禁止伏特加，除掉俄国人的这种被西欧感伤主义者津津乐道的怪癖，那真是一件令人高兴的事情。

* * *

近来有人鼓吹，要通过文学来培养吃苦精神，我觉得这很可怕。我一点都不赞成陀思妥耶夫斯基对待苦难的态度③。我见过许多人受苦受难，自己也曾吃过苦。我在医学院学医时，曾在圣托马斯医院亲眼见过病痛对病人的折磨。大战④

---

① 德·凡尔蒙先生：18世纪法国作家拉克洛的书信体小说《危险的关系》中的人物，一个无赖。
② 乔治·黑尔爵士：20世纪英国作家比尔博姆的短篇小说《幸福的伪君子》中的主人公，一个恶棍（他姓 Hell，意即地狱）。
③ 陀思妥耶夫斯基认为忍受苦难是一种崇高精神。
④ 指第一次世界大战。

时，我自己也经受了这样的折磨①，不仅是肉体上的，精神上也备受折磨。我从未见过苦难提升了某人的品格。说"苦难能使人完善、使人高尚"，纯属胡言乱语。苦难对人的第一个影响，就是使人变得心胸狭隘。那些人会变得极度自私，自己的身体、自己周边的一些东西，似乎重要得不得了，此外都是无关紧要的。他们还很容易发怒，老是在抱怨这、抱怨那，而实际上都是些鸡毛蒜皮的小事。我自己就经受过贫穷的苦难、失恋的苦难、希望破灭的苦难、被人轻视的苦难和受制于人的苦难，我知道这些使我变得自私、褊狭、多疑、冷漠、易怒。后来，成功和富足使我心情愉快，我就变得和善而大度了。身心健全的人，充分发挥自己的才能，从中得到满足，也为他人带来欢乐。这些人精力充沛，头脑清醒；他们的智力不断增强，继而产生丰富的思想；他们的想象力可以超越时空；他们的审美观得到发扬光大，从而使整个世界变成艺术殿堂。他们会越来越完善，越来越有活力。然而，苦难却只会使人压抑，或使人狂躁；它不会使人品格高尚，只会使人道德败坏。是的，苦难有时会磨练人，会使人变得有耐心，而耐心是一种品质，这当然没错。但是，耐心绝不是美德，而且通常只是一种为达到目的而使用的手段。对于想成就大事业的人来说，有时忍耐是必须的；但在日常生活中，如果一个人无处不忍耐，那这个人只能被视为窝囊废。耐心就像一座桥，譬如泰晤士河上的滑铁卢桥，它其实并不重要，重要的是泰晤士河的两岸，也就是伦敦的两个市区；如果这座桥连接的不是这两个市区，它就不会那么有名了。一个集邮者再有耐心收集邮票，你也不会觉得他的品格有多高尚，因为他的耐心不会改变集邮的性质——一种古怪的爱好，对人生来说是无关紧要的。

有人说，苦难会使人顺从命运的安排，而顺从命运的安排是最好的人生之道②。在我看来，这样的顺从就是屈服于命运的暴虐；对命运掷来的石块毫不躲避，被砸得头破血流后还要表示感谢；对命运的棍棒毫不抵挡，被打得皮开肉绽后还要亲吻那根棍棒。这是奴颜婢膝，是弱者的品行。勇者是绝不顺从的，而会抗争，尽力摆脱命运的安排；尽管他知道希望渺茫，但只要有一线希望，他仍会抗争到底。也许，失败是不可难免的，但一开始就屈服，那就成了

---

① 当时他染上了结核病。
② 暗指陀思妥耶夫斯基的人生观。

双重失败。普罗米修斯被宙斯绑在悬崖上,受尽折磨仍不屈服①,而另一个人被钉在十字架上,则恳请天父饶恕那些人,因为他们不知道自己在做什么②——在有些人看来,普罗米修斯远比那个人有勇气。对勇者来说,顺从几近于麻木,时而会屈从既不必也不该屈从的所谓命运。这是奴隶使出的最后一个花招,自我陶醉于奴性,以求自我安慰。尽管人生的束缚难以解脱,但还是要奋力挣扎;尽管人生有饥寒、有贫困、有疾病、有孤独;尽管知道人生之路艰苦难行,长夜漫漫遥无尽头,但决不承认苦难会有好处;即使到了筋疲力尽,再也无法把无望的挣扎继续下去,心中也要守住最后一个信念——正是凭着这一信念,我们才有勇气说,苦难是最大的邪恶。

* * *

有一点俄国人比我们好,他们不像我们这样受传统的束缚。对一个俄国人来说,要他做他自己不愿意做而是别人希望他做的事情,那是不可能的。他之所以默默地忍受几百年的压迫(他确实默默地忍受了,真是难以想象,一个民族竟会那么长期忍受一个他们觉得难以忍受的暴君),是因为政治上虽然受胁迫,个人生活还是自由的。俄国人的个人自由比英国人大得多。他没有规矩的约束。他想吃什么就吃什么,想什么时候吃就什么时候吃。他想穿什么就穿什么,没有什么习俗规范(卖艺人可以随随便便戴礼帽、穿礼服,律师可以随随便便戴墨西哥草帽)。在他看来,他的个人习惯是那么自然,以至于其他人也都觉得它很自然。虽然他会夸夸其谈,但他从来不会把自己说成别人,只会说他自己,只不过有点自我吹嘘而已。他不会因为别人的地位高低而大惊小怪。他什么都能接受,绝对容忍别人的怪想法或怪行为。

* * *

俄国人有很严重的受虐狂倾向。扎赫尔·马索赫③本人就是个斯拉夫人④,

---

① 据古希腊神话,普罗米修斯因盗火给人类,宙斯大怒,把他绑在高加索的山崖上,每天有一只鹰来啄他的心肝,鹰飞走后,他的心肝会长出来,第二天那只鹰又来啄;据说,要啄三千年。

② 据《圣经·新约》,耶稣被钉在十字架上毫无怨言,他忍受了一切,还为那些把他钉上十字架的人祈祷,请求上帝饶恕他们的无知。

③ 扎赫尔·马索赫:Sacher Masoch,19 世纪奥地利作家,其短篇小说集《黄金时代》和《革命时期的爱情》中的作品都以受虐狂为主题,因而心理学上用他的姓引申出"masochism"(性受虐狂)一词。

④ 斯拉夫人:东欧人种的总称,如俄国人、波兰人,均属斯拉夫人。

他的那部短篇小说集没有其他特点,就是最初使人们注意到了这种心理疾病。据他的妻子回忆,他本人就患有他所描写的那种疾病。简单说来,就是一个男人的性欲望表现为渴望在肉体和精神上受他所爱的女人的折磨。譬如,扎赫尔·马索赫自己就坚持要求妻子找一个情人去旅行,他自己扮成一个服侍他们的男仆跟随他们,一路上饱受妒忌的折磨。在扎赫尔·马索赫的那些短篇小说中,女人都被写得高大而强壮,一个个精力过人,既无耻又残忍。她们用种种方式折磨男人。在俄国小说中,这种人物随处可见。陀思妥耶夫斯基的女主人公都属这种悍妇类型,而爱她们的男人不但对温柔、甜蜜、优雅、妩媚不感兴趣,还甘愿受这些悍妇的凌辱,从中获得一种可怕的快感。他们就是要贬低自己。屠格涅夫的女主人公一个个都聪明伶俐,既主动又老练,而男人们呢,一个个都缩头缩脑,只会想入非非,既被动又无能。这是俄国小说的一个特点,我觉得这个特点反映出了俄国人的某种天性。凡是在俄国人中间生活过的人无不感到震惊,那里的女人竟然那么粗暴地对待男人。她们当众羞辱男人,似乎这样会有一种肉体上的快感。俄国女人在一起时,动辄争吵,还满口脏话。这样的女人,极少有英国男人能容忍,而俄国男人却几乎人人都容忍。你会看到,当一个俄国男人被他的女人骂了之后,他只会脸红,绝不会有半点不满举动。在俄国,男人像女人,是被动的。他们还像女人似的,动不动会哭。

* * *

俄国人喜欢自我贬低,因为这对他来说很容易。他乐于谦卑,因为自我谦卑使他有一种特殊的满足感。

* * *

俄国小说中人物类型的贫乏颇令人吃惊。不仅在同一个作家的作品中,而且在其他作家的作品中,你都会看到一些相同的人物,只是名字不同而已。阿辽沙①和斯塔夫罗金②就是两种具有代表性的重要类型。这两种类型的人物,

---

① 阿辽沙:陀思妥耶夫斯基小说《卡拉马佐夫兄弟》中的卡拉马佐夫兄弟之一,作者心目中的圣徒形象。
② 斯塔夫罗金:陀思妥耶夫斯基小说《群魔》中的人物,一个道德败坏、荒淫无耻的贵族少爷。

似乎总是萦绕在俄国作家心中。也许，我们可以设想，这两个人物代表了俄罗斯性格的正反两面，每个俄国人或多或少都会从这两个人物身上看到自己的影子。也许，就是因为这两个影子互不相容，所以使俄国人那么失衡，那么自相矛盾。

* * *

幽默感的多少，决定了人物类型的多少，如果说俄国小说中出现的人物类型非常有限，那也许就是因为俄国人非常缺乏幽默感。在俄国小说中，你既找不到风趣的妙语，也找不到机警的格言，或诙谐的笑话。就是讽刺，也是粗鲁和浅薄的。当一个俄国人笑时，他总是笑别人，而不是和别人一起笑，而且他的嘲笑的对象通常是歇斯底里的女人、举止怪异的醉汉，或者衣衫不整的乡下人。你不能和他一起笑，因为他的笑是带有恶意的。陀思妥耶夫斯基的幽默是酒吧间里的无赖式幽默，是把水壶系在狗尾巴上的幽默。

* * *

我想不出哪部俄国小说中的哪个人物去过美术馆。

* * *

俄国人给予世界的说法似乎很简单，那就是，万物的奥秘就在于爱。与爱相对立的是个人意志，一种带有敌意而且具有毁灭性的力量；所以，俄国小说家不厌其烦地表现个人意志会给凭个人意志行事的人带来怎样的大灾难。他们对个人意志很着迷，就像女人着迷于堂璜①，但是一想到它的邪恶力量，他们又惊恐万状。尽管如此，他们还是饶有兴趣地看待它，而且像《天堂猎犬》②里的基督追捕亡灵一样追捕它。他们不相信它只有一个目标。他们相信它是自我分裂的，而且认定它实质上深藏着爱的火花，这是他们满心希望的。他们欢欣鼓舞，就像天使唱着赞歌，期待着它把自己的力量注入他们心中。如若发生意外，它最终没有把力量注入他们心事，他们就会像善良的基督徒那样对它咬牙切齿，并且把它驱逐到尘世之外的黑暗中去。

---

① 堂璜：西班牙民间传说中的花花公子，勾引女人的老手。
② 《天堂猎犬》：19世纪英国诗人汤普森的长诗。

然而，俄国人在个人意志和爱之间所作的这种对立，不过是用一种凭空想象的东西去和另一种凭空想象的东西作对立。两者都似是而非。如果有人认为它们有点意思的话，那很可能是因为它们使我们似乎有一种真切的感觉。但那不过是感觉而已。爱，就其主动的一面而言，具有和个人意志相同的性质，因而把这两者对立起来，把它们看作两种互不相容的东西，那是很不合理的。不过，爱还有被动的一面，表现为自制与顺从。正是爱的这一面，深深吸引了俄国人。也就是在这里，他们回答了一个困扰着他们的问题，找到了关于万物奥秘的答案。显然，这答案和思想无关，而是思想屈从于感情。因为当他们说万物的奥秘在于爱的时候，他们实质上已经承认他们不再思考这个问题了。

真是奇怪，自以为那么关心人类命运和世界意义的俄国人，竟然会在哲学思辨方面那么弱智。在他们那里，甚至从未产生过一个二流哲学家。他们好像全都没有缜密而深刻的思考能力。他们在思想上全都患有奥勃洛莫夫①综合征。然而，有意思的是，俄国人的这种说法竟然会在欧洲风靡一时。至高无上的爱被大肆宣扬。各种各样搞写作的人全都被它吸引，而且有意无意地受到它的影响。因为它来得正是时候。世界对科学感到失望了。法国曾是西方世界大多数思想运动的策源地，如今也是自惭形秽、疲态尽显。自然主义流派变得越来越枯燥、越来越机械。叔本华和尼采也没了往日的新奇感。大批受过教育的人对哲学问题感兴趣，但却没有受过哲学教育，又没有耐心去研读哲学著作。于是，神秘主义成风。于是，当他们被告知说爱可以解开他们的所有疑惑时，他们实在是太喜出望外了。他们还自以为深得其中要领。这是因为爱这个词是多义的，每一义都会和某些人的经历相合而被认可，再想到这种熟悉的感情据说可以解决所有令人困惑不解的问题，他们当然倍感激动而真相信自己对此心领神会了。殊不知，他们的这种领会其实是自欺欺人。实际上，这种说法只是和有些人本来就有的某种信仰相一致，另一些人虽在理智上放弃了这种信仰，但在感情上从未放弃，于是便借着这种说法重建了昔日的信仰，如此而已。千万不要忘记，爱是文学中的老生常谈。

---

① 奥勃洛莫夫：19世纪俄国小说家冈察洛夫同名小说的主人公，一个怠惰懒散、耽于空想的典型人物。

* * *

我读了一本 X 写的关于陀思妥耶夫斯基的著作。这本书简直就像是哪个牧师的大龄未婚女儿在更年期写的。为什么说到陀思妥耶夫斯基时就不能保持头脑清醒,那毫无道理。读一部小说没必要像修女领受圣餐时那样虔诚而狂喜。吹捧不仅会使别人讨厌,对自己也没什么好处。我觉得,对待自己的崇拜对象,不是像酒鬼拜倒在酒杯前那样,而是理性地对待他,才是对他的最好赞赏。我早就想到过,作家若能迷惑读者的思想,那他也会有意去骗取他们的感情。在已故作家中,阿鲁埃·德·伏尔泰先生的地位无疑要高于穆迪先生甚至桑基先生的①。

* * *

我希望有人来分析一下陀思妥耶夫斯基的技巧。虽然读者并不知道他的技巧,但我认为他对读者的影响很大程度上是来自他所采用的独特技巧。人们有时讲到他时好像他在小说技巧方面没什么值得称道的②,其实并非如此,他有很好的小说技巧,而且还非常巧妙地使用某些策略。其中最常用的,就是把小说中的主要人物召集起来讨论某种令人费解的残暴行为。接着,他就用加博里奥③侦破神秘案件的种种技巧引导你一步步理解这种行为。这些长长的对话有一种令人惊悚的意味,而且他还用一种别出心裁的方法使其显得更加令人惊悚,那就是,他使他的人物一个个都焦躁不安得有失常态,不是浑身发抖,就是脸色铁青;不是气急败坏,就是惊恐万状,这样一来,从他们嘴里说出来的最平常的言辞似乎也有一种莫名的言外之意。于是,读者绷紧了神经,总觉得有什么惊人的事情要发生,而实际上呢,并没有什么令人震惊的事情发生,只是来了一位不速之客,说了一条当日新闻而已。陀思妥耶夫斯基太懂得小说技巧了,因而他会大胆使用巧合,使他的人物总是在关键时刻出现在关键地点。

---

① 阿鲁埃·德·伏尔泰:即 18 世纪法国文豪伏尔泰。"伏尔泰"(Voltaire)是笔名,本名"弗朗索瓦-马利·阿鲁埃"(François-Marie Arouet),毛姆这样称呼伏尔泰实在太古怪。穆迪:德怀特·穆迪,19 世纪美国福音派传教士。桑基:伊拉·桑基,19 世纪一位美国作曲家、德怀特·穆迪的好友。此句的意思是伏尔泰比穆迪和桑基更能迷惑读者的思想。
② 陀思妥耶夫斯基有"无甲将军"之称,意即他并非靠技巧而是靠思想和激情取胜的。
③ 加博里奥:19 世纪法国作家,欧洲早期侦探小说作家。

这是欧仁·苏①的伎俩。这么说并不贬低陀思妥耶夫斯基。只要你有才华，任何伎俩都可以用。拉辛②在三一律③的严格规定下照样把各种各样的人类情感表现得淋漓尽致，陀思妥耶夫斯基用通俗剧的伎俩照样写出了不朽的艺术杰作。不过，他是一位难以模仿的大师，我们这里有些作家异想天开，想成为英国的陀思妥耶夫斯基，但结果只是做了欧仁·苏的影子。

陀思妥耶夫斯基有时会纯机械性地使用这种伎俩。这时，他的人物会毫无理由地焦躁不安，而结束那个场景的那声霹雳，也只是一个球滚过一张铁皮时发出的咣咣声。这时，他的人物就像波洛尼亚画派④所画的人物，不但是扭曲变形的，而且是装腔作势的。

我觉得陀思妥耶夫斯基在人物个性化方面很草率。他的人物都是一个样的。那些最伟大的小说家至少会暗示出每个人的性格多面性。但是，他的人物却只有一面。他们就像十七世纪流行的那种程式化的"角色"：男人如铁，全都如铁；女人如水，全都如水；圣徒纯洁，全都纯洁。他们是各种激情、品质、缺陷的人格化表现，看上去特别生动，但并不是真实的人。在西欧，人们天真地认为俄国人就像俄国小说中写的那样，而我认识的俄国人却和其他国家的人并没有多大区别：如铁的男人有软弱的一面，如水的女人有刚毅的一面，纯洁的圣徒有污秽的一面。小说家原本可以给人一种超级乐趣，那就是让人看到同一个人身上的英雄主义和卑躬屈膝，看到人性中无穷无尽的自相矛盾和自寻烦恼，但在陀思妥耶夫斯基那里，却看不到的。他从来没有写出过像于连·索雷尔⑤那样的复杂人物。

* * *

人是那么复杂，是"绝对者"⑥的一种合适的象征，因为我们知道，"绝对者"极其玄妙地包容了所有痛苦与欢乐、所有变化、所有时间与空间。不

---

① 欧仁·苏：19 世纪法国著名通俗小说家，著有《巴黎的秘密》《流浪的犹太人》等。
② 拉辛：17 世纪法国古典主义悲剧大师。
③ 三一律：亦称"三整一律"，17 世纪法国古典主义悲剧的形式规定，即：一出悲剧必须讲述一天内发生在一个地点的一件事。
④ 波洛尼亚画派：16 世纪末 17 世纪初兴起于意大利北部城市波洛尼亚的画派，故称。
⑤ 于连·索雷尔：19 世纪法国小说家司汤达的小说《红与黑》中的主人公。
⑥ 绝对者：上帝的哲学代名词。

过，陀思妥耶夫斯基的人物却像道德剧中的人物一样并不复杂。虽然他们给你的印象似乎很复杂，因为他们的所作所为使你难以理解，但进一步熟悉之后你会发现，实际上他们非常简单，他们的所作所为其实都是合乎常理的。

* * *

陀思妥耶夫斯基使我想起了艾尔·格列柯①。如果说艾尔·格列柯是比陀思妥耶夫斯基更伟大的艺术家，那可能仅仅是因为他所处的那个时代和环境更有利于个人才能的全面发挥，并不是他的才能大于陀思妥耶夫斯基。他们两人都有同一种揭示无形事物的能力，都有同样的内心骚动和激越之情。他们两人都使人觉得自己仿佛行走在某条不为人知的路上，仿佛置身于某个极不寻常的地方，那里的人所呼吸的空气也不是普通的空气。他们两人都有一种试图凭五感之外的第六感乃至第七感来揭示某个大秘密的强烈愿望，而且都竭力想实现这一愿望，但又都属徒劳。他们两人都痛苦地回想着一个梦，这个梦对他们两人来说都无比重要，但它总是徘徊在意识的边缘，忽隐忽现，无法回想起来。就陀思妥耶夫斯基而言，他的超大画布上的人物也都是超大尺寸的，也都呈现出怪异而又美妙的姿态，也都寓意深刻而又令人费解。他们两人都是那种伟大艺术、那种描绘神秘事物的大师。列奥纳多·达·芬奇对此有所了解，他曾说，肖像画家最了不起的才能就在于此。

* * *

《复活》是一本因为作者出名而出名的书。它的道德意图遮挡了它的艺术，仿佛成了一本宣教书，而不是一部小说。确实，监狱中的场景、对流放西伯利亚的囚犯所作的描写很不幸地使人觉得似乎是硬加在那里的，但即使在这种地方，仍表现出托尔斯泰的巨大才能。他用令人愉悦的笔触描写自然景物，既真实又有诗意；他笔下的乡村，夜晚的幽香、中午的炎热、黎明的神秘，在俄国文学中是无人能比的。他塑造人物的能力也是超群的，就拿聂赫留道夫②来说，这个人物也许并不完全合乎他的本意，但通过这个人物的耽于肉欲和神秘主义、昏庸无能、自作多情、头脑糊涂、胆小怕事而又固执己见，他塑造了一个

---

① 艾尔·格列柯：16世纪西班牙文艺复兴时期画家，画风阴郁而神秘。
② 聂赫留道夫：《复活》中的男主人公。

典型形象，能让多数俄国人从中看到他们自己。不过，从某种写作技巧的角度讲，这本书中最出色的也许是那些次要人物的画像。其中有些只在某一页上出现，时常只有三四句话，但却把他们的特征和个性表现了出来，任何一位作家对此都会啧啧称奇。就是在莎士比亚戏剧中，大多数次要人物也是毫无个性的，只有名字和几句台词，因此，在这方面感觉敏锐的演员会告诉你，要把这种木偶人物演活是一件很费功夫的事情，而在托尔斯泰笔下，每个人物都有自身的性格与活力。有些人物只用寥寥数笔勾勒出来，但根据这寥寥数笔，只要有点能力的书评家便能猜测他们的过去，预知他们的未来。

* * *

我在读屠格涅夫的小说。我想，像他这样一个以不大的才能赢得如此大名声的作家，恐怕很难找到第二个了。就是在被世人高估的俄国文学界，也没有别的作家是像他一样凭运气出名的。他是个和奥克塔夫·弗耶①或谢尔比列②属于同一类的作家，其主要特点和他们一样，即一种高雅的感伤情绪和一种肤浅的、自鸣得意的乐观主义。有意思的是，他当时在巴黎的那些文人圈子里很引人注目③，原因是他的身材和出身④使他成了人们关注的对象。他认识福楼拜和莫泊桑、龚古尔兄弟、于斯曼⑤，而且是常在玛蒂尔德公主⑥的客厅里聚会的那些人中的一员。他的小说读起来很平常，你绝不会被它吸引得急于往下读，但读完了也不会很失望。读他的小说就像在一条波澜不惊的河流上航行，既没有惊险的一幕，也没有令人激动的一刻。据说，由于俄国政治的凶险，他不能直接表达某些主题，只能暗示（其实，他远在巴黎写作，根本没必要畏畏缩缩，完全可以和赫尔岑⑦或巴枯宁⑧一样大胆），似乎当他说到主人公在种地时也会使俄国读者震惊不已，把它看作是对革命运动的暗示。但毫无疑问的是，不管

---

① 奥克塔夫·弗耶：19世纪法国二流作家，出版过多部小说，如《小伯爵夫人》等。
② 谢尔比列：19世纪法国二流小说家，著有《罗薇尔小姐》等。
③ 屠格涅夫成名后长期旅居巴黎，很少回俄国，最后在巴黎去世。
④ 他的身材和出身：指屠格涅夫身材高大而且出身贵族（当时的法国作家大多出身平民而且身材都不高大，故而他很引人注目）。
⑤ 于斯曼：19世纪法国作家，著有《沉浮》等。
⑥ 玛蒂尔德公主：19世纪法国贵族夫人，拿破仑的侄女，她的客厅里聚集了当时法国的许多文学界和艺术界的名流。
⑦ 赫尔岑：19世纪俄国作家、政治活动家、俄国民粹主义倡导者，曾流亡国外。
⑧ 巴枯宁：19世纪俄国无政府主义理论家，长期流亡国外。

有没有这样那样的暗示，政治内容不会使一本破书变成一本好书，就如家庭主妇的需要不会使一只锅子变成一件艺术品。

屠格涅夫的特点主要表现为他对大自然的热爱，而且用他们那一代人的方式描写大自然，即按部就班地写出各种声音、气味和景色，写得很优雅、很迷人，但很少直接抒发他对大自然的感情——当然，这无可厚议。还有他对亚历山大二世时期贵族家庭的乡村生活所作的描写，也富有韵味而令人愉悦，而且由于时代变迁，现在读来还有一种高雅趣味和历史价值。但是，他的人物却是类型化的，而且数量很少。每部小说中都有一个严肃、端庄而又充满活力的少女，都有一个没情没趣的母亲，都有一个能说会道但又软弱无能的男主人公。他的次要人物都是模糊的、苍白的。在他的所有小说中，只有一个人物能让你最终觉得是个有血有肉的人，那就是《前夜》中的那个打着响指、说话含糊不清的大胖子乌瓦·伊凡诺维奇·斯塔霍夫。最使读者感到惊讶的是，屠格涅夫在小说中讲述的故事竟然都那么牵强。《贵族之家》讲的是一个婚姻不幸福的已婚男人爱上了一个少女的故事：他听说妻子死了就向那少女求婚，没想到他的妻子突然出现了，他只好作罢。《前夜》讲的是一个少女爱上了一个保加利亚年轻人的故事：他身患疾病，但他们还是结了婚，后来他的病恶化，成了肺结核，最终死了。在这两个故事中，前面那个男主人公只要写封信问问他的律师，他的妻子是否真的死了，这个故事就不成立了；后面那个保加利亚年轻人在去拿护照的时候只要穿一件厚大衣，病情就不会恶化，就不会死，这个故事也就没必要讲了。

不妨把屠格涅夫和安东尼·特罗洛普①作一比较，这很能说明问题。特罗洛普除了在风格上不及屠格涅夫，其他各方面都比他强。他比屠格涅夫更了解世情、更善于变化、更有幽默感，作品所涉范围更广、人物更为多样。譬如，像这样令人难忘的场景——普劳迪主教②跪在亡妻床前祈求上帝原谅他不想为此感恩③——屠格涅夫是绝对写不出来的。

现在看来，我当时对屠格涅夫的评判是很糟糕的。屠格涅夫固然没有陀思妥耶夫斯基那种骇人的激情，也没有托尔斯泰那种广阔的胸襟，但是他有其他品质，有魅力、有

---

① 安东尼·特罗洛普：19世纪英国二流小说家。
② 普劳迪主教：特罗洛普长篇小说《巴塞特郡纪事》中的重要人物。
③ 基督徒认为死亡是上帝带走了死者的灵魂，因而要感恩上帝让死者摆脱人间的痛苦与罪恶。

风度、有脉脉温情。他有教养、有个性——两种难能可贵的品质——还富有理智和对乡村生活的热爱。即便是读翻译本，你也会说他写得那么美。他从不过分、从不虚饰、从不令人厌倦。他既不想做说教者，也不想做预言家，而只是想做一个纯粹的小说家，如此而已。说不定，将来的读者会认为他才是三人中最伟大的。

* * *

陀思妥耶夫斯基墓。墓周围是整齐的铁栅栏，墓旁边都铺着平整的沙土。一个角落里竖立着一个大大的圆盒子，前面有一块玻璃挡着，里面放着一个大大的花环。花环上的花都是假花，有白玫瑰花和百合花，比真花大得多。花环顶端有一个大大的蝶形结，拖着长长的饰带，上面印着金字。我真希望陀思妥耶夫斯基的墓是一座被枯草落叶掩埋的荒墓，像周围的那些墓一样。现在这样整整齐齐、俗里俗气，真是令人失望。一座陀思妥耶夫斯基胸像放在一块毫无造型的花岗岩石碑前，石碑上刻着一些毫无意义的徽标，使你有一种很不舒服的感觉，总觉得它会突然倒塌。

这是一张因激情而扭曲的脸①。头盖骨超大，使人不禁想到那是一个大大的世界，大得足以容纳他那一大批人物。耳朵很大，有点招风，耳垂是肉鼓鼓的，好色之徒的耳垂②。嘴巴也是肉鼓鼓的，恶狠狠地抿着，像一个伤心的孩子那样抿着嘴。两颊凹陷，太阳穴也深深地凹陷。胡子很长，乱糟糟的，未曾梳理。长长的头发已很稀疏。前额上有一颗大大的痣，脸颊上也有一颗。这是一张痛苦的脸，有一种可怕的表情，使你想转身走开，但又被它深深吸引。他的容貌比他的作品还要可怕。他好像是个去过地狱的人，而且他在那里看到的是卑劣与虚荣，而不是无穷无尽的折磨。

* * *

涅夫斯基大街③。邦德大街④狭窄而曲折，就像中世纪的街道，总使人想

---

① 指陀思妥耶夫斯基胸像上的脸。
② 西方人认为耳垂肥大的人好色。
③ 涅夫斯基大街：俄国圣彼得堡（当时名彼得格勒）著名大街，有图书馆、博物院、音乐厅、饭店等。
④ 邦德大街：伦敦主要商业街道。

起贵妇人们前来度假的那个城市①。就是在邦德大街，最后一位克利夫兰公爵夫人扇了她仆人一个耳光。和平大街②闪耀着法兰西第二帝国的光华，宽阔、豪华，既静穆又热闹，仿佛科拉·珀尔③和奥尔坦丝·施奈德④的影子仍在大堆的珠宝前灿烂地微笑。第五大道⑤也很热闹，但热闹得不一样，那是一种精神振奋，是年轻人天真烂漫、兴高采烈的狂欢。虽然这三条著名的街道各有各的特点，各自代表了它所在的城市，但不管怎样，它们还是有一个共同点，那就是它们都属于同一种文化，都代表了同一种稳定的、富饶的、充满自信的社会。相比之下，涅夫斯基大街才是真正有自己的特点。那就是它的肮乱与破败。这条街很宽而且很直，但两边的建筑不仅低矮、单调，而且都是灰蒙蒙的，根本谈不上什么建筑风格，整体上给人一种杂乱的感觉。虽然我们知道这条大街当初也是有计划建造的，但看上去却是一副好像没有完工的样子，就像美国西部小镇上的某条街道，经济景气时匆匆开建，经济一萧条，就没人管了，残缺不全地扔在那里。商店橱窗里放着的全是劣等商品，看上去像是维也纳或者柏林郊区的哪家公司破产后的库存货物。街上行人川流不息。也许，这条大街的最大特点就是街上的人群熙熙攘攘。和其他大街不一样，这条大街上的行人不是同属某一阶层，而是什么阶层的人都有，都在那里走来走去。你只要有空到那里去看看，随时就能看到各种各样的人——士兵、水手、学生、工人、资本家，还有农民——在街上边走边说，或者乱哄哄地围在报摊前买当天的报纸。那些人看上去都很憨厚老实，给我的印象不像巴黎市民那样容易激动，时不时地就会争吵起来，甚至大打出手。所以，我相信他们不会像法国大革命时的法国民众那样暴烈、那样残忍。他们给我的印象就是一群大俗人，只想寻点开心、找点刺激，然后说三道四、说长论短，不管大事小事，全都当作饭后茶余的小道新闻。只是，近来肉店和食品店外面总会排起长队。那些戴着头巾的女人、那些小男孩和小女孩、那些白胡子的老头，还有那些面黄肌瘦的年轻人，全都排着队在那里等着领取食物，等了一个小时又一个小时，耐心地等着。

---

① 贵妇人们前来度假的那个城市：指伦敦城，城中街道狭窄而曲折。
② 和平大街：巴黎的一条大街，以优雅奢侈著称。
③ 科拉·珀尔：19世纪巴黎著名的交际花。
④ 奥尔坦丝·施奈德：19世纪法国著名女高音歌唱家。
⑤ 第五大道：纽约曼哈顿区的中心干道。

我觉得，最令人惊讶的是那些人看上去那么千差万别，不像你在其他国家看到的，大多数人都是差不多的，甚至像是一家人。那些人的灵魂和感情都显露在脸上，脸在他们身上不是面具，而是说明书，所以当你走在那条大街时，你不仅可以看到你曾在那些著名的俄国小说中读到过的各种各样人物，甚至还可以一个接一个地叫出他们的名字。你可以看到大脸盘、厚嘴唇、说话粗声粗气的俄国商人，可以看到面颊干瘪、脸色苍白的俄国理想家，还可以看到那种懒洋洋的女人，她们脸上的表情让你觉得她们好像都是些玩具，就等着你去玩，而你真的去玩一下的话，马上就会知道她们的温柔有多么残忍①。卖淫在那条大街上就像一种古老的习俗，随处可见；同时，还有行善的人、乞讨的人、酗酒的人，也随处可见。俄国人总是说全世界都不了解他们，因为他们自己也不了解自己。不过，在我看来，他们把自己说得那么神秘兮兮是有点装腔作势的。我虽然解释不了为什么会有那么多人认为俄国人难以理解，但我问过我自己，俄国人的这种神秘感是由于他们特别单纯呢，还是特别复杂。实际上，是由于他们特别原始，是他们像原始人一样控制不住自己的情绪。我们英国人的性格有坚实的基础②，这一基础虽然也受情绪影响，但它是能反过来控制住情绪的；俄国人则不然，他们不仅控制不住情绪，而且是受情绪控制、受情绪摆布的。他们就像风鸣笛③，是由风吹奏的，所以听上去漫无规则而令人难以理解。

* * *

我时常在涅夫斯基大街上看到有个可怕的怪物俯视着行人。他很难说是人。他是一个畸形的侏儒，用一种古怪的姿势蹲在一根比行人高一点的粗杆子上，杆子由一个粗壮的农夫扶着，以此乞求好心人的施舍。那侏儒就像一只大鸟似的栖息在树枝上，加上他的头长得也很像鸟，这效果就更逼真了。但是，很奇怪，他的头并不畸形，是一个年轻人的头，上面有一个大鼻子和一张大嘴巴。眼睛也很大，靠得很近，一眨不眨地瞪着。太阳穴凹陷，两颊苍白而瘦削。这种脸有一种怪异的美感，颇不寻常，因为在俄国最常见的是线条模糊的

---

① 她们的温柔有多么残忍：暗示俄国妓女大多有性病。
② 坚实的基础：意指英国人的理性。
③ 风鸣笛：一种由风力鸣响的简单乐器。

扁平脸。这是雕塑馆里某个帝国时期的罗马人的脸。这怪物一动不动,有点邪恶,像一只秃鹫似的盯着行人,但又似乎什么都没看,只是翘着那张丑陋的大嘴,露出一丝恶意的冷笑。这怪物孤悬空中,有点可怕,一副既鄙夷又冷漠、既恶毒又宽容的样子,好像是哪里来的一个妖怪在嘲讽人类。行人走来走去,有人把硬币或纸币投到那农夫的盒子里。

* * *

亚历山大·涅夫斯基修道院。当你越来越接近涅夫斯基大街的尽头时,这条大街变得越来越破败、越来越肮脏。房屋凌乱不堪,就像城镇周围的贫民窟,有一种污秽的神秘感。接着,好像这条大街没有建完似的,突然就没路了,只见那座修道院的大门在你眼前。你走进去,两边都是墓地。你走过一座小桥,来到一个世界上最出人意料的地方。那是一个很大的院子,里面芳草萋萋,你仿佛到了乡间。一边是一座小教堂和那座大教堂,四周是修道院低矮的白色建筑。这些建筑有点奇特,装饰很简洁,却有一种华丽感,使人不禁想起十七世纪的一位荷兰修女,她身披黑色长袍,但肌肤洁白如玉。这些建筑不乏端庄,而且一点也不做作。听到白嘴鸦在桦树上鸣叫,我不由得回想起坎特伯雷的城郊,因为那里也有白嘴鸦的叫声。那叫声总使我黯然神伤。我想起了我的童年,想起了我因为胆怯而在一大群孩子中间孤苦伶仃,同时又模糊地怀着对未来的梦想。同样的乌云飘浮在我头顶上。我想,我是想家了。我虽然站在一座东正教教堂[①]的台阶上望着那一长排修道院建筑,望着那些没有绿叶的白桦树,但我却看到了坎特伯雷大教堂的长形大殿,看到了它的飞扶壁,还有那顶上的尖塔[②]——在我深情的目光中,它比欧洲任何一座尖塔更雄伟、更可爱。

* * *

随着革命[③]一起到来的是一场废除小费的运动。饭店侍者、旅馆服务员宣称,不再收取账单的百分之几为小费。他们认为小费是对他的人格侮辱。虽然人们出于习惯仍会给他们小费,但他们一概予以拒绝。我曾遇到过一件我觉得

---

① 俄国人信奉的东正教是基督教三大宗派之一,另两大宗派是天主教和新教。
② 飞扶壁和尖塔均为哥特式建筑的要素(坎特伯雷大教堂是典型的哥特式建筑)。
③ 革命:即1917年俄国革命。

很奇怪的事情。我让旅馆的擦鞋匠为我额外做了点事，于是就想给他五卢布。他拒绝了。我硬塞给他，他也不肯拿。说来奇怪，如果他是饭店的侍者，收我的小费可能会被同事看见，可现在是在我房间里，只有我和他两个人，他就是拿了我给他的钱（赚点外快是人人喜欢的），也没人看见啊。但他还是不要。对此，不得不承认，这里有一种观念的变化。这些人千百年来一直是受到野蛮压迫的，现在隐隐约约地最初感受到了个人尊严。说他们是受了蛊惑人心的革命家的影响，那是对他们的污蔑，是很愚蠢的，因为他们确实认为他们的这种举动是出自对新生活的期待。我曾问那个经常为我服务的饭店侍者，这样的变化对他有没有好处。"没好处，"他说，"过去我们收小费时钱赚得比现在多。""那你愿不愿意回到过去？""不愿意，"他笑着说，"现在比过去好。"这种精神值得赞赏。不幸的是，这些人在大多数情况下会变得很粗鲁。他们的服务态度会变得很恶劣，毫无礼貌。看来，这样的结论是铁定的：人本质上都是讨厌为同类服务的自大狂，要他对你和善，只有付钱给他。

* * *

萨温科夫①。革命前，他就是恐怖组织的领袖。他策划和实施了对普列韦②和塞尔吉乌斯大公③的暗杀。警察追捕他，他用一本英国护照逃亡了两年。最后，他在一家旅馆的客房里被捕。他被带到旅馆的餐厅里，在那儿，他们让他在逮捕证上签了字。他还被告知，有什么需要可以提出。他要了苏打水和香烟。苏打水拿来了，但香烟却是执行此次逮捕行动的那个军官从自己的烟盒里抽了一支给他。他发火了，接过那支香烟朝那个军官脸上扔过去。他笑了笑告诉我说，当时他对那个军官说："先生，别忘了我是一位绅士，和你一样。"这证实了我的理论，当人情绪激动时，说话就会像演戏一样。不知道这一点，就是最好的作家也时常会写得不真实。我问他被捕时感觉如何，是不是害怕之极。"不，"他说，"实话告诉你，我知道这是早晚的事，总会来的，所以说来

---

① 萨温科夫：20世纪初俄国的一个政治人物，组织和参与了多起震撼俄国的恐怖行动。1906年被捕，成功越狱后一直流亡国外。1924年试图重返俄国时再次被捕，后在狱中自杀（一说是被秘密处死）。他著有《一个恐怖分子的回忆录》等作品。
② 普列韦：19世纪沙俄内政部长。
③ 塞尔吉乌斯大公：19世纪沙皇亚历山大二世的儿子，在其兄亚历山大三世和侄子尼古拉二世统治时期对政坛极有影响。

奇怪，当我被捕时我反而像是松了口气。要知道，我东藏西躲了那么长时间，真是活得累极了。所以，我当时的第一反应是，现在好了，终于可以休息了。"他被判处死刑，关押在塞瓦斯托波尔①等待执行。我曾听说，他在狱中宣传革命，还说服看守他的狱卒投奔革命，帮助他越狱。我问他是不是真的。他哈哈大笑。事实并不么具有传奇色彩。狱中主管警卫的那个中尉，本来就是革命者，接到指示后就把他放了。所用的办法很简单：那个中尉直接走进牢房，命令萨温科夫跟他走，然后就带着他走出了监狱。门口的警卫见长官带着一个人出去，问都没问。就这样，他们到了大街上。然后直奔码头，上了一只等在那里的小船。船夫把船划到了黑海上。虽然在海上几次遇到风浪，但四天后他们还是抵达了罗马尼亚海岸。他从那儿去了法国，住在巴黎或里维埃拉②，直到革命后才返回俄国。

我说策划和实施暗杀肯定需要有极大的勇气才行。他耸耸肩膀。"一点也不需要，"他回答说，"实话告诉你，这和做其他事情一样，也会习惯的。"

* * *

彼得格勒。将近黄昏时，这里是很美的。这里的每条运河都有自己的特点③，你虽然会想起威尼斯或阿姆斯特丹，但想到的只是它们明显的不同。这座城市的色调是浅灰色的，有点彩色粉笔画的味道，但柔和得难以用画笔画出来。此外，你还会看到像昆廷·德·拉图尔④笔下的那种朦胧的蓝色，像玫瑰花蕊那样的嫩绿色和浅黄色。它们给人的感觉就如听觉敏锐的人从十八世纪的法国音乐中所感受到的，微微有点忧郁，微微有点喜悦。说来真是有趣，这里的景色既纯朴又宁静，而那些俄国人却是既异想天开又群情激昂，两者适成对照。

* * *

第一个教我俄语的人，是个浑身是毛、来自敖德萨⑤的矮男人。他矮得简

---

① 塞瓦斯托波尔：黑海边一城市。
② 里维埃拉：法国东南部一地区。
③ 彼得格勒是与意大利威尼斯、荷兰阿姆斯特丹齐名的水城，水面面积占据城区面积的十分之一，涅瓦河等70多条天然河流和运河纵横交错，将城市分割成40多个岛屿，由342座桥梁将其连接。
④ 昆廷·德·拉图尔：18世纪法国洛可可派肖像画家。
⑤ 敖德萨：黑海边一港口城市。

直像个侏儒。那时我在卡普里岛①，他总是下午走进橄榄树丛，到我住的小屋里来，每天给我上一课。他不是个好教师，太胆怯而且也不太用心。他穿着一件褪了色的黑上衣，戴着一顶怪里怪气的大帽子。他很会出汗。有一天，他没来，第二天也没来，第三天还是没来，到第四天，我去找他。我知道他很穷，已经爽快地预付了讲课费。我一路寻找到了镇上的一条白墙小巷，经人指点又到了一栋房子顶楼上的一个房间里。那是个屋顶下的小阁楼，热得像火炉，里面只有一张小床、一张桌子和一把椅子。我看见那俄国人全身赤裸、醉醺醺地正坐在那把椅子上，面前的那张桌子上放着一大壶酒。见我进去，他对我说："我写了一首诗。"然后，他二话不说，也不顾自己光着毛茸茸的身体，摆出一副架势开始朗诵他那首诗。那首诗很长，但我一个字也没听懂。

* * *

每个民族都会创造出某种类型的人物来加以敬仰，虽然这种人物和生活中的个人极不相像，但是考察一下这种人物还是颇有意思、颇为有趣的。这种人物随时代境况的变化而变化。这是一种由历代作家不断加以描写、加以充实的理想人物。他们赋予这种虚构人物各种特点，各种本民族希望有的特点，而头脑简单的民众为这种虚构人物所迷惑，便把他们当作了自己努力学习的榜样。所以，你才会在现实生活中看到有些人好像是你在小说中看到的某种人物。

说来真是奇怪，小说家虚构的人物后来竟然真的变成了活人。据说，巴尔扎克的人物不太像当时的人而更像下一代人；同样，在世界各地旅行的人总会看到有人在模仿鲁吉亚德·吉卜林笔下的人物。这些人虽然品位低下，但也许很值得注意。当今英国人最着迷的人物类型，似乎就是那种身强力壮、沉默寡言的男人。这种类型的男人何时开始出现在英国小说中的，很难说，也许《简·爱》中的罗切斯特是最早的范例，后来他一直深受女作家的喜爱。这种男人之所以受女作家喜爱，甚至受所有女人喜爱，有两个原因：一是她们觉得他有保护她们的力量，这是她们渴望的；二是他不但有力量，而且甘愿受她们的影响，这迎合了她们内心的支配欲。

由于这种男人在小说中和舞台上比在生活中更为常见，因而要描写这样一

---

① 卡普里岛：意大利度假胜地。

个男人时总要让他表现出自己的特点。沉默寡言虽是他的特点之一,但并不是他最重要的性格特征,实际上他有时还很啰唆。不过,从原则上说,他确实是个寡言少语的人,话不多,用词也很少,是个讲究实干的人,具体表现为他和人说话时会说出许多别人听不懂的技术用语,因而他在和一般人交往时总有点窘迫,言行举止会令人失望;但是,怪得很,虽然他和他的同胞交往时总很尴尬,他却有一种独特天赋,善于和土著人相处。他在客厅里很失败,但在和狡黠的东方人打交道时却很成功。他既仁慈又严厉地对待他们,就像一个好父亲对待他的孩子一样,正直、公平、诚恳。

他虽然书读得不多,但他认真读过一些重要的书,譬如《圣经》、莎士比亚、马可·奥勒留①和《威弗利》系列小说②。他虽然不太健谈,但说话言简意赅;他虽然很聪明,但有点偏执。他虽然知道二加二等于四,但却绝对不会知道有时在某种复杂的情况下也可能等于五。他对艺术毫无兴趣,对哲学的态度也很幼稚。他从不怀疑某些"重要事物",他之所以能干,某种程度上就是因为他从来不会三思而行,从来不知道事情可能会有另一面。

他与其说智力不凡,不如说性格优秀。他不仅具有所有男性的品质,还有一点女性的温柔,但他并不十全十美。不难看出,他待人接物的态度不是很好,有时还有点简单粗暴,但是当某个棕色眼睛的英国少女赢得他的忠诚之心时,他的态度会很温和——你看,多么容易!他的脾气虽然控制得很好,但时不时还会大发雷霆,而当他自我克制时,他凹陷的太阳穴上会青筋暴跳。他的性格是多变的。有时,他很纯朴,但有时,正好相反,他会一时而变得放荡不羁。他很严厉,必要的时候可能会冷酷无情,但他有一颗金子般的心。他的外貌和他的性格很相符。他高而黑,很健壮,肌肉发达,身材挺拔。他有一双犀利的鹰眼;卷曲的头发,尤其是两边的鬓发,是浅灰色的;下颏方正,但嘴唇却很圆润。他是个堂堂男子汉。

就是这样一个健壮而沉默的男人,肩负着白人的使命,是我们这个伟大国家的缔造者,帝国的创建者,我们的中流砥柱。他在世界上偏远而人迹罕至的地方无休止地开拓疆域。他守卫着帝国的边疆。无论在遥远的印度、荒凉

---

① 马可·奥勒留:公元2世纪罗马帝国皇帝、哲学家,著有《沉思录》等。
② 《威弗利》系列小说:指19世纪英国小说家司各特所写的一系列历史小说,因第一部名《威弗利》,故称。

的海外领地，还是在非洲内陆的热带丛林，你都能找到他。没有人不为他感到由衷的骄傲。他身在远方，身在四面八方。正因为这样，他才使人久久难忘。

* * *

就小说对世界的贡献而言，没有哪个人物比阿辽沙·卡拉马佐夫更令人喜爱了，就如他使其他人物感到愉快，当读者读到他时，他也总能使读者感到愉快。他给人的感觉就像英国六月的早晨，到处是鸟语花香，带点咸味的微风从英吉利海峡吹来，使陆地一片清新。那时，你会觉得，活着真好。你会觉得有阿辽沙这样令人喜爱的伙伴，活着真好。他有世上最罕见、最美好的品质——善良，天生的、纯朴的善良，使所有聪明才智都显得微不足道。是的，阿辽沙并不聪明，也不能干，有时你还必须对他要有耐心，因为世事多变，而他却从来不会随机应变。他不是个能干的人。实际上，他都不是平常人，而几乎是个圣人。他的美德是被动的美德，不是主动的美德。他是委曲求全的、苦熬隐忍的。他从不评判他人，他也许不了解他人，但他无限地爱他人。我想，就是这种感情，这种使性爱显得猥琐、甚至使母爱也显得庸俗的爱，这种对他人的无私而热切的爱，充塞着他的灵魂。陀思妥耶夫斯基是个冷酷的人，但偶尔也会慈悲为怀，他把阿辽沙的灵魂写得就像他的肉体一样美好。阿辽沙是欢乐的，就像天使一样不知世间苦难为何物。阳光伴随着他脚步，他甜蜜的微笑胜过其他人的智慧。他有一种神奇的天赋，可以抚慰不安的心灵。对痛苦的人来说，他的出现就像一个人发高烧时有个亲人把一只冰凉的手轻轻地放在他滚烫的额头上。

* * *

民主大会从今天起开始在亚历山大剧院举行①。这是劳工阶级的代表大会，因而不难想象，那些来自俄国各地的代表都是典型地属于那个阶层的人。粗粗地看一下他们的脸，我觉得他们总体上都像是农民，其中当然有不少目光躲躲闪闪的犹太人。虽然我猜测在这大约两千人中会有不少流氓无赖，但总的看

---

① 指1917年6月16日在彼得格勒召开的苏维埃第一次会议。

来，我觉得他们不像是一帮道德败坏的人，而是一群愚昧无知的人，一个个表情呆滞，一副傻头傻脑的样子，乡下人似的，既呆板又粗俗。尽管有些人戴着领带，穿着夹克，有些人还一身制服，但我依然觉得他们像是在泥土地里翻扒的农夫。他们无动于衷地听着演讲。演讲全都长而又长。大会定在四点开始，实际上到五点才开始，一直开到将近午夜。在那么长的时间里其实只有五个人演讲，每个人都讲了很长时间。那几个演讲者一个个都滔滔不绝，一个个都一本正经、情绪激动，既没有人说点故事，好让演讲生动一点；也没有人说句俏皮话，好使会场气氛轻松一点。他们甚至连一些简单明了的事例也不想讲，只是一味地抽象概括和抽象辩驳，以致每个人的演讲都像是在做总结。曾经有个法学教授对他的学生说："打官司的时候，如果事实对你有利，你就把事实摆在陪审团面前；如果法律对你有利，你就把法律摆在法官面前。"有学生问："如果事实和法律对你都不利呢？"教授回答说："那就拼命拍桌子。"那几个演讲者就一直在拼命拍桌子，但效果都不佳。你可能会发现，人们在伦敦南区的激进派候选人演讲会上也是用这样的演讲来争取选民的。那个有"革命的邪恶天才"之称的切尔诺夫①，那个因各方都有点怕他而被认为影响力巨大的人，其实是个既无魄力又无个性的人，是个矮胖子，长相粗俗，一头白发，摆出世界各地的社会党演说家都有的那副样子，令人厌倦地唱着高调，拖拖沓沓地讲了很长时间。外交部长切瑟特里，他虽然讲得清晰而到位，但没有什么特色，是个普通人的普通演讲。这真是令人吃惊，一个那么庞大的帝国竟然由一些那么平庸的人掌控着，我不由得自问，到底是什么使他们不同于平常人，因为无论是性格、魄力，还是智力，他们都不见得有超出平常人的地方。

唯一使全场真正热情高涨的是克伦斯基②。我曾惊讶地得知，此人在短时间内里就获得了有权有势的职位，现在我又困惑地发现，他所没有的恰恰是权势。我不理解他的对手为什么会从他身上看到拿破仑的影子。他不像拿破仑，更像圣茹斯特③。他坐在皇家包厢的当中位子上，当大会主席叫到他上台演讲时，他沿着剧场的中央过道走向主席台。他穿着卡其布上装，身后跟着两个副

---

① 切尔诺夫：20 世纪俄国社会革命党创始人。
② 克伦斯基：20 世纪俄国政治家、社会革命党人，曾任陆军部长，二月革命后任临时政府总理，布尔什维克夺权后逃往美国。
③ 圣茹斯特：18 世纪法国大革命领导人，1794 年被捕，与罗伯斯庇尔一起被处以死刑。

官。他比我想象的要胖一点，没有胡子，头发剪得很短，而最使我吃惊的是他的脸色。我们常在书上读到，说某人吓得脸色发青，我总认为那是小说家的发明，而他确实就是这种脸色。他走得很快，上了台后走到主席团的桌前和各位代表一一握手。他的握手动作只是快速地抖一抖，脸上始终显露出一种忧虑的神情。很奇怪，他看上去好像心事重重。他显然很紧张。对他来说，这是危险的一刻，因为有舆论指控他参与了科尔尼洛夫将军①的叛乱，召开这次会议的布尔什维克党人全都对他抱有敌意，所以人人都知道这次会议将决定他的命运，因为那些极端分子一旦发现自己占多数，理所当然会要求他辞职。要是这样的话，不知道他会怎么应对。一般认为，他会拒绝辞职，并把他的临时政府迁到总司令部，依靠军队来统治国家，把彼得格勒留给布尔什维克党人。他开始演讲，首先要求听众对他表示信任。接着，他滔滔不绝地讲了一个小时，没有讲稿，其间还多次被打断。他很激动，时而走下台来，站在听众中间继续讲，似乎想面对面地对每个人发出呼吁。他的呼吁诉诸感情，而非诉诸理智。掌声越来越频繁，打断他的人越来越受到斥责和抱怨。人们似乎觉得，他是个既真诚又正直的人，即使他犯过错误，也是好人出错。在整个演讲过程中，他并没有提高声调来引人注意，而是始终用一种平稳的语调，既没有抑扬顿挫的语音转换，也没有喜怒哀乐的情绪变化，也就是说，他一点也没有煽情。他用他的诚恳和坦率的态度打动了听众。他讲完了，又走到主席团的桌前和各位代表一一握手。然后，在雷鸣般的掌声中，他回到了包厢里。他在包厢里又对着听众席说了几句表示感谢的话，随后就离开了剧院。这天，他赢了。

*　　*　　*

芭蕾舞。从目不暇接的优美舞姿中，我看到了人生的象征。芭蕾舞之美是在不间断的奋力跳跃中产生的，每一次凌空跃起，其姿态之优美，几乎都可以看作是一幅可以流传百世的艺术浮雕。可惜的是，由于地心引力，这种美转眼即逝，只在记忆中留下美妙的瞬间。人生也是如此。一个人如果活得精彩，就像这舞蹈一样，一次次凌空跃起而博得一阵阵喝彩；然而，一个个优美的姿态全都瞬间化为乌有——除了记忆，什么也没有留下。

---

① 科尔尼洛夫：20世纪反苏维埃政权叛军首领，原先为沙俄将军。

* * *

萨温科夫坐在一个小酒馆里喝着一杯茶,这时有个农夫走过来问他:"我到哪儿去找上帝?"那农夫不是一点点醉。萨温科夫一脸严肃地看着他,但眼神是笑眯眯的。"到你心中去找,兄弟。"他回答说。那农夫愣了半天没说话,好像他那醉醺醺的脑袋反应不过来。"那我怎样过日子?"他说。萨温科夫反问他:"你多大年纪?"那农夫有点疑虑,耸了耸沉重的肩膀。"四十。"他有点迟疑地说。"这个年纪的人应该有自知之明了。"萨温科夫说,"你很强健,去干你可以干的活儿。其他事情,你看着办吧。我就知道这些。"那农夫站直了身体,一边用温和的目光看着萨温科夫,一边捋着胡子。然后,他鞠了一躬,慢慢地走开了。

* * *

萨温科夫。他是个四五十岁样子的男人,中等身材,削瘦,有点秃顶,容貌一般,两只小而亮的眼睛靠得很近。不难想象,这两只眼睛时而会露出凶残的目光。他服饰整洁,穿着立领衬衫,戴着有领带夹的素色领带,外面披一件大衣,脚上穿着漆皮靴,看上去像个事业成功的律师,一点也看不出有什么暴力倾向。他在我印象中是个文质彬彬的人,虽说有点平庸,但也不是毫无特点。他沉静、内敛、谦和。直到他开口和我交谈,我才发现他的不寻常之处。他讲俄语,法语也讲得很出色,地地道道的标准法语,只是偶尔会弄错某个词的词性①。他说得很慢,好像在思考自己说的话,但他显然有一种可贵的才能,那就是能用合适的字眼准确地表达自己的思想。他说话的声音很柔和、很好听,口齿清晰至极。我还从未遇到过像他这样说话富有魅力的人。当话题需要严肃认真时,他说话很严肃,而当可以开开玩笑的时候,他又不乏风趣与幽默。他说的话那么合情合理,你不可能不受他影响。他极具说服力,但他每说一句话都要停一停,仿佛在沉思默想。这表明他有一种决断力,而正因为有这种决断力,他的冷酷无情也就可以理解了。我从未遇到过哪个人像他这样使我深信不疑。

---

① 词性:即某个词的属性,如名词、动词、形容词、副词等。

他跟我讲了一两件秘闻趣事。

七月十八日战役之后,俄军一败涂地,当时亲眼看到俄军溃败的克伦斯基要和他同坐一辆车出行。他当时任作战部长,认为克伦斯基一定是想和自己商量如何扭转败局,于是就上了克伦斯基的车出发了。但是,克伦斯基一言不发地坐在车上,一副垂头丧气的样子,后来终于开口了,说出来的却是某个二流诗人的一句陈腐不堪的诗。他听了简直不敢相信自己的耳朵。这无病呻吟的诗句和国家的危亡究竟有何关系?他最后得出结论:"这个没受过多少教育的人也只能如此,只能用那么蹩脚的诗来安慰自己。"另一件有点相似的事情发生在塔尔诺波尔陷落之时,那时他看到俄军仓皇溃逃,就去通报科尔尼洛夫将军。那位将军听了之后一点也不紧张,而是不假思索地马上命令:"把他们统统枪毙。"不过,萨温科夫讲到这件事情的时候,听他的口气,好像很赞赏那位将军的魄力。

另一件秘闻趣事是,他和克伦斯基一起从前线回来,到达彼得格勒火车站时,有人把一封电报递给总理①。克伦斯基看了一眼,递给他说:"你能处理一下吗?"那是一个女人为她当兵的儿子求情,她儿子因为临阵脱逃而被判了枪决。然而,这种事情根本不归他管,他既和这一判决毫无关系,也没有赦免权,而克伦斯基却把电报给他,目的是想推脱责任,生怕有什么不良后果。讲完这件事,萨温科夫说:"奇怪的是克伦斯基再也没有提起这件事,他一直没敢问我,这事到底是怎么处理的。"

他说克伦斯基是个只说不做的人,一个自负的人,容不得异见,所以他周围都是马屁精;还说克伦斯基啰唆得要命,会在部长们面前说个没完,会和他的副官们坐在车上说个没完;还说克伦斯基没受过多少教育、见识有限,而且总是疲惫不堪、神经过敏。"如果他有点脑子,"他说,"就不会带着女眷入住冬宫了。"

* * *

克伦斯基。他看上去很不健康。人人都知道他是个病人,他自己也说他是个快要死的人,这当然有点夸张。他有一张颇大的脸,脸色是奇怪的黄色,而

---

① 二月革命后克伦斯基任临时政府总理。

当他紧张时，会变得铁青。他长得并不难看，眼睛大而有神，但总的印象是相貌平平。他穿着一件奇怪的上装，是卡其布的，但既不是军装，也不像普通便装，不知是什么服装而且脏兮兮的。他走进房间，后面跟着两个副官，脚步很快，走过来和我快速有力但机械地握了握手。他好像忧心忡忡。他坐下来后，一边滔滔不绝地讲话，一边拿着一只卷烟盒不停地玩弄，打开了又关上。他讲话快而有力，似乎很紧张，这使我也不免有点紧张。他好像没什么幽默感，但一点不沉闷，像年轻人似的喜欢开玩笑。他的一个副官显然是个年轻的情场老手，时常有女人打电话找他，有时甚至还会打到克伦斯基办公室里的电话机上。这是克伦斯基觉得最有趣的一刻，他会冒充那个副官，在电话里和那个陌生女人调情。当茶和专为他准备的一杯白兰地端上来时，他拿起酒杯想喝，却被旁边的副官制止了，说酒精对他的身体不利。这时他会装得像个宠坏了的孩子似的，死乞白赖地对副官说，他就是想喝，就想喝了这一杯。这时，他会很开心，会哈哈大笑。我想不明白，他到底是凭什么在那么短时间里爬到那么高位置的。从他的言谈中听不出他是个很有文化修养的人，甚至连受过普通教育的人也不及。他也没有什么人格魅力。我既看不出他的思想有多活跃，也看不出他的精力有多充沛，而我又无法相信，他只是凭运气爬上高位的，是因为没人来接替他，他才至今坐在这个位子上。不过，随着我们的谈话渐渐深入——其实都是他在一刻不停地说——我似乎对他产生了一种爱怜之情，觉得对他有点抱歉。此时我意识到，他的力量所在，也许就在于他能激起别人的感情冲动，使别人总想去保护他；也就是说，他具有一种极大的感染力，使你觉得你应该去帮助他。他具有查尔斯·弗罗曼①的那种不寻常的能力，那种激发别人为他做事的能力。有不少人告诉我说，他很自负，但我一点也没有从他身上看出来；恰恰相反，我发现他很朴实，一点也不做作。他是诚心诚意的，这一点毋庸置疑。我觉得他是个有诚意而且尽力而为的人，他满腔热情要为之服务的，与其说是他的国家，不如说是他的同胞。他这样诉诸感情，在俄国是很有效的，因为这儿的人很容易动感情，若换了冷静而谨慎的英国人，那就只会令人难堪了。我只是希望他的声音不要那么轻易颤抖，因为听到那么崇高的感情被那么辛酸地表达出来，总使人有点尴尬。不过，在这方面俄国人不同于英国

---

① 查尔斯·弗罗曼：19世纪后期美国剧院经理，以其成功的剧场经营成为美国剧院产业中的佼佼者。

人，这两个国家因而也永远是相互陌生的。我对他的最后印象是他好像疲惫不堪，好像被权力的重担压垮了。他迟迟不采取行动，这不难理解。因为他渴望把事情做好，但更害怕把事情做坏，所以他什么都没做，直到别人迫使他做，他才不得不去做。也就是说，他所关心的，是避免承担可能要他承担的责任。

* * *

高更。克里斯蒂安尼亚①美术馆里的一幅静物画，画的是各种水果，有芒果、香蕉、柿子等，颜色很奇怪，使人产生感觉上的混乱，真是很难用言语来描述。所用的暗绿色，和中国玉石碗的颜色差不多，半透明的，有一层油光，仿佛是生命的神秘象征；像腐肉一样的暗红色，则具有生殖器的意味，使人想起埃拉阿加巴卢斯②统治下的罗马帝国；鲜红色就像冬青树的果实，很艳丽（这使人想到英格兰圣诞节时孩子们在雪地里嬉戏玩耍），但它在画布上蔓延，却像变戏法似的一点点变淡了，最后变成了像鸽子胸脯上的那种浅浅的粉红色；还有深黄色，好像代表了某种不寻常的情欲，但它扩散开来，渐渐变成了春天般的翠绿色，而翠绿色又渐渐变淡，最后变得像泉水一样，一点颜色也没有了。天知道他是凭怎样怪异的想象力画出了这样怪异的水果！也许，这样的水果只有在塔希提岛上的那个由赫斯珀里得斯看守的果园里才有③。它们那么怪异，好像来自混沌初开、一切都未成型的洪荒时代。它们既是原始而狂野的，又是阴沉而忧郁的④。这是神奇的水果，只要你吃上一口，它就会把你引入一扇门，继而把你引向天知道有多么深的灵魂深处；或者说，把你引向天知道有多么疯狂的幻象世界。这是危险的水果，只要你吃上一口，不是变成野兽，就是变成圣徒。

---

① 克里斯蒂安尼亚：挪威首都奥斯陆的旧称。
② 埃拉阿加巴卢斯：公元3世纪罗马帝国皇帝，荒淫放荡，在其治下，罗马社会奢靡成风。
③ 赫斯珀里得斯：罗马神话中为天后赫拉看守金苹果园的仙女。此句意为，这样的水果纯属高更的主观想象。
④ 此句意为，这些水果是高更的无意识表现，即人类原始心理的表现。

1919[①]

他们告诉他说,有人这么说他:"他很聪明,深藏不露。"他听了面有喜色,以为这是在恭维他。

* * *

她跳入陈词滥调的海洋中,像游泳健将横渡海峡,用蛙泳姿势自信满满地奋力游向那隐隐约约的白色悬崖。

* * *

夫妻。她自私而热切地爱他,因而他们的生活就成了一场他要拯救自己而她要占有他的战斗。后来,他被诊断出患了结核病。他俩都明白,这是她的胜利,因为从此之后他再也没法逃离她了。但他自杀了。

* * *

杰米和他的妻子。两个怪人,除了读小说什么都不做。他们过着单调的生活,但在精神上,却是一种浪漫的生活。他们所体验到的一切都是虚构的。他们生了一个婴儿,但婴儿死了。杰米希望妻子不要再生一个了。这会打乱他们的生活常规。安葬了死去的婴儿后,他们松了口气,坐下来读刚从图书馆借来的新版小说。

---

① 这一年,毛姆又去了一次美国,所以笔记中有一些是他在美国的观感。

* * *

　　阿诺德。三十年来，他一直在努力做出一种正人君子的姿态，结果这种姿态成了他的第二天性。后来，他对这种姿态厌烦了，想在自己的内心找到真正的自我，却再也找不到自我了。他除了这种姿态，一无所有。他去了法国，希望战死疆场，但直到战争结束，他都毫发无损。他回来了，眼前一片渺茫，只有无穷无尽的空虚。

　　* * *

　　芝加哥。猪群被赶进围栏，嚎叫着，好像知道将要发生什么。它们被抓住后腿扔在传送带上，送到一个身穿蓝色工装、浑身溅满血、手里拿着一把长刀的人面前。那是个面容和善的年轻人，他把一头猪拖过来一点，一刀戳进它的颈静脉，血顿时喷出来。这头猪就被传了下去，另一头猪接上来。就这样，一头猪接着一头猪，机械地、有序地移动，使人想起自动扶梯上一节节移动的台阶。我为那个面容和善的年轻人杀猪时的镇静和冷漠所震惊，那仿佛就像一幅名为《死神之舞》的恐怖漫画。他们来了，挣扎着、嚎叫着，那些诗人、政治家、商业巨头，不管他们有怎样的理想、怎样的激情、怎样的追求，统统都被无情的命运驱赶着，谁也无法逃脱。

　　一连串工序很紧凑，杀好的猪被传送带一头一头地从一个人手上传到另一个人手上。一个人刮掉猪身上的毛之后，把猪放到另一条传送带上，传给另一个人；那人挖出猪的内脏后，把猪传给第三个人；第三个人把猪腿砍下来。这之间没有一分钟间歇。我很惊讶，要是有人慢一点，没有及时完成指定的工作，不知情况会怎样。我看见有个胡子已经灰白的老男人正挥舞着一把巨大的斧头把猪腿一个个砍下来。他动作那么熟练，有条不紊、连续不断，我看了真觉得不可思议。他们告诉我说，他做这件事已经有三十年了。

　　* * *

　　沃巴什大街①。多层建筑，有白色的，有红色的，有黑色的，但都是脏兮

---

① 沃巴什大街：芝加哥的一条重要街道。

兮的，加装在墙上的火灾逃生梯就像爬在一个个大蘑菇上的一条条怪异的寄生虫。沿街停着一长串汽车。挤满了人的有轨电车轰隆隆驶过，铁轨发出噌噌噌的摩擦声；汽车的喇叭声嘀嘀吧吧乱叫；指挥交通的警察嚯嚯嚯地吹哨。没有人闲逛。人人都是急匆匆的。扫街人穿着白制服，手艺人穿着脏兮兮的长外套，有棕色的，有蓝色的。匆匆走过的行人五花八门，有斯拉夫人，有日耳曼人，有爱尔兰人，全都是笑嘻嘻的，面孔红红的，还有中西部来的人，阴沉沉地拉长着脸，一副陌生人紧张、不自在的样子，好像是这里的入侵者。

* * *

H.B.住到了乡下。他的邻居是个安静、严肃、矮小的老太太。他和她熟悉后渐渐发现，她就是五十年前那桩轰动一时的著名谋杀案中的女嫌疑人。当时，她受到审讯，被判无罪。但证据那么明显，虽然她被判无罪，公众舆论仍普遍认为她就是凶手。她发现自己被他认出来了，很不高兴，对他说："我猜你一定想知道是不是我干的。是我干的。要是再发生那种事情，我还会那么干。"

* * *

一个意大利人，为饥饿所驱使，来到纽约，在街上摆摊。他对他留在意大利的妻子很有感情。有流言说，他的侄子和他妻子睡在一起，他听了怒火中烧。他没钱回意大利，就写了一封信骗他的侄子，说纽约很容易赚钱。他侄子来了，当天晚上就被他杀了。他被逮捕，他妻子被传唤到美国来出庭作证。她为了救他，对法庭说了谎，承认自己和他的侄子偷情。他被免于死刑，判处有期徒刑，不久获假释出狱。他妻子等着他。他知道了她其实并没有对他不忠，但是她在法庭上的证词却使他没了面子，这和她真的偷情没什么两样。这使他恼怒，使他感到耻辱。他对她又打又骂。最后，她绝望了，但她又爱他，没别的办法，只好叫他杀了她。他一刀插进她的胸膛。他的面子保住了。

* * *

当我在美国各地旅行时，常常问自己，我在火车上或者在旅馆里看到的那些人，还有那些喜欢半躺在摇椅上、旁边放一只痰盂、透过玻璃窗看外面街道的人,他们到底是怎样的人。我很好奇,想知道他们生活得怎样,在想些什么,对自己的生活是怎么看的。他们穿着不合身的外套、印花的衬衫,戴着显眼的领带,有点肥胖,脸虽刮过但没刮干净,后脑勺上搭着一顶软帽,嘴里叼着一根雪茄,我觉得他们就像中国人一样奇怪,甚至比中国人更不可理解。我尽力想和他们说说话,但我发现我和他们根本没有共同语言。他们使我望而却步。

后来我读了《大街》①,这才觉得我对他们不再完全陌生了。我可以讲出他们的名字②。我知道他们在家里做些什么、谈论些什么。我对人性有了更多的了解。但是,《大街》的作者并不仅仅想准确无误地描写中西部一个小镇上的居民,所以我吃不准他所写的那些东西是他熟知的呢,还是他偶尔得知的。他描述了一种非常令人吃惊的状况,那就是在欧洲早已成为生活重要组成部分的社会等级,在美国才刚刚被意识到。在欧洲,人们认为战争大大消除了社会等级,而在这里,社会等级正在产生,这真是太有意思了。

《大街》的故事很简单,讲述的是一位女士和一个粗俗男人的婚姻。那个男人是个好伙计,但那位女士却很痛苦,因为她的男人是个粗人,而且和他们生活在一起的也都是些粗人。在英国,一个女人若遇到这种情况,马上就会意识到社会等级差异,就会在婚姻问题上三思而行。她的朋友也会对她说:"亲爱的,他确实是个好小伙子,但他不是个有文化的人,你和他在一起是不会幸福的。"故事中还讲到乡村社会中各个阶层的情况,做买卖的人看不起种地的人,种地的人看不起打杂的人。在英国乡村,阶级意识可说重而又重,但是在英国乡村,人人都知道自己的地位,而且对此毫无怨言。因为很显然,每一个文明社会发展到比较复杂、比较稳定的阶段,似乎都会产生某种程度的阶级差异,但只要坦率地承认这种差异的存在,人们也就心平气和了。然而,在《大街》所描写的那个社会,人人嘴上都说你好我好大家好,心里却从来不是这么想的。银行经理不会请牙医到他家里做客,牙医不会和裁缝铺伙计多搭讪。嘴上说说的人人平等,只会产生一种表面亲近的假象,只会使低等级的人更加意识到高等级人内心的不亲近,由此而产生等级间的憎恨,久而久之,很可能会变成更为刻毒的相互敌视。

---

① 《大街》:第一个获诺贝尔文学奖的美国小说家、剧作家辛克莱·刘易斯的一部著名长篇小说。

② 我可以讲出他们的名字:意为他们和小说中的哪些人物很相像。

1921

哈登·钱伯斯①。今天早上,有人告诉我说,哈登·钱伯斯死了。我说:"可怜的人啊,我真难过。"但我马上意识到,我说的是愚蠢的套话。哈登·钱伯斯自认为他活得很成功。他对自己很满意。其实,他的好日子早已过完,但像他这种脾气的人,除非他们的自得心理得到彻底更新,否则是不会关注其他事情的。他死得正是时候。将来如果还有人记得他,那不是因为他的戏剧,而是因为他的那句口头禅——"事有凑巧"——也许会像英语一样永世长存。

他是个矮小的男人,衣冠楚楚,但身体瘦弱,总使你想起一片枯叶,而他也确实像枯叶一样飘忽不定。在我的印象中,他好像从来没有一刻安定,而且漫无目的,一会儿飘到这里,一会儿飘到那里,从来没有什么眷恋,对什么都满不在乎,随随便便地来来去去。他初看上去好像年纪不大,但仔细一看,你会发现他其实很老了。他眼神呆滞,要有意睁大眼睛才有一点精神。他的脸好像做过按摩,还抹了冷霜,光滑得很不自然。他看上去就像一个埋在地下多年后被重新挖出来的人。他使你觉得他比实际年龄要老许多,而他从不说自己的年龄。他处心积虑地使自己显得年轻,似乎胜过其他任何事情。他有"堂璜"的名声,对这一名声,他还非常珍视,远甚于珍视他的戏剧为他带来的名声。他有许多风流韵事,其中至少有一桩使他出了名,并使他到死都很得意。他喜欢装出一副神神秘秘的样子,故意说话只说半句,然后眨眨眼、耸耸肩、摆摆手,好让你知道他正在寻芳猎艳。然而,当他穿着那套显然和他年龄不相符的

---

① 哈登·钱伯斯:与毛姆同时代的英国剧作家。

年轻人服装，好像要去约会似的走出俱乐部时，你会隐约觉得，他其实只是独自到索霍区①某家餐馆的内包间里吃顿晚饭而已，因为那里不大会有熟人看到他。

既然他是写剧本的，我想他当然算得上是个文人，但可以肯定，很少有哪个文人像他那样不关心文学。他读不读书，我不知道，但他确实从来不谈论书。他唯一有点兴趣的艺术是音乐。他对他自己的剧本并不怎么在乎，但当有人把他最好的剧本《眼泪当道》误放到了奥斯卡·王尔德名下时，他却非常愤怒。不过，我实在难以想象，怎么会有人那么粗枝大叶，其实只要稍微感受一下剧本中的对话或者稍微鉴别一下剧本的基调，就不会那样张冠李戴了。奥斯卡·王尔德的对话写得简洁明快，基调是温文尔雅的，而《眼泪当道》中的对话写得松散平实，一点也没有精辟透彻的意味，基调是酒吧间的嘈杂而非客厅里的优雅。它的有趣之处在于它的贴近生活，而非它的词语之美。这个剧本一看就是哈登·钱伯斯写的，明显具有他的特点。他是个喜欢到处搭讪的人，如果我想比较具体地把他描述出来，那么在我眼里他就是个经常泡在酒吧间里的矮男人，衣冠楚楚、津津乐道、眉飞色舞地大谈女人、大谈赛马、大谈歌剧，同时又左顾右盼，好像随时在等着某人会进门来找他。

---

① 索霍区：伦敦的一个区，以有诸多餐馆而闻名。

1922①

对于过去那些看人只看一面的小说家来说，事情当然比较容易。因为他们的主人公总是好得无处不好，坏人都坏得无处不坏。但是，我们不妨以 X 为例②，她不但会隐瞒事实，还会编造谎言。她不但会编造谎言，还会把谎言讲得头头是道，骗得你晕头转向。她很贪婪，凡是她想得到的东西，她都会不择手段地获取，而且是毫不犹豫的。她很势利，明明知道有些人看不起她，还会厚颜无耻地去巴结他们。她想巴结大人物，但又自知浅薄，不敢直接去巴结，而常以巴结大人物的秘书为满足。她不仅猜疑他人，还妒忌他人。她多嘴多舌、搬弄是非。她极度虚荣，既庸俗又浮夸。这确实是她坏的一面。但是，她很聪明，很有魅力，还有高雅的趣味。她一点不吝啬，甚至很慷慨，把自己的钱用光也满不在乎，好像那是别人的钱。她很好客，只要客人高兴，她就高兴。她很有恻隐之心，会为别人的失恋而流泪，会为别人的遭遇而叹息。她甚至会放下自己的事情去为别人奔忙，即使这个人跟她没有多少关系，她也一样热心。特别是对待病人，她会表现得像最好的护士一样体贴周到。她乐观而爽朗，见人总是有说有笑。她最大的特点，就是特别会同情他人，特别怜悯他人的不幸。她还特别仁慈，只要你求助于她，她总会慷慨相助。只要她对你感兴趣，她就会为你的成功而高兴，为你的失败而担忧。这确实是她好的一面。她既可恨又可爱、既贪婪又大方、既狠心又善良、既恶毒又宽厚、既自私又无私。这些自相矛盾的性格特征，小说家究竟怎样才能把它们尽可能和谐地结合

---

① 这一年，毛姆旅行到了东南亚，故而这一年的笔记所记的绝大多数是他在那里的观感。
② 据说，毛姆在这里写到的 X，是他的妻子西莉（他们后来离了婚）。

在一起,从而使人物显得真实可信?

在这方面,读读巴尔扎克的《邦斯舅舅》很有启发。邦斯非常贪食,为了满足自己的食欲,他经常不光彩地在吃饭时间到别人家做客。不管别人愿不愿意留他吃饭,不管别人有没有好饭菜,也不管别人家的女仆怎样朝他瞪白眼,他就是赖着不走,非要酒足饭饱后才肯动身。但是他在自己家里吃饭,要花自己的钱,他就像得了厌食症似的,吃得很少。这种习性真叫人恶心,因而这一人物只能令人厌恶。但是,巴尔扎克却要你对他产生好感,而且巧妙地做到了。首先,他把邦斯去吃白食的那些人家写得既低劣又粗俗;其次,他赋予他的主人公无懈可击的艺术品位,着力把他写成一个热爱艺术的收藏家。他为了买一幅美的画、一件美的家具或者一只美的瓷瓶,甚至不惜节衣缩食。巴尔扎克一而再、再而三地强调他的善良、他的仁慈、他的纯朴、他的友爱,就这样,你渐渐地忘记了他贪食的可耻习性,忽略了他在吃了别人一顿美餐后的那副媚态,渐渐地对他有了深深的好感,而对被他吃白食的那些人,你反而嗤之以鼻。那些人不但被邦斯占了便宜,还要被巴尔扎克写得一无是处。

* * *

我认识 A 夫人已有多年。她是美国人,战前①和一个在彼得堡任职的外交官结了婚。一天,我在巴黎遇到她。她告诉我说,她刚碰到一件怪事,很是郁闷。她在此地偶然遇到一个俄国朋友,一个革命②前很富有的俄国女人,过去经常举办宴会,她也经常去赴宴。但她震惊地发现,她现在衣衫褴褛,一副穷困潦倒的样子。于是,她给了她一万法郎,叫她去买套新衣裙,这样也许能帮助她找到服装店女店员之类的工作。一星期后,A 夫人又碰上了她那个俄国朋友,见她仍然衣衫褴褛,便问她为什么不去买套新衣裙。那俄国女人有点尴尬地说,她的朋友在这里一个个都穷困潦倒、衣衫褴褛,她不好意思在他们面前穿新衣裙,所以就用那一万法郎请他们到银塔餐馆③去吃了一顿饭,还到几家夜总会去玩了玩。她说,他们玩到早上八点才回住地,钱都用完了,还疲惫不

---

① 战前:指"一战"前。
② 革命:指 1917 年俄国革命。
③ 银塔餐馆:巴黎有名的餐馆。

堪，但心情很舒畅。A夫人回到利兹饭店①后，把这事告诉了丈夫。丈夫责备她简直是浪费钱。"对他们那种人，你没办法，"他说，"他们没希望了。""我丈夫说得当然没错，"A夫人告诉我说，"我也很郁闷，但你知道，不知道为什么，我心里好像还很羡慕她。"我的朋友苦恼地看着我说，"我觉得她有一种精神，而我没有，永远也不会有。"她叹了口气。

＊　＊　＊

查理·卓别林。他的外貌很不错，不胖不瘦，身材匀称，手和脚都很小巧。他的五官很端正，鼻子稍有点大，嘴很有表情，眼睛很秀气。头发是黑色的，稍有点灰白，但很浓密。他的举止特别文雅，还有点害羞。他说话仍带有一点他年轻时的伦敦口音②。他精力充沛，热情洋溢。当他觉得可以放松的时候，他会在别人面前毫无顾忌地装得像个傻瓜。他不仅富有创造力和表现力，还具有逗人发笑的模仿天赋。譬如，他其实一点不懂法语和西班牙语，但却能模仿别人讲法语或西班牙语，而且模仿得惟妙惟肖、生动有趣。他还能即兴模仿兰贝斯③贫民窟里的两个女人的对话，而且模仿得既滑稽可笑又真切感人。这样的模仿，如同所有的幽默表演，也是以细致的观察为基础的，而它所暗示的现实含义，则是令人悲哀的；因为它意味着模仿者太熟悉那种贫穷、肮脏的生活了④。此外，他还能模仿二十年前某音乐厅里的各种专业演奏者，或者在沃尔沃思路上某小酒馆里为马车夫义演的业余表演者。当然，这些只是举例而已，并未说出他的表演所具有的那种令人难以置信的魅力。

查理·卓别林轻而易举就能使你一连几小时哈哈大笑；他是喜剧天才。他开的玩笑只是玩笑而已，很有趣，很自然，但你又始终会觉得那玩笑背后隐藏着深深的悲伤。他是个通人性的家伙，不需要开玩笑似的说"哦，昨天夜里我是那么忧郁，连我自己也不知道拿我怎么办了"来提醒你，他的幽默是有哀伤意味的。但他给你的印象是，他并不是一个快乐的人。我总觉得，他患有贫民窟思乡病。他所享有的盛名，他所拥有的财产，使他为某种生活方式所禁锢，

---

① 利兹饭店：巴黎的一家宾馆。
② 其实，毛姆在这一年见到卓别林时，卓别林只有33岁，而毛姆已有48岁。
③ 兰贝斯：伦敦的贫民区。
④ 卓别林出身贫寒，参见下文。

使他感到倍受束缚。我想,他一定非常怀念他自我奋斗的年轻时代,那时虽然穷困而艰辛,但很自由,而如今,他渴望自由,却又知道已无可能。对他来说,伦敦南区的那几条小街是他充满惊喜的历险之地。对他来说,那几条脏乱的小街远比整洁的林荫大道和住着富人的别墅豪宅更为真实。我能想象,当他最初走进自己拥有的住宅时,他一定会觉得很奇怪,觉得自己怎么会走进这个陌生人的宅院。我猜想,大概只有肯宁顿街①上的那种二层楼的后楼,他才会觉得那是他的家。一天晚上,我和他一起在洛杉矶街头散步,不知不觉走到了全城最穷的贫民区。那里到处是脏乱不堪的出租房和破破烂烂的小店铺,里面卖的是穷人天天要来买的东西。他见了却喜形于色,提起嗓子大声说:"我说,这儿才是真正的生活,是不是?其他人都是装模作样。"

* * *

沙捞越②。天上无云,唯有地平线上飘着一排小小的白云,奇妙而欢快,看上去就像一排穿着白舞裙的芭蕾舞女,正紧张而兴奋地在后台等着大幕开启。

* * *

灰蒙蒙的天上挂着奇形怪状的乌云,上面的阳光照射下来,使那些乌云都镶上了银边。

* * *

日落。雨突然停了,盘桓在山梁上的乌云似乎仍在抗拒太阳,就如狂怒的提坦巨人大战阿波罗神,而太阳无心恋战,渐渐地沉落,让那乌云得意忘形。但那乌云似乎愣了一下,好像被那太阳神临终时痛苦的回光返照惊呆了,而就在此时,突然之间,夜幕降临了。

* * *

那条河很宽,河水黄而浑浊。河边上长着木麻黄树,微风吹过,长长的树

---

① 肯宁顿街:伦敦南区的一条街,卓别林的童年在那里度过。
② 沙捞越:马来西亚最大的一个州,位于婆罗洲岛之西北岸,当时为英国的保护地。

叶会发出像人说话的声音。当地土著人把这种树称作"说话树",说你要是深夜站在树下,会听到陌生人的声音,在告诉你世上的秘密。

* * *

一座碧绿的小山。丛林一直延伸到山顶,碧绿碧绿,浓郁得简直令人窒息、令人尴尬。这是一部仿佛是某个作曲家用颜色而非音符谱写的绿色交响曲,为的是要把荒山野岭的绝妙之处表现出来。所以,从绿宝石的浅绿到绿玉的深绿,各种各样的绿都用上了。其中的翡翠绿就如小号般明亮,而嫩草绿,则像长笛般悠扬。

* * *

发黄的河水在中午强烈的阳光下显得死人般惨白。一个土著人划着一只独木舟逆流而上,那独木舟小得几乎看不到水面上的部分。河岸上,零零散散,有几间马来人搭在木桩上的茅屋。

* * *

傍晚,一队白鹭在河面上飞舞,就像是一只看不见的手从一把看不见的竖琴上弹奏出来的一串白色音符,既甜蜜而纯净,又像春天般欢愉。

* * *

S.。一个十八岁的大男孩,刚出家门。一个俊美的年轻人,蓝眼睛,栗色的长鬈发披在脖子上。他有意蓄着上唇的胡子。他的笑容很有魅力,既单纯又天真。他既有年轻人的热情,又有铁骑兵的风度。

* * *

红树林。河口沿岸都是红树林和桐树林。桐树是一种长叶子的矮棕榈树,就像你在老式棕榈主日画①中看到的那种树。它们长在河边,会使土壤松软,而当它们培育出一片新鲜而肥沃的土地后,它们就慢慢地枯死了,把土地让给

---

① 棕榈主日画:一种宗教画,描绘耶稣受难前来到耶路撒冷的情景,因当时的民众挥舞棕榈树枝欢迎耶稣,故称。

茂盛的灌木林。它们是为后来的经营者和各种肤色的人开拓领地的先驱。

* * *

沙捞越河。河口很宽,两岸都有浸在水里的红树林和桐树林。树林后面是青翠的灌木林,远方是起伏的山峦,在蓝天的映衬下显得黑黝黝的。你没有一点阴郁、沉闷的感觉,唯有一种舒畅、自由的体验。绿色原野上阳光普照,晴朗天空下心花怒放,你仿佛踏上了一片友爱而又富饶的土地。

* * *

蓝色的天空,没有热气腾腾的白光,也不像意大利的天空那样耀眼,倒像是在蓝色里加了一点奶。一朵朵白云在空中悠闲地飘荡,像海上的一只只小船。

* * *

一个房间。墙是未上漆的木板墙,上面挂着学院派绘画的印刷品、狄阿克人①的盾牌、马来人的砍刀和布满灰色装饰物的大草帽。几把长藤椅、几件文莱铜器。插在花瓶里的兰花。桌子上铺着狄阿克人的土布。粗糙的书架上放着几本廉价版小说和几本陈旧得连封面也已破损的旅游手册。角落里放着一个摆满瓶子的架子。地板上铺着草席。

房间外面有一个阳台。阳台离那条河只有几英尺远,站在那儿,你可以听到河对面的锣鼓声,那是中国人在过一个什么节。

* * *

咭喳。这是一种灰色小蜥蜴,名字得自于它会发出"咭喳"的叫声。真是难以相信,它那么小的喉咙里竟能发出那么响的声音。你在夜里听它叫,很奇怪,像是有人突然打破沉默发出的声音,听上去有点滑稽可笑。你也许会觉得,它好像是在嘲笑这里的白人,他们来来去去,却一事无成。

---

① 狄阿克人:沙捞越的土著人。

* * *

清晨的色彩明亮而柔和，中午过后，变得昏沉而暗淡，然后就只有阵阵热风了。这里的天气就像中国人的音乐，只有一种调子，单调得令人烦恼。你竖起耳朵想听它变调，但它就是不变。

* * *

囚犯参加公益劳动。你看他们，在一个锡克人①的监视下，在路上不快不慢地干活。那些戴着镣铐的是曾经逃跑过的人，但镣铐好像对他们并没有什么不便。

* * *

丛林。没有路，地上铺满厚厚的枯叶。树林茂密，有许多叶子巨大的树，有羽毛状树叶的洋槐树，有椰子树和白色叶茎长而直的槟榔树，有竹子和叶子长得像一束鸵鸟毛似的野生西米树。时而会有一棵光秃秃、白乎乎的死树，在周围浓郁的绿色映衬下显得特别可怜。时而会有一棵拔地而起、枝繁叶茂的参天大树，堪称林中之王，高高地俯视着整个丛林。

此外，还有寄生植物。小而密的绿叶附在一棵树的树枝上，开着花的藤蔓爬满另一棵树的树干，好像为它披了一件婚纱。有时，藤蔓还会盘绕着高大的树干一直往上爬，然后伸出开满花的藤条，从这根树枝攀到那根树枝上。

清早，整个绿色丛林欣欣向荣，就像酒神的侍女在祭神仪式上纵情狂舞，毫不忧郁，毫不压抑，唯有野生植物的生机勃勃。

* * *

沿河而上，头顶上飞着一对鸽子。一只翠鸟掠过水面，就如一道彩色的光、一块像中国瓷器一样艳丽而且会飞的宝石。两只猴子垂着尾巴并排坐在一根树枝上，还有一只猴子在树枝间跳来跳去。持续不断的蝉鸣声就如刺耳的噪音，没完没了，单调得就像山涧小溪的流水声。忽然，一只鸟放声鸣叫，蝉鸣

---

① 锡克人：指信仰锡克教的旁遮普人，主要生活在印度旁遮普邦（当时印度是英国殖民地，由于锡克人天性忠诚，故而有不少锡克人被英国殖民当局征用来充当其他殖民地的警察）。

声顿时停止,那鸟的叫声很像英国画眉。

夜里,青蛙呱呱地叫,真是聒噪,好在时不时有一只夜间的鸣禽插进来鸣叫几声。萤火虫使树丛看上去像是点满小蜡烛的圣诞树。荧光点点,就像鬼火。

河面渐渐变窄,变得就像泰晤士河的某个河段,水面上长满水草。

* * *

杜鹃鸟。它叫起来只有三个音符,就缺第四个,否则就可成一乐句。我竖起耳朵发疯似的等着,但第四个音符始终没有出现。

* * *

涌潮。我们看见潮水从远处涌来,大浪一个接一个,但看上去并不怎么惊险。很快,潮水靠近了,咆哮声如暴风雨中的大海,我看到大浪比我想象的还要大。我看情况不妙,就把皮带束束紧,以防落水游泳时裤子会掉下来。紧接着,潮水就朝我们涌来。好大的浪啊,八英尺、十英尺、十二英尺,我们顿时明白,没有哪条船能顶得住这样的大浪。第一个大浪打来,就把我们全打湿了,船也进了半船的水,然而第二个大浪又打了过来。几个船夫开始大喊大叫。他们是从内地监狱里来的囚犯,还穿着囚服。他们控制不住船,汹涌的潮水把船冲得团团转,起伏的波浪又把船上下颠簸,再一个大浪打来,船就要沉了。杰拉尔德、R.,还有我,赶紧从船舱里爬出来,由于三人同时在一边,船支撑不住,突然一个倾斜,所有人全部落水。周围波涛滚滚。我的第一反应是朝岸边游,但 R. 大声叫杰拉尔德和我抓住船舷。这样,过了两三分钟。我以为潮水是朝河的上游涌的,很快就会平复,至多几分钟,后面就不会有这么大的潮水了。但我忘了,潮水是卷着我们一起涌向上游的。大浪还是一个接一个打在我们身上。我们拼命抓住船舷,抓住船舱旁边的藤条。然而,一个更大的大浪打来,把船掀翻了,倒扣在水里,我们面前只有光溜溜的船底,无处可抓。好在这船很小,我们伸出手臂就能摸到船底的中央,于是我们就拼命用手指扳住船底凸起的龙骨。这样,船被我们翻了过来。我们赶紧再抓住船舷。但是,正当我们松了口气觉得似乎安全了一点时,船又翻了,我们又被逼到了水下,又得再来一次。

  这样翻来覆去,不知折腾了多久。我觉得这都是因为我们同时攀在船的一侧造成的,于是就拼命喊叫,要那几个船夫去攀住船的另一侧。我想,一半人留在这一侧,另一半人到那一侧,就能使船保持平衡而不再翻掉,我们就能抓住船舷而坚持住。可是,没有人明白我的意思。大浪一个个打来,船一次次翻掉,每次沉到水里,只能奋力冒出头来,伸手去攀住那船底的龙骨。

  不一会儿,我就开始大口喘气,感觉自己越来越没有力气了。我知道自己坚持不了多久,所以我想最好还是拼一拼,游上岸去,但杰拉尔德却要我尽力坚持。其实,河岸离我们不过四五十码远,而我们却被汹涌的潮水卷裹着,冲向河的上游。船一次又一次翻掉,我们一次又一次沉到水里,一次又一次浮上来,就像笼子里的松鼠一样上蹿下跳。我已呛了很多水,觉得快不行了。杰拉尔德在我旁边,几次伸手拉我一把。他也没有别的办法,因为当船翻掉时,他和我一样无助。接着,不知为什么,有三四分钟,船没有翻,我们得以抓住船舷而歇了口气。我以为危险过去了。能歇口气,真是不容易。但是,突然之间,船又翻了,又得再来一次。好在刚才歇了几分钟,我稍有了点力气,可以坚持一会儿。但一会儿之后,我又大口喘气,又觉得快不行了。我筋疲力尽,若要游上岸去,不知道还有没有足够的力气。这时,杰拉尔德和我一样也差不多筋疲力尽了。我对他说,唯一的活路是拼命游上岸去。我心里想,我们现在所处的河段好像水比较深,因为浪花好像小了一点。杰拉尔德的另一边是两个船夫,不知怎么一来,他们总算明白我们快撑不住了,于是朝我们做做手势,示意我们可以试试,游上岸去。我一点力气也没有了。他们顺手抓住一块漂过来的垫子——之前在船上,我们就躺在那块垫子上。他们把那块垫子卷起来,当作救生筏。那东西显然没有太大用处,但我还是一手抱着它,一手奋力划水,朝岸边游。那两个人也随着我和杰拉尔德一起游。其中一个游在我旁边。我们后来是怎样游上岸的,我已记不清了。只听见杰拉尔德突然叫起来,说他踩到河底了。我把脚伸下去,却什么也没碰到。我又往前划了几下,再试试,发觉我的脚伸进了淤泥里。真是谢天谢地,总算踩到那令人恶心的淤泥了。再往前扑腾几下,就是河滩,黑黝黝的淤泥没到膝盖。

  我们抓住淤泥里的死树根,一点一点往前爬,爬到河堤上,发现那里有一小块杂草丛生的平地。我们仰面躺倒在杂草间,摊开四肢,浑身虚脱,动都动不了了。我从头到脚都是黑乎乎的淤泥。躺了好一会儿,我们才爬起来,脱掉脏衣裤，把浸透水的衬衣系在腰间遮羞。这时，杰拉尔德突然心脏病发作。我觉得他就快要死了，又毫无办法，只能让他躺着，安慰他说过一会儿就会好的。我记不得我们在那儿待了多长时间，我想大概一个小时吧。我也记不得我们在水里游了多长时间。最后，R. 划着一只独木舟回来，把我们接走了。

到了河对岸，我们在狄阿克人的茅屋里过夜。虽然我们从头到脚都是淤泥，虽然我们平时每天都要游泳，但那天我们谁也不想到河里去了，只用桶里的水草草洗了洗。我们什么都没说，但毫无疑问，我们每个人都觉得，那天夜里我们谁也不会提到那条河。

现在回想起来，我惊讶地发现我当时好像一点也没有感到害怕。我想，那也许是因为在大浪中挣扎得太激烈，根本没有时间去体验任何感受。就是当我筋疲力尽觉得自己快要坚持不下去的时候，我虽然想到自己会被淹死，但也没有感到害怕或者痛苦。我太疲劳了，疲劳得好像死倒反而成了一种解脱。后来，在那天晚上，当我穿着干净的莎笼①坐在狄阿克人的茅屋里看着夜空中淡黄色的月亮时，我不仅心里有一种强烈的喜悦感，甚至还有一种肉体上的快感。我情不自禁地想到，我真侥幸，否则的话，我此刻就是漂浮在那条河上的一具尸体。第二天一早，当我们再次出发沿河而下时，我觉得明朗的天空、温暖的阳光和碧绿的树木格外令人喜悦，空气也特别清新。

* * *

狄阿克人的茅屋。茅屋是狭长的，建在木桩上，顶上盖着茅草。进屋必须从一根粗粗凿出几级阶梯的树干上爬进去。茅屋外面有一个阳台，其实就是用藤条捆扎而成的一大块竹排。茅屋里面有一个长长的公用房间，里面有一个平台，还有几个房间，每个房间住一户人家。公用房间的墙边放着几个大罐子，这是狄阿克人的财产。我们进去后，主人拿出几张干净的草垫放在地上让我们坐下。几只鸡扑扑地乱飞。一只猴子拴在柱子上。几只狗跑来跑去。主人在那个平台上为我们铺好了床。整夜都有公鸡在叫，到凌晨时，更是叫得令人心烦。不一会儿，响起了家人起床的声音。男人要到水稻田里去干活，女人要到河边去打水。太阳还没升起，整个长茅屋里已经忙碌得像蜂窝里一样热闹了。

---

① 莎笼：马来群岛上的土著人穿的布围裙。

狄阿克人长得很矮小，但身材很匀称，棕色皮肤，大而亮的眼睛是扁平的，就像科普特人①壁画上的那种眼睛，鼻子也是扁平的。他们举止很从容，面带微笑，态度很友好。女人更矮小，很害羞，脸上像僧侣似的没有表情。她们年轻时娇小玲珑，很好看，但很快就变老，头发灰白，皮肤松弛，满脸皱纹，乳房干瘪而下垂。有个很老的老女人，眼睛瞎了，端坐在角落里，像座雕像似的，对谁都无动于衷。别人在她身边忙碌，她只能回忆回忆往事。煮米饭是女人做的事。他们男女分得很清楚，这是千百年来的习俗，女人做的事，男人从来不管。女人几乎全身赤裸，只是在腰间围一块垂至膝盖的布，手臂上戴一个卷曲的银圈，有的在腰上也戴一个。那银圈看上去就像巨大的钟表发条。她们不抱孩子，而是用一块布兜住孩子，系在自己脖子上，把孩子背在身后。男人戴银手镯、银耳环和银戒指，穿戴整齐后还是很有模有样的。不过，有许多男人披着长发，看上去就像女人，实在有点怪模怪样。他们虽然面带笑容、态度和气，但你还是会感觉到他们身上有一种令人吃惊的野性。

长长的茅屋下面是猪圈，猪在里面哼哼拱拱，吃的是烂菜叶、烂果皮。鸡鸭整天叫个不停。从茅屋到河边，有一条用粗木板铺成的过道，这样你就不用在烂泥里走了，但是在退潮的时候，你还是要走过一小段深至膝盖的淤泥地才能爬到船上。

回到古坎②后，我写信给我曾经的房东，沙捞越的行政官，问他能不能给两个犯人减刑，因为他们救了我一命。他回信说，那两个犯人中的一个已经释放，另一个恐怕他也帮不了忙，因为那个犯人在回塞棉港途中经过自家的村落时杀了他的丈母娘。

* * *

一条向东流的河。两岸丛林茂密，一轮满月下，夜空明亮，丛林显得更加阴暗，而且一片寂静，寂静得有点可怕。你会惊恐地想到，那密林里一定隐藏着阴暗而残暴的东西。它好像正急切地等着你。但在明净的夜空中，月亮悠闲地缓缓而行，就像一位胖胖的夫人，穿着漂亮的假日礼服，行走在乡村教堂的过道里。接着，在东边，在一团乱云下面，隐约出现了一抹红光。平静的河面

---

① 科普特人：指公元 7 世纪埃及被阿拉伯人占据后的原古埃及人及其后裔。
② 古坎：马来西亚港口市镇，沙捞越首府。

上，一只舢板悄无声息地漂着，你看到水面上有一个渔夫直立的身影。岸上，在那荒野丛林间，有一盏孤灯友好地亮着，你可以猜想，那里肯定有一间紧靠河岸的茅屋，茅屋周围肯定有许多枝叶茂盛的棕榈树和其他许多名字古怪的树木和藤蔓。现在，东边的红光越来越亮了。那些乱云纷纷散开，太阳气势汹汹地升了起来，仿佛是凭着一种神秘而无情的力量恶狠狠地冲出来的。看那河上，已是白昼，但回头看西边，虽然还有月光静静地亮着，但黑夜正在一步步退却。

* * *

L.。他四十多一点，中等身材，很瘦，很黑，头有点秃，黑发，一双眼睛大而外突。他看上去不像英国人，倒有点像地中海东部的黎凡特人。他说话没有语调变化，永远是平调。他在偏远的分公司待了很长时间，所以在总公司里他有点害羞，不太说话。他娶了个他并不怎么在乎的当地土著女人为妻，生了四个混血儿，都被他送到新加坡去上学，想让他们将来好到沙捞越的政府机关谋职。他从未想回英国定居，他觉得他在英国是个外国人。他讲狄阿克语和马来语讲得和当地土著人一样好，因为他是出生在这里的，对当地土著人的了解胜过对英国人的了解。一次，他到英国度假，和一个英国姑娘订了婚，但想到自己的土著妻子和有土著血统的孩子，他觉得很不安，最后还是取消了订婚。他其实并不想调回古钦的总公司，而更愿意待在偏远的分公司里。他很少笑。他是个病态的、抑郁的人，非常尽心尽职，总是担心自己会不会做错什么事。他毫无幽默感，说起话来既啰唆又枯燥。对他来说，生活已成了一条死胡同。

* * *

古钦的市场。所谓市场，其实就是像博洛尼亚①那样的几条有拱顶走道的小街。街上店铺连着店铺，在那里，你能看到拥挤的中国人在干活、吃饭、交谈，过着中国城的忙碌生活。河两岸是当地土著人的茅屋，在那里，马来人过着他们一成不变的生活。不管你是在人群中行走，还是停下来观望，你都会很好奇，这里的生活竟然那么急迫。不过，你马上就领悟到，这是愉快的日常活

---

① 博洛尼亚：意大利一城市。

动。生与死，做爱、吃饭，做人就是这些事。有个白人在那群人中间走过，他就是统治他们的人。他并不关心那群人过怎样的生活。他不会干预那些人的事，只要他们太太平平地缴税就可以了。他是个白皮肤的外国人，他就像外星人似的对待那里的生活。他在那里只是个警察。不过，他又是个终身流放到那里的人。他对那个地方毫无兴趣。他就等着退休，但他又知道，一旦退了休，他到其他地方都适应不了，只能住在那个地方。他们常在俱乐部里谈论退休后住到哪里去。他们不仅厌恶自己，还彼此厌恶。他们都希望从禁锢中获得解脱，但想到未来，又深感不安。

* * *

种植园主。他从剑桥大学毕业后就决定做个种植园主。他出来已有十年，依然单身，而且因为经济萧条而破了产。当初经济繁荣时，他赚了两千美元，全都用来种植橡胶树，而如今，他投资开辟的种植园大多又变成了丛林。他是个矮小的男人，其貌不扬，柔弱的黑眼睛、柔弱的嗓音，很怕见人，但很有模仿才能而且喜欢音乐。他会演奏各种乐器，至少都会一点。他收集马来亚的银器。他的处境真有点可怜。他孤零零地住在一间破败不堪的小房子里。墙上贴着数不清的女人照片，有穿衣的，有半裸的，也有全裸的。一只粗糙的木架子上放着几本现代小说。

* * *

T 夫人。一个金发女人。因为天热，她没有烫发，但一头浅黄色的头发依然很漂亮。她有一双蓝眼睛，脸色有点苍白，还有点倦态，但她还不到二十六岁。正面看，她那张苍白的脸还算漂亮，但她的下巴太小，很不显眼，所以从侧面看，她的脸有点像绵羊。她的皮肤原本是很白嫩的，但在眼下这种热带天气里，已经黑黝黝了。她总是穿着敞领、短袖的薄纱衣裙，或是蓝色的，或是粉红色的。她常戴一串白珊瑚项链，头上戴一顶菲律宾草帽。

* * *

N 夫人。金发，肥胖，四十岁。她是个高大、黝黑的女人，双眼明亮，待人直率而友好。她给你的印象是她好像做过舞女，实际上她出生在一个百年来一直做东方生意的富商家庭。她很胖，而且越来越胖，这使她很郁闷，但她又经不起食物的诱惑，狼吞虎咽地大吃奶油、土豆和面包。

* * *

新加坡：鸦片梦①。我看到一条路，两边都排列着高大的白杨树，就是你在法国时常会看到的那种路，它在我眼前延伸，白色的、笔直的，通向无比遥远的地方。但我看到了比我想象的还要遥远的地方，而那条白色的路却依然是两边排列着碧绿的白杨树。然后，我好像沿着那条路飞奔起来，白杨树在我身边掠过，就如坐在特快列车上，车窗外的电线杆一闪而过，而且一棵接一棵，无穷无尽，那长长地排列在路边的白杨树。然后，忽然间，白杨树不见了，只见浓荫的阔叶树，栗树和梧桐树，分得很开，这时我也不再飞奔，而是在散步。然后，我好像来到一片开阔地上，而当我低头往下看时，看到的却是一片灰蒙蒙的大海。这儿那儿，好像有几只渔船正驶入海湾。在远处，海湾的那一边，有一幢华丽的花岗岩楼房，楼房前的大院里面还矗立着一根旗杆。那一定是海岸警卫队的楼房。

* * *

他在马来联邦的一个州做了二十年行政官。他在那里简直像帝王一样。他既乖戾又狠毒。他独断独行，既严酷又粗暴。他有个马来女人，他跟这个女人以及其他女人生了一大群孩子。后来，他退休了，回切尔滕纳姆②定居，并在那里娶了一个女人。此后，他就跟随那个女人，一心想混入当地的上流社会。

* * *

D夫妇请我赴宴去见见他们的两个朋友，一对要在新加坡待上几天的夫妇。那男的是英属北婆罗洲某个地方的行政官。D夫人告诉我说，他曾是个酒鬼，每天晚上要带一瓶威士忌上床，天亮前就喝完了。这实在令人厌恶，所以总督就命令他回英国休假，并对他说，如果他休假回来还是醉醺醺的，那就要解除他的职务。那时他还是单身汉，总督建议他回英国期间找个正派的年轻女

---

① 这段笔记看来是毛姆在新加坡尝试吸食鸦片后所记，记的是他吸食鸦片后产生的幻觉。
② 切尔滕纳姆：英国中西部自治城市，位于伯明翰市南部。

人结婚，这样他才能恢复正常。后来他休假回来时，果真结了婚，而且洗心革面，从此滴酒不沾了。

他们前来赴宴。那丈夫是个高而胖的男人，脸刮得光溜溜的，有点秃顶，说话啰里啰唆而且自以为是。那妻子是个矮而黑的女人，既不年轻也不漂亮，但是机敏能干，而且很有夫人的样子。像她这样的女人，你在坦布里奇-威尔斯①、切尔滕纳姆或者巴斯②可以遇到好多，她们生来是老处女，好像从来没有年轻过，但她们又使你觉得，她们也不会变老。这对夫妇结婚已有五年，看来很幸福。我想，她大概只是为了嫁人才嫁给他的吧。

我后来再也没有见过这对夫妇，他们也绝对不会想到，他们那天晚上来赴宴为我作了怎样的贡献。他们启发了我，使我写了一篇名为《宴会前》的短篇小说。

* * *

爪哇。车站上来了一群垂头丧气的人，三个是男的，两个是女的，都戴着手铐，由几个爪哇士兵押解着。这些犯人都是皈依基督教的土著人。他们原本有八个人，一起到一个村子里去传教，劝村里的人皈依基督教。他们宣讲平和、仁爱的教义，但村里的头人却来和他们争论。双方越争越激烈，以致那八个传教人中的领头人打了那头人一拳。于是，便打了起来，而且连女传教人也加入进来，把那头人打死了。这下演变成了一场野蛮的群架，结果是，村里人死了七个，传教人死了三个。

* * *

星期四岛。我住的这家旅馆是布朗夫妇开的。布朗太太是个矮小而胖墩墩的女人，穿着网眼女罩衫，黑头发烫成波浪形。她喜欢开玩笑。她有一双敏锐、甚至有点狡黠的眼睛，鼻子是红彤彤的，很奇怪。她一度也许还很漂亮。她和她丈夫一样，满脑子的发财计划，满脑子的胡思乱想。她丈夫是个中等身材的男人，大约四十岁，头发很长，但很稀疏。他的四肢动作特别轻巧，好像

---

① 坦布里奇-威尔斯：英国东南部肯特郡的一个海滨城市。
② 巴斯：英国埃文郡东部的一个城市。

装了弹簧似的。他曾从事过许多职业。起初是理发师,后来是职业赛跑手①、博彩经纪人、教练员、矿主、烟草经纪人,最后还是理发师。他谈到他做职业赛跑手的经历时很坦率,说他挣了不少钱。这个职业并不光彩,他说他当初是用假名字上场赛跑的,还说他曾和赌场经纪人一起作弊,故意输掉比赛,因而分到了一大笔钱,等等。他对他开的这家旅馆并不十分在意,而是一心想到附近的一座岛上去勘测,指望在那儿发现金矿。他从来不喝酒。他有一个女儿是他前妻生的,叫奎妮,就在这家旅馆做前台。她不仅觉得自己做这种工作很失面子,还往往把客人提出的要求看作是对她的侮辱。有一次,有个客人奚落了她几句,她卷起手里的菜单敲着那个客人的头说:"你给我滚!"这里的客房服务员是个干瘪的老姑娘,三十岁,脸色发黄,尖嘴猴腮。她走来走去,也不管自己前额的刘海上还裹着卷发纸。她曾做过酒吧女,竟然也认为做客房服务员有失她的身份。她非常喜欢散播岛上的各种流言蜚语。

* * *

C.。他有一条二十吨的双桅帆船,还有十来只舢板,用来采集珍珠,后来因为经济萧条,采集珍珠变得无利可图而不干了。他是个身高六英尺的男人,体格健壮,有一张圆脸和一双诚实的蓝眼睛。他不仅为人谨慎,脾气也很好,待人周到。他的头发剪得很短,但有一撮前额鬈发。他的年龄大约在三十五岁到四十岁之间。他每次驾驶那艘双桅帆船出海时都穿着破旧的粗布裤子和背心,但一上岸,不管天气多热,他都要穿黄靴子、灰色西装裤、白色外套和硬领花衬衫,戴一条黑色领带,还把那条领带弄得看上去像是用什么东西固定在衣领上的。当他一晃一晃地走来时,你一眼就可看出,他是小船上的船老大。

* * *

丁顿号。一艘五十五英尺长的双桅帆船。船员除了 C.之外,还有四个来自托雷斯海峡②的岛民,黑皮肤,卷头发,体格健壮。他们穿着肮脏的、有补丁

---

① 职业赛跑手并不是体育运动员,而是类似于跑马场和跑狗场上的马和狗,其赛跑是供赌博用的。
② 托雷斯海峡(Torres Straits)位于澳大利亚和新几内亚岛之间,是东南亚和印度洋地区与澳大利亚、新西兰和南太平洋诸岛间海上联系的重要航道。

的裤子和无袖衫,戴着破旧的毡帽。汤姆·奥比头发灰白,身体硬朗,其他人都很年轻。亨利是个浪荡子,相貌英俊、精力充沛、牛皮哄哄。犹坦,腰围一条拉瓦拉瓦,在船舱里——也就是船员们的卧舱里——生火做饭。客舱在船尾,主桅杆穿过舱而过。舱室很低,低得连人都站不直,天花板被吊灯的烟熏得黑乎乎的。那里可供两个人并排睡,另一个人在舱口横着睡。两只救生艇勉强塞在舷墙和船舱之间。

我们定在上午九点出发,但C.迟到了,来了之后又发现忘了把备用三角帆带来,只好派两个船员到他家里去拿。终于起锚了,乘着退潮,船驶了出去。海上风很大,但阳光明媚,晴空万里。船升起主帆和三角帆,急速行驶。估计傍晚就可到达莫比亚哥岛,航程四十五英里。船行驶在星期四岛和威尔士亲王岛之间时,我们下去吃了午饭,有冷牛肉、酸黄瓜、煮土豆和一块海绵蛋糕。我们还喝了茶。当我们行驶到远离陆地的海域时,发现那里的季风刮得很猛烈,海上波涛汹涌。C.落下前帆,并把水桶绑好。大风一阵阵刮来,大浪一个接一个打到船甲板上,浪花四溅,白色的、大大的。坐在这样的小船上,人其实就紧挨着大海。一路上要经过许多小岛,每经过一个小岛,我总是想,要是现在船翻了,我能不能游到那小岛上去。几小时后,到了巴渡岛,C.说他要在那里抛锚,明天再前往莫比亚哥岛。我们绕着那个岛行驶,由于那个岛挡住了风,船平稳了许多。找到了一处锚地,那里已有十来只采珠船停着,也是为了避风而来的。采珠船的主人大都是日本人,只有一个澳大利亚人,雇用了一些黑人船员。我们抛下锚后,放下一只救生艇去把那个澳大利亚人叫来。我们请他喝茶,还邀请他晚上过来和我们一起吃晚饭、打桥牌。这之后,我们上岸去洗澡。我们的晚饭是船在行驶途中捕到的一条马鲛鱼,还有冻肉和苹果馅饼。我们喝了茶,喝了小罐的威士忌加苏打之后,就在舱房里点起明亮的防风灯打桥牌。T.(就是那个澳大利亚人)告诉我们,往北去天气更糟糕,他差点在那里翻船。他打算等到大风过后再说,因为现在风大水混,采不到珍珠。他和我差不多高,虽然还年轻,看上去却很苍老。他很瘦,黄头发,满脸皱纹,戴假牙,蓝眼睛。他穿一条深色裤子、一件无袖衫。大约九点,我们都有了睡意,他才回去。夜空很明亮,一轮明月几近满盈,小小的客舱里一丝风也没有。我们用帆布在甲板上搭了个帐篷,铺上我们各自的床垫,躺下睡觉。

第二天一早,我们乘着退潮,扬帆启航,但是没行驶多远,就搁浅在沙洲上。潮水向外海退去,船搁浅在那里动不了,一直等到涨潮,才离开那里。船在小岛间穿行,不久便到了外海。莫比亚哥岛就在远方,朦朦胧胧,已隐约可见。海上的风浪比昨天还大。船又在小岛间穿行,海水变得很浑浊,到处是礁石。有人站在船头的三角帆吊杆上瞭望。一个大浪打过来,我们一阵惊慌,忙着躲避飞溅的水花。突然,听到咔咔的摩擦声,我们知道这是船刮蹭了礁石。这样磕磕绊绊之后,船驶入了深水。瞭望的人朝掌舵的 C.挥着胳膊。C.很紧张。然而,船还是刮蹭了另一块礁石,摇摇晃晃地驶了过去。这之后,船向外行驶,避开了那些礁石。

莫比亚哥岛外围有两道环礁。我们要穿过第一道环礁,进入两道环礁间的空隙处,然后环岛航行,找到可以抛锚的地方。我们到了外环礁的入口处,驶了进去,行驶到离内环礁只有几码远的地方,船头一转——几乎是原地转弯——沿着外环礁内侧行驶。风很大,我们升起所有的帆。升帆时,帆布被风刮得瑟瑟抖、啪啪响,很难升上去,试了五六次才成功。然后,慢慢地朝那个岛靠近。三角帆被风刮破,布条拍打在主桅杆上,发出噼啪的声响。我们全身湿透,连内衣都湿了。这样,船终于驶入莫比亚哥岛和一个小岛之间的一条水道,那儿可以抛锚。此时正值涨潮,潮水逆风涌来,掀起大浪。我害怕之极。船像是着了魔似的,左右摇晃。我看见一个大浪向我们打来,打在船上,淹没了甲板,我以为第二个大浪会在船回正前打过来,没想到,船竟然像人一样灵活,侧身一闪,避开了第二个大浪,径直朝前驶去。这样,我们到了外面那个小岛的附近。有那个小岛挡住风浪,我们这才雄赳赳地到达抛锚的地方。

我们划着一只救生艇上岸①。那儿,在一个小海湾旁边的一块四周都是椰树林的空地上,C.有一间小木屋。地板上躺着一具死猫的骸骨。我们全身湿透,正好在那里换上干衣服,再喝了杯茶。然后,我们就在岛上逛了逛。岛民的茅屋都很优雅地建在椰树林里。那天夜里,狂风大作,吹在椰树林里呼呼作响,吵得我不能入睡。第二天,几个船员一上午都在海滩上把大石头放进那只救生艇里,以此增加它的重量,不让它被海浪卷走。下午,他们去了村庄,直到夜里才回来。汤姆·奥比来到小木屋,说天气太坏,C.决定再等一天。椰子树被风吹得东倒西歪,我们朝海上望去,看到远处黑压压一片,把那个小岛笼

---

① 要登上这样的岛,大船是无法穿过内环礁的,只好用小船摆渡。

罩在细雨中。天上乱云飞驰。我们打牌消磨时间。尽管海上有风浪,有几个村民还是划着小舢板出海,傍晚捕了四只海牛回来。岛上所有人都来看他们分海牛,看他们拎着大块鲜红的海牛肉回家。海牛肉的味道很像牛排,但不像牛排那么嫩。

* * *

校长。他是个五六十岁的男人,又高又瘦,满脸皱纹,头发灰白而浓密,唇上的胡子也是灰白的,颏下的灰白胡子有一星期没刮了。他牙齿残缺而且发黄。他说话口齿不清,部分原因是前面的牙齿掉了,部分原因是唇上的胡子太长,所以,听他说话很费劲。他穿一件卡其布的旧外套、一条黑白相间的旧裤子和一双旧网球鞋,头上戴一顶不像样的旧毡帽,一副邋里邋遢的样子。他在莫比亚哥岛上已有十五年,一直住在海边椰树林中的一间破败的平房里。那房子是木板搭的,屋顶是一层波纹状的铁皮。藤条椅坐上去是摇摇晃晃的。墙上贴着许多照片和彩色广告。一只小木架上放着他的书,廉价版的通俗小说和一些杂志。他的妻子有当地土著人血统,一个皮肤黝黑、瘦骨伶仃、头发灰白、弯腰屈背的老女人。她穿着一条破旧的白裙子和一件不太干净的白罩衫。当我走进他们家时,我看见有十来个当地土著女孩,还不到十五岁,丰满而机灵,正坐在地上,听她讲缝纫课。

* * *

传教士。他是个非常瘦的男人,灰头发、蓝眼睛。他总是穿着灰裤子和无袖衫,不过,当他想穿得像样一点时,他会在无袖衫外面戴一个有黑前襟的白色假领,再罩上一件白外套。在他的书橱里,放着廉价版小说和神学书。他有一只小船,用来往返于那些小岛之间,因为他所管辖的教区是由八个小岛组成的。他很少在家。他妻子有一头剪短的卷发,要是不戴眼镜而且打扮一下的话,是个漂亮女人。但她的饭菜做得太差,而且把房间弄得乱七八糟。她见了陌生人还会害羞。

* * *

阳台前面有一些木麻黄树,从树与树中间可以望见远处的大海和小岛。日落后很久，海面上还会有殷血的余晖映衬着那些木麻黄树。这时，那些树就像绣了花边似的，花花绿绿，好像不是真的树。这景象会使你想起日本印花布。最后，一阵阵夜风把树枝吹得摇摆起来，树枝间有一颗银白色星星忽隐忽现。

那些木麻黄树就像一块神奇的面纱挡在你和你眼前的景物之间，忽而撩起，忽而放下，使你浮想联翩。

* * *

第二天早上，我们出发去狄里瓦伦斯岛，C.要到那儿去送货。风比昨天小了点，天上依然有很多云，低空的浮云疾速而过，高空的乌云很厚，几乎一动不动。光线还算明亮。我穿着衬衫和一条帆布裤，光着脚，坐在甲板上看书。有一阵子是顺风，C.把主帆和前帆都升了起来。狄里瓦伦斯岛是个地势平坦的岛，刚出现在地平线上时，只是隐隐约约的一条黑影，接着就看到了树梢。我们绕岛行驶，为的是找一个避风的地方抛锚。环礁没有开口处，我们只得在离岛一英里多的地方抛锚。海上波浪起伏，划小船上岸需要一个多小时。一路划，一路还要用一个空水果罐把灌进来的海水舀出去。

回到大船上，我们在船舷边放下一根鲨鱼线，上面系一块海牛肉作鱼饵。忽然，海水搅动起来。我们赶紧收线。下面的东西在拼命挣扎。我们看到是一条鲨鱼。C.拿来了他的左轮手枪，当我们把鲨鱼拖到水面上拉到船舷边时，C.朝它开了一枪，水里顿时冒出一股鲜血。但它还在挣扎，C.朝它连开六枪。然后，我们用一根绳子，一头打个圈，套住鲨鱼的背鳍，一头绕在一个滑轮上。转动滑轮，把鲨鱼拖了上来，重重地扔在甲板上。它还没有死，尾巴还在拍打甲板。犹坦拿来一把斧头，在它头上猛敲几下，然后又拔出一把长长的刀，把它的肚子剖开。它的胃里有海龟的骨头。我们割下巨大的鲨鱼肝，又割了一片鲨鱼肉挂在钩上做鱼饵，重新把那根鲨鱼线放进海里。没过几分钟，又有一条鲨鱼上钩。不一会儿，我们就钓到三条大鲨鱼，最小的一条十四英尺，最大的一条十八英尺。甲板上满是鲨鱼油脂和鲨鱼血。第二天一早，我们把三条死鲨鱼扔回海里，出发前往马老奇镇[①]。C.要用鲨鱼肝熬油，用作桅杆上的润滑油，所以几个船员一整天都在柴火上用煤油罐熬鱼肝油。那气味真难闻。

---

① 马老奇镇：印度尼西亚东部港口城镇。

狄里瓦伦斯岛和马老奇镇之间有一些浅滩，船不能直行，而是要朝西行驶五十英里绕过去。风从侧面吹来，船摇晃得很厉害，船舷倾斜了又回正，回正了又倾斜。就这样，摇摇晃晃，折腾了好几个小时。然后，我们看见海水逐渐浑浊，这表明我们进入了浅海。我们每十五分钟就测一次水深，以防搁浅。潮水并不是很大，船摇晃得不再那么厉害。极目望去，没有一点陆地的影子，甚至连船的影子也没有。我们孤独地在这茫茫大海上，渺小而可怜。下午过后，测得水深八英寻①，这表明我们已经穿过浅海，可以调转方向朝北行驶了。这时，风平浪静，航行轻松愉快。我们两次看见浮到海面上来取暖的海龟。风越来越小。地平线上有厚厚的白云，但一动不动，好像是画上去的。太阳西沉，天空渐渐变暗。夜幕降临，星星一个接一个出现。晚饭后，我们坐在甲板上抽烟。天气不冷不热。月亮慢慢升起，穿行在云朵间。这一夜的航行真是太舒服了。我睡下后几次醒来，每次醒来心里都是乐滋滋的。大约凌晨两点，C.收起主帆，仅用前帆航行。

黎明时，我再次醒来。甲板上有点冷，但并不是很冷。还是看不到陆地的影子。看到日出令人兴奋，随即又感到了暖意。在这晴朗的早晨，抽几支烟，感觉不错。一两个小时后，终于看到陆地了，平而低的陆地。我们继续航行，直到海岸的轮廓变得清晰，看到那里树木茂盛，用望远镜还可看到那里有几个小渔村。我们沿着海岸行驶，寻找马老奇河的河口。我们不知道它在哪里，这使我们觉得自己像是从前的探险家。我们测水深，又想通过海岸线的形状来判断河口的位置。我们知道河口往往会有灯光，一直留意观察。这样探寻了几个小时，终于看到水上有水草漂浮，水也更浑浊了，C.说我们肯定离河口不远了。我们继续航行，一会儿就隐约看见海岸线上有个开口，又过了一会儿，有一缕像旗杆似的白光横在船舱里，那是从外面照进来的灯光。我们看到远处有个浮标，就径直朝它驶去。这时正值涨潮，潮水向河口涌去。所以，风虽然很小，我们的速度却很快。当河口出现在我们眼前时，我们的船随即就和汹涌的潮水一起冲了进去。

我们看到了城镇上的红色屋顶，看到了几艘双桅帆船，看到了一个码头。我们落帆抛锚。终于到了。

---

① 英寻：水深计量单位（1 英寻 = 6 英尺或 1.829 米）。

* * *

马老奇镇有一种干净整洁的荷兰风貌,不像英国殖民地的同类城镇那样肮脏杂乱。镇政府是一间木板房,上面盖的是波纹状的铁皮屋顶;还有就是一两个用来堆放货物的大棚和大门前的岗亭。镇政府对着镇上的一条街,那条街上住着开店铺的中国人。我们在逗留期间总是到那里的一家饭店去吃饭。已经吃了一个星期的海牛肉、咸牛肉、杂鱼和水果罐头,能吃到咖喱菜肴也算是一种享受。

* * *

在枯水期,泥泞的小溪里有几百条泥鱼,小的两英寸,大的九英寸或十英寸。它们趴在泥浆里,瞪着大而圆的眼睛,一看见你就猛地扭身钻进洞里。看到它们用双鳍支撑着身体在泥浆里爬行,真是怪异之极。泥浆也好像和它们一起在蠕动。它们使你想到地球的远古时代,那时地球上的生物大多体型庞大,它们是那个时代的缩影。这情景真有点离奇得可怕,真令人作呕,它们使你觉得,那泥浆也好像神秘地活了起来。

* * *

都宝镇(阿鲁群岛①)。那是一个脏兮兮的小镇,只有两条街,街上有中国人和日本人开的店铺。本地的马来人村落都建在水边,茅屋是用木桩架起来的。船码头里停着采珍珠的舢板。西里伯斯贸易公司的人有一座构造杂乱的大房子,但他们大部分时间都住在公司的大帆船上,只有当汽船带来信件时,他们才回都宝镇。

* * *

卡尔登。一个靠家里汇款的英国男人和一个波利尼西亚女人的儿子。一个又高又胖的大家伙,有一对发亮的眼睛和一口洁白的牙齿,头秃得差不多了,只有耳朵旁边和后脑勺上还有一点卷曲的头发。他说话急躁而且唾沫四溅。他

---

① 阿鲁群岛:印度尼西亚东部一群岛,为新几内亚西南部摩鹿加群岛的一部分。该群岛由荷兰人发现,并在1623年后被开拓为荷兰殖民地。都宝是阿鲁群岛上的一个小镇。

心地很好，笑声爽朗，但他就是喜欢讲粗俗下流的澳洲脏话。

* * *

塔纳尔镇。一个河边小镇，房屋建在木桩上，里面挤满了中国人、阿拉伯人和马来人。从客栈的阳台望出去，可以看到一条河从高大的木麻黄树林间流过，可以看到对面的小岛和一两间房屋。茂密的灌木丛里鲜花盛开，硕大的蝴蝶色彩鲜艳，在灌木丛中飞舞。绿鹦鹉的头有红有黄，成群掠过，蓝天上顿时五彩缤纷。临近黄昏，有几只鸟大声鸣叫，叫声狂野而奇特。远处传来击鼓声，好像还有木管的吹奏声。日落时，可以看到对面的那个小岛沐浴在殷红的霞光中。

* * *

卡伊群岛。船在一个个长满树木的小岛间穿行，就如走入了一座迷宫。日出后，海面平静而蔚蓝，那么美、那么安宁、那么孤寂、那么令人肃然起敬。你会觉得你是第一个进入这片静谧之海的人，你会屏住呼吸，等待着，不知会发生什么事情。

* * *

班达镇①。在两个地势很高而且丛林密布的小岛间，有一个狭窄的入口。船只要驶进那个入口，就到了班达镇。镇的对面，有一座杂草丛生的火山。港湾里的海水很深、很清澈，沙滩上有几间库房和茅屋，都是架在木桩上的。

班达镇的街道上排列着许多平房，但这个地方死气沉沉，房子里都是空荡荡、静悄悄的。街上有人走动，但很少，而且一声不响，好像害怕会有不祥的回声。没有人大声说话。小孩子在玩耍时也不喧哗。时不时地，你能闻到一股甜滋滋的肉豆蔻气味。店铺里同样是静悄悄的，卖的东西都差不多，罐头食品、莎笼、棉布。有些店铺里连伙计都没有，好像根本不指望有顾客上门。你也看不到有人在做买卖。

---

① 班达镇：印度尼西亚班达群岛的最大城镇。

这里中国人很少,因为他们不会住在没有生意可做的地方。不过,这里有许多阿拉伯人,有的一本正经地戴着开罗毡帽,穿着笔挺的西装;有的戴一顶白布帽子,腰里围一条纱笼。他们的皮肤都很黑,一张闪米特人[①]的脸,眼睛大而亮。镇上还有很多马来人和巴布亚人的混血儿——当然,还有很多马来人。偶尔,你会看到一个脸晒成古铜色的荷兰男人[②],或者一个肥胖的荷兰女人,穿着松垮垮的白衣裙。

* * *

老式的荷兰平房,房顶高而尖,屋檐外伸,由几根多利斯式或科林斯式柱子支撑,柱子是用砖块垒成的,外面刷一层灰泥。柱子和柱子中间的地方,就是一个宽敞的阳台。阳台上放着几张圆桌和几把硬邦邦的荷兰椅子,上面有吊灯,地上铺着瓷砖或者白色大理石。里面的房间都很暗,硬邦邦的家具是荷兰式的,墙上挂着几幅蹩脚的油画。房子的正中是客厅,两边是卧室。房子后面,有一个围墙围着的院子,那围墙上的石灰已经斑斑驳驳,受潮的地方已经发绿。院子里杂草丛生,种着一些玫瑰花、果树、藤蔓、灌木、香蕉树、一两棵芭蕉树、一棵肉豆蔻树、一棵面包树和其他一些乱七八糟的植物。院子尽头有一间小房子,那是用人住的。

到外面走走,你很可能会走到一堵又长又破的白色围墙跟前。围墙里面是一片废墟。那里原是一个葡萄牙女修道院。沿着海岸走,你会看到这边是当初葡萄牙人修建的城堡,那边是荷兰人新建的豪华官邸。[③]

葡萄牙人的城堡有两座,一座离海岸稍远一点,外面有一条现已长满杂树和灌木的壕沟围绕着,里面的城堡只有用大石块垒成的外墙还在,外墙里面的内院已经成了热带丛林。城堡对面有一大片直到海边的开阔地,那里有许多高大的木麻黄树、卡纳里树和无花果树,都是葡萄牙人当初种的。我想,在炎热的夜晚,他们大概就在这里乘凉。

另一座城堡在一个山头上,居高临下,灰色的,没什么装饰,外面有一条

---

① 闪米特人:亚非白种人(如犹太人、阿拉伯人、印度人、波斯人等)的总称(与此相对,欧洲白种人总称为雅利安人)。
② 班达群岛当时为荷兰殖民地。
③ 此段和下面两段均暗示,班达群岛原是葡萄牙人的殖民地,后被荷兰人夺取。

很深的护城河。这座城堡好像保存得还可以。城堡的唯一入口是一个离地大约十二英尺的城门，要用梯子才能进入。方形的城堡里面还有一座小城堡，小城堡的中央是一口井。这座城堡里的好几个大房间大概是供军官住的，门窗都是文艺复兴晚期风格的，比例匀称，装饰简朴。

* * *

树林。高大无比的卡纳里树把矮小的肉豆蔻树笼罩在它的阴影里。树下没有灌木丛，只有枯叶。你可以听见那种和鸡差不多大的鸽子在咕咕叫，还有鹦鹉在叽叽喳喳。偶尔，你还能看到几间凄惨的茅屋，里面住着肮脏的马来人。那里又潮湿，又闷热。

* * *

他们说，以前这里的商人都很富有，而且喜欢互相攀比，挥霍钱财。他们有私人马车，傍晚时坐着马车慢悠悠地在海滩边或空地上兜风。那时，港湾里时常停着许多船，把整个港湾都挤满了，新来的船要在外面等，要等到有船离港才能进来。他们从荷兰开着空船来到这里，船上只有作为压舱物的大石块和大冰块，而他们从这里运走的却是珍贵的香料。

* * *

热带的下午。你想睡一会儿，但绝望地放弃了，昏昏沉沉地走到阳台上。天气之闷热，简直令人窒息。你烦躁得要命，却又百无聊赖。时间像是脚上绑了铅块，走不动了。白天似乎漫无尽头。你想洗个澡或许会凉快一点，但没什么用。坐在阳台上太热，你只好再到床上去躺着。但蚊帐里一样又闷又热，既没法看书、没法思考，也没法睡着。

* * *

夜晚的凉爽。这时的空气柔和而清爽，你觉得舒服多了。你的想象力开始活跃，想象了再想象，毫无倦意。你有一种自由感，仿佛精神摆脱了肉体。

* * *

望加锡港①。太阳庄严地落下，金光闪闪，然后是红光与紫光，远处的椰树林映照在落日的余晖中。你在想，怎样才能把这绚丽景象描述出来。这绚丽景象使你有点紧张，有点胆怯，但它同时又使你心情激动。要是你会歌唱，一定会引吭高歌。唱《纽伦堡的名歌手》②中的五重唱？不，应该唱《格列高利圣歌》③。因为这绚丽景象中没有悲伤，只有命中注定的死亡④。你在东方城镇所能看到的最好景象，除了有各种各样的船——货船、客船、帆船、捕鱼船——进进出出的海港，还有就是那里的日落和日出。

---

① 望加锡港：印度尼西亚南苏拉威西省的首府，苏拉威西岛上最大城镇。
② 《纽伦堡的名歌手》：19世纪德国作曲家瓦格纳的著名歌剧。
③ 《格列高利圣歌》：以教皇格列高利一世命名的基督教礼拜仪式上的赞美诗咏唱，因其表情肃穆、风格朴素亦称为素歌。
④ 命中注定的死亡：喻日落。

1923①

T.。他是个退役军官,战后来到锡兰②,凭他曾指挥过一个团的能力,做了一个俱乐部的秘书。他矮而胖,上身长,下肢短,穿着一条松松垮垮的裤子和一件又大又长的上衣,看上去很滑稽。他给你的印象是他好像当过骑兵,而他其实是在 KOYLI③ 里服役的。他的黑头发很稀疏,抹过油,紧贴在头皮上,但他的胡子却又长又密。他对自己打得一手好牌很是得意,每个和他打过牌的人都被他嘲笑过。他喜欢谈论他认识的那些高级军官,那些曾和他亲密无间的将军和元帅。

* * *

强盗。他是个五十刚出头的男人,但看上去又老又虚弱,头秃了,头发和胡子都白了。他的鼻子又大又红。当他坐下时,你觉得他有点驼背,但当他站起来时,你会惊讶地发现,他即使驼背也比普通人高。他是个了不起的捕鱼人,而且对自己这一行总是津津乐道。通常,他口袋里总是装着几只昆虫。他对蝴蝶特别感兴趣,眼下正在写一本关于锡兰蝴蝶的书。他酒喝得很多,而且喜欢谈论他怎么和别人一起畅怀痛饮。我不知道别人为什么要叫他"强盗"。

---

① 这一年,毛姆再次到东南亚,笔记所记,几乎全是他在那里的观感和他在那里认识的人。
② 锡兰:即今斯里兰卡。
③ KOYLI 是 King's Own Yorkshire Light Infantry 的简称,即国王御用约克郡轻步兵团。

* * *

丛林。就在日落前一刻，丛林里的树好像都分散成了一棵棵单独的树，那时你看不到成片的树。真是神奇的一刻，那些树好像获得了新生，你甚至可以想象，它们不仅有了灵魂，还随着日落而改变了各自的位置。你仿佛觉得这一刻发生一件奇怪的事情，它们神奇无比地改变了形状。然而，这一刻很快过去，黑夜降临，它们又聚合到一起，变成了丛林，变成了丛林中的芸芸众生。

* * *

种植园主的住所。那间有阁楼的平房建在一座小山的山顶上，四面有花园环绕，花园里有几块长满野草的草地，还有一些橙黄色的美人蕉、芙蓉树和正在开花的灌木。平房后面，有一棵开着红花的大树。从阳台上可以远远看到山坡上的橡胶树。阳台里面有一间小小的客厅，而宽敞的阳台就当作起居室，里面放着庄园式的家具：几把长椅腿的大靠椅、几把藤椅、一两张桌子和几个木架子，架子上放着几本翻烂了的廉价版蹩脚小说。阁楼上有几间卧室，都很简陋：一张铁床、一个灰不溜秋的衣橱，还有一个脸盆架，上面放着一只不相配的破陶盆。饭桌上的餐具也很简陋，不是破旧的盘子，就是廉价的茶壶、汤罐。饭菜倒很丰盛，有汤、有鱼、有烤肉、有甜点，但全都弄得不干不净，实在叫人大倒胃口。

* * *

仰光①。他们是父子，分别在同属一家中国公司的两只货船上做船老大。父亲把年轻能干、英俊正派的儿子视为珍宝，但他惊骇不已地发现，儿子爱上了一个缅甸姑娘，而且不仅仅喜欢，还爱得情深意密。不仅如此，他还中了邪似的，像当地人那样吸鸦片，最后连工作也没了。他父亲认为是那个缅甸姑娘对他施了魔法，决定要拯救他。一天，那个缅甸姑娘被人发现淹死在河里。没人知道她是怎么淹死的，但人人相信，这是那个父亲干的。儿子痛苦万状，从此对父亲的敬爱变成了仇恨。

---

① 仰光：缅甸首都。

* * *

月光下的曼德勒①。白色的城门泛着银光,上面的城楼映照在皎洁的夜空中,令人赏心悦目。曼德勒的护城河是世界级美景之一。它不像基拉韦厄火山②那样壮观,也不像科摩湖③那样浩渺;不像南太平洋群岛的海岸线那样令人赞叹,也不像伯罗奔尼撒半岛④上的古迹那样令人肃然起敬,而是有一种令人爱怜、想把它搂在怀里的美。它的美不会使你欣喜若狂,但会使你久久难忘。其他的美需要有某种心情才能欣赏,它的美却不论你是什么心情、不论在什么季节都会使你神往。它就像赫里克⑤的诗,当你没有心情读《地狱篇》⑥或《失乐园》⑦时,读读赫里克的诗还是很舒心的。

* * *

F.。他是个大胖子,灰白的头发稀稀拉拉,但他红润、光滑的圆脸蛋却使他有时看上去好像还有点孩子气。他上唇蓄着短短的牙刷状灰胡子。他的牙齿很糟糕,我只看见他嘴中央有一颗发黄的门牙,松松地悬在那里,看上去只要用力一拔就会下来。他脸上是汗津津的。平时,他总穿着一套卡其布衣裤,里面穿一件网球衫,敞着领子,不戴领带。他在战时受过重伤,一条腿瘸了,走起路来明显地一瘸一拐。他唯一感兴趣的是马。他讲起马来头头是道,而且一天到晚在讲马。他沉溺于赛马赌博,而且总是把钱押在他认定的几匹马身上——不过,从来没赢过。他整天嘻嘻哈哈,但他给你的感觉是,他不仅深知赛马场上的各种诡计,并且会毫不犹豫地用来坑害别人。

* * *

E.。他说他出生在乡下,可能是因为经常有人看不起他,他还特别强调他以此为荣。他父亲原先在一艘专跑中国航线的茶叶船上做大副,后来娶了一个

---

① 曼德勒:缅甸中部城镇,位于仰光以北伊洛瓦底江畔。
② 基拉韦厄火山:位于美国夏威夷岛东南部,堪称世界上最壮观的火山。
③ 科摩湖:位于意大利北部阿尔卑斯山山区,意大利第三大湖。
④ 伯罗奔尼撒半岛:位于希腊南部,半岛上有许多古迹。
⑤ 赫里克:17世纪英国骑士派诗人。
⑥ 《地狱篇》:但丁《神曲》中的一篇(另两篇是《炼狱篇》和《天堂篇》)。
⑦ 《失乐园》:17世纪英国诗人弥尔顿的著名长诗。

缅甸女人，定居在毛淡棉①。E.是一八八五年作为一名翻译来到曼德勒的，后来就在此地留了下来，先在政府部门任职，后来经商，做玉器、琥珀和丝绸生意。我去看他时，有人把我带进一个既是客厅又是店铺的房间。那房间不大，却放了许多东西：廉价的欧式家具、有软垫的靠背椅、沙发，以及活动茶几之类的东西；还有好几个陈列柜，里面放着劣等的玉石和琥珀。但却没有风扇，又闷又热，还有蚊子叮咬。他在梳洗更衣，让我等了很久。后来，他总算来了，一个高而瘦的男人，白头发、黑皮肤、塌鼻子。他讲起话来声音又响又难听，而他好像还很得意，讲个不停。他说的都是书面语，许多词语我们通常只会在书本里读到，他却拿出来放在嘴上说。他总是使用长词而不使用短词②。他还特别喜欢说一些套话。还有，当他说到某个人时，尽管已多次说到，他却始终都用这个人的全称③。所以，他和我谈到了"解莱迪史密斯之围的英雄乔治·怀特将军阁下"和"荣获维多利亚十字勋章的哈里·普伦德加斯特将军阁下"。

* * *

G.。他是个身高六英尺多④的男人，瘦长，并不怎么英俊，但也够引人注目了。他的脸晒得很黑，双颊凹陷；眼睛是蓝色的、笑眯眯的。他把脸刮得干干净净，只在上唇留了一点牙刷状的小胡子。头发剪得很短，有一点点灰白。他四肢灵活，举止轻松而文雅。他的衣着并不讲究，但很得体，上衣和裤子都有点大，但式样都很好。他是个骑兵，不难想象，他穿着军装一定很神气。他说话特别慢，但颇有点幽默感。他总是冷冷地嘲讽他人。他是个业余驯马师，又是个优秀运动员，轻描淡写地谈到他参加过的所有重大赛事。

* * *

T.。他是个高而瘦的男人，刮干净的脸，脸色苍白，戴着眼镜。这使他有

---

① 毛淡棉：缅甸南部城镇，位于仰光以东的马达班湾。
② 英语中有许多表示同样意思的长词（即音节多的词）和短词（即音节少的词），前者一般用于书面语，后者一般用于口语。
③ 英语习惯，当说到一个人时，最初说出全称（包括姓、名、职务、荣誉称号，等等），再提到此人时，就只说姓或者名（视说话人和此人的关系或者对此人的态度而定）。
④ 六英尺多：近2米（1英尺约等于0.3米）。

一种大学生般的古怪样子。你会觉得他更像是写稿子的记者,而不是丛林里的冒险家。他神情羞涩而谦卑。他总是独来独往,因而少语寡言。他穿着卡其布衬衫、卡其布短裤和长袜子。他以寻找矿藏为职业,在缅甸北部找到了一个玉石矿,指望因此而赚一笔大钱。他只在雨季时来曼德勒,其余时间都在矿上,那里方圆七英里以内,除了他没有一个白人。

1929①

婆罗洲②。H.穿着卡其布衬衫和卡其布短裤。他还穿着棕色的鞋子和齐膝的长袜。他是个中等身材的男人,胖胖的,红彤彤的脸上汗津津的,鹰钩鼻也是红彤彤的。他有一双蓝眼睛,微微发黄的头发已经秃到了头顶上。他说的话几乎全是流行语,特别是当他和别人一起喝酒的时候,尤其如此。就凭他这样说话,就可知道他是个好伙伴。但是,当他和你单独在一起时,他说话要自然得多,就像一个绅士。他养了两只猫和一只狗。他出生于一个牧师家庭。

* * *

A.。他是个威尔士口音很重的威尔士人,很瘦,不修边幅,不蓄胡子,招风耳,面目丑陋。他不仅不好看,身体也不好。他有一种冷嘲热讽式的幽默感,还有一种拍马奉承的功夫,当他看到别人听信了他的花言巧语时会很得意。他衣衫不正,邋里邋遢。他钢琴弹得不错,喜欢古典音乐。每当他发火时,他就会弹钢琴来平息怒气。他给你的印象是,他像是个出身贫寒的乡下孩子,因为读书聪明而考上了公务员。他房间里有一大堆奖状,都是学校颁发的。他喜欢读法文书,还收集了不少法国现代小说,但他法语讲得很差。

---

① 时隔多年,毛姆又来到东南亚,故而这一年的笔记大多记的是他在那里遇到的一些人。
② 婆罗洲:Borneo,加里曼丹岛(Kalimantan Island)的别称,世界第三大岛,现分属于印度尼西亚、马来西亚和文莱。

＊　＊　＊

苏丹①。事先安排好，苏丹将在十点在会客大厅接见我们，而就在我们一路走去时，看见苏丹和他的随从也正从他位于会客大厅旁边的寝宫里出来。所以，我们在外面等了一会儿，让他先进入会客大厅。苏丹由两个中年男人和一个随从陪同，那几个人都是奴颜婢膝的样子，其中一个为苏丹撑着一把雨伞。其实，所谓会客大厅只是一间长条形的矮平房，里面摆着一张花里胡哨的苏丹宝座。宝座前有一张长桌子，桌子旁有六把椅子。离桌子稍远一点，也就是大厅的两旁，也摆了两排椅子。有人把我们介绍给苏丹和两位摄政王。苏丹是个十三岁的男孩，长长的马脸，灰白的象牙色皮肤，一双犀利的小眼睛，大嘴，一笑就露出牙齿和牙龈。他身穿黄色丝绸上衣、丝绸裤子和丝绸纱笼，头戴一顶镶着假钻石的黑色金丝绣花土耳其毡帽，脖子上戴着好几条金项链和一枚大大的金质徽章②。两位摄政王都是他的近亲，都头戴蓝灰色绣花绸缎头巾，身穿深色裤子和马来上短衣，其中一位是斜眼，戴着一副浅色墨镜。苏丹的弟弟是个八岁的男孩，脸色苍白，由一名仆从侍奉，而且整个会见过程中一直坐在仆从的腿上。苏丹时不时地看一眼那位斜眼的摄政王，听从他的示意，但看上去又很自信，一点也不慌里慌张。他坐在长桌子一头的一把扶手椅上③，两位摄政王分坐在他两边。英国特派员④和我们两人坐在长桌子的另一头。苏丹身后站着四名侍卫，但一个个都穿着破旧的衣服。一个侍卫手里捧着一把剑，另一个手持一根长矛，第三个托着一个垫子，第四个拿着一盒槟榔。有人为我们敬上当地的卷烟。那卷烟粗得像一根蜡烛，外面是聂帕桐树的叶子，里面是婆罗洲的土烟草，但抽起来烟味很柔和。其他大臣坐在大厅两边的椅子上，专心致志地听着长桌上的谈话。苏丹后面的那张宝座两旁，有两支插在铜蜡台上的大蜡烛，烛火烧得很旺，表示苏丹对我们的诚挚热情。苏丹的弟弟，那个小男孩，一直瞪着眼睛看着我们。摄政王代表苏丹向我们致以亲切的问候。随后，

---

① 苏丹：穆斯林国家的国王，此处是指婆罗洲的苏丹。
② 此徽章是英国政府颁发给他的，为表彰他对英国殖民当局的忠诚。
③ 因为接见的是英国特派员，实质上是他的顶头上司，所以他不敢坐那张苏丹宝座。
④ 英国特派员：Resident，即当时英国政府派驻被保护国或被保护地的特派代表。

特派员代表我发言，告诉他们我是谁①，还把我的情况大概说了一下。这之后，双方都搜肠刮肚，说了一些客套话。然后，摄政王作最后致词，特派员优雅地作了答词，我们就告辞了。

* * *

特派员府邸后面的小山上长满了各种各样的树木，那是大自然任意安排的，但却产生了一种人为设计的艺术效果，看上去就像中国古画里的绿岭青山。

* * *

我们去了儿茶工场。工场建在山脚下的河边上。一大片棚屋，下面有木桩支撑，墙壁是厚木板，房顶是波纹状的铁皮。工场后面有香蕉树、木瓜树和其他各种各样的树。整个工场显得简陋不堪，马马虎虎，好像是临时需要随便搭建起来的。工场里杂乱无章，一点不像英国工场或者美国工场那样井井有条。儿茶是从红树皮中提取的一种东西，可用来硝制皮革。所以，走在工场里，好像到处都能闻到一般淡淡的硝皮气味。制作儿茶，先是把红树的树皮用一台机器捣碎，然后倒入一个大桶，用水冲洗、熬煮，直到提炼出鞣酸，也就是儿茶。制成的儿茶最初是一种浓稠的棕色溶液，很像糖浆；然后，工人把这种溶液放在太阳下暴晒，使其变成硬而大的块状物。工场主和他的两个助手住在山上的一栋平房里，每人一个房间。还有一个小俱乐部，他们每天晚上都到那里去。所谓俱乐部，就是一个长条形的房间，一边放一张台球桌，另一边放一个小吧台、一张桥牌桌，还有一张桌子上放着一堆《每日画报》《每日镜报》《皇家杂志》《河岸》之类的报纸和杂志。俱乐部由一个小伙子管理，他除了负责准备饮料，还要充当台球记分员。俱乐部里到处都是脏兮兮的。工场主是个胖墩墩的男人，戴着角质框眼镜和假牙，没有胡子，一张古铜色的方脸。他在这儿已有二十五年，据说他在当地土著人中很有威信。他说起话来总是不伦不类地夹几个法语词。据说，他人很好，很诚实。工场的职员只有三人，但这

---

① 由此可见毛姆当时在英国名气之大，旅游到婆罗洲，还要惊动当地的英国特派员和当地的苏丹。

三个人很合不来，经常争吵。那个机械师三十不到一点，有很重的苏格兰口音，英格兰人听他说话很难听懂。他中等身材，穿着寒酸的粗斜纹布灰色上衣，里面穿一件破旧的网球衫。他的脸不难看，也不好看，长相有点俗气但并不令人讨厌，一双蓝眼睛总是睡不醒的样子，好像喝醉了酒，但仔细看，他的眼神似乎很深邃，还有点忧伤。这眼神使你觉得他好像有一种不寻常的困惑，好像看到了什么令人不解的东方神秘之物。对此，你也许会暗暗想，这个单纯、粗俗、没受过多少教育的苏格兰人，怎么会感知生命的神奇，怎么会因此而恍恍惚惚，怎么会独自在人生之海上随波逐流。听人说，他特别喜欢喝酒，一喝醉就变得人不像人，变得既凶残又狂暴。第三个人长得很矮，但身板很宽，淡茶色头发，大鼻子，极其沉闷，跟他无话可说。

* * *

纳闽镇①。从一个小码头一上岸，你就到了沿海而建的大街上。那里有中国人和犹太人的店铺，而且都很特别，同一家店铺里往往要做两三种生意：你会看到门的这一边有一把牙医的活动椅子或者一把理发师的转椅放在开着的窗户前，门的那一边有一个钟表匠在修钟表；同时，这家店铺又卖罐头食品。有三四家店铺是来自巴格达的犹太人开的。其中有一家是标准的杂货铺，凡是你在地摊上看到过的任何杂七杂八的东西，那里都有卖。柜台后面的长椅上斜倚着一个犹太女人，美得简直叫人不敢相信。她半坐半躺，神态慵懒，身上只穿一件褪了色的粉红睡衣，裸露着洁白的双脚。她漂亮的鹅蛋脸白嫩细腻得就如象牙，一头乌黑的长发，一双圆圆的大眼睛。她仿佛是从《一千零一夜》里走出来的天仙美女，那么妩媚，那么娇艳，简直令人窒息。她的丈夫是个高而瘦的犹太男人，蓄着胡子，戴着眼镜，就如你在伦敦东头②很容易见到的那种人，那种机灵、狡猾的势利小人。

* * *

F.M.S.③。海上的黎明。天亮时我刚好醒来，走到甲板上。霹雳州④的山是

---

① 纳闽镇：马来西亚婆罗洲东北海岸纳闽岛上的主要城镇。
② 伦敦东头：the East End of London，即伦敦贫民区。
③ F.M.S.：Federated Malay States（马来联邦）的缩写。
④ 霹雳州：马来联邦十三个州之一。

灰蒙蒙的,山顶上飘着浮云也是灰蒙蒙的,而当太阳升起时,顷刻就把那浮云染成了粉红色和金黄色,看上去就像丁加奴人①的莎笼。

* * *

稻田鸟。一大群白色的稻田鸟散漫地拍着翅膀,就如心中的胡思乱想,毫无条理、毫无秩序。

* * *

特派员助理。他是个矮小的男人,大约五十多岁,灰白的头发、灰白的浓眉毛。他的脸从侧面看还可以,想来他年轻时并不难看。现在,他的蓝眼睛里已显出疲态,他的薄嘴唇边常带着怒气。他说话好像嘴里没有牙齿,漏风而含糊不清,所以很难听懂他到底在说什么。据说,他很拘谨,但我的印象是他这个人在社交方面很无知。要他把某人介绍给另一个人,他也会很窘迫。聚会时,他不敢第一个离开,除非有人先走,他才跟着走。当然,他很尽职、很勤奋,但很愚笨。他就是这样一种官员,老是怕做错事情,满脑子的陈规偏见和繁文缛节。他在这里已有三十年了,竟然还不怎么会说马来语。他对这个地方毫无兴趣,其实他对任何事情都毫无兴趣,只知道拼命工作,不要让上司来批评他。他打算一拿到退休金就马上离开。他心里只有一些琐碎小事,从不关心国家大事。他只关心本地的事情,而本地的事情又仅限于本地的俱乐部和本地的人员来往,因为这是他的职责。

* * *

种植园主。就多数情况而言,种植园主似乎有两个层次。大多数种植园主是比中产阶级还要低俗的人,说英语带着难听的口音或者明显的苏格兰腔调。他们思想浅薄,只关心橡胶价格和俱乐部活动。他们的妻子不是装腔作势地想摆出一副太太的架子,就是粗声粗气地露出一副泼妇的样子。另一层次的种植园主都上过学,也许还上过大学。他们之所以成为种植园主,是因为他们在英国无法谋生,而种植橡胶树既不需要特别的技术也不需要太多经验,比较容易

---

① 丁加奴人:马来联邦十三个州中丁加奴州的土著人。

挣到钱。虽然这些种植园主总是急于使人知道他们不是粗人而是绅士，但他们除了回英国度假时的生活稍有不同，平时在这里的谈吐和兴趣几乎和前面那个层次的种植园主没什么两样。所有的种植园主对待政府官员的态度几乎都一样，既敬畏又妒忌，既鄙视又憎恨。他们私下里会嘲笑政府官员，但又把特派员府邸里举行的冷餐会或者宴会看作生活中的头等大事。要在种植园主中找一个知书达理的文化人，那是难而又难的。

* * *

F.M.S.。马克住在客栈里，他是从他的住处荷属婆罗洲过来的，希望能把属于一些荷兰裔马来人的橡胶园卖给邓洛普公司。不过，他这个人随时准备把任何东西卖给任何人，为此不仅会花许多时间劝说一个欧亚混血的年轻人买一辆汽车，还会设法使新加坡的几个犹太人对开采黑金刚石感兴趣，声称他能搞到婆罗洲的开矿权。在过去的三十五年里，他到过马来半岛上的许多地方，从事过许多职业，起初是传教士，后来是政府官员，在霹雳州从事勘测；后来，他又做过种植园主和矿主，做过好几家欧洲公司的代理人。但是，他好像一事无成，年纪倒快要六十了。他长得高大而健壮，走起路来却是一副乡下人的样子，好像鞋底下沾满了泥巴。他有一张红而黑的脸，一双蓝眼睛，眼眶发红。他给我的印象是他这个人卑鄙而狡诈。他跟我说的他在F.M.S.的经历大多是坑蒙拐骗的勾当，而他又想使我相信他在这个无法无天的世界上是唯一的好人。在他讲的那些事情中，只有一件事情有点意思，那就是他说有个女人嫁给一个男人后发现那个男人在村里有三四个混血私生子，于是就和村里的头人商量，把那些私生子全都扔到河里淹死了。这件事情十有八九是他编造的，没有一句是真话，但他讲得像模像样，还很滑稽，听听倒也很有趣。

* * *

O.。他是俱乐部的秘书，一个矮小又驼背的男人，大约五十岁，曾做过多年的种植园主。他对世界、对文学的了解远远多过大多数种植园主，而且他还嘲笑种植园主的老婆，嘲笑她们老是抱怨自己的生活像流放犯一样艰苦。他说种植园主毫无疑问都是下层人，种植园主的老婆当然不配有仆人，不配有住宅和汽车，只配在家里洗菜做饭。

* * *

G.R.。他是政府的工程师,一个矮小而能干的家伙,五官轮廓分明,头发灰白。他言行举止都很严谨,很有点军人作风和绅士派头。他在怀特岛有一幢房子,打算明年退休后就住在那里。他想找点事情做做,想养鸡,这不仅可以消磨时间,还可以有百分之十的利润。他是个典型的退役军人,对军阶的看重可说到了偏执的程度。你可以想象,他即使最后定居在文特纳①,也会和当地的退役军人搞得很好。

* * *

P.。他是个身材魁梧、双下巴的爱尔兰人,红脸、鬈发、蓝眼睛,说话土里土气。他在这里已有三十五年,最初是一名普通警察,现在是警察局长。他最近再次结婚,娶了一个漂亮的、比他女儿还小的贝尔法斯特②酒吧女。他心情愉快、待人和气。他带我们到监狱去看看。在那里,我们看到了囚犯,看到了被判长期监禁的人戴着脚链在干活:有些在准备做米饭,有些在做木工。在两间小牢房里,我们看到两个被判死刑的人。两人都盘腿坐在床上,身上只围着一条囚犯专用的纱笼,也就是犯人自己做的一块脏兮兮的白布,上面有监狱的标记。他们什么都不做,就那么呆呆地坐着。我们听说,在临刑前三天,他们每天可以拿到五美元,可以随意买他们想要的食品、饮料和香烟。行刑那天早上,他们会被押到院子对面,在那儿洗个澡,接着会被押到一个地方去吃早饭。吃过早饭后,他们会被押到行刑室,在那儿走上几级阶梯,站在一个木平台上。这时,刽子手会把白布罩套在他们头上,并把一个绳圈套在他们的脖子上,绳子的另一头系在天花板上的一个铁环上。然后,刽子手会抽掉他们脚下的活动地板。为我们作讲解的就是监狱里的那个刽子手,一个身材矮小的伦敦佬。他长相粗俗,一口黄牙,娶了个日本女人为妻。我问他当刽子手是不是感觉很可怕,他笑着说,从来没有影响过他一天夜里睡好觉。他还告诉我说,有个男人在上绞架前一天被问有什么需要时说:"有,我要一个女人。"警察局长听了哈哈大笑,对他说:"妈的,你倒真是个男人!我当然不在意,但是你知

---

① 文特纳:美国新泽西州一城市。
② 贝尔法斯特:北爱尔兰最大城市。

道,我没法答应你。我会被地方上所有人骂死的!"

看犯人洗澡很有意思,他们每天要分批洗两次澡。当一批犯人来到一个大水槽前时,狱警发给他们每人一个桶,然后命令他们舀水、冲身四次,接着命令他们搓身,再命令他们舀水、冲身四次。然后,他们匆匆围上纱笼,离开,把那个地方让给下一批犯人。

* * *

夜空下的槟榔树细长而雅致,有一种三段论①的削瘦之美。

* * *

L.K.。他被人称作奶油小生。他在贝列尔学院②上过学,比他这辈子要打交道的所有种植园主和政府官员都受过更好的教育,读过更多书。他起初想谋求军职,后来做了校长。他桥牌打得很好,舞也跳得很出色。他周围的人都抱怨他太自负,对他非常反感。他有那种牛津作风,衣冠楚楚,谈笑风生。他说话不避俗语,同时又不失修养。他还有自己的习惯用语。他长相很好,有一张文绉绉的脸,也许可以做一名年轻的大学教师,或者,在夜总会里做一名专业陪舞员。

* * *

C.是个做学问的人,严谨、可敬、沉闷。他的妻子既性感又温柔。C.凭能力在新加坡谋到了一个重要职位。有个女人和她身强力壮、热情友好的丈夫一起住在他们家附近。那个女人和C.一样,严谨、可敬、沉闷。他们都是中年人了。一天,那个殖民地③里的人全都大吃一惊,他们私奔了。被他们抛弃的那两个人都提出了离婚,后来也都结了婚。C.失去了工作,和那个跟他私奔的女人一起住在英国,生活很拮据。对此,新加坡这边的两个人当然很解气,但有一点仍使他们很郁闷,因为有消息说,英国那边的一对男女过得很幸福。

---

① 三段论:喻抽象、不具体、不丰满。
② 贝列尔学院:牛津大学一学院。
③ 那个殖民地:指新加坡,当时属英国殖民地。

* * * *

　　我走着走着，想起一条我时常在梦中见到的大路，一条和我脚下一样的盘山路，它通向一个城市。不知为什么，我非常想去那儿。有许多男人和女人在那条路上急匆匆地走，而我时常会从梦中醒来，发现自己因为渴望加入他们的行列而已经从床上起来，走到了房间中央。那个城市很容易看到，就在一座山的山顶上，被城墙围绕着，那条宽而白的路盘旋而上，直达高大的城门。空气清新芬芳，天空是蔚蓝的。那些男人、那些女人和孩子，他们走着，并不相互交谈，因为他们一心想着他们的目的地，满脸都是期待的神情。他们中没有人左右张望，全都急匆匆地走着，目光热切而闪亮。我不知道他们期待的是什么。我只知道他们被某种强烈的希望驱使着。那座城市使人想起艾尔·格列柯所画的城市，那种矗立在悬崖边上的灵魂之城，只有当闪电撕开夜幕时人们才能战战兢兢地看到它。不过，格列柯所画的城市，街道狭窄而曲折，还有乌云笼罩，而我梦中所见的那个城市，阳光明媚，街道宽阔而笔直。格列柯所画的那些神秘之城，其中的人，他们的举止和他们用以抚慰心灵创伤的宁静，我隐约有所知晓，但我梦中的那个城市里到底有些什么人，为什么其他人要那么急迫地寻找那个城市，我一无所知。我只知道我热切地想到那里去，只知道，当我最终走进它的大门时，幸福在等待着我。

* * *

诗　　句

　　我无法想象我会失去你，
　　我无法想象你会离开我，
　　但我知道你那飘忽的心里
　　没有温情，没有爱意。

　　我看到你去吻那不需要你的人，
　　而当我想挣脱锁链走开时，
　　你又用温柔的手臂抱住我的头，

不肯放我走。

你假装的爱情我也谦卑地感激。
我用金银换来你不情愿的嘴唇，
而如今，我心中的爱情已经死去。

哦，你甜蜜的微笑和喃喃细语
曾使夏日里的天空黄金般灿烂，
而如今，那神奇的魅力在哪里？

爱情的苦楚不是死亡，不是分手，
而是疲倦使爱情干枯。我的激情
就像一条被烈日晒干的河流。

我看到我空荡荡的心，我退缩而愁苦：
我的灵魂就像沙漠，一片荒凉，一片寂静，
只有旷野里的风在吹拂。

国王的墓地也有猫头鹰把巢筑①。
我的眼睛伤心地盯着你。我后悔
我曾为你狂喜，为你痛苦。

---

① 此句中的猫头鹰喻死亡，全句意为人人都会死，国王也不例外。

1930

尼科西亚①的客栈。客栈的伙食是典型的英国伙食,就是在贝斯沃特②的私营旅馆里吃的那些东西:汤、鱼、烤肉和甜点,乳脂松糕或者干果布丁,星期天外加一份煮鸡蛋。客栈有两个洗澡间,用一个烧柴火的锅炉烧洗澡水。客房里摆着白漆的小铁床和廉价的家具。地板上有几块看上去像鞍褥的小地毯。客厅里摆着几把有印花棉布套的大椅子和一张铺着马耳他绣花布的桌子。那里的灯很亮,但椅子摆在背光的地方,没法坐在那儿看书。客人们到了晚上大多会坐在那儿打牌赌博。那儿太吵闹。客栈的老板是个矮小肥胖的希腊人,英语说得不是很好,他在餐厅里的帮手是个矮小的希腊小伙子,视力很好,但嘴里却已镶了一颗金牙。

* * *

房客。一个军人,退役的龙骑兵,衣冠楚楚,很有绅士派头。他患了结核病,用养老金在里维埃拉疗养,有时到近东去旅游。他高而瘦,嘴鼻轮廓分明,稀疏的头发贴在头皮上。

一个有点年纪的胖女人,白头发,极快活,极轻浮。她是人们所说的那种疯女人,在餐厅里也会隔着桌子和别人大声说笑。她一天到晚嘻嘻哈哈、疯疯癫癫。

一个从埃及来的生意人,带着他的胖太太。他的脸红彤彤的,头发有点花

---

① 尼科西亚:塞浦路斯首都,位于塞浦路斯岛的中北部。
② 贝斯沃特:伦敦的一个区。

白，发型却弄得像雇佣兵，他也许真的在部队里待过。

一个戴金丝边眼镜的老先生，正慢悠悠地在欧洲旅行，调查各地的社会福利。他为一些小报写稿，眼下正在收集材料，打算写一本关于劳工阶级的社会状况的书。除了这件事，他从不谈论其他话题。他知道许许多多陈年旧事，总想讲给别人听，但只要他一开口，别人就不想听了。

还有两个身体瘦弱的女人，大部分时间待在自己的客房里。她们每次用餐前都要先喝一杯鸡尾酒，使其他女人觉得好奇怪。

还有一个矮胖的老男人，有一撮白胡子，戴一副眼镜，曾在日本待了二十二年。因为地震，他在日本的生意被震垮，赚不到钱了，只好作罢回到英国，住在女儿那里，后来他在哈罗①买了房子，打算和女儿、女婿住在一起度过余生。他女儿出生在海外，六个月时被他送回欧洲，此后他很少去看她，所以当他回英国和女儿住在一起时，两人都觉得像是陌生人。父女不合，于是他把房子留给女儿，自己去了近东。他很怀念日本，想回那里，但他觉得自己没有足够的钱，回到那里无法像过去那样生活。他常到这里的俱乐部去，在那里看看报纸，打打台球。晚上回到客栈，他不是一个人玩单人纸牌，就是坐在一边听别人聊天。他很少说话，只是个旁听者，但听到别人揶揄打趣，他也会咯咯地笑。他是在等死。

至于其他人，也不过是多了点闲聊而已。

这个客栈的住宿费是每天十先令。

*　　*　　*

纽约。她是某个阔女人雇用的秘书，住在一家小旅馆里，那里还住着某个英国诗人的父亲。她很敬仰那个诗人，所以对他的父亲很友好，而那个做父亲的却是个声名狼藉的酒鬼和穷鬼。他很爱儿子，以他为荣。后来，那个诗人来纽约，寄宿在她的雇主家里。她以为他肯定不知道他父亲的生活多么窘迫，以为他一旦得知父亲的情况后一定会解囊相助。但是，好多天过去了，他却丝毫没有想去看看父亲的意思。终于有一天，她在为他记录口授信件时对他说，她认识他父亲，实际上和他父亲住在同一家旅馆里，她还对他说，他父亲很想见

---

① 哈罗：伦敦东北部一个建于1571年的住宅区，哈罗公学所在地。

他。"噢?"他只应了一声,就继续口授信件了。她很惊讶。她觉得有必要把这事告诉那老头。那老头听了呵呵一笑说:"他以我为耻。"她愤愤地说:"他真是个差劲的诗人!""不,"那老头说,"他真是个差劲的人,但仍是个了不起的诗人。"

* * *

要做一个作家,关键就是要不断地研究人,而我没有做好,因为我时常觉得这事太枯燥。这需要有极大的耐心。当然,有些人特征明显,你看他们就像看一幅画一样清晰,他们本身就是"人物",形象鲜明,而且他们往往还很乐于表现自己的个性,好像是自娱自乐,还邀请你来一起分享。但这样的人很少。他们不同于普通人,既有优点,又有一个额外的缺点。那就是,他们生动的个性表现,往往会显得不很真实。研究普通人就完全是另一回事了。他们是各式各样的。譬如某人,他有性格,有他自己的生活和许多个人特点,但他给人的印象却是含混不清的。因为他自己也不了解自己,怎么能告诉你关于他的事情呢?不管他怎么说,他都说不清。不管他有意无意隐藏的东西对你来说有多么重要,他自己并不知道那有多重要。如果你想从这模模糊糊的印象中创造出一个人物来,就像雕刻家从一块石头里雕出一个人像来,那你不仅需要有时间、有耐心、有中国人那样的手艺,还要有其他种种天赋。你必须花时间倾听他们的闲言碎语,直到最后抓住他们不经意间透露出来的真情。要真正了解普通人,你必须想他们所想,而不能想你自己所想,这样你才会有兴趣为听他们说话而听他们说话。

* * *

人的外貌。如何描述人物的外貌是小说家面临的一个难题。最自然的方法当然就是分别列出人物的身高、肤色、脸型、鼻子的大小和眼睛的颜色。这既可以一次性列出,也可以随机顺便提到,而若在适当的场合重复提到人物的某一外貌特征,则可以引起读者的注意。这既可以在引入人物时提到,也可以在读者已对人物感兴趣时提到。但不管怎样,我都不相信读者会对人物有清晰的印象。过去的小说家非常详细地描述人物的外貌特征,但这样被描述得像真人一样的人物,我不相信读者真遇上了会认得出来。我总觉得,单靠文字描述是

很难在我们在心中勾画出具体形象的。我们所知道的一些著名虚构人物的具体形象，其实是插图画家想象出来后强加于我们的，譬如，菲兹所画的匹克威克先生①或坦涅尔所画的爱丽丝②。列举人物外貌特征确实没有多大意思。所以，有许多作家尝试采用印象主义手法来生动描述人物外貌。他们完全忽略客观描述，而是用或多或少有点生动的词语来形容人物的外貌，试图用一些巧言妙语，譬如，通过一个能说会道的旁观者，在你心中勾画出一个人物。这样的描述读起来当然要比枯燥地列举外貌特征有趣得多，但除此之外还有什么，我很怀疑。我认为，这种生动描述往往是为了掩盖这样的事实，即：那些作家自己心里根本就勾画不出清晰的人物形象。他们是在回避难题。还有一些作家好像从未意识到人物的外貌有多重要，从未意识到外貌对性格的影响有多大。但要知道，一个身高五英尺七英寸③的男人和一个身高六英尺二英寸④的男人，世界对他们来说是不一样的。

---

① 菲兹：19世纪英国插图名家哈布洛特·奈特·布朗的笔名，他为狄更斯《匹克威克外传》所画的插图是其名作。
② 坦涅尔：19世纪英国插图画家和漫画家，他为刘易斯·卡罗尔《爱丽丝漫游仙境》所画的插图是其名作。
③ 五英尺七英寸：约1米70（这在英国是矮男人。毛姆就是这身高）。
④ 六英尺二英寸：约1米88（这在英国是理想的男子身高）。

1933①

蒙特塞拉特②。就像一个致力于表达意味深长的美和深奥玄妙的思想而不顾诗歌格律的诗人写的一首诗，艰涩难懂。

* * *

萨拉戈萨③。祈祷室里很昏暗，只有圣坛上点着几支蜡烛。圣坛的台阶上，有两三个女人和一个男人跪着。圣坛上方有一尊十字架上的耶稣像，彩色的，和真人差不多大小。耶稣双眼低垂，黑头发短而密，黑胡髭脏而乱，看上去像个阿斯图里亚斯④的农夫。在祈祷室一个阴暗角落里，有个女人远离其他人，独自跪着，她不像一般人那样紧握双手祈祷，而是朝着圣坛张开双臂，摊开手掌，像是托着一只无形的盘子，要把里面的一颗痛苦流血的心呈现在耶稣面前。她长着一张瘦长的脸，脸上没有皱纹，一双大大的眼睛凝视着圣坛上方的耶稣像。她这种哀求的、无助而茫然的姿势，表明她极度痛苦，正撕心裂肺地想寻求帮助。但又可以看出，她并不知道自己为什么要承受这样的痛苦。我想，她也许并不是在为自己求情，而是在为别人祈祷。为垂死的孩子？为丈夫？还是为监狱中或者流放中的情人？她古怪地一动不动，眼睛一眨不眨地望着那垂死的耶稣。但是，那只是一尊无生命的雕像，一个粗略的象征，一种表

---

① 这一年上半年毛姆在西班牙，故而笔记的前半部分都和西班牙有关。
② 蒙特塞拉特：英国海外领地，位于西印度群岛中的一个火山岛。
③ 萨拉戈萨：西班牙东北部城市，萨拉戈萨省首府。
④ 阿斯图里亚斯：西班牙西北部自治区。

面化的深沉而真实的形象，是人工制作的，她却依然苦苦地祈求。她眼中既显露出她对天意的敬畏与顺从，又充满了她对那木头雕像的信心，坚信自己只要能打动那木头雕像的心，就会得到安慰与救助。她的脸因信仰而发亮。

* * *

牟利罗①的画用来装饰教堂是最好的，此外（除了说他比巴尔德斯·莱亚尔②稍好一点）就没什么好说了。他的画不管从哪方面说都不怎么样，构图马虎，用色平淡，总体给人松垮、平庸的感觉。不过，他的画本来就为教堂而作的，配上精美的画框，挂在光线昏暗的教堂里，当然还是有点意思的。特别是对西班牙人，还很有吸引力，因为西班牙人性格粗俗，同时又很怪僻，很迷信。他们大多有点神经质，动不动就痛哭流涕，而且喜欢逗弄小孩，喜欢献殷勤，特别是对漂亮女人。这多多少少和他们的怪僻性格有关。牟利罗的画之所以对他们有吸引力，大概也与此有关。

* * *

《塞莱斯蒂娜》③。这本书虽然读起来很有趣，但时至今日，它已经很难令人感动了。它的重要性仅在于它的历史价值。显然，它是流浪汉小说和西班牙戏剧的先驱，其中的有些人物曾经为不少后世作家所模仿、所借鉴。但是，文学史家的说法也太夸张，说它是一部伟大的杰作显然很荒唐。它的情节空洞而愚蠢。它的对话固然值得称赞，是用一种浅显易懂的通俗语言写成的，但是它的人物却是用同一种语言说话的，时不时还要说几句所谓的至理名言。这可说是西班牙文学的通病，就是塞万提斯也未能幸免。它的幽默也是同一样式的，就是这出悲喜剧中的那个最重要、最生动的人物，那个妓院老鸨④，她荒唐地满嘴道德箴言，也属这一样式。这样的幽默甚至都很难使人微微一笑。只有动不动就会笑的人才会笑出声来。它的有些场景写得很热闹而且很像生活，但

---

① 牟利罗：17世纪西班牙巴洛克画家。
② 巴尔德斯·莱亚尔：17世纪西班牙塞维利亚画派的最后一位重要画家。
③ 《塞莱斯蒂娜》：西班牙中世纪传奇，又名《卡利斯托和梅莉贝娅的悲剧》，出版于1499年，作者不详。作品讲述了一个爱情悲剧故事。青年骑士卡利斯托爱上了贵族少女梅莉贝娅，许以重金请塞莱斯蒂娜替他们安排幽会。故事结局是塞莱斯蒂娜被杀，卡利斯托坠梯而死，梅莉贝娅自杀身亡。
④ 即塞莱斯蒂娜。

是，你会称赞它们，却不会被它们深深地吸引。至于它的故事，虽然讲的是一个年轻骑士和一个出身高贵的少女之间炽热如火而又一波三折的爱情，但从头到尾没有一个地方写得扣人心弦。这是个缺少真实爱情的爱情故事。说来很不幸，卡利斯托其实是个笨蛋，梅莉贝娅其实是个傻瓜，只不过是个女才子式的傻瓜，因为当她为卡利斯托之死而绝望地准备从塔顶上跳下去时，竟然还要像普罗塔克①那样引经据典地对人世的无常作一番苦思冥想。

这本书的出名，可说是适逢其时，而非货真价实。

* * *

塞维利亚②。你在这里看到，日落时的霞光就是牟利罗画在圣徒周围的那种温暖的金色光芒，地平线上的朵朵白云仿佛就是围绕在圣母周围的小天使。

* * *

斗牛场里的人群。上千把五颜六色的纸扇在炎热中一起扇动，看上去就像一大群蝴蝶一下子破蛹而出。

* * *

巴尔德斯·莱亚尔。他的画就像一大摊流淌的液体，混混沌沌；或者说，就像一张没有对准焦距的照片，模模糊糊。画面上的人物虽有肉体，却好像没有骨头，一个个都是软绵绵的。他的画既没有构图，也没有布局，好像是在画布上随意涂抹的。他的用色很传统，灰沉沉的。当然，我们必须承认，他还是有点想象力的，但那也是反宗教改革时期③的那种夸张得令人费解的想象力。

* * *

安达卢西亚④。月亮低悬在天空中，就像一个白脸的小丑倚靠在一堵墙上。

---

① 普罗塔克：古希腊传记作家，《希腊罗马名人传》为其名作。
② 塞维利亚：西班牙古城，安达卢西亚自治区首府。
③ 反宗教改革时期：即 16 世纪宗教改革时期（从基督教新教角度讲，是宗教改革；从罗马天主教角度讲，是反宗教改革）。
④ 安达卢西亚：西班牙南部自治区，首府塞维利亚。

* * *

一轮满月像一辆行驶在树林里的汽车,时隐时现,或者像一个快活的胖女人在捉迷藏,滑稽而有趣。

* * *

汽车的喇叭声和排气管的轰鸣声撕破夜幕,就像日本的锯齿状山峰刺穿晴空。

* * *

M.P.。他把面包扔到水里①,衷心希望得到四倍的报偿。但是,以防万一,他在面包上系了一根线,若得不到报偿,就把面包收回。

* * *

艺术从早期的不成熟发展到后来的太成熟,是一个必然过程,只有在这一过程中的某一时刻才恰到好处。当然,这一过程中会有停止和重复,原因是某种艺术手法被过度使用,以至所有问世的作品似乎都成了千篇一律、似曾相识。要摆脱这一困境,唯有当艺术家再度表现出独特个性时,才有可能。

从拉斐尔在不同时期创作的作品中即可看出这一过程。拉斐尔的早期作品如春天般青涩,中期(即梵蒂冈时期)作品如大教堂般庄重,而后期作品呢,简直就如朱利奥·罗马诺②的作品,一大摊颜料而已。

艺术和人一样,一旦太成熟,即是衰老,可憎又可悲。

* * *

艺术家生来就是自由的,而宗教家若要获得精神上的自由,就必须摆脱自身灵魂所受的束缚。

---

① 把面包扔到水里:throw bread on the waters,英语成语,意为行善。
② 朱利奥·罗马诺:16世纪意大利画家、建筑师,拉斐尔的学生。

艺术家和宗教家一样,也是超凡脱俗的。区别在于:宗教家摆脱的是凡俗的享受,艺术家摆脱的是凡俗的陈规。

* * *

忙忙碌碌会使人麻木而忘记原罪①,只有当忙碌受挫时,才有可能感觉到欲念的骚动。

* * *

文艺复兴时期的艺术,你瞬间就能感受到它的魅力。它恬静而愉悦,比其他时期的艺术更近乎完美。它令人心动,但并非使你浮想联翩,而是直接满足你的感官。它就像初春的朝阳照在你身上,使你浑身发热。

* * *

科尔多瓦②。波特罗广场。这是个狭长的广场,两边是白色的小房子,尽头是一条河。广场的一头有一座喷泉,喷泉的基座上有一匹奔驰的马。附近的人捧着陶罐到这儿来取水。他们用一根空心竹竿把水从喷泉中引出。驴子和马在水池边饮水。从那条河边上朝左看,就是那家客栈③。从正面看,那是一座简朴的楼房,两层,白墙,一到晚上就关门。不过,里面有一个很大的院子,地面铺得很马虎,高低不平。还有好几个马厩,每个马厩只能容下一匹马,马夫或童仆就睡在马的旁边。眼下,只有两三匹马。有一个马厩被一个卖花的人占用,他沿街叫卖回来,就住在那个马厩里。从街上走到院子里要一条宽敞的拱廊,里面有几个年轻姑娘在用熨斗熨亚麻布。还有两小间公用厨房。粗糙的石板梯通往二楼。二楼四周都是木板搭建的阳台,栏杆都是摇摇晃晃的。这阳台也就是进入房间的过道。这儿,塞万提斯曾经住过。

* * *

拉曼却④。橡树。它们在稍微起伏不平的乡间延绵好几英里。它们并不高,

---

① 原罪:Sin,基督教观念中的原始之罪,即人的食欲和性欲。
② 科尔多瓦:西班牙南部科尔多瓦省省会,位于瓜达尔基维尔河两岸。
③ 那家客栈:即波特罗客栈。
④ 拉曼却:西班牙中南部一个地区,因被塞万提斯选作《堂吉诃德》的故事背景而闻名于世。

壮观也谈不上，但它们看上去极其健壮，树干多瘤而且弯曲不直，因而给你一种饱经风霜的感觉。它们坚忍不拔，经得起时间和风雨的侵袭。

其后好几英里，放眼望去，尽是线条单调的犁沟。

有时，你会看见一个农夫，像古罗马时代的农夫一样，用两头骡子拖着一只木犁在犁田。有时，你会看见一个农夫骑着一头驴子，或者看见另一个农夫骑着一匹马，他的儿子坐在他后面。寒风阵阵，他们蜷缩在脏兮兮的毛毯里。有时，你会看见一个牧羊人，裹紧身上的衣服，在放牧一群正在啃食枯草的绵羊，或者，一群比绵羊更分散、更好动的山羊。那些牧羊人都是高而瘦的老人，刮了胡子，浅灰色眼睛小而敏锐，削瘦、朴实的脸上满是皱纹。冬天的严寒、夏日的酷热，似乎把他们冻僵、晒干了。他们动作缓慢，而且不用说，都沉默寡言。

村庄里的房屋都是用石块和泥土造的，呈贫瘠的大地颜色，而且都像是临时避难所，很快就会倒塌，回归大地。

* * *

埃纳雷斯堡①。这儿有一个拱廊围绕的广场，还有一条两边有拱廊和普通两层楼房的大街。这是个死气沉沉、没有人气的小镇。大街上只有很少几个行人，只有一辆用骡子拉的敞篷轻便马车和一个骑在马背上的街头小贩，马的两边挂着两只大箩筐。大学校园看上去很漂亮，但建筑物正面的银饰风格②实在不怎么样。其他几条街道都很狭窄，都是灰沉沉、静悄悄的。

* * *

《宫娥》③。你首先会注意到这幅画的鲜明华丽，然后你会意识到，这种效果来自那道常见的日光，因为正是那道日光，奇迹般的照亮了画面中的所有人物。我觉得，委拉斯开兹的这幅画最好地体现了他那种温和而快活的性格。这是安达卢西亚人的典型性格，也是他们最喜欢的性格。

---

① 埃纳雷斯堡：西班牙马德里自治区一城市，塞万提斯和阿拉贡的凯瑟琳（英国国王亨利八世的第一任妻子）均出生于此。
② 银饰风格：16世纪西班牙建筑风格。
③ 《宫娥》：亦译《宫女》《侍女》，17世纪西班牙画家委拉斯开兹的一幅宫廷画，其代表作之一。

至于画面中的那个侏儒和那个小丑，很有点莎士比亚风格①，即毫不掩饰地描绘出他们畸形的身体和可笑的外貌，既不觉得他们可怜，也不觉得他们值得同情。委拉斯开兹就是这么个人，他认为天生这些丑八怪就是供王公贵族取乐的；因而，他毫不犹豫地用取乐的笔调来描绘他们。

不过，委拉斯开兹所画的许多名人肖像画，却没有一幅带有他的主观色彩。他总是客观地按原样画出他们的外貌，非常冷静，非常逼真。我想，没有人会否认他的画技，特别是公主的衣裙，确实画得惟妙惟肖。然而，赏识之余，你心里总会有一种疑虑，总觉得这种高超的画技似乎并没有多大价值。这就如当今有一位作家②，说起话来总是振振有词、慷慨激昂，但说的尽是些空洞的废话。是的，我们没有理由要求艺术具有深邃的哲理，但我们总希望艺术有一定的深度，而不是浅薄的。委拉斯开兹也许就是浅薄的，而且浅薄得富丽堂皇。画面上的人物安排那么巧妙，明暗处理那么恰当，色彩对比那么鲜明，然而他画的却只是一幅幅好看的图案！在我看来，他是有史以来最浅薄、因而也是最有名的宫廷画家。

*　*　*

伦敦。理发师。他十六岁就干这一行。那时，他是个高大的男孩，足以使人相信他自己所说的他已有十八岁；一头金色的鬈发，这大概是促使他干这一行的原因。他喜欢诗歌，星期天——那时理发师一星期工作六天——他还会到各处去朝觐那些和他感兴趣的诗人有关的古迹。他读《失乐园》时，朝觐过查尔方特-圣贾尔斯③。他还朝觐过济慈的出生地、柯勒律治住过的房子④，甚至去过斯托克·波杰斯⑤，徘徊在那个曾给予格雷以灵感的墓园里。他有一种强烈而天真的热情。他把积蓄的钱全用来买书。他在一家面包店里吃午饭时，一边吃着面包、喝着牛奶，一边还在看书。而就是在那家面包店里，他遇到了他

---

① 《宫娥》画面中有一侏儒宫女，在委拉斯凯兹的其他作品中，也时有侏儒和小丑，就如在莎士比亚戏剧中常有这类人物出现。
② 似指 H.G.威尔斯。
③ 查尔方特-圣贾尔斯：英国地名，在白金汉郡东南，大诗人弥尔顿曾在那里完成他的长诗《失乐园》和《复乐园》。
④ 济慈、柯勒律治：均为19世纪英国大诗人。
⑤ 斯托克·波杰斯：伦敦以西、英格兰中部的一个村庄，因18世纪墓园派大诗人托马斯·格雷在那里写出不朽名作《墓园挽歌》而出名。

未来的妻子——在多佛街的一家裁缝店里干活的一个姑娘。后来，他有了一个儿子。他当初之所以赢得那姑娘的好感，是因为他喜欢看书，但是结婚之后，他妻子却开始讨厌他一天到晚埋头看书。她希望他吃过晚饭后带她去散散步或者看看电影。战争爆发①时，他们结婚已有七八年。他报名参军，并在一个常到他这儿来刮脸的人怂恿下，他乘一列军车去了俄国。整个战争期间，他一直在国外。战争结束时，他在罗马尼亚。最后，他回国，重操旧业。那时他还很年轻，才三十三岁，想到自己下半生一直要为人理发、刮胡子，很是沮丧，但又想不出自己还能做什么。他只会理发、刮胡子。他妻子倒觉得，他能平安回家，还有一份不错的工作，应该谢天谢地了。他和她的感情不再像战前那么好了。她总觉得他好高骛远、想入非非。他看到妻子那么满足于现状，很是恼火。但他又知道，他命中注定要干活挣钱、养家糊口。他儿子才十岁。他开始讨厌前来理发的顾客。我问他还看不看书，他摇摇头说："那有什么用？那一点用也没有。"我说："至少可以放飞自我，散散心。"他说："也许吧，但放飞后总要回来的。"他唯有对一件事还有点想法，那就是要让他儿子得到他自己得不到的自由。他自己认命了，不再有什么希望，但他仍耿耿于怀，指望有朝一日儿子会弥补他的终身遗憾，实现他未能实现的理想。然而，他儿子长大后还是做了理发师，只不过收入多了一点，因为他专为女士烫发。

* * *

秘诀。年轻人都很认真。他是个年轻人，性格好胜，颇引人注目，一头浓密的灰色头发从前额向后梳得油光发亮，看来他很会学时髦，抹了不少油。他喜欢写写弄弄，问我怎样写警句。因为他在空军服过役，我自然就回答说："你只要像开飞机那样把一句平常的话翻个跟斗，再拆成几句，像扔炸弹那样扔出去就可以了。"他皱着眉头反复思考我说的话。他恭维我说这很值得他注意，我对他微微一笑。

* * *

有位夫人问我，她儿子有点文学天赋，怎样才能把他训练成一个作家。我

---

① 即1914年"一战"爆发。

认定她是随便问问，不会认真对待我的建议，就回答说："每年给他一百五十英镑，五年后叫他自己去混吧。"事后，我想想，我这个建议其实还真不错，至少比我想象的要好。一个年轻人，有这么一点钱，虽然不会挨饿，但又完全不可能供他去享受安逸生活，因为安逸是作家的大敌。有这么一点钱，他虽然可以到世界各地去看看多姿多彩的异乡生活，但又不可能像富豪那样在国外穷奢极欲。有这么一点钱，他时常会用得身无分文，因而他不得不去赚取自己的生活费。他会到各行各业中去打拼。虽然有的杰出作家过着单调、狭隘的生活，虽然环境对他们很不利，但他们还是写得很好；虽然在巴斯①有许多老处女花许多时间写小说，但简·奥斯汀只有一个②。要做作家，就要将自己置于这样一种境地：尽可能多地体验世态炎凉，尽可能多地经历世事变迁。作家不需要把一件事情做得很多，但最好什么事情都去做一做。譬如，去做做补锅匠、去做做裁缝、去做做士兵、去做做水手，去恋爱又失恋、去挨饿又喝醉，到旧金山去和无赖打牌、到纽马克特③去和赌徒打赌、到巴黎去和贵妇人调情、到波恩④去和哲学家辩论、到塞维利亚⑤去和斗牛士一起斗牛、到南太平洋去和土著人一起游泳。没有哪个人是不值得作家结交的，没有哪件事情是不能被作家当作素材的。当然，还要有点文学天赋，要二十三岁，要在做作家前的五年里，每年有一百五十英镑。

＊　＊　＊

他们两人现在都已死了。他们是兄弟俩，一个是画家，一个是医生。画家坚信自己是天才，既傲慢又暴躁，而且很虚荣。他看不起弟弟，认为他是个婆婆妈妈的俗人。但是，他自己没有多少收入，若不是他弟弟给他钱，他早就饿死了。他的画其实既粗糙又笨拙，但奇怪的是，表面上看好像还不错。他时不时举办一次个人画展，每次都能卖出一两幅画，但也就一两幅而已。后来，他做医生的弟弟渐渐意识到他根本不是什么天才，只是个二流画家，所以很不情愿再为他作牺牲、再给他钱了。但是，又一直没有说出来。后来，做医生的弟

---

① 巴斯：英格兰埃文郡东部的小城，简·奥斯汀的大部分小说都在那里完成。
② 此整句意为，没有什么生活阅历的好作家是有的，但毕竟是凤毛麟角。
③ 纽马克特：英格兰东部城镇，因其赛马场而出名。
④ 波恩：德国城市，因波恩大学有许多著名哲学家而出名。
⑤ 塞维利亚：西班牙城市，因其斗牛场而出名。

弟死了，他的所有东西都留给了做画家的哥哥。他在弟弟的住所里发现，自己二十五年来卖给一些匿名主顾的画，竟然全在那里。他一开始想不明白，后来恍然大悟，原来他那个狡猾的弟弟想用他的画来做投机买卖。

* * *

在英国观众看来，极端的爱情总是有点荒诞不经的。爱情要适可而止，过了头就成了一场闹剧。

* * *

我向来要比多数人更多想到自己的年龄。现在，不知不觉间，我已不再年轻，而是步入了中年。想到自己正在一天天变老，不免有点惆怅。虽然就我的年龄而言，我的阅历比一般人要多，到过的地方也比一般人多，再加上我读过许多书，思考的又往往是超过自己年龄的问题，所以，总的说来，我要比同龄人老成许多；但是，我还是直到一九一四年战争爆发①，才意识到自己不再年轻。那时，我惊讶地发现，我已经四十岁了，老了。不过，我还是安慰自己说，四十岁只是对一个战场上的士兵来说才算老。然而，不久之后的一件小事终于使我不得不承认自己真的老了。有一次，我约一位和我相识多年的夫人带着她十七岁的侄女一起共进午餐。餐后，我们叫了一辆出租车到另一个地方去。我让那位夫人先上车。她坐到了后排的位子上之后，我就让她的侄女上车。没想到，她坐到了司机旁边的位子上，把她姑妈旁边的位子让给我坐。这是年轻人对中老年人的礼貌②（这时不再讲究女士优先）。我顿时意识到，她是尊敬我，因为在她看来，我已经老了。

发现自己不再被年轻人视为同辈，真是令人沮丧。你已经是老一辈人了。在他们看来，你的人生之路快要走完了。他们尊敬你，佩服你，但却渐渐疏远你；因为说到底，年轻人喜欢和年轻人在一起，对你不感兴趣了。

不过，人到中年也有好处。年轻人要受到家庭和社会的管束，中年人则比

---

① 第一次世界大战，爆发于 1914 年。
② 按坐轿车礼仪，一般情况下，年长的或地位高的人坐后面的客座，年轻的或地位低的人坐司机旁边的位子（因为这个位子相当于过去马车夫旁边的位子，通常是马车夫的帮手坐的，不是主人或客人坐的）。

较自由。我记得中学毕业时我心里想："以后，我就可以想什么时候起床就什么时候起床、想什么时候睡觉就什么时候睡觉了。"这样想当然太简单，因为你很快就会发现，生活于文明社会其实只有相当有限的自由。譬如，你想达到某个目标，就得牺牲自由。当初觉得很值得，但到了中年，你会发现，为了这样的目标牺牲那么多自由，实在是得不偿失。我年轻时因为生性怯懦而被人看不起，现在到了中年，好像不觉得有人看不起我了。我从小体力不佳，一走长路就觉得吃力，但我又不好意思承认自己不行，总是硬着头皮走。现在就不必这样了。我向来不喜欢冷水，但我多年来一直洗冷水澡，到海滨去洗海水浴，只是为了显示我和别人一样。我曾经因为要从高台上跳水而几乎精神崩溃，还曾因为打牌、下棋、玩球都不如别人而伤心难过。我的知识有限，许多事情都不知道，却又不肯承认自己无知。直到有了点年纪，我才发现说"我不知道"其实并不是什么难事。到了中年，没有人再指望你连续步行二十五英里，或者在高尔夫球场上连打几场，或者从三十英尺的高台上跳到水里，我觉得这一切都很好，会使你生活得很自在。我年轻时生怕自己不如别人，现在对我来说，不如别人也无所谓。我已经和自己妥协，不再强迫自己做这做那了。所以说，人到中年，确实不错。

* * *

当人不能从生活中得到满足时，就会用想象作为补偿。生存的基本需要使人不得不放弃许多刺激性的追求，但他又很难完全放弃这种追求；所以，当他放弃对荣誉、权力和爱情的实际追求时，他就用幻想来欺骗自己。他从现实生活转入了梦幻天堂，在那里肆无忌惮地满足自己的欲望。然后，出于虚荣，他又宣称这种精神活动具有独一无二的价值。在他看来，想象力似乎是人类至高无上的才能。实际上，想象即意味着失败，因为当你用想象来满足自己时，即承认自己在现实生活中一败涂地。

* * *

小说家的素材。随着小说家深入了解社会而获得创作主题，随着他能够比较熟练地把各种想法贯穿于作品，随着他能够比较自如地掌握小说的艺术技巧，会有一种危险等着小说家，那就是他很可能会对日常生活体验不再感兴趣，而日常生活体验却是小说素材的唯一来源。如果小说家随着年龄的增加、知识的增加和满意度的增加而不再热切关注普通人的日常生活，那他就完了。小说家必须要有童心，要像孩子一样对大人不加注意的事情也充满好奇心。他必须永远长不大。就算有些事情不是他这种年纪的人应该关心的，他也要饶有兴趣地问个究竟。一个五十岁的人，需要有某种特殊心态，才会严肃认真地对待少男少女们的打情骂俏。如果一个人悟出了人生之空虚、世事之无聊，那他就做不成小说家了。你时常会发现小说家自寻烦恼，你也可以看到他们是如何摆脱烦恼的：有时，他们会换一个主题，希望从其他方面找到出路；有时，他们会逃避现实，耽于幻想；有时，因为他们的烦恼和他们的童年紧密相连而使他们难以挣脱现实生活的罗网，他们就会转向自我嘲讽。譬如，乔治·艾略特①和H.G.威尔斯②撇下被诱拐的少女和自作多情的小职员③而去关注社会学；托马斯·哈代写了《无名的裘德》后去写《列王》④；福楼拜不再写外省多情男女的风流韵事而去写冷酷无情的《布瓦尔与佩库歇》⑤。

* * *

　　艺术作品。看到音乐会上和美术馆里有许多人时，我时常想，音乐和绘画究竟会对他们产生怎样的影响。他们显然听得很认真，看得很仔细，但我并没有看到艺术对他们有多大影响。既然艺术对他们没有多大影响，也就没有多大价值。对他们来说，艺术是一种娱乐、一种消遣，或者说，一种暂时的逃避。因为他们要在这个世界上活下去就必须劳作，而在劳作之余，他们就借助艺术稍稍放松一下。此外，当他们悲苦忧愁时，艺术还能给他们一点安慰，如此而已。

　　其实，艺术就像装配工在间隙时喝的一杯啤酒，或者就像妓女两次接客之间匆匆喝的一口杜松子酒。所以，说"为艺术而艺术"就像说"为喝酒而喝酒"，纯属胡说。普通人虽然不懂艺术，但他们知道艺术是有用的，因为艺术能使他们兴奋一阵，就像喝了一杯酒一样。他们大多为衣食而劳碌，为生活而

---

① 乔治·艾略特：19世纪英国女作家，主要作品有《亚当·比德》和《米德尔马契》等。
② H.G.威尔斯：与毛姆同时代的英国小说家，以其具有社会学意义的科幻小说闻名于世。
③ 被诱拐的少女和自作多情的小职员：代指乔治·艾略特和H.G.威尔斯早期小说中的现实内容。
④ 《无名的裘德》是托马斯·哈代的最后一部小说，此后他转向诗歌创作，长诗《列王》是他最重要的诗歌作品。
⑤ 《布瓦尔与佩库歇》：福楼拜的最后一部未竟小说。

愁苦，而艺术能给他们一点幻想，至少能使他们暂时忘却生活的愁苦。

悲观论者对现实不抱希望，而艺术家却总是寄希望于现实。所以，唯有艺术作品才能激发人的情感，进而影响人的性格和行为，这大概就是艺术的价值所在。其实，无论是谁，只要能这样影响他人，就是艺术家。所谓艺术家，就是指这样一种人，他们有意识地把自己对生活的感受转变为一种意念，然后再用某种生动的形式把这种意念表达出来。当然，我说的艺术家，不仅仅指画家、诗人和音乐家——这样的话，就限制了艺术的价值——我是说，还有一种人也应该称为艺术家，他们的艺术——即生活的艺术——虽然不被重视，却是最精妙、最有价值的艺术。

* * *

我的第一本书①出版于一八九七年，还算成功。埃德蒙·高斯②很赞赏那本书。之后我又出版了其他一些书，还成了一个受欢迎的剧作家。我还写了《人性的枷锁》和《月亮与六便士》。可是，二十年来每年都要和我见一两次面的高斯，却每次见到我时总要怪声怪气地对我说："哦，我亲爱的毛姆，我太喜欢你的《兰贝斯的丽莎》了。可你真聪明，就此不写了。"

* * *

将死的诗人。他病得很重，在他身边照顾他的朋友觉得有必要发电报给他妻子。他妻子也算是个画家，正到伦敦的一个小画廊里举办个人画展。但当他的朋友告诉他说已给他妻子发了电报时，他愤怒了。"你为什么不让我死得太太平平！"他大声说。此前，有人给他送来一篮桃子。"她要是来了，第一件事情一定是挑个最好的桃子，然后一边吃桃子，一边大谈特谈她在伦敦的画展多么成功。"

他朋友到车站去接他妻子，并把她带到他所住的寓所。

"啊，弗朗西斯科，弗朗西斯科！"她匆匆走进他的房间，嘴里不停地叫着。他的名字是"弗朗西斯"，但她总是叫他"弗朗西斯科"③。"太可怕了！

---

① 即《兰贝斯的丽莎》
② 埃德蒙·高斯：19至20世纪英国著名评论家。
③ 英国人名"弗朗西斯"，即西班牙人名"弗朗西斯科"。

哟，多好的桃子！谁送的？"她挑了一个，哗嚓一口，咬下一大块多汁的桃肉。"我的个人画展，来的都是很有名的人。一次巨大成功。人人都赞赏我的画。他们都围着我，都说我真有才能。"

她说了又说。最后，他的朋友对她说，时间不早，该让她丈夫睡觉了。

"我也累死了。"她大声说，"这一路上太累了，在车上坐了一整夜。太可怕了！"

她到床边去吻病人。病人转过脸去。

* * *

他是个轮船公司的运务员，十四岁就业，二十二年来在同一家公司任职。他二十八岁结婚，婚后一两年，妻子因病而终身残疾。他是个忠诚的丈夫。他开始贪污公司的保险费。他虽然用贪污来的钱给妻子买过好吃的东西，但他贪污并不是因为缺钱，而是因为他自娱自乐，想私下里嘲笑一下老板，因为老板总夸奖他是个忠实的运务员。后来，他的贪污行为被发现，他知道自己会被开除，可能还要坐牢，妻子会没人照顾，于是就杀了妻子。妻子死后，他还在她头下放了个枕头，在她身上盖了一条羽绒被。然后，他把妻子的宠物狗带到一个兽医那儿去实施安乐死，因为他自己下不了手。然后，他到警察局去自首。

* * *

T.。他是高个子男人，很瘦，但不憔悴，走起路来背有点驼。我猜他年龄大约在四十五岁和五十岁之间，因为他的鬓发虽然浓密，但已经花白，刮干净的脸上有许多皱纹，而且没什么血色。他戴一副金丝边眼镜。他不太引人注目。他说话声音很轻，除非有人和他说话，否则很少开口。他从未说过一句聪明话，也从未说过一句蠢话。他是一家美国大公司的忠实员工，他对公司的忠诚是他最大的特点。显然，他不是个有心机的人，而绝对是个老实人。他方方面面都很节制。他有一个他钟爱的妻子和两个他引以为豪的孩子。你完全可以打赌说，他这辈子从未做过一件有理由使他后悔的事情。他对自己任职的那家公司很满意，对自己并不显赫、但很体面的职位很满意，对自己所住的那幢房子很满意，对他所在的那个城市很满意，对他每天上班乘坐的那趟班车也很满意。他是个很能干的雇员。他虽然只是一台机器上的一颗螺丝钉，但他乐于做螺丝钉。他并不想做那台机器上的操作杆、旋转轮、大汽缸，而是觉得自己只能做一颗螺丝钉。他是个不平常的平常人。

* * *

她正在参加一个家庭聚会时，有人送来邮件。女主人把一封信递给她。她认出这是她情夫的笔迹。她拆开信来看，突然发现她丈夫就站在她身后，也在看这封信。她看完信，递给女主人。

"他好像很爱你啊！"她说，"不过换了我，我是不会让他写这种信的。"

* * *

如果你的钱比别人稍多一点，你当然知道他们会来榨干你的钱，但更令人恼怒的是，他们竟然认为你是傻瓜，不知道他们想做什么。所以，他们既榨干了你的钱，又心安理得。

* * *

欧内斯特·P.。他是个年轻的法国人，家庭出身很好，很有才华，家里人都期待他有一个美好前程。他想进入外交部门工作。他二十岁时和一个比他大八岁的姑娘爱得死去活来，但那姑娘最后还是嫁给了比他更合适的人。这使他精神崩溃。他家里人大感不解，他竟然放弃可以帮助他通过入职考试的学业，到巴黎的贫民窟去做社会服务。他开始笃信宗教（他家里人都不信教），沉浸于神秘主义文学。那时摩洛哥发生骚乱，他加入一次危险的远征而被杀。所有这些使他爱过的那个女人、他的母亲和他的朋友都大为震撼。他们深感不安。他们觉得他们中间竟然出了一个像圣徒一样的人。他的温和、他的善良、他的虔诚、他那高尚的灵魂，使他们害羞——也使他们害怕。

我觉得凭这些事实就可以写一篇动人的短篇小说。我感兴趣的是这个可怜的年轻人的生与死在那些接触过他的人中间产生的影响，但这对我来说太难处理，所以一直没写。

* * *

人们时而会因为你做过好事而同情你，但很少会因为他们伤害了你而同情你。

* * *

作家必须是既戏谑又严肃的。

* * *

船尾的航迹闪着点点光亮，就像是葬身海底的死者在好笑地眨着眼睛。

* * *

日落。太阳古怪地落到了一个由厚积云形成的拱门后面，拱门下面的天空闪耀着淡淡的绿光和金光，仿佛是通往魔幻之地的入口。这使你想起了华托的《发舟西苔岛》①。这使你充满了对希望和惊喜的想象。接着，太阳落到地平线下，拱门消散不见了，只见霞光余晖映衬着大片的云，阴沉沉的，仿佛一座城池的废墟——无数宫殿、庙宇和庭院高楼的废墟。几分钟的希望与信心就像加沙的石柱②一样崩塌，绝望再次笼罩心头。

* * *

通俗惊险小说。这种小说的作者不受尊敬，但他们是有功于人类的。他们知道世人不把他们放在眼里，所以他们总是自嘲地提到自己的作品，耸耸肩，哈哈一笑。他们急于平息你的嘲笑，向你保证说，他们不是骗子。他们对表扬很羞怯，不敢相信你是认真的。但是，他们值得表扬。有时，你没有心思去读严肃的文学作品；有时，你的大脑很疲倦，但又静不下来；有时，你心情焦躁或者情绪不佳，经典作品也使你觉得厌烦；有时，你要坐火车出行；有时，你会生一点小病，在这种时候，还有什么比读一本有趣的惊险小说更令人舒心？

---

① 华托：18世纪法国洛可可画家，《发舟西苔岛》为其名作。
② 加沙的石柱：典出《圣经·旧约》，力士参孙推倒加沙非利士人神庙的石柱与他们同归于尽。

你沉浸在谋杀与抢劫、奸诈与胁迫、监禁与逃亡中;你出没于鸦片馆、盗贼窝、艺术家的工作室和大酒店的豪华套间;你遇到了诈骗犯、小偷、歹徒、侦探、女魔头、卧底、逃犯、受残害的女主人公和被诬陷的男主人公。这里的评判标准不同于其他艺术形式。这里,不大可能的事情不会妨害你的兴趣;别出心裁的创意反而是个缺点;华丽文笔是用错了地方;幽默诙谐更是罪魁祸首。如果你读着读着,情不自禁地咧嘴一笑,那是致命的:你要严肃认真地读,甚至冷酷无情地读。你的一只手紧张地翻了一页又一页。时间一晃而过。你战胜了时间。然后,你忘恩负义,对书的作者大不以为然,不屑地把书一扔。真是无礼!

* * *

既然他的职业是哲学家,我就向他请教一个我一直没想通的问题。我问他"二加二等于四"这种说法到底有没有意思。因为在我看来,"四"除了是"二加二"的同义词,在这里好像没有其他什么意思。如果你在《罗格同义词词典》中查出"粗暴"一词,你会看到大约有五十个同义词,这些词产生的联想,还有它们音节、字母、发音,以及在句子中的使用方式虽然各不相同,但它们的意思都差不多的——当然,是大体相同,因为没有两个同义词是完全同义的,总有细微差别——但"四"不仅可以看作"二加二"的同义词,又可以看作"三加一"和"一加一加一加一"的同义词,不知到底是什么意思。对此,那位哲学家说他认为"二加二等于四"肯定是有意思的,但他又说不出到底是什么意思,而当我问他数学归根结底是不是一部极复杂的《罗格同义词词典》时,他换了个话题。

1936①

圣洛朗·德·马洛尼。这里的监狱主管,一个矮胖的男人,眼睛大而亮,穿着干净的白制服,胸前挂着荣誉军团十字勋章。他说话时不停地比划而且带着浓重的南方口音。他是个快活、俗气、无知的人,但很善良、很厚道。他是靠政治影响获得这个职位的②。他的薪水是每年六万法郎,可能还有很多津贴。他喜欢这一职位,因为生活费用不大,可以把钱存起来。他打算十年后退休,在里维埃拉造一幢自己的房子。

他的妻子体态丰满,颇漂亮,但不修边幅,她母亲在塞特开了一家烟草店。她和她丈夫从小就认识。她似乎总是穿着同一件蓝底白点的连衣裙。这连衣裙的颜色和她的蓝眼睛很相配。她很天真,还有点轻浮,但她很爱她的胖丈夫,还以他为荣。

* * *

监狱长是个高大的男人,巴黎人,浅色皮肤,态度诚恳而且彬彬有礼。他对刑罚学深感兴趣而且读了很多书。他认为在唤醒犯人的天性良知方面还有很多事可做。他希望他们能得到改造。

* * *

圣让③的一个老看守。短而密的白头发,一大把白胡子。一张满是皱纹、

---

① 这一年,毛姆在法国殖民地调查监狱情况,故而笔记中有相当部分都和监狱有关。
② 此处暗示他的某个亲属可能是高官。
③ 圣让:地名。

晒得黑黑的脸。他反对死刑，因为他认为没有人可以剥夺另一个人的生命。他说了一件事，说有个医生在一个死刑犯临刑前要他答应，头被砍下后若还有感觉，就眨三下眼睛。接着，这个老看守说，他看见那人眨眼睛了，但只眨了两下。

* * *

如果一个人是被判死刑，要得到在巴黎的部长批准才能执行。还有，星期天不执行死刑。如果一次有两个或两个以上的犯人要上断头台，那就要让罪行较轻的犯人先上，因为他罪行较轻，免去他看着同伴被砍头的恐惧与痛苦。行刑前，犯人自己并不知道，要等看守对他说"拿出点勇气来"之类的话时，他才知道自己将被处决。当有人被处决时，监狱里的其他犯人既沮丧又紧张，一个个闷气不响地干活。

犯人的脑袋被砍下后，刽子手会拎住犯人的耳朵，把砍下来的头颅拎起来示众，并对围观的人大声说："以法兰西人民的名义，正义得到伸张！"断头台旁边有一个很大的柳条筐，上面盖着黑布，犯人的尸体就放到那里面。断头刀快速落下时，刽子手身上会溅到鲜血。所以，每次行刑后，都要发一套新制服给他。

* * *

监狱主管的房子。一幢白色框架的大房子，里面是公家发的家具，每个房间的天花板上有一盏枝形吊灯，起居室里有几把硬邦邦、坐上去很不舒服的椅子。房子朝向大海，有一个很大的阳台，用作客厅。花园里杂乱无章地种着九重葛、巴豆、肉桂、番木瓜、凤凰木，看上去像是郊外一个退休商人的园子。

* * *

禁闭室。禁闭室是长条形的，里面只有一张小木床、一只凳子和一块固定在墙上的小桌面。那里很闷热，厚重的牢门上有一个开口，只有那里透进一丝光亮。关禁闭的犯人被锁在里面，只有早上和晚上才能出来放风一小时。这几间过道尽头的牢房，特别阴暗，因为从门上透进来的只是过道里的一点光。

* * *

大多数犯人关在有五六十张床的集体牢房里，但在集体牢房上面的二楼，或者在隔壁大院里，有好几间单人牢房，表现比较好的犯人可以要求到那里去。不过，经常有人不喜欢独自一人，去了之后又要求回集体牢房。每间单人牢房里有一只吊床，还有一张小桌子，犯人可以把一些杂物，如剃须刷、剃须刀、梳子、照片等放在上面。墙壁上贴着犯人从画报上剪下来的图片。

* * *

犯人。他们都穿一件红白条纹的长囚服，头上戴一顶圆草帽，脚上穿一双皮面木底的鞋，没有袜子。头发都被剪得很短，而且都是随随便便剪的。他们的食物是每天两大块灰面包、土豆卷心菜骨头汤和牛肉，如果表现好，还有一小块奶酪和一小杯酒。他们用蓝色小纸包和粗烟叶自己卷烟抽。他们有的坐在走廊上或者门廊里聊天、抽烟，有的在那里踱来踱去；有的独自一人，有的在看守监视下有气无力地干着活。虽然食物充足，他们还是都很瘦弱，时常要受发烧和钩虫的折磨，而且全都目光呆滞。他们的神智好像都不太正常。有朗姆酒喝是一大享受，而且他们人人都有刀。

在夜里，上了锁后，看守都不敢进牢房，因为进去就别想活着出来。

监狱里所有过道上的门整天都是敞开的，犯人自由自在地走来走去。

* * *

下级看守，也算是监狱的工作人员，都是表现良好的犯人。他们和其他犯人分开住，戴的是毡帽而不是草帽。其他犯人不喜欢他们，他们中有不少人被杀。

行刑室是监狱里的一个小房间，但要经过外面的一道门才能进去。为了确保绞刑一次成功，他们用香蕉树的树干做练习，因为香蕉树的树干和人的脖子差不多粗细。从绞索套到犯人的脖子上到犯人被吊死只需三十秒。行刑的刽子手每次可得一百法郎。

* * *

那个刽子手，也是个犯人，养了两只杂种狗来保护自己，一到晚上就把它们放到院子里。他独自住在一间小房子里,就在监狱长住所的附近。其他的犯人不跟他说话,他的饭菜由他的帮手从监狱厨房里拿来给他吃。他空闲的时候就在监狱的大园子里散步、钓鱼。钓到的鱼卖给监狱长的妻子。

* * *

前任刽子手失踪,他们以为他逃跑了。三个星期后,他被发现吊在一棵树上,身上插着匕首,而他之所以被发现,是因为有人看见有一群秃鹫聚集在树上。他知道犯人出去后会杀了他,曾要求把他调到卡宴①或者调回法国。但犯人抓住他,把他捅死后,拖进了树林。

* * *

那些流放犯,都是惯犯,被送到了圣让,不完全是为了服刑,而是为了维持当地的社会治安。他们在拘留营里抓蝴蝶、抓甲虫,做成标本后放在盒子里出售,或者用水牛角做成装饰品。拘留营的某个地方有个报亭,很像法国小火车站上的那种报亭,出租图书和出售一个月来的报纸。报亭上写着"不赊账"。另一个地方还有个小剧场,有一个舞台和流放犯自己画的布景。

* * *

海里鲨鱼成群,人们笑着说,鲨鱼是最好的看守。

* * *

今天一整天都在调查杀人犯的杀人动机,想知道是什么原因使他们被判死刑,至少被判终身监禁。我惊讶地发现,虽然从表面上看他们杀人是出于情爱、妒忌、仇恨、报复或一时冲动等原因,但进一步追问,我在表面原因背后发现了一个隐藏得并不很深的真正动机,那就是为了钱。在我询问的所有杀人犯中,绝大多数的杀人动机或多或少都和钱有关,只有一个例外,就是那个放羊的小伙子。他在强奸一个女孩时因为那女孩拼命喊叫,他害怕有人听见,掐死了她。他只有十八岁。

---

① 卡宴:法属圭亚那首府。

* * *

马提尼克岛①。培雷火山②曾在一九〇二年喷发,掩埋了圣皮埃尔镇,四万人丧生。喷发前不久,有一些火山活动的迹象,而且圣皮埃尔镇北部先有一次喷发,死了一些人。几天后,毫无预警,一大片火焰突然烧过来,就如一个巨大的火漩涡,一下子吞噬了圣皮埃尔镇,摧毁了港口里的船只。紧跟在火焰后面的是滚烫的熔岩和火山灰,还有浓烈的毒气,你即使躲过了火焰和熔岩,也躲不过毒气,会窒息而死。所有人都逃离城镇,通常是全家人一起逃,但奇怪的是,毒气好像并非对所有人一视同仁,跑在前面和跑在后面的人竟然都安然无恙,偏偏是跑在中间的人,都被毒气吞没了。

我问我的几个朋友,那场灾难对幸存者有何影响。因为我想知道,大难临头和侥幸逃脱有没有对他们产生精神上或道德上的影响,有没有改变他们的生活,有没有动摇或者坚定了他们的信仰,有没有使他们变得更好或者更坏。所有人的回答都一样,灾难对他们毫无影响。虽然多数人的家产都毁了,但后来他们全都重振家业,该怎么生活就怎么生活,好像什么事也没有发生过。他们的信仰一点没变。他们既不比过去好一点,也不比过去坏一点。我想,这是因为人有一种韧性,有一种遗忘的能力,也可能只是因为愚钝,所以他虽然一出生就处于数不尽的恐惧中,但依然活了下去。

* * *

西印度群岛。有个年轻女子到这里来为一些英国定居者的孩子做家庭教师,不久之后就有个当地的种植园主向她求婚。那个种植园主看上去和她很相配:富有,人也不错,很讨人喜欢。他虽有点黑人血统,不是当地白种人俱乐部的成员,但无论是他的外貌,还是他的行为举止,都和白种人没有什么区别。那年轻女子很喜欢他,他也很喜欢她,但是那年轻女子的几个雇主都劝她三思而行,而且劝她回英国去住上六个月,这样她也许会有自己的主见。六个月后,她回来了,决定和他结婚,但出于慎重考虑,她不准备和他生孩子。那个种植园主是个好丈夫、好情侣、好伙伴,她的生活无处不幸福。但不久,他

---

① 马提尼克岛:西印度群岛(位于大西洋及其属海加勒比海、墨西哥湾之间)中的一个岛屿。
② 培雷火山:位于马提尼克岛北端。

传染到了伤寒症,病得很重,他年轻的妻子和家里的一个黑人老保姆一起照顾他。这期间,她觉得很奇怪,他好像有点变了,而为什么会这样,她也说不清。他不仅身体虚弱,精神更虚弱。他好像变得很迷信,而她知道,黑人都是很迷信的。一天,他拒绝再去看英国医生。"只有一个人能治我的病,我的老保姆。"他生气地说。她和他争论,他粗鲁地叫她闭嘴:"你在胡说些什么!"那天夜里,他和他的老保姆要她出去一会儿,随后那老保姆把三个年老的黑人领进了房间,其中一个抱着一只白公鸡。她站在房间外面,听见里面在念奇怪的咒语,随后听见一阵鸡翅膀拍动的啪啪声,她知道他们正在杀那只白公鸡。终于等到那几个黑人出来,她走进房间,只见病人的额头上、脸颊上、下巴上、胸口上、手上和脚上都涂满了鲜红的鸡血。此时,她明白了,她丈夫的皮肤虽然是洁白的,头发虽然是深红的,但在内心深处,她丈夫是个黑人。两三天后,她发现自己怀孕了。

1937

要真诚地评判文学作品实在太难了。要对一部作品形成自己的观点而丝毫不受批评家或公众的影响，几乎是不可能的。要对公认的伟大作品提出看法就更加困难了，因为公众已经认定它们是伟大的。要想用第一位读者的目光去读一首诗，就如想撇开周围的环境去看一处风景，也几乎是不可能的。

* * *

亨利·詹姆斯把法国人吹上天，而法国人对他的许多作品却是耸耸肩，不屑一顾。他不是置身于生活，而是从一个窗口里朝外观看生活，而且他还时常满足于听他的那些朋友说他们从窗口里看到了什么①。但是，除非你置身于生活，否则你怎么能了解生活呢？除非你在这出悲喜剧中扮演过角色，否则你就不会知道某些事情。说到底，亨利·詹姆斯的角度论所体现的既不是他的艺术才能，也不是他的小说理论，而是他的个性，即：怪异而诱人，还有点荒唐。

* * *

难道有人会认为他读了一部以汽车制造厂为背景、以汽车制造商为人物的小说就能获得有关汽车的有用知识吗？难道你认为人的灵魂还没有汽车发动机那样复杂吗？

---

① 这句话暗讽亨利·詹姆斯对小说叙事法的改革，即：不用全知全能的第三人称叙事法，也不用主人公第一人称叙事法，而是从某个角度，通常是从故事中某个次要人物的角度（也就是旁观者的角度）叙述故事。

*　*　*

爱伦·坡认为,他可以凭自己的头脑使他的作品有新颖感和独创性。他错了。要有新颖感,唯一的方法是不断改变你自己;要有独创性,唯一的方法是提高、扩展、深化你自己的个性。

*　*　*

"我们日用的饮食,今日赐给我们。"这是虔诚的祈祷文。但有人会认为,向仁慈而万能的上帝乞讨生活必需品是对上帝的侮辱。要知道,帮助他人不是对他人的恩赐,而是做人的起码道理。

*　*　*

事实不仅比虚构更新奇,而且更容易讲述。让人相信某件事情真的发生过,会使人产生一种真切感,会动人心弦,这种效果是明目张胆的虚构达不到的。正因为事实可以动人心弦,所以有些作者就不遗余力地给你这样的印象,好像他们所讲述的一切都是事实。

*　*　*

有些书写得很出色,但很乏味。不用说,这些书就是梭罗的《瓦尔登湖》、爱默生的《论文集》、乔治·艾略特的《亚当·贝德》和兰多的《对话录》。它们全都属于同一时期①,是偶然的吗?

*　*　*

作家应该见多识广,但他如果把自己的见解写在作品中,那他也许就错了。如果你把自己对进化论、对贝多芬的奏鸣曲或者对卡尔·马克思的《资本论》的见解写在一部小说中,那只能说明你幼稚。

---

① 梭罗的《瓦尔登湖》初版于1854年;爱默生的《论文集》初版于1841年;乔治·艾略特的《亚当·贝德》初版于1859年;兰多(19世纪英国诗人和散文家)的《对话录》(此处毛姆说到他的 Dialogues[《对话录》],正确的书名应该是 Imaginary Conversations[《想象中的谈话》],多卷本)初版于1824年至1853年。

* * *

羞涩：胆怯与自负的混合物。

* * *

他自幼无人关爱，后来便羞于被爱。有人说他鼻子好看、眼睛迷人，他觉得尴尬。有人恭维他，他不知所措，而若向他表示爱意，他会觉得你在愚弄他。

* * *

三十年后。一张满是皱纹、憔悴而蜡黄的脸。一只令人讨厌的话盒子。她啰里啰唆地说着关于她的孩子和房子的蠢话。真啰唆，真烦人，而她还时不时朝他看一眼，仿佛是说，她还记得他当年是怎样追求她的。他一想起自己做过的傻事就觉得惭愧。他曾在她住的那条街上徘徊，期待着能遇见她。他曾坐立不安地等着邮递员来敲门，等着她也许会给他写一封回信。他曾为了能坐在她身边，硬撑着把枯燥乏味的音乐剧看完，还装出很享受、很激动的样子来讨她喜欢。他曾为了她而装得对那些男演员和女演员很感兴趣，对那些无聊的小道新闻很感兴趣，而最为糟糕的是，他装得时间久了，竟然对那些东西真的感兴趣了。他曾如醉如痴地听她说些愚不可及的蠢话。他曾为了她而低声下气地求人帮忙，而若不是为了她，这种不要脸的事情，他是随便怎样也做不出来的。

* * *

后悔。他发疯似的爱一个女人，妒忌另一个也爱那个女人的男人。他本是正人君子，并以此为荣。但是，出于妒忌，他发疯似的使用卑劣手段而达到了目的。他和那个女人结了婚。但渐渐地，他越来越后悔自己的无耻行为。他为此而苦恼。他开始恨那个女人，因为就是为了她，他才那么做的。

* * *

在沃辛①的一家旅馆里，两个男人坐在长沙发上谈论着一桩报纸上大幅报

---

① 沃辛：英格兰东南部自治城市。

道的谋杀案。有个男人坐在离他们不远的地方，听到他们的谈话便走过来，问他们是不是可以和他们一起谈谈。得到同意后，他坐了下来，还点了酒。他说到他对那桩谋杀案的看法。"必须找出作案动机，"他说，"只要找出动机，抓住凶手只是个时间问题。"然后，他若无其事地说："不瞒你们说，我就杀过人。"他还对他们说，他杀人只是为了好玩，还有声有色地把杀人的刺激描述了一番。他说他没有作案动机，别人是永远抓不到他的。"我杀的是个我根本不认识的人。"他说。说完，他一口喝掉酒，站起身，朝他们点点头，推开门，走了。那两个人惊得目瞪口呆。

1938①

印度。C 少校。他是个高大的男人,棕色头发剪得很短。很难猜出他的年龄,可能三十五岁不到,也可能五十岁。他的脸刮得精光,脸盘很大,五官却不大,鼻子短而扁。他的表情温和而愉快。他说话很慢,但很流利,很响亮。他总是面带微笑,时常哈哈大笑。他的举止很得体,很有礼貌,而且总喜欢讨人欢心。他是不是很聪明,还是有点蠢,很难说。他肯定没读过多少书。他有点童子军式的幼稚,这使人有点尴尬。每当那个瑜伽僧人走进他的房间,坐在他的椅子上,他就会像孩子般地乐不可支。他曾好几次对我说,他享有寺院里其他人没有的特权。他对此洋洋得意,就像一个受校长宠爱的小学生。

他在寺院里已经住了两年,被特许可以在寺院后面搭一间带厨房的小木屋。他还雇了厨子。他不吃肉,不吃鱼和蛋,但他储藏了许多从马德拉斯②买来的罐头食品,他的厨子就用这些罐头加上咖喱和乳酪为他做饭。他只喝茶,别的都不喝。

在他唯一的房间里,有一张木板床、一张桌子、一把扶手椅和一把普通椅子,还有一个小书架,上面放了大约五十本书。这些书中有论述吠檀多即《奥义书》③的译本,还有那个瑜伽僧人写的书和关于那个瑜伽僧人的书。墙上挂着几幅画,一幅是达·芬奇的《基督》,还有几幅画得很丑的毗湿奴④像,都

---

① 这一年,毛姆去了一次印度,所以他所记的都是他在那里遇到的人与事。
② 马德拉斯:印度东南部城市。
③ 《奥义书》:印度教经典。
④ 毗湿奴:Vishnu,梵文的拉丁音译,印度教三大主神之一。

是廉价的彩色印刷品,还有一张那个瑜伽僧人的照片。墙壁涂成了绿色。地板上铺有一张藤席。他穿一套类似中国人穿的白棉布衣裤,光着脚走路。

他对那个瑜伽僧人非常崇拜,他说,在他看来,那个瑜伽僧人是从耶稣基督以来世界上最了不起的圣人。

关于他的过去,他说得很少。他说他在英国没有亲戚朋友,多年来一直在国外漂泊,后来到了这里,总算如愿以偿,不再四处漂泊了。他说他在这里平安生活,而且(他一遍又一遍地说)由于那个瑜伽僧人出现在他的生活中,他得到了最珍贵的东西——心灵的宁静。我问他每天做些什么,他说读书、锻炼(他有一辆自行车,通常每天骑八英里)和默念①。他每天要和那个瑜伽僧人一起在厅房里打坐好几个小时,而他们之间却经常是一个星期只说过几句话。由于他正年富力壮,我就问他,精力都用在哪里。他说他很幸运,正好是那种为数不多的真正喜欢沉思默想的人,因而他一有时间就默念。他说默念其实是紧张的精神活动,几小时的默念会使人精疲力竭,必须躺下休息。但是,我实在听不懂他说的默念到底是什么意思。我不知道他是不是在思考某个问题,而当我问他默念是不是就像基督徒的凝神默祷时,他说并不完全是。他说,通过默念是要努力使小我和大我②融为一体,也就是要把那个正在默念的"我"从默念中祛除,这样就达到了无我,而无我就是大我。他说,每当他这样做时,他确实看到或者感觉到小我所具有的神性,而且领悟到小我的神性和大我的神性实质上是相通的。他决定留在这里直到死,或者说,直到那个瑜伽僧人死。

很难说清楚他是怎样一种人。他确实很幸福。我本想从他的外表和言谈中发现一点真实的东西,但我最终还是一头雾水,困惑不解。

* * *

海得拉巴③。坐在从毕达驶往海得拉巴的汽车上,我在途中看见一大群人,一群普通的印度人,女人穿着艳丽的莎丽④,男人围着裹腰布,还有牛车、母牛——我想是个集市,但我的脚夫告诉我说,那个地方有个圣徒,周围村庄的

---

① 默念:印度教教规之一,即信徒每天要冥想天神,类似于基督教的祈祷、佛教的念经。
② 小我与大我:印度教(以及佛教)所称自我与世界万物。
③ 海得拉巴:印度南部安得拉邦首府。
④ 莎丽:印度、巴基斯坦等地女人用于包裹身体的传统服装。

人都来求他治病，女人不孕，也会来求他生子。我问，我能不能去见见那个圣徒。司机对我说，那人原是海得拉巴一个富商，受天神感召，要做个修行人，于是就把财产分给家人，独自定居到那个地方。他住在一棵菩提树下，守着路边的一座小湿婆庙①。我们挤进人群。那里起码有三四百人。病人躺在地上，女人抱着生病的孩子。我们走近那座庙时，那个圣徒迎面过来，恭敬地向我们鞠躬行礼。他头上裹着一块肮脏的白头巾，身上穿着一件无领布衫，布衫下面是肮脏的裹腰布。他耳朵上戴着银耳环。他的脸刮过，但留着短而硬的灰唇髭。他身材矮小、动作敏捷，忙碌而快活。他看上去一点不像什么圣徒，倒像个精明能干的杂货铺小老板。要不是他放弃家产，为人治病不收钱，你肯定会把他看作骗子。他靠别人施舍给他的米和水果生活，其他什么都不需要。他一定要把几个椰子送给我们。他治病就是对着庙里的神祇念祷文，然后合掌祈求。他在我离开时要我给他一个祝福，这使我很为难。我对他说，我做这个不合适，但他坚持要我做。于是，我只好在众目睽睽之下照他的意思做了，心里觉得既虚伪又愚蠢。

* * *

苏非派②圣徒。他住在海得拉巴穷人区的一间小房子里。那儿和贫民窟差不多。那间小房子外面有个阳台，我们就在那儿等着，等向导回来告诉我们，那个圣徒愿不愿意见我们。进门前，我们都把鞋脱了，然后被领到一个小小的房间里。那个房间用蚊帐隔成了两间，我猜想，里面一间大概是他睡觉的地方。我们坐在外面一间，那里有一个大约十八英寸高的类似平台的东西占了一大半空间，上面铺着劣质的地毯，地毯中央铺着一条藤席。那个圣徒就坐在藤席上。他非常老、非常瘦，一把蓬乱的白胡子。他戴着一顶土耳其毡帽，穿着一件棉布白上衣和一条白裤子，光着双脚。他的眼睛显得特别大，因为他的脸特别瘦，颧骨特别高，脸颊特别凹陷。他的两只手很光洁，但已干瘪。他说话时手势很多，但很文雅，很生动。他尽管那么老、那么瘦弱，但精力好像还很充沛，说话有声有色。他很高兴，一脸温和、慈祥的表情。但我并没有听到他说出什么至理名言。我对苏非派一无所知，也许正因为这样，当我听到他竟然

---

① 湿婆：Siva，梵文的拉丁音译，印度教崇奉的三大主神之一。
② 苏非派：伊斯兰教一神秘教派。

像印度教圣徒那样津津有味地谈论小我与大我时，我不由得吃了一惊。在我的印象中，他只是个亲切的、温和的、慈祥的、宽厚的老人，如此而已。

* * *

一位圣人。阿克巴·海德里爵士①派车去接他，到了约定时间，他走进房间。他身穿盛装，披一件做工考究的猩红色长袍。他是个中年男人，身材高挑、相貌英俊、举止文雅。他不会说英语，阿克巴爵士充当翻译。他滔滔不绝地说着，嗓音洪亮。但他说的东西，我已经从别人那里听过二十遍了。这是印度宗教家的通病，他们总是用同样的语言说着同样的东西，虽然你觉得不应该对他们不耐烦，因为他们相信他们所说的是真理，而真理只有一个而且是不可以分开来说的，所以，他们即使像鹦鹉似的不断重复，那也是无可厚非的；但是，没完没了地听同样的话会使人厌烦，这也是无可否认的。我希望他们至少能用一些其他的比喻，不要老是用《奥义书》里的那些隐喻和明喻；然而，我听到的又是蛇与绳子的比喻②，真是令人泄气。这比喻已用得烂而又烂了。

我问他怎样才能学会默念。他告诉我说，先进入一个阴暗的房间，点好一支蜡烛，然后盘腿坐在地上，两眼紧盯着烛火，不要想任何东西，让脑子一片空白。他说，如果每天这样做一刻钟，不久之后就会有某种神奇的体验。他说："你先做九个月，然后来找我，我会教你另一种修炼法。"

当天晚上，我就按他所说的做了。开始前我看好了时间。然后，我保持那种状态，一直保持了我觉得一定有他所说的一刻钟。但我看了看手表，却只有三分钟。天哪，这一刻钟实在太长了。

* * *

大概一两个星期前，有人告诉我一件事，还建议我把它写成短篇小说，所以我后来一直在想这件事。我不知道怎么写。事情是这样的：有两个年轻人，同在山上的一个茶树园里工作。那儿很偏远，取信要走好多路，所以他们要隔很长时间才去拿一次信。这两个年轻人，我们暂且叫他 A，每次都有许多信，

---

① 阿克巴·海德里爵士：当时印度海得拉巴邦的首席部长。
② 蛇与绳子的比喻：出自《奥义书》，讲的是有人在黑暗中看见一条蛇，心生恐惧，但走近一看，原来是一根绳子，根本就没有蛇，于是此人悟出"苦从迷执而来"的道理。

十封或十二封，有时还要多。另一个年轻人，我们暂且叫他 B，却总是一封信也没有。B 看到 A 拿到一大叠信在一封一封读，很羡慕，希望自己也能有一封信，一封就够了。一天，他们一同去拿信，B 对 A 说："你看，你总是收到一大叠信，而我呢，一封也没有。这次你要是把你的信给我一封，我给你五英镑。""好啊。"A 说。于是，他拿到一大叠信之后就递给 B，说："你挑一封吧。"B 给了 A 五英镑，挑了一封信，把其余的信还给了 A。那天晚上，吃过晚饭，在喝威士忌加苏打时，A 不经意地问 B："那封信上说了些什么？"B 回答说："我不想告诉你。"A 有些吃惊，问："那么，告诉我，信是谁写的？"B 回答说："我不能告诉你。"于是，他们吵了起来，但 B 就是不肯告诉 A 关于那封信的任何事情。A 开始焦躁不安了，一连几个星期缠着 B 要看那封信。但 B 始终不给。最后，A 焦躁、担忧、疑虑得实在受不了了，就找到 B，对他说："拿去，这是你的五英镑！把信还给我吧！"B 回答说："我付钱买的信，就是我的信，是不会还给你的。你想都别想！"

　　事情就是这样。我想，如果我是现代派短篇小说家，只要照原样把这件事写出来就行了。但这不合我的习惯。我写短篇小说总要有某种形式，但没有一个合情合理的结局，我不知道怎么还会有形式。你可以把读者吊在半空中，但你总不能把自己也吊在半空中吧。

　　　　　　　　　　＊　　＊　　＊

　　我去跟王储和王储妃，也就是贝拉尔①亲王和王妃，共进午餐。席间，亲王和我谈及我的旅行。"我想你已经去过孟买②？"他问。"是的，"我回答说，"我去过那儿。""是不是住在游艇总会③？""是的。"我说。"你是不是打算去加尔各答④？""是的。""我想你会住在孟加拉总会⑤？""但愿如此。"我回答说。"那你知道它们有什么区别吗？"亲王问。"不知道，"我脱口而出，"好像在加尔各答的孟加拉总会，他们禁止印度人和狗进入，但在孟买的游艇总会，他们不禁止狗，只禁止印度人。"我实在想不出还有别的什么话好说，因为我

---

① 贝拉尔：印度中西部的一个邦。
② 孟买：印度西部的一个邦，首府为孟买城。
③ 游艇总会：孟买的英国人会所。
④ 加尔各答：印度西孟加拉邦首府。
⑤ 孟加拉总会：加尔各答的英国人会所。

从来没有想过这种问题。

* * *

高僧。他身上的僧袍是橘子色的，但偏黄，不是偏红，缠在头上的头巾和披在身上的斗篷是同样颜色的。他的这身穿着，使他看上去好像热气腾腾的。他脚上穿着白袜子，一双干净的棕色鞋子颇有点像轻便舞鞋。他是个看上去个子不算矮的男人，微微发胖，一张肉鼓鼓的大脸，金丝边眼镜后面有一双目光炯炯的眼睛；一张肉鼓鼓的大嘴。他说话声音很响，即便是讲经，也是粗声粗气的。但是，他总是面带微笑，一副虚情假意的样子。他给你的印象是，他这个人自负得不同寻常。他不仅喜欢别人恭维他，还喜欢谈论自己。有一次，我问他，出家为僧，放弃世俗享受，后悔不后悔。他回答说："我有什么好后悔？我在前世享受得够多了。"

* * *

游方修士①。仪式在一个穆斯林墓地举行，几百年前，伊斯兰教团的一位圣徒就埋葬在那里。教团领袖是个大块头男人，鹰钩鼻，神情机警而威严。他穿着灰色的阿拉伯长袍，头上缠着洁白的头巾。在他的座位前有一只燃着炭火的小火盆，他时不时地往里投入香烛。那里还放着各种器具，是等一会儿游方修士表演时要用的。

在他对面四五码的地方，那些游方修士坐成一排。他们年龄有大有小，有一个可能还不到十四岁，还有一些是年轻人，而在印度人看来，最重要的是白头发、白胡须的老头。所有这些人都蓬头垢面、衣衫褴褛，耳朵上戴着圆环，脖子上挂着长链，一副邋里邋遢的样子。

仪式开始，教团领袖念一篇长长的祷文，每念一句，其他人大声地跟着念一句。然后，有个游方修士上来，拿起一根大约两英寸长的铁钎，在香烛上熏一熏，请教团领袖摸一摸，然后把铁钎戳进自己的脸颊，一直戳到从脸颊的另一边穿出来至少有两英寸。他绕场一周，向所有人展示。接着，他慢慢地把铁钎从脸颊里拔出来，轻轻揉了揉脸颊，那里非但没出血，甚至连伤口也没有，

---

① 游方修士：伊斯兰教的苦修信徒，类似于佛教的苦行僧。

完好如初。另一个人上来，也拿起一根铁钎，从脖子的一边戳进去，从另一边拔出来。又一个人上来，拿起一把短而钝的匕首，姿势夸张地做了几个动作后，大叫一声，用匕首把自己的一只眼珠挖了出来。他绕场一周给大家看，一只眼珠就挂在他脸上，我看了直想呕吐。然后，他把眼珠塞进眼窝里，揉了揉，完好如初。又有一个人上来，把铁钎横穿在自己的肚皮上。又有一个人上来，把铁钎直插在自己的舌头上。他们好像一点也不痛。他们的表演持续了大约半个小时。结束时，他们又念了一篇长长的祷文。有一两个人出血，但只有一两滴，而且马上就止住了。

* * *

术士。他是个矮小的男人，圆脸、圆眼睛，戴眼镜，不停地说话。他上过战场，还曾升为少校。他到过不少地方。他是基督徒，又是帕尔切尔苏斯和埃利法斯·莱维①的信徒。他能分辨出什么是法术，什么是妖术。他对神迹不屑一顾，却又声称他能悬停在空中。他的观点是，如果仅仅为了满足别人的好奇心而施展法术，术士的法力就会大减。他的法力是纯精神的。他声称他可以治病，但他说他妻子（她和他一起来我这里）比他更有法力。他妻子是印度人，穿着莎丽，已不怎么年轻，沉默而警觉。临走时，她对我说，我时常会看到她，还说她出现在人们面前时，总穿着深蓝色的莎丽。

* * *

也许，我们之所以邪恶是因为我们都有个"我"，但这也是我们之所以会有音乐、美术、诗歌的原因，你说是不是？

* * *

下面这件事，是阿克巴爵士的秘书艾哈迈德·阿里告诉我的。他说，有个女人被蝎子蜇伤，被人送到他那儿。他曾听说，只要在地上写上数字16，然后用一只脚上的鞋把它擦掉，像她这样被蝎子蜇伤的人就没事了。他说他不太相信，但不妨试了试，结果毫无用处。那女人只好走了。后来，有人对他说，他

---

① 帕尔切尔苏斯和埃利法斯·莱维：均为西方历史上有名的术士，前者是16世纪的瑞士人，后者是19世纪的法国人。

写的不是16，而是13，所以没用。从那以后，他就写16，救了好些人。

* * *

一个瑜伽僧人想过河，但无钱付摆渡费，于是就用双脚从河面上走了过去。另一个瑜伽僧人听到此事，说瑜伽奇迹只值一趟摆渡费，那也太不值钱了。

* * *

有个瑜伽僧人想乘火车，但没钱，问站长能不能免费乘车。站长说不行，于是他就坐在站台上。到了发车时间，火车开不动。他们认为是蒸汽机坏了，就请来修理工，但不管怎么修理，火车就是开不动。最后，站长把瑜伽僧人要坐车的事告诉了官员。官员把瑜伽僧人请上火车，火车马上开动了。

* * *

那个术士，还有艾哈迈德·阿里，都说有个火车站的站长会治蛇伤。他们说，被蛇咬伤的人只要有权免费拍电报给那个站长，等站长的回电一到，伤就好了。

* * *

我搞了个小型晚宴，只有六个人。客人是玄学家、梵学家[①]和学者。话题转到瑜伽僧人通过禁欲而修炼出来的神力。他们告诉我说，有个瑜伽僧人曾把自己埋在一口枯井里，叫人六个月后再把他挖出来。挖出来时，要摸摸他的头顶，如果是热的，说明他还活着，那就等他醒过来；如果是冷的，说明他死了，那就把他烧掉。人们照他所说的做了，发现他还活着，而且很快就醒过来。后来，他一直活得很好，至今已有十六年了。他们中有的亲眼见过那个瑜伽僧人，有的认识曾经见到过他的人。他们都相信那是真的。

* * *

孔雀。我们驱车穿过丛林。丛林并不茂密，因而看见有一只孔雀正在林中

---

① 梵学家：即精通梵文和印度宗教中的哲学或法律的学者，也称婆罗门学者。

开屏。它开着屏走来走去,高傲而华丽,脚步特别优雅,不慌不忙的样子,那么娇美,那么轻盈,就如尼金斯基①在考文特加登皇家歌剧院舞台上的翩翩舞姿。我很少见到这样动人心弦的景象,一只孔雀独自在丛林中昂首阔步。这时,我的同伴叫司机停车,并拿起了他的枪。

"看我一枪把它打中。"他说。

我的心顿时吊了起来。他开枪了。我希望他没打中,但他打中了。司机跳下车,把那只一分钟前还那么优雅、那么欢快的死鸟捡了回来。真是残忍的一幕。

那天的晚餐就是孔雀肉,鲜嫩多汁、美味可口。我们在印度餐桌上每天晚上吃的都是又瘦又老的鸡,能换换口味倒也不错。

* * *

贝拿勒斯②。在日落前的黄昏时分,乘一只小船在恒河上漂流,没有什么比这更令人难忘了。看着晴空映衬下的那座城市和清真寺的两座尖塔,那景象令人感叹。这时,有一种奇妙的祥和气氛笼罩着你。四周寂然无声。

第二天,日出前的清晨,你驱车穿过城区,此时店铺还关着门,有人裹着毯子在人行道上睡觉,有人三三两两地在河边行走,手里拿着铜碗,显然是到恒河里去沐浴圣水的。你登上一只住家船,有三个男人为你干活,慢悠悠地沿着堤岸划船。清晨还有点凉意。堤岸上时而有人,时而没人。有一个地方,不知为什么,聚了一大群人。那景象很特别,河滩上和堤岸上到处都是人,各种各样的人,都是来沐浴的。对有些孩子来说,那只是玩耍,所以他们跳进河里游泳,时而露出头来,时而潜入水中。对有些人来说,那不过是做做样子,所以他们尽可能快地洗一洗,然后机械地做几个祈求神灵的动作,马马虎虎念上几句祷词,就转身走了。还有一些人则郑重其事。他们朝着正在升起的太阳下跪磕头,然后高举双臂,虔诚地大声念祷词。有些人沐浴之后在和朋友聊天。不难看出,这是他们每天必做的事情,谈谈小道新闻,或者说说某人长某人短。有些人盘腿打坐,在默念。其中有人一动不动地坐在那里,真是令人惊异,他们坐在这熙熙攘攘的人群中竟然就像坐在僻静的寺院里。我看到有个老

---

① 尼金斯基:20世纪上半叶俄罗斯著名舞蹈家,后移居美国,并在欧美各国巡回演出。
② 贝拿勒斯:又称瓦拉纳西,印度北方邦城市。

头,脸上画满了线条,两只眼睛周围用白灰画了两个圆圈,前额上画了一个长方形,两颊上画了两个正方形,看上去就像戴了一副面具。还有许多沐浴者一边沐浴,一边仔细地洗着铜碗,准备把可以避邪的圣水带回家。

真是一副生动而奇妙的有趣景象:一边是来来往往、热闹非凡的人群;一边是一动不动地在默念的人,他们在喧闹的人群旁边显得格外沉静、格外超脱。

太阳高高升起,刚才沐浴在灰白晨光中的那副景象,现在沐浴在金色朝阳中了。接着,阳光灿烂,一切又变得五彩缤纷。

* * *

他是个短小精悍的男人,步履轻快。他的头圆而秃,眼睛亮而蓝,眼角上满是皱纹,心情开朗。他是政府雇用的工程师。他修路、筑坝、造桥。他住的平房面对一条河。客厅当中是一张印度雕木桌子,周围有几把舒适柔软的扶手椅;墙上挂着刻有神话故事的精细木刻、他狩猎打到的猎物的头和配有镜框的照片。从阳台到河边,是一个狭长的小花园,里面有一棵树长得特别美,引人注目。这棵树的叶子并不茂密,因而很容易看到树枝。就是这些树枝,映衬在蓝天下显得特别美,特别错落有致。不过,我说这棵树很美,工程师却毫不在意,我想,他还会认为我很可笑。

我们谈到打猎,他说他有一次想打一只猴子。"我不会再打猴子了。"他说,"我那时正在修一条路,可所有的苦力都罢工,共有六百人。因为他们的工头病了,他们担心他会死,就决定离开工地不干了。我想尽办法想留住他们,最后他们说,只要我去打一只猴子,用猴子心脏里的血来治好工头的病,他们就留下。唉,我没办法,工程不能停下,就只好拿起枪去打猴子。那地方通常都有很多猴子在树上跳来跳去,就是那种黑脸的猴子。我等了一会儿,就看到一只。我瞄准,开枪,但只是把它打伤,没有打死。它跳到我面前,哀叫着,好像在求我,看上去像个可怜的孩子。"

"那个工头的病好了吗?"我问。

"哦,是的,他好了,自己好了。我总算把那条路修好了。"

* * *

范・H.。他大约六十岁,一个样样都大的男人,大肚子、大脸盘、大鼻子。他的胡子是灰色的，头发也是灰色的，眼睛却是蓝色的。他很会说话，也喜欢说话，就是有点口音。他说话嗓门大，为人也大大咧咧。他年轻时就不好看，现在穿得邋里邋遢，又一身肥肉，就更加不好看了，虽然身高还像个男人，男人风度却是一点都没有的。他三十多年来一直在东方，最初是在爪哇。他是个不错的语言学家、梵语学者，读过许多东方的宗教文献，也读过古希腊的哲学著作。对于后者，一点不奇怪，他主要感兴趣的是赫拉克利特①，所以他的书架上放着的都是关于赫拉克利特的论著。他的几个房间里都堆满了书。墙上挂着几面西藏的旗帜，这儿或者那儿，还有几件西藏的黄铜饰品。他曾在西藏住了很长时间。他喜欢吃，喜欢啤酒。他受利德比特②的影响，成了一名通神论者并来到了印度，还做过几年阿迪亚尔图书馆的馆长，但他后来和贝赞特夫人③吵翻了。我问他关于古印度的大圣④有什么看法，他说关于这位大圣的存在，有一半证据证明他存在，还有一半证据证明他不存在。他后来虽然不再相信通神论，但他还是很赏识利德比特，相信利德比特具有超自然能力。我想，他现在笃信的是佛教。

  他年轻时在爪哇雇用过一个男仆。那个男仆在跟随他旅行了九个月后，把自己的身世告诉了他。原来，他是爪哇苏丹⑤的后人，结过婚，还有一个孩子，但他的妻子和孩子都死了，他伤心之余隐居丛林，过着娑度⑥般的生活。他后来遇到一帮烧炭的人，和他们一起生活了好几个月。后来，他们对他说，这不是一个苏丹后人应该有的生活，并劝他去见一个陌生人。这人是种茶叶的，一个爪哇人，大约四十岁，人们普遍相信他并不是某个（像纳纳·萨希布⑦那样）失败后神秘失踪的著名反叛者的转世化身，而就是那个反叛者本人，一百多年后依然活着。就是那个人，叫他到巴达维亚⑧去，说在那里他会遇到一个白人，并要在那个白人那里做九个月仆人。那个人还对他说，那个白人哪天会到巴达

---

① 赫拉克利特：古希腊哲学家，其哲学思想具有东方色彩。
② 利德比特：19世纪英国神学家、英国神学家协会创始人之一。
③ 贝赞特夫人：20世纪初英国神学家，1908年当选英国神学家协会主席，后半生旅居印度，并在阿迪亚尔创建神智学者协会。
④ 古印度的大圣：即传说中的远古印度圣人（类似中国传说中的远古圣人黄帝与尧舜）。
⑤ 苏丹：伊斯兰国家的国王。
⑥ 娑度：印度的苦行僧。
⑦ 纳纳·萨希布：19世纪印度叛乱领袖，失败后退入尼泊尔丛林，下落不明。
⑧ 巴达维亚：印尼雅加达的旧称。

维亚。一切都和那个人的预言相符。这使范·H.深感兴趣，于是就前去拜访那个人。但他见到的却是一个普普通通的人。那人虽受人尊敬，但他自己从不说他有何经历。别人认为他是古代英雄，对此他既不肯定，也不否定。范·H.问他，凭什么他能准确地说出那个苏丹的后人要到巴达维亚来做他的仆人，回答是："有的知识来自头脑，有的知识来自心灵。我只是看着我的心灵，说出我在那里看到的东西罢了。"

* * *

有个年轻官员乘半岛轮船公司的船回国，一路上一直在甲板上看一本介绍泰姬陵的书。有人问他为什么要看这书，他回答说："噢，我在阿格拉①住了四年，可是一次也没去看过泰姬陵。我知道回去后肯定有人会问我泰姬陵怎么样，所以我现在做点准备，好回去后糊弄糊弄他们。"

* * *

泰姬陵。虽然我想象过自己看到泰姬陵时的种种景象，但当我站在泰姬陵外面的平台上一眼看到它时，我还是为它的美所震撼。我知道这是真正的艺术震撼，所以趁它尚未消退，我努力作了一番自我反省。现在我懂了，人们说某物美得令人窒息，并不是比喻。我当时确实觉得喘不过气来。我的心好像在膨胀，我有一种怪异的、欢快的感觉。我觉得既惊讶又欣喜，还有一种超凡脱俗的感觉。不过，我当时正在读数论派②的经典，他们把艺术视为一种和所有印度宗教追求的绝对解脱相似的暂时解脱，所以，我也许只是想起了他们的这种说法，并把他们的说法变成了我自己的感觉。

我对同一件美的事物是不会有两次惊喜的，当我第二天在同样的时间再去看泰姬陵时，就只是重温了一下第一天的喜悦之情。不过，我也另有所获。日落时分，我走进那座清真寺③。里面空空荡荡，只有我一个人。我朝那一长排朝圣的厅堂望去，有一种诡异而神秘的空旷感和静谧感，不由得心惊胆战。我那时的感觉难以形容，只能说，我似乎听见了听不见的声音，听见了那时空的

---

① 阿格拉：印度中北部城市，16 至 17 世纪莫卧儿王朝的都城，泰姬陵所在地。
② 数论派：印度正统六派哲学中成立最早的学派。
③ 泰姬陵两旁各有一座清真寺。

脚步声。

＊　＊　＊

辛达拉姆。要描述一个印度人真是难而又难。也许，是因为你对他的身世和境况了解得太少；也许，是因为你认识的印度人相对来说还不够多，所以你没办法把你对某个印度人的印象和你对另一个印度人的印象加以比较；或者，也许是因为他们的个性不明显，似乎没有什么明显的特点；或者，当然也有可能，是因为他们仅仅向你展示了他们想让你看到的一面，或者他们认为你会喜欢而感兴趣的一面。辛达拉姆是马德拉斯①人，一个壮实的、有点胖的男人，相对于欧洲人来说，只是中等身材，皮肤不是很黑，下身系一块缠腰布，上身穿一件白布衫，头戴一顶甘地帽。他鼻子宽而短，嘴巴大而肥，笑容满面。我注意到他总是喜欢说到他认识的一些大人物，但他好像也只有这么一点虚荣心。他为人非常和善。他是虔诚的印度教徒，他说他从未进过剧院或者电影院。但他很有点诗人情怀，很能感受景物之美，感受河流、鲜花、晴空与夜空。但他没有逻辑感，对理论毫无兴趣。他接受的是印度传统的信仰，而且是直接从他的古鲁②那儿接受的。他很喜欢谈论他的信仰最终会带给他什么，但却毫不关心这种信仰是否合理。甚至他说出的东西是自相矛盾的，他也毫不在乎。他看待事物只凭感觉与本能，而且绝对相信自己的看法。他严格遵守正统印度教在饮食、洗浴、默念等方面的戒律。他平时吃的东西主要是牛奶、水果和坚果。他说他有一次悉心研读一本圣书，六个月只喝牛奶，而且不说一句话。他非常认真地说到自我禁欲，说到天意，说到天神就在我们心里——天神就是一切，我们都属于天神。他随时都会恰到好处地用一些现存的比喻，一些在印度已流传了好几百年的比喻，而且很明显，对他来说，比喻是最好的推理方式。对他来说，对恒河的美好想象同如三段论③一样合理。他显然很爱他的妻子和孩子，而且很为他们骄傲。他的孩子都彬彬有礼。他每天五点起床、默念。他认为这时默念最吉利。我见到过他和几个大学生在一起。他对他们非常

---

① 马德拉斯：印度南方城市。
② 古鲁：印度教教士（类似于基督教的神父、佛教的和尚、伊斯兰教的毛拉），通常也是印度学校中的宗教导师。
③ 三段论：即逻辑推理。

和善，但又一点不像我们时而看到的有些传教士那样，对信徒过于亲昵。他很自然，不亢不卑。

* * *

帝国建造者。他是个将军，白发、白胡子，高个，壮实但不胖，一张红脸，一双蓝眼睛，蛋形的头颅。他每天早上六点都要去骑马，他房间里有一台划船机①，骑马回来还要在那上面锻炼，然后才去洗澡，而当下午的暑气消退后，他就在网球场上挥拍打球（他吹嘘说他完全可以和年龄只有他一半的小伙子对打，但他宁愿一个人打，因为这样更有锻炼效果），直到天黑，看不见球了，他才回到房间里，在划船机上再锻炼一刻钟，然后再去洗澡。"在这个国家，你必须保持强壮。"他总是这么说，而且总是自我抱怨说："我还没有充分锻炼。"他在印度已有三十年。他说："唯一可以叫印度人服帖的就是打。我有一大帮当地打手，都是一流的小伙子，我对你说，你完全可以把他们当作英国人一样相信他们，都是一流的壮汉，厉害得很，我说他们除了肤色不同，和白人没什么两样。真的，你知道，我从不吹牛。"

* * *

阿什沃斯。他告诉我说，他在大学攻读哲学时，无法理解老师所说的万物一体。怎么能说一个人就是一张桌子，一张桌子就是一个人？这好像是胡说八道。后来，有一天，他终于理解了。他去看迈索尔②的大瀑布，乘一辆大客车在丛林中行驶了很长一段路。他以前从未见过大树，当他沿途经过茂密的树林时，看到许多参天大树，感觉很震惊。后来，到了瀑布前，他站在一个巨大的圆形水潭边，只见眼前都是水，因为那时刚过雨季，汹涌的瀑布从惊人的高度倾泻而下。这使他有一种不寻常的感觉，好像觉得自己就是那水，就是那从高处倾泻而下的瀑布，而那水也就是他自己。这时，他认识到自己和水是一体的。他三十八岁，作为一个德干高原③的印度人，个子算是相当高的，大约比我高两英寸。他一头黑发，天生是卷的，已有点花白，但他的脸依然很年轻，

---

① 划船机：用于锻炼身体的器具。
② 迈索尔：卡纳塔克的旧称，印度西南部的一个邦。
③ 德干高原：位于印度中南部。

前额上、眼睛周围都没有皱纹。他的眼睛大而亮，鼻子大而短，但形状很好，不是那种肉鼓鼓的大鼻子；他的嘴也很大，嘴唇很厚，耳朵却很小，紧贴脑勺，但耳垂长而厚，有点像乔达摩①的耳垂，只是没有那么夸张。他的脸虽刮过，但仍有很多胡子，而且，他即使刮过脸，皮肤还是呈那种暗红黝黑的颜色。他并不好看，但他忠厚老实的样子使人很有好感。他的牙齿很好，洁白而整齐。他的手比多数印度人都要大。

他下身围一条廉价的棉织裹缠布，上身穿一件棉布衫，头戴一顶甘地帽，脖子上围着一条围巾——凡是有地位的印度人都戴围巾——光脚穿一双皮凉鞋。他虽从未去过英国，但英语讲得很流利，嗓音响亮而动听。他的真诚和善良是显而易见的，但我不能肯定他很聪明。他认为他想到的东西都是他自己的思想，殊不知他苦思冥想出来的许多东西其实都是很平常的。听他满怀深情地说出一些陈词滥调，真叫人尴尬。不过，话说回来，他偶尔确实有一些很有意思甚至很独到的想法。

他曾因为在他自己办的报纸上发表一连串煽动性文章而被捕，被判一年监禁。他被关入单人牢房，以免他的言论影响其他犯人。他未被强迫劳动，但他要求劳动，到工场里和其他犯人一起织地毯。他很难承受自己被监禁这一事实。他告诉我说，他曾一连几个小时痛哭不已，有时发疯似的想冲出监狱，抓住牢门上的铁条拼命摇晃，想把它摇断，一边大喊大叫，一直到精疲力竭，瘫倒在地，沉沉睡去。最后，他吃了四个月的牢狱饭，病得只好送医院，所以，后来几个月的刑期是在医院里度过的。就是在那时，他决定放弃财产。但是，当初他打官司已经花了很多钱，在他入狱期间，他的报纸又一团糟，因而等他出狱时，他发现自己已经负债累累。他花了好几年才还清债务。之后，他召集报社员工，宣布把自己所有的一切，包括他的报纸、他的印刷机，全部移交给他们，条件是他们每月要付给他母亲三十卢比②，好让她养活自己，养活他的妻子和两个孩子，还有他的一个妹妹。

我想知道他家里人是怎么看待这一决定的。他很不在乎他们有何感受。"他们不愿意，"他说，"但我没办法。你要做自己想做的事情，就顾不上别人高兴不高兴了。"他说他出生时就算过命，占星术士说他这一生不是做大富大

---

① 乔达摩：即佛祖释迦牟尼（俗名乔达摩·悉达多）。
② 卢比：印度货币。

贵的大亨大佬，就是做没吃没穿的乞丐瘪三。过去一些年来，他一直在求名求利，而当他决定放弃财产时，他母亲虽然很伤心，但想起占星术士的话，也就不怎么吃惊了。我问他，他儿子长大后会不会埋怨他这个做父亲的没有给他应有的生活和良好的教育，逼得他只好去学点手艺，做个工匠什么的来糊口。他轻轻一笑，说："我想他是会埋怨我的，但他一直有个家，一直有饭吃、有地方睡，这些都是我给他的。我不认为你有了儿子就要为儿子牺牲你自己的生活。你和他有一样的权利。"

他讲了一件事情，使我想了很久。他处理掉全部财产后的第二天，去拜访一个朋友，那朋友住在离班加罗尔①几英里远的地方。他是走着去的，回来时觉得很累，就上了一辆公共汽车，但突然想到自己口袋里一文钱也没有，便马上叫司机停车，随即下了车。我问他住在哪里。

"如果有人肯让我借宿，我就睡在人家的阳台上。如果没有，就睡在树下。"

"吃呢？"

"如果有人肯给我吃的，我就吃。如果没有，我就不吃。"他轻松地回答。

我和他认识颇有点奇怪。当时我第二次到孟买，他从班加罗尔写信给我，说他想来看我，因为他确信我可以给他一些指教。我回信说，我是个普通人，一个小说家而已，不值得他赶两天的路程来看我。但他还是来了。我问他买火车票的钱哪儿来的，他说他到了火车站后就等着；过了一会儿有个人也来等车，他就对那人说他要来见我，但没钱买火车票；那人给他买了一张火车票。我要给他回去的路费，他不要。

"我总会有办法的。"他笑着说。

我们一连谈了两天。这两天我感觉一直很不好，因为他指望从我这儿得到指教，至少听到一些慧言慧语，而我没有。他除了失望，什么都没得到。我或许应该说点好听的空话鼓励鼓励他。但我说不出口。

* * *

果阿②。驱车穿过椰树林，你时不时会看到房屋的废墟。潟湖里有渔船，

---

① 班加罗尔：印度中南部城市。
② 果阿：印度西海岸的一个邦，首府是帕纳吉。

船上的三角帆在强烈的阳光下闪着白光。教堂很大，是白色的，正面有装饰精致的蜂蜜色石柱。教堂里面宽敞整洁，布道坛上有葡萄牙巴洛克风格的华丽雕刻，圣坛也是同样风格的。圣坛的一边有个当地土著神父在做弥撒，旁边有个黑脸孔的侍从。但没有一个人来做礼拜。在方济各派①教堂里，你会看到有一座十字架上的耶稣木雕像，向导会告诉你，那木雕曾经流泪，六个月后，城市就被毁了②。在教区总教堂里，有人在举行仪式，不仅有人在弹管风琴，管风琴旁边还有一个当地土著人的唱诗班在唱诗，声音粗哑，唱出来的天主教圣歌似乎也有一种神秘的、异教的印度特点。在这个荒僻的地方，看到这些大而空的教堂，得知日复一日没有一个人来听神父布道，真是觉得很奇怪。

* * *

神父。他到旅馆来看我。他是个高个儿的印度人，不瘦不胖，长相不错，就是脸有些扁平，眼睛大而黑，很清澈、很明亮。他穿着教士的长袍。一开始，他很紧张，手不知往哪儿放，但我尽力使他平静，他的手不再动来动去了。他英语讲得很好。他告诉我，他来自一个婆罗门③家族，他的一个祖先，一个婆罗门，受圣方济各会④传教士的感化，皈依了天主教。他是个三十多岁的男人，身体健壮、举止文雅。他说话声音浑厚。他曾在罗马住了六年，在欧洲期间到过不少地方。他想回欧洲去，但他母亲年纪大了，希望他留在果阿，在她死前不要离开她。他在一所学校教书、布道。他花许多时间使那些首陀罗⑤皈依天主教。他说现在要想感化那些高等种姓的印度人是毫无希望的。我尽量让他多谈谈宗教。他对我说，他认为天主教对其他宗教都是很有包容性的，但很遗憾，罗马教廷却不允许印度教会按本地人的意愿开展活动。我觉得他是把天主教教义当作一种学说来加以接受的，并不是热忱地信仰天主教，同时我也清楚，一个人如果想对自己的宗教信仰刨根究底，是不是意味着他对自己的宗教信仰已经有所怀疑了。我想，他身后虽然有四百年的天主教背景，但

---

① 方济各派：Franciscan，天主教一教派。
② 与第一句相呼应。果阿首府帕纳吉曾因战火而毁，后重建。这里说到"葡萄牙巴洛克风格"，还说到"方济各派教堂"，暗示果阿原是葡萄牙殖民地，后来被英国人强占，帕纳吉城被毁。
③ 婆罗门：印度种姓制度中最高等级的种姓。
④ 圣方济各会：由16世纪西班牙传教士圣方济各创建的天主教教派。
⑤ 首陀罗：印度种姓制度中最低等级的种姓，即贱民。

在他内心深处,他仍是《吠陀》①的信徒。我不知道,天主教徒的上帝和信奉《奥义书》的婆罗门在他心里或者说在他朦胧的潜意识深处是否融合到了一起。因为他对我说,即使在印度的天主教徒中,种姓制度依然存在,种姓之间是不会通婚的。一个原本属于婆罗门种姓的天主教徒和一个原本属于首陀罗种姓的天主教徒结婚,这种事情从未听说过。他还不无得意地对我说,他身上一点白人的血统也没有,他的家族血统一直都很纯正。"我们是天主教徒,"他说,"但我们首先是印度人。"他对印度教的态度不仅是宽容的,甚至是赞同的。

* * *

特拉凡哥尔②的河汊。这是些狭窄的沟渠,或多或少是人工挖掘的,也就是说,天然的河流被人工的沟渠连接在一起,形成了从特里凡得琅③到柯钦④的一条水道。这条水道的两边长满椰子树,泥土墙的草屋傍水而建,每间草屋旁边有一块空地,种着香蕉、木瓜,有时还会有一棵菠萝蜜树。孩子们在那里玩耍,女人们在那里闲坐,或者舂米;在几只破船上,有时会装着椰子树的叶子或者牛吃的草料,由几个男人和几个男孩在船上慢吞吞地划着;在岸边,有人在钓鱼。我看见有个男人背着弓箭和一小串他用箭射到的鱼。人人都到河里洗澡。那里葱绿、阴凉而安静。你会惊异地感觉到,那种田园生活平静而原始,而且不太艰苦。时而会有一只大的驳船经过,由两个男人撑着篙把船从一个小镇撑到另一个小镇。时而还可以看到一座简陋的小教堂或者一座小礼拜堂,因为那里有一大部分人是基督徒。

* * *

河里长满了水葫芦。这些植物开着淡紫色的花,根不在土里,而在水里,顺水漂浮,当你划船而过时,会从它们中间开出一条水道,而当船划过去之后,它们很快就漂浮回来,铺满水面,根本看不出刚刚有船从那儿划过。我们活在世上也是这样,过后了无踪迹。

---

① 《吠陀》:印度教最重要和最根本的经典。
② 特拉凡哥尔:印度西南部的一个地区。
③ 特里凡得琅:印度南部的一个城镇。
④ 柯钦:印度西南部的一个区域。

* * *

政府官员。我曾听说，他是个不仅精明而且很放肆的官员。人人都认为他既聪明又狡诈。他是个壮实的男人，并不比我高，眼睛不大，但目光警觉，浓眉毛，鹰钩鼻，厚嘴唇，小而圆的下巴。他有一头浓密的鬈发。他下身围一条白色的裹腰布，上身穿着一件白色的圆领紧身外衣，脖子上围一条白围巾。他光脚穿一双时不时会脱落的凉鞋。他待人和气，这是他作为官员多年来练就出来的本领，对每个人都客客气气。他英语说得很好，很流利，词语也很多，所以他能把自己要讲的事情有条有理地讲清楚。他讲话声音很响，但态度很随和。我说的许多话，他都不同意，而且马上予以纠正，但很有礼貌，相信我不会因此而恼火。他当然很忙，因为一个邦里的所有事情都要他管，但是他似乎也有足够的空闲来和我谈谈印度玄学和印度宗教，而且一谈就是一个小时，好像这是他最感兴趣的话题。他不仅读过许多印度书，还读过英语书，但没有迹象表明他对欧洲其他国家的著作和思想也有所了解。

当我说到印度宗教是印度玄学的基础时，他纠正我说："不，不是这样的。印度其实没有你所说的宗教，但有许多玄学体系。神学，印度神学，只是其中的一种。"

我问他，现在受过教育、有文化的印度人是不是还真的相信因果报应和转世轮回。他斩钉截铁地回答说："就我来说，我是绝对相信的，全身心地相信。我相信我来到现世之前有过无数前世，相信在我离开现世后还要经历无数来世，这样才能圆寂。在我看来，人间的不平等和世界的邪恶只有用因果报应和转世轮回才能解释。如果我不相信因果报应和转世轮回，世界对我来说就毫无意义了。"

我问他，印度人相信因果报应和转世轮回，那是不是说，印度人不像欧洲人那样害怕死亡。他想了一会儿才回答，而在他想的时候，他说到了其他事情，我以为他不准备回答了，后来才发现，这是他的习惯。他想好后说："印度人不像日本人那样从小就被教导说生命是无价值的，不像日本人那样在有些情况下会毫不犹豫地献出生命。印度人不害怕死亡是因为死亡可使他脱离现世之苦，但他也害怕死亡，因为他不知道自己来世会投生在哪里。他不知道自己会投生为一个婆罗门、一个天使甚至一个神呢，还是投生为一个首陀罗、一只狗甚至一条虫。所以，当他想到死亡时，他害怕的是来世，不是死亡本身。"

* * *

维拿琴①弹奏者。他是个胖胖的男人，四十岁，不但没有胡子，连前额到头顶的头发也都刮光了，后脑勺上的头发又留得很长，还盘了一个发髻。他下身围着缠腰布，上身穿着无领衫，坐在地上弹琴。他的维拿琴装饰得很华美，琴把上有雕刻，上面还有一个龙头。他弹了两个小时，时不时还要唱几句。他弹奏的曲子，有的是几百年前的旧曲子，还有许多虽没有那么古老，也是上个世纪②特拉凡哥尔大君时期的曲子。因为大君本人就是杰出的音乐家，所以那个时期的印度人都非常热衷于艺术。这是一种精美的曲子，需要悉心聆听，而且我觉得，要听懂这种曲子还非得对现代音乐有点熟悉。它的节奏很慢，要听习惯之后才能听出它的变化与优美。虽然近年来印度作曲家受现代音乐和欧洲音乐的影响很大，但奇怪的是，这些东方曲子竟然也会使人隐约想起风笛声，或者军乐队的轰鸣声③。

* * *

一幢印度人的房子。房子的主人是个法官，房子是他父亲传给他的。法官已经死了，接待我的是他的遗孀，一个穿着白衣裙、披着白头发、光着双脚的胖女人。你从一堵白墙上的一扇门里进去，发现自己站在一个门廊里。门廊顶上有细纹木雕，墙上有荷叶形装饰，当中是一块浮雕，雕的是舞姿翩翩的湿婆④。走过门廊，到了一个灰蒙蒙的院子里，那里种着变叶木和山扁豆。站在院子里，就能看到那幢房子。房子前面有一个吊檐的阳台，里面梁柱相结，很完美，顶上有细纹木雕，和门廊里一样。房子里面，两边有两间厢房，主人通常用来放置衣物，同时也用作客房。他曾在这里接待客人。正面是两扇门，门上有铜锁和铜铰链，还有铜雕饰。两扇门里面，分别是两个小而暗的房间，各放着一张床，其中一间曾是主人的卧室。一边还有一个过道，已被封堵，原本

---

① 维拿琴：viña，印度乐器，一种七弦琴。
② 上个世纪：即19世纪。
③ 风笛声或者军乐队的轰鸣声只有西方音乐中才有，此处代指西方音乐。
④ 湿婆：Siva，梵文的拉丁音译，印度教三大主神之一。

是用来走到堆放粮食的仓房里去的。还有一个小边门,出去是另一个院子,对着院子的是女眷的住房,旁边是厨房和其他一些小房间。我被带进一个房间,看见里面放着几件破旧的欧式家具。

突发浪漫幻想,我想那第一个院子到了晚上,肯定看不出是灰蒙蒙的、没人打扫的,而是月色朦胧、星光灿烂,凉风习习、万籁俱寂的好去处。我真想坐在那里,点上一盏散发着椰子油烟味的黄铜吊灯,听那个维拿琴弹奏者脸色沉静地坐在灯光下弹奏他那些曲子。

* * *

瑜伽僧人。他像普通印度人那么高,黑红色皮肤、灰白色短发、灰白色胡子。他并不壮实,只是稍有点胖。虽然他只围了一条裹腰布,什么都没穿,但看上去很整洁,甚至有点衣冠楚楚的样子。他拄着一根拐杖,走路很慢,还有点瘸。他的嘴有点大,嘴唇有点厚,眼睛既不像多数印度人那么大,也不像他们那么亮,眼白里还有血丝。他生活简朴,却很有尊严。他愉悦、微笑、有礼;他给我的印象是他好像不是一位高僧,而是一个笑呵呵的老农夫。他走进房间,身后跟着两三个弟子,而我当时正躺在那里的一张小木板床上。他说了几句问候的话之后,就坐了下来。他坐我身边,我当时很不舒服,之前还曾晕过去一回。他因为听说我身体不好,不能到他每日打坐的厅房去,就到那个小房间里来看我——之前,我刚被人抬进那个小房间。

他看了我几眼之后,就不再看我,而是两眼很奇怪地凝视着我的肩膀上方。他身体一动不动,一只脚不时地轻击一下地面。他这样保持了大约一刻钟,事后他们告诉我,他是在为我默念。这之后,他突然问我,有什么话要对他说,或者有什么问题要问他。我感觉虚弱而难受,就这么说了,他听了之后笑了笑,说:"沉默也是交谈。"接着,他又把头稍稍转开,两眼又凝视着我的肩膀上方,开始默念。他这样又保持了大约一刻钟,没有人说话,房间里所有人都默默地看着他。接着,他站起身,鞠了个躬,朝我微微一笑,表示道别。然后,他拄着拐杖,一拐一拐地走出了房间。他的几个弟子跟在他后面。

不知道是因为休息了一阵的缘故呢,还是那瑜伽僧人为我默念的效果,反正我感觉好多了。不一会儿,我就去了他白天在那里打坐、晚上在那里睡觉的厅房。在我看来,那不过是个大约五十英尺长、二十五英尺宽的空房间。虽然四周都有窗户,但由于屋顶低矮,房间里依然很暗。那瑜伽僧人正在一个小平台上打坐,那小平台上铺着一张虎皮。平台前面,放着一只香火缭绕的小火盆,那香气很好闻。偶尔,会有一个弟子上前去添香。信徒们都坐在地上,有的在诵经,有的在默念。过了一会儿,有两个陌生人提着一篮水果进来,向那瑜伽僧人行大礼,献礼品。他微微点头表示收下,并示意弟子把礼品拿走。他和那两个陌生人轻声交谈几句后,又微微点头,示意他们退下。他们行礼,退下,坐到其他信徒中间。那瑜伽僧人又开始默念,在场的所有人似乎只是稍稍惊动了一下。我轻手轻脚地走出了厅房。

我后来听说,关于我晕倒的事,外面谣传纷纷。消息不仅传到印度各地,甚至传到了美国。有人说我是因为在圣人面前顿生敬畏之心而晕倒;有人说是因为圣人法力无边,使我晕倒几分钟是要我领悟天意;有人还来问我到底是怎么回事。对此,我都一笑了之。其实,我那次晕倒,既不是第一次,也不是最后一次。医生说我晕倒是因为腹腔神经丛受刺激、导致横膈膜压迫心脏而造成的,而且总有一天,这种压迫会持续较长时间。一般情况下只有几分钟,那时人会失去意识。不过,只要人不死,意识很快就会自动恢复。

*　　*　　*

马都拉岛①。夜晚的寺院②。印度③的这个地方特别吵闹,人们整天都在大声说话,而在寺院里,他们说话的声音甚至更响。到处都是吵吵嚷嚷的。有些人在大声祷告、大声诵经,有些人在相互问候;有些人在相互争吵,争得面红耳赤。他们全无敬畏神灵之心,却又对神灵顶礼膜拜,而且那膜拜神灵的样子简直叫人恶心。说来奇怪,这里的神灵好像是活人,而且就住在附近④。

男人、女人、孩子,熙熙攘攘。男人赤露上身,额头上——有时还有胳膊

---

① 马都拉岛:Madura,印度尼西亚东爪哇省岛屿。这段笔记可能是毛姆后来整理笔记时放错了地方,他到印度尼西亚应是 1929 年。
② 这里的"寺院"(temple)应是清真寺,因为印度尼西亚人信奉伊斯兰教(下文所述也与此相同)。
③ 原文 India,系笔误,应为 Indonesia(印度尼西亚)。
④ 意为当地人膜拜神灵的样子非常做作。

上和胸口上——都厚厚地涂着一层白色的牛粪灰。他们中的许多人虽然白天出去工作时会穿欧洲人的服装，但在这里，他们丢掉了西方服装、西方文明和西方思想。他们到了这寺院里，就成了不知西方为何物的土著人。你看他们，一个个都在跪拜神灵，有的甚至趴在地上，脸朝下，谦卑得真可谓五体投地。

穿行于长方形的内殿①，你可以看到那里有一根根支撑屋顶的雕花立柱，还可以看到每根立柱旁边坐着一个游方修士②，有的年老，胡子拉碴；有的瘦弱不堪；有的年轻体壮、浑身是毛。他们每人面前都放着一只碗，或者一块小地毯，若有教徒要施舍，就朝那只碗里或那块地毯上扔几枚硬币。他们有的用一块红衣裹身，有的几乎赤身裸体；有的呆呆地望着你；有的在埋头看经书，或者大声诵经，毫不理会身边走来走去的人。内殿外面的地上坐着一群阿訇③，他们头顶前面的头发都剃光，后面的头发扎成一个髻。他们都很胖，赤裸的前胸和肥胖的胳膊上都涂着一道道白灰。有个大师，一位有名的圣人，头裹红色包头布、臂套银色镯子、腰围彩色裹腰布、胸前一把白胡子，带着几个年轻弟子，郑重其事地来了。他跪在一块圣毯上念了一段祷文，然后就像高贵的大人物一样，由弟子开道，郑重其事地进入了这圣殿中的圣殿④。

寺院里的照明仅靠吊在天花板上的那几只没有灯罩的灯泡，直射的灯光虽然把立柱上的那些雕刻也照得清清楚楚，但有许多神秘的角落仍漆黑一片。所以，这里虽然人声鼎沸，但依然鬼影幢幢，诡秘而可怕。

＊　＊　＊

我行将离开印度时，有人问我，在我的所见所闻中，印象最深的景物是什么。我依他们所愿作了回答，而实际上，我印象最深的不是泰姬陵，不是贝拿勒斯河谷的云梯，不是马都拉的神庙，也不是特拉凡哥尔的群山，而是那些瘦骨嶙峋、衣不遮体、皮肤在烈日下烤得像泥土一样焦黑的农夫，那些在清晨冷得瑟瑟发抖、在中午热得汗流浃背、到日落还在干旱的田地里干活的农夫，那

---

① 清真寺的内殿是供教徒朝拜用的，但没有神像，教徒朝圣地麦加方向朝拜。
② 原文是 religious mendicant，直译为"宗教乞丐"，也就是乞讨施舍的人。
③ 阿訇 [hōng]：伊斯兰教的神职人员，类似于基督教的神父或佛教的和尚。
④ 这圣殿中的圣殿：讽喻其卧室。

些从三千年前雅利安人征服这个国度①时就世世代代在东西南北、在印度广阔的大地上日夜劳作的农夫,他们的收成少得可怜,他们饥肠辘辘,他们唯一的希望是能活下去。他们是我在印度所看到的、印象最深的景物。

* * *

据说,威灵顿公爵②曾说,滑铁卢战役是在伊顿公学的操场上打赢的③。未来的历史学家也许会说,印度是在英国的公学里失去的。

---

① 三千年前雅利安人征服这个国度:大约在公元前3000年至公元前2000年(文中说"三千年前"应有误),中亚人(即今波斯人、阿拉伯人、土耳其人的祖先)入侵印度半岛,自称雅利安人(高等人的意思),并在半岛上建立诸多王国,实行种姓制度,印度原有的各种土著人都被定为最低种姓,也就是低等人,世世代代沦为奴隶。
② 威灵顿公爵:英国陆军元帅,打赢滑铁卢战役的功臣。
③ 威灵顿公爵毕业于伊顿公学,他把打赢滑铁卢战役归功于他所受的教育。

1939①

朗斯②。公共餐厅。一张长餐桌,旁边坐着一群年轻人,都体面地穿着深色服装,但他们给你的印象是,他们好像很久没洗澡了。他们是学校的教师、保险公司的职员、商店的营业员之类的人。他们大多一边吃饭一边看报。他们狼吞虎咽地吃着面包,喝着劣质酒,几乎不说话。突然,有个人进来。"哇哈,是于勒!"他们喊道,好像从梦中醒来。于勒带来了欢乐。他是个三十岁模样的瘦男人,有一张红而尖的脸,一副油头滑脑的样子,你完全可以把他看作马戏团里的小丑。他的逗笑动作是把面包屑搓成小球胡乱地朝别人身上扔,被扔到的人会大喊:"啊,我中弹了!"

他们和餐厅服务员很友好,互相以"你"相称③。有个小女孩,餐厅老板的女儿,坐在一只长椅上一个人玩游戏。他们并无恶意地和她开玩笑,这使你觉得,他们好像都在等着她长大,好和她调调情。

* * *

矿工村。好几排两层楼的红砖房,房顶上铺的是红瓦,窗户很大。每幢房子后面都有一个院子,里面种着蔬菜和花草。一幢房子有四个房间,前面一间是没多大用处的客厅,窗户上挂着绣边厚窗帘;后面一间是厨房,楼上两间是

---

① 这一年,毛姆时而在英国,时而在法国,他在法国调查煤矿情况,故而笔记中有一些记的是他对矿工的了解。
② 朗斯:法国北部城市。
③ 法语中一般称别人都用尊称vous(译作"您"),只有关系亲密的人用tu(译作"你")。

卧室。客厅里放着一张铺了桌布的圆桌和三四把直背椅子,墙上挂着放大的家庭照片。日常生活主要是在厨房里。厨房的墙上挂着一把枪和几张热门的电影海报。那里有一个炉子、一台收音机和一张铺着油布的餐桌,地上也铺着油布。厨房当中横拉一根绳子,用来晾衣服。到处是饭菜的气味。收音机从早开到晚,播放着迪多·罗西的歌曲、《兰贝斯大道》①,还有舞曲。在洗衣日②,炉子上会放着一只很大的锅子。

有客人来,请喝一杯朗姆酒。交谈总离不开钱和物价;要不,就是谁和谁结婚、谁做了什么事。

矿工一早从楼上下来,吃早饭,喝掺了朗姆酒的咖啡。然后,到水槽边洗手、洗脸。然后,穿衣,其实也就是把妻子递给他的靴子和外套穿上而已。

* * *

L.的姐姐。一个高而瘦的黑头发女人,面容和眼睛都长得很好,但掉了两三颗牙齿。她才三十二岁,看上去却有五十岁,神情憔悴、皮肤干燥、满脸皱纹。她穿着黑色衣裙,腰里系着一块蓝色围兜。四个孩子都肮里肮脏,身上穿的衣服都是他们的母亲用旧衣服七拼八凑弄出来的。一个小女孩耳朵疼,头上扎着一条围巾。L.的姐夫三十五岁,但看上去要老得多。一张歪歪扭扭、饱经风霜的方脸,但脾气很好,很和善,只是看上去有点倔头倔脑。他少言寡语,偶尔说话也是慢吞吞地,但声音很好听。他不习惯说法语,喜欢说当地土话。他的手又大又脏,但看上去很有力气。他的灰色眼睛中透露出一种温和的、有点可怜巴巴的神情,眼睫毛上粘着永远洗不掉的煤屑。

* * *

工头。他是个快活的人,大嗓门,有一种佛兰德③胖子的豪爽。他喜欢他经常享用的那些东西,喜欢咖啡、朗姆酒和葡萄酒。他的妻子也是个大胖子,乱蓬蓬的灰头发、红彤彤的脸、乐陶陶的表情。她喜欢吃,特别是过圣诞节,她和一家人都会吃得昏天黑地。然后,她会兴致勃勃地告诉你说,买鸡花了多

---

① 《兰贝斯大道》:当时非常流行的一首歌。
② 洗衣日:washing-day,即 Monday(星期一)。
③ 佛兰德:比利时西部的一个地区。

少钱,做圣诞大餐花了多少钱。吃完圣诞大餐,他们坐着聊天、听收音机、唱歌,直到第二天凌晨四点。

他们有两个儿子。他们不想让大儿子当矿工,就让他去做木匠,不料第一个星期就在圆盘锯上锯掉了右手,现在(他还很年轻,戴着眼镜)只能在矿上找点其他事情做做。小儿子没惹出什么麻烦,直接下了矿井。

* * *

过去,男孩子十二岁就开始干活,现在要到十四岁。他们分三班,每天八小时,把煤里的石头拣出来。煤是从一条传送条上送出来的,他们就一群一群地站在传送条旁边,把石头迅速拣掉。他们戴着绷紧的帽子,穿着蓝色的工作服,看上去很古怪。他们的脸就像他们的衣裤一样黑,只见两眼一闪一闪。

* * *

一个人到了三十岁才知道,应该成为一名专业矿工,但到了四十五岁,因为体力下降,不能再做专业矿工,只能干轻活,收入也就相应减少。五十五岁时,他拿到了养老金,三千法郎,是给他的;还有三千法郎,是给他妻子的。但他用养老金生活的时间只有没几年。他说他在六十岁前肯定死了,而且说得很从容,好像这是理所当然的。

他所住的房子,租金是象征性的,每月仅八至十法郎,再加四百公斤煤。他每星期工作五天,每天收入六十法郎加百分之二十五津贴。但他不能拒绝加班,否则津贴就没了。

医疗是免费的,但他抱怨说,医生对他一点不重视,只要他们一忙,上门看病就要等到第二天才来,而且药也常常没有带足。

* * *

矿工们都是友好和善、乐于助人的。因为他们知道,自己的工作要靠相互帮助,所以他们之间有一种天然的友谊。他们中间的有些人住在离矿井有一个小时路程的地方,甚至更远,要骑自行车上班。他们喜欢住在那个简陋的小村庄里,即使矿井附近能找到房子,他们也不愿离开那个村庄。

* * *

除了专业矿工负责采煤、修路和开凿隧道，还有非专业的工人负责看管电器、推送煤车到升降机里。一长列煤车先要脱钩，然后用人工把一节一节煤车沿着弯曲的轨道推入升降机内。一个人上一次班，要推一千两百节煤车。这工作很辛苦，每天仅得二十法郎，而上次大罢工前，那时只有十四法郎。

升降机摇摇晃晃，上下速度很快，发出可怕的咔咔声。等升降机降到矿底，还必须有人把升降机里的空煤车推出来。

* * *

安杰立克酒吧。小小的方形店堂，前面有一张吧台和一个摆满瓶子的货架。墙边上放着两三张方桌，靠墙的一面放一把长条椅，对墙的一面放一两把单人椅。店堂当中，放着一张圆桌。有几个矿工坐在那里，和他们在一起的还有一个正在休假的士兵，体格健壮，身穿军装。有个人在用一根毛线为他们变魔术，一种很幼稚的把戏，他们却看得出了神，还频频举杯，大声喝彩。但他们都很友善，也很热情。另一张桌子上有四个人在打牌。这里的人很少谈论时事新闻，他们不是谈工作，就是谈物价。

老板一家就住在酒吧后面的一个房间里。老板是个波兰人，卧病在床，家里五六个人都围着病人转。房间里的空气污浊不堪。

* * *

波兰人一看就和法国人不一样。他们头形方正、体格健壮，就是浑身粘满煤屑，仍看得出他们皮肤白皙。这里的波兰人和法国人友好相处，但波兰人总喜欢和波兰人交往。他们吃得都很节省，比法国人节省得多，因为他们要把省下来的钱寄回家，让家人去买一块地。只有在节假日或者婚宴上，他们才喝酒。那时，他们会聚在一起，把口袋里的钱都花光。然后，他们会一连几个月节衣缩食，把花掉的钱补回来。他们法语讲得结结巴巴，还有很重的口音。

* * *

矿工洗澡是件大事。先要用全家人洗衣服的铜盆把水烧热，然后那个矿工

坐在铜盆里洗澡。年轻的矿工自豪地说，他们只想下矿工作，洗不洗澡是无所谓的。当这些年轻的矿工还是单身时，他们通常在某个寡妇家里，或者在某个孩子不多的人家，租一个房间或者一个铺位。他们经常乘班车或者骑自行车到朗斯去嫖娼。

* * *

煤矿的坑道比普通人略高一点。坑道很长，仅靠几只没有灯罩的灯泡勉强照亮，而且外面的寒风会直接灌进来，所以又暗又冷。走在坑道里，不见人影，感觉很紧张，因为那里七转八弯、条条相通，很容易迷路，但工头对我说，他闭着眼睛也能在里面走。

令人奇异的是，你会突然看到有一小群人在那里干活。那时，你刚钻过坑道壁上的一个洞，沿着另一条又低又窄的坑道慢慢朝前走或者慢慢爬，有时甚至要放平身体用手臂爬行。接着，你一抬头，就看见他们了。他们不是在挖坑道，就是在挖煤。他们用的钻头很重，要两个人抬着才能操作。钻头发出的噪声之大，简直叫人发疯。

那里光线昏暗，矿工都脱光衣服，赤身裸体干活的，头上却戴着一顶安全帽，看上去都不像人。

早班换晚班之间，有半小时吃饭时间。矿工们坐在煤堆上，吃自己带来的午饭，通常是吃一块涂一点黄油或者夹一根香肠的面包，喝一点装在金属壶里的既不加糖也不放奶的清咖啡。

* * *

矿工的一日三餐。早上是黑咖啡、面包和黄油。中午，若是在家里，是汤、牛排或牛肉、从汤里捞出来的蔬菜，还有土豆。他们喝的啤酒通常是自己家里做，几乎不含酒精，味道很怪，要多喝才会习惯。晚上又是咖啡、面包和黄油，若要丰盛一点，就加一片火腿。

他们的住所里没有一个地方是干净整洁的。看来，他们很不在乎住所的干净整洁。他们对自己的工资收入都觉得满意，只要能保持现状就心满意足了。工作、吃饭、睡觉、听收音机，这就是他们的生活。

* * *

经理提醒我说,有个来访者认为这里的工作太艰苦,其实并非如此。习惯了这里的工作,就算不觉得轻松,至少也是可以接受的。那个经理是个不留胡子、衣着整齐的矮个子年轻人,他的妻子高鼻梁,穿着红色衣裙,还算漂亮。他们有两个孩子。他热心于他的职业,人也很聪明、很和善,读过不少书。他的岳父原是亚眠①的首席检察官,现在和他们住在一起,一个矮小的老头,留着灰白的胡子,很健谈,虽然他说的都是一百年来人人都说的老话,但他却以为是他深思熟虑后的真知灼见。一个诚实可敬、狭隘无趣的人。

* * *

里维埃拉②谋杀案。杰克·M因肺炎卧病在床,这时他收到一封电报,说他母亲阿尔伯特·M夫人在圣拉斐尔③的一家旅馆遇害。他不能去,就叫妻子玛丽代替他乘飞机过去。玛丽得知这消息当然很震惊,同时又有点幸灾乐祸的感觉,因为她婆婆把她弄得苦不堪言。她喜欢宴会和舞会、喜欢买衣服,她婆婆一天到晚说她这也不是,那也不是;她做家务、管孩子,她婆婆这也反对,那也反对;而她丈夫杰克又很崇拜他母亲,认为他母亲是从来不会做错事的,这使她更加难受。要不是她婆婆每年要到圣拉斐尔去过冬,她可以喘口气,否则她早就受不了了。

飞机把玛丽送到戛纳,有个英国律师之前已收到杰克·M拍给他的电报,前来接她。他开车送玛丽到圣拉斐尔去,一路上他把自己知道的一些事情告诉了她。

"有些事情你迟早都会知道,当地报纸都在报道这个案子。"

他说阿尔伯特夫人被人发现死在她自己床上,是被人勒死的,她的钱财和珠宝被洗劫一空。她死的时候全身赤裸。

"你知道,里维埃拉有时会对这些从英国和美国来的老年单身女人产生非常不好的影响。"

他说阿尔伯特夫人在圣拉斐尔是出了名的。她出入酒吧间、咖啡馆,在那

---

① 亚眠:法国北部城市。
② 里维埃拉:法国南部度假胜地(毛姆晚年定居于此地)。
③ 圣拉斐尔:里维埃拉的一处地名。

儿跳舞，还和一些不三不四的无赖混在一起。她是个出手大方的富婆，常常请他们喝酒。他们当面奉承她，背后却嘲笑她。她时常还带着一个小情人回旅馆过夜，每星期两三次，第二天早上付给那小情人一千法郎。她显然是被她的某个小情人勒死的。

玛丽听到这些，表面很惊愕，心里很高兴。这回，她终于可以出口气了，可以鄙视一下这个多年来一直折磨她的老太婆；这回，她终于可以施行最美妙的报复了，她要告诉杰克，他为她树立的道德楷模原来是个老荡妇。

"他们知道是谁干的吗？"她问。

"还不确定，因为嫌疑犯有十二个。她也太胡来了。"

"我丈夫知道了肯定受不了。"

"有必要让他知道吗？他们很想把这事隐瞒了，把案子定性为入室抢劫杀人案。这样的丑事传出去，对圣拉斐尔这个旅游胜地没什么好处。"

"为这个就要隐瞒？"

"噢，也是为你们、为你婆婆着想。不妨这么说吧，她在英国过的日子也确实太枯燥，她不过是想在死之前开心开心。有必要对她大加指责吗？"

玛丽沉默了好一会儿，然后说出了连她自己也很惊讶的话。

"我恨这个老太婆，有时我真想杀了她，有时我问自己我为什么没有杀了她。现在，我知道了，我想这是我和我丈夫结婚以来第一次，我似乎对她有点同情了。"

*　　*　　*

帕斯基耶弥留之际。他在尼斯的一条小街边上开了一家小餐馆。前面是店堂，后面有一间不通风的小房间用来供客人跳舞。上面的几个房间除了他自己住，也出租，还专门开了一扇边门。如果有哪个男人在小餐馆里勾搭上了女人，他就把上面的一个房间租给他们一个小时，或者一个晚上。现在，帕斯基耶病重，小餐馆由他的儿子和儿媳经营。他儿媳就是他儿子埃德蒙在小餐馆勾搭来的一个女人。帕斯基耶一度对他儿子娶这样一个女人大为恼火，把儿子和那个女人一起赶了出去。但是，帕斯基耶看重名誉，更看重钱财。埃德蒙可以帮他做生意，他不久便把儿子叫了回来。那天晚上，我到他的小餐馆去，见里面坐满了人，看来他们的生意做得很好。我问埃德蒙他父亲情况如何，他告诉我说，医生已经放弃治疗，他至多只能拖一两天。他要我去看看他。我绕到了餐馆后面，专门为客人引路的女人让娜，把我领到他跟前。他躺在一张四柱大床上，一个瘦小的老头，穿着睡衣，脸色苍白，手脚浮肿。

"我不行了。"他对我说。

"胡说些什么。"我像人们通常所做的那样，在病人面前故意用轻松的口气说，"你会好起来的。"

"死我不怕。就是不知道楼下怎么样了，坐满了吗？"

"坐得满满的。"

他精神一振。

"就是我的店堂再大一倍，我也照样能叫它坐满。"他按了按铃，"可我只能躺在这里，不能照看我的生意，真是太可怕了。"女仆进来了。"快去敲敲门，"他对她说，"叫他们吃得快点，还有人等着哪。老天爷啊，到这儿来吃顿饭，用不到一个晚上啊！"女仆出去了。"想到我可怜的老婆，我很高兴她死了，不然的话，看到埃德蒙娶了一个婊子，她会难受死的。我跟你说，我们一直都是很好地教养他的。可你知道吗，他们等我死了之后想干什么？他们要把那些女人赶走，要把楼上的房间租给那些职员和店员去住。那是挣不到钱的！嗨，为什么他就不能娶个生意人家的女儿呢，这样不是可以帮他做做生意吗？唉，我躺在这儿真是难受啊，我知道，只要我一死，我的这份家当就全完了。"两行眼泪从他的脸颊上流下来。"为什么？"他吸了口气，"就是因为那个臭婊子要想装好人。你是好人，人家就会给你钱吗？做梦！"

两三天后，他死了。他的灵车上放满了鲜花，许多在他的小餐馆里拉客的年轻女人都来为他送葬。"你看，她们还是很有良心的。"埃德蒙的妻子后来对我说。

* * *

浪漫故事。约克公爵，也就是乔治三世的弟弟，乘着他的游艇到了摩纳哥，不幸身患重病。他曾要求摩纳哥亲王接待他，亲王同意了，但拒绝接待他那个随他一起来的情妇。所以，那个情妇只好在罗克布伦①找了一幢房子住下。但她每天都要到边境去看亲王宫殿上的国旗是否在飘扬。一天，她看到下半

---

① 罗克布伦：法国城市，毗邻摩纳哥。

旗，知道她的情人死了。她跳海自尽了。

* * *

有一天，晚饭后在格罗夫纳广场①，我听到有位年纪不轻的作家抱怨说，现在的英国文人不受尊重。他还愤愤不平地作比较，说十八世纪的文人坐在咖啡馆里，有慷慨的庇护者资助，不必为肮脏的金钱而妓女般地出卖自己的才能。我很奇怪，他怎么没有想到，要是在十八世纪，他和我到了某个府邸只能走后楼梯②，就算他们招待我们，也要我们坐在管家的房间里，然后端来一杯啤酒和一块冻肉。

* * *

他名叫保罗，比利时人，杀了他妻子。经审讯，他被判死刑。他很难接受这一判决。他有严重的歇斯底里症。他睡不着觉，害怕得要命。法庭叫艾伦③去探望他，看能不能对他有点好处，就算不能给他安慰，至少也能使他认命。艾伦每天都去看他。一天，他对我说，保罗要看一本书，监狱图书室里没有，问我能不能为他买一本。我说当然可以，问他是什么书。他的回答使我大吃一惊。我想来想去想不通，一个人在被绞死前为什么要看这么一本书——斯特恩④的《感伤的旅行》。

* * *

旅馆的客房。其中一间住着一个男人，他把旅馆的客房看作自由的象征。他在这样的房间里愉快地沉思默想，想着他曾经有过的那些不寻常的经历。他觉得沉思默想是那么祥和、那么幸福，这样的美好时光实在难得，于是服下了大量的安眠药。另一间住着一个女人，她多年来一直住旅馆，不是住在这家旅馆，就是住在那家旅馆。她真是悲惨，没有家。她有时不住旅馆是因为她的朋

---

① 格罗夫纳广场：伦敦的著名广场之一。
② 18世纪的英国仍有等级观念，虽非法律规定，但习惯上公共场所的前楼梯是供身份地位高的人走的，身份地位低的人只能走后楼梯（就如昔日中国，大人物走正门，小人物走边门），那时英国文人的社会地位并不高。
③ 艾伦：毛姆的男秘书。
④ 斯特恩：18世纪英国小说家。

友不好意思，请她去和他们一起住上一两个星期。他们请她去住，是出于同情，看到她走了都会松一口气。她觉得自己再也无法忍受这种悲惨生活了，于是服下了大量的安眠药。这两件事在旅馆里的人和报界的人看来像是一桩迷雾重重的疑案。他们怀疑是殉情。他们调查那两个人的关系，但什么也没有发现。

* * *

他是个成功的律师。听到他自杀了，他的亲戚朋友都万分震惊。他是个活泼开朗、精力充沛的男人，你随便怎样也想不到他会自杀。他很享受生活。他虽出身卑微，但由于屡立战功而被授予爵位。他特别喜欢他的独生子，希望儿子将来能继承他的爵位，继承他的事业，进入议会而成为名人。没有人知道他为什么自杀，猜也猜不出。再说，他还把自杀伪装得像是意外事故，要不是他有一处疏忽，人们还真以为他是出了事故。他的妻子确实使他有些烦心。她正在更年期，脑子出了点问题，虽然还没有发疯到要送精神病院，但肯定是不正常的。她有严重的抑郁症。她丈夫自杀，别人没有如实告诉她，而是说他死于车祸。她的反应出乎意料，很平静。她对告诉她消息的医生说："谢天谢地，我已经对他说了，要不然的话，我这辈子就不得安心了。"医生问她什么意思。她愣了一会儿对医生说，她已经向丈夫坦白了，他宠爱的儿子，他寄予无限希望的儿子，不是他生的。

* * *

伯蒙齐①。有个管子工到某个退休商人家里修水管。那个商人住在肯宁顿街的一幢房子里。那个管子工年轻英俊，那个商人的女儿爱上了他。他们夜里在路上约会。但他感觉到她内心深处和他有距离，而且认定她只是把他当作仆人看待。他下定决心要弄点事情出来。他使她怀了孕。她父母把她赶出了家门。他拒绝和她结婚，但她还是和他同居。她生下孩子后到一家饼干厂去工作。孩子寄养在外面。饼干厂里有个男工看上了她，向她求婚。她知道管子工一点不在乎她，就离开了他。但当他发现她要和另一个男人结婚时，却勃然大怒，马上去找那个男人，对他说，她和他已经有了一个孩子。那个男人听了，

---

① 伯蒙齐：伦敦的一个区，在泰晤士河南岸。

便和她一刀两断。

* * *

伯蒙齐。有个男人在战场上中毒，负了伤，现在靠抚恤金和妻子一起住在一幢三层楼房底层的两个房间里。他们俩都是一个丧葬互助会的成员。他病了很久后，意识到自己将不久于人世，便和妻子商量，要把她从丧葬互助会拿来为他办葬礼的钱用来办最后一次宴会。他妻子同意了。他们请来所有朋友，办了一次盛大的香槟晚宴。第二天晚上，他死了。由于他的丧葬费已经用掉，他的几个朋友要凑钱为他办一个体面的葬礼，但他妻子不要，结果就只好把他葬在免费的贫民公墓里。葬礼后没几天，他的一个朋友来看望他妻子，还向她求婚。她听了大吃一惊，但想了一会儿之后，她答应了。只是，她觉得丈夫的一年服丧期未过就再婚不大好，于是便建议他在此之前可以作为房客寄宿在她家里。

* * *

伯蒙齐。有个男人，一个退伍军人，和一家工厂的一个年轻女工爱得不可自拔。他很不幸地有一个既啰唆又妒忌的妻子。他和那女工私奔到斯泰伯尼住了下来。那女工从报纸上惊恐地发现，原来他把妻子杀了。他肯定是要被抓的，但在逃亡期间他们仍沉浸在热恋中。后来她又发现，他为了逃避被捕，打算杀了她之后自杀。她害怕极了，想逃离他，但她太爱他了，下不了决心。当她下定决心时，已经晚了。警察来了。他在开枪自杀前，先打死了她。

* * *

伯蒙齐。丹失业已有几个月。他既悲伤又羞耻，他的哥哥伯特有工作，侮辱他，公然说丹是靠他养活的，还拿丹出气，要丹为他做这做那。丹很痛苦，觉得还不如死了的好，幸亏他母亲劝阻，要他耐心等待，说事情总会好起来的。他母亲贝利太太是白厅①政府机关雇用的保洁工，每天早上六点出门，要到晚上六点才回来。一天，伯特回到家，因为他马上又要出去而丹没有把他的

---

① 白厅：伦敦市内的一条街，因为国防部、外交部、内政部、海军部等都在那里，故而常被用作英国行政部门的代名词。

另一件衬衫从洗衣店取回来,就对丹破口大骂。他们还打了起来,身材瘦小、营养不良的丹被伯特按在地上痛打。这时,贝利太太回来了,赶紧制止他们。她把伯特痛骂一顿。伯特说他受不了,要去结婚。他们顿时慌了,因为伯特一结婚,家里就没有了他每星期拿出来的钱,丹又一文不挣,单靠贝利太太是养不活她自己、丹和另外两个年纪更小的孩子的。这意味着他们都得挨饿。他们对伯特说,他不能结婚,至少要等丹找到工作再说。但伯特说,他非结婚不可,因为他的女朋友怀孕了。说完,他怒气冲冲地走了。他们全都哭了。贝利夫人跪倒在地,叫丹和另外两个孩子也跪下,祈求上帝可怜他们,救救他们。他们祈祷了又祈祷,直到伯特回来。他刚到洗衣店取了衬衫。他愤怒地看着他们。

"哦,好了,好了,"他大声嚷道,"我会给她十个先令,叫她把她肚皮里的那个小混蛋打掉。"

* * *

贝利太太。她是个高个子女人,红头发稀疏而凌乱。一张嘴,你就看到她掉了两颗门牙。她有一只耳朵被丈夫扯掉了一块,前额上还有一块伤疤,那是有一次丈夫把她从窗子里扔出去时摔的。她丈夫是个高大、强壮、野蛮的家伙,在战场上受过伤,常常痛得厉害,所以贝利太太原谅了他的坏脾气。他们有四个孩子,个个都惧怕父亲,但贝利太太却心情很好,真正伦敦人的好心情,在她不为生活担忧的时候,她总是有说有笑的。她还会哈哈大笑。后来,贝利死了。我在贝利死后去看望贝利太太,她对我说:"他其实不是坏男人,你知道他对我怎么说的?那大概是他最后说的话。他说:'我让你过得太苦了,是不是?没有了我,你一定会很高兴。'我对他说:'不,内德,我不会,你知道我是一直爱你的。'他滑稽地看了看我,你知道他说什么?他说:'你这头老母牛。'那说明他还是爱我的,是不是?我是说——他叫我老母牛。"

我当时想写一部关于伯蒙齐人的长篇小说,所以做了这些笔记。

1940

前两天,我和一个法国军官聊天,自然而然就谈到了法国的沦陷①。"真没想到,我们竟然会被愚蠢的德国人打败。"他说。这话使我惊愕。法国人似乎并不明白,他们那么耻辱地被打败,并不是因为德国人愚蠢,恰恰相反,是因为德国人聪明。法国人因为有教养、有文化而且又很健谈,就愚蠢地以为只有他们才聪明,其他人都很愚蠢。他们的自命不凡使他们鄙视法国以外的所有国家,使他们成了欧洲最孤僻的民族。他们好像真的相信,只要口舌伶俐,就能摆脱困境。但是,当你的汽车出了故障时,用你的满腹经纶或者幽默风趣是修不好汽车的,你只有去找汽车修理工,因为这时只有汽车修理工的知识才有用,才是智慧,你的知识是废物。德国人研究现代战争的战略,以此而装备现代武器,这难道是愚蠢?他们精确地整合战争机器,使其高效运转,这难道是愚蠢?他们敏锐地侦察法国的情况,充分利用法国人的散漫、大意和急躁来取胜,这难道是愚蠢?不,在这场战争中,愚蠢的不是德国人,而是法国人。然而,法国人遭受灭顶之灾,竟然还那么自负,这叫人还有什么指望?同盟国②尽可以热火朝天地谈论光复法国的重要性,但在法国人还没有自知之明、还不敢面对事实之时,他们是不会成功的。法国人首先要做的,不是谦卑——这对他们没什么好处——而是要有常识。

---

① 法国的沦陷:指"二战"中法国被纳粹德国占领。
② 同盟国:此处即"二战"爆发时和法国结盟的英国、波兰等国。

1941[①]

纽约。H.G.威尔斯到这儿来了。他看上去又苍老又瘦弱。他仍然像以前一样活跃,但似乎有点勉强。他的演讲很失败。人们听不懂他在说什么,即使听懂了,也不想听。他们纷纷退场。他很伤心,很失望。他不明白,他讲了三十年的东西为什么人们没耐心再听他讲了。江河流水滔滔,他却在岸上原地踏步。一个作家如若运气好,会有一时的辉煌,但犹如云烟,转眼即逝。好在,他曾经辉煌过,应该知足了,现在轮到别人辉煌,是理所应当的。其实,H.G.只要想想自己曾改变过舆论和民意,曾影响过整整一代人,就可以满足了。但他还是那么忙碌,一心想做圣哲,结果却是出丑。

* * *

她在极其平常的情况下也会大动感情,她的感情不仅是真诚的,而且还很稳定,稳定得简直令人难以置信,可说是世上从未有过的。这个有阅历的中年女人,竟然会天真无邪得如此奇特,因而不仅不荒唐,还很感人。她以情动人,既聪明之极,又愚蠢得你简直想揍她一顿。

* * *

有人讲究风格,有人尽量写得漂亮,有人力求写得简洁,有人刻意写得工整,读出来朗朗上口;有人搜肠刮肚,有人绞尽脑汁。但事实却是,闻名世界

[①] 这一年,毛姆因法国被纳粹德国占领而移居美国(此前几年,他大部分时间住在法国),故而这一年都是他在美国所做的笔记。

的四大小说家——巴尔扎克、狄更斯、托尔斯泰和陀思妥耶夫斯基——都不怎么注意自己的文笔。看来，你只要会讲故事、会塑造人物、会设置情节，你只要有信心、有热情，文笔如何，好像是无所谓的。不过，话说回来，文笔精美总比文笔糟糕要好。

* * *

多愁善感，只是心烦意乱而已。

* * *

世界永远不会太平。曾经有过一段和平与富足的时期，即十九世纪的最后几年和二十世纪的最初十年，但那是例外。虽然我们中的有些人曾生活在那样一个时期，但没有理由因此而认为那是世界的常态。"人生在世必遇患难，如同火星飞腾"①，那才是常态，我们最好还是接受这一事实。既然如此，我们就只能无奈而幽默地看待人生，这也许是最好的策略。

* * *

当你听到一个年轻人自以为是地胡言乱语时，当你看到他既武断又偏执时，你会生气，会指责他愚昧无知。其实，又何必呢？难道你忘了，你在他那个年龄时不也是和他一样愚昧无知、一样口出狂言吗？当然，我说的你，是指我自己。你说他胡说八道，他还会大吃一惊，因为他真的相信，5+5=55。

* * *

从根本上说，人并不是理性的动物。正因为这样，写小说才那么难，因为现在的小说读者——戏剧观众也一样——都要求人物的行为合乎理性。如果人物的行为没有充分可信的动机，他们就不满意。他们都指望人物的行为是有理性的，如果没有，他们就会说："没有人会那么做的。"他们对可能性的要求变得越来越高。他们拒绝相信巧合和意外。他们指望呈现在他们面前的人物一成

---

① 此句原文是 Yet man is born unto trouble, as the sparks fly upward，引自《圣经·旧约·约伯记》第五章第七节，译文引自中国基督教协会1996年发行的串珠版《圣经》。

不变地按人物的习惯行事。然而,《奥赛罗》① 中许多人物的行为都是不合理性的,就是主角奥赛罗,虽然比其他人物稍好一点,但行为也是不太合乎理性的。有些批评家绞尽脑汁,想证明奥赛罗并非如此。但是徒劳。他们最好还是接受事实,把《奥赛罗》视为一大例证,可用以证明人从根本上说是非理性的。但当代戏剧观众绝对不会认为奥赛罗的行为是不可能的,这我完全相信。

* * *

我不知道,为什么宗教界从不使上帝具有常识。

* * *

我年轻时装出一副无所不知的样子,因而经常出洋相,弄得狼狈不堪。后来我发现,对自己不知道的事情最好还是说"我不知道"。这也是最容易做到的。我这样做之后,好像至今没有人说我孤陋寡闻。唯一的麻烦是,有时你说了"我不知道"后,有些人会唠唠叨叨地把事情一五一十地告诉你。他们乐此不疲,而我对世上的很多事情,根本就不想知道。

* * *

虚拟语气。美国作家比我们更经常使用虚拟语气。我以为这是他们的习惯,所以对他们来说这很自然——对我们来说,这总有点迂腐——但我没有注意到他们在日常谈话中也使用虚拟语气,因为我总认为虚拟语气是他们的老师教他们用来写作的。我想,他们的老师这样强调语言规范大概是不得已而为之,因为他们的学生说话普遍马虎而不准确。但是,这是在胡闹,因为虚拟语气是一种垂死的语言方式,应该将它尽快埋葬才对。说到底,写作是以日常语言为基础的,而且没有理由忘记,有许多精练的短语和生动的成语最初就是从马虎而不准确的日常语言中来的。没有哪个美国人——不管是男人,还是男孩——会说:"I'll come to see you if I be in town." 而是说:"I'll come and see you if I'm in town."② 如果美国人要写作,最好也这样写。

---

① 《奥赛罗》:莎士比亚四大悲剧之一。
② 这两句话的意思是一样的,即"如果我在城里,我会来看你",而且都是虚拟语气,但前面一句是老式的书面语(标准的虚拟句),后面一句是通用的口语(不标准的虚拟句)。

当然，有时要在词语的习惯用法和正确用处之间做出选择，是有点困难的。譬如，lunch 是动词，luncheon 是名词，但现在的习惯用法却把 lunch 当名词用①。所以，如果有人坚持认为请他去吃 luncheon 才是正确的，那就没有人请他吃饭了，因为人们请吃的都是 lunch。我认为明智的作家应该使用那个较短的词，让那个较长的词任人废弃。有些人至今坚持说 omnibus 而不说 bus，不过，如果他们想要一辆 cab 的话，cab 是永远不会来的，因为他们叫的是 cabriolet②。

我曾在某处读到过，那个既是诗人又是银行家又以举办早餐会而出名的罗杰斯，他曾说，他希望那些把 balcony［ba:l'kɔ:ni］说成 balcony［'bælkəni］的人永远不要出现在他的餐桌上③。

* * *

小说家千方百计要使你相信他，否则他就完了，但他如果写得完全可信，又可能很枯燥。这（彻头彻尾地模仿现实）是导致人们转而去读侦探小说的原因之一。侦探小说有悬念，能激发他们的好奇心，使他们惊悚不已；反过来，他们也不怎么要求侦探小说一定要写得真实可信。他们只想知道那是谁干的，就是那个人干那件事的动机极不可能、极不充分，他们也照单全收。

* * *

对作家来说，吃下整只羊之后再来告诉你羊肉的味道，是没必要的。他吃一块就行了。但这一块他必须吃。

* * *

我们在得克萨斯州的一个小镇上过夜。对于驾车横穿大陆的人来说，这是

---

① lunch 一词原本只可作动词，如 I lunch at home（我在家吃午饭），但在口语中常把它当名词用，说成 I have lunch at home，其实是错的，但大家都错，就是对的。所以，到后来，说 I lunch at home 反而是错的。至于 luncheon 一词，后来在口语中基本不用，用在书面语中也显得很老式。

② 公共汽车原为 omnibus，后在口语中简化为 bus。出租马车或出租汽车原为 cabriolet，后在口语中简化为 cab。

③ ［ba:l'kɔ:ni］是 balcony（阳台）一词的原始读法（最初可能是个法语词，故而重音在第二音节），后来在英语口语中被说成［'bælkəni］（更符合英语习惯，重音在第一音节）。此句意为罗杰斯很老派，认为说［ba:l'kɔ:ni］的人有教养，而说［'bælkəni］的都是粗俗之人。

个合适的停车地点,只是那家旅馆里住满了人。人人都很早上了床。十点钟时,有个房间里的一个女人打电话到华盛顿去,在那幢木板房子里,你能清楚地听到她说的每句话。她要找一个叫汤普金斯的少校,但她不知道他的电话号码,因而她对接线员说,汤普金斯少校在陆军部任职。不一会儿,当地接线员接通了华盛顿,但告诉她说,没有汤普金斯少校这个人。她发火了,说华盛顿没有人不认识汤普金斯少校。她说有要紧事情,必须和他通话。电话断了。过了几分钟,她又打了一次。这之后,她每隔十五分钟打一次。她辱骂当地接线员,说这是个什么鬼地方?她还辱骂华盛顿的接线员。她的声音越来越大。没人睡得着。有些房客愤怒了,打铃叫来值夜班的服务员,试图叫她轻声一点。我们听到服务员客气地提醒她轻一点,接着听到她怒骂服务员,而当服务员无奈地走了之后,她又开始打电话。她打了一遍又一遍。她大声吼叫。几个愤怒的男房客穿着睡衣,几个披散着头发的女房客裹着长袍,走到过道上去敲她的门,叫她不要这么吵,别人没法睡觉了。她叫他们滚开,还说了许多脏话,把那几个女房客气得手脚发抖。他们又去找来服务员,但服务员束手无策,只好去找警察。警察来了,对她也没办法。碰到神经病了,他只好去找医生。在此期间,她一直在一遍又一遍地拨电话,一遍又一遍地破口大骂接线员。医生来了,看了她一眼后耸耸肩膀说,他也没办法。警察想叫医生把她带到医院里去,但医生拒绝了。医生给出的理由我听不大懂,好像是说,这个女人是来自其他州的暂住者,要是她真像这些愤怒的房客所确信的那样,是个精神病患者,入院治疗的费用可能要由本州承担。医生走了。警察走了。她继续打电话。她大喊大叫,说她必须接通汤普金斯少校,说有生死攸关的大事。最后,她总算接通了。这时已是凌晨四点,整个旅馆里没人合过眼。

"你接通汤普金斯少校了吗?"她问接线员,"你肯定接通他了?他在听吗?"

接着,她满腔怒火地、一字一句地大声说:"告-诉-你,汤-普-金-斯-少-校,我-再-也-不-想-理-你-了!"

说完,啪的一声,她挂了电话。

*   *   *

关于爱国主义,有件事很奇怪,那就是这种感情是不会出国的。多年前,我写过一个叫《凯撒之妻》的剧本，在英国上演很成功，但到了别的地方，就很失败。那个剧本写得并不很糟糕。但是，在其他国家的国民看来，英国民众为国家承担责任并做出自我牺牲，是不大可能的，甚至还有点荒唐。我在当前的战争剧中也注意到了类似情况。尽管这些战争剧不过是一堆垃圾，但只要写到美国人的英雄主义和自我牺牲，美国观众都深信不疑，甚至深受感动，而若是换成英国人的英雄主义和自我牺牲，他们不但不感兴趣，甚至还会冷嘲热讽。他们对英国人在伦敦遭轰炸时表现出来的勇气不以为然，而对英国人在希腊的溃败——一次不幸被所有参加远征的人预料到的溃败——以及在克里特岛的陷入绝境，他们又火冒三丈。

* * *

南卡罗来纳州。风在松树林里呜咽，就如远方的黑人在为一个无动于衷的上帝而伤心地哭泣。

* * *

我在想，短篇小说的形式似乎是一种可以使读者铭记小说的记忆技巧①。为什么四十年后，人们仍那么清晰地记得莫泊桑的那些最好的短篇小说，如《羊脂球》《泰利埃公馆》和《遗产》？这不仅仅是内容问题。这些短篇小说的内容其实一点也不比成千上万被人们读过而又忘记的短篇小说好多少。我之所以这么想，是由 G 的一个短篇小说偶尔引起的。他那个短篇小说已收入好几个集子，但在我编的集子里却没有收入，我想他对此大概还有点不快。他很会写，尤其是对周围事物的感觉、气息、印象等的描写，有一种独特的美国风味。他那个短篇小说写得很有趣，情节很精彩，但小说中的两个部分是相互割裂的，它们各自独立都能成为一个不错的短篇小说，但他却没有以某种形式把它们融合成一个整体。

我认为，在一个短篇小说中，你绝对不能让读者注意力分散。契诃夫尽管有时会写得很松散，但他总是很小心，从不会出现这种情况。实际上，写一个短篇小说就像写一个剧本，你必须认定你要说的要点是什么，而且要死死咬住

---

① 记忆技巧：原文为拉丁文 memoria technica。

你的要点不放。换句话说,也就是必须要有形式。

* * *

对美国的一些错觉。

(一)这个国家没有等级意识。

(二)美国的咖啡都很好。

(三)美国人做事都很有效率。

(四)美国人性欲旺盛,尤其是红头发的美国人,性欲最旺盛。

* * *

关于这个国家的所有传言中,最荒唐的是说这个国家没有等级差别。一天,我在西部和一个女人一起用餐,那是她邀请我的,她有两千万美元。我还从未见过欧洲有哪个公爵像她那样受人尊敬。你不难想象,从她那张大嘴里说出来的每句话都被人看得就像一张可以随身带走的百元大钞。确实,从表面上看,美国人相互平等,但只是表面上的。一个银行家会在火车餐车里和一个推销员聊上几句,好像很平等,但我从未听说过有哪个银行家到推销员家里去做客。在查尔斯顿或者圣巴巴拉这样的城市,推销员的妻子不管多么美貌动人、多么文雅贤淑,都是不可能进入那里的上层社交圈的。社会地位归根结底是由钱财决定的。十八世纪的英国王公贵族令人作呕地受底下人的阿谀奉承,不是因为他们的高贵头衔,而是因为他们有大量钱财。他们是用钱来收买人心,所以才有地位,而随着英国的工业化,他们失去了大部分钱财,因而也失去了地位。虽说他们至今仍有某种影响力,那是因为英国人天生守旧的缘故。不管怎么说,他们再也不像过去那样显赫了。过去,人们百般敬重一位老爷,乃是因为人们可以从他那里得到这样那样的好处;现在,这位老爷没什么东西可以给你,那就去他妈的蛋了。

不过,如果认为等级差别仅仅存在于中上层社会,那就错了。在英国,熟练工的老婆瞧不起杂务工的老婆,平时不会和她们搭讪。我知道美国最西部有一座新兴城市,那里有一家大工厂,近年来刚建成员工住宅。住宅是清一色的,不管是白领职员,还是车间工人,住的是相同的房子。他们吃的罐头食品、读的报纸、看的电影都是一样的,甚至开的汽车也差不多。但是,白领职员的妻子绝对不会和车间工人的老婆一起打牌。由此看来，只要有社会生活，就会有等级差别。对此，与其竭力否认，不如坦率地承认它的存在。

* * *

我觉得很奇怪，那些关心民主的人，竟然一点不担心民主会让那些说大话的人如鱼得水。也许，一个人有为国效力的无私观念；也许，他既聪明又审慎，既有勇气又有知识；但是，如果他不会说大话，那就绝无可能获得相应的政治地位来施展他的才能。那天，我听到有人在讨论 L.是否有可能当选首相。他们一致认为，不大可能，因为 L.的口才不好。我想，他们是对的。但是，我又想，作为政治家，除了要有能力处理现代国家的复杂事务，难道还要有一副适合在广播里演讲的好嗓子，甚至还要会说好听的大话吗？这很可怕，因为要一个人既会说好听的大话，又能信守常识、保持理智、具有远见，那只有天晓得世上有没有这种人。要知道，巧舌如簧的演说家往往是煽动民众的情绪，而不是要民众理智地思考问题。既然如此，如果在国家生死存亡之际，人们不是冷静地思考，而是狂热地发泄情绪，那不是在发疯吗？当人们听信一句"你们不能把人类钉死在金十字架上"①的话而险些把一个狂妄自大的傻瓜送进白宫时，民主遭受了前所未有的打击。

* * *

毫无疑问，母亲节是商家推销商品的好机会，但若没有大众的响应，商家肯定不会花大钱在报纸上大做广告的。他们做的是感情生意。我觉得，美国人的亲情要比我们强烈得多。这里的人都希望有亲情，而且也确实有。我曾不无惊讶地听说，纽约的某个忙碌的工作室里的某个忙碌的工作人员，请假一个星期陪妻子去参加岳母的葬礼，而墓地其实离纽约很近，也就像从伦敦到布里斯托那么一点路。换了在英国，女婿即使去参加岳母的葬礼，至多也就一天，第二天就回来上班了。所以，我很吃惊，这个人竟然觉得有必要从繁忙的工作中

---

① 这是1896年美国民主党总统候选人威廉·布莱恩的竞选口号，意在抨击共和党的金本位货币政策，很具煽动性，但选举结果，共和党总统候选人威廉·麦金利以微弱优势击败威廉·布莱恩，就任美国第25任总统。

抽出这么长时间去陪伴伤心的妻子。而更使我吃惊的是，他的老板明知道他请假一个星期会耽误许多事情，竟然还是同意了，因为他认为这是应该的。在这次战争期间，我在美国还亲眼见证了母亲与儿子间的亲情。有一次，在宾夕法尼亚火车站，我在等车，看见有一群刚入伍的新兵要去军营。有个女人，一个胖胖的、样子很普通的矮小女人，和儿子拥抱告别。她双臂紧抱着儿子的腰，一脸绝望的表情。那表情仿佛是和恋人痛苦地诀别，而她的儿子不过是去参加军事训练，不知要到何年何月才会派往前线。换了在英国，就算母亲肯去车站送儿子，也不过是在儿子上车前轻轻吻一下儿子，说一声："再见了，儿子，当心点。"然后笑着挥挥手，走了。但我在 U.S.O.①见过不少士兵，他们那么想家，那样子真是可怜。

在英国，三百年来，母亲一直要和儿子告别，有时甚至是永别。三百年来，英国母亲已经把和儿子的告别视为常事，就如遇到一点小麻烦，不会声泪俱下、痛苦不堪。在美国，当初开发西部时，多数美国家庭确实是全家一起迁往西部的，一路之上的千辛万苦确实加深了一家人的感情，但毕竟还有成千上万的年轻人是只身前往的，而从当时的信件和后来的回忆录中根本看不出，他们离开父母时，他们的父母有多么痛苦。还有当时那些捕鲸的年轻人，他们从新贝德福德②和楠塔基特③出海时，他们的母亲和他们告别时也没有哭哭啼啼，而是很坚强、很从容。美国人是不是近来才这样感情外露的？我想，任何人都不会怀疑，今天的美国人比英国人更加情绪化。但据我所知，一百年前的美国人还不是这样的。那么，为什么会这样呢？在我看来，这是在最近两至三代人的时间里美国人血统混杂的结果④。感情是会传播的。德国人的感伤、意大利人的激动、爱尔兰人的兴奋、犹太人的敏感，胜过了新英格兰人的沉稳和弗吉尼亚人的自重⑤。现在，坚强会被视为愚钝，会招来讥讽或嗤笑。

---

① U.S.O.：United Service Organization（美国劳军联合会）的缩写。
② 新贝德福德：美国马萨诸塞州东南部城镇。
③ 楠塔基特岛：美国马萨诸塞州东南部岛屿。
④ 美国立国之初，其国民基本上都是英国人的后裔，但自19世纪中叶之后，逐渐移入了其他国家、其他民族的人，美国人的血统就变得很复杂了。
⑤ 新英格兰：美国6个州即缅因州、佛蒙特州、新罕布什尔州、马萨诸塞州、罗得岛州和康涅狄格州的总称，因这6个州是英国在北美最初的殖民地，故称。弗吉尼亚州：美国最初的13州之一，居民多为英国移民。

*　*　*

我经常想,要是我熟知字母表就好了,我会省下多少时间,会过得多么轻松!我至今若不是先从 ABCD……开始默念到 GH,仍记不清 GH 后面是 I J。我若不从 ABCD……开始默念,仍说不出 P 是在 R 前面呢,还是在 R 后面。还有 T 在哪个字母前面,我也从未记住。

*　*　*

男人最喜欢吹嘘的是自己的性能力。至少在这方面,每个男人的内心都想成为卡萨诺瓦①。

*　*　*

她事业成功、腰缠万贯、令人羡慕。她有一大群朋友。她应该是个非常幸福的女人,但她不是,而是痛苦不堪,神经紧张、惶惶不安。心理医生也帮不了她什么忙。她说不出到底是什么东西在困扰着她,因为她自己也不知道。她总想自寻短见。这时,她爱上了一个年纪比她小很多的年轻飞行员,成了他的情人。那个年轻人是飞机试飞员。一天,他在试飞时,由于飞机引擎故障,坠机身亡。她眼睁睁地看着他坠机。她的朋友都很担心她会自杀。但是,她没有自杀,反而变得快活了,变得心宽体胖。因为她已经死过了。

*　*　*

真是奇怪,当人遇到和他有同样缺点的人时,竟会那么无力招架。骗子容易受骗;马屁精喜欢别人拍他马屁。我认识一个最无耻的造谣者,她有一次愤怒地写信给我,说有人造她女儿的谣。不知为什么,我当时没有回信问问她,难道她以为,世上只有她一人才是无耻的造谣者吗?R.夸夸其谈,老是说大话,但他也很容易被别人的大话唬住。他总想表现得自己有多么重要,虽然每次都没什么用,但他对别人的自我吹嘘倒是每次都相信的。我认识了两个深受

---

① 卡萨诺瓦:18 世纪意大利冒险家,在其自传《我的一生》中有许多寻芳猎艳之事,据称他和三千多个各种各样的女人上过床,故而其名字成了性交健将的代名词。

T.E.劳伦斯①信任的人,由此我更加怀疑 T.E.劳伦斯是否诚实,因为那两个人都是骗子。

* * *

有一件事情肯定使住在美国的外国人印象深刻,那就是,多数美国人虽有一大群熟人,却很少是朋友。他们是生意上的熟人、打桥牌的熟人、打高尔夫球的熟人、一起钓鱼的熟人、一起打猎的熟人、一起驾驶帆船的熟人、一起喝酒的熟人、一起打仗的熟人,如此而已。我在美国认识的人中间,只有两个人是亲密朋友。他们相约共进晚餐,相约晚上聊天,因为他们相互喜欢。他们坦诚相见、意趣相投,因而他们不分彼此。说来真是奇怪,美国人那么善于交际、那么热情、那么友好,为什么朋友会那么少。我想,有一个解释是,因为美国的生活节奏太快,没有时间培养友谊。要把熟人变成朋友,是需要时间的。还有一个解释是,美国男人一旦结了婚,会被妻子管住。妻子不允许他分心,她把家变成了他的牢笼。

不管在哪里,女人间的友谊总是靠不住的。她们从来不会完完全全地相互信任,即便关系非常亲密,相互仍会有所保留、有所疑虑、有所隐瞒。

* * *

真正的朋友。她已到中年,但仍打扮得很得体、很整洁,是那种你会说"她年轻时一定很漂亮"的女人,但你如果问,为什么她没有结婚,有人会告诉你说:"那是为了照顾她母亲。"她极有同情心,没人比她更善良了。如果你丈夫因诈骗而受审,她会在你丈夫受审期间一直坐在你身边;如果你丈夫被判入狱,她会到你家里来陪你,一直陪到你适应单身生活为止。如果你很倒霉,突然破了产,她会整整一个星期和你在一起,帮你决定怎么办;如果你在里诺②突然觉得自己没有勇气和人打官司,她会坐飞机来帮你,一直帮你拿到判决书。不过,她最关心的是丧偶或者丧子的人。如果你丈夫心肌梗塞死了,或

---

① T.E.劳伦斯:Thomas Edward Lawrence,与毛姆同时代的英国情报员,"一战"时被派往中东,成为阿拉伯人的领袖,率军与土耳其军队作战,还攻下了大马士革,一时成为传奇英雄,被人称为"阿拉伯的劳伦斯"。

② 里诺:美国内华达州西部城市,临近加利福尼亚州边界。是一个著名的旅游胜地,一度是美国的离婚中心。

者你女儿难产死了，或者你儿子车祸死了，她会提着行李箱，乘火车或者坐飞机来到你身边。路途遥远从来不是问题。她不会因为北达科他州的恶劣天气或者得克萨斯州的炎热夏天而犹豫，甚至迈阿密①旅游旺季时的喧闹嘈杂也吓不退她。如果你办丧事的时候有令人讨厌的媒体来打探消息，她也不怕，她会很客气地对待记者，但决不会忘记提醒他们，在报道中不要提到她的名字。她总是满怀同情地聆听你一遍又一遍地讲述你的亲人临终时的情景，从来不会失去耐心。她会帮你把丧事安排得妥妥帖帖。她不仅会帮你买好鲜花，还会帮你回复你没有心情回复的慰问信。她会在教堂里和你一起祷告；她会在墓穴前和你一起哭泣。她会在你从墓地回来后要你好好休息，还要你好好吃顿晚饭，并对你说："亲爱的，你要保持精力。"她会在你吃过晚饭后有意叫你和她打牌，生怕你寂寞而伤心。她会在葬礼后的第二天离开，因为她在纽约还有许多事情要她去处理。她会对你说："亲爱的，生活还得继续。"她回到纽约，虽然筋疲力尽，但她还是会一个一个地给朋友打电话，告诉他们，她所做的一切多么不尽如人意。

* * *

当住在美国的英国人批评美国时，美国人感到不满是理所当然的，他们完全可以反驳说："你不喜欢这里，那你为什么不走啊？"但是，他们没这么说，只是心里恼火。难弄的倒是，当他们批评英国时，如果你不反驳，而是说"是啊是啊"，他们会说你自负，是对他们的蔑视，因为他们觉得你心不在焉。但你没有心不在焉。

* * *

最近，有好几家在法国沦陷后迁到英国和美国的法国报社和杂志社，要我为他们写点东西。我拒绝了，但我不是嫌弃他们，因为法国对我很好：是法国教育了我，不仅教会我审美、自尊、机智和幽默，还教会我写作。我在法国度过了好多年快乐时光。我拒绝他们是因为我觉得他们想要我写的那种文章其实对他们没什么好处。不过，那种我不愿写的文章，后来有好几个著名作家写

---

① 迈阿密：美国佛罗里达州第二大城市，旅游胜地。

了。但我认为，他们写那种文章根本就找错了读者。他们在文章中对法国读者说，法国长久以来一直是欧洲最文明的国家，法国的文化无可匹敌；法国有辉煌的历史、伟大的文学、卓越的艺术；法国的山河无比壮丽，巴黎是全世界向往的豪华大都市。所有这些，法国人早就知道，知道得太清楚了。再说，正是这些东西毁了他们，因为这些东西使他们自高自大了。确实，在十九世纪初，法国是欧洲最富裕、人口最多的国家，但拿破仑战争①耗尽了法国的财富，减少了法国的人口。此后一百多年来，法国其实是个冒充一流强国的二流国家。这对它来说是个双重不幸：首先是因为它要装得强大，而资源其实很匮乏；其次是因为它以强国自居，其他强国都提防它有野心，而它确实有野心，却又根本没有能力实现。结果可想而知，而且已经由眼前的这场战争②作了最好的说明。但愿法国能面对现实，决定今后怎么办。要是它认命，可以做一个比西班牙富一点、比荷兰大一点的二流国家，或者做个和意大利一样的度假胜地；要是它不认命，仍想做一流强国，那就要靠它自己的努力了。法国有丰富的物产、有利的地理位置和机智、勇敢、勤劳的人民。只是，它再也不能以昔日的辉煌而自我陶醉了。它必须要有勇气面对现实。它必须把共同利益置于个人利益之上。它必须向它长久以来一直鄙视的国家学习，从而懂得，没有牺牲就不会有力量，没有整合就不会有效率，没有纪律就不会有自由。它若是明智，还应该对这些著名作家的说辞充耳不闻，因为有助于法国的不是吹捧，而是现实。它只能靠它自己。

* * *

有个朋友告诉我说，他正在修改自己刚完成的一个短篇小说，想把它改得深沉一点，我听了很惊讶，想对他说，深沉是改不出来的。深沉是一种心理素质，如果你有这种素质，就是你不想，它也会表现出来。它就如独创性一样，是不能强求的。有独创性的艺术家也是按自己的意愿，平平常常地、显而易见地把事物表现出来，只是因为他表现出来的东西在你看来非常新奇，所以你说他有独创性。他自己并不知道什么叫独创性。譬如，那些二流画家就很愚蠢，他们明知道自己只能画一些平庸的东西，却偏要在古板的画面上添加一些莫名

---

① 即法国大革命后拿破仑在 1803 年至 1815 年间发动的一系列对外战争。
② 眼前的这场战争：即"二战"，当时法国已被纳粹德国占领。

其妙的东西，以此来表明他们也有独创性，那真是可笑之极。

* * *

我早就下了决心，凡是能花钱叫别人做的事情，就叫别人做，因为我的时间已经不多了，只想做我自己想做的事情。不过，剃胡子是个例外。因为在美国，到理发店去剃胡子实在太麻烦，既费时又无聊，还不如我自己剃。令人诧异的是，那些说时间宝贵的大忙人，竟然每星期有六天，要到慢吞吞的美国理发店去剃胡子。

* * *

生活在一个相亲相爱的和睦家庭里，固然很幸福，但我认为，这对一个要去闯荡世界的年轻人来说，并不是什么好事。因为在这样的家庭里，家人之间通常都相互很尊重，这会使他错误地以为自己很有能力，然而到了外面，真遇到了直来直去、甚至心怀恶意的人，他就束手无策了。这种不利，还只是对普通人而言，对艺术家来说，简直就是要命的。艺术家是一只孤独的狼。他生性孤僻。狼群要把他赶到荒野里去，才对他有好处。如若他的作品至多只能说差强人意，亲爱的家人们却大肆赞扬，那只会害了他，因为他会自满，就不再想做得更好了。自满是艺术家的死敌。

* * *

我注意到这个国家①的冒险精神在本世纪②似乎大大地减弱了，这使我大为困惑。不管怎么说，来到这里的人肯定都是有点冒险精神的。我知道，有许多人是因为贫穷而逃离欧洲的；我也知道，有更多人宁愿留在国内忍受贫穷，但我还知道，有许多人敢于移居到这里是为了寻求宗教自由和政治自由，他们肯定具有冒险精神，因为有更多人宁愿留在国内忍受恶劣的环境。我知道，那些从海岸定居点迁徙到中西部安家的人当中，有许多人是带着全家一起迁徙的，但也有成千上万的年轻人、中年人或老年人是孤身一人前往的。他们聚集

---

① 这个国家：指美国。
② 本世纪：即20世纪。

在内华达州和加利福尼亚州的矿区。当初,霍勒斯·格里利①说:"年轻人,到西部去!"他所要激发的,不就是年轻人的冒险精神吗?但如今,我和许多即将上战场的年轻人交谈过,发现他们大多是因为要服兵役而不得不去,还有一些人是出于公民责任心,就是没有发现有人把上战场看作是令人刺激的冒险。看来,他们都想太太平平地留在家乡,毫无风险地在某家公司或者哪家商店上班下班。

* * *

道德准则。当你逐渐认识到某种理论实属谬论时,你自然会有点犹豫,因为你知道,这一理论是由那么多大哲学家提出来的。譬如,认为道德准则是绝对的和独立于个人意识的理论,就是如此。你或许会想,如果道德准则果真是绝对的和独立于个人意识的,那么人类早就应该知道这一点,而且理所当然地坚信这一点,那也就不会有人想动摇道德准则了。其实,怎样的道德准则被遵从,是由环境所决定的。从一代人到下一代人,道德准则很可能会改变。荷马时代的古希腊人所遵从的道德准则,和伯罗奔尼撒战争期间的古希腊人所遵从的道德准则,并不是同一种道德准则。还有,在不同的国家,也会有不同的道德准则。我不知道,印度人的超脱尘世会不会被欧洲人当作道德准则;我也不知道,基督教的谦卑赎罪会不会被其他宗教的信徒认可。就拿我来说,我在这几十年间就看到了有些道德准则的失效。在我年轻时,要有绅士风度是道德准则,现在不仅没人真有绅士风度,就是说到绅士一词也会遭人白眼。就是在厕所门口,你常会看到一个门上写着 Ladies(女士),另一个门上写着 Men(男人)②。还有,如果我听到的和读到的都是真的,那么近三十年来,未婚女子要保持贞洁的道德准则,在英语国家已变得无所谓了。当然,在拉丁美洲国家还很重要。不过,说道德准则不是绝对的,而是受人们的偏见和癖好所左右的,那也是胡说。我们都承认,人类语言是对应于人类的生理需求而发展起来的。为什么人类的道德准则就不应该是在同样的情况下发展起来的?难道因为道德

---

① 霍勒斯·格里利:19 世纪美国报纸大亨,其主办的《纽约论坛报》在当时具有极大的影响力。
② 按理,女厕所门口写 Ladies,男厕所门口应写 Gentlemen(绅士),可见"绅士"一词遭人唾弃。

准则非常重要，就不能把它看作是物种进化的产物吗？如果要说当前这场战争①表明什么，它表明：除非一个国家遵从某些道德准则，否则它将灭亡。道德准则是很现实的，因为遵从道德准则是出于生存的需要，不仅国家是如此，个人也是如此。

* * *

如果战争打赢了，我强烈希望我们不会愚蠢地以为，我们打赢战争是因为我们有正义感，我们的敌人没有正义感。如果我们自以为我们的胜利来自我们的爱国、我们的英勇、我们的忠诚、我们的团结、我们的舍身精神，那就大错特错了。如果我们没有生产出大量的武器装备，如果我们没有训练出庞大的军队，爱国、勇气之类的东西是根本没什么用的。打赢战争的是实实在在的军事实力，不是什么正义感。所谓正义感，那也要全民族都有正义感，你才能把它当回事，否则的话，你很可能就会像法国那样，自以为有正义感而忽视备战，结果只能向敌人投降。说我们的敌人没有正义感，也是很愚蠢的。其实他们和我们一样爱国、一样英勇、一样忠诚。是的，他们的有些价值观和我们不同，但如果是他们打赢了战争，统治了世界，那么很可能，在往后的一百年里人们会毫不犹豫地接受他们的价值观，就像我们这里的许多没有脑袋的人一样，毫不犹豫地接受我们的价值观。说来很残酷，力量就是正义，虽然我们都不大愿意承认，但事实就是如此。这句话无疑是说，一个国家要有力量，才能捍卫正义。

* * *

奥尔德斯②在他的《七思集》第一篇中说："上帝存在。这是基本事实。我们存在的目的，就是要靠自身的经验直接发现这一事实。"他把上帝说得多么傻啊！

* * *

有些哲学家想证明美的绝对性，这确实难而又难。因为当你说某种东西

---

① 当前这场战争：即"二战"。
② 奥尔德斯：即奥尔德斯·赫胥黎，和毛姆同时代的英国作家，著有《美丽新世界》等。

"美"的时候,你指的是这种东西使你产生的某种特殊感觉,而要产生这种感觉,往往还有其他许多东西在起作用,譬如个人爱好、学历、见识、性幻想、新奇感,还有时尚、习惯,等等;既然有那么多附带条件,美还有什么绝对性?一般人或许会以为,某种东西一旦被认为是美的,就具有了美的特质,因而将永远被认为是美的。其实并非如此。不管多么美的东西,时间长了,我们都会厌烦。也许,熟悉某物不一定就会鄙视某物,但至少会使人淡漠,而淡漠,恰恰是审美杀手。

* * *

不管美是什么,审美应该是有价值的。是的,除非审美能提升人的灵魂,或者说,能使人的灵魂进入更好的状态,否则审美就没有多大价值。但是,灵魂又是什么鬼东西?

* * *

某些外部因素会使人产生某种特殊感受,进而又使人产生某种特殊情感,这种特殊情感就是所谓的"审美情感"。不管是高级艺术,还是次等艺术,都可以使人产生审美情感,这不足为怪。有人从贝多芬的《第五交响曲》中获得审美情感,也有人从巴尔夫的《波希米亚女郎》①中获得审美情感,我们不能因此就说,后者的审美情感不如前者真挚,也不能说后者不如前者那么高尚。

文艺理论家说,"永恒之美"也就是受过教育、有文化、感觉敏锐、有品位的人一般都认为美的东西。这些理论家太自以为是了。赫兹利特②绝对是受过教育、有文化、感觉敏锐、有品位的人,然而他却把柯勒乔和提香③相提并论。如果要这些理论家列举出他们认为创造了"永恒之美"的艺术家,他们通常会提到莎士比亚、贝多芬(或许还会提到巴赫④,如果他们想炫耀一下自己的高雅趣味的话),还有塞尚⑤。前面两位(或许三位)当然没问题,但他们怎么能肯定,

---

① 巴尔夫:19世纪爱尔兰作曲家,其最有名的作品《波希米亚女郎》也被认为是三流作品。
② 赫兹利特:19世纪英国著名散文家、评论家。
③ 柯勒乔:16世纪意大利画家,一般认为他只是个三流画家。提香:16世纪意大利画家,威尼斯画派的代表画家。
④ 巴赫:约翰·塞巴斯蒂安·巴赫,18世纪德国音乐家。
⑤ 塞尚:19世纪与20世纪之际法国画家,后印象派代表人物。

我们的后代会像我们一样看待塞尚？很可能，我们的后代会认为他不值一提，就像我们现在看待曾经名噪一时的巴比松画派①一样。这种审美判断的逆转，我这一生中就已经见证了好多次，所以我再也不相信理论家们的说法了。济慈②说，美的事物给人永恒的喜悦。其实并非如此。某些美的事物只是在某个时期激发了我们的某种情感。就是退一万步，就算这些美的事物对我们来说是永恒的，对其他人来说，很可能一点也不美，因为他们的审美观和我们不一样。而如果就因为别人的审美观和我们不一样，我们就鄙视他们，那是不是很荒唐？遗憾的是，我们常常这样。

* * *

看来，一个种族的体形特征，以及该种族的形体美标准，会在一两代人的时间里发生变化。在我年轻时，英国的美女都是乳房丰满、腰身纤细、臀部硕大，一看就知道，她们很会生孩子。现在的美女则是身材高挑、臀部狭小、乳房扁平、两腿细长。这种体形的女人受到青睐，是不是因为现在的经济状况使人们不想生太多孩子，而体形与男人相似的女人，一看就知道不太会生孩子？这很有可能。

如果画像和照片是可信的话，你会看到，上世纪的美国人都是身材削瘦、面部轮廓分明、鼻子大、嘴巴宽、嘴唇薄、下巴突出。但现在，你已经很难再看到哪个美国人长得像英国漫画家笔下的山姆大叔了。今天的美国人都是胖乎乎的，圆鼓鼓的脸，嘴巴和鼻子都很小，而且都是圆溜溜的。他们的衣着都很随便。所以，你在美国可以看到许多很好看的年轻人，但你却很少能看到依然还很好看的中年人。

* * *

我在重读桑塔亚纳③。感觉很愉快，只是当我读完一章后问自己到底有何得益时，我不知道如何回答自己。他以文笔优美而广受人们称赞，但文笔优美

---

① 巴比松画派：19世纪下半叶法国自然主义风景画派，因该派主要成员均住在巴黎附近的巴比松镇而得名。
② 济慈：19世纪英国大诗人。
③ 桑塔亚纳：与毛姆同时代的西班牙裔美国著名哲学家、文学家，曾任教于哈佛大学。

也要意思明确,他却往往有些含糊。他很有才能,不仅有想象的才能,还有善于使用隐喻、明喻和举例说明的才能,但我不知道哲学论文是不是需要这样华丽的修饰。这会分散读者对论点的注意力,因而读完之后可能会惴惴不安地觉得,如果用不加修饰的方式来陈述的话,是不是会论证得更有说服力。

我认为桑塔亚纳在美国获得那么大名声是因为美国人有自卑情绪,总以为外国的东西肯定比本国的要好。譬如,他们会得意洋洋地给你端来法国的卡门贝尔干酪,殊不知他们自己生产的干酪并不比进口的差,总体上比进口的还要好。在我看来,桑塔亚纳是走错了方向。他善于嘲讽、语言尖刻,富有常识而又机智敏锐,我认为他应该去写像阿纳托尔·法朗士[①]写的那种有点哲理但读起来轻松愉快的浪漫小说。他比那个法国人[②]更有文化素养,不仅思路更敏捷,视野更开阔,心智也更精妙。他决定做哲学家而不做小说家,是美国文学的一大损失。其实,他最值得一读的作品,是皮尔索尔·史密斯[③]从他的著作中精选出来的那些随笔。

* * *

谦虚是强加在我们头上的美德,但至少对于艺术家来说,谦虚是有道理的。实际上,当艺术家对自己的作品感到不满时,或者当他把自己的作品和举世公认的杰作对比时,他便会发现谦虚是所有美德中最难能可贵的。他必须谦虚,否则难以进步。自满是致命的。但奇怪的是,别人的谦虚会使我们觉得尴尬。当有人在我们面前自谦时,我们会局促不安。我不知道为什么会这样,也许是因为谦虚有点像低贱,有损人的尊严。当初,我在雇用两个黑人女仆时,带她们来的那个种植园的监工做了一番介绍后对我说:"这两个黑女人很好,会对你恭恭敬敬。"然而,当她们用手捂着脸和我说话或者尴尬地笑着问我能不能用我扔掉的东西时,我真想大声说:"老天爷啊,用不着这样低三下四!"

或者,是不是因为别人的谦虚会使我们意识到自己也没什么价值?

[①] 阿纳托尔·法朗士:法国小说家、评论家,曾获1921年诺贝尔文学奖。
[②] 指阿纳托尔·法朗士。
[③] 皮尔索尔·史密斯:与毛姆同时代的美国散文家。

* * *

人为什么要对上帝谦卑恭敬?是因为上帝比人更优等、更聪明、更有能耐?这理由很不好,和我的黑人女仆对我谦卑恭敬的理由差不多——她们在我面前很谦卑,因为她们认为我是白人,钱比她们多,书也读得比她们多,所以她们对我恭恭敬敬。实际上,我认为上帝才应该谦卑一点——因为他造出来的人那么拙劣,如果他有自知之明,理应感到惭愧而谦卑。

* * *

我不知道批评家为什么总认为作家写得还不够好。要知道,作家是很少能想怎样写就怎样写的,他只能尽力而为。研究莎士比亚的学者如果在莎士比亚戏剧中读到明显的缺点时,不是竭力加以掩饰,而是承认莎士比亚偶尔也会犯错,那他们就会省了许多头疼的事情。在我看来,没有理由认为莎士比亚并不在乎戏剧动机①太牵强而会使戏剧形象②受到损害。为什么批评家偏要说他不在乎?我说,有证据表明他很在乎。否则,他为什么要让奥赛罗一开始就说出"那块手帕是个埃及女人给我母亲的……"那几句话?因为他意识到,用一块手帕来推动剧情③实在太牵强了。我认为,简单明了的结论是:他想过比手帕更好的东西,但没有想出来。

* * *

那家伙高大健壮,一头金色卷发在阳光下闪闪发亮,一对蓝眼睛炯炯有神,一脸友善宽厚的表情。他没上过几年学,英语说得很糟糕。他一点也不拘谨。他自然大方,话很多,也很合群。他是飞行员,正在谈他自己的经历。"我从来不相信宗教,"他说,"但我有麻烦的时候会祷告。我会说:'啊,上帝,让我活到明天吧。'我这样说了一遍又一遍。"

---

① 戏剧动机:即构成剧情的关键要素。
② 戏剧形象:即一出戏给人的整体印象。
③ 在《奥赛罗》中,苔丝德蒙娜掉了手帕而被伊阿谷拾到,伊阿谷设计让奥赛罗看到苔丝德蒙娜的手帕在凯西奥那里。这是导致奥赛罗杀妻的主要原因,也就是这出戏的戏剧动机。

作家笔记

* * *

她是个黑头发、黑眼睛的矮小女人,年轻漂亮,干净整洁。战争①的持续使她移居到了南方,此前她一直住在俄勒冈州的波特兰市,因而她依然按那个城市的生活方式、标准与习惯看待一切。只要和那儿不一样的东西,都使她厌恶和鄙夷。她知道自己和周围人平起平坐甚至比多数人聪明(美国式的聪明),当然很高兴,但她也有苦恼,因为她惶惶不安地意识到,她在这里所进入的那个社交圈里的人都属上流社会,地位比她高。所以,她既窘迫又好胜。窘迫是因为她担心别人会看不起她,好胜是因为她决心不让别人爬在她头上。她在婚前就是一个商人的秘书,从未雇用过仆人伺候自己。她对雇用仆人既感到愤怒又感到困惑,认为这是不民主的,但她从未想过,为什么雇人来做饭是不民主的,有人雇她去写信就不是不民主的。她的老板对她很好,她却心怀怨恨,认为老板对她居高临下,以她的恩人自居,而对其他人帮她忙、为她做事,她又心安理得,认为那是应该的,因为她是个背井离乡的外地人。她讨厌东部人,认为他们自以为是、自高自大,而她对东部人的反感,就像美国人对英国人的反感一样,因为她是用自己的标准来衡量其他人的。她用俄勒冈州的波特兰市作为标准,其他地方当然没法比了。

* * *

如果同盟国在战后因为憎恨德国人的邪恶行径而无视德国人的成就,那不仅没有远见,而且愚不可及。是的,一点没错,德国人残酷无情、言而无信,阴险而暴虐、奸诈而腐败。但是,他们使民众养成了勤奋进取、遵守纪律的习惯;他们努力把年轻人训练得既强壮又勇敢;他们教导年轻人要为公共利益做出自我牺牲(虽然他们对公共利益的理解不同于我们,但这无关紧要);他们使爱国主义成了一种强大而积极的力量——所有这些,都是他们的优点,我们应该明智地予以仿效。人们应该多读读历史书。当初意大利各城邦共和国的民众就认为,要有足够的钱,而且要舍得用钱收买有威胁的敌人,舍得用钱招募雇佣军守卫边境,这样才能维护城邦共和国的自由。这段历史表明,除非一国公民随

---

① "战争":指"二战"。

时准备战斗，除非他们舍得花钱储备大量武器，否则就会失去自由。有句老话说：要有自由，就要牺牲自由。可惜，这句话总被人忘记。

* * *

有个朋友用一只手拍着我的背说我够朋友，我很高兴，但他的另一只手在掏我的口袋，我很恼怒。

* * *

他是个骗子，坐过牢。如今，他在部队里，很不开心。他刚刚升了一级，这使他更郁闷。因为他厌恶生活，说自己永远是个倒霉蛋，想做什么事情永远都是做不成的，所以，活着没啥意思。

* * *

突然，她问我："出名的感觉如何？"

我想，我已经被这样问过二十次了，一直都不知道怎么回答，今天突然想好了，但又太迟了。

"那感觉就像有人给你一串珍珠，很好看，但不久之后，如果你还想着这串珍珠的话，你会感到疑惑，不知道它是真的还是假的。"

我已想好了这样回答，但我知道，不会再有人来问我了。

* * *

下水道。当你看到美国人对吃进自己肚子里的食物的质量和烹饪那么马虎时，你会特别惊讶地看到，他们对自己用来处理排泄物的设备竟然那么自豪①。

* * *

人生是多么可悲、多么无聊啊，一出通俗闹剧而已，最崇高的感情也只能用来讨好庸众的低级趣味。

---

① 当时，美国率先普及抽水马桶。

*　*　*

让我们吃吧，喝吧，开心点吧！因为不久我们就死了——是的，痛苦地死去！但也不总是这样，或许我们会在开心地打完一场高尔夫球后坐在一张扶手椅上，喝完一杯威士忌后，静静地离开了世界；或许我们会躺在床上，美美地睡着了，不再醒来。我想，要是这样就好了，我们可以嘲笑那些整天忙忙碌碌的人了！他们死到临头，还有这个理想、那个理想，结果呢，两腿一伸，理想成了遗憾。

*　*　*

人们说他①全知全能，还有什么，我记不太清楚了。我只是觉得很奇怪，人们从来不说他通情达理，也从来不说他宽容大度。其实，只要他对人性了解得和我一样多，他就会知道，人是那么脆弱，那么控制不住自己的情绪；他就会知道，他们是那么心怀恐惧；他就会知道，甚至在最大的恶中也有那么多善，同样，在最大的善中也有那么多恶。如果他有感觉的话，他应该很后悔，特别是当他看到自己创造的人类是那么乱糟糟的东西时，他应该羞愧万分才对，是不是？那他为什么不自杀，他不是全知全能的吗？也许，他把人类创造成这样，是故意的。

*　*　*

不能引导人做出正确行为的知识，有什么用？然而，什么是正确行为？

*　*　*

我不在乎有人骗我一次，因为我不想骗人，宁愿被人骗。再说，我觉得被人骗也很好玩，觉得自己很好笑。但是，我决不会让那人再来骗我一次。

*　*　*

被一个朋友冒犯，为什么你会觉得是莫大的伤害？是本能呢，还是虚荣？

---

①　"他"：指上帝。

* * *

做作家的一条守则：不要过多解释。

* * *

G.K.。他知道 X.是个骗子，但他又想，不管 X.会骗谁，总不会骗他。他不知道，骗子首先是骗子，然后才是朋友。再说，我发现 X.行骗时还有一种可怕的迷魂术。他把 G.K.骗得精光，生怕他到法院去起诉，就逃到了美国。我在纽约看到他时，他正在一家豪华餐厅里用餐。他还是那样爽朗、那样亲热、那样愉快、那样体贴。他见了我似乎真的很高兴，那么轻松自在，一点也不尴尬，倒是我有点尴尬。我相信他不会因为良心不安而睡不好觉，绝对不会。

* * *

一般认为，有人为你做了一件事，你说声谢谢，那是很容易的。但实际上，大多数人觉得并不容易，还很难。我想，这是因为他们有一种无意识的自尊心，好像觉得，你说了谢谢就表明你欠了别人什么东西。

* * *

我在重读罗素①的《我们对外部世界的认识》。也许，就如他所说，哲学家既不能、也不想解答人类命运问题；就是一些有关人生的具体问题，哲学家也不一定想去寻找答案，因为哲学家有别的事情要做。那么，由谁来告诉我们，人活着到底有什么意义？人生是否只是一场悲剧？或者，连悲剧也不配说，只是一场恶作剧？

* * *

只要在美国住上一段时间，谁都会注意到，这里妒忌成风。妒忌的后果总是不幸，因为妒忌会使人有意贬低美好的事情。譬如，举止优雅、穿着得体、

---

① 罗素：与毛姆同时代的英国数学家、哲学家、散文家，曾获 1950 年诺贝尔文学奖。

英语讲得准确而流利、生活舒适而考究，这些本来很美好的事情，因为出于妒忌，就会被人说成是做作，甚至堕落，真是奇怪极了。一个上过高级寄宿学校、上过哈佛或者耶鲁的人，在这里必须处处保持低调，这样才不会被那些没上过什么学的人所敌视。说来真是可怜，你在这里时常会看到一个有文化的人为了表示他不摆架子，故意做出一副粗俗的样子，故意说脏话。如果妒忌者是想努力达到被妒忌者的水平，这种事情本是不该有的，但这里的妒忌者不是这样，他们是想把被妒忌者拉到他们的水平，而他们，即所谓的"民众"，就是那些长着胸毛、穿着T恤、啃着烙饼、打着饱嗝的粗俗之人。

* * *

在《琐言录》的某处，皮尔索尔·史密斯不无得意地说，畅销书作家都用妒忌的眼光看待从事严肃文学创作的作家。但他错了。他们一点都不在乎。他所说的畅销书作家其实是低档次的畅销书作家，他们刚刚踏上文坛就想以文人自居，但又苦于不被批评界所承认而自惭形秽，譬如休伊·沃尔浦尔①，我想他一定很愿意放弃大众的追捧而得到知识界的敬重。他恭恭敬敬地去敲知识界的门，恳求他们让他进去，但他们对他哈哈大笑，弄得他尴尬之极。真正的畅销书作家，根本不会做这种事。我认识已故查尔斯·加维斯②，他的书在英国几乎人人都读，就连那些年轻的女佣人和女店员也几乎人手一册。有一次，我在加里克俱乐部听到有人问他，他的书卖得怎样。他开始不想说。"噢，不值一提。"他说。最后，在别人追问之下他才不以为然地挥挥手说："七百万。"他这个人很谦虚、不张扬、彬彬有礼。他写了许多书，但我相信，他依然要等到有了灵感才会坐到书桌前再写一本，而且一定会呕心沥血，认认真真地写。

关键就在这里，畅销书并不是随随便便地写出来的。畅销书作家必须真心诚意地看待自己的写作，你认为他的情节很可笑、他的人物很老套、他的场景很陈腐、他的故事很平庸，他自己却并不这么认为；恰恰相反，他觉得他写的那些东西不但很新颖，而且很真实。他对自己笔下的人物深深地着迷，就像福楼拜对包法利夫人一样着迷。多年前，我曾和爱德华·诺布洛克③一起写过一

---

① 休伊·沃尔浦尔：与毛姆同时代的英国畅销书作家。
② 查尔斯·加维斯：与毛姆同时代的英国畅销小说家，擅长写浪漫传奇故事。
③ 爱德华·诺布洛克：与毛姆同时代的美国小说家、戏剧家。

个电影剧本。那是一出惊险情节剧，我们想出了许多惊险情节，想了一个又一个，想得我们自己都笑痛了肚子。两个星期后，我们痛痛快快地把剧本写了出来。应该说，那个剧本写得还不错，结构合理、情节紧张。但是，就是找不到人把它拍成电影。读过剧本的人都说："你们这个剧本好像都是拍脑袋拍出来的。"是的，他们说得没错，我们确实是拍脑袋拍出来的。由此看来，只有你自己真心相信的东西，写出来才会有人相信。畅销书之所以畅销，就是因为它是畅销书作家真心诚意写出来的，就是因为畅销书作家具有大众化心态、大众化理想、大众化情感、大众化观点、大众化偏见。也就是说，他写的东西是他真心喜欢的，是真正大众化的，所以才赢得了大众的喜欢。反之，只要他有半点装腔作势，大众马上就会觉察，马上就会弃他而去，马上叫他完蛋。

* * *

一个人早就失去了性吸引力①，但仍有性欲望，这真是人生的一大悲哀。我虽认为满足这样的性欲望②并非不道德，但我觉得这种事情还是少说为妙。

* * *

他对我说，他妻子沉默寡言，他很想使妻子多说说话，问我有什么办法。"太容易了，"我说，"读报纸给她听。她马上会像喜鹊一样叽叽喳喳。"

* * *

几百年来，讽刺家一直嘲笑老女人纠缠小伙子，小伙子不情愿。但是，老女人一如既往，继续纠缠小伙子，小伙子还是不情愿。

* * *

她不是愚蠢的女人；实际上，她还很聪明。她既不看报纸，也不听收音机，因为，就如她自己所说，战争和她没什么关系，她为什么要自找麻烦，去看报、听收音机。她诚心诚意地说，她搞不明白，人们为什么宁愿听新闻，而不愿听她谈谈她自己。

---

① 早就失去了性吸引力：意为年老了。
② 满足这样的性欲望：暗示嫖娼等非正常的性活动。

　　　　　　　　＊　　＊　　＊

　　我给了她一本我最近出版的书。她读过之后，赞不绝口，但她说的每句话都使我恼怒不已。我费了很大劲才装出一副既高兴又感激的样子，而没有对她说，闭上你那张愚蠢的嘴。要是这本书真的只有她所看到的那些东西，那我为了写这本书所用的心思、所读的资料、所花的工夫全是多余的了。不过，我还是尽力使自己相信，她看到的那些东西，不过是书里面的一些虚荣而浅薄的东西，因为她是个虚荣而浅薄的女人。其实，你在一本书里感受的东西，往往只是你想要感受的东西，而且往往就是你自己。譬如，你在《斐多篇》[①] 中感受到一种平和的心境，也许是因为你自己在某种程度上就有这种心境；同样，你在《失乐园》[②] 中感受到一种崇高感，很可能是因为你自己内心有一种对崇高的憧憬。这和我早年的一种想法是一致的，那时我就认为，小说家塑造得最成功的人物，只能是和他自身同属一类的人物；其他人物只是写到而已，并非塑造，因而都是不太可信的。如果真是这样，那么只要研究某个作家塑造得最成功的人物——也就是研究某个最能体现那个作家的同情心和理解力的人物——你就可以大体了解那个作家的性格。这比读他的传记还要有用。

[①] 《斐多篇》：柏拉图对话录中的名篇。
[②] 《失乐园》：17世纪英国大诗人弥尔顿的代表作。

1944[①]

权且作为后记。

昨天是我七十岁生日。一个人每进入下一个十年,很自然会把它看作一件大事,虽然这并不合理。我三十岁时,我哥哥对我说:"现在你不再是年轻人了,而是成年人,必须做个像样的男人。"四十岁时,我对自己说:"年轻时代到此结束。"五十岁生日时,我说:"不要再自欺了,承认自己是个中年人吧。"六十岁时,我说:"现在该整理行装了,我将垂垂老矣,须将一生的账目总结一下。"于是,我决定退出戏剧界[②],专心写《总结》一书,回顾我这一生在人世间和文学中到底学到了什么、做了什么、得到了什么,以此自娱自乐。不过,在所有的生日中,我觉得七十岁生日最有意义。因为人活到七十岁,向来被认为是人生寿命的定数[③],其余的时日是趁手持镰刀的时光老人不留意时偷来的,没有定数,偷到多少算多少。人活到七十岁,不能再说,我将垂垂老矣。他就是个老年人了。

在欧洲大陆,当一个有些名望的人到了这个年龄时,他们有一个很感人的习惯,就是他的朋友们、同事们、弟子们(如果他有弟子的话)会为他编印一部纪念文集,以表敬意。在英国,则没有这种对知名人士表示敬意的习惯。我们

---

① 这一年,毛姆仍在美国,但他不再做笔记,放在这儿的是他当年为《总结》一书的再版所写的后记。
② 1933年,毛姆完成最后一个剧本《谢幕》,1934年上演,他就此退出戏剧界,时年60岁。
③ 见《圣经·旧约·诗篇》第九十首:"我们一生的年日是70岁,若是强壮可到80岁。"

至多举行一次祝寿宴会，而且还必须是确实非常有名的人。

H.G.威尔斯①七十岁时，我参加了他的祝寿宴会。到场的有数百人。萧伯纳②发表祝寿演说。他个子高而瘦，白头发、白胡子，皮肤光洁，两眼有神，器宇轩昂地站在那里，抱着双臂说了一大通不无幽默的刻薄话，说得那天晚上的寿星和宾客们都极为尴尬。尤其是他的爱尔兰腔调③，听上去更加恶毒，好在许多人一时也没有听出来。威尔斯自己呢，则捧着稿子、头也不抬地念了一大堆答谢词，而且本性不改，在答谢词中也像他平时一样发牢骚，说他还不服老，如果有人认为这次祝寿宴会标志着他的社会活动的终结，那就错了，所以他要严正声明，他将一如既往地为全世界的自由平等而奋斗，诸如此类，啰里啰唆，听得所有人都几乎要睡着了。

我的七十岁生日没有什么祝寿宴会。我上午照常写作，下午到屋后僻静的树林里去散步。我一直不明白，这树林里的树好像有点神秘兮兮，和其他地方的树不一样。它们一动不动地站在那里，沉静得有点可怕。栋树的树枝上挂着灰暗色的藤蔓，好像披着一块破烂的裹尸布，胶树在这时节④又是光秃秃的，而野楝树上一簇簇的浆果都已经枯黄了；附近有几棵高大的松树，黑黝黝的，俯视着这些低矮的树。我总觉得这个萧条冷清的树林里有一种怪异的气氛，你一个人在里面，又好像不止你一个人，总有一种感觉，好像有什么东西从你身边经过，又好像有个人影，鬼鬼祟祟地躲在树干后面，一路窥视着你。所以，你不免有点紧张，仿佛自己走进了一个埋伏圈，时时都会遭到暗算。

我回到屋里，沏了一杯茶，拿起一本书，一直看到晚餐的时候。晚餐后，我又看了一会书，玩了几圈单人纸牌，听听无线电里的新闻，然后拿着一本侦探小说上床。在床上看完侦探小说后，我就睡了。整整这一天，我除了和我的菲律宾女佣说过几句话，没有和任何人说过一句话。

我就这样度过了我的七十生日。我就是要这样度过我的七十生日。我一直在思考。

两三年前，我和丽莎⑤一起散步，不知她怎么会说，一想到人要变老，就

---

① H.G.威尔斯：19世纪末、20世纪初英国著名小说家、评论家、社会活动家。
② 萧伯纳：19世纪末、20世纪初英国著名剧作家，以刻薄言论著称。
③ 萧伯纳是爱尔兰人，讲英语有爱尔兰口音。
④ 毛姆的生日是1月25日，正值严冬。
⑤ 丽莎：毛姆的独生女。

觉得害怕。

"别忘了,"我对她说,"到了老年,你自然就不会再想去做那些现在使你感到有乐趣的事情了。老年有老年的乐趣。"

"什么乐趣?"

"唔,你不需要再做你不想做的事情。你可以欣赏音乐,欣赏绘画,欣赏文学,这和你年轻时的感觉不一样,但也一样有乐趣。你可以冷眼旁观许多已经和你没有什么关系的事情,就像看热闹,这也是一种乐趣。就是到了你不太感觉到有什么乐趣的时候,你也不用害怕,因为这时你也已经不太感觉得到悲伤愁苦了。"

我知道,我说这些话只不过是想安慰安慰她,而且我在说的时候就意识到,我所描绘的老年生活多少还是有些惨淡。事后我再想想,我觉得老年的最大好处还是精神上比较自由。也就是说,你不必再像中年时代那样对许多事情都要认认真真,斤斤计较。所以,你也就不大会妒忌某人、嫌恶某人,或者怨恨某人。我相信,我对任何人都不妒忌。我尽量做好我自己的事情,并不妒忌别人做得比我好;我努力获得最大成功,并不妒忌别人获得更大成功。相反,我倒很愿意把我占了这么久的这点地位让出来,由别人来替代。我不在乎别人对我会怎样想。他们接受我也好,嫌弃我也好,我都不在乎。要是他们喜欢我,我也只是稍稍有点得意;要是他们不喜欢我,我也没有办法,不喜欢就不喜欢吧。我早就知道有些人对我的有些言行很反感,那很自然,没有人会喜欢所有人。不过,他们对我反感,我对他们倒不反感,只是觉得有点困惑,搞不懂他们为什么就不能容忍我这么个人。

作为作家,我也不在乎别人对我有什么想法。说到底,我想写的,现在都写出来了,接着会怎样,不关我的事。我们当中有不少人,头脑简单,看到一个作家一时轰动,便以为他就此成名了。我对此向来不放在心上;我常常想,我本该用笔名写作的,这样就不会有太多人来注意我的私人生活了。实际上,我的第一部长篇小说稿上署的是笔名,只是出版商告诉我,这本书出版后很可能会遭恶评,我不愿躲在一个假名后面,于是就署了真名。我想,大多数作家都不希望自己一死就被人遗忘,我也偶尔会自娱自乐地想,我死后可能会在多长时间里还有人记得我。

一般认为,《人性的枷锁》是我的最好作品。这部小说是三十年前出版的,从现在的销量来看，好像还有许多人在读。这对一部长篇小说来说已经相当长寿了。现在这一代人竟然会对它兴趣不减，真是出乎我意料；下一代人就不会再对这样冗长的作品感兴趣了。不过，到了那时，还有许多比它好得多的作品也照样会被统统忘掉。

我想，我有一两部喜剧或许还不至于太短寿，还能维持一段时间，因为它们是遵循从王政复辟时期①到诺尔·考德②的传统方式写的，或许在英国风俗喜剧中可以占有一席之地。或许，它们还会使我在英国戏剧史上得到一两行记载。还有我的几个最好的短篇小说，我想也可能会在今后较长时间里被选入各种短篇小说集，因为其中有几篇写到的风土人情会随着时间的推移而增添一层怀旧的浪漫色彩。我想，大概就这么两三个剧本和十来个短篇，可以传之后代。是少得可怜，但聊胜于无，我也满足了。如果我彻底想错了，死后一个月就被人忘得精光，那也没什么，反正我死了，什么都不知道。

十年前，我最后一次上台鞠躬③（这是常规说法，实际上我向来拒绝上台鞠躬，因为我认为这有失剧作家的尊严），那时无论是报界还是朋友，都不相信我真的会退隐，说我一两年后会卷土重来。然而，我没有，连想都没想过。

几年前，我决定再写四部长篇小说，就不再写小说了。其中有一部④，我已经写了；其余三部，我现在还不准备写。一部是具有十六世纪西班牙风情的传奇小说⑤。还有一部是写马基雅弗利⑥在罗马纳⑦和彻萨雷·博尔吉亚⑧的交往——这次交往使他最后写了《君主论》一书。我准备把他们的谈话和他的剧本《曼陀罗花》中的一些内容交织在一起，写成一部小说⑨。我知道小说家常把自身经历当作小说素材，而他经历的事情可能很琐碎，要经由他提炼和想象才能写出引人入胜的小说；我准备把这个程序颠倒过来，从《曼陀罗花》的剧

---

① 王政复辟时期：即17世纪60年代到80年代，这一时期有许多喜剧家。
② 诺尔·考德：19世纪末、20世纪初英国剧作家、作曲家。
③ 西方习俗，戏演完后，全体演员、导演和编剧要上台谢幕，对观众鞠躬，以示感谢。
④ 即《刀锋》。
⑤ 这部传奇小说后来写了，即《卡塔丽娜传奇》。
⑥ 马基雅弗利：15世纪末、16世纪初意大利政治思想家，著有《君主论》《谈话集》和喜剧《曼陀罗花》等。
⑦ 罗马纳：旧天主教教皇领地，在意大利东北部。
⑧ 彻萨雷·博尔吉亚：15世纪末、16世纪初教皇亚历山大六世的私生子，曾任枢机主教。马基雅弗利有感于博尔吉亚的阴险奸诈和卓绝的聪明胆识而著《君主论》。
⑨ 这部小说后来也写了，1946年出版，即《彼时与此时》。

情推测马基雅弗利所使用的素材，也就是他可能经历过的真实事件，那一定很有趣。至于最后一部小说①，我打算写伯蒙齐贫民区里的一个工人家庭。我在五十年前刚开始写作时，写的就是伦敦的那些走投无路的穷人；所以，我觉得再用同样题材写一部小说来结束我的写作生涯，这很有意思。不过，我现在还不想写，只是有空的时候把这三部小说在脑子里想来想去，当作娱乐。这是小说家在他的写作过程中所能得到的最大乐趣。小说写出来了，就不是他的了，他也就没有了想象人物言谈举止的乐趣。此外，我还觉得到了七十岁或者过了七十岁，我也写不出什么特别有价值的东西来了。动力没了，活力没了，想象力也没了。

在文学史里，即使对最伟大的作家的晚年作品，也往往惜墨如金似的一笔带过，甚至只字不提。我自己也伤心地看到，我的有些朋友，本是很有才华的作家，到了老年已力不从心，却还在写，结果写出来的东西令人大失所望。一个作家最好的交流对象，就是他的同一代人；对于下一代人，他应该明智地走开，让他们去选择他们自己的代言人。实际上，不管他愿不愿意走开，反正他们不会理他。他说的那一套，他们根本不想听。

我觉得，在我用毕生精力绘制的图案上，我再也没什么东西可以添加了。我已经做了我想的事情；我愿意就此收场。有一个征兆说明我这么做是明智的，那就是我向来都生活在对未来的憧憬中，而近年来我却发现自己越来越沉浸于对过去的缅怀中了。这大概也很自然，当未来不可避免地变得越来越短时，过去也就变得越来越长。

过去我做什么事都要预先计划好，通常也都按计划完成。然而，现在还有谁做什么计划？谁说得准，明年或后年会发生什么？谁知道一个人活在这个世界上，今天能不能和昨天一样生活？我过去喜欢驾驶帆船在地中海上荡漾，而现在，我的帆船被德国人拿走了；我的汽车被意大利人拿走了；我的房子，先是被意大利人占用，现在又被德国人占用。还有我的家具、书籍、油画，就是没有被洗劫一空，也都被弄得乱七八糟②。但是，我比谁都没有把这放在心上。我已经享受过豪华生活了；今后，只要有两个房间，一日三餐，还有一间书房可以看看书，我就心满意足了。

---

① 这部小说没有写。
② 毛姆在意大利有一幢海滨度假别墅，还有帆船和汽车。此文写于 1944 年，正值二战期间，意大利被德军占领，此时毛姆虽不在意大利，但他是英国人，财产被占领军没收。

我常常胡思乱想,想到自己年轻时的许许多多事情。我曾做过好几件后来使我后悔的事情,但我尽量不让它们困扰我;我对自己说,这些事情不是我做的,而是过去的另一个我做的。我曾损害过一些人,由于没法挽回,我就尽量对其他人好一些,也算是一种补救。我有时会懊丧地想起,当年我有好多机会可以享受爱情的甜蜜,最后都错失了。不过,仔细想想,错失也属必然,因为我过于敏感,事前总是热情高涨,甚至想入非非,而真到了亲密接触时,却又感到浑身不适而退缩了。我一点也不要求自己这样贞洁,但事实就是如此。

许多人说话啰唆,老年人更是唠唠叨叨。我向来是多听少说,但近年来似乎也渐渐染上了多嘴多舌的毛病,所以我一觉察,就马上闭嘴。因为老年人是被勉强接受的,必须处处谨慎。他要尽量不使别人觉得他讨厌。他不能硬挤在年轻人中间,这会使他们感到拘束,很不自在,直到他走开,他们才松一口气。如果他对此浑然不知,那他就是个呆头呆脑的笨老头。如果他过去在社会上还有点名声,那么他们或许会主动来和他交往,但他们并不是真的要和他交往,而是为了此后在同伴面前吹吹牛。如果他对此浑然不知,那他就是个木头木脑的傻老头。因为在他们看来,你就是一座山;他们来爬山,不是对山感兴趣,而是要到山顶上去看风景,然后好回去自我吹嘘一番。

所以,有人建议老年人还是和老年人交往为好,若能从中得到一点乐趣,那就算很幸运了。不过,被邀请去参加一个全是些将要入土的老年人的聚会,实在不是什么好滋味。愚蠢的人老了不仅不会少一点愚蠢,而且比年轻的蠢人更加令人讨厌。有些老年人死不承认年老,硬装出一副年轻的样子;还有一些老年人死抱着过去,对现在的一切全都看不惯,满腹牢骚。我不知道,这两种老年人哪一种更叫人恶心。

既然年轻人不喜欢老年人,而老年人又觉得老年人讨厌;既然老年人的前景如此暗淡,那么对他来说,就只剩下和自己为伴了。我觉得和自己为伴非常惬意,胜过和任何人为伴,并对此深感欣慰。我从来就不喜欢闹哄哄的聚会,现在终于可以用年纪大了为理由,要么干脆不去参加,要么参加了,一觉得没趣就悄悄溜走。我越来越孤独,我也越来越喜欢孤独。去年我一个人住在康巴希河①畔的一个小屋里,好几个星期不见任何人,但我一点不觉得寂寞,一点

---

① 康巴希河:在美国南卡罗来纳州南部,向东南流入大西洋。

不觉得烦闷。是的，要不是酷热和疟蚊迫使我放弃隐居生活，那年夏天我还真不愿意回到纽约去。

说来奇怪，一个人竟然需要那么长时间才会意识到大自然的恩赐。我直到最近才意识到，我从来没有头痛、胃痛，或者牙痛。前几天我在卡尔达诺①将近八十岁时写的自传里读到，他很庆幸自己到了这个年纪还有十五颗牙齿。我随即数了数自己的牙齿，还有二十六颗。我曾患过很多疾病，肺病、痢疾、疟疾，等等，我都患过；但我从不过量喝酒，也不吃得太多，所以直到现在，我的身体还算健康。

显然，一个人要想安度晚年，身体要健康一点，但同时还要有适当的收入，否则也有问题。收入不需要太多，因为一个人的开销并不大。若生活放荡，花钱自然会像流水，好在老年人比较容易自我节制。糟糕的是年老了还很贫困；如果还需要别人接济，那就更加糟糕了。我感谢公众，他们不仅掏钱养活了我，还使我过得很舒适，甚至还能帮助一些需要我帮助的人。老年人往往有贪财的毛病，因为他们往往要靠金钱来购买他人的尊敬。我觉得我没有这种必要，因而也没有这种毛病。

除了对姓名和相貌的记忆不太好，总的来说，我现在的记忆力还可以，看过的书都不会忘记。不过，这也有不好的一面：世界名著读过两三遍后，因为熟记在心，我就觉得它们没有什么新鲜感了。现代长篇小说很少引起我的兴趣，只有那些数量众多的侦探小说除外，要不然，我还真不知道自己怎样来消磨时光了。侦探小说看的时候很有趣，看完了全忘记，正好用来消遣。我向来不看和我无关的书，至今还是不想看那些专供娱乐的书，不想看那些介绍人物事迹或者地域风貌的书，因为它们对我来说没什么用处。我并不想了解暹罗②的历史，也不想知道爱斯基摩人的风俗。我不想看曼佐尼③的传记，对科尔特斯④倒有点好奇，但看到他站在德利英⑤的一座山峰上时，也就满足了。我至今还津津有味地读我年轻时读过的那些诗人的诗，也有兴趣读当代诗人的

---

① 卡尔达诺：16世纪意大利医生、数学家，死前完成自传《我的一生》。
② 暹罗：泰国的旧称。
③ 曼佐尼：19世纪意大利诗人、小说家。
④ 科尔特斯：16世纪征服巴拿马的西班牙殖民者领袖。
⑤ 德利英：原指整个巴拿马半岛，今指其东部。

诗。我庆幸自己活得够长，还能读到叶芝和艾略特①后期写的诗。我读约翰逊博士②的所有作品，还有柯勒律治、拜伦和雪莱③的几乎所有作品。只是，年老了再读这些世界名作，不会像当初那样心潮澎湃，永远不会了。譬如济慈④的《眺望天空的人》那首诗，我重读时就是找不到初读时的那种感觉，最后只好承认再也找不到了。这确实很可悲。

然而，有一门学问使我到了老年还深感兴趣，那就是哲学。当然，不是那种艰涩难懂的思辨哲学，而是和我们人人有关的人生哲学——"不关心人生之苦的哲学，都是枉自空论"。柏拉图、亚里士多德（有人说他枯燥，但只要你有幽默感，就会发现他还是很有趣的）、普罗提诺⑤、斯宾诺莎⑥，还有许多现代哲学家，譬如布莱德利⑦和怀特海⑧，既使我兴奋，又使我沉思。因为他们和古希腊悲剧家一样，关注人生，关注人的命运。他们既令人震惊，又令人安详。读他们的书，就像坐着一只小船在散布着千百个岛屿的海面上随风漂荡。

十年前，我在《总结》一书中断断续续地写下了我在生活、读书和思考中产生的关于上帝、关于灵魂不朽、关于人生意义和人生价值的一些看法。在这些问题上，我现在的看法并没有多大改变。如果有必要重写，我想，应该把关于人生价值的问题写得更深入、更具体一些，因为这个问题在当前更为迫切；还有关于本能的问题，也应该谈得更详细一些，因为有些哲学家似乎在这个问题上建造了一座宏伟的大厦⑨，而在我看来，在这个问题上建造起来的只能是没有根基的空中楼阁，就像打靶用的气球一样摇摇摆摆，而且很快就会被人一枪打爆。

现在，我离死亡又近了十年，想到这一天的到来，我并不比十年前有更多领悟。有好几次，我觉得自己在这十年里所做的事情是多余的，认识的人、读的书，看过的绘画、雕塑和建筑，听过的音乐，全是多余的。

---

① 叶芝和艾略特：均为20世纪初英国大诗人。
② 约翰逊博士：18世纪英国文豪。
③ 柯勒律治、拜伦和雪莱：均为19世纪英国浪漫派大诗人。
④ 济慈：19世纪英国浪漫派大诗人。
⑤ 普罗提诺：古希腊新柏拉图学派哲学家。
⑥ 斯宾诺莎：17世纪荷兰哲学家，唯理论代表之一。
⑦ 布莱德利：19世纪末、20世纪初英国哲学家。
⑧ 怀特海：19世纪末、20世纪初英国数学家、哲学家。
⑨ 意指叔本华和弗洛伊德等人关于本能的论述。

我不知道上帝存在不存在。任何想要证明上帝存在的说法都不能使我相信。古希腊的伊壁鸠鲁①说，信仰源于直觉，而我从未有过这种直觉。同时，也没有人解释得清楚，为什么恶会和仁慈的上帝并存。我一度对印度教的神秘观念——即把生、知、福均视为无始无终的观念——很感兴趣，觉得这一观念似乎比其他按人的意愿想象出来的神祇更可信一些。不过，我也只是把它看作一种使我印象深刻的空洞观念；凭这一观念，既无法推导出世界的终极原因，也无法推导出世界的万物众生。当我想到茫茫宇宙空间，想到无数相距几千几万光年的星辰，我只觉得恐惧万分，随便怎样也想象不出一个和我们长得差不多的造物主来②。我只能承认，宇宙的存在是一个人类智慧永远无法解释的谜。

至于生命的存在，我倒相信有一种"活性物质"是它的起源，正是其"活性"，导致了复杂的生物进化。但是，这一切究竟有何目的（如果有目的的话）、有何意义（如果有意义的话），我还是茫然无知。我知道的只有一点，那就是所有哲学家、神学家或者神秘论者的说法都不能使我相信。如果真要我相信什么，我倒愿意相信，如果真有上帝，那么这位上帝在关注人类事务时应该是通情达理的，就如一个通情达理的人一样，会用宽容的眼光看待人性的弱点。

还有关于灵魂，人们是怎么说的？印度教徒把它称为"阿特曼"③，他们认为灵魂来自永恒，回归永恒，是不息不灭的。这比认为灵魂寓于肉体的说法④容易接受。他们主张灵魂的"绝对实在"，从"绝对实在"中来，又回到"绝对实在"中去。这是一种讨人喜欢的幻想；他们也只能认为灵魂就是这么回事。于是，他们相信轮回，从而进一步对恶与祸的存在提出人所能及的唯一似乎有理的解释，那就是假定恶与祸是前世罪孽的报应。但他们没有解释，为什么慈悲为怀的造物主要制造出罪孽来。

那么，灵魂究竟是什么？从柏拉图以来，人们对这个问题的回答不一而足，但大多数只是对柏拉图定义的修修补补。我们经常使用这个词，应该相信我们必有所指。按基督教的说法，灵魂是上帝赋予人的一种精神实体，它是独立的而且不会死。我们可能并不相信这种说法，但不管怎样，我们还是赋予了

---

① 伊壁鸠鲁：古希腊哲学家，强调感性认识的作用，主张人生目的是追求幸福。
② 《圣经·创世记》说，上帝按自己的形象造人。反过来说，上帝应该和我们长得差不多。
③ 阿特曼：梵文 Atman 的音译，本义为"真我"，印度哲学和印度教用它指灵魂的源头和归宿。
④ 灵魂寓于肉体的说法，指基督教灵魂说。

这个词以某种含义。如果我问自己,我说"我的灵魂"是指什么,我只能回答说,是指我的自我意识,也就是一个内在的我,包括我的思想、我的感情、我的经历和我的肉体上的某些偶然因素。

很多人不相信肉体上的偶然因素会影响灵魂的形成,但就我而言,我比谁都相信这一点。假如我不是口吃,假如我再长高四五英寸,我的灵魂就会大不一样;我有点突颚①,而在我小的时候,人们不知道儿童下颚是可以用金属托加以矫正的;假如当时他们那样做了,我的面孔就会和现在不一样,别人对我的反应也会不一样,因而我的性格、我对他们的态度也会不一样。所以说,用医疗器械就能矫正灵魂,你说是不是?我们都有体会,如果不是偶然遇到某个人,如果不是在某个时候到了某个地方,我们的一生可能会是另一个样子,因而我们的性格——我们的灵魂,也就会和现在大不一样。因为不管灵魂是思想、感情、经历等等的混合物也好,还是独立的精神实体也好,反正可以觉察得到的灵魂,就是性格。我想人人都会同意,痛苦,无论是精神上的痛苦,还是肉体上的痛苦,都会影响一个人的性格。我认识一些人,他们在穷困潦倒时妒忌、恶毒、卑劣,然而一旦获得成功后,竟然变得大度、和善、高尚。银行里有了点存款,或者社会上有了点名气,就能改变他们的灵魂,这是不是很怪?同样,我认识另一些原本慷慨、乐观、温和的人,由于贫困或者疾病,变得吝啬、厌世、乖戾。所以,我无论如何也不相信,那么容易随肉体变化而变化的灵魂,能离开肉体而独立存在。所以,当你看到死人时,你应该认定他们彻底死了。

有时,有人问我,愿不愿意把这一生再活一次。我这一生总的来说还不错,或许比大多数人都要好;但要我再活一次,我觉得没意思。那就像把一本看过的侦探小说再看一遍,太无聊了。如果真有来世——这是世界上大多数人②相信的——如果真的可以再到世界上来选择一种新的生活,我倒曾经想过,不妨试试,或许可以享受到我这一生因为环境和自身的限制而没有享受到的乐趣,或许还可以学到我这一生因为没有时间或者没有机会学到的东西。不过,

---

① 突颚:正常情况下,人的下颚比上颚稍稍后缩一点,但有些婴儿正好相反,下颚长得比上颚稍稍前突一点,称为突颚。
② 在当时,信仰佛教的中国人、日本人、东南亚人,以及信仰印度教的印度人,还有非洲和美洲的土著人,都相信有来世。这部分人加起来,占了世界人口的大多数。

即使对于这样的好事,我现在还是会谢绝。我已经活够了。我不相信灵魂不朽,也不希望灵魂不朽。我只想死得利索一点,死得没有痛苦。我深信,我的灵魂会随着我咽完最后一口气而化为乌有。我牢记伊壁鸠鲁①写给米诺西厄斯②的信中所说的话:"你要牢记,死就是无,因为一切善恶祸福都存在于知觉,而死会使人知觉全无。知道死就是无,对人生的有限也就不再焦虑。虽然这么说不会使人生的期限有所延长,却能驱除人对不死的奢望。只要你相信,不活并不可怕,那么活着也就无所畏惧了。"

我想,今天用这些话来结束本书是很合适的。

我写下上面这些文字后,至今已有五年。我没作任何修改,虽然其中提到的四部小说我后来只写了三部,第四部并没有写。我在美国住了很长一段时间③后回到英国,在伦敦重访我原先打算作为一部小说背景的一个贫民区。那里的有些人我原先就想把他们当作小说人物的原型,此外我还想再熟悉一些人。但我发现,那里已面目全非。伯蒙齐区已经不是原先的那个伯蒙齐区了。战争把那里全破坏了④,人也死了不少,但过去失业的阴影却不再像乌云一样笼罩在我的那些朋友头上。他们原本住在到处是虫子的破旧房子里,现在已经住进了整洁的新建公寓房。他们不仅有无线电,还有钢琴;一周还去看两次电影。他们不再是一无所有的贫民,而成了小有家产的市民。这样的变化当然很好,但我发现的并不仅限于此。他们的情绪也变了。过去,尽管生活艰难,他们总是说说笑笑,相互很友善;现在却因为妒忌、憎恶、怨恨而对自己的生活极为不满。过去,他们从不埋怨自己的生活;现在却对比他们更富有的人愤愤不平。他们整天愁眉苦脸,牢骚满腹。有一家的主妇是我多年前认识的一个打杂女工,她对我说:"他们扫掉了贫民窟和垃圾堆,也扫掉了这里的好气氛。"看来,我走进了一个陌生的地方。那里当然也可以找到小说素材,但我原先要的那些东西都没有了。既然如此,我也就没必要写那部小说了。

在这五年里⑤,我或许还学到了一些过去没有的知识。我偶尔认识一位著名生物学家,因而对生物哲学至少有了一点肤浅的了解。这是一门既深刻又有趣的学问,拓展了人们的思维限度。从事科学研究的人似乎都同意,到了某个遥远的年代,地球上任何生

---

① 伊壁鸠鲁:古希腊哲学家、享乐主义哲学创始人。
② 米诺西厄斯:伊壁鸠鲁的弟子。
③ 1941年至1949年,毛姆住在美国,其间1946年去过一次法国。
④ 指纳粹德国对伦敦的轰炸。
⑤ 指他从70岁到75岁的5年间。此文是他75岁时为《总结》第三版写的后记,在此之前,在他70岁时,《总结》已再版过一次。

命形式都将消失，而在此期间，人类会像许多不能适应环境变化的生物一样趋于灭绝。如果真是这样，你势必会得出这样的结论：进化论破产了，因为导致人类产生的原因很可能是自然界的一次大突变，就如几劳埃亚火山①爆发和密西西比河泛滥一样，是突然发生的。因为没有一个头脑清醒的人会否认，在整个人类历史过程中，人类遭遇的不幸远远多于他们得到的幸福。除了时而有一点间歇，人类似乎一直生活在危险和恐惧中；就如霍布斯②所说，不仅在蛮荒时代，其实在任何时代，人的生活都是孤独的、匮乏的、卑贱的、残酷的、短暂的。每个时代都有许许多多人生活在这个悲惨世界里，唯有对来世的信仰给他们一点安慰。他们或许是幸运的。因为他们对相信来世的人来说，信仰使人不再去考虑用理智难以解答的人生难题。

有些人认为艺术有其自身价值③，而诗人和画家的艺术之所以感人，就在于生活的悲苦，所以，为了艺术，承受生活的悲苦也是值得的。对这样的论调④，我嗤之以鼻。在我看来，有些哲学家的说法⑤才是对的，即认为艺术的价值在于它对人生的实际效用，不在于美，而在于正义。也就是说，艺术要关注现实，否则就是空虚的。如果艺术仅仅给人一点快感，无论多么美妙，也没有多大意义，就如立柱上的雕刻，精美绝伦，但对支撑穹顶一点不起作用。所以，除非能引导人做出正义行为，否则，艺术只是知识阶层的鸦片而已⑥。

然而，我们终究不能指望用艺术来消除我们对人生的悲观情绪，而这种悲观情绪，早在《传道书》⑦中就已经充分表达出来，堪称古已有之。我认为，面对可悲的人生，唯有视死如归的勇气，才是最美的。这种美远胜过艺术之美。我在帕迪·菲纽肯⑧身上看到了这种美，他在飞机行将坠毁时只说了一句："没什么，伙计们。"我在奥茨上校⑨身上看到了这种美，他为了不拖累同伴，不动声色地独自走向死亡。我在海伦·瓦

---

① 几劳埃亚火山：在夏威夷，是世界最大的活火山之一。
② 霍布斯：17世纪英国哲学家。
③ 即审美价值。
④ 即唯美主义艺术观。
⑤ 即人道主义艺术观。
⑥ 毛姆到了晚年似乎背离了他早年的艺术观。他在早年曾不止一次说，艺术就是给人以愉悦，而在这里，他却强调"艺术要关注现实"。然而，从后文看，他似乎认为，关注现实的艺术也没有多大用处。
⑦ 《传道书》：《圣经·旧约》中的一卷。
⑧ 帕迪·菲纽肯：二战时英国皇家空军飞行员，当时的王牌飞行员之一，也是英国皇家空军史上最年轻的中校。1942年7月15日，菲纽肯带领中队执行任务时，他的飞机被击中而起火，这时他通过无线电对其他飞机上的战友说："没什么，伙计们。"接着，飞机就坠毁了。
⑨ 奥茨上校：20世纪初英国南极探险家，在一次南极探险时感到身体不适，为了不拖累三个同伴，他独自离开帐篷，出去时对同伴说："我出去一下，时间可能要长一些。"接着，他就死在南极的严寒下，时年42岁。

利亚诺①身上也看到了这种美,她虽然并不年轻漂亮,也没有读过多少书,但她为一个不是她自己的国家,竟然受到地狱般的折磨后仍宁死不屈。

帕斯卡②有一段名言:"人只是一根芦苇,自然界最脆弱的生物;但他是一根会思考的芦苇。用不着动用宇宙力量来毁灭他,一阵风、一场雨就能置他于死地。然而,即使宇宙毁灭了他,他仍比置他于死地的宇宙更有尊严;因为他知道自己会死,知道宇宙比他更强大,而宇宙却对此一无所知。所以,人的尊严就在于他会思考。"③ 真是这样吗?当然不是。我想,现在人们对尊严的理解已经和那时不一样,所以我觉得把法语中的 dignite（尊严）一词译成英语中的 nobility（高贵）更为合适。有一种高贵不是人会思考,而是人天生就有的。它和文化无关,和教养也无关。它基于人的原始本能④。如果说人是上帝创造的,那么上帝在人的这种高贵面前也会感到惭愧。尽管人性有种种弱点乃至罪恶,但有时也会发出仁爱的光芒。也许是知道这一点,我们才不至于彻底绝望。

好了,这样的大问题不是我有能力谈论的,即使有也谈不了。因为我就像一个等在候船室里的旅客,不知道船何时会来;只要船一来,我就上船了。我没有到这个城市的各处去看看。我不想去看那些新建的高速公路,因为我再也不可能自己开车了;我也不想去看那座新建的现代化大剧院,因为我再也不可能出门去看戏了。我在家里看看报纸,翻翻杂志;有人好意借书给我,我也谢绝了,因为我不知道有没有时间把它看完,说不定哪天我就走了,永远不回来了。我在酒吧或者牌桌上偶尔认识的一些人,我也不想和他们深交,因为我的时日不多,说走就要走的⑤。我在去往死亡的路上。

---

① 海伦·瓦利亚诺:侨居法国的希腊人,二战时法国被德军占领,她加入了法国抵抗组织,1944 年被捕,因拒绝说出任何关于组织的情况而被处决,时年 45 岁。
② 帕斯卡:一译巴斯噶,17 世纪法国数学家、物理学家、哲学家,其哲学著作有《思想集》《致外省人书》等。
③ 原文是法语,引自《思想录》第六编第三四七则。这段话是理性主义的最好表述,意同笛卡儿的名言"我思,故我在"。
④ 即爱的本能。
⑤ 实际上,他后来又活了 16 年,91 岁高龄时才去世。

毛姆随笔集

[英] W.S.毛姆 著
刘文荣 译

下集

A Collection of
Maugham's
Essays

文汇出版社

▲ 毛姆在家里（此时毛姆已六十多岁，功成名就，生活舒适，但他仍在思考人生到底有何意义。）

◥ 毛姆和他的独生女丽莎（摄于1942年，此时毛姆68岁，已和西莉离婚多年，丽莎已20多岁，不和他一起生活。）

◀ 七十岁时的毛姆（此时他已想到自己将不久于人世，但他后来又活了21年。）

◀ 七十岁时的毛姆（这一年，他的长篇小说《刀锋》出版，他在这部小说中通过一个年轻人寻求人生真谛的故事，揭示了精神追求和实利主义之间的矛盾。）

◤ 毛姆在写作（他的小说大多具有自传性质，他的评论往往很辛辣，因而得罪了许多人，但他并不在乎。）

▼ 毛姆（右）和英国首相丘吉尔（毛姆和丘吉尔本有交往，他晚年由女王授予"荣誉侍从"称号，就是丘吉尔提议的。）

◀ 毛姆站在楼梯口（背景是毛姆收藏的油画，虽不是名作，但他很喜欢。）

◥ 七十岁以后的毛姆（此时毛姆似乎感悟到人生的真谛在于你究竟做了多少事，而不在于你说了多少话。）

▶ 毛姆在书架前（毛姆一生都在思考人生，并用他的作品表现人生，但他最后觉得，人生似乎很虚幻。）

◀ 八十岁时的毛姆（此时他已完全做好死亡的准备，但他不知道，他还要活11年。）

▲ 年过八旬的毛姆在欣赏一朵玫瑰花（毛姆是艺术家，一生都爱美，但他并不认为美对人生有多大价值。）

▼ 年老的毛姆和他的爱犬（毛姆晚年倍感孤独，但他对自己的一生仍颇为满意，因为他觉得自己堂堂正正，并未对任何人有过真正的恶意。）

目录

兴之所至　*1*

十大长篇及其作者　*159*

一得之见　*355*

兴之所至

The Vagrant Mood
1952

初版 *The Vagrant Mood*, William Heinemann Ltd, London, 1952.

根据 *The Vagrant Mood*, Vintage Random House, London, 2001. 译出

目　　录

纪念奥格斯特·海尔　5

苏巴朗及其绘画艺术　36

侦探小说的衰落　63

读埃德蒙·伯克之后　82

对某本书的思考　107

我认识的几个小说家　128

纪念奥格斯特·海尔

一

我想，认识奥格斯特·海尔①的人现在大概已经所剩无几了，我是其中之一。当年，我出版第一本小说，还算成功，奥格斯特邀请我共进晚餐，还请了一位我也认识的朋友作陪。那时我还年轻，二十四岁，性格内向，但他很喜欢我，因为我沉默寡言，很乐意聆听他的高论。后来，他又写信给我，邀请我到他的那幢名叫"霍姆霍斯特"的乡间别墅去度周末。就这样，我成了他的常客。

奥格斯特的生活方式是旧时代的，早已不合时宜。不过，在这里说说他的日常生活，我觉得也未必不是一件有趣的事情。每天早上八点，有个穿着窸窣作响的印花连衣裙、戴着一顶有绣花边软帽的女仆走进你的房间，把一杯茶和两片薄薄的黄油面包放在你的床头柜上。如果是在冬天，那个女仆的身后会跟着一个帮手，同样穿着印花连衣裙，只是颜色不那么鲜艳，也不那么窸窣作响，她会把壁炉里的灰烬撤空，再重新点燃。八点半，那个女仆再次来到你房间，手里拿着一大罐热水。她会把你昨天临睡前马马虎虎洗漱用过的一盆水倒掉，然后把那只大热水罐放在脸盆当中，上面盖一条毛巾。与此同时，她的帮手已端来一只坐浴盆，那个女仆先在壁炉前铺上一条白色的毯子，然后把坐浴盆放在毯子上，这样当你坐浴时，水就不会直接溅在地毯上了。坐浴盆的一边

---

① 奥格斯特·海尔（Augustus John Culbert Hare，1834—1903），英国旅行家、传记作家，著有《漫步罗马》《游历西班牙》《纪念平静的一生》《两个贵妇人的生平与逸事》等。

放一大罐热水，另一边放一大罐凉水，还放上从脸盆架上取下来的肥皂缸和一条浴巾。做完这些之后，那个女仆和她的帮手就走了。坐浴盆是什么东西，现在的年轻人大概都不知道了。那是一个大圆盆，直径大约三英尺，深大约十八英寸①，一边有一个靠背。坐进盆里，你的肩胛骨正好靠在那靠背上。坐浴盆的外面漆成黄色，里面是白色。你坐在里面，小腿是放不进去的，只能悬在盆边上。所以，你是没法洗脚的，除非你会柔术。你也没法搓背，只能用海绵吸了水放到背上淋一下。这东西的好处是，由于你的背和双脚都不在水里，你就不会像全身泡在浴缸里那样迟迟不肯出来。既然你不能舒舒服服地泡在水里胡思乱想，到九点钟早餐铃响时，你肯定已经洗完坐浴，准备下楼了。

餐桌前，奥格斯特坐在上座②。餐桌上放着丰盛的早餐，等待他享用。在他面前，放着一本厚厚的家传《圣经》，还有几本黑皮封面的祈祷书。奥格斯特坐着时的样子端庄而威严，但他上身长，两腿短，站着时不但没有风度，还有点滑稽可笑。客人落座后，仆人排着队进来，坐在餐具柜前的一排椅子上用餐。餐桌上除了有一大只火腿和两只鸡，还有其他美味，都装在银盘子里，盘子下面点着酒精灯，用以保温。奥格斯特开始餐前祈祷。他的声音有点刺耳，读祷文时的语调更是严肃，让人觉得他决不会允许任何人对上帝不敬。有个客人迟到了一两分钟，小心翼翼地推开门，像做贼似的踮着脚走进餐室。奥格斯特没有抬头，只是停了下来，等那个客人入座后，再开始诵读祈祷文。大家都对那个客人板着脸，但也仅此而已。奥格斯特一点没有责怪那个拖拖拉拉的家伙，把祈祷文读完，合上祈祷书，又拿起了《圣经》。他读了《圣经》中的某个段落，然后说："让我们祈祷吧。"这时，所有人都站起身，单膝跪下。客人跪在各自椅子旁的一张小毛毯上，仆人就跪在大地毯上，齐声祷告。这之后，所有人重新入座。几个厨师和几个女仆快步走了出去。不一会儿，那几个女仆就端着茶和咖啡进来。《圣经》和祈祷书被拿走，放上了茶壶和咖啡壶。

我对家庭祈祷文很熟悉，所以注意到奥格斯特诵读的几段祈祷文好像有些不对。很快我就发现，原来他把祈祷书里的很多句子都用铅笔划掉了。我问他

---

① 三英尺：一米不到一点。十八英寸：半米不到一点。
② 上座：西餐桌是长方形的，按礼仪，一头是上座（主人坐），另一头是下座（通常是空的），两边是客座（客人的地位越高，越靠近上座。平时没有客人，一家人用餐，孩子们坐客座。年纪越大的孩子，越靠近上座）。

为什么，他说："我把所有赞美上帝的词句都划掉了，因为上帝肯定是有教养的，而有教养的人是不喜欢别人当面奉承他的。我认为，所有对上帝的赞美都是对上帝的奉承，其实是对上帝的冒犯。"听他这么说，我当时觉得很古怪，甚至很荒唐，但后来想想，好像也不无道理。

用过早餐，奥格斯特回书房继续写他的那本自传。他不抽烟，也不允许别人在房间里抽烟，因而客人一起床就想抽烟的话，也只好到花园里去吞云吐雾。这在夏天很舒服，坐在花园里看看书，抽抽烟，但是在冬天，那就难受了，冷得你只好躲在马厩里抽烟。

午餐时间是下午一点，吃的是实实足足的煮鸡蛋或者通心粉。如果昨天晚上没有剩余的菜肴，再配上蔬菜和甜点。用过午餐后，奥格斯特穿上黑色套装和黑色皮靴，戴上硬领结和圆礼帽，和客人一起到花园里去散步。他的花园并不大，只有不到四十英亩，但精心布置，种花栽木，很有一点乡村豪华庄园的气派。他一边走，一边指点给你看他最近所作的改进，哪里是他成功模仿了托斯卡纳别墅花园，哪里是他设法开辟出了一片开阔地，哪里是他设计了一条林荫道。我偶尔注意到，他虽然反对赞美上帝，但听到客人赞美他好像并不反感，还很得意。散步的最后一站是拜访一所"疗养院"。那是一幢小楼，是他专门用来招待一些贫困而落魄的贵妇人的①。他会请那些贵妇人过来住上一个月，不仅食宿免费，连旅费也由他出，临别时还会送给她们一些乡下土产。他会询问那些贵妇人近况如何，需要什么帮助，但又很巧妙地使她们并不觉得他是在施舍穷人，只不过是热情好客而已。在这方面，他做得很好，比她们当初送给佃农一罐牛蹄冻或者半磅茶叶时要好得多。

散步之后，就到了喝下午茶的时间。下午茶也很丰盛，有烤饼、松饼、面包、黄油、果酱、奶油蛋糕和葡萄干蛋糕。在喝下午茶的半个多小时里，奥格斯特会和客人谈他的早年生活、他的旅游见闻和他的亲戚朋友。到了六点，他回书房去写信②。等晚餐铃响时，大家下楼用餐，他再和客人见面。这时，女仆们穿着黑衣裙、戴着白帽子、系着白围裙，在我们身边忙碌。晚餐有汤、有鱼、有禽肉或者野味，还有甜点和开胃菜。喝雪莉酒，配汤和鱼；喝红酒，配

---

① 19世纪后期，随着城市工商业的快速发展，以乡村庄园经济为依托的英国贵族迅速失势，有的甚至沦为穷人。
② 当时人们的远距离交往只有写信，所以交往多的人几乎每天都要写信。

野味；喝波特酒，配坚果和水果。晚餐后，我们回到客厅。奥格斯特有时会为我们朗诵诗文，有时会和我们一起下"赫尔马"，一种简单无聊的跳棋。有时，如果他觉得有重要客人的话，还会说说他往日的辉煌。等大钟敲了十下，他从壁炉旁的椅子上站起身，客人们便到大厅里去，那里已准备好银烛台，每人一个，点燃蜡烛端着照路，各自回客房睡觉。客房的脸盆里已放好一罐热水，壁炉已烧得通红。虽然仅用一支蜡烛的光无法看书，但躺在一张四柱大床上，看着壁炉里火光摇曳，迷迷糊糊坠入春梦，也不失为一件惬意之事。

以上就是十九世纪后期一幢乡村别墅里的一天。这一天或多或少反映出当时成千上万幢乡村别墅里的生活。别墅的主人虽非富豪，但足以维持一种悠闲而舒适的生活方式，一种在他们看来是一位绅士理应有的生活方式。不过，奥格斯特很以他的家族为荣，向客人展示家族"昔日的豪华"是他最幸福的一刻，而且在霍姆霍斯特别墅，也确实随处可见他对往日的怀念。这幢别墅本是一座结构凌乱的楼房，走廊虽很宽，屋顶却很低，在建筑学上没有什么价值，但奥格斯特将其翻修，增设了好几个房间，朝花园的一面新建了阳台，有些地方还放置了大理石雕像，其中有一座是曾经放在圣保罗大教堂前的安妮女王和四随从雕像——这样一来，他成功地搞出了一种古色古香的气氛，使这幢别墅看上去就像是某个豪门望族的古老府邸。可惜，这幢别墅没有未亡人来继承①。不过，如若把它租给前奥斯曼帝国②驻英大使的遗孀居住，还是够体面的。

二

奥格斯特深感自己是一个古老的乡村世家的代表——霍斯特姆塞克斯的海尔家族的后裔，他的家族是许多贵族世家的远亲。这个家族早已败落，但他仍念念不忘家族的过去。他就像一个被流放的国王，身边只有一些从废墟中挖出来的遗物表明他过去的至尊与荣耀。他对任何人都客客气气，因为身世之变使他不得不和各种各样的人打交道，但他对任何人都讲究礼节、讲究身份，而且

---

① 因为奥格斯特·海尔终身未娶。
② 奥斯曼帝国（1299—1923）是13世纪末由土耳其人建立的西亚帝国，因创立者奥斯曼一世而得名，"一战"时与"同盟国"结盟，败于"协约国"而最终被肢解，故而文中称"前奥斯曼帝国"。

非常认真,以免有些自以为是的人会把他的随和误认为低贱。

奥格斯特有时会面带微笑,好像若无其事地说到,他是爱德华一世①的一个王子的后代,而实际上,他的家族祖先是一个名叫弗朗西斯·海尔的教区牧师。这个教区牧师不但聪明能干,而且运气很好,在剑桥国王学院任教时成了华尔波尔②的老师。我们知道,华尔波尔后来封为爵士,要归功于马尔巴罗公爵③夫人萨拉;不难推测,弗朗西斯·海尔后来被任命为随军总牧师,也要归功于公爵夫人。他曾在布兰海姆战役和拉姆利斯战役中随那位大将军④一起驰骋疆场,有这样有权有势的朋友,他的才能当然不会被埋没。他先后担任过沃斯特大学校长和圣保罗大教堂主教,后来他又相继被任命为圣亚瑟大教堂首任主教和齐切斯特大教堂主教,但一直保留着薪酬丰厚的圣保罗大教堂主教职位。他结过两次婚,两任妻子都带来巨额嫁妆。第一任妻子贝希娅·奈勒生有一个儿子——小弗朗西斯。小弗朗西斯后来继承了母亲的产业——巍峨而华丽的霍斯特姆塞克斯城堡和一个大庄园。为此,他把母亲的姓"奈勒"放在父亲的姓"海尔"后面,改姓为"海尔-奈勒"。老弗朗西斯的第二任妻子也是个嫁妆丰厚的女继承人,也生有一个儿子——罗伯特。罗伯特的教父是华尔波尔爵士,他在罗伯特受洗⑤时赠予他一件礼物——每年四百英镑的薪俸,相当于格里夫森德港口主管的年薪。这份薪俸,罗伯特一直领到去世。此外,华尔波尔爵士还对老师的儿子特别照顾,建议他去谋求圣职,这样他更容易帮他开辟前程。罗伯特欣然接受,先在温彻斯特安顿下来,不久便获得了教会职务。他的父亲是主教,处世谨慎,在他还很年轻时就为他定下了姻亲,女方是个富有的女继承人,嫁妆堪比他母亲。罗伯特的兄长小弗朗西斯死后无嗣,霍斯特姆塞克斯城堡就由罗伯特——温彻斯特大教堂的牧师——单独继承。毫无疑问,老弗朗西斯主教对小儿子很满意。

然而,他的子孙似乎没有承袭他的处世之道,他的家族逐渐败落了。败落开始于罗伯特牧师的第二任妻子。她拆除了霍斯特姆塞克斯城堡,把拆下来的地板、门板、壁炉架等拿到领地的另一个地方造了一座住宅,取名"霍斯特姆

---

① 爱德华一世:英格兰金雀花王朝的第五位国王(1272年至1307年在位)。
② 华尔波尔:即罗伯特·华尔波尔,17世纪英国贵族,英国历史上第一位首相。
③ 马尔巴罗公爵:17世纪英国贵族,1626年授封。
④ 那位大将军:指马尔巴罗公爵。
⑤ 受洗:基督教入教仪式。

塞克斯府邸"。罗伯特牧师的大儿子叫弗朗西斯·海尔（和他的祖父老弗朗西斯同名），也就是我们的主人公奥格斯特·海尔的祖父。这个弗朗西斯·海尔-奈勒，长得相貌堂堂，却是个不务正业的浪荡子，没头没脑、挥霍成性，故而债台高筑，不得不出售霍斯特姆塞克斯府邸的财产来还债。奇怪的是，丹佛郡伯爵夫人乔治安娜竟然很看重他，还把她的表妹、圣亚瑟大教堂主教乔纳森·西普里的女儿乔治安娜（与伯爵夫人同名）介绍给他。没想到，这对男女竟然私奔，致使两个家庭当即宣布，把这对男女"逐出门庭"。自此以后，不论是圣亚瑟大教堂主教乔纳森·西普里，还是温彻斯特大教堂的牧师罗伯特·海尔-奈勒，都不再见他们。他们流落到国外，靠丹佛郡伯爵夫人乔治安娜私下提供给他们的每年两百英镑生活。他们生了四个儿子，即：弗朗西斯（与他父亲同名，奥格斯特·海尔的父亲）、奥格斯特（与奥格斯特·海尔同名的叔叔）、朱里斯和马库斯。后来，乔治安娜·西普里的丈夫弗朗西斯·海尔-奈勒继承了父亲罗伯特牧师的遗产，但他却以六万英镑的价格卖掉了父亲的霍斯特姆塞克斯府邸。一八一五年，弗朗西斯·海尔-奈勒去世。既然他们家不再拥有霍斯特姆塞克斯府邸，他的大儿子弗朗西斯所继承的是家族的其他产业，所以他把自己的姓从"海尔-奈勒"改回了"海尔"。这个弗朗西斯·海尔和他的父亲弗朗西斯·海尔-奈勒一样，也是个败家子，变卖家产，寻欢作乐，后来因为财务状况不佳，不得不像那个时代的许多败家子一样，移居欧洲大陆。不过，即便在国外，他手头还有足够的钱供他每星期举办两次晚宴。和他交往的都是上层人士，其中有德奥赛伯爵和布莱斯顿夫人、德萨特勋爵和布里斯特勋爵，还有杜德利勋爵，也是他的座上客。一八二八年，这个弗朗西斯·海尔和银行家约翰·保罗爵士的女儿安妮·保罗结婚，婚后生有一个女儿和三个儿子。最小的儿子出生于一八三四年，就是我们的主人公奥格斯特·海尔。

此时，海尔家族虽然没有了霍斯特姆塞克斯府邸，却仍有丰厚的圣职俸禄。罗伯特·海尔牧师的圣职继承人不是他的儿子弗朗西斯·海尔-奈勒，而是他的四个孙子中的老二——奥格斯特·海尔牧师（和我们的主人公奥格斯特·海尔同名的叔叔）。关于四个孙子中最小的一个——马库斯·海尔，我知之甚少，只是听说他当初住在霍斯特姆塞克斯府邸时总是嫌茶水没有烧开，后来娶了埃尔德利的斯坦利勋爵的女儿，在托基有一处"府邸"；还有就是，他死于一八四五年。老三朱里斯·海尔是三一学院的研究员，很有学问，曾和他的兄长奥格斯特·海尔牧师合写过一本名为《探寻真谛》的书，一度很受信徒们的推崇。罗伯特·海尔牧师去世后，他的孙子奥格斯特·海尔牧师不愿离开自己任职的奥尔顿·巴恩斯教区，便劝说弟弟朱里斯·海尔去接替祖父在霍斯特姆塞克斯的圣职。朱里斯·海尔不愿离开剑桥大学①，但他很有责任感，不能坐视家传的圣职白白失去，最终还是同意了。他最后做到刘易斯教区的教区长。

奥格斯特·海尔牧师娶了托恩教区长奥斯瓦尔德·莱彻斯特的女儿玛丽亚为妻。一八三四年，他因为健康原因前往罗马治病，最后病死在那里。我们的主人公奥格斯特·海尔恰好出生在这一年，将他取名为"奥格斯特"就是为了纪念叔叔奥格斯特·海尔牧师，而且他父母还让他的婶婶玛丽亚·海尔做他的教母。当时，他的父母弗朗西斯·海尔和安妮·海尔已经没钱再过体面生活，幼子的出生更使他们烦恼，而他们的弟媳玛丽亚·海尔没有子女，她料理完亡夫的丧事回到英国后忽然想到，弗朗西斯夫妇也许会同意把她的教子过继给她做继子。于是，她就给嫂嫂安妮写了封信。很快，她就收到回信说："亲爱的玛丽亚，你真是太好了。没问题，等孩子一断奶，我们就把他送来。如果还有人要领养孩子，请你留意，我们这儿还有。"就这样，他们顺水推舟，把孩子"送到了英国，孩子随身带着一个绿色的小毡袋，里面有两件白色的小睡衣和一条红色的珊瑚项链"。

玛丽亚的父亲奥斯瓦尔德·莱彻斯特牧师出身于古老家族，据说是征服者威廉②的祖母、诺曼底公爵夫人奎纳拉的直系后裔；也就是说，他和曼斯菲尔德庄园的伯特伦家族③，还有彭伯里的达西先生④，同属一阶层。他是虔诚的基督徒，却把贵族门第看得很重。他肯定和凯瑟琳·德·鲍尔夫人⑤一样，认为伊丽莎白·班内特⑥不是达西先生应该娶的女人。那时，善于写赞美诗的瑞肯纳德·赫伯——即后来的加尔各答主教——还是霍德纳的教区长，他的住处离玛丽亚的家只有两英里，所以玛丽亚和教区长夫妇常有来往。教区长有个助

---

① 三一学院属剑桥大学。
② 征服者威廉：即英格兰国王威廉一世（1066年至1087年在位）。
③ 曼斯菲尔德庄园的伯特伦家族：简·奥斯汀小说《曼斯菲尔德庄园》中收养范妮·普赖斯的世系家族。
④ 彭伯里的达西先生：简·奥斯汀小说《傲慢与偏见》中的男主人公。
⑤ 凯瑟琳·德·鲍尔夫人：简·奥斯汀小说《傲慢与偏见》中的人物，以自己的贵族门第为荣。
⑥ 伊丽莎白·班内特：简·奥斯汀小说《傲慢与偏见》中的女主人公，出身于平民。

理牧师，叫马丁·斯托，关于此人，我们从未听说过他的家世，因而可以肯定他不是"贵族出身"。玛丽亚和马丁相爱，但她的父亲断然反对她和一个"乡下穷牧师"结婚。玛丽亚是孝顺女儿，没有父亲同意，不敢自作主张。后来，瑞肯纳德·赫伯被任命为加尔各答主教，要马丁随他一同前往印度，担任礼拜堂牧师。马丁接受了这一职务，希望奥斯瓦尔德·莱彻斯特牧师就此会接纳他，同意他和玛丽亚的婚事。但一切都是徒劳。马丁和玛丽亚挥手告别后几个月，玛丽亚就得到噩耗：马丁·斯托先生死于印度热病。奥格斯特·海尔牧师（即我们的主人公奥格斯特·海尔的同名叔叔）是瑞肯纳德·赫伯夫人的表亲，也是马丁和玛丽亚的好友。他对这对恋人一直很同情，每次他们向他诉苦，他总是好言安慰。所以，当玛丽亚得知马丁的死讯后，马上给奥格斯特·海尔牧师写了一封信。信中说："我不得不写信给你，尽管我知道这毫无必要——你太了解我了，一定知道我此刻的心情……我把你视为患难之交，会和我一起承受此刻的悲伤……我知道，只要有可能，你是会到我这里来的。等到相见时，让我们一起流泪吧。这是我最大的安慰。"于是，他们见了面，此后还相互通信。玛丽亚在日记里写道，她心中对奥格斯特·海尔牧师的"尊敬和友情，不知不觉地发生了变化，变成了某种更为美好的温柔之情"。就这样，在马丁·斯托死后两年，奥格斯特·海尔牧师向玛丽亚求婚。她答应了，并在日记中写道："沉浸在奥格斯特的爱意中，我感到生活不再是一片空白。一切又变得那么美好。"不过，她还是等了一年，才得到父亲的同意。我想，她父亲之所以会同意，是因为她的年龄——她已经三十一岁了。在当时，这个年纪的女人用华兹华斯①先生有点刻薄的诗句来说，已是"花在枝头渐枯萎"。另一方面，他也觉得，霍斯特姆塞克斯的海尔家族是爱德华一世的后裔，托夫特的莱彻斯特家族是诺曼底公爵夫人奎纳拉的后裔，这两家联姻也属门当户对。再说，奥格斯特·海尔牧师在伯父罗伯特·海尔去世后继承了姆塞克斯教区丰厚的神职俸禄，这笔收入足以让玛丽亚过上和她的贵族身份相符的生活。虽说这两个家族都笃信基督教，都把人生看作是灵魂升入天堂途中短暂停留的一个驿站，但不管怎么说，在这短暂停留期间尽可能过得好一点，在他们看来也是应该的。

玛丽亚·海尔在丈夫去世后到霍斯特姆塞克斯她丈夫的弟弟朱里斯·海尔

---

① 华兹华斯：19世纪英国桂冠诗人，湖畔派三诗人之一。

家里住了几个月。之后,她在附近买下一幢叫"莱姆"的房子,在那里住了二十五年。与此同时,她领养了教子小奥格斯特,而且要把他培养成神职人员,将来接替叔叔朱里斯·海尔,成为霍斯特姆塞克斯的教区长。她要小奥格斯特从小就有美德,在他只有十八个月时,她就在日记里写道:"奥格斯特听话多了,肯把自己手里的食物和玩具给别人了。"当然,她最关心的是奥格斯特的神学教育。奥格斯特不到三岁,她就教他识字,教他讲德语。她甚至煞费苦心地向他讲解三位一体①的奥秘。奥格斯特四岁时,所有玩具都被没收,塞进了阁楼,这是要让他懂得,生活中还有比玩具更重要的事情。奥格斯特从小没有玩伴。那幢叫"莱姆"的房子附近住着一个穷苦女人,玛丽亚经常去探望她、救济她,同时虔诚地劝导她安分认命,把穷苦看作神的旨意。那个女人有个年幼的儿子,奥格斯特很想和他一起玩。有一次,两个孩子在一片草地上玩了一会儿,奥格斯特就受到了严厉惩罚,后来再也不敢去玩了。对玛丽亚·海尔夫人(从前的玛丽亚·莱彻斯特小姐)来说,探望穷人、救济穷人是她的职责,是她的爱心的体现,但要她出身高贵的儿子去和一个穷人的儿子一起玩,那是她绝对不能接受的。她在一八三九年三月十三日的日记中写道:"我的小奥格斯特已经五岁了,他的个性太强、自我中心,太贪玩而且占有欲太强——我真担心,这些会不会变成他的主要性格特点。但愿上帝指引我,让我知道怎样纠正他的罪恶倾向,帮助他摆脱自我中心,成为一个有利于公众的人。"然而,不管玛丽亚怎样费尽心机,奥格斯特还是经常会调皮捣蛋,经常会被勒令到楼上去"准备"。我想,"准备"的意思就是脱掉裤子,等母亲把朱里斯叔叔叫来用马鞭打他的屁股。玛丽亚为了不惯坏孩子,凡是小奥格斯特要做什么,她就偏不让他做。有一次,她带着小奥格斯特到助理牧师的妻子那里去做客,有人私下里给了小奥格斯特一根棒棒糖,他拿到手就吃了。等回到家,玛丽亚从他嘴里闻到薄荷味,就把一大勺大黄加苏打强行喂进他嘴里,让他呕吐,让他难过。她要给他一个教训,叫他以后还贪吃不贪吃。

这时,玛丽亚认识了传教士弗兰德里克·莫里斯的两个妹妹——普丽西拉和阿瑟尔。两姐妹在瑞丁开了一所小学,但每年都要到"莱姆"来住上一阵。她们的信仰之虔诚,简直到了可怕的程度。她们的话,玛丽亚句句当作箴言。

---

① 三位一体:即圣父、圣子、圣灵为一体的基督教教义。

结果是,玛丽亚为了培养小奥格斯特成为一个称职的牧师,本来就很严厉的管教变得更加严厉了。譬如,小奥格斯特的晚餐几乎天天是烤羊肉大米布丁,有一次玛丽亚故意告诉他,今天晚餐要吃一道非常美味的布丁,而且讲了好几次,一直讲到他口水直流。但是,当布丁端上来后,小奥格斯特刚想吃,玛丽亚突然把布丁从他面前拿走,还命令他立刻把布丁送到附近的一个穷人家里去。她在日记中写道:"我知道,只要让奥格斯特明白道理,他就会心甘情愿做好事。但他太有个性,特别需要培养他无条件服从的习惯。个人意志必须在上帝面前被驯服。"她还写道:"现在看来,迫使他做他不愿意做的事,迫使他忍受他难以忍受的压力,他已逐渐学会了自我克制。这样的训练确实效果不错。"她的话说得不太清楚,我想她的意思是,只要每天迫使奥格斯特(那时才五岁)做他不愿意做的事,他最后就会喜欢做那些事。

玛丽亚每年要带奥格斯特回她在斯托克①的娘家去一次。起先,他们是坐自家的马车去的,半路要在客栈过夜。后来,通了铁路,他们虽然坐火车去,但仍带着自家的马车,等火车到了伦敦前面的小站时,他们就下车,叫人把自家的马车从火车上卸下来,然后坐着马车进伦敦——因为她不想让人看到她是坐火车来的,那太不体面!

玛丽亚的继母莱彻斯特夫人对奥格斯特很严肃,但很慈祥。奥格斯特在家里稍有吵闹就会受到惩罚,但在斯托克,莱彻斯特夫人总是说:"玛丽亚,别这样管孩子,他只是在玩。"不过,作为教区长的妻子,莱彻斯特夫人也知道自己的职责。她在附近的一所小学教书,需要教训学生时,她会拿起一本书打学生的耳光,一边打一边说:"你想要我用手打你耳光吗?那会打痛我的手!"接着,她还会说:"只打一边的耳光是不公平的。"说完,又狠狠地打另一边。她每个星期天都要请助理牧师来教区长府邸用午餐,餐桌上所有人都不准说话,谁要是说话,就会受到训斥。吃完冷牛肉后,几个助理牧师会被叫到莱彻斯特夫人面前,一个接一个地陈述自己在过去的一星期里所做的事。要是谁没有按她的要求做,就会被严厉地教训一顿。此外,那几个助理牧师必须从后门进出教区长府邸,只有其中的伊格顿先生是例外,可以从前门进出,因为他出身贵族。这是奥格斯特后来讲给我听的,我当时还年轻,听了很吃惊,不由得

---

① 斯托克:伦敦一地名。

说了些愤愤不平的话。"别说傻话了，"奥格斯特说，"这很自然，伊格顿先生是布莱奇沃勋爵的侄子，其他人呢，什么都不是。让他们去按前门的门铃，那是有失体统的。""照你的意思，要是有人和伊格顿先生一起到了教区长府邸门口，伊格顿先生走前门，那人要去敲后门？""那当然。""我不觉得这对伊格顿先生来说有什么光彩。""你当然不会觉得。"奥格斯特刻薄地说，"当时的绅士①很在乎自己的身份，他觉得这是天经地义的，想都不会想这有什么不对。"

莱彻斯特夫人对女仆的管教同样严厉，一旦发火，就毫不犹豫地打女仆的耳光。在当时，这是主人的权利，女仆从来不会怀恨在心。按规矩，家里人的衣物每三个星期要换洗一次，女仆们在凌晨一点就开始洗了。比较考究的平纹细布衣服由贴身侍女洗，她们必须在凌晨三点之前赶到洗衣房，如果有哪个侍女迟到，管家会报告莱彻斯特夫人，那个侍女就会被痛斥一顿。不过，莱彻斯特夫人也有不那么一本正经的一面。譬如，玛丽亚认为看小说是不道德的，所以她过去每天晚上为父母朗读的是斯特瑞兰德小姐的《英格兰女王》，莱彻斯特夫人则不然，她偷偷地看了当时正在杂志上连载的《匹克威克外传》②。她是躲在更衣室里看的，不仅关上门，还叫侍女把守，不准任何人进来。而且，她读完那一章后，就把杂志撕得粉碎，扔进垃圾桶里。

奥格斯特九岁时，玛丽亚在莫里斯姐妹的怂恿下，把他送进了小学。那年暑假期间，玛丽亚和往年一样带着奥格斯特回了一次娘家，接着她想带奥格斯特到英格兰湖区③游玩。朱里斯叔叔陪他们一起去。想到阿瑟尔·莫里斯平时在瑞丁的工作辛劳，需要放松一下，玛丽亚也邀请了她。结果表明，这是个危险的善意邀请。因为就在旅游途中，朱里斯向阿瑟尔求婚，阿瑟尔答应了。玛丽亚听到他们订婚的消息后，流下了苦涩的泪水。阿瑟尔也流下了苦涩的泪水。朱里斯更是"整日悲悲戚戚"④，因为自从玛丽亚孀居后，朱里斯总是陪在她身边，每天晚上六点都到"莱姆"用晚餐，八点告辞，而玛丽亚也经常在下午坐自家马车到教区长府邸做客。朱里斯遇到每件事"都要和她商量，只要

---

① 在维多利亚时代，"绅士"主要是指贵族出身的人，后来才泛指有教养的人。
② 《匹克威克外传》：狄更斯的第一部长篇小说。
③ 英格兰湖区：英国最大的旅游胜地，由英格兰西北部温德米尔湖、葛拉斯米尔湖等16个湖形成的一个区域。
④ 这里的引文应该是引自奥格斯特·海尔的自传《我一生的故事》（参见下文）。下同。

有一天不见，就觉得恍恍惚惚"。毫无疑问，虽然《圣经》和英格兰法律都禁止她对朱里斯怀有男女之情①，但她也没有超凡脱俗到那种地步，会欢迎另一个女人成为霍斯特姆塞克斯府邸的女主人——况且，这个女人还是受她照顾的。这件事情不仅使她在感情上受不了，而且还有一个正当的理由可以使她表示反对。阿瑟尔的父亲莫里斯先生虽是学者、牧师，但不是贵族出身；莫里斯姐妹虽然品德高尚、行为端正，但她们的言谈举止仍有粗俗之嫌，没有贵妇淑女的优雅风度。她们不是名门闺秀。马丁·斯托也不是名门出身，但她亲爱的奥格斯特牧师承认他的品格高贵而卓越。她爱马丁·斯托，但她最后还是接受了父亲的决定——马丁·斯托不适合做她的丈夫。

然而，婚礼还是举行了。阿瑟尔·莫里斯成了朱里斯·海尔的妻子，成了阿瑟尔·海尔夫人，也就是小奥格斯特的阿瑟尔婶婶。她是个笃信宗教的女人，性格古板而专横，欢乐在她看来就是罪过，"只要她发现自己的感情有使她偏离自我赎罪之路的嫌疑，她就会把她的感情彻底抹掉"。对于那些完全服从她的可怜人，她是仁慈的、大度的、体贴的；"对于丈夫，她是忠贞的——因为就像她要求其他人完全服从她一样，她所坚守的道德准则要求她对丈夫完全服从"。为了使小奥格斯特的灵魂得以完善，她开始了对他的驯服。她决心要让自己和朱里斯的婚姻对两个家庭的生活都产生影响。过去，朱里斯每天都到"莱姆"用晚餐，现在她决定，要玛丽亚和奥格斯特每天到教区长府邸用晚餐。这样到了冬天，母子俩用过晚餐后往往没法回家，就只好在教区长府邸过夜。奥格斯特身体虚弱，手上和脚上都生了冻疮，裂开一道道口子，但阿瑟尔婶婶偏让他住在一间阴冷潮湿、空空荡荡，只有一只木床、一条草席和一条毯子的房间里。她还不许仆人给他送热水。奥格斯特一早起来，必须用铜烛台敲开水罐里的冰，用冷水洗漱——要是那个铜烛台被收走，他就必须用冻伤的手敲冰。为了使他的灵魂得以完善，阿瑟尔婶婶知道他闻到德国泡菜的气味就会恶心，就强迫他吃德国泡菜。星期天稍好过一些，因为玛丽亚要到教堂去做礼拜，不能到教区长府邸去，但即使这一天，阿瑟尔婶婶仍担心玛丽亚会宠坏奥格斯特，硬要她带着奥格斯特去教堂，做礼拜时把他关在衣帽间里，给他一个三明治当晚餐。奥格斯特养了一只猫，很喜欢，常和猫一起玩。阿瑟尔婶婶知

---

① 基督教和欧洲旧法律都将叔嫂恋视为乱伦。

道后，硬要他把猫交出来。奥格斯特哭了。玛丽亚对他说，必须学会放弃，放弃自己喜欢的东西。他含着泪把猫送到了教区长府邸。阿瑟尔婶婶随即叫人把猫吊死。

简直难以想象，一个虔诚敬神的女人竟然会以这样残忍的方式对待一个十二岁的孩子。我想，她这么做除了要培养奥格斯特的所谓美德和自我牺牲精神，似乎还夹杂着另一种她自己也未必意识到的动机：要给孩子的养母玛丽亚一点颜色看看。玛丽亚对阿瑟尔一直很好，但她无意间难道就一点也不会暴露出她内心的真实想法，即：她是恩主，阿瑟尔只是得到她恩施的一个朋友？难道她一点也没有让阿瑟尔感觉到，她——托夫特的玛丽亚、霍斯特姆塞克斯的海尔牧师的遗孀——和阿瑟尔这个品格虽高尚、但出身低微的女子之间存在着一道难以逾越的鸿沟？反过来说，阿瑟尔难道不会像做家庭女教师时和她处境相似的夏洛蒂·勃朗特①一样，把他人的善意看作是对她的侮辱，而且总是捕风捉影地猜测他人会不会在鄙视她？等她成了朱里斯·海尔夫人后，难道她从未想过要给亲爱的玛丽亚一点颜色看看？实际上，玛丽亚看够了她的颜色，但她坦然地接受了。因为她把阿瑟尔对奥格斯特的折磨看作是对孩子的教育和训练，是完全必要的，对此她只能默默地接受。

关于奥格斯特接下来几年的生活，我打算跳过不谈了。他小学毕业后，去了哈罗公学，但由于健康原因，一年后就退学了，不得不寄宿在私塾教师家里完成学业，直到上大学的年龄。一八五七年，他在剑桥大学取得学位后，开始了自己的生活：画水彩画、游山玩水、出入于社交场合。他在七岁时就画过一幅景物素描，因为玛丽亚很会画画，而且实在看不出画画有什么不道德，所以一直培养奥格斯特的绘画兴趣，经常指导他画画。她会认真地观看奥格斯特的画，然后问："这条线什么意思？"或者说："哦，这幅画我觉得不错。"或者说："如果你没有明确的意图，那就把它全部擦掉。"这话说得有道理。玛丽亚鄙视颜料，所以奥格斯特只能用铅笔或墨水画画，直到成年后，玛丽亚才勉强同意他画水彩画。他画过许多素描，霍尔姆霍斯特府邸的墙上挂满了他的得意之作，还配上了精美的画框。除了这些，他还有好几本画集，我因为是很久以

---

① 夏洛蒂·勃朗特："勃朗特三姐妹"之一，《简·爱》的作者（此处所说"处境相似"，即指简·爱在罗切斯特家里做家庭女教师的处境，因为《简·爱》在某种程度上是夏洛蒂·勃朗特的自传）。

前看到的，现在没法评判他的画到底怎样。不过，玛丽亚曾把他的画拿给罗斯金①看过。罗斯金认真看了之后指着其中的一幅说，只有这幅画还不算太糟糕。其实，奥格斯特对景物还是很有鉴赏力的，所以今天回想起来，我怀疑那位鉴赏家是不是对他太苛刻了。他的画都是十九世纪中叶风格的，如果今天还能看到，人们说不定还会觉得有一种特殊的旧时风味。

三

奥格斯特才十四岁就寄宿在私塾教师林考姆家里。那时他就不知疲倦地喜欢旅游，常常为了观看一座古堡或者一座华丽的教堂，一天步行二十五英里。玛丽亚生怕他乱花钱，每次把他送回老师家的时候只给他五先令，但他就是连买面包的钱也没有，还会外出旅游。有好几次，他饿得发晕，瘫倒在路边，不得不接受路过的"劳工"递给他的食物。不过，无论是他画画时的欣喜，还是旅游时的兴奋，都比不上他对社交的热衷。在这方面，他有天然优势，他的亲生父母和许多贵族、乡绅是亲戚，他本来就有一份很长的社交名单，再加上他养母家的亲戚，这份社交名单就更长了。虽然有些亲戚关系很远，但他一概认为他们都是他的内亲外戚。

奥格斯特多年来体弱多病，医生建议他住到比霍斯特姆塞克气候更温暖的地方去。玛丽亚之前曾带他到欧洲大陆作过短途旅行，等他从剑桥大学毕业后，他们决定做一次海外长途旅行。玛丽亚还带上了她的侍女和男仆，因为她少不了他们的服侍。朱里斯叔叔已经在两年前去世，他的亲属为他的死感到悲痛，但他的教民却为他的死感到庆幸。玛丽亚出国后，"莱姆"就租给了朱里斯叔叔的遗孀阿瑟尔婶婶。他们母子俩慢悠悠地在欧洲大陆旅行，坐着马车（这是当然的）穿过瑞士和意大利，游览名胜古迹，还画了许多素描。他们的敞篷马车里装了许多书，一路上他们读了"阿诺德、吉本、兰克和米尔曼②的大部头文集"。这在我看来真是件很了不得的事情。到了罗马，他们在波波洛广

---

① 罗斯金：19世纪英国著名艺术鉴赏家、评论家，著有《现代画家》《威尼斯之石》等。
② 阿诺德：19世纪英国诗人、散文家、教育家。吉本：18世纪英国史学家、散文家，著有《罗马帝国衰亡史》等。兰克：利奥波德·冯·兰克，19世纪德国史学家、近代史学奠基人，著有《英国史》《法国史》《世界史》等。米尔曼：亨利·米尔曼，19世纪英国牧师，曾任牛津大学史学教授，著有《犹太史》《基督教史》等。

场租下一套公寓。奥格斯特的生父弗朗西斯·海尔几年前已经去世。他的遗孀，也就是奥格斯特的生母安妮·海尔——奥格斯特叫她"I. M."①，即Italian Mama 的缩写——和女儿爱丝美拉达（奥格斯特的亲姐姐）就住在罗马。还有两个儿子——小弗朗西斯和罗伯特——也就是奥格斯特的两个亲哥哥，一个在近卫军中服役，一个在做警察。奥格斯特和他们很少来往，感情淡薄，所以我在这里只要简单说一下就可以了。他们活得就像他们的父亲一样，挥霍无度，只是口袋里的钱不及他们的父亲那么多。两人死的时候都已赤贫，家徒四壁。小弗朗西斯还做了一件令人发指的事：娶了他父亲老弗朗西斯"认识多年的一个女人"。我想，奥格斯特说"认识多年"是暗示，这个女人是老弗朗西斯的情妇。关于这个女人，奥格斯特在他的自传中只写了一个注释："小弗朗西斯娶的这个女人，就如她当初莫名其妙地嫁给小弗朗西斯，后来在小弗朗西斯临死前几个月，又莫名其妙地消失了。"

在此之前，奥格斯特很少见到他生母，而他的生母也向来对他不闻不问。现在，他们的关系密切多了。她和她女儿时常出入罗马的上流社会，只要玛丽亚同意，她也时常会带奥格斯特一起去。因而，奥格斯特见到的王子和公主、公爵和公爵夫人多得可以开出一张长长的名单。不过，I. M. 想见到奥格斯特的次数显然超出了玛丽亚可以接受的程度。有好几次，I. M. 约奥格斯特见面，玛丽亚不让他去，要他陪着她。看来，即使这个圣徒般的女人也难免心生妒意。

玛丽亚带着奥格斯特在国外旅游了十八个月。他们原本打算再多玩一些日子，但玛丽亚开始怀疑她的养子对罗马天主教产生了好感；所以，尽管他身体仍很虚弱，医生警告说他忍受不了英国寒冷的冬天，她还是坚持把他带回了那个有着坚定的新教信仰的国度②。她认为奥格斯特的灵魂面临危险，这比肉体上的危险更可怕。她完全清楚，奥格斯特那么喜欢看罗马街道上的天主教游行，多么仰慕身披红袍、坐在马车上的罗马大主教，那么着迷于花哨的天主教仪式和那座依然敬奉教皇为尘世君主的"永恒之城"③——所有这些，都使奥

---

① 读作"意姆"。
② 那个有着坚定的新教信仰的国度：指英国（16世纪宗教改革后，西欧的基督教分化为罗马天主教和基督教新教两大派。意大利、法国等国以罗马天主教为主，英国、德国等国以基督教新教为主。两派相互敌视、相互攻讦）。
③ 永恒之城：即指罗马。

格斯特心醉神迷。玛丽亚太了解奥格斯特了,她为他的轻浮感到担忧。一天,她对奥格斯特说,她一生中没见过谁比他更喜欢享受。她的话里没有责备他的意思,只是表达了一种下意识的忧虑:贪图享受是危险的。

当时,英国正好有一种天主教回潮的气氛,其中最有名的人就是纽曼和曼宁①。不仅有许多名声不及他们的人追随他们,甚至有不少地位比他们高的人也迎合他们。这种气氛使许多家庭分裂。I. M. 和爱丝美拉达都改信了天主教。不过,为公平起见,我要补充一点,I. M. 一度曾劝阻女儿改信天主教,因为她的祖母安妮·辛普森夫人对这个曾孙女抱有期望,一旦得知她改信天主教,肯定会剥夺她的继承权。但后来,连 I. M. 自己也改信了天主教,她父亲约翰·保罗爵士——也就是奥格斯特的外祖父——为此还和她断绝了关系,发誓永不见她。还有玛丽亚自己的侄女——诺威奇主教的女儿玛丽·斯坦利——也叛离祖辈信仰的新教而改信了天主教,这怎能不叫玛丽亚为她亲爱的奥格斯特担心。

读者一定还记得,奥格斯特幼年时,玛丽亚就一心要让他成为牧师。正因为如此,玛丽亚才那么严格地训练他,要他为他人作牺牲,还没收他的玩具;也正因为如此,阿瑟尔婶婶才自作主张,坚持要他忍受贫穷与困苦,要他抵御魔鬼的诱惑,回避欢乐与享受。虽然海尔家族那时已丧失了领地和大部分财富,但他们仍享有霍斯特姆塞克斯教区丰厚的神职俸禄。作为弗朗西斯·海尔的幼子,奥格斯特将来是有权继承父职的。但不幸的是,奥格斯特的长兄由于手头亏空,已经把神职授予权卖掉了。这样一来,玛丽亚就再也不可能看到她的养子住进那座充满美好回忆的教区长府邸了。不过,这并未动摇她要奥格斯特成为牧师的决心。对此,她已作了充分准备。奥格斯特的家族传统和亲属关系注定他要成为一个出身名门的神职人员,这是一条既有益又有利的人生之路。当初,家族财富的奠基人②除了担任圣保罗教堂主教,还身兼两个主教职位。奥格斯特的一个祖父是圣亚萨的主教,另一个祖父是温彻斯特的牧师③。他的两个叔叔也都担任神职。还有玛丽亚自己的姐夫爱德华·斯坦利,是诺威奇的主教。爱德华·斯坦利的儿子亚瑟·斯坦利——也就是玛丽亚的外甥——

---

① 天主教回潮:指19世纪英国的"牛津运动",其领导人即纽曼和曼宁。
② 即奥格斯特的曾祖父弗朗西斯·海尔。
③ 他的祖母嫁过两个丈夫。

现在是坎特伯雷大教堂的牧师，只要假以时日，肯定会步步高升。他后来也确实当上了威斯敏斯特大教堂的主教，还娶了奥格斯特·布鲁斯小姐为妻，最终成了维多利亚女王的座上宾。此外，还有斯特拉斯摩尔家族、雷文华斯家族、埃尔德利的斯坦利家族，也和奥格斯特沾亲带故。拥有这么好的亲属关系，奥格斯特要成为一名牧师简直唾手可得，就算一人身兼数职的好事不会再有，他凭自己的能力和众多亲属的提携，至少能在这条人生之路上一帆风顺。

正因为如此，当奥格斯特在意大利对玛丽亚说他不想谋求神职时，我们可以想象，他有多么紧张，玛丽亚有多么震惊，就如五雷轰顶。不论怎么说，不论从世俗的角度说，还是从宗教的角度说，奥格斯特的想法都糊涂透顶、愚不可及。玛丽亚痛苦地流泪了。但她终究是虔诚的基督徒，既然奥格斯特亲口对她说了，他不适合担任神职，她又能怎样呢？她全心全意地爱着奥格斯特，所以她虽然失望之极，最后还是默认了他的想法。但是，等他们回到英国把这一想法告诉其他亲属时，那些亲属却火冒三丈，要奥格斯特说出为什么不想谋求神职的理由，而他支支吾吾地说不出，只是说他不喜欢。阿瑟尔婶婶认为，如果真是这样，玛丽亚本不应该迁就他，而应该加倍坚持，要他去谋求神职。那么，是不是奥格斯特的新教信念真的发生了动摇？没有。他从意大利回来后和他出国前一样，仍是个新教徒。那么，他为什么要这么想？那只能说明他这个人胸无大志，只想太太平平地过完一生。

其实，事情很简单：奥格斯特对宗教厌烦了。他厌烦了每个星期天都要去做两次礼拜，厌倦了朱里斯叔叔像背书一般的布道，厌烦了玛丽亚和亲友们的那些关于信仰的老生常谈。对莫里斯姐妹的宗教狂热，对她们为灵魂得救而故意折磨他的肉体，他甚至怀恨在心。我认识他时，他星期天已不去教堂，而在家里做祷告。但那不过是个仪式，做做样子而已，以示他这个出身于古老世家的绅士还是有宗教信仰的。

真正的问题是，他接着到底想做什么。他想在大英博物馆的图书馆谋求一个秘书职位，但没有成功。后来，由亚瑟·斯坦利大力推荐，出版商约翰·穆雷委托他写一本《伯克郡、巴克郡和牛津郡旅游指南》。这份差事太适合他了，因为他不仅喜欢游山玩水，还喜欢结交朋友。他也确实结交了许多有趣的人，发现了许多"表亲"，造访过许多豪宅大院。大概就在这时，玛丽亚卖掉"莱姆"搬进了"霍姆霍斯特"。此后，他一直住在那里。他的《伯克郡、巴克郡

和牛津郡旅游指南》出版后，很受欢迎，约翰·穆雷委托他再写一本类似的书，内容由他自己决定。他选定了诺森伯兰郡和达勒姆郡——他的写作生涯由此开始。他写了一系列旅游指南，乃至"奥格斯特·海尔"这个名字至少为两代欧洲游客所熟知。他的旅游指南写得别具一格，在实用的旅游信息之间插入大段引文。这些引文有的引自《圣经》和圣徒，有的引自史学家、评论家和诗人。喜欢附庸风雅的游客看到他的旅游指南里有引自维吉尔、贺拉斯和奥维德①的诗句，还有引自苏埃托尼乌斯②甚至某部珍稀古籍的奇文，当然都拍手称好。

不过，奥格斯特的旁征博引有时也会招来麻烦。譬如，在一本叫《意大利中北部城市》的指南中，他的引文有一部分引自历史学家弗里曼的著作，而他事先又没有征求弗里曼的同意。所以，书一出版，弗里曼就指控他是厚颜无耻的剽窃者。他很伤心，因为在他看来，弗里曼的著作因为"行文既古板又啰唆"而被人忽视，他摘录其中的段落是要引起人们对他的注意，是想帮帮他。"我无话可说，"他在讲述此事的章节下面加了一个注，"事情一发生我就马上删掉了所有引自弗里曼先生的文字。"他刚把这位历史学家从默默无闻中解救出来，又把他打回了默默无闻。对此，他颇为解气。同样是针对这本书，有一篇刊登在《阅览》杂志上的文章指控他抄袭莫雷的《旅游指南》而且没有注明出处。该文还特别指出，他连原文中的语法错误也没有纠正。奥格斯特说这项指控是"最恶毒、最侮辱人的"，而实际上，他是那么做的。尽管如此，他的旅游指南仍然很受欢迎。到十九世纪末，他的《漫步罗马》已再版十五次；《佛罗伦萨和威尼斯》已再版五次；《漫步伦敦》和《游历西班牙》已再版六次。从他写的关于西班牙、荷兰和斯堪的纳维亚半岛的书中可以看出，他对这些地方的了解其实很肤浅。不过，他对意大利和法国的了解却是当时几乎无人能及的——即使到了今天，仍可以这么说。

此后十年间，玛丽亚和奥格斯特的许多时间都是在法国和意大利度过的。玛丽亚经常生病，奥格斯特把全部时间用来照顾她。不过，当玛丽亚身体稍好一点时，他就出入于上流社会、张罗聚会、邀请贵妇人一起画水彩画、带领她们游览罗马、为她们讲解名胜古迹的历史渊源和艺术价值。这时，他站在一群

---

① 维吉尔、贺拉斯、奥维德：古罗马三大诗人。
② 苏埃托尼乌斯：古罗马史学家。

仰慕他的女士中间，得意洋洋。

I. M. 由于父亲的银行破产，经济状况已大不如前，而她仅剩的一点财产，又被她的私人律师侵吞。她死于一八六四年。她的女儿爱丝美拉达死于四年后。玛丽亚死于一八七〇年。玛丽亚死后，奥格斯特的经济状况一度非常尴尬。他和养母的关系那么亲密，以至于玛丽亚连想都不敢想她的养子在她死后会独孤无助，结果是，用奥格斯特的话来说，她没有按常规为他的未来生计做好安排。一时间，奥格斯特似乎除了"霍姆霍斯特"和一年六十英镑的生活费，便一无所有了。至于后来怎样，他没有详说，但他最后好像还是继承了玛丽亚的遗产。因为他愤愤然地说到，由于他不是法定继承人，继承遗产要交百分之十遗产税。至于这笔遗产究竟有多少，那就不得而知了，因为他对自己的收入从来就三缄其口。不过，他的经济状况显然很好，不仅可以把"霍姆霍斯特"装修得那么豪华，还可以那么慷慨地招待客人，那么随意地到处游山玩水。此外，他还有足够的闲钱去做一些想入非非的投资，结果都有去无回。他从不把自己视为职业作家，而是以绅士自居——他写旅游指南不是为别的，只是为了帮助游客更好地欣赏自然之美和艺术之美。他的许多书都是自费出版的，但这些书肯定给他带来了一大笔收入。

玛丽亚死后，奥格斯特的生活一直遵循着某种规律。为了写旅游指南，他经常出国。回到英国，他就在"霍姆霍斯特"招待络绎不绝的客人，有时也到其他乡村别墅去做客。在伦敦时，他住在哲曼大街的寓所里。每天早上，他都到雅典娜俱乐部去用早餐，而且每天都坐在同一个位置上。整个上午，他都在俱乐部的图书馆里看书，直到中午出来用午餐。下午，他去拜访朋友、出席茶会或酒会。晚上，他应邀去赴晚宴。但是，在他某一天的日记里，出现了一句话，似乎有一种不祥的预兆："五月十五日。在豪华又肮脏的圣巴塞罗姆举办画展和聚会。**这是今年来第一次没人请我赴晚宴。我感到无聊之极。**"奥格斯特终身未娶，但在他的自传中出现过一句神秘兮兮的话，似乎暗示他一度曾考虑过结婚："这一年（一八六四年）我有过一次强烈愿望，想做一件事，**这件事和我心无旁骛地陪伴母亲是不相符的**。但后来，我打消了这个念头，再也不去想它了。"如果我没有理解错的话，根据这句话我还可以推测，他看上的肯定是某个家境富硕、社会关系良好的年轻女子。但问题是，奥格斯特在经济上是依赖玛丽亚的。虽然没有理由认为这是他打消结婚念头的真正原因，但他也不

可能一点没有考虑到,如果玛丽亚不同意他结婚,就有可能在他婚后断绝他的经济来源,使他身无分文。依赖家庭是他的家族传统。当然,我也知道奥格斯特不是一个性欲旺盛的人。他曾对我说,他直到三十五岁才有第一次性行为①,后来每有一次,他就在当天的日记上划一个黑十字作为标记,大约每三个月一次。不过,大多数男人在这件事情上都会吹牛。我很怀疑,他即使说每三个月一次也有炫耀之嫌,实际上一辈子都没几次。

玛丽亚临死前几个月,奥格斯特曾和她谈起过,想为她写一本书,书名叫《纪念平静的一生》。玛丽亚最初觉得这想法很好笑,但考虑了一两天后,她说,如果他认为她在上帝的指引下度过的平静一生能为其他人带来什么启示的话,她还是同意他写这本书的。她把自己的日记和信件等可能有用的东西都交给他,还对整本书的编排提了点要求。奥格斯特马上就动笔写了。在玛丽亚去世前,他已经写出最初几章并读给她听。玛丽亚去世后的那个冬天,他闭门谢客,埋头把书写完。他的亲属,尤其是斯坦利家族,知道这件事情后都非常气愤,威胁说,如果奥格斯特在书中披露了玛丽亚的姐姐斯坦利夫人的信件,就要把他告上法庭。亚瑟·斯坦利——这时已当上了威斯敏斯特大教堂的主教——甚至说服了约翰·穆雷,要他向奥格斯特联系的出版商施压,阻止他出版这本书。但是,书还是出版了,而且只过了三天,就有销售商要求再版。确实,这本书在美国和英国都大获成功。有些"崇拜者"甚至从美国赶来参观奥格斯特在书中写的那些地方。有一次,奥格斯特在午宴上遇到卡莱尔②,后者对他说:"我很少哭,也不经常流泪,但看了你的书,我掉眼泪了。特别是读到亲爱的奥格斯特(指玛丽亚的丈夫奥格斯特·海尔牧师)在那种时候获得玛丽亚的爱情,我深受感动。"

如今,有人能那么动情地读完奥格斯特的这两大卷传记的时代早已过去。在我看来,这本书似乎还有点乏味。书中关于海尔家族和莱彻斯特家族的内容实在太多。这两个家族的成员不仅热衷于写信,信还写得长而又长,简直叫你不敢相信他们竟然有那么大的耐心读那么长的信。每当有亲人离世,他们信中的那种郑重其事的吊唁、那种辞藻华丽的慰问,简直叫你不敢相信他们是不是

---

① 在那个时代,婚外性行为主要是嫖妓(婚前性行为极少,婚后通奸也不常见,因为都是重罪)。

② 卡莱尔:19世纪英国历史学家、散文家,著有《英雄与英雄崇拜》等。

真有诚意。不过，话说回来，我们不能用今天的标准来评判上一代人的感情。他们那代人满脑子都是上帝，动不动就说到"永生"。但奥格斯特却不怀好意地写到他们年轻时热切向往"天国降临"，随着年纪越来越大，反而越来越不热心了。"够了，说不说都一样，天国若要降临，总会降临的。"

《纪念平静的一生》大获成功，激起了奥格斯特写此类作品的热情。他继而出版了《弗朗斯家族的生活与书信》《班森伯爵夫人》《两个贵夫人的生平与逸事》和《厄尔汉姆的戈涅家族》等一系列作品。《两个贵妇人的生平与逸事》中的主人公是沃特福德夫人路易莎和坎宁夫人夏洛蒂。直到今天，这本书读起来依然很有趣，尤其是关于这两个贵夫人的父亲斯图亚特·德·罗塞勋爵在一八一五年至一八三〇年期间出任驻巴黎大使的那些章节，确实写得趣味盎然。奥格斯特是在写约翰·穆雷委托他写的《达勒姆及诺森伯兰旅游指南》一书时外出收集材料期间认识沃特福德夫人的，此后他每年都去拜访她。对奥格斯特来说，这并非特例，他是许多豪宅大院里的常客。几乎所有地方，每年都会邀请他。他拜访了一座又一座城堡，游玩了一座又一座花园，参观了一个又一个华丽的厅堂。他不是人们所说的那种会玩的男人。他不会射击，不会钓鱼，也不会打猎，虽然有几个同龄朋友——主要是他在剑桥时的同学——和他意趣相投，但最喜欢他的是一些老年贵族。因为奥格斯特参观他们的豪宅时总是热情洋溢、倍加赞赏，他们都很得意。不过，他的热情有时也会被人滥用。一次，他到艾略特港去拜访一个人家。主人到车站来接他后，一进家门就拉着他去观看走廊里和房间里挂着的一幅幅画、花园里种植的一株株花卉和树林里的一条条幽静小道。"在客人面前炫耀也应该有个限度，"他在那天的日记中不乐意地写道，"但艾略特勋爵显然没有意识到这一点。"

只有和女士们在一起时，奥格斯特才觉得最轻松。她们喜欢和他一起画素描；他观看名胜古迹时的那种热情也使她们很兴奋，因而她们很乐意天天坐在他的马车上和他一起去参观附近的豪宅、大教堂或者古罗马遗址。那时，还没有留声机和收音机。那时的绅士也都早出夜归。女士们喝过下午茶之后都退回自己的房间，要到晚餐时再整装下楼。这段时间，奥格斯特用来在卧室里写日记。晚餐后到上床前的一段时间，通常用来弹弹琴、聊聊天。不过，奥格斯特有时也会让客人看他画的素描。客人中间若有人喜欢画画，也会把随身带来的画拿出来给大家看。有人若能唱几句，这是显示歌喉的好时机。奥格斯特还有

一种才能,这时也彰显出来——他是个讲故事的好手。他当初还是个孩子的时候,就在哈罗公学发现了自己的这种才能,而且从早年起就开始用心搜集故事,记在日记本里。其中有很多是鬼故事,因为他拜访过的那些古堡老宅几乎个个都闹鬼。那些鬼故事讲的无非是某个倒霉的客人住进了闹鬼的房间,半夜看到鬼魂,吓得半死;或者是,鬼魂出现在某一家主人的房间里并对他说,他们家里有人活不过下个星期,把主人吓得半死。在我看来,这些鬼魂也太没有创意,总是老一套,很乏味,然而奥格斯特却能把乏味的鬼故事讲得绘声绘色,令人胆战心惊。每当有人问他相信不相信这些故事,他总是回答说,他完全相信那是真的。这时,听故事的人全都打了个冷战。当然,奥格斯特讲的不止鬼故事,远远不止。他还会讲心灵感应的故事、超能感知的故事、预知未来的故事,还有关于意大利贵族和西班牙贵族的那些耸人听闻的故事。他讲的故事确实能产生惊悚效果,他在这方面也下过功夫。实际上,这还是他最重要的社交资源。他曾对我说,当初他在印度某王子的宫殿做客,每次回到房间,总有仆人来敲门说"王子殿下希望您能下楼来讲故事"。"总是这样,"他接着说,"人总是想听故事。"而他讲故事的名声那么大,以至于有一次在荷兰宫①,人们特意安排一场聚会,请他为路易莎公主讲故事,因为"公主殿下也喜欢听故事"。

奥格斯特出入的人家大多是虔诚的教徒,谈话时常会讲到宗教信仰。对于这一话题,奥格斯特从小耳熟能详,自然不乏谈资,但他有时会觉得,有些人家的宗教礼仪也太烦琐了。譬如,他有一次到乔治·莱德尔的府邸做客,发现星期天在他们家里简直是个"祭祀日",一整天都用来上教堂、读祷文、听布道。即使在平时,他们做过早祷告后,还要诵读当日指定的《圣经》篇章,然后再出门。

奥格斯特不太和文人交往。我想,他对文人的兴趣仅限于收集他们的趣闻轶事,以供他在午宴和晚宴上逗乐众人。玛丽亚有一次带他去拜访华兹华斯,后者还"动人地"为他们朗诵了他的几首诗。奥格斯特说,这位诗人总是谈论他自己和他的诗,"我觉得他不是虚荣,而是自负"。虚荣和自负的区别很微妙。我想,奥格斯特的意思是说,华兹华斯不仅自视甚高,而且对别人的看法

---

① 荷兰宫:原是印度科钦土邦王的王宫,后来成了荷兰总督的官邸,改名"荷兰宫"。

不屑一顾。对虚荣，我们总比对自负宽容得多——因为虚荣之人很在乎我们对他的看法，这满足了我们的自尊心，而自负之人根本不在乎我们的看法，这伤害了我们的自尊心。

  还有一次，格里维尔夫人带奥格斯特去拜访丁尼生①——"丁尼生看上去老态龙钟，比我想象的老许多，这倒使他的不修边幅显得无所谓了。他的举止很随便，根本没有诗人的优雅之类的感觉，而是一举一动都使你觉得他是个平平常常的人。"丁尼生还坚持要奥格斯特给他讲几个故事。不过，"他是个糟糕的听众，总是用问题打断我"。"总的说来，"奥格斯特接着说，"这位诗人的平易近人给我留下了深刻印象。面对铺天盖地的赞誉声，他依然很谦虚……"奥格斯特还在卡瑟顿夫人家里遇见过"勃朗宁②先生"，但没有留下深刻印象，尽管他后来对这位诗人大加赞许，还引用洛克哈特③的话说："我喜欢罗伯特，因为他不是个装模作样的文人。"卡莱尔在奥格斯特幼年时就是霍斯特姆塞克斯教区长府邸的常客，但"他在那里不是很受欢迎"。后来有一段时间，奥格斯特时常在伦敦见到他——只是，关于那段时间的情况，我一无所知。有一次，艾什伯顿夫人带奥格斯特去拜访这位"切尔西④的智者"——"他不停地抱怨自己身体不好，一副坐立不安的样子。他甚至说，他能想到的对魔鬼的最严厉的惩罚，就是把他的胃换给魔鬼⑤。"还有一次，在艾什伯顿夫人的府邸，卡莱尔"大发议论，用了一大堆莫名其妙的形容词，别人根本听不懂他想说什么。有时，连他自己也被弄糊涂了"。奥格斯特还曾在德昆尼夫人的府邸见到过奥斯卡·王尔德⑥——"他刻意要语出惊人，但德昆尼夫人轻轻说了一句话，说得他目瞪口呆：'你这可怜的傻孩子，在胡说些什么呀！'""还有一次，王尔德的一个朋友到一座乡间别墅去看王尔德，见他脸色苍白，有个客人正对他说：'王尔德先生，您恐怕病了。''不，我没病，只是累了。'他回答说，'事实上，是我昨天在树林里采的一株报春花病得很厉害，我不得不整夜照料它。'"

---

① 丁尼生：19世纪英国桂冠诗人。
② 勃朗宁：罗伯特·勃朗宁，19世纪英国诗人。
③ 洛克哈特：19世纪英国传记作家。
④ 切尔西：伦敦的文人聚居区。
⑤ 卡莱尔患有严重胃病。
⑥ 奥斯卡·王尔德：19世纪英国诗人、剧作家、小说家。

奥格斯特和文人的交往也就这些。他年轻时曾一度为下议院发言人丹尼森所折服。他们曾一起到温顿城堡做客。他特别佩服丹尼森"那种轻松愉快、滔滔不绝的闲谈本领",而且意识到这种社交本领的重要性。我虽然没有听他说过,他后来有意培养这方面的能力,但根据他的回忆录①,我可以断定他是经过一番努力的。他在伦敦时几乎每天晚上都有人邀请他去赴宴,原因就是他能使宴会变得活跃,这是宴会主人花钱买不到的。他既能说得人人高兴,又能听得人人高兴。我想,根据奥格斯特自己所举的一个例子,读者即可明白,那时的人多么在乎那种所谓的口才。银行家、诗人罗杰斯很有口才,当时有个大胆的年轻人,叫莫克顿·米尔尼斯,绰号"猫头鹰",也很有口才。"每次米尔尼斯一开口,罗杰斯就会恶狠狠地瞪着他说:'哼,你也想来献丑吗?'接着,他会对其他客人大声说:'我去拿帽子②了,请米尔尼斯先生为你们献艺吧。'"不过,奥格斯特认识这个大胆的年轻人时,这个年轻人已成了霍顿勋爵。虽然"这位勋爵极度虚荣",奥格斯特仍和他过往甚密。但有时,奥格斯特不得不哀叹,这位勋爵竟然去"招待一群乌七八糟的人"。譬如,有一次,他请奥格斯特赴宴,"客人都是些诗人、作家,一群奇奇怪怪的人——如小说家布莱克、耶茨、詹姆斯;诗人弗朗西斯·道尔爵士和史温朋;还有那个异国情调的女诗人辛莱顿太太(即维奥莱·费恩),浑身珠光宝气;还有马洛克,他因为写了一篇叫《新共和国》的俏皮文章,一夜之间成了名人;还有朱利娅·沃德·豪夫人和她的女儿"。这些人是奥格斯特不常交往的。

霍顿勋爵有讲不完的故事,还有各种各样妙趣横生的"轻松话题"。奥格斯特很明智,从来不和他比口才。不过,当他看到宴席上有些无足轻重的人也想在大人物面前表现口才时,他却是毫不留情的。他当时在社交界经常会很不情愿地和亚伯拉罕·海沃打交道。关于这个人,奥格斯特在回忆录中只写了两个注。一个注是:"他总能收到那些崇拜者的邀请,在聚会上总想成为人们聆听的对象,也总能说出几句有点水平的话。"不过,这些对奥格斯特来说根本算不了什么。在另一个注里,他写道:"有档案可查,海沃早年是个默默无闻的乡村律师,但他总是以文化人的身份混迹于贵族社会,并将此视为人生的最高境界。在这一点上,他做得很成功。他总是很风趣,无所不知,冷嘲热讽,

---

① 即奥格斯特的自传《我一生的故事》。
② 去拿帽子:告辞的委婉说法。

但往往很粗俗。"

四

奥格斯特一生中最荣耀的一件事,是他偶然遇到的。这件事和他写《班森伯爵夫人》一书有关。就在此书行将完成之际,他前往德国拜访伯爵夫人的两个未婚女儿,沿途顺便拜访了伯爵夫人的密友维德公主。就在维德公主的府邸,他见到了公主的姐姐瑞典王后。王后对他说,她很想和他交朋友,因为他的《纪念平静的一生》给了她莫大的安慰,她无论到哪里都带着这本书。王后正打算当年冬天把王子送到罗马去"见识见识",希望他能陪王子同行。她还邀请他先到瑞典拜见国王。他欣然从命,不久便前往瑞典。国王对他印象很好,于是决定,在王子逗留"永恒之城"期间,由他担任王子的向导。王后要他在年幼的王子心中撒下善良的种子,国王则谈到了王子在罗马应该拜访哪些人和哪些地方。就这样,他在当年冬天到了罗马。他每天拜见王子两次,引领王子参观罗马的名胜古迹。他还格外用心地确保王子所会见的人都是他应该会见的。他陪王子练习英语,在各处景点为王子和宫廷司仪霍特曼男爵等显赫人物做讲解。当年冬末,他自信地写道:"回想整个冬天,我确信我做得不错。王子离开罗马时和我初见到他时相比,简直变了样,成熟多了。无论是他的见识,还是他的英语和法语(他之前不会说法语),都大有长进。他在社交场合已经能自在地应对,而在此之前,他简直什么都不懂。"

第二年五月,王子带着随从下榻克拉里奇大酒店①。奥格斯特引领王子参观了皇家学院、国家美术馆和伦敦塔,还陪同他前往牛津大学接受校方颁发的荣誉学位。这年夏天,他应邀出席许多高层聚会,见到了英国和德国的王室成员,见到的公爵和公爵夫人更是数不胜数。实际上,几乎所有王公贵族都接见了他。在索尔兹伯里夫人的舞会上,他把自己众多的亲戚一一介绍给王子,以至于王子后来说,他在英国期间感到最惊讶的是奥格斯特·海尔先生竟然有那么多亲戚。

时间一年一年过去,奥格斯特继续周游四方、会客访友。回到伦敦后,他

---

① 克拉里奇大酒店:伦敦的高级宾馆。

忙于赴宴。那时，在亲友家里一住就是几星期甚至几个月的旧习俗已经不流行，流行的是邀请客人到家里共度周末。这种邀请，奥格斯特很少接受。他喜欢在伦敦度周末，通常是一早到教堂去听当时最受欢迎的牧师布道，然后到公园里散散步，再去赴午宴。那时，星期天设午宴招待客人的习俗还很流行，还没有被邀请客人共度周末的新时尚取代。当时最高级的午宴是德洛西·内维尔夫人主办的，奥格斯特经常受邀出席。下午，他通常会有一场茶会要参加，晚宴也肯定会有人邀请他。

然而，即便是公爵和公爵夫人也要老的。那些城堡里的女主人渐渐地换成了她们的儿媳妇，原来的女主人不是成了老寡妇，就是搬到巴斯或者伯恩茅斯去住了。奥格斯特住在"霍姆霍斯特"的时间开始多起来。他除了要参加隆重的婚礼或者葬礼，已很少到伦敦去了。他结交的人也不像过去那么显赫了。过去，他从不结交美国人或者犹太人。他早年外出旅行，遇到美国人总觉得他们很庸俗，但随着年纪越来越大，他对美国人也越来越宽容了。阿斯特①买下了克里汉顿庄园后邀请他去做客，他也接受了，还觉得阿斯特很友善，一点也不奸诈。金钱开始主宰一切。过去，他看到哪个贵族把女儿嫁给富有的工厂主，肯定会嗤之以鼻，而现在，他不仅在日记中写到某位犹太裔伯爵夫人，还说她自然大方，颇有淑女风范，这不能不让人吃惊。现在，不仅是贵族家庭的幼子，甚至是最高贵族头衔的继承人，也开始娶犹太女人为妻了。

到了九十年代，奥格斯特不再快活。他将近六十岁了，许多老朋友已经去世。生活节奏在加快，新一代人开始有新的娱乐方式。那些崇尚艺术、喜欢和他一起到"豪华又肮脏的圣巴塞罗姆"去画画的女士，没有了。那些地位显赫、喜欢和他谈论宗教问题的贵妇人，没有了。那些和他意趣相投、喜欢观看他那本厚厚的素描集的人，没有了。那些一次又一次邀请他去讲故事的人，也没有了。人们不再悠闲地聊天。盛大而冗长的晚宴依然有，但社交没有了。智者侃侃而谈、众人侧耳倾听的时代过去了。现在人人都有话要说，就是没人想听。现在，奥格斯特已经让人觉得有点乏味了。当九十年代行将结束时，他一年之中没有接到晚宴邀请的天数肯定不止一天两天。他历来看重情谊，我认识他时，他还有好几个至交，但如今谈起他，他们一个个都耸耸肩，微微一笑，

---

① 阿斯特：19世纪英国犹太富商。

虽没什么恶意，但总有几分嫌弃之意。在他们眼里，奥格斯特有点滑稽可笑了。

读者读到这里也许会想，奥格斯特这个人其实有点势利。确实，他很势利。不过，在我展开这个话题前必须指出，"势利"（snob）一词的含义已随时间的推移发生了变化。在奥格斯特年轻时，绅士的"裤子上都系有马镫皮带——不仅骑马的时候要系，不骑马的时候也要系，否则就会被人视为太snobbism了"。（在我年轻时，进伦敦要穿灰色靴子，意思差不多。）我想，在奥格斯特写这句话的时候，snob一词的含义是"随便"或者"马虎"。我猜测，snob一词的"势利"含义最初是由萨克雷①赋予的。奥格斯特当然很snobbism。不过，在这里，我要像《无病呻吟》②中的托马斯医生那样对你说："小姐，敬请明辨。"牛津字典对"snob"的定义是："庸俗或者卑贱地仰慕社会地位或者财富高于自己的阶层并试图模仿或者接近他们的人；希望被人视为有重要社会地位的人。"可是，奥格斯特并不希望被人视作有重要的社会地位，他从来没有这样想过。如果你不觉得他很重要，那在他看来只能说明你非常无知。他也没有庸俗或者卑贱地想接近社会地位高于他的人。他的祖父，霍斯特姆塞克斯的海尔-奈勒先生，至少有三个表亲是伯爵，到奥格斯特，虽然隔了一代人，但依然是表亲。他一直出入于上流社会，他最为成功的一本书《两个贵夫人的生平与逸事》就是为此而写的。在他看来，他的社会地位已经够高了，他没必要像亚伯拉罕·海沃那样想方设法挤进上流社会，因为他生来就在上流社会。然而，即便如此，还是有不少人把他视为势利小人。

我认识奥格斯特好多年后，有一次我去参加一场聚会，当时不知怎么一来，说到了奥格斯特的"势利"。没有人对他抱有恶意，只是觉得他很有趣而已。我说，按那时的礼节，你若出席过某夫人举办的晚宴后，要在一星期内去拜访女主人。虽然你希望她不在家，但还是要问能不能见她。有时，仆人开门后，我会一时紧张，竟然把那位夫人的姓名忘记了，那真是尴尬之极——接着，我就借题发挥说，我曾和奥格斯特说起过这种尴尬，他说："哦，我也碰到过。不过，我会问：'尊夫人在家吗？'这永远不会错。"大家听了哄堂大笑，都说"这太像奥格斯特了"。二十年后，我竟然在某人的回忆录中读到了我当

---

① 萨克雷：19世纪英国小说家，著有《名利场》和《势利小人集》（The Book of Snobs）等。
② 《无病呻吟》：17世纪法国喜剧作家莫里哀的名作。

时讲的那件事，不由得吃了一惊。因为我讲的那件事没有一个字是真的，是我当时即兴编造的，目的只是想博人一笑，没想到那件事凸显了奥格斯特的性格，所以被人牢牢记住了。我写本文的目的之一，就是要澄清事实，为奥格斯特正名。

确实，我不应该取笑奥格斯特，因为他待我一直很好。他很关心我的小说创作，曾对我说："唯有底层人物和上流社会值得小说家动笔，中产阶级是没人感兴趣的。"但他不曾料到，随着时代的变迁，上流社会竟然堕落到了如此地步，以至于稍有一点自尊心的小说家都不想再写那些公爵伯爵了，除非把他们当作笑料。奥格斯特认为我在圣托马斯医院的实习经历虽然使我对底层社会有了必要的了解，但他觉得我还应该对上层贵族社会有所认识。为此，他带我拜访了他的许多朋友。他的朋友对我的印象并不坏，他知道这一点后便说服他们，让我参加他们的聚会。我有机会进入一个全新的世界，当然很高兴。然而，这不是一个美好的世界——因为在那时，奥格斯特和他的那个上流社会都已经和时代脱节，在那个由老年绅士组成的社交圈里，人人都颤颤巍巍地维护着他们那业已过时的陈腐生活方式。我没有给奥格斯特增添光彩，那些老年绅士之所以一直邀请我，并不是因为看得起我，而是碍于奥格斯特的情面。不过，我像大多数年轻人一样，觉得自己的年轻是对老年人聚会的屈尊俯就。我当时还不懂，既然你参加聚会，就有义务在聚会时说点什么，而我一言不发，即使心里想说，也总是羞于开口。但我乐于多看多听，后来还发现，我看到的和听到的都是些很有意思的东西。譬如，有一次，我出席一场在波特兰宫举办的盛大晚宴，在座的共有二十四人，男宾当然都穿燕尾服，戴白领结；女宾都身穿丝绒绸缎，拖着长长的裙裾，满身珠光宝气。所有宾客排成长长一列走下通往餐厅的台阶，每位宾客身边都有一个指定的"搀扶人"。餐桌上，古老的银餐具、雕花的玻璃杯和奇异的花卉熠熠生辉。晚宴很长，礼仪繁复，即将结束时，女宾们和女主人相互看看，然后心领神会地随女主人退出餐厅，到客厅里聊天，留下男宾们在那里喝酒、喝咖啡、抽烟、谈政治。坐在我旁边的一位老绅士，我认出是艾伯卡尔公爵，他问了我的姓名后说："有人对我说，你是个聪明的年轻人。"我说哪里哪里，他于是就从燕尾服口袋里掏出了一盒雪茄。"你喜欢抽雪茄吗？"他边问边打开烟盒。一盒上等的哈瓦那雪茄展现在我眼前。"非常喜欢。"我说。其实，我当时根本买不起那种雪茄，只有在有人请客时才能抽上一支，但我没有如实告诉他。"我也喜欢，"他说，"我每次赴宴总会带上一盒，我建议你也带一盒。"他仔细检查一遍盒里的雪茄，拿出一根，夹在耳朵上，再轻轻一按，就知道雪茄有没有问题。他的建议有道理，我现在买得起雪茄了，已采纳了他的建议。

奥格斯特对我很宽厚，但当他认为批评对我有益时，还是会批评我。一个星期二的上午，我刚从他那里度完周末回来，邮差送来一封信，是他在我离开后写的。"亲爱的威利①，"他在信中说，"昨天我们散步回来，你一进门说你渴了，说'来杯喝的'。我不曾听你说过这样粗俗的话。绅士从不说'来杯喝的'，而是说'来喝一杯'。你真诚的奥格斯特。"亲爱的奥格斯特，如果你现在还活着，恐怕会发现整个英语世界都已经和当年的我一样粗俗了。还有一次，当我对他说我是乘 bus 来的时候，他满脸严肃地说："我更习惯于把你刚才提到的那种交通工具称作 omnibus。"② 我回答说，你叫 cab 时总不会不说 cab 而说 cabriolet 吧③，他反驳说："那是因为现在的人文化程度太低，我怕他们听不懂。"他一直认为，和他年轻时相比，现在的人都不懂礼貌，尤其是现在的年轻人，没几个懂得以礼相待。不过，这也没什么好奇怪的，因为没有人教他们。为此，他还讲了克里夫兰公爵夫人卡洛琳的一件事。卡洛琳夫人租下了奥斯特利府邸，身边总有不少人陪伴。她的腿有点瘸，走路要撑一根乌木拐杖。有一天，好几个人陪着公爵夫人坐在客厅里，她突然站起身来，有个年轻人以为她要摇铃④，马上跳起来帮她摇。公爵夫人愤怒地用拐杖敲他的脑袋，对他说："先生，请不要多管闲事，这是不礼貌的！""她说得很对。"奥格斯特说，还一本正经地补充了一句："那个年轻人应该想到，公爵夫人可能是想上厕所。"他说这话时声音低沉，似乎不好意思说，就是公爵夫人也要拉屎撒尿。"她是一位了不起的夫人，"他接着说，"她是最后一位敢在大街上扇仆人耳光的夫人⑤。"这时，他一定满怀深情地回想起他的祖母——动不动就会拧女仆的耳朵的莱彻斯特夫人。在那年代，主人打骂仆人毫无顾忌，仆人被主人打骂

---

① 威利：威廉的昵称（毛姆名威廉，全称威廉·萨默塞特·毛姆）。
② 公共汽车原称作 omnibus，后在口语中简化为 bus。
③ 出租马车或出租汽车原称作 cabriolet，后在口语中简化为 cab。
④ 贵族府邸很大，主人要叫仆人，通常是摇手铃。
⑤ 19 世纪后期的英国贵族已经失势，许多特权都受限制，其中包括：可以雇用仆人，但不可打骂仆人。

毫无怨言。

一八九六年,奥格斯特的《我一生的故事》前三卷出版,后三卷于一九〇〇年出版。很少有哪部自传受到那么普遍、那么严厉的批评。不过,也难怪,就算是一位大伟人写了一部长达六卷的自传,别人也会觉得他太自以为是了。《佩尔摩尔公报》对他还算客气,说这个人居然把自己那么微不足道的一生看得那么重要,似乎太自作多情;《国家观察报》则老实不客气地说,像他这种既自负又啰唆的作者,实在世上少见;《布莱克伍德报》恶毒地问道:"奥格斯特·海尔先生是谁?怎么我们没听说过?"对此,奥格斯特·海尔冷静得出奇。他写这本书就像他写《两个贵妇人的生平与逸事》一样,是写给自己和亲友们看的,不是写给公众看的。但我觉得他好像考虑不周,如果真是那样,只需私下里出钱印刷、装订一定数量的书就可以了,而他在后三卷公开出版之后还意犹未尽,还在继续写,准备写到死为止。不过,他后面写的那些东西没有人会感兴趣,更没有人愿意出版。

我为了回忆往事,最近把他的《我一生的故事》重读了一遍。批评家说得都没错,但都不够全面。他出国旅游时写长长的书信给亲友,详述自己一路上的所见所闻,这大家都知道,是当时许多人的习惯。正因为这样,奥格斯特才把这些书信在书中全文引出。这些书信确实写得很枯燥,但其中讲到的那种乘马车长途旅行的情景,却是今天见不到的;还有那些对古镇和古城的描述也并非毫无价值,因为时到如今,那些古镇和古城已没有了昔日的面貌,而是随文明的变迁而变得面目全非。还有,如果哪个小说家想写一篇关于罗马教廷最后如何衰落的小说,那么奥格斯特的这部自传可以为他提供一些翔实的材料。至于他一生中所认识的那些王公贵族,他写得确实毫无趣味。他没有写人的才能,他笔下的人物只是一个个名字而已。尽管如此,尽管他自己的文笔不佳,却敏锐地记录了不少别人的妙言趣语。所以,细心的读者时常会读到精彩的对白,譬如有位女士把一支蜡烛的两头都点燃了,别人嘲笑她时,她妙不可言地回答说:"Oh, I want to make both ends meet.①"此外,他在这六大卷自传中还引入了他平时收集的那些鬼故事。那是他平时讲给他的那些痴迷听众、那些贵

---

① 这是双关语,没法翻译,其中 make both ends meet 表面意思为"两头合拢",实际是"收支平衡"的意思,该女士以此解嘲,说这是"两头合拢""收支平衡",同时又隐含省点钱的意思,令人忍俊不禁。

妇人听的，其中有一些其实很精彩，夹杂在啰里啰唆的大段废话中实在有点可惜。总之，奥格斯特向来认为自己首先是个绅士，其次才是作家，不管他写了多少东西，写作始终只是他的副业。反过来说，如果他认为自己首先是个作家，其次才是绅士，那他就不会写这样一部长达六卷的自传了，而是完全可能会把自己的生活当作素材，写出两三部长篇小说，对他所生活的那个时代作一番描绘。他的描绘不会太真实，但肯定很有趣。

五

奥格斯特多年来一直患有心脏病。一九〇三年的一天早晨，当女仆端着一杯茶和两片薄薄的黄油面包走进他的房间时，发现他穿着睡衣躺在地板上，死了。

苏巴朗①及其绘画艺术

一

在很久很久以前的十三世纪,在"智者"阿方索国王②统治的卡斯蒂利亚③,在埃斯特雷马杜拉④的一个叫赫利亚的地方,有一群牧人在那里放牧。有一天,有个牧人丢了一头母牛,就去寻找。他在草原上找了三天三夜也没找到。于是,他想,那头牛也许跑到山里去了。果然,他后来在瓜达卢普河旁边的山里找到了那头牛,但已经倒在橡树林中死了。他很奇怪,牛的尸体竟然没有被狼吃掉;更奇怪的是,他在牛的尸体上竟然找不到致命的伤口。不过,他没多想,掏出刀来准备把牛皮剥下来,并按习俗先在牛的胸口上划了两个十字。忽然之间,那头牛站了起来。他大吃一惊,转身想逃。就在这时,圣母玛利亚出现在他面前,对他说:"不要害怕,我是救世主耶稣的母亲。你把这头母牛带回去吧,它会记住现在就在你眼前的圣灵,为你生下许多小牛。等你把它带回住地时,你要告诉那里的神父和乡民,要他们到这里来,挖开我现在显灵的地方,就能找到我的一幅画像。"说完,圣母就消失了。

---

① 弗朗西斯科·德·苏巴朗(Francisco de Zurbarán,1598—1664),也译"苏尔巴兰",17世纪名气仅次于委拉斯开兹的西班牙巴洛克画派的画家,重要作品有《圣托马斯·阿奎那的显圣》和《拿撒勒的神圣家族》等。苏巴朗的作品绝大多数是宗教题材的,而且以肖像画为主,即:为历史上的圣徒或圣女画肖像。这些圣徒或圣女,在西方几乎家喻户晓,而在中国,几乎无人知晓。不过,这不要紧,毛姆在本文中有相关介绍,你读了之后仍会觉得很有趣。
② "智者"阿方索国王:即阿方索八世,13世纪卡斯蒂利亚王国国王,1252—1284年在位。
③ 卡斯蒂利亚:西班牙中西部一地域(历史上曾有卡斯蒂利亚王国,乃西班牙王国的前身)。
④ 埃斯特雷马杜拉:西班牙中西部一地域。

那个牧人带着那头母牛一回到放牧地,就把他遇见圣母显灵的事情告诉他的伙伴。那些人听了都讥笑他是在做梦。对此,他说:"伙计们,你们不相信我的话,但总得相信母牛胸口上的十字印记吧!"那些人去看了母牛的胸口,果真有两个十字印记,于是就相信了他。

　　他告别那些伙伴,回到自己的村庄,遇到一个村民就讲一遍他的奇遇。他是个土生土长的卡塞雷斯人,妻儿都在当地。他回到家,见妻子在哭,原来是儿子死了。于是他对妻子说:"不要难过,不要哭!瓜达卢普的圣母玛利亚会使我们的儿子起死回生的。我还要把儿子奉献给她,到圣母院去做她的仆人。"话刚说完,只见他儿子一下子从床上爬了起来,嘴里还说着:"父亲,快准备一下,带我到圣母院去!"

　　全村人全都惊讶不已,全都相信了他所说的圣母显灵的事。于是,他就去对神父们说:"先生们,圣母玛利亚在瓜达卢普山里向我显灵,要我告诉你们,把她显灵的那个地方挖开,就能找到一幅圣母画像。她还要我告诉你们,把画像取出后,要在原地建一座圣母院供奉画像。她还说,看护圣母院的人要每天向前来朝圣的穷人施舍食物。她还说,她会在全世界的海洋和陆地上显灵,要全世界的民众都前来朝圣。她还说,圣母院所在的那个地方,将来还会建起一座城市。"

　　神父们和其他人一听完他的话,马上前往圣母显灵的那个地方。他们挖啊挖,最后挖出一个墓穴般的地洞,果真从里面取出一幅圣母像。他们就在那个地方用石块和木料建了一座小小的圣母院,还用当地盛产的软木为圣母院铺置了屋顶。接着,就有许多身患绝症的病人前来朝圣。他们向那幅圣母像祈祷,后来全都病愈康复了。这些人各自回到家乡后,全都在乡民中传颂耶稣基督和圣母玛利亚的灵验与神迹。至于那个牧人,他和他的妻儿都成了圣母院的看护人,他们的后代也一直是圣母玛利亚的仆人。

　　细心的读者一定会发现,那个牧人在向神父们传达圣母旨意时,竟然添加了许多他自己的意思,从而为自己谋得了一个圣母院看护人的职位,不但名声好,还有不错的薪俸。埃斯特雷马杜拉人就是心眼多、胆子大,这在西班牙是出了名的。

　　那座小小的圣母院虽然建在荒山野岭里,交通不便,但凭着圣母玛利亚的一次次显灵,仍有许许多多朝圣者远道而来,在那幅圣母像前祈祷求福。然而，随着时间一年年过去，那座小小的圣母院慢慢地变得破败不堪了。后来，国王阿方索十世，也就是"智者"阿方索的孙子，下令拆除那座小小的圣母院，并在原址上修建了一座足以容纳所有朝圣者的大圣母院。当时，国王的军队正在和摩尔人打仗，眼看就要一败涂地之际，国王祈求圣母玛利亚保佑，竟然反败为胜了。此后，无论是卡塞雷斯的历代国王，还是后来的西班牙国王，都对这座圣母院倍加关照。由于有国王的大笔捐赠，还有信徒们的私人捐赠，这座圣母院屡屡扩建，变得更大了，不仅有专为神父们修建的住宅，还有为病人修建的医院和为朝圣者修建的旅舍；由于有许多病人和朝圣者住在这里，又引来了许多做生意的犹太人和摩尔人。人越来越多，圣母院四周的房子也越造越多，最后竟成了一座城市，即瓜达卢普城。这座城市后来几经兴衰，但它庞大的地产、富饶的畜牧业，以及它拥有的各种特权，一直都使邻近地区的领主们和主教们忌恨不已，同时也招来了土匪团伙的多次打劫。尽管如此，由于有信徒的不断捐赠，加上院长的精明管理，圣母院的财富还是越来越多。到十四世纪末，圣母院的看护与管理事务由圣杰罗姆僧侣团承担。一任又一任财大气粗的院长修建起一座又一座金碧辉煌的建筑。一代又一代国王一次又一次光临此地。克里斯托弗·哥伦布第一次出航前，也曾到此祈求圣母保佑；后来的科特兹、皮扎诺和波尔玻①——他们都是埃斯特雷马杜拉当地人——也都曾前来拜谢圣母的庇护。

到了十七世纪三十年代，西班牙由菲利普四世统治，当时的院长弗雷狄亚格·德·蒙特弗决定建造一座全西班牙最豪华的圣殿。他聘请一位名叫弗朗西斯科·德·苏巴朗的画家为圣殿绘制壁画。之所以聘请这位画家，无疑是因为这位画家曾为许多主教——尤其是为圣杰罗姆修道院的白衣主教——所画的肖像画已使他名声大噪，同时也可能因为这位画家和他一样，也是埃斯特雷马杜拉人。苏巴朗的出生地就在瓜达卢普附近，一个叫坎多斯的小村庄。

至于苏巴朗的出生日，如今已无人知晓。不过，他的受洗证②还保存着，受洗日是"一五九八年十一月七日"。他的父亲是个还算富裕的村民，或许和坎多斯村如今的富裕村民一样，拥有一栋两层楼的房子，尽管窗户上没有装玻

---

① 科特兹、皮扎诺、波尔玻：均为16世纪西班牙航海家、探险家。
② 受洗证：接受洗礼的证明，即表明受洗者已入基督教（婴儿一般在一两岁接受洗礼）。

璃①。一天早上，他在下地干活前叫儿子把牲口赶到附近的草地上去吃草，那时他儿子才十二岁。据说，那天他儿子用一块煤炭在树干上画画，有几个正在打猎的绅士看到他画得还真不错，就把他带到塞维利亚②去正式学画了。不过，其他画家——比如乔托③——也有类似的故事。人们编造这样的故事，无非是想表明，有些出身平凡的人会令人惊讶地拥有不平凡的才华。天赋才能是大自然的馈赠，是很难解释的。

关于苏巴朗的这个故事，当然不可能是真的，因为有现存文件表明，苏巴朗要到十五或十六岁时才被送往塞维利亚。这份文件上有他父亲的签名，签名时间是一六一三年底，文件内容是他承诺把自己的儿子交予一个叫佩德罗·迪亚兹·德·维拉努埃瓦的人当三年学徒。这个叫佩德罗·迪亚兹·德·维拉努埃瓦的人好像是个石匠，他于第二年一月初也在文件上签了名，以此承诺，他将把自己的石匠手艺全部传授给苏巴朗。石匠由此获得的报酬是十六达克特④：一半现付，另一半在一年半之后付。当时的一达克特，即十先令⑤，相当于今天的五英镑⑥多一点。所以，这笔钱相当于今天的八十到一百英镑。这份文件还约定：石匠要为徒弟提供食宿，要在徒弟生病时为他治病，若两个星期后还未病愈，其后的治疗费则由徒弟的父亲承担。徒弟的衣裤鞋袜等，由徒弟的父亲提供。还有一条约定：徒弟若在假日为人干活，其收入归徒弟一人所有。

由此可见，苏巴朗小时候并没有师从塞维利亚的哪个名画家，而是被送到了一个很平常的石匠那里当学徒，而对于那个石匠，我们今天只知道他曾当过苏巴朗的师傅，此外就一无所知了。不过，我个人觉得这个问题很容易回答：那时的很多石匠，同时也是画工。譬如，阿隆索·卡诺的彩雕在当时很出名，同时他的画也一样出名。至于佩德罗·迪亚兹·德·维拉努埃瓦——苏巴朗的师傅——他主要是个石匠；他雕刻的各种各样的雕像，不是为教堂装饰所用，就是出售给雕像喜爱者或收藏者，以此谋生。但很有可能，他也会画画，只是

---

① 玻璃在当时属奢侈品，要很有钱的人家才装窗玻璃。
② 塞维利亚：西班牙城市名。
③ 乔托：13世纪与14世纪之际意大利名画家。
④ 达克特：西班牙古货币名。
⑤ 先令：西班牙古货币名。
⑥ 作者所称"今天的五英镑"，大约是现在的200至225英镑，因而这笔钱总共大约是现在的3 200至3 600英镑。

他的画没有一幅留存至今。当时，有弗朗西斯科·德·赫雷拉，有胡安·德尔·卡斯蒂略，还有胡安·德·拉斯罗拉斯①，他们都曾师从名师提香②，而且都是塞维利亚的名师，苏巴朗为什么没有拜他们为师呢？合理的推测是：就凭他父亲那点钱，他们肯定不会接受他这名学徒。他父亲之所以把他送到一个毫无名气的石匠那里学艺，就是因为这个石匠所收的学费很便宜。

就我们所知，苏巴朗三年学徒生涯中最引人注目的事情，莫过于他和年轻的委拉斯开兹③交上了朋友。委拉斯开兹当时正随赫雷拉·埃尔·别霍④学画。很久以来，西班牙画坛一直由意大利学派占据主导地位。不过，到了那时，里贝拉⑤的画开始为人关注；因为里贝拉的画迎合西班牙人那种特别爱好，故而颇受好评。不过，里贝拉虽是西班牙人，早年师从的是巴伦西亚的里瓦尔塔⑥，但他后来还是前往罗马学画的。他在那里曾和自然画派的中坚人物、善用明暗对照的乔拉瓦乔⑦过往甚密。至于里瓦尔塔，他所画的殉教场面，光影对比强烈、人物动作夸张，既恐怖又不失庄重，不仅迎合普通人的审美观，对年轻画家也很有吸引力——因为他们对老一辈画家所遵循的那种绘画风格早就不以为然了。年轻时代的委拉斯开兹和苏巴朗就是这样，他们深受里贝拉的影响，其影响之大，乃至他们早年画的好几幅画简直就像出于一人之手，很难辨别。譬如，收藏于西班牙国家美术馆的《牧羊人的膜拜》，一直以来都认为是委拉斯开兹的作品，但前不久经过鉴定，其实是苏巴朗所画。

那时，教会不允许使用裸体模特儿，因而习画者只能练习画静物画和花卉画，然后练习画肖像画，最后再画非裸体的各种人体画。人体是当时画家唯一关注的对象。不过，苏巴朗后来所画的人体画大多失传；现在所存的，大多是他的早期作品。其中有一幅是一六一六年他十八岁时所画的《圣灵感孕》。这是一幅画得中规中矩、笔法细腻的人体画：画面上是一个站在空中的年轻姑娘，脚下有八个小天使烘托。很明显，这幅画深受意大利学派的影响。还有一

---

① 弗朗西斯科·德·赫雷拉、胡安·德尔·卡斯蒂略、胡安·德·拉斯罗拉斯：均为17世纪西班牙画家。
② 提香·维切利奥：16世纪意大利名画家。
③ 委拉斯开兹：17世纪西班牙最著名的宫廷画家。
④ 赫雷拉·埃尔·别霍：17世纪西班牙画家。
⑤ 何塞·德·里贝拉：17世纪西班牙巴伦西亚画派创始人。
⑥ 弗朗西斯科·里瓦尔塔：17世纪西班牙画家。
⑦ 梅里西·德·乔拉瓦乔：16世纪与17世纪之际意大利名画家。

幅《幼年圣母的祈祷》，几乎可以肯定，也是在这一时期画的，因为一眼就可看出，这幅画使用的是同一个模特儿——一个圆脸、纯朴的乡村姑娘。

二

苏巴朗一生默默无闻，对他的生平，我们除了猜测，无从得知。这并不奇怪，因为画家的生活总是波澜不惊，单调的，甚至是机械的。从事这一职业很费力，因而苏巴朗劳作一天之后也不太可能再去做什么有趣事儿，可供传记作家大书特书。再说，在那个年代，不像现在，画家大多很穷，因为很难找到买家。苏巴朗常常连买画布和颜料的钱都没有，要等主顾上门，预付给他一部分钱，他才能去买画布和颜料来画画。他的社会地位之低，大概和首饰匠、木匠、订书匠差不多。总之，他是个卖艺人，生活艰辛而拮据；他活着的时候，根本就没有人想到，要把他的生平记录下来。即使苏巴朗生前和哪个女人有私情，也没有人注意。那个女人是谁？除了他自己，没有人知道，也没有人想知道。然而，当一个艺术家身后名声大噪时，一下子，似乎又变得全世界都来关注他了——似乎人人都想知道，他究竟是怎样一个人，他究竟是怎样生活的。但回头一看，这个罕见的艺术天才，竟然是一个平常得不能再平常的人，他的生活竟然像银行职员一样，平平庸庸、简简单单。人们大吃一惊，而吃惊之余，又心有不甘，于是就有人编造了许许多多关于他的传说。这些传说，虽无根据，但大多和他的艺术风格、面容长相，或者他的作品给人的印象，倒是很相符的；所以，并非一派胡言，即便信之，也无大碍。

苏巴朗

关于苏巴朗，就有许多这样的传说。据说，苏巴朗在离开家乡坎多斯到外地谋生前，画了一幅漫画，讽刺当地的一个富有乡绅。这个叫西尔瓦里奥·德·卢尔卡的乡绅知道后，马上就到苏巴朗家中去找他算账。苏巴朗的父亲对他说，儿子已经走了，但不肯说出儿子去了哪里。年轻气盛的德·卢尔卡怒不可遏，对着老人的头就是一拳。这一拳竟然把老人打成重伤，而且五天后就死了。德·卢尔卡畏罪潜逃到马德里，而且仗着有权有势的朋友帮忙，一直逍遥法外。后来，他还一步步往上爬，竟然在国王菲利普四世的宫廷中谋得了高位，神气活现。这样过了多年，苏巴朗为了谋生，也来到了马德里。一天晚上，他在回家路上偶尔看见两个男人在相互道别，听见其中一个说："晚安，德·卢尔卡，明天见！"说完就走了。苏巴朗走到那个叫"德·卢尔卡"的男人面前，问："你是不是堂·西尔瓦里奥·德·卢尔卡？是不是坎多斯人？"那男人回答说："是啊，我是堂·西尔瓦里奥·德·卢尔卡。"苏巴朗厉声说："那就拔出剑来吧！我要为我父亲讨还血债！我是弗朗西斯科·德·苏巴朗。"于是，两人拔剑决斗。不一会儿，德·卢尔卡就被击倒在地，捂着伤口喊："我要死了！救命啊！"苏巴朗收起剑，转身走了，走得无影无踪。

　　这个传说完全符合那个时代的风气。那时的西班牙男人和欧洲其他国家的男人一样，也特别看重个人名誉；不仅贵族、军人，就是商贩、男仆，也都身系佩剑，只要稍受冒犯，就会拔剑相斗。布伦斯威克美术馆里有一幅据称是苏巴朗的自画像，似乎可以为这个传说提供某种可能性。画中的那个男人，肤色黝黑，头发凌乱，唇上两撇八字髭，颏下一把山羊胡，一双黑洞洞的眼睛，一副恶狠狠的神情。看他那副样子，你马上会想到，他一定是个有仇必报的人。不过，马德里也有一幅据说也是苏巴朗的自画像，那上面画着的却是个老年人，白发稀疏，慈祥温和。这两幅肖像，当然都很古老，但除此之外，没有任何证据表明那上面画的是苏巴朗。据说，在苏巴朗的某些大型作品中，如在《圣托马斯·阿奎那的显圣》中，还有在瓜达卢普的那幅描绘亨利三世授予圣母院院长主教位的画中，他把自己也画了进去。但那同样只是猜测而已。

　　不过，普拉多美术馆最近购得一幅画，除了极端多疑的人，谁都会相信，画中的一个人物是苏巴朗晚年的自画像。这幅画题名为《耶稣基督和伪装成画家的圣路克》。画中，耶稣基督被钉在十字架上，旁边站着一个画家，一手托着调色板，一手握着画笔。这个画家既消瘦又苍老，皮包骨头的脖子上凸显出一个大大的喉结；头几乎全秃了，只有后脑勺上还有几缕长长的灰发，一直垂到肩上。和布伦斯威克的那幅自画像一样，他的颧骨也很高，但双颊已经塌陷；鼻子是鹰钩的，大而显眼；上唇很长，下巴很短，上面有稀疏的胡须；身上披着一件松松垮垮的灰罩衫，这是当时画家常穿的，就如今天画家所穿的工作服。看上去，画中的这个老人好像完全被岁月、穷困、屈辱和失望击垮了；他握着画笔的右手抬在胸前，举头仰望着十字架上垂死的救世主，就像一只无辜被人痛打一顿的老狗，可怜巴巴地望着主人。

《耶稣基督和伪装成画家的圣路克》

《耶稣基督和伪装成画家的圣路克》局部

学徒期结束后，苏巴朗似乎是去了列雷纳，那是埃斯特雷马杜拉的一个较大的城镇，离他的出生地并不远。据多年研究苏巴朗的堂娜·玛利亚·路易萨·卡图尔拉所说，他在那儿娶了一个名叫玛丽亚·派斯的女人为妻。岳父是以阉畜为业的，家里儿女有一大群。结婚那年，苏巴朗十八岁，新娘要比他大好几岁。婚姻既没有为他带来金钱，也没有为他增添名誉，因而我们只能假定，他是出于爱情。一六二〇年，他们有了一个儿子。一六二一年，他们又有了一个女儿，但好像就在这一年，他的妻子玛丽亚·派斯死了，可能是死于难产。一六二五年，他又娶了一个叫贝翠·德·莫拉里斯的当地寡妇为妻。按堂娜·玛利亚·路易萨·卡图尔拉的说法，结婚那年，新娘快四十岁了。这真是奇怪，苏巴朗两次结婚，娶的都是比自己大许多的女人。贝翠·德·莫拉里斯和苏巴朗生有一个女儿。她死于一六三九年。五年后，苏巴朗又娶了一个金匠的女儿、二十八岁的寡妇堂娜·莱奥娜·德·托德萨斯为妻，并和她生了至少有六个孩子。

奇怪的是，除了我前面提到的两幅画，竟然找不到苏巴朗在列雷纳的八年时间里是否还有其他作品。不过，尽管如此，他还是渐渐地有了点小名气，因为就在一六二四年，他受聘为塞维利亚大教堂绘制九幅表现圣彼得生平的大型壁画。这之后，他又回到列雷纳，在那儿似乎又住了两三年；之后，他又应塞维利亚一座修道院的邀请，前往那里为他们绘制一组表现圣彼得·尼古拉斯科生平的壁画。完成这组壁画后，他又为圣保罗修道院画了一幅耶稣受难图。所有这些画作都受到当地人士的好评，有些知名人士甚至向市议会请愿，要求议会通过决议，邀请苏巴朗定居塞维利亚，因为"我们目睹了他的精湛技艺，他的画无疑为我们这个地方增添了光彩"，"这样的贡献，仅仅用金钱作为回报是不够的，还应该表示更多的谢意"。市议会讨论后，责成请愿人堂·罗德里戈·苏亚雷斯前去告知苏巴朗："鉴于人们对你的高度评价，本市恳切希望你定居此地。我们一定会给予你多种优待，任何情况下都愿为你提供帮助。"苏巴朗接受了他们的盛情邀请，还写了一封感谢信；从这封感谢信中可得知，他后来写信给在列雷纳的妻子，让她带着孩子，全都移居到塞维利亚来了。

不过，事情并没有到此结束。当地的画家对这件事大为恼火：一个埃斯特雷马杜拉人，一个他们眼中的外地乡下人，竟然如此神气活现地成了他们中的一员！要知道，他们为当地教堂和修道院绘制壁画的机会本来就不多，现在还要有个外地人来竞争，当然不能容忍！于是，画家阿隆索·卡诺便向市议会提交了一份请愿书，要求议会审查苏巴朗到底有没有特殊的艺术才能；如果没有，就应该撤销先前邀请他定居的决议。很奇怪，塞维利亚市议会好像对任何请愿都很乐于接受，他们竟然同意了阿隆索·卡诺的请求。于是，画家行会的首脑在其他行会成员的支持下，派了一名公证人和一个警察上门通知苏巴朗，要他三天之内接受审查。这使苏巴朗愤怒之极，他随即告知议会：是他们自己出于对他的画艺的考量而主动邀请他定居塞维利亚的，为此他克服了诸多不便才把全家从列雷纳搬到塞维利亚；现在又对他提出如此有侮人格的要求，他断然不能接受。不难推断，议会最终还是认可了他的说法；因为我们知道，他并没有离开塞维利亚，而是在那里继续为各地来的主顾画画。

一六三四年，苏巴朗应委拉斯开兹的邀请，同时又是奉国王菲利普四世之命,到马德里为一座叫"埃尔·布维·雷蒂罗"的宫殿①绘制装饰画。这座宫殿是由国王的宠臣奥利瓦雷斯公爵为国王修建的,原因是奥利瓦雷斯公爵主政不当,国内情况不佳,对外与荷兰、法国和英国的战争又频频失利,故而想讨好国王,以免国王降罪。此时,委拉斯开兹已在马德里多年。当时的画家,如果没有教堂或修道院要他绘制宗教画,就只能靠为王公贵族或有钱人画肖像画为生,而当时的西班牙宫廷热衷于雇用画家画肖像画,因而画家也有机会去为新建的宫殿绘制装饰画。委拉斯开兹很可能是因为在家乡得不到为教堂或修道院绘制宗教画的机会——这种机会很难得,这从塞维利亚当地画家想赶走苏巴朗这件事中即可看出——也可能是因为他那个精明的岳父帕切科发现,他的女婿应该到马德里去发挥他的天赋才能。不管怎样,委拉斯开兹到了马德里,而且赢得了国王的喜爱,从此平步青云,成了最得宠的宫廷画工。他交给苏巴朗的任务是,绘制一组表现赫拉克勒斯②十二壮举的壁画。关于这组壁画,放到后面再说。现在我只想随心所欲,讲一件有趣的小事。苏巴朗曾有"画工中的国王"之称,这与其说是因为他完成了那组壁画,不如说是因为他为国王的一艘御用游轮所画的一组装饰画。这艘游轮是塞维利亚的贵族贡献给菲利普四世的,供他在环绕新宫殿的静水湖上游览观光。一天,苏巴朗在这艘游轮上画完一幅装饰画,便署名"国王的画工,弗朗西斯科·德·苏巴朗"。这时,他觉得有人在背后拍了拍他的肩膀。回头一看,只见一个身穿黑衣的人站在他身后。那人仪表堂堂,金色的长发,白皙的方脸,双眼淡蓝,下巴微突——正是国王本人。他姿态优雅地指着苏巴朗的签名,微微一笑,说:"国王的画工,还要加上'画工中的国王'。"

不过,这样的称赞只是国王的客套,并没有为苏巴朗带来多少机会。他完成几项任务后,就返回了塞维利亚。随后,他又为赫雷斯·德·拉·弗隆特拉③的卡尔特修道院画了几幅非常好的画。这几幅画,今天就陈列在加的斯博物馆里,我一会儿也有话要说。

苏巴朗靠卖画所得并不多,而他要养活的是一大家子人,所以他没有什么积蓄。仅仅为了支付日常开销,就需要他不间断地接到主顾的订单。画家的生

---

① 一座叫"埃尔·布维·雷蒂罗"的宫殿:即马德里的丽池宫。
② 赫拉克勒斯:古希腊神话中的大力神,曾完成十二项被认为"不可能完成"的任务。
③ 赫雷斯·德·拉·弗隆特拉:西班牙西南部临海城市。

存有赖公众的喜爱，而画家要花多年时间学艺，才会有自己的特色，才会有创意，才会得到公众的喜爱。也就是说，他需要很长时间才能逐渐赢得足够多的主顾，从而赚到足够多的钱来养活自己和家人。不幸的是，当他生意最好的时候，往往就会有年轻画家出现在画坛上，向公众展示一些新画法。尽管新画法未必比旧画法好，但公众总是喜新厌旧的：他们趋之若鹜地涌向那个年轻画家，把老画家无情地抛在身后。苏巴朗遇到的就是这种情况：公众对他的画开始厌倦了，纷纷转向一个二十多岁的年轻画家；因为这个年轻画家的画风新颖别致，就取悦公众而言，苏巴朗那种严肃认真的旧画风只能自叹不如。这个年轻画家，就是牟利罗①。他能说会道，风度翩翩，特别善用色彩，使画面丰满而和谐。就在苏巴朗第三次结婚时，牟利罗开始采用所谓"暖色调"画法，成为塞维利亚最受欢迎的画家。他把写实与抒情巧妙地结合在一起，迎合了西班牙人性格中固有的双重特点。苏巴朗的主顾越来越少了。从一六三九年到一六五九年，这期间甚至没有一幅画署的是他的名字。对此，我们只能猜想，他在这期间即使画过几幅画，大概也觉得无足轻重而不愿签上自己的名字。一六五一年，他再次来到马德里，也许是想找刚从意大利回来的委拉斯开兹，想求他帮忙在国王那里能不能得到一点差使。如果真是这样的话，那么他的努力一定是失败了，因为他不久之后便回到了塞维利亚。他穷困潦倒。一六五六年，因为连续一年付不出房租，法院判处：没收他的家具并加以拍卖。但他的家具破烂不堪，拍卖一次也没有成交。

两年后，苏巴朗又一次来到马德里，这次他留了下来。据我们所知，他就在那里度过了余生。这时他已六十岁，早不是创新画风的年龄了。画家的欣赏者主要是他的同时代人。他或许有新想法要表现出来，但他又不得不用他熟悉的那种方式来表现，而下一代人欣赏的却是另一种完全不同的方式。所以，有一点是肯定的：一个画家只能在他的年龄范围内谋求发展，他的表现方式就是他的个性所在，要想换一种表现方式是绝对不可能的。既然他的表现方式已不为人们所欣赏，他就应该有自知之明，不要再丢人现眼，唯一的希望是将来或许会有人欣赏他的作品。时间会把伟大艺术从一大堆平庸的作品中筛选出来。后世之人不会关心过去曾流行过何种时尚，他们只会从一大堆传到他们手中的

---

① 牟利罗：17世纪西班牙巴洛克画派大画家。

作品中挑选出最合自己心意的作品加以欣赏。

不过，苏巴朗现在还要活下去。要想活下去，就得画有人肯掏钱买的画，而有人肯掏钱买的画，就是牟利罗的那种画。于是，他不得不硬着头皮去模仿牟利罗。结果惨不忍睹。他的模仿之作，既丧失了自己的个性，又没有牟利罗的特色。

一六六四年，苏巴朗还活着，因为就在这一年，他还受聘去为堂·弗朗西斯科·哈辛托·德·萨尔希收藏的五十五幅画估价。他的估价单留存至今，但不知何故，那上面竟然没有画家的名字，只有画名和画的尺寸。估价最高的一幅画，也是尺寸最大的，画名是《君王的膜拜》①，高约八英尺，宽十英尺，估价一千五百里拉②。当时一里拉约合今天的六便士，因此这幅大型油画，还配有精美无比的画框，估价却是可怜巴巴的三十七英镑十先令。至于其他一些圣徒和僧侣的肖像画，平均估价只有五百里拉左右，折合今天的十五英镑。这就是当时的画市行情，价格竟如此低廉，难怪苏巴朗一生穷得叮当响；就是他那个成功的竞争对手牟利罗，也好不了多少，死后连丧葬费都没有。

三

委拉斯开兹死的时候，苏巴朗还活着。但接替委拉斯开兹"宫廷画家"位置的不是苏巴朗，而是梅佐，后来是卡雷尼奥。随着十八世纪的来临，统治西班牙的奥地利哈布斯堡王朝由法国的波旁王朝取代。这一时期，人们对苏巴朗简直不屑一顾；他们赏识的画家是伊斯梅尔·门格斯和他的儿子拉斐尔·门格斯③，以及蒂耶波洛④。整个十九世纪，苏巴朗也一直被冷落在一旁，无人问津。直到某一历史事件的发生，他的同胞们才想起他来。那就是美西战争⑤，一场对西班牙来说是灾难性的战争。这场战争使得曾被查尔斯五世⑥吹嘘为

---

① 指圣经中东方三博士膜拜出生在马厩中的耶稣基督，并向圣母献上三件礼物的场景。
② 里拉：西班牙货币名。
③ 伊斯梅尔·门格斯、拉斐尔·门格斯：均为18世纪德国画家。
④ 蒂耶波洛：18世纪意大利画家。
⑤ 美西战争：即1898年美国与西班牙的战争，结果是西班牙战败，其在美洲和亚洲的殖民地古巴、波多黎各和菲律宾均落入美国之手。
⑥ 查尔斯五世：16世纪初西班牙国王，其统治时期西班牙拥有最多殖民地，遍及亚洲、非洲、美洲。

"日不落"的西班牙帝国颜面扫地,连仅剩的几块殖民地也丧失殆尽。出于战败的屈辱,西班牙人开始追寻历史,炫耀昔日的辉煌,以此抚慰自己受伤的自尊心。是的,殖民地古巴和菲律宾已被夺走,但谁也夺不走西班牙宏伟的大教堂和宫殿,夺不走天才的塞万提斯①、德·维加②、卡尔德隆③和克维多④,夺不走西班牙曾拥有的伟大画家。

此时,委拉斯开兹早已闻名遐迩。对画风神秘而阴沉的格列柯⑤,欧洲各国的鉴赏家犹豫一阵之后,也表示了赞赏。不过,把苏巴朗从遗忘中重新挖掘出来,却是西班牙人自己的丰功伟业。我想,当他们把苏巴朗挖掘出来后,他们一定像我们今天普遍认为的那样,发现他是这三人中最具西班牙特色的。确实,苏巴朗不像委拉斯开兹那样富丽堂皇,也不像格列柯那样令人震撼,而是朴实明朗的。这一特点是他们两人都不具有的,而且更符合西班牙人的性格和自我认知。西班牙人经历了三个世纪的政治昏暗和宫廷变故,经历了十八世纪的真浮华和十九世纪的假正经,再次从他那里感受到了自己内心所尊重的品质——真诚、严肃、虔诚、坚韧、踏实。是的,苏巴朗缺乏想象力,但这没有关系,因为西班牙人本来就不耽于空想;是的,他善于写实,这令人欢喜,因为西班牙人从来就很注重实际。西班牙人不喜欢历险,因为只有在雾蒙蒙的北欧才适合历险,在骄阳似火的南欧历险只会晒得汗流浃背,中暑晕倒;但他们并不缺乏热情,而就在苏巴朗的作品中,他们隐约感受到一种基于理智而不失自尊的热情。

一九○五年,西班牙人把能够找到的苏巴朗的作品尽数找来,并在普拉多美术馆举办了一次画展。我不知道西班牙观赏者对这次画展的反应如何,但我知道,欧洲其他国家的艺术爱好者全都无动于衷。

确实,苏巴朗为"埃尔·布维·雷蒂罗"(即丽池宫)所画的那组壁画,使赏识他的人也感到难堪。所以,他们一直不太相信那组壁画是苏巴朗画的。但是,对苏巴朗深有研究的考据家堂娜·玛利亚·路易萨·卡图尔拉最近发现了一张由苏巴朗签字的收条,即表明:那确实是苏巴朗画的。毋庸讳言,画得实

---

① 塞万提斯:16 世纪西班牙名作家,著有《堂吉诃德》等。
② 德·维加:16 世纪至 17 世纪之际西班牙名剧作家,著有《羊泉村》等。
③ 卡尔德隆:17 世纪西班牙名剧作家,著有《人生如梦》等。
④ 克维多:17 世纪西班牙名作家,著有《骗子,塞戈维亚的堂巴勃罗》等。
⑤ 格列柯:16 世纪西班牙画家。

在不怎么样。当然，那组壁画的神话主题本来就不容易表现，也许只有像皮埃罗·达·柯西莫①那样的画家才会处理；譬如，把背景处理得充满奇幻色彩：草地上有半人马在奔驰，空中有色彩斑斓的神鸟在飞翔，周围还有许多奇禽异兽。但是，这样的背景是苏巴朗随便怎样也想不出来的。他的写实风格中没有任何奇思异想。就是那组壁画的主人公、大力神赫拉克勒斯——宙斯之子、迈锡尼王子——也被他画得一点不像神话中的英雄，倒像一个赤膊露出一身横肉的西班牙农夫，或者像一个一脸凶相、脱了衣服在集市上打拳的莽汉。真不知道，那位勤奋的女士②用确凿的证据证明那组壁画是苏巴朗画的，这对苏巴朗来说到底是好事呢，还是坏事。

当然，我们应该用一个艺术家最好的作品来对他作出评判。一个艺术家的最好作品，往往是在其一生中的短短几年或十几年内完成的。就苏巴朗来说，他的创作鼎盛期，应该说，是一六二六至一六三九年。然而，那组题名为《赫拉克勒斯的壮举》的壁画，恰恰是在他的鼎盛期内——即一六三四年——完成的。这如何解释呢？我想，只能这样回答：和其他艺术家一样，苏巴朗也有其自身的局限。当他想尝试创作一个超出他能力范围的作品时，他的失败比那些平庸的艺术家还要惨。我想，苏巴朗是个谦逊明理之人，平时画画总会遵从主顾的意愿。既然如此，当国王要求他、朋友邀请他去绘制那组壁画时，我料定，他是不会拒绝的，即便没有报酬也不会拒绝。接受了任务，他也会全力以赴。但是，这次他确实是失败了。平时，他为主教和修道士画肖像画，或者为教堂和修道院画装饰画，毫无疑问，那些主顾会提出很多具体要求，而他是靠他们谋生的，不可能不答应他们的要求。然而，他们花钱雇他画画，主要目的并不是为了艺术，而是为了装饰教堂和修道院，以此来炫耀教堂和修道院有多么华丽，主教和修道士的形象有多么崇高，从而使那些虔诚的信徒对他们深信不疑、感恩戴德。殊不知，他们的这种要求，往往会使画家身不由己地画出他自己并不满意的作品。譬如，普拉多美术馆里就有苏巴朗的这样一幅作品，画的是圣彼得·尼古拉斯科的形象。在这幅画的左上角画着一座上帝之城，另有一个天使，举着手，指点着那座上帝之城。这样的构图实在有点好笑。那个天使简直像个图片讲演员，正指着一张图片在讲解；下一分钟，他就要走到另一

---

① 皮埃罗·达·柯西莫：16世纪意大利佛罗伦萨画派的画家，画风飘逸多姿。
② 那位勤奋的女士：即堂娜·玛利亚·路易萨·卡图尔拉。

苏巴朗在瓜达卢普的圣殿所作的八幅油画之一

张图片跟前去了。

对于构图,苏巴朗没有多少才能,更谈不上有什么巧妙之处了。他擅长画单一人物的肖像画;在不得不画多个人物时,他的布局往往是很笨拙的。

要想知道苏巴朗在表现他所擅长的主题时达到的高度,你只要看看他为瓜达卢普圣母院画的八幅画就可以了。那八幅画现在仍放置在原来的地方,因而不会有什么差错。根据这座圣母院的传统,可以认定,那八幅画的画框以及墙壁和天花板上的装饰也是苏巴朗自己设计的;只是,用今天的眼光来看,这些设计不免太烦琐。至于那八幅画,画的都是这个圣母院历史上的一些圣徒的生平事迹。其中四幅画上有苏巴朗的签名,另外四幅画上没有签名。有人就此推测,那四幅画可能不是苏巴朗一手完成的;他可能只画了一部分或者一半,最后是由其他人完成的。因为就在这期间,他妻子生病,他不得不放下画笔,回去照料病重的妻子。

通常认为,现藏于塞维利亚博物馆的《圣托马斯·阿奎那①的显圣》是苏巴朗的杰作。但我认为,他的真正杰作是瓜达卢普圣母院的那八幅画,而且按

---

① 圣托马斯·阿奎那:13世纪罗马天主教圣徒、神学家、哲学家、天主教经院哲学的代表人物。

我的看法，应该把它们看作一个整体来加以鉴赏。那八幅画，最大程度展示了他的才华，最低程度显露出他的缺点。我们知道，苏巴朗的有些画，譬如他在格勒诺贝尔画的一些画，人物形象呆板，就像人体模型，而不是活人。但在那八幅画中，人物是鲜活的、有血有肉的，是真实的人，而不是人体模型。可以说，那八幅画充分体现了苏巴朗的画技，以及他似乎具备的某种戏剧感，即合理安置布景和选择适当的道具，使场景（即背景）显得既真实又生动。他安置的布景令人赏心悦目，但又完全是传统的；显然，他的主要兴趣在于塑造人物形象。他要塑造的人物，其实就是当时圣母院里的神父或修道士，一个个都活生生地在他眼前。譬如，有一幅孔扎罗·德·伊勒斯卡斯神父的肖像画，令人印象最为深刻。这位神父是十五世纪中叶瓜达卢普圣母院的院长。画面中的他，坐在桌前，一手拿着一支笔，头微微抬起，好像刚听到有人敲门，他正等着那人进来。他脸上的表情，深沉、干练、警觉，就像今天的企业家。要知道，就如我在前文所说，瓜达卢普圣母院拥有庞大的地产，拥有隶属于它的城镇和牧场，还有附属医院和旅店，是个大产业，而院长就是这一大产业的掌控者和管理者。因此，他除了是一个虔诚的神父——这样才能赢得信徒的尊敬——同时还是一个精明的管家。苏巴朗的那八幅画用的都是深色调，深沉、庄重，甚至有点阴暗、冷峻，但仍给人以华美之感。在瓜达卢普圣母院的圣殿里，那八幅面对窗户，在西班牙炙热的阳光下晒了三百年，全都已经褪色，变得色彩暗淡了。这当然削弱了它们原有的魅力，但那种高贵典雅之气至今尚在。它们见证了一位才华出众的艺术家的高超技艺。

《圣托马斯·阿奎那的显圣》

苏巴朗的《圣托马斯·阿奎那的显圣》是一幅大型绘画，画中的主要人物与真人差不多大小。画面上，圣托马斯·阿奎那站在云端，一手握笔，一手捧书，左右两侧——似乎也是在云端——坐着四位身披锦袍的修道士。下方，是豪华的街景，中间有一根高大的立柱；立柱两边，各跪着四个人：一边是皇帝查尔斯五世和三个廷臣，另一边是创建塞维利亚大教堂的大主教和三个侍从（此画即为塞维利亚大教堂的祭坛装饰而作）。上方，是一大片云彩；云彩中有扛着十字架的耶稣基督和圣母玛利亚，还有另外两个天堂中的人物——经辨认，是圣保罗和圣多米尼哥。这幅画以巨大的尺寸、鲜活的人物、精湛的笔法和绚丽的色彩而引人注目。即便如此，你还是不可能不注意到，它的构图似有问题：整个画面分为上、中、下三个部分，但由于该画尺寸巨大，观赏者不可能自然而然地把整幅画当作一个整体来欣赏，因此下面部分（原本是三部分中最不重要的）反而成了观赏者看得最仔细的地方。还有，充当圣托马斯·阿奎那的模特儿，似乎也有问题。此人是苏巴朗的朋友，名叫堂·奥古斯丁·阿布罗·德·埃斯克巴，本是大教堂里的一名普通教士，就因为他曾充当过圣托马斯·阿奎那的模特儿，我们才得知他的姓名。问题是，要画历史上的大名人，尤其是不知其真实相貌的大名人，你必须找这样的模特儿：他的相貌、气质，要符合人们从大名人的事迹或者著作中获得的印象；也就是说，要符合人们对大名人相貌的想象。然而，苏巴朗找来的那个模特儿，却一点也不符合人们对圣托马斯·阿奎那的想象。这明明是个相貌平平、俗里俗气的小胖子，哪里像一位满腹经纶、超凡入圣的大智者！

好在，苏巴朗很少犯这样的错误。譬如塞维利亚博物馆里有一幅他的画，画的是交谈中的教皇乌尔班二世和修道士圣布鲁诺。圣布鲁诺是加尔都西修道会的创建者，曾应教皇乌尔班二世之邀，离开查特谷修道院前往罗马。在此画中，苏巴朗完全把握住了精神领袖、教皇乌尔班二世和修道士圣布鲁诺的不同特征。圣布鲁诺双眼低垂，双手谦卑地缩在长袍的袖管里，脸庞消瘦，神情谦卑，但谦卑中仍透露出一股刚毅之气。据教会史记载，他正是凭着这股刚毅之气，曾挺身而出，指控教会买卖圣职，有违天主。乌尔班二世呢，他双眼望着画外，神情镇静而精明，非常符合他至高无上的教皇身份。但是，他的镇静之中似乎仍有一丝不安，似乎在圣布鲁诺这样一个刚正不阿的修道士和他曾经的老师面前，他虽然身为教皇，心里依然有点慌张。

大约就在画这幅画的同一时期，苏巴朗还为同一个修道院画了一幅描绘格勒诺贝尔主教圣于果到访这个修道院的画。正是在圣于果的帮助下，圣布鲁诺才得以创建这个修道院。画面中，共同创建修道院的七名修道士坐在餐桌前；他们身上的白色长袍，苏巴朗画得特别细腻，但不知何故，总给人一种奇怪的僵硬感。据说，苏巴朗画这些长袍时，是照着穿在人体模型上的长袍画的，而不像他画人物头部时那样，使用真人作为模特儿。使用人体模型是个古老的传统；但我从未听说过，穿在人体模型上的衣物会呈现出那种不自然的褶皱。然而，在苏巴朗的好几幅画中，人物的衣物都呈现出那种不像是布料的褶皱，而像是硬纸板的折痕。对此，较为合理的解释是：那是由于苏巴朗早年跟从一个石匠学艺所致。他从未抹掉石刻衣物褶皱留在他脑子里的印象。不过，这倒是歪打正着，正好配合了他

苏巴朗所作圣徒肖像

最喜欢使用的明暗对照法。在我看来，这种硬邦邦的衣物褶皱，用在他笔下的许多教士和修道士身上，还有某种烘托人物性格的意思。

我在前面曾说，苏巴朗缺乏想象力，那是不太准确的。说得准确一点，应该说他缺乏幻想能力。他本质上是个肖像画家，而画肖像画，很大程度上是受制于肖像主的；画家只能从肖像主身上找到某种艺术灵感，从而使肖像超越肖像主而具有某种艺术价值。他不能凭空幻想，就如小说家一样，只能把自己融入人物，想人物所想，感人物所感。这种感同身受的能力，就是想象力，而苏巴朗是具备这种能力的。他的肖像画都画得极具个性，只要稍加观察就能看出，它们表现的是不同的性格特征。尤其是在他为教士画的许多肖像画中，他用画笔表现了诸多性格不同、思想不同、品质不同的人物。你可以依次辨认出：那是个理想主义者；那是个神秘主义者；那是个圣徒；那是个狂热者；那是个禁欲者；那是个独裁者；那是个恪守教规者；那是个利己主义者；那是个好色之徒；那是个贪食者；那是个小丑。这些人之所以献身宗教，其实大多并不是出于对上帝的爱，有的是因为事业受挫，有的是因为情场失意，有的是因为生性怠惰，有的则是因为（这也很自然）利欲熏心——是的，有些出身贫寒的

苏巴朗所作圣女肖像

人,既想发财又不愿去美洲冒险,既想升官又不愿上战场拼杀,于是就跑到教会里来钻营了。

苏巴朗很少画世俗男人,但却画过不少年轻美貌、服饰华丽的女人。遗憾的是,因为年轻女人的容貌总不会有明显的个性特征,苏巴朗也就很难塑造出她们的独特形象。再说,那个时代的年轻女人和今天一样,也喜欢涂脂抹粉;所以,她们的脸看上去都是差不多的。对此,苏巴朗所能做的,除了把她们一张张漂亮的脸蛋画出来,至多花点笔墨,渲染渲染她们身上的绫罗绸缎、珍珠宝石而已。

关于这些女人肖像,有一种有趣的说法,说它们画的都是圣女。但是,只要你花点时间去了解一下那些有名有姓的圣女,你就会发现,她们都是至圣至善的女人,绝对不可能这样穿红着绿、环佩叮当。有证据表明,在苏巴朗绘制肖像画的时代,西班牙有这样一种古怪的现象,即:年长的贵族男子常常以自己的妻子或女儿充当圣女的模特儿;年轻的贵族男子则常常以自己的未婚妻做圣女的模特儿。譬如,德·维加就曾请画家画过一幅圣苏珊娜的肖像,所用的模特儿是他指定的一位女士——这位女士,据我们了解,和德·维加关系暧昧。还有一位埃斯奎拉奇的爵爷,据记载,曾请画家画一幅圣海伦娜的肖像,模特儿则是他的情妇;结果,画中的女子不仅穿着贵族女子的服饰,画的下方还有这位爵爷的徽号。可见,苏巴朗画的那些所谓圣女,其实都是塞维利亚的贵族女子。当时在西班牙,由于受摩尔人的影响,除非是皇家女子,一般贵族女子是不可以抛头露面的,就是以本人的名义请画家画肖像,也是有失体统的。但是,在画家绘制圣女肖像时充当模特儿,却是允许的。于是,就发生了上述古怪现象,因为只有这样,她们才能既满足自己的愿望,又不失体统,甚至还有崇敬圣女、恭奉教会的意思(那些圣女肖像都是贡献给教堂的)。这样一来,当她们前往教堂做礼拜时,就会看到一幅幅活灵活现地画着自己的"圣女肖像"挂在墙上甚至祭坛上,那是何等得意啊!尽管那时还没有皇家艺术院的预展,也没有艺术沙龙的预览,不可能会有评论家来评论她们的肖像;但不难想象,她们会既骄傲又惊恐地听到亲友的议论——就像今天去观看那些肖像的人一样,有的赞美,有的责难,有的嘲讽,有的则说了一通废话。

关于苏巴朗的绘画,我已经说到了,他画教士和修道士的白色长袍上的褶皱所用的那种特殊的技法,正好和他最拿手的明暗对照法相配合;我还说到了他画圣徒和圣女的服饰所用色调丰富多彩。我说他的风格是写实的、庄重的、严肃的;我强调他的肖像画真实可信地表现了肖像主的个性特征,艺术地再现了那些早已离世的名人和伟人;我还指出,他的大型画作尺寸之大,令人震撼,其中还有一种端庄、高贵的气概。我想,读者可能还未意识到,我在评论他的作品时始终没有说过美。这是因为,"美"是一个非同小可的词,一个不能轻易使用的词。现在的人,使用这个词实在太轻率——说天气是"美"的,说微笑是"美"的,说一条好看的连衣裙或者一双合脚的鞋子是"美"的;一只手镯、一座花园,甚至一段议论,也被说成是"美"的;"美"似乎成了"好""漂亮""合适""华丽""有趣"的同义词。其实,美根本不是这些。美远远超过这些。美是不常见的;美是一种强烈刺激,一种令人窒息的强烈刺激。这里的"令人窒息"并非只是形容而已;有时,美确实会使你透不过气来,就像你的头被人按进水里那样。而当你最终透过气来,你的心脏会狂跳不止,你的头脑会兴奋不已,就像犯人走出牢门,听到身后"咣啷"一声,铁门关上了,他深深地吸了一口新鲜空气,欣喜若狂。美的刺激会使你短暂地丧失自我,仿佛身在空中,随风飘荡。你会觉得一阵狂喜、一阵轻松;同时觉得,除了美,世上的一切都是无所谓的。是的,美会使你的灵魂出窍,沉迷于幻觉与幻景之中,而其状态,和相思病差不多——实际上,它就是一种相思病。此外,这种出神入幻与神秘主义者的神秘体验也很相似。就我来说,如果要我想一想曾有哪些时刻受到过美的强烈刺激,那我首先想起的,就是当我第一眼看到泰姬陵①时的那一刻;其次,我会想起我多年后再次看到格列柯的《圣莫里斯》时的那一刻,还有我在西斯廷大教堂看到伸出手臂的亚当②的那一刻,还

---

① 泰姬陵:全称"泰姬·玛哈尔陵墓",印度知名度最高的古迹之一。
② 伸出手臂的亚当:指米开朗琪罗为西斯廷大教堂所画天顶画《创世记》。

有看到美第奇家族墓碑上的《日与夜》①以及圭利亚诺的沉思②的那一刻；当然，还有看到提香的《基督入葬》的那一刻。但是，当我看到苏巴朗为大教堂祭坛或修道院圣殿所画的那些风格庄重、技法精湛的画作时，我却没有这样的感受。他的画有其伟大之处，但那涉及的是理性鉴赏和理性思考，而不是情感反应和灵魂震动；也就是说，那不是美，既不会令人窒息，也不会使人灵魂出窍。

不过，苏巴朗有少数几幅画，虽然尺寸不大，也不受人重视，我倒觉得有一种不常见的美感。关于这几幅画，我想稍作评论。不过，在此之前，我先得谈谈另一件事。

当西班牙人重新发现苏巴朗时，他们既把他誉为民族荣耀，又不符事实地称他为"神秘主义者"。堂·伯纳迪诺·德·伯托巴曾写过一篇文章，虽然篇幅不长，却令人信服地指出了这种说法的错误之处。确实，苏巴朗的大多数作品是以宗教为题材的；而且，就如我在前文所说，他的主顾大多是教士或修道士，而像他这样一个单纯老实的人，毫无疑问也是个虔诚的天主教徒。西班牙人向来笃信宗教——当然，是以他们的那种方式——而在十七世纪时，他们对天主教的信仰又可谓到了极顶。那时，他们对天特会议③的宗旨还记忆犹新：凡是有异端嫌疑的人，都将受到宗教裁判所的严厉惩罚。这是一种狂热而凶残的宗教信仰。那时的宗教狂热到了何种极端程度，你只要去读一读卡尔德隆的《十字架的信念》就可以知道。毫无疑问，苏巴朗一定是全心全意地认同这种宗教狂热的。这从他为瓜达卢普修道院画的一幅画中即可看出。这幅画，画的是圣杰罗姆因为钟爱世俗文学而受到天使惩戒的场景。画面中，圣杰罗姆全身赤露，唯有腰间系着一块遮羞布；他双膝跪地，旁边有两名天使正挥动着鞭子在毒打他；画面上方，有一片云彩，云彩中端坐着耶稣基督，他一手举起，好像正在数着鞭打的次数，脸上还显露出一种得意洋洋的神情。据说，圣杰罗姆

---

① 《日与夜》：米开朗琪罗的雕刻作品。
② 圭利亚诺的沉思：指米开朗琪罗的雕刻作品《沉思》，圭利亚诺是与米开朗琪罗同时代的意大利红衣主教，《沉思》所雕刻的即是他的形象。
③ 天特会议：即罗马教廷于1545年至1563年在意大利天特城召开的大公会议，旨在对抗马丁·路德代表的宗教改革运动，是天主教反教改运动的一个重要事件。

所犯的罪，是他热衷于读西塞罗①的书，而疏忽了上帝的箴言②。不信宗教的人也许会说，圣杰罗姆不喜欢读某个作家的书③而去读另一个作家的书，那个作家就差人来毒打他，真是岂有此理！但问题是，圣杰罗姆自己是真心认罪的；他双膝跪地的姿势即表明他在乞求宽恕，表明他自己也认为遭鞭打是罪有应得。我想，苏巴朗在画这幅画时，大概也是这样认为的吧。

《圣杰罗姆受惩戒》

同样，在以耶稣基督为主题的好几幅画中，苏巴朗也不由自主地顺从了当时的宗教狂热；他笔下的耶稣基督，一副自以为是的样子，就像一个浅薄之极而又自命不凡的教区长，哪里像是那位登山宣示教义、满怀爱心而又刚毅不屈的先师！不过，倒也不是一塌糊涂，至少在他画的基督受难图中，苏巴朗还是有力地表现出了自己内心的真实感受。他丝毫没有掩饰基督受难时的悲伤与绝望。暴风雨前的昏暗背景，烘托出基督受难时的孤独。在一幅基督受难图中，基督还低垂着头，脸上布满阴影，神奇地显现出一种哀恸、绝望神情。基督半

---

① 西塞罗：古罗马政治家、雄辩家、散文家。
② 上帝的箴言：指《圣经》。
③ 某个作家的书：戏称《圣经》，因其被称为"上帝之书"。

裸身体也画得尸体般灰白、冰冷。在另一幅基督受难图中，基督仰着头，望着天，仿佛在叹息，他的"在天之父"为何对他的祈求无动于衷。这一悲苦画面，有一种感人肺腑的强烈效果。总的说来，苏巴朗的这几幅画总能使人为之心动，尤其是西班牙人，他们从来就像着了魔似的对基督受难图情有独钟。

也许，苏巴朗的宗教画正好迎合了当时西班牙人的宗教情感，因而他们也特别容易为他的画所打动。但时至今日，我想，就没有那么容易打动人了。在我看来，在苏巴朗的那个时代，宗教信仰已经由于形式化和等级化而变得很僵化，当时的画家也就很难再像过去的锡耶纳派画家①那样，画出虔敬纯朴、真正富有宗教情怀的宗教画。既然只要信教就可以逃脱地狱折磨、求得永生之福，既然通往天堂的路——有时还有捷径——由教会的那些精神导师为你一一指明，那你只要照他们的规矩做就是了，不要犹犹豫豫，更不要胡思乱想。

所以，说神秘主义必然与宗教有关是不正确的。神秘体验是一种很特别的幻觉。是的，它可能与宗教修行有关，通常是由祈祷或苦修导致的；但它也可能与吸食鸦片或者龙舌兰花之类的迷幻药有关。还有美的强烈刺激，也可能催生出神秘幻觉。关于这种因审美而产生的幻觉，许多人都称经历过，而且描述得都差不多，由此可以断定它是存在的。至于这种由审美引起的神秘幻觉，和由迷幻药物引起的神秘幻觉，以及由宗教修行引起的神秘幻觉，它们是不是同样性质的幻觉，我不知道，但可以肯定，感觉是相同的——都是一种超脱的感觉，一种忘我的感觉，一种无限惊喜或无限敬畏的感觉，一种瞬间脱离世间万物的感觉。

既然如此，我或许可以这样大胆猜测：当一个画家或一个诗人神秘地受制于一种叫作"灵感"的奇异之物时，他忽然之间会产生各种各样不知从何而来的想法，或者忽然之间会发现，某些过去从未意识到的东西原来一直就在自己心中——他的这种体验，或许和神秘主义者的神秘体验是一样的。

不过，说苏巴朗是神秘主义者却是胡说八道。他哪里有半点神秘；他是个彻头彻尾的办实事的人——接到主顾的订单，尽其所能按主顾的要求画出一幅画来，如此而已。不错，他和其他画宗教画的画家一样，确实画过不少神秘体验中的圣徒和圣女，但他是按一个固定模式画的：人物总是张着嘴，两眼翻

---

① 锡耶纳派画家：13世纪意大利画派，因其主要画家均是锡耶纳地方的人，故称。

白,仰头望着空中。这样的神秘体验,只会使你不好意思地想到鱼摊上的一条死鱼。其实,神秘体验是无法用画笔来描绘的。尽管神秘体验有时会激发创作冲动,但无论你怎样把神秘体验描绘出来,都不可能使观赏者得到同样的体验。神秘体验来自无意之间,譬如当我想到卢浮宫中格列柯的《基督受难图》中所描绘的耶稣基督时,还有当我想到夏尔丹①的几幅景物画时,我似乎会有一种神秘体验。这种体验和你从锡耶纳画派的那种自然纯朴的宗教画中所体验到的东西,是完全不同的。康德曾说,崇高感并非大自然所有,而是有文化素养的人赋予大自然的。同样,神秘感也可能并非某幅画本来所有,而是有某种审美倾向的观赏者因为某种原因赋予某幅画的,只是表面上看,他好像从某幅画中得到了某种神秘体验。正因为这样,这些画似乎具有一种比"令人窒息的美"更深层意义上的美,一种令人灵魂与肉体均为之震颤的美;你一瞬间体验到的神秘之美,堪比圣徒聆听到圣灵召唤时的神秘之喜。

苏巴朗所作圣徒受难图

你会觉得我把苏巴朗似乎说成了一个勤勤恳恳的工匠,就像一个做巴格尼奥式桌子的细木工,或者一个做西班牙-摩尔式碟子的陶瓷工。是的,那就是苏巴朗。他不是什么天才。但在另一方面,也许正因为他勤勤恳恳,加上他敏锐的观察力,他竟然能那么细腻地描绘出教士的白色长袍。有时,当然很罕见,他还会摆脱自身局限;也就是说,他偶尔会超越自我。不过,这种自我超越仅表现在他的一些很容易被人忽略的小型画中。譬如,加第斯博物馆里有几幅他为加尔都西修道会画的画,其中一幅是圣布鲁诺的肖像,还有一幅画是圣约翰·霍顿的肖像。这两幅肖像画确实画得很美,很有震撼力,使你不得不承

---

① 夏尔丹:18世纪法国画家。

认其中充满灵感。尤其是那幅画圣约翰·霍顿的肖像,把这位英国加尔都西修道会的圣徒画得特别震撼人心。关于这幅画,我曾写过一些评论,这里只要抄一点在下面就可以了:

> 我相信,苏巴朗画这幅画时所用的模特儿,不是西班牙人,而是英国人。我曾无意间自问:这个为另一个英国人做模特儿的英国人,究竟是谁?因为他不仅匀称的脸部轮廓分明,还有一种只有在英国绅士的脸上才能看到的高雅神情。剃光的头顶,仅有下面一圈头发①,似乎是红褐色的;由于长期斋戒而略显消瘦的脸上,皮肤既不绷紧,也不松弛。面颊上有一层红晕,其他部分的皮肤比象牙色稍暗一点,但仍有象牙色那种柔和、细腻的感觉。他的脖子上套着绳索,一只已经残废的手按在胸口上,另一只手里握着一颗滴着血的心脏。
>
> 出于好奇,我找来了圣约翰·霍顿的生平材料。他一四八八年出生于埃塞克斯的一个古老世家。成年后,父母为他安排了婚姻。但他拒不从命,要把一生奉献给上帝的事业。于是,他不告而别,离家出走,进了一家修道院。四年后,他被授予圣职,担任教区神父的职务。二十八岁时,他出于更崇高的宗教理想,加入了加尔都西修道会。一五三〇年,他被任命为伦敦加尔都西修道院院长。两年后,即一五三二年,安妮·博林②加冕成为英国王后,枢密大臣要求他代表教会宣布,亨利八世与阿拉贡的凯瑟琳的离婚是非法的③。但他拒绝了,结果被枢密大臣关入伦敦塔④。后来,双方达成一个似是而非的协议,他才得以获释。但没想到,第二年,英国议会屈从于国王亨利八世,竟然颁布法令,宣布国王才是英国教会的最高领袖,所有质疑法令的人都将以叛国者论处。对此,他作为伦敦加尔都西修道院院长,还有两名副院长,均拒绝承认。结果,三人都被指控犯有叛国罪而被捕。尽管陪审团认定他们无罪,但在国王代表克伦威尔的威

---

① 在中世纪,天主教教士和佛教僧侣一样,也要削发,但仅削去头顶上的头发,两鬓和后脑勺上的头发仍保留。
② 安妮·博林:英格兰国王亨利八世的王后、女王伊丽莎白一世的母亲。
③ 阿拉贡的凯瑟琳:亨利八世的第一任妻子。由于未能为亨利八世生育儿子,国王坚持和她离婚,违背了天主教禁止离婚的教规。这成为亨利八世与罗马教廷决裂的导火索。
④ 伦敦塔:原是一座要塞,后改作监狱。

逼下，法庭还是作出了有罪判决。他们均被判处绞刑加剖腹刑①。他首先走向绞架。一根粗绳索套在他脖子上，因为粗绳索比细绳索更能使受刑者慢慢地、极度痛苦地死去。等他对前来观看行刑的人群讲完最后几句话，脚下的踏板即被抽走。不等他完全断气，脖子上的绳索就被割断。行刑人把他的尸体拖离绞架，然后剥光衣服，剖开胸腔和腹腔，把心脏、肝脏，还有肺、胃、肠等，统统挖出来，扔进火里。

  我们不知道，苏巴朗的这幅肖像画之所以画得如此震撼人心，究竟是因为那位圣徒的悲壮就义使他为之动容呢，还是因为那个模特儿的特殊气质使他为之倾心。但不管出于什么原因，反正当他画这幅肖像时——说是他碰巧也可以——他灵感一现，画出了美的、震撼人心的画面。此时的他，不再是那个冷静而实际的工匠，而是一位了不起的艺术家。此时的他，在灵感的驱使下，画了一幅和十字圣约翰②的诗篇一样神秘、一样感人的肖像画。

  不过，除了这幅肖像画，苏巴朗的有些静物画也出人意料地具有这种神秘的美感。我们知道，苏巴朗学艺时，西班牙是不允许使用裸体模特儿的，因而他很可能画过许多静物画作为练习。可惜，他的习作都失传了。但有一点很显然，那就是他特别重视对静物的描绘。譬如就在那幅圣于果到访加尔都西修道会的画中，他对餐桌上的面包、杯盘、碗具和陶罐的描绘，细致入微而给人以亲密感，不仅表明他有敏锐的观察力，而且表明他似乎想赋予这些平常之物以不平常的含义。也许只是自娱自乐，他时不时地会画一幅静物画。其中有一幅，现存于普拉多美术馆。这幅画的背景是黑色的，画面上是两只放在盘里的碗和两只并排的水罐，此外什么都没有。这幅画和他的大多数作品一样，简约而写实，但却像那幅圣约翰·霍顿的肖像一样，具有一种令人震撼的美感。凡是去过西班牙旅游的人都会注意到，西班牙人对待小孩特别有耐心。不管小孩多么任性、多么吵闹、多么讨厌，西班牙人从来不会失去耐心。在我看来，苏巴朗对待那些画出来叫作静物的日常用品，就像西班牙人对待孩子一样有耐

---

  ① 剖腹刑：中世纪酷刑，即将犯人处死后剖腹取出内脏烧掉，据信，这样可使犯人死后连灵魂也灭绝了。
  ② 十字圣约翰：16世纪西班牙教士、宗教诗人，其诗篇被认为是西班牙宗教文学的巅峰。

心，一样孜孜不倦，因而这些东西在他笔下似乎奇迹般的被赋予了生命和一种神秘的气息——同样气息也从他的一些肖像画中散发出来，如果你有足够的感受力的话。我想，就凭这几幅肖像画、那幅静物画，还有那幅基督受难图，这位面容憔悴、仰望着救世主的老画家也堪称艺术大师了。

苏巴朗所作《静物》

也许有人会说，苏巴朗有许多作品，就凭这几幅画好像分量不足。但这些已经足够了。真正的艺术家不必背着沉重的行囊去寻找流芳百世之路。只要有几幅画，或者一两本书，就足够了。在我看来，不管艺术家有没有主观动机，他的使命是创造美，而不是某些人认为的揭示真理。否则的话，三段论就远远比十四行诗重要了[①]。但艺术家也往往只能暗示美或者接近美；至于普通人，只要能享受到艺术带来的愉悦，也就该知足了。只有当精湛技艺、深邃情感和幸运之神偶尔相遇之际，艺术家——画家或者诗人——才有可能像圣徒在祷告和苦行中获得神秘体验那样获得灵感，才有可能创造出美。这时，无论是他的诗，还是他的画，都会使他有一种解脱感，一种兴奋、一种欢欣、一种精神上的解放，就像神秘主义者和上帝融为一体时的神秘体验。我想，像苏巴朗这样一个勤勤恳恳的人，在其漫长的一生中竟然也有几个短暂的时刻神奇地超越自我、创造出美，这真是令人惊叹。这是上帝施恩于他。

---

① 此处"三段论"代指哲学，"十四行诗"代指艺术。

侦探小说的衰落

一

忙碌了一整天后,晚上总算是属于你自己的。这时,你站在书橱前,想在晚上读点什么。你会从书橱里拿出《战争与和平》①呢,还是《情感教育》②?《米德尔马契》③呢,还是《追忆似水年华》④?如果你拿出这样的书来读,我对你深表敬意。或者,你想看看现代小说,拿起一本出版社刚寄来的书,其中讲述的是一个中欧人无家可归的悲惨故事;或者,翻开一本评论家推荐的小说,其中毫不留情地披露了路易斯安那州⑤的一个底层白人的生活。如果你读的是这样的书,我向你表示由衷的赞赏。然而,对我来说,所有的经典名著我都读过不下三四遍了,它们再也没法给我什么新东西;另一方面,要我读完一本四百五十页、印得密密麻麻的书,巡视书中一个女人赤裸的灵魂,或者让格拉斯哥⑥贫民窟的(用苏格兰方言讲述的)骇人生活"震荡你的神经"——就像那本书的封套上所说的——我也实在没有兴趣。这时,我会选择侦探小说。

上次战争⑦爆发时,我发现自己被囚禁在维埃拉⑧海滨附近的一个叫邦多

---

① 《战争与和平》:19世纪至20世纪之际俄国小说家托尔斯泰的长篇历史小说。
② 《情感教育》:19世纪法国小说家福楼拜的长篇小说。
③ 《米德尔马契》:19世纪英国女作家乔治·艾略特的长篇小说。
④ 《追忆似水年华》:19世纪末、20世纪初法国小说家普鲁斯特的长篇小说。
⑤ 路易斯安那州:美国南方的一个州。
⑥ 格拉斯哥:苏格兰城市。
⑦ 上次战争:指第一次世界大战,本文写于"二战"期间。
⑧ 维埃拉:法国地名。

的度假村里——必须马上声明,不是被警察囚禁,而是为时局所困。实际上,我当时正在一艘帆船上。战争爆发前夕,这艘帆船正停泊在维勒弗朗什①,但接到海军当局的命令,必须马上离港,于是便起锚驶往马赛②。途中遇到风暴,不得不停靠在邦多,因为那里恰好有个码头。当时,个人的活动范围受到当局的限制,不允许前往只有几英里远的土伦③,除非你愿意填写一大堆表格,递交好几张照片,再等上很长一段时间,才能领到一张许可证;而我并不想到哪里去,就住在船上。

到那儿避暑的游客此时已全部逃离,度假村一派令人惊诧的荒废景象。赌场、大多数旅馆和许多店铺都已关门。但在那些日子里,我倒过得很惬意。每天早上都能到文具店里买到《小马赛报》和《小瓦尔报》,还能喝上一杯牛奶咖啡,并到集市去逛逛。我在那儿找到了一种最合算的黄油和一家全镇最好的面包店。我还使出浑身解数,从一个乡下老太婆手里买到了六个鸡蛋。我还发现,一大堆菠菜煮熟了只有一点点。但当我发现一个看上去很老实的小贩卖给我的甜瓜已烂熟得无法入口时,或者当我买到一块硬得像砖头一样的卡曼波特软奶酪时(而那个女人曾用真诚得发抖的声音一再向我保证,这是一块"软硬正好"的奶酪),我再次无奈地承认自己对人性的无知。每天早上十点,文具店可能还会有英文报纸——虽然是一星期前的,我仍读得津津有味。

每天中午十二点,有从马赛发来的无线电新闻。听完新闻,便吃午饭,然后打个瞌睡。下午,我在甲板上来回走几圈,以此当作体育运动,或者站在那里看几个老人和几个小孩没完没了地玩保龄球(其他人都走光了)。五点钟,有从马赛来的《太阳报》,于是我就把和早上的《小马赛报》和《小瓦尔报》差不多的东西再读一遍。这之后,就只有晚上七点半的无线电新闻了。天一黑,我们就得进舱,并关上门,只要漏出一点点光,码头上的防空巡逻员就会大声喊叫,命令你把门窗遮好。这种时候,你还能做什么,只能读读侦探小说。

当时我有那么多空闲时间,本想这是个好时机,可以读一部英语文学中具有里程碑意义的伟大之作,以此充实头脑。过去,我只是断断续续读过一点

---

① 维勒弗朗什:法国地名。
② 马赛:法国海滨城市。
③ 土伦:法国海滨城市。

《罗马帝国衰亡史》①，加起来也不到一章。但我一直对自己保证，总有一天我要把这部书从头到尾、一字不差地读一遍，从首卷的第一页一直读到末卷的最后一页。现在，可真是天赐良机啊！然而，在一艘四十五吨的帆船上，生活虽然舒适，却很不安静。客舱的旁边就是厨房，水手们在那儿做晚饭，锅碗瓢盆，叮叮当当，还一边做饭一边大声聊天。一个水手拿着一罐汤或者一罐沙丁鱼，突然想起来要开发电机，不然就会停电。这时，有个客舱服务生从甲板扶梯上啪啪啪走下来，说他抓到一条鱼，问你要不要煮了当晚餐，接着就进到你舱房里来铺桌子。这时，对面的船长从船长室里探出头来大声招呼一个水手，于是那个水手就上了甲板，从你头顶上噔噔噔走过，去找什么东西。这两个人说话你不得不听，因为两人都扯足了嗓门……在这样的环境里，想要专心读书实在是难而又难，我觉得我那时如果真的翻开吉本的那本书，可真是对他的大不敬。我承认，我还没有心静如水到这等地步，能够在这种情况下专心致志地读这么一本书。实际上，那时我最不想读的就是《罗马帝国衰亡史》——还好，我在船上也没有找到这本书。而另一方面，我手头有一大叠侦探小说，而且总能拿去和其他船上的人交换着看，他们的船也由于类似原因被困在码头上；更何况，文具店里还能买到许许多多这类小说。因此，在邦多的四个星期里，我每天都读两本侦探小说。

这当然不是我头一次读这类小说，但却是我头一次这么大量地读。一战中的另一段时间里，我染上了肺结核，躺在苏格兰北部的一家疗养院里，在那儿我发现卧病在床是一件多么愉快的事——脱离了生活的重负，有一种美妙的解放感，继而产生各种奇思妙想乃至胡思乱想。从那以后，只要我能使自己心安理得，一有借口就会上床"疗养"。感冒头痛是一种痛苦的疾病，而且你还得不到半点同情。那些和你接触的人都会忐忑不安地看看你——不是担心你发展成肺炎会一命呜呼，而是害怕你把感冒传染给他们。他们几乎毫不掩饰心中的怨恨，怨你使他们面临危险。因此，只要一感冒，我就立刻上床。手头备好阿司匹林、一瓶热水，外加五六本侦探小说，我就开始不得已而为之的"疗养"（尽管"不得已"的原因和"疗养"的好处都有待商榷）。

我读过的侦探小说数以百计，有好有坏，除非是实在读不下去的，一般我

---

① 《罗马帝国衰亡史》：18世纪英国历史学家爱德华·吉本的代表作。

都会从头到尾读完。即使如此,我也只敢说自己是个业余爱好者。我在后文中将与读者分享我的心得体会。疏漏之处在所难免,对此我心知肚明。

首先,我要区分惊险小说和侦探小说。我只在无意间读到过惊险小说,那是因为我有时会被书名或封面误导,以为里面讲的是一个犯罪故事。这类小说是各种少儿读物的混杂物,就是亨提和巴兰坦①的那类作品,是我们少年时代所喜欢的。不过,这类小说当下之所以流行,大概是因为有一个庞大的成年读者群,他们的思维依然停留在少年时代。而我对那些勇武的男主人公和那些历经千难万险、最后与英雄终成眷属的女主人公,向来是嗤之以鼻的。我讨厌前者老是咬牙切齿,而后者的轻佻,着实使我打颤。我对这类书的作者时常隐隐感到好奇。他们究竟是受了神明的启示呢,还是迫于精神上的痛苦而写下了这些东西,就像当年福楼拜写下《包法利夫人》一样?我不相信他们是处心积虑地坐在那里,玩世不恭地盘算着怎样靠写作来赚钱。如果真是这样,我也不怪他们,因为这样谋生总比上街卖火柴、整天日晒雨淋要舒服得多,也胜过在公共厕所里当清洁工——那种工作只会让你看到人类极其低级的一面……我倒愿意相信,这些作者是人道主义者,当他们看到义务教育创造出了那样庞大的读者群时,心里就有了写作冲动。就这样,他们写书,讲述火灾与海难,讲述火车脱轨,讲述飞机迫降撒哈拉,讲述山洞里的走私犯,讲述鸦片犯的魔窟,讲述邪恶的东方人,希望这样引导读者,使他们有朝一日能去读简·奥斯汀的小说。

在接下来的篇幅中,我要谈谈犯罪故事,尤其是谋杀。盗窃和诈骗也是犯罪,对付它们也可能需要高超的侦探技术,但我对这类犯罪不太感兴趣。从绝对论的角度看(就这类小说而言,绝对论是最合适的视角),被盗的珍珠项链不管是价值两万英镑,还是在沃尔沃斯花了几先令买的,都没什么区别;而诈骗,不管是诈骗百万英镑的巨款,还是三英镑七先令六便士,都是同样肮脏的行径。犯罪小说家不可能像那个乏味的古罗马人②一样,说人性的一切对他来说都不陌生;其实,人性的一切对他来说都可能是陌生的,除了谋杀。谋杀毫无疑问是最为人性的犯罪,因为在我看来,每个人都在某个时刻有过谋杀的念头,只是因为害怕法律的惩罚或者害怕良心的折磨(这第二种顾虑也许是多余的)才没有

---

① 亨提和巴兰坦:均为19世纪英国惊险小说家。
② 那个乏味的古罗马人:指古罗马政治家、作家西塞罗。

动手。但是，杀人犯却敢于冒我们不敢冒的风险，最后由绞刑架的阴影为他的行为留下难忘的纪念。

我认为，侦探小说家应该对谋杀的数量加以控制。一次谋杀最好，两次还可以接受，尤其是第二次由第一次直接引起；但是，如果作者因为担心破案调查正趋于乏味而贸然引入第二次谋杀来吸引读者，那就大错特错了。当谋杀超过两次时，谋杀就变成了屠杀。一次接着一次的血腥死亡与其说让人战栗，不如说让人发笑。在这一点上，美国作家似乎更容易犯错——他们很少满足于一次甚至两次谋杀；他们成群地枪杀、捅杀、毒杀、棒杀受害人，把整本书变成了一个屠宰场，使读者有一种被人耍弄的不悦感。不过，此事说来令人遗憾，因为在美国，多民族混杂，生活中暗流涌动，因而比起我们这种安定、守法而乏味的国家，它更有活力，也更为冷酷，更有冒险精神，而所有这一切，都为那里的小说家提供了更为多样、更具诱惑性的写作材料。

二

侦探小说的模式很简单：凶案发生、嫌疑产生、发现真凶、绳之以法。在这一基本模式中，包含了讲述一个故事所需的元素——开头、发展、结局。这一模式最早由爱伦·坡①在《莫格街谋杀案》中创立，多年来一直为后人所袭用。E. C. 本特利②的《特伦特的最后一案》，长久以来一直被认为是这一模式的完美典范。这本书的语言比现在流行的同类小说轻松诙谐得多；流畅的语言给人以愉悦感，同时又有一种自然而不做作的幽默感。但对本特利先生来说，不幸的是，采集指纹在他那个年代虽然很新奇，现在却已是警方探案的常规手段。自从这本书问世以后，指纹已被无数作家写了又写，以至于现在看来，本特利先生花在这一情节上的大量笔墨已没有多大意思了。因为读者也越来越精明，每当一位文雅、慈祥、似乎绝无作案动机的老人出现时，读者会毫不犹豫地说，这个人就是真正的凶手。你只要读上几页《特伦特的最后一案》，就已清楚地知道库伯先生是凶手。但是，你依然会带着"他为什么要杀害曼德森"这一疑问，兴致勃勃地读完此书。在这里，本特利先生故意违背了侦探小说的

---

① 爱伦·坡：19世纪美国诗人、小说家，西方侦探小说和恐怖小说的先驱。
② E. C. 本特利：20世纪英国侦探小说家。

一条规则，即：案情应在侦探的质问下由凶手自己坦白。既然库伯先生不愿意说出真相，真相也就永远不会大白。他说他当时恰好在那个特殊情况下藏匿在那个特殊的地方，为了自卫不得不开枪打死了曼德森——必须承认，这样的巧合简直是不可能的。还有凶手作案的动机也同样不可信。一个头脑精明的商人精心策划自杀，目的是要把他的秘书送上绞刑架——这似乎太匪夷所思了。对此，就是用著名的坎普登案件来为作者辩解也是徒劳的——在那起离奇的案件中，约翰·皮利去自首，称他和他母亲，还有他弟弟，一起谋杀了一个男人，为的就是要把他的母亲和弟弟送上绞刑架，为此他甚至不惜搭上自己的性命（而警方后来发现，他宣称已被谋杀的那个男人一直活着）——现实生活中发生的事情并不意味着就可当作小说题材。生活中充满了不可思议，而小说必须避免不可思议。

在我看来，《特伦特的最后一案》中最不可信的是，一个家财万贯的富翁，拥有一座至少有十四个房间的乡间别墅，还有六个仆人，而他的花园竟然如此之小，只要一个村民每星期来两天就能打理了。

尽管我在前面说过，侦探小说的模式很简单，实际上侦探小说的创作之路还是很艰难的。作者的目的是不让你知道凶手是谁，直到你读到小说的最后一页；为此，他必须使出浑身解数。但他又必须遵守基本规则——凶手必须是故事中的一个重要人物，不能躲在角落里不出面或者很少出面而使你注意不到他。而反过来，如果凶手在故事中频频出现，就有可能引起你的关注，甚至好感，这样一来，你又不愿意看到他最终被送上绞刑架了。读者的好感是很难捉摸的，常常会违背作者的意愿，对作者本不希望他有好感的人物产生好感。（我相信，简·奥斯汀的本意是想把亨利·克劳福德和玛丽·克劳福德①当作反面人物，期待读者唾弃他们的轻浮与无情。可是，她却把这两个人物塑造得那样无忧无虑，魅力四射，以至于和一本正经的范尼·普莱斯以及自以为是的埃德蒙·博特伦相比，读者反而更喜欢这两个人物了。）很自然，读者会关注最早出现的人物。不但对侦探小说是如此，对其他小说也同样如此，而正因为如此，如果读者在小说前十页中关注的人物后来渐渐地不出现了，读者就会有受愚弄的感觉。我想，这一规则很值得侦探小说家注意——凶手不能是小说中最早出现的几个人物之一。

---

① 亨利·克劳福德和玛丽·克劳福德：简·奥斯汀小说《曼斯菲尔德庄园》中的主要人物。

很明显，如果凶手一出场就人见人厌，那么不管作者在后面怎样补救，都无法消除你对这个人物的怀疑，这样一来，故事还没开始就结束了。为了避开这个两难问题，作者有时会把所有人物，或者大多数人物，都塑造得面目可憎，这样你至少要在这些人物中间作一选择。但这里有个问题——对现代人来说，要像维多利亚时代①的人那样相信世上有彻头彻尾的坏人，是件很困难的事。因为我们相信，每个人身上都善恶并存，因此百分百善或百分百恶的人物不但不会被我们相信，甚至连作者也失去我们的信任——我们会对他操纵的那些木偶不屑一顾。作者必须让他笔下的杀人犯也和我们所知道的普通人一样，既有恶的一面，又有善的一面，同时又必须做到，当真相大白时，我们会乐意看到杀人犯被送上绞刑架。一种处理方法是把谋杀案的性质写得极其恶劣。当然，我们这时可能会质疑，一个人好像是不大可能这样丧尽天良的，因为总是有点人性的。不过，这还只是作者所要面对的难题中最小的一个——因为（在读侦探小说时）没有人会同情被害人。被害人不是在小说开始前、就是在小说刚开始的时候就已经被害了，因而你对他知之甚少，自然不会对他产生多少兴趣；他的死对你来说和杀掉一只鸡并没有多大区别。所以，不管谋杀手段多么残忍，对于他的死，读者都是无动于衷的。再说，如果嫌疑人不止一个，那么谋杀一定有多种（可能的）动机。被害人由于自身的过错——不管是愚蠢、蛮横、贪婪，还是其他什么过错——往往会令人厌恶，以至于他的死丝毫不会使你难过——甚至可以说，他的被害是咎由自取。一旦我们认为杀了这个人未尝不是一件好事，我们就不会那么乐意看到杀人犯被送上绞刑架。为了解决这个难题，有些作者让杀人犯在事情败露后选择自杀。这既符合以命偿命的原则，又免去了刽子手的绞索，免得有些读者会黯然神伤。总而言之，杀人犯当然应该是坏人，但又不能坏得一目了然，坏得让人难以置信；而且其作案动机要令人信服，同时杀人犯的所作所为又要足以引起读者的义愤。这样当真相大白时，读者才会欣然目送他被送上绞刑架。

这里，我想就杀人动机再多说几句。我曾到当作罪犯流放地的法属圭亚那去做过调查。调查结果我也曾在其他文章谈到过，但我估计很少有人会读我的每一篇文章，而把它放在这里又恰到好处，所以我不妨重复一次。那时，岛上

---

① 维多利亚时代：即19世纪维多利亚女王当政时期。

至少有三座监狱，犯人根据犯罪性质分别关押在不同的监狱。圣洛朗·德·马罗尼监狱关的全是杀人犯。这些人由于陪审团认为他们有从轻情节，因而未判死刑，而是长期监禁。我曾花了整整一天时间，一个个地询问那些犯人的杀人动机，他们倒也乐意回答我的问题。表面上看，有些人似乎是出于爱情或者嫉妒而杀了人。他们有的杀了妻子，有的杀了情夫或者情妇。不过，我只多问了几句就发现，最终的杀人动机还是——钱。一个男人杀了妻子，因为她把他的钱花在情夫身上；另一个男人杀了自己的情妇，因为她阻挠他和一个富家女结婚；还有一个男人也杀了自己的情妇，因为她威胁要把他们的关系透露给他妻子，以此敲诈他的钱财。至于在那些与性无关的谋杀案中，钱更是主要因素。有人因抢劫钱财而杀人，有人因遗产分割有纠纷而杀死兄弟，还有人因分赃不均而杀死同伙。只有两个人不是为了钱：一个阿帕奇人①杀了和他同居的女人，因为她向警察告密，出卖了他；另一个人在酒后斗殴中为己方帮派成员复仇，杀死了对立帮派的一名成员。

我没有了解到哪一起杀人案可以严格地称为"冲动杀人"。当然，有可能这样的杀人犯在审判时受到了陪审团赦免，或者刑期很短，因而没有被押到圭亚那来。除了金钱，另一个常见的动机是恐惧。一个年轻的牧羊人在田野里强奸一个小女孩。当小女孩大声尖叫时，他出于恐惧，掐死了她。一个公司职员杀了一个女人，因为那个女人发现他曾经因欺诈而坐过牢，他害怕她会把这事告诉他的老板。

由此可见，可供侦探小说家采用的最合理的杀人动机无非是钱、恐惧和复仇。谋杀是可怕的重罪，杀人犯肯定会受到严惩。因此，读者是不会相信一个人因为自己心爱的姑娘爱上了别人而杀了那姑娘，或者某银行职员因为有同事爬到他头上就杀了那同事。杀人犯所下的赌注，一定是非常大的。侦探小说家的任务就是要使你相信，为这样的赌注是值得杀人的。

三

在侦探小说中，和杀人犯同等重要的人物当然是侦探。每个侦探小说爱好

---

① 阿帕奇人：美洲印第安人中的一族，骁勇好斗，常被警察追捕。

者都能说出一连串著名侦探，而其中最出名的，毫无疑问是夏洛克·福尔摩斯。几年前，我为了选编一本短篇小说集，特意把柯南·道尔的侦探小说集①重读了一遍。我惊讶地发现，他写得真是太糟糕了。故事的引子很好，背景也不错，但故事本身却太简单了，读完后甚至连一点余味都没有——真是雷声大，雨点小。尽管如此，我起先还是认为有必要选入一篇柯南·道尔的作品；后来发现，对于有文学修养的读者来说，他的作品没有一篇是令人满意的。然而，不管怎么说，夏洛克·福尔摩斯确实捕获了大众的注意力。在文明世界，他的名字可谓家喻户晓。有人或许从未听说过威洛比·帕特尼爵士②、贝尔杰雷先生③或者韦尔杜兰夫人④，但他一定听说过福尔摩斯。柯南·道尔用生动的粗线条勾画这个虚构人物，并反反复复地强调这个人物的一些怪癖，使其深深印入读者的脑海——这种策略，和广告公司推销肥皂、啤酒、香烟时的策略是一致的，其效果也差不多。你读完五十篇福尔摩斯后，你对他的了解其实一点也不比你读完第一篇时多，但由于经受了五十次的反复唠叨，你的神经终于崩溃了。就这样，这个虚构人物在你的印象中占据了堪比伏脱冷⑤和米考伯先生⑥的重要位置。可以说，没有哪部侦探小说能像柯南·道尔的作品那样广为人知。既然如此，既然夏洛克·福尔摩斯出自他的笔下，我想，就凭这一点也不得不承认他的名声。

  侦探有三类。一类是警探；一类是"私家侦探"；还有一类是业余侦探。长久以来，业余侦探一直很受欢迎，而侦探小说家也都一直绞尽脑汁，想创造出一个可以在多部作品中反复出现的侦探形象。警探通常被表现为不太有个性的传统人物——虽然时而有人展现出他的好的一面，机警、敬业、耐心，但在大多情况下，他总被写成是个缺乏想象力的老顽固，因而理所当然地成了业余侦探的陪衬，用来反衬后者的聪明才智。此外，作者还往往会赋予业余侦探以独特的个性，尽力让他看起来像个有血有肉的人，而且业余侦探有时竟然能发

---

  ① 柯南·道尔的侦探小说集：中译《福尔摩斯探案集》（柯南·道尔：19世纪英国"新浪漫主义"小说家，《福尔摩斯探案集》是其作品之一，无意间开了侦探小说的先河）。
  ② 威洛比·帕特尼爵士：19世纪英国小说家梅瑞狄斯的著名小说《利己主义者》中的主人公。
  ③ 贝尔杰雷先生：20世纪初法国小说家法朗士的著名小说《贝尔杰雷先生在巴黎》中的主人公。
  ④ 韦尔杜兰夫人：20世纪初法国小说家普鲁斯特的著名小说《追忆逝水年华》中的主要人物。
  ⑤ 伏脱冷：巴尔扎克名著《高老头》《交际花盛衰记》中的重要人物。
  ⑥ 米考伯先生：狄更斯名著《大卫·科波菲尔》中的重要人物。

现连苏格兰场①的警探也未能发现的线索,由此证明"业余"比"专业"更聪明,更能干。这一点,在一个有怀疑专家传统的国度②中自然能赢得读者的认同。警探和业余侦探之间的冲突使这类侦探小说富有戏剧性。虽然我们自己是守法公民,但我们却乐于见到法律的权威最终受到嘲笑。作者赋予业余侦探最重要的个性,就是幽默。你可能会想,读者一被逗乐,情绪就会高涨,这样等读到惊险之处时,他的反应就会更强烈;但这并不是作者的目的。作者这样做自有更为重要的原因。时而机智灵敏、时而荒唐可笑的业余侦探之所以要幽默,要引得读者捧腹开怀,是因为你自然而然会对一个能把你逗乐的人物怀有好感。正是这一点,对作者来说至关重要,因为他必须使出浑身解数使你忘记一个明显的事实,那就是:业余侦探其实是在多管闲事。

为此,他会先让业余侦探摆出一副为了正义无私奉献的模样。如果这种模样对于读者来说太虚伪的话,他接着就会让业余侦探说,他做业余侦探是出于探寻真相的热情。然而事实上,业余侦探就是多管闲事,莫名其妙地介入和他毫无关系、本应由司法部门秉公处理的事务;而作者之所以要赋予他令人愉悦的举止、健美的体格、可爱的个性,也是为了诱惑读者接受这个人物。最重要的是这个人物要幽默。不幸的是,侦探小说作家中很少有人真正具有幽默感。难道一个只是把法文笑话生硬地译成英文的人物,或者一个引用——有时还误引——老掉牙的诗句、满口说大话、装腔作势的人物,或者一个说着约克郡方言、操着爱尔兰土腔的人物,也称得上幽默?如果真是这样,幽默家就一钱不值了。如果真是这样,伍德豪斯先生和帕尔曼先生③就该告老还乡了。我真希望有一篇侦探小说把业余侦探的可鄙之处全暴露出来,并最终使业余侦探遭到读者的唾弃。

我认为,在侦探小说中引入幽默是错误的。不过,尽管我不赞同,还能勉强接受。但另一方面,我实在无法忍受在侦探小说中插入爱情。爱情或许能推动地球旋转,但就是不能进入侦探小说;因为在这里,爱情只会把一切都搞得一团糟。我根本不在乎最终是谁赢得了那姑娘的芳心——是那个有绅士风度的

---

① 苏格兰场:Scotland Yard,伦敦警察厅的别名。
② 一个有怀疑专家传统的国度:指英国。
③ 伍德豪斯先生和帕尔曼先生:即 P. G. 伍德豪斯和 S. I. 帕尔曼,均为 20 世纪初英国著名幽默作家。

私家侦探呢,还是那个首席警探,或者那个被诬告的主人公,我都不在乎——我要在侦探小说中看到的只是"探案"。故事的脉络应该非常清晰:谋杀、询问、怀疑、发现、惩罚;而插入年轻姑娘和年轻绅士的爱情——不管那姑娘多么迷人,不管那绅士多么潇洒——终究是令人讨厌的离题。不错,爱情是人类行为的一大源泉,可以使人嫉妒,使人恐惧,或者使人受到伤害。不错,这或许符合侦探小说家的写作目的,可是在另一方面,爱情却会使侦探调查的范围大大缩小——因为与爱情有纠葛的人至多不会超过两三个。而且,如果爱情真的是杀人动机,那么谋杀就成了情杀;这样一来,杀人犯也就不再显得那么可恶了。另一方面,如果作者仅仅是在探案过程中插入一个单纯的爱情故事,以此作为调味品,那他就犯了一个口味混乱的大错误。在侦探小说中,婚礼的钟声是多余的。

我想,侦探小说家常犯的另一个错误就是把谋杀手段写得过于离奇。由于这类小说大量出版,读者早已失去好奇心,作者们很自然就想用离奇的谋杀来刺激读者。我记得我曾读过一部侦探小说,其中的几起谋杀竟然都是用放在游泳池里的毒鱼来实施的。这样的创造力,在我看来是用错了地方。我们知道,一件事情的可能性是相对的,检验其是否可能,终极标准就是我们是否相信。在侦探小说中,我们可以相信很多事情,可以相信杀人犯在犯罪现场留下了一截非同寻常的烟头;相信他留下了一个特殊的鞋印;相信他在被害女士的房间里留下了许多指纹。我们可能会因为有人放火而葬身火海,可能会被仇人开车碾压致死,可能会被推下悬崖摔得粉身碎骨,但我们无法相信自己会被一条神不知鬼不觉放在卧室里的鳄鱼撕成碎片,也无法相信自己会在参观卢浮宫时因为某个坏蛋的恶毒计谋而被突然倒下的维纳斯雕像压死。在我看来,最好的谋杀方式还是那些传统方式——最可信的作案工具还是刀、枪和毒药。我们都有可能成为这些东西的牺牲品,而我们自己也偶然会用一用这些东西。

一流的侦探小说家从不矫揉造作,而是用明晰的语言陈述事实,进行推理。华丽的辞藻在这里毫无用处。当我们只想知道那个男仆的下巴上为什么会有伤痕时,我们不想听什么美丽动听的话,那样只会使我们注意力分散。同样,当我们只想知道从磨坊穿过矮树林走到猎场看守人小屋需要几分钟时,我们也不想看到一段景物描写。此时,我们一点也不关心河边的报春花。在此顺便说一句:当我需要看着地图来了解某部小说中写到的地貌或者街道时,我对这部小说已觉得兴味索然了。同样,写侦探小说也不需要知识广博。在我看来,正是因为偏执于知识广博,致使一位最有创造力的当代侦探小说家①误入歧途。据说她是个博学多才的女人,对于一般人根本不了解的许多事物,她也具有惊人的知识。不过,我觉得她还是把这些知识留给自己为好,不要用到侦探小说中来。因为,侦探小说尽管各个阶层的人都喜欢读,但对于侦探小说家,说实在的,却没有多少人会表示尊重。切尔西②,或者梅菲尔午餐会③,曾邀请过他们吗?在出版商举办的图书推销会上,有谁会指着他们兴奋地为同伴作介绍?甚至稍为人知的侦探小说家也没有几个,其余的全都默默无闻,不为人知。

于是乎,侦探小说家对那些一边贪婪地读着他们的作品、一边高傲地对他们摆着架子的读者心怀怨恨。于是乎,他们不放过任何机会,要向那些看不起他们的读者展示自己的学问和文笔。他们要让那些傲慢的读者知道,他们的学问不输皇家文学院院士,他们的文笔堪比作家协会会员。这虽是人之常情,却并不明智。他们应该有充分的自信,不必理会别人怎么看。他们有广博的知识其实没什么不好,但需记住:要"衣着得体",而不要刻意追求服饰华丽。他们的学识不应该干扰他们的主题,而他们的主题就是揭示一桩谋杀案的真相,永远如此。

这里,我要恳请侦探小说家安心写作,不必焦躁。因为很可能,未来的文学史家在写到二十世纪上半叶的英语小说时会把那些所谓的"严肃小说"一笔带过,而用许多篇幅来谈论侦探小说的巨大成就。首先,他们不得不承认,这类小说很繁荣,有一个庞大的读者群。不过,要是他们对此的解释是:因为文盲的减少而产生了一个庞大的读者群,然而这个读者群虽有旺盛的阅读需求,文化程度却不高,所以全都迷上了"谁是凶手"——要是这样解释,那他们就错了。他们必须承认,侦探小说的读者群中也有学识渊博的男士和品位高雅的女士。对于这一现象,我的解释很简单:侦探小说家的任务就是讲故事,而且他们往往把故事讲得既简洁又明确。他们必须尽快入题,这样才能吸引读者的

---

① 一位最有创造力的当代侦探小说家:即英国女侦探小说家多萝西·塞耶斯,她的早期创作很成功,后期创作有卖弄学问之嫌,不受读者欢迎。
② 切尔西:伦敦的文人聚居区。
③ 梅菲尔午餐会:当时英国的文学爱好者团体。

注意。他们必须制造悬念，这样才能激发读者的好奇心；然后引入事件，使读者产生浓厚的兴趣。他们必须使读者同情应该同情的人物，而要做到这一点并非易事，需要有足够的聪明才智。最后，他们还必须使故事有一个完美的高潮。总之，他们必须遵守"讲故事"的自然法则——自从远古有个聪明人在以色列的帐篷里讲了约瑟的故事①之后，人们一直遵守着这一法则。

然而，当今的"严肃"小说家却很少讲故事，甚至完全不讲故事；他们自己使自己相信，故事在他们的艺术创作中是可有可无的。就这样，他们无视人心的一大渴望——听故事，而这一渴望，可以说和人类一样古老。因此，要是说侦探小说家夺走了"严肃"小说家的读者，那是他们自找的，要怪只能怪他们自己。再说，这些人又啰唆之极，简直令人难以忍受。他们中很少有人明白任何主题的发挥总是有限度的，所以他们会把一百页就能写完的东西漫无边际地写上四百页。时下流行的所谓"心理分析"更是助长了这种风气。在我看来，心理分析的滥用已经损害了当今的"严肃"小说，就如当初景物描写的滥用损害了十九世纪的小说。现在我们知道，景物描写不但要简洁，而且要以情节发展的需要为唯一前提——心理分析也是如此。总而言之，侦探小说虽然有明显缺点，但仍能凭着自身的优点而被广泛阅读；严肃小说虽然有明显优点，但由于存在严重缺点，读者还是寥寥无几。

四

以上，我讨论了以爱伦·坡的《莫格街谋杀案》为先导的早期侦探小说。在过去的半个世纪中，有几千部侦探小说问世，它们的作者更是尽其可能地用各种方式使自己的作品显示出新意。我在前面已经提到过一些稀奇古怪的谋杀手段。除此之外，他们还大胆采用了科学和医学上的新发现。他们用锐利的冰柱刺死人；他们巧妙地破坏电线，使受害人触电致死；他们把空气注入受害人的血管，使其心脏骤停；他们把炭疽杆菌抹在受害人的剃须刀上，使其血液中毒而不治身亡；他们把剧毒物质涂在邮票上，使受害人一舔邮票就顿时毙命；他们用装在照相机里的手枪把受害人射杀，甚至用隐匿的原子射线照射受害人，

---

① 约瑟的故事：即《圣经·旧约·创世记》中关于约瑟的事迹。

使其莫名其妙地死去。但是,所有这些方法都因为过于夸张而令人难以相信。

有时,侦探小说家还会大胆表现出一些奇思异想。其中最奇异的就是所谓的"反锁之谜":一具尸体在一个房间里被人发现,死者显然是被人谋杀的,而房间的门却反锁着;也就是说,凶手既不能从门里进来,也不是从门里出去的。这样的"反锁之谜",最初就出现在爱伦·坡的《莫格街谋杀案》中。但是,爱伦·坡对这一谜案的解释存在严重漏洞,而历代评论家居然从未觉察,这真是令人惊讶。读者应该还记得,小说中邻居们被一阵可怕的尖叫声惊醒,便冲入了那幢案发的房子,结果发现住在里面的一对母女被人杀了,奇怪的是女儿被发现死在一个门被反锁的房间里,窗户也是从里面紧紧地关着的。杜邦先生①最后的结论是,杀死这对母女的凶手是一只巨猿,它是从敞开的窗户中逃跑的,而当它跳出窗户时,巨大的身躯带动了窗户,由于惯性,窗户自己关上了。然而,随便哪个警察都会告诉小说作者,两个法国女人——一个已经上了年纪,另一个也已到中年——晚上是绝对不会敞开窗户把外面带着露水的空气放进来的。不管巨猿是怎么进入房间的,反正它从窗户中跳出去的可能性不大,而窗户自己会关上,那就更加不可能了。但这一手法后来又被卡特·迪克森②采用并获得成功,以致引来无数的模仿者而渐渐令人生厌了。

还有各种各样的背景——苏塞克斯的乡村别墅、美国的长岛或者佛罗里达、自滑铁卢战役后一直无人问津的小村庄、暴风雪中的赫布里底群岛上的古城堡……都几乎被侦探小说家用尽了。还有各种各样的破案证据——指纹、脚印、烟蒂、香水、脂粉……也都一次又一次出现。还有一声不响的狗(证明它和凶手很熟悉——我想,这是柯南·道尔首创的)、天书一样的密码信、无法分辨的双胞胎、出人意料的秘密通道……还有不知为什么要在荒野里游荡而被神秘的蒙面人打晕的姑娘,而当读者厌倦了这样的姑娘时,又反反复复看到不知为什么坚持要和侦探一起探案而又总会使探案遇到麻烦的美女……总之,所有这些背景、这些证据、这些案情,都被一用再用,几乎用滥了。对此,侦探小说家当然明白。他们应对的方法是再想出一些更加怪异、更加夸张的东西,以期为那些已经讲过上百遍的故事增添一点新意和趣味。然而,一切都是徒劳。不管哪种谋杀手段、哪种破案方式,还是哪种蒙蔽读者的伎俩、哪个阶层的生活场

---

① 杜邦先生:《莫格街谋杀案》中的侦探。
② 卡特·迪克森,19世纪末英国侦探小说家。

景，都已经用过无数次，毫无新鲜感了。单纯的推理侦探小说走上了绝路。

另辟蹊径以迎合读者口味的是所谓"硬汉派"侦探小说。据说，这一派的首创者是达希尔·哈米特①，但埃尔·斯坦利·加德纳②声称，卡罗尔·约翰·戴利③是写出这类小说的第一人。不管怎样，是哈米特的《马耳他黑鹰》开了这一派的风气。

这一派据称是现实主义的：被谋杀的人不总是公爵夫人、内阁大臣或者腰缠万贯的工业大亨；谋杀案不总是发生在豪华的乡间别墅里、高尔夫球场或者赛马会上；杀人犯也不总是年迈的女佣或者退休的外交官。雷蒙德·钱德勒是目前这一派小说家中最有名的，他在一篇题为《描写谋杀的艺术》的短文中简要而形象地说明了这一派小说的特点。"要真实地描写谋杀，"他说，"就要描写这样一个世界：统治国家、统治城市的是一帮匪徒；宾馆经理、公寓主人兼做妓院老板；电影明星兼做黑帮眼线；全国有名的慈善家其实是地下赌场老板；家里藏满私酒的法官把口袋里放了一小瓶酒的人送进监狱；镇长靠纵容行凶谋取钱财，暗巷小路没人敢走；白天也能看到抢劫，而且要快快躲避，不可声张，因为劫匪或许有枪，警察又未必相信你的告发；就是到了法庭上，狡猾的律师也会在愚蠢的陪审团面前把你羞辱一番，而法官又被政治操纵，除了装模作样，别的什么都不管。"显然，在这样一种社会状况下，不仅现实主义侦探小说家可以获得足够的素材，读者也愿意相信，这些侦探小说家所讲的故事并非胡编乱造，而是真实的。是的，读者只要看看报纸、听听新闻就能知道，这样的事情几乎天天都在发生。

雷蒙德·钱德勒还说："达希尔·哈米特把谋杀还给了真正有理由谋杀的人，他们不是为谋杀而谋杀，也不是用精制的手枪、隐藏的暗箭或者有毒的热带鱼谋杀，而是用他们可能有的工具和手段实施谋杀；同时，他还让杀人犯用他们平常所用的语言思考和交谈。"这是很高的评价，也很中肯。哈米特确实很熟悉自己笔下的那个世界，他曾在平克顿做过八年侦探。这使他能够讲出真实可信的侦探故事，而在这方面，也只有雷蒙德·钱德勒能和他相比。

---

① 达希尔·哈米特：20世纪美国"硬汉派"侦探小说家。
② 埃尔·斯坦利·加德纳：20世纪美国"硬汉派"侦探小说家。
③ 卡罗尔·约翰·戴利：20世纪美国"硬汉派"侦探小说家。

在这一派侦探小说中,探案过程相对来说不是最重要的。凶手是谁并不是秘密,重要的是侦探如何克服种种困难使凶手认罪。这样,作者也就避开了寻找凶手时必然要遇到的那些烦人的线索问题。实际上,譬如在《马耳他黑鹰》中,侦探山姆·斯佩德直接指着布丽吉德说,她是唯一可能谋杀阿彻的凶手,而布丽吉德当时慌了,承认了。如果她拒不承认,而是冷静地反问:"证据呢?"那肯定是山姆·斯佩德慌了。其实,就是到了法庭上,如果布丽吉德请一位像埃尔·斯坦利·加德纳笔下的佩里·曼森那样精明的律师来为她辩护,那么凭山姆·斯佩德出示的那些不充分的证据,陪审团也不可能将她定罪。

"硬汉派"侦探小说家都很注意赋予笔下的侦探以某种个性,但并不夸张,以免个性变成怪癖。与此不同,"纯推理"侦探小说家则往往追随柯南·道尔,把各种怪癖堆积在笔下的侦探身上,使其变成怪人也在所不惜。

达希尔·哈米特作为一名侦探小说家具有原创性,他不像其他人那样让同一个侦探在好几个案件中出现,而是每写一个案件就创造一个新的侦探形象。譬如,《戴恩家的祸患》中的侦探是个身材魁梧的中年男人,但他并不依仗武力,而是靠智慧和勇气办案;《瘦子》中的侦探尼可·查尔斯是个幽默风趣的人,他娶了个有钱的女人后就不干侦探这一行了,后来迫于其他方面的压力,才不得不重操旧业;《玻璃钥匙》中的奈德·博蒙特是个令人好奇的人物,创造出这样一个人物值得任何一位小说家感到自豪——他本是个职业赌徒,成为侦探纯属偶然;还有《马耳他黑鹰》中的山姆·斯佩德,是达希尔·哈米特塑造得最成功、最可信的侦探形象,他是个蛮不讲理的流氓、没有心肝的骗子,和他要对付的罪犯没有多大区别,读者甚至很难在他和罪犯之间作出道德判断;然而,就是这个下三流的坏蛋,被塑造得既真实可信,又生动有趣。

我们知道,福尔摩斯是个私家侦探,但追随柯南·道尔的侦探小说家似乎更喜欢让警探或者身手不凡的业余侦探来破解谜案。达希尔·哈米特自己就曾做过私家侦探,因而他笔下的主人公自然都是私家侦探。后来的"硬汉派"侦探小说家也都明智地以他为榜样。私家侦探,或者说"私家鹰犬",是个既浪漫、又沉闷的行当。和业余侦探一样,私家侦探似乎也比警探更有智慧,而且在大多情况下也可以偷偷地违反法律规定,做一些手脚。此外,他们还有一个优势:检察官和警方总是用怀疑的眼光看待他们那种不正规的探案方式,因而他们不但要和罪犯周旋，还要和官方较劲——这无疑使他们的探案过程变得更为紧张、更具戏剧性。最后，和业余侦探相比，私家侦探的优势在于他们是职业侦探，是以探案为生的，因而不会被人视为多管闲事而招人讨厌。至于他们为何要从事这么个并不光彩的行当，我们就不得而知了。我们只知道他们赚钱好像并不容易，因为他们总是穷巴巴的，办公室又小又破。我们对他们的身世也几乎一无所知。他们好像都没有爹妈，没有亲戚，也没有兄弟姐妹。可是，另一方面，他们好像都很幸运地有一个对他们心怀爱意的女秘书，而且这个女秘书十有八九是碧眼金发、美丽动人的。他们对这个女秘书大凡也都温情脉脉，有时还会亲吻她一下，但在我的记忆中，他们对她的感情好像从来不会发展到求婚的地步。我们既不知道他们从哪里来（只有雷蒙德·钱德勒笔下的菲利普·马洛是个例外），也不知道他们是在哪里学会做侦探的，但却知道他们有怎样的个性、怎样的习惯，因为这是书里直接告诉我们的。他们个个魅力无限，使女人神魂颠倒。他们全都高大、强壮、勇敢，一拳就把一个男人打飞，就像拍死一只苍蝇一样容易，而当他们挨打时，不管别人怎样拳脚相加，他们总是安然无恙，毫发无损。所以，与其说他们机智过人，不如说他们英勇无比，常常会手无寸铁地面对最凶狠的罪犯，而罪犯毒打他们的手段之残忍，会使你大感不解，他们为什么只要躺上一两天就又生龙活虎了。他们往往深入险境，随时可能遭到突然袭击，其情其景令人屏息凝神。当然，这样的悬念还是很有点令人紧张的，但有一点可以放心，那些黑帮、恶棍和勒索者绝对不会用子弹把他们打得浑身是窟窿的（因为那样的话，小说就会提早画上句号）。他们酷爱烈酒，办公桌抽屉里永远有一瓶黑麦威士忌或者波旁威士忌，只要有客人来或者闲着无事，就会拿出来喝一口。他们的衣袋里也总放着一小瓶酒，而汽车后备厢里总有一大瓶。他们每次走进旅馆，第一件事就是叫人拿瓶酒来。他们吃得就像大多数美国人一样，非常单调，不是培根煎鸡蛋，就是牛排炸薯条。在我的印象中，唯一对吃有点讲究的私家侦探，好像只有尼罗·沃尔夫。但他不是土生土长的美国人，有一半欧洲血统，所以才喜欢吃多汁的菜肴，才会对西兰花情有独钟。

　　未来的历史学家会惊讶地发现，从达希尔·哈米特的写作年代到雷蒙德·钱德勒的写作年代，尽管相隔时间很短，美国人的生活习惯竟然发生了明显的变化。达希尔·哈米特笔下的奈德·博蒙特在度过又是喝酒、又是奔忙、又是打斗的一天后,通常只是换个衣领①,洗洗手;而雷蒙德·钱德勒笔下的马洛却会洗个热水澡,还要换件干净的衬衫(如果我没有记错的话)。可见,在此期间,美国男人的卫生习惯发生了很大变化。此外,马洛和山姆·斯佩德也不同,是个正派人;他也想赚钱,但从不偷鸡摸狗,而且从不侦办和离婚有关的案件。马洛是雷蒙德·钱德勒的好几个侦探小说中的故事叙述者。通常,当故事叙述者就是小说主人公时,这个人物的形象总是比较苍白而不鲜明,譬如大卫·科波菲尔②就是这样。不过,雷蒙德·钱德勒却把马洛塑造得有血有肉,既勇猛无畏,又和蔼可亲。

在我看来,"硬汉派"侦探小说家中最出色的就是达希尔·哈米特和雷蒙德·钱德勒。两人相比较,雷蒙德·钱德勒比达希尔·哈米特更为出色。达希尔·哈米特有时会把案情讲得过于复杂,读者稍不留神就会晕头转向;雷蒙德·钱德勒却始终讲述得简洁明快、不蔓不枝,而且他笔下的人物也更为多样,人物动机和故事情节也更为可信。他们两人虽然都用紧凑、生动、口语化的美国英语写作,但在我读来,雷蒙德·钱德勒的对话比达希尔·哈米特写得好;他绝好地掌握了那种典型的美国式俏皮话,因而给人以一种很自然的幽默感。

如前所述,"硬汉派"侦探小说并不注重探案过程。它注重的是人物,也就是那些罪犯,那些骗子、赌徒、小偷和敲诈者,还有那些渎职的警察和虚伪的政客。这一派小说所讲述的故事,其精彩就精彩在故事中的那些人物。如果那些人物是虚假的,你就不会关心他们的所作所为和他们的喜怒哀乐了。所以,和纯推理侦探小说家相比,这一派小说家必须花更多力气来塑造人物。他们必然使自己笔下的人物表现得不仅是可能的,而且是真实可信的。大多数纯推理侦探小说中的侦探其实都有点像闹剧中的人物,由于作者赋予他们过于夸张的怪癖而使他们显得特别古怪。这样的人物显然是作者拍脑袋想出来的,只有作者自己相信。至于这类侦探小说中的其他人物,却又因为毫无个性而成了一个个晃动的影子。与此完全不同,达希尔·哈米特和雷蒙德·钱德勒笔下出现的都是真实可信的人物,就如我们日常所见的男男女女,只是稍稍拔高了一点,更加生动一点。

---

① 领子可以拆卸的衬衫,只要换领子,衬衫就无须换了。
② 大卫·科波菲尔:狄更斯同名小说中的主人公,也是小说的故事叙述者。

我自己也是小说家,因此我对这两位小说家如何描写人物相貌很感兴趣。我想,要使读者对某个人物的相貌有一个精确的印象总是很难的,所以小说家们才要作各种各样的尝试。达希尔·哈米特和雷蒙德·钱德勒都喜欢简明扼要地勾画人物的长相和衣着,就像警方的通缉公告一样。在景物描写方面,雷蒙德·钱德勒的手法更为娴熟。当马洛走进一个房间或者一个办公室时,他总会精确、简练而又具体地告诉我们那里有什么家具、墙上挂着什么画、地上铺着什么地毯。这使我们不得不佩服这位侦探的观察能力。他所用的语言就像剧作家(但不是萧伯纳)在剧本中对布景和道具所作的提示一样简单明了,以此巧妙地暗示细心的读者,这位侦探将会遇到怎样的人和怎样的事。当你对一个人的生活环境有所知晓时,你对这个人已经有所了解。

不过,从另一方面讲,我认为这两位小说家的巨大成功——不仅是数以百万计的销量所表明的商业上的成功,更有评论界予以肯定的文学上的成功——反而毁了这一派小说的前途。几十个乃至上百个模仿者蜂拥而来,而且就像所有模仿者一样,以为只要放大成功者的某些特点就能超越成功者。于是,这一派小说里的黑话越来越多,多到你必须查阅书后的"黑话词汇表"才能读懂小说;罪犯越来越凶残,越来越狂暴,越来越变态;女人越来越风骚,越来越像妓女;侦探越来越鲁莽,越来越像酒鬼;警察越来越无能,越来越像痴呆。是的,一切都过分得近乎荒唐。殊不知,模仿者越是夸张,越是想刺激读者,读者越是觉得无聊。模仿者没有使读者尖叫,反倒引来了读者的嘲笑。奇怪的是,成功者的有一个优点他们好像从不模仿,因而他们写出来的英语全都很不流畅。

在我看来,雷蒙德·钱德勒后继无人。我相信,侦探小说,无论是纯推理侦探小说,还是"硬汉派"侦探小说,都已经死亡。不过,这不要紧,还有许多小说家会继续写侦探小说,而我,也会继续——读侦探小说。

读埃德蒙·伯克①之后

一

我很幸运,拥有一套赫兹里特②的全集。我时常会从书架上取下一卷,随心所欲地读上几篇。赫兹里特的散文几乎篇篇都不会使我失望,但像所有作家一样,他有时也没有完全发挥出自己的水平。他的上乘之作当然非常出色,就是他的平庸之作也至少可以一读。他写得既风趣又辛辣、既灵活又执着、既诚挚又偏激,他在每一页上都显露出他的个性,显露出他的优点和缺点,而一个作家所能做的,也仅限于此。喜欢赫兹里特的读者不难发现,埃德蒙·伯克的名字时常出现在他的笔下。他称伯克为"已故伯克先生"。当我读到这一称呼时,心里不由得一愣,伯克离世已有一百五十多年,这么称呼他,即便他不是我的同时代人,至少也像乔治·梅瑞狄斯③或者斯温伯恩④那样,似乎成了我年轻时有幸认识的某个人。赫兹里特还称伯克为"那时的顶级散文家"。他曾在一篇散文中说,他最喜欢的三位作家是伯克、朱尼厄斯⑤和卢梭⑥。"我啧啧

---

① 埃德蒙·伯克(Edmund Burke, 1729—1797),18世纪英国政治家、作家、演说家、政治理论家、哲学家,曾在英国下议院担任辉格党议员,主要著作有《论崇高与美》《对法国大革命的思考》等。
② 威廉·赫兹里特:19世纪英国散文家、批评家。
③ 乔治·梅瑞狄斯:19世纪英国诗人、小说家。
④ 斯温伯恩:19世纪英国诗人。
⑤ 朱尼厄斯:18世纪一个不知名作者的笔名,他在伦敦的一家报纸上发表一系列信件,抨击当时的英国政府。
⑥ 卢梭:18世纪法国哲学家、小说家、散文家。

称赞他的写作风格,称赞他的表达之巧妙、他的思想与情感之高雅。"他在文中说,"我放下书,思考这种力与美究竟来自何处,但最后又不得不绝望地再拿起书,一边读,一边啧啧称赞。"对伯克的文体风格,赫兹里特一再"啧啧称赞"。显然,他自己的文体风格很大程度上得益于他对伯克的熟读。赫兹里特还称伯克是继杰里米·泰勒①之后"最有诗意的文体家"。"我始终认为,"他写道,"最完美的文体,最有力、最华美、最大胆、最接近诗歌而又不逾越诗与文界限的文体,是伯克的文体。他的文体就像钻石一样,既坚硬又璀璨……他的文体飘逸多变,却从不偏离主题——不仅不偏离,而且始终紧扣主题,始终把主题发挥得淋漓尽致。"他还写道:"他的文体就像对话——通达世事、熟知人心的对话。不论是信手拈来,还是颇费周折,不论什么事情,他都要说出他想说的话。他的话可能是平平淡淡的,也可能是非常专业的;他的句子可能很长,也可能很短,可能是直白的,也可能是隐喻的……不论在何处,他都会将他内心的印象真实而贴切地呈现在你面前,而正是这许许多多的印象给了他的文体一种奇特的活力。他急于把自己的想法既完整又生动地表现出来,这使他常常会有过于夸张的危险,但他知道分寸,从来不会贸然涉险。"

除了这些,赫兹里特还说过许多赞美伯克的话,恕不在此引出。我看到他这样赞美伯克,心里想,我倒想亲眼见识一下,究竟是什么了不起的文体,配得上这样大肆赞美。说实话,伯克的文章,如《论与美洲殖民地的和解》和《论美洲事物》,我年轻时就曾读过,但也许是因为年轻,我那时并没有注意到他的文体有多么高超,只觉得他写得很华丽,留给我的只是一种生动、但模糊不清的印象。最近,我重读了他的这两篇文章,还读了他的几部更为重要的论著。下面我所写的,就是我的读后感,愿与读者分享。不过,我要告诉读者的是,我并不打算讨论伯克的政治思想②,因为那需要充分了解十八世纪的情况,还要相当熟悉政治理论,而这两方面的知识,我都不具备。所以,我只想讨论他的文体风格,尽可能地避开他所谈论的政治问题。当然,要把文体和论题完全分开是不可能的,因为文体受论题的限制;譬如,严肃、庄重、谨慎的文体

---

① 杰里米·泰勒:17 世纪英国神学家、散文家。
② 伯克的政治思想很复杂,他既反对英王乔治三世和英国政府、支持美洲殖民地和后来的美国独立运动,但又对法国大革命持批判态度;此外,他是辉格党内保守主义的主要人物(他以"老辉格"自称),反对提倡革命的"新辉格"。所以,一般把他视为英美保守主义的奠基人。

适合于重大的论题，如若用在日常话题上，就会显得很可笑；反之亦然，轻松愉快的文体是不适合用在重大论题上的，因为在真正重大的论题上，就如约翰逊博士①所说，你是讲不出什么新东西来的，除非你胡说八道。不过，如果你认为谈论这类问题时只要搞点文字游戏或者逻辑游戏就能蒙骗读者，那你也是错的。小说家必须面对这一难题，即：文体要随着内容的改变而改变。然而，小说家很快发现，既要使文体和内容保持统一、又要不被人指责为装腔作势，那是不可能的，因为他在写对话时要用口语文体，交代情节时要用叙事文体，而描写人物内心活动时又要用抒情文体，实在难而又难。好在，小说家或许只要不犯明显的语法错误就可以了，因为一个令人震惊的事实是，世界上最伟大的四位小说家，即托尔斯泰、巴尔扎克、陀思妥耶夫斯基和狄更斯，他们在使用各自的语言写作时都对文体几乎不加注意。狄更斯甚至都不遵守语法，这是我们都知道的。所以，创造文体风格的职责，就落到了散文家、神学家和历史学家的肩上。所以，英国本国的文体风格典范，其实是由托马斯·布朗②、德莱顿③、艾迪生④和约翰逊这样的散文家以及杰里米·泰勒、威廉·劳⑤这样的神学家和吉本⑥这样的历史学家树立的。在这些人中间，埃德蒙·伯克显然占有一席之地。

赫兹里特曾说，他多次想对伯克的文体风格加以说明，但都没有成功。如果我说，这件连赫兹里特也没有做成的事情就由我来做，那我也太狂妄了。实际上，赫兹里特在他的好几篇散文中已经对伯克的文体风格做了非常详细的说明，甚至都没有什么可以补充了。他说出了伯克文体风格的特点——如严肃认真的夸张、无所顾忌的直白、不动声色的渲染和若即若离的点题——接着又说："但我还是没法把它说透，因为世上没有和它一样的文体，我没有东西可以作为参照。它是自成一体的。"我想做的，当然不是再来概括一下伯克文体

---

① 约翰逊博士：即塞缪尔·约翰逊，18世纪英国批评家、词典编纂家、散文家，著有《人类欲望的虚幻》和《阿比西尼亚王子》等。
② 托马斯·布朗：17世纪英国散文家，著有《医生的宗教》和《瓮葬》等。
③ 德莱顿：17世纪英国诗人、剧作家、散文家，著有《一切为了爱情》《论戏剧诗》和《悲剧批评的基础》等。
④ 艾迪生：约瑟夫·艾迪生，18世纪与19世纪之际英国散文家，和理查德·斯蒂尔合办著名文学杂志《闲谈者》和《旁观者》，著有《战役》等。
⑤ 威廉·劳：也译作"劳威廉"，18世纪英国神学家、散文家，著有《敬虔与圣洁生活的严肃呼召》等。
⑥ 吉本：18世纪英国历史学家，著有《罗马帝国衰亡史》等。

风格的特点，而是要审视其文体的内在结构，尽可能地指出他是如何使用特定的语言方式达到特定效果的。也就是说，赫兹里特已经做好一道美味的菜肴，我只是想撒上一点胡椒粉而已。我想发现伯克是怎样遣字造句的，他是怎样使用实词和虚词的、怎样形容和比喻的、怎样使用修辞法来达到某种效果的，等等。如果读者觉得这些东西太乏味，我想他大可不必再硬着头皮读下去了。但对我这样一个作家来说，这些东西却很有意思。只是，我不得不面对两个问题：一是，要做这样一件野心勃勃的事情，我对自己的能力还缺乏信心；二是，要想把这些东西说清楚，我必须大量引用（伯克的）原文，而大段的引文，我想只有最认真的读者才会看，大多数读者会扫一眼就跳过去了——然而，唯有实例才能说明问题。英语是一种很难用来写作的语言①；很少有作家能用英语始终既准确又生动地写作。对此，最好的学习方法就是研读往日那些大师的经典之作。伯克的很多著作对现在的人来说已经没有多少吸引力了（也许政治家除外）；实际上，只要把他的一些精辟言论编成一本语录，对今天的普通读者来说已经足够了。就是对我来说，我得承认，要不是为了写这篇文章，为了找到有用的例子，我也没有那么好的耐心去把他的几大本书认认真真读一遍。文体风格是随时代变化而变化的，要今天的散文家写得像十八世纪的散文大师一样，是荒唐的。但我觉得，十八世纪的散文大师仍有值得我们仿效的地方。没错，文学语言要保持活力，要写得生动贴切而具有现实感，必须采用民间流行的语言；但是，民间语言往往是杂乱无序的，为避免混乱，文学语言又必须有自身的规范，必须以伟大传统为基础，以某个时代最完美的文体风格作为标准。

我想，很少有作家是天生就能写出好文章的。毫无疑问，伯克是个勤奋的作家，他既注重写作内容，又注重文体风格。"关于他的文体风格，"赫兹里特说，"有很多同义反复的说法。有人说，他先写好一份平平常常的草稿，然后再加以润色和修饰。有个对此深有研究的行家曾言之凿凿地对我说，《致一位尊敬的阁下》的校样出来后，出版商把校样送到伯克处审读，而等伯克送回校样时，出版商发现已被他改得面目全非，不但有许多改动，还插入了许多段落，乃至印刷厂的排字工拒绝照校样改排——结果，他们只好照校样重新排了

---

① 在毛姆看来，英语很难驾驭，因为英语语法很不严谨，往往要靠意会，不像法语和德语那样清晰明了。

一版。显然,伯克的文章是反复修改出来的。"多兹利①也曾说,《对法国大革命的思考》有过很多版本,伯克曾一次次推倒重来,现在看到的是最后版本。其实,只要读一读《论崇高与美》就不难发现,伯克的文体风格是磨炼出来的。《论崇高与美》曾得到约翰逊博士的赞赏、莱辛②的引用和康德③的重视,时至今日虽无多少理论价值,但读起来依然很有趣味。譬如,在证明完善不是美的原因时,他写道④:

Women are very sensible of this; for which reason they learn to lisp, to totter in their walk, to counterfeit weakness, and even sickness. In all this they are guided by nature. Beauty in distress is much the most affecting beauty. Blushing has little less power; and modesty in general, which is a tacit allowance of imperfection, is itself considered as an amiable quality, and certainly heightens every other that is so. I know it is in everybody's mouth, that we ought to love perfection. This is to me a sufficient proof that it is not the proper object of love.

后面还有一段话⑤:

When we have before us such objects as excite love and complacency, the body is affected so far as I could observe, much in the following manner: the head reclines something on one side, the eyelids are more closed than usual, and the eyes roll gently with an inclination to the object; the mouth is a little

---

① 多兹利:罗伯特·多兹利,18世纪英国诗人、剧作家和出版商,比伯克大二十几岁。
② 莱辛:18世纪德国美学家、批评家,著有《汉堡剧评》《拉奥孔》等。
③ 康德:18世纪德国哲学家、德国古典哲学奠基人,他的美学名著《判断力批判》很大程度上是对伯克《论崇高与美》的"批判"。
④ 作者引用此段文字是要表明伯克在写《论崇高与美》时尚未形成自己的文体风格,而是18世纪中叶常见的文体风格。英语文体风格无法翻译,故而将原文引出。(此段引文的内容在此其实无关紧要,但仍翻译如下:"女人对此非常敏感,所以她们学说话、学走路、学娇弱,甚至学装病。所有这些都是她们的天性使然。危难中的美才是最感人的美。脸红不无魅力;谦虚就是默认自己并不完善,一般认为是一种友善的品质,而它也确实能使其他种种相关的品质得到提高。我知道人人会说,我们应该喜欢完善。这对我来说恰恰是一种充分的证明,证明完善不是我喜欢的合适对象。")
⑤ 同上。(此段引文的内容翻译如下:"当我们面对这样一些使我们喜欢和满意的对象时,据我观察,身体会做出如下反应:头微微侧向一边,眼睛不寻常地稍稍眯拢,目光温柔地朝着对象上下移动;嘴巴微微张开,呼吸变慢,时而叹口气;全身都很放松,双臂垂在两边。")

opened, and the breath drawn slowly, with now and then a long sigh; the whole body is supposed, and the hands fall idly to the sides.

据说，伯克十九岁时开始写这本书，直到二十六岁时才出版。我引用这两段文字是想显示伯克在成为散文大师前的文体风格。那不过是十八世纪中叶常见的文体风格，我敢肯定，没有人读了这两段文字后能认出作者是谁。这两段文字都很正确、很简约，也很流畅，这表明伯克的耳朵很灵敏①。英语的辅音很生硬，写作时需要灵活地避免刺耳的辅音连接。有些作家对此不敏感，时而会把一个词的辅音结尾和下一个词的辅音开头连在一起（譬如 a fast stream）；有时还会不经意地写出头韵②（这在散文中是不可取的），不经意地给人一种滑稽可笑的打油诗感觉③。当然，语意是首先要考虑的，但英语词汇非常丰富，你想到一个词，几乎总能找到另一个足够准确的同义词。因此，作家完全不必写得佶屈聱牙，也照样能准确地表达自己的想法。我从伯克那里学到的最有价值的东西就是，不管有些词语多么难以处理，你总能通过巧妙地换个地方，或者合理地搭配长短词、元辅音和轻重音，使语句读出来朗朗上口。当然，没有人一边写作一边还能想到那么多的语音规则，这主要是靠自己的耳朵。就伯克而言，我想，他在公共场合的演讲显然使他本来就很灵敏的听力变得更加灵敏，以至于他在写作供书面阅读的文章时也依然对语音极其敏感。他的语句不像十七世纪的杰里米·泰勒或十八世纪的纽曼④那样华丽，但他的文章虽然不美，却铿锵有力；他的很多长句虽然结构复杂，读出来却依然很顺畅。当然，伯克有时也会写出不那么顺畅的词句，激动起来也会不顾我前面提到的语音规则，但任何作家都有权要求读者用他最好的作品来对他做出评价。

我曾在某处读到过，说伯克是通过研究斯宾塞⑤才学会写作的，他的许多言词和诗学理念似乎都可追溯到那位诗人。他自己也说过："任何人都应该读

---

① 耳朵很灵敏：意即能意识到自己写的句子读出来是否动听。
② 头韵：英语诗歌的一种韵律，即两个词的词头押韵（如 stamp 和 stand、like 和 line 即押头韵）。
③ 头韵是英诗中最古老的韵律，如盎格鲁-撒克逊史诗《贝奥武夫》就押头韵，但后来随着意大利诗歌和法国诗歌的输入，英国诗人放弃了头韵，只有写民谣或者打油诗的人才会使用，因为头韵听上去有点"油腔滑调"。
④ 纽曼：18 世纪英国神学家、散文家，"牛津运动"领袖。
⑤ 斯宾塞：埃德蒙·斯宾塞，16 世纪英国大诗人，著有《仙后》等。

读斯宾塞,只要认真地读,就能有力地掌握英语。"不过,除了我刚才提到的对语音的敏感,我看不出他从那位诗风甜美但(我觉得)枯燥乏味的诗人那里还学到了什么。伯克显然没有受斯宾塞滥用头韵的影响,而正是滥用头韵(还是我觉得)使《仙后》显得矫揉造作,甚至有点荒诞不经。有些人,其中包括应该认识伯克的查尔斯·福克斯①,则认为伯克的文体风格是以弥尔顿②为楷模的。这种说法我觉得不可信。确实,伯克经常引用弥尔顿,而且凭他的语言感受能力,他也肯定为《失乐园》华丽的词语和高超的句法所折服,但这种说法的主要根据,即伯克的《论弑君的和平》一书,却是他晚年写的。如果他真的是通过研读弥尔顿的散文形成自己的文体风格,那他不可能到将进坟墓时才显露出弥尔顿对他的影响。还有如《国家传记词典》所说,伯克的文体风格是以德莱顿③为楷模的,我也觉得不可信。因为伯克的文章缜密有序、铿锵有力,从中一点也读不出德莱顿那种优雅从容的特点。他们之间的区别,就像一座道路笔直、花坛整齐的法国花园和泰晤士河畔的一座林荫浓密、芳草萋萋的英国花园之间的区别。在我看来,伯克的文体风格所表现出来的某些特点,应归之于约翰逊博士对他的巨大影响。我认为,正是从约翰逊博士那里,伯克学会了如何写精妙的长句、如何使用多音节词、如何用对称修辞法和对照法写出意味深长的警句。而且,伯克还凭自己丰富的想象力和多年的演讲经验,避免了约翰逊博士的缺点(当然,这些缺点在像我这样特别赏识约翰逊博士的人看来是无所谓的)。

二

我们都知道布封④的名言"风格即个人"⑤,如果此话说得没错,那么了解一个人的生平应该会使你更好地了解他的风格。但问题是,此话真的没错吗?我想,布封认为个人是和谐统一的整体,而事实并非如此。大多数人是优点与缺点的混合体,他们身上同时存在的优点和缺点其实是相互抵触的,但它们显

---

① 查尔斯·福克斯:与伯克同时代的辉格党政治家,任下议院议员长达38年之久。
② 弥尔顿:17世纪英国大诗人,著有《失乐园》等。
③ 德莱顿:17世纪英国诗人、剧作家、批评家。
④ 布封:18世纪法国博物学家、作家,著有《自然史》等。
⑤ 此言法文为 Le style est l'homme même,英译为 The style is the himself'(直译为"风格就是他自己")。

然是同时存在的，这使你不得不相信，一个人身上完全有可能存在两种或者几种相互矛盾的品质。伯克在他生前就很受人关注，有人热情地赞美他，有人激烈地抨击他。根据留存至今的各种材料，尤其是赫兹里特的相关文章和菲利普·马格纳斯爵士写的那本精彩的《伯克传》，我想，我们对伯克这个人应该有一个比较准确的印象。然而，这印象却令人难以置信。你简直不敢相信，那么宝贵的优点和那么卑劣的缺点竟然同时存在。这实在令人费解。

埃德蒙·伯克一七二九年出生于爱尔兰，父亲是律师。在那个年代，律师的职业是很受人鄙视的，约翰逊博士就曾这样说到某个古怪的人："我从不屑于背后说人坏话，但我相信，这位先生是个'律师'。"埃德蒙·伯克二十几岁时前往伦敦，学的就是法律，而且在他到了伦敦之后不久，便和一个叫威廉·伯克的人成了密友。这两个伯克虽是亲戚，但亲缘关系很远。埃德蒙·伯克很快放弃了法律，热衷于写作。此后几年，他为书商写书，不仅能以此维生，他的两本书还使他有了点名气，从而使他认识了霍拉斯·华尔波尔①，还和约翰逊博士有所交往。一七五七年，他结了婚。同年，他弟弟理查德·伯克来到伦敦，于是三个伯克相聚甚欢。威廉·伯克、理查德·伯克和埃德蒙·伯克夫妇同住，而且收入共享。理查德·伯克脾气不好、品行不端，看来一无是处，而威廉·伯克既能干又有心计，在剑桥结交了不少上层社会的朋友。一七六五年，罗廷汉姆勋爵受国王之命组建内阁，威廉·伯克游说罗廷汉姆勋爵，不仅使罗廷汉姆勋爵雇用埃德蒙·伯克为他的私人秘书，还使他把自己名下的一个选区②交由埃德蒙·伯克管理。

埃德蒙·伯克很快就在下议院有了名声。约翰逊博士在给班内特·兰登③的一封信中说，埃德蒙·伯克"初次在下议院亮相就不同凡响，他做了两次演讲，呼吁废除印花税，这不仅使皮特先生④公开表示赞赏，还使全城的人都为之惊叹"。一七六六年，罗廷汉姆内阁倒台。两年后，埃德蒙·伯克买下一座位于贝肯斯菲尔德的豪宅，名为"格里高利"，占地六百英亩。他这么做是理所当然的，因为他此时已声名远扬，而且信心满满。不难想象，像他这样

---

① 霍拉斯·华尔波尔：18世纪英国小说家，以其哥特小说《奥特兰托城堡》而出名。
② 18世纪的英国尚无普选制度，所谓"选区"是从贵族中选出议员的区域。
③ 班内特·兰登：18世纪英国学者、批评家。
④ 皮特先生：即威廉·皮特，18世纪英国政治家，曾出任英国首相。

精力充沛、热心仕途的人，是不可能屈居寒舍的。他热心于社交，热心于宴请宾客。同时，他也热心于帮助他认为值得帮助的文人（虽然有时并不值得），热心于救济陷入贫困的穷人。他出身卑微，这按当时的习俗是经常会受到冷嘲热讽的。他虽然身处大人物之间，虽然在宴会上人人都尊重他，而且他也知道自己不是一般人，但他还是会注意到别人依然用怀疑的目光看待他。他虽然坐在大人物中间，但他不是其中一员，而且总让人觉得，他像个爱尔兰冒险家。其实，他就是个爱尔兰冒险家，但却是个有德有才、有天赋、有知识、有学问的冒险家。他买下豪宅"格里高利"，当然是想让自己在当地成为有头有脸的人物，从而能和那些乡绅贵族平起平坐，甚至能在他们中间施展影响力。因为时到如今，他除了拥有名声，还一无所有。

他买下那座豪宅，花费了两万英镑，每年还要两千五百英镑的维护费。很奇怪，一个几年前还仅仅为书商多兹利写点东西、每年只挣一百英镑的人，怎么会付得出那么一大笔钱，还敢于承担那么高的维护费。原来，三个伯克——埃德蒙·伯克、威廉·伯克和理查德·伯克——由维尔尼勋爵资助，在从事东印度股票市场的投机交易。他们买下"格里高利"的钱，就是来自投机所得。没料到的是，股票大跌，他们入不敷出，最后连维尔尼勋爵也破产了。威廉·伯克逃离英国，埃德蒙·伯克陷入了后来困扰他一生的财务危机。他不得不把"格里高利"的"每一寸土地"都作为抵押，到银行贷款，同时还要到朋友那儿借钱。就在他买下"格里高利"的那一年，他向大卫·加利克借了一千英镑，不久又向乔索亚·雷诺兹借了两千英镑。他在和罗廷汉姆勋爵结交的十七年里，共向他借了三万英镑。谁都知道，朋友之间的金钱来往不可避免会使关系紧张，甚至会使朋友反目。然而，伯克的朋友真是前所未有，他们因为敬仰他"高尚的人品和卓越的才能"，非但不问他要债，还在他急需用钱时资助他。譬如，布罗克斯比博士赠送他一千英镑；罗廷汉姆勋爵死前留下遗言，把伯克的借条统统销毁；乔索亚·雷诺兹不仅不要他还债，还留给他几千英镑遗产。

伯克是个自尊心很强的人，很在乎自己的名誉。所以，不妨想想，他这样求之于朋友，自然会感到羞耻。但他似乎从未想过要出售"格里高利"来还清债务，从而使自己不再处于这种屈辱而有损名誉的境地。对此我们只能猜测，他把"格里高利"看得很重要，以至于宁愿有损名誉也要保住它。当然，也有可能他根本就不认为向人借钱是有损名誉的。我们知道，向人借钱很容易养成习惯，而且很难改。但是，有这种习惯的人也很容易使自己既能借到钱，又能保住名誉。

一般认为，爱尔兰人天性豪爽。伯克有此天性，故而也有爱尔兰人的那种慷慨和热情。他不管自己多么拮据，始终为他认为值得同情的人提供帮助。他曾认为一个叫詹姆斯·巴里的爱尔兰人有绘画天赋，便资助他到意大利去学画。诗人克拉布穷困潦倒的时候，曾寻求过多个名人的帮助，都没有回应，最后才找到伯克。伯克让他住在"格里高利"，直到他能自谋生路，才让他离开。这只是伯克慷慨热情的两个例子。实际上，几乎所有认识他的人都曾受到过他的慷慨资助。他们再三说到，他们对伯克都很"崇拜"[1]，这使我有点吃惊，以至于怀疑"崇拜"一词在当时是不是和现在有不同含义。因为，我虽然对最近这场战争[2]中涌现的那些政治家、将军和元帅心怀敬意，对我有幸结识的一些诗人和小说家由衷赏识，但我从未想要"崇拜"他们——对其他人也一样。也许，并不是那时的人太容易"崇拜"，而是我们丧失了"崇拜"能力。不过，不管怎样，伯克很有吸引力，这是确凿无疑的。他心情很好，只是后来出于担忧和失望，才受了点影响。此外，我们知道，他还很健谈，约翰逊博士曾说他是"话匣子"。我曾自问，这在今天是不是还有人喜欢，因为现在信息太多，我们没有耐心去听人讲那些我们在书上或者报纸上都能看到的东西，所以，话多的人肯定会被我们认为是啰唆。我们都不是有耐心的听众，而在这一点上，伯克倒和我们差不多；只是，我们讨厌有人把谈话变成他一个人的独白，伯克则不然（约翰逊博士曾抱怨说："他就想自己说，只要桌子的这一边有人一说话，他就转向桌子的另一边继续说。"）。何况，伯克说话既不机智，也不幽默，我们听了很可能会觉得枯燥乏味。他的举止和风度固然高雅，曾使范妮·伯尼[3]印象深刻，但对我们来说，他的高谈阔论可能还不及奥斯汀小姐笔下的那个亨利·蒂尔尼[4]的油腔滑调来得有趣。

几年前，凭借埃德蒙·伯克的影响力，他弟弟理查德·伯克就被任命为格拉纳达西印度群岛的王室财务官，但直到东印度公司的股票崩盘后，他才去上

---

[1] 此处"崇拜"一词的原文是 veneration。
[2] 最近这场战争：指第二次世界大战。
[3] 范妮·伯尼：18 世纪英国女作家，简·奥斯汀的先驱，著有《埃维莉娜》等。
[4] 亨利·蒂尔尼：简·奥斯汀小说《诺桑觉寺》中的男主人公，一个自以为是的年轻牧师。

任，而且在任职期间以近乎免费的价格从"红皮肤加勒比人"即圣文森特岛一带的土著人那里买下一块价值十万英镑的土地。这笔交易太卑鄙，被圣文森特地方议会认为是不合法的。这使伯克兄弟陷入了窘境。埃德蒙·伯克想保住弟弟的这部分财产，就去找查尔斯·福克斯，求他责令当时主管此事的诺斯勋爵帮忙，设法使这笔交易变得有效。他答应查尔斯·福克，如果事情成功，会分一部分土地给他作为报酬。查尔斯·福克斯当时正好缺钱，就照做了。诺斯勋爵也显然乐于从命，但他却没有把事情办好。理查德·伯克败诉后返回英国，不久又被指控贪污王室收入一万英镑，审讯后被判有罪。他不服，提起上诉。与此同时，埃德蒙·伯克利用他的影响力，使终审判决被无限期推迟。这很说明问题，如果他确信弟弟无罪，理应让法庭做出公正的终审判决，又何必如此。后来，威廉·伯克也因债务问题被通缉，他逃离英国去了印度后，也是靠埃德蒙·伯克帮忙，在印度成了皇家陆战队的一名军需官。在职期间，他不仅参与一系列非法交易，还犯有一项涉案金额高达十五万英镑的欺诈罪，后来被菲利普·马格纳斯爵士称为可怕的罪行。但当时他只是因为名声不好而返回英国，竟然不怕回国后仍有可能因为之前的盗用公款罪而遭逮捕。这两个人，真是一对宝货！

　　威廉·伯克的那桩欺诈案虽然要等菲利普·马格纳斯爵士审阅了相关文件后才真相大白，但在此之前已有传闻，对埃德蒙·伯克的名声很不利。约翰逊博士通常很能判断人品，他对埃德蒙·伯克的人品似乎一直予以肯定，赞赏他的学识渊博和为人友善，但是在鲍斯韦尔写的那本传记①里，有几处似乎表明，约翰逊博士对埃德蒙·伯克的人品是有所怀疑的。按十八世纪的不成文规则，为国服务的官员确实可以获得某些好处，但问题是，埃德蒙·伯克一直以道德家和改革家自居，竟然使用权力把不称职的人安插到报酬丰厚的职位上；他一直以诚信为荣，竟然发表虚假声明，说他从未做过东印度公司的股票交易；他自称一生都反对以权谋私，竟然竭力庇护威廉·伯克和理查德·伯克的欺诈与腐败。他是个了不起的演说家，我们很难把他的高尚言论和卑劣行为统一起来。有人说他是欺世盗名的伪君子，但我并不这么认为。有一种人性弱点是大多数人都有的，政治家也难免，只不过这种弱点在埃德蒙·伯克身上比较

---

　　① 鲍斯韦尔是约翰逊博士的朋友、传记作家，他最著名的传记就是《约翰逊博士传》。

明显。那就是，总是相信自己喜欢的人是好人，总是相信自己喜欢的事情是好事。我不知道怎么称呼这种人性弱点，但它肯定不是虚伪，也不是狡诈。

当埃德蒙·伯克动感情时，他的判断力就大打折扣了。他一生中最大的不幸就是他最高尚的品质——慷慨热情——竟然给他带来了最严重的后果。威廉·伯克和理查德·伯克无疑都是骗子，而且是愚蠢的骗子，他们的丑恶伎俩没有一次是成功的。然而，埃德蒙·伯克却写道："回顾我的一生，我生命中所有的闪光之处无不直接或间接地源于威廉·伯克。"对理查德·伯克，他说他为人那么正直，任何诱惑对他都不起作用。他一直那么慷慨热情地喜欢他们，这真是令人不可思议。他确信他们不会做错任何事情——不管证据多么确凿，他就是不相信。

约翰逊博士曾写道："如果有谁恰巧和埃德蒙·伯克一起在一个屋檐下避雨，那无论是谁都会说'这人真不一般'。"然而，埃德蒙·伯克的"真不一般"在很大程度上却是约翰逊博士不甚了解的。你很难遇到像他这样自相矛盾的人：他是正直的，又是委琐的；他是诚挚的，又是诡诈的；他是清廉的，又是腐败的。那么多相互矛盾的品质怎么会在一个人身上共存？我不知道。我只知道对此不必大惊小怪。贝姬·夏普①不是说过一年有五千英镑收入就不难做好人吗？要是埃德蒙·伯克生来就是收入丰厚、拥有豪宅的绅士，那他就会像他自己所相信的那样，生来就是正人君子。然而，尽管他从不怀疑自己所做的一切，从来认为自己"受到辱骂"（这是他的原话）是别人对他的无耻诽谤，他却不是正人君子。马基雅维利②曾说，他从田野里一回到书房就会脱掉乡村服装，穿上他在王公贵族面前所穿的丝绸长袍，以共和国秘书的身份开始写作。埃德蒙·伯克其实也是这样，他到了书房里就不再是那个爱尔兰冒险家、那个唯利是图的官吏（虽然为别人谋利，并非为他自己）、那个罔顾事实、包庇罪犯、破坏法律的人，而是那个以其深刻的思想、高尚的人格和豪爽的风度赢得无数读者无限爱戴和无限敬仰的大作家。只有对后面那个埃德蒙·伯克，我们才能说"风格即个人"。

---

① 贝姬·夏普：萨克雷小说《名利场》中的女主人公，一个不择手段的势利女人。
② 马基雅维利：15、16世纪之际意大利政论家、作家，曾任佛罗伦萨共和国掌管军事外交的十人委员会秘书，著有《君主论》等。

三

显然,埃德蒙·伯克的文体风格是以对称为其坚实基础的。赫兹里特说,第一个在句子结构中使用对称的人是德莱顿。这似乎有点奇怪,因为任何人在用连词把两个短句连接成一个长句时都会想到对称;譬如,你说"He went out for a walk and came home wet through"时,这里就有某种对称[①]。另一方面,约翰逊博士在论及德莱顿的文体时说:"他的短句从不对称,也没有固定形式,每个词似乎都是偶尔放在那里的,但又恰到好处。"这就是权威所说,很不一致。伯克特别喜欢——怎么说呢,我找不到贴切的名称,姑且称作"三件套",意思就是:他喜欢连续使用三个名词、三个形容词或者三个从句来强调某一要点。譬如[②]:

Never was cause supported with **more constancy, more activity, more spirit**.

Shall there be no reserve power in the Empire, to supply a deficiency which may **weaken, divide or dissipate** the whole?

Their wishes ought to have great weight with him; **their opinion**, high respect; **their business**, unremitted attention.

I really think that **for wise men** this is not judicious; **for sober men**, not decent; **for minds tinctured with humanity**, not mild or merciful.

---

① 此句中的连词"and"连接两个对称的短句——"He went out for a walk"和"He came home wet through",其中"went out"和"came home"对称;"for a walk"和"wet through"对称。

② 引文中的重点号均为译者所加,即所谓"三件套"。这几句引文的意思是:"从来没有人以**更大的恒心、更大的活力、更大的干劲**支持过一项事业。""难道帝国就没有储备力量来弥补这种可能会**削弱、分裂或瓦解**其整体性的缺陷吗?""**他们的愿望**应当得到充分考虑;**他们的意见**应当得到高度尊重;**他们的事务**应当得到持久关注。""我确实认为,这**对聪明的人**来说是不明智的;**对清醒的人**来说是不体面的;**对心地善良的人**来说是不温和或不仁慈的。"

伯克反复使用这种"三件套",甚至使人觉得有点单调了。再说,"三件套"还有一个缺点,即:"三件"中时而会有两件的意思是相近的,让人觉得那不过是为"三件"而三件,有以辞害意之嫌。

伯克还经常使用对偶,这其实是对称的一种变化形式。赫兹里特说,对偶最早出现于《闲话报》①。我稍作调查后发现,此说毫无根据。在那里也许可以找到几个例子,但说那是最早的,也太夸张了。其实,你在《圣经·箴言》里就能找到这方面的例子,而且更加贴切。我由此大胆猜测,约翰逊博士很可能就是熟读此书和古罗马作家的作品后形成他自己的写作风格的。他使对偶趋于完美,并以他的声望使这种修辞手法长久流行。语法书上说,对偶就是用两个形式相似的分句构成一个复句。如果此说正确,那么我们就得承认,对偶有两种:一种是"明"的,一种是"暗"的。明对偶是一种对照,暗对偶则是一种对称。下面是明对偶的例子②:

The doctor recollected that he had a place to preserve, though he forgot that he had a reputation to lose.

暗对偶的例子是:

But if fortune should be as powerful over fame, as she has been prevalent over virtue, at least our conscience is beyond her jurisdiction.③

对偶很有效果,然而后来却不再被人常用,那无疑是出于一个约翰逊博士自己也曾指出过的原因,即:对偶的宗旨是用词句的对称来突出思想的对称,要是仅仅为了使长句读起来四平八稳,那会令人厌烦。有意思的是,正是在这

---

① 《闲话报》:19世纪由随笔作家约瑟夫·艾迪生和理查德·斯梯尔创办的著名杂志。

② 此句由两个形式相似的分句——"The doctor recollected that he had a place to preserve"和"he forgot that he had a reputation to lose"——构成,其中的明对偶是:"recollected that he had a place to preserve"(记住了地位的保全)和"forgot that he had a reputation to lose"(忘记了名誉的丧失)。

③ 此句主要由两个形式相似的分句——"if fortune should be as powerful over fame"(既然财富比好名声强而有力)和"at least our conscience is beyond her jurisdiction"(至少我们的良心不会受她审判)——构成,并以"as she has been prevalent over virtue"(因为她以美德而出名)为中心,形成左右平衡,即对称,也就是"暗对偶"。

一点上，柯勒律治①把约翰逊博士和朱尼厄斯作了对比。"朱尼厄斯的对偶，"他写道，"是真正的形象或思想的对偶，而约翰逊的对偶往往只是词句的对偶而已。"对偶成了文字游戏，而到了最后一位常用这种手法的名作家麦考莱②手里，简直成了一种令人厌恶的杂耍。如今，对偶已完全被人弃用，这真有点可惜，因为对偶是一种生动有力的修辞法，具有阐幽发微的功能。

《朱尼厄斯信函》的作者是对偶大师，写得令人赞叹。是的，柯勒律治曾说，当这位作者写出一个五六行长的句子时，他的写法不免有点拖沓——这一点，我承认，我并没有注意到——不过，赫兹里特对这种写法依然很欣赏，还予以仿效。下面，我引出他写给贝德福德公爵的一封信中的最后一段，这是他的文体风格的最好例证③：

> It is in vain therefore to shift the scene. You can no more fly from your enemies than from yourself. Persecuted abroad, you look into your own heart for consolation, and find nothing but reproaches and despair. But, my Lord, you may quit the field of business, though not the field of danger; and though you cannot be safe, you may cease to be ridiculous. I fear you have listened too long to the advice of those pernicious friends, with whose interests you have sordidly united your own, and for whom you have sacrificed everything that ought to be dear to a man of honour. They are still base enough to encourage the follies of your age, as they once did the vices of your youth. As little acquainted with the rules of decorum, as with the laws of morality, they will not suffer you to profit by experience, nor even to consult the propriety of a bad character. Even now

---

① 柯勒律治：19世纪英国诗人、批评家。
② 麦考莱；19世纪英国历史学家、政治家、批评家，著有《英国史》等。
③ 作者以此段文字显示赫兹里特的文体风格，故而将原文引出。不过，虽然此段文字的内容在此无关紧要，还是翻译如下（只是，译文中不会有赫兹里特的文体风格）："所以，换个地方是没用的。你可以逃避自我，但无法逃避敌人。你身处海外仍要面对指控；你从自己的内心中寻找安慰，找到的只有自责与绝望。但是，阁下，虽然你无法退出危险境地，你可以退出生意场；虽然你并不安全，你至少可以不再荒唐。我担心你听那些坏朋友的建议已经听得太久，你已经把你自己和他们的利益不恰当地连在了一起，你为了他们已经牺牲了一个诚实之人应当珍视的一切。他们卑劣之极地助长你的老年昏聩，就像他们曾怂恿你年轻时的邪恶。他们既无视礼仪，又无视道义，他们不会让你吸取经验教训，甚至不会给你留下一点面子。就是到了现在，他们仍对你说，人生不过是逢场作戏，既然演戏，就要演到底；既然活得无拘无束，就要死得无怨无悔。"

> they tell you that life is no more than a dramatic scene, in which the hero should preserve his constancy to the last, and that as you lived without virtue you should die without repentance.

接下来，只要比较一下——譬如，把德莱顿的文体和伯克的文体比较一下——任何人都能看出，对偶在句式结构方面会产生一种明显的效果——它凸显出了完整句的价值。我不妨提醒一下读者，所谓完整句，就是把意思表达完整的句子；如果在一个句子自然结束后再添一个从句，那就称作"扩展"。英语不允许可以使语句主旨悬置的倒装句，因而扩展句是很常见的。这很大程度上决定了英语文体的松散。既然不用讲究句子的完整，写作者也就可以一个从句再加一个从句，随意地写。对偶结构的好处就在于它能使完整句写得既完整又典雅，因为谁都知道，完整句的价值就在于它的紧凑与完整。下面我引伯克的一个句子为例①：

> Indeed, **when** I consider the face of the kingdom of France; the multitude and opulence of her cities; the useful magnificence of her spacious high roads and bridges; the opportunity of her artificial canals and navigations opening the conveniences of maritime communication through a solid continent of so immense an extent; **when** I turn my eyes to the stupendous works of her ports and harbours, and to her whole naval apparatus, whether for war or trade; **when** I bring before my view the number of her fortifications, constructed with so bold

---

① 此段引文是一个超长的完整句（其中的重点号为译者所加），作者引用的目的是要显示其对偶结构（在汉语修辞法中，这样的结构也许称作"排比"），内容在此无关紧要。不过，仍将内容翻译如下（注意：在汉语中从来没人写过这么长的句子，因而译文读起来不但不精彩，反而使人觉得冗长而做作）："确实，当我想到法兰西王国的容貌时，我想到它众多的富饶城市、宽阔的大道和高耸的桥梁，还有穿越广袤的大陆、打开海上交通、便捷的运河和航道；当我把目光转向它那成果惊人的码头和港口时，我看到那既可军用又可民用的海军设施；当我面对它那众多施工如此大胆精湛、建造和维护如此不惜工本的堡垒时，我面对的是戒备森严、可以抵御强敌的防线和不可逾越的坚壁；当我想到它那广袤的土地如此广泛地精耕细作时，我想到全世界最优良的作物都在法国得到了最完美的培育；当我想到它那精良的制造业和仅次于我们英国的纺织业时，我想到它在某些方面甚至更加出色；当我考虑到它那大规模的公共与私人慈善事业时；当我寻求这个国家的美好生活和优雅的艺术时；当我历数它那些扬名战场的军人、能干的政治家、思想深邃的法学家和神学家、哲学家、评论家、史学家和古物学家，还有宗教诗人、世俗诗人和演讲家时，我不由得为之感叹，为之遐想，从而使我不再对它草率而鲁莽地予以非难，而是重新认真思考：若把这样一个庞大的社会瞬间夷为平地，那是多么深重的罪孽。"

and masterly a skill, and made and maintained at so prodigious a charge, presenting an armed front and impenetrable barrier to her enemies upon every side; **when** I recollect how very small a part of that extensive region is without cultivation, and to what complete perfection the culture of many of the best productions of the excellence of her manufactures and fabrics, second to none but ours, and in some particulars not second; **when** I contemplate the grand foundations of charity public and private; **when** I survey the state of all the arts that beautify and polish life; when I reckon the men she has bred for extending her fame in war, her able statesmen, the multitude of her profound lawyers and theologians, her philosophers, her critics, her historians and antiquaries, her poets and her orators, sacred and profane; I behold in all this something which awes and commands the imagination, **which chicks the mind on the brink of precipitate and indiscriminate censure,** and **which demands that we should very seriously examine,** what and how great are the latent vices that could authorize us at once to level so spacious a fabric with the ground.

这一长句用三个短句结束①。

我想指出，伯克用了何种技巧使一连串短句具有"扩展"结构，从而使主旨悬置到最后再表述出来。我们知道，约翰逊博士擅长用短句构成长句，写出来的是语法学家所说的"扩展复合句"，是不太流畅、不太紧凑的——而这种"扩展复合句"，恰恰是伯克特别喜欢写的。我还想指出，伯克在这个超长句中既以同样的方式构成一连串短句，又以不同的方式加以变化而不重复，因而整个长句读起来是很流畅的。他常用同一个词作为短句的开头，在这一超长句中，when 一词的反复出现使人印象深刻。当然，这是一种修辞法，在演讲中使用这种修辞法可以使语气层层推进，强而有力。这再次说明，伯克的文体风格和他在公共场合的演讲很有关系。我想，如今在整个英国，大概不会有人能写出这么长的长句，也没有人想写这种长句——因为英语的特性使然，人们本

---

① 这三个短句分别是 "which chicks the mind on the brink of precipitate and indiscriminate censure" "which demands that we should very seriously examine" 和 "what and how great are the latent vices that could authorize us at once to level so spacious a fabric with the ground"。

能地避免写这种"扩展句",而习惯写短句。就在不久前,这是真的,我读到有一家大报社的编辑要求撰稿人不得写出超过十四个单词的句子。不过,长句也有长句的好处,它能使你得到更多表达空间,使你有更多机会组织词语以达到最佳效果。至于其缺点,也许就是比较松散、比较拖沓,或者说,比较艰涩难懂。十七世纪的文体家写的句子都很长,都不免有这种缺点。不过,伯克却很少有,他的长句不管写得多长,其中的从句和修辞不管多复杂,整个句子总有一个相当坚实的基本结构,就像有一个熟练的向导为你引路,使你既不会误入歧途,又不会找不到路,而是一路带你到达终点。此外,伯克也很注意调整句子的长度:除非出于修辞上的特殊目的,一般情况下,他不会用一连串长句来使你疲倦,也不会用一连串短句来使你厌烦。

伯克还富有音乐感。他的文体中既有十八世纪的曲调,就像海顿[①]的交响乐;又有纯正的英国旋律,有笛声和鼓声;但是,贯穿其中的是他个人的声音。这是一种雄浑的文体,我想不出还有哪种文体能像它这样,既那么有力,又那么优雅。如果说伯克文体有点过于严肃,我想那是因为他和大多数十八世纪作家一样,喜欢使用广义的、抽象的词语,而我们现在更倾向于使用狭义的、具体的词语——后者使现代写作变得更为贴近生活,虽然有时要以牺牲准确性为代价。我们不妨试试,把伯克的某个句子翻译成现在一般作家所写的英语。这是很有趣的练习。下面是我任意挑选的一个句子[②]:

> The tenderest minds, confounded with the dreadful exigence in which morality submits to the suspension of its own rules in favour of its own principles, might turn aside whilst fraud and violence were accomplishing the destruction of a pretended nobility, which disgraced whilst it persecuted, human nature.

这是一个写得精美而圆满的完整句,意思明确,其中也许除了"exigence"一词,没有一个单词不是今天的常用词,但这样的句子却深深地带着那个时代

[①] 海顿:18世纪奥地利作曲家、维也纳古典乐派奠基人。
[②] 此段文字被挑选出来完全是为了显示18世纪的文体(用词和词序等),其中的意思,作者在后面用现代英语翻译出来,故而此处不作汉译。

的印记，今天是不可能有人会这样表达思想的——顺便说一句，或许今天也很少有人会有这样的思想。换成现代作家，这个句子也许会这样写①：

> There are times when people even of the most sensitive conscience must put the spirit of the law before the letter, and can do no more than stand aside when an effete plutocracy which has disgraced human nature by its persecutions is destroyed, even though by violence and double dealing.

我不是说写成这样要比原文好，恰恰相反，我虽尽了很大努力才写成这样，但我无法否认，写成这样不及原文那么对称、那么庄重，也没有原文那么紧凑。

埃德蒙·伯克是爱尔兰人，而爱尔兰人，我们知道，往往是很啰唆的。对他们来说，适量总嫌不够，总要过分。就是他们在餐桌上也往往堆满各种食物，时常叫你看一眼就好像已经吃饱了。但有时，你若真的要想吃那些五花八门的美味佳肴，你却会尴尬地发现，它们就像意大利歌剧里的珍馐美酒，都是道具，只是用来装装样子的。英语是一种词汇丰富的语言。在英语中，有一个口语词，几乎总有一个同义的书面词；有一个具体词，几乎总有一个同义的抽象词；用英语，你既可以直截了当地明说，也可以转弯抹角地暗示。伯克生性严肃自重，因而他喜欢使用庄重的语言来表达他的思想。他探讨的大多是重大问题，我想他肯定认为，使用日常语言不仅对他所探讨的问题来说是不合适的，就是对他这个人来说，也是不合适的。查尔斯·福克斯曾说："伯克就是用那种比喻的方式来表达他自己的。这很自然，因为他对妻子、对仆人、对孩子也是用这种方式说话的。"然而，必须承认，这样说话不免令人生厌。他在下议院的受挫，也多少与此有关。他在那里的最重要的一次演讲是《论与美洲殖民地的和解》，尽管莫利勋爵说他的演讲"气度非凡、逻辑严密、论据充分、呼吁和解的态度宽宏大量"，实际上，听他演讲的人几乎都要睡着了。

约翰逊博士告诉我们说，在他那个时代，没有人谈论什么文体风格，因为人人都写得妙笔生花。他说："写漂亮文章是家常便饭。"埃德蒙·伯克就是其

---

① 此段文字显示现代英语的遣词造句（内容是："即便是最富有同情心的人有时也必须把法的精神置于信条之上，也只能袖手旁观残害人性的没落财阀政权的毁灭，甚至为暴力和欺诈所毁灭。"）。

中的佼佼者。他的同时代人对他的遣词造句、对他的生动比喻、对他的渲染力和丰富的想象力大多印象深刻，这理所当然，但也并非没有人表示异议。赫兹里特记述了查尔斯·福克斯和霍兰德勋爵之间的一次谈话，谈的就是伯克的文体风格："那位尊敬的勋爵阁下似乎对伯克的文笔大不以为然，认为它过于花哨，华而不实。福克斯先生回答说，这样的批评虽然时常会有，但看来都是毫无根据的，因为'华'不一定'不实'；恰恰相反，'华'背后往往有'实'，华丽的文笔往往会使作者所表达的思想更有感染力。为了证明这一点，他取下伯克的一本书，用普通语言把其中一页上的丰富内容复述了一遍。就这样，霍兰德勋爵被说服了，承认自己只看到华丽的表面，没有领悟其中的思想实质。"这让我们得知，在那久远的年代，尊敬的勋爵阁下和有权有势的政治家原来也会对这种事情感兴趣，还会相互谈论，以此作为消遣。不过，勋爵阁下只看到伯克文体风格的华丽表面而没有看到其中的思想实质，这一点还是很值得我们思考。文章写得生动而形象，当然很好，但不能分散读者的注意力，而是要使文章的主题显得更为明确。使用明喻或者暗喻，其目的是要让读者更加深刻地理解主题，也就是调动读者的想象力，使读者更乐意接受作者要他接受的东西。举例说明，要真能说明才有用，否则就是无用的垃圾。在所有十八世纪散文大师中，伯克的思想是最富有浪漫倾向和诗意的，因此他的文体也是最华丽的。但他的华丽是要使读者取信于他，而不是取悦读者。是要制服你，不是讨好你；也就是说，他发挥想象力除了要使他的观点更加明确，还要打动你的心，使你动情，从而认同他的观点。我不知道福克斯先生是什么时候和勋爵阁下进行那次谈话的，如果那时《对法国大革命的思考》已经出版，那他完全可以用这本书来说服勋爵阁下。因为在这本书里，伯克的修辞手法使用得那么出神入化，和整本书的内容融为一体，甚至成了他所要表达的观点中的一部分。他在这本书里所使用的意象，无论是明喻，还是暗喻，全都卓然有效。不过，我对其中那个最著名的段落①还是稍有疑点。那个段落讲到他在凡尔赛宫见到玛丽·安托瓦内特②时的情形③：

---

① 那个节选自《对法国大革命的思考》的段落是历代英国散文中的名篇。
② 玛丽·安托瓦内特：18世纪法国国王路易十六的王后，后来在大革命中被革命派送上断头台。
③ 此句中有双关语，而且是诗化的句式，很难直译，只能意译如下："她轻盈飘逸，那迷人之态可谓世间少有。"

And surely never lighted on this orb, which she hardly seemed to touch, a more delightful vision.

因为整个段落可以在他的文选中找到，我在这里不再全文引出。我觉得有些地方有过分修饰之嫌，还不够完美，因为修饰得太夸张，夸张得甚至有点荒唐。譬如①：

I thought ten thousand swords must have leapt from their scabbards to avenge even a look that threatened her with insult.

不过，最后两句还是写得抑扬顿挫，很有节奏感②：

The unbought grace of life, the cheap defence of nations, the nurse of manly sentiment and heroic enterprise is gone! It is gone, that sensibility of principle, that chastity of honour, which felt a stain like a wound, which inspired courage whilst it mitigated ferocity, which ennobled whatever it touched, and under which vice itself lost half its evil, by losing all its grossness.

菲利普·弗朗西斯③爵士——他也许就是《朱尼厄斯信函》的作者——曾指责说，那个段落是"彻头彻尾的矫揉造作"，还颇为令人吃惊地写道："就这一次，我希望你（伯克）能容许我来教你怎样用英语写作。对我来说，这是一种莫大的安慰，因为我很想拜读你的每一部大作，所以对你来说，这并非有意贬损。光滑平整的东西才值得抚摸，为什么你连这一点也不懂？"

就如我前面的引文所示，伯克大量使用暗喻。他把暗喻交织在行文中，就如里昂的织工把色彩丝线交织在织物中，从而使织物绚丽多彩。当然，他和其

---

① 引出此句是要显示其夸张得有点荒唐，译文如下："只要有谁敢对她不敬地看一眼，我想就会有一万把剑哗哗出鞘而予以惩罚。"（译文是否再现了"夸张得有点荒唐"，不得而知。）

② 译文是无法译出英文节奏的，只能译出意思如下："那高雅廉洁的生活、那为国捐躯的热情、那大丈夫气概和英雄事业，已成过去！那曾像伤口一样敏感、既激发勇气又忍受痛苦的道义之心、那曾使一切变得那么高尚、使邪恶也因为不再放肆而显得不那么邪恶的荣誉之感，也已成过去。"

③ 菲利普·弗朗西斯：18世纪英国政治家，曾任印度总督顾问，曾匿名发表《朱尼厄斯信函》批评政府。

他作家一样使用福勒①所说的自然隐喻,因为这种隐喻在日常语言中就大量存在;但他也自由自在地使用福勒所说的人为隐喻。这使他的抽象概括显得相当具体。他用具体的意象强化抽象的观念,但他和有些现代作家不一样,不像他们那样总是用尽某个隐喻的隐含之义,而是小心翼翼地避免把隐含之义全部用光。下面就是一个很好的实例②:

> Your constitution, it is true, whilst you were out of possession, suffered waste and dilapidation; but you possessed in some parts the walls, and, in all, the foundations, of a noble and venerable castle. You might have repaired those walls; you might have built on those foundations.

另一方面,伯克较少使用明喻。这方面,现代作家或许应该以他为榜样。因为近来在我们年轻作家的作品中,明喻堆积得就像年轻人脸上的青春痘一样密密麻麻,说得客气一点,这有碍观瞻;说得难听一点,这简直就像一场可怕的瘟疫。明喻是有用的:用一个熟悉的事物比喻一个陌生的事物,可以使你比较清楚地领会;或者用一个你不熟悉的事物作比喻,可以引起你的注意。但是,若把明喻当作装饰,那是很危险的;若用明喻来炫耀自己的聪明,那是很丑恶的;而若既不把它当作装饰,又不用来炫耀,只是一味地乱用,那就更加荒唐了(譬如,像这样的明喻:月亮就像一大块挂在树梢上的牛奶布丁)。谁都知道,伯克的明喻是微妙而贴切的。下面是最有名的一例③:

---

① 福勒:亨利·福勒,20世纪初英国词典编纂家,编有《简明牛津英语词典》《现代英语用法词典》等。

② 此段引文中的 constitution 一词既可指"体质、体格",又可指"建立、设立",因而既可指身体,又可指事业(视上下文而定),但不管是指身体,还是指事业,后面用城堡所作的隐喻都是匹配的。下面的译文着眼于身体:"确实,当你穷困之时,你的体质会被荒废而受到损害;但你还有几堵墙,说到底,还总有珍贵的城堡地基。你也许可以修复那些城墙;你也许可以在那地基上重建城堡。"(如果着眼于事业,只要把"体质"一词换成"事业",也通。)

③ 此段引文中不仅有明喻,还有双关语和隐喻,只能大致翻译如下:"就我们的国家和我们的民族而言,只要我们健全的教会组织和政府机构既像一座堡垒、又像一座神殿,巍然屹立在不列颠圣地的山顶上;只要我们神圣而古老的法律得到强有力的捍卫;只要我们的不列颠君主制不受行政限制而得到拥护,就像坐落在古老的双环塔楼中的温莎城堡一样气势恢宏;只要这种令人敬畏的制度继续维护着我们的领地,我们富饶的山川平原就不必担心法兰西莽汉的铁锹。"("法兰西莽汉的铁锹":喻法国大革命。)

> But as to our country and our race, as long as the well-compacted structure of our church and state, the sanctuary, the holy of holies of that ancient law, defended by reverence, defended by power-a fortress at once and a temple-shall stand inviolate on the brow of the British Sion, as long as the British Monarchy-not more limited than fenced by the orders of the state-shall, like the proud Keep of Windsor, rising in the majesty of proportion, and girt with the double belt of its kindred coeval towers; as long as this awful structure shall oversee and guard the subjected land, so long the mounds and dykes of the low, fat, Bedford level will have nothing to fear from all the pickaxes of all the levellers of France.

现在的作家都不太注意如何分段，一般都随随便便，写到应该让读者稍稍喘口气时就另起一段，不管这时该不该分段。但是，分段不仅要考虑长度，还要考虑内容。一个段落，就是一组表达同一内容的句子。反过来说就是，一个段落只能表达一个意思，不能有不相关的内容。一个段落中若有次要内容，也应当服从主要内容，就如句子中的修饰部分要服从被修饰部分，不能反客为主。这是语法学家一再强调的。伯克总是忠实地遵循这些规则。在他写得最好的段落中，他一开始总是用一个引人注目的短句说明段落大意。然后，不是几个中等长度的句子，就是一个很有气势的长句。接着，措辞逐渐增加，力度逐渐增强，到段落的当中或者稍后一点的地方，达到顶点。然后，语气变缓，句子随之变短。结束时，有时有结束语，有时没有，戛然而止。

我在前面说过，伯克的文体风格很多方面得益于他在公共场合的演讲经验。正因为这样，也使他的文体风格带有一些很容易受到挑剔的批评家指责的缺点；譬如，他在那次关于阿考特总督的债务问题的著名演讲中用了一连串反问句，这在众议院演讲，也许效果很好，但演讲稿印出来后，读起来却令人厌烦。还有，演讲中频繁使用的感叹句，印出来也成了缺点，譬如①：

> Happy if they had all continued to know their indissoluble union, and their

---

① 这两个感叹句翻译出来是这样的："要是他们一直知道他们之间的密切联系又知道他们各自的地位，那多好啊！要是学识未被野心玷污，要是他们一直满足于做指导者而不妄想做主人，那多好啊。"

proper place! Happy if learning not debauched by ambition, had been satisfied to continue the instructor, and not aspired to be the master.

还有他频繁使用倒装句,虽不失古雅,但即使在那时,倒装句也已经很少有人用了。他主要是为了避免简单的主谓宾语序让人觉得单调,同时也想通过前置方式来强调句子中的某些成分,但是像"Personal offence I have given them none①"这样的倒装句,读起来实在太不自然,除非有人把重音大声念出来。不过,在另一方面,我想应归功于他的演讲经验,他不仅能写出由一长串华丽的从句组成的长句,还能巧妙地使一连串短句具有音乐节奏和诗歌韵味。这在《致一位尊敬的阁下》中表现得最为完美。我想,他一定意识到,要让对方同情他这个年老体衰、痛失独子的人,行文必须简洁。譬如下面这一段,写得感人至深②:

The storm has gone over me; and I lie like one of those old oaks which the late hurricane has scattered about me. I am stripped of all my honours, I am torn up by the roots, and lie prostrate on the earth ... I am alone. I have none to meet my enemies in the gate. Indeed, my lord, I greatly deceive myself, if in this hard season I would give a peck of refuse wheat for all that is called fame and honour in the world. This is the appetite but of a few. It is a luxury, it is a privilege, it is an indulgence for those who are at their ease. But we are all of us made to shun disgrace, as we are made to shrink from pain, and poverty, and disease. It is an instinct; and under the direction of reason, instinct is always in

---

① Personal offence I have given them none 的正常语序是 I have none given them personal offence(我未曾对他们施以人身攻击),倒装后的语序译出来是:人身攻击我对他们施以未曾。
② 作者说此段文字写得"感人至深"(deeply moving),吓得简直不敢翻译。下面的译文只能译出大概意思,"感人至深"是谈不上的:"暴风雨降临在我头上,我倒地不起,就像一棵被阵阵大风刮倒的老橡树,没有了往日的尊严,还被连根拔起,气息奄奄地躺在地上……我孤苦伶仃。我不能在大门口迎战我的对手。是的,阁下,在此艰难时刻,如果我还要拼着最后一口气去赢得世间的所谓名声,我是在自欺欺人。那是少数人的志向。那是一种豪赌,那是一种特例,那是一种没事找事的沉迷,而我们这些人都生来羞于蒙耻,就如我们生来害怕痛苦、害怕贫穷、害怕疾病。这是本能,而在理性指引下,本能总是对的。如今在我家里,长幼颠倒了——我的继承人先我而去,我的后代先去见了我的祖先。这本应是他对我感到愧疚,但我真心觉得是我有欠于我的至亲之人(我必定永远怀念的人),因为我还没来得及向他表明,他的父亲并不是贝德福德公爵所说的那种势利小人。"

the right. I live in an inverted order. They who should have been to me as posterity are in the place of ancestors. I owe to the dearest relation (which ever must subsist in memory) that act of piety, which he would have performed to me; I owe it to him to show that he was not descended, as the Duke of Bedford would have it, from an unworthy parent.

这里，最恰当的词出现在最恰当的地方。这里，没有生动的想象，没有玄妙的隐喻，但却证明了赫兹里特对他的评价：他是继杰里米·泰勒之后最有诗意的散文家。我觉得这段简洁而美妙的文字简直就是华兹华斯①最佳诗篇的前声——但愿我这么说不会被人说是牵强附会（猥琐、无聊）。如果我写此文能说服哪个读者去亲眼见证伯克是一位何等伟大的作家，我首先就要推荐他去读一读这篇《致一位尊敬的阁下》。这是英语文学中最妙不可言的一篇檄文，而且那么短，只要一个小时就能读完。然而，就在那么短的篇幅中，却充分显示了他的惊人天赋，显示了他那种既讲究形式又像日常谈话似的文体风格，显示了他的警示和讽喻才能，显示了他的智慧、他的理智、他的惆怅、他的悲愤，和他的高贵。

---

① 华兹华斯：19世纪英国诗人，诗风自然清新。

对某本书的思考

一

　　每天早晨四点五十五分,康德教授的仆人兰伯会准时叫醒主人。五点整,康德坐在书房里开始用早餐,这时他仍穿着拖鞋、睡衣,戴着睡帽,而且睡帽上还有一顶三角帽。他的早餐只是喝一杯淡茶,抽一斗烟。接着,他坐在那里思考当天上午要讲的课程内容。大约一个多小时后,他更衣、下楼。教室就在他住的那幢楼的底层。他从七点开始讲课,一直讲到九点。他的课很受学生欢迎,想要坐在前面的位置,必须提早半小时进教室。讲课时,他坐在一张小讲台后面,像聊天一样侃侃而谈。他很少打手势,而是用幽默语言和充分的例证来吸引学生。他的目的是要教会学生独立思考,因此他不喜欢学生埋头把他的每句话都记下来。"先生们,"有一次他说,"不用这样做笔记。我的话不是神谕。"他总是用目光扫视坐在前排的学生,通过他们脸上的表情来判断他们是否听懂了他说的话。但只要有一点点动静,就会影响他讲课。有一次,有个学生的外套上少了一颗纽扣,被他看到了,也扰乱了他的思路。还有一次,有个困倦的学生打了几次哈欠,他就停下来说:"如果一个人不可抑制地想打哈欠,那么根据礼仪,他应该用手捂住嘴。"

　　九点多一点,康德回到房间,换回睡衣、睡帽、三角帽和拖鞋,坐下来看书、写作。一直到中午十二点三刻,他起身到楼下吩咐厨娘,午餐什么时候开始。然后,他换好正装,回到书房,等待前来和他共进午餐的客人。他邀请的客人总是在两人到五人之间,不会多,也不会少,而且每天都会邀请客人,因为他无法忍受独自一人用午餐。据说，有一次他实在找不到人来陪他吃饭，就叫仆人到街上去随便找了几个人来。他不仅要求厨娘准时备餐，还要求客人准时到达。而且，他还习惯在当天邀请客人，就是客人已有其他预约，他也不管。有一段时间，有位克劳斯教授天天都来和他共进午餐，但他还是坚持每天早上叫仆人去邀请。

客人都来了，康德会吩咐仆人上菜，自己到客厅去拿银勺子——这是他的宝贝，和他的钱一起锁在一只柜子里。客人到餐厅就座后，他说一声"开始吧，先生们"，然后就自己大吃起来。这其实是他每天吃的唯一的一顿饭，因而总是很丰盛，有汤、有豆荚烧鱼、有烤肉，最后还有奶酪和时令水果。每位客人面前还摆了一瓶红葡萄酒和一瓶白葡萄酒，随他们选用。

康德很会说话，而且喜欢一个人说，如果有人插嘴或者反驳，他就会不高兴。不过，他说的话总是很有趣，因而整场谈话其实只有他一个人在说，别人也不太介意。关于谈话，他曾在一本书里这样写道："当一个涉世不深的年轻人参加一次高档次的聚会时，很容易一开口就感到窘迫（尤其是有女士在场）。这时，他若用报纸上的一则新闻作为开场白是不恰当的，因为别人会感到困惑，不明白他为什么要提到这件事。其实，他刚才肯定是从街上走过来的，所以抱怨天气不好才是最好的引子。"尽管他的餐桌上从未出现过女士，但他还是惯于用这个"最好的引子"开始和客人交谈。接着，他会谈到当天的国际国内新闻，谈到旅行时的所见所闻，谈到外邦人的奇风异俗，谈到文学，谈到饮食。最后，他还会讲几个幽默故事。这样的故事他有很多，而且讲起来有声有色。他之所以要讲幽默故事，用他自己的话来说，是为了"让午餐在笑声中结束，这样有助于消化"。所以，他总是把午餐时间拉得很长，直到很晚才让客人离席。客人离开后，他从不坐下来休息，以免打瞌睡。因为他认为睡眠时间要尽可能减少，这样等于延长寿命，所以他绝对不允许自己打瞌睡。午餐后，他总是去散步。

康德身材矮小，仅五英尺[①]高，而且很瘦，两只肩膀还一高一低。他的鼻子有点鹰钩，眉毛很整齐，皮肤很白皙。浅蓝色的眼睛虽然很小，但炯炯有神。他出门时穿着整洁，戴一顶金色假发，穿一件绣花领衬衫，打一个黑色的领结。上乘质料的外套、裤子和背心，配灰色的丝绸长袜和钉有银扣的鞋子。

---

① 5英尺约1.6米。

左边胳膊下夹着一顶三角帽，右手挂着一根金头手杖。不论天晴还是下雨，他每天都要散步，而且总是不多不少一个小时。要是雨下得太大或者阳光太灼热，就由仆人撑着一把大伞跟在他身后。他仅有一次没有去散步是因为他收到卢梭的《爱弥尔》一书后读得爱不释手，整整三天没有出门。

他散步时总是走得很慢，以免出汗，因为他认为出汗对人体有害。而且，他总是一个人散步，因为他认为只用鼻子呼吸可以避免身体着凉——如果和别人一起散步，出于礼貌也要说说话，免不了会用嘴呼吸。此外，他每天的散步路线一成不变——按海涅①的说法，总是沿着林登街走八个来回。他每天出门的时间分毫不差，小镇上的人看到他走过就能知道准确的时间，因而有人还用他来校准家里的钟。

散步回来，他就在书房里读书、写作，一直到黄昏。这时，他总是眼望着附近一座教堂的尖顶，思考他一时还没有解决的哲学问题。关于这一点，还有一个传说：有一天黄昏，他发现自己怎么也看不到那个尖顶，原来是旁边的几棵杨树越长越高，把教堂的尖顶遮住了。这使他坐立不安。好在杨树的主人得知后马上就去修剪树顶，这才使他安下心来，继续思考问题。晚上九点三刻，他把手里的事情通通放下。十点前，他肯定已睡在被窝里了。

然而，就在一七八九年七月中旬到月底的某一天，康德出门散步没有走到林登街上，而是走了另一个方向。哥尼斯堡的居民大为惊讶，都说一定发生了什么大事。是的，他们说得没错。康德刚刚得知：七月十四日，巴黎暴民攻陷巴士底监狱，释放了所有囚犯。法国大革命爆发了。

康德出身贫寒，父亲是个憨厚的铁匠，母亲是个虔诚的信徒。康德曾这样说到他的父母："他们给了我完美无缺的道德教育。每当我想起他们，心里总是感激不尽。"其实，他还应该补充说，他母亲的宗教信仰对他最终形成的哲学体系也有影响。他八岁上学，十六岁进入哥尼斯堡大学。这时，他母亲已经去世。他父亲很穷，除了支付他的食宿费用，没有能力给他更多帮助。他的一个鞋匠叔叔给了他一些资助，他自己去做辅导教师，此外——意想不到——他在台球赌博和扑克牌赌博中赢了一些钱，这才读完六年大学。

他二十二岁时，父亲去世，家庭分崩离析。他母亲共生了十一个孩子，活

---

① 海涅：19世纪德国诗人、散文家，曾写《德国哲学的历史》，其中谈到康德。

下来五个：除了他，还有一个比他小很多的弟弟和三个姐妹。姐妹们后来都做女佣，其中两个嫁给了同阶层的人，幼小的弟弟则由鞋匠叔叔抚养。他没有申请到当地一所学校的助理职位，先后在几个乡绅人家做家庭教师。这使他接触到一个较为上层的社交圈，从而养成了他的绅士风度和优雅举止。

这样过了九年后，他取得博士学位，并在哥尼斯堡大学担任讲师。那时他住在公寓里，吃饭时要选择那些有可能遇到同伴的小饭馆。但他很挑剔。有一次，他觉得公寓里一只公鸡的叫声影响他思考，想把那只公鸡买下来，但是主人不肯卖，于是他干脆搬了出去。他另一次搬家的原因是嫌同住的一个室友不善言谈。还有一次是因为室友们要求他做一次学术演讲，而这恰恰是他最不愿意的。这样过了好多年，他的经济状况才好转，终于买下一幢房子，还雇了一个仆人来照料他的起居。但是，房子里的家具还很少，挂在墙上的也只有朋友送给他的一幅卢梭肖像。房子里的墙壁原先是雪白的，但时间久了，渐渐被油烟熏黑，后来甚至可以用粉笔在上面写字。有一次，有位客人真这么做了，他温文尔雅地批评那位客人："我的朋友，您何必去惊动这多年来的沉积？这道自然形成的帷幕，岂不胜过用金钱购置的丝绒？"

康德虽然活到八十高龄，但他从未离开过他出生的那个小镇六十英里。他从小身体不好，很少有不受病痛折磨的时候，但他总能凭借意志力不去注意身体的不适，好像病痛是和他无关的东西。他经常说："一个人应该学会适应自己的身体。"他性情温和，对所有人都友好相处，但他很拘泥于礼节。他尊重别人，别人就必须报之以同样的尊重。他成名后，许多大人物都想见他一面，于是就找中间人，邀请他到府上去做客，但他却坚持要他们先到他府上来拜访，然后他才会去回访——不管哪个大人物，都是如此。

二

前面我把康德的生平和个性大概说了一下，目的是使读者对这位大哲学家感兴趣，从而有足够的耐心读完我后面要写的我对他的一本书的思考。这本书的题目有点令人望而生畏——《判断力批判》①。书中讨论的是两个问题——

---

① 《判断力批判》：康德"三大批判"之一，出版于1790年，另两部"批判"是《纯粹理性批判》（1781）和《实践理性批判》（1788）。

审美与目的论。这里，我想先声明，我主要思考的是第一个问题——审美，而且我对自己的观点也没有多大把握。因为我非常清楚，像我这样一个小说家竟敢思考这样一个问题，一定会有人认为我太自以为是。

确实，我不敢冒充哲学家，我只是一个从小热爱艺术的人而已。但我敢说，凭我的经验，我对创作过程有所了解，而且作为一个小说家，我也懂得如何正确看待审美的核心问题——"美"。小说是艺术，但并不"美"。伟大的小说可以反映人心中的欲念与激情，可以探索忧郁多变的人类灵魂，可以分析人与人之间的关系，可以描写不同的文化生活或者塑造不朽的人物形象；但是，要说小说可以表现"美"，那只有在"美"这个字被不经意地误用时才是正确的。"美"或许属于诗人，但肯定不属于小说家。

下面，我要思考康德的审美理论。不过，在此之前，我要先告诉读者一件怪事：康德本人好像没有什么审美兴趣。他的一位传记家曾这样写道："无论是对绘画，还是对雕塑，即便是对其中的精品，他（康德）好像都从来没有表现出有什么兴趣。就是他到了收藏有许多非凡的艺术品的美术馆里，我也从来没有见到他仔细看过哪些作品，或者用其他什么方式表现出对它们的欣赏。"

他也不是人们所说的那种十八世纪的"多情人士"。他曾两次认真考虑过结婚，但他又长时间没完没了地考虑结婚的利弊问题。结果，一个他看中的年轻女士嫁给了别人；另一个等不到他做出决定，离开了哥尼斯堡。我想，这只能说明他心里没有爱情，不然的话，即便他是个哲学家，也肯定能找出足够的理由来实现自己的愿望。他有两个已婚姐妹也住在哥尼斯堡，但他在二十五年里没有和她们说过一句话。他对此的解释是：他和她们没有共同语言。这话一听就知道他这个人太理性。

是的，我们忍不住要说他不顾亲情，但只要回想起我们自己的那些和我们毫无共同之处的亲人，以及我们是怎样勉勉强强地和他们没话找话，我们又不得不承认他这么做也不无道理。他只有关系好的熟人，没有朋友。熟人生病时，他会每天派人去询问，但他自己从不去探望。熟人死了，他会说："愿死者安息！"然后就把他们忘了。他从不感情冲动，但他和蔼、慷慨（在他那点家产的限度内）、乐于助人。他富有深邃的智慧和惊人的思辨力，但在情感方面却相当欠缺。

因此，他竟然能在和情感有关的审美问题上提出那么精辟的见解①，确实令人吃惊。他认为，"美"不存在于客体②。也就是说，客体仅仅是供我们投射某种特定快感③的对象。他还发现，艺术能使某些本质上丑陋的东西具有美感。不过，他对此有所保留，承认有些东西即使在艺术中也仍然是丑陋的，甚至令人作呕。这一点，我想有些现代派画家应该牢牢记住。他还暗示说，如果生活经验过于平凡而不足以为艺术提供素材，那么艺术家或许可以凭借想象力创造出超自然艺术。这一点，我想可以说，表明他甚至预见了二十世纪抽象艺术的出现。

哲学家的思想很大程度上由其个性决定，因而我们不难预料，康德对美学问题的研究是纯理性的。他的研究目的是要证明，由美引起的快感完全是思维活动的产物。对于这一论题，他的研究方式与众不同。他首先把"美"与"喜"区分开来。他认为，由"美"引起的快感是不受利害关系影响的，而"喜"则是由感官引起的快感，因而具有倾向性，而倾向性则和欲望以及利害关系密切相关。举个简单的例子就能说明他的观点：当我看到多利斯风格的古希腊神殿时，我所感受到的快感是不受任何利害关系影响的，因而我完全可以把它称作"美"，而当我看到一只熟透的桃子时，它在我心中引起的快感就可能和利害关系有关，因为它使我产生了想吃它的欲望，因此这样的快感只能称作"喜"，而不是"美"。

当然，各人的感官反应不尽相同，使我"喜"的东西可能对你毫无作用，但我们每个人都知道什么东西会使自己感到"喜"，这是毫无疑问的。"喜"仅仅是一种感官的满足，因而康德认为"喜"毫无价值。这种说法好像令人难以接受。在我看来，康德之所以会这么说，唯一的解释就是他坚信只有理性思维才具有真正的价值。还有，既然"美"和感官无关（因为和感官有关必然和利害有关），那么像色彩、神奇和柔情这类仅仅由感官引起的快感，也就通通和"美"无关了。这样的结论确实令人诧异。

---

① 那么精辟的见解：指康德提出的审美（也称"鉴赏判断"）四特征：(1) 它是愉悦的，但不带任何利害关系；(2) 它是普遍的但不是概念；(3) 它具有合目的性，但无目的（无目的的合目的性）；(4) 它是主观的，但带有必然性。

② 美不存在于客体：意即美与客体无关，亦即：美是主观的（也就是，美是人赋予客体的，而非客体固有）。

③ 某种特定快感：即美感。

但是，虽然看似荒唐，康德却是在明确的逻辑基础上做出这一结论的。人们的感官反应各不相同，如果"美"有赖于感官，那就不可能有评判"美"的标准，而没有评判"美"的标准，也就无所谓美学了。反过来说，既然对"美"的评判——简单地说，就是审美——必须要有标准，那就不能根据变化不定的感官反应，而只能根据相对稳定的思维活动。也就是说，当你试图判断某一客体是否具有审美价值时，你要撇开所有感受——譬如，它的色彩多么诱人，你感到很兴奋，等等——仅仅对它加以思维；这时，如果你对它的理解和想象（两者均为思维活动，而非感官反应）之间有一种自然而然的和谐关系，而且由此而产生一种快感，那就可以肯定，这一客体对你具有审美价值。

完成这一思维活动后，你就有理由要求其他人同意你的判断。评判某一客体是否具有审美价值虽然并不基于普遍概念，而是基于它所引起的快感，因而是主观判断，但不管怎样，它仍具有某种程度上的普遍性，所以你有权利要求其他人同意你在这一客体中发现了"美"，而事实上，其他人也应该承认你有这种权利。对此，康德是这样予以辩护的："当一个人认识到某一客体能为他带来不受任何个人利害关系影响的快感时，他当然可以认为这一客体可以为所有人带来同样的快感。因为，既然这种快感不是基于任何主观意愿（或其他个人利害关系），那么主体对这一客体的喜爱也就完全和主体自身无关，也就是说，主体的快感和主体自身的一切个人因素无关。因此，主体完全可以假定他人也同样具有获得这种快感的条件，并由此坚信，所有人理应都能获得相似的快感。"

不过，有证据表明，康德自己也觉得这样的辩护不太有说服力。也许是因为他认识到理解和想象并不比感受更为稳定。因为很明显，没有哪两个人的思维能力是完全一样的：哥尼斯堡镇上就有许多人比我们这位哲学家更具想象力，而他的理解力又是他们无法比拟的。因而，康德不得不假定，人类在评判"美不美"这一问题上或许有一种共同感知力。但是他又随即承认，人们在这一问题上的评判经常会大相径庭，因而这一假定也没有多少说服力。他在另一本书里甚至承认，人们对"美"的兴趣也不一样——而如果人类在这方面真有某种共同感知力，那就应该对"美"抱有同样的兴趣。所以，他后来在《审美判断的辩证法》一文中说，要想证明审美的普遍性，唯一的补救方式就是假定在审美客体和审美主体之间存在着一种"超级感知体"。

如果我没有理解错的话,他的意思是说,审美客体和审美主体都是现实的存在,因而具有现实的同一性——就如用相同的纱线织成的一套衣裤。但我认为这样的假定仍然没有说服力。在我看来,假定审美是人类的共同感知力只会得出一个有悖事实的结论,因而是徒劳的。如果说由审美产生的快感是主观的——康德极力坚持的就是这一点——那么这种快感的产生肯定离不开审美者的个性,离不开他个人的思维方式和感知方式。虽然我们都是古希腊文化、古罗马文化和古希伯来文化的后继者,具有诸多共性,但我们之中并没有两个人是完全相同的。虽然对于一些熟悉的东西——也许就是因为熟悉——我们或多或少具有"美"的共识,但毫无疑问,我们各人在评判"美不美"时的差异,肯定不会小于我们在评判"喜不喜"时的差异。

康德接着说,只要你完成上述思维活动而认定某一客体是"美"的,你就不仅有权要求其他人承认你由此而获得了快感(一种感知),而且有权假定,你的这种快感(一种感知——我再说一遍)是可以普遍传递给其他人的。这在我看来实在太奇怪了。我一直认为感知的奇特之处就在于它是不可传递的。当我看过乔尔乔涅[①]在弗朗科堡所画的圣母像后,如果我有语言天赋,我或许可以向你描述我的感知,但是我怎么也不可能使你和我有同样的感知。我或许可以告诉你,我恋爱了,甚至可以向你描述我在恋爱时的感知,但是我绝对不可能把我的感知直接传递给你。否则的话,就等于你和我同时爱上了同一个人,那就麻烦了。此外,我们的感知取决于我们的个性,这也是毫无疑问的。我可以毫不夸张地说,没有哪两个人对同一首诗或者同一幅画会产生同样的感知。至于康德为什么会认为感知是可以普遍传递的,我想原因只能是,他深信感知本身并不重要,不过是认知的材料而已,即感知通过理解和想象产生认知。既然认知——即思想——是可以普遍传递的,那么作为认知材料的感知,也应该是可以传递的。这也许就是康德坚持认为审美是纯思维活动的原因所在。

然而,思维是一种被动状态。思维不可能产生欣赏绘画和诗歌时的那种兴奋感和屏息感。通过思维,或许可以很好地描述人在愉悦时的反应,但不可能产生美的感受。我不相信,有人真能慢慢地、有条不紊地"思维"莎士比亚和弥尔顿的诗歌、贝多芬和莫扎特的音乐,或格列柯和夏尔丹的绘画。

[①] 乔尔乔涅:15世纪至16世纪之际意大利威尼斯画派画家。

三

　　康德的感知传递理论很自然地传递给了后来的美学家。确实，艺术家——不管是诗人、画家，还是作曲家——其作品都传递了某种信息，但美学家却就此推断艺术家的创作动机就是传递信息。我认为这种推断是错误的，他们没有充分了解创作过程。我认为艺术家创作一部作品并非出于美学家臆想的那种动机。如果他真的为了传递信息，那他就不是艺术家，而是宣传家、鼓动家。我很了解小说家的创作过程：先是有一个不知从哪里来的想法，他称之为"灵感"——一个大而无当的名称。其实这个想法本身就像落入河蚌壳里的一粒沙子一样微不足道，重要的是这粒沙子最后会使河蚌产出一颗珍珠——不知为什么，这个想法总使他骚动不安，浮想联翩：各种各样的思绪从他的潜意识中涌出，各种各样的人仿佛都在他眼前晃动，各种各样的事仿佛就在昨天发生（请注意，小说中的人物要通过事件才能得以塑造，而非单纯描绘出来的）。

　　就这样，直到他的头脑里充满形形色色的人和事，充满一大堆混沌无序的素材。然后，他就想从中理出头绪来。有时——不是每次——他发现在这混沌无序的素材中似乎有某种秩序，就如在茫茫丛林中似乎有一条路。然而，当他想继续找下去时，一切似乎又变得混沌无序了。于是，他换一个方向再找，似乎又看到一条路，但他不能确定那是不是真正的路。而此时，他已无法放弃，因为他的灵魂已被重重地压在他的愿望之下。为了使自己的灵魂得到喘息，他就把自己所经历的一切写了出来。小说完成后，他觉得自己好像重新获得了自由。至于读者会从小说中获得什么，那就不关他的事了。

　　我认为风景画家——如年轻时代的莫奈和毕沙罗——同样符合这种情况。风景画家没法告诉你，为什么某一景物，如一条弯弯曲曲的溪流或者一条雪地上的林中小路，会使他那么激动，乃至于引发他的创作欲望，并觉得眼前仿佛有许许多多溪流或者林中小路可以作为他的创作素材。而他天生就是一名画家，他所要做的而且所能做的，就是用线条和颜色把他的这种感受表达出来。他这么做并不能满足他自己的感官需求——我怀疑有哪个艺术家真能通过艺术创作来达到艺术欣赏的目的，不管他从事的是哪种艺术——他只是释放了自己内心的创作压力而已。这对他来说既是快乐的，又是痛苦的。不管怎样，我相

信他从未意识到要向未来的艺术观赏者传递某种信息。

其实,诗人和作曲家也符合这种情况。说实话,前面我之所以选择画家而不是诗人或者音乐家为例,完全是因为画家的作品比较直观:一幅画放在你眼前,你只要看就行了。当然,我并不是说,你只要瞥上一眼就能看懂一幅画。那还是需要你有一定的鉴赏力,需要有一定的时间加以关注。但绘画毕竟与诗歌不同。诗歌是语言艺术,而语言中充满了联想,在不同的国家和不同的文化中又有不同的联想。此外,语言通过语音和语义同时发生作用,所以它既有感觉(听觉)上的意义,又有思想上的意义。而绘画仅有视觉上的意义,使你产生视觉美感。

至于音乐,我不敢多说,因为在我看来,人类到底是凭着怎样的神奇天赋创造出音乐来的,这是艺术中的最大谜团。然而,使许多人大为震惊,康德竟然把音乐(和烹饪一起)归入下等艺术之列。他的理由是:尽管音乐是一种令人愉悦而广受欢迎的艺术,但它却完全是感官的。其实,他有这样的观点并不奇怪,因为他一向都是用各种艺术对思维的贡献大小来衡量其价值的。所以,他对诗歌的评价特别高,因为诗歌往往突破概念限制,或者说突破严格定义的语义限制,从而释放出更多思维空间。换言之,诗歌能激发想象力。"在视觉艺术中,"他写道,"我最看重绘画,因为它最有可能进入思维领域。"

四

我本来就没有打算把这篇文章写成哲学论文,而只是想随便谈谈我感兴趣的话题。既然如此,在这里说些题外话,我想也没多大关系。对于审美,知识界的态度几乎和艺术评论界一模一样。这或许是不可避免的,因为他们都不得不理性地解释一个本来就和理性没多大关系而几乎可以说是纯属情感的问题。譬如,罗杰·弗莱[①]就是这样。他的艺术评论时而涉及绘画,因文笔清晰而深受读者欢迎,可说是个德高望重的艺术评论家。但是,他和我们大多数人一样,也受限于自身所处时代的某些偏见。譬如,他认为艺术创作应该源于艺术家自由的审美冲动,因而严厉批评那些坚持认为艺术创作并非天马行空的

[①] 罗杰·弗莱:19世纪至20世纪之际英国画家、美术评论家,推崇后期印象派画家,曾任剑桥大学美术教授,著有《塞尚》《美术和构图》等。

人。他非常鄙视肖像画，认为肖像画的目的无非是为了显示主顾的社会地位和社会名望，因而他把肖像画家看作是毫无价值的、甚至是有害的寄生虫。

由此，他把艺术作品分为两类："一类作品是艺术家审美冲动的自由而真实的表达，另一类作品是艺术家为取悦庸众而施展的雕虫小技。"这话似乎太简单粗暴了。古埃及的法老为自己建立巨大的雕像，其目的固然和希特勒或墨索里尼在街头贴满自己的画像一样，仅仅是为了让他的臣民对他顶礼膜拜，但我们还有贝利尼①的《总督像》、提香②的《戴手套的男人》和委拉斯开兹③的《英诺森教皇像》。这些作品表明肖像画也可以成为具有审美价值的艺术精品，而与此同时，我们也没有理由认为，这些肖像画的主顾对它们不满意④。如果腓力四世⑤对委拉斯开兹画的肖像画不满意，他是绝对不会一而再、再而三地做他的模特儿的⑥。

罗杰·弗莱的论述之所以有纰漏，是因为他错误地认为，艺术家的创作动机和评论家或者艺术观赏者一定有某种联系。如果他自己是个小说家的话，按他的性格，很可能会动手写一部嘲笑其他小说家的小说，就如菲尔丁写《约瑟夫·安德鲁斯》嘲笑理查生⑦。殊不知，在本能的驱动下，他的写作会变成自我表现，并以此为乐。我们知道，狄更斯曾受邀就一个他并不感兴趣的话题写一部小说，实际上是为一位著名漫画家的一组漫画配上文字。他接受这项任务纯粹是为了每月能挣十四英镑。但是，凭借旺盛的精力、丰富的幽默感和塑造生动人物的才能，他写出的《匹克威克外传》却成了英语文学中最伟大的幽默杰作。

说不定，正是那些他咬咬牙才接受的苛刻条件，逼出了他的创作天才，使他令人惊讶地创造出山姆·维勒⑧这样的人物。我从未听说过哪个才华出众的

---

① 乔凡尼·贝利尼：15世纪至16世纪之际意大利画家、"威尼斯画派"主要奠基人之一。
② 提香·韦切利奥：16世纪意大利"威尼斯画派"代表画家。
③ 委拉斯开兹：17世纪西班牙巴洛克画家。
④ 这些肖像画的主顾对它们不满意：意为这些肖像画仍准确地描绘了主顾的形象。
⑤ 腓力四世：西班牙哈布斯堡王朝国王，1621年至1665年在位。
⑥ 腓力四世曾好几次召委拉斯开兹进宫为他画肖像。
⑦ 菲尔丁和理查生均为18世纪英国著名小说家。一般认为，菲尔丁的小说《约瑟夫·安德鲁斯》是对理查生的小说《帕米拉》的模拟讽刺。
⑧ 山姆·维勒：《匹克威克外传》中的人物，匹克威克的仆人。《匹克威克外传》是狄更斯的第一部长篇小说，也是他的成名作。这部小说最初在期刊上连载，一开始读者的反应很不好，几近失败。然而，当山姆·维勒这个人物出场后，读者的反应一下子反转，小说意想不到地大获成功。

艺术家会受创作条件的限制。如果有个主顾要求一位画家为他画一幅他和妻子一起跪在十字架下的肖像画，不管这个主顾是为了沽名钓誉，还是因为真正的虔诚，那位画家都会毫不犹豫地答应他。我相信，那位画家绝对不会认为这个主顾的要求限制了他在艺术上的自由发挥。相反，我更倾向于认为，某些限制反而会迫使艺术家发挥他的才能。实际上，每一种艺术都有其自身的限制。艺术家越有才能，就越能在限制的范围内自由发挥其才能。

在我们的父亲和祖父那两代人中，曾一直有人认为绘画是一种神秘的艺术，只有画家才能真正欣赏绘画，因为只有他们才懂得复杂的绘画技巧。这种观点最初出现在法国，而在过去的一百年里，法国也是大多数美学理论的发源地。在我的印象中，是惠斯勒①把这种观点带到了英国。惠斯勒坚称，普通人都是不懂艺术的庸人，因而必须百分之百地听从艺术家的教诲。他们唯一的有用之处是掏钱买画，为艺术家提供衣食，至于他们对画的看法，不管是好是坏，都是无关紧要的。

这真是胡言乱语。绘画技巧固然复杂，但一点也不神秘，不过是艺术家用以达到预期效果的手段而已。每一种艺术都有技巧，这和普通人没有关系。普通人只需要关心结果就可以了。当你看到一幅画时，如果你有兴趣和相关知识，你也许会看看画家是如何使用色彩、光线、线条和空间关系的，但这对你来说并不是那幅画的审美价值所在。实际上，你在看画的时候不仅动用了你的眼睛，还动用了你的经历、你的本能、你的爱憎、你的习惯、你的情感，等等——可以说，动用了你的全部个性——在解读那幅画。你越有个性，那幅画对你来说也就越意味深长。所以，那种认为只有画家才能看懂画的言论，画家们或许觉得很动听，在我听来却非常愚蠢。这只会误导画家，使他们鄙视评论家，认为评论家所说的一切对他们来说都是无足轻重的，因为评论家不懂技巧。如果真是这样，我认为是画家们错了。达·芬奇的《蒙娜丽莎》虽然不是人人都能看懂的，但我们都知道，这幅画曾对瓦尔特·佩特②产生过怎样的影响。它对瓦尔特·佩特来说不仅仅具有纯粹的审美价值，它使他产生那么奇特的感官反应，使他几乎晕厥——这也是它的重要价值。

---

① 詹姆斯·惠斯勒：19世纪出生于美国的唯美主义画家，习艺于法国，后定居英国。
② 瓦尔特·佩特：19世纪英国唯美主义理论家、评论家，著有《意大利文艺复兴》等。

德加①有一幅收藏在卢浮宫里的名画，习惯上称为《苦艾酒》，其实画的是一名当时颇有名气的雕刻师台斯色丹②和一个名叫艾伦·安德烈的女演员。他们之间的那种关系，在他们那个圈子里从不被认为是丑闻。画面中，他们俩并肩坐在一家小酒馆里的一张大理石桌面的桌子旁，周围的一切看上去既俗气又脏乱。那个女演员的面前放着一杯苦艾酒。两个人都衣衫不整，邋里邋遢，你甚至可以闻到他们身上因为长久不洗澡而散发出的汗臭味。此时，他们正醉醺醺背靠着长椅，脸色阴沉沉的，一副无精打采的神情，从中你能感觉到一种几近麻木的自暴自弃和几近无耻的自我堕落。这幅画并不美，也不令人愉悦，但它却是世界上最了不起的杰作之一，能给人真正的审美感受。

我当然懂得这幅画的构图、色彩和线条有何高超之处，但对我来说，它的价值远远不止这些。当我看着这幅画时，我的感觉会突然变得敏锐，我会有意无意地想起许多东西：我会想起魏尔伦和兰波③的诗，想起《玛奈特·萨洛蒙》④，想起塞纳河边的船码头和附近的旧书店，想起古老肮脏的圣米歇尔街和街上的小咖啡店和小酒馆。我承认，按正统的美学理论，联想不是审美，是不应提倡的。但我为什么很在乎联想？因为联想大大加强了我在欣赏这幅画时的快感。因为像这样一幅使人产生无限遐想的画，其审美价值怎么可能像那个名气不小的评论家卡米尔·莫克莱尔所说，仅仅在于德加对画面中的大理石桌面做了特殊处理？

不过，我在此有必要向读者坦白：我一直在轻快地谈论"美"，好像我很清楚"美"是什么，而事实上，我并不能确定"美"的含义。"美"应该有其含义，但究竟是什么呢？当我们说某物很"美"时，我们说出"美"这个词究竟是什么意思？除了表示某物使我们有一种不寻常的感觉，"美"这个词还有其他意思吗？我注意到，这个词使美学家也感到困惑，以至于有些人避免使用它。有人说，"美"是形式的对称与和谐。也有人说，"美"是"真与善"。还有人声称，"美"就是"喜"。

康德对美曾作出过好几个定义，但其总的观点是认为具有思维快感（而非

---

① 德加：19世纪至20世纪之际法国印象派画家。
② 台斯色丹：德加的朋友。
③ 魏尔伦和兰波：均为19世纪末20世纪初法国象征派诗人。
④ 《玛奈特·萨洛蒙》：19世纪法国作家龚古尔兄弟合著的长篇小说，讲述一个画家和他的模特兼情妇玛奈特·萨洛蒙的故事。

感官快感）的事物是"美"的。此外，和我的发现截然相反，康德坚持认为"美"是不变的①。这一观点不仅得到许多美学家的赞同，就是济慈也在《恩底弥翁》②中一开始就表达了类似的观点："美"的事物就是永恒之乐。这句话可能有两种解释，其中之一是：只要某物是"美"的，就能永远使人快乐。但是，如果说"美"在本质上就是使人快乐，我想这就成了哲学家所说的"琐碎命题"，即"美"会使人快乐，因而没有说出任何新东西。我想，像济慈这样的聪明人是不会说这种空话的，他的意思只能是：美的事物必将永葆其美，因而永远是快乐之源。

但他这么说是错的。"美"和世上万物一样，也是会变的。有些"美"，存留时间很长，譬如古希腊雕像，由于古希腊文明的影响和它对人体的表现，为我们树立了人体美的理想典范。但是，随着我们对中国艺术和黑人艺术的深入了解，到了现在，古希腊雕像已经大大地丧失了对艺术家的吸引力，不再是汲取创作灵感的源泉。它的美正在渐渐消失。我们从电影中就能见其端倪：现在的导演不再像二十年前那样总是根据古典美来选择男女主角，而是注重演员的个人才能以及和他们所要扮演的人物体貌是否相符。导演们之所以这么做，就是因为他们发现古典美不那么吸引人了。有些美，存留时间很短。我们都记得自己年轻时看过的那些诗与画，它们曾使我们陶醉于"美"，然而仅仅到了现在，"美"就从它们那里流失了，就如水从漏底的罐子里流走。因为"美"有赖于环境与氛围，而环境与氛围会随着时间的变化而变化。

新一代人会有新的需求，会用新的方式去寻求满足。他们会对从小就熟悉的事物感到厌倦，转而去寻求新的事物，而新的事物有可能是比他们熟悉的事物更旧的事物。就拿意大利文艺复兴时期的那些画来说，我们现在觉得它们很"美"，而实际上，在十八世纪时，人们就曾对它们感到厌倦了，认为它们不过是笨拙的古代艺术家的笨拙之作。那个时代的人认为它们"美"吗？不"美"。它们的美是我们赋予它们的。而且，很可能，它们在我们眼中的"美"完全不同于它们刚诞生时在那些早已作古的艺术鉴赏者眼中的"美"。

---

① 美是不变的：意即美（康德认定的美）不会随时代的变化而变化，也就是说，美是永恒的。
② 济慈：19世纪浪漫派英国诗人，《恩底弥翁》为其著名长诗（恩底弥翁：古希腊神话中的牧羊美少年，他夜里在草地上睡觉，致使月亮女神塞勒涅爱上了他。此事被宙斯得知后，让他选择：要么死，要么永远不得成年。他选择了后者。）。

约书亚·雷诺兹爵士曾在《第二论》① 中竭力赞赏卢多维科·卡拉奇②，认为他的绘画风格堪称臻于完美的典范。"他对光影的处理自然而不做作，"雷诺兹爵士写道，"所用色彩很鲜明，但又丝毫不会分散观赏者对主题的注意。尤其是他画的晨光，在我看来和庄严的主题非常相符，比提香所画的那种过于炫目的阳光更胜一筹。"赫兹里特③是个大评论家，也是一名画家，曾为查尔斯·兰姆④画过一幅不错的肖像。他曾这样评论柯勒乔⑤："他在绘画艺术的诸多方面表现出无与伦比的卓越才能。""一想起他，"赫兹里特自信地问道，"有谁能不（激动得）头晕目眩？"——哦，我们能，我们甚至都不会想起他。赫兹里特还认为圭尔奇诺的《恩底弥翁》⑥ 是佛罗伦萨画派中最了不起的杰作之一，而我怀疑，今天的人看到这幅画时会不会多看一眼。

当然，举这些例子并非要证明这两位大评论家是在胡说八道，而是说，他们所表述的仅仅是他们那个时代的审美观。所谓"美感"，其实就是在不同历史时期都会产生的某种不一般的喜悦感。由于它不一般，于是我们就称那些给予我们这种喜悦感的事物为"美"。而这些事物之所以能给予我们这种喜悦感，只是因为它们正好合乎我们这个时代的某些需求，如此而已。所以，若是以为我们对"美"的看法会比前人高明，那是很愚蠢的。我敢肯定，就如我们质疑雷诺兹爵士对卡拉奇的赞誉和赫兹里特对柯勒乔的仰慕，我们的后代也会质疑我们的看法。

五

我曾说过，"美"的创造和"美"的欣赏之间有一条没有桥梁的鸿沟⑦。从这句话中，读者不难推测出我的另一个观点："美"的欣赏即便不完全有赖

---

① 约书亚·雷诺兹爵士：18世纪英国画家、艺术评论家，《第二论》为其评论集之一。
② 卢多维科·卡拉奇：16世纪至17世纪之际意大利画家、"学院派三兄弟"之一，他的画到了19世纪已不大有人注意。
③ 赫兹里特：19世纪英国散文家、评论家、画家。
④ 查尔斯·兰姆：19世纪英国散文家。
⑤ 柯勒乔：16世纪早期意大利"创新派"画家。
⑥ 圭尔奇诺：17世纪意大利"学院派"画家，《恩底弥翁》为其重要作品，与济慈的长诗《恩底弥翁》同一题材。
⑦ 这句话的意思是：作者不可能帮助读者欣赏作品，读者能不能欣赏作品完全在于他自己。

文化修养，至少也要靠文化修养才能得到提高。这也是艺术鉴赏家和美学家的观点。他们甚至声称，审美能力只属于少数人。他们的话若是对的，那么托尔斯泰所说的"真正的美属于所有人"就是错的。康德在《判断力批判》中就"精神升华"所发的长篇大论也许是这本书中最有趣的部分。不过，我在这里只能向读者转述他的结论。

康德认为，山区的农民只会把高山看作危险可怕的东西，就如远洋船上的水手只会把大海看作险恶无常的对手。所以，要从白雪覆盖的高山和波涛汹涌的大海中获得一种可称为"精神升华"的喜悦，必须要有相当的思维能力和相当的文化修养才行。这个观点应该说不无道理。农民会从他赖以为生的土地上感受到"美"吗？我想不会。因为感受到"美"或者说审美肯定不能受利害关系的影响，而农民一心想着的就是犁地开渠。实际上，自然美是人类的一个新近发现，并由浪漫主义时期的画家和诗人加以表现。表现自然美需要闲情逸致和文化修养，而欣赏自然美则不仅需要摆脱实际的利害关系，也需要有文化修养和思维能力。这话听上去尽管使人觉得不舒服，但我实在想不出什么理由来驳斥"美只属于少数精英"的说法。

然而，接受这种说法又使我感到不安。二十五年前，我买了费尔南·莱热的一幅抽象画。画面是黑色、白色、灰色和红色的方形、长方形和球形的组合，不知何故，这幅画取名为《巴黎屋檐下》。我当时并不认为这幅画很美，只是觉得它有点创意，可做装饰。那时，我有一个为我做饭的女佣，一个脾气很坏、喜欢吵嘴的女人。但就是这个女人，竟然站在这幅画跟前看了很久很久，仿佛入了迷似的。我问她看出了什么。她说："不知道，我就是看着它心里高兴！"我想，她的这种感受其实就是审美体验，和我在卢浮宫里站在格列柯的《耶稣受难像》跟前的感受是一样的。

这件事（当然，只是个例子）使我开始怀疑那种认为只有少数精英才能体验艺术之美的说法是不是太偏狭了。有文化修养和生活阅历的人对"美"的体验或许更真切、更充分、更敏锐，但没有理由认为，没有文化、地位低下的人是不可能体验到任何艺术之"美"的。也许，为后者带来审美快感的东西是美学家不屑一顾的，但那有什么关系？使济慈产生创作灵感的那只希腊古瓮①，也

---

① 济慈在博物馆看到一只希腊古瓮，激动不已，于是写了《希腊古瓮颂》。

不过是古希腊时代的一只平平常常的陶罐，但它却给济慈带来那么强烈的审美体验，从而催生出英语文学中最美的诗篇。关于这一点，康德表述得简洁明了："美"不存在于客体。客体仅仅是供我们投射某种特定快感的对象，而快感是一种情感，因此我相信，所有能够体验喜怒哀乐的人都能体验由审美而带来的快感。我基本同意托尔斯泰的话，"真正的美属于所有人"，只是要把"真正的"去掉。世界上并没有"真正的"美。因为就如我曾经说过的，"美"是使人产生某种欣喜感和释放感的一种契机，并不是一种实体。不过，（尽管它不是实体）为了方便起见，我在本文中还将继续像谈论一张桌子一样，把它当作独立于观察者而存在的实体来谈论。

六

说了这么多题外话，现在我必须回到我的主题——康德的审美理论。下面我要谈到的是关于"美"的"目的"和"目的性"——这是康德这本书中最艰涩的部分，而他有时还把这两个名词当作同义词使用，所以理解起来更加困难。本文是为一般读者写的，所以到目前为止我一直尽量避免使用哲学术语，但现在我不得不请求读者耐心听我解释康德对"目的"和"目的性"所下的定义。他的定义是："'目的'是一个意念的对象，而此意念可被视为其对象的产生原因，即：使此对象成为可能的真实基础。而此意念与其对象间的因果关系，即为'目的性'。"为了说明这一定义，康德还举了一个例子：有人造了一幢房子，为的是要把它出租，所以出租房子就是他造房子的"目的"。但是，如果他事先没有收取房租的想法，那么他也就根本不会造房子，所以收取房租的想法就是他造房子的"目的性"。顺便说一下，这位哲学家对某种自然现象的目的性所作的解释有点像是说笑话，尽管他自己可能并不这么认为："滋生在人类衣服、头发、床铺上的寄生虫可以归因于大自然的一个智慧设计，其动机是使人类保持清洁，因为清洁是维护健康的重要措施。"但是，把寄生虫的存在归因于这样的目的，很难说是一种论证，只能说是一种臆想，更可能是一种善意的幻想。我们在自然界中发现的所谓目的性，很可能只是我们基于

---

① 这两个名词：即"目的性"和"目的"（在康德那里，"目的性"是精神性的，"目的"是物质性的，或者说，"目的性"是非实用的，"目的"是实用的。参见下文）。

主观臆想的一种理论机制。我们用这种理论机制为自然界找到某种意义，接着以这种意义为理由，认定我们在自然界中的位置，然后就根据我们的位置所需，对自然界做出解释。

不过，我现在只需要谈一谈这种理论机制和康德美学的关系。康德说："'美'是客体的'目的性'，而且这种'目的性'以一种与'目的'相分离的形式被感知。"然而，这种"目的性"并非真实存在，它是我们出于本性中的主观需求附加于我们称作"美"的客体的。我曾努力寻找过这样一种"目的性"与"目的"相分离的客体，因为比起抽象思维，我更擅长考察具体事物，但是徒劳，因为"目的性"的定义直接表明，"目的性"以"目的"为前提。

下面我不妨大胆试一试，举个例子来说明。一只做得就像蛋壳一样薄的瓷碗，纤巧精美，其目的显然不是用来盛饭的——因为盛饭这样的"目的"涉及利害关系，而审美的本质之一就是无利害关系——此外，这只碗的釉层下还画有图案，而且必须把碗举起并对着阳光才能看出它的精妙绝伦。这样一只碗，除了用来欣赏，还会有其他"目的性"吗？实际上，康德的意思就是说，美的事物的"目的性"是让人欣赏，使人喜悦。但他就是不明说。我总觉得，他是经过深思熟虑后有意回避的——他不愿意明确承认，给人以快感是艺术创作的唯一目的。

快感向来负有罪名。哲学家和道德家一直不愿承认快感本身并没有什么不好，只是人们在追求快感的过程中应该避免产生不良后果。我们知道，柏拉图就曾否定了所有不能引人向善的艺术。基督教由于鄙视肉体，纠缠于"原罪"，一直把快感视为邪恶，认为拥有不朽灵魂的人类不应追求快感。我想，快感之所以这样不被认可，主要原因是人们总把它和肉体享受联系在一起。这很不公平。快感不仅仅是肉体的，还有精神上的快感。如果我们承认，就如圣奥古斯丁①所说，性交是肉体快感的顶峰（圣奥古斯丁本人显然对此有过体验），那么我们也可以说，审美是精神快感的顶峰。

康德说，艺术家在创作时所想到的就是如何使作品呈现"美"。我认为事实并非如此。我相信艺术家创作只是为了发挥自己的才能，至于他的作品是否

---

① 圣奥古斯丁：4世纪末5世纪初罗马天主教神父、中世纪"神父哲学"代表人物。他年轻时曾混迹江湖，找过情妇，有过私生子，后皈依天主教，弃绝世俗生活，成为神父。

"美",那纯属偶然,连他自己也未必关心。我们从瓦萨里①的记载中得知,提香是个赶时髦的多产画家,艺术经验丰富,对艺术市场也十分懂行。由此看来,当他承接肖像画《戴手套的男人》时,很可能一心只想描绘逼真,使顾主满意,只是由于他的天赋和顾主的气质,竟然画出了一幅美的肖像画。这是个皆大欢喜的意外。弥尔顿②曾明确说过,他写《失乐园》是要颂扬清教理想。如果说《失乐园》的字里行间充满了"美",那也是个皆大欢喜的意外。也许,就像幸福和创新一样,"美"也是可遇而不可求的。

我在提笔写本文时,本不想涉及康德对"崇高"的论述,现在行文至此,不妨顺便说几句。康德坚持认为,我们对"美"的判断和对"崇高"的判断具有相似性,因为两者都属于审美判断;而且,"美"和"崇高"具有相同的目的性(不幸的是,他没有告诉我们为什么),即:这种目的性完全是主观的。"我们称某些事物为'崇高',"他说,"是因为这些事物使我们感受到了自己精神上的崇高性。"当我们面对浩瀚的大海或巍峨的高山时,我们会有一种难以形容的感情波动。我们既觉得自己无比渺小,同时又觉得自己凌驾于它们之上。我们尽管心怀敬畏,但同时又意识到自己并不受限于对它们的感觉,还有超越这种感觉的道德和思想能力。

帕斯卡③曾说:"大自然也许能夺走我们的一切,但却对我们的道德人格无能为力。人只不过是一根芦苇,是自然界最脆弱的东西,但他是一根能思想的芦苇。用不着整个宇宙都拿起武器来毁灭他,一口气、一滴水就足以置他于死地。然而,纵使宇宙毁灭了他,人却仍然要比置他于死地的宇宙更高贵。因为他知道自己要死亡,知道宇宙对他所具有的优势,而宇宙对此却一无所知。"假如康德不是那么令人困惑地缺乏审美兴趣,就如我在本文第二节里提到的那样,他也许会意识到,当我们面对像西斯廷大教堂的穹顶或者格列柯的《耶稣受难像》这样的艺术杰作时,就像面对他所说的"崇高"对象一样,也会感受到道德和思想的力量。

我们知道,康德是道德家。他曾说:"理性不会承认一个以寻欢作乐为生

---

① 奇奥奇奥·瓦萨里:米开朗琪罗的学生,16世纪意大利画家、美术史家,曾创立迪亚诺学院。
② 弥尔顿:17世纪英国清教诗人,以其长诗《失乐园》和《复乐园》闻名于世。
③ 帕斯卡:17世纪法国思想家、科学家,以其《沉思录》闻名于世。

活全部内容的人有任何价值。"这句话我们都会同意。但他接着说:"如果美的艺术不在某种程度上结合道德思想……那它仅仅是一种有害的刺激,我们对这种刺激越是依赖,就越是纵容它在我们的精神生活中散布对自身的怀疑,从而使我们越加无能和不满。"在书的结尾处,他甚至说,真正通往审美的路径是道德思想和道德情操。我不是哲学家,我不敢说,康德提出"美是客体的'目的性',而且这种'目的性'以一种与'目的'相分离的形式被感知"这样深奥的论断是故弄玄虚,但我敢说,如果艺术作品所必需的"目的性"仅仅存在于艺术家的意识中,那么康德的好多结论都是没有多大意义的。艺术家的意识和我们有什么关系?我们——我再说一遍——只关心他的作品。

杰里米·边沁①多年前说过一句令人震惊的话:"如果诗歌和'推针'给人同样的喜悦,那么两者之间也就不存在优劣之分。"什么是"推针",现在已经很少有人知道,我来解释一下。这是一种儿童游戏,玩法是:一人在桌面上把一根针用力推滚出去,目的是让它和另一人的一根针头横竖相交。如果成功,他就用大拇指紧按着两根针,慢慢地把它们同时拖离桌面。如果在拖的过程中两根针没有分开,对方的那根针就被他赢下了。我在上小学时和同学玩过这个游戏。不过,我们用的是钢笔尖。后来,校长发现我们玩着玩着把游戏变成了赌博,便下令禁止,一旦发现有人再玩就狠揍一顿……

现在回头来看边沁的那句令人震惊的话,有人愤怒地反驳说:精神喜悦肯定比肉体喜悦高尚,不能同等对待!那么,谁在反驳?当然是那些赞赏精神快感的人。但他们的人数少得可怜;因为连他们自己都声称,审美能力只属于少数人。而另一方面,我们知道,大多数人出于实际需要或者个人需要,都是以物质为重的。他们的喜悦也是物质化的。不仅如此,他们还非常鄙视追求艺术、追求精神喜悦的人。

这就是为什么他们会把"唯美主义者"一词当作贬义词来用,而这个词原本仅仅是指对美的事物特别感兴趣的人。那么,怎样才能证明他们是错的?怎样才能证明诗歌和"推针"是有区别的?我猜边沁用"推针"(Pushpin)为例是为了和"诗歌"(Poetry)押头韵。那就让我们改用网球为例吧!这是一项很普及的运动,许多人还特别喜欢。打网球需要技巧和判断力,还需要目光敏

---

① 杰里米·边沁:18世纪至19世纪之际英国哲学家、法理学家、经济学家。

锐、头脑冷静。如果我从打网球中得到的喜悦和你从提香的《耶稣入葬》、贝多芬的《英雄交响曲》或者艾略特的《圣灰星期三》①中得到喜悦是一样的,那么你怎样证明你的喜悦比我的喜悦更高尚?我想,你只能证明你的喜悦比我的喜悦更有道德含义。

然而,康德却说过一句重要的话:"艺术鉴赏家们不但经常而且基本上是受怠惰、任性或古怪的情绪支配的。"他还说:"和其他人相比,他们也许更难获取道德律方面的优越性。"这在当时肯定是事实,到了今天也仍然如此。人性是不大会变的。任何人只要到康德所说的"鉴赏家"或者我们今天习惯说的"审美专家"的圈子里去待上一段时间,一定会发现他们之间很少有谦逊、宽容、仁爱和慷慨——简单地说,如果你以为他们对审美快感的追求会给他们带来美德,那你一定会大失所望。如果审美快感只是知识界的鸦片,那它就是康德所说的"有害的刺激",而它本应该是有益于道德培养的。康德说:"美是道德的象征。"这话说得很精辟。确实,除非对美的爱能使人品德高尚——这在我看来是美的唯一有价值的"目的性"——否则的话,我们永远没法逃脱边沁的论断——"如果诗歌和'推针'给人同样的快感,那么两者之间也就不存在优劣之分。"

---

① T. S. 艾略特:20世纪初美裔英国诗人,以长诗《荒原》闻名于世。《圣灰星期三》(*Ash Wednesday*)也可译作《大斋首日》或《圣灰节》,为其重要作品。

我认识的几个小说家

一

赫兹里特①写过一篇很有意思的散文，题名为《初识诗人》。文中，赫兹里特讲到了他结识柯勒律治和华兹华斯②的经过。当时，柯勒律治到什鲁斯伯里③去主持"一位论派"④信徒的集会，他的前任洛伊先生到车站去迎接他，但他只看到有个穿黑上衣的圆脸男人似乎在和其他旅客谈论着什么事情，却没有见到早先别人曾对他描述过的那个人。于是，他回家了。刚进门，那个穿黑上衣的圆脸男人就跟了进来，因而"疑虑顿消，攀谈起来。那人谈锋甚健，据我所知，他从来如此"。赫兹里特的父亲，一个反国教派的牧师，就住在离什鲁斯伯里十英里远的地方。几天后，柯勒律治前去拜访，当时二十岁的赫兹里特也在场。诗人发现这个年轻人听他谈话时既热情又机智，就邀请他春天到内瑟斯托伊去。赫兹里特去了，而且在他到达那里一两天后，华兹华斯来了。"他随即拿起桌上的半块奶酪津津有味地吃起来，并用胜利者的口吻说，他和日常经验生来有缘，不像骚塞⑤先生那样，想从生活中领教美好事物而又一事无成。"⑥第二天，柯勒律治和赫兹里特陪同华兹华斯一起前往阿尔福克斯登，

---

① 赫兹里特：19世纪英国散文家。
② 柯勒律治和华兹华斯：19世纪英国湖畔派三大诗人中的两位。
③ 什鲁斯伯里：英格兰什罗浦郡的首府。
④ 拒绝接受圣父、圣子、圣灵三位一体，认为上帝只有单一神性的基督教流派。
⑤ 骚塞：湖畔派三大诗人中的第三位。
⑥ 此段引文引自《初识诗人》。

华兹华斯还在那儿的空地上朗诵了他的叙事诗《彼得·贝尔》。赫兹里特说:"柯勒律治和华兹华斯的朗诵有一种魅力,能使心灵着魔,判断力丧失。他们在施展这种神奇技能时,也许连他们自己也上当受骗了。"① 赫兹里特虽然很激动、很佩服,但他却没有丧失判断力,也没有丧失幽默感。

正因为读了这篇散文觉得很有意思,我才动笔写此文。可惜的是,此文中没有像柯勒律治和华兹华斯那样的大名人。《古舟子咏》和《忽必烈汗》②,还有那首了不起的颂诗③,还有那首《孤独的刈麦女》④,都是英国诗歌中的不朽名篇,而我在此文中讲到的那几个小说家会不会被后人铭记,那只有天知道了。印度教徒认为梵天⑤创造世界只为自娱,只是为了稍稍展示一下他的无限创造力,而且是随心所欲的。我们对待作家就像梵天一样,也是随随便便,甚至是荒唐可笑的。反正,没有理性可言。我们既不考虑作品的真正价值,也不关心作家所作的努力和创作意图的重要与否;譬如,那么有思想、那么有才华、那么兢兢业业从事写作的汉弗雷·伍德夫人⑥,竟然被人无情地弃之一边,乃至今天极少有人知道她的名字,而一个那么乏味的法国神父和那么平庸的十八世纪文人⑦,他写的小说那么冗长、那么难以卒读,但就因为偶尔写了一本薄薄的《曼侬·莱斯科》,竟然得以青史留名,这也太不公正了。

此外,我想一开始就应该先说明一下,我和我将要讲到的那几个作家虽然已认识了很长时间,但我和他们中间的任何一个其实都不是亲密朋友。这里有一个原因,那就是我在成为一个成功的喜剧作家前几乎不认识任何作家,而和我有点交情的几个人则和我一样,都是无足轻重的小人物。一个人结识亲密朋友,通常是在少年时代或者二十几岁的时候,而我成为一个小有名气的剧作家时,已经三十四岁了。尽管我后来和很多当时很有名的作家有过接触,但他们的年纪都比我大得多,而且都忙于自己的事情,有自己的朋友,和我交往只是萍水相逢、泛泛之交。再说,我喜欢外出旅游,每当我不需要留在伦敦排演剧

---

① 此段引文引自《初识诗人》。
② 《古舟子咏》和《忽必烈汗》:均为柯勒律治的著名叙事诗。
③ 指华兹华斯的名作《不朽颂》。
④ 《孤独的刈麦女》:华兹华斯的著名叙事诗。
⑤ 梵天:brahma,也译"婆罗门",印度教信奉的创世之神。
⑥ 汉弗雷·伍德夫人:19世纪英国女作家,作品甚多,生前读者也甚多,但批评家大多认为她的作品是肤浅的三流作品,故而她被当作三流作家而被人遗忘了。
⑦ 即指18世纪法国小说家、《曼侬·莱斯科》的作者普雷沃神父。

本时,我大多数时间都不在英国。结果是,我早先凭几部成功的剧作而得以认识的那些人也不再和我联系了。

法国作家往往一年中的大部分时间都住在巴黎,三五成群地形成一个个小圈子,同一圈子里的人时常在咖啡馆、报社或者公寓里见面。他们一起吃饭,讨论彼此的作品,还时常相互写信(谈论未来的出版事项)。他们或者相互吹捧,或者相互诋毁。英国作家则不然,总的说来对同行是漠不关心的。他们喜欢住在乡下,只有必要时才去伦敦。他们的社交圈比法国作家要复杂得多,圈子里不仅有文学界的人,还有非文学界的人也常来常往。他们的亲密朋友不是像亨利·詹姆斯①的朋友那样只是一些狂热的崇拜者,就是像 H. G. 威尔斯②的朋友那样只是一些意趣相投的人。如果你不是那样的人,是不大可能和他们有交情的。不过,我和他们没有交情,还有一个重要原因,我的性格问题。我可能太自我、太冷漠、太拘谨、太怯懦,和任何熟人都不会熟到亲密无间的地步。有时,有个朋友遇到什么麻烦,会对我说心里话,我会觉得很尴尬,不知如何是好。多数人喜欢谈论自己,而每当有人把自己的隐私告诉我时,我总觉得很不自在,因为我觉得这种事情最好还是藏在自己心里。要是你把这种事情藏在心里,我就会猜你有什么隐私,这是我喜欢的。我生来就是如此,从来不会轻易相信别人说的话、做的事,更不会对什么人或者什么事佩服得五体投地。我生来不会崇拜任何人。我喜欢取笑人,不喜欢恭维人。

下面,我要提供给读者的是我对几个人的回忆,而且或多或少是有点模糊的,因为我和他们的交往不像有些人那么密切,所以我在此必须提醒读者,我对这几个人的回忆只是我对他们的一种主观而片面的印象。

我在认识亨利·詹姆斯之前就曾看见过他。那是《盖伊·东维尔》③ 首演的当晚,不知什么原因,剧院送给我两张门票,还是楼厅前排座位。我不知道他们为什么要送我这样两张门票,因为那时能到乔治·亚历山大的剧院去看首演就已经很出风头了,更不要说是那么好的座位,那通常是给戏剧评论家、剧院经理的朋友和其他重要人士坐的,而我那时不过是个医科学校的学生。演出

---

① 亨利·詹姆斯:出生于美国、比毛姆年长 30 岁的英国小说家、小说理论家,以其对小说叙事手法的革新闻名于世。
② H. G. 威尔斯:比毛姆年长 8 岁的英国小说家、批评家,以其科幻小说闻名于世。
③ 《盖伊·东维尔》:1895 年亨利·詹姆斯首次在伦敦上演的剧作。

效果很不理想。台词虽然写得很优雅，但可能是不太直白，观众都听不懂，而剧情又很单调。亨利·詹姆斯写这个剧本时已经五十岁了，真难以相信，像他这样一个有经验的老作家，怎么会在首演当晚把这样一个没水平的剧本呈现在观众面前。第二幕中的一场假装醉酒的戏简直令人恶心，真使人为作者脸红。然而，当这出戏终于在沉闷中结束后，亨利·詹姆斯竟然还按当时那种令人难堪的规矩，不明智地到台上来向观众鞠躬谢幕。回答他的是一片嘘声和猫叫声。这样的喝倒彩，我在剧场里只听到过这一次。我从楼厅前座的座位上看下去，他的身体好像短了一截，显得很古怪。他矮而胖，两腿粗壮，头顶全秃，尽管留着胡子，整张脸却好像光秃秃的，看不清眼睛鼻子。面对愤怒的观众，他微微张着嘴，一脸惊恐茫然的表情，好像要瘫倒在地了。不知为什么，大幕没有马上落下，他就这样呆呆地站在那里，站了好一会儿。与此同时，顶层楼座和大厅后座的观众①依然嘘声不断。接着，大厅前排和楼厅前排②有人开始鼓掌。他后来说，掌声很热烈，但他肯定听错了，这些人鼓掌只不过是出于礼貌，同时也是对顶层楼座和大厅后座观众的粗鲁行为表示不满。说穿了，他们有点可怜他，不忍心看着他尴尬地受辱。最后，乔治·亚历山大出来对观众作最后致意。亨利·詹姆斯垂头丧气地跟着他走了。

这次演出失败后，亨利·詹姆斯给他的兄长威廉③写了一封信，而且和当时许多失败的剧作家一样，说自己的剧本"不是伦敦的普通观众所能欣赏的"。事实并非如此，他的剧本确实写得不好。要不是剧中人物的那种古怪得不可思议的行为令人恼怒，观众本不会有那么强烈的反应。他的剧中人物和他的大多数小说人物一样，行为动机完全不是普通人的行为动机。这一点，他在小说中往往还可以掩饰，但在舞台上就难以掩饰了，观众明显感觉到剧中人物的行为不合常理，根本不像生活中的正常人，因而觉得自己被愚弄了。他们发出嘘声，不仅表明他们很不满，还表明他们很愤怒。

看过此剧后，你也许就能知道亨利·詹姆斯的创作态度了，而他也确实是用这种态度进行创作的。显然，他的创作并不怎么成功。但他还看不起英国戏剧界，自认为他写的剧本一定会超过所有当代英国剧作家。多年前，他在巴黎

---

① 坐在顶层楼座和大厅后座的一般是普通观众。
② 坐在大厅前排和楼厅前排的一般是贵宾或者重要人物。
③ 威廉·詹姆斯：美国著名哲学家、心理学家，实用主义倡导人之一。

时曾写道，他"精通大仲马、奥日埃和萨尔都①"，还声称他"完全懂他们那一套，甚至还不止"。由此可见，作为剧作家的他为什么会失败。他就像一个会骑自行车的人，认为自己一定会骑马。正因为这样，他有一天真的骑上了一匹赛马，结果在第一道栅栏前就重重地摔了下来。不幸的是，亨利·詹姆斯的失败使剧院经理们更加相信，小说家不会写剧本。

二

直到很多年之后，我才有幸写出成功的剧本，并和亨利·詹姆斯见了面。如果我没有记错的话，那是在《伊丽莎白和她的德国花园》的作者罗素夫人②举办的一次午宴上，地点是罗素夫人在白金汉宫附近的一所公寓里。那可说是文学界的一次聚会，亨利·詹姆斯当然是最受人关注的。不过，那次他只是心不在焉地和我说了几句客套话。后来，我记不清过了多久，有一次我去看剧场协会午场演出的《樱桃园》③，正好坐在亨利·詹姆斯和数学家克里福德的遗孀W. K. 克里福德夫人的旁边。克里福德夫人写过两部不错的小说——《克莱斯夫人的罪行》和《安妮姑妈》。幕间休息时间很长，足以交谈交谈。亨利·詹姆斯对《樱桃园》似乎不以为然。这也难怪，因为他是把大仲马和萨尔都的剧本视为戏剧楷模的。第二次幕间休息时，他开始解释说，这种俄国式的戏剧很松散，不合他的法国式口味。他想用最准确的词语来表示他对《樱桃园》的失望，但嘟哝着一时想不出。克里福德夫人和他相反，思路敏捷，见他沉吟不语，立刻就想到他要说的词语，而且马上提示他。这是他最不愿意听到的，但他很有礼貌，没有发火，只是脸上有一种难以觉察的神情，显露出他内心的愠怒。他摇摇手拒绝她的提示，苦苦思索着另一个词语，谁知克里福德夫人又抢先一步，再次提示他，他再次拒绝。真是一幕高雅的滑稽剧。

契诃夫《樱桃园》里的那个一事无成的女主人公，由艾瑟尔·欧文扮演。艾瑟尔·欧文本人就有点喜怒无常，有点神经质而且容易冲动，很适合扮演这一角色，所以，她的表演无懈可击。她也曾在我的剧作中成功扮演过角色。亨

---

① 大仲马、奥日埃和萨尔都：均为19世纪法国著名剧作家。
② 罗素夫人：即伊丽莎白·罗素，比毛姆年长十几岁的德裔英国女作家。
③ 《樱桃园》：契诃夫著名剧作。

利·詹姆斯好奇地问起她，我呢，尽我所知，一一回答。其间，他想问我一个问题，那问题其实很平常，但他却不直截了当地问，好像觉得问那样的问题似乎太唐突，甚至有点粗俗。克里福德夫人和我都知道他想问什么，而他却像猎人追踪驯鹿似的，慢慢地靠近，嗅到一点气味，退后一步，然后再慢慢靠近。他支支吾吾说了一些不相干的话，还是没有直接提到那个问题。最后，克里福德夫人忍不住了，干脆反问他："你是不是想问，她是不是一个正派女人？"他脸上顿时露出不快的表情，因为这样直白地说出来，他觉得粗俗不堪，有点生气。但他装着没听见，摆了摆手说："她，是不是——哦，问这个问题太鲁莽，就像把人逼到墙角里，叫人很尴尬——她，是不是一个某方面很有经验的女人？"

一九一〇年，我第一次到美国，有一次途经波士顿。亨利·詹姆斯的兄长刚去世，他当时正住在马萨诸塞州的剑桥镇①上照应他嫂嫂。我去了，詹姆斯夫人②邀请我到她家里用晚餐。那天晚上，只有我们三个人，谈了些什么，我不记得了，但我清晰地记得，那时亨利·詹姆斯的精神几近崩溃。晚餐后，未亡人③告退，餐厅里只剩我和他两人。他对我说，他曾向兄长保证，一旦兄长过世，他会到剑桥镇来住上六个月，因为兄长如在坟墓里还有什么话要说，除了嫂嫂，他也会听到。那时我不禁想，此刻他悲伤过度，说任何话都不能当真；他那么痛苦，有点胡思乱想也在所难免。现在，六个月将要过去，坟墓里依然杳无音信。

我起身告辞，亨利·詹姆斯坚持要送我到街角处去乘返回波士顿的街车④。我说没问题，我能搭上街车，但他不听。这不仅因为他生性善良而殷勤，更因为美国在他看来是个陌生而有点可怕的迷宫，没有他引导，我肯定会晕头转向、不知所措。

一路上，他对我说了一些刚才他在詹姆斯夫人面前不便说的话。他说他在这里度日如年，希望自己许诺的六个月快点过去，早日回到幸福的英伦三岛。

---

① 马萨诸塞州的剑桥镇：哈佛大学所在地、波士顿郊区的一个幽静小镇，镇上多有富人和名人居住。
② 詹姆斯夫人：指威廉·詹姆斯的遗孀（亨利·詹姆斯终身未娶）。
③ 未亡人：寡妇的西方称呼，此处指詹姆斯夫人。
④ 街车：street-car，一种在街上慢吞吞开的公交车，车身很低，没车门，没车站，乘客需自己跳上跳下，故而才有下文。

他期待着那一天。他在这剑桥镇上过得很不自在。他说他已下定决心，此后再也不会踏入美国这个陌生而令人迷惘的国度。他还说了一句在我听来简直不可思议的话，一句使我终生难忘的话。他说："我在波士顿空荡荡的街道上游荡，不见一个人影，比在撒哈拉大沙漠里还要孤独。"这时，我们看见街车正远远地朝我们驶来，大概还有四分之一英里远，但他却焦急地拼命朝街车挥手。他说他担心这街车开得太快，还告诫我说，等车一过来就要赶紧跳上去，因为它是绝对不会停一秒钟的，弄不好会被甩下来，摔死都有可能。我向他保证，这种街车我坐得多了，不会有事的。他说那肯定不是美国街车，美国街车的野蛮、无人性、残酷无情，你简直不敢想象①。受他这种焦虑情绪的影响，我等车一过来，就飞快地跳上去，感觉像是从死里逃生。到了车上，我回头一看，只见他叉开两条短腿站在路中央目送着街车，那神情好像对我的侥幸逃脱还心有余悸。

虽然亨利·詹姆斯那么迷恋英国，但我相信他并没有真正融入英国。他在英国始终是个既友好而又相当挑剔的外国人。他不可能像英国人那样本能地了解英国人，因而在我看来，他笔下的英国人总有点不那么真实。不过，他笔下的美国人倒是大体上真实的——至少在英国人看来是这样。亨利·詹姆斯有一些了不起的天赋，但他没有换位思考和换位感受的能力，而作为一个小说家，只有通过换位思考和换位感受，才能深入人物的内心，想人物所想，感人物所感。据说，福楼拜在写到包法利夫人自杀时竟然呕吐了，好像是他自己吞下了砒霜。我无法想象亨利·詹姆斯在写到类似情景时会有同样反应。譬如在《〈拜尔特拉费奥〉的作者》这个短篇小说中，一个母亲竟然看着自己年幼的独生子死于白喉而不管，就因为她对丈夫的作品极其反感，不想让儿子受它们的毒害。任何能真切地想象母爱、想象孩子在病床上痛苦挣扎的人，都不会写出这样残忍的小说。这种小说，法国人称为"纯文学"，英语中没有严格对应的词语，若效仿"作家痉挛"②的说法，或许可以称作"作家自说自话"。也就是说，这种小说纯粹出自作家自身的目的，真实不真实、可能不可能都无所谓。譬如，有个小说家想知道谋杀到底是什么感觉，于是就塑造这样一个谋杀

---

① 美国街车可能比英国街车开得稍快一点，但亨利·詹姆斯的过度忧虑显然很可笑。这里是想表明他老了（那时他67岁，再过6年就去世了），而且对美国（他的祖国）存有偏见。

② "作家痉挛"：即手指痉挛，因为作家总用手指握着笔写作。

犯主人公，他实施谋杀的唯一动机就是想知道谋杀到底是什么感觉。这就是"纯文学"。一般人实施谋杀，总有各种各样的现实动机，不会只为了体验谋杀有什么感觉。伟大的小说家总是对生活充满热情，实实在在地活在人群中，哪怕在离群索居时，也不会放弃生活。然而，亨利·詹姆斯却总是满足于透过窗户观察生活。实际上，除非你亲身体验，亲自成为生活悲喜剧中的一员，否则你永远不可能令人信服地描写生活，你的作品永远会有欠缺。小说家不管用怎样的写实手法，都不可能像印刷品一样把生活准确地复制出来。他通过人物和人物经历描绘出来的是某种生活草图；如果他的人物具有和读者一样的心理、感情和缺陷，如果他的人物经历符合自身的性格特点，那么他就有可能使读者相信他的人物，从而接受他所描绘的生活草图。

亨利·詹姆斯虽然对亲戚朋友感情至深，但这并不能说明他具有真正的爱心。每当他的长篇或短篇小说涉及这一人类最深沉的情感时，他总是显得那么迟钝。尽管他很能逗人感兴趣（逗人感兴趣的是作者而不是他的作品），但你时不时地总会有一种不真实的感觉，因为他所描述的人物举止和一般人的行为方式不符。所以，你没法像对待《安娜·卡列尼娜》或《包法利夫人》那样认真对待亨利·詹姆斯的小说。读他的小说时，你总情不自禁地想笑，心里总有这样那样的疑惑，就像读王政复辟时期①的剧本一样（这个类比不像看上去那么唐突，如果康格里夫②写小说的话，他很有可能会写出像亨利·詹姆斯的《梅西知道什么》那样一团混乱的色情小说）。亨利·詹姆斯的小说和福楼拜或者托尔斯泰的小说之间的差别之大，就如把康斯坦丁·盖伊斯③的画和杜米埃④的画加以比较。康斯坦丁·盖伊斯画中的漂亮女人雍容华贵，坐着华丽的马车驶在波伊斯大街上，但她们的衣裙里面是空空荡荡的，没有肉体。她们看上去很迷人，但却像梦一样虚幻。亨利·詹姆斯的小说就像老宅子阁楼上的蜘蛛网——纤细、精巧，令人眼花缭乱，但随时都可能被女仆用一把叫"常识"的掸子狠狠地掸落下来。

我写此文不是专门为了批评亨利·詹姆斯的小说，但我没法只谈亨利·詹姆斯这个人而不谈他的小说创作。两者没法分开。他作为小说家的倾向中含有

---

① 王政复辟时期：即17世纪清教革命失败后的斯图亚特王朝复辟时期（1660—1688），国王为查理二世。
② 康格里夫：17世纪英国王政复辟时期最重要的剧作家。
③ 康斯坦丁·盖伊斯：19世纪法国印象主义画家。
④ 杜米埃：19世纪法国现实主义画家。

他的个人性格。对他来说，小说创作给了他生活的意义，但除了小说创作，他对其他艺术都不太有兴趣。戈斯①动身去威尼斯之际，亨利·詹姆斯叮嘱他一定要到圣卡夏诺②去看看丁托列托③的《耶稣受难像》。他为什么要推荐这幅精致得有点做作的画，而不推荐提香④的名画《进献童贞马利亚》或者委罗内塞⑤的《耶稣在利瓦伊房中》，我觉得并不奇怪。凡是认识亨利·詹姆斯的人，在读他的小说时都会情不自禁地想到他这个人。他写的每一行字都表现出他的个人风格；尤其是他的后期作品，其风格简直令人反感——笨拙的法语句式、大量堆砌的形容词、繁复无度的比喻、臃肿浮华的长句⑥——但你不得不接受（不是心甘情愿，而是不得已），因为这些都是作者自身性格的一部分，它会使你想起这个高雅、善良而又浮夸得有点好笑的人。

我总觉得，亨利·詹姆斯的朋友圈子对他很不利。他的那些朋友其实都很自私，都把自己看作是亨利·詹姆斯唯一的知心朋友。所以，他们就像一群争抢骨头的狗一样争抢对亨利·詹姆斯的膜拜权，一旦怀疑有人威胁到他们在偶像前的这种特权，他们就会发出低沉而愤怒的吼声。这对亨利·詹姆斯实在没什么好处。在我看来，这群人常常显得愚不可及；他们会咯咯地傻笑着相互低声耳语：亨利·詹姆斯私下说，《奉使记》⑦里的那个寡妇，其实是靠做尿壶生意发财的，只是出于礼貌，他才没有直接写出来——但我一点也不觉得这有什么好笑。当然，朋友们如此崇拜他，如果说这是亨利·詹姆斯主动要求的，那恐怕对他不太公平，但他对此显然沾沾自喜。英国作家一般不像他们的法国同行或者德国同行，并不喜欢摆架子，在他们看来，像"尊敬的市长先生"似的装腔作势简直荒唐可笑。但也许是因为最先接触的是一些法国名作家，亨利·詹姆斯对仰慕者的顶礼膜拜不仅不觉得别扭，还视为理所当然。在这方面，他还很敏感，一旦觉得自己没有受到应有的崇拜，就会勃然大怒。有一次，我的一位年轻的爱尔兰朋友想在周末到亨利·詹姆斯的希尔庄园去见见他。庄园女

---

① 戈斯：20 世纪初英国学者、评论家。
② 圣卡夏诺：意大利地名。
③ 丁托列托：16 世纪意大利威尼斯画派画家。
④ 提香：16 世纪意大利威尼斯画派画家。
⑤ 委罗内塞：16 世纪意大利威尼斯画派画家。
⑥ 这其实仍和亨利·詹姆斯的小说改革有关，因为他放弃了故事情节，要用这些取而代之。至于效果，那就仁者见仁、智者见智了。
⑦ 《奉使记》：长篇小说，亨利·詹姆斯的后期作品。

主人亨特夫人告诉亨利·詹姆斯，这是个才华出众的年轻人，于是亨利·詹姆斯在周六下午接见了他。交谈中，我的朋友脾气急躁，被亨利·詹姆斯的斟字酌句弄得有点烦了，最后忍不住说："噢，詹姆斯先生，我是个无足轻重的人，您用不着那么郑重，随便对我怎么说都可以。"亨利·詹姆斯又惊又怒，马上对坐在一旁的亨特夫人说，这个年轻人不懂礼貌。亨特夫人马上责备这个年轻人，还要他向詹姆斯先生道歉。他照办了，这才免于尴尬。还有一次，威尔斯夫人①把亨利·詹姆斯和我哄骗到了一场舞会上，那舞会其实是以她丈夫H. G. 威尔斯的名义举办的慈善舞会，与会者都要捐款。其间，威尔斯夫人、亨利·詹姆斯和我坐在舞池旁的一个包厢里交谈，当时亨利·詹姆斯正在说话，有个年轻人莽撞地闯进来，一把抓住威尔斯夫人的手，大声说："威尔斯夫人，来跳个舞吧！你一定不喜欢坐在这儿听这个老头儿说个没完。"这当然太不礼貌了。威尔斯夫人紧张地瞟了亨利·詹姆斯一眼，脸上尴尬地挤出一个微笑，然后就跟着那个莽撞的年轻人走了。对此，亨利·詹姆斯本可以明智地一笑了之，但他太不习惯别人这样对待他，不由得大为恼火。等威尔斯夫人一回来，他马上起身告辞，还故意彬彬有礼地对她道了晚安。

当一个人离开母国移居到他国时，往往容易接受当地人的缺点，而不是优点。亨利·詹姆斯所移居的英国，等级意识很强，这和他在小说中对下层人物的贬低在我看来不无关系。对亨利·詹姆斯来说，一个人需要为生计奔波简直是不可思议的，除非他是个艺术家或者作家。我想，当他写到一个底层人物的死亡时，通常只会淡淡地一笑。他自己出身于富豪之家。他居住在英国的时间一久，就会注意到英国人眼中的美国人都是差不多的，这又进一步增强了他的等级意识②。他有时会发现那些来自密歇根州或者俄亥俄州的暴发户也照样有人对他们大献殷勤，好像他们来自波士顿或者纽约的显赫世家似的；因而，为了表明自己的高贵出身，他常常夸大自己在美国的社会地位。有时，他还会犯一种荒唐的错误，把某个讨得他一时喜欢的年轻人夸奖得天花乱坠，而事实并非如此。

如果我所说的这一切——我想我说得并不恶毒——让人觉得亨利·詹姆斯有点荒唐的话，那我声明，这是他留给我的印象。我觉得他把自己看得太重

---

① 威尔斯夫人：即简·威尔斯，英国作家H. G. 威尔斯的妻子。
② 意即他特别想表明自己是出身豪门的美国人，而不是一般的美国人。

了。一个人如果不停地对你说他怎么怎么了不起,你免不了要瞪他一眼。我想,亨利·詹姆斯如果不是那么频繁地自称为艺术家①的话,或许他还能讨人喜欢一些——这话最好还是留给别人去说。不过,亨利·詹姆斯确实是个文质彬彬的君子,心情好的时候还不乏风趣。他具有非凡的天赋。虽然我认为他误用了自己的天赋,但那是我个人的看法,我也不要求别人赞同。不管怎样,他最后的几本小说尽管写得不很真实,但可读性确实很强。这一点,除了经典杰作,其他小说是无法比拟的。

三

我第一次见到 H. G. 威尔斯,是在瑞吉·特纳②的一所靠近伯克林广场的公寓里。那时,我住在蒙特街,偶尔会去拜访一下瑞吉·特纳。瑞吉·特纳可以说是我见过的最趣的人。关于他的风趣幽默,我在这里就不多说了,因为麦克斯·比尔博姆③在那篇题为《笑》的散文里已对此作了生动描绘。只是,瑞吉·特纳对这篇赞誉他的散文却并不感到高兴,因为就如麦克斯·比尔博姆所说,瑞吉·特纳不太欣赏别人的幽默。关于这一点,瑞吉·特纳还曾问过我,我不得不直言相告,麦克斯·比尔博姆说得没错。瑞吉·特纳喜欢有人听他闲谈,但只要有三四个人就够了。一旦找到话题,他就会说得天花乱坠、逗人发笑,笑得你前俯后仰,他才作罢。他还写过小说,但不知何故,他一提起笔来,幽默、风趣、戏谑、滑稽全都没了,写出来的是一行行干巴巴的文字。他的小说当然不会成功,对此他曾自我评论说:"大多数小说家总是第一部小说最成功,但对我来说,要第二部才会成功。可惜的是,我没写过第二部。"他这句自嘲的话,知道的人可能不多,故而我在这里顺便提一下。此外,瑞吉·特纳还是奥斯卡·王尔德落难④后的几个忠实朋友中的一个。当时,王尔德住在塞纳河左岸的一个肮脏的小旅馆里,心灰意冷。瑞吉·特纳赶到巴黎,天天去探

---

① 这仍和亨利·詹姆斯的小说改革有关,因为他致力于使小说成为艺术,使小说家成为艺术家,而在当时,小说通常就是讲故事,缺乏规则和技巧,所以并不被认为是可以和诗歌、戏剧、音乐、绘画相提并论的艺术。
② 瑞吉·特纳:19世纪后期英国文人,奥斯卡·王尔德的密友(一说同性恋人)。
③ 麦克斯·比尔博姆:和毛姆同时代的英国散文家、剧评家、漫画家。
④ 指王尔德因被控同性恋而入狱,出狱后流亡法国。

望他。一天早上,他发现王尔德心情特别不好,便问他为什么长吁短叹。王尔德说:"昨天夜里我做了一个可怕的梦,梦见我和死人一起用晚餐。""噢,"瑞吉·特纳说,"奥斯卡,那你一定是晚宴上唯一有灵魂的人①。"王尔德听了哑然失笑,心情好了不少。瑞吉·特纳说笑话不但诙谐风趣,而且用意善良。

我最初见到 H. G. 威尔斯的那天,他正和瑞吉·特纳等人一起用午餐。午餐后,我和他们一起到瑞吉·特纳的公寓里去聊天。那时,威尔斯的名气很大,我没料到会在那里遇见他,难免有些窘迫。我那时刚在剧作方面取得一些成就,报纸上说我的剧作很精彩,但我知道,我因此也得罪了"知识阶层"②。那天,威尔斯对我很热情,但也许是我太敏感,我总觉得他就像看待亚瑟·罗伯茨或丹·里诺③那样,只是把我看作一个无关紧要的滑稽人物。他那时正忙于按自己的想法重建世界④,既没时间鼓动或说服和他不同道的人,也没时间揭露或驳斥反对他的人,于是他就把他眼里的所有执迷不悟之徒统统弃之一边,不予理睬。

虽然我后来又陆陆续续见过他几次,但要到多年后,我才和他由泛泛之交逐渐变为正式朋友。那时,我已定居在里维埃拉⑤,威尔斯在那里也正好有一幢房子,每年都会过来住上一阵。后来,他和他那个同居女友分手,把那幢房子给了她(那房子的客厅壁炉上还刻着一行字:此乃爱情之屋),他来法国时就住在我这儿。他是个好伙伴,虽不像麦克斯·比尔博姆或者瑞吉·特纳那样诙谐有趣,但也很幽默,而且嘲笑别人时总不忘自嘲一番。有一次,他请我到外面用午餐,在餐桌上引荐我认识了小说家巴勃瑟,即那部轰动一时的长篇小说《火》的作者。那是多年前的事了,我依稀记得巴勃瑟长得又高又瘦,头发蓬乱,穿着一件破旧的黑外套,看上去就像法国葬礼上的默哀人⑥。他的黑眼睛里满是愤怒,神情焦躁不安。他是个狂热的社会主义者,说起话来滔滔不绝。威尔斯的法语听力很好,但说起来很不流畅,所以那天基本上是巴勃瑟一个人

---

① 这是双关语。死人没有灵魂,瑞吉·特纳既以此暗示王尔德你还活着,又以此暗示王尔德你很有才华,所以,不必担心。
② 在当时(现在大概也差不多),一个受大众欢迎的剧作家往往会被许多知识分子视为低俗而予以排斥。
③ 亚瑟·罗伯茨、丹·里诺:当时很有名的两个喜剧演员。
④ 此语(有点讽意地)指威尔斯当时正致力于撰写他那部《世界史大纲》。
⑤ 里维埃拉:法国东南部的一个海滨风景区。
⑥ 默哀人:死者亲属雇来充葬礼排场的人。

在自说自话，我们两人只是听众。巴勃瑟离开后，威尔斯苦笑着对我说："当我们从别人口中听到自己的想法时，那想法听上去真愚蠢。"威尔斯很善于思考，虽然他时常会觉得那些和他意见不同的人很愚蠢，会加以嘲笑，但他也只是嘲笑嘲笑，并没有什么恶意。

威尔斯好像很有性欲。他曾不止一次对我说，满足性欲仅仅是生理需要，和爱情是两回事。如果说幽默和爱情是不相容的话，那么可以说，威尔斯从未真正有过爱情，因为他总是很敏感，总是一开始就从那些和他相爱的女人身上看出问题，甚至看出她们的滑稽可笑之处。他没法像大多数恋人那样把意中人理想化。他的情人如果不够聪明，他很快就会厌烦；如果太聪明，他又很快就会退缩。他不喜欢不甜的蛋糕，而真甜的蛋糕他又受不了。他喜欢自由，只要觉得某个女人有碍他的自由，他就马上和她一刀两断。然而，有时要一刀两断并不那么容易，某个女人会不依不饶地纠缠他，某个女人会怒气冲冲地指责他，这使他难受至极，既不想屈从，又无法脱身。他和大多数有创造力的作家一样，是自我中心的。和他同居多年而被他一刀两断的女人，若感到痛苦和屈辱，在他看来是纯属女人的愚蠢。有一次，我卷入了他的私生活，一场风波过后，他对我说："你知道，女人总是把占有欲当作爱情，所以你离开她时，她与其说是为失去爱情而伤心，不如说是为失去占有物而恼怒。"男女关系在他看来仅仅是辛苦劳作后的暂时放松，至于由此可能会产生终生不渝的依恋之情，这对他来说简直是不可思议的。可是，女人又确实都爱他爱得发疯，这使我多少有点吃惊，因为他并非相貌堂堂，招女人喜欢。我曾问过他的一个情人，他身上究竟哪一点吸引了她。我本以为她会说他才华出众或者风趣幽默之类，没想到，她竟然说，他身上有一股甜滋滋的气味。

威尔斯虽然名气很大，对当时的公众很有影响力，但他并不自负，一点也不摆架子。他的态度自然而随和，即使对一个外省图书馆的管理员或者一个小知识分子，他也彬彬有礼，似乎很尊重他人。但到他最后咧嘴一笑并说出一句笑话时，你才会发现，他心里其实把谁都看作傻瓜。记得有一次在国际笔会的晚宴上，威尔斯担任主席，出席的人很多。威尔斯发言完毕后，有不少人站起来提问。当然，大多数问题都问得很傻，但威尔斯都很有礼貌地予以回答。有个大胡子男人（他那把胡子就说明他是个自命不凡的知识分子）几次站起来提问，还发表了一大通浅薄的言论。显然，他是想引人注意。威尔斯其实只要一句话就能把这个人说得哑口无言，但他还是认真听他讲完，还和他讨论了几句，好像他讲的话很值得讨论似的。等宴会结束后，我对他说，他对那个傻瓜竟然那么有耐心，真是令人佩服。他笑着说："我在费边社①里和傻瓜们打交道打得多了，练出了耐心。"

他从不把自己视为作家。他总是说，他从不冒充艺术家，因为他不仅不仰慕艺术家，还很鄙视艺术家。他每次说到亨利·詹姆斯，都要嘲笑一下这位老兄，嘲笑他总是自称艺术家。他甚至说："我不是什么作家。我是宣传员。我做的是记者的工作。"有一次，他到我这儿来居住时，送我一套他的作品集。后来，他又到我这儿来居住时，看到我把他的那套大红封面的精装作品集放在书架的正中，就用手指弹着那套书的书脊笑着说："你知道，这些书早就过时了。这些书里的东西当时很重要，现在不重要了，也就不值得读了。"他说得不无道理。他写的东西文笔流畅，但经常离题。我从没看过他的手稿，但我估计他写得很快，很少修改。他还经常同语反复，一句话刚说过，又换一种说法说一遍。我想，这是因为他太急于表达自己的想法，只说一遍好像不够，于是就再说一遍。这样一来，他写的东西往往冗长而啰唆。

不过，他对短篇小说的见解却不无道理。他写过许多不错的短篇小说，其中有几篇还称得上是杰作，但他对长篇小说却有着完全不同的见解。他早年的几部长篇小说都是为谋生而写，并不符合他的见解，因而他自己也对这几部作品不以为然。在他看来，写长篇小说就是要探讨当前最紧迫的社会问题，要使读者接受作者的观点——也就是他威尔斯的观点——从而改造社会、改造世界。他喜欢把长篇小说比喻成一条挂毯，是由各种不同的主题交织而成的。对此，我反驳说，一条挂毯是一个整体，挂毯设计者总要赋予挂毯以完整的形状、均衡而连贯的布局，而不是任意胡乱拼凑的。但他拒不接受。

他后期的几部长篇小说虽不像他自己说的那样完全缺乏可读性，但也确实没有多少趣味。你刚开始读的时候，还有点兴致，但读着读着，你会觉得越来越没劲，最后你要凭着坚韧的意志才能把它读完。一般认为，《托诺·邦盖》是他最好的作品。这部小说文笔流畅，这是他一贯的风格。不过，他的文体却并不适合用来写小说，更适合写论文。他的人物刻画还算到位，但他却故意放

---

① 费边社：20世纪初英国知识界著名社团，有许多名作家——如萧伯纳、H. G. 威尔斯等——均是其成员。

弃大多数小说家追求的"悬念",差不多每讲到一件事情就马上把后来怎样和结局如何统统告诉你。还有,出于他对长篇小说的见解,他堂而皇之地偏离主题。如果你是个注重人物和情节的小说读者,像他这种风格的小说,你肯定是读不下去的。

　　有一次,他在和我聊天时说:"我关心的是群体。我对个体不感兴趣。"接着,他笑了笑说:"譬如,我喜欢你,实际上我对你还很有感情,但我对你这一个体不感兴趣。"我也笑了笑。我相信他说的是真话。我说:"老兄,你是要我变成了群体你才会感兴趣,可我怎么变得出一万个我来!""一万个?"他大声说,"一万个算什么!一千万个差不多。"确实,他一生中接触过许许多多人,但除了极少数几个,绝大多数人就像我们在电影里看到的群众角色,根本没给他留下什么印象。

　　我想,威尔斯的小说之所以不尽如人意,原因大概就在这里。他展现在你眼前的不是个体,不是有个性的人物,而是他所谓的群体,一大群有手有脚、有鼻子有眼睛的木偶,它们唯一的作用就是做作者的传声筒,传达作者想捍卫或者想抨击的思想和观点。它们没有个性,也没有个性变化,仅仅是根据主题需要才有所变化;它们就像蝌蚪,不是变成青蛙,而是变成了松鼠,因为根据主题需要,它们要被关进笼子。此外,他写小说时还好像常常写到一半就对人物失去了兴趣,于是干脆抛开人物,自己跳出来大发议论,把小说写得简直就像论文。还有,你读过他的大多数小说后一定会发现,他一部接一部的小说里所写的人物,是大同小异的。他好像觉得,只要把他在生活中所熟悉的几个人按原样搬到小说里就行了。他的女主人公写得都很马虎,而他对男主人公又特别注重。这当然是因为在男主人公身上有他自己的影子——有些男主人公甚至就是他自己,只是稍作伪装而已。譬如《婚姻》中的特瑞福德,就是他的自画像——理想化的自画像。

四

　　在过去的二十五年里,曾有许多客人到我这儿来借宿,因而我时常想写一篇关于客人的文章。有些客人从不关门,离开房间时从不关灯;有些客人穿着脏靴子躺在床上睡午觉,等他一走,你得洗床单;有些客人躺在床上抽烟,把床单烧出好几个洞；有些客人正在做"饮食疗法"，这个不吃，那个不吃，你得为他们准备特别菜肴；有些客人等你为他倒好了上等红酒后才说"哦，今天我不想喝，谢谢"；有些客人借了书从来不还，甚至从一套丛书中借去一本也不归还；有些客人临走时问你借钱，然后杳无音信；有些客人一刻也不愿独处，没完没了地缠着你说话，弄得你看报纸的时间也没有；有些客人住在你这里，可总是说要住到别的地方去；有些客人整天忙个不停，不知在忙些什么；有些客人就像纳粹军官对待俘虏一样对待你；有些客人随身带来三个星期的脏衣服要你洗；有些客人擅自把衣服送到洗衣店去洗，账单由你付；有些客人从不带礼物给你，临走时却总要拿走你一点东西。

不过，也有些客人，你很愿意和他们在一起。他们从不麻烦你，却为你带来欢乐；他们见多识广、幽默风趣，常使你开怀大笑。总之，他们给你的，远超过你给他们的，所以你总希望他们能多住几天。威尔斯就是这样一个客人。他很会交际，不管什么聚会，只要有他在，气氛就会很活跃。譬如，我时常会请一些邻居到我这儿来用午餐或者用晚餐，而那些邻居都是呆头呆脑的，我其实和他们没什么话好说，但不管是真是假，威尔斯总是对他们热情之至，而且不管他们听得懂听不懂，他总是滔滔不绝地谈天说地。唯有一次，我永远不会忘记，他被弄得有点尴尬。那是我的一个女邻居，她听说威尔斯住在我这儿，就打电话给我，说她是威尔斯的崇拜者，很想见见威尔斯，聆听他的教诲。于是，我就请她到我这儿来用午餐。威尔斯以健谈出名，一入席就滔滔不绝地讲起来。正当他讲得起劲时，那位女士——我的那个女邻居——却插进来把他打断，而她说的话和威尔斯正在说的话毫不相干；也就是说，她刚才根本就没有听威尔斯在讲些什么。威尔斯只好停下，等她说完。然后，他接着讲。可是，那位女士又把他打断，又说起不相干的话。威尔斯又只好停下，等她说完。他再继续讲，结果再次被打断。显然，那位女士不想听他说，而是要他听她说。威尔斯对我做了个鬼脸，不说了。后来的时间里，他一直有点尴尬地坐在那儿，一言不发，听那位女士兴致勃勃地说了一大堆乱七八糟的废话。临走时，那位女士说她今天真的很荣幸、很愉快。

我最后一次见到威尔斯，是在战争期间①。那时我住在纽约，威尔斯到美

---

① 战争期间：指"二战"期间。

国来做巡回演讲。在他回英国前，我请他共进午餐。他显得有点苍老、有点憔悴。他的言谈举止虽像过去一样自信而爽朗，但给人的感觉好像他有点力不从心了。他的演讲很失败，因为他不是个善于演说的人。他曾做过无数次演讲，但奇怪的是，没有一次是即兴演讲，总是照着稿子宣读。他的声音尖细而不浑厚，视力又不好，总是站在演讲台上埋着头念稿子，下面的听众看到他这副模样，总是摇摇头走了。他在美国见到不少大人物，他们对他都很尊重，但他不会不知道，他们根本就不关心他要讲些什么。这使他很失望、很伤心，愤愤不平地对我说："这是我三十年来真心诚意说了无数遍的话，但他们根本就不想听。"问题就在这里——他重复的次数太多了。他的许多观点是正确的，但又是显而易见的，而他却像歌德一样相信真理需要不断重复。他的个性决定了他的自信，总是相信自己所说的是真理，然而当你一遍又一遍重复人们已经知道的东西时，就算这东西是真理，人们也会厌烦。虽说威尔斯曾影响了整整一代人，对社会观念的转变有过不小贡献，但时到如今，他已经成了"过去式"。当他意识到这一点时，不由得目瞪口呆。如今，他的许多观点或许还会有人同意、有人反对，但他这个人，已经无足轻重了。一个木讷迟钝的老人，随他去吧！

于是，他死了，一个失望而哀伤的人。

五

对单纯的小说家，威尔斯不屑一顾。我想，在他的心目中，单纯为娱乐而写作的小说家和《新乌托邦》[①]里的那些住在醉鬼岛上的醉鬼差不多，只是在那里自娱自乐、醉生梦死。所以，在所有的小说家中，唯有阿诺德·班内特[②]和他有点交情。我曾认识一个女人，她告诉我说，有一次在伦敦德里豪宅的盛大宴会上，她正好站在亨利·詹姆斯旁边。当王室成员出场时，她看到男的一个个身戴佩饰，女的一个个珠光宝气，便对身边的亨利·詹姆斯说了句自嘲的俏皮话："真有意思，像我们这样的中产阶级，竟然要和这些皇亲国戚平

[①] 《新乌托邦》：H. G. 威尔斯的一部科幻小说。
[②] 阿诺德·班内特：比威尔斯小1岁、比毛姆大7岁的英国小说家，著有《老妇人的故事》等。

起平坐。"话一出口，她马上发现自己说错了，因为她从亨利·詹姆斯的表情中一眼看出，他讨厌被人称作中产阶级。但她不管亨利·詹姆斯高兴不高兴，故意对他笑了笑。这使亨利·詹姆斯更加生气。其实，亨利·詹姆斯大可不必为此生气——要知道，英国文学的宝贵财富大多是英国的中产阶级创造的。这很自然，因为穷困家庭出身的孩子几乎没有受教育的机会，小小年纪就要自己谋生，喜欢看书和写作的可能性极小，而豪门贵族出身的孩子呢，因为从小养尊处优，要想寻欢作乐，几乎唾手可得，如有什么理想，也可以通过其他途径去实现，完全不必靠写作来出人头地。再说，不管你是穷人，还是贵族，除非你有极其强烈的写作欲望，否则你就会遇到难以克服的阻力——穷人有穷人的阻力，贵族有贵族的阻力。所以，据我所知，贵族家庭出身而为英国文学增添宝贵财富的诗人只有两个——雪莱和拜伦；小说家只有一个——菲尔丁。中产阶级家庭出身的年轻人则不然，他不仅受过起码的教育，去过图书馆，还可能比工匠的儿子甚至乡村地主的儿子接触过更多人；所以，如果他恰好有强烈的写作欲望，就会投身于文学事业。虽然从事这一职业有很大风险，他的家人可能会为此而担忧，但他们不会阻止他——相反，他们会为他感到自豪。因为英国中产阶级历来渴望挤入上流社会，如果家里出了一位作家，那要比出一名牧师、一名律师或者一名公务员更加荣耀。

我想，威尔斯和班内特之所以会有交情，就是因为他们两人都出身贫寒，而且都靠自我奋斗而赢得名声。他们成名后，出于不同的原因，似乎都觉得自己在文学界并不地位显赫，而是身处边缘，这使他们更加惺惺相惜。不过，威尔斯和班内特之所以有那么深的交情，主要还是因为班内特生性和善、容易相处。

我第一次见到班内特是在一九○四年，那时我们都在巴黎。我在贝尔福的雄狮铜像附近有一套小小的公寓房，在五楼，可以俯瞰整个蒙帕纳斯公墓。那时，我经常到杜德沙路的一家餐馆去用晚餐。有几个画家、雕塑家和作家也有这一习惯，于是我们就专门订了一个小包间。在那里，两个法郎就能吃上一顿有酒有菜的丰盛晚餐，另外只要付给那个殷勤活泼的女招待玛丽亚四个苏[①]的小费就可以了。我们几个人国籍不同，谈话时英语和法语混杂使用。有时虽有

---

① 苏：法国货币名（20苏=1法郎）。

人会带个妓女和鸨母进来，还会彬彬有礼介绍说"这是一对快乐母女"，但大多数时候那里只有男人。我们无所不谈，通常都谈得很激烈，等到点上雪茄（三个苏一支）、喝着咖啡（我记得里面是加了白兰地的）时，就谈得更加激烈了。我们相互争论，说出来的话既极端又刻薄。班内特通常每星期只来一次。多年后他和我讲起我们第一次在那家餐馆见面时的情景，说我那时激动得脸色铁青。当时谈到的话题是埃雷迪亚①的作品有没有价值。我坚持认为他的作品毫无意义，有个画家却鄙夷地说，你无须在诗歌中找意义，你只要发现它的韵律之美就可以了。这时，有人讲了一个关于马拉美和德加②的故事。有一次，马拉美主办有名的星期二沙龙聚会，德加姗姗来迟，并解释说，他整天都在写一首十四行诗，但就是没有找到主题。马拉美说："哦，亲爱的德加，写十四行诗用不到主题，只要用词句写就行了。"这个故事顿时引起了一场关于诗歌的客观性和局限性的争论，吵得不可开交。我尽我所能，竭力嘲讽、驳斥、谩骂对手，而我的对手，一个叫罗德里克·奥康纳的爱尔兰人，平时寡言少语，这次却用冷言冷语尖刻而恶毒地回答我，弄得我难以对付。后来，餐桌上所有人都加入了辩论，我现在还依稀记得，班内特微笑着，很冷静、很从容，时不时地插一句。他的话虽不多，而且是结论式的，但绝对有道理。他那时很瘦，黑头发短而齐，像士兵的发型。他穿的服装也比我们整洁、传统得多，看上去像市政厅里的职员。至于他的作品，我们当时听说过的只有一部，就是《巴比伦大酒店》，而总的说来，我们是有点看不起他的。有些人读过这本书后觉得很有趣，而正因为这些人认为有趣，我们认定这本书毫无价值。说起这本书，我们都会耸耸肩，觉得谈论这种垃圾作品简直是浪费时间。"读过《玛丽亚·多纳迪厄》③了吗？"这才是当时的热门话。

班内特那时住在蒙马特尔④，好像是德卡莱街上的一个小而暗的公寓，房间里放着许多老式家具，显然都是仿制品，但他不懂，还当宝贝似的珍藏着。他是个有条有理的人，房间收拾得干干净净，东西摆放得整整齐齐，但给人的感觉却很不舒服，总觉得这不像是一个作家的住所，而是觉得这像是某人为自

---

① 埃雷迪亚：19世纪后期西班牙裔法国巴那斯派诗人。
② 马拉美：19世纪后期法国象征派诗人。德加：19世纪后期法国印象派画家。
③ 《玛丽亚·多纳迪厄》：法国小说家夏尔·路易·菲利普出版于20世纪初的长篇小说，曾轰动一时。
④ 蒙马特尔：巴黎的一个区。

己精心设置的布景,以帮助他扮演好自己所要扮演的角色,但实际上呢,他又从未真正扮演好这一角色。他原本是一本叫《女人》的杂志的主编,决定移居巴黎后,就辞掉这一职务,开始了他的写作生涯。他通过马塞尔·施沃布①认识了好几个法国作家。我隐约记得,他曾告诉过我,施沃布还带他去见过当时法国文学界的泰斗阿纳托尔·法朗士②。他不仅勤奋地研读法国的文学评论杂志,其中包括当时最有名的《法国信使》,还研读司汤达和福楼拜的小说——当然,还有巴尔扎克的小说。他似乎对我说过,曾花了一年时间把《人间喜剧》③通读了一遍。我第一次见到他时,他刚开始读俄国小说,谈到《安娜·卡列尼娜》时热情洋溢,称其为最伟大的小说。我知道他当时还没有注意到契诃夫。后来等他开始读契诃夫的小说时,他对托尔斯泰的热情就大为减弱了。

班内特一板一眼地规划自己的职业生涯。按他的规划,他用写小说所得稿费支付日常开销,把写剧本所得收入积攒起来,以备日后养老。他打算先写两三部长篇小说练练笔,然后写一部长篇杰作。我问他那部杰作会是怎样一部作品,他说应该有点像《一位伟人》④,但接着又说,像这样的作品至今还没有为他带来什么名声,所以要等站稳脚跟后再作打算。我听了他的话,很不以为然,不相信他真能写出什么杰作。当时,我的第一个剧本刚由剧场协会上演,因而他请我看看他的一个剧本。他的剧中人物写得很可信,对话也很自然,但为了追求真实,他没有写出一句有点机智、有点幽默的台词。在我看来,他好像还有意回避具有戏剧性的故事情节。作为中产阶级的生活写照,这个剧本写得相当逼真,但我觉得它枯燥乏味——也许,是因为它过于超前了。

和所有住在巴黎的外国人一样,班内特也选择了一家便宜实惠的小餐馆。那家小餐馆在蒙马特尔的一条街上,开在底楼,我时常去那儿和他一起用餐,餐费自付。餐后,我会到他的公寓里坐一会儿,听他在一架小钢琴上弹奏贝多芬的曲子。他做什么事都要做得有模有样。作为住在蒙马特尔的一个文化人,一个波希米亚人⑤(尽管是个正派的、受人尊重的波希米亚人),他显然要有一个情妇

---

① 马塞尔·施沃布:法国作家,写有《假想人生》等。
② 阿纳托尔·法朗士:笔名,本名蒂波·法朗索瓦,法国作家、社会活动家,曾获1921年诺贝尔文学奖。
③ 《人间喜剧》:巴尔扎克小说总集,共有九十多部作品。
④ 《一位伟人》:阿诺德·班内特的长篇小说。
⑤ 波希米亚人:原指捷克波希米亚地区的穷艺人,后用以泛指浪迹天涯的艺术家。

才像样。但养情妇需要钱,而他是为写作的目的才来到巴黎的,手里没多少钱。好在他很精明,既能像像样样地拥有奢侈品,又不需要花很多钱。他真不愧是五镇①之子,遇到问题总有自己的解决方式。一天晚上,晚餐后,我和他坐在他公寓里的那堆老式家具中间。这时他对我说:

"嗨,我有个建议。"

"哦?"

"我有个情妇,每星期陪我两个晚上,陪另外一位先生两个晚上。星期天她打算独自过。所以,还有两个晚上的空余。我曾和她说起过你。她喜欢作家,也想让自己过得好一点,所以我觉得,你要是能让她在那两个晚上来陪你,那也很好。"

这建议把我吓了一跳。

"这好像太没情趣了。"我回答说。

"哪里,她可不是个傻里傻气的女人,"他坚持说,"绝对不是。她读过不少书,就像塞维涅夫人②一样。她谈起话来很机灵。"

但是,这仍然没有打动我。

班内特是个好伙伴,和他一起度过的那些夜晚都很愉快,但我不太喜欢他。他这个人其实很一般,却有点自命不凡。我这么说并没有贬低他的意思,就像我说某人又矮又胖,实话实说而已。一年后,我离开巴黎,从此和他分道扬镳。他后来又写过一两部小说,但我没有读。后来,剧场协会上演了他的一个剧本,我觉得很不错,写信去表达我的赞赏之意。他回信表示感谢,还提到了几个批评家,说他们不像我那样欣赏那个剧本。大概就在这之前或者之后,我记不清了,他出版了那部《老妇人的故事》。我刚翻开那本书的时候还心存疑虑,但很快就为惊讶所取代。没想过,他竟能写出这么出色的作品。我被深深地震撼。在我看来,这是一部了不起的杰作。我看过许多关于这本书的评论,关于这本书的优点,该说的它们都说到了,但唯有一点没有说到,那就是这本书还具有极强的可读性。书要有可读性,这是显而易见的,似乎不需要我来特别指出,但遗憾的是,有许多经典作品在这一点上也有欠缺。作品的可读

---

① 五镇:英国斯坦福郡五个以陶瓷出名的城镇的总称(阿诺德·班内特出生于五镇,而且长期居住在五镇,他的小说大多以五镇为背景)。

② 塞维涅夫人:17 世纪法国贵妇人,以其《书简集》而出名。

性对小说家来说是至关重要的，这一点班内特即便在他最微不足道的作品中也没有忽视。最近，我重读了一遍《老妇人的故事》。这部小说的文笔似乎很一般，不仅谈不上妙笔生花，其中夹杂着的那些不文不白的词语还会使你觉得有点别扭，但它确实具有无与伦比的可读性。小说中的人物是真实可信的，但一点也不光彩夺目，因为班内特本来就没有打算把他们塑造得光彩夺目，只是想通过他那种特有的描述方式使你对他们的命运给予关注和同情。这些人物的动机也是真实可信的，你完全可以根据你对他们的了解预测他们的行为和反应。小说的情节同样是真实可信的，索菲亚①在普鲁士军队围城和巴黎公社期间②就在巴黎，对于经不起重大历史事件诱惑的小说家来说这是个可以大写特写、大肆渲染的好机会，可以借此写出许多充满恐惧和痛苦的血淋淋场面，然而班内特却不为所动，他笔下的索菲亚一如既往地照料着她的房客，尽量多买点食物囤积起来，尽量多挣点钱，因为她只是个普普通通的女人，只能做普普通通的事情。

《老妇人的故事》出版后并没有马上出名，评论界对它评价固然不错，但没有达到热烈赞美的程度。它的发行量微不足道。不久，它就像"深受好评"的《莫里斯·盖斯特》③一样，淹没在数以千计被人遗忘的小说中了。所幸的是，这部小说后来引起了一个名叫乔治·多伦的美国出版商的注意，他先买下该书的模板，后来又买了在美国出版该书的版权，由此而把它推上了成功之路。由于这本书在美国大获成功，有个英国出版商又把它拿回英国来出版，这才受到英国公众的欢迎。

此后多年，出于各种原因，我和班内特一直没有多少交往，或许见过几次面，那也是在文学界聚会或者其他社交聚会上，而在这样的场合，我没机会和他多说几句话。不过，从第一次世界大战结束到他去世，那段时间里我和他交往很多。那时他已成了有头有脸的"人物"，不再是以前我在巴黎见到的那个无足轻重的瘦男人，而是体态发福，胖墩墩的，灰白的长头发梳成一个滑稽的鸡冠状，活灵活现一个漫画家笔下的大名人。他走路弓着背、昂着头，故意摆

---

① 索菲亚：《老妇人的故事》中的女主人公。
② 普鲁士军队围城和巴黎公社期间：即1870年普法战争和1871年巴黎公社起义。
③ 《莫里斯·盖斯特》：英国小说家 Henry Handel Richardson 1909年出版的一部小说，出版时间和评论界的反应都和《老妇人的故事》差不多。

出一副神气活现的样子。他向来注意穿着，甚至到了过分的程度，现在更是穿得气派十足，连晚上在家里也要穿一件挂着怀表链的花边衬衫，衬衫外面穿一件他以为很有派头的白马甲。有一段时间，他买了一艘游艇，还定做了一整套船长的制服，包括船长帽、钉着铜纽扣的蓝外套和白色长裤，比任何一个歌剧演员扮演船长时穿得更像船长。有一次，我邀请他去野餐——此事他也记在他的日记里。那时，他到我在法国南部的寓所来做客，住在我这儿。我那时有一艘汽艇，于是就开着汽艇带他先到戛纳去接其他客人，然后到圣玛格丽特岛去洗海水澡、品尝普罗旺斯鱼汤，顺便聊聊天。女客们都穿着休闲衣裙，男客们都穿网球衫、棉布裤和帆布鞋，只有班内特不愿穿这种没档次的服装，而是穿着芥末色的格子套装、漂亮的短袜和皮鞋，里面穿一件条纹衬衫，衬衫硬领上系一条丝绸领带。午餐后，突然刮起大风，把我们困在岛上，迟迟不能开船。有几个客人对此还有点不高兴。过了十二个小时，海面总算平静了一些，我们冒险返航。大家都有点害怕，有点惴惴不安，唯有班内特，始终镇定自若、面带微笑。清晨六点，我们总算回到家，一个个浑身湿透、衣衫不整，唯有班内特身上的套装，看上去仍和十八小时前一样整洁、笔挺。

此时的班内特，和我以前认识的他相比，不仅外表变了，性格也变了。我想，我刚认识他时，他可能缺乏自信，他的自命不凡大概就是为了掩饰内心的不自信。现在，成功使他变得自信，在某种程度上也使他变得平和多了。他对自身价值信心十足，曾对我说，他确信二十世纪最初二十年里只有两部小说经得起时间考验，其中一部就是《老妇人的故事》。或许，他是对的，但这还要看公众趣味如何变化。现实主义作为一种潮流，总有退潮之时，等读者再度希望从小说中读到浪漫幻想或者惊险恐怖时，他们就会觉得班内特的这部得意之作实在乏味透顶。不过，等钟摆再度摆回来，读者又希望读到真实的故事和平凡的人物时，他们又会对《老妇人的故事》大加赞赏。

我在前面说过，班内特是个有趣的人，就连他的怪癖也很有趣。实际上，他周围的人之所以喜欢他，很大程度上就是因为他有点古怪。他们在背后嘲笑他的怪癖，庆幸自己不像他那样怪里怪气；因此，他们对他的才能和成功也就不那么心怀妒忌了。也就是说，他越有怪癖，别人越喜欢他，因为别人在他面前有一种自以为是的优越感。他确实不是英国人所认为的那种绅士，但他也不比一般的英国人更庸俗。他不知妒忌为何物。他慷慨大方，对人坦诚，说出来的都是心里话。他从不想伤害别人，实际上也从未伤害过什么人。有时，他会敏锐地感觉到自己无意间似乎伤害了某人的感情，而且总会适当地予以弥补——适当而已，不会过分。要是那人还不领情，那他也只好耸耸肩，说一声"嗨"，然后就把那人忘了。他还有点天真，一种令人忍俊不禁的天真。他总以为他很会赚钱，很讨女人喜欢。实际上，他所有的朋友都一致认为，那不过是他自己的幻觉，实际上他经常在为钱和女人而烦恼。在其他方面，虽然他的头脑可能比我们大多数人都要清醒，但他还是会犯许多小说家都会犯的错误；那就是，就像处理小说中的人物和情节一样处理生活中的人和事。要知道，小说是虚构的，一切都由小说家操控，小说家要人物怎么做，人物就会怎么做。然而，在现实生活中，要操控别人，谈何容易！

班内特去世的时候，我惊讶地发现人们把他的讣告竟然写得那么冠冕堂皇，同时又有那么多人取笑他，说他喜欢摆阔气，热衷于坐豪华列车、住高级饭店。其实，他从来就不习惯过奢华生活。他曾对我说："只要你贫穷过，你内心就永远是个穷人。"他还说："虽然我完全坐得起出租车，但我还是经常走路，因为我不愿意浪费那一先令。"对奢侈豪华，他既羡慕又反感。

班内特晚年用很多时间写文学评论，而且他的评论大多是负面的。他很喜欢做《标准晚报》的评论员，不仅喜欢评论员享有的权力感，更喜欢看到自己的评论所产生的影响力。对他的评论，人们随即做出反应，就像对演员的成功演出报以掌声，这使他很有成就感。当然，这也使他产生一种幻觉，好像他是关键人物，能使那些以写作为生而难免有孤独感的作家特别高兴。所以，他不论想到什么，都毫无顾忌地说出来。他说他讨厌过于做作、过于修饰的作品；他说那些名气响、读者少的作家不值一谈。这当然不能说他没有道理，但与其说他对艺术感兴趣，不如说他对生活更感兴趣，因为他是个业余评论员，不是职业评论家。职业评论家往往会和现实生活保持距离，因为纠缠于纷繁忙乱的现实生活会妨害他们冷静地审视作品，理智地评判作品，所以，职业评论家总要等纷繁忙乱的现实生活过去之后，再回头去考察；也就是说，他们能准确理解笛福作品中的现实生活和巴尔扎克作品中的现实生活，却往往无法准确理解当代作品的现实生活，因而常常会被一些冒充现实主义的当代作品所迷惑。

我想，班内特的《老妇人的故事》在他死后仍然没有受到应有的重视和赞赏，原因大概就在于此。有些评论家说《老妇人的故事》的最大的特点是具有美感，还用大段引文来显示它的诗意和神秘主义。我真不明白，这些评论家为什么偏要强调不重要的东西，而无视真正重要的东西。班内特不是神秘主义者，也不是诗人，他感兴趣的是实实在在的生活和普普通通的人，也就是现实生活中普通人的喜怒哀乐，而且和其他小说家一样，他也以自己的个性和方式从事小说创作。

班内特从小患有严重口吃，听他费力地把话从嘴里疙疙瘩瘩地挤出来，真是件令人痛苦的事情。对他来说，说话简直就是一种折磨。很少有人知道，他仅仅为了说话，为了这一件对绝大多数人来说就像呼吸一样轻松的事情，竟然会那么筋疲力尽，简直就像一件天大的难事，弄得他几乎精神崩溃。很少有人知道，口吃使他蒙受了多少耻辱，招来了多少嘲笑，遇到了多少麻烦，经受了多少尴尬，尤其是当他有话要说又生怕被人讥笑而不敢说时，他有多么难受。很少有人知道，这会使一个整天要和人打交道的律师①感到怎样的压抑。也许就是因为口吃，他从小就性格内向。但我认为，这也同时证明了他的性格坚韧，因为即便有这么严重的障碍，他依然能出色地保持心态平衡，依然能用正常人的眼光看待正常人的生活。

毫无疑问，《老妇人的故事》是班内特的杰作。他很想再写一部这样的作品。既然他凭自己的意志力写出了《老妇人的故事》，那么再发挥一次意志力在他看来是完全可以的。于是，他写了《克莱汉格》。这本书好像很成功，但最终失败了。我想，这应该归因于素材的枯竭。他在完成《老妇人的故事》后，已经没有足够的素材来构思另一部长篇小说。一个矿源只能开采一定量的矿石，没有哪个作家能用同一素材写出几部小说。即便矿源的储量极其丰富，当你的开采能力达到极限后，也只能留待别人来开采了。但他又写了《雷格勋爵》，也不太成功。接着，他作最后一次努力，写了《帝国宫殿》。关于这本书，我觉得他在题材选择方面有问题。他自己对这一题材深感兴趣，于是就认为读者也会感兴趣，这是想当然。此外，他是程序化地为这本书收集材料的，有意识收集来的材料记在一本本的笔记本里，不像他写《老妇人的故事》时那样，材料是不经意间得到的，往往记在他心里，印在他的脑海里，几乎成了他对往日的一种记忆，而不仅仅是一些笔记而已。不过，他的最后一次努力是写

---

① 班内特早年曾在父亲的律师事务所里工作过一段时间。

一家宾馆，这倒使我觉得具有某种象征意义。因为在我看来，他这一生从来没有家庭观念，世界对他来说或许就像一家豪华宾馆，里面有铺着大理石的浴室和精美的菜肴，他只是住在这家宾馆的一个房客而已。他置身于众多房客中间，时而赞叹，时而喜悦，但总是很担心、很压抑，从来没有轻松过。他就如我多年前从他在德卡莱的那个小公寓里就看出的那样，总觉得生活就是扮演角色，因而他总在努力扮演，有时还演得不错。但在我看来，他从来就没有真正进入角色。

我记得，有一次他一边拍着大腿，一边结结巴巴地说："我，我，我是，个好人。"确实，他是个好人。

六

我在前面曾提到，我是通过罗素夫人认识亨利·詹姆斯的。多年来，我和罗素夫人只是泛泛之交，但后来她在穆让附近建了一幢房子，离我住的地方只有一个小时车程，我经常去看她，所以我才对她有了更多了解。她的名声主要来自她的三本书：第一本就是她当时还是冯·阿尼姆伯爵夫人[①]时写的《伊丽莎白和她的德国花园》；另外两本的风格很独特，写得既诙谐风趣，又不俗里俗气，这种风格的小说是英国本地作家从未写过的。我觉得，英国人对这种娱乐性的、读起来轻松愉快的作品往往心存疑虑，他们虽然连闹剧也能容忍，但就是不喜欢高雅喜剧。也许，这是因为他们觉得作者是在取笑他们。确实，罗素夫人往往把我们认真对待的东西拿来开玩笑。她是个矮小、胖墩墩的女人，谈不上漂亮，待人诚恳、和蔼可亲，但她的性格并不仅此而已。皮尔索尔·史密斯[②]有句名言："温柔之心、刻毒之舌，乃世上最佳搭配。"我不知道罗素夫人之心是否温柔，只知道她对狗很关爱，但我知道，罗素夫人之舌肯定是不温柔的，尽管她很容易相处。她待人接物很随和，有人甚至觉得她太随便。但在她书房里却有一幅座右铭，上面写着："沉静，不要动情。"她平时说话声音很轻，语调平和，这使她说出来的话更引人注意。我记得有一次，我请她到我这

[①] 罗素夫人名伊丽莎白，早先在德国嫁于冯·阿尼姆伯爵，伯爵死后，她移居英国，嫁于弗兰克·罗素勋爵，故称罗素夫人。

[②] 皮尔索尔·史密斯：20世纪初期英国著名评论家。

儿来共进午餐,因为她的老朋友威尔斯正住在我这儿。那时,威尔斯刚出版他的自传,谈话间说到他曾经特意去看了那座名为"高园"的府邸,因为他母亲是府邸女主人的侍女,后来又做了女管家,所以他的童年是在那里度过的。他后来还时而会到那里去住上一段时间,而且就如俗话所说,"楼下打地铺"①。

"那么,赫伯特②,"罗素夫人用她惯常的平和语调问,"你这次去是不是从前门进去的③?"

她显然是想让威尔斯难堪,而且也成功了。威尔斯脸一红,苦笑一下,没有回答。后来,有人问她,为什么要问这样令人尴尬的问题。她睁大眼睛,做出一种茫然不知的表情,说:"不为什么,我只是随便问问。"

还有一次,我问她:我经常听人说,她丈夫病重时她把她在小说中对丈夫的刻毒描写读给她丈夫听,她丈夫听完后就头一歪死了,这是不是真的。她面无表情地看着我说:

"他病得很重,不管怎样总要死的。"

作为一个自知对男人有吸引力的女人,罗素夫人活到高寿仍是那副淡定自若的样子。在我结束对罗素夫人的回忆前,我要复述一下她亲口告诉我的一件事。这件事不仅很奇特,还很有趣,忘了很可惜,因为我不知道她有没有告诉过别人。那时,她正和第二任丈夫罗素勋爵一起住在泰勒格拉夫山上。一天早上,她走进厨房,看见厨娘在大口喘气,就问她出了什么事。厨娘说,她刚才准备杀一只母鸡做晚餐用,没想到那只母鸡被斩掉头之后竟然还下了一个蛋,吓得她气也喘不过来。

"把蛋拿给我看。"罗素夫人说。

她把蛋拿在手里,看了一会儿说:

"明天早餐时,让勋爵阁下吃这只蛋。"

第二天早上,她坐在餐桌前,看着坐在对面的丈夫把那只蛋吃下去。随后,她问丈夫:

"弗兰克,你是不是觉得这只蛋有点奇怪?"

"没有啊,有什么奇怪?"

---

① 旧时英国,楼下是指仆人的房间,主人住在楼上。
② 威尔斯名赫伯特·乔治(Herbert George Wells)。
③ 按英国旧俗,地位高的客人从前门进主人的住所,地位低下的客人从后门进去。

"是啊,没什么奇怪。"她说,"只不过,这只蛋是一只死母鸡下的。"

她丈夫听了吃惊地瞪着她,接着一阵恶心,赶紧跑到窗前去呕吐。说到这里,她端庄地微微一笑,对我说:

"你知道,从那以后,我相信他真的不再爱我了。"

最后,我想说说我和华顿夫人①仅有的一次会面,就此结束本文。那时,华顿夫人已是很有名气、很受人尊敬的小说家,她的短篇小说构思新颖、结构精巧;她的《伊坦·弗洛美》是一部关于新英格兰乡村生活的长篇小说,写得也很不错。不过,她最感兴趣的还是第五大道②上的那些在纽波特③拥有豪宅的富人。她所写的是美国历史上一个早已成为过去的时代,因而她笔下的人物,无论行为举止、待人接物,还是忧患烦恼,都和现在的人很不一样。不过,我们相信她的描述是真实的,因为我们知道她写的都是她自己的亲身经历。她的小说有一种旧时代的气息,就像古画一样,其魅力不仅仅在于其自身的艺术价值。就如昔日的女式撑裙④,今天穿在身上显然古怪之极,因为它早已不合时尚,但当它作为戏剧服装出现在舞台上时,我们不但不觉得古怪,还会觉得别有一番风味。此外,华顿夫人的文笔轻快流畅,也是一大优点。她在美国文学界虽属二流,但总有一席之地。

华顿夫人住在巴黎,但时常会来英国。我想,她主要是来看看她的一位可敬的亲密朋友亨利·詹姆斯,所以她每次来都会在伦敦住上几天。有一次,圣海勒尔夫人邀请她共进午餐,也邀请了我。圣海勒尔夫人在波特兰广场⑤有幢常用来会客的大房子。认识她的往往会嘲笑她巴结名人,但又指望能受到她的邀请,因为在她的客厅里总能见到一些名人,不是美名远扬的,就是臭名昭著的,反正是名人。譬如,曾有个人因犯有极其凶残的谋杀罪而被判绞刑,一时间,关于那个人的出身和经历就成了上流社会的话题。有个年轻绅士问另一个绅士认不认识那个人。"不认识。"那个绅士回答说,"不过,要是他没有被绞死的话,我下星期肯定会在圣海勒尔夫人的客厅里见到他。"圣海勒尔夫人这次邀请我去出席的聚会上,当然也都是名人,只有华顿夫人和我是作家,算不

---

① 华顿夫人:伊迪丝·华顿,比毛姆年长12岁、长期旅居巴黎的美国女作家。
② 第五大道:纽约曼哈顿区的中心街道,富人聚居区。
③ 纽波特:美国罗得岛州一城市,曾为该州的州府。
④ 撑裙:有裙撑的长裙,18世纪盛行于欧洲。
⑤ 波特兰广场:伦敦一地名。

上什么名人。所以，午餐会之后，华顿夫人邀请我到她那儿去坐坐。她在一张法式长沙发上坐下，坐势之端庄，使你觉得好像是一位女王坐在王座上。她没有示意我坐在她旁边，于是我就搬了把椅子，和她相对而坐。她是个娇小的女人，容貌平常，但眼睛很好看，脸上的皮肤很紧致、很白皙。她的衣裙整洁而华贵，和她高贵的出身、优裕的家境以及女作家的身份很相称。和她相比，午餐会上的其他女士虽然地位显赫，都显得有点俗气。她和我交谈——其实是她说我听，我没说什么——短短二十分钟，她轻松愉快地说到了绘画，说到了音乐，说到了文学。她没有说一句落套的话，句句都说得很中肯。她说到莫里斯·巴雷斯，说到安德烈·纪德，说到保罗·瓦莱里①，都说得很正确。她对德彪西和斯特拉文斯基②的精辟见解，我听了点头不止。还有她对罗丹、塞尚、德加和雷诺阿③的看法，也使我暗暗叫绝。像她这样有眼力、有头脑、有艺术修养的女人，我此前从未见过。

　　我在文学界的朋友从来都不把我看作知识分子④，这使我很难过，其实我是很喜欢和有知识的人交谈的，而且我也完全可以和他们交谈（也有可能，是我高估了自己）。说实话，当我毫不费力地把他们引入神秘的知识小径时，当我谈到大法官狄奥尼西奥斯⑤，谈到弗莱·路易斯·德·莱昂⑥，还顺便提到商羯罗⑦时，他们往往会听得张大了嘴，像一条条扔在河岸上的死鱼。但是，在华顿夫人面前，我却折服得无话可说。大多数人都有知识盲点，许多人的艺术品位都有缺陷。我曾经在看一出歌剧时正好坐在一位地位显赫、才华出众的女士身后，那出歌剧演的是《特里斯坦与伊索尔德》。第二幕结束时，那位女士起身披上貂皮披肩，对旁边的女伴说："我们走吧，这出戏没什么情节。"她说得当然没错，但问题的关键也许不在这儿。有些人聪明伶俐，但他们就是喜欢威尔第，不喜欢瓦格纳⑧；就是喜欢夏洛蒂·勃朗特，不喜欢简·奥斯汀；就是

---

① 莫里斯·巴雷斯、安德烈·纪德、保罗·瓦莱里：均为和他们同时代的法国著名小说家或诗人。
② 德彪西、斯特拉文斯基：均为和他们同时代的著名作曲家。
③ 罗丹、塞尚、德加、雷诺阿：均为和他们同时代的法国著名画家或雕塑家。
④ 因为他没有受过高等教育，更没有上过剑桥或牛津。
⑤ 狄奥尼西奥斯：公元2世纪皈依基督教的雅典大法官（见《圣经·使徒行传》）。
⑥ 弗莱·路易斯·德·莱昂：16世纪西班牙宗教诗人。
⑦ 商羯罗：Sankara，古印度圣徒，阐释《奥义书》而创建"不二论"。
⑧ 威尔第（意大利著名作曲家）和瓦格纳（德国著名作曲家）风格迥异。

喜欢冻羊肉，不喜欢冷松鸡。华顿夫人却没有这样的偏好，她的品位是健全的、不偏不废的；她欣赏的东西都是理应欣赏的。然而，人性却往往不那么健全（至少我的人性是这样），所以我在她面前开始觉得有点坐立不安了。此时，我若能从她完美无瑕、优雅无比的言谈中发现一丝瑕疵，譬如她对某些大众通俗艺术似乎有点兴趣，譬如对玛丽·洛伊德①颇为欣赏，或者承认自己曾到维多利亚剧场去看过《兰贝斯舞步》②，那对我来说将是莫大的安慰。可是，她没有。她只谈恰当的人，只说恰当的话，而最使我恼火的是，我不得不同意她说的每句话，因为我总不见得说，莫伊奥尔③没什么意思，纪德④很愚蠢。她无论说到什么都很易懂，没有什么学术用语，而她所说的，又正是我或者任何头脑清醒的人心里所想的。我不知道，还有什么比这更使我垂头丧气。

最后，我问她："你对埃德加·华莱士⑤有什么看法？"

"埃德加·华莱士？那是谁？"

"你从来不读惊险小说？"我问。

"不读。"

我听得出，这简单的"不读"二字，含有怎样不悦、怎样不满、怎样惊讶的意味！我不能说她此时脸色发白，因为她是个见多识广的女人，当然懂得怎样对待他人的失礼。但她的眼神开始游移，嘴边露出勉强的微笑。那一刻，我和她都很尴尬。看她的神情，就像一个纯情少女受到了一个无赖汉的冒犯。但凭她的教养，她知道此刻冷淡比发火更有尊严。

"哦，时间不早了。"她说。

我很识相，起身告辞了。此后，我再也没有见过她。她是个叫我佩服得五体投地的女人，但我没法喜欢她。

---

① 玛丽·洛伊德：19 世纪末至 20 世纪初著名女歌手，被誉为"音乐厅女王"。
② 《兰贝斯舞步》：20 世纪 30 年代在英美风靡一时的通俗音乐剧。
③ 莫伊奥尔：和他们同时代的法国著名雕塑家、画家。
④ 纪德：和他们同时代的法国著名小说家。
⑤ 埃德加·华莱士：20 世纪初英国著名惊险小说家。

十大长篇及其作者

Ten Novels and Their Authors
1954

初版 *Ten Novels and Their Authors*, William Heinemann Ltd, London, 1954.

根据 *Ten Novels and Their Authors*, Vintage Random House, London, 2001. 译出

目　录

前言：小说的艺术　　163

第一章　菲尔丁与《汤姆·琼斯》　　179

第二章　简·奥斯汀与《傲慢与偏见》　　191

第三章　司汤达与《红与黑》　　203

第四章　巴尔扎克与《高老头》　　217

第五章　狄更斯与《大卫·科波菲尔》　　232

第六章　福楼拜与《包法利夫人》　　248

第七章　麦尔维尔与《白鲸》　　264

第八章　艾米莉·勃朗特与《呼啸山庄》　　281

第九章　陀思妥耶夫斯基与《卡拉马佐夫兄弟》　　294

第十章　托尔斯泰与《战争与和平》　　316

结束语　　340

前言：小说的艺术

一

我想告诉读者，我当初是怎么会写本书中的这些文章的。有一天——那时我在美国——《红书》杂志社要我开一份书单，列出我认为的十部世界上最好的长篇小说。我照做了，也没有多想什么。我开的书单，当然是我武断的。我完全可以再开一份书单，从另一个角度再选十部小说，而且同样可以说出我为什么要选它们的理由。是的，如果让一百个博览群书的人来开一百份这样的书单，很可能会选出至少两三百部小说；但不管怎样，我相信，我在这里选出的这十部小说，都会在那里占有一席之地。像这样的事情，有意见分歧是完全可以理解的。一部小说之所以会吸引人，甚至会使一些很有主见的人也一味地赞美，其中有多种原因。可能是他在读这部小说时正处于人生的某一境遇，因而特别容易被这部小说打动；也可能是这部小说的主题或场景特别迎合他的个人癖好，因而使他觉得这部小说有其不寻常的意义。我可以想象，偏爱音乐的人很可能会把亨利·汉德尔·理查森的《莫里斯·格斯特》① 视为十大最佳小说之一；同样，一个五镇当地人，也可能看到阿诺德·贝内特对那里的居民和风俗的描写而感到很亲切，会把《老妇人的故事》② 列入自己的书单。当然，这两部小说写得都不错，但我相信，不以偏好来选，这两部小说还不够格，还不

---

① 《莫里斯·格斯特》（*Maurice Guest*）：亨利·汉德尔·理查森（Henry Handel Richardson，20世纪初澳大利亚女作家 Carmen Callil 的笔名）以音乐家为题材的长篇小说，曾轰动一时。
② 《老妇人的故事》：20世纪初英国小说家阿诺德·贝内特的作品。

能入选十大最佳长篇。此外，读者的国籍有时也会使他偏爱某些作品，因而会对这些作品予以过高评价。譬如，英国文学作品在十八世纪还被法国人广为阅读，但从十九世纪一直到现在，法国人除了赏识本国的作品，对其他国家的任何东西都不感兴趣。所以，很难想象，一个法国人在开列十佳小说的书单时，会像我这样想到《白鲸》；即便他是个博览群书的人，即便他读过《傲慢与偏见》，也几乎可以肯定，他不会选《傲慢与偏见》，而只会选德·拉法耶特夫人①的《克莱芙王妃》；但实际上，他是过高评价了这本书。这是一部感伤小说，一部心理小说，也许还是第一部这样的小说：故事很动人；人物刻画得很鲜明；文笔也很有特点，简洁而得体。其中写到的社会境况，连法国的中学生也都知道；而其中的道德氛围，对于读高乃依和拉辛②的作品长大的法国人来说，是再熟悉不过了；更有甚者，它写到的是法国历史上最辉煌的时期，是法国文学黄金时代的杰作，因而对法国人来说，其魅力可想而知。但是，在英国读者眼里却不然，往往会觉得，其中的人物，尤其是主人公的高尚行为，写得不近人情；他们的对话写得既刻板又做作；他们的一举一动，都似乎令人难以置信。我不是说，英国读者的这些看法都是正确的；而是说，英国读者有这些看法，就绝对不会把这部作品选为十大最佳小说之一了。

在为《红书》杂志开列书单的同时，我曾写过一个简短的评论。我在那里说："聪明的读者只要学会一目十行跳跃式阅读这种有用的技巧，就能在阅读时获得最大的享受。"确实，一个聪明的读者，是不会把读小说当作一项任务的。他为消遣才读小说。使他感兴趣的是小说中的人物，他关心他们在某种环境里怎样行动，以及他们的前途如何；他同情他们，和他们一起烦恼，一起欢乐；他把自己置于他们的境况中，在一定程度上就过着他们的生活。他们对生活的看法，他们对人类思考的重大问题的态度，不管是用言语还是用行动表现出来的，都会使他产生共鸣，或者惊讶，或者欢乐，或者愤慨。不过，尽管如此，他仍本能地知道自己的兴趣所在，而且会像猎狗追逐狐狸一样追逐它。有时，因为作者的过错，读者会迷失方向，这时他就会到处漫游，直到重新发现自己感兴趣的东西为止。这就是跳跃式阅读。

人人都跳跃式阅读，但要跳跃式阅读又不受损失，却并非易事。在我看

---

① 德·拉法耶特夫人：17世纪法国贵妇、作家，《克莱芙王妃》为其代表作。
② 高乃依、拉辛：均为17世纪法国古典主义悲剧作家（高乃依为其开创者；拉辛为其作者）。

来，这即便算不上天赋才能，大概也要积累大量的阅读经验后才能获得。包斯威尔①告诉我们，约翰逊博士②的跳读速度之快确实惊人："他具有一种特殊才能，可以毫不费劲地把一本书从头到尾浏览一遍，随即就抓住了其中最有价值的部分。"包斯威尔指的当然是那些具有资料价值或者教育意义的书籍；要是一部小说使人读起来也觉得费劲的话，按理说就没必要去读它了。令人遗憾的是，由于某些我很快就会谈到的原因，现在还几乎没有这样的小说，能让读者一直兴致勃勃地从头读到尾。跳跃式阅读也许是一种不好的阅读习惯，但是读者不得已，只好如此。读者一旦开始跳跃，就很难控制自己，于是就有可能把许多有益的内容也漏读了。

我为《红书》开列的书单发表后不久，一位美国出版商向我提出一个建议，要用节选本形式出版我在其中提到的十部小说，并请我为每部小说作序。他的想法是，除了小说作者应该讲的，即作者提出的有关思想以及揭示人物性格的内容外，把其他的东西统统删掉，这样读者就会去读这些作品，而如果不把书中那些为数不少的、可称之为枝蔓的东西砍掉，很可能读者是不会读这些书的；现在书里留下的全是有价值的内容，读者便可尽情享受一种智力活动并从中得到最大的乐趣。我起先觉得很吃惊；后来却想到，尽管我们有些人已经掌握跳跃式阅读技巧，因而得益匪浅，可是大多数人还没有掌握，若有一个老练而有识别力的人先为他们作了删节，那对他们肯定是有益的。此外，要我为这几部书作序的建议也使我心动，于是就着手干了。有些文学研究者、教授和评论家会大声惊呼，会说名著理应按原样来读，而我却要把它们删得支离破碎，实在是骇人听闻。那要看是怎样的名著。不能想象，如《傲慢与偏见》那样引人入胜的小说，或者如《包法利夫人》那样结构严谨的小说，可以作任何删节；但是，有见地的评论家乔治·桑兹伯利③却说过："像狄更斯所写的小说是可以浓缩的，虽然类似的情况并不多见。"删节本身无可指责。很少有哪个剧本，在演出前是没有经过大刀阔斧地删节的。这大有好处。多年前，我曾和萧伯纳④一起共进午餐，席间他对我说，他的剧本在德国上演要比在英国上

---

① 包斯威尔：18 世纪英国传记作家、散文家，《约翰逊博士传》为其名作。
② 约翰逊博士：即塞缪尔·约翰逊，18 世纪英国大文豪、传记作家、批评家、散文家、词典编撰家。
③ 乔治·桑兹伯利：19 世纪英国评论家。
④ 萧伯纳：或译伯纳德·萧，20 世纪初英国剧作家。

演成功得多,并把这一点归因于英国公众的愚昧和德国人的睿智。其实他错了。在英国,他坚持要把他剧本中的每个字都念出来,而在德国,我看过他的话剧,那里的导演毫不留情地把所有和戏剧主题无关的词句统统删掉了,反而使剧本产生了极佳的效果。不过,这一点我想还是不告诉他为好。我只是看不出有什么理由,小说就不能作类似的处理。

柯勒律治①在谈到《堂吉诃德》时曾说,这本书只值得从头到尾看一遍,以后随便翻翻即可。他的意思就是说,书里有许多章节不仅枯燥无味,甚至荒诞不经,而你一旦知道这一点,就没有必要再花时间去读它们了。这是一本很重要的名作,一个自认为是文学爱好者的人当然应该通读一遍(我自己通读过两遍英文译本,三遍西班牙文原作),但我不能不认为,为消遣而读的普通读者,即便根本不读那些兴味索然的部分,也不会错过什么。他反而会更加欣赏对那位豪侠骑士和他那位憨厚侍从的有趣冒险所作的直接描述以及他们生动的对话。有个西班牙出版商,事实上就把这些故事缩成一卷,读来兴味盎然。还有一部虽称不上伟大、但确实很重要的小说,即塞缪尔·理查生②的《克拉丽莎》,它的篇幅之长,除了最有耐心的读者,恐怕人人都会望而生畏。我自己要不是碰巧找到一个节选本,大概也不会有胆量去读它的。此书节选得非常得当,以至我读它的时候并不觉得有什么遗漏。

我想,多数人会承认,马塞尔·普鲁斯特③的《追忆似水年华》是本世纪④最伟大的小说。我是普鲁斯特的狂热崇拜者,他的每一个字我都读得津津有味。有一次,我还言过其实地宣称,我宁愿读普鲁斯特的书读得倒胃口,也不愿为了自娱去读其他作家的书。然而,读了三遍之后,我现在打算承认,他的书也不是每个部分都是很有价值的。我觉得,对普鲁斯特因受当时的思潮影响而表述的那些冗长而繁复现在已部分被人抛弃部分又嫌陈腐的见解,将来的读者决不会再感兴趣。于是我想,到那时,他将比现在更容易被人看作是个杰出的幽默作家,擅长于塑造新颖独特、性格迥异而又栩栩如生的人物形象,因而将与巴尔扎克、狄更斯和托尔斯泰并驾齐驱。很可能,将来总有一天,他的

---

① 柯勒律治:19世纪英国"湖畔派三诗人"之一。
② 塞缪尔·理查生:18世纪英国小说家。
③ 马塞尔·普鲁斯特:19世纪至20世纪之际法国小说家。
④ 指20世纪。

这部宏伟巨著也会有节选本问世,其中那些已由时间证明为无价值的段落将被删掉,而保留下来的,则是趣味隽永的精华。届时,《追忆似水年华》仍是部洋洋巨著,但它的节选本可能更加出类拔萃。安德烈·莫洛亚①写过一本极好的书——《回忆普鲁斯特》,从其颇为复杂的叙述中,我得知普鲁斯特本来打算把他的这部小说分三卷发表,每卷仅四百页左右。然而,当第二、第三卷正在付印时,第一次世界大战爆发,书只好推迟出版。当时,普鲁斯特因健康情况不佳而不能去服兵役,他就利用大量空余时间给第三卷增加了大量内容。"增加的许多东西,"莫洛亚说,"是心理学和哲学论文,在这些论文中,这位知者(我认为他指的是普鲁斯特本人而非小说中的那个叙述者)对人物的行动加以评论。"他接着又说:"根据这些材料,人们可以编纂一部颇具蒙田风格的散文集,譬如论音乐的作用、论艺术创新和论风格美,以及论不寻常的性格类型和论医学方面的鉴别,等等。"所有这些都具有真知灼见,但它们是否提高了小说本身的价值,我认为就要看你对小说这种体裁的基本功能持何种观点而定了。

这方面各人有各人的看法。H. G. 威尔斯②写过一篇名为《当代小说》的有趣文章,他说:"在我看来,小说是唯一能使我们对那些因当代社会变化而成堆提出的问题中的大多数问题加以讨论的一种媒介。"将来,小说同样"是社会的协调者、相互了解的媒介、自我反省的工具、伦理道德的展示、生活方式的交流、风俗习惯的产地,以及对法律制度和社会教条及思想的批判"。"我们(在小说中)探讨的是政治、宗教和社会问题。"威尔斯不能容忍那种把小说仅仅视为一种消遣手段的看法。他明确表示,他自己从不把小说看作为一种艺术形式。奇怪的是,当有人认为小说是一种宣传手段时,他也不同意:"因为在我看来,宣传一词是有特定含义的,它是为某个党派、教会或者某种学说服务的。"然而,现在这个词的含义已变得非常宽泛,泛指一种方式,即用口头、文字或者广告等形式,一再重复,以期说服别人相信你在事物的真与假、好与坏、是与非,或者美与丑等方面的观点是正确的,应该为所有的人所接受,而且作为行动准则。威尔斯的主要小说,其目的就是要传播某种学说和原则;那同样是宣传。

问题的关键在于,小说是不是一种艺术形式。它的目的是教育呢,还是娱

---

① 安德烈·莫洛亚:20世纪初法国传记作家、小说家、散文家。
② H. G. 威尔斯:19世纪末至20世纪之际英国小说家。

乐？要是它的主要目的在于教育，那就不是一种艺术形式。因为艺术的主要目的是使人愉悦。这一点，诗人、画家以及哲学家都是一致同意的。然而，由于基督教总是教导人们心怀疑虑地把娱乐看作是会导致灵魂堕落的陷阱，艺术的真相使许多人深感震惊。显然，把娱乐看成是件好事要合理得多。不过，仍需记住，有些娱乐确实会带来不良后果，因此避开它们也许是明智的。一般人总倾向于把娱乐看成是耽于声色，这很自然，因为肉体的快感比精神的愉悦更加明显，也更为强烈；但这种观点肯定是错误的，因为既有肉体的娱乐，也有精神的娱乐，虽然后者不如前者那样强烈，却要比前者更加持久。《牛津词典》对艺术下的定义之一是："应用于审美方面的技巧，如诗歌、音乐、舞蹈、戏剧、演说、文学等。"这话不错，只是后面还应加上"特别按现代习惯，应用于完美工艺中，并通过对象本身的完善性来表现自己的技巧"。我认为，这就是每个小说家的目标，但我们知道，小说家又是无法完全达到这个目标的。我想，我们可以把小说称为一种艺术形式，它或许是一种并不十分崇高的艺术，但仍然是一种艺术。它只是一种本质上不太完善的艺术形式。关于这方面的情况，我在各地所作的讲演中曾涉及，现在我要谈的并不比以前讲过的多，就从中简短地引用一些吧。

　　我认为，把小说当成布道场所或者课堂，那是一种陋习。要是读者以为能在读小说时轻松地获得知识，我相信他已误入歧途。知识只有通过勤奋才能获取，那是一件艰辛而枯燥的工作。如果我们能把某种含有知识信息、因而十分有用的"药粉"裹在美味可口的小说"果酱"里一口吞下，那当然太好了。但实际情况是，在弄得这样可口之后，这"药粉"是否还有用，我们就不敢肯定了。因为小说家传递的知识会带有偏见，因而不可靠；而对事物有一种歪曲的了解，还不如不了解的好。我们没有理由要求一个小说家除了做小说家还要成为别的什么家。他只要是个好小说家，就足够了。他对许多事情都要懂一点，但要他在某个特殊领域成为一个专家，那不仅没有必要，有时甚至是有害的。他需要知道羊肉的味道，但不需要把一只羊都吃下去；吃一块羊肉就够了。那样，只要他对自己所吃的羊肉有足够的想象和创造才能，他就能很好地向你描述爱尔兰炖羊肉的味道如何；而如果他从这点出发，进而开始发表自己对牧羊业、羊毛工业以及澳大利亚政治局势的观点，那么我们还是谨慎为妙，最好对他的观点持保留态度。

小说家常受个人偏见的支配，他在选择题材、塑造人物以及在对人物的态度等方面，无不受此制约。无论他写什么，都是他个性的流露以及他的内心直觉、感情和经验的表现。无论他怎样想写得客观，他终究是他的癖好的奴隶。无论他怎样不偏不倚，都免不了失之偏颇。他用的是灌了铅的骰子。小说家从小说一开始向你介绍人物起，就在引诱你对他的人物发生兴趣并表示同情。亨利·詹姆斯①一再强调，小说家要有演戏的才能。这种说法也许不太恰当，但却十分生动，因为小说家必须把他的材料安排得使你感兴趣。为此，他甚至会不惜牺牲真实性和可信性以获得预期效果。众所周知，具有知识性或者科学价值的著作是绝对不能这样写的。小说家的目的不是教育，而是娱乐。

二

也许，小说主要有两种写法，而且各有各的优点和缺点。一种是第一人称的写法，另一种是全知观点的写法②。用第二种写法，作者会告诉你，他认为你应该知道的一切，帮助你随着故事的发展理解他的人物。他可以从内部描写人物的情感和动机；譬如，某个人物穿过了街道，他就能告诉你，他（或者她）为什么要这样做，结果又怎样，等等。他还可以对一批人和一系列事件表示关注，然后又把他们束之高阁，开始关注另外一些人物和事件，这样使故事复杂化，以此重新唤起你可能已有所衰退的兴趣，同时达到表现生活的丰富性、复杂性和多样性的目的。这种写法的缺点是，小说中的一批人物很可能会不及另一批人物有趣。举个著名的例子来说，如在《米德尔马契》③中，当读者读到那些他不感兴趣的人物命运时，就会觉得非常厌烦。此外，用这种写法创作小说，还要冒作品庞大累赘和冗长松散的风险。写这种小说的作家中，没有谁能比得上托尔斯泰，然而即便是托尔斯泰，也难免有上述缺点。这种写法向作者提出的要求是很难达到的。作者必须深入到每个人物的内心，感其所感，思其所思；而他却有自己的局限，也就是说，只有当他以其自身作为人物的原型时，他才有可能做到这一点。如果不是这样，他就只能从外部去观察其

---

① 亨利·詹姆斯：19世纪至20世纪之际美裔英国小说家，其作品致力于革新小说的叙事方式。
② "全知观点的写法"：即第三人称的写法。
③ 《米德尔马契》：19世纪英国女作家乔治·艾略特的著名长篇小说。

他原型，而这样创造出来的人物，往往会缺少说服力，使读者难以信服。

我想，亨利·詹姆斯之所以十分关心小说形式，就是因为他意识到了这些缺点。他于是就想出了一种可称为"亚变种全知观点的写法"。采用这种写法，作者仍然是无所不知的，但他只对某一个人物无所不知，而由于这个人物对其他人物并不全知，作者的无所不知也就很有限了。譬如，当作者写到"他看见她露出了笑容"时，他是无所不知的；但当他写到"他看出了她微笑中的冷嘲"时，就不是了；因为他把冷嘲赋予她的微笑，也许并没有适当的理由。毫无疑问，亨利·詹姆斯清楚地知道这种写法的实用性，那就是：他是通过某个特定的重要人物——如《奉使记》中的史特雷瑟——的所见、所闻、所思和他的猜测，来讲述故事和展示其他人物性格的，因而他觉得这样写可以防止枝节纷繁，小说的结构就必然会紧凑而简洁。此外，这种写法还赋予对象以真实感，因为你现在主要关心的只是一个人，慢慢地就相信了他告诉你的事。这里，读者应该知道的事情，是随着读者对人物的逐渐了解，逐渐地传达给读者的；而就在读者一步步地对那些令人困惑的、朦胧费解的、甚至不可知的事情的理解过程中，他享受到了阅读的乐趣。可见，这种写法使小说具有侦探故事中的那种神秘气氛和戏剧性，而这正是亨利·詹姆斯所渴望得到的小说效果。然而，一点一滴地透露事实真相也有危险，那就是：读者可能比小说中那个正在探知事实真相的人物更加机灵，很可能会在那个人物探明真相之前就已经猜到了——就是这么回事！我想，凡是在读《奉使记》的读者，大概都会越来越不耐烦地觉得那个史特雷瑟实在太愚钝，连明摆着的事情、别人都一目了然的事情，他也看不清；已经成公开的秘密，他竟然还在猜，而且还猜不出。这表明，这种写法也有缺点。读者本不是傻瓜，而你却轻率地、无礼地把他当成了傻瓜。

既然大部分小说都使用全知观点的写法，那就只能假定，大多数小说家觉得这种方法在解决小说难点时基本上是令人满意的。不过，用第一人称的写法也有优点。像亨利·詹姆斯采取的方法一样，第一人称的写法使叙述显得更真实，而且扣紧主题；因为小说家此时只能讲述他亲眼所见、亲耳所闻或者亲身经历过的事情。要是十九世纪英国的那些大小说家当初能更多地采用这种写法，那就好了，因为他们的小说总是写得结构松散、冗长而枝蔓横生。这可能是由于他们的小说是以连载形式发表的，也可能是一种民族癖性。第一人称写法的另一个优点是容易使你对叙述者产生共鸣。你也许不赞赏他,但由于你的注意力一直集中在他身上,不由得便会同情他。不过,这种写法也有一个缺点,那就是当叙述者——如《大卫·科波菲尔》① 中那样——同时又是主人公时,他若告诉你说他是如何英俊而有魅力,不免会有自吹之嫌;他若讲述自己的英勇行为,又会给人以自负之感,而当读者都已看出女主人公在爱他时,他自己却不知道,似乎又显得很愚蠢。此外,没有一个写这类小说的作家能完全克服的另一个更大的缺点是,这类小说中的叙述主人公,即中心人物,和他周围的其他人物比较起来,总显得苍白而不够生动。为什么会这样呢?我能提出的唯一解释是,因为小说家在主人公身上看到的是他自己。他是从内部主观地观察之后讲述他所观察到的东西的,所以他往往感到茫然失措或者优柔寡断;反之,当他从外部通过想象和直觉客观地观察其他人物时,要是他具有像狄更斯那样的才能的话,就会带着一种戏剧性的眼光兴味盎然地观察他们,对他们的怪癖会乐不可支,写出来的人物往往与众不同、栩栩如生,从而使他自己的肖像反倒相形见绌了。

有一类用这种写法创作的小说曾经风行一时,那就是书信体小说。书信当然都是用第一人称写的,只是出自不同的人之手。这类小说的优点就是非常富有真实感,读者很容易相信那些信件是真实的,相信它们确为某人所写,而正因为读者的轻信,他便落入了小说家手中。小说家一开始就力求获得真实感:他会使你相信,他所说的事情确实发生过,即使像不可能发生的如明希豪森男爵②的故事,或者像卡夫卡③《城堡》中的令人毛骨悚然的故事,他也要你相信可能是真的。但这类小说也有严重缺点。这是一种兜圈子的、故弄玄虚的讲故事方式,而且讲得过分谨慎。那些书信往往啰里啰唆,离题万里,读者不久便感到厌烦,所以这类小说也就自行消失了。

然而,有一类用第一人称创作的小说,在我看来不仅克服了这种写法的缺点,还很好地利用了它的优点。也许,这是一种最方便、最有效的小说写法。从赫尔曼·麦尔维尔④的《白鲸》一书中便可看出使用这种写法的好处。在这

---

① 《大卫·科波菲尔》:狄更斯的自传体长篇小说。
② 明希豪森男爵:德国著名童话人物,即"吹牛大王"。
③ 卡夫卡:20世纪初奥地利小说家,被誉为"现代派小说之父"。
④ 赫尔曼·麦尔维尔:19世纪美国小说家。

类小说中，作者用第一人称讲述故事，但他并不是主人公，他讲的不是自己的故事①。他是故事中的一个人物，和其他人物或多或少有某种关系。他并不决定情节发展，而只是作为其他人物的朋友、熟人或者旁观者发挥作用。就像希腊悲剧中的合唱队，他对自己所看到的事情进行思考；他可以恸哭，也可以提出忠告，但他没有资格影响事件的进程。他把读者当作知心人，把自己所知道的、希望的或害怕的事情都告诉读者，要是他觉得不知所措，也照样会坦率地讲出来。为了不至于让这个人物把作者希望隐瞒的事情也泄露给读者，并不需要像亨利·詹姆斯处理《奉使记》中的史特雷瑟那样，使他显得很愚蠢。相反，他可以像作者自我描述的那样，目光敏锐、聪明伶俐。这里，叙述者和读者对故事中的人物，对他们的性格、行为和动机有着共同兴趣；叙述者对这些人物的感受，也就是他要想激发读者产生的那种感受。所以，他所取得的真实效果，和作者本人作为小说主人公所获得的效果一样令人信服。他可以把主人公描述得既俊美又高尚，甚至可以给他戴上神圣的光环，而若在叙述者就是主人公的小说中，这样做就不免会引起你的反感。显然，小说的这种写法有助于使读者对人物产生亲切感，增强小说的真实性，是很值得推荐的。

我想冒昧地谈一谈，在我看来一部好小说应该具有哪些特性。它的主题应该能引起广泛的兴趣，即不仅能使一群人——不管是批评家、教授、有高度文化修养的人，还是公共汽车售票员或者酒吧侍者——感兴趣，而且具有较普遍的人性，对普通男女都有感染力。主题还应该能引起持久的兴趣；一个选择只有一时兴趣的题材进行创作的小说家，是个浅薄的小说家，因为一旦人们对这样的题材失去兴趣，他的小说也就像上个星期的报纸一样不值一读了。作者讲述的故事应该合情合理而且有条有理；故事应该有开端、中间和结尾，结尾必须是开端的自然结局。情节要具有可能性，不仅要有利于主题发展，还应该是由故事自然产生的。小说中的人物要有个性，他们的行为应源于他们的性格，决不能让读者议论说："某某人是决不会干那种事的。"相反，要读者不得不承认："某某人那样做，完全是情理之中的事。"我觉得，要是人物又很有趣，那就更好。福楼拜②的《情感教育》虽然受到许多著名批评家的高度称赞，但是

---

① 譬如，康拉德的绝大多数小说就是这样写的。
② 福楼拜：19世纪法国小说家。

他选择的主人公却是个没有个性、没有生气，也没有任何特点的人，以致他的所作所为以及在他身上所发生的一切，都无法使人产生兴趣；结果，虽然小说中有许多出色之处，但整部小说还是令人难以卒读。我觉得，我必须解释一下，为什么我认为人物必须具有个性。因为要求小说家创造出完全新型的人物，是强人所难；小说家使用的材料是人性，虽然在各种不同的环境中人性千变万化，但也不是无限的；人们创作小说、故事、戏剧、史诗已有几千年历史，一个小说家能创造出一种新型人物的机会，可说微乎其微。回顾整个小说史，我所能想到的唯一具有独创性的人物，就是堂吉诃德。然而，即便是他，我还是毫不惊讶地听说，有个知识渊博的批评家已为他找到一个古老的祖先。因此，只要一个小说家能通过个性来观察他的人物，只要他的人物个性鲜明，而且鲜明到足以让人错以为他是一种独创的人物，这个小说家就已经是很成功了。

既然行为源于性格，那么语言也应如此。一个上流社会女子，谈吐就应该像个上流社会女子；一个妓女的语言，就得像个妓女；一个在赛马场招徕顾客的人或者一个律师，讲话也得符合各自的身份。（我不得不说，梅瑞狄斯①或亨利·詹姆斯的作品就有一个缺点，就是他们的人物都千篇一律地用梅瑞狄斯或亨利·詹姆斯的腔调说话。）小说中的对话不能杂乱无章，也不应该用来发表作者的意见；它必须服务于典型化人物的塑造和故事情节的发展。叙述的部分应该写得直截了当，要生动、明确，只需把人物的动机以及他们所处的环境令人信服地交代清楚，而不应过于冗长。文笔要简洁，使一般文化修养的读者阅读时也不觉得费劲；风格要和内容一致，就像式样精巧的鞋要和大小匀称的脚相配。最后，好的小说还应该引人入胜。我虽然把这一点放到最后说，但却是最基本的要点；没有这一点，其他一切全都会落空。一部小说在提供娱乐的同时，越能引人深思，就越好。"娱乐"一词有多种含义，提供乐趣或者消遣只是其中之一。人们容易犯的错误是，认为娱乐就其含义而言，消遣是唯一重要的。其实，《呼啸山庄》②或《卡拉马佐夫兄弟》③和《项狄传》④或《康第妲》⑤同样具有娱乐

---

① 梅瑞狄斯：19世纪英国诗人、小说家。
② 《呼啸山庄》：19世纪英国女作家艾米莉·勃朗特的长篇小说。
③ 《卡拉马佐夫兄弟》：19世纪俄国小说家陀思妥耶夫斯基的长篇小说。
④ 《项狄传》：18世纪英国小说家斯特恩的长篇小说。
⑤ 《康第妲》：18世纪英国小说家哥尔斯密的长篇小说。

性；虽然感染人的程度不同，但同样真实。当然，小说家有权处理那些和每个人都密切相关的重要主题，如：上帝的存在、灵魂的不朽、生命的意义及价值，等等；但是，他在这样做的时候，最好记住约翰逊博士的至理名言："关于上帝、灵魂或者生命这样的主题，没有人再能发表新的真实见解，或者真实的新见解了。"即便这些主题是小说家所要讲述的故事的一个组成部分，而且对人物的典型化是必需的，会影响到人物的行为举止——也就是说，如果不是这样，他们就不会有那样的行为举止——小说家也只能指望读者对他所涉及的这些主题感兴趣。

即便一部长篇小说具有我提出的所有优点（这要求已相当高），它在形式上也会有这样那样的缺陷，就如白璧微瑕，很难做到尽善尽美。因此，没有一部长篇小说是十全十美的。一个短篇小说可能是十全十美的，根据它的篇幅，大约在十分钟到一个小时内就能读完，它的主题单一、明确，完整描写一个精神的或者物质的事件，或者描写一连串密切相关的事件。它可以做到不可增减的程度。我相信，像这样完美的境界，短篇小说是可以达到的，而且我认为要找到一批这样的短篇小说也不难。但是，长篇小说却是一种篇幅不限定的叙事文学，它可以长得像《战争与和平》①那样，同时表现一系列相互关联的事件，又同时表现许许多多人物；也可以短得像《嘉尔曼》②那样。为了把故事讲得真实可信，作者总要讲到和故事有关的其他事情，而这些事情并不总是很有趣的。事件的发展往往需要有时间上的间隔，作者为了使作品得到平衡，就得尽力插入一些内容来填补因间隔而留下的空白。这样的段落称之为"桥"。大多数小说家虽然都天生有过"桥"的才能，但在此过程中，枯燥无味却是难免的。小说家也是人，不可避免地会受时代风气的影响，更何况小说家的感受性还胜过一般人，因此他时常会不自主地写出一些追随世风的、昙花一现的东西。举例来说，十九世纪之前的小说家是不太注意景物描写的，写到某物也至多一两句话；但是，当浪漫主义作家，如夏多布里昂③，受到公众喜爱后，景物描写成了一时的风尚，成了为描写而描写。就是某个人物上街到杂货店去买牙刷，作者也会告诉你，他路过的屋子是什么样子，店里出售的是什么商品，

---

① 《战争与和平》：19世纪至20世纪之际俄国小说家托尔斯泰的长篇历史小说。
② 《嘉尔曼》：19世纪法国小说家梅里美的中篇小说，也译作《卡门》。
③ 夏多布里昂：19世纪法国浪漫派作家，主要小说有《阿达拉》和《勒内》等。

等等。黎明和夕阳、夜晚的星空、万里无云的晴天、白雪皑皑的山岭、阴森幽暗的树林——所有这一切，都会引来没完没了的冗长描写。许多景物描写固然很美，但离题万里。只是到了很久之后，作家们才明白，不管多么富有诗意、多么逼真形象的景物描写，除非它有助于推动故事的发展或者有助于读者了解人物的某些情况，否则就是多余的废话。这还是长篇小说偶尔才有的缺点，另一种缺点则是内在的、必然的。要完成一部洋洋洒洒的长篇巨著很费时日，至少也得几个星期，一般需要好几个月，有时甚至要好几年。作家的创造力往往会衰退，这是很自然的事。这样，他就只能硬着头皮坚持写下去，而在这种情况下写出来的东西，如果对读者还会有吸引力的话，那简直是惊人的奇迹了。

过去，读者总希望小说越长越好，因为他们花钱买小说书，当然想读出本钱来。于是，作家们就挖空心思在自己讲述的故事中添加许多的材料。他们找到了一条捷径，那就是在小说中插入小说；有时，插入的部分长得像一个中篇小说，而和整部小说的主题又毫无关系，即使有，也是牵强附会的。《堂吉诃德》的作者塞万提斯就是这么做的，而且其大胆程度简直无人能与之相比。那些插入的文字，后来一直被视为这部不朽名著中一个污点，现在已不再有人会耐心地去读它们了。正因为这一点，塞万提斯受到了现代批评家的攻击。不过，我们知道，他在后半部里避免了这种不良倾向，因而要比前半部好得多，写出了那些被认为奇妙得不可思议的篇章。遗憾的是，他的后继者（他们肯定不读批评文章）并没有停止使用这种方法，他们继续向书商提供大量的廉价故事，以满足读者的需要。到了十九世纪，新的出版形式又使小说家面临新的诱惑。月刊因为用很大篇幅刊登消遣文学而大获成功，对此虽有人嗤之以鼻，但它却为小说作者提供了好机会：在月刊上连载小说，可得到丰厚报酬。几乎与此同时，出版商也发现，在月刊上连载知名作家的小说是有利可图的。作家要按合同定期向出版商提供一定数量的小说，或者说要写满一定的页数。这样一来，就逼着他们慢吞吞地讲故事，一写就是洋洋万言。我们从他们自己说的话中就得知，这些连载小说的作者、甚至他们中最杰出的如狄更斯、萨克雷和特罗洛普[①]等人也不时感到，要一次又一次定期交出等着连载的那部分小说，实在是一种难以承受的沉重负担。无怪乎，他们只好把小说拉长！无怪乎，他们只

---

① 狄更斯、萨克雷、特罗洛普：均为19世纪英国著名小说家。

好用不相干的内容把故事弄得拖泥带水!所以,如果考虑到当时的小说家有那么多的障碍和陷阱,那么当你发现当时最优秀的小说也有缺陷时,就不会大惊小怪了。不过,更使我觉得惊讶的是,它们的缺陷并不像我想象得那么多。

三

为了自我提高,我一生中读了不少评论小说的专著。总的来说,这些专著的作者都像 H. G. 威尔斯一样,不愿把小说看作一种消遣方式。他们一致同意,小说中的故事是无关紧要的。实际上,他们更倾向于认为,故事是阅读小说时的一种障碍,会分散读者的注意力,使读者忽视了小说中他们认为的那些重要因素。看来,他们好像并不懂得,故事其实是小说家为拉住读者而扔出的一根性命攸关的救生索。他们认为,为讲故事而讲故事,是小说的庸俗化表现。我觉得这观点太奇怪了,因为听故事的欲望在人类身上就像对财富的欲望一样根深蒂固。有史以来,人们就一直聚集在篝火旁或者市井处相互听讲故事。这种欲望始终很强烈,这可以从当今侦探故事的泛滥中得到证明。虽然把小说家仅仅看作故事员是对他的轻视和侮辱,但小说家要讲故事仍是事实。当然,我敢说很少有人是这么看待小说家的。小说家通过自己所讲述的事件、选择的人物以及对他们的态度,为你提供一种对生活的批判。这种批判也许既不新颖也不深刻,但它已在那里了;其结果是,尽管他自己都没注意到,他已经通过他这种简单的方式成了一个道德家。道德不像数学,不是一门精确科学。道德标准不是一成不变的,原因是它和人的行为举止密切相关,而我们大家都知道,人的行为往往是虚伪的、复杂的和多变的。

我们生活于一个动乱的世界,小说家理应关注这个世界。将来的世界也不会太平。自由总会受到威胁。我们总是处于忧虑、恐惧和挫折之中。过去不容置疑的社会准则,现在看来已大有疑问。但是,当小说涉及这样的严重问题时,读者却会觉得枯燥乏味。这一点,小说家并不是不知道。譬如,现在发明了避孕药,过去为保持贞洁所必须遵守的那种道德标准就不适用了。小说家很快就注意到由此而引起的两性关系变化,因而当他们想维持读者对小说的兴趣时,他们就一味地让男女主人公频频上床。我认为这不是个好办法。切斯特菲尔德爵士①曾对性交作过这样的评论：快感是一时的；情景是可笑的；代价是昂贵的。要是他活到今天并且读过现代小说的话，也许会这样评论：行为是千篇一律的；描写是重复冗长的；感觉是索然无味的。

目前，小说有一种倾向，就是注重刻画人物而不注重讲述故事。当然，刻画人物很重要；因为只有当你熟悉了小说中的人物并对他们产生了同情之后，你才会关心发生在他们之间的事情。但是，倾全力于人物刻画而不注重人物之间发生的事情，这只是小说的一种写法。另一种写法则是单纯讲述故事，其间对人物的刻画很马虎或者很粗略，像这样的写法也同样有权存在。事实上，有不少闻名于世的好小说就是这么写的，如《吉尔·布拉斯》②和《基督山伯爵》③等。假如山鲁佐德④只知道刻画人物性格而不讲那些奇妙的故事，她的脑袋早就被砍掉了。

在后面的各章中，我都会谈到相关作者的生平与性格。我这么做，部分原因是我自己觉得有趣，同时也为读者着想。因为我相信，了解作者是怎样的人，有助于读者理解和欣赏他的作品。譬如，了解福楼拜的一些情况，有助于弄清《包法利夫人》中的许多令人困惑的地方；而了解一下艾米莉·勃朗特少得可怜的生平资料，也能加深领会她那本奇特而精彩的书⑤。当然，作为小说家，我是以小说家的立场来写这些文章的。这么做的危险是，小说家往往会自以为是，往往会用自己的写作经验来评判他人的作品。所以，要公正对待那些和他自己全然不同的作品，他需要有见地，有度量，而这是心胸狭窄之人难以做到的。另一方面，自身不写小说的批评家，又可能对小说技巧知之甚少，所以在他的评论中，除非像德斯蒙德·麦卡锡⑥那样不仅有学识，而且有眼界，否则他要么只给你一些并没有多大价值的个人印象，要么就是基于条条框框所作出一些僵硬的判断；除此之外，就什么也没有了。这就像一个鞋匠做鞋，只有两种尺码；如果两种尺码都不合你的脚，你就只配光着脚走路。

我当初写本书中的这些文章时，目的是为了吸引读者去读我谈到的那些小

---

① 切斯特菲尔德爵士：18世纪英国政治家、文学家，以其《书信集》闻名于世。
② 《吉尔·布拉斯》：18世纪法国小说家勒萨日的长篇"流浪汉小说"。
③ 《基督山伯爵》：19世纪法国小说家大仲马的长篇小说，也译作《基度山恩仇记》。
④ 山鲁佐德：《一千零一夜》里的故事叙述者，她因不断讲故事吸引残暴的国王而免遭杀害。
⑤ 指《呼啸山庄》。
⑥ 德斯蒙德·麦卡锡：20世纪初英国戏剧评论家。

说;因而,为了不使读者扫兴,我必须小心翼翼,尽量不透露小说中的故事内容。这使我很难对那些小说加以充分讨论。后来,在改写这些文章时,我就不再以此为目的,而是假定读者已经读过我所谈到的那些小说。这样一来,我即使把那些小说中最具悬念的内容直接讲出来,也不要紧了。还有,我觉得那些小说中有什么缺点,也会像有什么优点一样,毫不犹豫地指出来,因为没有什么比在一般读者面前一味地赞美那些已被视为经典的小说更加有害了。读者自己在读那些小说时可能就会发现,有些事情好像并不令人信服、有些人物好像并不真实、有些情节好像和主题并没有多大关系、有些场景描写好像写得太冗长而令人乏味。如果他是个脾气急躁的人,就会放下书,骂骂咧咧说:那些把这部小说称作经典名著的评论家,不是骗子,就是傻瓜!如果他是个生性谦卑的人,就会放下书,自我责备说:这种书我实在理解不了,像我这种人,根本不配看这种书;而如果他是个富有耐心的人,则会一字一句地读下去,却毫无乐趣。然而,读小说,就是为了获得乐趣;如果一部小说读起来毫无乐趣,那它就毫无价值。所以说,读者才是最好的评论家,因为只有读者知道,自己喜欢什么,不喜欢什么。

不过,话得说回来,我想小说家或许会说:你要读小说,总得承认小说家有权对你提出一点要求吧;否则,对小说家也太不公平了。是的,小说家有权要求读者把注意力集中在三四百页的书本上,有权要求读者有足够的想象力,想象小说人物的经历,并对小说人物的悲欢离合、喜怒哀乐予以关注和同情。因为只有这样,读者才能从小说中获得乐趣。否则的话,那就干脆不要读小说。读小说,又不是什么非做不可的事情!

第一章 菲尔丁与《汤姆·琼斯》①

一

要对亨利·菲尔丁这个人加以评论,颇为困难,因为我们对他的生平了解甚少。菲尔丁死后八年,即一七六二年,亚瑟·默菲写了一篇介绍菲尔丁的文章,作为当时出版的一部菲尔丁文集的序言,但这位默菲先生似乎对菲尔丁也不甚了解,能说的东西很少,所以为了凑足一篇八十页的文章,他不得不东拉西扯,说了许多不相干的废话。其中说到的事实本来就很少,后来表明还是不准确的。在这之后,又有人竭力想证明,菲尔丁并不像人们传说那样是个放荡不羁的人;然而,很不幸,这些人把菲尔丁说成正人君子,也就把他变得死气沉沉了。就连菲尔丁贪欲好色这一明摆着的事实,他们也要竭力否定。这实在没有道理,你崇拜他的作品,就一定要把他说成是正人君子?其实,他的道德品质如何,既不会使他的作品好一点,也不会使他的作品坏一点。小说家是以生活为素材的,他要把生活忠实地表现出来,只要对生活有充分的体验就够了;除此之外,并没有什么道德上的要求。所以,根本不必为菲尔丁粉饰。他确实不是正人君子,他确实贪欲好色;但这完全合乎人性,只有伪善之人或愚

---

① 《汤姆·琼斯》:全称《弃儿汤姆·琼斯的历史》,主要情节是:汤姆·琼斯是私生子,出世不久即被抛弃,后为绅士奥尔华绥所收养。奥尔华绥让汤姆·琼斯与庄园主女儿索菲娅产生了爱情。奥尔华绥的外甥布利菲尔对此非常嫉妒,竭力在舅父面前中伤汤姆·琼斯。于是汤姆·琼斯被逐,四处流浪。他到了伦敦,因打伤了一个流氓而被关进监狱。索菲娅的父亲强迫索菲娅嫁给布利菲尔,索菲娅违抗父命,也逃到伦敦,找到汤姆·琼斯。最后,汤姆·琼斯的身份得以揭示,原来他是奥尔华绥的亲妹妹的私生子,和布利菲尔是异父同母的兄弟。最后,布利菲尔迫害汤姆·琼斯的阴谋败露,汤姆·琼斯与索菲娅喜结良缘。

昧之人才会表示惊讶。

亨利·菲尔丁生来就是贵族。他在家里排行第三，他父亲约翰·菲尔丁起初在索尔兹伯里当牧师，后来从军，从一名小军官爬到了将军。他自称是德斯蒙德伯爵的第五个儿子。德斯蒙德家族是从丹贝家族中分出来的，而丹贝家族则声称是赫普史伯格家族的后裔。写《罗马帝国衰亡史》的吉本①曾在其《自传》中写道："查理五世②的继承人可能会不承认他们的英国亲戚③；但不管怎样，汤姆·琼斯的风流史——人间风俗的绝妙写照——终将胜过埃克里尔宫殿和奥地利皇室的鹰徽④而流芳百世。"这话说得真好。只可惜，菲尔丁家族自诩的高贵家史，已被证明是毫无根据的。他们一直把自己的姓写为"菲尔丁"。关于这件事，我曾经在什么地方读到过：有一次，德斯蒙德伯爵⑤问亨利·菲尔丁，为什么他们家的人都把姓写为"菲尔丁"，而不是"德斯蒙德"。亨利·菲尔丁回答说："我估计，大概是因为我们的父辈在学会写您大人的姓之前，已经学会了写菲尔丁。"

亨利·菲尔丁的父亲约翰·菲尔丁，娶亨利·古尔德爵士的女儿萨拉为妻。亨利·古尔德爵士时任皇家高级法院的法官。一七〇七年，亨利·菲尔丁降生于法官的乡间别墅。三年后，约翰·菲尔丁夫妇移居多塞特郡的东斯图；在此期间，除了亨利·菲尔丁，他们还生了两个女儿。后来在东斯图，他们又生下三女一男。菲尔丁夫人死于一七一八年；就在此时，亨利·菲尔丁被送进了伊顿公学。他在那儿结交了不少好友，而实际上，他在离家求学前——按亚瑟·默菲所说——"已经学会希腊文和拉丁文"，还读过不少书，所以他日后才会那么博学，文章写得那么典雅。以此推算，他十八岁从伊顿公学毕业；那时，他已经让人看得出日后必有作为。有一次他偶尔到拉姆雷吉斯去，随身还带着一个忠心耿耿、愿为主人"出生入死"的仆人。他在那里看上了一个名叫萨拉·爱德鲁的小姐。那小姐美貌出众而且出生于富豪之家，对他很有吸引力。他想先设计将她诱拐，事成后逼她成婚；同时又想好，此计若不成功，就是强行掳掠，也在所不惜。不料，没等他动手，不知怎么一来，他的计划被泄

---

① 爱德华·吉本：18世纪英国史学家，其《罗马帝国衰亡史》为西方史学名著。
② 查理五世：神圣罗马帝国哈布斯堡王朝皇帝（1520—1556年在位）。
③ 英国王室曾与哈布斯堡皇室联姻，故而有亲戚关系。
④ 埃克里尔宫殿和奥地利皇室的鹰徽：代指哈布斯堡王朝。
⑤ 这里的德斯蒙德伯爵，应是前面一位德斯蒙德伯爵的孙子。

露了。那小姐的家人随即将小姐藏匿，不久又干脆把她嫁给了一个合适的求婚者。于是，他只好作罢。

此事发生在一七二五年。十八岁的菲尔丁长得相貌堂堂；他身高六英尺多①，体格健壮；深凹的双眼，笔挺的鼻梁；上唇微翘，似带讥诮；下颏前突，性情豪爽。他强壮而好动，到处寻欢作乐；因为身体好，酒色过度也无所谓。接下来的两三年，和一般人所知的情况完全不同，他是在伦敦度过的，而且像其他纨绔子弟一样，纵情于伦敦的娱乐场所。不过，除了吃喝嫖赌，他也做点别的事。一七二八年，他写了一个剧本，题名为《伪装的爱情》，上演后还颇受观众好评。但是他父亲觉得他写剧本谋生风险太大，执意要他另谋出路。于是，他就到荷兰，进了莱顿大学学法律。没想到，他父亲再婚后，不愿——也可能是无力——再为他支付留学费用，尽管他早先是承诺过的。这样一来，他在荷兰大概只待了一年，就不得不返回英国。回国后，他处境窘迫，不知如何谋生，就如他后来开玩笑似的说过，他要么去做马车夫，要么就只好做剧作家了。

奥斯丁·道布森②在为"英国文人丛书"撰写的《菲尔丁传》中说："爱好和机遇把他带到了剧院；他具有剧作家应有的写作冲动、幽默感和对现实生活的洞察力。此外，他似乎还具有独创精神和强烈的完成欲。"奥斯丁·道布森所说的"爱好"，可能是指他有一种以做剧作家为乐的表现欲，也可能是指他有一种想用写剧本来赚钱的投机欲；而奥斯丁·道布森所说的"机遇"，则可能是委婉地指他当时既年轻又风流，正好遇到一个使他着迷的女演员。就这样，从一七三〇年到一七三六年，他每年都要写两三部喜剧或讽刺剧。其中有两个剧本涉及当时的政治腐败，讽刺得很尖刻，致使议会制定了一项法案，规定剧院经理必须获得内阁大臣的批准才能上演某个剧本③。这项法案至今仍使英国剧作家大伤脑筋、大为光火。从那以后，菲尔丁就很少再写剧本了，倘若再写，大概也是因为一时需要用钱而又手头拮据，不得已而为之。

我不敢冒充说我仔细研读过他的剧本，我只是匆匆翻阅过而已，但我已经

---

① 六英尺多：约 1.9 米。
② 奥斯丁·道布森：19 世纪英国传记作家，写有《菲尔丁传》等。
③ 1737 年，英国议会通过"戏剧检查法"，要求所有剧本上演前 14 天送审，违者罚款并吊销执照。

能感觉到他的剧本（尤其是其中的对白）写得很自然、很流畅。我觉得最有趣的是他对角色的介绍。譬如在《了不起的姆指·汤姆》的人物表中，他按当时的风气介绍一女角色：一位完美无瑕的女士，只是有些贪杯。对菲尔丁的剧本，人们通常都很轻视，往往会嗤之以鼻①。毫无疑问，在两百年后的今天，在图书馆里阅读剧本的评论家看来，他的剧本确实缺乏评论家认为应有的文学性②。然而，写剧本是为了演出，不是为了阅读；一个剧本具有文学性，当然再好不过，但就凭这一点并不能说明这是个好剧本，倒是可能（甚至非常可能）使这个剧本难以演出③。时至今日，菲尔丁的剧本已不再被人看好，几乎像是上星期的报纸一样被人丢弃，因为戏剧从根本上说是当代性的，依赖于当代事件。这就是说，菲尔丁的剧本当初肯定是有很多优点的。因为单凭一个年轻人对写剧本的"爱好"和他正好迷上一个女演员的"机遇"，不可能使剧院经理接二连三上演他的剧本，除非他的剧本受到了观众的青睐。在这个问题上，最后的决定权在观众手里。剧院经理不迎合观众，必定会破产。菲尔丁的剧本至少是观众乐意去看的。至于他的剧本有什么价值，他自己也从不存有幻想；他曾说，他是在本该开始的时候停止了剧本写作。他是为钱而写的，很少考虑他的剧本对观众来说有何价值。亚瑟·默菲说："他签订好一个剧本的合同后，会走进一家小酒馆，一直到很晚才回家。第二天一早，他就把剧本中的某一场戏的演出脚本交给了相关的演员。他的演员朋友中有好几个今天还健在，他们清楚地记得，那些演出脚本是写在包烟丝的包装纸上的，因为他特别喜欢抽板烟。"

亚瑟·默菲还说到一件事，很能说明菲尔丁对待观众的态度。在排演喜剧《大喜之日》时，演员加里克觉得其中有一幕戏写得不好，建议菲尔丁把它删掉。"不行，你这个混蛋！"菲尔丁大声说，"就算这一幕不好，也要看他们能不能看出来！"正式演出时，观众对这一幕大为不满，嘘声不断。演出结束后，加里克回到休息室。菲尔丁正在那儿拿着一瓶香槟酒自斟自饮，一副很陶醉的

---

① 一般认为，菲尔丁是伟大的小说家，而非伟大的剧作家。
② 文学性：即指对大量材料进行巧妙的概括和提炼，运用形象的语言、精巧的结构，或者适当运用曲折的情节，并采用各种修辞手法表现人物与事件。
③ 剧本因文学性太强而不适合演出的例子很多，最好的例子就是歌德的《浮士德》；但也并不总是如此，有的剧本既有很强的文学性，演出又有很好的舞台效果，最好的例子就是莎士比亚的剧本。

样子。他显然喝多了，醉眼蒙眬地望了加里克一眼。"怎么啦，加里克？"他问，嘴里散发出酒味和烟草味，"他们嘘谁啦？""嘘谁啦！"加里克回答，"就嘘那一幕！我要你删掉的那一幕！我早就知道会这样。看他们那副样子，吓得我这一晚上都心惊胆战。""怎么？他们看出来啦？"菲尔丁猛然一惊，酒也好像醒了，"啊！该死！真该死！"

我之所以要啰里啰唆地讲到菲尔丁写剧本的事，乃是因为我觉得这和他后来的小说创作大有关系。有不少著名小说家曾尝试过写剧本，但我想不出有谁获得了成功；原因就在于这两种东西写法不同，你学会了写小说，未必就会写剧本。小说家有充裕的篇幅，可以从容不迫地写；他可以精雕细琢地刻画人物，可以细细到到地叙述人物动机，使读者对人物熟如邻里。如果他手段高明，可以把不可能的事情说得活灵活现；如果他叙事有方，可以把情节逐渐推进，着力渲染而至高潮，使读者恍如亲临。他不必匆匆地表现，只需慢慢地描写。他也可以写人物对话，而且不受限制，想写多长就写多长。但是，写剧本却不然，全凭动作紧张才能奏效。当然，我说"动作紧张"，并不是说非要写从悬崖上坠落或者被地雷炸飞之类的剧烈动作；而是说，即使写到递给某人一杯水这样的动作，也要尽可能给人强烈印象。观众的注意力很有限，没有一系列连续不断的动作，难以吸引他们的注意力。所以，始终要有新奇的事情；主题要直接表达，而且要明确；剧情发展要干净利落，不能拖泥带水，更不能节外生枝；对话要简洁明了，一听就懂，不能语焉不详，更不能故弄玄虚；人物性格要鲜明突出，一看便知，不管多么复杂的性格，都要使观众易于理解。最后，结局要紧凑有力，绝不能松松垮垮；而且，无论怎样的结局，都要合情合理、势所必然。

一个剧作家如果能这样写剧本，他的剧本一定会吸引观众；不仅如此，如果他想写小说，他的小说也一定会吸引读者。因为他学会了言简意赅；懂得了情节发展要干净利落，叙事要围绕中心，不能节外生枝；还懂得了要让人物通过自己的言行表现自己，而不仅仅靠旁观者的描述。这样，当他开始写篇幅巨大的小说时，他不仅能得益于小说自身的形式特点，还能得益于他因写剧本而受到的训练，从而使他的小说必定写得结构紧凑、叙事生动而富有戏剧性。这样当然最好。遗憾的是，有些很好的小说家，其他才能样样都有，就是缺乏戏剧才能。我觉得菲尔丁写那么多剧本并非浪费时间；恰恰相反，我认为正是因为他有写剧本的经验，才使他写出了不朽的小说杰作。

菲尔丁早年和剧院打交道时，还和夏绿蒂·克雷道克结了婚。夏绿蒂早先也住在索尔兹伯里，是家里的三姐妹之一。其他情况，就几乎一无所知了，只知道她长得很美。菲尔丁把她写进了书里，就是索菲娅①；所以，读过《汤姆·琼斯》的人不难想象她在情人和丈夫眼里的模样。菲尔丁作为丈夫，固然很喜欢妻子夏绿蒂，但他就是那么一种人，不可能对妻子很忠诚。对自己的不忠，他固然很内疚，但又一点不妨碍他拈花惹草——他婚后不久便迷恋上了一个和他偶尔相遇的美貌女子。他和夏绿蒂结婚，得到了一千五百英镑。据一位权威人士说，这是嫁妆；另一位权威人士则说，那是遗产。但不管怎么说，在他写的一部喜剧演出失败后，他带着这笔钱回老家去了。据亚瑟·默菲说，他在那儿有一幢住宅，还养了一大群猎狗和一大群身穿黄色制服的仆人。不过，后来的传记作家认为，这一说法过于夸大，因为事实是，到一七三六年，也就是婚后两年，他就花完了所有的钱，不得不重返伦敦去写剧本，后来还在草市场街开了一家剧院。

一年后，也就是一七三七年，英国议会通过"戏剧检查法"，无论是写剧本，还是开剧院，都前景暗淡。菲尔丁几乎没钱来养活妻子和孩子，不得不另谋生计。他到律师学院去学法学；尽管他"积习难改，时而还会喝得酩酊大醉，时而还会寻花问柳，出入于风月场中"，但到了这种时候，他还是修完学业，当上了律师，辛辛苦苦地承办许多琐碎的法律事务。然而往日的放荡生活已弄坏他的身体，他像当时许多男人一样，患有痛风症。所以，他又不得不放弃律师职业，断断续续地重操旧业——写作。他写了一两个剧本，写了几篇政论，还为一家名为《冠军》的报纸写稿。一七四二年，他写了《约瑟夫·安德鲁》。这是他正式出版的第一部小说，但不是他写的第一部小说，据说他写的第一部小说是《粗人乔纳森》。我并不想在这里全面探讨他的创作情况，只是想谈谈他的生平和为人。《约瑟夫·安德鲁》出版后不久，他美貌的妻子患热病去世。她是在他怀里咽气的，他当然悲痛欲绝，所以一连好几年都没写什么东西。

他曾为《真正的爱国者》和《雅各宾日报》两家支持政府的报纸写过稿，

---

① 索菲娅：《汤姆·琼斯》中的女主人公。

因而当这两家报纸停办时,他得到过一笔津贴。但他花钱总是大手大脚,所以总是入不敷出。尽管如此,有一件事说明他还算讲义气:有一次他需要交税而又没钱,就到出版商安德鲁·米勒那里预支了一笔稿费。回家的途中遇到一位朋友,此人比他还要穷困,于是他就把那笔钱给了那位朋友。等税务官发税单来催税时,他回复说:"税款用于朋友急需。友情为重,望税务官宽容几天。"

他妻子去世后四年,他娶了女仆玛丽·丹尼尔为妻。朋友们都大为震惊,他的堂姐玛丽·华特莱·蒙塔古夫人更是嗤之以鼻,说他真是丢人,竟然"和一个女仆上床"。然而,貌不出众的玛丽·丹尼尔却是贤妻良母。每次说到她,他都夸不绝口。这第二位菲尔丁夫人确实很贤惠,尽心尽意地照顾他,而他也正需要有人照顾。她还为他生了二男一女。

菲尔丁在伊顿公学结交的朋友乔治·利特尔顿,后来成了一位有名望的政治家,而且是一位慷慨的文学赞助者。菲尔丁和他一直有交往。一七四四年至一七五四年,乔治·利特尔顿任财政大臣;这期间,即一七四八年,他成功推荐菲尔丁而使其成为威斯敏斯特的地方治安官。菲尔丁做过律师,懂法律,又写过剧本,有文才,还通达人情世故,所以要履行这一职责并不难,甚至还很轻松。上任后不久,他又当选为地方法庭的首席法官,在法律界也有了一席之地。菲尔丁曾说,在他任职前,这一职位每年可得五百镑的"肮脏钱"①,但他每年只拿不到三百镑的"干净钱"②。他的《汤姆·琼斯》出版于一七四九年,所得稿酬七百镑。我估计,当时的一镑大概值现在的四至六镑,所以这笔稿酬相当于现在的三千至四千镑,和现在出版一部长篇小说所得稿酬相比,只会多不会少。

然而,此时菲尔丁的健康状况却很糟。他的痛风症经常发作,不得不经常到巴思或伦敦附近他自己的别墅去休养。但他没有停止写作。他撰写了好几本和他担任地方治安官有关的小册子;据说其中有一本小册子,题名为《关于近来盗匪为患的调查报告》,还促成议会通过了相关法案。他写了小说《阿米莉亚》,其中的女主人也是以他的亡妻夏绿蒂为原型。此书出版于一七五二年。同年,他联系了第三家报纸《考温特公园日报》,为其写稿,而且很卖力,一

---

① "肮脏钱":即受贿。
② "干净钱":即薪俸。

连写了九个月,而他的健康却每况愈下。一七五四年,他破获当地"亡命之徒"所犯的一起使伦敦也感到恐惧的大案之后,身心疲乏,不得不辞职,由其异母兄弟约翰·菲尔丁接任。此时,他要活下去的唯一希望就是离开英国,到一个气候温暖的地方去。所以,当年(一七五四年)六月,他搭乘理查德·维尔船长的"葡萄牙皇后号"前往里斯本。八月,他抵达目的地。但两个月后,他还是去世了,遗体下葬于里斯本的英国公墓。

以上,我凭借不太充分的资料,简单介绍了菲尔丁的生平。回想他的一生,我脑子里有这样一个印象:他是个凡俗之人,和任何凡俗之人一样喜欢吃喝嫖赌。想到他的品性,我脑子里总有一个想法:他是个好色之徒。不过,男女贞操只是德行的一部分,可能还是很小、很不重要的一部分。菲尔丁确实贪欲好色,而且从来都不会犹豫不决。他当然也有温柔的爱恋之情,虽然这种爱恋之情并非毫无性欲,但他确实也有毫无爱恋之情的性欲。其实人人如此,只有虚伪或愚昧之人才会否认。性欲是动物本能,就如食欲一样,需要满足时没有理由不予满足,对此不必羞羞答答。如果说菲尔丁贪欲好色,那么不管怎样他也不会比大多数男人更贪欲好色。他和我们大多数人一样,也会为自己的贪欲好色感到后悔,但只要一有机会,也会和我们一样难以自制。他脾气暴躁,但秉性善良,乐善好施,而且在那个腐败的时代仍为人忠诚;他至少是个通情达理的丈夫和父亲;他毫不自私,他广交朋友;他和朋友们总是以诚相见,直到去世。他宽容别人的过失,但对残忍和狡诈痛恨之极。他写作成功,不会忘乎所以;他烦恼之时,一瓶香槟加一只烤鸡,就能安然度过。他对人生饶有兴趣,而且尽情享受人生。

二

说真的,菲尔丁很像他笔下的那个汤姆·琼斯。因而,对打算读菲尔丁这部名作的人,我想提出这样的忠告:如果你是个喜欢吹毛求疵的人,那还是别读为好,因为就如奥斯丁·道布森所说,菲尔丁"丝毫也没有想创作一部尽善尽美的作品,他只是想描绘一幅普通的生活图画——可能还是一幅粗略的而非细腻的、本色的而非人为的图画。他的愿望就是要写得极其真实,对生活的缺陷和错误既不夸张也不掩饰"。

是的，是菲尔丁最初在英国小说中塑造了一个真实的人。汉娜·摩尔①曾在她的回忆录中写道，她一生中仅有一次惹得约翰逊博士②发火，原因就是她在他面前提到了《汤姆·琼斯》中的某些诙谐滑稽的章节。"'听你从一本这样邪恶的书里引文摘句，真叫我吃惊，'他说，'听说你已经读过这本书，真让人遗憾。一个行为端庄的夫人是不该读这种书的。我不知道世上还有什么书比这本书更下流了。'不过，我倒想说，一个行为端庄的夫人婚前读读这本书是很有好处的。这本书会清楚地告诉她生活中一切必需的知识，还有许多关于男人的事，这对她不无益处，可以帮助她避免婚后的尴尬处境。人人都知道，约翰逊博士从来就是心怀偏见的。他不承认菲尔丁有任何文学上的造诣，有一次还说他是个大笨蛋。包斯威尔③不同意他的说法，他还解释说：'我说他是大笨蛋，意思是说，他是个思想贫乏的家伙。''但是，先生，他真实地描写了人们的生活，难道你对此也不承认？'包斯威尔反驳说。'是啊，'约翰逊博士回答，'不过他描写的只是下贱的生活。理查生④曾多次说，要不是别人告诉他菲尔丁是谁，他一定会以为他是个喂马的仆人。'"

如今，我们对小说里描写的下贱生活已习以为常了。《汤姆·琼斯》中所写到的那些东西，在今天的小说家那里是屡见不鲜的。态度比较稳重的批评家曾为汤姆·琼斯辩护，把他生活中的一件经常受到遣责的事情归咎于当时普遍的道德败坏。这件事就是：贝拉斯顿夫人爱上了他，而且发现他并非不愿意满足她的欲望。当时他几乎分文全无，而她却腰缠万贯。为解决他的生活需要，她慷慨解囊。一个堂堂男子汉接受一个女人的钱，这已经够丢人了，更何况这还不仅仅是钱的问题，因为这个有钱的女人是要求他用别的东西来回报她的。不过，从道德上说，这也不见得就比女人收男人的钱更值得大惊小怪。现在人们之所以这样，那只能说明社会舆论的愚昧。请不要忘记，就是在今天，我们仍认为有必要创造出"男妓"一词来专门指那些以出卖肉体作为谋生手段的男人。因此，不管你怎样谴责汤姆·琼斯的下流无耻，反正你不能说，那是他一人独有的。

---

① 汉娜·摩尔：约翰逊博士的女友。
② 约翰逊博士：即塞缪尔·约翰逊，18世纪英国评论家、散文家、词典撰家。
③ 包斯威尔：18世纪英国散文家、传记作家，写有《约翰逊博士传》。
④ 理查生：和菲尔丁同时代的英国小说家。

在汤姆·琼斯多情的一生中，还有一件趣事大概也值得一提。他真心诚意地、不可自拔地爱上了美丽动人的索菲娅，但同时他也在任何容易搞到手的漂亮女人身上放纵自己的情欲，而且丝毫也不感到羞愧，因为这样的插曲并不减弱他对索菲娅的爱恋之情。菲尔丁是很讲究实际的，他没有把他的主人公描写得比有七情六欲的普通男人更有节制。他知道，如果要我们更有德性，那就像要我们在夜里和在清晨一样清醒，那是不可能的。

《汤姆·琼斯》结构严谨，情节环环相扣，构思巧妙，但菲尔丁就像他的前辈——"流浪汉小说"作家一样，很少考虑情节的可能性；他用最不可能发生的事情、最令人难以置信的巧合把人物聚合到一起；然后，他以极大的热情把你带入情节之中，使你无暇顾及情节的可能性，也不愿意对此表示异议。人物都是大刀阔斧地以原色调勾勒出来的，如果说有什么缺陷的话，那就是线条太粗；不过，这一缺陷却由人物的真实性和生动性予以弥补了。我觉得，小说中的那位"万全"先生也许写得太善良了，善良得几近不真实。不过，这并不是菲尔丁一个人的失败，凡是想要塑造完美人物的小说家都是以失败而告终的。经验表明，要写这样的人物而又不使他显得傻乎乎，那简直是不可能的。

在写作手法上，《汤姆·琼斯》很取悦于人。菲尔丁的风格比简·奥斯汀（她的《傲慢与偏见》写于五十年之后）更加轻松自然。我认为，这是因为菲尔丁有意仿效艾迪生和斯蒂尔①，而简·奥斯汀则可能不自觉地受了约翰逊博士的影响，或者受到她同时代作家的影响，而这些作家是以约翰逊博士为典范的。我们知道，简·奥斯汀曾不无崇敬地拜读过约翰逊博士的所有著作。我不记得了，好像有谁说过，好的风格应该是和有修养的人的谈话很相似的。这正是菲尔丁的风格。他娓娓动听地为读者讲述汤姆·琼斯的故事，就像在餐桌上一边喝酒一边给几个朋友讲这故事似的。他的语言很率直，但也不见得比现代作家更粗俗。显然，美貌贤惠的索菲娅对"野鸡""杂种""婊子"这类的词语是早已听惯了的（至于"b-ch"②，我不知道菲尔丁为什么要写成这样），实际上，她父亲惠斯特老爷也时常随随便便地用这些词语来叫她。

---

① 理查德·斯蒂尔：17世纪至18世纪之际英国散文家。
② 写完整是 bitch（原意是"母狗"，用来骂人，相当于汉语中的"婊子"），这个词在18世纪是粗俗的脏词，一般有教养的贵族是不说的，菲尔丁在《汤姆·琼斯》中描写的是下层平民社会，免不了用这个词，于是稍作掩饰，用一小划代替其中的两个字母。

用谈话方式写小说，小说家会把你当知己，向你诉说他对人物的感情，以及对人物所处环境的看法。但这种写法也有缺点，小说家本人总是站在你身旁指指点点，无形中就影响了你和小说人物的直接交流。有时他还会大谈哲理，使你觉得讨厌，而他一旦扯离主题，往往是没完没了地越扯越远。你不想听他东拉西扯；你要他继续讲故事，但他就是不往下讲。好在菲尔丁的这类题外议论一般都比较合理或者比较有趣，当然，没有这些议论也许更好。他的题外议论也比较简短，而且他还常常很有礼貌地表示歉意。

　　尽管如此，他的议论还是太多。《汤姆·琼斯》分为好几册，每册之前有一篇议论文作为序言。有些评论家对此大为赞赏，认为这些议论有锦上添花的作用。对此我只好说，他们根本就没有把这本书当作小说来读。议论文作家选中某个题目加以讨论，要是他的题目新颖有趣，那他或许会告诉你一些你原先不知道的事情。但是新颖的题目并不容易找到，于是他就希望用自己对某事的观点和态度来吸引你。这就是说，他希望你对他本人感兴趣，而这恰恰是你在读小说时最不愿意做的事。你对小说家本人毫不在乎，你只要他在那里为你介绍人物和讲故事就行了。由于要写此文，我把《汤姆·琼斯》里的每篇议论文都读了一遍。我不否认这些文章的长处，但我还是读得很不耐烦。小说家使读者对人物产生了兴趣，读者接下来想知道的就是这些人物的所作所为。如果不让读者知道，那他就没必要读小说了。我再说一遍——其实再说几遍也不过分——小说不应该被当作教训人的手段，而应该给读者以种种有益的启发。

　　重读上面所说的话，我担心自己会给读者留下这样的印象：好像《汤姆·琼斯》是一本粗制滥造的书，写的尽是些趣味低下的莽汉和荡妇的故事。如果这样，那就大错特错了。菲尔丁非常熟悉生活，他并没有只从表面上看待人；他的经验使他得知，人性中从来就没有彻底的公正无私。彻底无私固然很好，但在这个世界上不曾有过，想要找到它也是幼稚的。不过，菲尔丁还是在小说中塑造了索菲娅·惠斯特这样一个优美动人的形象，一个人见人爱的少女形象，一个能使读者为之陶醉的形象。她质朴，但不愚蠢；她循规蹈矩，但不装腔作势；她有性格，有毅力，也有勇气；她美貌出众，又心地纯正。菲尔丁在塑造这一形象时，内心深处想到的就是他自己可爱的（我想，也是备受折磨的）妻子。这真使人感动，真是催人泪下。

最后，我想还是让我引用批评家乔治·森茨伯利的话来结束本文。他的话很有见地。他说："《汤姆·琼斯》是一部生活的史诗——当然，不是一部无比崇高、无比珍稀、无比激昂的史诗，而是一部普通人的健康的普通生活的史诗；它不是完美无瑕的，但它充满了人情味和真实感。也许，除了莎士比亚，再没有人能像菲尔丁这样，在一个虚拟的世界中真实地表现出普通人的喜怒哀乐。"

第二章　简·奥斯汀与《傲慢与偏见》①

一

简·奥斯汀的一生，三言两语就能说完。她出生于古老世家。就像英国许多名门望族一样，奥斯汀家也是靠羊毛业致富的，羊毛业一度是英国的主要工业。他们发迹后，也像其他家族一样买进土地，最后成了一户乡绅人家。

简·奥斯汀一七七五年生于汉普郡斯蒂汶顿村，父亲乔治·奥斯汀牧师是当地的教区长。简·奥斯汀是七个孩子中最小的一个。她十六岁时，父亲退休，带着她母亲、姐姐和她一起去了巴斯，此时她的几个哥哥已长大成人。她父亲于一八〇五年去世，她们姐妹几个和母亲一起移居到南安普顿。不久，哥哥爱德华继承了肯特和汉普郡的地产，他愿意为母亲买一座庄园。母亲选择了汉普郡乔顿的一座庄园——此时是一八〇九年——简·奥斯汀后来就一直住在那里，偶尔才出去探亲访友，直到后来病重不得不去温彻斯特，因为那里有比较好的医生。她于一八一七年在温彻斯特去世，葬于当地的大教堂。

据说，简·奥斯汀长得很讨人喜欢："身材苗条，亭亭玉立，步履轻快而

---

① 《傲慢与偏见》（*Pride and Prejudice*），18 世纪末英国女作家简·奥斯汀（Jane Austen，1775—1817）所著长篇小说。小说主题是：爱情或许能使人消除社会等级间的傲慢与偏见。主要情节是：贝内特一家的日常琐事。贝内特太太膝下无子，因怕百年后遗产按法律规定归远亲所有，成天张罗着为五个女儿的婚事，希望她们嫁入豪门。此时，年轻富裕的单身汉宾利和他的朋友达西成为贝内特夫妇的邻居。宾利爱上了他们家的大女儿——美貌善良的简；达西爱上了二女儿——聪明活泼的伊丽莎白。但达西对伊丽莎白的态度有点傲慢，因为伊丽莎白是小家女，他是富家子；而伊丽莎白呢，则对达西抱有偏见，因为她认为富家子不懂爱情。双方误会不断，趣事连连。最后，他们冰释前嫌：达西放下富家子的傲慢架子，伊丽莎白也消除了对富家子的偏见。一对有情人，终成眷属。

稳重，时时给人一种朝气蓬勃的感觉。她肤色浅黑，脸颊丰满，嘴和鼻子小而匀称，淡褐色的眼睛很明亮，还有一头天然的棕色卷发。"但我看到过她唯一的一幅肖像，那上面她是个胖胖的年轻女人，有一双圆而大的眼睛和高耸的胸部，相貌很一般；也许，这是因为画家画得不好的缘故。她生来就有一种罕见的幽默感。据她自己说，她平时说话和她所写的书信是一样的，而我们知道，她的书信写得情趣横溢、诙谐有趣，可谓妙语连珠。由此推想，她的言谈也一定是才华横溢的。

她留存下来的大多数信件是写给姐姐卡桑德拉的。她非常喜欢她姐姐，在她生前只要和姐姐在一起，两人就同住一间卧室。小时候，姐姐去上学，她也跟着去。那时她年纪还小，到女子学校去根本就听不懂什么东西，但她不能离开姐姐，一离开就会觉得伤心。她母亲曾说："要是卡桑德拉被人拉出去砍头，简也会跟着她去的。"卡桑德拉比她长得漂亮，性格也更为文静，甚至有点忧郁，但她"有个优点，就是能控制自己的脾气，而简呢，她很幸运，生来就有一种不需要加以控制的好脾气"。

许多狂热崇拜简·奥斯汀的人对她的书信感到很失望，觉得从这些书信中似乎看不出有什么高尚情操，她感兴趣的好像只是些日常琐事。这种看法使我甚为惊讶。她的书信是一点也不矫揉造作的。再说，简·奥斯汀大概连做梦也不会想到，她这些写给姐姐的书信，到她死后还要公开发表，她在书信中谈到的当然只是她认为姐姐卡桑德拉会感兴趣的事情，譬如：社交界正流行什么服饰、她买印花薄纱花了多少钱、她结识了哪些新朋友、她遇到了哪些老朋友，以及她听到了怎样的流言蜚语，等等。

近年来出版了不少名作家的书信集，当我读了这些书信后，心里总感到很疑惑。我想，这些名作家在写这些书信时，是否已经想到自己的这些书信总有一天要大批印刷出来，因为他们的书信给我的印象是，完全可以一字不改地在文学杂志的专栏里发表。为了不使最近才去世的名作家的崇拜者难堪，我不想提到他们的名字，但狄更斯已去世多年，对他说几句闲话大概是不至于得罪人的。狄更斯每次外出旅行，总要给他的朋友写长长的书信，洋洋洒洒地描绘他所看到的景色。正如他的传记作者所说的，这些书信用不着动一个字就可以付印。我想，大概在那个时代人们都很有耐心，要是在今天，你收到一封朋友写来的信，信里一味地给你描绘他看到山岭如何如何、他拜谒的纪念碑如何如何,那你一定会大失所望,因为你想知道的是:他有没有遇到有趣的人、参加了什么聚会,托他买的书、领带或者手帕买到了没有,如此等等。

二

简·奥斯汀写的每封信几乎都很风趣,常使人哑然失笑。为了和读者分享这种乐趣,我想摘录几段最具她个人风格的文字,只是篇幅有限,我不能摘录得太多。

独身女子对于受穷有一种可怕的癖好,这是她不赞成婚姻生活的一个强有力的理由。

请想想,霍尔特夫人死了!可怜的女人,这是她在这个世界上能做的唯一的一件不受人攻击的事。

谢勃恩的豪尔夫人昨天生了个死婴。由于受了惊吓,比她预料的早了几个星期。我猜想,这是因为她在无意中瞧了她丈夫一眼。

我们出席了 W. K. 夫人的葬礼。我不知道有没有人喜欢她,所以对那些活人也就漠不关心了。但我现在对她丈夫倒很同情,觉得他最好娶夏普小姐为妻。

我佩服恰普林夫人,她的头发做得好,此外就没什么新感觉了。莱莉小姐和别的矮个子女孩一样,长着大嘴巴、大鼻子,衣服时髦,胸口袒露。斯坦波尔将军倒像个绅士,只是腿短了点,燕尾服长了点。

简·奥斯汀喜欢跳舞,下面是她说到舞会时的一些妙语:

只有十二圈舞,我跳了九圈,还有几圈因为没有舞伴而没跳成。

有人告诉我，有位先生，柴郡的一个军官，一个很漂亮的年轻人，很想经人介绍和我认识；但是他的愿望没有强烈到足以使他采取行动，我们也就无缘相识了。

美女不多，仅有的几个也不漂亮。伊勒蒙格小姐脸色不太好，布伦特夫人是唯一受大家奉承的人。她还是九月份时的老样子，同样是宽脸蛋、钻石头带、白鞋，还有一个同样是穿着时髦、头颈粗壮的丈夫。

查尔斯·勃勒特星期四举行了一次舞会。这自然使他的邻居们大为不安，你知道他们对他的经济状况非常感兴趣，希望他早点破产。他的妻子很愚蠢，又很奢侈，而且脾气坏，这倒是他的邻居们所希望的。

理查德·哈维夫人快要结婚了，但这是大秘密，只有半数的邻居知道，请你千万不要泄密！

霍尔博士一身重孝，一定是他母亲，或者是他妻子，或者是他本人去世了。

简·奥斯汀小姐和母亲一起住在南安普顿时，曾去拜访过一户人家。关于这件事，她在给卡桑德拉的信中是这样说的：

我们发现只有兰斯夫人在家，除了一个大钢琴，不知道她有没有也值得夸耀一番的子女……他们生活很豪华，看来她喜欢富有，而我们让她明白了我们一点也不富有，所以她不久就会觉得和我们交往是不值得的。

奥斯汀家有个女亲戚和某个曼特博士有了私情，致使博士的妻子一怒之下回了娘家，于是人们议论纷纷。对此，简·奥斯汀在信中写道：

由于曼特博士是个牧师，他们的私情不管多么不道德，总有那么一点一本正经的味道。

她有一张利嘴,有着不寻常的幽默感。她自己喜欢笑,也喜欢逗别人笑。一个幽默家想起一件可笑的事,如果你要他把这件事藏在心里不说出来,那是强人所难。爱开玩笑而又要人不觉得刻薄,天知道是件多么不容易的事。天生善良的人往往是不太有趣的。简·奥斯汀敏锐地观察到了人们的荒唐愚蠢、自命不凡、装模作样和虚情假意,但她并不为此感到苦恼,反而觉得有趣,这实在令人钦佩。她虽然由于良好的教养而不忍心公开说出伤人的话来,但在给姐姐的信里取笑一下周围的人,她认为是无伤大雅的。实际上,即使在她最具讽意的言辞中,我也看不出任何恶意;她的幽默是真正的幽默,是以精细的观察和坦率的心态为基础的。

曾有人指出,她一生经历了历史上许多轰轰烈烈的事件,如法国大革命、恐怖时期、拿破仑的兴起和溃败等,但在她的小说里却一点也没有写到。她为此受到责难,有人说她过于超然物外。然而,应该记住,在她那个时代,女人参政是有伤风化的。那是男人的事。那时的女人甚至都不读报纸。由于她没有写到那些事件,就以为她没有受到它们的影响,这毫无根据。她热爱自己的家庭,她的两个哥哥都在海军服役而且经常身处险境;她给他们的书信表明,她对他们一直是魂牵梦萦、日夜惦记着的。至于她在小说中不写那些事件,那不是正好说明她见识不凡吗?她生性谦虚,从未想使自己青史留名。反之,如果她那样想的话,也就不可能这样明智了。她在自己的作品中毫不涉及那些事件,原因就在于,从文学的观点看来,那些事件不过是昙花一现的小事。譬如,关于第二次世界大战的小说过去几年出版了许多,现在却早已无人问津了。它们就像每天发行的报纸一样,只是过眼云烟而已。

奥斯汀·李在《简·奥斯汀传》里有一段话,我们只要稍加想象就能知道,简·奥斯汀在漫长而宁静的岁月里过着怎样一种乡间生活:"一般说来,由仆人去做的事情很少,更多的是由主人或女主人亲自照料。我相信,女主人往往还要亲手配制家酿的酒、用药草制成家用的药和烹煮一些上等的菜肴……夫人们并不轻视纺纱织布,有些夫人还喜欢在早餐或茶点后亲自洗涤碗具。奥斯汀小姐对衣帽、围巾很感兴趣,还擅长针黹刺绣。她喜欢漂亮的年轻男子,有时也和他们调调情。她不仅喜欢跳舞,还喜欢看戏、打牌和其他一些轻松的娱乐。她擅长玩那些需要手指灵活的游戏。譬如,她撒游戏棒撒得比谁都好,而且能十拿九稳地一根根取走。她玩杯球也很出色,听说在乔顿玩这种游戏

时,她能轻而易举地连续接一百个球。所以,毫不奇怪,孩子们都特别喜欢她;他们喜欢和她一起玩,也喜欢听她讲那些永远讲不完的故事。"

虽然没有人会把简·奥斯汀说成女才子(对女才子,她本人也不屑一顾),但她显然是个很有教养的女人。研究简·奥斯汀小说的权威专家杰波明,曾开出一张长长的书单来列举简·奥斯汀读过的书。毫无疑问,她读过芬妮·伯奈、玛丽亚·艾奇沃斯和瑞克里弗夫人①的小说,也读过法国小说和德国小说的英文译本(其中有歌德的《少年维特之烦恼》);其实,只要能从巴斯和南安普顿的流动图书馆借到的书,她都读。她很熟悉莎士比亚的作品。和她同时代的作家中,她读过司各特②和拜伦③的作品,但她最喜爱的诗人好像是柯帕④。这不难理解,因为柯帕那种冷峭、绮丽、睿智的诗风对她特别有吸引力。她还读过约翰逊博士⑤和包斯威尔⑥的著作,读过大量的历史书和为数不少的宗教书籍。

三

当然,最重要的还是她自己写的书,这就是我下面要谈的。她年纪很小就开始写作,后来在她临终前,她曾托人从温彻斯特带过口信给她的一个喜欢写作的侄女,意思是说:如果她愿意接受她的忠告,那么她最好到十六岁之后再搞创作,因为她一直觉得,在这之前(十二到十六岁之间)应该多读,少写。当时,女人舞文弄墨是被认为不合体统的,路易斯修士⑦就曾说过:"我厌恶、可怜和蔑视一切女文人。她们手里应该拿着针,而不是笔,只有针才是她们运用自如的工具。"

小说在当时还是一种受人轻视的文学样式,简·奥斯汀本人就曾对作为诗人的司各特爵士表示过惊讶,因为他竟然会热衷于写小说。她自己呢,总是小心翼翼地不让仆人、客人以及除家里人之外的任何人知道她在写小说。为了不让人发现,她用很小的纸片,因为小纸片可以一下子藏起来,或者快速用一张

---

① 芬妮·伯奈、玛丽亚·艾奇沃斯和瑞克里弗夫人:均为19世纪初英国著名女作家。
② 司各特:19世纪初英国诗人、历史小说家。
③ 拜伦:19世纪初英国浪漫主义诗人。
④ 柯帕:18世纪英国诗人。
⑤ 约翰逊博士:18世纪英国文豪,曾编撰第一部英文词典。
⑥ 包斯威尔:约翰逊博士的好友,传记作家,著有《约翰逊博士传》等。
⑦ 路易斯·德·莱昂修士:16世纪西班牙宗教诗人。

吸墨纸盖住。在她的房门和仆人住的下房之间有一扇门，一推就会嘎嘎作响；但她一直没有让人把它修好，因为她觉得门会发出声响对她有用：当她躲在屋里写小说时，只要有人一推门，她便会知道，这样她就有时间把稿子迅速藏起来。她哥哥詹姆斯看到儿子正在津津有味地读一本书，甚至都不好意思告诉他，他手里的书是他姑妈简写的。另一个哥哥亨利，则在回忆录里这样写道："要是她还在世，不管会给她带来多大的名声，她也不会把自己的名字署在作品上。"正因为这样，她发表第一部小说《理智与情感》时，扉页上仅署名为"一位女士"。

其实，《理智与情感》并不是她最初写的小说。最初的一部小说名为《第一次印象》。为这部小说，她哥哥乔治·奥斯汀曾代她写信给一个出版商，希望以自费或者其他方式出版"一部和芬妮·伯奈小姐的《伊沃林娜》篇幅相近的小说，总共三卷"，但被出版商拒绝了。《第一次印象》是她在一七九六年冬天开始写的，到一七九七年八月完成；一般认为，这部小说其实就是十六年之后改名出版的《傲慢与偏见》。其后，她接连写了《理智与情感》和《诺桑觉寺》。这两部小说运气不佳，虽然五年后有个叫理查德·克劳斯贝的人以十英镑的价钱买下了后一部小说（当时书名为《苏珊》），但他并没有拿去出版，最后又以同样的价钱卖掉了。由于简·奥斯汀从不署真名，所以这位先生始终不知道自己以如此低廉的价钱卖掉的手稿，就是后来名声大噪的《傲慢与偏见》的作者写的。

一七九八年完成《诺桑觉寺》后直至一八〇九年，这期间简·奥斯汀似乎辍笔不写了，仅写了一部名为《沃森一家》的小说的部分章节。一个才华横溢的作家，辍笔时间如此之长，当然要引起人们的多方猜测。有人猜测她是由于坠入情网而无暇顾及写作了，不过这也仅仅是猜测而已。一七九八年她二十三岁，正值青春妙龄，很可能不止一次坠入情网。她是个很奇特的女人，很可能一次次地恋爱，结果也可能一次次地不欢而散，但却从来不会使她有精神上的阴影。所以，她为什么长时间辍笔不写的最可靠的解释是，由于她的小说找不到哪个出版商愿意出版，她灰心丧气了。她只好把自己的小说朗诵给亲朋好友听。虽然他们听得心醉神迷，但她颇有自知之明，而且很可能自己得出过这样的结论：她的小说只在那些喜欢她的熟人眼里才有魅力，因为他们一眼就能看出，小说中的哪个人物就是她身边的哪个人。

四

总之,在一八〇九年她和母亲及姐姐一起定居于宁静的乔顿小镇之后,她就开始修改原先写的旧手稿。一八一一年,《理智与情感》终于出版。那时,女人写作似乎一下子变成了天经地义之事。当时的情况,斯贝琼教授曾在皇家文学协会的一次讲演中说到过,他以艾丽莎·费恩①的《印度来信》为例,说在一七八二年,有人曾要艾丽莎·费恩发表她的书信,但当时公众舆论还很厌恶"女士写作",她没敢答应;然而,到了一八一六年,连艾丽莎·费恩自己都说:"从那时起,公众舆论发生了很大变化。现在,我们已经有了许多敢为女性争光的女作家;不仅如此,还有更多谦逊纯朴的女子,她们不用害怕,可以大胆把自己的小船划入大海,可以大胆写书——不管是教育类的书,还是娱乐类的书,都可以。"

一八一三年,《傲慢与偏见》出版,简·奥斯汀以一百十英镑的价格出让了版权。

除上述三部小说,她还写有另外三部,即《曼斯菲尔德庄园》《爱玛》和《劝导》。她就凭这几部小说,为自己赢得了极大的声誉。她的小说总要等很长时间才能找到出版商,但是一旦出版,又立刻受到读者称赞。后来,连一些最有名望的人也开始赞扬她了。我在此不妨引用司各特爵士②的一段话,从中可看出他对她多么推崇:"这位年轻的小姐在描写人们的日常生活、内心感情和许多错综复杂的琐事方面确实很有才能,这种才能极其可贵,是我从未见到过的。虽说我也能像一般人那样写些平平常常的文章,但是要用这样细腻的笔触,把这样平凡无奇的事情和人物,写得这样惟妙惟肖,我实在很难做到。"奇怪的是,司各特竟然忘了提到这位小姐最宝贵的才能——幽默。她虽然具有敏锐观察力和丰富的情感,但最为重要的是她的幽默,因为是幽默,使她的观察力既敏锐又准确,使她的情感既丰富又感人。不过,她的生活经历终究有限,所以她的每一部作品,故事都大同小异,人物都一成不变,只是换个角度讲同样的故事,写同样的人物。她对此也有自知之明,比谁都清楚自己的弱点

---

① 艾丽莎·费恩:英国贵族夫人,长期旅居海外,其书信出版后被视为文学作品。
② 司各特爵士:即瓦尔特·司各特,和简·奥斯汀同时代的英国诗人、小说家。

所在。既然她的生活仅限于外省社会的一个小圈子,她也就仅以此为题材,从不另有所求。她只写自己能看到、能听到的事情。譬如,有不少读者已经注意到,她从来不写两个男人或几个男人在一起交谈,因为这样的交谈从根本上说是她不可能听到的。

在思想观念方面,她和她周围的人没有多大区别,这从她的小说和书信中都可以看出。她和他们一样,满足于当时的社会现状。她也毫不怀疑社会等级的重要性,认为有贫富差异是很自然的;只有绅士的儿子可以去当牧师或者继承一大笔遗产;年轻人可以靠有权势的亲戚去担任公职并得到提拔;女孩子长大了就应该出嫁,这是女人的本分;结婚当然是出于爱情,但也要考虑双方的经济状况是否令人满意。所有这些,都是理所当然的,没有迹象表明她对此有任何反感。她的家庭只跟牧师和乡绅有交往,她的小说也就从来不写其他阶层的生活。

五

在简·奥斯汀的小说中,很难断定哪一部最好,因为它们都是上乘之作,而且每一部都有忠实的、甚至狂热的崇拜者。麦考莱[①]认为《曼斯菲尔德庄园》是她的峰巅之作;另一些同样著名的评论家则更喜欢《爱玛》;狄斯累利[②]把《傲慢与偏见》读了十七遍;现在又有许多人说《劝导》是她最成熟的作品。但我却相信,普通读者大多把《傲慢与偏见》看作她的杰作是很有见地的。因为一部作品能不能成为经典杰作,关键不在于评论家是否一致称颂,也不在于教授们是否给分析讲解和悉心研究,而在于历代读者是否从中获得了乐趣和教益。

就我个人看来,《傲慢与偏见》应该说是她所有小说中最令人满意的。我不喜欢《爱玛》中的女主人公,因为她太势利,对社会地位比她低下的人,总摆出一副屈尊俯就的样子,而对佛朗科·邱切尔和简·凡凡可斯的风流韵事,我也不觉得特别有趣。在简·奥斯汀的所有小说中,唯一使我觉得沉闷的,就是这部作品。《曼斯菲尔德庄园》中的男女主人公爱迪芒特和范妮像两个道学家,很难叫人喜欢,反而倒是不拘小节的亨利和玛丽·克劳福德,我很同情他们。《劝导》有一种罕见的吸引力,如果没有柯伯在兰姆雷吉斯的那件事,我

---

① 麦考莱:19 世纪英国历史学家、作家、评论家。
② 狄斯累利:19 世纪英国政治家、作家,曾两度出任英国首相。

会把它看作是一部最完美的作品。简·奥斯汀在虚构不寻常事件方面确实没有多大天分。在我看来，下面这件事就有弄巧成拙之嫌：露易莎奔上几级陡峭的阶梯，"往下一跳"，扑向爱慕她的温迪华斯上尉，但他没有接住她，使她一头撞到地上，昏了过去。其实，只要他伸出手去接她，就像他平时帮她"跳下"篱笆旁的阶梯那样，她是绝不可能一头撞到地上的，因为她跳下来的地方离地面还不到六英尺①。她可能会撞在高大健壮的温迪华斯上尉身上，可能会吓得半死，但绝不会受伤。不管怎样，她昏过去了，接着便是一片忙乱。对此的描写也不可信：人人心慌意乱，连身经百战、屡获勋章的温迪华斯上尉也吓得手足无措。接下来，所有人的行为举止都很荒唐，简直使我难以相信，对亲朋好友的疾病和死亡都能安之若素的简·奥斯汀小姐，怎么会在小说中写出了这么一种笑话百出的慌乱景象。

　　学识渊博、文风诙谐的评论家加洛特教授曾说，简·奥斯汀没有讲故事的才能；但他又解释说，他说的"故事"是指一连串富有浪漫色彩的情节，或者一连串不寻常的事情。确实，简·奥斯汀不具备这种才能，也不想在这方面努力。她有敏锐的观察力和生动的幽默感，无须求助于想象力；她感兴趣的不是不寻常的事件，而是寻常的生活。她只要凭借自己的观察力、幽默感和巧言妙语，就足以使最寻常的生活也变得不寻常。至于故事，其实大多数人认为是指对一件事情连贯而清晰的表述，其中有开始、有发展、有结局。这样的话，《傲慢与偏见》就有一个完整的故事：一开始，来了两位年轻人；接着，事情有了发展，他们分别爱上了伊丽莎白和她的姐姐；最后的结局是，他们都喜结良缘。这种传统的大团圆结局使有些深谙世故的人嗤之以鼻。确实，大多数乃至绝大多数婚姻，是并不怎么幸福的。再说，结婚也不是人生的结局，只是进入另一个人生阶段罢了。有些小说家甚至以结婚作为小说的开始，一直讲述到它的结局。当然，他们有权这么做。但我却觉得，普通读者认可男女主人公喜结良缘的结局，还是有一定道理的。他们之所以认可，我认为是因为他们内心本能地觉得结婚表示男人和女人完成了生物学上的一项使命；所以，当他们听人讲述一对男女如何相爱、如何一波三折、最后又如何海誓山盟、永不分离时，自然就觉得很有趣。对大自然来说，一对男女结婚是长长的生物链中的重

---

① 六英尺约1.8米。

要一环，而其重要性就在于它能衍生出另一环。这就是小说家为什么往往要以男女主人公喜结良缘作为小说结局的理由。在简·奥斯汀的这部小说中，新郎最后得到一大笔地产收入，并把新娘带到一所漂亮的住宅，那里有花园，还有精美华贵的家具。这样的结局，普通读者是非常满意的。

我认为，《傲慢与偏见》的情节结构也很精巧，前后情节的衔接极为自然，没有任何会使读者感到迷惑不解的地方。也许，有人会觉得奇怪，为什么伊丽莎白和简这么有教养，这么彬彬有礼，而她们的母亲和三个妹妹竟会如此平庸。这确实有点唐突，但这种安排对简·奥斯汀小姐要叙述的故事来说又是必不可少的。我心里想，她为什么不把伊丽莎白和吉英写成是班纳特先生前妻的女儿，小说中的班纳特夫人只是他的续弦，也就是三个小女儿的母亲，这样一来，问题不就避开了吗？

在简·奥斯汀的所有女主人公中间，她自己最喜欢的就是伊丽莎白。她曾写道："我必须承认，我把她看作是在我的小说中出现的最令人愉快的人物。"按某些人的看法，伊丽莎白的原型就是简·奥斯汀本人——她确实把自己的欢乐、勇气、机敏和见识都赋予了伊丽莎白这个人物——也许，还可以进一步推测：在她描绘温柔、善良、美丽的简·班纳特时，她心里想到的很可能就是她的姐姐卡桑德拉。一般人总把小说中的达西看作无耻之徒。他的第一个过错就是在舞会上拒绝和不相识的、也不想结识的人跳舞。但这并不是什么大错。确实，他在向伊丽莎白求婚时表现出一种不可饶恕的傲慢态度，但他对自己的出身、财产的自豪是他性格的主要特征，缺了它就没有什么可讲了。再说，他的这种求婚态度也给了简·奥斯汀一个机会，借此可以展现最精彩的戏剧性场面。我想，如果简·奥斯汀是在有了一定写作经验的情况下写这部小说的话，那她或许会把达西的态度表现得更恰如其分一点，也就是把他写得足以引起伊丽莎白的反感，而不至于非要让他说出那些使人难以置信的话来。对卡特琳夫人和柯林斯先生的描写可能也略嫌夸张，但我觉得稍有喜剧因素是完全可以的。喜剧因素可以使生活显得更加绚丽多彩，也更加冷峭严峻。就是在小说中使用一点笑剧式的夸张手法也无伤大雅，因为有分寸地搀点笑料，就像在草莓上撒些白糖，可以使故事中的喜剧味变得更加浓郁。不过，谈到卡特琳夫人，有一点倒是要记住的，那就是在简·奥斯汀时代，当一个人和地位比自己低的人在一起时，他或者她总会表现出一种优越感来的；对此，地位低的人也不会

心怀不满。如果说，卡特琳夫人把伊丽莎白看作是出身低微的年轻姑娘而在她面前有点趾高气扬的话，那么请不要忘记，伊丽莎白自己对她姨母菲利普夫人的态度也好不了多少，原因也就是她只是个地位不高的律师的妻子。在我年轻时，那时虽然已经和简·奥斯汀所写的那个时代相隔一百年，我还是能经常看到一些贵妇人。她们那种自高自大的样子尽管不再像过去那样荒唐可笑，但和卡特琳夫人也不相上下。至于像柯林斯先生这种集拍马奉承和傲慢无礼于一身的人，即使在今天，又有谁没见过？

没有人把简·奥斯汀看成是伟大的文体家。她的用词很奇特，而且经常不顾语法，但是她的听觉肯定很灵敏①。从她的句子结构中，我觉得可以看出约翰逊博士的影响。她喜欢使用来自拉丁文的英语词汇②，而不常用普通英语词汇，喜欢用抽象的而不是具体的词汇。这使她的措辞稍稍带上一点悦目惬意的庄重感；确实，也常常给她诙谐的语言增添了分量，使她本来辛辣尖刻的语言中又有了一种一本正经的味道。她的对话写得非常自然。写对话并不是把人物要说的话原封不动地记录在纸上，而是要加以组织整理的，否则就会使人觉得沉闷。在她的小说中，有许多对话简直就像现在的书面语，今天读来显得矫揉造作，但是在十八世纪末，年轻小姐确实就是那样说话的。譬如，吉英在谈到她情人的几个妹妹时说："对于我和他的关系，她们当然不会表示赞成，对此我并不觉得奇怪，因为他完全可以选择一个多方面比我强的人。"我相信，她就是这样说的，但我也得承认，听她这样说话真有点吃力。

至此，我还没有谈到这本书的一个最大的优点，那就是它有很强的可读性——比一些更杰出、更著名的小说更有可读性。正如司各特所说，奥斯汀小姐描写的是人们的日常生活、内心感情和许多错综复杂的琐事；虽然小说中并没有发生什么了不起的事情，但是每当你读完一页后，总会情不自禁地翻过去，迫切地想知道下文如何；而那里仍然没有什么大事，于是你又迫不及待地翻动书页。能叫你这样做的小说家是最有才能的小说家。我时常想，这样的才能是从哪儿来的呢？为什么你把这部小说读了一遍又一遍，却依然像第一次读它时一样兴味盎然？我想，原因就在于，简·奥斯汀不仅对她的人物及其命运深感兴趣，而且对发生在他们身上的一切都深信不疑。

---

① 意即简·奥斯汀写出的句子很有韵味，朗朗上口。
② 拉丁词根的英语词大多用于书面语，比较庄重。

第三章　司汤达与《红与黑》①

一

我想，要在有限的篇幅里恰当而清晰地讲述亨利·贝尔（他以笔名"司汤达"而出名）的一生，是不可能的。要讲述他的一生，需要写一本书，而且为了使人理解，还必须深入探究他那个时代的社会和政治状况。好在这样的书已经有人写了。如果《红与黑》的读者对司汤达本人感兴趣，而且想要知道比我在这有限的篇幅里所能说的更多的情况，那他最好去读一下马修·约瑟夫森②先生

---

① 《红与黑》（*Le Rouge et le Noir*），19世纪法国作家司汤达（Stendhal，笔名，本名 Henri Beyle，亨利·贝尔，1783—1842）所著长篇小说。小说主题是：等级社会既孕育了下层青年的野心，又亲手予以扼杀。主要情节是：于连是个出身贫寒、相貌英俊、工于心计的年轻人，一心想往上爬，进入上流社会。他跟随村里的神父学会了拉丁文，经人介绍，到小城维立叶尔市的德·瑞纳市长家里当家庭教师。在教三个孩子期间，于连见他们的母亲德·瑞纳夫人年纪尚轻，便勾引她，想通过她让她丈夫提携他。德·瑞纳夫人见于连年轻英俊、文质彬彬，也动了心，爱上了这个年轻人。但他们的暧昧关系很快被人察觉，有人给德·瑞纳市长写了揭发信。德·瑞纳市长碍于夫人将要继承娘家的一大笔遗产，不想离婚，只是把于连逐出了维立叶尔市。于连离开维立叶尔市后，设法进入了古城贝尚松一座神学院，因为他知道，单靠拉丁文还不足以使他接近上流社会。他在神学院苦读了几年之后，又经人介绍，到巴黎的德·莫勒侯爵家里当秘书。德·莫勒侯爵的女儿玛蒂尔德年轻美貌、清高傲慢，然而工于心计的于连还是让玛蒂尔德爱上了他。这样，他很容易就让玛蒂尔德到她父亲那里去为他美言。结果，在女儿要求下，德·莫勒侯爵任命于连为骠骑兵中尉，还设法为他取得了贵族称号。然而，当于连正要和玛蒂尔德结婚时，德·莫勒侯爵收到一封匿名信，揭露于连在德·瑞纳市长家里的行径。信是德·瑞纳夫人听到于连要结婚的风声后写的。于连得知此事，知道一切都完了，一怒之下去找德·瑞纳夫人，并拔枪打伤了德·瑞纳夫人。于是，他被捕。在法庭审判他时，他为自己辩护，称一切都源于出身下层的年轻人没有正当出路。然而，法庭仍以谋杀罪判处他死刑。德·瑞纳夫人得知他被判死刑，很内疚，前来探监，但两人见面，其实也无话可说。最后，于连被斩首。此时，玛蒂尔德仍爱着他。她买通行刑人，得到他的头颅，并隆重地安葬。德·瑞纳夫人则在三天后，因悲伤过度而离开了人世。

② 马修·约瑟夫森：美国学者，以研究19世纪法国文学和20世纪美国经济史著称。

最近出版的那本材料翔实、文笔生动的传记，它的书名是《司汤达：对幸福的追求》。既然如此，我在这里只需稍微介绍一点司汤达的生平就可以了。

　　司汤达于一七八三年出生在格勒诺布尔①，父亲是一个颇有地位也颇有钱财的经纪人，母亲是当地一位名医的女儿；不过，司汤达七岁时，她就死了。一七八九年，法国大革命爆发。一七九二年，路易十六和玛丽·安托内万特②被送上断头台。司汤达曾详细描述过自己的童年和少年生活，对此我们有必要予以了解，因为就在那一时期，他形成了某些影响他一生的偏见。在他所爱的母亲——用他自己的话说，他是怀着情人般的爱去爱她的——去世后，他就由父亲和姨妈照管。他的父亲是个严肃而拘谨的人；姨妈则既严厉又虔诚。他很讨厌他们。他们属于中产阶级，却一心想成为贵族，后来大革命使他们的希望落空。司汤达说他的童年很不幸，但从他自己描述的情形来看，好像并没有多少事情值得抱怨。他聪明、好辩，是个很难管教的孩子。在格勒诺布尔实行恐怖统治③时，他父亲被列入可疑分子名单，他自己把这归咎于一个叫亚马的律师，因为他想抢走他的主顾。"但是，"他聪明伶俐的儿子却说，"就算是亚马使你列入了反对共和国的可疑分子名单，可你确实是反对共和国的。"这当然是实话，但是一个有掉脑袋危险的中年人从自己的独生儿子嘴里听到这样的话，肯定是不会高兴的。司汤达说他父亲是个叫人厌恶的小气鬼，然而当他需要的时候，却似乎又总能从父亲手里弄到钱。父亲禁止他读某些书，但他总是有办法读到。这大概是从世上有了书籍以后，许许多多孩子都曾遇到过的事情。他还抱怨父亲不允许他和其他孩子一起玩，但是他有两个姐姐，还有和他一起听课的其他男孩（他们都是一个耶稣会教师的学生），想来也不会像他所说的那样孤独。事实上，他的童年生活和当时许多富有的中产阶级家庭的孩子并没有什么两样。像所有的孩子一样，他把一般的家庭约束看作是专制，只要有人逼他去读书，只要有人不允许他想做什么就做什么，他就认为自己受到了不寻常的虐待。

　　虽然他的童年和大多数孩子一样，但有一点他和大多数孩子不一样，那就是大多数孩子长大后会忘记自己曾受到的管教，司汤达却直到五十三岁还对此

---

① 格勒诺布尔：法国东南部城市，伊泽尔省首府。
② 路易十六和玛丽·安托内万特：当时的法国国王和王后。
③ 法国大革命爆发后，掌权的共和党人用铁腕手段镇压保皇党人，被称为"恐怖统治"。

耿耿于怀。因为憎恨那个耶稣会教师,他成了一个激烈的反教权主义者,到死都不相信教会中会有一个人是真诚的。因为他父亲和姨妈都是保皇派,他就热烈地拥护共和派。但是,在他十一岁时,他有一天从家里溜出去参加一个革命者的集会,却意外地受到了震动。他发现无产者不仅衣衫褴褛、浑身臭气,而且粗俗不堪、满嘴脏话。"总之,我那时就像我现在一样,"他后来写道,"热爱民众,憎恶压迫他们的人,但是如果要我和民众生活在一起,那我觉得简直是一种不堪忍受的折磨……我过去——现在也依然——有许多贵族倾向;为了民众的幸福,我可以做任何事情,但我得承认,我宁愿每月在监狱里蹲两个星期,也不愿去和那些小店主一起生活。"司汤达的这些话很有意思,很容易使人联想到那种经常出现在豪华客厅里的、脸色红润的年轻叛逆者。

　　司汤达十六岁时才首次去巴黎。在那里,他父亲把他介绍给一个亲戚——达鲁先生,他有两个儿子在国防部任职。长子彼埃尔主管一个司,他不久就让他的表弟司汤达担任他的秘书。拿破仑发动第二次意大利战争时,达鲁兄弟便跟随他去了意大利。司汤达很快也到了米兰和他们会合。他在秘书处干了几个月后,彼埃尔要派他到一个龙骑兵团里去。可是,他喜欢米兰的快乐生活,不想到那个团里去。他趁彼埃尔不在米兰时,就去巴结一个叫米歇尔的将军,并当上了他的副官。彼埃尔回来后,下命令要他到那个团里去,但他找各种各样借口拖延了六个月,后来当他不得不动身时,发现自己实在厌恶到那里去,就干脆以身体有病为借口,放弃了那个职位。他其实连战场也没上过,但这并不妨碍他后来在各种场合吹嘘自己在战场上如何勇敢。一八〇四年,他为了得到某个职位,还真的写了一份证明书(由米歇尔将军签字),证明他在历次战斗中曾立下过许多赫赫战功。

二

　　他回到巴黎,靠父亲提供的一小笔只够日常开销的津贴维持生活。他想达到两个目标,其一是要成为出色的诗剧作家。为此他大量研读剧本,还几乎每天都去剧院看戏,并在日记里记下自己的观感。人们后来发现,他在日记里反复谈到的是如何把他看过的戏改写成他自己的剧本。看来,他既缺乏构思剧情的才能,也肯定不是诗人。他的另一个目标是要成为伟大的情人,但在这方面，老天爷并没有给他很好的条件；他身材矮胖，其貌不扬，上身圆鼓鼓的，两腿粗而短，一颗大脑袋上长着一头黑发；嘴唇不厚，鼻子却过于肥大；不过，他的一双褐色眼睛炯炯有神，手和脚也不大，尤其是皮肤，像女人一样细嫩。为了显得有风度，他经常带着一把佩剑，摆出一副神气的样子，其实他是很怕羞的。经他的表兄马歇尔·达鲁——即彼埃尔·达鲁的弟弟——介绍，他得以经常出入一些贵妇人的沙龙。这些贵妇人的丈夫都是趁大革命之机发了财的暴发户。可惜的是，他说话结结巴巴，很不善于交际。他虽然能想出不少妙语，却没有勇气说出来。这使他往往显得很尴尬，而他对自己的外省口音又觉得很恼火。也许就是为了矫正口音，他进了一所戏剧学校。在那里，他认识了一个叫美拉妮·居利贝尔的女演员。这个女演员比他大两三岁，但他经过一段时间的考虑，还是和她相爱了。之所以要考虑一段时间，一方面是因为他吃不准她是否真的爱他，另一方面是因为他怀疑她有花柳病。打消了这两方面的顾虑后，他和她一起去了马赛。她到那儿去是为了履行一份演出合同，而在这几个月的时间里，他就在一家杂货批发铺里做临时工。但是，他最后发现，她无论在气质上还是在智力上都不是他想要的那种女人，所以当她后来因为缺钱而不得不返回巴黎时，他求之不得地放她走了。

　　我没有篇幅来详谈他的多次恋爱事件，只能说两三件事，以期有助于你了解他的性格。他是有情欲的，但并不强烈；实际上，在他后期写给一个情妇的那些相当色情的信被发现之前，人们还一直怀疑他是性冷漠的人。他的情欲是很理智的，也就是说，他寻找女人多半是为了满足虚荣心，而非完全出于性的需要。他虽然喜欢高谈阔论，但没有迹象表明他善于向女人献殷勤。他自己就曾坦率地承认，他的大多数恋爱是不幸的。原因很简单：他太优柔寡断。为此，他在意大利时还请教过一个同僚，问他怎样才能赢得女人的欢心，并一本正经地记下了他的忠告。他刻板地去讨女人的欢心，就像他当初写剧本一样按部就班，而当她们觉得他滑稽可笑时，他感到十分沮丧。他总是弄不明白，为什么她们老是认为他没有诚意。确实，他尽管聪明过人，却偏偏不知道女人只能理解感情的语言，任何理智的语言都会使她们退避三舍。他错误地以为，要赢得女人的欢心就要有策略和计谋，殊不知那只能靠感情才能赢得。

　　和美拉妮·居利贝尔分手后又过了几个月，司汤达也回到了巴黎。他靠表兄彼埃尔·达鲁的关系在军粮部谋到一个职位，并被派往布伦斯威克。这时他已放弃成为杰出诗剧作家的理想，决定开始仕途生涯。他以帝国的贵族和荣誉军团的骑士自居，一心想当上薪俸优厚的省长。他虽然热烈拥护共和派，还把拿破仑称帝看作是对自由法兰西的践踏，却又写信给父亲，要他为自己买一个爵衔。他还在自己的姓氏前面加上贵族专用的"德"，自称"亨利·德·贝尔"。他是个有头脑、有能力的官员；一八一〇年他得到提升，奉命回巴黎在残废军人部任职。他获得两匹马和一辆双轮轻便马车，还有一个车夫和一个男仆。他随即找了歌剧院合唱队的一个女演员和他同居，但他并不满足；他觉得还应该有一个能真正为他所爱的情妇，一个有显赫身份因而会给他增添荣誉的情妇。他认定彼埃尔·达鲁的妻子亚历珊德拉·达鲁是最合适的人选，因为彼埃尔·达鲁现在已是伯爵，他的妻子就是伯爵夫人；再说，尽管她已有四个孩子，却比丈夫年轻许多，依然美貌动人。没有迹象表明他当时考虑过表兄达鲁对他的友善和长期的照顾，也没有迹象表明他考虑过勾引表兄的妻子是既不策略又不体面的，因为他只考虑自己的发迹和荣耀。他从来就没有想过，世上还有感恩这样一种美德。

于是，他拿出他在爱情方面的全套谋略发动进攻。但是，他那倒霉的犹豫不决的性格始终妨碍着他。他时而活跃，时而忧伤，时而轻佻，时而冷静，时而激昂，时而淡漠；但无论怎样，似乎都无济于事，他不知道女主人到底爱不爱他。他甚至怀疑她在背后嘲笑他忸怩作态，为此他觉得很羞辱。最后，他找了一个老朋友诉说自己的苦恼，并请教他有何良策。他们一起商量这件事。由他的朋友提问，他回答，然后他的朋友把问答内容都记下来。下面的一问一答是马修·约瑟夫森写《司汤达：对幸福的追求》一书时引用过的："勾引B太太（他们用"B太太"来称呼达鲁夫人）有什么好处？……好处如下：勾引者的欲望将能得到发泄；他还能从中获利；他能进一步从事对人类情感的研究；他将满足自身的荣誉感。"司汤达还在那份问答记录上加了一条注释："最好的建议：进攻！进攻！进攻！"

这是个好主意，但是如果没法克服自己的羞怯心理，那也是很难行之有效的。几个星期后，他应邀去柏希维勒村达鲁的乡间庄园做客。临行前一天，他彻夜未眠。第二天一早，他下定决心要实施最后的进攻计划。他穿上一条最好的条纹裤去了。达鲁夫人对他的裤子称赞了一番。他们两人在花园里散步，后面跟着达鲁夫人的一个朋友以及她的母亲和孩子们，大约离他们有二十米远。

他们来回散着步。他浑身紧张，就是下不了决心。最后，他暗暗选定前面的一个地方，并把它称作A，把自己正站着的地方称作B，心里发誓，要是他们走到A的时候他还没有说出来，他就要自杀。他终于说了，一边说一边还抓住她的手臂想亲吻她的手。他对她说，他爱她已爱了整整十八个月，只是尽了最大努力没有说出来，甚至想从此不再见她，但实在忍受不了这爱的痛苦。对此，她却回答说——当然态度很友善——她对他的感情仅限于友谊，没有更进一步的感情，再说她不想对丈夫不忠。说完，她就转身招呼后面那些人来和他们一起散步。就这样，他的"柏希维勒战役"以失败而告终。他的感情深受伤害，但受伤害更深的却是他的虚荣心。

两个月后，依然沉浸在痛苦中的司汤达申请去米兰度假。他当初第一次去意大利时就特别喜欢米兰这座城市，因为在十年前，他在那儿迷上过一个叫吉娜·皮特拉鲁阿的女人，他的一个同僚的情妇。但那时他是个钱袋空空的副官，她几乎没有注意到他。他想，这次到米兰一定要去拜访她。她的父亲是开店铺的，她年纪很轻时父亲就把她嫁给了一个小公务员。现在她已三十四岁，儿子也有十六岁。他见到了她，发现她依然是一个"高大而美丽的女人，眼睛、表情、眉毛和鼻子依然显露出一种高雅的气质。我觉得她（他补充说）比以前更聪明，更高贵，只是那种娇艳十足的风姿不见了"。她的丈夫薪水微薄，但她却在米兰有一套房子，在乡间有一幢别墅，有仆人，在斯卡拉剧院订有包厢，还有一辆四轮马车。她确实是够聪明的。

司汤达心里明白，自己长得不好看，于是就决定用时髦而漂亮的服饰来加以弥补。他本来就是胖鼓鼓的，现在由于生活优裕，变得更加肥胖了；但他口袋里有钱，有漂亮的服饰支撑着他。他觉得，他现在已不再是个穷巴巴的龙骑兵了，要把那高贵的夫人弄到手，理应是有把握的。他于是决定在米兰逗留期间要让她成为他的情妇，但是她却不像他预料的那样顺从。他不得不大费一番周折，直到他将离开米兰去罗马之际，她才同意让他在一天的上午到她家里去。可以想象，他那天是怎样苦苦求爱的，而就在那天的日记里，他写道："九月二十一日十一点半，我终于赢得盼望已久的胜利。"他还把那天的日期写在她的吊袜带上。和他当初向达鲁夫人求爱时一样，他那天也穿着条纹裤。

一八一二年，司汤达费了很大工夫才说服达鲁伯爵，把他从巴黎的那个闲职上调离，并给了他军粮部的现役军职。他随拿破仑的大军一起参加了远征俄国的灾难性战争。在从莫斯科撤退途中，他表现得很沉着，很能干，也很勇敢。一八一四年，拿破仑退位，他的仕途生涯也就到此结束。据他自己说，他当时拒绝了好几个重要职务，说他宁愿流放也不愿为波旁王朝①效劳；但事实并非如此，他不仅宣誓效忠波旁王朝，还千方百计想到政府机构任职。只是这些努力没有成功，他才不得不去了米兰。他仍然有足够的钱住一套舒适的公寓，随意去歌剧院看看歌剧；但是他已失去以前的官位、声望和大笔大笔的钱。吉娜对他冷淡了。她对他说，她丈夫得知他又到了米兰之后一直妒性大发，她的其他爱慕者也都对她疑心重重。她请求他，为了她的名誉，离开米兰。他清楚地知道，她是想和他分手，但是她越是想分手，他却越是热情高涨。为了重新得到她的爱，他终于想出了一个办法：他筹集了三千法郎，并把这笔钱给了她。她这才同意和他一起去威尼斯，不过要她的母亲、儿子以及一个中年银行职员和他们同行。在威尼斯，她还坚持要司汤达住到另一家旅馆里去，说是要顾全一点面子。使他更为恼火的是，尽管他一再表示讨厌，那个银行职员却老是跟着他们。他真是不明白，那家伙有什么权利跟着他们。下面的话摘自他当时的日记，是用英语写的："她摆出一副样子，好像她到威尼斯来是给了我天大的面子。我真是愚蠢透了，用三千法郎来做这样的旅行。"但是十天以后，他却写道："我得到了她……不过她还和我谈到了经济上的安排。那是在昨天上午，绝不可能是错觉。政治把我的性欲都搞光了，我的精液一定都被抽到脑子里去了。"

一八一五年六月十六日，拿破仑在滑铁卢战败。这年秋天，司汤达和吉娜一行回到米兰。司汤达住在偏僻的郊区，这是吉娜的安排。他若想和她幽会，就得在深夜里换几次马车，在无人跟踪的情况下到她的住所，然后由一个侍女把他带进她的房间。但是不久之后，那个侍女可能是和女主人吵了架，也可能是被司汤达收买了，反正她向司汤达说出了事实真相，使司汤达大为恼怒。原来吉娜的丈夫根本没有妒忌，吉娜之所以要搞得那么神秘兮兮，只是为了防止司汤达遇到她的其他情人，说得准确一点，是遇到她的情人中的某一个，因为她有许多情人。那个侍女还让司汤达自己去证实她说的是真话；她第二天就把他藏在紧挨着吉娜房间的一个壁橱里。就在那里，他"透过一个钥匙孔，亲眼

---

① 拿破仑退位后，被推翻的波旁王朝复辟，大革命暂告失败。

看见了她的背叛行为,就在距离只有三英尺的地方"。"你是不是以为,"司汤达后来说,"我会冲出壁橱,用匕首捅死那对男女?不,没有这回事……我只是像我进去时一样悄悄地溜出了壁橱,只想到这样的历险实在可笑。我嘲笑自己,鄙视那位夫人,同时为我能重新获得自由而觉得欣慰。"

三

一八二一年,司汤达由于和一些意大利爱国者①有联系而被奥匈帝国的警察当局逐出米兰。他到了巴黎,而且在以后的九年间大部分时间都住在那里。在这期间,他又有过一两次乏味的恋爱。他时常在一些清谈家的沙龙里消磨时光。他不再笨嘴笨舌,而是变得既机敏又刻薄,特别喜欢和八个或者十个人一起高谈阔论。他像许多健谈者一样,喜欢垄断谈话,喜欢自说自话,对意见不合的人,就毫不掩饰表示轻蔑。为了出语惊人,他多少有点放肆,常会说些淫秽和亵渎的话。有些不喜欢他的人说,他为了取悦和刺激听他说话的人,还常常滥用幽默。接着便发生了一八三〇年革命②,查理十世流亡国外,路易·菲利普登上王位。这时,司汤达已经把父亲留给他的那点微薄的财产差不多全花光了,于是他又恢复了原先的志向,要当一个伟大的作家。然而,他在文学上作出的努力既没有给他带来钱财,也没有给他带来名声。他的《论爱情》一书于一八二二年出版,十一年里只卖掉十七本。他曾想到政府部门谋个职位,但没有如愿。后来,随着政治形势的变化,他获得了到意大利的里雅斯特当领事的机会;但是由于他同情自由派,奥匈帝国拒绝他为领事。于是,他又被转派到教皇治下的奇维塔韦基亚城当领事。

领事工作相当轻松,他一有时间就外出旅行。他是个不知疲倦的旅游者。他在罗马找到不少知心朋友。对奇维塔韦基亚城,他反而觉得讨厌,因为他在那里孤身一人。在他五十一岁那年,他向一个年轻姑娘求婚。那个年轻姑娘的母亲是他的洗衣妇,父亲是受雇于领事馆的一个圣芳济派的修道士。然而,使他感到意外和屈辱的是,他的求婚竟被拒绝了。一八三六年,他说服外交大臣

---

① 意大利爱国者:指谋求意大利独立的革命党人,当时意大利受奥匈帝国统治。
② 一八三〇年"七月革命",复辟的波旁王朝被推翻,路易·菲利普登上王位,称为"七月王朝"。

让别人来临时代理他的领事职务，他自己则到巴黎去任职三年。这时，他已是个肥胖的老人，脸很红，留着一把染过色的大胡子，头发也全脱光了，不得不戴上一顶紫褐色的大假发。他衣着仍然很时髦，就像他年轻时一样；不过，对他的外套和裤子式样，人们总是议论纷纷，常使他很难堪。他仍然到处求爱，但几乎每次都被拒绝；他仍然去参加宴会，说起话来仍然那样滔滔不绝。最后，外交部责成他返回奇维塔韦基亚城续职。两年后，他在那里中风。恢复健康后，他要求休假，到日内瓦去求教一位著名医生。后来，他从日内瓦到了巴黎，仍然像以前那样生活。一八四二年三月的一天，他出席了外交大臣的一个大型官方宴会。那天晚上，他沿着林荫道散步回住所，在路上再次中风。被送回住所后的第二天，他便去世了。

四

对于上述不加掩饰的事实，我们只要稍加思考就不难发现，由于司汤达一生都很动荡，他肯定拥有比其他作家都要丰富的人生经验。确实，他生活在一个社会和个人都发生巨大变化的历史时期，因而能获取广泛的人性知识；但他也只能在其个性所容的范围内获取，因为目光再敏锐的观察者，在观察同时代人时也要受自身个性的限制。他有许多局限，这是肯定的。当然，他有他的特点：他很机敏，容易动感情，有点怯懦，但富有天资，工作勤奋，而且具有卓越的创造力。他还是个很好相处的人。但是，他的性格缺陷也很严重：他抱有荒谬的偏见，而且常常想入非非；他很多疑（因而也容易受骗），也很褊狭、苛刻，但又极不谨慎，往往很自负，甚至极度虚荣；他耽于肉欲而且趣味粗俗，行为放荡却又缺乏激情。然而，我们之所以知道他有这些缺陷，又都是他自己告诉我们的。他不是职业作家，甚至连文人都算不上，但他不停地写，而且几乎一直在写他自己。他长年记日记，因而留下了大量的生活片段，而他记日记显然不是为了出版。他在五十多岁时写了一部自传（有五百页），但只写到他十七岁就不再往下写了。这部自传尽管到他去世时仍未改定，却是准备出版的。在那里，他往往自我拔高，还编造了许多他其实并未做过的事情，但整体上说，他还算诚实。他写到了许多细节，不少地方一再重复，冗长而沉闷，读起来味同嚼蜡，但我想，无论谁读完这部自传后都应该这样自问：如果要我像他

一样率直地暴露自我,我能写得更好一点吗?

他去世时只有两家巴黎的报纸作了报道,看起来他是很快就会被人彻底遗忘的。好在他生前的两个老朋友努力促使一家大出版社出版了他的主要作品,否则的话,他很可能已经被人遗忘了。然而,尽管当时有影响的批评家圣伯甫专门为他写了两篇评论,公众却仍然对他不感兴趣。直到后来,在下一代人中间,他的作品才得到广泛阅读。他自己从不怀疑他的作品是会流芳百世的,但他预计要到一八八〇年甚至一九九〇年,人们才会对他的作品作出应有的评价。凡被同时代人忽视的作家,大多是这样来自我安慰的,都说后人会承认他们的成就。遗憾的是,如果真有这样的事,那也是极为罕见的。后人都很忙,而且粗心大意,他们即便想关心过去的文学,也往往只关心那些当初就已取得成功的作品。只有极小的可能,一个默默无闻的已故作家才会被人重新发现。对司汤达来说,他的幸运来自一位教授。那位教授其实并不出名,关于他的情形,人们除了知道他在法国高等师范学校讲课时曾热情赞扬过司汤达的作品,其他便一无所知了。凑巧的是,当初听课的学生中有一些聪明的年轻人——他们日后都出了大名——他们听那位教授如此赞扬司汤达,就去读他的作品了,结果发现他的作品中有许多东西和他们自己的想法不谋而合,于是就成了他的狂热的崇拜者。这些年轻人中最有才华的是希普里特·泰纳,多年后当他成为一个有影响的著名理论家时,他著文盛赞司汤达,称他为古今最伟大的心理学家。自那以来,人们便写了大量评论他的文章,以至到了今天,他被普遍认为是十九世纪法国三大小说家之一①。

他的名声主要来自《论爱情》和两部长篇小说,其中《巴玛修道院》或许更有可读性,人物形象也富有魅力,尤其是对滑铁卢战役的那段描写,可谓脍炙人口。但是,《红与黑》却更加激动人心,更有独创性,也更具深刻意义。正是由于这部小说,左拉②称司汤达为自然主义之父,而布尔热③和安德烈·纪德④则(不正确地)称他为心理小说的创始人。《红与黑》确实是一本令人惊叹的书。

---

① 19世纪法国三大小说家,即:司汤达、巴尔扎克、福楼拜。
② 左拉:19世纪至20世纪之际法国小说家、自然主义倡导者。
③ 布尔热:19世纪至20世纪之际法国小说家。
④ 安德烈·纪德:19世纪至20世纪之际法国小说家,曾获1947年诺贝尔文学奖。

五

司汤达对自己比对别人更感兴趣，他的小说中的主人公往往就是他自己。《红与黑》中的于连，就是司汤达很想、然而又无法成为的那种人。他让于连具有吸引女性的魅力，女人一见他就会神魂颠倒，这正是他自己一直热衷于做而又做不到的事情。他让于连一次次赢得女人的爱情，所用的正是那些他为自己设计、结果却总是失败的办法。他还说于连是个口若悬河的健谈者，不过他很明智地从不具体写到他是如何健谈的，只是断定他有这种才华。他把自己的记性、勇气、羞怯、自卑、野心、敏感、心计、多疑、虚荣、易怒等性格特点，以及肆行无忌和不知感恩的行为特征，全都给了于连。我觉得，从来没有哪个作家会像司汤达这样，在把自己的性格赋予人物的同时又描绘出这样一幅可憎、可鄙、可恶的人物肖像。

有一点很奇怪，那就是除了滑铁卢战役（他其实并未参加），司汤达好像从不采用他为拿破仑效劳时的生活经验作为小说题材。人们本以为，他至少是那些历史事件的目击者，是完全可以从中提炼出某些重要主题来的。为什么他不这样做呢？我们记起来了，当初他想写剧本时也是从自己看过的戏里面去寻找题材的；看来，司汤达生来就没有虚构故事的才能。《红与黑》里的故事情节，就是他从当时引起全社会轰动的一个刑事案件的有关报道中获取的。我在评论小说时一般都不谈小说的故事来源，不过关于这部小说，我想还是有必要简单介绍一下这方面的情况。司汤达借用的是这样一个案件：一个名叫安东尼·伯尔岱的神学院学生，先是在一个叫M.米舒的人家里当家庭教师，后来又到另一个叫M.德·高尔东的人家里当牧师。在米舒家里，他企图勾引或者说确实勾引了米舒太太，而在高尔东家里，他又勾引了高尔东的女儿。为此，他被主人辞退。他想回神学院，可是他名声太坏，没有一所神学院愿意接受他。他走投无路，就把怨恨发泄在米舒一家人身上，到教堂去向在那里做礼拜的米舒太太开了枪，然后自杀。但他的伤势并不致命，于是受到审判。在法庭上，他还想把罪责推到不幸的米舒太太身上，以此为自己开脱，但最后还是被判处死刑。

就是这个既丑恶又卑劣的刑事犯，吸引了司汤达。在他看来，伯尔岱的所

作所为是一种"美好的罪恶",是一个具有反叛个性的人对社会所作的反抗。于是,他在小说中把那些受害者的身份拔高,以此使事件具有更重要的社会意义,同时他又把主人公于连写得比现实案件中的那个恶棍伯尔岱更聪明,更有个性,也更有勇气。当然,这个故事仍然是令人厌恶的,于连也仍然是个卑劣的家伙;但是,在司汤达笔下,他却显得非常生动,整部小说也富有深刻的含义。于连,一个出身于贫苦家庭的孩子,对那些出身于特权阶层的人充满嫉恨——他是个在各个时代都具有典型意义的人物。如果我们想对他有一个最初印象的话,那就只要看看司汤达对他的描写就行了:

> 他是一个十八岁到十九岁的少年,表面看来,文弱、清秀、面貌不同寻常。他的鼻子好像鹰嘴,两眼又大又黑。在宁静的时候,眼中射出火一般的光辉,又好像熟思和探寻的样子,但是在一转瞬间,他的眼睛又流露出可怕的仇恨的表情。他的头发是深栗色的,垂得很低,只看得见一点儿额头,在他生气的时候,更显得他有的是坏性情。……他那细长匀称的身材使人感到的,与其说是活力,不如说是轻盈。

这不是一幅优美的画像,却是一幅出色的画像,因为它一开始就使读者对这个人物没有好感。小说家一般总希望读者能同情小说主人公,但司汤达由于是选择了一个恶棍作为小说主人公,就不得不从一开始起就留神,不能让读者过分同情他。另一方面,他又必须使读者对人物感兴趣,所以又不能让读者过分厌恶他。因此,他就不厌其烦地详细描写于连的漂亮的眼睛、优雅的身材和精巧的双手,以此作为对刚才那一番描写的补充。他时不时地告诉读者,于连确实长得很漂亮,但他也从不忘记提醒读者注意到于连周围的人对他的反感,注意到所有的人——除了那些从未相信过他的人——其实对他都很怀疑。

德·瑞纳夫人,即于连所教的那几个孩子的母亲,则是一幅最难描绘的、优雅的性格画像。她是个好妻子、好母亲、好女人。她很迷人、有德行、为人真挚。小说中写到她对于连如何产生爱情,这爱情如何加强,她又如何感到恐惧和犹豫,以及她的爱情是如何变成炽热的激情的,所有这些描写都非常出色。她是小说中最动人的形象之一。出身高贵的玛蒂尔德·德·拉·莫勒却写得不可信。司汤达从来就没有对上流社会有过深入的了解,他并不知道受过良好教育的人会有怎样的行为举止。以为出身高贵的人总要摆出一副高贵的样子，那只是暴发户的理解。司汤达把德·拉·莫勒小姐的傲慢当作贵族气派来写，实在是粗俗不堪。她的许多行为都写得不合情理。

司汤达很讨厌那种由夏多布里昂①使之风行、后来又由数以百计的次等作家拼命加以模仿的华而不实的风格②。他只是尽可能朴素、准确地写下他非说不可的话，没有虚饰，没有华丽的辞藻，也没有那些形式化的赘语。他说（也许并不十分真实），他每次动笔写作前都要读一页《罗马法典》，以此保持用语的纯正。他从不跟随当时的流行写法，矫揉造作地描写风景和其他装饰物。他出色地运用一种冷静、明晰、节制的文体来增强故事的感染力，使之更加引人入胜。我觉得，于连在德·瑞纳家里和在神学院里的那些章节写得好得不可能再好了；不过，当场景改换成巴黎和德·拉·莫勒府邸时，我觉得，好像写得有点不可信。他要我接受的那些不真实的描写，同时要我相信那些空洞无物的情节，超过了我所能容忍的程度。司汤达虽以现实主义风格著称，但不管怎样，他毕竟不可能完全不受时代潮流的影响。当时浪漫主义还方兴未艾。司汤达尽管有纯正的鉴赏力，对十八世纪的写实文学也很欣赏，但还是受到了浪漫主义的影响。他很赞赏意大利文艺复兴时期的那种无视道德的人，他们为了实现自己的野心和满足自己的欲望，或者为了荣誉和复仇，可以无所不用其极，即使为此犯罪也在所不惜。他崇尚他们所谓的坚强意志，崇尚他们对习俗的蔑视和对灵魂自由的追求，而正是这种对传统浪漫倾向的崇尚，使《红与黑》的后半部写得有点荒诞不经。

正当于连使用伪装、欺骗和自我克制等手段将要实现他蓄谋已久的野心时，司汤达却犯了一个错误，一个大大的错误（我只能这么说）。他在前面告诉我们，于连是绝顶聪明和极端狡猾的，而到了后面，他为了使德·莫勒侯爵同意于连娶他的女儿，竟然让于连到德·瑞纳夫人那里去求取"品行鉴定书"。这可能吗？因为于连完全应该知道，德·瑞纳夫人曾受到过他的伤害，很可能非常恨他，因而她除了泄恨是不会为他做任何事情的；当然，也可能她仍然爱着他，但这样的话，她就更加不会帮助他去和另一个女人结婚了。我们知道，德·瑞纳夫人是个诚实的女人。于连也应该想到，她完全有可能如实地揭露他

---

① 夏多布里昂：19世纪法国早期浪漫派作家。
② 即浪漫主义风格。

的种种丑行。实际上,她正是这样做的。她写了一封信,坦率地讲出了他的真实情况。他呢,既没有否认,也没有自我辩解(比如,说那完全是一个因被抛弃而愤怒的女人编造的),而是拿着手枪赶到她的住地,并向她开了枪。对此,司汤达没有作任何解释,所以我们只能把它理解为是于连的一时冲动。我们知道司汤达是很赞赏感情冲动的——他认为这是激情的表现——这没错;但问题是,我们从小说一开始就看到,于连的性格力量恰恰在于他有极强的自我克制能力。各种各样的感情如妒忌、仇恨、骄傲和虚荣,尽管他都有,但从来就没有支配过他,就连情欲——这种最强烈的感情——也从未胜过他一心想实现野心的阴谋。然而,在小说的紧要关头,于连却做出了一件使小说致命的事情;他的举动完全背离了他的性格。

司汤达是紧跟安东尼·伯尔岱的案情来构思《红与黑》的,毫无疑问他是一跟到底了。但是,他却没有注意到:第一,他已经把于连写成了一个和原型伯尔岱完全不同的人;第二,伯尔岱是认为米舒太太毁了他的前程,这才满怀怨恨地朝她开了枪,而于连对德·瑞纳夫人是不应该有这种怨恨的。如果说,德·瑞纳夫人确实使他实现其勃勃野心的希望落了空,那也只能怪他自己的愚蠢举动,而按他的性格,这样愚蠢的举动原本是不可能有的;因为他完全可以用自己拿手的方法加以应付,根本就没有必要造成这样一种简直令人费解的严重后果。然而,事实是,司汤达好像没有这方面的创造才能,他无法为这部小说设计出一个能使读者比较信服的结尾。

不过,话得说回来,世上毕竟没有一部小说是十全十美的,因为除小说家都有缺陷外,小说这一体裁本身也有缺陷。所以,不管怎么说,《红与黑》仍是一部非常出色的小说,你不妨一读,相信它一定会给你一种独特的享受。

第四章　巴尔扎克与《高老头》①

一

在所有为世界增添精神财富的伟大小说家中，我觉得最伟大的是巴尔扎克。他是个天才。有些作家是靠一两本书出名的，这或许是因为在他们的作品中有那么几本被证明具有持久的价值，或许是因为有那么几本书表现出了他们那种来自独特经历或者乖僻性格的灵感；但是，他们很快就智穷才尽了，即便再有作品，也是重复而已。伟大作家的特点就是作品丰富，而巴尔扎克的作品真可谓丰富得惊人。他表现了整整一个时代的生活，而他描写的领域则像他的

---

① 《高老头》（*Le Père Goriot*），19 世纪法国作家奥纳瑞·德·巴尔扎克（Honoré de Balzac 1799—1850）所著长篇小说。小说主题是：虚荣与溺爱者，终将自食苦果。主要情节是：在巴黎简陋的伏盖公寓，住着一群穷房客，其中有个高里奥老头，昔日的工厂主；还有一个来自外省的穷学生，名叫拉斯蒂涅。高里奥老头其实不是穷人，他曾在外省拥有一家面粉厂，但他很虚荣，一心想巴结贵族，并以与贵族沾亲带故为荣。所以，他设法让他的两个女儿都嫁给了巴黎的贵族。但由于妻子早亡，他溺爱女儿，于是就变卖了所有家产，跟着女儿搬到巴黎来住。然而他又觉得自己不配住在女儿家里，所以就住进了这个简陋的伏盖公寓，为的是省点钱。拉斯蒂涅则是个想出人头地的年轻人，因在巴黎有个远房姑妈，于是便到巴黎来闯荡。他也一心想结交贵族，以期混入上流社会。高里奥老头见此，似遇知己，便很自豪地把拉斯蒂涅介绍给了他的两个女儿——大女儿阿娜斯塔齐，罗斯托伯爵夫人；小女儿妲菲纳，纽沁根男爵夫人。为了巴结这两个贵夫人，拉斯蒂涅先后做了她们的情人。然而他在和她们厮混的过程中却发现，她们其实很穷——大女儿阿娜斯塔齐的丈夫罗斯托伯爵是个破落贵族，根本没钱；小女儿妲菲纳的丈夫纽沁根男爵是个银行家，很有钱，但是个吝啬鬼，几乎一文钱也不会落到妻子手里——但她们又要摆贵族排场，于是就不得不一次次到高里奥老头这儿来要钱，而高里奥老头出于对她们的溺爱，也一次次地满足她们。就这样，高里奥老头的钱渐渐被两个女儿榨干了。从此，就再也不见两个女儿来看望父亲。高里奥老头仍满怀希望等着女儿出现，但等来的却是旧病复发。他躺在床上，仍指望女儿会来看他，但她们迟迟没来。他病情危重，快要死了，拉斯蒂涅去通知她们，她们都说有事，抽不出空。没过几天，高里奥老头死了，两个女儿还是没来，而他又一文钱没留下，怎么安葬他呢？最后，还是拉斯蒂涅和他的同学凑了点钱，把可怜的高里奥老头安葬在一个最便宜的公墓里。

祖国一样广阔。他具有极为渊博的人性知识，只有在少数几个方面才稍有欠缺，譬如他对贵族社会、城市工人和农民的了解，就不如对中产阶级如医生、律师、职员、记者、店主和乡村牧师来得熟悉。和所有小说家一样，他与其说善于表现德行，不如说更善于表现罪恶。他有精确细致的观察力，也有非同寻常的创造力。他创造的人物，其数量之多就令人惊叹。

不过，我可以肯定，他并不是一个很有趣的人。他的性格并不复杂，既没有令人困惑的矛盾，也没有难言的微妙之处。事实上，他是个极其单纯的人。我甚至都说不上他是否聪明；他的思想是平庸而肤浅的。然而，他却具有一种非凡的创造才能。他就像一种自然力，譬如，像一场汹涌的洪水冲垮堤岸，把所有的一切统统淹没；或者，像一阵咆哮的飓风，刮过宁静的乡村，也刮过喧哗的城市。作为一个为整个社会画肖像的画家，他的与众不同在于他不仅像所有小说家（除了纯粹写惊险故事的小说家）那样观察人与人的相互关系，还特别注重观察人与社会的相互关系。

大多数小说家往往只取一小批人——有时只有两三个人——加以描写，好像是用放大镜把他们放大了。这样做当然会产生较强烈的效果；不幸的是，也常常会有一种人为的虚假感。一个人不仅有个人生活，同时还要和别人一起生活；在个人生活中，他总是扮演主角，但和别人相处时，他的角色可能很重要，也可能微不足道。你去理发店理发，也许是小事一桩，但也可能成为你或者理发师一生中的一个转折点。对于万花筒般的生活，对于生活中的混乱、误解和产生重大后果的种种偶然因素，巴尔扎克不仅心领神会，而且有能力把它们生动而逼真地描绘出来。我想，他是第一个注意到人们的经济情况在生活中的重要性的小说家。他并不满足于说金钱是万恶之源；因为他发现，人类行为的主要动力恰恰来自对金钱的渴望和贪婪。在他的小说中，一个个人物都迷恋于金钱，永远是金钱。他们追求的目标，就是过骄奢淫逸的生活，拥有漂亮的住宅、漂亮的马匹和漂亮的情妇；为了获取他们希求的东西，一切有用的手段都被认为是正当的。这样的生活目标当然很庸俗无聊，遗憾的是，我们这个时代和巴尔扎克的时代相比，情况也差不多。

巴尔扎克年过三十就已成名，如果你在那时碰到他，你会看到这样一个人：矮个子，微微发胖，双肩很宽，胸脯很厚，因而看上去并不显得矮小；脖子像公牛一样粗而且很白，但脸是红红的，总是带着微笑的厚嘴唇也是红红的，和白白的脖子适成对照；笔挺的鼻子上有两个大大的鼻孔，额头很高；一头浓密的黑头发就像狮子的鬃毛，不过是往后梳的；有着金色瞳孔的棕色眼睛炯炯有神，很有一点魅力，因而也掩饰掉了一点他的粗俗相貌。他的表情愉快开朗，随和乐观。他精力充沛，如果你和他在一起，会觉得精神爽快。接下去，你可能会注意到他那双好看的手。这是他很引以为自豪的。它们就像主教的手，小小的，白皙而肥胖，指甲是玫瑰色的。如果你是在晚上碰到他的，那你会看到他穿着有金纽扣的蓝色上衣、白色细麻布内衣、黑裤子和白背心，脚上穿着黑色透孔丝袜和漆皮鞋，手上戴着黄手套。不过，要是你在白天碰到他，那一定会觉得很惊讶，因为他这时穿着一件皱巴巴的旧上衣，裤子上泥迹斑斑，皮鞋也没擦过，头上还戴着一顶破旧的帽子。

他的同时代人都认为，他在这一时期还十分天真稚气，招人喜爱。乔治·桑①曾说，他笃实得几近羞怯，自信得几近吹牛，很豪爽，也很温厚，但有点古怪，不喝酒，工作起来毫无节制，既容易动情感又很理智，既讲究实际又时常耽于幻想，既轻信又多疑，既平易近人又令人费解。

二

巴尔扎克的祖上是农民，原姓巴尔沙，但他父亲是个颇有手段的律师，在大革命后平步青云，于是便改姓巴尔扎克②。这个老巴尔扎克和一个女继承人③结了婚，他们四个孩子中最大的一个、即未来的小说家奥诺雷·巴尔扎克，于一七九九年出生在图尔，当时老巴尔扎克正在那里的一家医院里当管理员。奥诺雷·巴尔扎克在学校里调皮捣蛋了几年后，就被父亲送到巴黎，并在那里进了一家律师事务所；三年后，他通过了律师考试，父母建议他把律师作为终身职业，但他公然违抗。他的理想是当个作家。为此家里爆发了一场可怕的争吵。最后，虽然母亲继续反对（他后来一直不喜欢他母亲，因为她太严厉，也太讲求实际），父亲却作出了让步，答应给他一次机会。于是，他开始独自生活。父亲

---

① 乔治·桑：笔名，原名阿曼蒂娜-奥萝尔-露茜·杜班，19世纪法国女作家，巴尔扎克的朋友。
② 巴尔沙是典型的平民姓氏，而巴尔扎克则是贵族姓氏，法国历史上曾有过巴尔扎克家族。
③ 女继承人：即有遗产继承的女人。

给他的津贴只够勉强糊口,但他决心要试试运气。

他做的第一件事是写了一部关于克伦威尔①的悲剧。他把剧本念给全家人听,他们一致认为这个剧本一钱不值。他于是就把剧本寄给一位教授。教授的评语是,写这个剧本的人可以做其他任何事情,就是不要去搞创作。他又气愤又失望,但他下定决心:既然当不成悲剧诗人,就当小说家。他写了两三本小说,显然是学着瓦尔特·司各特②、安·雷特克利夫③和拜伦④的作品写的,而这时家里却对他作出决定,认为他的写作尝试已告失败,要他马上搭乘公共马车回家。老巴尔扎克此时已经退休,全家正住在离巴黎不远的一个叫维巴利西的小镇上。

他有个朋友,一个三流作家,前来看他,并怂恿他继续写小说。于是,他又写了起来。这样,一连串粗制滥造的东西从他笔下源源而出,有的是他独自写的,有的是和人合写的,还用了各种各样的假名。没人知道他在一八二一年到一八二五年之间到底写了多少本书。有的权威人士声称有五十本之多。这些书大多是历史小说,因为在当时,司各特的名声正如日中天,他显然是想借此赶时髦。不过,尽管他写的这些东西价值甚微,对他自己却很有用处:它们使他懂得了写小说必须要迅速转换情节才能把读者吸引住,必须采用人们最关心的那些主题,即爱情、财富、荣誉和生命。也许,它们还使他懂得(他的性格也使他意识到这一点),要使读者喜欢他的作品,他自己必须要有激情,不管他的激情多么浅薄、多么轻浮、多么矫揉造作,但只要有足够强烈的激情,读者总不免会有所感动的。

当巴尔扎克和家里人一起住在维巴利西镇时,邻居伯尔尼夫人和他很熟。她四十五岁,父亲是一个曾为玛丽·安托内万特⑤服务过的德国音乐家,丈夫多病易怒。她和丈夫生有八个孩子,还有一个私生子。她和巴尔扎克不久就成了朋友,后来又一度成为他的情妇,不过直到她十四年后去世,她始终是他的朋友。这是一种很奇怪的关系:他像爱情妇一样爱她,同时也从她那里接受他

---

① 克伦威尔:17世纪英国政治家、军事家、宗教领袖。17世纪英国清教革命迫使国王退位,建立共和国,克伦威尔任共和国"护国公",相当于现在的总统。
② 瓦尔特·司各特:18世纪至19世纪之际英国诗人、小说家。
③ 安·雷特克利夫:18世纪至19世纪之际英国哥特小说家。
④ 拜伦:18世纪末、19世纪初英国浪漫派诗人。
⑤ 玛丽·安托内万特:法国国王路易十六的王后。

没能从母亲那里得到的抚爱；她不仅是他的情妇，也是他的忠实朋友，只要他需要，她总是无私地给他以忠告、鼓励、帮助和钟爱。

这件风流韵事在镇上引起了流言蜚语，老巴尔扎克夫人当然竭力反对自己的儿子去和一个跟他母亲差不多年纪的女人纠缠不清。再说，他写的书几乎没有收益，她还为他的前途担忧。这时，有个朋友建议他去经商，他觉得这想法不错。伯尔尼夫人慷慨相助，给了他四万五千法郎（当时约合九千美元，相当于现在的三万美元），他找了两个合伙人，就搞起出版、印刷和铸字业务来了。但他毫无经商的才能，只会胡乱花钱，甚至把他个人付给裁缝、鞋匠、珠宝商乃至洗衣工的钱也记在公司账上。这样不出三年，公司就停业清理了，欠下的五万法郎的债，最后也只能由他母亲来偿还。不过，这段灾难性的经历却使他掌握了不少商业上的特殊知识，也懂得了不少人情世故。这对于他往后的小说创作来说是十分重要的。

三

经商失败后，巴尔扎克去了布列塔尼①的一个朋友那里。他的第一部严肃作品、也是他第一次署上真名的作品《舒昂党人》的素材，就是在那里获得的。当时他正好三十岁，就从那时起一直到他去世为止，大约在二十一年间他几乎没有停止过创作。他写出的长、中、短篇小说数量惊人。每年，他都要写一至两部长篇小说、十几个中短篇小说。此外，他还写了许多剧本，这些剧本中的有一些从未被人接受，其余的也大多是可悲的失败之作。有一个时期，他还办了一份报纸，每周出两次，而且大部分稿件都由他自己撰写。

他非常喜欢记笔记，无论到哪里，身边总带着笔记本，只要遇上可能对他有用的事情，或者他自己头脑里产生了某种想法，或者听到别人的某种有趣的看法，他就把它记下来。他在故事中若要写到某种场景，只要有可能，他都要去作实地考察，有时不惜作长途旅行去看一看他要描绘的某条街道或者某所房子。我发现，他虽然像所有的小说家一样以自己熟悉的人作为模特儿，但总要在他们身上发挥自己的想象力，所以他的人物实际上是他想象的产物。他对人

---

① 布列塔尼：法国西部的一个地区。

物的名字十分讲究，常常为此绞尽脑汁，因为他觉得，人物的名字是和他们的性格及外貌息息相关的。

在写作时，他的生活很有规律，而且洁身自好。晚饭后不久，他就上床睡觉，到半夜一点由仆人把他叫醒。起床后，他穿上洁白的长袍（因为他相信，穿着干净的衣服对创作有利），然后就点起蜡烛，一边喝黑咖啡提神，一边用鹅毛笔疾书。到早晨七点，他放下笔去洗澡，然后躺下休息。大约在八点和九点之间，出版商把校样送来并从他那里取走部分手稿；这之后，他又开始工作，一直到中午。吃过一些煮鸡蛋、喝过一些水之后，他又喝大量的黑咖啡；接着，他继续工作到六点才吃晚饭。晚饭很简单，不过他总要喝一点伏芙列酒。若有朋友来访，大多也在这个时候，他和他们聊上一会后，就上床睡觉了。

他不是那种要把一切都考虑周全后才肯动笔的作家。他总是先写出粗略的草稿，然后在草稿上修改，往往增删得很多，甚至变换章节顺序，所以最后交给出版商的手稿总是涂改得难以辨认。等排出校样后，他仍然把它看作是未完成的手稿，还要在上面修改，不仅会增删词语、句子和段落，甚至会增删某些章节。经他改动过的校样再次排出后，他又要在上面修改。这之后，他才同意付印，但仍有附加条件，就是等书出版后，他还有可能要作进一步的修订。由于他一再修改校样，出版商就得增加开支，因此他和出版商之间经常发生争吵。

他长期和出版商或者编辑打交道，这方面的情况当然是很单调乏味的，不过我还是想尽量简短地谈几句，因为这和他的生活以及创作都有直接关系。他是不大讲商业信用的，经常为了预支稿费向某个出版商保证，在某某日期一定交出一部小说稿，然而当他把小说稿匆匆赶写出来之后，往往把自己作过的保证丢到一边，去找另一个出版商谈价钱了。由于他不信守合同，他经常受到起诉，结果是他必须加倍赔偿。为了筹集赔偿费，他不得不到处借债，因为预支给他的稿费早被他用得一干二净了。只要和出版商签订了出书合同（有时虽签了合同，但他根本就没动笔）并得到大笔的预支稿费，他就马上搬进宽敞的住宅，花钱装修，甚至还要买一辆轻便马车和两匹马。他很热衷于布置房间，往往把自己的住处布置得富丽堂皇、庸俗不堪。他曾雇用过一个马夫、一个厨师和一个男仆，不仅为自己买了许多衣服，还要为马夫买号衣；他曾购入大批餐具，餐具上还要有贵族纹章，尽管这纹章根本不属于他，是属于历史上一个姓巴尔扎克的贵族世家的。他不仅僭取了这个贵族姓氏，自称有贵族血统，还在自己的姓氏前加上了贵族专用的冠词"德"。

为了支付奢华生活的费用，他还向妹妹、朋友和出版商借钱，而他签署的借据总是不断地展期。他债台高筑，却仍然不停地购买瓷器、家具、绘画、雕像和珠宝；他要印刷商用昂贵的摩洛哥羊皮装订他的书；他买了许多手杖，其中有一支上还镶有绿宝石。有一次他要举行宴会，不惜叫人把整个餐厅重新布置一下。我顺便说一下，他在独自用餐时吃得并不多，但在宴会上，胃口却大得出奇。有一个出版商说，他曾在一次宴会上亲眼看见巴尔扎克吃了一百个牡蛎、十二块炸肉排、一只鸭、一对鹧鸪、一条箬鳎鱼、几道甜点心和十几只梨。所以，不足为怪，他很快就成了一个大腹便便的胖子。

有时，由于债主逼债逼得太紧，他就只好把许多东西抵押出去；在他的住处，不时会有估价人进进出出——他们是奉债主之命来扣押、估价和拍卖他的家具的。他真是不可救药，借了钱还不知节制地、愚不可及地不断购进各种各样没用的东西。他是个不知耻的借债人，然而，出于对他的天才的钦佩，他的朋友都对他非常慷慨。通常，女人是不愿借钱给人的，但巴尔扎克自有办法从她们那儿借到钱。一个男子汉去向女人借钱总有失风度，巴尔扎克却不以为然，也从不为此感到丝毫内疚。

四

我们还记得，当初他经商失败后，是他母亲用自己为数不多的积蓄为他还清债务的；后来，由于给两个女儿办了嫁妆，他母亲剩下的唯一财产就是她买下的那幢房子了。最后，当她发现自己急需用钱而又一筹莫展时，就只好写信向她儿子求救。安德烈·比利①在他的《巴尔扎克传》里曾引用过这封信，现在我把它翻译出来：

> 我收到你的最后一封信是一八三四年十一月。信中你同意从一八三五年四月一日起每季度给我两百法郎付房租和女仆的工资。你知道，我不能

---

① 安德烈·比利：19世纪法国传记作家。

过穷困的生活;你声名显赫,生活豪华,和我们的境况相比,真有天壤之别。你作出过允诺,我想这是你自愿承担的。现在已经是一八三七年四月,就是说你欠了我两年。你本应给我一千六百法郎,可你只在去年十一月给了我五百法郎,样子就像是冷冰冰的慈善施舍。奥诺雷,我这两年的生活就像一场噩梦,我的钱都用完了。我知道你会说你没有能力支援我,但我用房子作抵押所借的钱贬值了,现在我再也无法筹款,我所有值钱的东西都已典当出去;我已到了这等田地,只好对你说:"给我面包,我的儿子。"我已经几个星期只吃面包了,那也是我那好女婿送给我的;但是,奥诺雷,不能老这样下去;既然你有能力作各种费钱的长途旅行,既花了钱又丢了面子——你回来后由于没能信守协议,你在这里的名声很不好——我一想到这些,心都要碎了!我的儿子,既然你能为自己付得起……情妇、镶嵌宝石的手杖、戒指、银器、家具,你母亲要求你遵守自己的诺言也不为过。我不到最后一刻是不会这样做的,现在这个时刻到了……

他对这封信的回答是:"我想,您最好来一次巴黎,让我们谈上个把小时。"

对此,我们有什么可说呢?他的传记作家说,天才有自己的权利,巴尔扎克的道德是不能用普通标准来衡量的。这是看法问题。我认为,最好承认他是个极端自私、不讲道德、同时又不够坦率的人。对他的大肆挥霍,人们的最好辩护是:他天生乐观,深信自己的作品能赚到大钱(有一个时期他确实赚了不少);此外,他对生活中的偶然机会充满幻想,相信自己一定会有这样的机会大发横财。然而,每当他真的去从事某种投机事业时,结果总是债上加债。说实话,他要是真的很有节制、很有心计而且很俭朴的话,也就成不了这样一个作家了。他是个爱炫耀的人,喜欢奢华,不可能不花钱。他像头牛似的苦干,拼命写作,想挣钱还清债务。不幸的是,还没等他还清旧债,他又借上了新债。

有一个有趣的事实很值得注意,那就是:他只有在债务的压力下才能专心致志地写作。他一直写到脸色发白,疲惫不堪,而在这种情况下写出来的恰恰是他最好的作品;反之,如果有人能创造奇迹,使他不再身陷困境——即估价人不再打扰他,出版商不再起诉他——那么,他的创作活力很可能就会枯竭,再也写不出什么东西来了。

五

和任何成功一样，巴尔扎克在文学上的成功也给他带来了新朋友；他充沛的精力和欢快的情绪使他在巴黎各大沙龙中成了受人欢迎的座上宾。卡斯特利侯爵夫人是为他的声望所吸引的一位贵妇人，她的父亲是公爵，她的舅舅也是公爵，而且还是英国国王的直系后裔。她用假名给他写信，他回了信；她再次写信时透露了自己的身份。他去拜访她；他们的关系日益密切，不久他就每天都去看她。她肤色白皙，金发，长得花容月貌。他对她爱慕之至。他洒上香水，每天戴上新的黄手套；但这无济于事。他变得急躁不安，开始怀疑她只是在逗弄他。确实，她需要的是一个崇拜者，而不是一个情人。有一个聪明而且声名显赫的年轻人拜倒在她脚下，她当然万分得意，但她并不想做他的情妇。

她由她叔父费茨·詹姆斯公爵陪同前往意大利，途中在日内瓦稍作逗留，这时发生了危机。到底发生了什么，其实谁也不知道。巴尔扎克是和侯爵夫人一起去作这次短途旅行的，回来时他神情沮丧。这不难料想，他向她提出最后要求，而她断然拒绝了。他深感屈辱，既痛苦又愤慨，觉得上了大当，便独自返回巴黎。然而，他的小说家不是白当的；他的每次经历，甚至最丢脸的经历，最后都会成为他磨子里的面粉：卡斯特利侯爵夫人从此以后就出现在他的小说中，而且成了那种最轻佻、最放荡、最恶毒的贵族女性的典型。

就在巴尔扎克徒劳地追求卡斯特利侯爵夫人的同时，他收到一封来自敖德萨[①]的信。信写得热情洋溢，署名却是"一个外国女人"。过了一段时间，第二封有着同样署名的信又寄来了。于是，巴尔扎克就在一份可发行到俄国去的法文报纸上登了这样一条启事："巴尔扎克先生已收到寄给他的信件，但直至今日仍不知该往何处复信，对此他深表遗憾。"写信的人是艾芙琳娜·韩斯卡夫人，一个家财万贯的波兰贵妇人。她三十二岁，已婚，丈夫的年龄比她大得多。她生过五个孩子，活下来的却只有一个女儿。她看到巴尔扎克的启事后，就着手安排，然后写信告诉他，如果他想给她写信的话，可以写给敖德萨的一

---

① 敖德萨：乌克兰南部城市。

个书商,由他转交给她。

这封信激发了巴尔扎克一生中最大的热情。他们开始相互通信,而且信的内容日趋亲昵。巴尔扎克用当时流行的那种夸张的笔调向她披露自己内心的情感,她则报之以同情和爱怜。她住在乌克兰一座巨大的城堡里,周围有五万公顷良田,然而她生性富于幻想,对单调的家庭生活深感厌倦。她崇拜这位作家,对他本人也产生了兴趣。他们相互通信几年后,韩斯卡夫人和她年老的丈夫一起带着女儿、家庭教师和一大群仆人前往瑞士纽夏尔特旅行;事前巴尔扎克已受到邀请,要他去纽夏尔特和她会面。他们的第一次见面很有点浪漫色彩。他到了他们约好的那个公园,只见一位夫人坐在长椅上读着一本书。她的一块手帕掉落到地上,他过去帮她捡起来,这时他发现她手里拿着的书正是他写的。他和她说话,原来她就是他要见的女人。

她是个漂亮华贵的妇人,体态丰腴,容貌娇媚,眼睛里秋波荡漾,还有一头秀发和一张可爱的小嘴;他呢,身体肥胖,脸色通红,看上去简直像个屠夫。这使她不免吃了一惊:难道那些热情洋溢而富有诗意的信,就是这个男人写的?好在他炯炯有神的眼神和充沛的精力使她十分喜欢。他很快就成了她的情人。过了几个星期,他必须返回巴黎。分手时他们约定,初冬时节再到日内瓦会面。他在圣诞节前抵达日内瓦,在那里和她一起度过了六个星期。在这期间,他还写了《德·朗日公爵夫人》。在这部作品中,他把卡斯特利夫人作为模特儿,大大地发泄一通心中的怨气。

回到巴黎后,他和一个叫吉多蓬妮·维斯孔蒂的伯爵夫人相遇。她是个碧眼金发、妖娆妩媚的英国女人,丈夫懒散而无能,她对他的不忠已是出了名的。巴尔扎克一下子就被这个女人迷住了。在他眼里,她是那样的温柔可爱。不久之后,就有好事者把他们的风流韵事登上了小报的头版,所以此时正在维也纳的韩斯卡夫人很快得知巴尔扎克已另有新欢。她写信痛责他,并宣布准备回乌克兰去,从此不再见他。这对他来说就如晴天霹雳,因为他一直算计着,等她丈夫一死,他就和她结婚,从而拥有她的百万家产。他借了两千法郎匆匆赶到维也纳去,想和她言归于好。他一路上自称是德·巴尔扎克侯爵,行李上印的是假纹章,还带了个贴身男仆,这就大大增加了旅途费用,因为他有此身份就不能讨价还价,给各种小费也得出手大方。所以,他到达维也纳时,已身无分文。韩斯卡夫人见了他更是大加责备,他只好百般辩解,想方设法消除她的怀疑,平息她的怒气。三个星期后,她回乌克兰去了。此后的八年间,他们一直没有见面。

六

巴尔扎克一回到巴黎,马上又投入了吉多蓬妮·维斯孔蒂伯爵夫人的怀抱。为了她,他比先前更加奢侈无度。他因欠债而被拘捕,她付了一大笔钱才使他免于入狱。从那时起,每当他手头拮据时,她就不时地资助他。一八三六年,他的第一个情妇伯尔尼夫人去世。他悲痛欲绝,说她是他爱过的唯一的女人;但别人却说,她是唯一爱过他的女人。同年,碧眼金发的维斯孔蒂伯爵夫人告诉他,她怀孕了,孩子是他的。当这个孩子出生时,她的老好人丈夫说:"嗯,我知道夫人想要个私生子。这回她总算如愿了。"

顺便说一句,这位风流成性的伟大小说家和他的几个情妇总共生过四个孩子,一个男孩和三个女孩。他对这些孩子看来都毫无兴趣。他的情妇,除了上述几个,当然还有很多,但我只想提一下其中的一个叫爱琳娜·德·弗莱特的寡妇,因为她和卡斯特利侯爵夫人以及韩斯卡夫人一样,开始也是他的崇拜者。说来有点奇怪,他的五次主要恋爱事件中有三次都是这样开始的。他的恋爱往往有始无终,原因大概也就在于此。因为当一个女人被一个男人的名气所吸引时,她更多的是想从他们的艳遇获得好处,而不大会有真正的爱情,也不会有任何无私、崇高的感情。爱琳娜就是这样一个受过挫折、却又好出风头的女人,她抓住这一机会满足了自己虚荣心。她和巴尔扎克风流一场,不久便不欢而散了,原因好像是巴尔扎克向她借了一万法郎,为此两人发生了争执。

巴尔扎克久久期盼着的时刻终于到了。韩斯卡先生于一八四二年去世。他的梦想终于要成真了!他终于要成为富翁了!他终于将摆脱那些还不清的债务了!艾芙琳娜通知他,她丈夫已经去世。然而,紧接着的一封信却告诉他,她不打算和他结婚,因为她不能宽恕他的不忠行为,也不能容忍他的挥霍习性和他的债务。他绝望了。他想到,在维也纳时她曾对他说,她并不期望他在肉体上对她忠实,只要占有他的心。是的,她一直占有着他的心。他对她的言而无信感到愤愤不平。最后,他得出结论,只有见到她,才能重新赢得她。于是,经过几次通信,尽管她仍很勉强,他还是动身到圣彼得堡去了——当时她正住在那里。那时他四十三岁,她四十二岁,都到了发福的中年。他的估计不错,和他在一起,她就变得顺从多了。他们重叙旧情,又成了一对情人。她又答应和他结婚了。

但是,直到七年后,她才真正履行诺言。传记作家对此都大感不解:她为什么要犹豫那么长时间?其实,理由不难找到:她是位贵妇人,以自己的高贵门第而自豪;她可能觉得,当初做一个名作家的情妇是一回事,现在要做一个粗俗的暴发户的妻子则是另一回事。再说,她的家庭也一定会出于门户之见竭力阻止她去缔结这样一桩婚姻。她还有一个尚未出嫁的女儿,她不能不考虑女儿往后的社会地位和境况。还有,巴尔扎克的挥霍无度是出了名的,她当然要担心他在婚后会把她的财产挥霍一空。她完全知道,他一直在觊觎她的钱财,若和他结婚,他就不只是在她的钱包里掏一下,而是要把双手伸进来大把大把地抓取了。她非常富有,她自己也很奢侈,但为自己的享乐花钱和把钱给别人去挥霍,毕竟是不同的。

然而,真正使人奇怪的倒不是她拖了那么长时间才和巴尔扎克结婚,而是她最后还是和他结了婚。在这期间,他们经常会面,其结果是她怀孕了。他当然感到高兴,不是因为有了孩子,而是因为他觉得自己终于占了上风。于是,他要求她马上和他结婚;但她仍下不了决心,就写信告诉他,为了节省开支,她准备回乌克兰去生孩子,结婚的事等孩子生下来之后再说。但孩子生下来就死了。这事发生在一八四五年,也可能是一八四六年。反正到一八五〇年,她终于嫁给了他。他去乌克兰和她一起度过了冬天,婚礼也是在那里举行的。

为什么她最终同意了呢?也许是这样的:巴尔扎克因长期从事艰苦的写作,本来很健壮的身体渐渐变得虚弱,后来在很短的时间里,他的健康状况就恶化了。就在他去乌克兰的那年冬天,他病得非常厉害,虽然后来病情有所好转,但情况很明显,他活不长了。也许就是出于对一个垂死的人产生了怜悯之情,她才同意和他结婚。尽管这个人不忠实,但他毕竟真心诚意地爱了她这么多年。再说,她是个虔诚的信徒,很可能她的忏悔神父曾劝过她,要她把这种有悖习俗的状况合法化。总之,她和他结了婚,一起返回巴黎。他用她的钱买下一幢住宅,布置得非常豪华。她把巨大家产都给了她女儿,自己只留下一笔为数不多的年金。对此,巴尔扎克或许感到很失望,但他至少没有表现出来。

说来令人痛惜,经过这么多年的等待,巴尔扎克终于实现自己的梦想,然而婚姻却并不美满。艾芙琳娜没有使他得到幸福。他再次病倒，而且一病不起。他于一八五〇年八月十七日去世。艾芙琳娜悲痛欲绝，在给朋友的信中说，她已无所留恋，只想到另一个世界去和丈夫会面。然而，她不久就有了情人，是一个叫桑·奇古的画家，此人长得丑陋，绰号叫"灰虱"，而且显然不是一个好画家。

七

乔治·桑曾不无道理地说过，巴尔扎克写的每一本书，实际上都是一部巨著里的一页，倘若去掉某一页，这部巨著就不再完美了。一八三三年，巴尔扎克萌发了一个想法，就是把自己所有的作品合为一部著作，取名《人间喜剧》。当这个念头闪过脑海时，他跑去见他的妹妹。"祝贺我吧，"他高喊道，"因为我显然已经踏上成为天才的道路了。"他是这样描述自己内心想法的："法国的社会生活是属于史学家的，而我只要做一名书记员，通过列举大量的善恶、汇集重要的情感事实、刻画各色人物、选取社会生活中的主要事件、集相似之人的特点于一身创造类型，或许我就可以书写被众多史学家所遗忘的历史，也就是风俗史。"这一计划可谓雄心勃勃，他在世的时候并未完成。其遗著中的某些篇幅，虽说必不可少，却显然不如其他部分来得有趣。撰写如此一部皇皇巨著，这也在所难免。不过，在巴尔扎克几乎所有的小说当中，总有那么两三个为单纯而原始的欲念所左右的人物显得异常醒目突出。他的才能就体现在对这些人物的刻画上，而当他处理稍显复杂的人物时，就略逊一筹了。在他所有的小说中，几乎都有深刻有力的场景描写，其中几部还有引人入胜的故事情节。

巴尔扎克留下了大量作品，我们很难说哪一部是最具代表性的。不过，出于几方面的原因，我还是选择了《高老头》作为他的代表作。这部小说的故事，从头到尾都趣味盎然。巴尔扎克在有些小说中常常会中断故事去发各种各样的议论，但《高老头》总的来说没有这种缺陷。人物的思想是通过人物自身的言语和行动客观地表现出来的。此外，《高老头》的构思也相当巧妙，小说中的两条线索令人信服地相互交织在一起：一条是高老头的父爱线索，表现出他对两个忘恩负义的女儿的一片痴情；另一条是拉斯蒂涅的闯荡线索，表现出他想在灯红酒绿的巴黎一显身手的勃勃野心。

《高老头》的有趣之处还在于，巴尔扎克在这里首次使用了他那种独特的方法，就是让同一个人物在几部小说中反复出现。要这样做是很困难的，因为你必须把人物塑造得足以吸引读者，使他们渴望了解那个人物往后的经历。在这方面，巴尔扎克异乎寻常地获得了成功。就拿我来说吧，当我读着这部小说时，就非常想了解某些人物的将来，譬如拉斯蒂涅，由于我对他的将来深感兴趣，读的时候也就特别有味。这种方法很有用，可以节省作家的创造力。不过，我觉得巴尔扎克并不是出于这样的考虑才采用这种方法的，因为他无须节省创造力，他的创造力几乎是无穷无尽的。我认为，他是觉得这样可以使他的人物显得更为真实，因为在现实生活中就是这样的：我们熟悉的人，也就是我们反复见到的人。此外，更重要的是，他觉得这样有利于他把全部作品编织成一个包罗万象的整体，因为他想描写的不仅仅是一小批人或者某个阶层的人，甚至都不是一个社会，而是整整一个时代，或者说，一种文明。显然，他和他的同胞们一样，抱有一种错误观念，即认为：不管遇到怎样的灾难，法国永远是世界的中心。也许，就是出于这一观念，他很自信地认为自己有能力创造一个丰富多彩的世界，也有能力赋予这个世界以生命，使它活生生地展现出来。

不过，这就要涉及整个《人间喜剧》了，而我只想谈谈《高老头》。我相信，巴尔扎克是第一个用公寓作为故事背景的小说家。在他之后，人们就经常这样做了，因为这样可以使小说家很方便地把各样身世不同的人物放到一起来描写。但我不知道，还有谁曾在自己的作品中能像《高老头》那样成功地运用这种背景。

巴尔扎克的小说开始时总是进展得很慢。他一开始总要详细描写故事发生的那个地方。他显然偏爱这种环境描写，所以他告诉你的总比你想知道的要多；他好像从来没有学会只说必须说的话而不说不必要的话。接着，他还要把人物的外貌、脾气、出身、习惯和缺点都告诉你，在这之后，他才开始讲故事。他在人物身上置入了他自己的活跃个性，因而他们并不像现实生活中的人那样真实；他们是用浓郁的色调描绘出来的，很显眼，但有时会显得过于花哨，而且紧张、兴奋得不同寻常；尽管如此，他们却是活生生的，很容易使人信以为真。我想，之所以会这样，是因为巴尔扎克自己对他们也是信以为真的。譬如，在他的好几部小说中都出现过一个叫皮尔训的聪明能干的医生，他在临终时就喊着这个人物的名字："快把皮尔训叫来！皮尔训会救我的！"

还有一点也值得注意，那就是我们在《高老头》中初次遇见了巴尔扎克笔下的一个最令人毛骨悚然的人物——伏脱冷。这种类型的人物虽然已成俗套，但从未有人把他写得如此生动、如此真实。伏脱冷老谋深算、精力过人而且坚韧不拔，但值得注意的是，巴尔扎克在这部作品中一直没有泄露这个人物的秘密，只是巧妙地暗示出，在他身上有某种阴险邪恶的东西。他看上去既温和又慷慨，既健壮又聪明，而且还很有耐心；你不仅会同情他，而且会佩服他，然而又不可思议地会觉得他有点可怕。像小说中那个出生于外省、却野心勃勃地想在巴黎闯荡的年轻人拉斯蒂涅一样，你会被他强烈地吸引住；同时，你也会像拉斯蒂涅一样本能地感觉到不自在。伏脱冷虽然像是个情节剧里的人物，却是巴尔扎克的一个了不起的创造。

一般认为，巴尔扎克的文笔并不精美。他为人粗俗（其实粗俗也是他的天才的一部分，是不是?），文笔也很粗俗，往往写得冗长啰唆、矫揉造作而且经常用词不当。著名批评家埃米利·吉盖曾在一本专著中用整整一章的篇幅，专门讨论巴尔扎克在趣味、文笔和语法等方面的缺陷。确实，他的有些缺陷是相当明显的，即使没有高深的法语知识的人，也能一眼看出来。这实在令人惊讶。据说，查尔斯·狄更斯的英语文笔也不太好，而有个很有语言修养的俄国人曾告诉我说，托尔斯泰和陀思妥耶夫斯基的俄语文笔也不怎么样，往往写得很随意，很粗糙。世界上迄今最伟大的四位小说家，竟然在使用各自的语言时文笔都很糟糕，真是叫人瞠目结舌。看来，文笔精美并不是小说家应有的基本素养；更为重要的是要有充沛的精力、丰富的想象力、大胆的创造力、敏锐的观察力，以及对人性的关注、认识和理解。但不管怎么说，文笔精美总比文笔糟糕要好。

第五章 狄更斯与《大卫·科波菲尔》[①]

一

查尔斯·狄更斯身材矮小，但相貌不凡，伦敦国立人物肖像陈列馆里有一幅他的画像，是麦克里斯[②]在狄更斯二十七岁时为他画的。画面上，狄更斯坐在书桌边的一把豪华靠椅里，一只细巧的手优雅地搁在一份手稿上。他衣着讲究，还戴着宽大的缎制领饰。他有一头棕褐色的卷发，鬓角很长，飘垂在脸的两边，刚好遮住双耳，看上去很潇洒。他脸形稍长，脸色有些苍白，但目光炯炯，加上一副沉思默想的神情，其年轻大作家形象正合崇拜者们的心意。他时常摆出一副纨绔子弟或者说追求时髦的派头。他年轻时喜欢穿花哨的天鹅绒上衣，戴艳丽的领饰和白色的礼帽。遗憾的是，他从来也没有获得过他自己预想的效果。他的这副打扮让人觉得古怪，甚至有点惊讶，因为他的服饰实在和他的为人太不相符。

[①]《大卫·科波菲尔》(David Copperfield)，19世纪英国作家查尔斯·狄更斯(Charles Dickens 1812—1870)所著长篇小说。小说主题是：人间纵有苦难，纵有残忍与欺诈，但也总有仁慈与爱情。主要情节是：大卫·科波菲尔一来到人间，就没有了父亲，他在母亲及女仆辟果提的照顾下长大。继父摩德斯视其为累赘，将大卫送到辟果提的哥哥家里，和他收养的两个孤儿爱弥丽和海穆一起生活。母亲去世后，生性怪僻但心地善良的贝西姨婆收留了大卫，出资供他上学深造。这期间，大卫与律师威克菲尔的女儿艾格妮丝结下情谊。中学毕业后，大卫在斯本罗律师事务所任见习生，看到了卑鄙小人西普在金钱诱惑下一步步堕落，终入法网。其时，已与海穆订婚的爱弥丽经受不住金钱的诱惑，与一个阔少爷私奔了。不久，大卫与斯本罗律师的女儿朵拉结婚，可惜婚后生活并不幸福。后来，爱弥丽被抛弃了，海穆也死了，爱弥丽怀念海穆，终身再未嫁。大卫成了作家，朵拉因病离开人世，满怀悲痛的大卫出国旅行。这期间，艾格妮丝始终支持着他。大卫回到英国后，与艾格妮丝结为夫妻，与贝西姨婆和辟果提幸福地生活在一起。

[②] 麦克里斯：19世纪英国肖像画家。

他的祖父威廉·狄更斯早先是查斯特尔市议员约翰·克罗尔家里的仆人，娶了一个女仆为妻，最后又成了管家。老威廉有两个儿子，小威廉与约翰。不过，我们现在只对约翰感兴趣，因为他既是英国最伟大的小说家的父亲，又是他儿子笔下最出色的人物形象——米考伯先生的原型。约翰刚出生，老威廉就死了。他们的母亲仍在克罗尔家里当女仆，一直干了三十五年，而且还当上了女管家。此后，主人为她提供养老金，而在她当管家期间，主人还出钱让她的两个儿子受到了教育。小儿子约翰经主人推荐在军需处得到一个职位后，很快就认识了一个同事，不久又和这个同事的妹妹伊丽莎白·巴鲁结了婚。在人们眼里，约翰是个穿着入时、总喜欢摆弄怀表的小公务员。他看来很喜欢喝酒，因为他曾卷入过一宗贩酒案，为此还在狱中度过了一段时间。他婚后不久便负债累累，而且仍不停地到处向人借钱。

他们的第二个孩子——查尔斯·狄更斯，于一八一二年出生在普特希镇。两年后，约翰被调往伦敦。他们一家在伦敦住了三年后，又迁往查特姆。就是在查特姆，小查尔斯开始上学读书。他父亲有一些藏书，虽然数量不多，但其中倒有像《汤姆·琼斯》①《威克菲牧师传》②《吉尔·布拉斯》③《堂吉诃德》④《蓝登传》⑤和《小癞子》⑥这样的好书。这些书，小查尔斯不止读过一遍，至于它们对他的巨大影响，我们可以从他后来的小说创作中分明看出。

小查尔斯在学校读书读到十五岁后，就到一家法律事务所去当了见习生。但他在那里只干了几个星期，父亲就把他送到另一家法律事务所，在那里他当上了一名周薪十五先令的小职员。他在业余时间学习速记，仅用了十八个月他就在民法博士会长老法庭谋到了速记员的职位。二十岁时，他又获得议会速记员资格，同时作为一家报纸的记者专门报道下议院的情况。他常坐在旁听席上，被认为是一名"又快又好的速记员"。这时，他爱上了银行经理的女儿玛丽亚·比德奈尔，一个多情而轻浮的姑娘。很可能，是她先对查尔斯·狄更斯调情的。他们的关系甚至到了很亲密的程度，她仍然没有把它当一回事。她只

---

① 《汤姆·琼斯》：18世纪英国小说家菲尔丁的长篇小说。
② 《威克菲牧师传》：18世纪英国小说家哥尔斯密的长篇小说。
③ 《吉尔·布拉斯》：18世纪法国小说家勒萨日的长篇小说。
④ 《堂吉诃德》：16世纪西班牙作家塞万提斯的长篇骑士小说。
⑤ 《蓝登传》：18世纪英国小说家斯摩莱特的长篇小说。
⑥ 《小癞子》：原名《托美思河的小拉撒路》，16世纪中期西班牙流浪汉小说，作者不详。

要喜欢被人恭维，喜欢有个情人陪她玩玩，根本就没有考虑过要嫁给这个一文不名的查尔斯·狄更斯。所以，不到两年，他们的恋爱就告吹了。两人还一本正经地互相退还了礼物。狄更斯非常伤心，因为他是真心爱玛丽亚的。后来，在《大卫·科波菲尔》里，玛丽亚就成了大卫的"孩儿妻"朵拉。在狄更斯刚完成这部小说时，就有一个女友问过他，他是否真的"非常、非常爱她"。他回答说："世上没有一个女人，也很少有男人，能理解这种爱究竟有多深。"他们分手许多年后才相见，玛丽亚·比德奈尔和狄更斯夫妇一起吃了一顿饭。但是今非昔比，此时狄更斯已是大名鼎鼎的小说家，玛丽亚则成了一个肥胖、平庸、笨拙的家庭主妇。于是，她又被狄更斯写进小说，成了《小杜丽》中的芙洛拉·费因钦。

二十二岁时，查尔斯·狄更斯每周已经能挣到五英镑五先令。为了离报社近一点，他搬到河滨街附近的一条很脏的小路上去住。很快他就觉得不满意了，于是便在弗涅伏尔客栈租下一间不带家具的房间。不幸的是，还没等他安置好家具，他父亲又因债务而入狱。为了维持父亲的狱中生活，他不得不解囊相助。父亲一时出不了狱，他找了一处便宜的房子把全家安顿下来，他自己则和由他抚养的弟弟弗雷德里希一起住在弗涅伏尔客栈四楼的一间后房里。"由于他为人坦率、慷慨大方，而且遇事总能逢凶化吉，因此在他家里，以及后来又在他妻子家里，便形成了这样一种习惯，那就是没出息的人总找他资助，还要他帮忙谋取职位。"（引自恩娜·波普-亨奈希的《查尔斯·狄更斯》）

二

他在下议院的旁听席上工作了大约一年后，开始写一组描写伦敦生活的随笔。第一篇作品发表在《月刊》杂志上，后来又在《晨报》上陆续发表作品。他虽然没有得到多少稿费，但开始引起人们的注意。当时，英国有一种风气，人们喜欢看一些表现奇闻逸事的小说。这类小说大多发表在一先令一份的月刊上，往往还配上有趣的插图。因此，出版商经常约请一些稍有名气的作家和画家撰文配画。这就是今天仍受大众欢迎的报纸滑稽栏目的早期形式。有一天，查普曼·豪尔出版公司的一个合伙人找到狄更斯，请他为一位名画家画的一组描写一家体育爱好者俱乐部的连环画配上文字。他答应每月付十四英镑，杂志发行时再外加少许酬金。狄更斯开始说他根本不懂体育，无法撰写这样的稿子，但后来由于"酬金的诱惑力太大，他终于没能抵挡住"。虽然我不能说《匹克威克外传》就是这样产生的，但我至少可以说，这部名作就是在这样一种不寻常的情况下产生的。狄更斯最初的五篇连载故事发表后并不怎么成功，但是当山姆·维勒在故事里出现后，杂志发行量便一下子上升了。后来，这些故事汇集成书出版，大受读者欢迎，狄更斯一举成名，当时他才二十二岁。尽管批评界对他仍持保留态度，但他声誉鹊起，读者对他推崇备至。当时的《评论季刊》曾对他作过这样的预测："根本无须天才也能预知他的命运——他像火箭一样升上天，将像棍子一样栽下来。"确实，纵观狄更斯的整个创作生涯，我们处处可以发现这种情况：大众读他的作品读得如醉如痴，批评家则一味地吹毛求疵。看来，当时的批评界也像现在一样浅薄。

一八三六年，就在连载小说《匹克威克外传》的第一篇发表前几天，狄更斯和凯特·霍格斯结了婚。他的岳父乔治·霍格斯是他在报社工作时的同事，有六个儿子和八个女儿。女儿们个个长得娇小而丰满，碧眼金发，脸色红润。大女儿凯特是当时唯一已到结婚年龄的姑娘，也许就是出于这个原因，狄更斯才娶了她，而没有娶她妹妹中的某一个。他们度过短暂的蜜月后，便在弗涅伏尔客栈住下，并邀请凯特的妹妹——十六岁的玛丽·霍格斯——和他们同住。玛丽活泼可爱，狄更斯渐渐爱上了她，尤其是当凯特因怀孕而不在他身边时，他更是整日与玛丽相伴。这时，他已得到撰写另一部长篇小说即《奥列佛·退斯特》的合同，但在他动笔写这部新作的同时，他仍要继续写按月连载的《匹克威克外传》。于是，他就把每月的时间一分为二，上半个月写《奥列佛·退斯特》，下半个月写《匹克威克外传》。绝大多数小说家都需全神贯注地创作一部作品，根本不可能有什么余暇再去考虑第二部作品，但狄更斯却能毫不费劲地跳来跳去，同时创作两部作品。他的这种特殊才能，确实是大多数小说家没有的。

三

凯特生下了孩子，她一直想多生几个孩子，而此时，他们已搬出客栈，迁居到了道梯大街。玛丽也越长越可爱了。五月的一个夜晚，狄更斯带着凯特和玛丽一起去看戏。戏演得很精彩，回家途中三个人都很兴奋。不料，玛丽却突然病倒了。虽然很快就请来了医生，但没过几个小时，她就死了。狄更斯从她手上取下一枚戒指戴在自己手上，此后他就一直戴着这枚戒指，直到去世。玛丽的死使他悲痛欲绝。他曾在日记中这样写道："假如她——这样一个活泼、可爱、迷人的朋友，这样一个我过去不曾、将来也不会遇到的、能和我分担忧愁而且能理解我种种情感的人——还能活在我们身边，我愿意为这种欢乐而放弃我的一切。然而，她去了。我恳求仁慈的上帝，让我与她同去吧！"他还打算，自己死后就葬在玛丽的旁边。

玛丽之死引起的悲恸，使再次怀孕的凯特不幸流产。等她康复后，狄更斯和她一起到国外作了一次短暂的旅行，以使自己从痛苦中解脱出来。到了六月底，他总算恢复过来，甚至又可以和其他年轻女子逗乐了。

成就卓著的文学家的生活，并不一定都是饶有趣味的。狄更斯的生活往往是按某种模式进行的。他的职业要求他每天工作若干小时，而且还得有一套适合于他的工作程序。他时常要和那些文学界、艺术界的上流人物应酬，还要和那些贵妇人交际。他要出席别人的宴会，自己也要设宴回请。他要外出旅行，要在公开场合亮相。大体说来，这就是狄更斯的生活模式，尽管他的幸运和成功几乎没有哪个作家能与之相比。

他生来喜欢戏剧，实际上他还曾认真考虑过是否要去当一名演员。他背诵台词，还专门向一个演员请教发声法。他时常对着镜子练习上台、坐下和鞠躬等舞台动作，而这方面的造诣，确实使他在出入上流社会时得益匪浅。尽管喜欢吹毛求疵的人总嫌他衣着花哨、举止粗俗，但是他的相貌和眼神、横溢的才华和充沛的精力，还有爽朗的笑声，不管怎么说，总是富有魅力的。许许多多的人恭维他、奉承他，但他的头脑还算清醒，从未被人弄得飘飘然。

使人觉得奇怪的倒是，他虽然有敏锐的观察力，后来对上流社会的语言也相当熟悉，但是在他的小说中却从来没有成功地塑造出任何真实可信的、属于上流社会的人物。他描写牧师和医生，显然不及他描写律师及其助手那样真实，那样生动。这是因为，早年他在律师事务所当小职员，以及后来在民法博士会当速记时，甚至在他穷苦的童年时代，他就非常熟悉律师之类的人了。如此看来，小说家似乎只有把自己从小熟悉的人作为原型，才有可能创造出鲜明的人物形象。我们常会感觉到，自己在童年和少年时代度过的一年，似乎要比成年之后度过的一年来得丰富多彩；我们也常常会把自己熟悉的那些人看作是整个世界。对于那些人，我们本来是可以彻底了解他们的内心的，只是后来不知怎么搞的，我们只了解了他们一些表面的东西。这对于一般人来说是无所谓的，但对于小说家来说，却至关重要。狄更斯就遇到了这样一种不利情况，那就是他有时不得不进入某个不属于他的世界。他对那里的生活不甚了了，那里的一切都和他自己熟悉的世界截然不同，于是他便失去了汲取创作灵感的源泉。有幸的是，他对自己早年丰富多彩的生活有深切感受，他可以在后来所遇到的男男女女中进行选择，只挑选某些人物，用他自己独特的方式加以处理。

他是个非常勤奋的作家，时常是一部作品尚未完成，第二部作品就已经动手写了。他一边写作，一边还要密切关注读者对杂志的反应，因为他的大部分小说最初都是在杂志上连载的。人们对他的《马丁·朱述尔维特》为什么会在美国出版一直很感兴趣。殊不知，这部小说最初也是在英国的一份杂志上连载的，只是后来狄更斯得知杂志销量下跌，读者对他的这部连载小说不像以前那样感兴趣了，他才考虑把小说拿到美国去出版。他不属于那种把作品畅销视为不光彩的作家。他的勤奋多产没有使他精疲力尽。除了写作，他还创办并主持了三份周刊，同时又以极大的热情从事其他爱好。他可以毫不费劲地一天步行二十英里；他骑马、跳舞，还喜欢各种各样的玩耍。他在业余剧团演戏，甚至变魔术给孩子们看。他出席宴会，到处演讲，还慷慨大方地设宴招待客人。

有了钱，狄更斯一家便立刻搬进伦敦豪华区的一幢住宅，还从大商行定购了成套家具，精心布置客厅和卧室。地板上铺着厚厚的地毯，窗前垂挂着绣花的帷帘。他雇用了一个手艺不错的厨师，还雇用了三个女仆和一个男仆。他和妻子各有一辆自备马车，家里经常是晚宴不断，高朋满座。他的奢侈铺张，曾使托马斯·卡莱尔①的夫人感到震惊，甚至连杰弗里爵士到他家赴宴后，也在给朋友科克彭的信中说："这样的晚宴，对于一个刚刚富起来而且有家有室的人来说，实在是太铺张浪费了。"所有这一切，都需要大笔大笔的钱。除此之外，狄更斯还有其他开销：他的父亲和一些亲属的生活全都由他负担，而且还得长期负担下去。老约翰②生性浪荡，在他的所作所为中，最使他这个出了名的儿子感到难堪的事情，就是他老是用儿子的名义向人借钱，甚至偷偷地把儿

---

① 托马斯·卡莱尔：19世纪英国著名历史学家、作家。
② 老约翰：即约翰·狄更斯，查尔斯·狄更斯的父亲。

子的手迹和手稿拿去卖掉。狄更斯不久便得出结论：除非让那些人统统搬出伦敦，否则他将永远不得安宁。于是，他不管他们怎样抱怨，在靠近艾塞克斯的奥芬顿镇上找了一幢房子，要他们搬到那里去住。与此同时，他创办了一份名为《汉佛瑞少爷之钟》的刊物，其部分目的就是想挣钱来对付家里的大笔开销。为了给刊物打开销路，他开始写《老古玩店》并在刊物上连载。小说大获成功，一时间人人都在谈论它，连康奈尔、柯勒律治、杰弗里勋爵和卡莱尔这样的大文人也被这部小说的哀婉伤感之情所打动。甚至远在纽约，人们都聚集在码头上等着装有这份刊物的客轮进港，而且当客轮徐徐靠岸时，他们就迫不及待地大声喊："小耐儿有没有死？"

一八四二年，狄更斯夫妇去美国访问，临行前他们把四个孩子交托给凯特的妹妹乔治娜照看。虽然迄今为止，还没有哪个英国作家能像狄更斯那样生前就声名远扬，但是他的美国之行却并不尽如人意。这是因为，那时的美国人对欧洲人仍时时抱有戒心，尤其是对任何批评美国的言论都极为敏感。他们的新闻界和出版界肆无忌惮地侵犯"新闻人物"的隐私权。当时的美国新闻媒介固然也把外国著名人士的来访视为好事，但是只要他们不愿像动物园里的猴子那样被人耍弄而稍稍表示不满，马上就会被说成是自以为是、自高自大。美国的言论自由是不能伤害他人感情或者有损他人利益的。在那里，人人有权表达自己的观点，但前提是不反对别人的观点。对这些情况，狄更斯一无所知，于是就不免出错。美国当时还没有加入国际版权公约，所以不仅英国作家的作品在那里得不到保护，而且使美国自己的作家也受到损害，因为出版商大肆出版无须支付稿酬的英国作品，需付稿酬的美国作品就不太愿意出版了。狄更斯在欢迎他的宴会上发表演说时，便提出了这一问题。他这样做显然是不明智的。他的演说随即引起一片哗然，报纸上干脆把他说成是个"唯利是图的小人，毫无绅士风度"。尽管他处处仍有崇拜者簇拥，在费城还花了足足两小时和那些前来向他致敬的崇拜者一一握手；尽管那些争着想从他那儿得到纪念品的崇拜者把他身上的新大衣撕成了碎片，但是就他个人形象而言，这次访问并不算成功。因为虽有许多人为他英俊的外貌和充沛的活力所吸引，但仍有为数不少的人认为他缺乏男子气，认为他的服饰、戒指和钻石别针俗不可耐，甚至认为他举止粗俗，有欠修养。不过，他在那里还是结识了一些朋友，而且后来一直和他们保持着很好的关系。

四

在美国度过了繁忙而使人精疲力尽的四个多月后,狄更斯夫妇回到英国。孩子们在姨妈乔治娜的照顾下生活得很好。疲惫不堪的狄更斯夫妇恳求乔治娜和他们同住,帮助他们料理家务。乔治娜此时十六岁,刚好和玛丽初到弗涅伏尔客栈时一样年龄。她和玛丽长得很像,所以从某种意义上说,她是又一个玛丽。凯特这时又在盘算着生孩子了。乔治娜长得娇小可爱而且和蔼可亲,她还善于模仿别人的动作,常把狄更斯逗得捧腹大笑。于是乎,"一直思念着玛丽并把这种思念看得就像自己的'心脏搏动'一样重要的狄更斯,从乔治娜身上看到了玛丽的身影,他发现时光似乎在倒流,便更加觉得'过去与现在是难以分割的'"。(引自恩娜·波普-亨奈希的《查尔斯·狄更斯》)

狄更斯曾忍受过长期的贫困,所以一旦有了钱,他就想过豪华的生活。但不久,他便发现自己已经债台高筑了。他决定把住宅租出去,自己到意大利去住,因为那里的生活比较省钱。他在意大利度过了一年,大部分时间住在热那亚。他饱览了意大利半岛的旖旎风光。但是,由于想使自己在精神上更为充实,他一直专心致志地读书,再加上他不自觉地总会显露出岛国人的褊狭性格,所以他并没有结交意大利朋友,始终只是个典型的英国旅居者。不过,尽管如此,他还是结识了一位旅居热那亚的瑞士贵妇人,即德·拉·赫伊夫人,并和她友情甚笃。这位夫人的丈夫是瑞士银行家,她当时似乎正为自己的妄想症而苦恼。狄更斯一直对催眠术颇有兴趣,于是便向她保证,只要给她施用催眠术,便能解除她的苦恼。他们天天见面,甚至一天两次,说是为了施用催眠术。对此,凯特深感不安。在他们旅行时,德·拉·赫伊夫人处处跟随着狄更斯一家。后来,狄更斯的催眠术终于使德·拉·赫伊夫人恢复了健康,而凯特,直到他们一家回到英国后才如释重负。

凯特是个性情温和、气质忧郁的女人。她很固执,既不喜欢跟随丈夫旅行和赴宴,也不喜欢作为女主人在家里设宴待客。她既没有迷人的姿色,又显得笨手笨脚。所以,那些常与狄更斯交往的名流要人很快就发现,要和乏味的狄更斯夫人打交道实在是件令人讨厌的事。有些人甚至认为她是个废物。确实,做名人的妻子不容易,除非她足够老练或者富有幽默感,否则就难以胜任。凯特既不善于交际，又没有幽默感。她生来就不是那种性格的女人。但是，如果她非常爱自己丈夫的话，这些也算不了什么。不幸的是，凯特似乎从未真正爱过狄更斯。早在他们订婚期间，狄更斯就在信中抱怨过她的冷漠。她之所以嫁给他，原因大概就是女人总得嫁人，也可能因为她是八个女儿中最年长的，父母便把第一个求婚者安排给她了。总之，她善良、文雅、娇弱，却没有必要的修养和才能与丈夫的显赫地位相匹配。

与此同时，乔治娜在狄更斯家里占据了玛丽曾占据过的位置。随着时间的推移，狄更斯越来越离不开她了。他们一起长时间地散步，一起商量他的写作计划。她还充当他的秘书。国外生活的惬意和便宜使狄更斯尝到了甜头，他就开始较长时间地在国外逗留。乔治娜曾随他们一家去过意大利，后来又去了瑞士洛桑、法国的布伦港和巴黎。有一次，他们计划在巴黎住一段时间，于是她便单独和狄更斯一起先到巴黎找了一套公寓住下，等他们把一切安排就绪后再通知凯特，让她带着孩子离开英国。还有，在凯特怀孕期间，乔治娜总是随狄更斯一起外出旅行或者参加宴会，家里设宴招待客人，也由她代替凯特主持家宴。有人可能会以为，凯特对此一定会很不高兴。其实不然，她从未流露过任何不满情绪。

五

岁月转眼即逝，到一八五七年，查尔斯·狄更斯年满四十五岁，此时他已成为英国最有声望的作家，同时又是享有盛誉的社会改革家。在公众眼里，他的生活富有戏剧性。他的孩子也已长大成人。这时，发生了一件意想不到的事。他喜欢演戏，有时为慈善事业义演，经常在一些戏中担任业余演员。这一年，他应邀到曼彻斯特去演出《结冰的深渊》。这出戏是维基·柯林斯[①]在他的帮助下编写的，曾为女王陛下夫妇和比利时国王演出过，而且大获成功。狄更斯扮演剧中一个富有自我牺牲精神的北极探险者，为此他还蓄起了胡子。他非常喜欢这一角色，因而他的表演极富感情，使许多观众感动得涕泪纵横。后来他同意在曼彻斯特重演这出戏，但他决定把过去由他女儿扮演的角色改由职

---

① 维基·柯林斯：19世纪英国小说家，狄更斯的好友。

业演员来演，因为他认为他的女儿不适合在大剧院里演出。于是，一个名叫爱伦·泰尔兰的年轻女演员便应聘前来。狄更斯曾在几个月前看过她演的《亚特兰大》。在她登台前，狄更斯曾去化妆室看她，发现她在哭，原因是她在演出时必须露出大腿。她的羞涩和矜持吸引了狄更斯。

爱伦·泰尔兰当时年仅十八，身材娇小，容貌秀丽，有一双碧蓝的眼睛。排演在狄更斯家里进行，由他亲自担任导演。在排演过程中，爱伦充满敬慕之情的举止和急于讨好他的样子使狄更斯非常得意，所以排演尚未结束，他便深深地爱上了她。他从商店订购一条项链送给她，不料商店却把项链误送到了他妻子手里，于是夫妻间不免闹起风波。最后，好像是狄更斯容忍了妻子的怒气，因为她毕竟是无辜的受害者。在像他们这样的婚姻关系中，这也是丈夫用以平息风波的最佳方式。那出戏上演了，狄更斯的表演精彩之极。

由于凯特从未使他感到过满意，现在又迷恋上了爱伦·泰尔兰，狄更斯越来越无法忍受妻子的弱点。他写道："她温存、随和，但无论怎样我都没法使她理解我。"他开始想到，他们的结合从根本上说就是不合适的。他曾对约翰·福斯特①说："问题的关键在于，不该那么年轻就结婚，现在时间过去了，情况却没有好转。"他的感情在变化，而她却依然停留在原地。狄更斯相当自信地认为，自己是没有什么地方需要自责的。他觉得可以自我安慰的是，他是一个好父亲，对孩子是尽心尽责的。这么想，倒有点像彼克斯涅夫②的处世态度。他其实并不想生育太多孩子，之所以会有那么多孩子，完全是凯特一人的主张。不过，他对幼儿还是很喜欢的，只是当他们长大后，他便不感兴趣了。大多数男孩到一定年龄，就被他送往国外。

这一时期，他喜怒无常，性情烦躁，除了乔治娜，他对任何人都要发脾气。最后，他决定和凯特分居。但是，由于他的社会地位，他又担心家庭关系的破裂一旦公开，很可能会招来种种谣言。这样的担心是完全可以理解的，因为多年来他一直在大肆宣扬家庭幸福。他比任何人都热衷于在圣诞节撰文颂扬纯真、和谐、美好的家庭生活。有人给了他一些建议：第一种是他和凯特各住各的房间，但凯特仍作为女主人主持家宴，并陪他出入各种公开场合；第二种建议是他住到盖茨山庄（他新近买下的一幢别墅）去，凯特留在伦敦；第三种建议

---

① 约翰·福斯特：19世纪英国评论家。
② 彼克斯涅夫：狄更斯小说中的人物。

是让凯特住到国外去。但是,所有这些建议都遭到凯特的反对。最后,他们还是决定彻底分居。凯特独自住在坎顿镇附近的一所住宅里,每年能得到六百英镑的津贴。稍后,他们的长子查理去那里和母亲同住。

这样的安排实在令人惊讶。人们总觉得奇怪,为什么凯特会同意丈夫把自己逐出家门,为什么她会同意离开自己的孩子?她明明知道狄更斯和爱伦·泰尔兰有恋情,这样的把柄在手,是完全可以由她来提出种种条件的。也许是她太老实了,也许是她确实有点愚笨;也有可能,就如某些人解释的,狄更斯神奇地使妻子相信自己有点精神失常,从而"使他的妻子觉得,自己最好是离开这个家"。不过,一般认为最可靠的解释是她酗酒。对此,我虽无十分把握,但相信这是真的。她很可能已变成了酒鬼。否则,乔治娜为什么要去掌管家务、照料孩子?为什么母亲离开家,孩子们依然留在家里?为什么乔治娜后来会这样写道?——"可怜的凯特无法照看子女,这事已成公开的秘密。"看来,事情是比较清楚的。让长子查理去和他母亲同住,其原因或许就是为了监视她,不让她过度酗酒。

狄更斯名声太大,关于他的隐私,难免会有流言蜚语。他的朋友在私下里说他处理家庭事务有欠考虑,对他怀有敌意的人则到处散播种种无稽之谈。流言蜚语甚至传到了国外。但是,出人意料的是,人们传说的情妇不是爱伦·泰尔兰,而是乔治娜。狄更斯很愤怒,他相信所有的流言蜚语都出自霍格斯家,也就是凯特和乔治娜的家。于是,他逼迫他们声明他和他的妻妹之间没有任何可受指责的事情,并威胁说,如果他们不加以澄清的话,他就把凯特赶出家,而且分文不给。霍格斯一家为此足足用了两星期时间考虑对策。使他们犹豫不决的是:要是狄更斯真那么做的话,凯特能不能态度强硬地去寻求法律支持?如果不想让事情发展到这一步,那么唯一可行的办法就是承认错误在凯特一边,而又是他们最不愿意的。

在这场风波中,乔治娜是谜一样的人物。外面谣传纷纷,狄更斯觉得只有他自己出面,才能向大众解释清楚他与妻子分居的缘由。他写了一封公开信,先在《纽约论坛报》上发表,后来又由各家报纸转载。他在公开信中提到乔治娜时说:"说实话,世界上再也找不到比她更纯洁、更完美无缺的人了。"当然,他这么说的目的是要否认他和乔治娜之间有不正当关系,这很可能是真话。也许,乔治娜是爱他的;她在狄更斯去世后编辑他的部分书信时,把狄更斯对凯特的赞扬之词统统删掉了，可见她对姐姐一直存有嫉妒心。不过，在当时，丈夫即使与亡妻的姐妹结婚，也会被教会和当局认为是乱伦。所以，乔治娜虽然在狄更斯家里住了十五年之久，却很可能从未想过要和姐夫建立任何超出兄妹之情的关系。更何况，狄更斯又一心爱着爱伦·泰尔兰。或许，乔治娜觉得自己能得到一位名人的信任并能完全支配他，也可以满足了。令人困惑的倒是，她在盖茨山庄为狄更斯操持家务时，竟然会欢迎爱伦·泰尔兰到山庄做客，还和她交了朋友。

狄更斯曾以查尔斯·特林汉姆的名义在帕克海姆附近为爱伦租了一幢房子。不久前，到那幢房子去参观的人还被带到一棵大树前，因为据说作家"特林汉姆先生"生前很喜欢坐在这棵树下。狄更斯去世前，爱伦就一直住在那里。她还为他生了一个儿子。从盖茨山庄到帕克海姆不远，狄更斯经常到那里去和爱伦共度良宵。他们还一起去过一次巴黎。

在分居期间，狄更斯仍为公众朗诵他的作品，为此他走遍了英伦三岛，而且再次访问美国。他充分发挥他的表演才能，每次朗诵都大获成功。不幸的是，由于到处奔波，他被弄得精疲力尽。人们开始注意到，这个四十多岁的男人看上去已俨然像个老人，而他的活动还不仅仅是朗诵自己的作品；在和妻子分居后直到他去世的十二年间，狄更斯完成了三部长篇小说，还创办了一份相当成功的杂志《一年四季》。因此，他的健康每况愈下，这也是必然的。医生要他注意休息和静养，但公众的掌声又使他兴奋不已。于是，他不顾一切地坚持要作巡回朗诵表演。就在巡回途中，他病倒了，不得不放弃后面几场朗诵会。他回到盖茨山庄，坐下来写他的长篇小说《艾德温·德鲁德》。但是，为了补偿朗诵会组织者因他缩减场次而遭受的损失，他又答应在伦敦安排十二场朗诵会。那是在一八七〇年一月，圣詹姆斯教堂里人山人海，每当他入场和退场时，观众都站起来向他欢呼。朗诵会终于结束，他又回到盖茨山庄，继续写他的《艾德温·德鲁德》。六月里的一天，在吃晚饭时，乔治娜（她和他同住在盖茨山庄）发现他脸色不对。"哦，你得躺下休息！"她对他说。"好，就躺在地上吧！"他回答说。这是他说的最后一句话，说完他就顺着她的胳膊滑下去，躺在地上。乔治娜随即派人到伦敦去把他的两个女儿找来。第二天，这个能干而有主见的女人又派狄更斯的女儿凯蒂去通知她母亲，然后再把爱伦·泰尔兰带到盖茨山庄来。又过了一天，也就是在一八七〇年六月九日，他去世了。他的遗体被安葬在威斯特敏斯特教堂的名人墓园里。

六

在以上关于狄更斯的生平叙述中,我没有提到他在社会改革方面所作出的卓有成效的努力,也没有提到他对穷人、对被压迫者的同情和帮助。我尽可能地只谈到他的私人生活,因为在我看来,只有当你很想了解他的私人生活时,你才会怀着极大的兴趣去读那本我向你推荐的书——《大卫·科波菲尔》;因为在很大程度上,它是一部自传。不过,狄更斯毕竟是在写小说,而不是在写自传。他确实从自己的生活中汲取了许多素材,但也仅仅是汲取素材而已,其他一切都来自他丰富的想象力。就如我已经说过的,米考伯先生和朵拉的原型分别是他父亲和他的第一个情人玛丽亚。至于玛丽·贝德耐儿和艾格妮丝的原型,一部分是他心目中的理想人物玛丽·霍格斯,一部分是玛丽的妹妹乔治娜·霍格斯。大卫·科波菲尔十岁时被继父送去当童工,这和狄更斯自己被父亲送去做见习生很相像,而且大卫也像他自己一样,觉得和那些比自己社会地位还要低的同龄孩子混在一起,是一种"屈尊"和"降格"。

大卫·科波菲尔自述自己的故事,这是小说家常用的结构方式。这种方式有优点,也有缺点。优点之一是,它迫使叙述者自始至终紧跟自己的叙述线索,也就是说,他只能叙述他亲眼所见、亲耳所闻或者亲身所行的事情。狄更斯的小说往往情节很复杂,读者的兴趣经常会被引向和故事进程不相干的人物或事件,而采用这种结构便可予以避免(在《大卫·科波菲尔》里,唯一离题的地方是对斯特朗博士和他的妻子、岳母以及妻子的侄子的关系所作的叙述,这些叙述其实和大卫的故事毫不相干,而且还叙述得相当冗长啰唆)。另一个优点是,可以增强故事的真实感,使你的同情心和叙述者的同情心融为一体。当然,你可以赞同他,也可以不赞同他,但不管怎样,你的注意力一直集中到他身上,结果便赢得了你的同情。

这种结构的一个缺点是,由于叙述者就是小说主人公,所以他只能毫不谦虚地向你叙述他自己是如何英俊,如何有魅力。当他叙述到自己的鲁莽行为或者当女主人公已爱上他(这时读者已看得清清楚楚)而他还蒙在鼓里时,他会显得傻里傻气,而他又往往表现得很自负。还有一个更大的缺点是,相对于叙述者即主人公所叙述的其他人物,叙述者自身的形象往往会显得苍白无力。这一缺点是采用这种结构的小说家都无法完全避免的。我经常自问,为什么会产生这种结果?所能找到的唯一解释是:由于主人公就是叙述者本人,所以当他叙述到自己时,他是从内部来塑造自身形象的,他会不自觉地表现出种种混乱、怯懦或者犹豫情绪,这无疑是不利于形象塑造的;而当他叙述到其他人物时,他是从外部观察他们的,他可以凭借自己的想象力来描写他们,而当这种描写又是出自像狄更斯这样才华出众的作家之手时,他们身上最重要的戏剧性特征、他们的个性乃至于怪癖,都会被表现得淋漓尽致,因而他们的形象生动而鲜明,使叙述者的自画像反而相形见绌了。

狄更斯尽了最大努力想激起读者对主人公的同情。但是,说实话,大卫为寻找贝西姨婆而出逃,在奔往多维尔海港时的那段表现他孤注一掷心情的著名描写,实在是过于夸张了。读者不能不感到惊讶,这个小男孩竟然会愚蠢到这种地步,竟然会听凭别人哄骗他,损害他。因为不管怎么说,他毕竟在工厂干过几个月,在伦敦街头游荡过,还和米考伯一家同住过,替他们典卖过东西,甚至还去过马夏西监狱探监。读者不禁会想,既然说他是个聪明伶俐的孩子,那他在未成年时也多少应该懂得一点人情世故,有一点自卫能力吧。然而,大卫·科波菲尔却自始至终表现得窝窝囊囊。他一而再、再而三地让人欺骗和损害自己,似乎从来没有表示过想与此抗争的意愿。他对待朵拉的态度是那样软弱无能,在处理日常家务方面又那样缺乏常识,这些也是让人无法相信的。他还那样迟钝,甚至都猜不出艾格妮丝在爱他。小说结束时,狄更斯告诉我们,大卫成了小说家。这更让我们无法相信了。如果大卫真的在写小说,那么我想,他的小说一定更像是亨利·伍德夫人①写的,而决不会像是狄更斯写的。说来奇怪,大卫的创造者竟没有把自己充沛的活力和横溢的才华赋予他自己创造的人物。大卫全靠文雅俊美的外表吸引人;否则的话,他是不会像现在这样人见人爱的。他诚实、善良、为人正直,但他确实有点傻里傻气。他是这本书里最不生动的人物。

不过,这没有关系,因为书里还有其他人物,他们却是最生动、最丰满和最具个性的。这些人物虽不十分真实,但富有生气。像米考伯、辟提果、巴基

---

① 亨利·伍德夫人:19世纪英国三流女作家。

斯、特拉德尔斯、贝西·特洛伍德、狄克先生以及尤利亚·希普和他母亲这样的人，在生活中是没有的；他们只是狄更斯丰富想象力的奇异产物。然而，他们却被表现得那样生动、那样协调、那样逼真，简直叫你不可能不相信他们。他们虽表现得有点夸张，却仍然不失其真。你一旦认识他们，便再也不可能忘记他们。他们中最出色的，当然是米考伯先生。他是绝不会让你感到失望的。狄更斯最后让米考伯先生在澳大利亚成了一名可尊敬的官员，但有些批评家认为，这个人物应该自始至终保持他那种浑浑噩噩的"今朝有酒今朝醉"的个性。我对这样的苛责并不以为然。澳大利亚是个人烟稀少的国家，而米考伯先生相貌堂堂，受过教育，而且又极有口才，我不明白，像他这样一个具有那么多优点的人，为什么就不能在那里谋到一官半职？不过，我却不太相信他真能揭穿尤利亚·希普的诡计，因为他没有足够的心计和耐心。

　　只要有利于故事的发展，狄更斯就会毫不犹豫地使用巧合，从不过多地考虑必然性。现代小说家却不同，他们为了表现事物的必然性，不得不把情节叙述得充分可信，而且还要尽可能地逼真。不过，当时的读者都很愿意相信那些在现实生活中根本不可能发生的故事情节。这恰恰是狄更斯的拿手好戏。他讲述故事的技巧是那样高超，以至于到了今天，我们还会相信这些故事。《大卫·科波菲尔》里充满了巧合。譬如，斯提福兹返回英国时，他搭乘的船在雅茅兹海滩遇险，这时为什么偏偏是大卫而不是别人正好到那里去看望朋友？其实，只要狄更斯愿意，凭他的技巧是完全可以避免使用这类不合理情节的。但是，他还是这样写了，因为他认为这样可以为他提供机会来描写一个惊心动魄的场面。

　　尽管和狄更斯以前的小说相比，《大卫·科波菲尔》里的戏剧性事件并不多，但是其中有些人物，譬如尤利亚·希普，仍有一种通常被认为低级趣味的闹剧人物的意味。当然，不管怎么说，这个人物总体上是刻画得很有力的，是个令人恐惧的人物。还譬如，有个次要人物，即斯提福兹的仆人，他那种神秘、阴险的特点也写得过于可怕。在我看来，这类人物中最让人难以理解的是洛莎·达特尔。这个人物可以说是小说中的一大败笔。我发现狄更斯的本意是想让这个人物在故事中发挥更大作用的，只是他后来没能做到。他之所以没能按原意去做，我猜想（当然没有多少根据）原因是他担心那样会冒犯读者。我曾自问，要是斯提福兹不是洛莎·达特尔的情人，那会怎样？要是她对他的仇恨中并没有掺杂那种饥渴的、疯狂的爱，那又会怎样？但是，如果这样的话，我又弄不明白还有什么原因可使她那么残忍地对待小爱弥丽？——顺便插一句，我认为小爱弥丽是个影子式的人物，她仅仅起到了一点她能起到的作用而已。

狄更斯曾写道："在我所有的作品中，我最喜欢的就是这部作品。就像许多慈祥的父母一样，我也有自己偏爱的孩子，他就叫大卫·科波菲尔。"作家对自己的作品往往不能作出正确判断，但这是个例外。狄更斯的判断是正确的。马修·阿诺德[1]和罗斯金[2]都认为《大卫·科波菲尔》是他的最佳作品。对他们的看法，我想我们是会同意的。既然如此，这也就是作家本人、批评家和读者的一致看法。

---

[1] 马修·阿诺德：19世纪英国诗人、批评家、教育家。
[2] 罗斯金：19世纪英国艺术鉴赏家、批评家。

第六章　福楼拜与《包法利夫人》①

一

古斯塔夫·福楼拜是个极不寻常的人，法国人说他是天才。不过，"天才"一词现在常被滥用。《牛津词典》把这个词定义为一种天生的非凡能力，即有能力进行富有想象力的创造，或者具有独创性的思考、发明和发现；同时认为，和一般有才能的人相比，天才在更大程度上是靠天生的洞察力或者说直觉能力，而不是靠有意识的努力取得成就的。根据这一标准，任何时代都不大可能产生三到四个以上的天才。某个作曲家写出了悦耳动听的乐曲，某个剧作家写出了形象生动的喜剧，或者某个画家画出了富有魅力的图画，我们就说他是天才，那是在降低天才一词的标准。他们的作品当然很好，他们本人也可能具有不寻常的才能，但天才却要比他们高一层次。如果硬要我说二十世纪有没有天才，阿尔伯特·爱因斯坦大概是我唯一能想到的名字。十九世纪的天才可能

---

① 《包法利夫人》（*Madame Bovary*），19世纪法国作家古斯塔夫·福楼拜（Gustave Flaubert, 1821—1880）所著长篇小说。小说主题是：沉溺于幻想而无视现实者，可笑可悲。主要情节是：爱玛是个喜欢读浪漫小说的乡村姑娘，还受过点贵族教育，所以当她嫁给乡村医生包法利后，对土头土脑的丈夫很不以为然，一心想学贵族夫人，奢华而浪漫。为了奢华，她到处找人借钱；为了浪漫，她先后找了两个情人：一个是见习律师莱昂，一个是小庄园主罗多尔夫。然而，爱玛幻想中这两个浪漫情人，其实是现实中的两个庸俗男人，结果使爱玛大失所望。而更为要命的是，爱玛为了奢华，借了许多高利贷，时间一久，利上加利，她积债如山。她去找两个情人，想让他们帮她还债，但他们根本不是浪漫故事里的救美英雄，而是两个怯懦而自私的男人；他们用各种借口推诿，不肯为她掏一文钱。最后，爱玛走投无路，服毒自尽。爱玛死后，为了还清她的债务，她丈夫包法利医生失去全部家产，痛苦不堪，而当他偶然还发现妻子生前曾和两个男人通奸时，终于承受不住打击，溘然去世。

要多一点，但福楼拜是否属于这样一个具有特殊才能的人，读者只要牢记《牛津词典》上的定义，等读完我这篇文章后便自会作出判断。

有一点是毫无疑问的，那就是福楼拜写出了典型的现实主义小说，并直接或者间接地影响了后来的小说创作。譬如，托马斯·曼①写《布登勃洛克一家》、阿诺德·班内特②写《老妇人的故事》以及西奥多·德莱塞③写《嘉莉妹妹》，其实都是步福楼拜的后尘。福楼拜以几近狂热的勤奋献身于文学创作，像他这样的作家可谓绝无仅有。他不仅像大多数作家一样把文学当作头等大事，还把它看作是一件无所不包的事情，既可以修养身心，又可以充实阅历。对他来说，生命的目的不是活着，而是写作。他为了实现自己的创作抱负，不惜牺牲各方面的生活；和他相比，那些把自己关在小屋里侍奉上帝的修道士也算不上全心全意。

一个作家写出怎样的作品，取决于他是怎样一个人。我们之所以希望了解优秀作家的生平，原因也就在于此。就福楼拜而言，这一点尤为重要。他的父亲是一家医院的院长，和妻子一起住在里昂，福楼拜于一八二一年出生在那里。这是个幸福的、受人尊敬的富裕家庭。福楼拜像他那种家庭的法国孩子一样长大；他进了学校，和其他孩子一样读书、做功课。他没做什么，只是读了不少课外的书。他感情丰富，耽于幻想，而且像其他孩子一样常常感到孤独。这种孤独感，在有些敏感的人身上甚至会保持终生。

"我十岁就进了中学，"他后来写道，"而且很快就对所有的人都感到深深的厌恶。"这不是随便说说的，他确实有这种感觉。他年轻时就是个厌世者。那时，正是浪漫主义鼎盛时期，厌世情绪十分流行；他有一个同学开枪射穿了自己的头，另一个同学则用领带上吊自杀。但是，福楼拜有一个舒适的家庭，有慈爱而宽容的父母，有非常喜欢他的姐姐，还有许多亲密朋友，我们不明白他为什么会觉得生活无法忍受，还那么厌恶周围的人。他发育良好，身体健康而且强壮。他少年时代就写了一些短篇小说，这些短篇小说就像是浪漫主义的大杂烩，其中的厌世情绪很容易被看作是当时流行的一种文学装饰。不过，福楼拜的厌世情绪并不是装出来的，也不是因为受了外界的影响；他生来就是个

---

① 托马斯·曼：20 世纪德国小说家，曾获获贝尔文学奖。
② 阿诺德·班内特：20 世纪英国小说家。
③ 西奥多·德莱塞：20 世纪美国小说家。

悲观厌世的人。如果要问为什么,那就要深入研究他整个精神世界的变化情况了。

二

福楼拜十五岁时,发生了一件后来影响他一生的事。他们全家到特鲁维尔去避暑,那时特鲁维尔还是一个偏僻的海边小镇,只有一家旅馆。在那里,他们遇到了一个叫莫里斯·施莱辛格的音乐出版商(他有时也做一点投机生意)和他的妻子。关于后者,福楼拜后来对她作了这样的描绘:

> 她是个高高的浅黑皮肤的女人,一头漂亮的黑发一缕缕地垂到肩头;鼻子是希腊式的,两眼燃烧着炽热的光;眉毛细长,美妙地弯成弓形;皮肤油亮,好像有一层金色的薄雾;身材苗条而优雅,在她浅黑而带紫色的脖子上曲折地分布着一条条浅蓝色的静脉血管。她的嘴唇上有一层细微难察的汗毛,给她脸带来一种刚毅的男性活力,从而使那些皮肤白皙的美人相形见绌。她说话很慢,声调抑扬顿挫,柔和而富有音乐感。

我把其中的 pourpre 一词译成"紫色"时①,觉得颇费踌躇,因为这颜色似乎并不好看,但也只能这么翻译。我估计,福楼拜想到的大概是龙沙②曾在那首最著名的诗里用过这个词,而没有想到用这个词来形容一位夫人的脖子到底会给人怎样的印象③。

他发疯似的爱上这位夫人。她当时二十六岁,正在喂养一个婴儿。但他很羞怯,要不是她丈夫热情好客,喜欢交朋友,他甚至都不敢主动去和她说话。莫里斯·施莱辛格邀请十五岁的福楼拜一起去骑马。有一次,他还和施莱辛格夫妇一起乘船游玩。他和艾莉莎(这是她的名字)并排而坐,肩膀相触;她的裙摆还盖住了他的手。她用低沉悦耳的声音和他说话,而他却处在一片迷乱之中,根本就没听清她说了些什么。夏天过后,施莱辛格夫妇离开了特鲁维尔,

---

① 这段文字的原文是法文,毛姆将其译成了英文。
② 龙沙:16世纪法国大诗人。
③ 福楼拜以用词精确而著称,这里暗示他早年也曾用词不当。

福楼拜一家也回到了里昂。他继续去上学。但他已陷入他一生中最重要、也最持久的一场恋爱。两年后，他再访特鲁维尔，得知她也去了那里，但已经走了。这时他十七岁。他似乎觉得，他过去是因为太幼稚，所以不能真正爱她；现在则不同了，正怀着一个男人的渴求在爱着她。由于她不在眼前，他的爱欲变得更加强烈。他回到家里，继续写那本他已经开了头的书——《对一位夫人的回忆》，其中讲述的，就是他在那年夏天是如何爱上艾莉莎·施莱辛格的。

他十九岁从学校毕业时，父亲为了奖励他，让他和一个叫克洛盖尔的医生一起到比利牛斯山和科西嘉岛去旅游。他那时已完全成熟，据他的同时代人描述，他是个高个子，但他其实只有五英尺十英寸[①]高，若在加利福尼亚或者得克萨斯[②]，这样身高的男人可能还会被认为是矮个子。他身材瘦长，体形优美，黑睫毛下有一对像海水一样蓝的大眼睛，一头漂亮的长发披到肩膀。一个当时认识他的女人四十年后说，他那时英俊得就像一尊希腊神像。从科西嘉岛回到法国，两个旅行者在马赛停留。一天早上，福楼拜外出洗澡回来，看见旅馆的院子里坐着一个年轻的夫人，神情慵懒性感，很吸引人。他便主动去和她交谈。她叫厄拉莉·福柯，丈夫是法属圭亚那的一个官员，她在马赛是等她丈夫来接她。她和福楼拜一起度过了那个夜晚。按福楼拜后来对这次艳遇的描绘，那个夜晚就像雪原上的日落一样妙不可言。他离开马赛后，再也没有见过她。这是他的初次性爱经验，他一生都铭记在心。

在这段插曲之后不久，他去巴黎攻读法律，这不是因为他想当律师，而是因为他不得不选择某种职业。但是他讨厌巴黎，讨厌法律教科书，讨厌大学生活。他对同学们的平庸、装模作样和市侩气嗤之以鼻。就在这段时间里，他写了一部名为《十一月》的中篇小说，描述他和厄拉莉·福柯的那次艳遇，但他的女主人公却有点像艾莉莎·施莱辛格，有一双闪亮的眼睛和高高扬起的弯眉毛，嘴唇上也有一层淡淡的汗毛，只有脖子不一样，是雪白滚圆的。

他去了施莱辛格的办公处，又和他们夫妇俩联系上了。那个出版商还请他去参加每星期三在他家里举行的聚会。艾莉莎还是像以前一样迷人。她当初看见福楼拜时，他还是个笨拙的大孩子，现在他已是一个男子汉，殷勤、漂亮而且充满热情。不久，她就发现他在爱她。他呢，很快就成了他们夫妇俩的亲密

[①] 五英尺十英寸，约 1.78 米。
[②] 加利福尼亚和得克萨斯在 19 世纪以放牧业为主，那里的牛仔大多身材高大。

朋友，每星期三都要和他们一起用餐。他们还一起去短途旅行。但是，福楼拜还是像以前一样羞怯，久久没有勇气向艾莉莎表白他的爱情。当他终于向她表白时，她虽然没有像他担心的那样生气，但却拒绝做他的情妇。她的经历真是有点古怪，人人都以为她是莫里斯·施莱辛格的妻子，其实不然；她的丈夫是一个叫埃米尔·朱岱的人，几年前他在经济上陷入困境，面临别人的起诉，于是他们的朋友施莱辛格提出，他愿意出钱帮助他摆脱困境，条件是他必须离开法国并放弃妻子。他同意了，施莱辛格便开始和艾莉莎同居。当时法国还没有离婚法，所以在朱岱于一八四〇年去世之前，他们一直没有结婚。据说，尽管朱岱远在异国他乡，后来又死了，艾莉莎却始终爱着他。也许，正是这种昔日的夫妻感情，再加上她对那个不仅和她同居，还和她一起生儿育女的男人的忠诚感，才使她犹犹豫豫，不敢接受福楼拜的爱慕之情。然而，福楼拜却爱得很执着，他想方设法要她去他的寓所和他幽会。最后，她总算答应了，还和他约好了时间。那天，他焦躁不安地在寓所等她，等待着自己长期的爱慕之情最终得到报偿。但是，她没有来。

三

一八四四年，发生了一件后果严重的事情。那天晚上，福楼拜和哥哥一起离开他们的母亲拥有的一幢房子（他们已在那里住了一段时间），坐马车返回里昂。他哥哥比他年长九岁，选择了父亲的职业。忽然，没有任何预兆，福楼拜"只觉得眼前一片亮光，然后一阵眩晕，像一块石头一样滚到了马车的地板上"。等他恢复知觉时，发现自己浑身是血，原来他哥哥已经把他背进附近一幢房子，正在给他放血①。他被送回里昂后，父亲又给他放了一次血。他开始服用缬草和槐蓝，脖子上还系着一根泄液线；他不能抽烟和喝酒，也不能吃肉②。有一段时间，他经常会浑身痉挛。他的视觉和听觉出现异症，往往会在一阵惊厥后失去知觉。他身体虚弱不堪，神经却处于极度紧张的状态。他的病好像非常怪，不同的医生有不同的看法。有人直截了当地说他有癫痫症，他的朋友们

---

① 放血疗法在欧洲使用了几百年，到19世纪还在用，现已证明是不科学的。
② 其实，这些草药和"泄液线"，还有忌烟、忌酒、忌肉，根本不能治愈癫痫症，可见当时欧洲的医学也还很原始。

也都这么认为。但是,他的侄女后来在她的《回忆录》中却对此避而不谈。勒内·杜麦斯尼尔先生——他是医生,曾写过一本关于福楼拜的重要著作——则认为,他得的不是癫痫症,而是一种他称之为"癔想性痉挛"的病。我想,他之所以这么说,大概是因为他觉得,如果承认一个杰出作家是癫痫症病人,他的作品价值多少是要受到影响的。

他家里人对他的病也许并不感到意外。据说,福楼拜自己就曾对莫泊桑①说,他在十二岁时就出现过视听上的幻觉。他十九岁那年外出旅行,就由一个医生陪同;此外,他父亲曾为他制订过一个特别治疗方案,其中有一条就是要经常改变环境,所以很可能他在十九岁时就已经患有某种精神疾病。从少年时代起,他就对自己周围的人感到厌恶。这种让人难以理解的厌世情绪,会不会就是他的怪病引起的呢?尽管在那时他的神经系统可能还没有受到明显影响,但会不会是一种预兆呢?不管怎样,他现在必须面对的事实是,他患上了一种可怕的疾病;这种病反复无常,何时发作根本不可预料。为此,他必须改变生活方式。于是,他决定放弃法律学业——我想,这是他求之不得的——同时决定,永远不结婚。

一八四五年,他父亲去世。两个月后,他亲爱的姐姐卡罗琳生下一个女儿后也不幸去世。他和他姐姐从小形影不离,她在婚前是他最亲密的伙伴。他父亲在去世前不久,曾在塞纳河畔购置了房产,那是一幢有两百年历史的名叫"克鲁瓦塞"的石结构楼房,前面有一个露天平台,还有一个面朝塞纳河的凉亭。他守寡的母亲和他弟弟古斯塔夫带着卡罗琳留下的小婴儿住在那里。他哥哥阿谢尔已经成家,和他父亲一样是个外科医生,而且就在里昂的那家医院里接替了父亲的职务。后来,福楼拜也住进了"克鲁瓦塞",而且一直把它当作自己的家。他很早就开始断断续续地写作,现在他既然有病在身,不能像大多数男人那样生活,便决心把自己的一生献给文学事业。他在底楼有一间很大的书房,窗子外面是一个花园,再往前就是塞纳河。他养成了一种井井有条的生活习惯:十点起床,读信、看报;十一点吃午饭,然后到平台上散步或者坐在凉亭里看书;一点开始写作,直到七点钟,接着到花园里散步,回来后继续写作到深夜。除了一两个朋友,他不和任何人交往。他时而邀请朋友到"克鲁瓦

---

① 莫泊桑:19 世纪法国小说家,福楼拜的学生。

塞"来住几天，一起讨论他的作品。他没有任何娱乐活动。

但是，他也意识到，写作是需要有生活体验的，不能过十足的隐士生活。因此，他决定每年到巴黎去住上三四个月。他在那里不仅渐渐出了名，还结识了许多才学之士。在我的印象中，人们好像更多的是佩服他，而不是喜欢他。朋友们发现他非常敏感，容易发怒，受不了别人的批评，所以他们都很注意，尽量不去冒犯他，因为无论谁这样做，他都会大光其火。但是，对别人的作品，他却是个苛刻的批评家，而且有一种作家的通病，那就是：凡是他自己做不到的事情，都被认为是不值得做的。而在另一方面，别人对他的作品所作的任何批评，他都愤怒地把它们归结为嫉妒、恶意或者愚蠢。在这一方面，他和许多杰出的作家差不多。对于靠卖文为生和花钱买名声的文人，他都无法容忍。他认为，钱对于艺术来说是无用的；艺术家一谈到钱，就降低了自己的身份。当然，他是很容易长期保持这种非功利的高雅姿态的，因为他生来就有一大笔财产，从来不缺钱。

下面这件事或许是预料之中的。一八四六年，他在巴黎逗留期间，在雕塑家普拉迪耶的工作室里遇见了一个名叫露易丝·高莱特的女诗人，她丈夫伊普里特·高莱特是音乐教授。她的情人是著名哲学家维克多·古赞。她属于文人圈子里常见的那种人，以为和名人拉拉扯扯足以代替自己的才能。实际上，她借助自己的美貌已经在文学界捞到了不少好处。她家里的沙龙经常有一些著名人物光临，而她则以缪斯①自居。她有一头秀丽的卷发，披挂在她的圆脸蛋两边；她说起话来富有表情，声音清脆而甜蜜。不到一个月，福楼拜就成了她的情人——当然，并没有取代那位哲学家，那是她的正式情人。此外，我说福楼拜成了她的情人，也是指精神上的情人，因为福楼拜长期禁欲，加上他容易激动，或者说，羞怯，他那时已丧失了性能力。他回到"克鲁瓦塞"后就给露易丝·高莱特写了一封情书。这样的情书他后来又写了许多，都写得非常奇怪，我看没有一个情人是会这样写情书的。尽管如此，那个"缪斯"倒是爱他的，但她既苛刻又忌妒。他呢，正好相反，既不苛刻也不忌妒。我想，我不说你也猜得出，他之所以要成为这个公众注目的漂亮女人的情人，只是为了满足自己的虚荣心而已。但是，就像许多做白日梦的人一样，他是生活在自己的幻想中

---

① 缪斯：古希腊神话中的文艺女神。

的。他很快就觉得事情并不像他想象那样，便不由得感到悲哀。他发现自己在"克鲁瓦塞"比在巴黎更爱那个"缪斯"，而且在情书中就这么对她说了。她要他住到巴黎去，他说他离不开母亲。她要求他经常去巴黎，或者去芒特，因为他们难得见面；但他说，他要有充足的理由才能离开"克鲁瓦塞"。她于是愤怒地问："难道你受到的监护比一个姑娘还要多？"她要到"克鲁瓦塞"来和他相会，而这样的建议是他无论如何也不会同意的。

"你的爱不是爱，"她在信中对他说，"总之，爱在你的生活中没有什么地位。"对此，他回答说："你想知道我是否爱你？好吧，我说，我爱你就像我能爱的那样多；也就是说，爱情对我而言不是第一位的，而是第二位的。"他确实有点傻乎乎，竟要求露易丝·高莱特通过一个住在卡耶纳的朋友帮他查明厄拉莉·福柯（即那个在马赛和他一夜风流的女人）的情况，甚至还要求她把一封信转交给她。她对他的这种要求表示愤怒，而他对她的愤怒觉得惊讶。他后来越来越离谱了，竟在情书中向她描述自己怎样和妓女交往，还说他对她们有一种嗜好，而且经常能在她们身上满足这种嗜好，等等。这毫不足怪，对于自己的性能力，男人总喜欢自吹，甚至不惜为此撒下弥天大谎。于是，我就问自己：他这样夸耀自己的性能力，是不是正好说明他在这方面有欠缺？我们虽然不知道他那种使身体虚弱、使精神沮丧的怪病究竟发作过几次，但我们知道他一直在服用镇静药物；所以我想，他之所以这样犹犹豫豫地不愿和露易丝·高莱特见面，很可能就是因为他觉得自己毫无性欲——请想想，他当时还不到三十岁！

这样的所谓恋爱，持续了九个月。一八四九年，福楼拜和马克西姆·杜·冈一起到中东去旅游，两人游历了埃及、巴勒斯坦、叙利亚和希腊，到一八五一年春天才回法国。福楼拜仍和露易丝·高莱特有联系，和以前一样忙于写情书，但他们的语言却变得越来越尖刻。她继续施加压力，要他去巴黎或者让她来"克鲁瓦塞"；他继续找各种理由，既不去巴黎，也不让她来"克鲁瓦塞"。最后，到一八五四年，他写信告诉她，他们最好还是分手算了。她性急慌忙地擅自赶到"克鲁瓦塞"，又被他粗暴地赶了回去。这是福楼拜一生中的最后一次恋爱，其中文学多于生活，戏剧性的表演多于真正的男女激情。福楼拜唯一真心实意爱过的女人是艾莉莎·施莱辛格，而她由于丈夫的投机生意失败，已经随丈夫和孩子一起迁出了巴黎。福楼拜有二十年没和她见面。现在，两人都今非昔比了：她瘦了许多，皮肤枯黑，头发却花白了；他则胖了许多，留起了胡子，为了掩饰秃顶，还戴着一顶黑帽子。他们见过一次面，然后又各奔东西。一八七一年，莫里斯·施莱辛格去世，福楼拜——在爱了三十五年后——给艾莉莎写了第一封情书。他没有像通常那样称呼她"亲爱的夫人"，而是称她为"我过去和将来永远爱的人"。她有事不得不去巴黎，他们在那里相会过一次。后来在"克鲁瓦塞"又见过一次面。那以后，据人们现在所知，他们再也没有见过面。

四

就在去中东旅游的途中，福楼拜开始构思一部小说，而且要把这部小说当作新的起点。那就是《包法利夫人》。他是怎么会想到写这部小说的，也有一个有趣的故事。当初他到意大利旅游，在热那亚买到一幅画，即布律盖勒的《圣安东尼的诱惑》。这幅画使他深受感动。回到法国后，他又买了一幅由卡洛制作的同一题材的版画，还读了许多有关圣安东尼的材料。然后，他便根据那两幅画给他的启发，开始写一部小说，题目也叫《圣安东尼的诱惑》。手稿完成后，他把两个亲密朋友请到"克鲁瓦塞"，把小说读给他们听。他读了四天，每天下午读四小时，晚上读四小时。他们预先约好，在整部小说读完之前，谁也不发表意见。到第四天深夜，福楼拜读完结尾后，用拳头猛敲一下书桌，问："怎么样？"一个朋友回答说："我想你最好还是把它扔到火炉里去，从此不再提它。"真是个毁灭性的打击！第二天，那个朋友想缓和一下自己的批评方式，便对他说："你为什么不写写德拉马尔的故事呢？"福楼拜一听，跳了起来，满脸红光地说："是啊，为什么不呢？"德拉马尔是里昂他父亲任职的那家医院里的一个实习医生，关于他的故事，在当地可谓尽人皆知。德拉马尔后来在里昂附近的一个小镇上开了家私人诊所，不久他的妻子——一个比他大好几岁的寡妇——死了，他便娶了邻近一个农夫的女儿。那女人既年轻又漂亮，既奢侈又淫荡。她很快就对乏味的丈夫感到腻烦了，便接二连三地找男人通奸。由于爱打扮、滥花钱，她债台高筑而又毫无希望偿还，最后只好服毒自杀。福楼拜几乎全盘采用了这个不光彩的小故事。

他开始写《包法利夫人》时，年已三十，还没有出版过一部真正的作品。

因为除了《圣安东尼的诱惑》，他早先写的东西严格地说都属于自传性质，也就是他自己的恋爱经历的小说化表现。而他现在的目标不仅是真实，还要客观。他决心客观地叙述真实的事物，不带任何倾向性或者先入之见，也就是他自己不以任何方式介入叙述。他决心阐明他必须阐明的事实，揭示他必须揭示的人物性格，而在这过程中，他不发表任何个人意见，对人物不褒也不贬。即使他同情某个人物，也不直接表露出来；即使某个人物的愚蠢使他恼怒，或者某个人物的卑劣使他愤慨，也决不让读者看出他的恼怒或者愤慨。他正是这么做的；所以，我想，有许多读者之所以会觉得这部小说有点冷冰冰，原因大概就在于此。因为他刻意追求客观，小说中没有任何让人觉得温馨的东西。想得到温馨也许是人性的一种弱点，但我总觉得，小说家在让读者产生某种感情的同时，若能让读者知道他本人也在和他们一起分享这种感情，这对于读者来说是一种莫大的安慰。

实际上，和任何小说家一样，福楼拜追求客观的努力同样不会完全成功，因为要使小说绝对客观是不可能的。小说家应该让人物自己解释自己，而且要尽可能地把人物的行为描写成人物性格的自然结果，这当然没错；如果小说家出面来指点你如何赞美主人公的魅力或者如何憎恨反面人物的恶行，如果他一味地说教或者不着边际地东拉西扯，如果他一边对你说故事，一边又在故事中充当某种角色，那你很可能会觉得讨厌。但是，不管怎样，小说家直接介入小说，这仍然不失为小说的一种叙述方式，而且是许多非常杰出的小说家都使用的方式；我们可以说这种方式有时会不合时宜，但不能说它是绝对行不通的。那些想避免这样做的小说家，其实也只能在表面上把自己的个性排除在小说之外，因为不管他是否愿意，他在选择主题、选择人物性格和选择叙述角度时，都不可避免地要显露出自己的个性。我们知道，福楼拜是个悲观主义者；我们又知道，他不能容忍愚蠢；他对市侩气、凡夫俗子和日常琐事恨之入骨；他没有怜悯心，也没有慈爱心；他成年以后一直过着病人的生活，同时又为自己的疾病觉得羞耻；他很神经质，总是处于烦躁不安的状态中；他极端褊狭；他是个害怕成为浪漫主义者的浪漫主义者；他因为没有自己极想有的性能力，便着迷于包法利夫人的肮脏故事，就如有些人受了委屈会到阴沟里去打滚。他其实并没有把他的个性完全排除在小说之外，当他决定写德拉马尔的故事而不是别的故事时，他已经显露了自己的个性；当他把故事中的那些人物设计成现在这个样子时，他又显露了自己的个性。在这部长达五百页的小说中，随着情节的发展，他向我们描述了许多人物，绝大多数是不可救药的人——不是卑劣，就是平庸；不是愚蠢，就是粗鲁。确实，世上有很多这样的人，但并非所有人都是如此。我们很难想象，在一个市镇上（尽管它很小），竟然一个明智、善良而乐于助人的人也找不到。

不管怎样，福楼拜经过反复琢磨，最终在这部小说中描写了一群庸俗不堪的人物，并且根据他们的庸俗本性和庸俗环境，设计出一连串相应事件。但是，他这样做势必会产生这样的后果，那就是：读者很可能会对这些乏味的人物不感兴趣，因为他不得不讲述的那些事情，其本身都很沉闷。那么，他是如何解决这个问题的呢？我放到后面再谈。现在，我先来判断一下，他在哪些方面成功地实现了自己的意图。

我首先要指出的是，他以一种完美的技巧刻画了人物性格。他们的真实性令人信服。我们一见到他们就会接受他们，好像他们是这个世界上的活生生的人，就用他们自己的双脚站在我们面前。我们会觉得，有关他们的一切都是理所当然的，就像我们在生活中遇到的管道修理工、杂货铺老板和医生一样。我们很容易忘记，他们其实是小说中的人物。譬如，郝麦就是一个和米考伯先生①类似的幽默形象。法国人熟悉这个人物，就像英国人熟悉米考伯先生。他们信任他，就像我们不太信任米考伯先生；因为他和米考伯先生截然不同，是个彻头彻尾的"好好先生"。

但是，我却怎么也无法使自己相信，爱玛·包法利是个农夫的女儿。确实，她和世上的男男女女一样，有各种私欲。有人曾问福楼拜，爱玛的原型是谁。福楼拜回答说："包法利夫人就是我。"确实，我们每个人都有可笑的幻想，幻想自己是富裕的、漂亮的、成功的，就像浪漫传奇中的男女主人公。但是，我们大多数人也许是因为太明智了、太胆小了或者太不善于冒险了；所以，总是幻想归幻想，行为却不会受太大影响。包法利夫人则不然，她不仅时时刻刻生活在幻想中，就连她的美貌也不是人间所能找到的；而发生在她身上的事情，其实并不具有福楼拜所追求的必然性。当她对第一个情人感到失望后，她得了脑膜炎，这场病持续了四十三天，差一点把她带到死神面前。这尽

---

① 米考伯先生：狄更斯小说《大卫·科波菲尔》中的一个夸夸其谈而又非常风趣的人物。

管是小说家一直都喜欢用的手法,即用某种疾病把某个人物暂时搁置起来,但据我所知,脑膜炎在福楼拜那个时代却是一种连医生都不太熟悉的疾病。所以,我想,福楼拜用这种疾病来折磨包法利夫人,如果是想让她生一场既痛苦又费钱的病以示训诫的话,那么他实际上并没有达到多少训诫效果。还有包法利医生的死,就其本身而言,也没有达到这一目的。他的死仅仅使读者觉得,作者想结束这本书了。

我们都知道,福楼拜和他的出版商曾受到过指控,因为《包法利夫人》被认为是一本不道德的书。我读过当时的检察官和辩护律师在法庭上的发言记录。检察官还当众读了小说中的一些他认为是色情的章节。这些章节在今天看来只会使人一笑置之,因为和当代小说中那些习以为常的性描写相比,它们似乎还嫌太拘束。然而,在当时(一八五七年),检察官确实非常震惊,认为这些章节写得太淫秽了。对此,辩护律师辩解说,这些章节是小说情节所必需的,而这部小说总的道德倾向是好的,因为包法利夫人尽管行为放荡,但她最后还是受到了惩罚。法官接受了辩护律师的看法,便宣判被告无罪。然而,当时好像没有人想到,包法利夫人之所以受到惩罚①,其实并不是因为她通奸,而是因为她无力偿还债务。当然,关于她的债务,写得也有问题。法国农民生来就有经济头脑,福楼拜既然告诉我们说爱玛·包法利是农民的女儿,那就没有理由不让她在情人之间成功周旋,从而设法把债务还清。

我希望你不要因为我说的这些话,认为我是在对一部不朽的杰作吹毛求疵。我只是想说,福楼拜没有完全达到他想要达到的目的,原因是他想要达到的目的,本来就是不可能完全达到的。一部小说,就是一连串事件的叙述,小说家通过叙述事件,塑造出活生生的人物形象,以此吸引读者。小说从来都不是生活的拷贝。譬如,小说中的人物对话,就不能完全照搬人们在现实生活中的交谈,它必须加以概括,或者说,提炼出某些基本要素,从而使它具有现实生活中所没有的明晰性和扼要性。也就是说,为了适应小说家的意图和吸引读者的注意,现实生活中的事物到了小说中必须加以变形。在现实生活中,有许多事情是互不相干的,有许多事情是重复出现的,然而在小说中,不相干的事情必须避免,重复的事情必须舍去。还有那些在现实生活中被时间隔开、彼此

---

① 受到惩罚:即她不得不自杀。

没有直接关系的事情,以及那些好像是偶然的、又好像是必然的事情,在小说中也必须重新加以处理①。所以,没有一部小说是完全和现实生活一模一样的,总有一些事情是现实生活中不可能发生的;然而,只要小说家想方设法把这些事情说得似乎是会发生的,读者就会稀里糊涂地相信它们是现实生活中可能发生的。小说家从来就不可能提供现实生活的文学摹本,即便是现实主义小说家,也只是为你勾画一幅尽可能和现实生活相像的图画而已。你一旦相信了他,他就成功了。

在这方面,福楼拜确实很成功。《包法利夫人》给人极其真实的印象,而之所以如此,我想不仅是因为其中的人物极其逼真,同时也因为福楼拜凭借其特别敏锐的观察力,以一种罕见的准确性使每一个细节都显得极其逼真,而且必不可少。这部小说的结构也非常出色。小说主人公是爱玛·包法利,但小说一开始却是写她的丈夫包法利医生的早年生活和第一次结婚,最后又以他的精神崩溃和死亡作为结束。有些评论家认为这是缺点,我却认为这是福楼拜有意设计的,也就是把爱玛的故事镶嵌在她丈夫的故事里,就像把一幅画镶嵌在画框里一样。我相信,福楼拜一定觉得这样做不仅能使爱玛的故事更具真实性,同时又能使整部作品具有艺术上的完整性。如果这真是他有意设计的,那么,要不是小说的结尾写得有点匆忙和草率,这一设计意图本会显示得更为明确。

小说中有一个地方,我发现评论家至今还未谈到过,现在我提请你注意一下,因为这是福楼拜写作技巧的一个极好例证。爱玛结婚后的最初几个月,是在一个叫道特的村庄里度过的,她非常厌烦那里的一切,但为了情节的平衡,福楼拜又不能把这段时间一语带过,而是必须用相当的篇幅和细节来描写爱玛在那里的生活。这确实很难写,因为你要写到的事情,既要使爱玛厌烦,却又不能使读者也厌烦。然而,福楼拜写得很成功,他让你读到那一大段描写时不但不厌烦,而且还觉得很有趣。我曾好奇地想,他究竟是怎么做到的;于是就把那一大段描写重读了一遍。我发现,他在那里描写了一连串非常琐碎的事情,但没有一件是重复的,每一件都很新鲜;而正因为你读到的都是新鲜事,你自然也就不会厌烦;与此同时,由于这些事情都很琐碎,而且描写得平平淡

---

① 此句意为小说中不能出现像现实生活中那样毫不相干的事情,也不能出现说不清、道不明的事情。

淡，你又确实会直观地、自然而然地体会到爱玛的厌烦情绪。包法利夫妇离开道特后，就住到了永镇。小说中对永镇的那段描写，有点游离于情节，但也仅此一段，其他对乡村或市镇的描写都紧扣情节，而且写得很逼真。此外，福楼拜还善于在人物的活动过程中介绍人物，因而就像我们在现实生活中一样，是一点一点地了解某人的真实性格、生活方式和家庭背景的。

我在前面说过，福楼拜自己也知道，要写一部关于庸人的小说，很可能会使人觉得枯燥乏味。但他决心要写出一部艺术作品。他认为只有用精准的文笔才能把琐碎之事和平庸之人写得津津有味。我不知道世上是否有天生的文体家，至少福楼拜不是。他那些在他去世后才出版的早期作品，显然都写得啰里啰唆；在他写的那些信件中，不仅没有任何迹象表明他是语言天才，倒有不少语法错误。然而，就在他写了《包法利夫人》之后，他成了法国最了不起的文体家。当然，像我这样的一个外国人，即使精通法语，充其量也只能对此作出一种不太精确的判断；如果我想翻译《包法利夫人》这部作品，那十有八九也会疏忽许多细微之处，因为很明显，原作精妙贴切的用语和富有韵味的音乐感，是根本翻译不出来的。尽管如此，我仍觉得把福楼拜想要达到的目的和他用来达到目的的方法告诉读者，是很有必要的，因为从他的写作实践中，任何国家的小说家都可以学到不少东西。

布封①有一句格言："要想写得好，必须感觉得好，思考得好，讲述得好。"福楼拜就以此自勉。他认为，要形容一件东西，只有一个词最贴切，不可能有两个同样贴切的词，所以用词就必须像手套一样要正正好好合适。他立志写出一种既畅达又精确、既简洁又多变的散文。他要把散文写得像韵文一样有韵律、有节奏、有乐感，同时又不失散文的本色。只要有助于达到上述效果，他不仅经常使用日常口语，只要有必要，就是粗俗的俚语，他也同样使用。所有这一切，他都做得精益求精，有人甚至认为他做得太过分了。譬如，他曾说："当我在一个句子里发现有地方读上去不上口或者有地方重复时，我就知道这个句子一定写错了。"他在同一页上避免两次使用同一个词。这未免有点可笑。如果一个词在两个地方都很贴切，那就应该用，另找同义词或者婉转说法未必就好。他尽量要把句子写得（像乔治·穆尔②在其后期作品中那样）韵味

---

① 布封：18世纪法国博物学家、作家。
② 乔治·穆尔：19世纪至20世纪之际英国小说家。

十足，而且尽量要有韵律变化。他有一种特殊才能，就是用词准确的同时又能感知语音效果，能使他写出来的句子给人以快速或者缓慢、倦怠或者紧张的感觉；事实上，他可以通过这种方法表达任何情绪状态。不过，即便我有足够的知识，也没有足够篇幅来详细谈论福楼拜文体的特殊性。我接着要想说的是，他是如何成为文体大师的。

主要是靠勤奋。每当他想写一部小说时，他总是先阅读可能找到的所有相关材料，并做大量札记。在开始写作前，他要大略地概括出小说的主要内容，然后拟出提纲，再照着提纲一边推敲一边写，写完一部分后就加以修改、删减，甚至重写，直到取得他预想的效果为止。这些做完后，他就走到书房外面的平台上，大声诵读他刚写好的那些句子，因为他确信，如果某个句子听上去不顺耳，或者读起来有点拗口，那么这个句子一定是什么地方有毛病。于是，他就会回到书房重写这一句，直到他觉得满意为止。他曾在一封给朋友的信里说："整个星期一和星期二，我都在推敲两行文字。"这当然不是说他在两天里只写了两行字，很可能写了十几页；他的意思是，他用了两天时间，终于写出了两行他自己觉得很满意的文字。无怪乎，他用了四年又七个月的时间，才完成《包法利夫人》。

五

好了，该说的我都说了。继《包法利夫人》之后，福楼拜写了《萨朗波》，但一般认为这是一部失败之作。然后，他把他多年前写的另一部小说即《情感教育》改写了一遍，因为他对这部小说一直不满意。在这部小说中，他再次描写了他和艾莉莎·施莱辛格的爱情。这部作品尽管在法国被许多著名批评家认为是他的杰作，但外国人若去读它的话，肯定会觉得很乏味，因为其中写到的许多事情都是外国人不感兴趣的，尤其是在今天。这之后，他又第三次重写《圣安东尼的诱惑》。说来也真有点奇怪，像他这样一个才华出众的小说家，有那么高超的写作技巧，却那么缺少构思新作品的冲动。他总是一次次地重新捡起那些从他年轻时起就一直困扰着他的旧主题，好像只有当他用最精确的方式把它们表达出来之后，他的灵魂才能最终得到解脱似的。

随着时光的流逝，他的外甥女卡罗琳出嫁了。他仍和母亲一起住在"克鲁瓦塞"。后来，他母亲也去世了。一八七〇年，法国战败①，卡罗琳的丈夫在经济上陷入困境。为了使这对年轻夫妇免于破产，福楼拜拿出了自己的全部财产，只留下那幢他无法舍弃的旧房子。当初在他富有之时，他对金钱总是抱着蔑视的态度，现在由于他的无私，他已使自己落到了贫困的边缘。他不能不为此担忧，于是已有十年未发的旧病又开始经常发作。他现在无论是去巴黎，还是出去吃饭，都要莫泊桑陪他去②，然后再把他送回来。在他的一生中，虽然在情场上总是失意，但在社交场上，他总有几个忠实而热心的知交，而随着这些知交一个个去世，他的晚年也就变得越来越孤独了。他很少离开"克鲁瓦塞"，但烟抽得很多，酒也喝得不少。

他生前最后出版的是一部包括三个短篇小说的短篇集。与此同时，他正在写一部名叫《布法与白居谢》的长篇小说，打算最后再嘲笑一下那些愚蠢的庸人。为写这部作品，他以他惯有的谨慎和勤奋翻阅了一千五百本书，从中获取他认为必要的材料。他计划写两部，而且第一部已行将完成。但是，到了一八八〇年五月八日，那天上午十一点钟，女仆把午餐送到他书房里去，发现他躺在沙发上，嘴里正说着胡话。女仆赶紧去把医生叫来，但医生也帮不了什么忙了。不到一小时，他便溘然去世了。

他去世后又过了一年，他的老朋友马克西姆·杜·冈独自到巴登去度假。一天，他外出打猎，不知不觉走到了一家叫"伊累诺"的疯人院门口。这时大门正开着，病人们在作每天的例行散步。他们排成两行，两个两个地并排从大门口走出来。其中有个女病人忽然走到杜·冈面前向他鞠躬。杜·冈这才看清，那个女病人原来是艾莉莎·施莱辛格——福楼拜生前爱得那么热烈、那么持久而又那么徒劳的女人。

---

① 法国战败：即法国在与普鲁士（即德国）的"普法战争"中战败。
② 莫泊桑是福楼拜的学生，此时福楼拜约50岁，莫泊桑约20岁。

第七章　麦尔维尔与《白鲸》①

一

我读了雷蒙德·威弗的《赫尔曼·麦尔维尔：神秘水手》、刘易斯·曼福德的《赫尔曼·麦尔维尔》、查尔斯·安德森的《麦尔维尔在南海》，以及威廉·埃勒瑞·塞奇威克的《赫尔曼·麦尔维尔：思想悲剧》。不管怎样，我觉得这些书还是使我对赫尔曼·麦尔维尔有了更多了解。雷蒙德·威弗说，在一九一九年麦尔维尔诞生一百周年纪念时，有位"轻率的评论家"写道："由于某种奇怪的、不知确切原因的内心经历，改变了赫尔曼·麦尔维尔的写作风格和人生观。"我不知道雷蒙德·威弗为什么要说这位不知名的评论家"轻率"，其实他说到的正是研究赫尔曼·麦尔维尔的学者遇到的一个难题。为解释这一难题，人们仔细研究他生平中的每个鲜为人知的细节，研究他留存的所有信件和所有书籍（其中有一些还非常艰涩难懂），想从中发现有用的线索。不过，关于这一难题，我们还是放到后面再说，先来看看这些传记作家为我们提供的一些

---

① 《白鲸》（*Moby Dic*），19世纪美国作家赫尔曼·麦尔维尔（Herman Melville，1819—1891）所著长篇小说。小说主题是：自然的狂暴和人性的狂暴，孰是孰非？主要情节是：捕鲸船长亚哈遭遇一头绰号"莫比·狄克"的凶猛白鲸，被咬掉一条腿。从此，亚哈性情大变，认定莫比·狄克是世间一切邪恶和痛苦的代表，发誓要追杀这头白鲸。为了实现这一目标，亚哈不惜违反捕鲸业的行规，不顾大自然的一次次警告和船员的反对，搜遍全球最蛮荒的海域。终于，他和他的宿敌莫比·狄克狭路相逢。莫比·狄克有着魔鬼般的狡诈和神话般的力量，普通人是无法战胜的，然而疯狂的亚哈却向不可战胜的对象发起注定要失败的挑战。在他心中，这头白鲸不仅是在海水中游动的巨兽，也是在他血脉里游动的恶魔，他必须将其除掉。所以，当他找到莫比·狄克后，便紧追不放。三天后，他终于射出鱼叉，击中莫比·狄克，但他的船也被莫比·狄克撞破，带着他和全体船员沉入海底。只有一人幸运逃脱，回来讲述亚哈和莫比·狄克的故事。

事实——浅显的、非常浅显的事实，一点也不复杂。

赫尔曼·麦尔维尔生于一八一九年，父亲艾伦·麦尔维尔和母亲玛丽亚都来自有名望的家庭。艾伦·麦尔维尔很有教养，而且到过许多地方，见识颇广；玛丽亚举止优雅，受过很好的家教，而且笃信宗教。婚后最初五年，他们住在奥伯尼，后来移居到纽约。艾伦·麦尔维尔是个进口法国服装的商人，一度在纽约的生意做得很兴旺。赫尔曼·麦尔维尔出生于纽约，是八个孩子中的第三个。一八三〇年，艾伦·麦尔维尔厄运临头，不得不举家迁回奥伯尼，而且两年后，他就在那儿去世了。据说，当时他已经破产，而且神经错乱。他没有留下任何遗产。赫尔曼·麦尔维尔一八三四年毕业于奥伯尼男子中学，先在纽约州立银行做杂务；后来，即一八三五年，他去了坎斯沃尔特，在他哥哥的皮货店里帮忙。第二年，他去匹兹费尔德，到叔叔的农场里干活，又在塞克斯区的一所小学教过一学期书。十七岁时，也就是一八三八年，他去当了一名水手。关于他为什么会去当水手，有不少人说了不少原因；但我觉得很奇怪，除了他自己说的那个原因，为什么还要去找别的原因。他说："我对自己的未来有过好几种设想，但都令人遗憾地不能实现，而我又焦急地想找到工作，加上我天生喜欢漂泊不定的生活，所以我就下了决心，去当一名周游四海的水手。"他干过不少行当，都一事无成；就我们所了解的情况来看，他母亲很可能当面对他表示过不满。所以，他去当水手，就像许多离开家庭的年轻人一样，是因为在家里过得不舒服。麦尔维尔是个古怪的人，但这件事很正常，我们没必要去猜测他有什么古怪的动机。

他到了纽约港，浑身湿淋淋的，裤子上打了补丁，上衣口袋里一分钱也没有，手里只拿着一支猎枪；这还是他哥哥给他的，称没钱时可以把枪卖掉。他穿过纽约市区，到他哥哥的一个朋友家过了一夜。第二天，这个朋友陪他一起到码头上。稍一打听，就找到一艘准备开往利物浦的船①。于是，麦尔维尔应募到这艘船上做侍役，每月工资三美元。关于这次往返利物浦的航行，他在十二年后的一部名为《雷德伯恩》的小说中作了描述。在他看来，写这本书只是为了赚一点稿费而已；其实，这本书写得很好，通篇用老式英语写成，简洁明快，故事朴质真实、生动有趣，是他最具可读性的作品之一。

---

① 显然，麦尔维尔做的是临时水手，即和船东签约，做单一航程或往返航程。

此后三年他的情况如何,我们知之甚少。我们所知道的仅仅是,他在几个地方教过书,其中有纽约州的格林布什,他在那儿教书的报酬是每季度六美元,外加伙食。还有就是,他在这三年间为几家地方报纸写过不少文章,但现在能找到的只有没几篇。从这几篇看,他的这类文章可能都写得索然无味,只是从中可以看出他读过不少书。也就是说,从这类文章中就可以看出他后来一辈子都没有改变的文风,那就是喜欢引经据典,莫明其妙地引用神话故事、历史典故、传奇人物,以及各个时代的各式各样的诗人、作家。就如雷蒙德·威弗所说,"他漫不经心地一页一页往下写,时而引用莎士比亚、拜伦、弥尔顿、柯勒律治,时而引用切斯特菲尔德,时而提到普罗米修斯、灰姑娘,时而提到穆罕默德、克莱奥佩特拉,时而提到圣母玛利亚,时而又提到美第奇、穆斯林"。

不管怎么说,麦尔维尔是个喜欢冒险的人;他就是无法忍受任何平庸,尤其是平平淡淡的日常生活。他其实并不喜欢当水手,只是想借此漂洋过海罢了。一八四一年,他登上驶往太平洋的"阿库斯奈特号"捕鲸船,从纽拜德福特出发了。船上的水手全都粗鲁、野蛮,既无文化,又无教养;只有一个叫理查德·托贝·格林的十七岁小伙子是个例外。关于这个小伙子,麦尔维尔后来写道:"托贝长得很英俊,身穿蓝色水手服和帆布裤,是甲板上最健美的水手;他身材虽不高大,但身姿矫健。热带的太阳把他天生黝黑的皮肤晒得更加黑了,一头黑得发亮的长发披散着,一双又黑又大的眼睛更是目光闪闪。"

航行十三个月后,"阿库斯奈特号"停泊在玛奇萨斯的努库希瓦岛旁边。这时,两个年轻人已经对捕鲸船上的恶劣环境和船长的指手划脚厌恶透了,决定离船逃跑。他们在水手服里塞满烟草、饼干和印花布后(这些可以和土人交换食物),便上了岸。他们艰难地走了好几天,到了泰比人居住的山谷,并在那里受到还算友好的接待。麦尔维尔在途中就扭伤了脚,一直是忍着痛行走。所以到山谷后不久,托贝就一个人出去找药,为麦尔维尔治疗脚上的伤痛。他们想尽快离开,因为他们曾听人说过,泰比人有吃人肉的风俗,所以他们自然想到,长时间和泰比人在一起,实在太危险了。然而,托贝竟一去而不复返,很久以后才得知,他一到附近的港口就被绑架到了另一艘捕鲸船上。麦尔维尔呢,据他自己说,他在山谷里一直住了四个月,有吃有喝,还和一个名叫弗娅威的泰比姑娘交了朋友,一起游泳、划船;因此,除了担心自己会不会被泰比人吃掉,他这段时间过得还是很不错的。后来,又有一艘捕鲸船到了努库希瓦岛。船长偶然听说有名水手在泰比人那里,而他船上正有水手逃跑,于是就派了岛上几个和泰比人有仇的土人去找。还是据麦尔维尔自己说,那些土人找到了他,但他不愿意跟他们走,于是就打了起来;最后,他用船钩杀死一个土人后,逃跑了。

不过,他后来还是上了一艘船,一艘叫"朱莉娅号"的船。这艘船上的情形比"阿库斯奈特号"还要糟糕。航行到帕比特时,水手们全体哗变,被押到一艘法国军舰上,戴上手铐脚镣关了五天;然后又在帕比特法庭受审,被关进当地的监狱。"朱莉娅号"重新招募一批水手后就启航了。这批被关押的水手不久之后也被释放。这批水手中,有一名原本是个江湖郎中,麦尔维尔叫他"长腿鬼郎中"。他们俩结伴,划船到了附近的埃弥奥岛。他们靠打短工为生,在两家种植园里挖土豆。麦尔维尔在马萨诸塞为叔叔干活时就不喜欢干这种活,如今他更不愿意长期在波利尼西亚的热带阳光下挖土豆。于是,他和长腿鬼郎中一起过漂泊不定的生活,在各处的土人那儿谋生。最后,他和长腿鬼郎中分手,并到了一艘名叫"莱维森号"的捕鲸船上。他恳请船长收留他,又当起了水手。这样,他随这艘船到了檀香山。他在檀香山做过什么事,就不得而知了。据说,他在那儿谋到了一份职员工作,不知是真是假。后来的事,我们知道,他受雇于美国军舰"合众国号",当一名普通水手;一年后军舰回到美国,他即被解雇。

至此,我们已经讲到一八四四年,麦尔维尔二十五岁。他年轻时的照片一张也没有,但根据他中年时的照片可以想象,二十几岁时的他,是个身材高大而匀称、体格强壮而矫健的年轻人,眼睛不大,鼻梁笔挺,一头鬈发。他回到家,发现母亲和姐姐已住到奥伯尼郊区的岚欣伯格了。住在坎斯沃尔特的哥哥已关掉皮货店,成了一名律师,还参与政治;老二艾伦也是律师,住在纽约;小弟弟汤姆当时还只十几岁,不久后也像他一样出海历险去了。他发现周围的人对他很感兴趣,把他视为"和食人生番一起生活过的人";有人很想知道他的经历,他也很乐意讲给他们听;他们怂恿他写书,他也真的写了。他过去曾写过一些东西,但并不成功,只是赚了一点稿费。现在,他根据自己在努库希瓦岛上的经历写了一本书,取名为《泰比》。原本在坎斯沃尔特开皮货店的哥哥,现已成了美国驻伦敦特使的秘书,帮他把书稿交给了出版商约翰·默里。

默里接受了书稿，不久便由威莱·普特南出版公司在美国出版。此书出版后读者反应不错，于是他信心大增，又根据自己在南太平洋的经历写了一本书，取名《奥穆》，并于一八四七年出版。

就在这一年，麦尔维尔和首席法官肖恩的独生女伊丽莎白·肖恩结婚。他们两家本是世交。婚后他们移居纽约，就住在第四街一○三号他父亲艾伦·麦尔维尔原来的房子里，和他们同住的还有妹妹奥格丝塔、弗妮和海伦。这三个女孩为什么要离开母亲，离开岚欣伯格，原因不得而知。麦尔维尔在那里专心从事写作。一八四九年，也就是婚后两年，他在儿子马尔科姆出生后几个月又去横渡大西洋，但这次不是当水手，而是以访客的身份到伦敦去会见出版商，商讨《白外套》的出版事宜，还有他妻子和他同行。《白外套》是根据他在"合众国号"军舰上的经历写成的。他们在伦敦办完事，又到了巴黎，到了布鲁塞尔，再沿着莱茵河一路畅游。不过，在他妻子后来写的回忆录中，却是干巴巴地说到这次旅行："一八四九年夏天，我们在纽约。他写《雷德伯恩》和《白外套》。当年秋天，我们去英国，打算出版这两本书。因为思念家乡，我们在那儿没有逗留多久，很快就回来了，有些名人邀请我们，譬如勒特兰公爵邀请我们到他的贝尔福城堡去住上一周，看看他的牧场，我们也没去。回国后我们去了匹兹费尔德。一八五○年夏天我们就住在那儿；秋天，也就是同年十月，我们全家都搬到了阿罗海德。"阿罗海德是麦尔维尔在匹兹费尔德的一个农庄的名字。这个农庄是他用他岳父即首席法官肖恩借给他的钱买下的，他和他妻子、孩子，还有他的几个妹妹，后来就住在那儿。至于他在那儿的生活，他妻子在她的日记中仍是那么干巴巴地写道："他写《白鲸》不太顺利，今天他坐在书桌前，坐了四五个小时，一个字也没写。傍晚时他骑马出去溜溜——早上起得很早，先去散散步，再回来吃早饭——有时劈劈柴，也算是是锻炼身体。现在是一八五三年春天，我们为他的健康担忧。"

麦尔维尔携家人搬到阿罗海德后，发现霍桑①就住在附近。对这位年长的作家②，麦尔维尔怀有一种像女学生似的爱慕之情。这种感情很可能使这位深居简出、不苟言笑的长者坐立不安。麦尔维尔不仅写一封封热情洋溢的信给霍桑——譬如，信中说："我深感有幸结识您，这使我生而心满意足，死而无怨

---

① 纳撒尼尔·霍桑：美国小说家，著有《红字》《福谷传奇》等。
② 霍桑比麦尔维尔大15岁，当时麦尔维尔31岁，霍桑已46岁。

无悔。""认识您,我深受教诲,胜过《圣经》百倍。"——还经常晚上骑马到莱奴克斯庄园去拜访霍桑,和他谈论"上帝、未来,以及其他深奥难解的问题",这很可能使霍桑心里厌烦而又不好说。他们交谈时,霍桑夫人就在一旁做针线。她在写给母亲的信中这样说到麦尔维尔:"我不能不说他是个很好的人……一个诚恳、热情的人,一个正直、聪明的人,一个有生活经历的人;他很坦诚,也很有礼貌,像个谦谦君子……他看事情很有眼力,而我很惊讶,他的眼睛并不大,也不深沉。他好像一切都能看透;我真不明白,凭他那双小小的眼睛,他是怎么做到的。他的眼光一点也不锐利,很平常。他鼻子笔挺,很英俊,嘴也富有表情。他长得很高,很挺直,很有点潇洒大度的男子汉样子。但他说话时却会眉飞色舞,又是摆手,又是点头,一副忘乎所以的样子。这好像不太优雅,但也不算过分。再说一分钟以后,他那副忘乎所以的样子就会变成一副沉思默想的样子,会从我不喜欢的那双小眼睛里流露一种执拗、忧郁的神情,同时又使你觉得他好像对什么事情都很有把握。他会懒洋洋地看你一眼,但很奇怪,他的目光又很有力;他其实并没有怎么注视你,但你会被他的目光吸引。"

后来,霍桑夫妇离开了莱奴克斯庄园,他们的交往也就到此结束。在他们的交往中,麦尔维尔显然很热情、很真诚,而霍桑显然不怎么热情,或许还有点窘迫。麦尔维尔把他的《白鲸》题献给霍桑。霍桑读完这本书后写了封信给麦尔维尔,这封信已经遗失,但从麦尔维尔的回信中可以看出,他似乎早料到霍桑不会喜欢这本书。其实,公众也不喜欢,评论家也不喜欢。他继《白鲸》之后写的《皮埃尔》遭遇更惨,不但被鄙视,还受攻击。看来,他要靠写作挣钱是不行了,但他除了妻子,还有两个儿子、两个女儿,大概还有三个妹妹,需要他供养。从他的信件中可以看出,他觉得耕种土地、经营农庄,就像他在匹兹费尔德为叔叔割草、在埃弥奥为种植园主挖土豆一样,是他不得已才做的事情。确实,他一点也不喜欢这样体力活:"看我这双手——手掌上有四个水泡,全是前两天握锄头种地弄出来的。今天下雨,地里的事情全部暂停,真不错……"一个农夫有这么一双娇嫩的手,是不会有好收成的。

看来,是他的做首席法官的岳父在定期接济他们一家。老人厚道、明智,所以有人猜测,是他建议麦尔维尔另谋生路。他曾东找西托,想给麦尔维尔谋个领事职位,但没有成功;无奈,麦尔维尔只好继续靠写作挣钱。他生了病,

又要岳父解囊相助。一八五六年,他再次出国,这次是去君士坦丁堡、巴勒斯坦、希腊和意大利;回国后,他总算靠讲学有了一点收入。一八六〇年,他作了一生中最后一次海上旅行。当时,他弟弟汤姆正经营一艘叫"流星号"的货船,从事和中国的贸易。麦尔维尔乘上这艘船,先到了旧金山。但不知是他对弟弟不满呢,还是弟弟对他不满,反正不知什么原因,他并没有像我们想象的那样历险精神不减当年,一鼓作气直奔远东,而是在旧金山上了岸,由陆路返回了。这之后,是他岳父去世,他们一家因此而过了好几年相当贫困拮据的生活。一八六三年,他们决定搬离阿罗海德。他们把阿罗海德卖给有钱的哥哥艾伦,并从他手里买下纽约的一幢房子;房款不够,还向银行借了一笔钱。就在纽约东二十六街一〇四号这幢房子里,麦尔维尔度过了他的余生。

据雷蒙德·威弗说,此时的麦尔维尔只要能赚到一百美元稿费,就已经是大喜事了。一八六六年,他在海关谋到一个外勤稽查员的职位,家境才有所好转。然而,第二年,大儿子马尔科姆在房间里开枪打死了自己;是失手,还是自杀,后来一直没有搞清楚。二儿子斯坦威克又离家出走,一去杳无音讯。家里一片昏暗。此后二十年,麦尔维尔一直在海关做事,职位很低,薪水不高;后来他妻子继承了她哥哥塞缪尔的一笔遗产,他就辞职不干了。一八七八年,由他哥哥资助,他自费出版了两万多行的长诗《克莱尔》。去世前不久,他还写了,或者说改写了中篇小说《比利·巴德》。他于一八九一年七十二岁时去世,随即就被世人遗忘了。

二

以上这些关于麦尔维尔的生平事实,就是传记作者为我们提供的,但显然太简略了,遗漏了不少东西。他们说到马尔科姆的死和斯坦威克的出走,寥寥几句,好像这是两件无关紧要的事情。譬如,马尔科姆死于枪下时十八岁,麦尔维尔夫人肯定会和她的兄弟们有书信来往,谈到此事;可是却不见这些书信,我们只能假设被人藏起来了。此外,麦尔维尔的名声确实在一八六七年已大不如前,但他终究是有点名气的,而且还健在;所以不难料想,这件事一定会引起报界的注意,而且会对此事有所披露。他儿子究竟是怎么死的,难道没有人刨根究底?如果是自杀,原因何在?还有,斯坦威克为什么要出走?家里究竟发生了什么事，使他作出如此反应？而且，他出走后为何会杳无音讯？鉴于后来在麦尔维尔的葬礼上只见到麦尔维尔夫人和两个女儿，人们不免猜测，斯坦威克很可能早就死了。就我们所知，麦尔维尔夫人是个慈爱的母亲，但奇怪的是——还是就我们所知——儿子出走，她竟然没有做过任何努力，设法去找他，或者，至少设法和他取得联系。有资料表明，麦尔维尔晚年宠爱外孙和外孙女，但他对女儿是否也这样呢，那就难说了。刘易斯·曼福德写的《赫尔曼·麦尔维尔》一书应该说还是比较真实可信的；他在书中说，麦尔维尔在子女眼里简直可憎可卑，是个脾气暴躁、毫无耐心的父亲，还常常刻薄地数落他们。"只要一提起父亲，他的一个女儿就会痛苦地直摇头……家里连下一餐的面包都没有了，他却用仅有的十美元去买了一幅蹩脚的版画或一个粗糙的小雕像，都这种时候了，谁还要那种东西？"他有时似乎也想使他们开心，和他们说说笑话，只是他们并不领情；而更为经常的倒是，你似乎会觉得，他会喝得酩酊大醉回到家，稍不称心就大发脾气，甚至动手打人。当然，关于后面这一点我必须马上声明，并没有具体证据来加以证明。但是，即便如此，即便没有具体证据来证明他是这样一种人，我们仍有充分理由认定，他是个自私、懒散、对家庭不太负责任的人。

　　一个写《泰比》和《奥穆》的人，变成了一个写《白鲸》和《皮埃尔》的人，而这时，他的年龄还刚刚三十出头。这样的变化，到底是什么原因造成的呢？且听我慢慢道来。我觉得，《奥穆》比《泰比》读起来更容易一点。在这本书里，麦尔维尔如实地描述了他在埃弥奥岛上的经历，事实是怎样的，他也就怎样写。《泰比》则不然，描述他在努库希瓦岛上的经历时，夹杂着虚构的内容。据查尔斯·安德森说，麦尔维尔在努库希瓦岛上其实只待了一个月，并非他谎称的四个月；再则他前往泰比人的山谷途中，也不像他描述的那样险象环生；还有泰比人吃人肉之类的说法，也是夸大的；至于他最后侥幸脱险的故事，更是纯属虚构："……脱险的那一幕写得过于浪漫，令人难以置信，显然是草率写成的，旨在把自己写成英雄，而不顾及逻辑上的合理性。"不过，也不必过于责难麦尔维尔；我们知道，他曾许多次在许多人面前讲述过他的这次经历，而且我们也都知道，每讲一次，他总要想把事情讲得更动听一些，于是就免不了添油加醋。这样一来，等到他要用这次经历来写一部小说时，他就犹豫了，要是如实描述那些其实并不怎么惊险的事情，会不会对读者没有吸引力？于是，他就把《泰比》写得像个大杂烩，加入了许多他从历代游记作品中读来的东西，还加入了许多他自己想象的东西。对此，查尔斯·安德森先生也许过于细心了，他告诉我们，麦尔维尔有时会一字不改地直接抄袭某部游记作品中的某个段落，甚至连错误的地方也没有改正。我想，大概就是这个缘故吧，这本书读起来确实有点不太流畅。不过，无论是《泰比》，还是《奥穆》，总体上都是用当时流行的老式英语写成的，而且写得还算不错。只是，相比通俗词语，麦尔维尔更喜欢使用古雅的书面语；譬如，说到建筑物，他不说"房子"，而喜欢说"屋宇"；就是说到一间茅屋就在另一间茅屋旁边，他也不说它们"紧挨"，而是说它们"毗邻"；他不像多数人那样说"疲劳"，而是说"倦怠"；他不说"动了感情"，而总是说"情有所动"。

尽管如此，这两本书的作者形象仍清晰可见；你不用多费力就能看出，他是个刚毅、勇敢的年轻人；热情、爽朗，虽不勤奋，也不懒惰；心情愉快、为人和善、乐于助人、无忧无虑。他和同龄的年轻人一样，看到美艳的波利尼西亚少女会神魂颠倒。倘若这样的少女自己找上门来，他更不会拒之门外，否则岂不成了不寻常的怪事？要说不寻常，他倒也有一点，那就是他不寻常地喜爱自然景色，而一般年轻人对自然景色是不在乎的，往往视而不见。他却对大海、天空、群山情有独钟，而且还会津津有味地将其描绘出来。此外，还有一点或许也和一般二十多岁的水手不同，那就是他喜欢思考，而且他自己也知道这一点。"我生来喜欢思考，"他后来写道，"在航海途中，我常常会半夜里走到甲板上，裹紧上衣，独自坐在那儿思考。"

然而，正是这样一个年轻人，竟然写出了像《皮埃尔》这样的书，竟然变成了一个极度的悲观论者。这如何解释呢？到底是什么原因，使这个平实开朗、写《泰比》的年轻人，变成了一个阴郁怪异、写《白鲸》的中年人？也许，在如今这个关注性意识的时代，我们可以找到某种和性有关的原因来解释这一奇怪的现象。

麦尔维尔写《泰比》和《奥穆》，是在和伊丽莎白·肖恩结婚之前。结婚后第一年，他写了《玛地》。这本书一开始也是很平直地讲述他的海上经历，但到了后面，就变得稀奇古怪了，而且写得很长，我觉得很乏味。关于这本书的主题，我觉得雷蒙德·威弗作了很好的概括，他说："《玛地》所要表达的，就是对一种既神圣又神秘的性欢悦的追寻。这种性欢悦，是麦尔维尔在他向伊丽莎白·肖恩求爱期间所幻想的；是他因受恋母情结的压抑而又性欲冲动时所幻想的；是他和伊丽莎白·肖恩结婚后在床上所幻想的……《玛地》追寻一种业已丧失的魔力，而来自欢乐岛的（乌鲁尼亚）少女叶娜，就代表了这一魔力。为了寻找叶娜，他们（书中的人物）跨洋渡海，寻遍了整个文明世界；虽然他们对什么事情都会高谈阔论，甚至还会谈论国际政治，但就是找不到叶娜。"

如果有人想猜测，就会称这个怪异的故事是麦尔维尔对婚姻表示失望的一个迹象。关于麦尔维尔夫人伊丽莎白·肖恩，现在只能靠仅存的一些书信来想象她是怎样一个人，而她却不是一个特别喜欢写信的人，所以在这些书信中，她并没有把自己完全表现出来。但不管怎么说，从这些信件中至少可以看出，她是爱丈夫的。她可能没多少见识，只是一个规规矩矩的女人，但她并不愚笨，也不粗俗。她对贫困从无怨言。显然，她对丈夫的变化感到困惑，对他不惜毁坏《泰比》和《奥穆》为他带来的声誉感到遗憾，但她始终信任丈夫，始终对丈夫抱有崇敬之情。她不是能言善辩的才女，而是温情贤惠的妻子。

那么，他爱她吗？他在求婚期间可能写过的信，一封也没有保留下来。他和她结了婚，但男人并不一定是为了爱才结婚的。也可能是他过够了漂泊不定的生活，想安定下来。这个怪人最初所做的怪事，就是他虽然自称"天生喜欢漂泊不定的生活"，实际上他在年轻时第一次航海去利物浦和在南海生活了三年后，就没有什么历险欲望了。他以后的航海只不过是旅游而已。他之所以结婚，也可能是因为家里人和亲朋好友都认为他应该结婚了；也可能是因为他有某种不良嗜好①，想借结婚来把它改掉。谁说得清呢？刘易斯·曼福德说："他和伊丽莎白在一起从不觉得幸福，而离开伊丽莎白，也不觉得幸福。"还说，他在航海途中思念妻子并非出于夫妻感情，而是想把"因长期分居而压抑的性欲"尽快发泄掉。这也没什么稀奇，这样的男人多得是：妻子在身边时不怎么样，离开了妻子就想念妻子；和妻子同房时不怎么样，想到要和妻子同房时却激动万分。我想，他婚后一次次去航海，可能是他忍受不了婚姻生活的束缚，也可能是他婚前对妻子的期望过高，婚后有点失望。但是，不管怎样，他始终和她维持着夫妻关系。她为他生育了四个孩子，而就我们所知，他至少对她是忠诚的，从未有过出轨行为。

---

① 某种不良嗜好：暗示麦尔维尔有同性恋倾向。

我在本文不必评论《皮埃尔》，这是一本荒诞不经的书。当然，其中也有意味深长的地方。这本书是麦尔维尔在精神痛苦的情况下写的。他很亢奋，时而会写出富有激情的段落，但总体上说，这本书情节不合理，主题不成立，对话也写得一点不真实。这本书简直就像是一个十四岁的女学生写出来的，而且是一个神经不正常的女学生写的一部最胡思乱想的小说。确实，这本书给人这样一种印象：作者有神经病，至少是严重神经衰弱。不过，这样的书倒是精神分析学家的宝贝。我很乐意把它留给他们去分析。

同样，麦尔维尔从巴勒斯坦和意大利回国后，开过一个有关古罗马雕刻的讲座。他竟然专门选了一座题名为《阿波罗·贝尔弗蒂》的古罗马雕像加以评论。对此，我很想知道，精神分析学家又会怎么说呢？这座塑像制作得很呆板，毫无艺术灵感，唯一引人注目的是它雕了一个英俊少年。麦尔维尔很欣赏男性美——这个我在前面已经说到过，就是那个给他深刻印象的年轻小伙子托贝，他们两人还一起逃离了"阿库斯奈特号"捕鲸船。实际上，麦尔维尔在《泰比》中不止一次提到这个小伙子，说他体形如何匀称，等等。我们还应该记得，他十七岁时航海去利物浦，并在那儿结交了一个名叫哈里·伯尔顿的小伙子。后来他在《雷德伯恩》中这样描写这个小伙子："他是那种身材娇小、体形匀称的人，卷曲的头发，细嫩的肌肤，好像是从蚕茧里长出来的。他的肤色白里透红，像女孩子似的，脚也是小小的。一双手小而白，一双眼睛大而黑，有女性之美。他朗诵诗歌，嗓音清脆，犹如竖琴。"有人对这两个小伙子为何要匆匆赶赴伦敦表示怀疑；这段情节读上去确实很别扭。有人甚至怀疑哈里·伯尔顿是否真有其人；如果没有，是麦尔维尔虚构出来仅为他的书添加一段插曲的话，那么像他这样一个男性气十足的人，竟然会虚构出这样一个疑似同性恋的角色，不是更奇怪了吗？

还有在"合众国号"军舰上，麦尔维尔的那个好友，杰克·蔡斯，是个英国水手。关于这个人，他在《白外套》中写道："他高高的个头、健壮的体魄，眼睛大又亮，眉毛粗而长；栗褐色的胡须，浓而密。……他浑身上下有一种令人亲近的魅力。……谁不喜欢他，谁就应该承认自己是混蛋。"他还写道："亲爱的杰克，无论您此刻在何处的海浪上颠簸，请接受我对您最真挚的爱；无论您是在天涯，还是在海角，都愿上帝保佑您。"这些话洋溢着麦尔维尔很少有的温柔之情！他对这个水手如此一往情深，以至于他后来专门为他写了一部中篇小说，即《比利·巴德》。这部小说在他去世前三个月才正式写完。小说中连篇累牍地描写男主人公的惊人之美。正是他的美，使得船上没有一个人不喜欢他，然而也正是他的美，间接地使他处处倒霉、结局凄惨。

我不厌其烦地谈论麦尔维尔的这种古怪倾向，是因为这有可能是导致他婚后生活不愉快的原因；也就是说，很可能是性生活不和谐，导致了他的性格大变。所有关注他的人，对他的这种性格变化都觉得困惑不解。我想，这可能是因为他在这方面从来就是个正人君子，从未有过出格行为；但是，天知道一个男人内心会有怎样的欲念。这欲念可能连他自己也没有意识到；就是意识到了，也会竭力克制。也许，他根本就没有什么欲念（只不过有点想入非非，有点自我陶醉）；也许，他确实有某种欲念，而且在竭力克制。若是后者，那么结果就可能是，他没有屈从于这种欲念，但却不可避免地改变了他的性格。

由于他性格上的奇怪变化，有人认为，从写《泰比》的麦尔维尔变成写《白鲸》的麦尔维尔，即表明他在这过程中神经错乱了。对此，麦尔维尔的崇拜者当然会竭力否认，好像这是很不光彩的。其实，神经错乱是一种病，和感冒发热一样，既没有什么光彩，也没有什么不光彩。麦尔维尔确实有这种病的迹象，但据我所知，好像并没有真正发作过。有人认为，麦尔维尔在从岚欣伯格移居纽约的这段时间里，乱七八糟地读了许多书，所以就像堂吉诃德读了许多骑士书而变得疯疯癫癫，他也因为读了像托马斯·布朗爵士[①]写的那种书而变得神经错乱了。这种说法当然幼稚可笑，不会有人相信。只有到哪一天，有研究者发现了新的材料，这个谜或许才能解开。至于现在，我们仍无法真正解释清楚：一个普普通通的小说家，为什么会莫明其妙地变成了一个非同寻常的天才作家。

三

麦尔维尔读书没有系统性，读得很多、很杂。显然，他特别欣赏十七世纪的诗人和作家；因而有人认为，他是从他们那里读到了某些和他的怪癖不谋而合的东西。不过，他们对他的影响究竟是有害，还是有利，纯属个人看法问

---

① 托马斯·布朗爵士：17世纪英国医生、哲学家，写有《医生的宗教》《瓮葬》等，文辞华丽、论调怪异。

题。他早年没受过多少教育，像他这类作家，大多如此。他后来也没有因为有种种经历而变得更有文化。因为文化不像外套，可以拿来直接穿上；文化更像是养料，要慢慢吸收，才能培养出你的品性，就像食物慢慢地使孩子的身体长大。文化也不是华丽的装饰品，更不是用来卖弄和炫耀的，而是一种难能可贵的、可以使灵魂得以充实的工具。

　　罗伯特·路易斯·斯蒂文森①坚持说，麦尔维尔没有耳朵②。我觉得正相反，他的耳朵很灵敏。虽然他的单词拼写有些古旧，语法有时也有点小毛病，但是他写出来的句子还是很有节奏感的，而且无论句子有多长，总能前后照应。他喜欢写格言式的短语，所用词语虽有浮华之嫌，但通常还不算太过做作，有时读起来还很典雅。因为有这种癖好，他时常会写出同义反复的词组；譬如，他会写出 umbrageous shade（幽深的阴影）这样的词组，其意思就是 shady shade（阴暗的阴影）。但不管怎样，这样的词组读起来还是很有韵味的。同样，我们还会读到像 hasty precipitancy（匆忙仓促）这样同义反复的词组，但只要想一想就会想起，弥尔顿③就曾这么写的。有时，麦尔维尔也会不同寻常地使用寻常词汇，并用这种方法产生新奇效果；譬如，他说 redundant hair（富裕的毛发），你或许会想到少女嘴唇上的毛（多余的），而不至于想到小伙子的头发（那不会多余）；但你查查词典，就会看到 redundant 一词第二种意思，是"丰茂的"，而且弥尔顿（又是弥尔顿！）也写过 redundant hair（丰茂的毛发）。

　　此外，麦尔维尔还喜欢用古体词，那些只适用于诗歌的词。这个，我很难接受。他用 o'er 代替 over（在……之上），用 nigh 代替 near（附近），用 ere 代替 before（以前），还用 anon（立刻）和 eftsoons（不久），使文句散发出一种貌似芳香、其实是陈腐发霉的气味。用散文写作就应该使用平常的、实用的词语。不过，我认为他偏爱用第二人称单数④还是有点道理的。这种别扭的表达方式，据说现在已经被作家们弃之不用了。但我相信，麦尔维尔采用这种表达方式是有他的目的和想法的。可能是他认为这种表达方式会使他的书读起来比较亲切，像是在和读者对话，同时又使他的词句读起来有点像诗句。

----

　　① 罗伯特·路易斯·斯蒂文森：19世纪英国新浪漫派小说家、散文家，写有《金银岛》《新天方夜谭》等。
　　② 没有耳朵：意即不懂音律，通常指写诗没有韵律，或者写出来的句子没有节奏。
　　③ 弥尔顿：17世纪英国大诗人，著有长诗《失乐园》《复乐园》等。
　　④ 第二人称单数：即"你"。

不过，所有这些，都是鸡毛蒜皮；不管人们怎么说，反正麦尔维尔写的英语绝对不是寻常的英语，而是一种风格独特的英语。这种风格，在《白鲸》一书中表现得最为突出。在一般情况下，这种风格固然有过分讲究辞藻之嫌，但在最好情况下，它给人以端庄、典雅、雄辩之感。在我看来，现在还没有哪个作家能有这种风格；它确实会使人想起托马斯·布朗爵士华丽的文辞和庄重的弥尔顿时代。在我结束这一话题之前，我还必须请读者注意：麦尔维尔在他讲究辞藻华丽的文句中又掺入了水手的语言和航海用语；这样一来，整部《白鲸》就像一部独一无二的交响乐，庄重的旋律中间杂着通俗的小曲，既有现实主义的严肃主题，又有清新浪漫的海洋气息。

四

《白鲸》是麦尔维尔的唯一可以和世界上其他伟大小说相媲美的作品，而凡是读过我的文章的人，都不会期待我会从深奥的隐喻角度来谈论这部作品。有这种兴趣的读者可以到别处去寻找，我只能用一个并非毫无经验的作家的观点来对待这本书。不过，既然有一些很聪明的人也把《白鲸》看作是寓言，那么我理应在这里稍微介绍一下这方面的情况。他们认为，麦尔维尔自己说的话是具有反讽意味的：他曾写道，他很担心这部作品可能会被人误解成"可怕的寓言，或者更糟糕、更可憎、丑陋得无法接受的譬喻"。此外，他在写给霍桑夫人的一封信中又曾说到，他在写这本书时"隐约感到整本书可能会被人当作寓言"。但是，就凭这些便说这本书是寓言，证据还嫌不足。如果有人确实作出了这样的解释，那也是纯属偶然。难道这不可能吗？因为就如他自己对霍桑夫人所说的，他对这样的解释不会感到丝毫惊讶。我不知道批评家是怎样写小说的，但对小说家怎样写小说还略知一二。小说家一般不是从确立某个主题开始构思小说的，不是先有了某个主题如"诚实是无上宝贵的"或者"发光的并不都是金子"，然后说，我要用这个题目写一篇故事。不是的，而是先由一些人物——通常是他熟悉的人——激发了他的想象力；有时就在这同时，有时则要晚一些，他便开始构想小说中应有的事件。这些事件可能来自他自己的经历，可能是听说的，也可能是凭空杜撰的。只有当人物和事件在他的头脑里融合起来后，主题才逐渐产生。麦尔维尔没有胡思乱想，因为当他想入非非时，他便惨遭失败，如《玛迪》一书就是明证。他有丰富的想象力，但想象力越丰富就越需要以事实作为想象的基础。一旦他对自己的想象力不加控制，他就会写出荒诞不经的东西，如《比埃尔》一书就是这样。他生性喜欢思辨，这是事实；而且随着年龄增长，他越来越倾向于思考哲学上的形而上学问题。雷蒙德·威弗把哲学上的形而上学问题说成是"痛苦和思维的混合物"，这种说法似乎过于偏狭；因为除了痛苦和思维，我们还应该注意到形而上学所涉及的，其实是那些对于人类灵魂来说是至关重要的问题，如价值观、上帝、永生和生命的意义等。然而，麦尔维尔并不是思辨地而是感情地去面对这些问题的：他如何感觉就如何做，如何做就如何想；但是这并不妨碍他的许多想法具有深刻的喻义。"心灵自有其理由，只是我们的理智不能理解罢了。"我想，要写出真正的寓言来是需要有超然物外的态度的，而麦尔维尔并没有超然于物外。

在象征意义上解释《白鲸》，埃勒瑞·塞奇威克①的观点最趋极端。他甚至断言，《白鲸》一书之所以名垂青史，原因就在于它具有象征意义。根据他的看法，亚哈②是有感情、有思想、有意志、有信仰的"人"的象征，他面对着无穷神秘的宇宙；而他的对手，即那头白鲸莫比·迪克，就是宇宙神秘性的象征，它虽然不是宇宙神秘性的创造者，但它就代表着宇宙的那种似有法则、又似无法则的混沌状态。至于宇宙本身，则如先知们所相信的那样，是由上帝创造的。但我觉得，他的这种说法很难使我信服。还有一种比较合理一点的解释，是由刘易斯·曼福德③在他写的《赫尔曼·麦尔维尔》一书中提出的。要是我没有理解错的话，他是把莫比·迪克当作邪恶的化身看待的，亚哈和莫比·迪克之间的冲突被看作是善与恶的冲突，而最终是恶战胜了善；这倒很符合麦尔维尔的悲观主义倾向。然而，寓言却是这样一种怪物，你既可以抓住它头上的毛，也可以抓住它的尾巴。所以，我如果反过来说，也同样说得通。

为什么莫比·迪克就一定是邪恶的化身？曼福德教授说它是"抽象的邪恶"，根据是它在遭到攻击时会自我防卫："这头畜生太恶毒，一遭攻击就会自卫。"但是，我们应该记得，麦尔维尔在《泰比》一书里就曾歌颂过未受文明世界的邪恶腐蚀的野蛮人。他认为处于自然状态的人才是真正的好人。这样的

---

① 埃勒瑞·塞奇威克：20世纪初美国学者、评论家。
② 亚哈：《白鲸》中的主人公，一艘捕鲸船的船长。
③ 刘易斯·曼福德：20世纪初美国学者、麦尔维尔研究专家。

话,莫比·迪克为什么就不能代表善而非要代表恶呢?它是那样漂亮、那样庞大、那样有力,那样自由地在大海中遨游;而亚哈呢,他是那样傲慢、那样残忍、那样粗暴、那样冷酷,那样心胸狭窄地念念不忘报复,他才是邪恶的化身。所以,到了最后一刻,他和他那伙"由逃兵、无赖和暴徒组成的乌合之众"遭到了灭顶之灾;正义得到了伸张,而此时,沉着冷静的莫比·迪克又神秘地消失了。善和恶都得到了报应。也许,你还可以按同样的思路作出另一种解释。你可以把凶狠的亚哈看作撒旦①,把莫比·迪克看作上帝。最后,上帝战胜作为万恶之源的撒旦,尽管自己受了重伤,但保住了人类,让他们漂浮在"软和、挽歌似的大海"上。于是,人类不再妄求,也不再惧怕,因为上帝给了他们不可战胜的灵魂。

　　幸运的是,大多数人读《白鲸》只是因为它有趣,而不是想从中找到什么深刻的寓意。我已经强调得够多了,读小说不是为了接受教诲,而是为了获得精神上的享受。如果你发现读小说没什么乐趣,那就干脆不要读。不过,我得承认,麦尔维尔好像有意不让读者获得乐趣。他曾在一封信中说:"我想按我的意愿写下去,那样可能很不讨好,有人会觉得没趣,但要我用另一种方法来写,我又办不到。"他本来就脾气倔强,加上公众对他的冷淡、批评家对他的攻击和朋友们对他的误解,他更是横下一条心,只写他自己想写的东西了。在最近再版的《白鲸》一书的序言中,蒙哥马利·贝尔津②小心翼翼地解释说,麦尔维尔之所以不厌其烦地叙述鲸鱼的历史和鲸鱼的骨骼大小等琐事,原因可能是他想使书中的捕鲸的故事显得更为真实可信。我不同意这种看法。如果麦尔维尔真想这样做,他完全可以利用自己在太平洋上的三年生活中所亲身经历的事情,或者听人讲述的有关捕鲸的故事,来达到这一目的。我认为,事情很简单,麦尔维尔写之所以写这几章,就是因为他忍不住要把自己感兴趣的东西告诉读者。这些东西,除了写到莫比·迪克为什么会浑身发白的那部分我觉得有点荒唐,其余部分我是读得津津有味的。尽管如此,我仍不得不承认,所有这些东西都是和小说主题毫不相干的。除此之外,还有一点也可能使读者感到失望,那就是麦尔维尔详细介绍了某个人物之后,往往会把他搁置一边;你对这个人物已产生极大兴趣,很想进一步了解他,而作者好像根本就没把你放在

---

① 撒旦:《圣经》中魔鬼的名字。
② 蒙哥马利·贝尔津:20世纪初美国学者、评论家。

心上。显然,麦尔维尔缺少法国人所说的那种"连续性"。有人说他的小说结构独具匠心,我觉得他们是在瞎吹捧。他根本就没有什么"匠心",他只是按自己的方式写了《白鲸》。对于他的这种方式,你要么接受,要么拒绝。他就是这样一个小说家,而且还不是第一个,他会对你说:"不错,我要是照你说的那样去写,或许能写出一本更好的书来;我相信你说得非常正确,但是现在这样写却是我喜欢的,是我想做的;要是别人不喜欢,我就没办法了,再说我也不在乎别人喜欢不喜欢。"

有的批评家指责麦尔维尔缺乏创造力,我倒认为他创造得太多,有时甚至有点不合情理。当然,只要有经验作为基础,他写出来的东西还是很有说服力的;不过,这一点大多数小说家都能做到。当有经验基础时,他的想象力便发挥得既无拘无束又生动有力。我要说的就是这些。还有一点好像用不着我多说,那就是麦尔维尔对景物的描写总是很精彩的。他的文笔有点呆板,但很奇怪,读来却很有感染力。《白鲸》前几章以新贝尔福德为背景,写得既逼真、同时又具有迷人的浪漫色彩,而且还很巧妙地为后面的情节展开埋下了伏笔。当然,全书最引人注目的是亚哈船长那高大、可怕而又感人的形象。我想不出有什么小说形象能和他相比。你必须到古希腊悲剧家那里去寻找那种末日感,因为他的每件事都让你惶惶不可终日;你必须到莎士比亚那里,才能找到这样使人心惊胆战的人物。人们虽然对麦尔维尔持有种种保留的态度,但他创造了亚哈,因而使《白鲸》成了一本伟大的、非常伟大的书。

第八章　艾米莉·勃朗特与《呼啸山庄》①

一

一七七七年，帕特里克·普伦蒂出生于道恩郡②，父亲是农民，家有几亩地，仅靠父亲耕种这几亩地养活十个孩子。帕特里克一成年就外出干活，先是当纺织工，后来做乡村教师，后来又在一个牧师家里做家庭教师。他颇有雄心，想干一番事业，于是在那个牧师的帮助下，凑足了去剑桥求学的钱。那时他已经二十五岁，要上大学早就应该去了。他是个健壮的年轻人，高个儿，脸也长得英俊，所以颇为自负。他在圣约翰学院③把自己土里土气的姓（Prunty）改为"勃朗特"（Bronte），那是西西里岛上的一个村庄的名字，因三年前纳尔逊④在那里受封为公爵而出名。帕特里克·勃朗特获得学位后，也获得了教职。

---

① 《呼啸山庄》（*Wuthering Heights*），19 世纪英国女作家艾米莉·勃朗特（Emily Bronte 1818—1848）所著长篇小说。其主题是：爱与恨的相互交织与相互毁灭。其主要情节是：弃儿希斯克利夫被山庄老主人恩萧从利物浦带回呼啸山庄。恩萧将他当作自己的儿子，待他很好。老主人去世后，他受到恩萧的儿子亨德莱和奴仆们的歧视和虐待，从此，希斯克利夫决心报仇。恩萧之女凯瑟琳对希斯克利夫受到的不公平待遇愤愤不平，两人在共同反抗亨德莱的过程中成为亲密伙伴，产生了感情。一次，希斯克利夫无意中偷听到凯瑟琳告诉耐莉，她不能嫁给希斯克利夫，那样会降低自己的身份。听到这些话，希斯克利夫伤心不已，愤然离开了山庄，可惜的是他没有听到接下来凯瑟琳诉说自己对他炽热的爱情。三年后，他致富归来，发现凯瑟琳已与画眉山庄的年轻主人埃德加结婚。希斯克利夫开始实施他的报复。他娶了埃德加的妹妹伊莎贝拉为妻，却对她视而不见。他对凯瑟琳的激情加速了病危的凯瑟琳的死亡。他还使沉迷于赌博的亨德莱及其儿子都受制于他。凯瑟琳死后，希斯克利夫继续对亨德莱和埃德加以及他们的后代进行报复。但他的报复行为犹如一把双刃剑，也使他自己筋疲力尽。他渴望死去，早日在地下和凯瑟琳团聚。
② 道恩郡：County Down，也译"唐郡""邓恩郡"，英国西南部一郡，属北爱尔兰。
③ 圣约翰学院：神学院，剑桥大学诸多学院中的一所。
④ 霍雷肖·纳尔逊：18 世纪英国海军将领，因在海外作战有功而名声大噪。

他先后担任过好几个教区的副牧师,其中在约克郡的哈特谢德教区,他待了五年之久。就在那里,他和一个来自康沃尔郡的商人的女儿玛丽亚·布伦威尔结了婚。他们在那里生了两个女儿,取名玛丽亚和伊丽莎白;后来,他被调到靠近布拉福的一个教区;在那里,他们又生了三个女儿,即夏洛蒂、艾米莉、安妮,和一个儿子,即帕特里克·布伦威尔。一八二〇年,他被调往约克郡的霍沃斯教区,并由副牧师升为牧师,但年薪也只有区区二百英镑。他后来就在那里任职,直至去世——看来,他的"雄心"和"事业"也不过如此。他从来没有回北爱尔兰看望过父母和弟妹。一八二一年,他妻子玛丽亚·布伦威尔去世。他在此后的大约一年间曾几次想再结婚,但均未如意。于是,他只好把玛丽亚·布伦威尔的妹妹伊丽莎白·布伦威尔叫来,帮他照顾孩子。

霍沃斯教区牧师的住宅是建在一座小山上的一所低矮的石头房子,紧靠着高大的教堂。小山下面,就是霍沃斯村。这所房子的楼下有一个起居室、一个仅供牧师用的书房,还有一个厨房和一个储藏室;楼上有四个卧室和一个休息室。地板和楼梯都是石头砌成的。除了起居室和书房,其他房间里都没有铺地毯,也没有挂窗帘,因为他害怕着火。在他的书房里,有一张桃木的书桌和一个马毛绒坐垫的椅子;其他房间里就只有简单的几件家具了。房子的前后都有狭小的院子;房子的两边,则是墓园;再向外望去,就是荒山野地了。帕特里克·勃朗特牧师就在这荒山野地里长时间散步,通常都会走得很远。他是个性格孤僻的人,除了偶尔去拜访一下邻近教区的牧师,除了和教堂执事谈话以及为本教区的教民布道,他几乎不和任何人来往。此外,他在他妻子去世前就习惯一个人在书房里吃饭,而这个习惯一直到他死也没有改变。每天晚上八点,他和全家人一起做晚祈祷;九点,他就去把大门锁好,上楼去卧室睡觉;若走过休息室看见孩子们还在那里,他就会命令他们去睡觉,接着再到楼梯口,把挂钟的发条上好。他是个脾气暴躁、自以为是、专横独断的人,一点也不喜欢孩子;只要他们稍稍打扰了他,他就会火冒三丈。他从不考虑孩子可能还很娇弱,就是一味训练他们吃苦耐劳、省吃俭用。他自己不吃肉,也不允许孩子吃肉;所以,他的孩子都像他一样,都是靠吃土豆长大的。他自己是穷苦的爱尔兰农民的儿子,但他却不允许自己的孩子和农民的孩子一起玩。孩子们通常只能在那间"孩子书房"(也就是那间阴冷的休息室)里坐着,看看书,说说话,但绝不能惊扰父亲;否则,他不是发火,就是阴沉沉地板着脸。他每天一早都要给孩子们上课；后来他的妻妹伊丽莎白·布伦威尔来帮他照顾孩子，还要教孩子们做家务、做针线。所以，孩子们的消遣，就是找机会到荒山野地里去逛一逛，或者，胡乱地涂鸦，写剧本、写诗、写故事来自娱自乐。一八二四年，先是玛丽亚和伊丽莎白，后来是夏洛蒂和艾米莉，被送到考温布里奇去了，因为那里刚建立了一所女子学校，是专门为这一带穷牧师的女儿们办的。那地方环境脏乱，伙食糟糕，管理又一塌糊涂。没多久，两个大一点的女孩——玛丽亚和伊丽莎白——便生病死了；夏洛蒂和艾米莉也病了。撑了一段时间，她们不得不离开那里。

家里唯一的儿子帕特里克·布伦威尔，当然被视为最聪明的孩子；父亲对他的关心，当然也要比三个女儿多得多。父亲没有把他送到学校去，而是自己教他。这个男孩似乎有点早熟，行为举止不像普通男孩。他的朋友F. H. 葛隆迪后来这样说到他："他长得有点矮小，这一点他一生都耿耿于怀。他把一头红头发尽量往后梳，露出高高的前额——我想这大概是为了使他看上去高一点——他的前额确实又高又宽，几乎是整张脸的一半；眼睛却小得像老鼠，而且是深深凹进去的，加上他视力不好，戴着眼镜，看上去凹得更深了。他的鼻子倒很显眼，只是长得并不怎么好。他好像永远都是一副神情沮丧的样子，难得有兴奋激动的表情，就是有，也是一闪而过。一个又瘦又小的人，初见他时，谁也不会对他感兴趣。"他很有才能，他的姐妹都钦佩他，希望他事业有成。他才气横溢，还很健谈。他父亲是个刻板而沉闷的人，他却不知从哪个爱尔兰祖先那里遗传了一种善于社交和善于言谈的天赋。那时，如果勃莱克布尔客栈里有旅客到了晚上显得百无聊赖的话，客栈老板就会问他："想不想有个人来和你一起喝喝酒、聊聊天？只要你说一声，我就把帕特里克·布伦威尔叫来。"可见，帕特里克·布伦威尔是很乐意帮助人的。

夏洛蒂十五岁时又去上学。这次是到一个叫洛伊海德的地方，而且她在那里过得很快活。然而只过了一年，她又不得不回家教两个妹妹读书。家里很穷，女孩们毫无指望，因为伊丽莎白·布伦威尔姨妈把她仅有的一点钱都留给她喜欢的外甥帕特里克·布伦威尔了。所以，女孩们决定将来去当女管家或者做家庭教师，看来这是她们唯一的谋生方式。帕特里克·布伦威尔到十八岁时，也要决定做什么，或者说，从事哪种职业。他渴望当画家，因为他和他的姐妹们一样，从小就显露出绘画才能。但要这样，他就必须去伦敦，到皇家专科学院学习绘画,而他能不能去伦敦,还说不准。

后来,夏洛蒂被聘为教师,回到了洛伊海德的那所学校。她把艾米莉当作一名学生带到那里,但是艾米莉想家竟想得生病了,又不得不把她送回家。小妹妹安妮性情比较平和,比较能适应,所以就由她代替了艾米莉。然而,三年后,夏洛蒂自己的健康也出了问题——尽管她们的父亲一直训练她们,想使她们一个个身体健壮,能吃苦耐劳,但讽刺的是,她们的身体从来就没健壮过,甚至还很虚弱——所以,为了养病,她只能回家,回到霍沃斯。那时,她二十二岁。

这时,帕特里克·布伦威尔变了,变得行为怪异,胡乱花钱,一家人都为他烦恼。因此,夏洛蒂身体一恢复,就觉得自己必须去找份工作;譬如,去当保姆。但她一点也不喜欢当保姆。确实,她和妹妹都像父亲,都不喜欢孩子。她早先曾考虑过,要和两个妹妹一起办一所学校①,现在她又开始考虑这件事了。聘她去当保姆的那家人,显然都是好人,他们得知她的想法后都很支持她,但也告诉她,要想办一所学校,必须要有一定的学历才行。她虽然能读懂法文,但不会说,而且不懂德文,因此她决定,她和她妹妹必须先出国去学。这样,由姨妈伊丽莎白·布伦威尔垫付费用,她和妹妹艾米莉一起去了布鲁塞尔②,在那里的埃日尔寄宿学校学习法语。不料,十个月后,家里传来消息说,姨妈伊丽莎白·布伦威尔病得很重,姐妹俩不得不返回英国。没几天,姨妈伊丽莎白·布伦威尔就去世了。在此之前,由于帕特里克·布伦威尔行为不端,姨妈伊丽莎白·布伦威尔已经剥夺了他的继承权,把她仅有的一点遗产都给了三个外甥女(但用这笔钱来办一所她们想办的那种学校,还是绰绰有余的)。她们的父亲也老了,而且视力不好,所以她们决定,就在当地办一所学校。夏洛蒂觉得自己的法语水平还不够,就接受了埃日尔先生的建议,回到布鲁塞尔,一边教英语,一边学法语。等她学成后回到霍沃斯,姐妹三人发了一份学校的招生启事。夏洛蒂还写信给她的好几个朋友,请她们多多推荐这所刚办起来的学校。遗憾的是,没有一个学生来报名。这件事,就这样结束了。

从少女时代起,她们姐妹三人就一直在写东西。一八四六年,她们自费出版了一本诗集,所署笔名像是三兄弟:克莱尔·贝尔、埃里斯·贝尔、艾克

---

① 这里所说的"学校",其实是指补习班,而夏洛蒂·勃朗特想办的补习班,是为学生补习外语,即法语和德语(当时英国学生要学的两种主要外语)。

② 布鲁塞尔:比利时首都(比利时人大多说法语)。

顿·贝尔。为出版这本诗集,她们花了五十英镑,出版后只卖掉两本。后来,她们又各自写了一部小说:克莱尔·贝尔(即夏洛蒂·勃朗特)写的《教师》、埃里斯·贝尔(即艾米莉·勃朗特)写的《呼啸山庄》和艾克顿·贝尔(即安妮·勃朗特)写的《艾格尼丝·格雷》。她们把三本书的书稿寄给一家又一家出版公司,被一家又一家出版公司退稿。不过,当克莱尔·贝尔(夏洛蒂·勃朗特)的《教师》最后寄给史密斯兄弟出版公司后,他们在退稿信中说,此书作者如果能写一部较长的小说,他们或许会考虑出版。夏洛蒂刚好在写这样一部小说,所以在一个月内,她就把书稿寄给了这家出版公司。他们接受了。这本书就是《简·爱》。

埃里斯·贝尔(艾米莉·勃朗特)和艾克顿·贝尔(安妮·勃朗特)的两部小说最后也被一家叫"纽拜"的出版公司"以少得可怜的稿费为条件"接受了。实际上,当克莱尔·贝尔的《简·爱》还在史密斯兄弟出版公司里审稿时,埃里斯·贝尔和艾克顿·贝尔就已经各自修订过校样了[①]。《简·爱》出版后,虽然评论界并不看好,但读者却很喜欢,从而使它成了一部畅销书。"纽拜"公司为扩大自己出版的《呼啸山庄》和《艾格尼丝·格雷》的销售量,竟然宣称,这两本书和《简·爱》是同一作者所写。人们相信了。但是,读者并不怎么喜欢这两本书;有不少评论家还一本正经地评论说,这两本书的确不怎么样,是"克莱尔·贝尔先生"的早期作品,还不够成熟。

这是一八四八年的事。现在回过去几年,在一八四二年,帕特里克·布伦威尔在一个叫埃德蒙·罗宾森的富有牧师家里做家庭教师,就是这一家,安妮也曾在那里做过家庭教师。罗宾森先生年纪大了,还有病;他妻子虽比他年轻许多,却比帕特里克·布伦威尔大了十七岁。可是,不知怎么一来,帕特里克·布伦威尔竟然爱上了她,而她竟然也爱上了他。他们俩的关系暧昧不清,到底有没有成为情人,大概他们自己也说不清。但不管怎样,不管他们是不是情人,反正他们偷偷摸摸的事情被人发现后,罗宾森先生辞退了帕特里克·布伦威尔,并且"决不允许他再见到孩子们的母亲,决不允许他再踏进他的家门,决不允许他写信给她,或者和她说话"。帕特里克·布伦威尔本来就常常以酒浇愁,如今深陷于悲伤之中,就只能经常靠鸦片来自我麻醉了。不过,他好像还是和她有联系的,被辞退几个月后,他还在哈罗门和她见了一次面。据

[①] 此句意为,艾米莉·勃朗特的《呼啸山庄》和安妮·勃朗特的《艾格尼丝·格雷》比夏洛蒂·勃朗特的《简·爱》早出版。

写《艾米莉·勃朗特传》的作者说，"她不惜名誉扫地，打算和他一起私奔。倒是帕特里克·布伦威尔劝她忍耐一下，再等一等。不久，他就在教堂门口看到埃德蒙·罗宾森先生去世的讣告。这使他高兴得简直要在教堂门口跳起舞来，简直快要发疯了。他实在太喜欢那个女人了"。然而，第二天他收到那个寡妇的一封信，要求他不要再去找她，因为只要他们还有往来，一旦被人发现，她就会失去孩子的监护权和丈夫留下的所有遗产。这样一来，帕特里克·布伦威尔就只能永远以酒浇愁了，直到死神降临。

他死后的那一个星期里，艾米莉没有出过一次门。她病了。夏洛蒂写信给她的朋友说："她（艾米莉）的沉闷性格使我极为不安。问她也没用，你得不到回答。要她吃药也没用，她不会听你。"等医生来了，她也不肯见。她不呻吟，也不要别人的同情，更不要别人的帮助。她不要任何人为她做任何事；任何人想帮她，她都厌烦。一天早晨，她从床上起来，自己梳洗完毕，开始做针线；她呼吸急促，两眼发呆，可是仍做着针线。病情越来越严重，到了中午再请医生来，太迟了。下午两点，她死了。没过几个月，安妮也死了。①

在帕特里克·布伦威尔和艾米莉相继去世期间，夏洛蒂正在写一部小说，那就是《雪莉》。但为了照顾病中的安妮，她放下了。后来直到她死，也没有写完。一八四九年，她去了一次伦敦；一八五〇年，她写了《雪莉》的一些章节。一八五二年，她写了《维烈特》；一八五四年，她结了婚。这以前，曾有过好几个人向她求婚，大多数是她父亲的副牧师（因为他父亲身体不好，总需要有副牧师来协助他）；然而，不是担心妹妹艾米莉会把事情搞得不愉快，就是担心父亲不会同意，所以她全都拒绝了。后来她接受的，还是他父亲的一个副牧师，他眷恋她已有好几年了。现在，艾米莉死了，父亲也退休了，她终于答应了他。他们在六月结婚，但到了第二年三月，她就死了，死因据说是"一种先天性的疾病"，也不知是真是假。

现在，只剩下年老的帕特里克·勃朗特牧师一个人了。他埋葬了妻子、埋葬了妻妹、埋葬了六个孩子后，终于可以安安静静地一个人在书房里吃饭了，终于可以自由自在地到荒山野地里去散步了，而且只要走得动，想走多远就走多远。他还是读他的书、布他的道，还是要在上床前到楼梯口去，上好挂钟的

---

① 艾米莉·勃朗特和安妮·勃朗特均死于肺结核，这种病在当时是不治之症，死亡率极高。

发条。他死在霍沃斯，那年他八十四岁。

二

在评论艾米莉·勃朗特的《呼啸山庄》时，我竟说了那么多关于她父亲、她弟弟和她姐姐的事，这也实属无奈，因为在勃朗特姐妹的生平材料中，最多的就是关于她父亲、她弟弟和她姐姐的材料。艾米莉和安妮默默无闻，没人注意。安妮是个性情温和的女孩，既没有什么个性，也没有多大才能。艾米莉则恰恰相反；她怪里怪气，简直就像一个令人难以捉摸的女妖。她从来不让别人直接看到她，仿佛是荒野池塘里的一个倒影，你只能根据模糊的轮廓和零星的细节来猜测她的模样。她孤僻而自傲，平时执拗得令人生厌，偶尔她兴高采烈，譬如在野地里散步时，也会使你极不自在。所以，夏洛蒂有朋友，安妮也有，艾米莉没有一个朋友。

玛丽·罗宾森是第一个为艾米莉·勃朗特立传的传记作家，她的《艾米莉·勃朗特传》出版于一八八三年，其中写到艾米莉十五岁时的样子："她长得高而瘦，长腿长臂，虽然还是个女孩，却好像完全成熟了，走路时还会像成年女人一样摆动臀部。她若穿上豪华的宫廷礼服，俨然就如一位女王；而若在空旷的野地里游荡，或者从狭窄的田埂上走过，她又会像一个顽皮的男孩一样，吹着口哨，时而一跃，跳过一个土丘，时而一蹲，逗弄一条土狗。这个身材高挑、沉默寡言的女孩，其实并不丑，就是鼻子和嘴稍大了点，脸色稍苍白了点，不是很红润。"她和她的父亲、弟妹一样，也戴着眼镜。她的鼻子有点鹰钩，嘴巴大而有点突出，既不温柔，也不妩媚。她的穿着随随便便，甚至还穿那种早已过时的、羊脚形袖子的上衣；一条直通通的长裙遮掩着她的长腿。

她讨厌布鲁塞尔，那地方使她苦恼之极。她只是硬撑着，才没有马上离开那里。同学们想对她们姐妹俩表示友好，请她们一起过周末。这对她们来说简直就是一种折磨，因为她们太腼腆，不会、也不愿和别人交际应酬。所以，不久之后，同学们就认定，对她们最为体贴的表示，就是不理睬她们。确实，她们很不合群；这很自然，因为她们从小就是在一个几乎是封闭的环境中长大的，几乎没有什么社交经验。不过，我觉得这种不合群并非只是单纯的害羞，或者自卑，还有自傲的成分——至少，对艾米莉来说，自傲多于自卑。

她们在星期天通常是一起去散散步，一路上几乎不说话。如果有人来和她们说话，总是夏洛蒂答话，艾米莉一声不响。埃日尔先生认为艾米莉才智过人，但也执拗之极；不管你说什么，只要不合她心意，她一概不听。他还发现她有点专横，就是对姐姐夏洛蒂，她也颐指气使。"她应该是个男人。"他说，"她坚毅沉着，无所畏惧；遇到任何事情、任何人，她都不会退缩。"后来，她们的姨妈去世，姐妹俩返回了霍沃斯。这之后，艾米莉再也不想到什么地方去了。她再也没有离开霍沃斯。

她每天早上都起得比别人早，在年老体弱的女仆还未上楼前，她就把当天最辛苦的家务做好了。她为全家熨衣服，还做了大部分的饭菜；她做的面包大家都说好吃。做面包时，她往往揉几下面团，看一眼摊开在旁边的书。我读到的有关材料上说："在做时间长的家务时，那些被临时叫来帮忙的小姑娘都记得，她手边总有一张纸、一支铅笔，一有空隙，她就会把自己想到的东西写下来，然后继续做家务。"对那些小姑娘，她很亲切、很热诚，"就像小伙子看到小姑娘，很兴奋，而若是看到其他人，譬如看到肉店的小伙计来送肉，或者面包师的徒弟偶尔来到他们家厨房，她就像一只受惊的小鸟，飞快地躲进房间，直到男式皮鞋的笃笃声消失在门外的小路上，她才会出来"。我想，她的这些举动在当时的人看来大概是不可理解的，但在今天的精神病医生看来，却是一个不难诊断的简单病例。

三

《呼啸山庄》是怎样写成的，夏洛蒂显然不太了解。她没有想到，艾米莉竟会写出这么一本奇特而怪异的书；她自己写的那本书①要比这本书平稳而柔和得多。所以，她觉得有必要为这本书做点解释。当这本书再版时，她自任编辑，并在编辑说明中写道："我不得不强迫我自己把这本书再读一遍，因为自从我妹妹死后，我从未翻开过这本书。它写得充满激情，再次使我深感佩服；但是，我还是感到压抑，它简直不让读者有一点点欢悦；每一缕阳光似乎都要透过层层乌云才能照射下来，然而，每一页上其实都散发出道义的魅力，只是

---

① 她自己写的那本书：即《简·爱》。

作者自己没有意识到这一点——是的，她是不可能意识到这一点的。"

由此可以看出，夏洛蒂·勃朗特其实并不怎么了解她妹妹。《呼啸山庄》是一本奇特的书：它既是一本混乱的书，又是一本很好的书；它是丑恶的，却又给人以美的感受；它是一本可怕的、痛苦的、充满激情的书。有人认为，一个牧师的女儿是写不出这样一本书的，因为她过的是一种隐士式的单调生活，认识的人很少，对世界几乎一无所知。我觉得这是无稽之谈。《呼啸山庄》具有强烈的浪漫主义倾向。这种浪漫主义避开现实主义的耐心观察，放纵主观想象，时而兴高采烈，时而意气消沉，沉湎于神秘而恐怖的激情和狂暴行为。这是对现实的一种逃避。根据艾米莉·勃朗特的性格，以及她那种强烈的、受到压抑的感情，我们完全有理由相信《呼啸山庄》就是她写的。但是，从表面上看，这部作品却更像是她那个无赖弟弟帕特里克·布伦威尔写的。有不少人确实相信，这本书即便不是全部出自她弟弟之手，至少有一部分是他写的。

她弟弟的几个朋友就是这么认为的。譬如，F. H. 葛隆迪就曾写道："帕特里克·布伦威尔对我说，《呼啸山庄》的一大部分是他写的，而且他姐姐也承认……我们一起住在卢登福特时，这位病态的天才时常说些奇思怪想来给我解闷，而那些奇思怪想后来就出现在《呼啸山庄》里。所以，我是倾向于相信这本书的故事情节是他而不是他姐姐想出来的。"

有一次，帕特里克·布伦威尔约两个朋友——狄尔登和雷兰德——在去奇利的路上的一家旅店里碰头，互相朗诵自己的得意诗作。下面就是狄尔登大约在二十年后为《哈利法克斯监护人报》所写的一篇文章中的一段话："当时我念了《魔后》的第一幕；可是当帕特里克·布伦威尔把手伸进自己的帽子——他通常把自己的即兴放在帽子里——把他的诗稿取出来时，他忽然发现不对，取出来的不是诗稿，而是他正在写的一部小说的部分手稿。他对自己放错了东西觉得很懊恼，想把那些手稿放回到帽子里去，这时我们因为觉得好奇，就要求他不妨念一念，让我们看一看他写的小说究竟如何。他犹豫了一下，便同意了。他念起来，念了将近一个小时，每念完一页就把一页手稿放回帽子里。我们听得津津有味，但故事突然中断了，因为手稿是不全的。于是他便大体说了一下故事的结局，还说到几个真人的姓名，说小说中的主要人物就是以他们为原型的。由于这几个人中间有个别人至今健在，我不便在此透露他们的姓名。帕特里克·布伦威尔说，他还没有把书名定下来，因为他觉得，大概是永远也找不到一个有魄力的出版商来出版他这部小说的。帕特里克·布伦威尔所念的小说片段，其中的背景和人物——就其发展而言——我觉得和后来出版的《呼啸山庄》中的背景和人物非常相像，而《呼啸山庄》现在由于夏洛蒂·勃朗特的大胆断言，却被认为是她妹妹艾米莉的作品。"

很可能，这话既不真也不假。夏洛蒂·勃朗特对此不屑一辩，她虽然一向恪守基督教仁慈原则，但她却非常憎恨她的弟弟。这是真的。但是，就如我们所知，即便是基督教，也是允许某种善意的、诚实的憎恨的。不管夏洛蒂的话被不被人接受，反正她有权相信自己愿意相信的事情。但是，传说也往往是有点根据的，我们很难想象，有人会毫无理由地凭空杜撰出传说来。那么，怎么解释呢？没法解释。有人暗示说，帕特里克写了前面四章，后来由于酗酒、吸毒，写不下去了，就由艾米莉接着写。这种说法的根据是前面四章的文风要比后面的更为矫饰、夸张。但我一点也看不出来。在我看来，整部书都是用一种习作者的笨拙风格写成的，整部书都是矫饰而夸张。不要忘记，艾米莉·勃朗特在此之前没有写过一本书。任何习作者，当他或者她坐下来写东西时，开始总喜欢使用华丽的词句，因为生怕使用普通词句会影响作品的效果。只有经过实际练习之后，他或者她才会写得比较自然。

《呼啸山庄》的故事，主要是由约克郡的一个女仆讲述的，但是所用词句却和她的身份极不相符。也许艾米莉·勃朗特自己也觉察到了，这个狄恩太太说出来的话不是她这种人说得出的，于是她就让狄恩太太说她在侍候人的同时也有机会读过不少书。但是，即便如此，狄恩太太的那种故弄风雅的言辞依然令人吃惊。她从来不说"我想试试……"，而是说"我尝试着……"或者"我试图……"；不说"走出房间"，而是说"从房中离去"；不说"碰见"某人，而是说与某人"邂逅相遇"。我敢说，这部小说不管是谁写的，反正前后各部分都出自同一个人之手。如果说前几章的文风真的比后面各部分更加矫饰和夸张的话，我想那也是因为艾米莉·勃朗特想以此来表现洛克乌德①是个痴心而自负的年轻人，而她的这种尝试不能说是不成功的。

我在某处曾看到有人推测说，如果小说的前面几章是帕特里克写的，那么根据他的意图，他是要让洛克乌德在故事情节中发挥更大作用的。确实，有一

---

① 《呼啸山庄》的故事有两个讲述人，一个是房客洛克乌德，一个是女仆狄恩太太。

处暗示说，洛克乌德被小凯瑟琳吸引住了。如果他真的爱上了她，那事情显然会变得更加复杂。而现在，洛克乌德在小说中不过是个小小的捣蛋鬼而已。这部小说写得相当笨拙。但这又有什么可奇怪的？艾米莉讲的是一个涉及两代人的复杂故事，而要讲好这样一个故事并非易事，因为她必须把两套人物和两套情节统一起来，必须处处留神，不能因为对这一套人感兴趣而忽视了对另一套人的兴趣。她还必须有一种居高临下的视角，这样才能像站在某处综观一幅大壁画一样，把在漫长岁月中发生的事情压缩到读者能够接受的某一段时间内。

我并不认为艾米莉·勃朗特一开始就经过缜密构思，知道如何才能在讲一个曲折的故事同时又给人一种完整的印象。我认为她开始并不知道怎样才能把故事讲得连贯，后来她才想到，最好的办法就是让一个人物向另一个人物讲述一连串的事件。让人物讲故事并不难，也不属艾米丽·勃朗特首创，但就如我已经说过的，这样做有一个不利之处，那就是当人物在讲故事时，他必然要讲到各种各样的事情，譬如需要对景物加以描述，等等。这就很难使他的话听上去仍是在和别人说话，因为没有一个头脑健全的人是会那样说话的。一个有经验的小说家也许会用更好的方式来讲述《呼啸山庄》里的故事，所以我始终不能相信，艾米莉·勃朗特是在别人的创作基础上完成这部作品的。我想，只要你考虑到艾米莉·勃朗特那种极端病态、羞涩和沉闷的性格，就不难想到，这正是她自己的写作方式。

那么，有没有其他方式呢？有一种方式，但需要作家拥有广泛的生活知识，例如《米德尔马契》① 和《包法利夫人》② 就是用这种方式写的。我想，如果艾米莉·勃朗特也想到了这种方式，并用它来讲述这个无法无天的故事，那就会把她倔强而不妥协的个性表现得更加惊世骇俗；但是这样做的话，她就不可避免地要讲到，希刺克厉夫③在离开呼啸山庄后的那些年里，是如何设法使自己受到教育并且发了财的。这是她没法做到的，因为她根本就没有这方面的生活知识。所以她只能像现在这样，要求读者接受一个既成事实。不管读者信不信，反正她没别的办法。另一种方式是用第一人称，譬如说，让狄恩太太在"我"面前讲述这个故事。但是，我很怀疑艾米丽·勃朗特敢不敢这样做，

---

① 《米德尔马契》：19世纪英国女作家乔治·艾略特的长篇小说。
② 《包法利夫人》：19世纪法国小说家福楼拜的长篇小说。
③ 希刺克厉夫：《呼啸山庄》中的男主人公。

因为她生性羞涩、敏感，是很害怕直接面对读者的。现在，她先让洛克乌德讲出故事的开头部分，再由狄恩太太把故事进一步展开，她自己则像戴着双重面具似的始终隐藏在幕后。为什么她把自己隐藏了起来，却又能讲出这样一个震撼人心的故事？我想，这是因为她在故事中把她自己内心深处的东西泄露了出来。她深入到自己寂寞的内心的最底层，并在那里发现了许多不可告人的秘密，与此同时一种创作冲动又使她不得不把这些秘密遮遮盖盖地讲出来，以此卸下心中的负担。据说，她的想象力最初来自她父亲经常讲起的那些爱尔兰神话故事，以及她自己在霍夫曼①小说中读到的那些怪诞故事，尤其是后者，是她在比利时求学时经常读的，据说她回到家乡后，仍然喜欢坐在炉边地毯上、搂着爱犬的脖子继续读霍夫曼的故事。

　　夏洛蒂·勃朗特曾认真地说明过，尽管人们多方猜测这本书里的某个人物是对生活中的某个人的影射，其实艾米莉并不认识这些人。我相信这是真的；我也相信艾米丽·勃朗特是从那位德国小说家②的神秘、恐怖的故事中找到某种迎合她偏执性格的东西的；但我认为，她是从自己的灵魂深处找到希刺克厉夫和凯瑟琳这两个人物的。某些次要人物，如林顿和他的妹妹、恩萧的妻子以及希刺克厉夫的妻子等（这些人物由于性格软弱而成为她蔑视的对象），说不定是她根据自己认识的某些人为原型加以创造的。问题是人们往往不相信作家的虚构能力，当作家完全凭自己的想象力大胆创造出人物时，他们也不愿承认。我认为，艾米丽·勃朗特本人就是凯瑟琳·恩萧，因为她像她一样任性，一样充满激情；同时我还认为，她又是希刺克厉夫。把自己放到两个主要人物身上，是不是有点奇怪？一点也不。我们没有一个人是完全统一的；不止一个人居住在我们内心，他们往往还是相互矛盾的。小说家的独特能力，就在于他能把自己拼凑起来的人物表现得就像一个活生生的人那样。小说家最大的不幸，就是不能赋予人物以生命，也就是说他的故事对于他的人物来说尽管非常重要，但是和他自己却毫不相干。对于一个以《呼啸山庄》这样的小说作为处女作的作家来说，不仅把自己作为小说主人公是常有的事，就是在小说主题中出现随心所欲的东西也没有什么稀奇。这样的作品往往会表现一种自由自在的梦想，一种在独自散步时或者在彻夜不眠时的梦想。他们喜欢把自己想象成圣人或者罪

---

① 霍夫曼：19世纪初德国小说家，以写志怪小说而著称。
② 那位德国小说家：指霍夫曼。

人、伟大的情人或者邪恶的政客、勇武的将军或者冷酷的凶手。而正是因为大多数人的梦想中总有许多荒诞的东西，大多数作家的处女作中也总有不少无稽之谈。我想，《呼啸山庄》就是这样一个梦中的自白。

我认为，艾米莉·勃朗特把自己的梦想全放在希刺克厉夫身上了。她把自己的激愤、受挫的情欲、无望的爱、妒忌、对人类的憎恨和蔑视、残忍和虐待狂，都给了他。夏洛蒂·勃朗特的朋友艾伦·纽赛曾说到过这样一件不寻常的事："她（指艾米丽·勃朗特）喜欢把夏洛蒂带到一些地方去，那里是夏洛蒂自己不敢去的。夏洛蒂生来害怕牲口，而艾米莉就是喜欢带她去看牲口，并对她说这说那，只要夏洛蒂一害怕，她就嘲笑她，以此为乐。"我认为，艾米莉·勃朗特就是以希刺克厉夫的男性之爱，即一种纯粹的动物本能，来爱凯瑟琳·恩萧的。我觉得，当她作为希刺克厉夫对凯瑟琳又踢又踩并按住她的头朝石板上猛撞时，她一定在笑，就像她嘲笑夏洛蒂那样；同样，当她作为希刺克厉夫打小凯瑟琳的耳光并对她破口大骂时，她也一定在笑；我想，当她欺凌、辱骂和威吓自己笔下的人物时，她一定是浑身颤动，有一种透心的解脱感，因为她在现实生活中既自卑又抑郁，在人们面前总觉得受到了羞辱。此外，我还认为，她作为凯瑟琳，可以说扮演了一个双重角色，她既和希刺克厉夫争吵，看不起他，知道他是个不祥之物，却又从心底里爱着他，为能压倒他感到欣喜若狂，而且觉得他们俩是真正的一对（我说"他们俩"就是指艾米莉·勃朗特本人的两面，如果我没说错的话，它们当然是天生的一对）。虐待狂往往也有受虐倾向，凯瑟琳被希刺克厉夫的桀骜不驯和粗暴残忍的天性深深吸引住了。

我已经说得够多了。《呼啸山庄》不是一本供人讨论的书；它是一本供人阅读的书。要找它的错很容易；它是很不完善的，但它却具有一种只有极少几个小说家才能给你的东西，那就是感染力。我不知道还有哪部小说能像它这样，把爱情的痛苦、迷恋和残酷如此执着地纠缠在一起，并以如此惊人的力量将它描绘出来。它使我想起埃尔·格里科①的一幅油画力作：乌云下昏暗的荒野景象，天上雷声隆隆，人们拖着长长的影子在荒野里跋涉，一种不属于尘世的气氛使画面恍恍惚惚，人们似乎都要窒息了，这时铅灰色的天空又掠过一道闪电，使其显得更加神秘而令人恐惧。

---

① 埃尔·格里科：16世纪西班牙画家，画风神秘而冷峻。

第九章 陀思妥耶夫斯基与《卡拉马佐夫兄弟》①

一

费奥多尔·陀思妥耶夫斯基出生于一八二一年，父亲是贵族，当时在莫斯

---

① 《卡拉马佐夫兄弟》(Братья Карамазовы)，19世纪俄国作家费奥多尔·陀思妥耶夫斯基(Фёдор Михайлович Достоевский，1821—1881)所著长篇小说。小说主题是：人心如此之恶，上帝是否存在？主要情节是：老卡拉马佐夫年轻时自私贪婪，到晚年，成了外省县城里的一个富裕地主和高利贷者。他有四个儿子：老大德米特里是个退伍军官，他把未婚妻卡捷琳娜置于一边，疯狂爱上了妓女格鲁申卡，并常带她到父亲那里去。老卡拉马佐夫见格鲁申卡长得漂亮，似有非分之想。为此，德米特里和父亲发生争执，甚至扬言要杀掉这"老畜生"。老二伊凡，是个受过大学教育的无神论者和虚无主义者，既不相信上帝，也不相信正义，常宣称：人人可以为所欲为，只要有可能。当老大德米特里和父亲发生争执时，他去调解，结果是把老大的未婚妻卡捷琳娜搞到了手。老三阿辽沙是个见习修道士，一心想摆脱"世俗仇恨"，追求"爱的理想"，他竭力开导老大德米特里，不要和父亲争执，但没什么效果。除了这三个儿子，老卡拉马佐夫还有一个私生子斯麦尔佳科夫。因为是私生子，他在家里处境卑屈，对老卡拉马佐夫心怀怨恨，但他很崇拜伊凡，特别相信伊凡宣称的那种做人原则，即：只要有可能，人人可以为所欲为，上帝、正义，都是无所谓的。后来发生的事情是这样的：一天晚上，德米特里回家，发现格鲁申卡不在家里，心想她大概到父亲那里去了，便悄悄翻墙进了父亲的住所，但他并没有发现格鲁申卡在那里的迹象，于是想翻墙离开。没想到，却被仆人格里戈里看见。情急之下，他顺手拿起一根铁棍打昏了格里戈里，匆匆离去。他以为自己杀了人，而当他在一个酒馆里和格鲁申卡告别，准备出逃时，警察找到他，并逮捕了他。审讯时，检察官指控他杀了他父亲老卡拉马佐夫。他懵了。老二伊凡起初也相信是老大杀了父亲，但他后来有点怀疑斯麦尔佳科夫，便去询问他。斯麦尔佳科夫起先否认，但在伊凡一再追问下，他承认是他杀了父亲。原来，他一直有杀父之心，但没有机会，后来听老大德米特里扬言要杀了"那老畜生"，便想找机会杀了父亲，再嫁祸于老大德米特里。那天老大德米特里打昏仆人格里戈里时，正好被他听到。他出去一看，见格里戈里没死，只是昏了过去，便拿了一个铁镇纸，砸死了正在睡觉的父亲，还偷了3 000卢布。但他承认此事后又说，他是听伊凡所说的做人原则后才这么做的，所以应由伊凡对这件事负责。伊凡听了大为恼火，便到法庭去告发了他。但没等警察来抓他，斯麦尔佳科夫已自杀身亡。所以，尽管伊凡后来为老大德米特里作证，称真正的凶手是斯麦尔佳科夫，但斯麦尔佳科夫已死，又没有其他证据，法庭还是判了德米特里二十年徒刑。就这样，一家人分崩离析：老二伊凡从此一蹶不振，老三阿辽沙离家出走，不知所终。

科圣玛丽医院当外科医生。这位小说家似乎一向把自己的贵族身份看得非常重要，曾为自己在服刑期间被剥夺贵族身份而深感苦恼，一获释便竭力要求几个颇有影响的朋友为他恢复身份。不过，俄国贵族制度和其他欧洲国家不同，贵族头衔可以通过不同的途径取得，譬如在政府部门谋到适当的职位或者比农民和商人更加富有，都可能成为贵族，甚至你自己也可以自封为贵族。陀思妥耶夫斯基的家庭实际上属于一般的白领阶层。他父亲是个严厉的人，为了使七个孩子受到良好教育，他把自己的一切享受、甚至闲暇都放弃了。他从孩子们年幼时就开始教育他们如何适应艰苦和不幸，如何承担生活的职责和义务。孩子们一起挤在医院里的两三间医生宿舍里，父亲从来不许他们单独外出，也不给他们零花钱。他们没有任何朋友。父亲除了去医院外，还靠私人开业增加收入，后来便在距莫斯科几百英里的地方买下了一座小小的庄园。从那时起，母亲就带孩子们去那儿度夏，孩子们才尝到自由的滋味。

费奥多尔十六岁时，母亲就去世了。父亲把两个年纪较大的儿子，即米哈伊尔和费奥多尔，送到彼得堡军事工程学校就读。哥哥米哈伊尔因身体太虚弱被校方拒绝，费奥多尔就只能和他心爱的哥哥分手。他感到孤独和忧郁，父亲不愿、也没法给他钱，所以他连一些必需品如书籍和靴子等也买不起，甚至都没钱交付学校规定的费用。他父亲安置了两个年长的儿子后，又把另外三个孩子寄放到莫斯科的姨妈处，然后关闭了私人诊所，带着两个年幼的女儿住到乡下的庄园里去了。他开始酗酒，对孩子们严厉万分，对家里的农奴更是异常凶残。终于有一天，几个农奴把他杀了。

那是一八三九年。费奥多尔虽然对工作缺乏热情，但还算得心应手。那时他已经从学校毕业，并在工程局绘图处找到了一份工作。由于得到了父亲的部分家产，再加上自己的薪水，他一年有五千卢布的收入。他租下一套房间，沉迷于打台球、赌博，往往把口袋里的钱挥霍一空。到了年底，他觉得绘图处的工作像削马铃薯一样单调乏味，就辞职不干了。这时他已经债台高筑。此后，直到他去世为止，他一直负债累累。他是个挥金如土的人，而且积习难改。过度的挥霍常使他陷入绝境，但他从不知道自我克制，性情反复无常。有个对他颇有研究的传记作家后来说，就连他自己都认为，他对金钱的需求已到了无以复加的程度。他只要一觉得自己有了钱，就会不惜一切地去满足自己的虚荣心。后面我们就会看到，他的这种积习将使他一次次地陷入难以自拔的困境。

陀思妥耶夫斯基在学校读书期间就开始写一个中篇小说，后来当他决定成为一名作家时，刚好把小说写完，那就是《穷人》。他在文学界只认识一位叫格里戈罗维奇①的人，还认识一位叫涅克拉索夫②的人。后者曾要他写一篇评论，他却把自己的小说交给了他。那天，陀思妥耶夫斯基很晚回家，因为他整个晚上都在和几个朋友一起朗读小说，讨论小说创作，直到凌晨四点才步行回到住处。他毫无睡意，就坐在敞开的窗前凝望夜色。突然，一阵门铃声把他惊起。"是格里戈罗维奇和涅克拉索夫！他们兴奋地冲进屋子，眼睛里满是泪水，还一次又一次地拥抱我。"原来，他们就在那天晚上读了他的小说，还轮流大声朗读，读完后已是深夜，但他们还是决定立刻去找他。"要是他在睡觉也没关系，"他们说，"我们一定要叫醒他，这事比睡觉要重要多。"第二天，涅克拉索夫就把小说手稿送到了当时最著名的批评家别林斯基那里。别林斯基读完那篇小说，也像那两个人一样兴奋不已。小说发表了，陀思妥耶夫斯基一举成名。

他对自己的成功感到颇为得意。有个叫巴纳耶娃③的夫人后来这样描述她对他的印象，当时他应邀到她公寓去做客："一眼就能看出，新来的客人是个特别羞怯和敏感的年轻人。他长得很瘦小，一头金发，脸色有点病态，小小的灰眼珠不安地从这里转到那里，苍白的嘴唇不停地抽搐。在场的每个客人他几乎都认识，但他却怯生生地不跟任何人交谈。有几个常客甚至想把他赶出去，想以此来提醒他：既然来了，就应该和大家说说话。从那天晚上起，他便常来拜访我们。他的羞怯心理也开始减少；后来，他甚至……热衷于那种完全自相矛盾的辩论，因为在辩论时他可以放纵自己，满口胡言乱语。事实上，即使当他失去自制力、甚至忘乎所以地标榜自己的作家身份、傲慢而自负地自我炫耀时，他仍然带着年轻人的羞怯。换句话说，由于他是从一个灯光耀眼的入口突然登上文学舞台的，加上许多世界一流文学家的大声喝彩，他觉得恍恍惚惚、头昏目眩了。就像一个最为敏感的人，他在那些二流的年轻作家面前无法掩饰自己的得意感……他用夸夸其谈的、过分自豪的口气，在同行面前显示自己不

---

① 格里戈罗维奇：19世纪俄国小说家。
② 涅克拉索夫：19世纪俄国诗人，曾任《现代人》杂志主编。
③ 巴纳耶娃：19世纪俄国贵族夫人，文学爱好者和庇护者，当时有诸多俄国作家聚会于她的客厅，晚年著《巴纳耶娃回忆录》一书，是研究俄国文学的重要资料。

可估量的才能。……特别是，陀思妥耶夫斯基还怀疑所有的人都想藐视他的天才。他倾听别人的每一句话，每当他认为别人正在狡猾地想贬低他、甚至别人用的某一个词被他认为是在侮辱他时，他便会怒不可遏地马上挑起一场争吵，向他想象中的那个想侮辱他的人发泄自己心头的全部怒火。就这样，他成了我家的常客。"

他既不是一个平常的客人，也不是一个人人尊敬的贵客。他正踌躇满志，签了合同准备写一部长篇小说和几个中篇小说。他任意挥霍预支的稿费，过起放荡的生活来。朋友们的劝告他不但不听，还和他们争吵不休，甚至对给过他极大帮助的别林斯基也不例外。他不相信人们是"真心诚意赞美他"，他只能自己说服自己，认为自己是天才，是俄国最伟大的作家。与此同时，他的债务却越来越重，不得不快速写作。他长期以来一直被一种神经性疾病缠绕着，每当发作时，总是担心自己会变疯或者患上肺病。在这种情况下，他写的短篇小说均是失败之作，长篇小说也让人难以卒读。那些曾经对他大为赞赏的人，都开始转而攻击他，并一致认为他的创作生涯已经完结。

二

果然，他的创作生涯突然中止了，原因是他加入了一个年轻人的秘密小组。这批年轻人由于受当时西欧的社会主义思想的影响，试图进行社会改革，尤其是想改革俄国的农奴制和书报检查制度。他们每星期聚会一次，讨论种种社会问题，但除了讨论，他们根本就没有采取过任何反对当局的行动。尽管如此，他们还是被警察发现了。就在某一天，他们全部被捕，不久又被判处死刑。正当士兵举枪准备执行死刑时，信使送来了把死刑改为流放西伯利亚的命令。陀思妥耶夫斯基被判在鄂木斯克监狱服苦役，为期四年。刑满后，又勒令他去服兵役。当初，就在他被押往彼得堡要塞执行枪决的那天，他曾给哥哥米哈伊尔写过这样一封信："今天是十二月二十二日，我们全体被押往谢米洛夫斯基广场，准备执行死刑。十字架送来让我们亲吻，匕首在我们头上折断，丧服（白衬衫）也已准备停当，随即命令我们中间的三个站到木栅前去处死。我是这一排的第六个，我们被分成三个组，所以我就在第二组，没几分钟可活了。我想念你，哥哥，想念你的一切！在这最后时刻，唯有你占据在我的心中。我头一次意识到,我是多么爱你,我最亲爱的哥哥!我还有拥抱帕来斯契耶夫和杜洛夫的时间,他们就站在我的身边,在向我道别。最后,传来了另一个命令,那几个准备到木栅跟前去的人又被带了回来。向我们宣读了文件,说是皇上准许我们活命,又一一宣读了最后判决。只有巴姆一人被完全赦免,他被带到与他的判决相同的那一排人中间去了。"

　　陀思妥耶夫斯基后来在他的一部成功之作①里描写了自己在服刑期间的可怕生活。根据他的描述,我们注意到,他作为新囚徒,不用两个小时就和那些老囚犯相处得就像家里人一样亲密无间了。他说,如果和贵族老爷们在一起,情况就大不一样,不管他如何谦卑、如何忍耐,或者如何聪明,他们始终会鄙视他、痛恨他,永远不会理解他、信任他,更不会把他看作朋友或者同伴。不过,虽然他在服刑的几年间不再成为众矢之的,却仍然觉得很痛苦,总有一种无法摆脱的孤独感,一种陌生人的感觉。他曾有过短暂的荣耀,现在却连一个像样的绅士都不是了。他的生活就像他的出身一样卑微,既穷困又潦倒。他早先的朋友、现在的难友杜洛夫深受同伴们的爱戴,这使他更觉得孤独和痛苦。之所以会这样,至少部分原因在于他性格上有弱点,因为他向来就很自负、多疑而且急躁。他在众多同伴中仍觉得孤独,而正是出于孤独,他开始自我反省。"这种精神上的游离,"他写道,"使我有机会回顾过去的生活,剖析自己每一个细小的动机,严肃地、无情地审判自己。"那时他唯一可读的书是《新约圣经》,所以他读了一遍又一遍,其中的每字每句都对他产生了深刻影响。而就是从那时起,他开始宣扬基督教义,他自己(在其性格所能承受的程度上)也开始变得既谦卑又虔诚,甚至对自己身上的普通的人性需求也加以压制。他写道:"不管遇到什么事,你要始终保持谦卑,要想到你过去的生活,想到你将来的生活,想到你自己的灵魂深处是多么的卑鄙、低劣和邪恶。"监狱生活治愈了他的自负和傲慢,他出狱时已不再是一个革命者,而成了一个教权和法律的维护者,同时也成了一个癫痫病人。

　　苦役期满后,他被送往西伯利亚的另一小镇继续服刑,在那里的驻防部队里服兵役。那里的生活极其艰苦,但是在他看来,这种艰苦生活是对他自身罪孽的应有惩罚。他已得出结论,认定自己曾谋求的社会改革是一大罪孽。他在

---

① 他的一部成功之作:即《死屋手记》。

写给哥哥的信里说:"我不抱怨,这是我自己的十字架,我应该背着它。"一八五六年,他靠一个老同学为他说情,离开原先的部队,生活稍稍有了改善。他开始交友,还陷入了恋爱,女的叫玛丽亚·德米特里耶芙娜·伊沙耶娃,是一个政治流放犯的妻子和一个已有孩子的母亲。她的丈夫后来死于酗酒和肺病。据说,她是个美貌的金发女人,中等个儿,身材苗条,既高雅又多情。此外,我们对她就几乎一无所知了,只知道她和陀思妥耶夫斯基有着类似的性格,多疑、嫉妒、自怜。他成了她的情人。但不久,她就随丈夫一起迁到四百英里以外的另一个边境驿站去了。她丈夫不久便死在那里。陀思妥耶夫斯基得知她丈夫的死讯后,便立即写信给她,向她求婚。但是,那寡妇却犹豫不决。这一方面是因为他们两人都一贫如洗,另一方面是因为她这时正倾心于一个"心灵高尚、富有同情心"的牧师——他叫瓦格诺夫,她成了他的情妇。依然热恋着她的陀思妥耶夫斯基尽管为此而嫉妒得发狂,但是他却怀着一种自我贬抑的强烈冲动,也可能是怀着小说家那种把自己当作小说人物看待的幻想,作出了一个非同寻常的反应。他郑重宣布,瓦格诺夫是他情同手足的亲密朋友,他要恳求另一个朋友资助瓦格诺夫,使他能和玛丽亚·伊沙耶娃结婚。

不管怎么说,他想扮演的就是一个为挚友的幸福而敢于牺牲自己、即便自己痛苦得心碎也在所不惜的角色,因为相形之下那寡妇就显得更加自私自利了。瓦格诺夫虽然"心灵高尚、富有同情心",却身无分文。由于陀思妥耶夫斯基当时已升为军士,加上他这种宽宏大量的表现,他竟然成功地使玛丽亚决定嫁给他,而不是瓦格诺夫。他们于一八五七年结婚。他们没有钱,陀思妥耶夫斯基便到处借钱,直到他再也借不到一文钱为止。他想重新开始文学创作,但他是个流放的囚犯,必须得到特别许可才能发表作品,而这并非易事。更何况,婚后生活也很不如意。陀思妥耶夫斯基将此归咎于妻子的多疑、抑郁和想入非非,而忘了他自己也是急躁、易怒和神经质的。他开始写一些小说片段,写完就搁到一边,又开始写别的。最后,他只发表了一点很不重要的东西。

一八五九年,由于他不断上诉再加上朋友相助,他终于获准回到了圣彼得堡。关于这件事,欧内斯特·西蒙[①]在他《论陀思妥耶夫斯基》一书中曾公正地指出,陀思妥耶夫斯基为了恢复自由,所用的手段是很卑劣的。"他写了几

---

① 欧内斯特·西蒙:20世纪初英国学者、陀思妥耶夫斯基研究专家。

首'爱国诗歌':一首庆贺亚历山德鲁皇后生日;一首颂扬新沙皇亚历山大二世加冕;还有一首哀悼老沙皇尼古拉一世去世。他还写信给一些有权势的人,甚至直接写信给新沙皇,请求赦免。在这些信中,他信誓旦旦地表达了自己对年轻君王的深切爱戴,将其喻为'永放光芒的太阳';他还发誓说,不管这位君王有何旨意,他都准备为他献身。对他自己的那些'罪行',他说他随时都准备认罪,还特别强调自己的痛悔之意,说他现在正在为过去的所作所为感到痛苦万分,等等。"

他和妻子以及妻子与前夫所生的儿子一起住在京城圣彼得堡,和哥哥米哈伊尔一起办了一份刊名为《当代》的文学杂志。他在《当代》上发表了《死屋手记》和《被侮辱与被损害的》,两部小说均获成功。此后两年里,他在经济上逐渐宽裕起来。一八六二年,他把杂志留给哥哥主办,自己则去西欧旅游。西欧给他的印象并不好,他觉得巴黎是"最令人厌烦的城市",那里的人心胸狭窄,爱钱如命;伦敦穷人的惨状和富人虚伪的体面使他感到震惊;他去了意大利,但对意大利艺术毫无兴趣,在佛罗伦萨的一周时间里只是埋头读维克多·雨果①的四卷本长篇小说《悲惨世界》,所以罗马和威尼斯他都没去,就返回俄国了。这期间,他的妻子染上了慢性肺结核。

在去国外旅游前的几个月,当时正好四十岁的陀思妥耶夫斯基认识了一个在他的杂志上发表过一篇短篇小说的年轻女子。这个年轻女子叫波琳娜·沙斯洛娃,二十岁,还是处女,长得相当漂亮,但她却剪短了头发,还戴着一副黑眼镜,大概是为了让人觉得她有学问吧。陀思妥耶夫斯基从国外回到彼得堡后,他们就成了情人。后来,由于投稿人的一篇文章惹了麻烦,《当代》杂志不得不停刊,陀思妥耶夫斯基便决定再次出国。出国的理由是治疗癫痫病,这病确实时而发作,但治病却只是借口,真正的目的是他想到威斯巴登去赌博,因为他认为这是个赚钱的好办法。此外,他也已经和波琳娜·沙斯洛娃约好在巴黎会面。他从杂志的作者基金中借了一笔钱,就离开了俄国。

他在威斯巴登②赌得离不开赌台,唯一可使他离开赌台的,是他对波琳娜·沙斯洛娃的炙热的情欲。他们本计划好一起去罗马的,不料这个行为轻佻的年轻女子在巴黎等他时,却和一个西班牙医科大学生发生了风流逸事,而当

---

① 维克多·雨果:19世纪法国诗人、剧作家、小说家、政论家。
② 威斯巴登:德国中西部城市。

那个大学生弃她而去后，她又觉得心烦意乱。一个风流成性的女人是不大会有稳定情绪的，她突然提出要和陀思妥耶夫斯基分手。对此，陀思妥耶夫斯基毫无办法，就提出"以兄妹身份"两人同往意大利。她觉得无事可干，也就同意了他的建议。可是，他们却因为缺钱而无法成行，那时他们已经在靠典当衣服度日了。度过"受尽折磨"的几个星期后，他们终于分道扬镳。陀思妥耶夫斯基回到俄国，这时他的妻子已病入膏肓。六个月后，她死了。他在给朋友的一封信中这样写道："我的妻子，那深爱我的人，也是我无比爱恋的人，在莫斯科我们只住了一年的寓所里与世长辞了。整个冬天我一直守在她床边，从未离开过她……我的朋友，她对我的爱是无限的，我对她的爱也难以用语言表达，然而我们的结合却并不幸福。以后等我和你见面时，我会把一切都告诉你的。只是现在，让我抛开这些，抛开我和她之间种种不愉快的事情。我和她从来就没有失去过相互间的爱恋，我们彼此一向爱得很深，直到我们遭此不幸。我的话你听了也许会觉得奇怪，她是我见过的最善良、最高尚的女人。……"

  陀思妥耶夫斯基的这种爱的表白多少是有点夸大的。那年冬天他曾两次去圣彼得堡，为的是联系有关杂志的事务，因为他和哥哥一起又创办了一份杂志。从这份杂志的情况看，它比《当代》更带偏见，所以注定是要失败的。他哥哥米哈伊尔患病不久便去世了，留下两万五千卢布的债务等着陀思妥耶夫斯基去还。此外，他还要赡养哥哥的遗孀和一群孩子，还有哥哥的情妇和私生子也要靠他接济。他虽然从一个有钱的姨妈那里借到了一万卢布，但到一八六五年，他只能宣布破产。此时，他手里拿着一张一万五千卢布的债据，还有五千卢布的口头债务。他的债主都不是好对付的。为了躲债，他又从杂志的作者基金中借了一笔钱，加上一部长篇小说的预支稿费（他在合同上已定下了交稿日期），便打算再到威斯巴登的赌台上去碰碰运气，同时也可以和波琳娜·沙斯洛娃见见面。他向她求婚，但她对他的爱恋早已变成了憎恨。人们曾一度猜测她会嫁他的，因为他是个名作家，又是杂志编辑，这些都是她看得上眼的。然而，现在杂志已不复存在，他的外貌也让人难以恭维，头发全秃了，还患有癫痫病，至于他强烈的性欲，更使她觉得难以忍受，甚至厌恶之极。要知道，对于女人来说，最不堪忍受的就是没有肉体吸引力的男人对她提出性要求。于是，她逃离他，回巴黎去了。他在赌台上输光了所有的钱，甚至把自己的表也典当了。他没有钱买足够的面包，就只好一个人静坐在房间里，以此抑止食欲。这时，他开始写另一本书。他后来说，那本书是在饥饿的鞭笞下和时间的催促中赶写出来的，当时他身无分文，又常常病倒在床，几乎陷于绝境。那本书就是《罪与罚》。

他走投无路，不得不到处求助，甚至只好跑到和他争吵过的、他心底里极其厌恶的特杰涅夫那里去求助，向他借了钱才回到俄国。他仍埋头写《罪与罚》。这时他猛然想起，自己曾立过合同，已定下一本书的交稿日期，而根据那份极不公平的合同，要是他到期交不出稿，出版商就有权不付一文钱稿费出版他往后九年间的全部作品。为了赶写书稿，他听从几个乐观的朋友向他提出的建议，雇用了一个速记员。他和那个速记员一起，只用了二十六天时间就写出了一部名为《赌徒》的长篇小说。那速记员是个二十岁的年轻女子，长得一般，但非常能干，又有耐心和献身精神，所以深得他的赞赏。一八六七年初，他们结了婚。他的亲戚们担心他婚后会减少对他们的接济，所以对这桩婚事大为不满，对他年轻的妻子百般挑剔。为此，同时也为了躲债，她劝他离开俄国。

这次他们在国外足足住了四年。从一开始起，安娜·格利高里耶芙娜（这是他妻子的名字）就觉得要和这位著名作家一起生活颇不容易。他的癫痫病越发越严重，平时脾气暴躁，遇事态度草率，却又非常自负。他还和旧情人波琳娜·沙斯洛娃恢复了书信往来。对此，可怜的安娜虽然很难坦然处之，但她却是个品格极不平凡的年轻女子，竟然把所有的苦果都咽了下去。他们一起前往巴登，在那里他又陷入狂赌而不可自拔。他又输光了一切，又和过去一样写信给每一个可以求助的人，向他们借钱。然而，只要钱一寄到，便又立刻消失在赌台上。他们典当了所有值钱的物品，还不断搬家，搬进租费更便宜的公寓，有时甚至连吃饭的钱也没有。安娜·格利高里耶芙娜怀孕了。下面是陀思妥耶夫斯基在一封信里写的一段话（当时他刚赢了四千法郎）："安娜·格利高里耶芙娜恳求我满足于这四千法郎，并求我立即离开此地。可是还有补救一切的机会，这机会来得容易，可能性很大。难道不是吗？一个人除了他自己赢钱，又每天看到别人赢了两万或者三万法郎（他是不会看到那些输家的）。谁是圣人？钱对于我来说比什么都重要，而我下的注不仅仅是我输掉的钱，我也输掉了我最后的一点理智，我简直激怒到了顶点。我输了，我当掉了自己的衣服，安娜·格利高里耶芙娜也当掉了她所有的东西，甚至她的最后一件小首饰。（她是怎样的一个天使啊!)她给予了我多大的安慰啊!在这可诅咒的巴登,我们不得不栖息在铁匠铺上面的两间陋室里。她是多么疲倦啊!最后,什么都输光了。(哦,那些德国佬真是卑鄙!他们毫无例外全是放高利贷的,全是些无赖和恶棍。房东知道我们没钱,无处可去,就提高房租。)我们只好逃离巴登了。"

他们的第一个孩子出生在日内瓦,陀思妥耶夫斯基为此欣喜若狂。但是他还在赌。他输了钱又后悔莫及,后悔自己简直不可救药,把妻子和孩子急需用的钱也全给赌光了。然而,只要口袋里还有几个法郎,他便忍不住要往赌场跑。他们的孩子出生后三个月便不幸夭折,他悲痛欲绝。安娜·格利高里耶芙娜再次怀孕,但陀思妥耶夫斯基却觉得,自己再也不可能像爱第一个孩子那样去爱另一个孩子了。

《罪与罚》出版后大获成功。陀思妥耶夫斯基又开始写另一部小说——《白痴》。出版商在一个月里给他寄了两百卢布,但仍然未能帮他摆脱困境。他不断要求预支稿费。《白痴》出版后不尽如人意,他便开始写一部中篇小说——《永久的丈夫》。后来又开始写一部长篇小说(就是在英国被译为 The Devils 《群魔》的那部长篇①)。

据我所知,这时他们已花完所有的贷款。陀思妥耶夫斯基带着妻子和孩子从一个住所搬到另一个住所,他开始思念故乡了。他从未停止过对西欧的厌恶:巴黎的文化和荣耀、舒适的生活、德国的音乐、巍峨的阿尔卑斯山、明媚的瑞士湖、优雅的多斯加尼,还有佛罗伦萨的艺术珍品,这一切他都觉得讨厌。西欧的资产阶级文明在他看来是颓废的、腐败的,而他自己却不知不觉地陷了进去。"我在这里越来越变得迟钝而褊狭",他在米兰时这样写道,"我和俄国中断了联系,我缺少俄国的空气和俄国的人民。"他觉得自己若不回俄国,将永远无法完成《群魔》的写作。安娜也渴望回国,就是没有回国的旅费,出版商已经把可以预支的稿费全预支给他们了。出于无奈,陀思妥耶夫斯基只得再向出版商求援。由于《群魔》的前两章已在杂志上发表,出版商担心连载中断,就只好答应陀思妥耶夫斯基,为他寄来了回国的旅费。这样,陀思妥耶夫斯基夫妇总算回到了圣彼得堡。

那是一八七一年,陀思妥耶夫斯基已经五十岁,再过十年他便去世了。他

---

① 陀思妥耶夫斯基的这部长篇小说,俄文原名是 *Бесы*,准确的英译应为 *The Possessed*,中译应为《着魔者》。

成了一名热忱的斯拉夫派①成员，一心希望俄国能拯救世界。《群魔》出版后获得了成功，这是由于陀思妥耶夫斯基在小说中大肆攻击了当时的激进派②，他的斯拉夫派朋友们为他大声喝彩。他们觉得在政治斗争中可以利用陀思妥耶夫斯基来反对激进派的改革主张，于是便以优厚报酬委任他主编一份叫《公民》的杂志。他只编了一年就辞职了，原因是他和上司在某个问题上有意见分歧。虽然他和他的上司一样都反对改革，但在某些具体问题上他仍不能接受上司的看法。这时，具有实干能力的安娜开始参与丈夫的出版事务，她自己筹资出版陀思妥耶夫斯基的作品，竟赚了不少钱。因此，陀思妥耶夫斯基到了晚年，经济上相对比较宽裕，而他最后几年的生活也过得比较简朴。他以《作家日记》为题写了一系列随笔，由于这些随笔引起了很大的反响，他便扮演起了很少有作家愿意扮演的导师和先知角色。与此同时，他又写了长篇小说《少年》和他的最后一部长篇《卡拉马佐夫兄弟》。一八八一年，在他去世之际，他突然声名鹊起，许多同时代的大作家都对他深表敬意，他的葬礼被认为是"圣彼得堡人将永远为此感到痛苦的一个最不寻常的事件"。

三

以上我大致叙述了陀思妥耶夫斯基一生中的主要事件，而且尽量不加评论。但是，你仍会得到这样的印象：他是个具有异常古怪性格的人。自负是艺术家的职业病，无论作家、画家、音乐家，还是演员，都是有点自负的；但是，陀思妥耶夫斯基的自负却是空前的。他好像从不愿意认真谈论自己或者他人的作品，这也许是因为他太自负，也可能是因为他缺乏自信，就像人们现在所说的"有自卑感"。他生前那么公开地蔑视他的同时代作家，可能也是出自这一原因。一个很自信的人，当然是不会像陀思妥耶夫斯基那样把自己的狱中经历化为忍耐与服从的，但是如果我们认为陀思妥耶夫斯基既接受当局对他的"合理"定罪，同时又竭力想自我辩解，那也并非不合逻辑。我在前面已经说

---

① 斯拉夫派：对俄国的前途，当时（19世纪下半叶）俄国国内形成两个主要派别：一派称为"西欧派"，即主张俄国应该西欧化；一派称为"斯拉夫派"，即认为俄国不仅应该保持自己的斯拉夫传统，还要将这一传统发扬光大。这种情况和后来20世纪初的中国有点像，当时中国也有两派：一派是"西化派"，一派是"国粹派"。

② 激进派：即指主张激烈改革的"西欧派"。

过,他在试图赢得人们对他的注意和尊敬时,却把自己贬低到了何等程度!他完全没有自控能力,原因也许就在于他一直受着癫痫病的折磨,因为此病一发他就完全没法控制自己。只要他一激动,不管是理智还是礼仪,都会被他置之度外。所以,他会不顾妻子病重,到巴黎去和波琳娜·沙斯洛娃会面;而当这个行为轻佻的年轻女子抛弃他时,他还会执意想和她结婚。至于他的狂赌,那更加明显地显示出了他的性格弱点。赌博使他越来越陷入贫困。在日内瓦时,他为了给自己和妻子糊口,甚至不惜向人开口借五法郎或者十法郎。

你可能还记得,他为了履行合同而赶写《赌徒》。这部小说虽算不上成功之作,但女主人公波琳娜·阿历克山德罗芙娜却很值得注意,她显然是以波琳娜·沙斯洛娃为原型的。这部小说属于他的早期素描,表现的是一种爱恨交织的典型形象。这一形象在他的后期作品中得到了更为详尽的描写。小说中另一个使人感兴趣的地方是,陀思妥耶夫斯基很敏感地写到了他自己内心深处的一种激情,同时也写到了赌徒因受这种激情驱使而遭遇到的种种不幸。你一旦读完此书,也就了解了这样一个人,他尽管感到羞耻,但还是做出了那些使他蒙受不幸的事情:他去追求他不可能得到的女人;他擅自从杂志的作者基金里借钱,不是为了写作,而是为了赌钱;他不断伸手向朋友要钱,尽管他们对此已厌烦透了,但他仍死乞白赖,因为他抵挡不住任何诱惑。他又是个爱出风头的人。实际上,这部小说中的所有人物,无论是比较重要的或者比较不重要的,无论是想干这事或者想干那事,他们都喜欢标新立异。陀思妥耶夫斯基生动地描绘出,怀有卑劣欲望的人也会时来运转的。人们围拢过来,望着这个幸运的赌徒,仿佛他是个卓越人物。他们惊叹、赞美,他成了众人注目的中心。他赢了;他为自己的成功所陶醉。他觉得自己是命运的主人,因为他相信他的直觉是绝对正确的:他能够把握住自己的运气。他发出赌徒的喊叫:"我只要一显示出我的直觉能力,便能在一小时内改变自己的命运。最伟大的莫过于直觉能力。请记住七个月前我在轮盘赌台上最后一次输钱时的情形。啊,那是一个多么不寻常的有力证明啊!我输光了一切,一切……我走到赌场外,发现外衣口袋里还有一个盾①。'我得吃点饭。'我想。可是走了不到一百步,我改变了主意,决定返回。我把那个盾当作最后的赌注……那时,确实有一种奇特的感

---

① 盾:荷兰货币名。

觉：我独自一人在异国他乡，远离祖国，远离朋友，连有没有饭吃也不知道——我押上了那个盾，仅有的一个盾。我赢了。二十分钟后我从赌场走了出来，衣袋里装着一百七十个盾。这是事实。这就是最后一个盾有时能起的作用。要是我那时灰心丧气，那会怎样？要是我不敢孤注一掷，又会怎样？"

陀思妥耶夫斯基的传记是由他生前的老朋友斯特拉霍夫①撰写的。在撰写期间，他曾给托尔斯泰写过一封信，谈到他对陀思妥耶夫斯基的看法。这封信我作了些删节，翻译如下②：

> 我一边写，一边得不断地克制自己的厌恶、甚至憎恶情绪……我怎么也不能把陀思妥耶夫斯基看作一个善良的或者愉快的人。他是个行为放纵而且充满嫉妒心的坏人。他整个一生都像一头猛兽似的乱冲乱撞，既可笑又可悲。他很聪明，也很邪恶。在瑞士，他曾当着我的面以恶劣透顶的态度对待仆人，最后那仆人实在受不了，大声对他说："可我也是个人啊！"我现在还记得，当时我听了这句话是多么震惊不已！它表明当时在自由瑞士到处有人权思想。我于是写信给一个经常宣扬人性论的朋友，谈了这一情况。对陀思妥耶夫斯基来说，这种情况经常发生，他就是无法控制自己的脾气……最糟糕的是他还从不忏悔自己的卑劣行为，反而以此自诩。维斯卡费托夫（一位教授）告诉过我，陀思妥耶夫斯基有一次带着吹嘘口吻说，他曾在澡堂里强奸过一个小女孩，那小女孩是一个保姆带到澡堂来的……但他说这些话时，又表现出一种愚昧的感伤情调，似乎想以此强调他那种夸夸其谈的人道主义梦想。正是这些梦想，是他作品中的基调和主要倾向，也是使人们喜爱这些作品的原因。总而言之，他的所有小说都在竭力为它们的作者开脱，它们表明，即便是最可怕的邪恶也可能和最高尚的感情同时存在……

确实，他的感伤情调是愚昧的，他的人道主义是夸夸其谈的。他和"人民"有所交往，但那样的"人民"却是和进步的知识阶层相对立的。他期望俄国有所改变，同时对"人民"的苦难寄予同情。他猛烈攻击激进派，尽管后

---

① 尼·尼·斯特拉霍夫：19世纪俄国作家、评论家。
② 这封信是用法语写的。

者一直试图和他改善关系。对于穷人的惨状，他提出的补救办法是"把他们的苦难理想化，并将此理解为生活的一种方式。他建议他们用宗教的象征性安慰来取代实际的改革"。

至于那件强奸小女孩的事，当然使陀思妥耶夫斯基的崇拜者大为尴尬，所以他们一直表示怀疑。斯特拉霍夫在信中提到的显然只是道听途说。为了证明这是谣言，他们说那是陀思妥耶夫斯基有一次和一个老朋友谈到自己的悔悟之心，那老朋友建议他到自己最憎恨的人面前去自我忏悔，于是他就向特杰涅夫说了那件事。但是，他所说的一切很可能都是虚构的。诚然，他在作品中使用过许多罪恶主题，还有《群魔》中隐隐约约的描写，这些都是颇难处理的。但不管怎么说，人们却无法证明，他所承认的这些丑恶行为都是生活中的事实。我觉得，这很可能和癫痫症引起的幻觉有关，由于这种幻觉非常强烈，他心里往往充满了罪恶感。也可能，他和许多小说家一样，喜欢杜撰一些事情来说明自己有可怕的欲念，但事实上却并非如此。

陀思妥耶夫斯基自负、多疑、急躁、自私、轻率，他过分谦卑而不可信赖、心胸狭窄却喜欢自我吹嘘。但是，这并不是他性格的全部。他在服刑期间，当有必要时，他会承认自己犯有谋杀罪而且还有偷窃的企图；他知道，对待难友要有勇气，要慷慨大度、慈悲为怀。他还知道，人不是单一的或好或坏，每个人都是高尚与平凡、善良与邪恶的混合物。他是个最不固执的人，富有同情心。当乞丐或者朋友向他伸手要钱时，他从来不会拒绝。即使在他穷极潦倒之时，他仍想方设法积攒一些钱，以便接济他守寡的嫂嫂和哥哥的旧情人，接济他前妻留下的那个酗酒的儿子（他和他其实已毫无关系），接济他的弟弟安德鲁。他们在生活上依赖他，他则是在感情上依赖他们。当他们有求于他而他一时又无法为他们效劳时，他从不抱怨，只是感到抱歉。他深爱他的妻子安娜，始终对她抱着倾慕和敬重的态度，认为她在各方面都胜过他自己。在国外的四年间，他一直很担忧，生怕妻子会对他失去耐心，不愿再和他一起生活。他有爱人之心，也渴望得到他人之爱。他一直不敢相信，他自己有那么多缺点，竟然还会有人如此忠贞不渝地爱恋他。在他一生中的最后几年，安娜又给了他安宁、欢愉的生活。

他就是这样一个人。这个人和作家的崇高地位似乎是矛盾的，但我敢说，世上再没有比陀思妥耶夫斯基更伟大的作家了。虽然在所有具有创造性的艺家身上都有这样的矛盾,相比之下这种矛盾在作家身上显得最为突出。由于作家的表现手段是语言文字,在他们所说的和他们所做的之间不仅容易产生矛盾,而且这种矛盾还显得特别可怕。譬如,雪莱①的情况就是这样,他在诗歌中表达了崇高的理想主义,表达了他对自由的酷爱和对一切丑恶现象的憎恨,然而在生活中,他的行为却是那么自我中心,对他人是那么冷漠无情,连他自己也为此感到痛苦。我毫不怀疑有许多作曲家和画家也和雪莱一样自我中心,一样冷漠无情,但当我为他们的乐曲和绘画所倾倒的同时,却不会因为他们的卑劣行为和他们的美妙作品有矛盾而感到不快。我会把这种矛盾看作是天才的独特情况,因为一般说来自我中心虽是每个人在幼儿时期都有的品性,但只有天才到了青春期之后才会保持这种品性,也就是人们所说的"病态"。正因为有这种"病态",他们才比普通人更具旺盛的精力,就像用不加水的肥料种出的瓜比普通的瓜更甜,因为那些有毒的成分反而会使瓜的茎叶长得更为茂盛。

四

巴尔扎克与狄更斯塑造了许许多多人物。这些人物为千差万别的人所着迷,人们的想象力被这些人物所具有的各种各样独特的个性所点燃。不管这些人物是好还是坏,是笨还是聪明,他们代表了他们自身,所以是拿来所用的极好素材。我猜想,陀思妥耶夫斯基只对他自己,以及密切影响自己的人感兴趣。有些人对美好的东西,只是拥有了才会关心,陀思妥耶夫斯基从某种程度上就很像这类人。他满足于用有限的几个人物就行,这些人物在一部部的小说中接连出现。《卡拉马佐夫兄弟》中的阿辽沙,和《白痴》中的梅思金公爵其实就是同一个人,只是没有癫痫病而已;而《群魔》中的斯塔夫罗金,不过是对《罪与罚》中斯维德里盖洛夫的进一步刻画。《罪与罚》的主人公拉斯柯尼科夫,是《卡拉马佐夫兄弟》中伊万的翻版,只是没那么强硬。所有这些人物,都散发着陀思妥耶夫斯基本人痛苦、扭曲、病态的气息。他笔下的女性人物甚至更没什么变化。《赌徒》中的波琳娜·亚历山德罗芙娜、《群魔》中的丽莎贝塔、《白痴》中的娜塔莎、《卡拉马佐夫兄弟》中的卡特里娜和格鲁申

---

① 雪莱:19世纪英国浪漫派诗人,写有《西风颂》等。

卡,都是同一类女人;她们都是直接以波琳娜·沙斯洛娃为原型塑造出来的。这个女人带给他的痛苦、施加给他的屈辱,都是刺激他满足自己受虐心理的需要。他很清楚,她恨他,却又希望她爱他,因此以她为原型的女性人物都很想控制和折磨她们所爱的男人,同时又顺从对方,在对方的手里遭受折磨。她们歇斯底里、满怀仇恨、心肠恶毒,因为波琳娜就是这样的。破裂数年之后,陀思妥耶夫斯基在彼得堡与她重逢,仍旧再次向她求婚。她拒绝了。他怎么也无法让自己相信:她确实不喜欢自己,于是冒出这样的想法来抚平自己受伤的自尊心,那就是一个女人往往对自己的处女之身极为看重,以至于对一个未曾娶她便让自己失身的男人只能充满仇恨。"你无法原谅我,"他对波琳娜说,"因为你曾经把自己给了我,而你现在是在报复。"

陀思妥耶夫斯基对此深信不疑,而且不止一次地在其作品中采用这一想法。在《卡拉马佐夫兄弟》中,格鲁申卡在故事展开之前就被一个波兰人诱奸了,虽然接下来被一个富商所包养,但她仍然觉得,只有嫁给诱奸自己的那个人才能获得救赎。还有在《白痴》当中,娜塔莎不肯原谅托罗斯基,因为托罗斯基诱奸了她。在这里,我觉得陀思妥耶夫斯基的心理非常困惑。处女之身的特殊价值完全是男性构造出来的,部分是出于迷信,部分是源于男性的虚荣心,当然还包括不愿抚养别人孩子的想法。我得说,女性之所以对之如此重视,主要还是因为男性在乎它,同时也因为害怕由此而带来的后果。我觉得我的观点没什么不对,一个男人为了满足自身的需要(这就和饿了要吃饭一样自然),会在对性爱对象没有什么特别感情的情况下就与之发生性关系,而对于一个女人来说,如果不是出自本性、源于爱情(至少是感情),那么性交则是一件烦人的事情,她是当成一项义务来接受的,或者是出自给对方带去快感的愿望。我深深地相信,当一个处女"把自己奉献给"一个她不感兴趣甚至是讨厌的男人时,肯定是一种厌恶、痛苦的经历。但要说它会长年积郁在她心里,改变她的性格,在我看来却是难以置信的。

陀思妥耶夫斯基很清楚自己身上的双重性,并将其赋予自己笔下所有固执的人物身上。他所塑造的温和型人物(例如梅思金公爵和阿辽沙),尽管亲切可爱,可都没什么本事,实在让人奇怪。不过"双重性"这个词本身就暗含着对人性的简单化处理,与事实并不相符。人无完人。人类的主要动机是自身利益,对此否认实在荒唐;但否认他能够高尚无私也同样荒唐。我们都知道,在危急时刻，人类可以挺身而出到何等高度，而后展现出一种高尚的品格（包括他自己和他人都不曾知晓，他身上具有这种品格）。斯宾诺莎①曾告诉我们："万事万物，就其自身而言，都极力坚持其特有的存在。"可是，我们也都知道，为朋友而献出自己生命的人也并不少见。人类的身上既有善也有恶，既有好也有坏，既有自私也有无私，既有瞻前顾后也有无所畏惧，有着令他们摇摆不定的各种性情和脾气。人的构成因素彼此矛盾，而这些因素居然能在一个人身上同时存在，彼此让步，形成一个看似和谐的整体，实在令人称奇。陀思妥耶夫斯基塑造的人物身上却没有这种复杂性。他们身上既有支配他人的欲望，也有受人摆布的欲望，既有缺乏温情的爱，也有满是恶毒的恨。他们十分怪异，没有人类的正常属性。他们只有激情，既没有自控也没有自尊。他们的罪恶本能，并没有因为所受的教育、人生经历或者使人免于丢脸的尊严感而有所减少。这也就是为什么照常理来看，他们的举止似乎极不可信、他们的动机好像极不合理的原因。

我们这些身处西欧的人常常惊讶地发现，他们的举动无法解释，并且认可（如果真的算认可的话）这是合乎俄国人的举动。俄国人真的是这样的吗？在陀思妥耶夫斯基所处的时代，俄国人是这样的吗？屠格涅夫②和托尔斯泰都是他同时代的人。屠格涅夫塑造的人物就很像普通人。我们都认识酷似托尔斯泰笔下尼古拉斯·罗斯托夫③那样的年轻英国人，都是快乐无忧、生活奢侈、无所畏惧、感情丰富的好人；我们也认识一些像他妹妹娜塔莎④那样美丽迷人、天真善良的姑娘；在我们这里要找到像彼埃尔·别素号夫⑤一样头脑愚笨、为人慷慨、心地善良的胖家伙也并非什么难事。陀思妥耶夫斯基宣称，他笔下这些古怪的人物比现实中的还要真实。我不清楚他说这话是什么意思。一只蚂蚁和一位大主教一样真实。如果他的意思是说，他们身上的道德品质使得他们超出泛泛之辈的话，他就错了。如果说艺术、音乐、文学中有什么东西可以纠正反常的性格、减轻内心的忧伤、把灵魂从人性的枷锁中部分解放出来的话，他们对此也是一无所知的。他们举止恶劣，乐于彼此粗暴相待，仅仅是为了伤害和羞辱对方。在《白痴》中，瓦尔瓦拉朝哥哥脸上吐唾沫，因为他要向一个自己并

---

① 斯宾诺莎：17世纪荷兰哲学家，西欧唯理论哲学代表之一。
② 屠格涅夫：19世纪俄国小说家。
③ 尼古拉斯·罗斯托夫：托尔斯泰《战争与和平》中的人物。
④ 娜塔莎·罗斯托娃：托尔斯泰《战争与和平》中的女主人公。
⑤ 彼埃尔·别素号夫：托尔斯泰《战争与和平》中的男主人公。

不赞成的女人求婚，而在《卡拉马佐夫兄弟》中，当霍赫洛娃夫人拒绝借给德米特里大笔钱财的时候（她根本没有理由要借钱给他），他也是怒气冲冲地向着接待自己的房间地板上吐唾沫。他们属于暴躁型的。拉斯柯尼科夫、斯塔罗夫金、伊凡·卡拉马佐夫①，他们和艾米莉·勃朗特笔下的希剌克厉夫②、麦尔维尔笔下的亚哈船长③属于同一类人。他们都随着生活而骚动不安。

五

就陀思妥耶夫斯基而言，他的自负、急躁和浮夸性格其实远甚于传记作者的描述。他就是这样一个人，而就是这个人，创造了像阿辽沙这样一个也许是所有小说中最有魅力、最优雅、最善良的人物。也就是这个人，创造了像佐西玛神父这样具有神性的形象。按小说设计，阿辽沙理应是《卡拉马佐夫兄弟》的主人公，他平淡无奇地出现在小说的第一句话里："阿历克赛④·费奥多罗维奇·卡拉马佐夫是费奥多尔·巴夫罗维奇·卡拉马佐夫的第三个儿子。费奥多尔是当时我们这一带远近闻名的地主，由于他在十三年前死于非命，我们至今还记得他。关于这事我将在适当地方再作叙述。"陀思妥耶夫斯基是个技巧熟练的小说家，他在小说的一开头，似乎在无意中就对阿辽沙这个人物作了明确交代。但是，当我们捧读这本书时却发现，较之于他的两个弟弟德米特里和伊凡，阿辽沙扮演的倒像是个次要角色，他时而出现，时而消失，似乎对其他人物没有多大影响。他的主要活动是和一群男学生在一起，而这群学生除了衬托阿辽沙可敬可爱的仁慈性格，对小说主题的发展不起任何作用。

需要说明的是，《卡拉马佐夫兄弟》（据说加涅特的英译本有838页）是陀思妥耶夫斯基仅有的一部由一些断片组成的长篇小说。他本打算在小说的后几卷里着重写阿辽沙这个人物，计划让他犯下一系列骇人听闻的罪行，后来经过种种波折，最终得到拯救。然而，死亡使陀思妥耶夫斯基未能如愿。《卡拉马佐

---

① 拉斯柯尼科夫、斯塔罗夫金、伊凡·卡拉马佐夫：分别是陀思妥耶夫斯基《罪与罚》《群魔》《卡拉马佐夫兄弟》中的主人公。
② 艾米莉·勃朗特：19世纪英国女作家、"勃朗特三姐妹"之一，《呼啸山庄》为其唯一作品，希剌克厉夫是其主人公。
③ 麦尔维尔：19世纪美国小说家，代表作《白鲸》，亚哈船长是其主人公。
④ "阿辽沙"是"阿历克赛"的昵称。

夫兄弟》虽是一些断片，却是一部前所未有的旷世之作，雄居于为数不多的小说杰作之巅，即便像《呼啸山庄》和《白鲸》这样的伟大作品也无法与之比肩。

  这是一部内容极其丰富的书，我在这里只是简略地谈到它，其实是不公平的。陀思妥耶夫斯基为这本书构思了很长时间，经受了无数痛苦，这是他整个小说创作生涯中写得最痛苦的一部小说，这种痛苦远远超过因生活穷困而带来的种种愁苦。他在这本书里倾注了自己全部的苦闷和疑惑，急切地寻求人类被上帝抛弃的原因，同时一心想找回生活的真谛。但是，我得奉劝读者，不要期待他会给你找到答案，因为一个作家没有这样的权利，也没有这样的义务。《卡拉马佐夫兄弟》也不是一部写实的作品。陀思妥耶夫斯基既没有高超的观察才能，也没有逼真地再现事物的天赋。这部小说中的人物行为是不能用日常生活中的一般尺度来衡量的。他们的行为疯狂得难以置信；他们的动机疯狂得不合逻辑。你所看见的这些人物和简·奥斯汀或者福楼拜笔下的那些人物截然不同，他们不是现实生活的写照，不是作家取自生活并加以精心雕琢的典型人物，而是激情、欲望、淫荡和邪恶的集中表现，是作家本人痛苦而扭曲的病态心理的自然流露。他们既不真实，也不生动，但是一个个都带着生命的节奏在不断地狂舞。

  《卡拉马佐夫兄弟》不足之处是过分冗长，这是陀思妥耶夫斯基小说的通病，也是他难以克服的缺点。在翻译这部小说时，译者往往会把握不住它那种漫无头绪的文体。陀思妥耶夫斯基是个伟大的小说家，却是个糟糕的文体家。他也没有什么幽默感，那个制造滑稽场面的霍拉科夫夫人写得令人生厌。三个年轻女性，即丽丝、卡德琳娜和格鲁申卡，几乎毫无个性，三个人同样歇斯底里，同样心怀叵测。她们既想支配和折磨各自所爱的男人，却又一味地屈从于对方，甘愿在他们手下受罪。她们的行为简直令人费解。我在前面简述陀思妥耶夫斯基生平时，没有提及另外两个多少和他有点暧昧关系的女人，那两个女人虽然在他生活中是无足轻重的，但在这部小说中，她们却为他提供了素材。陀思妥耶夫斯基生性好色，性欲强烈；但我并不认为他很了解女人。在他眼里，女人似乎很简单地只有两种：一种是温顺的、富于自我牺牲精神的，但往往受到恐吓、虐待和欺骗；另一种是骄傲的、专横的，她们既多情又残忍，往往心怀恶意。很可能，波琳娜·沙斯洛娃在他心目中就属于后一种女人。然而，她越是轻视他甚至折磨他，他却越是爱恋她，因为他喜欢这样的刺激，喜欢以此来满足自己的受虐心理。

至于小说的男性人物，倒是经过有力刻画的。老卡拉马佐夫是个头脑糊涂的小丑，他的出场写得很出色；他的私生子斯麦尔佳科夫是魔鬼的杰作、邪恶的化身；至于阿辽沙，我在前面已经费过一点笔墨了。老恶棍还有两个儿子。德米特里确实属于那种人，可以很明智地把他描写得就像他最最恶毒的敌人一样恶毒。他是个粗俗的、酗酒的、喜欢吹牛的恶棍，不顾一切地肆意挥霍，特别是他一点也不明白自己的钱是怎么得来的，只是愚蠢地胡乱花钱。他那种狂饮暴食又像穷学生一样无聊，而他和格鲁申卡的寻欢作乐简直幼稚可笑。他关于荣誉的那些胡言乱语也令人作呕。从某种意义上说，他才是小说的主人公，但我觉得这个人物写得并不好。因为他太不值得关注。就像大多数小说里的男主人公一样，他被写成是一个对女人很有吸引力的男人，但是陀思妥耶夫斯基并没有写出他到底有怎样的吸引力。在他所做的许多事情中，只有一件事情使我觉得有点意思，那就是他偷钱给他倾心爱慕的格鲁申卡，让格鲁申卡去和别的男人结婚。因为这使我回想起，陀思妥耶夫斯基自己就曾想为他热恋着的玛丽亚·伊沙耶娃去借钱，好让她和她的情人即那个"心灵高尚，富有同情心"的牧师结婚。陀思妥耶夫斯基还把他那种利己主义者的冷酷心理和色情受虐狂的昏热情绪也赋予了德米特里。我不知道，色情受虐狂是不是他用来维护其自身的一种最好的特殊方式。

我大概有点吹毛求疵了。你或许会问，为什么我提出了那么多异议，却还要宣称《卡拉马佐夫兄弟》是世界上最伟大的小说之一。是的，它是最伟大的小说之一。首先，它非常吸引人。陀思妥耶夫斯基不仅是杰出的小说家，同时还具有独到的戏剧才能。这两种才能同时出现在一个人身上是很罕见的，而陀思妥耶夫斯基恰恰是这样一个天才，他善于以戏剧表演的方式讲述小说中的故事。尤其是当他想触动读者内心深处最敏锐的感情时，这样的才能就显得特别难能可贵。他先把小说中的主要人物聚合到一起，让他们讨论一些简直令人不可思议的问题，然后又设法让你逐渐理解这些问题，最后又用加博利奥①式的技巧向你揭示其神秘性。小说中的那些对话虽然冗长，却常常会使你觉得毛骨

---

① 埃米尔·加博利奥：19世纪法国侦探小说家，其作品以叙事巧妙而著称。

悚然；因为他善用各种技巧来渲染出一种恐怖感，譬如让某个人物一边说话一边莫名其妙地浑身发抖（他说的话其实并不需要他如此紧张，但他却激动得脸色发青或者发白，还直打哆嗦），使读者情不自禁地集中起注意力，从而注意到原先可能注意不到的东西。这之后，这个人物很可能会真的被某种越轨行为所激怒，他的神经质也就一触即发。这时如果真的发生什么事而他又不能躲避的话，他便准备接受真正的打击。

然而，这些都纯属技巧问题。《卡拉马佐夫兄弟》的伟大更在于它表现的是重大主题。有不少批评家认为它的主题是寻求上帝；但以我之见，与其说是寻求上帝，不如说是讨论人的原罪①问题。提到这个问题，我必须引出卡拉马佐夫的第二个儿子伊凡。也许，伊凡并不是这本书里最令人同情的人物，但他最令人感兴趣。我们甚至可以把他看作是陀思妥耶夫斯基的代言人，他所表达的观点也就是陀思妥耶夫斯基本人的基本信念。在"赞成和反对的论点"以及"俄国修道士"等章节里，陀思妥耶夫斯基自己也说到，他的这部小说以及小说讨论到的主题是登峰造极的。这个观点在"赞成和反对的论点"的两个段落里表达得尤为明确，因为就在那里，伊凡提出了原罪问题。他认为，无论是对于人类的才智来说，还是对于上帝的仁慈来说，原罪都是使人难以接受的。譬如，孩子何罪之有，他们却也要蒙受种种苦难。成年人受苦受难，似乎还有理由说是因为他们犯有种种罪孽；但无辜的孩子不管从理智上还是从感情上说，都是不应该受苦受难的。对于人类是否由上帝创造、还是上帝由人类创造这样的问题，伊凡不感兴趣，他虽然相信上帝的存在，却拒不相信世上的种种苦难是上帝制造的。他坚持认为，无辜者没有理由要为有罪者的罪孽而和他们一起蒙受苦难，如果无辜者也要蒙受苦难，那么，即便不说上帝不公正，也只能说上帝是不存在的。关于这类问题，我不想在这里多说了，你可以自己去读一下"赞成和反对的论点"那一章。我只想说，陀思妥耶夫斯基过去从未表述过这么强有力的观点，所以写完这一章后，他自己也觉得有点害怕。他提出的论点是难以辩驳的，然而他最后得出的结论却是自相矛盾的。为了顺从苦难来自上帝的原罪说，他只好把世上所有的邪恶和苦难都看作是美的和善的。"要是你热爱世上一切有生命的东西，那么你的爱将证明，受苦受难是每个真正的基督

---

① 原罪：基督教教义之一，即认为，人人生来有罪，因为人类始祖亚当和夏娃是因"罪"（即"欲"）而被上帝逐出伊甸园的。

教徒应尽的道德义务。"这就是陀思妥耶夫斯基要人们相信的人生真谛。在写完"赞成和反对的论点"后,他随即又写了一篇反驳文章,但没有人比他自己更清楚地意识到,他的反驳是失败的。那篇文章写得冗长乏味,作为反驳的论点也难以让人信服。总之,原罪问题仍无法解答,伊凡·卡拉马佐夫的起诉也没有得到回复。

第十章　托尔斯泰与《战争与和平》①

　　毫无疑问，《战争与和平》是一部非常伟大的小说。这种小说，只能出自

---

①　《战争与和平》（*Война и Мир*），19世纪俄国作家列夫·托尔斯泰（Лев Николаевич Толстой，1828—1910）所著长篇小说。小说主题是：战争和战争中的英雄主义，如昙花一现，唯有平凡的人生，永世长存。主要情节是：1805年，拿破仑征服欧洲后入侵俄国。公爵之子、刚结婚不久的安德烈·保尔康斯基向往建功立业，毅然从军，到前线担任俄军主帅库图佐夫的副官。憨厚、略显肥胖的彼埃尔·别素号夫归国继承遗产，不仅继承了爵位，成为别素号夫伯爵，还成了莫斯科数一数二的富豪、社交沙龙的宠儿。库拉金公爵见此，便设法把女儿爱伦嫁给了彼埃尔，尽管彼埃尔其貌不扬，爱伦美若天仙。11月，法俄两军展开奥斯特里茨战役，俄军大败，安德烈负伤，而就在他负伤的那天，他妻子在家里生下一男婴，但她不幸死于分娩。安德烈退役后返回父亲的庄园，生活孤独而绝望。与此同时，彼埃尔发现妻子爱伦水性杨花，屡屡出轨。不得已，他只能与爱伦分居。但不久，彼埃尔因加入共济会而接受了一套新的人生哲学，于是原谅了妻子。1807年2月，俄奥联军和法军进行了一场鏖战，双方损失惨重，故而至六月，拿破仑与俄国沙皇签订了停战协议，和平降临。1809年春天，安德烈因要商议贵族协会之事而去拜访罗斯托夫伯爵期间，与伯爵的女儿，年轻美貌、性格活泼的娜塔莎·罗斯托娃相恋。不久，安德烈向娜塔莎求婚。娜塔莎答应了，但安德烈的父亲保尔康斯基公爵却反对。然而，他们私订终身，相约一年后结婚。不久，安德烈有事出国。在此期间，娜塔莎结识了爱伦的弟弟阿纳托尔。阿纳托尔年轻，风流倜傥，娜塔莎经不起他的诱惑，差一点和他一起私奔。虽然最终她醒悟了，但她觉得自己有愧于安德烈，便和他解除了一年后结婚的约定。安德烈受此打击，再度陷入痛苦。为此，他再度从军，准备战死疆场，以结束痛苦。1812年，拿破仑撕毁停战协议，俄法两国再度交战，经过一系列战役，法军攻入莫斯科，但那里几乎是一座空城。安德烈在博罗狄诺战役中身负重伤，因那里距罗斯托夫伯爵的庄园不远，罗斯托夫家的人都来帮助军队运送伤员。在伤员中，娜塔莎意外发现了奄奄一息的安德烈。她向他谢罪，并精心看护他。两人似乎已旧情复萌，然而安德烈伤势太重，不治身亡。彼埃尔仍留在莫斯科，并化装成农夫，希望有机会刺杀拿破仑，成为英雄，结果却成了法军的俘虏。他的妻子爱伦已逃离莫斯科，但她在战火中仍行为放荡，与人通奸而怀孕，最后因误食堕胎药而死亡。此时，法军在莫斯科空城中开始缺乏给养，拿破仑本想沙皇很快就会向他乞和，但沙皇似乎把莫斯科忘了。眼看冬季马上来临，拿破仑只好放弃莫斯科，向西撤退。彼埃尔与众多俘虏一起，随法军撤退，一路上他看到无数惨状：俘虏，乃至法军自身，都因严寒和缺少给养而成批死去。他还算幸运，在哥萨克游击队对法军的一次袭击中被救，后返回莫斯科。法军溃败，和平再次降临，俄国贵族社会又恢复了往日的景象。彼埃尔与罗斯托夫伯爵一家的交往中认识了娜塔莎。此时的娜塔莎已经变得成熟，彼埃尔请求娜塔莎的父母同意他们的婚事。罗斯托夫伯爵夫妇求之不得，因为他是莫斯科的大富豪。就这样，原本天真活泼的小姑娘娜塔莎·罗斯托娃，现成了别素号夫伯爵夫人。与此同时，娜塔莎的哥哥尼古拉·罗斯托夫因与保尔康斯基公爵一家交往而认识了安德烈的妹妹玛丽娅，不久后也结了婚。就这样，在和平年代，这两对夫妇生儿育女、身体发福，变得越来越安详，也越来越平庸。

睿智不凡、想象丰富、对世界具有广泛体验、对人性具有深刻洞察的人之手。之前从未有人写过这样的小说，以如此恢宏的气势，描写如此重大的历史时期和如此众多的人物。而且我猜想，以后不会再有了。以后或许还会有人写出同样伟大的小说，但绝不会是《战争与和平》这种。有些人天生就具有成为小说家的特殊禀赋，但是他们所认识的世界——这样的人和这样的风俗——更有可能造就出写《傲慢与偏见》的简·奥斯汀，而不是写《战争与和平》的托尔斯泰。人们称《战争与和平》为史诗，是理所当然的，我不知道还有哪部小说比它更配得上"史诗"一词。托尔斯泰的朋友、才华出众的批评家斯特拉霍夫，曾以这样有力的语言评价这部作品："一幅描绘人类生活的完美图画。一幅描绘当时俄罗斯生活的完美图画。一幅描绘所有人都能感悟的关于欢乐与悲哀、荣誉与耻辱的完美图画。这就是《战争与和平》。"

一

托尔斯泰出生于乡村贵族家庭，这样的家庭很少产生杰出作家。他是尼古拉·托尔斯泰伯爵和玛丽亚·伏尔康斯基伯爵夫人的五个孩子中最小的一个。他生于母亲的祖宅——雅斯纳雅·波良纳，当他还是个孩子时，父母就去世了。他先是接受家庭教师的教育，后来进喀山大学就学，不久又转入圣彼得堡大学。他是个劣等学生，什么文凭也没拿到。他的贵族亲友把他带入社交界，先是在喀山，然后在圣彼得堡和莫斯科。他到舞厅跳舞，去剧院看戏，还时常参加贵族家宴。他到高加索山区服兵役①，并参加了克里米亚战争。

就在这一时期，他开始狂饮滥赌。为了付赌债，他曾不得不卖掉他从父亲那儿继承来的部分家产——雅斯纳雅·波良纳庄园里的房子。他是个性欲旺盛的人，在高加索时还染上了梅毒。按他在日记上所记，那是在一个狂欢之夜，一个赌牌、玩女人、和吉卜赛人一起狂饮的夜晚——如果可以根据俄国小说来判断的话，这种狂饮看来是（或者过去是）俄国人寻欢作乐的一种普通的传统方式。对此，他曾有过强烈的悔恨；但是，只要一有机会，他又会重蹈覆辙。尽管他身体很强壮，可以整天走路，骑马十到十二小时也不觉得累，但他的身材

---

① 托尔斯泰曾志愿（不领军饷）加入军队，参加了克里米亚战争。

并不高，而且相貌平平。"我知道得很清楚，我不是个漂亮的人，"他曾写道，"我常常陷入绝望；我想，对于一个像我这样宽鼻梁、厚嘴唇、有一对小小的灰眼睛的人来说，世界上是不会有什么幸福在等待他的。我恳求上帝创造奇迹，让我变得漂亮些。为了一张漂亮的脸，我宁愿放弃我现在所有的一切，放弃我将来可能得到的一切。"殊不知，他那张朴实的脸其实很有精神，因而很吸引人；还有他的眼睛和他的谈吐，也颇有魅力。在那段时间里，他衣着讲究（就像可怜的司汤达一样，想用时髦的衣饰来弥补自己的相貌不佳），而且炫耀自己的门第。他在喀山大学的一个同学曾这样描述他："我回避这位伯爵。从我们第一次见面起，我就讨厌他那种傲慢和冷淡的态度，那头短而硬的头发，那种眯缝着眼睛的样子，以及眼睛里的锐利目光。我还从来没有见过一个年轻人，像他那样奇怪地摆出一副傲慢的样子，我很难理解这一点……他几乎总不回答我的问候，好像是要表明，由于某种原因我和他不是完全平等的……"托尔斯泰后来在军队时，又似乎对那些军官同僚抱着一种轻蔑态度。"起先，"他写道，"这里的许多事情都使我吃惊，但我使自己在和那些先生们保持距离的情况下适应了这里的环境。我找到一种恰当的中间姿态，对他们既不太疏远，也不太亲近。"

在高加索，以及后来在塞瓦斯托波尔①，他写了一些随笔和短篇小说，还写了一篇关于自己童年生活的富于浪漫色彩的中篇小说。这些作品在一家杂志上发表后，赢得了好评，所以当托尔斯泰离开战场回到圣彼得堡时，那里的作家、文人很欢迎他。但是，他却不喜欢他们。他们后来也不喜欢他了。他自认为很坦诚，容不得当时的流行观念。他动辄发火，粗暴地反驳别人的意见，至于别人会怎么想，他根本不加考虑。屠格涅夫②曾说，托尔斯泰总是喜欢用审判官似的目光看人，使人不胜困窘。这种目光，再加上刻薄的挖苦话，足以叫人恼羞成怒。他苛刻地非难别人，要是偶然读到一封用不太尊重的态度提及他的信，他就立刻会向写信人提出挑战。有一次，他的朋友费了很大的劲，才使他放弃一场可笑的决斗。

那时自由主义风潮席卷俄国，解放农奴成了当时压倒一切的大事。托尔斯

---

① 当时托尔斯泰任炮兵连长，驻守塞瓦斯托波尔。
② 屠格涅夫：19世纪俄国小说家，比托尔斯泰年长，一度和托尔斯泰关系很好，后疏远，至死没有和好。

泰在京城圣彼得堡过了几个月的放荡生活后，回到雅斯纳雅·波良纳，向自己庄园里的农奴提出一项计划，要给他们自由。但是他们拒绝了，因为他们根本不相信他。他于是就为农奴的孩子开了一所学校。他的教育方法颇为新颖别致：学生可以不上学，即使在学校里也可以不听教师讲课；完全不讲纪律，没有人会受到惩罚。他还亲自教这些学生读书，整天和他们在一起，晚上又和他们一起玩耍、给他们讲故事、教他们唱歌，往往忙到深夜。

也就在这时，他和一个农奴的妻子生下了一个私生子。这个名叫提摩西的私生子，后来就成了托尔斯泰几个儿子的马车夫。他的传记作家感到很有意思，因为托尔斯泰的父亲也有过一个私生子，后来也成了家里的马车夫。在我看来，这说明托尔斯泰在道德上是有过失的。我本以为，既然托尔斯泰有那么一种自我谴责的道德良心，那么真诚地想把农奴从贫困和卑贱中解救出来，想让他们受到教育，想使他们变得干干净净、知书识礼、自尊自重，那么他至少是会为他自己的私生子做些什么的。屠格涅夫也有一个私生女，他就很照顾她，不仅让她受教育，还始终关心她的生活。我想，托尔斯泰在看到他的私生子（他至少和他有血缘关系）在为他的儿子们（他们只不过是合法婚姻的产物）赶马车时，难道就不觉得羞愧吗？

托尔斯泰有个很大的性格特点，那就是他对新鲜的事情总是非常热衷，但迟早都会厌倦。他似乎缺乏坚韧和沉稳的品质。因此，他办了两年学校后，就对自己努力的结果感到失望了，就关闭了学校。他感到疲倦，感到不满，身体也变坏了。后来他回忆说，要是当时没有另一件他从未尝试的新鲜事在吸引他的话，他很可能要绝望了。那件新鲜事就是结婚。

他决定尝试一下。那时他三十四岁，娶了贝尔斯博士的二女儿、十八岁的索尼娅为妻。贝尔斯博士是内科医生，在莫斯科上流社会颇有声望，也是托尔斯泰家的老朋友。婚后，他们住在雅斯纳雅·波良纳。索尼娅在最初的十一年间就生下八个孩子，后来的十五年间又生了五个孩子。托尔斯泰喜欢骑马，骑术也不错，他还喜欢打猎。婚后他的经济状况大有改善，在伏尔加河东面买下了一座新的庄园，这样他已拥有大约相当于一万六千英亩[①]的土地。他的生活也变得按部就班，就像大多数俄国乡村贵族一样。在当时，俄国有许多这样的

[①] 1英亩 = 6.07亩。

贵族，他们年轻时赌博、酗酒、玩女人，然后结婚，在庄园里定居，生一大群孩子、骑马、打猎、照管自己土地和农奴。他们中间也有不少人和托尔斯泰一样具有自由主义倾向，和他一样为农奴的无知、可怕的贫困和恶劣的生活状况而感到忧虑，也和他一样想改变农奴的命运；然而，有一点托尔斯泰却和他们不一样，那就是他在过着和他们一样的生活的同时，却写出了两部世界上最伟大的小说——《战争与和平》和《安娜·卡列尼娜》。至于他怎么会写出这两部小说来的，就像苏塞克斯郡的一个老派绅士的儿子①怎么会写出《西风颂》来的一样，也许是一个永远解不开的谜。

二

据说，索尼娅年轻时很有魅力，身材优美，有一双漂亮的眼睛，鼻子很性感，头发乌黑发亮；她精力充沛、神情动人，嗓音清脆悦耳。托尔斯泰婚前有一段时间一直记日记，他不但记下自己的希望和思考、祈求和自责，同时也记下自己的过错，包括酗酒、嫖妓和其他一些事情。和索尼娅订婚后，他出于不向未婚妻隐瞒任何事情的愿望，便把自己的日记给她看了。她大为惊恐，一边看一边流泪，整整一夜没睡。第二天，她把日记还给他，同时也宽恕了他。不过，宽恕是宽恕了，她却决不会忘记。他们两人都是容易激动的人，都很有个性，像这样的人，一般说来也往往会有一些令人难堪的脾气。索尼娅很苛求，占有欲很强，嫉妒心也很重；托尔斯泰则既严厉又固执。孩子出生后，托尔斯泰总是要求索尼娅亲自给孩子喂奶；这她愿意，只是有一次孩子刚刚生下不久，她觉得乳房痛得厉害，便不得不把婴儿交给奶妈，没想到托尔斯泰竟对她大发脾气。他们时常会吵架，但每次都会和解。他们彼此相爱，所以他们的婚姻总体上说是很美满的。托尔斯泰既要管理庄园，又要从事写作。他的字迹很潦草，每张手稿都要索尼娅誊抄一遍，因为她善于辨认他的笔迹。不过，有时她还是要靠猜，才能誊清他写得不仅潦草而且词句不完整的手稿。据说，仅《战争与和平》的手稿，她就整整抄了七遍。

---

① 指英国浪漫派诗人雪莱。雪莱出生在苏塞克斯郡，父亲是个循规蹈矩的绅士，而雪莱却生性叛逆，其抒情诗中最叛逆的就是《西风颂》。

西蒙教授①曾这样描述过托尔斯泰的一天:"全家在吃早饭时聚在一起,男主人的妙语和笑话使餐桌上的闲谈既活跃又风趣。最后,他总是站起来说,现在该工作了,于是消失在书房里,通常还随身端着一杯浓茶。他要到下午再露面,去做锻炼,通常是散步和骑马。到五点钟他回来吃晚饭,吃得狼吞虎咽。吃饱以后,他就会生动地讲述自己散步时的种种见闻,常常逗得所有人都哈哈大笑。然后,他回书房去读书,到晚上八点再和家人以及来访者一起喝茶,这时总是听音乐、朗读,或者和孩子们玩游戏。"

这是一种忙碌的、有益的、心满意足的生活。在往后的许多年里,这样的生活一直继续着:索尼娅生养孩子,照料家务,帮丈夫抄稿;托尔斯泰则骑马打猎,管理庄园,写他的小说。然而,他正一天天向五十岁靠近,这对任何男人来说都是个危机时期。现在已不再年轻,当回首往事时他自然要问,自己在生活中究竟得到了什么;而往前看,暮年已近在眼前,他又难免要为暗淡的前景感到沮丧。在托尔斯泰的一生中,有一种恐惧始终伴随着他——那就是死亡的恐惧。人都不免一死,好在大多数人都很理智,除了遇到危险或者身患重病,平时是不去想它的;但是,对托尔斯泰来说,死亡却永远是一种近在眼前的凶兆。他曾在《忏悔录》里这样描述当时的心境:

> 五年以前,某种非常奇怪的事情开始在我身上发生了。起先,我有时候感到困惑,感到生活的压抑,简直像不知道该怎么生活、该做些什么似的;我感到空虚而不知所措,变得气馁起来。但这种情况过去了,我又像以前那样生活。然后,那种困惑的时刻重新出现,越来越经常地,总是以同样的方式出现。它们总是表现为这样一些疑问:生活是为了什么?它意味着什么?我觉得我一直赖以立足的地基坍塌了,在我脚下什么都没有了。我赖以生存的东西不再存在了,我没有任何东西可以立身。我的生命停止了。我能够呼吸、吃喝、睡觉,而且我不能不做这些事情;但是没有生命,因为没有希望,没有那种我认为有理由去实现的希望。
>
> 所有这一切落到我头上,正是我被那种所谓十全十美的好运气包围住的时候。我还不到五十岁;有一个爱我的好妻子,而我也爱她;有可爱的

---

① 西蒙教授:英国学者,著有《托尔斯泰传》。

孩子们，有一个很大的庄园，我没费多少精力就使它得到了改善和扩展……人们称赞我，而如果说我很出名，那也不是太大的自欺……我享受着精神和肉体上的强壮，这在我的同类中还很少见到：就体力说，我能够和农民们同步刈割；在脑力上，我能够一口气工作八到十个小时而不会生病。

我的精神状态以这样一种方式向我显示出来：我的生命是别人对我开的一个愚蠢而恶毒的玩笑。

托尔斯泰从少年时代起就不相信上帝，但信仰的丧失又使他感到空虚和愁闷，因而他常有一种想法，想解答生命之谜。他曾这样自问："我为什么活着？应该怎样活着？"他找不到答案。于是，他恢复了对上帝的信仰。不过，这种信仰是通过一种推理达到的，而这种推理竟会由他这样一种亢奋型的人作出，确实非常奇怪。"如果我存在，"他写道，"那就必定有某种原因，而所有一切的最后原因，就是人们叫作上帝的那个东西。"这是一种有关上帝的最古老推论。当时，他仍不相信具有人格的上帝，也不相信人死后生命还会延续，只是到了后来，当他开始认为自我也属于上帝的一部分时，他才觉得生命会随着肉体的死亡而停止似乎有点不可思议了。他一度曾坚信俄国东正教会，但是很快对教会反感了，因为他发现那些神职人员的生活和他们所宣扬的教义是不相符的。他觉得没必要再去相信他们要他相信的那些东西了，只准备接受可以用浅显和实际的道理来加以证实的东西。他开始接近那些穷困、低贱和没有文化的信徒，而对他们的生活观察得越深入，他就越相信，他们尽管带有迷信色彩，却拥有一种真正的信仰；对他们来说，有这样的信仰是必然的，因为它使他们的生活有了意义，他们只有靠它才能生活下去。

经过了好几年充满痛苦的反省和沉思，托尔斯泰最后确定了自己的看法。要把他的看法简明扼要地概括出来并不容易，我只能勉强试一试。他拒绝教会的那套宗教仪式，因为在耶稣基督的教诲中找不到根据，所以施行那样的仪式只会给真理抹黑。他也拒绝教会对基督教教义所作的解释，认为它们是荒谬的，是对人类理性的侮辱。他只相信那些仅仅在耶稣的言论中才能找到的真理，同时认为耶稣言论的精髓就包含在"勿抗恶"这一箴言中。它体现为"不要发誓"这一命令——托尔斯泰认定，"不要发誓"不仅仅指一般的赌咒，而是指任何形式的誓言，包括证人席上的宣誓和士兵们入伍时的宣誓。它还体现在"爱你的敌人，祝福那些诅咒你的人们吧"这一训诫中。根据这一训诫，人们不仅不能向自己的敌人宣战，即使在遭到敌人攻击时也不能以武力反击。托尔斯泰认为，采纳一种主张就意味着采取行动；既然他得出了这样的结论，即：基督教的教义就是爱、谦卑、自我否定和以善报恶，那么他就得义不容辞地放弃一切享受，就得不辞劳作、经受困苦，就得贬低自己、宽恕他人。

然而，作为虔诚的东正教徒①，索尼娅却坚持要让孩子们接受宗教教育，坚持要顺从教会的旨意，在自己所属的地位上尽其责任。她并不是那种很有灵性的女人，实际上她要养育那么多孩子，要让孩子们受到良好教育，还要参与管理这么大一个庄园，也没有多少时间来培养自己的灵性了。她既不理解、也不赞同丈夫改变信仰，好在她还有足够的耐心予以容忍。但是，当她丈夫要把自己的信仰付诸行动时，她却无法容忍了，而且毫不犹豫地表示了自己的态度。托尔斯泰由于觉得自己不该靠别人生活，就决定自己生炉子、打水和料理衣物。出于自食其力的想法，他还请来一个鞋匠教自己制作靴子。他在庄园里和农奴一起干活：耕地、运干草、伐木。对此，索尼娅大为不满，她认为托尔斯泰从早到晚地干体力活对他并无益处，因为即使在农奴中间，这些活也是年轻人干的。

"当然你会说，"她曾在一张给他的纸条上这样写道，"这样的生活符合你的信念，你喜欢这样。但那是另外一回事。我要说的只是：希望你过得快活！但我还是生气，因为你把精力全用到劈木头、烧茶炊和做靴子上去了。当然，这些事作为休息或者用来调剂一下头脑是很好的，但总不能把它们当作一件正经事来做吧？"她说得不错。托尔斯泰认为体力劳动似乎在任何方面都要比脑力劳动高尚，这是很愚蠢的。他觉得自己不应该写小说给那些有闲人看；但就算这样，我们也不能相信他就找不到比做靴子更有意义的事情来做了。他做的靴子质量之差，可以说任何人都不能穿。他还开始穿农民穿的衣服，不修边幅到了邋里邋遢的地步。据说，他有一次装完粪就走进房间吃晚饭，身上散发着难闻的臭气，弄得一家人只好开着窗子吃饭。他过去喜欢打猎，现在已彻底放弃，还成了素食者；因为他觉得不应该杀生，更不应该把动物的肉放在餐桌

---

① 俄罗斯人普遍信奉东正教。东正教是基督教三大宗派之一，其他两派是天主教和新教。

上。他多年前就开始节制自己的酒量,现在又彻底戒了酒;最后,他还非常痛苦地戒了烟。

这时,他们的孩子长大了,尤其是大女儿达尼亚,快到参加社交活动的年龄了。为了孩子们的教育,索尼娅坚持要全家到莫斯科去过冬。托尔斯泰虽不喜欢城市生活,但他还是同意了妻子的决定。他在莫斯科看到了惊人的贫富差距。"我过去感觉到,现在感觉到,将来还会继续感觉到,"他曾这样写道,"只要我有多余的食物而别人没有,我有两件外套而别人没有,我就会有一种不断出现的罪恶感。"无论谁想告诉他,世上从来就有富人和穷人,而且将来也一定会有,那都是无济于事的;反正他觉得这不对。他曾访问过一个为赤贫者准备的夜间留宿处,当目睹了那里的可怕情形后,想到自己回家后将由两名身穿制服、戴着白领结和白手套的男仆伺候享用有五道大菜的晚餐,便觉得无比羞愧。他把自己身边的钱分给那些穷困不堪、可怜巴巴的人,但结果是,那些人用他的钱不是去赌博就是去喝酒,总之他的钱起的坏作用比好作用多。"金钱是罪恶的,"他愤恨地说,"因此给别人钱的人,也是在作恶。"从这里往前跨一小步,他就产生了这样的信念:财产是不道德的,占有财产就是犯罪。

对托尔斯泰来说,接下来的一步是明摆着的:他必须放弃自己所有的一切。为此,他和妻子发生了猛烈的冲突。索尼娅既不想让自己沦为乞丐,也不想让孩子们一文不名。她威胁说,她要到法院起诉,要求法院宣布托尔斯泰已丧失管理家庭财产的能力。经过天知道有多么刻毒的争吵,托尔斯泰提出要把自己的财产划归给她。但她又拒绝了。到最后,她同意和孩子们一起分占了他的财产。在持续不断发生争吵的几年间,托尔斯泰曾不止一次离家出走,但每次没走多远就返回了,原因是他想到这样会伤害妻子,心情便特别沉重。他继续住在雅斯纳雅·波良纳,尽管家里的生活已相当有节制,但他仍觉得太奢侈,并为此感到羞愧。家庭关系依然很紧张。他不赞成当时所谓的正规教育,但他妻子却安排孩子们去接受这样的教育;他要按自己的愿望处理自己的财产,他妻子却加以阻挠。对此,他不能原谅她。

托尔斯泰改变信仰后,又活了三十年,但由于篇幅有限,我不能详细谈论他在这三十年间的生活。我不得不把许多并非不重要的事情也省略掉。反正,他后来成了一个受公众崇拜的偶像,不仅被誉为俄国最伟大的作家,而且在世界各地都赢得了巨大声誉，被看作是集小说家、民众导师和道德家于一身的杰出人物。那些信奉他的学说并想遵循他的原则来生活的人，还建立了自己的聚居地。然而，当他们试图实行他的不抗恶原则时，却遇到了极大的困难。关于他们的种种遭遇，当时有诸多传说，听起来既滑稽可笑，又发人深省。不过，托尔斯泰生性多疑，又很好辩，所以他固执己见并毫不犹豫地断言，那些传说都出自某些人的卑劣动机。为此，他得罪了许多朋友。尽管如此，他名声却越来越大，大批的学生、朝拜圣地的香客、旅游者、崇拜者和信徒、富人和穷人、贵族和平民都纷纷涌向雅斯纳雅·波良纳。

我在前面已经说了，索尼娅的忌妒心和占有欲是很强的，她一直想独占她的丈夫，因此她对陌生人前来骚扰她的家庭生活感到厌烦。她在抱怨和痛苦之余，甚至不惜贬低他的丈夫。她曾在日记里这样写道："就在他向人们讲述他那些美妙的想法并一谈到自己就变得多愁善感的同时，他却依然过着和以前一样的生活，他贪吃美味的食物，兴致勃勃地骑自行车、骑马，还有淫欲。"在另一篇日记里她又写道："我不能不抱怨，因为他为所谓的人民幸福所做的一切把家里的生活弄得一片混乱，对我来说，生活越来越困难了。他的素食主义意味着我要准备双份晚餐，这就要花费更多的钱和精力。他那些关于爱的喋喋不休的说教，在家里引不起兴趣，却把各种各样的下等人搅到我们的生活里来了。"

在最初接受托尔斯泰思想的人中间，有个叫切尔特科夫的年轻人。他很富有，还是近卫军上尉，不过当他开始信仰不抗恶原则后，便辞去了军队里的职务。他是个诚实的人，一个理想主义者和热心肠的人，但却生性专横，喜欢把自己的意志强加给别人。艾尔蒙·莫德①曾说，凡是和他接触过的人，不是变成他手中的工具，便是和他发生冲突，或者就逃之夭夭。他和托尔斯泰之间有一种相互依赖的关系，这种关系一直延续到托尔斯泰去世为止。他有一种能力，甚至能影响托尔斯泰，而这无疑使托尔斯泰夫人大为恼火。

托尔斯泰的大多数朋友都把他的学说看作偏激之论，唯有切尔特科夫，不断鼓励托尔斯泰走得更远，使他更加执着地想去实践自己的学说。道德的自我完善是当时托尔斯泰考虑得最多的，因此他已无心管理庄园。他本来每年可以

---

① 艾尔蒙·莫德：英国传记作家，托尔斯泰的朋友，著有《托尔斯泰传》。

从庄园获得相当于三万美元的收入,现在的实际收入却不超过二千五百美元。这显然不够用来维持家用和支付孩子们的教育费。于是,托尔斯泰夫人就说服丈夫,把他一八八一年以前所写的全部作品的版权交给她,由她去借钱开办一家出版社,出版这些作品。她把这件事办得很成功,至少家里有钱支付各种开销了。但是,作家拥有版权却显然有悖托尔斯泰的信念,因为他认为个人拥有任何财产都是不道德的。当时,切尔特科夫其实已经在劝托尔斯泰把自己在一八八一年以后写的全部作品都宣布为是公共财产,任何人都有权出版。这已经使托尔斯泰夫人够恼火了,而托尔斯泰要做的还不止于此。他要求她交出他的早期作品的版权,其中当然包括那些著名小说的版权,因为他要把早期作品和后期作品的版权一并予以放弃。她断然拒绝,因为一家人的生活现在就依赖于出版这些作品所得的收入。于是,家里又开始了刻毒而无休止的争吵。索尼娅和切尔特科夫之间的矛盾,使托尔斯泰不得安宁。他们各有各的道理,托尔斯泰就夹在两者的冲突中间,而对两方面提出的理由,他都很难予以否定。

三

一八九六年,托尔斯泰六十八岁。他结婚已有三十四年,大多数孩子都已长大,第二个女儿也快要出嫁了。这时,已经五十二岁的托尔斯泰夫人却极不光彩地爱上了一个比她年轻的男人,一个叫塔纳耶夫的作曲家。托尔斯泰深感震惊、羞愧和愤怒。下面是他写给她的一封信:"你和塔纳耶夫的过分亲密的关系使我作呕,我不能无动于衷地容忍你们的这种关系。如果我在这样的情形下继续和你生活在一起,我将不久于人世,而且名誉也要受到玷污。我已经苦恼了整整一年,这你也知道。我曾经在激动时把这告诉过你,而且请求你不要那样做。后来我试图保持平静,我作了各种各样的努力,但都不行。你们的关系在继续发展,而且我能想象,它将这样一直发展到头。我无法再容忍下去了。很明显,你不肯放弃这种关系,那剩下的唯一办法就是——分离。我已下了决心,只能这么办。只是我必须考虑一个最合适的方式。对我来说,最合适的方式就是出国。我想,我们总会想出一个最好的办法的。但有一点是肯定的——我们不能像现在这样继续下去了。"

然而,他们并没有分离,而是使生活变得更加难以忍受。托尔斯泰夫人仍以一个多情的老年女人的那种狂热纠缠着那个作曲家，后者虽然开始时可能很高兴，不久之后却厌倦了这种他无以回报、同时又使他显得可笑的热情。后来，她终于意识到他是在躲避她，最后他更是当众羞辱了她。这使她深受伤害，而且很快就认为他只是个"厚颜无耻的、在精神和身体上都粗俗不堪的"家伙。于是，这桩不体面的风流逸事也就此结束了。

这时，托尔斯泰夫妇之间的不和已尽人皆知。使托尔斯泰夫人深感痛苦的是，托尔斯泰的信徒们——也就是他现在仅有的朋友——都站在托尔斯泰一边，而且公开对她表示敌意，因为她阻碍托尔斯泰实现自己的理想，而他的理想也就是他们的理想。不过，对托尔斯泰来说，信仰的转变却几乎没有给他带来幸福。他不仅失去了往日的朋友，还在家庭中造成矛盾，和妻子争吵不休。与此同时，他的追随者又责备他继续过那种舒适的生活，对此他羞愧万分。他在日记中写道："在我开始第七十个年头的生活时，我一心希望的就是能得到安宁。这虽然并不十分符合我的本意，但总比现在这种情况要好，现在我是生活在实际需要和良心的明显矛盾之中。"

他的健康每况愈下。这之后的十年间他多次生病，有一次还病得差一点死去。就在这一时期，刚认识他的高尔基曾这样描绘他："瘦小，头发灰白，眼睛却比以前更加有神，看人时的眼光也比从前更加锐利，脸上皱纹很深，蓄着一把长长的白胡子。"他已经是个古稀老人，八十岁了。一年过去，又过了一年，他八十二岁了。他衰老得非常快，显然只有几个月可以活了，但他们夫妇俩仍为那些无聊的争吵所苦。切尔特科夫显然不像托尔斯泰那样把任何财产看成罪恶，他在雅斯纳雅·波良纳附近买下一座庄园，这样自然就方便了他和托尔斯泰之间的来往。他开始催促托尔斯泰实施自己的计划，就是在他死后把所有的著作权统统划归社会所有。托尔斯泰夫人被激怒了，因为这样一来，托尔斯泰在二十五年前划归给她的那些小说的版权将不再受她支配。她和切尔特科夫之间长期积存的敌意，终于爆发成一场公开的争论。除了小女儿亚历姗德拉——她受切尔特科夫的影响甚大——其他孩子都站在母亲一边。尽管托尔斯泰已把庄园分给他们，他们仍然不愿按他所希望的那样生活，更弄不明白为什么非要他们同意他放弃版权，从而失去一大笔收入。然而，不管家里人施加怎样的压力，托尔斯泰还是立了一份遗嘱。根据这份遗嘱，他去世后所有作品的版权都遗赠给公众，尚存的手稿交切尔特科夫保管并由他全权处理。由于这份遗嘱尚不具备法律效力，切尔特科夫劝托尔斯泰再立一份遗嘱。为了不让托尔斯泰夫人知道，公证人被偷偷带进家，书房的门被紧紧锁上，托尔斯泰就在书房里亲手把遗嘱抄了一遍。在这份遗嘱里，托尔斯泰决定让小女儿亚历姗德拉作为他所有作品的版权管理人。这是切尔特科夫的主意，其原因是：就如他后来所说，"我觉得，托尔斯泰夫人及其子女肯定是不愿让一个非家庭成员作为版权管理人的"。他的话是可信的，因为这份遗嘱使他们失去了最主要的收入来源。然而，切尔特科夫仍未觉得十分满意，他自己又起草了一份遗嘱，并让托尔斯泰坐在他庄园附近树林里的一个树桩上抄了一遍。根据这份遗嘱，切尔特科夫对托尔斯泰的手稿拥有绝对控制权。

手稿中最重要的是托尔斯泰晚年的日记。他早期的日记一直在托尔斯泰夫人手里，但他把自己最近十年的日记交给了切尔特科夫。托尔斯泰夫人得知后一心想把它弄回来。有人认为，这是因为日记发表后可给她带来丰厚的收入，其实她是不愿让这些日记公之于众，因为托尔斯泰在日记里非常坦率地说到了他们夫妻间的不和。她派人到切尔特科夫那里去要求他归还日记。他拒绝了。她威胁说，如果切尔特科夫不归还日记，她就服毒或者自缢。托尔斯泰受不了她的狂怒，就从切尔特科夫那里把日记取了回来，但没有给她，而是存入了银行的保险箱。切尔特科夫给他写了一封信，对此他在日记中这样写道："我收到切尔特科夫一封充满埋怨和责备的信。他们撕碎了我的心。我有时真想走得远远的，离开所有这些人。"

从年轻的时候起，托尔斯泰就一直希望远离尘世，隐居在某个地方，在孤寂中求得自我完善。像许多作家一样，他也把自己的这种愿望体现在两个小说人物——即《战争与和平》里的彼埃尔和《安娜·卡列尼娜》里的列文——身上。这两个人物在很大程度上就是他自己的写照。现在，他的生活状况更使他想尽快地实现这一愿望。妻子和孩子们使他烦心。那些认为他应该完全实践自己理想的朋友又责备他，使他觉得苦恼。他们中有许多人还因为他没有言行一致而倍感痛苦，他们几乎每天写信给他，责备他，甚至说他虚伪，这无疑使他万分伤心。譬如，有个虔诚的信徒在信中请求他放弃自己的庄园，把所有的财产都分给亲戚和穷人，不留一个戈比①，然后像乞丐一样去过流浪生活。他

---

① 戈比：俄国货币的最小单位，100 戈比 = 1 卢布。

在回信中作了这样的回答:"你的信深深打动了我,你建议我做的事正是我神圣的梦想,但直到现在我还不能那样做,有许多原因……主要的原因是我必须不影响其他人。"

  导致人们采取某种行动的真实原因,往往是深藏在他们的下意识里的,就托尔斯泰的情况而言,我认为他之所以没有像他的朋友和他的良心所要求的那样去做,其真实原因就是他下意识里并不十分想那样做。作家往往有一种心理特点,这种心理特点虽然对每个研究作家生平的人来说都是显而易见的,但我至今还没有听人正式谈起过,那就是:凡具有独创性的作家,他们的作品至少在某种程度上是他们内心因某种原因而遭压制的本能、欲望、白日梦(随你叫什么都可以)的升华,而当他们以文学的形式表现了这些东西之后,他们既然已经摆脱自己的内心压力,往往也就不会再进一步采取实际行动了。但是,不管怎么说,这样毕竟不能使他们完全满意,他们心里总会有某种欠缺感。这就是为什么作家往往会赞美体力劳动者、往往会怀着一种不自觉的妒意羡慕体力劳动的原因。很可能,托尔斯泰热衷于体力劳动,就是为了发泄自己内心的某种欲望,摆脱某种压力;也就是说,他作为作家还没能通过写作发泄掉内心的全部欲望,因此还想以其他形式表现自己,而这种无意识的自我表现,却在他的意识中被真诚地认为自己正在做着正确的事情。

  当然,他天生是个作家,本能地要以最动人、最富于戏剧性和最有趣味的方式表现自己。我认为,在他那些带有说教性质的论著中,他是为了让自己的观点显得更加鲜明才失去控制的,要是他停下来想想这些观点究竟会得出怎样的结论,那么他很可能就不会把它们发挥到如此绝对的地步了。有一次他确实承认过,在理论上虽然不能作出妥协,但在实践中却是不可避免的。如果这样的话,那他就必须放弃他的整个立场,因为妥协既然在实践中是不可避免的,也就是说要彻底实行他的理论是不可能的,那就意味着他的理论一定有问题。然而,托尔斯泰的不幸却在于,即便他本人想作出某种妥协,他的那些怀着崇拜心情成群结队来到雅斯纳雅·波良纳的信徒也不会同意。他们催逼这位老人,要他做出某种具有戏剧性的行动来满足他们那种确实有点残忍的愿望。托尔斯泰被自己的学说禁锢住了。他的那些著作、由那些著作引起的强烈反响(当然并不全是灾难性的)以及人们对他的尊敬、爱戴和崇拜,这一切都把他推上了一条绝路。然而,他又不想走那条路。

我这么说是因为，尽管他最后确实离家出走并在旅途中离开了人世，但他作出这一决定并不是由于受到了良心和信徒们的催逼，而只是为了暂时逃离他的妻子。导致他这样做的直接原因是很偶然的。那天他上床睡觉，不一会儿听到妻子在他书房里的纸堆中翻找什么。他心里一直在想着不久前瞒着妻子立下的那份遗嘱，所以随即就想到，一定是妻子听说了遗嘱的事，现在正在偷偷地寻找。等她离开书房后，他就起床，拿了几份手稿，包了一些衣服，然后叫醒那时正住在他庄园里的私人医生并对他说，他打算离家出走。这时，小女儿亚历姗德拉也醒了。他们把车夫从床上叫起来。套好马车后，托尔斯泰便在私人医生陪伴下登上马车驶向火车站。这时正好是凌晨五点。火车很拥挤，他们不得不站在车厢末端的露天小平台上，而这时正好下着雨，寒风凄凄。他们在沙玛丁下了车，因为托尔斯泰有个妹妹在那里的修道院里当修女。在那里，他们和稍后赶到的亚历姗德拉会合。她带来消息说，她母亲已发现他们出走，而且想自杀。这事她以前不止做过一次，只是每次都下不了决心，结果总是在家里引起一阵忙乱而已。亚历姗德拉要父亲继续赶路，因为母亲一旦知道他在哪儿，肯定会匆匆赶来。于是他们又登上了去罗斯托夫的火车。托尔斯泰原先就患了感冒，尚未痊愈，在火车上一折腾就病得更加严重了。和他同行的私人医生只好让他在中途的一个小车站下车。这是一个叫阿斯塔波夫的小车站。站长听说病人是谁后，马上就把自己的房间让了出来。

第二天，托尔斯泰叫私人医生打电报给切尔特科夫。亚历姗德拉写信给她哥哥，要他从莫斯科带一个医生来。但是，托尔斯泰实在太出名了，他的一举一动都很难保密，因此不到二十四小时，就有新闻记者把他所在的地方告诉了托尔斯泰夫人。她随即带着孩子们赶到阿斯塔波夫。但是，托尔斯泰已病得非常严重，医生觉得最好还是别让她去打扰他，所以没有让她走进房间。不久，托尔斯泰生病的消息便传到了全国各地。于是，在短短的一个星期里，阿斯塔波夫车站上挤满了政府代表、当地官员、警察、新闻记者、摄影师和其他各种各样的人。停在侧线上的火车车厢成了他们的临时住处；当地的电报局忙得不可开交。更多的医生赶到了，最后有五个医生在他床边。他经常昏迷，但清醒的时候仍想到妻子。他不知道她就在房间外面，也不知道自己在哪里。他只知道自己快要死了。过去，他一直害怕死亡，现在他不再害怕了。他在清醒的时候不断叫喊："逃吧！逃吧！"最后，托尔斯泰夫人被允许到房间里来看他。但他已经失去知觉。她跪在地上吻他的手；他叹了一口气，没有迹象表明他意识到妻子就在他身边。一九一〇年十一月七日，星期天，早上六点过几分，他去世了。

四

托尔斯泰三十六岁时开始写《战争与和平》。一般说来，作家在这样的年龄正处于创作鼎盛期，但他仍花了六年时间才完成。他选择了拿破仑战争时期，以拿破仑入侵俄国、莫斯科大火和法军溃败作为小说的高潮。刚开始写这部小说时，托尔斯泰只是想写一个贵族家庭的故事，那些历史事件仅用来作为故事背景；按原设想，男女主人公将经历一系列使他们在精神上深受影响的事件并经受诸多不幸，最后他们的灵魂得到净化，开始过宁静的生活。但是到了后来，托尔斯泰不仅慢慢地把小说重点移到了两个大国间的军事冲突上，而且还根据他读过的多方面材料，似乎构想出了一种历史哲学。以赛亚·伯林①出版过一本极有趣又深具启发意义的书，叫作《刺猬与狐狸》；书中表明——这正是我现在想要表明的——托尔斯泰的历史哲学其实是从约瑟夫·德·迈斯特②的一本题为《圣彼得堡的夜晚》的书中获取的。这无损托尔斯泰的声誉。小说家的工作本不是进行哲学思考，而是根据原型塑造出丰满的人物形象。现存的思想，就如现存的人、现存的环境和现存的生活一样（实际上任何现存的东西），只要有助于艺术创作，小说家都可以直接拿来使用。我刚才提到伯林先生的书，现在我觉得还有必要提一下德·迈斯特的《圣彼得堡的夜晚》。在这本书里，德·迈斯特用了三页论述他对战争的看法，并用一句话予以概括："战争的胜败，取决于人的观念。"这正是托尔斯泰在《战争与和平》结尾的第二部分③用几十页篇幅予以论述的观点。托尔斯泰在高加索和塞瓦斯托波尔亲身经历过战争，这使他有可能在小说中具体而生动地描述战争和战争中的人，至于他由此得出的观点，则和德·迈斯特非常相似。不过，他的论述不仅啰里啰唆，还很艰涩难懂，我觉得还不如从他讲述故事时的插语中，以及安德

---

① 以赛亚·伯林：20世纪英国哲学家、政治思想史家。
② 约瑟夫·德·迈斯特：17世纪法国哲学家、外交家。
③ 这部分其实就是一篇关于历史中的自由意志和必然性的论文。

烈公爵的思考中，更能了解他的观点。顺便说一句：这才是小说家表达自身观点的适当方式。

托尔斯泰的观点是：战争中充满了机缘巧合、情况不明、判断失误、偶然事故，根本就没有什么精确的战略战术，因而也不可能有什么军事天才。影响历史进程的，并不是人们通常以为的那些伟大人物，而是一种贯穿于诸国、不知不觉间驱使人们走上战场并决定胜负的神秘力量。领军的统帅就如一匹套在一辆车上的马，在某些时刻——譬如马车从山坡上冲下去时——到底是马拉着车跑，还是车推着马跑，马自己并不知道。拿破仑打胜仗，靠的不是战略战术或者手下的大军，因为（要么由于局势有变，要么由于命令没有及时传达）他的命令并未得到执行，而是因为敌军深信败局已定，于是放弃了战斗。战争的结局如何受无数不可预测的偶然事件的影响，其中任何一个都可能是决定性的。"就自由意志而言，拿破仑和亚历山大①对战争结局的影响，并不比一个被迫为他们打仗的新兵大多少。""那些所谓的伟人，其实都是历史的标签，他们的名字和历史事件的名称联系在一起，但并不像标签上所说的那样和历史事件本身有多大关系。"在托尔斯泰眼里，他们不过是一些偶像而已，为时局所左右，既不能抗拒也无力控制时局。这里无疑有些让人迷惑之处。我不知道他是如何理解"命运决定的必然性"和"机会所给的偶然性"之间的相互关系的，因为在他那里，一当"命运"推门而入，"机会"就跳窗而出，反之亦然。

读者很容易得到这样的印象：托尔斯泰的历史哲学和他想贬低拿破仑的愿望有关——至少，某种程度上是如此。在《战争与和平》中，拿破仑很少出现，就是出现了，也总是显得身材矮小、毫无主见、傻头傻脑。托尔斯泰称拿破仑是"历史中的微小工具，从未显示出任何男性尊严，哪怕是在流放的时候也是如此"。然而，居然连俄国人也把这个连像样的骑马姿势都没有的人视为大人物，这使他大为恼火。这里，让我再一次对他稍作批评。法国大革命造就了一大批像这个科西嘉律师的儿子②一样雄心勃勃、聪明果敢的年轻人；既然如此，我们不禁要问，为什么偏偏就是这个其貌不扬、带着外地口音、无钱无势的年轻人一次又一次获得成功，最后成了法国的独裁统治者，继而又把半个欧洲纳入麾下？如果你看到一名桥牌选手赢得了一次国际比赛，你或许会说他

---

① 亚历山大一世：拿破仑战争时的俄国沙皇。
② 这个科西嘉律师的儿子：指拿破仑（拿破仑出生在科西嘉岛，父亲是律师）。

运气好，或者说他的搭档好；可是，如果他的搭档很一般，而他照样一次又一次赢得比赛，那你就应该承认，他对这类比赛具有不寻常的卓越才能，而不能再说什么他的运气好或者说他的搭档好之类的偶然因素了。我想，一个杰出的军事领袖和一个杰出的桥牌选手是一样的，也会具有不寻常的卓越才能，具有知识和眼力、勇气和智慧，以及准确判断对方心理的敏锐直觉。拿破仑确实运气好，似乎得天之助，但就此而否认他的卓越才能，那就只能说是心存偏见了。

不过，以上所说并不影响《战争与和平》的伟大。这部小说的故事情节从开头到结尾，就如湍急的罗纳河百折千回，令人惊心动魄，最后流入平静的日内瓦湖。据说，小说中大约有五百个人物，而且个个都描写得个性鲜明，栩栩如生。这确实了不起。所以，读这部小说不像读其他大多数小说，不能只注意两三个主要人物，而要同时注意四个贵族家庭，即：罗斯托夫家族、保尔康斯基家族、库拉金家族和别素号夫家族。我们知道，当小说主题要求小说家描写不止一组人物时，他必须克服一大困难，那就是要使他的描写从一组人物过渡到另一组人物时显得很自然，从而使读者顺从地跟随他的描写；此外，他在告诉读者某组人物的情况时，还要使读者做好准备，以便把另一组人物的情况告诉读者。在这些方面，托尔斯泰都安排得非常巧妙，你简直觉察不到他在过渡，感觉上好像只有一条故事线索。

和大多数小说家一样，托尔斯泰也是根据自己熟悉的或者认识的人来塑造小说人物的。当然，他只是把他们当作模特儿而已；他运用丰富想象力把这些模特儿变成了具有独创性的艺术形象。据说，小说中挥霍成性的老罗斯托夫伯爵就是以他的祖父为原型的；尼古拉·罗斯托夫的原型是他的父亲，而哀婉动人的玛丽公爵小姐则来自他的母亲。一般认为，在这部小说中的两个男主人公即彼埃尔·别素号夫和安德烈公爵身上，同时有托尔斯泰自己的影子。我想，这样猜测大概也不算太离奇，那就是：托尔斯泰很可能意识到自己性格中的矛盾，于是就以自己为模特儿塑造了两个相互对照的人物，想通过他们来呈现和探究自己的内心世界。彼埃尔和安德烈公爵有一个相同之处：他们都像托尔斯泰一样，想寻求精神上的宁静和生死之谜的答案，但最终也像托尔斯泰一样没有找到。在其他方面，他们之间就大不相同了。安德烈公爵是个颇有骑士风度和浪漫色彩的人物，他以自己的血统和门第为荣，气质高贵，但不免有些傲慢和专横,甚至有点褊狭,不通情理。然而,正因为他有这些缺陷,他才成为一个引人注目的人物。彼埃尔则和他不同,他很善良,性情温和、宽宏大量、谦虚、文雅,而且富有自我牺牲精神;但他同时又是那样软弱,那样优柔寡断,那样轻信而容易受骗,简直会让你觉得难以忍受。他一心想做好事,做好人,这固然令人感动,但是为此而把他写得像个白痴,这有必要吗?他一直被那些谜一样的疑团所困扰,为了寻找答案,他成了一个共济会①会员,于是托尔斯泰便用了大量篇幅来写他在共济会里的活动。遗憾的是,这些章节都写得极其沉闷。

不管是彼埃尔还是安德烈公爵,都爱上了罗斯托夫伯爵的小女儿娜塔莎。托尔斯泰把她塑造成了小说中最惹人喜欢的人物。没有什么比刻画一个既迷人又有趣的少女形象更困难了。通常而言,小说中的少女往往了无趣味(如《名利场》② 中的阿米莉亚)、自命不凡(如《曼斯菲尔德庄园》③ 中的范妮)、过分聪明(如《利己主义者》④ 中的康斯坦尼娅·达累姆),要不就是小笨蛋(如《大卫·科波菲尔》⑤ 中的朵拉),不是傻乎乎地卖弄风情,就是天真得让人难以置信。少女在小说家手里不好处理,其实也是可以理解的,因为在那个年纪,她们的个性尚未形成,没有明显的个人特点可供小说家展示。同样,一个画家要想把某人的一张脸画得意味深长,也只有在思想、爱情、苦难等人生经历赋予其性格时才有可能。在刻画少女形象时,最佳方式就是表现其美貌和青春魅力,但娜塔莎不限于此,还被刻画得既真实又自然。她亲切和蔼、敏捷而富有同情心,颇有些孩子气,又很有女人味;她充满理想、性子急、心肠热,时而固执己见,时而犹犹豫豫,无论从哪方面看,她都非常迷人。托尔斯泰塑造过许多女性形象,都塑造得非常真实,但没有一个像娜塔莎一样,那么深受读者喜爱。娜塔莎的原型是托尔斯泰的妻妹塔尼娅·贝尔斯,他很为她而倾倒,就如狄更斯醉心于妻妹玛丽·霍格斯。这样的相似,多么引人深思!

安德烈公爵和彼埃尔都深爱娜塔莎。在这两个男人身上,托尔斯泰寄托了

---

① 共济会:最初出现在 18 世纪的英国的一个具有宗教色彩的兄弟会,是迄今为止世界上最庞大的秘密组织,该组织自称宣扬博爱、慈善思想和美德,以此寻求人生的意义。有许多著名人士和政治家是共济会成员。
② 《名利场》:19 世纪英国小说家萨克雷的长篇小说。
③ 《曼斯菲尔德庄园》:19 世纪英国小说家简·奥斯汀的长篇小说。
④ 《利己主义者》:19 世纪英国小说家梅瑞狄斯的长篇小说。
⑤ 《大卫·科波菲尔》:19 世纪英国小说家狄更斯的长篇小说。

自身对生命意义和目标的热切追求。安德烈公爵尤其如此，可说是当时俄国社会的一种普遍现象。像他这种人，拥有巨大的财产和庞大的庄园，还拥有一大群农奴任其使唤，要是有哪个农奴使他不高兴，他可以剥光他的衣服予以鞭打，也可以夺走他的妻子儿女，再把他送到偏远的兵站去服苦役。他要是看上哪个女孩或者哪个年轻女人，只要挥挥手，就有人把她带来供他享受。此外，他还有一张英俊的面孔，一对深陷的眼睛，流露出一副高傲的神情。实际上，他很像浪漫小说中的那种"漂亮的阔少爷"。这个在战场上英勇无畏的人物很为自己的门第和地位感到自豪，他洁身自好，却又很自负。他对同等级的人冷淡而傲慢，而对低等级的人却是屈尊而和善。他才智过人，一心想有所作为，出人头地。在小说中，托尔斯泰是这样说到他的性格的："当安德烈公爵有机会指导年轻人并且帮助他们在上流社会取得成就的时候，他就显得特别高兴。因为骄傲自负，他从来不会接受别人的帮助，但却在帮助别人的借口下，去接近那些获得成就并且吸引他的人。"

至于彼埃尔，则是个令人颇为费解的人物。他身材高大，长相平庸，而且很胖；他深度近视，一离开眼镜等于瞎子。他喜欢吃喝，喜欢漂亮女人。他笨头笨脑，没有主见，但他性情温和，老实憨厚，所以认识他的人都很喜欢他。他非常有钱[①]，但他任由一群阿谀奉承的势利小人把手伸进他的腰包，也不管这些人多么不值得交往。他很好赌，而他每次在莫斯科贵族俱乐部里赌博都被人作弊，输得一塌糊涂。他稀里糊涂娶了莫斯科第一美女，因为那家人看中了他的钱财，然而婚后不久，他的妻子就和别人私通。他和妻子的情夫进行了一场奇怪的决斗后，就离开妻子，移居到圣彼得堡去。路上，他偶尔碰到一个神秘的老人，此人原来是共济会成员。两人攀谈起来，他坦言自己不相信有上帝存在。那老人对他说："假如上帝不存在，我们又为什么会说到他。"接着，他就向彼埃尔讲到了从本体论上证明上帝存在的一套说法。这套说法原是坎特伯雷大主教安塞姆[②]提出的，大意是：既然我们把上帝想象为最伟大的实体，那么这一最伟大的实体一定是存在的，否则的话，就会有另一个最伟大的实体存

[①] 彼埃尔是莫斯科首富别素号夫伯爵的私生子，一直住在法国，而当别素号夫伯爵去世后，他却成了唯一的继承人，因而他回国继承了伯爵的爵位和遗产，成了莫斯科首富。
[②] 安塞姆：11世纪意大利神学家，曾出任英国坎特伯雷大主教。

在；由此推断，上帝必定存在。虽然这套说法早就被托马斯·阿奎纳①摒弃，后来又被康德②彻底推翻，但却说服了彼埃尔。他移居圣彼得堡后不久，便加入了共济会。毫无疑问，在小说中，任何事件（无论是物质的，还是精神的）都必须加以简化；否则，小说会没完没了，永无完结之时；一场旷日持久的战争，必须一两页就讲完，除了作者认为至关重要的部分，其他内容都要删除；人物思想感情的转变（作为一个事件）也是如此。在这一点上，我觉得托尔斯泰有点简化得过头了。彼埃尔转变得那么突然，使这个人物显得异常单薄。但不管怎样，作为转变的结果，他决定结束往日的懒散生活，返回庄园，解放农奴，并全身心地致力于他们的福利。然而，就如在赌场上被赌友欺骗，他回到庄园后被管家欺骗，原先的善意全都受挫。由于缺乏毅力，他的慈善计划大多以失败告终，于是他又过起了原先的懒散生活。由于发现共济会成员之所以加入共济会都"只是为了结交富人，并从这种结交当中获取利益"，他对共济会的热情也日益减退了。他身心疲惫，为求刺激，又开始赌钱、酗酒、玩女人。

对于自己的缺点，彼埃尔自己很清楚，而且痛恨至极，但他就是没有足够的勇气和毅力来加以纠正。他是个谦虚、善良、和蔼的人，但奇怪的是，这个人居然毫无判断力。他在博罗季诺战役③中的表现，真是愚蠢到了极点。他并非军人，却驾着一辆马车冲向战场，这一点用处也没有，反而抢占了俄军的道路，引来一阵混乱，而到最后俄军撤退时，他又匆匆忙忙地跑掉了。在莫斯科大疏散时，他却擅自留下，被法军当作纵火犯逮捕，并被判死刑；后来，他获得赦免，被关押起来。当法军开始悲惨地撤退时，他和其他犯人一起被押解，和法军同行；最后，他被游击队解救。

想要搞清楚这个人物确实很难。他性格善良和蔼，同时又软弱无能之极。我敢肯定，这个人物是非常真实的。我觉得他理所当然是《战争与和平》中的男主人公，因为他最后称心如意地娶到了可爱迷人的娜塔莎。我猜想，托尔斯泰很喜欢这个人物；他总是用亲切而同情的笔调来写他的；但我不明白，是否有必要把他写得这么愚蠢、这么笨拙。

《战争与和平》篇幅浩大，需花多年时间才能完成。在这过程中，作家的

---

① 托马斯·阿奎纳：13世纪意大利神学家，因其对天主教神学的贡献，罗马教廷封其为圣人。
② 康德：18世纪至19世纪之际德国哲学家、"德国古典哲学"奠基人。
③ 博罗季诺战役：拿破仑入侵俄国后的一次重要战役，因发生在博罗季诺村附近而得名。

创作热情难免会有所减弱。托尔斯泰在小说行将结束时讲到了法军从莫斯科的撤退，这部分的长篇叙述（无疑也是必要的）却有一个问题；那就是，这里讲到的事情，除了对历史极度无知的读者，绝大多数读者是早就知道的；因而，对他们来说，这里已毫无悬念，而悬念是促使读者往下读的基本动力。结果是，尽管托尔斯泰把法军的溃败讲述得很生动、很惨烈，但读者却不耐烦了。在这里，托尔斯泰把许多琐碎的事情串在一起，讲得头头是道，但我认为他讲这些事情的主要目的是要引出一个对彼埃尔的精神影响极其重大的新人物。

这个人物就是彼埃尔的难友卡拉塔耶夫①，一个因偷木材而被判在军中服役的农奴②。在当时③，俄国农民深受俄国知识分子的关注；因为在极端专制之下，俄国知识分子深知俄国贵族的腐败没落和商人阶级的偏狭与自私，因而他们④认为，只有依靠受苦受难的俄罗斯农民才能拯救俄罗斯。托尔斯泰的《忏悔录》使我们得知，他是如何对自身所属的贵族阶级感到失望的，以及他是如何从俄罗斯旧信徒⑤那里寻求善良和信仰、从而使生命具有意义的。然而，毋庸置疑的是，有坏地主，也有好地主；有奸商，也有良商；有好农民，也有坏农民。认定只有在农民身上才有美德，那只是出现在文学创作中的一种幻觉。

托尔斯泰对普通士兵的刻画是《战争与和平》中最为成功的人物刻画之一。难怪彼埃尔会被他们吸引。卡拉塔耶夫对所有人都以爱相待，他已完全舍弃自己，心甘情愿地承受各种苦难。他是谦卑的，因而是崇高的，这就是托尔斯泰认定的"善"。彼埃尔一直都容易受到影响，所以当他看到卡拉塔耶夫身上的这种"善"时，他开始相信世界有了希望："曾经分崩离析的世界再次在他的灵魂深处激荡，具有一种全新的美感，立足于一种全新的、不可撼动的基础之上。"他从卡拉塔耶夫那里认识到"人类幸福只能从内心找寻，它来自对人类简单需要的满足，不幸的根源不是贫穷，而是过于富足，生命中没有什么困难是无法面对的"。最终，他发现自己终于找到了多年来一直在寻找的东西——内心的安宁与平静。

---

① 卡拉塔耶夫：托尔斯泰在《战争与和平》中设置的理想人物。
② 当时服兵役也是一种刑罚。
③ 在当时：指托尔斯泰写作《战争与和平》的年代。
④ 他们：即俄国民粹主义者，当时在俄国知识界、文艺界影响巨大。
⑤ 俄罗斯旧信徒：也就是东正教旧礼仪派信徒，源于17世纪中期俄国东正教牧首尼康所推行的宗教礼仪改革，支持改革的教会上层和贵族被称为新礼仪派，反对改革的教会下层和农民被称为旧礼仪派。

我已经说过,小说中关于彼埃尔在共济会的经历写得冗长而乏味。现在到了小说行将结束时,我觉得托尔斯泰似乎对他的所有人物都不感兴趣了。他开始阐述他的历史哲学。他的观点大体是这样的:他认为影响历史进程的并不像一般人所认为的那样,是那些伟大人物,而是一种神秘的力量,这种力量穿行于各个民族之间,在不知不觉中把它们引向胜利或者推向失败。亚历山大也好,恺撒也好,拿破仑也好,都不过是些傀儡,而且就如"傀儡"一词所示,他们总是被一种既不可抗拒又无法驾驭的力量所支配。拿破仑打了胜仗,这不是因为他足智多谋,也不是因为他有雄兵百万,实际情况是连他发出的许多命令也没能及时送到;有些命令虽然送到了,却根本没有被执行。他打胜仗是因为他的敌人作茧自缚,他们总是莫名其妙地认定自己败了,于是便主动放弃阵地。托尔斯泰认为,俄军总司令库图佐夫才是这场战争中真正的英雄,因为他唯一所做的事情就是什么都不做,等待法军的自我毁灭。也许,就像他在《什么是艺术》一文中所论述的艺术哲学一样,托尔斯泰的历史哲学也是鱼龙混杂的,它既有许多真知灼见,也有不少偏见和谬误。虽然我没有足够的学问来详论他的历史哲学,但我相信,他正是为了阐明自己的历史观点,才会用那样多篇幅去详细描述莫斯科大撤退。然而,这样的描述也许是出色的历史文献,却不是出色的小说。

托尔斯泰的创作激情在这部巨著的最后部分虽然有所减弱,但到了结尾处,他却再次显示出自己充沛的创作活力。他的结尾富有新意,精彩之极。

过去的小说家在讲完他们应讲的故事情节后,总要交代主人公的结局如何,大凡都是说男女主人公过着幸福而富裕的生活,还有一群可爱孩子,等等;至于小说中的坏蛋,如果在故事结束前还没有受到惩罚的话,那么小说家也会作出交代,说他最后还是得到了应有的报应,变得一贫如洗,还娶了个整天唠唠叨叨的丑老婆,等等。而且,这样的交代往往只是三言两语,给人的感觉是小说家随便扔下一点残羹剩饭就草草收场了。但是,托尔斯泰却使小说结尾具有了真正重要的意义。他在小说结尾处再次把我们领进老伯爵的儿子尼古拉·罗斯托夫的庄园,那已是七年以后了,这时尼古拉已娶了个有钱的妻子,有了孩子;彼埃尔和娜塔莎正住在他们家里。他们也结了婚,也有了孩子。但是,他们过去的种种激情和理想,对生活的种种追求和向往,现在却全都销蚀得无影无踪了。他们彼此相爱,幸福美满,但是,天哪!他们却变得多么愚钝，多么平庸啊！经历了生活的种种艰辛、忧愁和痛苦之后，现在他们平静下来了，进入了中年人的自满自得状态。过去的娜塔莎是那么甜美，那么活泼，那么招人喜爱，现在她成了一个婆婆妈妈的家庭主妇。尼古拉·罗斯托夫曾是那样英俊潇洒，那样神采飞扬，现在他成了一个地地道道的乡村地主。彼埃尔过去就很胖，现在变得更胖了，他还是那副好脾气，也一点不比以前聪明。这样的结局也许太平常了，却蕴含着深刻的悲剧意味。我想，托尔斯泰之所以没有给我们一个慷慨激昂的结尾，是因为他知道，人生的结局大凡就是如此。他说的是真话。

结 束 语

一

当你举办一次聚会后,特别是上门的来客都很有个性的话,你送完客人回到客厅时,很自然地出于人之常情,你在上床睡觉前会和你妻子(但愿你有)以及住在你家里的朋友(但愿你没有)一起再喝上一杯,谈论谈论刚才的那些客人。A 穿着得体。B 有个坏习惯,总是在别人讲话讲到兴致上时插嘴,令人大为扫兴;有趣的是,A 不管 B 插不插嘴,总是滔滔不绝地自顾自讲,好像 B 根本不存在。D 和 C 令人失望。他们心不在焉。他们一点也没有想过,既然来参加聚会,就应该随和应酬一番。你原谅其中一个,说他生性害羞;原谅另一个,说他有他的原则,从来不说不必要的闲话。你朋友不无道理地反驳说,要是大家都这样沉闷,那就无话可说了。你笑了笑,把话题转到 E 身上。E 还是和往常一样,喜欢说刻薄话,喜欢挖苦人;他愤世嫉俗,总觉得自己怀才不遇;如果他有所成就,可能会温和许多;但这样一来,他也就说不出那些带刺的妙语,也就不那么有意思了。你们还会说到 F 近来的风流韵事如何如何,会想起他刚才闪闪烁烁的回答而哈哈大笑。总之,这次聚会还算不错。于是,你们喝干酒杯,关了灯,各自回房去了。

同样,这好几个月来,我一直陪伴着这几位小说家,就像陪伴前来聚会的客人一样;现在,我送走了他们,也想回味回味他们留给我的印象。这次聚会虽有点杂乱,但总体上说还是令人愉快的。一开始,就有人无所不谈。那就是托尔斯泰。他穿得像个农夫,一把乱糟糟的大胡子,一双灰色的小眼睛看看这个人，看看那个人，一会儿不无敬意地谈论上帝，一会儿又口无遮拦地谈论性爱。他自鸣得意地说，他年轻的时候曾是个好色之徒，而且为了表明他的农夫之情，他还说出了一个粗俗不堪的词。陀思妥耶夫斯基呢，愤愤不平于无人赏识他的才能，一直在那里闷闷不乐；突然间，他又大声骂起人来，要不是其他人只顾聊天而没有注意他，很可能会引来一场争吵。聚会分成了几个小组。陀思妥耶夫斯基独自坐在一个角落里。他发现托尔斯泰身上穿的农夫长衫是用每尺至少七卢布的上等布料做的，饱经风霜的脸上露出了鄙夷的冷笑。他不能原谅托尔斯泰，因为莫斯科一家杂志社拒绝连载他的一部长篇小说，原因是他们的钱都付为《安娜·卡列尼娜》的稿费了。托尔斯泰大谈上帝，好像那是他的特权，这也使陀思妥耶夫斯基大为恼火：难道这个托尔斯泰没有读过《卡拉马佐夫兄弟》？他冷冷地打量着其他所有人，直到他看见一位独自端坐的年轻女士，愠怒而厌恶的眼神才有所改变。那位年轻女士并不怎么漂亮，但他从她苍白的脸上看出一种对所有人都不屑一顾的表情，这打动了他饱受痛苦的心灵。在她的表情中，有一种精神吸引了他。他曾听说，这位女士就是艾米莉·勃朗特小姐。于是他站起身来，拿了把椅子，坐到她身边。她顿时满脸通红。他见她羞怯而紧张，便轻轻拍了拍她的膝盖，这吓得她连连退缩。他想使她放松，就开始讲他最喜欢讲的那个故事：在莫斯科的一家澡堂里，有个保姆怎样带来一个小女孩，他在那里怎样强奸了那个小女孩。但是，他的法语讲得很蹩脚，还讲得很快，那位年轻女士一个字也没有听懂；所以，没等他讲完他对自己的罪孽感到多么难过和悔恨、他内心的痛苦有多么深重，她就突然站起身走开了。

当聚会者分散到宽敞的房间各处时，奥斯汀小姐找了一个不太显眼的位置坐了下来。司汤达虽然从未克服在女士面前会感到羞怯的弱点，但他还是觉得应该去和她聊聊，献献殷勤；但她冰冷的神情又使他望而却步。他朝亨利·菲尔丁瞥了一眼，见他正在和赫尔曼·麦尔维尔交谈，于是就走到巴尔扎克、狄更斯和福楼拜那里，他们正谈得很热闹。简·奥斯汀小姐很乐意一个人在一边静静地观察那几个和她同来的客人。她看见艾米莉·勃朗特小姐从那个对她唠唠叨叨的小个子丑男人①旁边走开，坐到了一张长沙发的边角上。这个可怜的

---

① 小个子丑男人：指陀思妥耶夫斯基。

小姑娘，穿着也太不得体了，还穿着那种三角形袖子的衣裙；她的眼睛很好看，头发也不错，为什么偏要穿得那么不体面？这真叫人难过，她看上去就是个家庭教师①，而实际上，尽管也很卑微，她是个牧师的女儿。见她落落寡欢，奥斯汀小姐觉得应该出于好意去和她说说话，于是就起身走了过去，坐到那张长沙发上，紧挨着她。艾米莉·勃朗特惊恐地看着她，对她出于好意的问候，也只是尴尬地简单回答"是"或者"不"。奥斯汀小姐发现艾米莉·勃朗特的姐姐没有受邀参加聚会，并不感到意外。也许理应这样，因为那个夏洛蒂·勃朗特小姐把《傲慢与偏见》贬得很低，认为这本书的作者没有诗意和激情。不过，奥斯汀小姐是位有教养的女士，她出于礼貌，还是问了一声，夏洛蒂小姐最近可好？艾米莉小姐还是只说了个"是"字。奥斯汀小姐终于看出，要这个可怜的小姑娘和陌生人交谈，实在是件痛苦的事情，最好还是不要打扰她。于是她回到原来位置，为了卡桑德拉②，继续观察房间里的那些人。毫无疑问，这里看到的事情在一封信里是讲不完的，她要等到在乔顿③和卡桑德拉见面时再详详细细告诉她。想到自己将把这些古怪的人一个个地讲给亲爱的卡桑德拉听，想到卡桑德拉会怎样咯咯地笑，她脸上露出了笑容。

在奥斯汀小姐看来，狄更斯先生个子太矮，穿着太招摇；不过，他的脸还算端正，眼睛也长得不错，而且从他的轻快举止可以看出，他可能很有幽默感。可惜，他太俗里俗气。那边的两个俄国人，一个名字很难读，而且其貌不扬，一看就叫人讨厌；另一个叫托尔斯泰的，倒有点绅士样子，但你不可能和这样的外国人谈得来。奥斯汀小姐不明白，为什么他要穿那件怪里怪气的长衫，像个卖艺的，脚上还穿着一双笨重的靴子。他们说他是伯爵，但在她看来，外国爵位除了可笑，实在没有什么意思。再看看其他人——贝尔先生，他们叫他司汤达，长得又胖又丑；福楼拜先生在笑，但像他这个自命高雅的人，笑得也太响了；还有巴尔扎克先生，他的举止也令人不敢恭维。说真的，所有这些男人中间，只有菲尔丁先生有点绅士风度。但奥斯汀小姐很奇怪，菲尔丁先生为什么会对那个美国人感兴趣，一直在那里和他交谈。他就是麦尔维尔先

---

① 艾米莉·勃朗特和她姐姐夏洛蒂·勃朗特一样，也做过家庭教师。
② 卡桑德拉：简·奥斯汀的姐姐（简·奥斯汀一与姐姐分开，就要写信，把自己的所见所闻告诉姐姐）。
③ 汉普郡的乔顿镇：奥斯汀家的住处。

生，一个身材不错的男人，高大而健壮，但他却留着胡子，这使他看上去像是货轮上的船老大。他正在讲故事给菲尔丁先生听，故事显然很有趣，菲尔丁先生在哈哈笑。其实，菲尔丁先生也有不是之处，就是喜欢喝酒；不过，奥斯汀小姐知道，男人往往这样，虽说有点遗憾，倒也并不意外。菲尔丁先生相貌堂堂，虽然看上去有点浪荡，但还是很有教养，还曾在戈德玛谢姆①和她哥哥奈特先生的朋友一起聚会。不管怎么说，他毕竟是玛丽·沃尔雷-蒙塔古夫人②的表弟，属于哈布斯堡后裔中的登比伯爵家族。他注意到了奥斯汀小姐的目光，便起身离开那个陌生的美国人，来到她面前，先鞠一躬，然后问，能不能坐在她旁边。她微笑着表示同意，也尽量表现得合乎礼仪。他愉快而健谈；不一会儿，奥斯汀小姐就鼓足勇气对他说，她还是小姑娘的时候，就读了《汤姆·琼斯》。

"小姐，我相信此书对你并无害处。"他说。

"绝无害处。"她回答说，"我相信，此书对明理而有识的年轻女士都是如此。"

接着，菲尔丁先生笑容可掬、彬彬有礼地问奥斯汀小姐，她这样迷人、聪明而优雅，为何一直没有结婚。

"我怎能结婚，菲尔丁先生？"她机敏地回答，"唯有达西，是我想嫁之人，无奈他已娶我亲爱的伊丽莎白为妻③。"

此时，查尔斯·狄更斯加入司汤达、巴尔扎克和福楼拜这三位名小说家的谈话中，但他觉得很不自在。尽管他们相当友好，他还是觉得他们把他看作一个和蔼的乡巴佬。他们的看法很明确，除了法国，其他地方不可能有什么像样的文学。一个英国人居然也写小说，那简直是开玩笑，就像马戏团里的小狗表演的滑稽节目，毫无疑问不会有任何艺术价值。司汤达还算承认英国有个莎士比亚，而且时不时还喜欢说一句"是还是不是"④；有一回，福楼拜也不寻常地加大嗓门，一边轻蔑地看了狄更斯一眼，一边嘟着嘴说："其余是寂静。"⑤ 狄更斯通常总是聚会时最能谈笑风生的人，而这一回，他只能尽量做

---

① 戈德玛谢姆：英国地名。
② 玛丽·沃尔雷-蒙塔古夫人：18世纪英国贵妇、女作家。
③ 达西、伊丽莎白：《傲慢与偏见》中的男女主人公。
④ 是还是不是：原文"To be or not to be"，莎士比亚悲剧《哈姆雷特》中的名言，中译本《哈姆雷特》译作"生存还是死亡"。
⑤ 其余是寂静：原文"The rest is silence"，哈姆雷特临死前说的最后一句话，中译本《哈姆雷特》译作"此外仅余沉默而已"。

出一副对这几个大人物的谈话很感兴趣的样子；只是，他还是笑得很尴尬。他听到他们毫不掩饰地大谈自己的风流韵事，震惊不已。他不喜欢谈论、也不喜欢听人说起这种事情。所以，当他们问他关于英国女人都性冷淡的传说是不是真的时，他不知怎么回答；而当巴尔扎克夸夸其谈地说到他怎样和英国最有名望的贵妇人吉多蓬妮·维斯孔蒂伯爵夫人偷情时，他好像自尊心受了极大伤害，低着头一声不响。他们取笑他，说英国人就是喜欢一本正经；英语中最常用的词语就是"不体面"——这也"不体面"，那也"不体面"；司汤达还声称，英国人给钢琴的琴腿也穿上裤子，这样，学钢琴的年轻姑娘就只会注意自己的五指而不会分心了。对于这样的嘲笑，狄更斯以他惯有的好脾气默默地听着，但他心里暗暗好笑，这些人哪里知道，他曾好几次和威基·柯林斯①一起去巴黎寻欢作乐。最后一次，当他们看到多佛海峡的白色岩壁时②，威基转过身来，神情不寻常的严肃，对他说："查尔斯，感谢上帝，体面的英国由不体面的法国来支撑。"狄更斯一时无语，当他领悟此话的深意后，双眼饱含爱国之泪。"上帝保佑女王。"他声音低沉地说。威基永远是绅士，还庄重地举了举高顶帽。真是令人难忘的一刻！

二

显然，这些小说家都很不寻常，都具有独特的个性。同时，他们都具有强烈的创作本能和写作热情。如果要用他们来说明什么，我们完全可以说，厌恶写作的写作者什么也不是。这并不是说，写作对他们来说是轻松愉快的。要写得好，总是很难的。但即便如此，写作仍是他们的热情所在。这不仅是他们的谋生之道，更是他们如饥似渴的迫切追求。或许人人都有几分创作本能。这很自然，一个孩子喜欢摆弄不同颜色的铅笔，而且喜欢用水彩笔画画，当他学会读和写之后，很可能会写写短诗和编编小故事。我相信，人的创作本能在二十几岁时最为强烈，后来由于这种本能仅是青春期产物，而人又不免要谋生，要面对各种琐事，所以无暇去发挥，这种本能也就衰退乃至消失了。但是，也有

---

① 威基·柯林斯：19世纪英国作家，狄更斯的密友。
② 多佛海峡：英法之间最窄的一段海峡，一边是英国的多佛港，一边是法国的加莱港，从法国一边望过去，可以看到英国的多佛海岸。

不少人，比我们知道的要多，他们的这种本能会继续存留并驱使他们。正是出于这种内在的冲动，他们成了写作者。遗憾的是，他们的创作本能或许很强烈，但他们的创作才能或许不够，因而并没有写出什么有价值的东西。

要一个写作者写出有价值的作品，除了有创作本能，同时还需要什么呢？是的，我说，要有个性。个性讨人喜欢，还是令人厌恶，这不重要。重要的是，写作者要凭借自己天生的癖好，形成自己独特的看法。即便他的看法被一般人认为既不合理又不真实，也没关系。你可能不喜欢他笔下的世界，比如司汤达、陀思妥耶夫斯基或者福楼拜笔下的世界，甚至很反感；但不管怎样，他所呈现的世界总会给你留下深刻印象，你很难漠然置之；反之，如果你喜欢他的世界，比如菲尔丁或简·奥斯汀的世界，那么你就会由衷地接纳这位作者。这都取决于你自己的性情，和作品的实际价值无关。

我一直很好奇地想发现，我谈到的这些小说家到底具有怎样的特点，使他们写出了世人一致公认的杰作。我们对菲尔丁、简·奥斯汀和艾米莉·勃朗特固然所知不多，但其他几位，关于他们的生平资料却多得不得了。司汤达和托尔斯泰自己就曾写过厚厚的自传；福楼拜留下了大量的私人信件；还有几位呢，不是有亲戚朋友写的各种回忆录，就是有传记作家详尽撰写的传记。说来令人奇怪，他们好像都不是很有学识。福楼拜和托尔斯泰固然常常读书，但主要是为了寻找材料来充实自己要写的东西；其他人所读的书，即使比他们同一阶层的普通人多，也多不了多少。他们对自己从事的艺术非常关注，对其他艺术好像都没有多少兴趣。简·奥斯汀自己就曾说，她讨厌去听音乐会。托尔斯泰还算喜欢音乐，但也只是弹弹钢琴而已。司汤达会去看歌剧，但这种音乐表演，即使不喜欢音乐的人，也会附庸风雅地去看。他在米兰时每晚都要去斯卡拉①，和朋友聊天、吃饭、玩牌，而且和他们一样，只有当某一著名歌手演唱某些著名曲段时才关心一下歌剧。他对莫扎特、契玛罗萨、罗西尼②一视同仁，全都表示敬仰。至于其余几位，我就看不出音乐对他们有什么意义了。绘画和雕刻艺术也一样，你在他们的书里看到他们谈论绘画和雕刻时会发现，他们的品位全都陈腐得令人悲哀。谁都知道，托尔斯泰认为所有绘画都一文不值，除

---

① 斯卡拉：米兰的娱乐中心，有歌剧院，也有餐馆、赌场等。
② 莫扎特、契玛罗萨、罗西尼：分别是18世纪奥地利作曲家、18世纪意大利作曲家、19世纪意大利作曲家，三人的音乐风格很不一样。

非所画的内容有道德含义。司汤达则公开宣称,其实圭多·雷尼①比列奥纳多·达·芬奇更加出色、更加经典;他还宣称卡诺瓦②是最伟大的雕刻家,比米开朗琪罗还要伟大,因为他认为卡诺瓦的作品中有三十件是杰作,而米开朗琪罗只有一件③。

要写出一部好小说,当然要有智力,但这是一种特殊的、或许算不上很高级的智力;这些大作家固然都有智力,但并非智力过人。他们在表述思想观念时往往幼稚得令人惊讶。他们接受当时流行的普遍论调,并把这些论调放入自己的小说想加以利用,但效果往往不佳。其实,思想不是他们的事情,他们却偏要关注思想,而当他们关注思想时,又是情绪化的。他们并没有多少抽象思维的天赋。他们感兴趣的不应该是抽象命题,而是具体事物;因为只有具体事物才和他们休戚相关。不过,智力虽然不是他们的特长,他们却有更为有用的天赋加以弥补。他们感情丰富,甚至热情澎湃;他们有想象力、敏锐的观察力,和一种善于体会自己所写人物的喜怒哀乐的能力;最后,他们还有一种才能,即可以把自己所见、所感和所想象的一切,栩栩如生地表现出来。

这些都是了不起的天赋,写作者如能拥有,已属万幸;但还不够,还要有其他东西。加瓦尼④曾说,总的说来,巴尔扎克在各个方面都是"ignare"。草率的人会把这个词译作"ignorant"(无知),但那也是个法语词,而"ignare"的意思不止于此。它指的是白痴的愚昧无知。但是,当巴尔扎克开始写作时——加瓦尼接着说——他有一种对事物的直觉,因而不管什么事,他好像什么事都知道。我把"直觉"理解为这样一种判断:它基于——或自认为有——合理根据,但又没有意识到根据何在。这显然不适用于巴尔扎克。他所表现出来的知识并没有什么根据。所以,我认为加瓦尼用词不当,应该说他有"灵感"更合适一些。灵感就是作家要写出杰作所需的另一种东西。但什么是灵感?我收集了不少心理学书籍,而我把它们翻遍了,也没有找到什么能使我明白的东西。我只读到一篇文章试图讨论这个问题,那是埃德蒙·雅卢瓦写的,题目是《诗的灵感与枯燥》。埃德蒙·雅卢瓦是法国人,他写的是他的同胞。

---

① 圭多·雷尼:16至17世纪之际巴洛克时期的意大利画家。
② 卡诺瓦:18世纪至19世纪之际意大利雕刻家,其作品具有巴洛克风格。
③ 米开朗琪罗的雕刻作品很多,大多被公认为是不朽之作,但司汤达却认为只有一件是杰作(可能是大卫雕像)。
④ 加瓦尼:19世纪法国画家,巴尔扎克的朋友。

也许，法国人对这种精神状态的反应，比冷冰冰的盎格鲁-撒克逊人①更为敏感。埃德蒙·雅卢瓦作为同胞，讲到法国诗人受灵感驱使时的情形：他变了个人；他神态平静，同时又容光焕发；他看上去很从容，双目炯炯有神，似乎有一种奇异的欲望，但又没有真实的目的。这是一种毋庸置疑的生理现象。但是——埃德蒙·雅卢瓦接着说——灵感并不能持久。随之而来的是枯燥，这可能只持续一会儿，也可能是几年。在这期间，写作者会觉得自己好像是个半死不活的人，因而情绪恶劣、痛苦万状，这不仅使他意气消沉，还使他怨天尤人，既怨恨自己写作能力的丧失，又忌恨其他写作者的作品。我发现这很有意思，甚至很使我震惊，因为这情形和那些宗教信仰者的状况何等相似：当受到神启时，他们都觉得自己与上帝同在；而当所谓灵魂的黑夜降临时，他们也都觉得自己被上帝抛弃而备感空虚。

照埃德蒙·雅卢瓦的说法，好像只有诗人才有灵感。这也许没错，诗人确实比散文作家更需要灵感。毫无疑问，诗人仅仅作为诗人而写的诗，和他在灵感激发下写的诗，是不能同日而语的；但是，散文作家，小说家，也有灵感。只有满脑子偏见的人才会否认，《呼啸山庄》《白鲸》和《安娜·卡列尼娜》中的某些部分就像济慈或雪莱的诗一样富有灵感。小说家或许还会有意识借助这种神奇功能。陀思妥耶夫斯基在写给出版商的信中曾多次描述过他正在构思的某些场景，同时说，要是有灵感，他坐下来写就会很有把握。灵感眷顾年轻人，很少光顾老年人；即使出现，也属偶然。凭主观努力是产生不出灵感的，但作家们似乎发现，他们经常可以诱导出灵感。据说，席勒②进书房写作时要先闻闻放在抽屉里的烂苹果，以此唤起灵感；狄更斯写作时书桌上必须放点东西，否则就一行字也写不出来，因为不知何故，有了这些东西，他才有创作灵感。不过，这种说法是绝对靠不住的。作家可能会灵感附体，会觉得自己像济慈一样有天赋之才，然而济慈写出了最伟大的颂诗，他写出来的东西却一文不值。这和宗教信仰者也一样，他们也不完全相信神秘事物。特蕾莎修女③就不觉得修女们的那些天启、神会有什么意义，除非她们实实在在地做出成绩来。我很清楚，我本该告诉读者，什么是灵感，但直到现在还没做到。我很想做

---

① 盎格鲁-撒克逊人：即英国人。
② 席勒：18世纪德国诗人，一度与歌德齐名。
③ 特蕾莎修女：20世纪罗马天主教修女、慈善家，曾受教皇表彰，并获1979年诺贝尔和平奖。

到,但我做不到。因为我也不知道。我只能说,灵感是一种神秘之物,是它使作家写出了连他自己也弄不明白的东西,于是他只能回头问自己:"这些东西,我是怎么写出来的?"我们知道,夏洛蒂·勃朗特就曾很困惑,不知道她妹妹艾米莉怎么会写出这样的故事和这样的人物来的,因为据她所知,艾米莉根本就没有接触过这样的事和这样的人。写作者一旦处于这种神奇之力的掌控之下,各种观念、形象、比喻,甚至具体情节,都会向他涌来,而他自己则不过是一个工具,就像一个速记员,只是把口授的东西记下来而已。不过,关于这个说不清、道不明的问题,我已经说得够多了。我之所以要说到它,只是为了说明,不管写作者有多大能耐,如若没有这一神秘之物的鼎力相助,一切都将徒劳无功。

三

一个人过了三十岁还有创作本能是很不正常的,除了简·奥斯汀是个例外——她好像具有一个女人可能有的所有美德,却又不是那种让人无法忍受的女性楷模——其他几位作家,在有些方面都不正常。陀思妥耶夫斯基是癫痫病患者;福楼拜也是,而且人们普遍相信,医生开给他的药物对他的创作有很大影响。这使我想起一种说法,说身体疾病,或童年时的不幸经历,是创作本能的决定性因素。所以,拜伦如果不是跛足,就不会成为诗人;狄更斯如果不曾在炭粉厂做过几星期的童工,就不会成为小说家。在我看来,这是胡扯。无数人天生是跛足,无数孩子曾被送到炭粉厂干脏活,却没有写出十行诗或者散文。创作本能固然人人都有,但只有在少数人身上是强烈而持久的;跛足的拜伦也好,患癫痫病的陀思妥耶夫斯基也好,还是在亨格福·斯代尔[①]有过不幸经历的狄更斯也好,如果他们没有出自本性的创作冲动,是不可能成为诗人或作家的。同样的创作冲动,也出现在身体健康的亨利·菲尔丁、简·奥斯汀和列夫·托尔斯泰身上。我毫不怀疑身体上或精神上的缺陷会影响作家的创作。这会使他在某种程度上疏远他人,使他自怜自艾,因而使他用不寻常的、往往是苦涩的眼光看待世界、看待生活和他的同类;而最为重要的是,这会使他由

[①] 亨格福·斯代尔:伦敦地名。

外向变为内向,而内向是和创作本能密不可分的。我毫不怀疑,陀思妥耶夫斯基如果没有癫痫病,就不会写出现在他所写的这种书;但我也毫不怀疑,他仍然会成为作家,写许多书。

  总的说来,除了艾米莉·勃朗特和陀思妥耶夫斯基,这些大作家肯定都很乐于和人交往。他们有活力。他们是好伙伴而且善于言谈,每一个和他们接触的人都会感受到他们的魅力。他们也很会享受生活,喜欢好的东西。不要以为专心创作的艺术家都喜欢住在阁楼上;那是错的,其实并非如此。他们生性活跃,还喜欢表现自己。他们也喜欢摆阔。譬如,菲尔丁挥金如土;司汤达服饰华美,还有敞篷车和车夫;巴尔扎克无聊地炫富;狄更斯大摆宴席,宅第豪华、车乘精美。他们根本不是禁欲主义者。他们需要钱,但不是为了储蓄,而是要挥霍;他们的赚钱方式也不总是很正当的。奢侈铺张合乎他们的乐观心态,这很自然;如果说这是缺点,那也是我们大多数人都会认同的缺点。不过——还是只有一两个例外——他们中的大多数人都是很难相处的。他们都有一个特点,那就是脾气再好的人也会被他们弄得心烦意乱。他们都非常自我中心。在他们眼里,除了他们自己的写作,其他任何事情都是无关要紧的;因此,为了写作,他们随时准备牺牲所有亲朋好友的利益,而且毫不愧疚。他们都很虚荣,还相当自私和固执。他们的自控力很差,一旦心血来潮,从不顾及会不会伤害别人。他们似乎都不想结婚;就是结了婚,不是出于一时冲动,就是婚后朝三暮四,不会给妻子带来什么幸福。我想,他们结婚大概是为了逃避内心的焦躁不安:安顿下来以求太平;也就是说,他们把婚姻想象成了一个锚地,可以在此抛锚而免于被风浪卷走。但是,逃避、安宁,并不合乎他们的性格。婚姻生活是要相互妥协的,而他们都是些自视甚高、唯我独尊的人,怎么可能妥协呢?他们有过风流韵事,但无论是他们自己,还是他们的风流对象,看来都对他们的韵事不甚满意。这不难理解,要维持风流韵事也需要妥协,要无私,要温存,而妥协、无私、温存,却远不是他们这种人所能做到的。所以,除了性欲正常的菲尔丁和性欲旺盛的托尔斯泰,其他人似乎都没有太多性爱之事。有人猜想,他们的风流韵事很可能是出于他们的虚荣心,也可能是为了自己证明自己的男性能力,而不是真的受到难以抗拒的诱惑而神魂颠倒。我大胆说一句,他们只是为了发泄性欲,而一旦完成,他们就能安下心来继续写作了。

以上所说，当然是泛泛而论，而泛泛而论，我们知道，只是大概如此。我所选择的这几个人，是我有所了解的，而我对他们的评论，很可能会在这方面或那方面有所夸张。我也没有谈到这些作家在世时所处的社会环境和当时的舆论氛围对他们的影响，而这显然是不可忽视的。除了《汤姆·琼斯》，我所评论的小说都问世于十九世纪。这是一个革命时代，充满了社会革命、工业革命和政治革命；人们抛弃了世世代代很少变化的生活方式和思维方式。可以说，这是一个这样的时代：旧信仰不再被理所当然地接受，到处都有一种骚动不安的气氛，生活就如一种从未有过的、令人刺激的历险；在这种情况下，很容易产生不寻常的人物和不寻常的作品。事实也确实如此，如果你愿意接受十九世纪要到一九一四年才结束的说法①，那么在十九世纪问世的小说杰作之多，可谓空前绝后。

我想，或许小说可以大致分为现实类和情感类②两种。这种分法很模糊，因为有许多现实主义小说家时而也会引入情感类的事件；反过来，情感类小说家也总是想使自己讲的故事更可信而会采用现实类的情节。情感类小说为人所不齿，但是当你看到巴尔扎克、狄更斯和陀思妥耶夫斯基也使用这种方法时，你就尴尬了，总不能耸耸肩一笑置之吧。这仅仅是种类不同而已。侦探小说的盛行，就表明它对读者有多么大的吸引力。读者希望刺激，希望恐怖而震惊。情感类小说家讲述剧烈而夸张的故事，就是要吸引你的注意力，使你眩晕，使你惊讶。他所冒的风险是，你可能会不相信他。但是，就如巴尔扎克所说，重要的是要使你相信他告诉你的事情是真的发生过的。要做到这一点，最好的办法就是，先把人物讲得不同寻常，这样他的不寻常行为就有可能了。总之，情感类小说需要把人物稍稍夸大，也就是要有陀思妥耶夫斯基所说的比现实更现实的人物，即那种激动起来不可自控、感情复杂得超乎寻常、既冲动又鲁莽的人物。以情节取胜是这类小说的合法权利，而人们往往对此皱眉头；这就像立体派绘画因为不具有代表性而遭贬低一样，是毫无道理的。

现实主义小说家的目的是要描述生活的本来面目。他尽量避免令人震惊的

---

① 1914年一战爆发，通常被视为欧洲近代和现代的交界点，19世纪属近代，故有此说法。
② 这里的"情感类"，意思和**我们这里**通常所说的"浪漫主义"相近。因为，在欧美正统理论中，浪漫主义并非和现实主义相对（和浪漫主义相对的是古典主义），故而作者用了sensational（情感的）一词。

事情，因为在普通人的生活中，这种事情是不大可能发生的。他讲述的事情不仅要有可能性，而且尽量要有必然性。他既不想使你大吃一惊，也不想使你热血沸腾。他只是想给你一点认知的乐趣。他要使你认知某些人，并使你对他们感兴趣。这些人的生活方式，你是熟悉的。你也很容易进入他们的内心世界，因为他们的内心世界和你差不多。发生在他们身上的事情，也可能发生在你身上。只是，日常生活总是单调乏味的，所以现实主义小说家总是担心自己的作品会单调乏味。于是，他很可能会擅自加一点煽情的东西进去。硬放进这种调料，读者大失所望。譬如，在《红与黑》中，司汤达从开始起一直写到于连去了巴黎并经人介绍认识了玛蒂尔德小姐，其间所用的一直是现实主义手法，然而这之后，却莫名其妙地开始煽情了①，而你不得不硬着头皮、很不舒服地吞下这种调料。《包法利夫人》就不然，福楼拜也很清楚，会有单调乏味的风险，但他是用优美的文体来规避这一风险的。简·奥斯汀呢，则是用诙谐幽默来避免单调乏味。遗憾的是，没有多少小说家能像福楼拜和简·奥斯汀那样，自始至终坚持使用现实主义手法而依然能使读者兴趣盎然。这需要有高超的技艺。

我曾在什么地方引用过契诃夫的一句话，这句话说到了点子上，所以我在这里冒昧再引用一次。"人们并不跑到北极去，从冰山上跳下来，"他说，"而是上班下班，和老婆吵吵架，喝喝白菜汤。"这话点明了现实主义小说的要义。有人确实会去北极，即便没有从冰山上跳下来，也会有一番历险。也有人会去非洲、亚洲和南太平洋探险。但是，到布卢姆斯伯里广场②去，或者到南部海岸的海滨度假胜地去，就不是什么探险了。去那里也可能令人激动，只要是经常发生的，现实主义小说家就没理由犹犹豫豫地不予描写。普通人确实只是"上班下班，和老婆吵吵架，喝喝白菜汤"，而现实主义小说家所要做的，是从普通人身上发现不普通的东西。因此，喝喝白菜汤可能就像从冰山上跳下来一样，是个重大事件。

不过，即便是现实主义小说家，也不是复制生活。他重新编排生活，要使其适合他自己的意图。他尽可能地避免写偶然发生的事情，但有些偶然发生的事情，还是很有必要写，而且也经常写，读者对此也会毫无异议地接受。譬

---

① 莫名其妙地开始煽情了：指于连拿着手枪去找德·瑞纳夫人，并开枪打伤了她，之后又被判死刑等情节。
② 布卢姆斯伯里广场：伦敦地名，在大英博物馆附近。

如，小说主人公急着想见某人，而当他穿过拥挤的皮卡迪里大街时，恰好遇见此人。"啊呀，"他说，"我正想找你！想不到在这儿碰到你。"这种可能性其实很小，比打桥牌时拿到十三张牌全是黑桃的可能性还要小，但读者却会坦然接受。可能还是不可能，要看读者的水平如何：过去的读者容易糊弄，什么巧合都认为可能；今天的读者就不那么好骗了。我想，《曼斯菲尔德庄园》刚出版时，当时的读者一定不会觉得下面这件事很奇怪：托马斯·伯特伦爵士从西印度群岛回来的那天，家里的几个年轻人正好在排演私人剧。要是放在今天，小说家就必须把这个关键情节写得比较有可能，读者才会相信。我讲这些，就是想表明：现实主义小说其实一点也不比情感类小说更真实，只是作假的手法比较隐蔽，不那么放肆罢了。

四

我在本书中评论的那些小说，都各不相同；但有一点是相同的：它们都有一个好故事，而且它们的作者都是直截了当地讲故事。他们展现故事情节和揭示人物动机，并不搞什么令人讨厌的文学花招，譬如像意识流、回溯法之类已经使许多现代小说声名狼藉的东西。他们希望读者知道的东西，就直接告诉读者，而不是像现在的时髦做法，有意让读者去猜：人物是怎样一些人？他们的职业是什么？他们的境况如何？事实上，他们还尽可能地写得使读者容易读懂。他们显然不想故弄玄虚，也不想标新立异。作为人，他们相当复杂；作为作家，他们却惊人地单纯。他们很机智，也很有创意，说话却像儒尔丹先生①一样直白。他们都想说明生活的真相，但他们和常人一样，不可避免会有个人癖好，而且只能通过这块变形镜片来体验生活。所以，他们本能地避开了昙花一现、转眼即逝的当代话题，而去关注那些普遍而永恒的问题：上帝、爱与恨、死亡、金钱、野心、嫉妒、傲慢、善与恶；简单地说，就是开天辟地以来人人都有的情欲和本能，而正是这个缘故，一代又一代的人总能从他们的书中看到和自己有关的东西。这是因为这些作家不仅观察生活，判断和描述生活，还以他们独特的个性揭示了生活；也就是说，是他们作品中浓郁的个人气

---

① 儒尔丹：莫里哀喜剧《贵人迷》中的人物。

息，持久而强烈地吸引了我们。说到底，作家所能给予的，就是他自己，而这几位作家都是才华出众、个性独异之人，所以，虽然岁月流逝，我们今天的生活习惯、思想方式已和他们那时大不相同，他们的小说却依然富有魅力。

关于这些小说家，有一件事很怪，那就是他们虽然一次次地重写自己的作品，而且不断地修改，但他们都不是什么了不起的文体家。在文笔方面，好像只有福楼拜一个人用过心思。但讽刺的是，他花了大力气完成的《包法利夫人》，其文体并不怎么受法国知识界赏识，甚至还不如他随意写的那些书信。几年前，克鲁泡特金王子①和我谈起托尔斯泰和陀思妥耶夫斯基，他说托尔斯泰的文笔像绅士，陀思妥耶夫斯基像欧仁·苏②。他的意思如果是说托尔斯泰的文笔是那种有教养的人所用的传统文笔，那么在我看来，这倒也是小说家能用的一种很好的文笔。我还想说，奥斯汀小姐的文笔使我们想起那时的淑女是怎么讲话的，所以这种文笔很适合她的小说。小说不是科学论文。每部小说都应该有自己独特的文笔，这一点福楼拜很清楚，所以《包法利夫人》的文笔不同于《萨朗波》；《萨朗波》的文笔又不同于《布法与白居谢》。不过就我所知，还没有人说过巴尔扎克、狄更斯和艾米莉·勃朗特的文笔很好。福楼拜曾说他很不喜欢读司汤达的作品，因为他的文笔太差。陀思妥耶夫斯基的文笔，就是看译本也能看出不怎么样。如此看来，文笔好似乎并不是小说家必备的素养，更重要的是要有活力、想象力、创新力和观察力，要关注、洞悉和理解人性，要有能力和智力。不过，就算这样，文笔好总不见得不如文笔差。

这些大作家各自用本国语言写作，文笔竟然都不太好，这固然奇怪，但更为奇怪的是，他们就是这样写出名的。从他们的出身看，他们的才华根本没有什么遗传因子。他们的父母虽然或多或少有点身份，但都很平庸，既不特别有智慧，也不特别有修养。至于他们本人，年轻时既没有接触过什么文人学士，也没有结识过一个作家。他们也不是特别用功的人。他们从小和同年龄、同家境的男孩、女孩一起玩，没有任何迹象表明他们有不寻常的才能。他们中除了托尔斯泰是贵族，其他人都属于中产阶级。照理说，在这种环境中长大的人，可能会成为医生、律师、政府官员或者商人。但是，他们却不知天高地厚地从

---

① 克鲁泡特金王子：俄国学者、革命家、"无政府主义"创始人之一，因其父亲是俄国世袭亲王，他常被人称为"无政府主义王子"。
② 欧仁·苏：19世纪法国小说家，以描写底层社会的肮脏一面而著称。

事写作。这实在令人称奇,出生在同一家庭里的两个孩子,比如卡桑德拉和简·奥斯汀①、米哈伊尔和费奥多尔·陀思妥耶夫斯基②,她们或他们的经历几乎一模一样,所过的生活差不多,所处的环境差不多,姐妹或兄弟间还感情深厚,但居然是这一个,而不是那一个,具有无与伦比的写作天赋。我想我曾说过,要成为伟大的小说家,需要有多种因素,不仅要有创造力,要有敏锐的观察力和感受力,最为重要的还要对人和人性极感兴趣,而且要所有这些因素正好聚合到一起,才有可能成为这样的小说家。但是,为什么这些因素会聚合到这个人身上,而不是那个人身上;为什么这些因素会不可思议地聚合到一个乡村牧师的女儿③身上、一个无名医生的儿子④身上、一个饶舌律师的儿子⑤或一个不诚实的小官员的儿子⑥身上,在我看来,实在是个难解的谜。为什么这些小说家会身怀奇才,谁也说不清。也许是他们的个性使然,而他们的个性几乎全都是优良品质和致命弱点的大杂烩,极少有例外。

艺术家的特殊才能,或者,如果你希望我说,他的天才,就像偶尔落到热带丛林中的一棵树上的兰花种子,它在那里发芽,不是从那棵树上而是从空气中获得养分,于是开出了一朵奇异而美丽的花;但是,这棵古怪地开着一朵兰花的树,其实和森林里的其他成千上万棵树并没有什么两样,最终也要被砍倒,劈成木柴,或者沿着河流,被拖进锯木厂。

---

① 卡桑德拉·奥斯汀:简·奥斯汀的姐姐。
② 米哈伊尔·陀思妥耶夫斯基:费奥多尔·陀思妥耶夫斯基的哥哥。
③ 一个乡村牧师的女儿:指艾米莉·勃朗特。
④ 一个无名医生的儿子:指陀思妥耶夫斯基。
⑤ 一个饶舌律师的儿子:指巴尔扎克。
⑥ 一个不诚实的小官员的儿子:指司汤达。

一得之见

Points of View
1958

初版 *Points of View*, William Heinemann Ltd, London, 1958.

根据 *Points of View*, Vintage Random House, London, 2000. 译出

目 录

诗人的三部小说　*359*

马哈希　*396*

散文家与神学家蒂洛森　*422*

关于短篇小说　*454*

三个勤写日记的人　*488*

诗人的三部小说

一

在读者开始阅读本文之际，我觉得有必要先说明一下：关于歌德的评论已如此之多，该说的早就有人说过了，为什么我还要撰文来谈他的小说呢？实际上，我只是为了自得其乐——这大概是我所知道的最好的理由了。我从小就能说英语和法语，幼年时法语还比英语说得好①。少年时，我到德国留学一年，在大学里学习德语。此前，我在学校里读过德国诗歌，虽然只是为了应付功课，却使我最初读到了歌德的诗，而且读得如醉如痴。也许正是这个缘故，我现在读他的诗仍然和半个世纪前一样如醉如痴，而且我读他的诗不仅仅是读诗，还借此回忆我年轻时代的情景：海德堡小城古老的街道、中世纪的城堡、沿着木栈道登上王座山②峰顶、遥望内卡河③平原的美景、冬天在湖面滑冰、夏天在湖中划船、有关文学与艺术的谈话、有关自由意志与宿命论的争论，还有第一次怦然心跳④，尽管——上帝作证——我从来都很被动。

大概就在那时，我读了歌德的小说。时隔多年后，我又读了一次，那是前几年我打算去德国故地重游的时候。歌德共写过三部小说：第一部是《少年维

---

① 毛姆出生在巴黎，父亲是英国驻法使馆的法律顾问，十岁时父母先后去世，他被送回英国由叔叔抚养。
② 王座山：位于德国小城海德堡附近。
③ 内卡河：主要流经德国巴登-符腾堡州西南部。
④ 怦然心跳：意为恋爱。

特之烦恼》；第二部是《威廉·麦斯特的学习时代》及其续篇①，第三部是《亲和力》。这三部小说中最重要也最有趣的是《威廉·麦斯特的学习时代》。我想，如今在英国已经不大有人会读这部小说了，除非出于研究的目的。我也想不出理由为什么要去读它——尽管它写得生动有趣，既浪漫又现实；其中人物个性独特、形象鲜明；场景描写变化有致、引人入胜；还至少含有两出高雅喜剧②，这在歌德的作品中是很少见的；还有点缀其间的诗歌，也像他诗集里的诗歌一样优美感人；此外还含有一篇关于哈姆雷特的论文，许多有名的评论家都认为这篇论文把丹麦人的暧昧性格分析得相当透彻；而最为重要的是，小说的主题既深刻又不乏趣味。然而，尽管具有这么多优点，从总体上说，这部小说终究是一部失败之作。失败的原因就在歌德自身。歌德固然天资不凡、才华出众，还富有人生阅历，但他终究只是天才诗人，不是天才小说家。

如果有人问我，天才小说家到底要有怎样的禀赋？我回答不出，只能浅显地说，小说家应该是外向型的，否则他就无法充分表达自己。小说家的智力要求并不高，大概和一名律师或者一个医生差不多；但是，他必须善于讲故事，否则就无法吸引读者。他不需要热爱他的同胞（这要求太高），但他必须对世人深感兴趣。他必须具有感同身受、换位思考的能力，这样才能感人所感，想人所想。也许，像歌德这样内向而关注自我的人，就是因为缺乏这种能力而成不了天才小说家。

下面我并不想多谈歌德的生平，只是因为他自己说他写的东西（科学类著作除外）或多或少都在讲他自己，所以我不得不说说他生活中的事情。

歌德二十岁刚出头就进了斯特拉斯堡大学攻读法律。他自己其实并不情愿，但这是他父亲的意思，他无法违抗。那时，他青春年少、风流倜傥，见到他的人都说他一表人才。他身材挺拔，看上去比实际稍高一点；他肤色红润，有一头天生的卷发；他鼻梁挺直，双唇饱满，而他脸上最为突出的是一双明亮的棕色眼睛，瞳仁特别大。他浑身充满活力，不论男女，都觉得他很有魅力。孩子们也喜欢他；他也乐于陪他们玩，甚至花几个小时给他们讲故事。

歌德到了斯特拉斯堡几个月后，有个同学邀请他一起骑马到二十英里外萨

---

① 续篇：即《威廉·麦斯特的漫游时代》。
② 高雅喜剧即内容复杂、诙谐幽默的喜剧，剧中出现的通常是上层社会的人物。

森海姆镇上的一个朋友家去玩几天。那个朋友是个牧师，叫布莱翁，已结了婚，还有几个女儿。歌德答应了，于是就去了，而且在牧师家受到了热情款待。牧师的几个女儿中有一个叫弗丽德里克，她一见到歌德就爱上了他。她怎么能不爱上他呢？她从来没见过这么清秀标致、风度翩翩、舞步轻盈的美少年。那时，华尔兹舞传入斯特拉斯堡只有十年，但已经把米努埃舞和加伏特舞彻底淘汰了。眼前这位美少年，舞步居然那么娴熟，还手把手教她怎么跳，这使她更加倾心。歌德对弗丽德里克也是一见钟情：她的金发碧眼、她的天真活泼、她的一举一动、她的那条贴合着身体的素色长裙，无不使他倾倒。据说，歌德四十多年后口述自传，讲到这段恋情时仍心情激动，声音颤抖。这对恋人在接下来的几个月里爱得如醉如痴；歌德还写了好多情诗题赠给弗丽德里克。这些情诗中的大部分现在已散失，但从仅存的几首中仍可以看出他当年的爱之激情。不过，他们当时究竟爱到什么地步，别人还是无从得知。有人断定，歌德根本就没有考虑过要娶弗丽德里克为妻。这很有可能。歌德在这个年纪就已经有门当户对的观念，后来年纪越大，这一观念就越牢固。他出生在令人羡慕的富有家庭，当然知道像他父亲那样严苛高傲的人是绝对不会同意他娶一个乡村穷苦牧师的女儿为妻的；再说，他自己在经济上还完全依赖他父亲。但他当时青春年少，一时冲动便坠入了爱河。谁都知道，热恋中的男人常常会昏头昏脑地许诺，热情一消退，便全部忘记。但是，他们往往会惊讶地发现，那女人竟然把他们的许诺当真了。歌德那时很可能也对弗丽德里克说了什么，使她误以为他会娶她为妻。

　　最后，有一件事终于使歌德幡然醒悟：弗丽德里克固然美貌动人，但她终究是个普通的乡村少女。布莱翁牧师一家在斯特拉斯堡有个亲戚，用歌德稍稍夸张的话来说，那一家人"地位显赫，家境富裕"。弗丽德里克和妹妹奥莉维亚曾到那个亲戚家去住过一段时间。在此期间，姐妹俩都觉得很尴尬，甚至很屈辱。她们身上穿着普通的农家长裙，和那家的女仆所穿的裙子差不多，而她们的表姐表妹和时常来拜访的女士穿的都是昂贵的法国时装。这使姐妹俩很自然地对那里的生活感到抵触，而她们的表亲全都不想在朋友面前提起她们这两个穷亲戚，这又使她们感到愤怒。对于这种情况，弗丽德里克选择了沉默，但奥莉维亚沉不住气，终日愤愤不平。歌德到那里去拜访她们，显然感到气氛很压抑，姐妹俩对他的态度也似乎变了。他回来后这样写道："我最终发现她们俩离我越来越远，心里也好像有块石头落了地，因为我理解弗丽德里克和奥莉维亚的内心感受。当然，我不在乎奥莉维亚的情绪激动和愤愤不平，但我理解弗丽德里克的内心矛盾。"就这样，这段恋情以不美满的结局结束了，但却是我们可以理解的。确实，即便歌德考虑过要娶弗丽德里克为妻，现实情况也向他表明，那是不可能的。

他下决心和弗丽德里克分手。那时他正忙于准备毕业考试，有冠冕堂皇的借口减少到萨森海姆镇去的次数。他拿到学位后的第三周，就离开斯特拉斯堡回家去了。其间，他无法抑制自己的思念之情，骑马去看了弗丽德里克最后一眼。离别是极其痛苦的。他后来说："我坐在马背上伸出手去，只见她眼睛里满含着泪水，我的心情也格外沉重。"他离她而去，她悲痛欲绝；但他那时好像没有勇气告诉她，这次告别就是永远的分离。他在稍后写给她的一封信里才正式告诉她实情。后来，他在自传中告诉读者，弗丽德里克的回信使他悲伤得几乎心碎："这时，我才第一次感觉到分手对她的打击和折磨，然而我却无能为力，无法减轻她的痛苦。"他还颇为内疚地说：在这种情况下，如果是女的提出分手也就算了，现在是男的提出，那是始乱终弃，实在太不应该："我深深地伤害了一颗美丽的心灵；我在深切的悔恨中想到她为我牺牲的青春和爱情，这真的让人痛苦之极，不堪忍受。可是生活总还得继续，于是我就全身心地投入了其他事务。"

年轻人总是比较坚毅，不会因为他人的苦难而精神崩溃；而在这方面，歌德又特别幸运，当他因为抛弃弗丽德里克而受到良心谴责时，他可以在诗歌创作中寻求安慰："我又开始写诗来忏悔。这种自我折磨的苦修应该看作是我内心的赎罪。《铁手骑士葛兹·冯·伯利欣根》和《克拉维戈》①中的两个玛丽和其他抱憾终生的情人，都是我内心悔过的写照。"

歌德到底有没有引诱弗丽德里克上过床？我们无处查证。有人认为，如果他们仅仅是调调情，恐怕他是不会承受那么持久的良心折磨的；所以，他写那些动人的歌词②——第一行就是"我心里乱作一团，我心里沉重不堪"——很

---

① 《铁手骑士葛兹·冯·伯利欣根》和《克拉维戈》：歌德最早的两个剧本，分别出版于1773和1774年。
② 那些动人的歌词：指歌德诗剧《浮士德》的一段歌词，后由舒伯特谱曲命名为《纺车旁的格雷岑》。

可能,不仅是因为他回想起弗丽德里克所承受的痛苦,同时也因为他回想起了她曾给过他的温情。说不定,正因为歌德是个多愁善感的人,又因为他内心悔恨交加,这才使他写出了经典的格雷岑①悲剧。不过,这只是有人在考证《浮士德》的成因时所做的一种推测而已。或许,很快就有人说,歌德未曾动过心,弗丽德里克也未曾被他占有过。

二

《少年维特之烦恼》是歌德另一段恋情的产物。在歌德和弗丽德里克分手并离开斯特拉斯堡后的半年左右,他到韦茨拉尔②去参加培训,以期获得律师从业资格。在魏玛③的一次舞会上,歌德偶尔遇到一个名叫夏洛蒂·布芙的少女,她已经和一个名叫约翰·克里斯蒂安·科斯特纳的年轻人订了婚。歌德对她一见倾心,第二天就到她家里去拜访。很快,拜访就变成了天天都有的常事。他们一起散步,而夏洛蒂的未婚夫科斯特纳只要有空也会陪他们一起散步。科斯特纳是个讲究实际的正派人,平淡而老实,特别能包容;但是,尽管他和善容忍,歌德对他的未婚妻的倾慕,显然也使他觉得不舒服。他曾在日记里写道:"我每次做完事去见我的未婚妻,歌德博士总是在她那儿。很明显,他是爱上了她。他是个哲学博士,又是我的好友,但他每次看见我到了我未婚妻那儿就马上显得很不高兴。我是他的好友,但我真的不愿意看到他单独和我未婚妻在一起,还对她大献殷勤。"几星期后,科斯特纳这么写道:"洛岑④找歌德认真谈了。她告诉歌德,他们之间只能是朋友关系,想要超出这种关系是不可能的。歌德听了立刻脸色发白,一句话也没说就转身走了。"

那一年夏天,歌德一直留在韦茨拉尔。他想下决心离开夏洛蒂,但又迟迟做不到。直到秋天来临,他才终于下定决心。他和夏洛蒂,还有科斯特纳,一起度过了最后一晚,但他仍没有直接表露心迹,第二天一早就离开了韦茨拉尔。临行前,他留下一封伤心绝望的信,使夏洛蒂读后泪流满面。

---

① 格雷岑:即玛格丽特,《浮士德》中女主人公,她因浮士德引诱而生下私生子,后来浮士德将她抛弃,她在悲愤中杀死了他们的私生子,终判死刑。
② 韦茨拉尔:城市名,位于德国黑森州。
③ 魏玛:城市名,位于德国图林根州。
④ 洛岑:夏洛蒂的昵称。

回到法兰克福后几个星期，歌德从报纸上看到，他的一个名叫耶路撒冷的年轻朋友，因为失恋在韦茨拉尔自杀身亡。他随即写信给科斯特纳，把这个事件告诉他，还把那份报纸保存起来。后来，他在自传里这么说："那时，小说《少年维特之烦恼》的构想就有了，来自各个方面的素材汇集在一起，非常丰富，其中好像有什么东西呼之欲出，就像接近冰点的水只要稍稍一冻就会结成冰。我想我应该好好把握这个契机；所以，要从这些杂乱无章而又非常难得的素材中理出头绪并把它完整表现出来的想法变得越来越迫切，因为我深陷在痛苦中，感到前所未有的绝望，前途一片昏暗。"这段话说明，歌德确实又一次坠入了爱河。但几页之后，他又说："有一种感觉很美妙，旧的激情还未完全消退，新的激情已开始让我们满怀希望，就如夕阳刚刚西下，我们就已看到月亮在对面的天空中遥遥升起。像这样同时沐浴在日光和月光中，真是可喜可贺啊！"

这一比喻富有诗意，而使歌德说出这一比喻的人，是一个名叫马克西米莲的少女。歌德写信给马克西米莲的母亲，其中说："只要我活着，就无法忍受我的生活中没有您的爱女马克西米莲，请允许我战战兢兢地、时时刻刻地爱慕她。"可惜，马克西米莲也已经订了婚，未婚夫彼得·布伦塔诺比她年长许多，在法兰克福做鲜鱼、油脂和奶酪生意。后来，这两个极不般配的人结了婚，歌德还是天天去看望马克西米莲，而且一去就是几个小时。不过，彼得·布伦塔诺可不像约翰·科斯特纳那么宽容，他很快就勒令歌德永远不得跨进他的家门。

正如歌德自己所说，耶路撒冷的自杀就如一根火柴点燃了他的想象力，最终使他写出了《少年维特之烦恼》。他当时理应马上想到，把他自己对夏洛蒂·布芙的那种不幸的恋情和耶路撒冷的自杀组合到一起，可以构成一部小说。他自己也时常"琢磨"自杀的念头。"琢磨"这个词是乔治·亨利·路易斯[①]在《歌德传》中使用的，我觉得很恰当。歌德在五十年后的自传中说，他当时的痛苦在于，当他受自杀念头的诱惑而想结束自己的生命时，却没有人理解他是怎样抵抗这个念头的。我冒昧说一句，人在回忆过去时往往会夸大其词，就是声名显赫的伟人也是如此。少年歌德给人的印象总是兴致勃勃的、有

---

① 乔治·亨利·路易斯：19世纪英国哲学家、文学批评家、戏剧家。

说有笑的,殊不知他为此付出的代价是周期性的压抑,就像很多人那样。有一次,他上床时把一把匕首放在枕头边,脑子里不断地想着要不要拿起这把匕首,插进自己的胸膛。当然,这不过是一时的幻想,我觉得很多年轻人在情绪极度低落时都会这样。生之欲望在歌德身上其实非常强烈,真要他下决心结束自己颇为得意的生命,确实不太可能。但他确有可能在描写小说主人公的内心世界时,把经常困扰他自己的种种情绪移植到主人公身上。最终,他决定采用书信体①写这部小说。当时受理查生②的小说和卢梭的《新爱洛绮丝》③的影响,书信体小说风靡一时。这种形式现在已然没落,不大有人采用了,但说实话,它有不少优点,其中之一就是可以增加小说的可信度和真实感。

《少年维特之烦恼》中的故事很简单,几行字就能讲完。一个年轻人,来到一个无名小镇(当然是指韦茨拉尔),在乡村舞会上认识了一位魅力非凡的少女。他爱上了她,却发现她早已订婚,但他却更加爱她。后来,他强迫自己离开了小镇。但过了不久,他对她的深爱又把他引回了小镇,这次他发现她已经结了婚而且很幸福。然而,他对她的爱却丝毫不减——哦,不是,是更加炽热,甚至忘却了自我,仿佛觉得这个世界除了她已一无所有。最后,他的爱陷于绝望,而他无法想象没有她的生活,于是便开枪自杀了。这部小说其实篇幅很短(几个小时就可读完),却分为上下两篇。上篇写到维特离开小镇;下篇从他回小镇写到他自杀。

在上篇中,读者会看到我刚才叙述过的歌德在韦茨拉尔逗留期间发生的各种事情。歌德把他自己的性格魅力——如乐观、幽默、温和——以及善于社交和酷爱自然等特点全都移植到了主人公维特身上。他描绘的其实是一幅很有吸引力的自画像。全篇就是一首歌咏长长的夏日、皎洁的月光和宁静的乡村生活的田园诗。小说中的人物全都单纯而友善、耿直而正派,而那个年代的德国人的生活又是那么安宁而从容,读来令人舒心。女主人公绿蒂(歌德给她取的名字正是夏洛蒂·布芙的教名)是那么善良、那么温柔、那么美丽,又是那么忠贞的未婚妻,读来令人动心。绿蒂的父亲和性格沉稳的未婚夫(歌德给他取名阿尔贝特)

---

① 采用书信体:《少年维特之烦恼》主要由维特写的书信组成。
② 塞缪尔·理查生:18世纪英国小说家,其三部重要作品均为书信体小说。
③ 卢梭:18世纪法国启蒙哲学家、文学家,被视为欧洲浪漫主义先驱,《新爱洛绮丝》为其著名书信体小说。

令人感动。当然，还有维特毫无希望的一片深情，令人叹息。总的说来，上篇读起来令人愉悦，是当时典型的自传体小说。现在的自传体小说则不然，不论是第一人称的，还是第三人称的，读起来都很虚假，真是令人垂头丧气。其实，问题不在于这些小说家怎么自夸，说自己怎么聪明、怎么勇敢、怎么英俊、怎么能干，或者怎么妖艳——他们这么写是他们的权利，因为这毕竟是写小说，不是写历史；问题在于他们忽略了最关键的一点：自己有没有写小说的天赋。是的，大卫·科波菲尔①是个小说家，还是个著名小说家，但这一点在他讲述自己的故事时并不重要；重要的是他怎么讲述的。如果他没有讲故事的天赋，如果这个故事不是由他来讲的，那么这个大卫·科波菲尔还是去做公务员或者做教师为好，不要做什么小说家。我们已经知道，歌德一旦烦恼，一旦情绪恶劣或者良心不安，就会写诗寻求安慰。他这个人其实只要一见到美貌女人就会控制不住，就会单方面地爱得死去活来；但到绝望之际，他脑子里想到的永远是写一个剧本或者写一些诗。我认为，他在这种情况下的文学创作在他自己看来其实也比他的那些来得快、去得也快的单相思恋爱本身来得重要。我甚至可以说，他都有点怨恨这样的恋爱干扰了他想正常进行的文学创作。而在《少年维特之烦恼》上篇中，我们却看不出维特有这样的创作冲动。他友善合群、令人愉快，但没有多少艺术才能。当他下决心离开韦茨拉尔和绿蒂后，他应该找朋友谈谈心，写诗安抚安抚自己，然后当遇见另一个少女时，再次坠入爱河。但他没有这么做，而如读者所知，歌德本人却是这么做的。

这部小说的下篇纯属虚构。维特已不再是我们在上篇中看到的那个人。他变得面目全非。我最初发现这一点时，还颇为得意，认为自己从经典作品中发现了有趣的缺陷。后来我偶然读到克莱布·罗宾逊②采访歌德的母亲阿娅女士③的记录，其中阿娅女士就已经说了，这部小说上篇中的维特就是歌德，而下篇中的维特则不是。从那时起到现在，关于这部著名小说的评论数不胜数，这个明摆着的事实肯定被反复提起，简直就明摆在眼皮底下。如果这样，问题就来了。毫无疑问，从小说一开始，歌德就有意要让维特以自杀告终；他为此

---

① 大卫·科波菲尔：狄更斯同名自传体小说的主人公，即狄更斯本人，所以，这里的"大卫·科波菲尔"是指狄更斯。
② 克莱布·罗宾逊：19世纪英国作家，以日记闻名。
③ 阿娅女士：歌德母亲卡塔琳娜·伊丽莎白·特克斯托的昵称。

还作了铺垫,早早地插入一个场景,让维特、绿蒂和阿尔贝特一起讨论自杀是否合理。绿蒂和阿尔贝特认为自杀很可怕,但维特反驳说,当一个人无法忍受生活时,自杀是唯一出路。他认为在某些情况下自杀不仅必要,而且是壮举;所以,世人不仅不该鄙视自杀者,还应为他喝彩。歌德就是凭本能也应该知道,他在上篇中是把他自己的性格种植到维特身上的,其中就包括对生命的珍惜,因而不管维特有怎样的烦恼,都应该和他自己一样不至于会自杀。但到了下篇,他又必须使这个人物无法抑制自己内心的自杀念头。实际上,歌德就是这么做的。这样一来,下篇中的维特当然也就不再是上篇中的维特了。

维特离开韦茨拉尔不久,就在朋友劝说下接受了某宫廷外交代表的秘书一职。这时的维特变得易怒、狭隘、倨傲而且还很好斗。上司当然希望秘书仿效他本人的风格草拟文件,而维特却自行其是,因而他草拟的文件常常被退回。这使他非常恼火。当时,受过教育的年轻人似乎都发疯似的喜欢写倒装句,认为这样更有文采。然而维特的上司是个通达世故的外交官,知道在官方文件中是不能滥用倒装句的。他需要的是"中规中矩"的文件,而不是"花里胡哨"的东西。这很有道理。于是,上司和下属很快就起了争执。

接着发生的一件事,为日后的不幸埋下了伏笔。维特和该宫廷的一位高官是朋友。有一天,维特到这位高官家里去做客。那天晚上,主人正好要举行一场舞会,城里的贵族名流都将应邀到场。晚饭后,主人就让维特陪同他一起在客厅里迎接客人。维特既不是贵族名流,也不在正式受邀之列,所以当贵族名流带着家眷陆续来到时,维特发现,他们一看见他都吃了一惊。他马上意识到自己不应该出现在这种场合,但又不能拔腿就走,所以只好佯装不知。一会儿,就有一个地位显赫的贵妇人走到主人面前表示不满。主人随即叫来维特,非常有礼貌地请他离开那里。现在看来,这简直就是侮辱。但不要忘记,在那个年代,德国的贵族和平民之间仍有一条不可逾越的鸿沟。这件事很快在小城里传得沸沸扬扬,还被说成是维特在舞会上粗鲁无礼,被主人赶了出来。这使他苦恼之极,一周后就辞掉了秘书职务。

大概是为了不使这个年轻人过于难堪,有位对他颇有好感的王公邀请他到府上去小住。维特欣然前往,但只过了几个星期,他就得出结论:他和这位王公不是一路人。他写道:"他是个善解人意的好人,只可惜他也是个凡人;我和他相处时的感觉也只是像读一本写得还可以的小说差不多。"真是个目空一切的年轻人！他于是离开那里，回到了原来的那个地方，也就是绿蒂和阿尔贝特结婚后的安居之处。阿尔贝特见维特回来，显然很不高兴，因为他经常有事要去外地。尽管他并未公开反对，他也不喜欢看到维特总是来拜访他妻子。这时绿蒂的心理，歌德描写得很微妙。她知道阿尔贝特讨厌维特来访，她自己也希望维特不要来打扰她和丈夫的两人世界；但她又不下逐客令。她爱丈夫，尊重丈夫，但她对维特其实也是有爱意的，还不止一点点。圣诞节前，阿尔贝特又去了外地。绿蒂曾要维特保证，在她丈夫外出期间不来看她，但维特还是来了。她严厉指责他违背诺言，况且时间已是晚上，照规矩她是不可以和他单独相处的。她叫仆人去请几个朋友过来，但朋友们正好都有事，一个也没有过来。她见维特随身带了几本书，就让他念给她听。维特翻开一本莪相①的诗集，念了几首。没想到，这几首诗深深地打动了他们，绿蒂甚至流下了眼泪。绿蒂的眼泪使维特再也坚持不住了。他也抽泣起来，接着一把抱住绿蒂，发疯似的吻她。对此，绿蒂又是惊喜又是愤怒，不知怎么办才好。最后，她把他推开，大声对他说："这是最后一次！你绝不能再来了！"接着，书中的原话是："她深情地看了一眼这个不幸的男人，便快步走进隔壁的房间，把自己反锁在里面。"

第二天，维特给绿蒂写了一封痛不欲生的信，但没有送出去。信中说他已准备离开人世，还说他终于知道她是爱他的："你是我的，绿蒂，永远都是我的。"不久，维特听仆人说阿尔贝特回来了，就叫仆人去向阿尔贝特借一把枪，理由是他要独自到野外去旅行。可想而知，阿尔贝特听到这个消息后如释重负，马上就把枪借给了他。第二天清晨，维特就用这把枪自杀了。人们在他的遗物中发现了他写给绿蒂的那封信。

以上几段不太连贯的叙述就是《少年维特之烦恼》的故事梗概。小说的最后几页②即便在今天读来仍令人感动。这本书问世后的反响可能是世上少有的，它被翻译成几十种外国文字广泛流传，有那么多人在讨论它，有那么多人在模仿它，可谓盛况空前。唯一对这本书大为恼火的，大概就是科斯特纳和夏洛蒂了。因为读者很快得知，他们是小说中阿尔贝特和绿蒂的原型。科斯特纳还愤怒地发现，自己被写成了一个呆头呆脑、根本配不上他妻子的傻瓜，而且小说

---

① 莪相：Ossian，苏格兰高地及爱尔兰传说中的游吟诗人。
② 《少年维特之烦恼》的最后一小部分不是书信体的，而是作者的客观叙述。

还暗示，他妻子曾和歌德关系暧昧。很多人都在猜测，这部小说到底有多少是真实的，多少是虚构的。科斯特纳为此写文章表示抗议。歌德的回答简直使他目瞪口呆："难道你没有意识到，一千个人心目中有一千个维特①吗？你所损失的，仅仅是你没能意识到这一点而已。"时至今日，每个人读过《少年维特之烦恼》之后都会问自己：这本书到底神奇在哪里，为什么会引起那么大的轰动？我想，用我们现在的话来说，是因为它"时尚"。那时，浪漫主义盛行于欧洲，卢梭的著作被翻译成德文后，人们争相传阅，其影响之大可能是我们今天难以想象的。尤其是当时的年轻人，他们不满于启蒙时代的理性束缚，而传统的宗教已经式微，难以满足他们的精神需求。卢梭的著作正好迎合他们的期盼。他们不假思索地全盘接受了卢梭的观点，即：个人的情感比人类的理性更加宝贵；无常的感觉比恒常的思考更为重要。他们把多愁善感视为灵魂的美丽标志；他们把理智和常识视为感情匮乏；他们的感情时常不受控制：一点点小事，男男女女都会声泪俱下。他们写的信更是矫揉造作、感情泛滥，即便是年长而成熟的人也是如此。譬如，当时已经五十岁的诗人兼教授维兰德②写信给拉瓦特③，信中称拉瓦特是"上帝的使者"，最后还这样写道："如能和你朝夕相处真是我的万幸！就是短短三个星期也是我的福气！只是，我担心我会和你相处得太亲密，因为到头来我们总要分离，那样恐怕我会太想念你而一病不起。"

这样的感情表达，今天看来实在太做作了，而当时的德国评论家却习以为常，还补充说，维兰德经常拜访好友，每次告别都要说"我会太想念你而一病不起"。既然这是当时的"时尚"，《少年维特之烦恼》问世后有千千万万人为之倾倒也就不足为奇。年轻人激情澎湃而又痛苦绝望的爱情，总使人为之动容。维特身陷爱情的囹圄，最后以死寻求解脱，读者对此感到同情和惋惜，甚至有赞赏和崇敬之意，也是人之常情。

不管怎样，《少年维特之烦恼》使歌德一举成名；不管歌德还写过什么书，这本书是最出名的。歌德享有高寿，但他后来的作品都没有像《少年维特之烦

---

① 这句话套用当时评论界的名言："有一千个观众就有一千个哈姆雷特。"（意为各人心目中的哈姆雷特是不一样的。）
② 克里斯托夫·维兰德：18世纪与19世纪之际德国诗人、作家。
③ 约翰·拉瓦特：18世纪瑞士诗人、面相学家。

恼》那样成功，那样震惊世界。

三

《少年维特之烦恼》出版于一七七四年秋天。这年年底的一天，一位名叫冯·克尼贝尔的上校前来拜访歌德。他说他是魏玛宫廷两位王子的驯熊师，此行特地来传达两位王子的口信，说要与大名鼎鼎的诗人结识一番。歌德欣然前往。那两位王子，年长的一位还不到十八岁，见到歌德就为他的风度所倾倒。不久，歌德由一位朋友引荐，出席雪曼夫人——富有的银行家遗孀——举办的宴会。雪曼夫人有一个独生女，碧眼金发。歌德走进大厅的时候，她正在弹钢琴。歌德和往常一样，一见此女就坠入爱河，而且两人很快就爱得如胶似漆。但是，他们的恋情却遭到男女两家的一致反对。莉莉·雪曼出身于法兰克福的贵族世家，将来要继承大笔遗产，嫁入富豪人家。歌德的祖父是个裁缝，娶旅店老板的遗孀为妻，一辈子靠做裁缝养家糊口。歌德的父亲虽学过法律而且有宫廷法律顾问的头衔，颇有社会地位，但毕竟还未跻身法兰克福的上流社会。因而，这位严守本分的父亲坚决反对儿子和一个显赫人家的女儿谈情说爱。那时，莉莉只有十六岁，当然像她这种年龄的女孩一样，喜欢跳舞，喜欢聚会，喜欢野餐。歌德并非不知莉莉的兴趣和他自己的爱好不合，但因为爱得太深，他并未多想。他为莉莉写的情诗，其中有好几首是他的杰作；这些情诗不像他为弗丽德里克写的情诗那样有忏悔之意，而是有一种飘忽不定的感觉。他既不知道自己是否会永远爱莉莉，也不知道莉莉是否会永远爱他。不过，即便如此，他们还是不顾家庭反对，订了婚。订婚不久，歌德就开始心神不定了。他才二十六岁，才华出众而且渴望到世间去闯荡一番。他不想庸庸碌碌地娶妻生子，安度一生。

考虑良久——要是他考虑到莉莉一定会伤心欲绝，肯定还经受了良心的煎熬（这是我猜想的）——他最终决定，必须舍弃莉莉，结束这段恋情。机会很快就来了。有两个年轻贵族，其中一位还是有名的施陶芬贝格伯爵，因为仰慕歌德，专程到法兰克福来拜访他。他们还要到瑞士去游览，邀请歌德同往。他同意了。于是，他们身穿《少年维特之烦恼》中维特时常穿的那种蓝色外套，脚穿黄色长筒袜和长筒靴，头戴灰色圆帽，出发了。歌德既没有和莉莉告别，也没有留下道别信,而是一走了之。这当然使莉莉和她的家人又惊又恨。歌德的这种行为,说得好听一点是不懂礼貌,说得难听一点简直畜生不如;但他就是这样,我行我素,冷酷无情。奇怪的是,他对自己的这种不顾他人死活的行为从来没有反省过,甚至都没有觉察到。他和那两个年轻贵族一起在瑞士游览,饱赏美景,但这之后,他好像又想起了莉莉。从他当时写的那些动情的诗文中可以看出,他是多么渴望得到莉莉的爱。不过,诗文是用来发表的,不足为凭。不管怎么说,瑞士之旅是失败的,他没能真正一走了之。

他回到了法兰克福。根据现有资料,我们弄不清楚他和莉莉到底有没有取消订婚。他们仍然见面,次数还不少,好像仍然在相爱。但事情明摆着,歌德的父亲必然会有所动作。他建议儿子去意大利远游,表面上是让他长点见识,实质上是要他和莉莉断绝关系。父亲的建议正合歌德的心意,他一口答应了。然而,正在准备行装时,年轻的魏玛公爵迎娶黑森-达姆施塔特的公主返回途中经过法兰克福,热忱地邀请歌德前往魏玛做客。盛情难却,歌德接受了邀请。尽管他父亲竭力反对他和王公贵族结交,他还是和魏玛公爵约定了起程日期。这次外出他有没有事先告诉莉莉,我们不得而知。我们只能根据他后来在自传里说到的一件小事加以猜测:在临行前两天的晚上,他在法兰克福的街道上散步,突然发现自己走到了莉莉的窗下。他听到她在弹钢琴,还唱着歌。仔细一听,唱的正是一年前他为她写的那首歌。他接着写道:"我情不自禁地停下脚步,聆听她那动人的歌声。听她唱完,我隐约看见她站起身,在房间里来回走动,影子投在百叶窗上,但我怎么也无法透过厚厚的窗帘看清她的面容。我不得不暗暗下决心,不要打扰她,离开她,斩断我与她之间的情丝……"十八个月后,莉莉依从她母亲的宿愿,门当户对地嫁给了一个富有的银行家。

歌德到了魏玛,本来打算一两个月后就走;但谁知道,他后来竟要在那里一直住到死,仅偶尔离开过几次。年轻的魏玛公爵非常喜欢他,两人简直形影不离;他们一起喝酒,一起狩猎,一起在途中和乡下姑娘调情。魏玛公国的宫廷大臣处世稳重,无不认为这个吊儿郎当的诗人在他们的君主身边是有害的,因而都希望他早点走;可是,他们的君主却不让他走。为了挽留歌德,魏玛公爵授予他内阁职位,发给他薪俸,还赏赐给他一幢河畔别墅。其实,魏玛公爵要留住歌德是经过慎重考虑的,因为歌德年轻有为,智力超群、才华出众,可以为他做许多事。他后来确实委派歌德去办理一项又一项事务,歌德也一项又一项地出色完成。我知道,有许多人都说歌德当年留在魏玛宫廷听差是他一生中最大的错误;因为他是诗人,了不起的大诗人,说什么也不应当去充当魏玛公国的一名公务员。这么说不无道理,但别忘了,当时的歌德还不是大诗人,而是一个二十六岁的年轻人:他有无限精力;他要享受人生、充实人生。他知道自己没有什么地位,能得到魏玛公爵的器重,是再好不过的机会。就算他为魏玛公爵效犬马之劳,那也是知恩图报,没什么错。不管怎么说,他有机会办理各项宫廷事务,由此体验宫廷生活、了解民间疾苦,总比在法兰克福的市民圈里混一辈子要精彩得多。然而,他父亲却为此大怒,断绝了经济上对他的资助。那时和现在一样,诗人是绝对不可能靠写诗来谋生的。文人也一样,都要去给王公贵族的子弟当家庭教师,或者到大学里去任教,才能拿点微薄的薪水来养家糊口。席勒①是当时全德国赫赫有名的剧作家,他也要靠翻译法文书籍、拿点翻译稿费来维持生计。

有些人严厉批评歌德去侍奉小小的魏玛宫廷是自暴自弃、自我贬低,我不知道这些人要歌德去做什么事才不是自我贬低。我说过多次,但没人相信,作家并不喜欢住在阁楼里忍饥挨饿。歌德平步青云,三十多岁就任魏玛公国首相之职;神圣罗马皇帝还应魏玛公爵请求,特意授予他贵族头衔。他的正式头衔是"枢密大臣冯·歌德阁下"②。他在魏玛住下后没几个月,就再次坠入情网。这次他爱上的是骑兵统帅冯·施泰因男爵的夫人夏洛蒂·冯·施泰因。这位夫人比歌德大七岁,生过七个孩子,仅有三个存活。她并不怎么美貌,但身材轻盈修长,而且聪慧贤淑。她和歌德意趣相投、无所不谈,而且是歌德高谈阔论时的忠实聆听者,歌德自然欢喜。他和过去一样,激情洋溢,开始求爱。但冯·施泰因夫人只想做他的朋友,不想做他的情人。所以,有四年之久,她一直拒绝他的求爱。后来,歌德略施一计,说服魏玛公爵邀请著名女演员柯洛娜·希罗德到魏玛皇家剧院出演他的剧作《伊菲革涅亚③》。上演宫廷专场时,柯洛娜·希罗德扮演女主角伊菲革涅亚,歌德自己扮演俄瑞斯忒斯④。台下的观众从未见过这样一对俊男倩女,无不拍手叫好。冯·施泰因夫人当然也在观

---

① 席勒:歌德的好友,与歌德齐名的诗人、剧作家。
② 冯:von,德国姓氏中的贵族标志。
③ 伊菲革涅亚:古希腊神话人物,阿伽门农之女,险被其父祭神。
④ 俄瑞斯忒斯:古希腊神话人物,阿伽门农之子。

众席上。她显然中了歌德之计，担心歌德会迷上美貌的柯洛娜·希罗德而冷落她，于是就接受了他的求爱。此后的四五年间，他们朝夕相处，情意绵绵。

四

歌德自少年时代起就对戏剧深感兴趣。他祖母曾送给他一套木偶演员；他特意为这些演员写了剧本，上演给他周围的那些大大小小的孩子看。他初到魏玛时就发现，那里的业余剧团很活跃，而且很欢迎他的加入。剧团中还有几个成员也是来自宫廷的，有的还是宫廷大臣；偶尔，还会有一两个专业女演员加入。演出并不限于魏玛，也会到邻近的大公国去巡演。布景和道具用骡子驮运，人员都骑马而行。他们不是露天搭台演出，就是在宫廷剧院里表演；用过晚餐后就骑马回家。也许是这种巡回演出很有趣，很令人兴奋，歌德想起了他早先在法兰克福时就想写的一部小说。那还是在一七七九年，他在一则日记中第一次提到这部暂名为《威廉·麦斯特的演艺生涯》的小说。现在，两年后，他开始写这部小说。小说采用的是古老的"流浪汉小说"形式。我想，这种很受欢迎的小说大概和佩特罗尼乌斯①的《萨蒂利孔》一样历史悠久。不过，真正出名的是西班牙的"流浪汉小说"。后来，勒萨日②的《吉尔·布拉斯》、亨利·菲尔丁③的《汤姆·琼斯》和斯摩莱特④的《亨弗莱·克林克》，则是"流浪汉小说"中的佼佼者。简单说来，这类小说就是写穷困潦倒的主人公走出家门、四处闯荡、尝遍甜酸苦辣、看尽世态炎凉，最后以主人公娶回美貌富有的娇小姐而圆满收场。这样处理主人公的经历，有利于小说家陆续引入形形色色的人物，分头讲述千奇百怪的故事，变化多端、趣味倍增，特别吸引读者。歌德的这部小说本想写十二卷，但他写完第一卷后，停了几年才写第二、三卷，后来每年写一卷，总共写了六卷。

像他这样写小说，真是很少见。大多数小说家都是心无旁骛地写一部小说，一天写下来，身心俱疲，还要紧张地想好第二天写些什么，好像到第二天

---

① 佩特罗尼乌斯：公元1世纪古罗马朝臣，一般认为故事集《萨蒂利孔》是他的作品。
② 勒萨日：18世纪法国小说家、剧作家，流浪汉体裁小说《吉尔·布拉斯》为其名作。
③ 亨利·菲尔丁：18世纪英国小说家、剧作家，流浪汉体裁小说《汤姆·琼斯》为其名作。
④ 斯摩莱特：18世纪苏格兰小说家，流浪汉体裁小说《亨弗莱·克林克》为其名作。

再想是在浪费时间。歌德却不然,他可以隔一年再往下写,好像这一年只有几个小时;而且,章节之间照样衔接得自然流畅。这只能说他早已打好了整本书的腹稿,又凭惊人的记忆力一部分一部分地写出来。那时,德国的大多数剧院都由王公贵族资助,剧院经理往往只上演一些纯娱乐性的歌剧、轻喜剧和通俗情节剧供人们消遣。歌德写这部小说的宗旨,就是要提醒人们,剧院要有教育功能,要对本国文化有所贡献。这一观点在当时可说是振聋发聩的。正是基于这一观点,歌德让这部小说的主人公威廉·麦斯特体验人生百味之后,成了一家剧院的经理,还身兼演员和剧作家二职。最终,他经营的剧院堪称全国第一,他创作的剧本使德国戏剧堪与英法媲美。

不过,有段时间,歌德却有点焦躁不安。魏玛宫廷的繁文缛节使他厌烦,陪同魏玛公爵出访也不像他起初想象的那么欢畅。魏玛社交界早年曾智者如云、光彩绝伦,如今已变得偏执狭隘、庸俗不堪。还有他的官职,也使他颇为疲惫。夏洛蒂·冯·施泰因夫人刚接受他的求爱时,才三十二岁,如今已年过四十,确切地说,已经四十三岁。他们的恋情已不像当年那样浪漫,而成了一种习惯,虽然没人非难他们的恋情,但当年的年轻夫人已经变成了半老太婆。再说,冯·施泰因夫人还有点家庭教师的习气,总要谆谆教导歌德,要他谈吐得体、举止优雅,并把他引入新的社交圈。她要把这位诗人打造成真正的绅士和宫廷大臣。歌德写给她的诗也不像刚开始时那样激情澎湃了,虽然还是温情脉脉,但多少已有点敬爱、仰慕的意思。最后,他终于意识到,他应该不惜一切离开魏玛。于是,在一天凌晨三点,他带了一个仆人、一个背包和一只皮箱,悄悄离开魏玛,化名莱比锡商人约翰·菲利普·默勒,前往意大利。他没有和冯·施泰因夫人告别,就这样失踪了,而且一连两年,在欧洲各地游荡。

有人说,夏洛蒂·冯·施泰因夫人从来就没有真正成为歌德的情人。现在看来,这已经不重要了。不过,我还是认为歌德是把冯·施泰因夫人当作情人的,证据就是歌德决定出走而没有告诉她。如果她只是他的好友,如果这么多年歌德写给她的那么多诗只是押韵的信件而不是情诗,那么,当他陷入困境时就很可能会找她倾诉,也可能征求她的建议;这样,他一定会把自己的出走计划告诉她。她也许会对此感到遗憾,但她了解他的内心世界,知道他为了写一部小说必须到外面世界去体验体验。反之,如果冯·施泰因夫人确是歌德的情人,那么,歌德要出走数月,她一定会伤心流泪,苦苦相劝。歌德很可能就是怕她知道后会凄凄切切，弄得他不好意思走了；所以，干脆不告诉她，狠狠心，不辞而别。我在前面已经说到过，歌德是从不关心他人感受的。此外，歌德和冯·施泰因夫人的恋情也不是柏拉图式的精神恋爱，如果真是这样，冯·施泰因夫人是没有理由在歌德返回后那样责怪他的，更没有理由在他兴致勃勃地想讲述他的意大利之旅时一句都不听。她厉声责怪他擅自和她分离那么久，而且不管他怎么说，说他从未忘记她也好，说他就是因为想念她才回来也好，都没用。他觉察到，她认定他原本是不打算回来的。他无法忍受她的冷落与责备，写信给她说："我冒昧承认，我无法忍受你如今对我的态度：我谈兴正浓时你一言不发；我闭口不言时你说我冷淡；我与朋友交谈，你又怪我把你冷落在一边。你盯着我的一举一动，数落我的一举一动，看我稍稍安宁，就没事找事。你这样故意为难我，叫我怎么还敢跟你说心里话呢？"但是，还是没用，冯·施泰因夫人不是那么容易安抚的。自此以后，他们只在正式场合才偶然见面。

当初离开魏玛时，歌德已经写出这部小说第六卷的草稿，尽管他一直在为第七卷打腹稿，但无论是在意大利期间还是回到魏玛后，他都没有写出第七卷。我大胆猜测，他是不知道该怎么写了。按原计划写十二卷，他现在正好写了一半，但小说的结局已经摆在眼前。威廉·麦斯特已经成了剧院经理，歌德不可能不知道，除了还剩流浪汉小说的俗套结局——主人公喜结良缘——他还真的没什么可写了。既然不可能使小说再添新意，不如就此结束——我想，他当初可能就是这么想的。但是，自从歌德不辞而别去意大利游历之后的八年间，世事多变。法国大革命震惊世界，路易十六和他亲爱的王后被送上断头台。刚诞生的法兰西共和国军队打退前来干涉的奥地利军队，并占领了莱茵省。歌德似乎觉得，未来世界将会变得和过去截然不同，因而他必须顺应这一变化。一七九四年，他开始重写这部小说，其宗旨是要向读者展示主人公在诸多外界因素影响下的心灵历程，最后他以自身的天赋才能服务于人类的至善事业。小说所关注的不再是戏剧艺术，而是生活艺术。我不知道是否真有生活艺术，但从字面上看，好像还是有点意思的，只是说不出到底是什么意思。其他艺术，譬如舞蹈，都有其范围或限制；生活艺术却没有，唯有死亡是其限制。其他艺术都能通过训练而习得；生活艺术却不能，而要靠天赋。所以，生活艺术也就是命运的艺术，而命运多半是机缘与巧合，因为上帝总是在掷骰子。

歌德用了不少时间删减、修改原稿，调整章节次序，还改了书名。小说出版了，即《威廉·麦斯特的学习时代》。

五

《威廉·麦斯特的学习时代》中的故事很复杂，我只能简要复述一下。不过，在此之前我要提醒读者，十八世纪的读者喜欢听生动有趣的故事，喜欢故事中有出人意料、令人惊讶的事情发生——至于这种事情可能不可能，他们是不管的。事情要有可能性，这是十九世纪现实主义小说家提出的。他们认为，小说中发生的事情不仅要有可能性，最好还要有必然性，是必然会发生的。现在的读者可能并不自知，你们和我一样，都是决定论者，但十八世纪的读者却不是，他们并不认为事物有必然性，而是相信各种各样的可能性都是有可能的。

威廉·麦斯特是商人的儿子，父亲和一个叫维纳的人合伙做生意。他父亲认为，自己的儿子和维纳的儿子应该继承父业，也合伙做生意。小说开始时，有个剧团到法兰克福来巡演，威廉·麦斯特爱上了剧团中的一个名叫玛丽安的漂亮女演员。他不想继承父业，而是热爱戏剧，又坠入了爱河。他想娶玛丽安为妻，然后和她一起从事舞台事业。可是，他没有钱，玛丽安便弃他而去，嫁了个富豪。他为此伤心至极，病倒在床。等病愈后，他不再热爱戏剧，甚至还有点厌恶。所以，在后来的三年中，他一直在父亲的公司里埋头干活。后来，父亲派他外出收账。他在一个小镇上逗留，偶遇一对男女演员，拉尔特斯和费琳娜，他们因为剧团破产而失业，不得不滞留在小镇上。这时，有个杂技团到镇上来表演，其中有个叫美侬的女孩。歌德在小说中为这个人物写了一首非常有名的诗——《你可知道那柠檬花盛开的地方》。威廉·麦斯特偶尔看见美侬被杂技团老板毒打，非常愤怒，上前把那个老板打了一顿后，又用三十道拉[①]把美侬从杂技团里赎了出来。杂技团走后，有一对威廉·麦斯特认识的演员夫妻来到小镇上，他们本是想来加入拉尔特斯和费琳娜所在的那个剧团的，没想到剧团已经破产，非常难过，不知所措。威廉·麦斯特看到聚集在自己身边的这

---

① 道拉：18世纪德国货币名。

些演员，心中对戏剧的热爱又死灰复燃。他决定和这些演员一起组建自己的剧团。他还买下了那个破产的剧团留下的道具和服装。他用的是为公司收账收到的钱，其实是挪用公款，但鉴于是他父亲的公司，我们也就不作计较了。

又来了几个四处飘零的演员，也加入了他们的剧团。而就在这时，出现了一位名叫哈珀的神秘人物。此人年纪不轻，一大把白胡子，身体瘦弱，穿一件棕色长袍，但威廉·麦斯特赏识他的演技和歌喉，力排众议，让他加入了剧团。不久，剧团在一家旅馆投宿，偶尔遇到一个侍卫官，他是为某伯爵和伯爵夫人来预订房间的。伯爵夫妇是在回自己城堡的途中，回去后要接待一位王爷。这位王爷同时又是一位著名的将军，此时正带着部队返回司令部。伯爵夫妇到达旅馆后，听说有一个剧团也住在这家旅馆，就想请他们一起回城堡，在接待那位王爷时演戏助兴。于是，威廉·麦斯特就被引荐给伯爵夫人。没想到，这位伯爵夫人年轻美貌、风度翩翩，威廉·麦斯特不禁为之倾倒。一切安排妥当后，威廉·麦斯特便兴冲冲地和剧团一起前往城堡，一是他想再睹伯爵夫人的风采，二是他想借此机会结交王公贵族，这是他衷心向往的，也是歌德自己所想：只有上流社会才有高雅的礼仪和良好的教养。不过，当今的贵族已失权势，甚至贫困潦倒，也就谈不上什么礼仪和教养了。至于有些贵族愚蠢之极，还在自命不凡、装模作样，那只能沦为笑柄。但我想提醒读者，在歌德那个时代，在整个欧洲，特别是在德国，贵族和平民之间有一条不可逾越的鸿沟，贵族和平民简直就像两个物种：贵族在上，平民在下；贵族发号施令，平民唯命是从；贵族高雅、平民粗俗——不管理论上怎么说，事实就是如此。

在上述这些人物中，最美貌诱人的是费琳娜。她是个令人神魂颠倒的风骚女人——不知廉耻，但很慷慨，很热情，所以人见人爱。她轻佻而放荡，随时准备献身于值得她献身的男人。这样一个妓女似的女人，歌德当然不会认同，但她实在太迷人，歌德情不自禁地被她迷住了。所以，在整部小说中，歌德对这个人物一直是袒护的，从未指责过她。我认为，歌德之所以不指责她是因为他觉得，这个女人虽然轻佻、风骚，但本性不坏。费琳娜第一次见到威廉·麦斯特就爱上了他，但威廉·麦斯特摆出富家公子的面孔，对她的献媚不予理会。于是，她就去把一个叫弗里德里克的小伙子勾引到手，让他整日围着她转。后来不知怎么回事，他们吵架了。她要赶他走。他也不想再服侍这个"狐狸精"，就离开了她。她又去勾引威廉·麦斯特。这一次，威廉·麦斯特忍不住了，因为他终究不是圣徒，不可能对费琳娜的妖娆妩媚无动于衷。然而，正当他要投入她的怀抱时，他忽然听说她同时还在勾引伯爵的侍卫官，还约好一起共进晚餐。他既妒忌又愤怒，没胃口爬到她床上去了，而且下决心不再理她。后来，他心里乐滋滋地听说，那天晚上费琳娜和侍卫官共进晚餐时，在一旁服侍他们的弗里德里克一怒之下，把一锅炖肉扣在他们头上。

他们在瓢泼大雨中抵达城堡，却发现安排他们住进一幢废弃的旧房子，里面连家具也没有。只有费琳娜，通过侍从武官的关系住进了城堡里的一个房间。她百般巴结伯爵夫人，很快，伯爵夫人就事事找她商量。威廉·麦斯特要见到高贵的伯爵夫人，不得不请费琳娜帮忙预约。他的才貌和魅力使伯爵夫人对他另眼相看。他把自己写的诗朗诵给伯爵夫人听——他和歌德一样，既多才又多情——很快，他便爱上了伯爵夫人，而且相信她对他至少颇有好感。费琳娜熟谙此道，一开始就发觉他们两人眉来眼去。她虽然内心爱恋威廉·麦斯特，但她还是尽力撮合这对有情人——这个女人，真不寻常！后来，王爷在一群仆从的簇拥下驾到，城堡主人设宴招待，并上演精心准备的剧目为其助兴。演出时的情景，歌德作了详尽而生动的描述，尤其是伯爵夫人设宴时上演的那场戏，他描述得精彩之极，简直可与霍夫曼施塔尔①的《玫瑰骑士》第一幕媲美。威廉·麦斯特结识了王爷随从中的一个叫亚诺的上校。此人老于世故，又有学问，他送给威廉·麦斯特一部《莎士比亚戏剧集》，这无疑使威廉·麦斯特喜出望外。然而，不知怎么，附近突然发生了战争，城堡里匆匆撤宴，众人纷纷疏散，剧团也拿了报酬后准备离开。离开前一天夜里，费琳娜带威廉·麦斯特去和伯爵夫人道别。她有意走开，让他们单独在一起。伯爵夫人给了威廉·麦斯特一枚戒指，里面有她的一撮头发，接着不知怎么一来，两人就紧紧地拥抱在一起了。最后，伯爵夫人毅然挣脱威廉·麦斯特的双臂，流着泪对他说："你走吧，但要爱着我！"就这样，他离她而去。

离开城堡后，威廉·麦斯特带着剧团想到汉堡去演出，那个繁华的大城市，演出机会比较多。不料，碰到一伙强盗拦路抢劫。威廉·麦斯特和他们大打出手，被一枪击中而昏倒。等他醒来，发现自己躺在费琳娜怀里。正在此时，有位年长的绅士和一个年轻女子由一群骑手护卫着路过此地。他们看见受

---

① 霍夫曼施塔尔：19世纪与20世纪之际奥地利小说家、剧作家、诗人，《玫瑰骑士》为其所写歌剧剧本，由理查·施特劳斯谱曲，首演于1911年。

伤的威廉·麦斯特，便停了下来。那个年轻女子好像特别为威廉·麦斯特的伤势担忧，要年长的绅士脱下大衣盖在威廉·麦斯特身上。威廉·麦斯特虽身负枪伤，但那女子的美貌和柔情仍使他心动，随即爱上了她。其实那年轻女子很快就走了，但他却对她一直念念不忘，赞美她是"亚马逊①女英雄"。这之后，威廉·麦斯特被安顿在附近村庄的一家小旅馆里。原来，整个剧团的人都逃到了那里。费琳娜由于及时和强盗头目调情，她的行囊和伯爵夫人送给她的东西都没有被抢走。其他人对此愤愤不平，因为他们被抢得只剩身上的衣服。他们对威廉·麦斯特选择走危险的小路而不走安全的大路心怀怨恨，便抛下他自顾自走了，只有哈珀、美侬和费琳娜留在威廉·麦斯特身边。由于费琳娜悉心照料，威廉·麦斯特日渐恢复。一天早上，他醒来时发现费琳娜蜷缩着睡在他脚边。等她醒来，他又闭上眼睛，假装熟睡。过了一两天，费琳娜一句话也没说就独自走了。

单身男人拒绝一个送上门来的漂亮女人，就因为这个女人有点不正经，这在有些人看来好像很值得赞赏，但在大多数人看来，这实在太傻、太可惜。歌德曾说威廉·麦斯特是他的自画像，但有意思的是，他也曾说威廉·麦斯特是个可怜的傻瓜。这种说法，无论是歌德的同时代人，还是后来的人，都表示同意。《威廉·麦斯特的学习时代》的英译者托马斯·卡莱尔②就曾说威廉·麦斯特是懦夫。这当然说得太刻薄。威廉·麦斯特为人忠厚而富有同情心。他不仅解救遭人虐待的美侬，还收留了绝望无助、有点精神错乱的哈珀。他总是尽其所能帮助不幸的人，甚至帮助惹人讨厌的人，譬如后面将要出现的那个奥蕾莉亚。是的，他很容易上当受骗，把钱送给一些卑鄙的骗子；但这不能归咎于他的同情心，而是因为他年轻，不谙世事。他有时还很勇敢，在剧团遇到强盗时，他挺身反抗，直到被击昏。其他小说中的许多主人公还没有威廉·麦斯特这么好，就已得到了读者的啧啧称赞。也就是卡莱尔，才对威廉·麦斯特的为人嗤之以鼻。

歌德早在他的第一部小说《少年维特之烦恼》以及他的两部剧作《铁手骑士葛兹》和《克拉维戈》中就曾画过三幅自画像。和威廉·麦斯特一样，那三个虚构人物也有同样的性格弱点。他们全都优柔寡断，屈从于自身的情感

---

① 亚马逊：古希腊神话中的女人国，其中女人全都强悍尚武。
② 托马斯·卡莱尔：19世纪英国历史学家、散文家、评论家。

而不可自拔。对此，我们只能这样认为：这种性格弱点是歌德在自己身上发现的。在这部小说中，歌德把他自己的癖好、思想、情感、个性全都置于威廉·麦斯特身上。譬如，他喜欢背诵自己的诗歌，威廉·麦斯特也是；他不擅长高谈阔论，威廉·麦斯特也是；他注重陶冶情操，威廉·麦斯特也是；他酷爱艺术，威廉·麦斯特也是；他有诗人天赋，威廉·麦斯特也是；他风流多情，威廉·麦斯特也是；他遇事犹豫不决，威廉·麦斯特也是。既然这样，读者也就不必把威廉·麦斯特当回事了。因为他看上去像是小说主人公，其实只是个傀儡。真正主人公，是歌德自己。

六

威廉·麦斯特伤愈后，仍矢志献身于戏剧。他和哈珀、美依一起去了汉堡，因为那里有他的一个叫索洛的朋友，正在经营一家剧院。就在汉堡期间，他从父亲的合伙人维纳写来的一封信中得知，他父亲去世了。

维纳在信中还说，他打算把自己的财产和威廉·麦斯特刚继承的财产合在一起，投资房地产，等着他回去商量。威廉·麦斯特回了一封信，转弯抹角地说他对房地产不感兴趣。这封信很长，下面两段，引自托马斯·卡莱尔的英译本：

> 如今我在这里提高我的个人修养，这是我年少时就有的愿望和目标，虽然那时尚无明确方向，但我从未忘记……我不知道国外情况怎样，反正在德国总是这样：除了贵族，其他人要想提高个人修养是难而又难的。中产阶级[①]可能会有美德，特别努力的话，可能还会有聪明的头脑，但不管他们怎么努力，他们很少会有、甚至根本不会有那种优雅的风度。公众人物[②]因为时常要和上流社会接触，不得不学会优雅举止；不过，对他来说，学习的机会多得是，最后总能使自己举止优雅、落落大方；要知道，无论

[①] 中产阶级：此处指生意人，暗示开公司、投资房地产之类的人（即像他父亲和维纳这样的人）。

[②] 公众人物：此处指经常要出现在公众面前的人，暗示演员、编剧、剧团经理之类的人（即像他这样的人）。

在宫廷里，还是在军营里，举止优雅都是很重要的，甚至是必须的；因此，他不仅要把这看得很重要，而且还要时时在别人面前表现出来。他的举止优雅而又自然、端庄而又风趣，这对他们来说是最合适的，因为这表明他们始终有一种平和的心境。作为公众人物，他的举止越优雅、声音越洪亮、神情越稳重，他的形象越完美。无论遇到谁，无论是在家人面前，还是在朋友面前，他若能始终保持这样的优雅风度，别人就不会责怪他，也不会藐视他。即便他冷漠无情，别人也会说他是镇静自若；即便他奸诈狡猾，别人也会说他是足智多谋。只要他在生活中时时保持这样一种优雅风度，别人就只会说他好话，不会说他坏话，他就能得到德才兼备的好名声，还能得到一大笔钱财。

跳过三段，下面一段是：

如今我在培养自己，这是我过去渴望做而不能做的事情。自从和你分别后，我一直在努力做这件事情，而且很有长进；对于时常会碰到的那些令人尴尬或令人讨厌的人和事，我都能坦然处之。我一直很注意自己的措辞和发音；我可以毫不夸张地对你说，我现在和人交往，绝对不会使别人感觉不快。我不想对你隐瞒，我要成为名人，要大范围地使公众喜欢我、称赞我，所以我每天都要培养自己，使自己越来越完美。因为，要把我对诗歌、戏剧的热爱和我自身的素质、修养融合在一起，这是非常必要的。从今以后，这种自我培养将成为我生活中不可缺少的一部分，因为只有这样，我才能懂得什么是善、什么是美。你知道，所有这些，除了舞台是无处可求的；只有在戏剧艺术中，我才能实现愿望，才能提高自己、成就自己。在舞台上，一个高贵的角色加上出色的演技，能使演员光芒四射，仿佛他是来自上流社会的高雅之士。这需要他在学习过程中全身心投入，最后才能在舞台上——在其他地方也一样——不断发挥自己的才华。

这段话的意思似乎是，中产阶级出身的年轻人若为舞台奉献终身，通过扮演伟人贵胄，也能获得像贵族与生俱来一样的高贵品质和优雅风度。不过，也许还有更深一层的意思，即：舞台小世界，世界大舞台，一个人若能在舞台上扮演好角色，也就一定能在现实世界中崭露头角。

威廉·麦斯特把他的财产全部作为剧团股份，用于戏剧制作和演出。他还请求索洛入股他的剧团。索洛不愿意，但他同意聘用威廉·麦斯特的剧团，也就是威廉·麦斯特入股他的剧院。就在这时，费琳娜又出现了，她对威廉·麦斯特说了一句后来堪称经典的话："我爱你，和你有什么相干？"对此，就如我们看到的，威廉·麦斯特无言以对。费琳娜很快就上了索洛的床。威廉·麦斯特和索洛合作的第一部戏剧是《哈姆雷特》，由威廉·麦斯特出演男主角。歌德的幽默通常是嘲讽多于诙谐，就如他从小就对恶作剧有特殊爱好，现在小说写到威廉·麦斯特和其他演员一起排演《哈姆雷特》，又给了歌德一次恶作剧的机会。不过，他是有意的，还是无意的，我不敢肯定。彩排之后，威廉·麦斯特回到自己房间，正要更衣，突然看到床前放着一双拖鞋，那是费琳娜的，他认得。接着，他又发现床帐好像被人撩动过。他随即想到，费琳娜一定躲在床上。"出来，费琳娜！"他怒气冲冲地喊道，"你这是什么意思！你也太不像话了！明天不是要被人笑死吗！"没人回答，也没有任何声音。"我不是开玩笑，"他接着说，"这种鬼把戏我不感兴趣！"仍然没人回答，仍然没有任何声音。他把床帐一撩，床是空的。这个恶作剧女人！竟然戏弄他，弄得他哭笑不得。第二天晚上是首演，很成功，赢得满堂喝彩。演出结束后，大家庆贺一番。这之后，威廉·麦斯特回到自己房间，疲惫地脱衣、熄灯、上床。忽然，听到一阵窸窸窣窣的响动，便在黑暗中蓦地坐起身来。这时，他只觉得有人用两条柔软的手臂一下子把他抱住，两片散发着香气的嘴唇堵住了他的嘴，两个大而软的乳房紧紧抵在他的胸口上。他没有抵抗，任其摆布，继而是一阵激情澎湃。之后，他昏昏地睡着了。第二天一早，他醒来，发现床上只有他一个人。奇怪的是，他后来一直不知道那个女人是谁。当然，精明的读者知道，那是费琳娜无疑。不过，这样一度春宵，看来费琳娜事后一定觉得并不像她事前想象的那么美好，所以她就此消失了，再也没有出现。至于她的结局如何，是到小说最后由作者交代的。

我在前面还提到过一个人物——奥蕾莉亚。她是个演员，剧院经理索洛的妹妹，在威廉·麦斯特主演的《哈姆雷特》中扮演奥菲莉娅[①]。她后来经不起

[①] 奥菲莉娅：哈姆雷特的未婚妻，后投河自尽。

一个叫罗塔里奥的贵族公子的引诱，和他生下私生子后，便被他抛弃了。她伤心欲绝，一病不起。临死前，她写了一封遗书，托威廉·麦斯特一定要亲手交给罗塔里奥。威廉·麦斯特向来助人为乐，发誓要去好好教训一下那个花花公子，要他为奥蕾莉亚的死付出代价。他安置好美侬和哈珀，只身前往罗塔里奥的城堡。哈珀此时已精神失常，威廉·麦斯特把他交给一个友善的牧师照看。威廉·麦斯特和索洛的关系此时有点紧张，因为威廉·麦斯特坚持上演对观众有教益的严肃戏剧，不肯上演观众喜欢看的娱乐剧，所以观众一直很少。索洛赚不到钱，就想甩掉他这个古板的合伙人了。

在前往城堡的路上，威廉·麦斯特想好了他要对罗塔里奥说的话。他要义正词严地指控罗塔里奥的卑劣行径。到了城堡，他费了好大的周折才见到罗塔里奥。但当他把奥蕾莉亚的遗书交罗塔里奥时，罗塔里奥竟然拿着遗书跑到隔壁房间里去了。过了一会儿，他神情冷漠地出来，对威廉·麦斯特说，他近来很忙，要过些时间才能和他详谈此事，并叫来一个神父，请他为威廉·麦斯特安排过夜的房间。

小说写到这里，人物和情节开始变得有些紊乱而不太可信了。歌德在前面某一章开头时曾说："在戏剧中，剧情发展要有必然性，不能有偶然性；但在小说中，偶然性是允许的，而且很有用。"话虽不错，但也要看怎样的戏剧和怎样的小说，不能一概而论。其实，歌德在这部小说中有滥用偶然性之嫌，最不可能发生的事情，竟然也会发生；最不可能出现的巧合，竟然也出现了。小说从开始到这里一直是写实的，但从这里开始，人物和情节都变得有点荒诞不经了。当然，歌德可能并不自知。他想表明的是，任何有助于提高个人修养的机会，威廉·麦斯特都不会放过。威廉·麦斯特最初抓住的机会是趁一个剧团破产之机组建了自己的剧团，从而得以借助戏剧提高个人修养，现在又一个机会来了，那就是借助罗塔里奥，直接进入上流社会，这是提高个人修养的最好机会。不幸的是，歌德是用一种不可信的方式来表现这一机会的。就歌德自己来说，他是用当时德国贵族社会的一个时髦组织——共济会——来代表上流社会的，因为魏玛公爵和诸多宫廷大臣都是该组织成员。可能是为了讨好他们，歌德在小说中是这么写的：威廉·麦斯特到了罗塔里奥的城堡，在那里认识了好几个贵族青年。这几个贵族青年成立了一个秘密社团，即共济会，其宗旨是统一欧洲、统一世界。其实，这个共济会，除了繁文缛节，就是夸夸其谈，但那些成员却一个个信仰坚定,实在天真得可笑。这不去管它,我们的问题是:共济会为什么要看中威廉·麦斯特?他们是怎么了解他的身世和思想观念的?最重要的是,那几个贵族青年为什么要让一个法兰克福商人的儿子加入他们的贵族社团?所有这些,歌德都没有解释。

威廉·麦斯特到达城堡后的第二天,罗塔里奥和人决斗,因为他和某个女人有染,那个女人的丈夫要求和他决斗。罗塔里奥受了伤,不能和远道而来的威廉·麦斯特详谈奥蕾莉亚的事。威廉·麦斯特只得住在城堡里等罗塔里奥伤愈后再说。然而,等他终于见到罗塔里奥,想当面怒斥他抛弃奥蕾莉亚的卑劣行径时,罗塔里奥只说了一句话,就使他哑口无言了。罗塔里奥说:"这个女人最大的不幸是,要她真心相爱时就不可爱了。"威廉·麦斯特听得懂,这是委婉地说奥蕾莉亚另有所爱。他沉默了一阵,接着责问罗塔里奥,总不该对孩子不闻不问。罗塔里奥的回答是,那个孩子不可能是他的。

威廉·麦斯特这才意识到,他错怪了这位城堡主人。罗塔里奥曾到美洲去过,后来发现,要有所作为,哪里都一样,于是就回国了。他还说过一句名言:"哪里也别去,这里就是美洲。"① 眼下,罗塔里奥正忙于处理自己的财产,因为他有一个在当时可说颇具革命性的想法,即:劳动者是创造财富的参与者,故而劳动者也应该享有财富。他深受众人的尊敬和爱戴。他为人友善,对仆人也平等相待;他知书达礼而又机智聪明,而且热情好客,天生是个领袖人物。我想,歌德是有意要塑造一个伟大人物,一个完美的贵族形象;但实际上,他只是塑造了一个还算有点良心的富人形象。我不知道歌德为什么要把他写成一个有那么多情妇的好色男子,是不是这也可以为这一人物增添光彩——好色是男人对女人的慷慨?

罗塔里奥请求威廉·麦斯特为他做件事,因为他有个情妇叫莉迪亚,出身卑微,一直住在城堡里,现在他想打发她走,请威廉·麦斯特护送她到某地去做一个名叫特里莎的女人的侍女。特里莎其实年轻能干,操持家务胜过一般人,还会精打细算,而且长得眉清目秀。威廉·麦斯特虽然对那个"亚马逊女英雄"还念念不忘,但很快就被特里莎吸引住了。他和她相处没几天,她就对他吐露了自己的身世。不过,这里只需提及,特里莎几年前将和罗塔里奥结婚

---

① 当时在一般人眼里,美洲是"新世界",是施展个人才能的好地方。

时，罗塔里奥突然发现特里莎的母亲曾是他的情妇，惊恐之下，他解除了和特里莎的婚约。罗塔里奥为什么要这么做，我们只觉得很奇怪，因为这种事情在上流社会并不稀奇，完全没必要解除婚约。威廉·麦斯特回到城堡后，罗塔里奥建议他骑马返回汉堡，把美依和小菲利克斯接过来。威廉·麦斯特去了。他和索洛宣布分手，而且发现自己一直弄错了，菲利克斯其实不是奥蕾莉亚的儿子，而是他自己的儿子，是当年和他相爱的女演员玛丽安生的，而且玛丽安生下菲利克斯后便死了。

接下来，城堡里发生了一连串出人意料的事情。共济会不知怎么竟然知道威廉·麦斯特曾借助戏剧提高自身修养，而且还认为他已具备贵族修养，所以接纳他入会。罗塔里奥不知怎么继承了一大笔遗产，准备在城堡附近购置大块地产，为共济会兄弟各人建一座豪华庄园。但是，有一个法兰克福商人也想买这块地产，罗塔里奥就邀请这个商人来城堡洽谈，希望和对方达成妥协。没想到，那个商人竟然就是威廉·麦斯特的朋友、他父亲的合伙人维纳，这实在出人意料。威廉·麦斯特自从发现菲利克斯是自己的儿子后，一直觉得自己对他负有责任，决定为他找个继母，于是便写信给特里莎，向她求婚，而且自信婚后特里莎会把菲利克斯看得像自己亲生的一样。其实，威廉·麦斯特并不爱特里莎，只是赏识她会操持家务而已。在特里莎尚未回信之际，威廉·麦斯特去看望罗塔里奥的妹妹娜塔莉，因为生病的美依正由她在照看。使他大吃一惊的是，娜塔莉竟然就是他朝思暮想的"亚马逊女英雄"，这当然也太出人意料。他们再度相逢，威廉·麦斯特深信自己一直爱着娜塔莉。奇怪的是，娜塔莉竟然有一封特里莎托她转交给威廉·麦斯特的信。信中，特里莎答应了威廉·麦斯特的求婚。这样一来，威廉·麦斯特出人意料地突然陷入了尴尬境地。然而，不知怎么一来，罗塔里奥竟然发现特里莎并不是他昔日情妇的亲生女儿，而是她丈夫的私生女，所以，他又打算和特里莎结婚。这样一来，威廉·麦斯特又出人意料地突然摆脱了尴尬境地，可以心无旁骛地爱恋娜塔莉了。

接着，城堡里又出现了一个从未出现过的人物，一个正在德国游览的意大利侯爵。神经错乱的哈珀恢复了正常，剃掉胡子，打扮得像绅士一样出入城堡。那个意大利侯爵一碰到他，就立刻认出他是多年前失散的哥哥。而此时，久卧病榻的美依不幸死了，尸身涂满香油准备下葬。那个意大利侯爵看到她的尸体，从她胳膊上的胎记惊讶地认出，原来她是他的侄女，也就是哈珀的女儿，是当年哈珀神经错乱，和妹妹乱伦，生下了这个女儿。哈珀偶然得知自己犯有乱伦罪，惊恐、悔恨之余，割喉自尽了。还有那个甘于侍候费琳娜的弗里德里克也来到城堡，原来他是罗塔里奥的弟弟。他现在仍和费琳娜同居，因为费琳娜怀孕了，所以才没有带她来。为了使这个贵族家庭大团圆，歌德让我们在前面已见过的伯爵和伯爵夫人也来到城堡，原来伯爵夫人是罗塔里奥的姐姐。小说最后，娜塔莉——也就是"亚马逊女英雄"——接受了威廉·麦斯特的求爱，两人不久便将喜结良缘。为了皆大欢喜，歌德又让亚诺宣布，他将娶被罗塔里奥抛弃的莉迪亚为妻。歌德写这部小说时，每写完一卷，就寄给席勒看，请他指正。奇怪的是，席勒对小说中那么多令人匪夷所思的事情都没有什么看法，偏偏只对一件事情有意见：怎么能让三个贵族都娶平民女子为妻！

歌德自己肯定对这样的结尾觉得很满意，因为他借弗里德里克之口说，威廉·麦斯特"就像基士的儿子扫罗，出门去找驴子，结果得到的是王位"①。评论家都认为这部小说的结尾意义深刻，我却大惑不解。威廉·麦斯特除了得到一个贵族女子为妻和一座庄园，我不知道他还得到了什么。歌德信心十足地认定，富裕而宁静的生活（就是威廉·麦斯特最后将要过的那种生活，即一个有贤妻相伴的庄园主的生活）是最理想的，远远胜过艺术家和演员的生活，或者诗人和学者的生活。对此，我更加大惑不解，因为我一直认为，创造性的生活，即发挥自己的天赋才能而赢得他人尊敬的生活，才是最理想的生活。

我觉得，歌德没有按原计划完成这部小说，实在令人遗憾。否则的话，就算他不一定能写出一部伟大的小说，至少也能写出一部更好的小说，一部堪称上乘之作的"流浪汉小说"。不过，话得说回来，歌德的这部小说虽然写得不怎么样，甚至可以说是一部失败之作，但它的重要性却远超过许多比它成功的小说。因为这部小说开了 Buildungsroman② 的先河，后来有许多德国小说家步其后尘，或精彩或不怎么精彩地写出了许多 Buildungsroman。其中最有名的就是托马斯·曼的《魔山》③。我知道"Buildungsroman"这一名称目前还没有令

---

① 典出《圣经·旧约·撒母耳记》，上帝嘱咐撒母耳去迎接前来找驴的扫罗，并拥立他为以色列人的王。
② Buildungsroman：德文，直译"成长小说"。
③ 托马斯·曼：20世纪初德国小说家、散文家，社会批评家，代表作有长篇小说《布登勃洛克一家》及《魔山》，中篇小说《威尼斯之死》等，1929年获诺贝尔文学奖。纳粹执政时逃往瑞士，二战时旅居美国，战后回到瑞士。

人满意的译名,一般译作"Educational Fiction"①,我觉得完全失去了"Buildungsroman"原有的意味。这种小说——它关注一个年轻人对生活的学习与探索——并非像有些人所认为的,只有德国才有;其实,《大卫·科波菲尔》和《潘登尼斯》②,还有《情感教育》③,才是这种小说的代表作。在这种小说中,小说家可以对各种人生问题——如人生的困惑和人生的意义等——发表自己的见解,就是想作一些哲学探讨也可以;只是,小说家最好不要忘记,哲学问题最好还是留给哲学家去探讨,免得别人说你不懂装懂。有一点很奇怪,我不知道怎么说,那就是:从《威廉·麦斯特的学习时代》到《魔山》,这种小说中的主人公似乎性格都不怎么健全,甚至有明显的缺陷,因而不仅不能赢得读者的同情,反倒有点令人讨厌。我想,这大概是这种小说无法避免的。

七

《威廉·麦斯特的学习时代》出版后,歌德一直想写续篇。不幸的是,席勒也鼓励他写。不过,歌德拖了很久才写出续篇,取名《威廉·麦斯特的漫游时代》。据歌德的秘书艾克曼说,这本书出版后,读者都不知道怎么理解它。全书杂乱无章、漫无头绪,篇幅又长,令人晕头转向。不过,平心而论,读者在这部小说中还是能读到一些有关宗教、教育和社会生活等方面的真知灼见的。只是,这些真知灼见,读者已经在歌德的其他作品中读到过了,再读一遍,也不见得表述得更有智慧、更有才华,倒有点啰唆。

还是来讲讲一八〇八年的事吧。那一年,歌德从意大利返回魏玛后被免除了官职,仅担任魏玛公爵的顾问。不过,魏玛公爵没有收回他那幢河边别墅,反又给了他一幢魏玛城里的豪宅,好让他在那里款待友人,接见慕名而来的访客。他已经不再是身材挺拔、面貌英俊、精神抖擞、魅力无限的年轻人了。他六十多岁了,身体发福、眼袋下垂、步履缓慢、巍巍颤颤;同时,他好像总是在本能地提防着别人,生怕有人对他无礼——这一点随着他年纪越来越大,变得越来越严重。他变成了一个令人望而生畏的人。他和席勒的友谊是他当年思

---

① Educational Fiction:英文,直译"教育小说"。
② 《大卫·科波菲尔》《潘登尼斯》:分别是19世纪英国小说家狄更斯和萨克雷的长篇小说。
③ 《情感教育》:19世纪法国小说家福楼拜的最后一部长篇小说。

考再三才建立的，而席勒曾在给朋友一封信中这样说到他："我不喜欢和歌德频繁见面，他这个人就是对最亲密的朋友也不会说心里话，很难捉摸。实际上，我觉得他是个相当自负的人。他要别人时时注意他，围着他转。他有时漫不经心，有时全神贯注，但不管什么时候，他总是我行我素。他以善行而出名，其实就像上帝，一直高高在上，从不屈尊奉献。"

克莱布·罗宾逊①仰慕他的天才，曾由人引荐拜访过他，见到的是一个尊贵持重、令人敬畏的长者，双唇紧抿、目光逼人，时时想看穿别人的内心。克莱布·罗宾逊写道："听到陪我去的人谈到歌德年轻时的各种奇异经历时，歌德总算笑了，我觉得他的笑有点屈尊俯就的意味。等到我们告辞出来，到了房子外面，我才松了口气，不由得说了声：'感谢上帝！'"就是一向自视甚高的海涅②，他在拜访歌德前准备和歌德讨论一些高深的问题，但见到歌德时，也敬畏得脑子一片空白，最后只和歌德聊了聊耶拿、魏玛一带的梅子有多好吃。

以上这些，似乎都使人觉得歌德有点令人胆寒。其实，并非完全如此。歌德要是觉得你不值得理睬，当然会对你很冷淡，但要是他觉得你值得交往，也会相当随和，说话也会滔滔不绝。有一段时间，大约在他六十岁不到的时候，他觉得住在魏玛城里太闭塞，于是就移居到附近的大学城耶拿。在那里，他结识了一位颇有教养的书商弗罗曼，常和他以及他的亲友谈论文学与艺术。弗罗曼夫妇有一养女（十岁时收养的），叫米娜·赫兹利博，那时十八岁，长得很漂亮。歌德一见到米娜就爱慕倾心，而且和过去一样，诗兴大发，写了一大堆情诗来取悦（或者说，勾引）米娜。弗罗曼夫妇看到歌德这样痴情，不免担忧，因为歌德不仅比米娜大四十岁，而且是有妇之夫。那是在歌德从意大利回来后不久，有一天他在魏玛公园散步，有个年轻女人过来和他说话，还交给他一份请愿书。原来，她是想请歌德帮忙，为她哥哥在耶拿谋一公职。这个女人叫克里丝蒂安·福毕斯，父亲是魏玛公国的一个小公务员，已经过世，她现在附近的一家工厂做女工。这个女人虽并未受过什么教育，但秀发披头、双目含笑、身材优美。歌德顿时被她迷住，不仅帮了她忙，还和她谈情说爱。几个月后，她

---

① 克莱布·罗宾逊：19 世纪初英国日记体作家，曾在德国游学五年，广泛结识当时的著名文人，如歌德、席勒、赫尔德尔等。
② 海涅：19 世纪德国浪漫派诗人、散文家、批评家。

就怀孕了。歌德把她接过来同住。又过了几个月,她为歌德生下一个儿子,由魏玛公爵任其教父并赐名奥古斯特,由魏玛教会总监赫尔德尔①为其施行洗礼②。后来,克里丝蒂安又生过三个孩子,但一个死于襁褓之中,另外两个一出生就夭折了。一八〇六年,歌德和克里丝蒂安正式结婚。此时,他们的儿子奥古斯特已经十七岁,在场见证了父母的婚礼。

弗罗曼夫妇见歌德对米娜一往情深,就找了个借口,把米娜送走了。歌德经过一番内心挣扎,最后决定离开耶拿,回到魏玛,回到妻子克里丝蒂安身边。这是唯一的解决办法。我们知道,歌德一失恋就会写诗解愁,但这次他却是写小说,写了长篇小说《亲和力》,并声称小说中没有一行字不是他的切身体验——确实,他写这部小说比写其他任何作品都要投入。然而,小说出版后,评论界虽一致赞扬,读者却反应冷淡,使歌德大为难堪。这并不奇怪,这部小说的毛病太明显了。歌德和许多作家一样,对别人作品中的毛病可谓目光锐利,但对自己作品中的毛病却像患了失明症,两眼一抹黑。更为可笑的是,他还趾高气扬地宣称,任何人在没有把他的这部小说读过三遍之前都无权发表评论。

已故罗伯森教授曾在他的《歌德的生平和著作》一书中对这部小说作过精彩评论。既然我无法评论得比他更精彩,就在这里复述一下他的评论吧。罗伯森教授说,这部小说开头就让一个人物说了这样一段话:"同类物质具有天然的亲和力,因此水滴能汇成溪流;不过,有些物质对异类物质也具有亲和力,很容易混合在一起,如酒混合在水里;还有油,要溶于水,只需借助碱就行。在有些物质之间,这种亲和力会相当强烈,以至于结合时会产生新的物质,比如硫酸,泼在石灰石上会产生两种新物质——碳酸和石青。甚至还有第三种亲和力——双重亲和力,或,交叉亲和力——即:物质 A 和 B 结合在一起,物质 C 和 D 结合在一起,如果把 A、B、C、D 混在一起,A 可能脱离 B 去和 D 结合,而 B 可能去和 C 结合。"这样,歌德在小说一开始就表明了他的写作意图,即:他要用人物 A、B、C、D 代替物质 A、B、C、D,写出人物 A、B、C、D 之间的亲和力。

众所周知,十九世纪的伟大小说家都是以自己熟知的人作为人物原型的。

---

① 赫尔德尔:18 世纪德国哲学家、神学家、诗人、批评家。
② 洗礼:基督教入教仪式。

有些小说家,譬如屠格涅夫①,还曾公开承认,没有生活中的原型,他无法凭空虚构小说中的人物。他们苦心经营,尽量改造原型,使其符合他们的写作意图;所以,最终出现在他们笔下的人物,已经和生活中的原型大不相同。也就是说,除了保留原型的某些个性特征——譬如音容笑貌等——小说家基本上是凭自己的想象力创造出小说人物的。正因为这样,小说家才有可能创造出比生活中的真人更生动、更有趣的小说人物。然而,歌德却把化学物质当作人物原型,这也太别出心裁了;我不知道,除了他还有哪个小说家曾这么做过。

《亲和力》中所讲的故事并不复杂,大概是这样的:富裕的男爵爱德华和妻子夏洛蒂住在自己的庄园里。他们小时候就认识而且有感情,但两人都服从父母的安排,各自结了婚,直到两人的配偶都过世,他们才走到一起。不过,这些以前的事情,读者一开始并不知道,因为小说一开始,这对夫妻已经人到中年,安居在自己的庄园里。一天,爱德华对妻子夏洛蒂说,他想请一位老朋友到庄园来做客,因为这位老朋友曾对他有恩,他应知恩报答。小说中始终没有说出这位老朋友姓甚名谁,只称他"上校"。对此,夏洛蒂理应回答:"好啊,那你就叫他来吧!"但是,她却回答说:"这倒要考虑考虑再说。"爱德华当然不高兴了,就和她争执。争执的结果,夏洛蒂终于同意了丈夫的提议,但有一条件,就是要请她的侄女奥特丽也来做客。爱德华同意了。于是,上校和奥特丽都来了。奥特丽年轻美貌;上校风度翩翩。没想到,爱德华和奥特丽一见面就有"亲和力",相互吸引;夏洛蒂和上校呢,也一样。接着,奇怪的事情发生了:爱德华保留着早年在军队服役时所记的日记,想修改整理后出版,于是就请奥特丽帮忙,把他涂涂改改过的日记誊写一遍。奥特丽誊写好之后,交给爱德华。爱德华当场翻开一看,大吃一惊,因为誊写好的日记前半部分明显是奥特丽的笔迹,后半部分的笔迹却变得非常像他自己的笔迹,简直就像是他自己写的。爱德华惊呼:"你这样喜欢我的笔迹,说明你爱我!"说着,便一把将奥特丽搂在怀里。此时,夏洛蒂和上校也都意识到相互之间的爱意。但上校又明智地意识到,要避免爱上朋友的妻子,唯一的办法是赶快离开——他也确实这么做了。夏洛蒂知道丈夫和奥特丽的恋情后,要让奥特丽离开庄园。但爱德华却说,要离开的话,还是让他离开算了。于是,爱德华就离开庄园,住

---

① 屠格涅夫:19世纪俄罗斯三大小说家之一。

到别处去了。这之后，爱德华托人带口信给夏洛蒂说，他想跟她离婚。那时，德国新教盛行，离婚并不难①。离婚后，他可以和奥特丽结婚，夏洛蒂和上校也可以想怎样就怎样了。

但是，传信人传回口信说，夏洛蒂怀孕了。这使爱德华懵了：这段时间他虽和奥特丽爱得如胶似漆，但一时兴起，也可能偶尔与妻子同过房，难道已是中年的夏洛蒂也会怀孕？本来，爱德华应该为妻子怀孕感到高兴，因为他的庄园将有他们自己的子女来继承；再说，他毕竟爱过夏洛蒂，无论从情理上说，还是从道德上说，他都应该回到庄园去，负起丈夫的责任。但是在歌德笔下，事情却变得稀奇古怪。爱德华不知出于什么原因，竟然决定再去参军，到战场上去拼杀，为国捐躯。后来，孩子出生了。令人惊讶的是，这孩子的眼睛竟然像奥特丽，下巴竟然像上校。歌德这么写的用意大概是想说，爱德华和夏洛蒂同房时，由于一个爱着奥特丽，一个爱着上校，于是暗结珠胎时就成了这个样子。当然，这是胡说八道。

爱德华没有为国捐躯，而是打完仗回到了原来的住处。上校来看他。他便要上校到夏洛蒂那里去，劝她同意和他离婚。但等不及夏洛蒂的回音，他骑马到庄园去，想面见夏洛蒂。路上，他偶然遇到正带着夏洛蒂的孩子在湖边散步的奥特丽。他把要上校传口信给夏洛蒂的事情告诉奥特丽。奥特丽应诺，只要夏洛蒂同意离婚，她就嫁给他。两人分别后，奥特丽带着孩子到湖上划船。由于心事重重，她不慎把船桨掉进水里。她侧身去捞船桨，船一倾斜，孩子掉进水里，顷刻便淹死了。小说最后，这四个人——爱德华和奥特丽、夏洛蒂和上校——在庄园里重聚。由于孩子已死，夏洛蒂同意和爱德华离婚。情形好像每个人都将如愿以偿。但是，发生的又是怪事：奥特丽为孩子的死深感内疚，认为这是上帝对她和爱德华有私情的惩罚，不想嫁给爱德华了。这还没有什么，奇怪的是她竟然就此一言不发、滴水不进，最后死了。爱德华无法承受奥特丽的死，竟然也死了（不是自杀）。最后，夏洛蒂同意把爱德华葬在奥特丽身边。

以上就是《亲和力》的故事梗概。不论是人物，还是情节，都奇怪得令人匪夷所思、难以想象，而且小说中的旁枝末节又多得不得了，几乎使小说丧失了完整性。歌德从早年起就喜欢口述，即由他口授，旁人记录。这种方法已由

---

① 罗马天主教不允许离婚，宗教改革后，从罗马天主教分离出来的基督教新教允许离婚。德国是基督教新教的诞生地。

多名作家证明是很糟糕的。因为当你讲着讲着,讲到自己感兴趣的话题,就会不知分寸地大讲特讲,而这样大讲特讲的东西,往往是游离主题的。在这部小说中,歌德似乎对我们今天所说的"园林设计"特别感兴趣,于是就大讲特讲夏洛蒂和上校怎样讨论、怎样着手改建爱德华原来所建的那个小花园。还有,讲述爱德华如何上战场、如何退役,也是下笔千言、离题万里。夏洛蒂与前夫所生的女儿叫露希安,她好像从来没有和母亲住在一起,不知怎么回事要住在姑婆那里,后来又和一位年轻人订婚,有一次带着一群朋友来庄园探望夏洛蒂。那时正是冬天,这群年轻人溜冰滑雪、奏乐唱歌、作诗演戏,玩得不亦乐乎,歌德不厌其烦地一一描述。说实话,他的描述并非无趣,有的还很精彩,可以使我们知晓十八世纪末德国贵族是如何接待客人、如何自娱自乐的;但是,这些和他所讲的故事毫不相干,再精彩也是多余的,只会使读者厌烦。还有小说中的人物也都没有个性而缺乏魅力,因而无法使读者同情他们的命运。他们就像字母表上的四个字母,仅仅是四个符号,是作者用来演绎其抽象理论的工具而已,不说性格鲜明,就是连个普通活人都不是。按罗伯森教授的精辟概括,"这些人物既没有直觉能力,也没有想象能力,只有逻辑推理能力"。这是致命的毛病!这一毛病,其实在歌德最初构思这部小说时就已存在。爱德华和奥特丽互相吸引,当然可以,但让夏洛蒂和上校也对等地相互吸引,这种可能性即使有,也小得不大有人会相信。如果用这个故事来写一出喜剧,大概还可以。如果让马里沃①来写,可能还会写得很有趣;如果让萧伯纳②来写,可能还是一部机智幽默的讽刺剧。遗憾的是,歌德用它来写小说,还设置了一个悲剧结局,但它既没有使读者产生怜悯之情,也没有使读者心怀恐惧之感。

八

我在本文中不知不觉讲了太多歌德的生平,这并非我的本意。我不知道读者读完本文后会觉得歌德是怎样一个人,但我相信,我对歌德的描述肯定是有偏差的。格林童话中有一则故事,说有个年轻人只身到城堡中去解救一位公主,当他看见公主时却大吃一惊,因为他眼前的公主是个满脸皱纹、眼窝深

---

① 彼埃尔·马里沃:18世纪法国著名喜剧作家。
② 萧伯纳:20世纪初爱尔兰剧作家,曾获1925年诺贝尔文学奖。

陷、披头散发的老婆子。他问她:"你就是美貌闻名天下的公主吗?""是啊,"她回答说,"但你看到的不是我的真面貌,因为用眼睛直接看我,只能看到这个样子。你要在镜子里才能看到我的面貌有多美。你若不信,可以试试,镜子是不会说谎的。"说着,她递给他一面镜子。果真,镜子里的公主美貌无比。其实,看歌德也是这样:你直接看他这个人,自私、自负、古板、势利、冷漠。海涅曾诙谐而刻薄地说,歌德从不称赞和他一样有才华的人,只称赞平庸之辈,因此,歌德的称赞就是平庸的证明。但是,歌德写的诗却像一面镜子,只有从这面镜子中才能看到真正的歌德有多么伟大,就如只有从镜子中才能看到真正的公主有多么美貌。歌德自己也曾说过,伟人和常人其实是一样的,只是伟人的优点比常人多一点,缺点也比常人多一点。如果这是说他自己,那再恰当不过了。确实,他的缺点比常人多,但到了晚年,却有所减少。这从艾克曼的《歌德谈话录》中即可看出。《歌德谈话录》是本好书,是那种随手翻到哪一页都会使你继续往下读的书。书中除了记录歌德的言论,还有艾克曼对歌德言论所写的详细解读。这和赫兹里特[①]记录的他与诺斯寇特[②]的对话很相似。不过,歌德的秘书艾克曼当然不能和赫兹里特这样一位大作家相提并论。艾克曼出身贫寒,曾靠勤奋劳作攒钱上学。为了表示对歌德的崇敬与爱戴,他托人把自己的一本诗集和一本评论集送到歌德那儿,恳请指教。歌德看了那两本书后很高兴,说要见见作者。于是,艾克曼去面见歌德。见面后,歌德发现这个年轻人对他万分敬仰,便决定把他留在身边。只是,歌德要到马里昂巴德[③]温泉去疗养,所以,他和艾克曼约好,等他疗养结束后,在耶拿再见面。

那时,歌德已七十四岁,比中年时较为平易近人一点。从那时的画像中可以看出,他比四十多岁时瘦了一些,身材仍然很好;头发虽白,但仍然浓密;目光锐利、双唇紧抿,一如既往,还是那副咄咄逼人的样子。他仍然很有魅力,每个见过他的人都印象深刻。此时,克丽斯蒂安·福毕斯已去世多年。她生前尽了贤妻之责,晚年虽常喝醉,但清醒时仍辛勤操持家务,料理歌德的起居。她的去世,使歌德深感丧妻之痛。

在马里昂巴德,歌德遇到一个十七岁的少女,叫乌尔莉克。其实,他们曾

---

① 威廉·赫兹里特:19世纪英国散文家,与查尔斯·兰姆齐名。
② 诺斯寇特:18世纪末、19世纪初英国画家。
③ 马里昂巴德:捷克温泉小镇。

在两年前见过面。乌尔莉克年轻活泼，又是贵族出身，歌德怦然心动。于是，这个不知疲倦的情场老手又一次投入情网。乌尔莉克对歌德这个大名人的示爱不仅仅是受宠若惊，她确实觉得这个白发苍苍的老头魅力非凡。他向她求婚，她显然没有拒绝，因为有歌德的一封信保存下来——在那封信中，歌德告知乌尔莉克家人，他已向乌尔莉克求婚，而且已商定近期举行婚礼。这使那家人集体昏倒。乌尔莉克的母亲更是惊恐万分，并在惊恐之余断然拒绝了这桩婚事。确实，如果还有一点理智的话，谁都会觉得这桩婚事实在太荒唐了。

歌德求婚未成，心情抑郁，悻悻然离开了马里昂巴德。在返回耶拿的马车上，他写了一首诗，题为《挽歌》，抒写他对乌尔莉克的爱情被扼杀后的悲伤与痛苦。这首诗写得很精致，不像他的早期诗歌那样质朴、自然。他的早期诗歌大多就如信手拈来，写伤心之事就如失声痛哭，写高兴之事就如鸟儿鸣唱；这首《挽歌》虽然感情真切，但却是从容打造、细细推敲出来的。由此可见，他在返回耶拿途中就已经心平气和了——毕竟，一个七十四岁的老头想娶一个十七岁的少女为妻，本是不该有的痴心妄想。

回到耶拿，歌德按原计划把艾克曼收留在身边，并打算带着艾克曼住到魏玛城中的那幢豪宅里去。歌德向艾克曼描绘了一幅诱人的画面，告诉这个年轻人说，和有教养、有知识的人住在一起好处多多，既能陶冶性情，又能磨砺诗艺。艾克曼本来就崇拜他，被他这么一说，更是对他奉若神明，两星期后跟随他去了魏玛。歌德随即指派事情给艾克曼做，这样一做就是九年。有好几次，艾克曼想离开，但歌德都没有同意。素来冷漠无情的歌德还不允许艾克曼写自己的作品。虽说这个年轻人没有多少文学天赋，但他还是想写点东西的，只是由于歌德不允许，他没能如愿。不过，他跟随歌德，毕竟还算在文学史上留下了名字。

艾克曼经常和歌德一起用餐，有时就他们两人，有时则高朋满座，因为老年歌德喜欢设宴请客，主办人就是他的儿媳奥特丽。奥特丽年轻能干，深得歌德信赖；还有两个孙子，也是歌德喜欢的。歌德时而会和艾克曼谈谈文学，谈谈艺术，艾克曼出于对歌德的崇敬，把他的话都一一记录下来：有些话是歌德和他乘车同行时说的；有些话是歌德坐在书房里说的；有些话是歌德招待地位显赫的客人时说的，艾克曼正好在场。艾克曼在《歌德谈话录》中的某处偶尔提到，歌德说了一些很有趣的话。要是他当初觉得这些有趣的话也有记录价值就好了，可惜他没有。他一本正经，只注意歌德具有学术价值的言论，而歌德又是有点学术癖的，所以，他的笔记本上都是这类记录。

大概就在那时，歌德的亲友一个接一个地离他而去。当初席勒去世，歌德就说他的半条命已随席勒而去。现在，他的初恋情人弗丽德里克·布莱翁去世了。我当年在斯特拉斯堡时，还专门乘车去过萨森海姆小镇，想看看当年那个乡村牧师布莱翁和他的家人所住的房屋，还有他常在里面布道的那座教堂。变化肯定是有的，所幸变化不大。歌德和弗丽德里克一起散步的那条田间小路也仍然在。然后，我到公墓去找弗丽德里克的墓。可惜没有找到，倒是在公墓大门附近找到了"二战"英国空军阵亡将士的十二座坟墓。墓碑是白色的，其中十一块墓碑上刻有死者的名字和年龄，都只有二十几岁。唯有一块墓碑，上面没有死者的名字，大概是遗体残缺严重，无法辨认，所以第一行"英国空军"下面是空行，第三行刻的是"上帝知道他的名字"，读之令人心碎。

后来，夏洛蒂·布芙和莉莉·雪曼去世了，冯·施泰因夫人去世了，魏玛公爵去世了。再后来，连他的儿子奥古斯特也去世了。当歌德得知儿子的死讯时，据说他是这么说的："人总要死的。我生的是人，不是神仙。"这种理智而冷漠的话只有歌德才会说。不过，没有人是完全不动感情的，他内心的丧子之痛其实非常强烈，只是没有表现出来罢了。没过几天，他就中风了。后来慢慢恢复过来，甚至还能继续写作。但两年后，他一病不起。一八三二年三月二十二日早上，他似乎感觉好了一点，叫人扶他起床，坐在一把有扶手的靠背椅上。他好像在沉思默想，又好像是出了神，也许是恍恍惚惚地想到了席勒。黄昏时分，房间里开始暗了，他对仆人说："打开窗让屋子里多一点亮光。"这是他说的最后一句话。后来，人们把这句话中的"多一点亮光"当作他的临终遗言，以示他一生的理想与追求。

马哈希①

一

一九三八年,我去了一趟印度,想到各个土邦②去随便看看。我有幸得到老朋友阿迦汗③的帮助,由于他为我写了引荐信,我受到多个土邦主的热情邀请,还得到盛情款待。不过,各地土邦主听说我既不是来打猎,也不是来推销,又不是来游览泰姬陵、阿旃陀石窟④、马杜拉⑤的庙宇,而是来拜访当地的学者、作家、艺术家、宗教领袖和虔诚教徒,都有点吃惊,但又很高兴,因为他们从未见过像我这样的人,觉得很有趣。所以,他们对我的礼貌和客气变成了对我的全力支持,使我见到了许多我想见的人。

在我的书架上有一套巴林-古尔德⑥所著的十五卷本的《圣徒传》,我时常

---

① 马哈希:Maharshi,泰米尔文的音译,印度教圣者的称号,类似于基督教的"圣"(Sant),如"圣托马斯"。区别是:基督教的"圣"置于名字前,印度教的"马哈希"置于名字后;基督教的"圣"不能单独称呼,必须和名字连在一起,印度教的"马哈希"可以单独称呼,意为"圣徒"。本文所说的"马哈希"是拉马纳·马哈希(Ramana Maharshi,1879—1950),有现代印度灵性大师之称。
② 土邦:印度在成为英国殖民地之前由五百多个大大小小的土邦组成,英国人统治印度期间依然保持原样。
③ 阿迦汗:即阿迦汗三世,名苏丹·穆罕默德-沙阿,20世纪上半叶印度伊斯兰教什叶派的领袖。
④ 阿旃陀石窟:印度最大的石窟遗址,位于马哈拉施特拉邦北部文达雅山悬崖上,始建于阿育王时代,为印度教艺术和世界绘画艺术经典。
⑤ 马杜拉:印度南部泰米尔纳德邦的古城,以米纳克什神庙著称。
⑥ 巴林-古尔德:19、20世纪之际英国博物学家、考古学家和小说家。

会随手取下一卷翻阅。我还读过圣女大德兰①的自传，以及阿西西的圣方济各②、锡耶纳的圣凯萨琳③和圣罗耀拉④的传记。我对亲眼见到某位圣徒虽不存奢望，但这次竟然见到了一位。我旅游到马德拉斯⑤，会见了几位当地人士，他们对我此次印度之行的目的很感兴趣，得知我不远万里想来见见某位圣徒，要带我去见全印度最有名、最受人尊敬的一位"斯瓦米"。他们称他为"马哈希"，并说各地的朝拜者都到他那儿寻求指点或安慰，以渡难关。"斯瓦米"是印度教名称，凡是修行的僧侣，都称为"斯瓦米"。至于那位马哈希，他的修行处就在蒂罗温纳默莱，离马德拉斯只有几小时车程。他的隐居之所在阿鲁纳加拉山脚下，那座山被称作圣山，因为印度教徒把它看作大神湿婆⑥的象征，所以每年都有成千上万教徒到那里举行隆重的祭神仪式。

我一口答应了。几天后，我们一早出发。一路上尘土扑面，在车上颠簸了好几个小时后，终于到达那里。之所以颠簸，是因为那条土路被笨重的牛车压得高低不平。有人告知我们，马哈希要过一会儿才能见到。我们随车带的礼物只有一篮水果，因为我听说当地的习俗只允许以水果为礼物。既然要等，我们就席地而坐，开始吃午饭，看来事先备好干粮是明智之举。突然间，我头晕得厉害，他们马上把我抬进一间小屋，让我躺在一张铺着草垫的床上。这之后，我就昏迷了。不知过了多久，我醒了，好像没事了，只是还不能动。那位马哈希得知我昏迷了，不能到他通常所在的厅堂去见他，就带着几个弟子到那间小屋里来见我。

接下来的情况，我回到马德拉斯后就把它记在了笔记本上。那位马哈希就像普通印度人那么高，黑红色皮肤、灰白色短发、灰白色胡子。他并不强壮，只是稍有点胖。虽然他只围了一条裹腰布，什么都没穿，但看上去很整洁，甚

---

① 圣女大德兰：16、17世纪之际西班牙天主教会修女，著有《内在心灵的城堡》等，1622年册封为圣女。
② 阿西西的圣方济各：12、13世纪之际意大利天主教修士，创建方济各会，1228年册封为圣徒。
③ 锡耶纳的圣凯萨琳：14世纪意大利天主教多明我会修女，1461年册封为圣女。
④ 圣罗耀拉：16世纪西班牙天主教主教，耶稣会创始人，1622年册封为圣徒。
⑤ 马德拉斯：印度南部泰米尔纳德邦首府。
⑥ 湿婆：梵文（拉丁音译）Shiva的汉语音译，印度教三大神之一（另外两大神是梵天、毗湿奴）。

至有点衣冠楚楚的样子。他拄着一根拐杖，走路很慢，还有点瘸。他的嘴稍有点大，嘴唇有点厚，眼睛既不像多数印度人那么大，也不像他们那么亮，眼白里还有血丝。他态度和善，面带微笑，彬彬有礼。他给我的印象是，他好像不是一位马哈希，而是一个笑呵呵的老农夫。他走进房间，身后跟着几个弟子，而我正躺在那里的一张小木板床上。他说了几句问候的话之后，就在我身边坐了下来。

他用温和的眼神看了我几眼之后，就不再看我，而是两眼很奇怪地凝视着我的肩膀上方。他身体一动不动，一只脚不时地轻击一下地面。他这样保持了大约一刻钟，事后他们告诉我，他是在为我默念。这之后，他突然问我，有什么话要对他说，或者有什么问题要问他。我感觉虚弱而难受，就这么说了，他听了之后笑了笑，说："沉默也是交谈。"接着，他又把头稍稍转开，两眼又凝视着我的肩膀上方，开始默念。他这样又保持了大约一刻钟，没有人说话，房间里所有人都默默地看着他。接着，他站起身，鞠了个躬，朝我微微一笑，表示道别。然后，他拄着拐杖，一拐一拐地走出了房间。他的几个弟子跟在他后面。

不知道是因为休息了一阵的缘故呢，还是那位马哈希为我默念的效果，反正我感觉好多了。不一会儿，我就能走动，还去了他白天在那里打坐、晚上在那里睡觉的厅堂。在我看来，那不过是个大约五十英尺长、二十五英尺宽的空房间。虽然四周都有窗户，但由于屋顶低矮，房间里依然很暗。那位马哈希正在一个小平台上打坐，那小平台上铺着一张虎皮。平台前面，放着一只香火缭绕的小火盆，那香气很好闻。偶尔，会有一个弟子上前去添香。信徒们都坐在地上，有的在诵经，有的在默念。过了一会儿，有两个陌生人提着一篮水果进来，向那位马哈希行大礼，献礼品。他微微点头表示收下，并示意弟子把礼品拿走。他和那两个陌生人轻声交谈几句后，又微微点头，示意他们退下。他们行礼，退下，坐到其他信徒中间。那位马哈希又开始默念，在场的所有人似乎只是稍稍惊动了一下。我轻手轻脚地走出了厅堂。

我后来听说，关于我晕倒的事，外面谣传纷纷。消息传到印度各地，有人说我是因为在那位马哈希面前顿生敬畏之心而晕倒；有人说是因为那位马哈希法力无边，使我晕倒几分钟是要我领悟天意；还有人来问我到底是怎么回事。

对此，我都一笑了之。其实，我那次晕倒，既不是第一次，也不是最后一次，医生说是因为我的腹腔神经丛受刺激、导致横膈膜压迫心脏所致，只要受压时间稍长一点，就会头晕，这时我只要坐在地上，伸开双腿，同时弯腰，尽量把头低下，就像我多年前在圣托马斯医院门诊部教那些因紧张而头晕的女人那样，就没事了。但那次好像没用，我只觉得天旋地转，很快就失去了知觉，直到最后醒来。这种情况虽然很少出现，但那次晕倒后，时不时就有印度人来拜访我，因为他们相信我是凭借马哈希的法力去过天界的人，就像当初有许多人去拜访赫尔曼·麦尔维尔①，因为他们听说他曾到过食人族部落②。我对他们解释说，这是我的老毛病，没什么危险，只是要麻烦别人。他们都不信，还反问我，你怎么知道你不是到了天界？这个我没法回答，要回答也只好对他们说，天界一片昏暗，什么也没有。不过，我没说，免得他们不高兴。他们这么认为看似荒唐，其实并不奇怪，因为他们把无梦的深睡眠看作是灵魂与天界的融合，也就是所谓的"梵"③。关于"梵"，读者可能不太理解，我在后面会进一步解释。

这段有趣的插曲对我来说只是小事一桩，但对那位马哈希的虔诚信徒来说却是件大事，他们为此给我寄来了许多关于那位马哈希的材料，包括生平、日志、对话录、问答录、讲义、等等。我从这些材料中不仅读到了一个不寻常的人物，还对他有了一个大概的印象。下面我就想和读者分享我对那位马哈希的印象。有些方面可能很奇特、很古怪，但我尽量直白地叙述，不加评论，更不予质疑，因为我若在叙述过程中加以评论或质疑，西方读者会觉得太复杂。简单说来，就是我会像古代为圣徒立传的教士那样平心静气、不偏不倚地讲述圣徒的生平。不过，在开始之前，我先要对读者解释一下，那位马哈希所信仰的是哪种宗教，否则的话，读者很难理解他的行为动机和生活方式。这并不容易，我甚至有点惶惶不安，因为我对那种宗教的了解并不透彻，而且我所了解的东西也大多来自书本。其中，最重要的是查尔斯·艾略特④爵士所著《印度

---

① 赫尔曼·麦尔维尔：19世纪美国小说家，著有《白鲸》等。
② 麦尔维尔曾搭乘捕鲸船去南太平洋，在马克萨斯岛的食人族部落里住过数周，后他将此经历写入小说《泰皮》。
③ 梵：梵文（拉丁音译）Brahmā 的汉译，音译为"婆罗贺摩"（也译"婆罗门"），意为"净""寂"，印度教引申为"源"，类似西方哲学中的"无""无限"。
④ 查尔斯·艾略特：19世纪至20世纪之际英国外交家，曾任殖民地总督。

教与佛教〉、拉达克里希南①所著《印度哲学史》和他翻译的《奥义书》②、克里斯纳斯瓦米·艾尔所著《吠檀多③：现实的科学》、巴奈特④教授所著《梵天研究》和商羯罗⑤所著《真我的知识》。我在下文中会经常引用这些著作，引文当然会用引号标出⑥，但因为太麻烦，恕我不再注明出处。印度教不仅是一种宗教，更是一种哲学；它不仅是一种宗教和一种哲学，更是一种生活方式。你一旦接受了印度教的基本教义，也就全盘接受了印度教，就如在三段论中一样，你一旦接受了大前提和小前提，也就接受了结论。印度教作为一种古老的宗教，最初由印度最早的土著人达罗毗荼人的原始宗教和公元前二世纪入侵印度的雅利安人所信奉的宗教混合而成，后来由《奥义书》的诸多作者——也就是远古智者——逐渐加以系统化，故而《奥义书》历经数百年才最后成书。当然，说一种宗教非常古老并不表明它非常正确，而只是表明它千百年来一直能满足信徒的精神需要。

二

我在前面已说到过"默念"，后面还要频繁说到，考虑到读者可能不知其含义，我在此先解释一下。所谓"默念"，通常（并非总是）是指一种通过持久的修炼而达到的冥想状态。这种特殊的冥想状态不同于一般的冥想。一般的冥想就是集中注意力思考某件事情，默念则不然，不是思考，而是不思考，使自己处于一种无知无觉的状态，但又不是睡眠。默念最神奇的特征就在这里。就以那位马哈希的弟子们为例，他们在马哈希的修行处要定时背诵经文，如果有个弟子念错了字，正在冥想的马哈希仍能听出来，而且会及时纠正那个弟子的

---

① 拉达克里希南：20世纪上半叶印度哲学家、政治家，印度独立后曾于1962年当选印度总统。
② 《奥义书》：印度上古文献总集《吠陀》的最后部分，婆罗门教经典之一，音译"邬波尼煞陀"，约产生于公元前10世纪至公元前5世纪之间，是古印度圣贤传道授业的秘传，其中关于自我和宇宙起源的玄思对后来的佛教有深远影响。
③ 吠檀多：梵文（拉丁音译）Vedanta的汉语音译，古印度六大哲学流派中影响最大的一派。
④ 巴奈特：19世纪至20世纪之际英国东方学家。
⑤ 商羯罗：Sankara，古印度圣徒，阐释《奥义书》而创建"不二论"。
⑥ 中译文中，大段的引文用楷体字表示，不超过一行的引文，尤其是夹在正文中的引文，中译文通常把引号去掉，因为此文是一篇随笔，并非学术论文，有太多用引号引出的句子会影响阅读。此外，中译文中有许多带引号的词，此引号乃译者所加（原文是没有的），这仅仅是为了表明这些是有特定含义的词（有如重点号），而非引文。

读音。这就如冥想中的音乐家,一边想着自己要谱写的乐曲,一边仍能听出有学生在钢琴上按错了键,而当他去纠正那个学生的错误时,他其实还在想着他要谱写的乐曲。与此不同,默念有点像昏迷,不但对身外之物全然不知,内心也空无一物。据说,这就是"梵",就是天界。或者说,此时的默念者与"梵"、与天界浑然一体,其心灵能从中获得力量、知识和幸福。举个通俗一点的例子:

我在加尔各答时认识了一位有名的印度植物学家,他的夫人是个美国人。这位印度植物学家笃信印度教,每天都要默念一到两个小时。有一次,我们偶然谈到默念,他的夫人告诉我说,他们前不久乘夜车到某地去参加学术会议,车厢里挤满了人,根本没法睡觉,她丈夫一上车就开始默念,直到第二天早上到达目的地才从默念中回转过来。同车的人一整夜都在吃东西、讲话,那个可怜的夫人坐在硬邦邦的木头椅子上一夜没合眼,第二天头昏眼花、浑身无力,而她丈夫却精神饱满。一到旅馆,她倒头便睡,她丈夫却忙这忙那,毫无倦意,像是昨夜睡了一个好觉。

三

《奥义书》是一部诗文并蓄的对话录,由寻觅真谛的远古智者所作。这些诗文,据说是神启,因而被认为是印度玄学的最纯正、最高级的表达,而其宗旨,与其说是寻觅真谛,不如说是抚慰人心的焦虑,使灵魂得到安宁。

《奥义书》语义隐晦,艰涩难懂,后世有许多人对它作过阐释,并以此佐证自己的学说。其中最经典的,我想就是商羯罗。据说,商羯罗八世纪时生于印度南部,三十二岁时英年早逝。他聪慧绝伦,既是诗人又是哲人,更是印度教的一代宗师;他最卓越的成就是把《奥义书》里的哲理提取出来加以综合,以此创建了名为"不二论"[①]的学说。"不二论"即一元论,也就是印度学者常说的"非二元论"。这一学说的要义有二(如果我没有理解错的话),即"梵"

[①] 不二论:也称"不二一元论",其要义是:世界万物都是"梵"通过一种魔力——摩耶——创造而来,世界是下智的人对于"梵"的虚妄认识所引起。"梵"转变为世界是一种幻象的转变,如同有人把绳看成蛇一样。因而,世界万物及一切现象如同梦境、魔术现象或海市蜃楼一样不真实。唯一真实的是"梵",认识的目的就是亲证"梵我合一",达到解脱。

和"轮回"。这两者之间的关系使人想起天文学家所说的双子星，即两者在一种神秘引力的作用下相互绕着对方旋转。"梵"是唯一的真，是非人格的，不同于基督教和伊斯兰教崇拜的人格神上帝和真主；"梵"是中性的，通常用"它"来指称。"梵"就是存在，无组成、无特质、无举止、无情感；无限制、无苦厄、无衰败且无始无终。它是万物之内在，无形无体，无可改变。它不可感知，因为它就是感知，所以感知也是自知。它是宇宙的本源，也是生命的本源。在人类出于恐惧和需求而产生的各种至高无上的绝对者概念中，"梵"或许是最深奥的，因而最令人望而生畏。

按《奥义书》，世界是"梵"的表现形式，或者说，是"梵"使世界绵延不绝。但问题是：既然"梵"是无形无体、无欲无求的，那它为什么要把自己表现出来呢？对于这一问题，有两种较为普遍的解释。一种解释认为，这是"梵"的仁爱和慈悲的表现。可是，看看世界上无处不在的苦难，真让人不得不想："梵"还是不要表现出来为好。另一种解释比较有意思，即认为，世界的由来是"梵"的自溢，也就是它像牛顿看到的那只不得不从树上落下来的苹果一样，不得不表现为这个世界。可是，《奥义书》的作者既不知道几百万光年之外的星系，也不知道银河系有多少恒星，有多少绕恒星旋转的行星，即使关于地球，他们也知之甚少；他们看到的就是印度的一小块地方，也就是他们心目中的"世界"。就仅这点见识，实在很难想象出一位超越无限的创世者。

和我们今天认识的宇宙相比，《奥义书》里说到的宇宙实在小得可怜：总共只有十四个"域"，全都存在于有限的时间和有限的空间中，只是这些"域"里的生物各不相同。"梵"在这一宇宙中把自己表现出来，就有了人的形象，叫作"自在天"。"自在天"是人格神，代表至高的精神，而且全知全能。他是第一推动力；他是世界的创造者和维护者，也是世界的毁灭者。世界源于他，也归于他，而他创造世界用的是"幻"。这是个很玄乎的概念，通常理解为"幻象"，也就是指实体世界[①]具有欺骗性。这个世界既不是真实的，也不是不真实的，只是"梵"的表现而已。它的真实性存在于这样一个事实中，即：它表现为真实。也就是说，这个世界从本质上来说是虚幻的，但在人的感觉中，它又是真实的。印度的智者喜欢用比喻来解释这种虚幻的真实；譬

---

① 实体世界：指可以用感官感知的世界，和心灵世界相对。

如在夜里，你看到一样东西，觉得是一条蛇，赶紧逃了；可是，点起灯来一看，你看见的"蛇"其实是一根绳子。你把绳子看作蛇，就是一种幻象，是虚假的，而绳子才是真实的，你可以用它来牵牛、绑船，或者上吊。和"幻"密切相关的是"妄识"，意思就是"愚昧"或者"无知"。就是因为"妄识"，你才把绳子看作蛇，才把幻象世界（也就是"梵"的表现）看作"梵"本身。

那么，为什么像"梵"这样具有神性的绝对者要表现为一个充满痛苦的世界？世界上有人荣华富贵，有人穷困潦倒，是不是都是"梵"的表现？这个问题，对于基督教来说，就是关于"恶"的问题，或者说，关于上帝是不是公正的问题。我想，读过《卡拉马佐夫兄弟》①的人一定还记得伊万在和阿辽沙讨论"恶"的问题时所讲到的那件可怕的事情。阿辽沙相信上帝是公正的，恶人才会有恶报。可是，为什么一个无辜的孩子也要遭恶报？伊万对阿辽沙说，有个地主养了一群狗，一个农奴的孩子不懂事，朝狗群扔石头；这本是小事，但那个地主竟然剥光孩子的衣服，还逼他奔跑，并放狗去追他。更为残酷的是，他还要孩子的母亲站在一边，看着孩子被一群狗活活咬死。伊万说，既然上帝允许这样的事情发生，那么上帝一定是邪恶的，所以他拒绝信奉这样的上帝。众所周知，"恶"的问题一直是一元论宗教无法回避的难题。对于这一难题，印度教用"轮回"和"业"予以解答②。他们认为，人的肉身死后，人的灵魂——他们称为"灵身"③——不会死，而是转移到另一个肉身，可能是人的肉身，也可能是动物的肉身，视灵身的"业"而定。灵身从一个肉身转移到另一个肉身，就是轮回。好像没人知道，轮回观念是怎样在印度教徒的头脑中产生的。有人认为，这一观念旨在于解释，在同一个源于神性的世界上，为什么有人富贵，有人贫贱；有人享福，有人受罪。但这仅仅说明了这一观念的作用，还未说明这一观念来自何处。更为合理的说法是，轮回观念是征服印度的雅利安人从信仰万物有灵的印度土著人那里借用来的；那些土著人相信，他们

---

① 《卡拉马佐夫兄弟》：19世纪俄国小说家陀思妥耶夫斯基的长篇小说，描写卡拉马佐夫家族的堕落和崩溃，同时也表述了作者对宗教和道德的思考。
② 业：也译为"业力""因果""报应""羯磨"等，印度教的重要概念，指个人过去、现在或将来的行为所导致的结果的集合，"业"是主导轮回的起因。
③ 印度教（佛教亦然）认为，人有肉身和灵身，类似于基督教的肉体与灵魂，而且和基督教认为灵魂不死一样，印度教（佛教亦然）也认为灵身是不死的，所不同的是：印度教（佛教亦然）所称的灵身处于生死轮回之中，也就是要一次又一次投胎；基督教则不然，不死的灵魂只有一次机会，离开肉体后就等着"最后审判"。

死后,灵身会附在树木或者动物身上。所以,说印度教徒相信轮回并不十分准确,而应该说,这种观念在所有印度人的头脑中都根深蒂固,从不怀疑,就如我们从不怀疑火会烧死人一样。"业"就是根据人在前世行为决定其现世处境的法力。来世如何,则由前世和现世如何而定。如果你看到有些人无辜受罪,或者看到有些人生有残疾,或者看到有些人突遭不测,或者看到有些人重病缠身,你不能简单地说他们命不好,而要说他们前世作孽,现世报应。如果《卡拉马佐夫兄弟》中的阿辽沙是印度教徒,那么当他听伊万说了那件事后就会说:你不能责怪老天无眼,那个孩子如此惨死,乃是因为他前世作孽太多,所以要遭此报应;既然已得报应,他来世或许有福。确实,这为世上所有的不幸和苦难找到了合适的理由;但在我看来,人类智慧的最大堕落,恐怕也莫过于此了。

　　印度教信徒死后,肉身——即他的躯壳、内脏——会被烧掉;但灵身——即他的意识、情感——因为不是物体,被认为是烧不掉的,而是带着它生前的罪孽或者德行,经过或长或短的停留,又进入一个肉身,降临人世。"灵身"一词在梵语中是 Atman,这个词的含义和英语中的 Soul(灵魂)一词有很大区别。基督教所说的"灵魂",是随每个人的出生而产生的,也就是每个人都有一个灵魂,而印度教所说的"灵身"好像有一定的数量,不增也不减。当一个灵身进入一个肉身时,就有一个人或者一只动物降生了①。灵身虽然要随着从这个肉身到那个肉身而变来变去②,但灵身不管经历过多少肉身,始终不会消失。灵身不是"梵"的一部分,因为"梵"是不可分的;灵身其实就是"梵"。这听起来多么怪异、多么可怕!想一想,这对我们来说,就等于要我们相信,上帝就在我们每个人的肉身中,不仅善良、聪明的人是这样,杀人犯、强奸犯、小偷、骗子、强盗、痴呆、疯子……他们的肉身中也有上帝。这让我们怎样辨别善恶,怎样表达爱憎啊!这实在是太古怪了!

　　《奥义书》里说,"自在天"创世后过一段时间会退回自身,再过一段时间,他会再次创世。这期间,尚未进入肉身的灵身保持休眠状态。你不禁会问,为什么"自在天"要一次次重新创世?回答是:要让需要赎罪的灵身修炼自己。修炼没有尽头,因为没有开端,因为灵身本来就有罪孽,世界本来就是

---

① 这在汉语中称为"投胎"。
② 即"轮回"。

如此。如果你问，那么全知全能、至善至美的"自在天"为什么不创造没有罪孽的灵身呢？唯一较为可信的回答是：就如水往低处流，灵身总要作孽的。就像没有心肺、没有大肠不成肉身，没有罪孽也就不成灵身了。罪孽是人必须有的，否则就不成其人了，就如（恕我用一个轻薄的比喻）没有苦艾酒调不出马爹利①——你尽可以调出其他各种各样的鸡尾酒，但就是调不出马爹利。

虔诚的印度教信徒努力领悟"梵"的奥义，时时反省自身的罪孽。他们清静寡欲，潜心修行，不动怒、不偷懒、不烦躁、不疑惑，因为只有这样，他们才有望跳出轮回，免于重生之苦。他们可以选择自己崇拜的神祇（如湿婆，或者毗湿奴），但必须牢记，所有神祇都是"梵"的化身（据说，商羯罗临终时祈求"梵"原谅他曾在某个神祇的庙宇里跪拜过）。所以，他们真正应该崇拜和冥想的是无形无体、无边无际而又无处不在的"梵"，并最终求得和"梵"融为一体。要达到这一境界，必须彻底忘却一切，忘却家庭、忘却朋友、忘却世界、忘却自我。如能这样，他们便到了修行的尽头，灵身不再轮回，而是融入了"梵"，从此无忧无虑、无烦无恼，当然也无欢无乐，甚至无知无觉②。

那么，我们不禁要问，他们这样还算是做人吗？当然不是。为什么要做人？做人就是罪孽和苦难，而消除罪孽和苦难，就是印度教的宗旨所在。

以上我对商羯罗学说的简要解释，难免有疏漏之处，但对读者更好地了解后面的内容仍会有所帮助。接下来我要讲的就是我所了解的那位马哈希的生平，这在纳罗辛姆哈·斯瓦米的《自我实现》一书中也有记载。

四

那位马哈希出生于一八七九年，出生地是离印度南方城市马杜拉三十公里、有五百户人家的一个村庄，年幼时的俗名叫温卡塔拉曼。他父亲山达拉姆·阿亚尔是当地治安部门的一名律师，虽然从未取得过律师资格证，有点像英国的诉讼师，但在村庄里却很受人尊敬。这个山达拉姆·阿亚尔虽信奉宗教，但不怎么虔诚，只是定期请祭司到家里拜拜神、吃饭前在神像前供一点饭菜而已。他为人和善好客，任何一个陌生人到他家里，他都会热情款待。他的

---

① 马爹利：著名鸡尾酒，原料为金酒和苦艾酒。
② 这一境界即"涅槃"。

家族中过去就曾有过出家苦修之人，据说是因为有个潜心修行的托钵僧①造访他们家，遭主人轻慢，拒绝施舍，于是就念咒称，这个家族中的每一代都要有人出家苦修、乞食为生，方能赎罪。所以，他的一个叔叔和一个哥哥都出家为僧，后来音讯全无。温卡塔拉曼十二岁时父亲就过世了，他母亲带着三个儿子和一个女儿到马杜拉城里去投靠她丈夫的弟弟，因为她的两个儿子已到了入学的年龄。那时，温卡塔拉曼是个平常得不能再平常的孩子，贪玩，不想读书，长辈都为他的顽皮担忧。但在他十六岁时，却发生了一件奇怪的事情。有个年长的亲戚到马杜拉来探望他们，其间他问那客人从哪里来，那客人回答说"从阿鲁纳加拉来"。他听到这圣地之名，又听说那座圣山是天神的八种化身之一，不知为何，心里不由得一震，顿时有一种莫名的敬畏之感和喜悦之情。不过，这种感觉很快就消失了，好像对他并没有多大影响。但没过多久，他叔叔不知从哪儿借来一本泰米尔人②的圣徒列传，并把那本书念给孩子们听。他听得很入神、很感动，但听过也就算了，还是一如既往，踢球、跑步、打架。那时他身强力壮、活泼好动。几个月后，他到了十七岁，这时他的人生终于出现了转折。关于这一转折，他的弟子后来记录了他的自述：

  我一生中的重大转折是突然出现的，大约六个星期后我就永远离开了马杜拉城。那天，我一个人坐在叔叔家的楼下。我身体向来很好……可是，突然间，我感到一阵害怕，害怕得要命，真的，我觉得我好像很快就要死了。为什么会这样，我到现在也没弄明白，那时就更弄不清楚了，我并没有生什么病。好在，那时我也没有多想，只是觉得我很快就会死，我现在该怎么办。我没有去看医生，也没有去问长辈，或者去问朋友，我想这件事还得靠我自己解决。

  我害怕死，想到死就浑身发抖，但我又不能不想。那时我变得很沉默，总是在心里问自己："我很快就会死，那么死到底是什么？是我的这个肉身会死，是不是？"于是，我想象我死了。我躺在床上，伸直手脚，屏住呼吸，一动不动，就像死人一样。我就这样让自己做个死人，闭上眼

---

① 托钵僧：印度教中潜心修行的人。
② 泰米尔人：南亚土著人，主要分布于印度、斯里兰卡和马来西亚等地。

睛，闭上嘴，什么都不说，不说"我"，也不说其他任何事情。这之后，我心里想："我的肉身死了，僵硬的尸体很快会送到火葬场去烧掉，这样，我就死了吗？我的肉身，就是我？我的肉身现在已经变成了僵硬的尸体，不会动，也不会说话，可我觉得我还活着，活得很好，我还能听我在我的已经死了的肉身外面对我说话。那个我，是我的灵身，它离开了我的肉身，就在那里。我的肉身死了，可我的灵身并没有死。这么说来，灵身是不会死的。"

其实，这就是智者所说的"顿悟"，只是温卡塔拉曼当时并不知道。这不足为怪，他没读过什么书，既不知道无处不在、永恒不变的"梵"，也不知道无穷无尽的生死轮回。他对人生还一无所知，还不知道人生即痛苦。但是这一转折之后，他对学业失去了兴趣，对亲友日渐冷淡，常常独自枯坐、沉思默想，只关注自己的灵身而对任何事情都不闻不问。他几乎每天晚上都要到庙宇里去，默默地伫立在神像前潸然泪下。这泪水从他的灵身中流出，既非欣喜之泪，也非伤心之泪。有时，他会向自在天膜拜，祈求主宰宇宙万物的神灵降福于他。那时他还不知道梵天①是非人格的存在，自在天也是，两者既是对立的，又是一致的。有时，他不去膜拜，只是苦思冥想，直到殚精竭虑。

他这样子自然使他的叔叔和两个哥哥大为不满。学堂里的教长也很恼火，因为他老是不做功课，不听教诲，斥责他也没用，他总是不声不响，漠然处之。一天早上，具体日期是一八九六年八月二十九日，他因为没有复习英文功课而受罚，教长责令他回家后把课本中的某一段抄写三遍。他坐在叔叔家的楼上草草地抄了两遍后刚要抄第三遍时，突然把课本和抄写本统统推到一边，然后闭上眼睛端坐着沉思默想。他哥哥看到他这样子，嘲笑他说："好一个修行人，干吗还坐在这里？"意思就是说，既然他这么喜欢修行，这么不喜欢读书，不喜欢受家人的束缚，那还干吗要勉强留在家里呢？像这样的话，他此前已多次听到有人对他说，只是没有留意。这次他听进去了，心里想："哥哥说得没错，我还留在这儿干吗？"几个月前，他在听人讲到阿鲁纳加拉圣山时激动不已。现在，那圣山又出现在他的脑海里，再次使他激动不已。他似乎听到那圣

---

① 梵天：印度教三大主神之一，也译"婆罗门"（Brahma），创造之神。

山在召唤他，那是神灵的召唤。

他知道必须悄悄离开，而且他的目的地也不能让他们知道，因为让家人知道，他们一开始就会阻止他，即使他坚持去了那里，他们也会来劝他回去。所以，他站起身对哥哥说他要到学堂去上补习班。他哥哥说："也好，你到楼下盒子里拿五卢比①，顺便帮我把学费缴了。"他听哥哥这么说，顿觉得这是神灵在帮助他，因为这样一来，他就有钱买火车票前往阿鲁纳加拉神庙附近的蒂罗温纳默莱镇了。他查看一张旧地图，觉得火车票不可能超过三卢比，于是又找婶婶要了五卢比。然后，他留下两卢比和一张纸条给哥哥。纸条上写着："它要跟随父亲去了，要远远地离开家。它要走一条光明美好的路，你们不要为它伤心。这条路很长，但没有钱也能走。"后面又加了一句："你的学费没有缴，留两卢比给你。"

他把自己称作"它"，下面也没有签名，无非是要告诉家人，他已不是肉身，而是和"梵"融为一体的灵身。从那时起，他就再也没有用过"我"这个词，提到自己总是用"它"。上文所引他的自述，是他讲给弟子听的皈依之路，其实用的也是"它"。只是，他的传记作家（我的引文转引自他的传记）为了方便英语国家的读者，把其中的"它"改回了"我"。他到了火车站，买好票后还剩两卢比十三安纳②。黄昏时，火车停在特里奇诺波利，他很饿，买了几只梨，但只吃了一口就饱了。他很诧异，因为他向来食量很大，除了每日两顿饭，早上要吃点昨天的剩饭，下午还要吃点零食。凌晨三点，他在维鲁普兰下车，准备在那里转车。他在那个小镇上来回走了好久，直到天亮时才看到有一家小客栈的门开了，就进去想要点吃的，但店主对他说，要到中午才有，他就席地而坐，沉思默想。到了中午，店主给了他一些米饭，他付了两个安纳。店主问他："你还有多少钱？"他说："只有两个半安纳了，不过你不用找我钱。"他回到火车站，买了一张去麻姆巴拉帕图的车票，花光了所有的钱。所以，到了麻姆巴拉帕图，后面的路就只能步行了。他走了很久，终于看到有一座庙宇。他走进去，席地而坐，沉思默想。忽然，他眼前出现一道白光，瞬间把整座庙宇都照亮了。等白光一消失，他又开始沉思默想，直到关庙门时，庙里的僧人把他叫醒。他问僧人要点吃的东西，僧人说没有。他想借宿在庙里，僧人

---

① 卢比：印度货币。
② 16 安纳=1 卢比。

说庙里不留客人。不过,有个僧人说,他们要到附近的一座庙宇去做法事,他可以跟他们一起去,等法事做完后也许能给他一点吃的东西。但到最后,领头的大僧人还是不肯给他饭吃。倒是一个跟随大僧人敲鼓的僧人看不下去了,大声说:"师父,为什么这样啊,把我的饭给他吃吧。"他这才得到一小盘米饭。吃完后,有人带他到隔壁的屋子里喝了点水。他在等他们做完法事的时候就已经很困倦,所以倒头就睡,一直睡到第二天早晨。

第二天一早,他出发去蒂罗温纳默莱镇。阿鲁纳加拉神庙就在镇外的圣山里,但他还有二十英里要走。他又饿又困,想弄点吃的,最好能买张火车票,但他没钱,身上仅有一副镶红宝石的金耳环,大概值二十卢比。于是,他找了一户人家。好心肠的女主人给了他一点饭吃,男主人拿了他的金耳环,借给他四卢比,还写了一张借条给他,只要他来还那四卢比,金耳环就归还他。下午,他们又给他吃了一顿饭,还送他一包甜点,然后送他去火车站。他在去火车站的路上就把那张借条撕了,因为他感激那对夫妇,不想再赎回金耳环了。他在火车站睡了一夜,第二天一早,他乘上了去蒂罗温纳默莱镇的火车。一到蒂罗温纳默莱镇,他就远远望见阿鲁纳加拉神庙的尖塔,便朝它直奔而去。到了神庙门口,只见大门洞开,里面却空无一人。他走进去,一直走到最后面的一座神殿,只见里面有一座林伽①,那是湿婆的神像,标志着极乐世界。他从神庙返回小镇,途经一个池塘,把好心肠的女主人昨天送给他的那包甜点扔了下去②,并喃喃而语:"为何要把这甜点给予这东西?"他说的"这东西",就是指他的肉身。他在镇上徘徊,有人问他要不要剪发。他说要的,那人就把他领进了一家理发店。他从小就有一头乌黑的长发,而当他从理发店出来时,这头长发已被剃得一根不留。剃光头发,意即断绝俗念,是托钵僧的标志,也是苦行僧的标志。他还把身上的衣裤撕碎,只留少许破布遮住胯部,其余破布和剩下的零钱一起扔掉。然后,他把身上的"神线"也脱掉。所谓"神线",就是用三根棉线搓成的一根细绳,从左肩斜背至右胯。婆罗门③家的男孩到八岁时会以隆重的仪式授予这根"神线",表示其获得新生。他脱掉这根"神线",即表明他抛弃自身优越的种姓、抛弃肉身、抛弃自我。他剃光头发后,没有像

---

① 林伽:印度教的神像,多以男性生殖器形象出现。
② 把东西扔进水里,表示舍弃。
③ 婆罗门:印度四种种姓中最高等级(其次为刹帝利、吠舍、首陀罗)。

往常一样沐浴——"为什么要让这东西享受沐浴的舒服?"他自问。但在他走进神庙的千柱大殿①准备坐下来沉思默想时,一场大雨神奇地把他浑身冲洗得干干净净。

一连几个星期,他每天都去静坐,每次都在那里沉思好几个小时。有个女人看到这个少年如此虔诚,颇受感动,每天给他送点吃的东西。可是,镇上的一些顽童对这个年纪和他们相仿的陌生人却并无好意。他们看到他一动不动地坐在那里,觉得很好玩,常常朝他扔石头或者碎瓦片。为了避开他们,他不得不移到大殿内堆放神像的洞窟里去静坐。洞窟里阴暗潮湿,常年没人打扫,非常肮脏。但这个年轻的斯瓦米端坐在洞窟里,深深地陷入沉思默想,任凭蚂蚁和蝎子在他身上爬来爬去,任凭黄蜂和蚊虫在他身上肆意叮咬。他的双腿上很快布满脓疮,恶臭难闻,但他浑然不知。一天,有人赶走洞窟外面的那些顽童,走进洞窟,在一片昏暗中隐约看到一张年轻人的脸,大吃一惊,便跑到旁边的菜园子里,告诉了正在那里劳作的僧人,并带着他们进了洞窟。他们把他抬出来后,送到神庙的另一个大殿里。在这过程中,他一直双眼紧闭,一动不动,沉浸于冥想中,对周围的一切毫不知晓。

就这样,他在那里静坐了几个星期,其间由另一个居住在那里的斯瓦米照料,喂饭给他吃,只是他冥想得那么深,每八九个小时才醒转一次,所以往往要把饭强塞进他嘴里。后来,他又被转移到附近的一个花园里,安置在一株铁色树下。这时,已经有朝圣者注意到他,很多人前来看他,其中有一个叫纳伊纳尔的信徒,特别钦佩这个虔诚的少年,每天来照料他的饮食。纳伊纳尔是个学者,每天还为他诵读一段"不二论"教义。只是,那时的他根本听不懂——毕竟,他在马杜拉只上过小学。纳伊纳尔不可能总在他身边,而当纳伊纳尔不在时,那些好奇而又淘气的顽童就会来侵扰他。他们认为他是个疯子,时不时地搞些恶作剧,捉弄他。后来,另外有个斯瓦米为他的虔诚和坚毅所打动,邀请他到蒂罗温纳默莱郊外的一座神庙里去冥想,免得受那些顽童的打搅。他欣然前往,在那里冥想苦修了十八个月。其间,有个叫帕拉米的托钵僧听说他的事迹,前来拜访他。一见面,帕拉米就觉得自己找到了心灵救赎的榜样,决心跟随他一起冥想苦修。这时,前来朝拜他的人越来越多,帕拉米把他们挡在神

---

① 即神庙里只有柱子、没有屋顶的露天大殿。

庙外，但代表他接受了他们送来的食物。他每天中午吃一小碗米饭，这是他一天中仅有的一餐，多余的食物还给了送来的人。

就这样，他继续苦修，人瘦得可怕，常年不洗澡，浑身污垢，乱糟糟的长头发脏得打结，手指甲和脚趾甲长得碍手碍脚。他坐在地上冥想，一坐就是几个星期，成百上千的蚂蚁密密麻麻地爬满他的身体，他浑然不觉。为了坚持长时间冥想，他把背靠在一堵墙上，久而久之，那堵墙上竟然令人吃惊地印上了他的背影。这个年轻的斯瓦米，这时已闻名遐迩，前来朝拜他的信徒络绎不绝，于是他就和忠心耿耿的帕拉米一起移居到一个芒果园里，并要求芒果园的主人不要放任何人进来。他在那里住了半年。在此期间，帕拉米从镇上借来许多泰米尔文的"吠檀多"经文。他先把这些经文细细读过，然后解释给他的虔诚弟子帕拉米听。他的传记作家说，研读经文对他的"开悟"其实并非必要，因为他此时早已得道。他研读经文只是为了回答前来朝拜他的人所提出的问题。也许就是为此，他打破了缄默之规。此前，他已三年不语；此后，他又多次恢复缄默之规。

后来，他离开芒果园移居到附近的一座庙宇。他想考验自己能否独自生存，便对虔诚的帕拉米说："我们分开，你走一条路，一路乞食为生，我走另一条路，也一路乞食为生。"可怜的帕拉米走了，但第二天就回来了，对他说："我能去哪儿呢？只有在你这儿我才有生路！"他答应帕拉米留下。帕拉米侍奉他直到二十年后离世归天。此后，他不断更换住处，为的是避开前来朝拜他的人。后来，他在阿鲁纳加拉山的一个山坡上安顿下来，那里有一汪清泉、一个岩洞，还有一座自在天的神庙。他日常就在神庙里静坐冥想，由于没有了帕拉米，他自己带着乞食钵，到镇上去化斋乞食。

五

温卡塔拉曼离家出走后，家人焦急悲伤，四处寻找，两年后才偶尔得知他的消息。那是他们家的一个熟人，偶尔听一个虔诚的信徒说，蒂鲁温纳默莱有个年轻的圣徒令人尊崇。再细细打听，他觉得那个年轻的圣徒好像就是当年出走的温卡塔拉曼，于是便告知了他的家人。他叔叔决定到蒂鲁温纳默莱去找他。到了那里，听说那个斯瓦米住在芒果园里，但他到了芒果园，主人不让他

进去。最后,他说服芒果园主人,为他带一张便条给那个斯瓦米。温卡塔拉曼看了便条后,同意和叔叔见面。叔叔劝侄子回去,还承诺不会干涉他的生活,只是想让他留在身边,好照顾他的饮食起居。温卡塔拉曼听了之后不发一言,没有任何表示。他叔叔只好悻悻而归,任由他继续弃家苦修。

他叔叔回到马杜拉的家中,告诉温卡塔拉曼的母亲阿拉加玛尔说,他没能把她儿子劝回来。他母亲觉得由她自己去见儿子或许能说服他,于是决定这么做,只是她要等做公务员的大儿子休假时陪她一起到蒂鲁温纳默莱去。母子俩到了镇上,往山里走,因为温卡塔拉曼已经离开了那个芒果园。找到他时,他们看到他正一动不动地躺在一块大石头上。他母亲看到他蓬头垢面、赤身露体、满身污垢,只有胯间裹着一块肮脏的遮羞布,震惊万分,要他赶快跟她回去。他面无表情,一言不发。后来几天里,他母亲每天都去看他,带给他一些甜点,劝他回家,甚至求他,但他依然面无表情,一言不发。他此心已决,坚如磐石。他母亲转而厉声斥责他无情无义,连家人也不体恤。他浑身颤抖,转身走开了。他母亲再次找到他,再次声泪俱下地哀求他,他仍不为所动,似乎听都没听他母亲在说什么。后来,他母亲求助于其他信徒,要他们帮她说服他。其中有个信徒被她母亲的哀痛打动,对他说:"母亲在流泪乞求,不管回去不回去,总得有个回答,是不是?如果斯瓦米不想打破缄默之规,这里有纸和笔,可以把想说的写出来。"我在前面说过,温卡塔拉曼从来不说"我"。这里再补充一句:从来没人称他为"你"。他接过纸和笔,用泰米尔文写道:"人都是命中注定。不会有的就是不会有,求也没用。要有的一定会有,推也推不开。既然这样,最好什么都别说。"他哥哥的假期有限,要回去履职。他母亲伤心欲绝,只好跟着大儿子回家了。

这之后,温卡塔拉曼又换了住地。他住到阿鲁纳加拉圣山更高处,住在山洞里,而且过一段时间换一个山洞,就这样过了很多年。这些山洞虽然是普通的山洞,但从照片上也能看出,它们是经过一番打理的,人可以在里面居住。那时,温卡塔拉曼的名声已广为人知,大批信徒前来朝拜他时都带来各种食物,如蛋糕、牛奶、水果,等等。可是,那些信徒自己也要吃饭,于是帕拉米和其他一些来自各地的弟子拿着乞食钵,吹着号,到好心人那儿去为他们化斋乞食。那个斯瓦米自己呢,则像往常一样静坐冥想,正如梵文圣诗所言:"心入无思无念,便是欢喜自在。"有时,有人会捐献钱财,他一概回绝。有时,朝拜者会带来难懂的经书，他便诵读和解释给他们听。诵读过这些经书，再听信徒们诵读，他随即就领悟了印度教的精髓哲理。据说，他记忆力惊人，过目不忘。不过，他平时谨守缄默之规，见人不发一言。但不知何时起，他开始注意自己的仪表，看他后来的有些照片，他穿戴得很整齐，遮羞布也是干干净净的；头发剃光，胡子也剪短了。再后来，他每月剃一次头，剪一次胡子。我见到他时，就如前面所说，他看上去很整洁，甚至有点衣冠楚楚的样子。

前来朝拜他的人各种各样，有的是来乞讨的，有的是来求助的，有的则是想从这位已成圣徒的大师身上寻得神圣之道。这些朝拜者时不时会遇到一些奇异之事，譬如有个叫皮莱的税务官，想必他是个有理智的聪明人，但他坐在那个斯瓦米身边时竟然觉得他头上有光环，身体就如初升之日光华万丈。还有一个叫艾嘉玛的女子，二十几岁就死了丈夫和儿子，经父亲同意，她到孟买某处去侍奉那里的圣徒，以求平息心头之痛，但那里的圣徒无能为力。她回村里后听说阿鲁纳加拉圣山上有位年轻圣徒修行得道，有不少虔诚的朝拜者得到他护佑。于是，她就去了。爬上圣山，她看见那个斯瓦米坐在那里，一动不动、一言不发，她便在他旁边站了一小时。忽然间，她觉得心头之痛一下子消失了。此后多年，她就每天为那个斯瓦米和他的弟子做饭送饭。她在蒂罗温纳默莱镇上租了一间房子用来做饭，同时也供朝拜者上山前在此歇脚。有一天，她上山送饭，路过一个山洞时看见两个人站在那里，一个是陌生人，一个就是那个斯瓦米。她还听到说话声，说的是"它就在这里（意即我就在这里），为何还要往前走"？等她回过身再看一眼时，那里却一个人也没了。她很惊讶，但没多想，继续往前走。等她走进斯瓦米平时住的那个山洞时，她却看见他像往常一样盘腿坐着，正在和那个陌生人说话。

许多学者受那个斯瓦米的感召，也纷纷前来请教，其中最值得一提的就是梵文学者萨斯特里。他学识渊博、诗艺精湛，十年来造访过许多圣地，不畏艰难地修炼自身，还招收了一群弟子。但他始终不能满意，总觉得自己并没有修炼得心静如水。于是，他爬上阿鲁纳加拉圣山，拜倒在那个斯瓦米脚下，寻求他的指教。他第一次得到的教诲就使他大喜过望。为了离那个斯瓦米近一点，可以时常去请教，他后来在蒂罗温纳默莱镇住了整整七年。从他们两人的密切交往中可看出那个斯瓦米的神奇魅力，因为萨斯特里并非等闲之辈，不像年轻人那样容易崇拜长者，他不仅和那个斯瓦米年龄相仿，而且是位资深学者和颇有名声的诗人。诗人学者通常都自视甚高，萨斯特里也不例外，不会轻易屈居人下，但他不仅让他的弟子全都皈依到那个斯瓦米的门下，自己也成了那个斯瓦米的一名热忱的崇拜者。他不仅写了许多诗来赞美那个斯瓦米，还把那个斯瓦米的俗名"温卡塔拉曼"改为"拉马纳"①，而更为重要的是，他还要自己的弟子尊称那个斯瓦米为"马哈希"。既然如此，我在下文中也就改称那个斯瓦米为"马哈希"了。

接下来的事情，是由那位马哈希的传记作家记述的。有一年，萨斯特里到马德拉斯附近一个叫蒂罗伏蒂伊尔的地方去修炼，因为那里有一座格涅沙②神庙。他发誓缄默修炼十八天，不发一言，沉思默想。到第十八天，他刚躺下③，还没睡着，看见那位马哈希走进来坐在他身边。他大吃一惊，想起身，但那位马哈希按住他的头，不让他起来。他顿时觉得浑身有一种奇妙的感觉，肯定是那位马哈希的法力通过手传递给了他。但他知道，那位马哈希到了蒂罗温纳默莱之后就再也没有离开过，从来没有来过蒂罗伏蒂伊尔，为什么会突然出现在这里。多年后，他说起这桩奇遇，那位马哈希对他说："多年前有一天，我躺着，没有默念。忽然，我好像觉得身体飘了起来，越飘越高，周围的东西都渐渐地不见了，只有一片白光。接着，我又觉得身体开始往下沉，周围又渐渐出现了各种东西……我好像觉得，我到了蒂罗伏蒂伊尔，在一条大路上走着，不远处有一座格涅沙神庙。我走了进去，好像还看到有个人，说了几句话……接着，我醒了，发现自己仍躺在山洞里……"他还说到他当时看到的蒂罗伏蒂伊尔和格涅沙神庙是什么样的，萨斯特里发现他说得一点不错。

日子一天天过去，那位马哈希的母亲阿拉加玛尔有时会到圣山去看他。后来，她的大儿子（也就是那位马哈希的哥哥）和她的夫弟（也就是那位马哈希的叔叔）都相继去世，家里没剩几人，她想和二儿子住得近一点，就来到蒂罗温纳默莱镇上，在艾嘉玛的那间房子里住了一段时间。后来，那位马哈希去了斯坎达的修行处。他从来不接受富裕信徒捐赠的钱款，但这些信徒总会想法让他的弟子收下，以备他日后所用。所以，他到了斯坎达的修行处时，就用这些钱盖了一间茅屋，旁边还造了一个小花园。他母亲随他一起过来，住在那儿为他和他的

---

① "温卡塔拉曼"是个俗里俗气的名字，"拉马纳"要高雅多。
② 也称象神、象头神、象奏神，天神湿婆的儿子，智慧与才华之神。
③ 修炼期间是不躺下睡觉的，一直盘腿静坐。

弟子做饭。她最小的儿子（也就是那位马哈希的弟弟）丧妻多年，她把他也叫了过来，这样她在晚年就有两个儿子在身边了。那位马哈希的弟弟很快就成了哥哥的忠实信徒，穿着托钵僧的黄色长衫。阿拉加玛尔觉得自己是母亲，儿子应该对她特别关照。但是，那位马哈希常和艾嘉玛说话，就是不常和她说话。她为此抱怨，他却对她说，所有女人都是他母亲，不仅她一人。他是要她超脱凡间亲情，抛弃世俗观念。这并不容易，但渐渐地，他母亲也有所领悟了。她在一九二二年去世的时候，那位马哈希没有表现出一丝悲痛之情，而是对此深感释然，因为他深信他母亲通过修行已经赎还了前世的罪孽，她的灵身已经升入天界而与众神相随，然后再投胎去赎还此生的罪孽。所以，有人说到他母亲"去世"，他总会纠正说："不是去世，是出世。"在他看来，死和生只是换一种说法而已；死亡之人会重新投胎，重新做人。他母亲葬在离大路不远的一片荒草地里，最初只是在墓前建了一座放置墓碑的小砖房，但后来，那里扩建成了一座供人朝拜的庙宇。

母亲死后，那位马哈希几乎每天都到她墓前去静坐，这样有半年之久。终于有一天，他到了那里不回来了。弟子们最初为他搭了一个简陋的草棚挡风遮雨，不久又在旁边筑起几间茅屋。后来，众信徒得知那位马哈希要把那里当作居所，便纷纷捐资，在那里修建了一座庙宇，供他白天修行，夜晚歇息。自那时起，他的名声越来越大，前来朝拜的信徒越来越多。平时，每天都有五十多个朝拜者，某些特殊的日子，比如那位马哈希的生日，朝拜者便成百上千。他们带来的各种礼物，凡是不能和众人分享的，他一概不收。如送的是食物，他只从盘中取一点点，其余的都分给众人。不过，名声大了难免会招惹是非，谣传说他很有钱，于是就有盗贼来光顾。那天晚上，那位马哈希和平时一样在庙宇的厅堂里歇息，四个弟子睡在窗口处。盗贼一进来，就被那位马哈希看见了。他对他们说，这里没什么东西值得偷盗，要是他们喜欢什么东西，尽可以拿走。四个弟子很愤怒，要把那几个盗贼赶走，但被他阻止了。他对四个弟子说："让他们做他们要做的事吧，我们应该做的是忍让，不要干涉他们。"于是，他对那几个盗贼说，他要和四个弟子一起离开庙宇，让他们想做什么就做什么。但那几个盗贼允许他们离开前还是动手打了他们。那位马哈希的一条腿上被踢了一脚，但他却说："如果你还想踢，我这里还有一条腿。"他们走后，那几个盗贼翻箱倒柜，到处找钱或者值钱的东西，但什么也没找到，因为那里根本就没有钱,也没有任何值钱的东西。最后,他们只好空着手走了。此前,有个弟子趁混乱之际逃了出去。他穿过那片荒草地,跑到镇上去报警。然而,当他带着警察回来时,只看见那位马哈希坐在他先前住的那个草棚里,正从容地为另外几个弟子讲解经文,好像什么事都没有发生过。

他们的修行生活有记录可查。那位马哈希每天凌晨三四点起床,沐浴后便在厅堂的讲坛上静坐。几个弟子每天做的第一件事就是吟唱赞颂那位马哈希的赞歌,或者背诵那位马哈希用泰米尔文写的赞颂阿鲁纳加拉圣山的诗文,然后就开始静坐。清早五六点,朝拜者便来了,先对那位马哈希行跪拜礼,然后各行其是。等朝拜者散去,那位马哈希会吃一点米饭或者面饼,然后回到厅堂,坐在原来的地方。几个弟子各做各的事:有的去采花,编成花环;有的到那位马哈希的母亲墓前去跪拜;有的抄写或翻译那位马哈希和其他圣徒写的诗文——那时,那位马哈希已有不少著述。此外,有的弟子还要为朝拜者准备饭食。那位马哈希经常会去帮忙,帮着切菜或者淘米。他在空余时间还会做做拐杖、补补碗盆、用树叶做成食盘,或者抄写手稿、装订书籍、读信或写信。

中午十一点到十二点,是中午饭时间①。他饭后稍作休息,便做下午的事。三点左右吃下午饭。饭后接见朝拜者。黄昏时,开始静坐冥想,直到晚上九点,然后歇息。不过,有时他在晚上也会和众人一起诵经或者唱他自己写的圣歌。这时,众人通常称他为"普伽凡",他自己也这么称呼。"普伽凡"的意思就是"天佑"或者"神助",有些虔诚的信徒也直接用它来指天神。他们来见那位马哈希时先要跪拜,然后要诵读各自写的赞美词。聆听他们诵读赞美他的词句时,那位马哈希会满脸喜色。初一看,有人误以为他喜听谄媚之言,但不要忘记,那位马哈希从来不把自己看作人,而只看作是单纯的灵身,也就是他把自己的肉身仅看作一个皮囊,一个在生死轮回中临时将就的皮囊。所以,在他看来,众信徒所跪拜和赞美的不是他,而是"梵",因为他多年前就已顿悟,他的灵身早已和"梵"融为一体。

那位马哈希喜欢动物,而且对动物有神奇的魔力。婆罗门认为狗是低贱的、污秽的,所以避而远之,但那位马哈希却把他周围的狗都看作人,是此生投胎为狗来赎还前世罪孽的人。他不仅教导弟子要让狗也能干净而舒服地活

---

① 印度教僧侣或修行者每天只吃两顿,中午饭和下午饭,其他时间除了喝水,不吃任何东西(佛教也是)。

着，还仁慈地称狗为"修行人之子"。他不仅对狗说话，还指示它们。狗不仅听得懂他的话，还会按他的指示做。他也喜欢牛，曾有一头小牛深得他喜欢，可以自由出入他的修行处，因为他认为那头小牛是一个好心肠老妪的化身。当年他刚到阿鲁纳加拉圣山时，就是这个老妪采来野菜和野果，煮熟后给他这个年轻的斯瓦米吃的。他住在山洞里时，常有蛇出没，但他从不驱赶，也不让别人驱赶。他说："人占了它的家，无权驱赶它。"山洞里还常有松鼠和乌鸦进来，他总是把食物放在手掌上让它们取食。

阿鲁纳加拉圣山上有猴群居住，那位马哈希渐渐听懂了猴子的叫声。所以，当两群猴子发生争执时，常会到他跟前来求帮助，而他总是能调解它们的争端。有一次，他从一群猴子的叫声中听出它们的首领快要死了，于是就叫它们把首领带到他的修行处。等那只年老的猴子死了，他还依照托钵僧的礼仪安葬了它。每年，他都会和众弟子一起在阿鲁纳加拉圣山上巡游。圣山上有条路，两边绿树成荫，时而还有池塘、神龛和寺庙。有时，他们吃过下午饭后出发，天黑前回来。有时，黄昏时出发，一两天后再返回。这条路不过八英里长，几小时就可走完，但那位马哈希却时常会一路默念，一小时只走一英里，还要休息一下。夏日酷暑难当，他们走得疲惫不堪，又饥又渴，这时会有一群猴子爬到蒲桃树上，把树上成熟的蒲桃都摇落下来后又四散而去，让他们吃个痛快。这是猴群在报答那位马哈希的恩情。不过，有一次他就不太幸运了，无意中碰到了身旁的一个马蜂窝，一条腿被马蜂叮得痛如刀割。但他说："是这条腿有罪，就让它痛吧。"他既没有赶走马蜂，也没有逃，而是等着它们自己散开，因为在他看来，这酷刑似的痛苦是无法逃避的因果报应。

年复一年，到修行处来朝拜他的人越来越多，而且各个阶层的人都有。一天晚上，天已黑，那位马哈希和一个虔诚的信徒坐在厅堂里说话，突然听到有人喊叫。那个信徒起身去看个究竟，发现门外站着一个男人，还带着他的家人。那个男人问，他和他的家人能不能见见"普伽凡"，乞求他的"施恩"。那个信徒觉得奇怪，因为马哈希从来不拒绝来访者。"那还用问吗？"他说。那个男人说："我们是贱民①。"那个信徒知道，那位马哈希根本就不在乎什么种姓制度，于是就对那个男人说，马哈希欢迎他们。那男人一家进了厅堂，在那

---

① 贱民：即四个种姓之外的人，这些人地位最低，甚至被认为是"不可接触的人"（The untouchables）。

位马哈希脚前跪拜。那位马哈希凝视着他们，足足有十分钟，然后，为他们"施恩"。那个信徒后来说，他曾看到过许多富豪和名流在那位马哈希的脚前跪拜，却没有得到这样的礼遇。这里，我不妨对"施恩"一词稍作解释。这个词，是那位马哈希的传记作家从泰米尔语中翻译过来的，其实译为"祝福"可能更准确一点。"祝福"和"诅咒"一样，一旦说出，就无法收回。譬如，以撒原本想祝福长子以扫，最后却祝福了幼子雅各，覆水难收，只能悔恨而哭泣，撕碎自己的衣服以解心头之恨①。"施恩"或者说"祝福"于某人，就是洗涤此人的罪孽，使其重获新生，也就是激发此人内心之善，使其获得承受磨难、抵御诱惑的力量。

那位马哈希很少说话，大部分时间都沉浸在冥想中。不过，朝拜者只要看见他端坐在那里，就会忘却烦恼、心境平和。有时，朝拜者还会看见他身上发出奇光异彩，但当他们告诉他时，他只是淡淡一笑。朝拜者请教他时，若是随便问问，他一言不发。只有真心相问，他才会明确作答。许多人觉得他能看穿人心，因为时常有朝拜者还未提出问题，他就给出了回答。许多人深受他的感召，纷纷出家，想到他的修行处来静心修炼，以求"顿悟"而入清静之境，与"梵"融为一体。但那位马哈希若得知其中有人俗业未尽，家里有老人需要赡养或者有幼儿需要抚养，会劝他们回去。常有人问他，能不能一边从事俗世之务，一边修炼脱俗之心。他是这样回答的："俗世之务总是免不了的，但在从事俗世之务之际，要超脱俗世之务，要始终认定真我不在此地。若以为恪守了真我，就不能做好俗世之务，那是错的。你们要做演戏的女伶男优，既要演好角色，又要心里明白，你们不是戏中之人，而是你们的真我。同理，你们一旦明白，你们的真我不是你们的肉身，又何必再为你们的肉身而烦恼？不管你们的肉身如何，你们的真我是不会变的。既然如此，你们恪守真我，也就不会干扰你们的肉身去做它应做的事情。这就像女伶男优，既知道自己不是那角色，又把那角色演得活灵活现。"

下面，我想简单说一下那位马哈希多年来寻觅和恪守的信仰。这种信仰源于我在前面讲过的由圣徒商羯罗所阐释的吠檀多学说。这一学说相当悲观，但我这么说并不是指责它。自古以来，有无数智者、诗人和伟人信奉这一学说，

---

① 此处所举例子源于《圣经·旧约·创世记》：以撒的幼子雅各以一碗红豆汤骗取哥哥以扫的长子权利，后来又骗取父亲对他的祝福，等以撒醒悟，为时已晚。

若对它予以责难，恐怕过于轻率。吠檀多学说认为，世间万物连同人类皆为恶，人人注定要经历由生到死、由死到生的上百次乃至上千次轮回，要到"梵"的恩泽降临，才最终得以解脱，与"梵"融为一体。在那位马哈希看来，人生在世就是苦难，其间纵有一时欢悦，也是微不足道的，因为欢悦转眼即逝；世态千变万化，皆非"梵"，然而唯有"梵"，才是真道；人生之所以是苦难，皆缘于人自身，缘于人的蒙昧无知。所以，每当有人来拜见那位马哈希，祈望为其解惑，他总要他们反省自身，审视自己的内心而求得"真我"，由此才能超脱而获救赎。

他所说的"真我"就在人心之中，但这里说的"人心"不是解剖学上所说的心脏。此"人心"即"真情"，相爱之人对此都有所感悟。圣雄甘地曾派使者拜见那位马哈希，使者临走时问他："要不要我带口信回去？"那位马哈希回答说："两心自能相通，何须口信？"那位马哈希所传授的信仰是：人要从生死轮回的枷锁中获得解脱，就要有勇气舍弃肉身，从而使灵身不再为肉身所蒙蔽。所以，每当有人问起解脱之道，那位马哈希总是要他自问："我是谁？"他总是对那些修行之人说，他们并不是他们的肉身，而是他们的灵身，也就是不死不灭的"真我"，因为肉身只是灵身暂居的一个躯壳、一个皮囊。许多人抱怨说，自己每次静心冥想"真我"时，总有杂念干扰。那位马哈希总是对他们说，这没什么，只要把心思集中于自身，慢慢地就能把杂念清除。对于人的弱点，那位马哈希很宽容。关于默念，他对弟子说，没有固定方式，每人可按自己的性格和习惯进行；譬如，有人把意念集中在两眉之间或者鼻尖之上，以免分心。只是，这些是瑜伽的修炼方式，他对此有所顾虑。更好的方式是全神贯注地默想天神湿婆或毗湿奴，但这也只是帮助修行者静心默想的一种方式而已，关键还在于修行的根本目的——感悟真我。"顿悟"并非智慧积累的结果，而是内心的灵光闪现。只要修行者感悟到自己既不属于那具肉身（身体器官的总和），也不属于那个头脑（各种想法的总和），因为一切聪明才智都只是手段，而不是目的——简言之，只要修行者能消除属于肉身的自我而彰显出属于灵身的真我，他就蒙受了"梵"的恩泽，也就是"觉悟"了。为求"觉悟"而使用的种种方式固然可以用语言描述，但"觉悟"本身却是只可意会、不可言说的。

那位马哈希是宿命论者。西方哲学家曾就"自由意志论"和"命运论"

进行过详细探讨，但据我所知，并没有得出令人满意的结论。我的理解可能有失偏颇，我觉得西方哲学家似乎这样认为，你可以凭你的自由意志选择走哪条路，但当你选定了哪条路之后，一切皆成命运，你只能听从命运，无可后悔。然而，如果我们走到一个分岔路口，不知道该走右边那条路，还是该走左边那条路，这时就只好掷硬币来决定了。我们心里想，如果硬币的正面朝上，我们就走右边那条路；如果硬币的反面朝上，我们就走左边那条路。结果是硬币的正面朝上，我们走上了右边那条路。这是自由意志决定的呢，还是命运决定的？我们都不是哲学家，但当我们回顾自己的一生时，几乎人人都会发现，那些改变我们人生轨迹的人和事似乎都是我们偶然遇到的，并不在我们的意料之中。不过，如果我对那位马哈希说，一切都是不可知的，他肯定会说，那不过是我的幻觉而已。实际上，也真有人到他那里去问他，投身祖国的解放事业、致力于摆脱异族的统治，是不是修行；或者问他，参与社会公益事业、致力于解救劳苦大众的疾苦，算不算积德。对此，他的回答是，首先要感悟真我，这才是最重要的；之后，做什么都可以。不过，万事皆天意，人之所为，改变不了什么："如你命中注定碌碌无为，再怎么努力也没用；如你命里注定忙忙碌碌，再怎么躲避也枉然。既然如此，那就听命吧，人是无法凭自己的意愿做人的。"对此，当然有人会问他：既然万事皆天意，那么默念和修炼又是为了什么？我觉得他似乎没有回答这个问题，只是说："若想不受天意所制，可分两步去做：第一步是认清天意所制为何——其实，天意所制，是肉身之我，而非灵身之我，如若不认肉身之我，只认灵身之我，天意便无所制；第二步是放弃肉身之我，顺应天意——既然不认肉身之我，只认灵身之我，即承认肉身之我不是我，因而就需时时念诵'我不是我'，彻底放弃和'我'相关的一切意念，这就是顺应天意……所谓'觉悟'，其实并非悟到什么，只是融入天意而已。"

六

那位马哈希渐渐老了，年纪已近七十。可能是因为久居阴湿的山洞，他晚年备受风湿病之苦，双眼也渐渐失明。一九四八年年末，他的左臂上长了一个瘤，很快恶化，又肿又痛，随即做了手术。术后伤口愈合后不久，又复发，被诊断为癌症，仍需手术切除。外科医生认为，要想保住性命，唯一的办法是截肢，但他拒绝了，微笑着说："无须惊慌，肉身本来就是累赘，顺其自然吧，何必自残？"不过，为了防止癌症蔓延，人们还是为他做了各种各样的治疗。有一段时间，情况有所好转。然而，癌症再次复发，再做手术后，又发现腋下长出第二个肿瘤。医生们一致认为，接下来除了使用麻醉药减轻疼痛，已别无他法。癌症的剧烈疼痛，就是用麻醉药也减轻不了多少，但那位马哈希对疼痛并不在意。整个患病期间，他始终淡定自若。其实，他之所以接受治疗，也只是为了安慰他的弟子。他说："要是由我自己说，我要说的就是那句话：顺其自然，没必要治疗。"有一次，他对身边的一个弟子说："饭已经吃过了，还需要那片盛饭的树叶吗？[①]"他还对另一个弟子说，得道之人乐于抛开躯体的拖累，就如挑夫乐于放下肩上的担子。

在身患绝症的两年间，那位马哈希依然尽其所能天天修行，依然在日出前一小时沐浴，依然定时去见那些前来朝拜的信徒。他生病的消息很快传遍全印度，成百上千的信徒纷至沓来探望他。他的七十一岁生日如往年一样庆贺：他静静地坐在那里，听弟子们吟唱为他写的颂歌。阿鲁纳加拉神庙里的神象前来向他跪拜，并用长鼻子扫一下他的双脚，以示告别。显然，他的时日不多了。没过几天，他双肺出血。医生赶来给他吃药，他摇摇手对医生说，不必了，并示意身边的弟子都退下，让他一个人安静一会儿。当天傍晚，他半躺在床上，最后一次为前来朝拜的信众祝福。黄昏时，他要弟子把他扶坐起来，像往常那样盘腿静坐、凝神默念。他的弟子都盘腿坐在屋外的空地上，吟唱他当年为阿鲁纳加拉圣山所作的颂歌。他睁了睁眼睛，极乐之泪从双颊淌下。接着，他的心脏停跳，他的灵身腾空而起，融入了"无限"之中。此时，一颗彗星在阿鲁纳加拉圣山上空划过，随即消失得无影无踪。众信徒目睹这一奇观，都说马哈希之魂已随彗星而去。

[①] 旧时印度人（尤其是乡村中的人）吃饭不用碗筷，做好的米饭放在一片树叶上，用手抓来吃。吃完饭，那片树叶就扔掉了。此句用吃饭比喻人生，用盛饭的树叶比喻人的肉体，意为：我已经活过了，而且得道了，还要这身体有什么用？

散文家与神学家蒂洛森①

一

今天早上收到几封信,还有一个小包裹,放在门厅里的桌子上。我心怀疑虑,不知那包裹里是什么。我和有些"臭名昭著"的作家一样,也经常会收到陌生人寄来的书稿,要我指点指点,或者要我帮忙推荐推荐;还有出版商寄来的小说样书,大多是长篇小说,要我评论评论,好让他们做广告;还有人寄来祈祷书,要我这个怀疑论者皈依他们信奉的宗教;还有人寄来一大堆合同,不是某个退休公务员寄的,就是某个退伍老军人寄的,内容只有他们自己看得懂;还有人寄来薄薄的一本诗集,显然是自费出版的。所有这些东西,都使我为难,使我感叹:寄书稿给我的人啊,你们渴望成名,可哪有那么容易!寄书要我写评论的人啊,我看了没几行就会扔在一边!寄书给我留念的人啊,我顶多花半小时匆匆翻一翻!说实在的,要我把收到的每一本书都从头到尾读一遍是不可能的;何况,那些书很可能根本就不值得读。所以,我所能做的就是有礼貌地给他们写回信,除表示谢意,还说我非常期待再能拜读他们的大作——当然,都是客套而已。今天早上,我读完信,像往常一样打开包裹。我猜得不错,果然是一本书,但却不是我往常收到的那种书。这是一本八开本的书,很薄,很旧,但小牛皮封面装订得很考究,书名是《格言与论述、道德与神

---

① 约翰·蒂洛森(John Tillotson, 1630—1694),17世纪英国牧师、神学家,曾任伦敦圣保罗大教堂主教、坎特伯雷大教堂主教等职。

性——蒂洛森大主教警句集》，一七一九年由位于斯特兰德大街、凯瑟琳街①路口的雅各布·汤姆生的莎士比亚书店出版，扉页上有题词："谨以此仅供有识之人士阅读的蒂洛森大主教文集敬献给出身高贵、德高望重、虔诚仁慈、堪称女性之楷模的卡纳封女伯爵卡桑德拉。您最忠诚、最谦卑、最尽心的仆人劳伦斯·艾克德②敬上。"书后面还附有雅各布·汤姆生出版的其他书的书目。我知道，劳伦斯·艾克德曾做过斯托教区的教区长，还著有三卷对开本的《英格兰史》和一部《教会通史：从基督降生到君士坦丁大帝以基督教立国》。至于那些书目，真是精彩纷呈，其中有艾迪生③先生的《意大利游记》、威廉·康格里夫④先生的三卷本作品选，还有弗朗西斯·博蒙特和约翰·弗莱彻⑤二位先生的七卷本配有雕版插图的剧作选。雅各布·汤姆生是当时出版商中的佼佼者，备受尊敬。我们知道他曾出版过德莱顿⑥的诗集，还知道他从一个名叫艾尔默的人手里买下了《失乐园》⑦的部分版权，而艾尔默据说当初是以五英镑的低价购得此版权的。十八世纪早期的书店，我或许在图画中看到过，反正在我的印象中，它的店面很小，而且很阴暗，前面堆满了书，后面是印书的作坊。雅各布·汤姆生发迹后，在伦敦郊区巴恩斯买了一所住宅，但他的侄子（也叫雅各布·汤姆生）和家人，还有店里的伙计，可能仍住在书店里的阁楼上。可以想象，当时那家书店就像现在的旧书店，书迷们在书架前东找西找，找到一本便拿下来翻阅。我还不由得想象，当时有个牛津大学的年轻学者，他刚获得神职，要到乡间的某个贵族家里去做家庭教师，路过伦敦时来到了那家书店，无意中看到有一部两卷本的《弥尔顿诗集》，出于好奇，他大着胆子，从书架上取下一本来翻阅。他是牛津的高才生，又是保皇派的拥护者，对弥尔顿曾做过"篡位者"⑧的秘书必定痛恨之极，但当他读了弥尔顿的几行诗后，想必他一定既惊讶又惊慌，万万没想到弥尔顿的诗竟然写得那么好，于

---

① 斯特兰德大街和凯瑟琳街：均为伦敦市中心最繁华的商业街。
② 劳伦斯·艾克德：17世纪与18世纪之际英国牧师、史学家。
③ 艾迪生：约瑟夫·艾迪生，17世纪英国散文家，与理查德·斯梯尔共创著名杂志《旁观者》。
④ 威廉·康格里夫：17世纪与18世纪之际英国剧作家，著有《以爱还爱》《如此世道》等。
⑤ 弗朗西斯·博蒙特和约翰·弗莱彻：17、18世纪之际两位多次合作的英国戏剧家。
⑥ 德莱顿：17世纪英国王政复辟时代极具影响力的诗人、批评家和剧作家。
⑦ 《失乐园》：17世纪英国诗人弥尔顿的著名长诗。
⑧ 篡位者：指克伦威尔，清教革命时的首领，推翻查理一世，建立英格兰邦联，自任护国公，后斯图亚特王朝复辟，称其为"篡位者"。

是他赶紧把书放了回去。这时，有一辆马车在书店门口停下，马车上下来一个衣裙飘逸、袅袅婷婷的女子，她走进店里，点名要买奥维德的三卷本《爱之艺术》和《爱之要义》①。我正这样一边看着雅各布·汤姆生的书目一边胡思乱想时，突然想到为什么有人要寄这本书给我。原来，我曾在某本书里引用过神学家蒂洛森的话，那时我一定在哪本英国散文选中偶尔读到过他的散文，不仅为其惊倒，还抄了下来。

二

此书的序言是当时任教区长的劳伦斯·艾克德写的，他说了他是怎样从大主教的布道文中精选出这些格言警句的，说这些格言警句不论在什么时代都既有用又有趣，但他同时也承认，就整体水平而言，这方面没有哪个国家比得上法国。在法国作家中，"写格言警句最负盛名的恐怕要数拉罗什富科伯爵和拉布吕耶尔先生了；他们深谙人性，深知人类行为的隐秘动机，时而去粗取精，时而精益求精"。这位选编者还对英国很少有这类人们喜闻乐见的作品表示遗憾，说唯一值得称道的是已故名作家哈利法克斯侯爵的作品，"他的作品既广博又深刻，和任何外国作家或英国作家相比都毫不逊色"，遗憾的是从未得到高度评价。他接着写道："我一直认为，英国作品中也有和外国作品中一样隽永清新的格言警句和短小精悍的论述，这些都值得精选出来，值得广为传颂。特别是大主教蒂洛森的作品，其中有许多段落堪与拉罗什富科和拉布吕耶尔的作品相比。"不过，在我看来，这位教区长的这句话恐怕说错了。实际上，他说过拉罗什富科和拉布吕耶尔"往往起承转合得更有艺术性，可说将这种手法打造到了炉火纯青的地步，而他（蒂洛森）的作品则更具有本国的特点，简洁有力，更符合英国人的品位"。他既然想使他编的这本书"既有用又有趣，任何知书达礼的人都会乐于阅读"，也许就不应该提到那两位法国作家，因为这样会使读者对此书的期望值太高。不管怎样，他把此书分为两个部分，第一部分取名为"生命与上帝之本质和上帝之崇拜，以及宗教的理论与实践"；第二部分取名为"人的问题和天性，以及社会公德和道德堕落"。我得承认，我觉

---

① 奥维德：古罗马三大诗人之一，诗风率直而性感，《爱之艺术》和《爱之要义》两部诗文集相传为他所著，一度被天主教会列为禁书。

得第二部分更为有趣；因此，我在后面将引用其中的几段。

我以为，劳伦斯·艾克德将此书取名为《格言与论述、道德与神性》是错误的。"论述"是对某个主题的详尽探讨，"格言"是对某个哲理的简明表达，而此书中最常见的是对宗教和上帝的存在及其本质的探讨，所选段落都几乎长达一页；就是那些道德格言，也远远谈不上"简明"。此书内容虽然精辟，是有识之士的慧眼所见，但读了一遍之后，你却会觉得好像并没有什么特别精彩的地方，其中没有哪句话像那位法国伯爵①的那句格言——"恋人之间，总是一个爱，一个被爱。"——那样既苦涩又真实。相比之下，蒂洛森的格言要浅显、直白得多。譬如：

> 早年养成的美德和聪明灵活的头脑相配，就如给年轻力壮的身躯穿上一件新衣。

> 人们常把心术不正误以为聪明才智，常把诡计多端误以为大智大慧。虽然这两者的确有点关系，但仍像善与恶一样冰炭不容。

> 有智慧当然值得称颂，但有大智慧的人应该对智慧保持警惕。智慧是一件利器，它虽能成就善举，但使用不当，也可助长恶行。恰如其分地使用智慧，可使谈话增添乐趣，可使美好之事得以展现，可使人心的阴暗、愚昧和荒诞暴露无遗。

> 适当的称赞显然比破口大骂更有智慧。

神学家蒂洛森清楚地知道，人们是不太愿意称赞别人的：

> 在骂人方面，人们已创造了大量的词汇而且还在源源不断地创造出来。这样的聪明才智很难得，很容易被人接受。人们对那些骂人的方式不仅纷纷认可，还拍手叫好。然而，虽然人人喜欢听别人骂人，却没有想到

---

① 那位法国伯爵：指17世纪法国作家拉罗什福科，著有《箴言集》等。

自己很快也会被骂，也会成为笑柄。

最后再引一段：

> 世间的种种享乐都带有某种虚荣的意味；虚荣虽不是享乐，但没有了虚荣，享乐也就不成其为享乐了。美德需要精心培养、小心呵护才不会令人痛心地失去。几乎人人都为名利操心：拥有名利的人，心神不宁；没有名利的人，心怀妒忌；失去名利的人，心痛不已。

我想提请读者注意的是，这些引文读上去多么像现代文，这位大主教写得和现在有文化、有教养的人多么相像。麦考莱①说，这种文笔比较精确、比较明晰，只是缺少一点灵气。谈论文笔时讲灵气，我对此大不以为然。要知道，所谓"灵气"并不总是有人喜欢的。我想，五十年前的人大概认为卡莱尔②的文笔很有灵气，二十多年前的人大概觉得乔治·梅瑞狄斯③和吉卜林④的文笔很有灵气，但时过境迁，现在的读者读这两位的文章时只会觉得很生气。麦考莱这么说，大概是他认为自己的文笔很有灵气，那就来说说他的文笔吧。有批评家说，他的文笔是从约翰逊博士那里变化而来的：他把约翰逊博士的那种结构复杂的长句化为一个个简单明了的短句，同时大量使用直到十八世纪末还不大有人使用的对偶手法。因而，他的文笔比较轻快有力、比较生动活泼，读起来比较轻松愉快。但它给人总的感觉却是比较单调，就像一列火车在铺得不那么牢固的铁轨上快速行驶，总是发出单调的"咔嗒咔嗒"的声音。这恰好印证了约翰逊博士那句名言：个人风格一旦形成，就再也不会改变。

十七世纪最后二十五年，英国散文风格发生了很大变化——这变化有多大，只要比较一下霍布斯⑤和约翰·洛克⑥或者弥尔顿⑦和艾迪生的文笔就明白了。霍布斯的文笔洋洋洒洒，但不免啰唆而凌乱；洛克的文笔虽不免呆板而冷

---

① 麦考莱：19世纪英国历史学家、批评家，著有《英国史》等。
② 卡莱尔：19世纪英国历史学家、散文家。
③ 乔治·梅瑞狄斯：19世纪英国诗人、小说家。
④ 吉卜林：19世纪与20世纪之际英国诗人、小说家，第一个获诺贝尔文学奖的英国作家。
⑤ 霍布斯：17世纪英国政治哲学家，代表作有《利维坦》等。
⑥ 约翰·洛克，17世纪英国哲学家，代表作有《政府论》《人类理解论》等。
⑦ 弥尔顿：17世纪英国诗人，代表作有《失乐园》《复乐园》等。

漠，但严谨而清晰。弥尔顿的文笔慷慨激昂，但读之令人生厌；艾迪生的文笔虽有随意散漫之嫌，但轻松而优雅。有人说，这种文笔的变化，很大程度上是当时逃亡到法国的保皇派文人①造成的。我虽不了解具体情况，但也知道当时的情况大概是这样的：那些保皇派文人流落异乡，虽无法再为失势的君王效劳，但却从法国文人那里学到了一种清晰简明的写作风格；后来，王政复辟，他们回英国后常在咖啡馆聊天，于是有意无意地用聊天时的浅显语言来写文章。就这样，英语书面语变得通俗、简洁而自然了。德莱顿②曾说："如今已不大有人懂得用文言来写作的各种规矩了，就是绝顶聪明的人也要经过一番古文学的训练才行。他既要熟读经典作家的经典之作，还要熟知人情世故、礼仪礼节和上流社会的言谈举止。总之，既要有学问，又要通世事。"这话说得很有道理。托马斯·伯奇③在其《坎特伯雷大主教约翰·蒂洛森传》一书中说："德莱顿先生很乐于承认，他如果真有什么了不起的文学才能的话，那也是因为他熟读了蒂洛森大主教的大作所得。还有斯威夫特④博士，他独具慧眼，在蒂洛森大主教当初还是一个刚入圣职的年轻人时，就在一封信中称赞这个年轻人'出类拔萃'。"托马斯·伯奇还说："艾迪生先生认为，蒂洛森大主教的文章可用作衡量文章好坏的标准，所以他把蒂洛森大主教的布道文当作范例。还有约翰逊博士，由于时局变化，安妮女王⑤登基后他被解除公职，于是就悉心去编纂那部英语词典，而在那部词典中，他也把蒂洛森大主教布道文中的词句用作例句。"德莱顿、斯威夫特、艾迪生，这三位大散文家的文笔大概是无人可比的，而若他们也曾得益于蒂洛森的布道文，那么仅凭这一点，就足以表明蒂洛森有多么重要了。就是说我们今天的散文风格依然深受这位大主教的影响，大概也不为过。

英国散文有两种风格：一种是平实简朴的，一种是典雅华丽的。在文学史上，典雅华丽风格的代表就是托马斯·布朗⑥爵士，还有杰里米·泰勒⑦的那

---

① 17世纪英国清教革命时期，国王被推翻，许多拥护国王的文人、作家纷纷逃亡到法国；后来王政复辟，他们又回到英国。
② 德莱顿：17世纪英国王政复辟时期最显赫的诗人、剧作家、评论家。
③ 托马斯·伯奇：18世纪英国诗人、散文家。
④ 斯威夫特：18世纪英国政论家、讽刺家，著有《格列佛游记》等。
⑤ 安妮女王：英国女王（1702年—1714年在位）。
⑥ 托马斯·布朗：17世纪英国作家、文体家，著有《一个医生的宗教信仰》等。
⑦ 杰里米·泰勒：17世纪英国基督教圣公会教士、散文家，代表作有《预言的自由》和《死得崇高》等。

部名作——《死得崇高》。这两位的文风之华丽，没有人会愚蠢地予以否认。仅仅称他们"写得出色"，等于是贬低他们。至于平实简朴的风格，其代表是约翰逊博士和吉本①。当然，有关这几位的评价，历来是有分歧的。有些偏执之人甚至把他们说得一钱不值。实际上，我觉得这四位的文章就如毒品，多尝几口就会上瘾，而一旦上瘾，便难以自拔。他们的文章不管写得多么浮华，或者多么平淡，总有读者会读得津津有味、其乐无穷。平实简朴和典雅华丽这两种风格，很难说谁是谁非。风格只有品位之别，没有是非之分。不过，在我看来，平实简朴比典雅华丽更适合描述平常事物。如果你的文章所关注的，是面包加黄油，而不是美味果酱②，那就应该避免典雅华丽，这样才能使你的文章更有说服力。举例来说，杰里米·泰勒的《预言的自由》和《死得崇高》这两本书，读者不妨比较一下：《死得崇高》写得典雅华丽之极，各种玄妙的意象层出不穷，而《预言的自由》则写得平实简朴、明明白白。当然，文学写作不免要受时代和语言习惯的影响，所以《预言的自由》一书今天读来像是海军部的军情报告。在这本书里，杰里米·泰勒写的是他的亲身经历：他曾生计艰难，财产被没收，房子被强占，一家人流离失所；后来，他辗转到南威尔士，那里的显贵——卡伯里伯爵，收留他当私人牧师，他这才得到栖身之所，将妻儿接来团聚；不过，虽有栖身之所，工资却很微薄，据说还不按时发放。就在此种境遇下，他写了《预言的自由》一书。当时他生活艰辛、前途渺茫，唯一能依仗的是卡伯里伯爵捉摸不定的施舍。因此，虽然如埃德蒙·戈斯③所说，华丽文风是"杰里米·泰勒的特色所在"，他的这本书里却没有任何"华丽意象"——这是情理之中的。这本书写得简洁明了，不但不华丽，甚至还有点枯燥；主题也很简单，几句话就能概括——这一点，我觉得斯图亚特王朝④早期的一位历史学家说的几句话，可谓此书主题的最好概括。他说："无论是对宗教，还是对其他事物，理性是终极评判标准；而现如今，理性几乎已成了每个人的天性，因此对宗教有不同看法是很自然的。既然谁也不能肯定自己的看法比别人的看法更正确，那么对非正统的看法加以压制显然就是错的，因为没有

---

① 吉本：18世纪英国历史学家、国会议员，代表作有六卷本《罗马帝国衰亡史》。
② 面包加黄油：喻平常事物。美味果酱：喻不平常事物。
③ 埃德蒙·戈斯：19世纪与20世纪之际英国诗人、作家及评论家，著作颇丰，包括《十八世纪文学史》《英诗颂歌体》等。
④ 斯图亚特王朝：指18世纪初安妮女王统治时期（1702—1714）。

任何正当理由证明，非正统的看法是不正确的。"还有比这更明智的明智之言吗？

《预言的自由》写于一六四六年，《死得崇高》写于一六五一年。这几年间，杰里米·泰勒一直住在卡伯里伯爵的乡间别墅"金树林"里，他的精神支柱就是他所尊敬的伯爵夫人，一个聪明、善良而又不乏勇气的女人，她婚后十五年一直不断怀孕生子，生到第十个孩子时竟命绝归天，那是在一六五○年。第二年，杰里米·泰勒的妻子也随之而去。不用猜测，就是这两个女人之死，促使他写了《死得崇高》一书。毋庸置疑，这是一部旷世杰作。批评家无不称赞此书的文辞之典雅、意象之奇谲，称其为"具有永恒之美的华丽篇章"。此书风格和《预言的自由》截然不同。在《预言的自由》一书中，他所关注的是他自己的遭遇，他的目的不是渲染，而是陈述；而在《死得崇高》一书中，他全然表现出了一种更为难得的天赋——抒发悲情的天赋。失去可敬的伯爵夫人和心爱的妻子，他肝肠俱裂、痛苦万分，这可想而知，但令人惊讶的是，他竟然能以天才的想象力把自己的悲痛化作音乐般美妙的文辞和层出不穷的奇妙意象，把自己对死者的追思铸造成一座不朽的丰碑，从而获得心灵的慰藉。这是富有创造力的艺术家拥有的特权——珍贵无比的特权，即：在艺术创作中化解人生的痛苦。

不过，关于散文的这两种风格，我总觉得平实简朴要比典雅华丽更为可行，也更为读者所看好。典雅华丽若能达到出神入化之境，固然也能流芳百世，但能达到这种境界的人，实在少而又少。在整个文学史上，我看也只有我在前面提到的那两位达到这种境界，其他以这种风格写作的人，因为天资略差，恐怕都要为时间所淘汰。譬如，上世纪①中期的托马斯·德·昆西②，有不少评论家认为他是散文大师中的大师，称他以无与伦比的方式创造了一种既细致入微又典雅华丽的散文风格，而且把这种风格发挥到了极致。但在我看来，他的文章大多写得矫揉造作、华而不实。还有理查德·阿尔丁顿先生在前几年编辑出版过一本十九世纪的诗文集，书名是《美之宗教》，其中的诗歌今

---

① 上世纪：指19世纪。
② 托马斯·德·昆西：19世纪英国作家、评论家，重要著作有《一位英国吸食鸦片者的忏悔》等。

天读来仍不失当初的魅力，但那些文体家如乔治·梅瑞狄斯、沃尔特·佩特①、麦克斯·比尔博姆②写的散文，其典雅风格不得不说已经过时。譬如，《理查德·费勒维尔的磨难》③ 中费迪南德和米兰达见面时的那段做作的场景描写，今天读来都会让人觉得很尴尬；还有沃尔特·佩特的《美学诗歌》中的那些段落，则给人"食之无味，弃之可惜"之感：作者有想象力，但缺乏灵感；写得很卖力，但不讨好。当然，这部诗文集中也有几篇至今仍值得一读的文章，譬如阿瑟·西蒙斯④写可怜的恩斯特·道生⑤的那篇文章就写得很好，但不是典雅华丽的，而是平实简朴的。

三

布封⑥有句名言："风格即个人。"⑦ 如果要证明这一点，最好的例子大概就是神学家蒂洛森了。我想在这里尽量简单地说一下他的生平。尽管他生活在动荡的年代，先是内战、"护国公"克伦威尔上台，后来又是王政复辟、与荷兰开战，又是伦敦大瘟疫、伦敦大火，又是"光荣革命"，但他的一生却很平淡，并没有多大波折。他是个好人，而众所周知，写好人要比写坏人难得多，好人总是不大有趣的。国立肖像美术馆里存有他的一幅画像，画面上是个面容慈祥、可敬可亲的老人，若不是穿着牧师的法衣，你或许会以为这是个待人和善的旅馆老板。画中的他因为年事已高，身体有点臃肿，但他年轻时据说目光炯炯、风度翩翩。他似乎相貌不错，但就我所知，相貌在十七世纪并不像我们现在这样受人重视。实际上，那时对相貌还有看法，认为相貌好的人往往其他方面很平庸，对他们不可委以重任。不过，要是一个人不仅相貌好，而且确实

---

① 乔治·梅瑞狄斯：19世纪英国作家，著有《利己主义者》等。沃尔特·佩特：19世纪英国散文家、评论家，唯美主义倡导者，著有《文艺复兴》等。
② 麦克斯·比尔博姆：19世纪末、20世纪初英国散文家、讽刺作家和漫画家，代表作为小说《朱莱卡·多布森》等。
③ 《理查德·费勒维尔的磨难》：梅瑞狄斯的著名长篇小说，出版于1859年。
④ 阿瑟·西蒙斯：19世纪与20世纪之际英国诗人、评论家、杂志编辑。
⑤ 恩斯特·道生：19世纪英国诗人、小说家，20多岁时因失恋及父母病故而穷困潦倒、精神崩溃，32岁便死于酗酒。
⑥ 布封：18世纪法国博物学家、作家，著有《自然史》等。
⑦ 此言法文为 Le style est l'homme même，英译为 The style is the himself'（直译为"风格就是他自己"）。

有德有才，那也是人人喜欢的。

　　蒂洛森一六三〇年生于约克郡的索尔比，他父亲虽出身于该郡的古老世家，但却是个毛料商人。那时候，就是贵族家庭的次子去做商人也是非常罕见的。我们在简·奥斯汀的小说中看到，这种轻视商人的观念到十八世纪末才有点改变。后来，到维多利亚女王时期①，这种观念逐渐淡化，直到两次世界大战之后才被彻底摒弃。所谓毛料商人，实际上是毛料生产商兼销售商，即：先从羊毛作坊收购剪好的羊毛，然后分发给当地农户，纺成毛线、织成毛料，然后再将毛料拿去出售，赚取利润。蒂洛森的父亲是个虔诚的清教徒，因而蒂洛森从小就受到严格的家庭教育。十七岁，他中学毕业后去了剑桥。他在那里读了"切林沃斯②先生的不朽之作"，从此和剑桥的柏拉图主义者过往甚密。后来为他撰写传记的托马斯·伯奇信奉英国国教③，他说蒂洛森从那时起就抛弃了早年的清教信仰。不过，伯奇又补充说："他仍严格遵守从小养成的生活习惯，对奉行该信仰（清教）的信徒也总是和气相待。"他如期拿到学位后就被选拔为学院的研究员，当时他二十一岁。他的导师克拉克森先生把自己的部分学生转到他名下，由他指导。其中有个名叫约翰·比尔德莫的学生曾在日记中这样说到他的导师蒂洛森："他是个优秀的学者，一个逻辑学家和哲学家，能言善辩，立论严谨，而且尽心尽责，值得我们信赖……我们每天晚上到他的房间里做晚祈祷，他最初是要我们把希腊语《圣经》中的章节翻译成拉丁语，后来他还直接要某个或者几个学生自己写当天的祈祷文……所有这些，都要用拉丁语。就我所见，他从来没有在学生面前说过英语。他也不允许我们在一起时说英语④。"当时的祈祷文都用长老会文体写成，这种文体也称作"沉思体"，一种即兴式文体。每周一到周五都要祈祷，每次祈祷结束后，他都要留下一个学生谈话，或勉励，或夸奖，或"发现这个学生有过失，便给予严厉的批评。他特别关注学生的举止，对举止彬彬有礼的学生，他很尊重，对举止粗俗的学生，他会当面表示厌恶"。约翰·比尔德莫还这样说到他的导师："他思路敏锐、聪明绝顶，和他谈话很有教益。只是，大概因为年龄的关系，他太讲究礼

---

① 维多利亚女王时期：即19世纪。
② 切林沃斯：威廉·切林沃斯，17世纪英国著名护教论者。
③ 英国国教：也称"圣公会"，即16世纪宗教改革从罗马天主教分裂出来的英国新教教派。
④ 17世纪剑桥大学的神学院特别重视拉丁语（当时教会的正式用语），神学院学生必须精通拉丁语。

节,也太严肃。"有必要提醒读者,当时蒂洛森只有二十几岁。

一六五六年,他离开剑桥,到司法部长埃德蒙·普里多家里去做家庭教师。在这么高级别的政要家里做家庭教师,对当时的年轻人来说当然是出人头地的最好途径,王政复辟后甚至能直接当上主教。他同时还兼任普里多先生的家庭牧师,而要当牧师,必定要先授予神职,但他是何时被授予神职的,却无处查证。这大概是由于他的神职是某位长老会牧师授予的,后来就不提了①。克伦威尔死于一六五八年,查理二世于一六六〇年开始他的悲惨统治②。蒂洛森宣誓接受《信仰统一法》③,成为英国国教的信徒。重新授予他神职的是原苏格兰主教盖洛韦,"此人出于某种原因对他特别有利",约翰·比尔德莫在日记中写道,因为凡是来找他授予神职的英格兰牧师,他一概授予,甚至不要他们宣誓,也不要他们签署效忠书。他之所以这么做,约翰·比尔德莫认为是为了钱,因为他手头拮据,而多签署一份授职书就多一份收入,他何乐而不为?授予神职后,蒂洛森在教会中得到的第一个正式职位是赫特福德郡切斯汉特教区的助理牧师。切斯汉特教区离伦敦不远,他不仅常到伦敦访友,还因为他布道效果好而有了名声,常被邀请到伦敦布道。一六六三年,萨福克郡克顿教区的教区长因不愿改信国教而被免职,他经人引荐,前去任职。当时教区长每年的薪俸是两百英镑。托马斯·伯奇还有点天真地写道,就是那个被免职的教区长,对这个才华出众、态度温和的继任者也颇为满意。蒂洛森就职教区长后,还常受邀到林肯法学院④去布道。当时的学监之一阿特金斯先生对他的布道非常喜欢,所以"有一次布道后和他一起来到小礼拜堂,问他愿不愿意正式接受法学院布道牧师的职位,因为这个职位正好空缺"。就这样,蒂洛森开始兼任此职,"待遇和前任一样,每学期薪俸一百英镑,学期结束时支付;第一笔薪俸在下一个学期结束时一起支付,另外主持假期仪式有二十五英镑津贴。此外,学院免费为他和他的仆人提供食宿。学院的五名学监一起来告知他这项任命,同时告知他要承担的职责:学期内每周日布道两次,学期外每隔一个周日

---

① 苏格兰长老会属基督教新教清教教派,在克伦威尔任护国公时期占统治地位,但王政复辟后,清教徒很快失势,遭受迫害,故有此言。
② 查理二世统治期间,国家多难,故有此言。
③ 《信仰统一法》:王政复辟后英国国会颁布的法案,恢复了内战期间清教徒所废除的内容。
④ 林肯法学院:伦敦古老的四大法学院之一。

布道两次；除了学生读经期①要布道，假期里每周日也要布道；此外，有些特殊场合也需要他布道，还有每学期和每个假期都要在本堂牧师的协助下主持圣餐仪式；最后，要住在学院里，没有学院主管批准不可擅自离开"。必须承认，林肯法学院付的薪俸并不高，要求却很高。不过，蒂洛森对此没有异议，他决定住在伦敦，住在学院里。此时他刚结婚，妻子是克伦威尔的一个侄女。关于他妻子，我们除了知道她和他育有两个女儿，活得比他长，其他一无所知。我猜测，他很可能是在护国公克伦威尔手下的司法部长家里做家庭牧师的时候认识她的，那时他们就已经"有意相配"了，只是他当时没有钱，所以才没有结婚。其实，他们那时就结婚，无疑是有很多好处的，但他却要等他担任了克顿教区的教区长、有了足够的薪俸后才和她结婚。要知道，那时克伦威尔的尸体被人从墓中挖出并拖到伦敦的泰伯恩刑场吊在绞架上，谁也不愿和"篡位者"扯上什么亲戚关系，而他却娶了他的侄女，这无疑是个高尚的举动。只是，仅靠林肯法学院给他的这点薪俸难以使他和妻子过上较好的生活，所以他在克顿教区的教区长职务必须保留，这样能多一份薪俸。但问题是，他一年中的大部分时间又必须住在伦敦。本来，他完全可以像那些不愿住在教区的教区长一样，一年花二十英镑雇一名助理牧师代劳，但他又不愿意做这种事情，结果还是辞掉了教区长的职务。或许，这对他来说也是一种解脱，因为那个教区的居民大多是清教徒和长老会信徒，对他的布道并不看好。好在，他在林肯法学院的布道很成功，一年后就升任为圣劳伦斯教堂的讲师。在那里，"前来听他布道的人很多，不少人还来自离伦敦城区很远的郊区，还有不少牧师也前来听讲，想从中得知他布道的精华所在"。有许多人周日在林肯法学院听了他的布道，周二又到圣劳伦斯教堂再听他讲一遍。

当时，人们热衷于听布道，以致复辟时期的政府官员设法对此加以限制。他们责令布道牧师，只能讲和个人道德有关的事情，不可讨论复杂的神学问题，尤其不可提及清教徒宣扬的"神恩论"和"天定论"。布道一般都很长，有时会长得令人厌烦。据说，当时三一学院院长艾萨克·巴罗②的布道就长得可怕，以致当时威斯敏斯特大教堂的执事不得不叫人弹奏管风琴，打断他的布

---

① 读经期：the reading time，即学院规定专门用来研读《圣经》的一段时间。
② 艾萨克·巴罗：17 世纪英国学者、神学家、数学家，牛顿的老师，微积分基本定理的发现者。

道。蒂洛森有一次讲博爱，也讲了三个半小时。不过，蒂洛森布道的成功秘诀也许在于"他并不滔滔不绝，而是言简意赅的"。他的传记作家说，他的布道风格质朴而生动、严肃而文雅。在他的布道中，没有刻意安排的长句，所有的话都很简短，而且思路完整、清晰，要讲的话都讲得明明白白。所以，他很快就被认为是当时最好的布道牧师。

蒂洛森住在伦敦，几年后，伦敦爆发大瘟疫。许多教会人士——不论是信奉国教的，还是不信奉国教的——都纷纷逃离这座瘟疫之城。蒂洛森却留了下来，依然尽他的职责，照料染疫病患，关怀临终之人。他的美德最终得到回报，经推荐，他到坎特伯雷就任圣保罗大教堂的本堂牧师。读者可能对"本堂牧师"不太了解，我稍稍解释一下。这是教会用语，指大教堂里拥有专用住宅和固定收入的主管牧师。此外，他还由那位写教会改革史的作者伯内特①推荐，被任命为查理二世的宫廷牧师。一六七二年，他升任坎特伯雷教区的教区长。一次，他专程去为国王布道。布道结束时，一位大臣走到一开始就在打瞌睡的国王身边，轻声对他说："陛下，真遗憾，您没听到最精彩的霍布斯主义②言论。""噢，他这个笨蛋，他应该把他的布道词印出来。"国王回答，而且马上叫来内务大臣，要他指示那个教区长把他的布道词印出来。霍布斯主义也许不是每个读者都知道的，那是强调君主拥有无限权力的一种主义。既然君主拥有无限权力，民众就要无条件服从君主。君主也许专制而暴虐，但霍布斯认为，暴政总比乱世好。再说，抵制暴君就如抵制犯罪，不会有什么结果③。君主的权力只有在一种情况下有所限制，那就是君主必须允许臣民为自己辩解，即便是直接反对君主的人，也有权自我辩解。然而，国王的指示却造成了可悲的结果。蒂洛森的布道词印出来后，既冒犯了他所在的教会，也冒犯了其他教会。特别是布道词中的一段话，遭到最严厉的攻击。这段话是这样的："也许我的见识还不够，还要努力进学。但我认为，即便国教有什么不对，总不能以所谓的'良心'为理由而公开侮辱国教，公开鼓动脱离国教，公开藐视法律和法

---

① 伯内特：吉尔伯特·伯内特，17世纪与18世纪之际英国主教、史学家，曾任苏格兰教堂牧师和格拉斯哥大学教授，著有《英国教会改革史》《我们时代的历史》等。
② 霍布斯主义：由17世纪英国哲学家霍布斯倡导的君主至上主义，即认为：在当时存在的三种政体（即君主政体、贵族政体和民主政体）中，君主政体是最好的。
③ 意即不管你怎样抵制暴君总有暴君出现，就如你不管怎样抵制犯罪总有人犯罪。

庭。在这件事情上，那些另有信仰的人①也许是装模作样地在享受着他们的个人自由，他们忠于自己的良心和宗教（他们能这么做大概还要为此表示感激），但他们照样也不允许他们的信徒公开改变自己的信仰（尽管他们根本不知道这么做是对还是错）。所以，除非有上帝赋予的特权，或者有遵循上帝旨意的法律依据，否则，任何反对国教的行为都是不应该的。"

今天看来，这些话根本算不了什么，但在那时却非同小可，使这位坎特伯雷教区长遭到猛烈抨击。当时的神学家帕特里克，即后来的伊里地区主教，敦促蒂洛森赶快撤回此番言论，不然的话，他很可能会被无情地逐出教会。还有一位知识渊博、不信国教的牧师赫奥先生，在和蒂洛森教区长的一次长谈中诉苦说，他在布道时虽反对天主教的教皇制，但他其实是很认同天主教反对所有改革派②的，"教区长听了之后忍不住抽泣起来，说这是他长久以来遇到的一件最伤心的事，他甚至觉得自己对教会的奉献也会被人抹杀"。伤心也没用，他的这番言论被指控为既不能阻止本教会的信徒背叛国教，反而会让不信国教的人找到借口来挑衅国教。

这样的指控虽然并非毫无道理——因为蒂洛森不仅出生于清教徒家庭，还一直和不信国教的朋友保持着良好关系——但他确实是真心接受《信仰统一法》的，因为国教既抛弃了不信国教派的那些苛刻的行为准则，又抛弃了愚昧的教皇制度，是和他那种温和、真诚而又敏感的性格是很相符的；再说，也没有什么证据表明他把新教各教派间的分歧看得很重。他只是热忱地希望各教派相互妥协，不要在教会中再有那些狂躁的不信国教者。但他的温和态度不仅不被人视为美德，反而被认为是他的过失。

我并不想啰里啰唆地来讲查理二世执政时期的宗教纷争。在我们看来，有些纷争简直无聊之极。一名教士穿不穿白色法衣，到底有多重要，有何必要为此争论不休！领圣餐的人究竟应该到神坛前跪下呢，还是坐在自己的座位上，至多是礼节问题，和宗教信仰有什么相干！然而，《信仰统一法》的颁布致使两千多名牧师的神职被剥夺，《五哩法》③又禁止他们接近任何社会群体，弄

---

① 另有信仰的人：指罗马天主教徒。
② 改革派：The reformers，指反对罗马天主教的基督教派系。
③ 《五哩法》：Five Mile Act，又称《牛津法》，王政复辟后英国国会为实行国教统一而推出的法案。

得他们几乎无以为生。许多人穷困潦倒，许多人只好去做仆役以维持生计。还有，按照《立誓法》①，所有没有发誓效忠国教、不承认国教至尊地位的人也必须按国教的方式领圣餐，凡是不愿放弃"圣餐变体论"②的人，不得在军队或政府任职。这一法案针对的不仅是不信国教者，还有天主教徒。需要补充的是，即便是国王，也要誓言效忠国教、承认国教的至高无上地位，还要公开声明不承认罗马教皇；否则，国王就是不合法的，而不合法的国王不但要罢免，还要处死。所以，大多数英国民众都把天主教徒视为叛国者，甚至认为一六六六年的伦敦大火也是天主教徒蓄意纵火所致。就连弥尔顿也认为，不容忍天主教徒是合情合理的。

四

一六八三年发生的一件事情极大地影响了神学家蒂洛森的前程，那就是后人所知的"啤酒馆阴谋"。有个名叫奇林的再洗礼派③教徒，原是油盐商人，由于生意不好，便想"改行"（伯内特④是这么说的）做告密者。他去找在法院任职的达特莫斯勋爵，称他得知一桩阴谋，有人要行刺国王和约克公爵。达特莫斯勋爵带他一起去见国王的心腹、内阁大臣利奥莱恩·詹金斯，后者得知此事后又通报了所有内阁成员。于是有风声传出，说奇林举报的两个人是拉姆齐和韦斯特。据伯内特考证，拉姆齐和韦斯特都曾在议会警卫军中服役，而且肆无忌惮地谈论他们想好的一个绝妙计划，只是"他们自己也知道，此事的知情者太多，总有一天会被告发，于是就编好一个故事，到时候可以隐瞒真相"。他们是想去自首，这样不仅能保住性命，说不定还可以做线人，"和英格兰到处都有的魔鬼的使者作斗争"。

---

① 《立誓法》：The Test Act，又称《1672年立誓法》，王政复辟后英国国会为实行国教统一而推出的法案。
② 圣餐变体论：Transubstantiation，天主教观念，即相信圣餐仪式中葡萄酒和面包为基督的血与肉所变。
③ 再洗礼派：Anabaptism，属于激进的基督教新教中的激进派，被当时大多数新教教派视为异端。
④ 伯内特即《我们时代的历史》的作者吉尔伯特·伯内特（见前注），此节关于"啤酒馆阴谋"的陈述主要依据此书。

韦斯特在自首时称，国王和约克公爵经常到纽马克特①去看赛马，有人曾想在他们返回伦敦的途中行刺。行刺地点选在一个叫啤酒馆庄园的地方，那个庄园属朗伯德所有，而朗伯德就是行刺阴谋的策划者之一。他选这个地点是因为那里的道路夹在两山之间，而且是国王车队的必经之路，很容易下手。但是，由于纽马克特城里意外发生一场特大火灾，几乎烧掉了半个城镇，国王和其弟约克公爵提前一周离开了纽马克特，所以行刺阴谋没有得逞。这个故事编得好像真的一样。韦斯特还说，蒙莫斯公爵、罗素勋爵、埃塞克斯伯爵、阿尔戈农·西德尼勋爵，还有埃斯克里特的霍华德勋爵，都是朗伯德的同谋。于是，除了蒙莫斯公爵，所有这些人全都被捕。罗素勋爵是贝德福德伯爵的儿子和继承人、国家党的领袖，这个党就是后来的辉格党②。他本可以逃到国外，但他没逃，留下来面对不实指控。他先被关在伦敦塔③里，后以叛国罪接受审判。霍华德勋爵的表现实在有辱贵族名声，前去逮捕他的人搜查了很久才发现他躲在一个烟囱里，而且一被逮捕就抱头痛哭。为了保命，他还主动告发，说去年有人谋反。这是真的，沙夫茨伯里④伯爵——德莱顿笔下"有远见、有胆量、有计谋"的亚西多弗⑤——因此而锒铛入狱，并以叛国罪受审，最后虽获保释，但为求自保，他从此不再露面。那是有一次在瓦平他的住宅里，有一次聚会，蒙莫斯公爵、埃塞克斯伯爵、罗素勋爵和其他几个地位略低的人都在场，当时谈到了起义的可能性，但由于种种原因，此事不了了之。沙夫茨伯里伯爵获保释后，既沮丧又不安，健康状况每况愈下，最后乔装长老会教士，移居到荷兰，不久便在忧郁中去世了。在此次行刺案审判中，拉姆齐发誓说，阴谋行刺国王的人曾在他们绝对信任的酒厂老板谢泼德家里密谋，罗素勋爵等人都在场，当时有人提议先把国王的侍卫抓起来。最高法院的首席法官据此而推断，他们的目的是要杀死国王。谢泼德作为证人，也承认这一推断是对的。罗素勋爵承认自己去过谢泼德家，但他说当时是蒙莫斯公爵约他到那里去品尝雪

---

① 纽马克特：英格兰南部城镇，以赛马著称。
② 辉格党：19世纪上半叶英国议会两大党之一（另一大党是托利党），后改名为自由党。
③ 伦敦塔：英国古代囚禁贵族犯人的监狱。
④ 沙夫茨伯里：17世纪英国政治家，始为保皇党，后在内战中反对查理二世，被认为是辉格党的创始人之一。
⑤ 亚西多弗：《圣经·旧约》中大卫王的谋士，与押沙龙合谋叛逆大卫王，后世以其名字代指叛逆者。

利酒,其间确实听到一些放肆的言论,但他并未参与其中,而且不久便离开了。然而,陪审团却很难相信蒙莫斯公爵约他到那里去只是为了品尝美酒。更为不幸的是,霍华德勋爵被捕后极度沮丧,开庭审判的第一天就自杀了。这很像是畏罪自杀,对被告方的辩护律师极为不利。告密者的说辞似乎没错,再加上合谋者霍华德勋爵的告发,差不多已经对所有人定了罪。就这样,陪审团判定所有被告的叛国罪成立,罗素勋爵当庭被判死刑。

于是,营救罗素勋爵就成了当务之急。贝德福德伯爵先拿出五万英镑、后拿出十万英镑来为儿子赎命,但他的请求被驳回。罗素勋爵虽知道保命无望,但不想让他深爱的妻子觉得自己在等死,于是就答应泪流满面的妻子,上书国王和约克公爵,请求改死刑为流放海外,从此不回英国。罗素勋爵的夫人是南安普敦伯爵的女儿,嫁给罗素勋爵前是沃恩勋爵的遗孀。像她这样贤惠、这样勇敢的妻子真是世上少见,史上也不多见。她是真正高贵的女士,她的高贵气质不仅来自她的高贵出身,更来自她的高贵性格。那时宫廷腐败、贿赂成风,贞洁女士反被认为滑稽可笑,但她仍洁白无瑕,令人钦佩。可惜,罗素勋爵的上书不起作用,国王和约克公爵对他心怀不满,因为他当年曾竭力支持"驱逐法案",而该法案的目的是要阻止当时信奉天主教的约克公爵在他兄长驾崩后继承王位。

这之后,罗素勋爵托人去找蒂洛森和伯内特。蒂洛森当时任坎特伯雷教区长,是罗素勋爵多年的老朋友,庭审时还曾为罗素勋爵作证。两位牧师都希望罗素勋爵发表一份声明,强烈谴责谋反行为,这样国王或许会原谅他。最后好像是伯内特说服罗素勋爵写了一份声明,他还要蒂洛森去找哈利法克斯勋爵,让他看看那份声明,然后再转交给国王。哈利法克斯勋爵照办了,并对蒂洛森说,国王似乎有点被打动了,好像之前的所有努力都没有这一招有效。第二天,蒂洛森在探访罗素勋爵时对他说,很高兴国王接受了他的声明,事情好像有了转机。然而,罗素勋爵却使他不无惊讶地回答说,这是不可能的,因为"他(罗素勋爵)始终认为王权应该受到法律的限制,国王若想打破限制,臣民为了维护自身权利就必然会进一步限制王权"。蒂洛森对他的这种想法感到焦虑,于是决定第二天——也就是临刑前一天——要使罗素勋爵改变想法。但考虑到罗素勋爵的家人有可能在旁边,和他谈话有所不便,他就写了一封信当面交给他,并要他无论如何读一读、想一想。信的全文如下:

阁下：

今晨领圣餐时见阁下平静而沉着，甚喜。可惜心境平和要有充分理由，否则也是枉然。口头言语常常未加细想而言不达意，故而在下写此信于阁下。

阁下之处境，在下深为同情，在下本着世间最大的善意，恳请阁下就不服王权的想法予以反思。如果此处牵涉吾等的信仰和权利问题，就如阁下所卷入的官司所示，那么在下对此不得不深表遗憾，不得不赞同神学家伯内特的理解，阁下违背了您所信奉的宗教。

首先，确凿无疑，不服王权为基督教信仰所明令禁止。其二，吾等宗教信仰由法律所确认（阁下也曾将此视为吾等基督教信仰和原始基督教信仰的区别所在），而确认吾等宗教信仰之合法性的法律条文明确规定，以任何理由使用武力对抗王权的行为均属违法。不仅如此，更有法律条文规定，民间武装也属国王所拥有。也就是说，国王的臣民理应无条件服从国王。有人或许认为个人自由乃自然法则和《圣经》精神所倡导，对此，在下不敢苟同，因为此种观点无益于国家与社会的稳定与和谐。其三，阁下的想法其实和新教各教派的教义也不相容。阁下的有些想法虽不无道理，然而总体上却不免自相矛盾，故而受到新教各教派的一致谴责也就不足为怪了。在下恳请阁下三思，阁下的想法与新教的有些谬论何其相似，却又与新教的基本教义背道而驰。

在下写此信，意在劝说阁下，如阁下能意识到早先误入了歧途，如阁下能幡然醒悟而悔过自新，如能这样，阁下，您不仅能得到上帝的宽恕，还能让教会免受耻辱。

在下绝无在此危难之时打扰阁下之意，在下对阁下的不幸遭遇深感同情，然而在下实在不忍阁下带着错误的想法和虚假的从容之心离开人世，以致永远不得安息。

在下衷心为阁下祈祷，同时乞求阁下相信在下的一片诚意。

您忠实而卑贱的仆人

约翰·蒂洛森

表面上看，这封信写得既真挚又诚恳，然而在那苦苦相劝的背后却是多么严厉的指责！

那天，蒂洛森到监狱去探视罗素勋爵，发现他正和夫人在一起。他把信递给罗素勋爵。罗素勋爵接过信，走进了隔壁的房间。看完信出来，罗素勋爵把信还给了蒂洛森，"说他已经看过了，信中所说他很愿意相信，但事实好像并非如此；现在他也没什么心思来谈政治；如果他真的犯了大错，他当然愿意聆听指教，而现在只能求上帝原谅了！"蒂洛森离开监狱后，把那封信交给了哈利法克斯勋爵，以此表明他在这件事情上的立场。

至于罗素勋爵临刑前的情景，我想在此引用伯内特的陈述："临刑前一天，他虔诚地从蒂洛森手里接过圣餐，我又为他念了两段经文，他听了很感动。然后，我们相对无语，直至黄昏。他对几个年幼的孩子感到难过，对几个朋友的背叛感到寒心；不过，他一直都很平静。他是个慈爱的父亲，但他和夫人道别时却一句话也没说，他的夫人也什么话都没说，两人默默相对。直到他夫人离去，他才对我说，他对他夫人的爱和敬重是无法用语言表达的，说他夫人无论在哪方面都配得上他对她的爱。他的夫人也很克制，在他临死前没有用眼泪和哭声弄得他心烦意乱。大约午夜时分，他走进里面的卧室。我在外面的房间里守着。到凌晨四点，照他的嘱咐，我叫醒了他。他起床后很快穿好衣服，但没有刮胡子，说他今天不必注意自己的外表了。"

罗素勋爵在林肯法学院的广场上被处决。广场上人山人海，但鸦雀无声。有人把他视为殉道的烈士，还用手帕去擦拭他的血迹。行刑时，蒂洛森一直在他身边，他最后对在场的人念的祈祷词是："愿幸存者真正懂得自己对上帝和君王的职责。"

罗素勋爵虽无过人的才华，却有惊人的骨气。大英国立美术馆里有一幅他年轻时的画像，不知是谁画的。画面上，他头戴假发、身佩胸饰，眉清目秀、鼻直口方，虽然微微有点发胖，看上去依然相貌堂堂。我不知道这幅罗素勋爵的画像是哪个权威鉴定的，因为它和保存在沃本的那幅罗素勋爵画像全然不同。那幅画像是彼得·莱利爵士画的，画面上是个年纪大得多的人，相貌平平而且圆头圆脑，眼神朦胧，嘴还有点歪，像是在傻笑。看着这样一个画中人，你绝对想不到他竟然是大气凛然、堪与古罗马勇士媲美的英雄人物。

接着，宫廷里就有人强烈抗议伯内特和蒂洛森为罗素勋爵举行宗教仪式。

压力之巨大，连哈利法克斯勋爵也无法为之辩护，只好把蒂洛森写给罗素勋爵的那封信呈交国王。蒂洛森随即被召到内阁会议上接受询问。他最终说服国王，使其相信他和伯内特的行为无可指责。约克公爵仍不相信，还要刨根究底，国王阻止他说："兄弟，教区长的话诚实可信，就别再逼问他了。"但是，公众依然不肯放过这两个牧师，纷纷指责他们教唆罗素勋爵假装悔过以逃避法律制裁。为此，伯内特只好逃往荷兰，直到"光荣革命"后才回英国。至于蒂洛森，他的传记作家①在奥兰治的威廉亲王登陆英国②、詹姆士二世③逃出英国后很久才写道："他们两人（伯内特和蒂洛森）很可能没有想过这个问题，即便想过也没有想得很清楚，因为他们后来的举动完全为当时的政局所左右。"也就是说，大环境决定了小环境。威廉和玛丽④当政时，个人最好不要有自己的想法，"信心和耐心是维护宗教信仰的两大要素，基督教福音所倡导的是忍耐，不是抗拒"。

罗素勋爵被处决后的几年间，蒂洛森隐居在乡间。他在埃德蒙顿购置了一处房产（即后来在文学史上出名的那座乡间别墅），大部分时间住在那里，只有要到林肯法学院去授课，他才去一次伦敦。一六八五年，查理二世驾崩，詹姆士二世即位。一六八七年，蒂洛森中风，不久康复，到汤布里奇温泉去疗养。在那里，他结识了詹姆士二世的小女儿安妮公主，她当时正和丈夫丹麦王子乔治一起在那里度假。一六八八年九月，蒂洛森和安妮公主交往频繁而且经常为她布道。两个月后，奥兰治亲王威廉登陆英国。我想说的是，蒂洛森赢得了安妮公主的信任，因而他在一定程度上影响了历史进程。他说服安妮公主答应奥兰治亲王威廉的要求，即在他妻子玛丽死后仍保留他的英国王位。此前，安妮公主一直对威廉的这一要求予以拒绝，因为答应这一要求即意味着她放弃了自己的王位继承权。

五

不久，威廉和玛丽正式加冕为国王和王后。蒂洛森因为"深受国王和王后

---

① 他的传记作家：即托马斯·伯奇（见前文）。
② 奥兰治的威廉亲王登陆英国：即所谓"光荣革命"（即詹姆斯二世的女婿、荷兰执政奥兰治亲王威廉受英国议会邀请，率军来到英国罢免詹姆斯二世，继任英国国王）。
③ 詹姆士二世：即前文中的"约克公爵"（兄长查理二世过世后，由他继承王位）。
④ 威廉和玛丽：即詹姆斯二世的女婿（奥兰治亲王威廉）和大女儿。

的赏识和信任"而被任命为国王的首席牧师。这样一来,他经常要接受国王和王后的召见。当时,圣保罗大教堂的主教职位正好空缺,于是他就把自己的坎特伯雷主教一职换成了圣保罗大教堂主教,因为这样可以使他比较方便地随时到白厅①待命。由于他非常看重圣保罗大教堂主教一职,他把林肯法学院圣保罗教堂驻堂牧师一职辞掉了,尽管这会使他的收入大大减少。

威廉国王毫不关心子嗣和王位继承问题,总的说来,史书上都把他说成是一个铁石心肠、冷酷无情的人物,说他身为英国国王却不为英国谋利,而只为自己在欧洲大陆的利益着想;所以,一般史家都不愿承认他有什么英明之处。不过,麦考莱在他的《英国史》中却把他说得简直前无古人,还用大量篇幅再现了他的完整形象。麦考莱妙笔生花,在他笔下,威廉国王既是个冷峻、阴郁、不动感情的人,又是个坚韧、无畏、足智多谋的君王,写得可谓栩栩如生,与其说是历史,不如说是文学。但不管怎么说,威廉国王很会用人,这一点倒是真的。他一眼就看出蒂洛森是个忠诚、善良、没有异心的可用之人。当然,也可能是蒂洛森的好脾气深深吸引了这位禀性苛刻的国王。

君臣之间,威廉国王对蒂洛森照拂有加,这对他这种性格的人来说很令人吃惊。当时有好几个大主教职位空缺,国王自然想让蒂洛森出任大主教,但蒂洛森以年老体弱为由请求国王原谅他难以从命。他在给国王的宠臣波特兰伯爵的一封信中说:"感谢上帝让我此生如愿见到了这场愉快的革命②,如今我只指望新政日益巩固,别无他求。既然我对这场伟大革命已表明我的态度,我再三谢绝提拔也就不怕被人怀疑是心怀不满了。"威廉国王加冕后十天,议会通过一项法案,要求各级政府、军队和神职人员宣誓效忠国王。

第一条,宣誓效忠国王和王后。

第二条,断绝和罗马教皇及其国外势力的一切来往。

说明:本法令要求宣誓的同时规定:包括神职人员和公务员在内的所有领取国家俸禄的人都需于八月一日前宣誓,违者停职半年;半年后如仍不宣誓,若情况属实,永久解除职务。

---

① 白厅:Whitehall,16、17世纪伦敦的英国王宫。
② 这场愉快的革命:即指"光荣革命"。

坎特伯雷大主教、神学家桑克罗夫特就因拒绝宣誓而被停职。国王和王后来访之际，他没有去迎接和陪同；国王要求他出任上议院议员，他也拒绝。国王和王后加冕登基时，王后派两名宫廷牧师到大主教官邸要求大主教前来祝福，但当大主教的助理牧师沃顿先生通报大主教时，大主教说此事全权交由他办。于是，沃顿先生只能听命，决定以上帝的名义为威廉国王和玛丽王后祝福。但是，到了当天晚上，大主教却来找他，而且情绪激动、怒不可遏对他说，在他的祝福词中不可提到威廉国王和玛丽王后的名字；否则，祝福仪式就不要在坎特伯雷大教堂里举行，因为他们（威廉国王和玛丽王后）不配这样的祝福，因为詹姆士国王①还活着。这位大主教因此而被停职，六个月后他仍然拒绝宣誓效忠国王，于是立遭解职。然而，大主教一职不可空缺，国王随即想让蒂洛森出任此职。下面是我从蒂洛森写给罗素勋爵夫人的一封信中节选的两段文字，内容与此有关：

陛下赐予我圣保罗大教堂主教一职时我亲吻他的手，并向陛下表示了我最谦卑的谢意，说我此生已心满意足。陛下说："哪里哪里，区区小事。"后来，陛下便明确提到，要我出任一个极其崇高、我想都不敢想的职位，还说我出任此职有益于他的信仰，要我务必考虑考虑。正当陛下说到这里，用膳时间到了，我便乘陛下起身去用膳之际赶紧说，我已承蒙圣恩，我还是在现职之上能更好地服务于陛下。

此事真使我左右为难。我既不能辜负陛下，拒绝陛下的善意提拔，又不能违背我自己的意愿，去做违心的事情。我想，此事我好像还欠了索尔茨伯里主教（即伯内特）的人情，他是我最好的朋友，也是我最坏的朋友。好是好在他总能给我提出一些宝贵建议；坏就坏在是他到陛下那里推荐我出任此职——我知道这个主意是他出的——但这样一来，似乎我和他早有预谋，好像我不想再做圣保罗大教堂主教，而要当坎特伯雷大主教。这可把我逼入了凶险之地，要不是陛下心善，我可能早已身首分离。现在，我想对您——尊敬的夫人，说句心里话：我向来感激上帝让我无私地投身于公共事务，为此我始终竭尽全力。近来的宗教仪式已变得既简朴又庄重，

---

① 詹姆士国王：即被"光荣革命"推翻的詹姆士二世，他在法国建立流亡政府，但最终客死异乡，没能复辟。

这是上帝所喜欢的，而对我个人来说，最大的福祉就是超脱世俗的种种欲念，故而名利地位非但不为我所好，更为我所恶。故而我确信，我还是担任现职为好，我对众信徒所能施加的影响不会比大主教少，因为一个尽心尽责的人总能赢得众人的喜爱。反之，如果我违心地接受重任，我很可能会不堪重负而心情烦躁，很可能会一事无成，很可能用不了多久便会像个蠢人似的一命呜呼。

然而，威廉三世却不是那种做了决定后会轻易改变的人，他在此后的几个月里再三向圣保罗大教堂主教蒂洛森施压，要他接受坎特伯雷大主教一职。蒂洛森很清楚，这样的任命会引起同道们极大的愤怒，他们会把他视为"教会之敌而非教会之主；只要他出任坎特伯雷大主教的消息一传开，他们就会说国教将亡"。他们还会诅咒似的用拉丁文说：actumest de Ecclesia Anglicans①。蒂洛森还很清楚，教会里另有人觉得自己不论在"光荣革命"之前还是之后一直尽心尽责，应该提升为大主教。不仅是以往曲折的经历使他知道，其实处于此种境况的人都能体会到，功成名就会招致羡慕者的妒忌和敌意。蒂洛森为人谦和，招人嫉恨会使他深感不安。此外，他还想到，别人因为刚正不阿而被解除大主教之职，自己因为唯唯诺诺而得到大主教之职，这也使他很为难。但国王对蒂洛森的一再推托却不耐烦了，他就如蒂洛森在给罗素勋爵夫人的另一封信里所说，不喜欢再三恳求，也不喜欢被人拒绝。蒂洛森对罗素勋爵夫人很信任，他经过一番苦苦的内心挣扎后，又写了一封信去征求她的意见。罗素勋爵夫人回信说，既然自我牺牲是他的职责所在，那么他就应该做出"崇高的牺牲"，不要再违逆国王的意愿。蒂洛森这才决定妥协，接受国王的任命。他禀报国王说，他已经做好出任大主教的准备。国王听了"非常高兴，脸带微笑地对他说，这是他近来听到的最好的好消息"。

蒂洛森请求国王暂时保密，六个月后再公布此项任命。公布任命的那天，蒂洛森首先做的是到坎特伯雷大主教府邸去拜访被解职的桑克罗夫特。他通报姓名后在门外等着，但始终没有回音，只好悻悻离去。王后警告桑克罗夫特，要他马上搬出大主教府邸，等解职书得到法院确认后正式逐出坎特伯雷。法律

---

① actumest de Ecclesia Anglicans：（拉丁文）英国国教完蛋了。

程序启动后虽引起争议，但桑克罗夫特最终还是在管家和教堂执事的陪同下离开坎特伯雷，乘船前往谭波城的私人住宅。司法部长派了一名信使去接管大主教府邸的财产，但留守府邸的人拒不从命，因为他们受命只能将府邸移交给执法人员。最后，只得由副郡长出面，才接管了所有财产。不久，桑克罗夫特离开伦敦，回到他的故乡——萨福克郡的弗瑞辛菲尔德，两年后在忧郁中去世。伯内特说，桑克罗夫特学识渊博、举止稳重、神情严肃，是个典型的牧师；他的个性冷漠内敛、执拗倔强，既不受人爱戴，也不受人敬重。他说得不太对。桑克罗夫特其实是个少言寡语、专注于沉思默祷的人，他的生活方式极其简朴，像个苦行僧。伯内特说他贪财，斯威夫特在笔记中说伯内特"大错特错"。桑克罗夫特多年前曾在剑桥就被解过职，因为他不肯违背对查理二世的效忠宣誓，拒绝在教堂里宣读詹姆士国王旨在暂缓对非英国国教徒实施刑事处分的《宗教自由宣言》，表明他很有勇气。为此，他和其他几个同样拒绝遵守国王命令的主教一起被关进伦敦塔，但经过审讯，最终被判无罪。奥兰治亲王夫妇①要求教会宣誓效忠时，除了桑克罗夫特，还有七位主教（都是神学院院长或院士）和一大批领取圣俸的教士也拒绝宣誓，也同样未被问罪。

麦考莱对那些拒绝宣誓的人颇为蔑视。他曾写道："这些人没有一个可与之讨论道德和政治问题，没有一个不将自己的思想表述得那么肤浅或那么随意。"他也许说得没错，那些拒绝宣誓的人狂热地相信当朝国王②的神圣权利，相信当朝国王由上帝选定，不会有错误。实际上，詹姆士二世不仅违反宪法，还迫害国教信徒，试图强行在英国恢复罗马天主教信仰。受其迫害的虔诚教士为维护宗教原则而抗拒国王的权力，这是理所当然的。罗素勋爵和阿尔戈农·西德尼被判处死刑也是出于这一原因，然而不少有学识、有信仰的人却认为他们死有余辜。其实，詹姆士二世逃离英国后就说他已放弃王位，只是那些拒绝宣誓的人不肯相信罢了。在他们看来，只要詹姆士二世还活着，就是英国国王，威廉和玛丽就是篡位者。这真是顽固不化。但有人或许会说，麦考莱对他们多少应该有点同情心，因为他们毕竟是出于自身信念，甘愿放弃职位、放弃厚禄，甘愿无依无靠地凄惨度日。

---

① 奥兰治亲王夫妇：即威廉国王和玛丽王后。
② 当朝国王：即指詹姆士二世。

至于蒂洛森,他当然没有拒绝宣誓,而且可以肯定,他宣誓的时候心安理得。其实,他在几年前的布道中就讲到过效忠宣誓是否真的有效。他说他"对假誓言——即一个人发誓去做他真心相信自己做不到事情——只能深表遗憾"。当然,他马上补充说,假誓言是不可饶恕的罪过。但是,身为英国人,他肯定心知肚明,那是英国人的常识——即:当某人发誓要做某件他不可能做的事情时,他的发誓不过是装装样子而已。外国人不懂这一套,往往认为英国人虚伪。实质上是英国人更讲究实际。譬如,蒂洛森在题为《感谢奥兰治亲王解救英格兰的感恩布道》中就提醒林肯法学院的主管们注意,"光荣革命"带来的是一种宽松、自在的生活,这场革命"不发一颗子弹、不流一滴鲜血",是仁慈的上帝所安排,"为此,让我们用神圣的赞美诗歌颂上帝的神迹,让我们纵情欢呼"。毫无疑问,那些博学的法学家听了都深表赞同。

由于桑克罗夫特被解职,大主教府邸被弄乱,需要重新装修和布置。这期间,蒂洛森仍住在圣保罗大教堂的主教府邸里。等大主教府邸装修完毕,他搬了进去。那些拒绝宣誓的人仍对他愤怒不已,攻击不断。蒂洛森写给罗素勋爵那封劝他认错的信在罗素勋爵行刑时就已经有人印行出来,现在又有人将它重印。蒂洛森在信中明确表示,违抗国王有罪,今生来世都有罪,都要受到惩罚。于是,那些拒绝宣誓的人质问他,既然如此,他为什么又宣誓效忠这样一个"国王",这样一个为一切有理智的人所唾弃的彻头彻尾的篡权者①。他们不仅著文攻击蒂洛森,还将这些文章结集出版,而当有些作者被当局逮捕后,蒂洛森却专程去见司法部长,恳请他对这些人网开一面,不要因为他们对他不敬而把他们投入监狱。有一次,有位绅士前来祝贺他,见面时正好有一只包裹寄到。他当着那位绅士的面拆开包裹,发现里面是一副面具。"大主教面无表情地把那副面具随手扔在桌子上的一堆文件里。那位绅士对他的举动觉得很惊讶,大主教却微微一笑,指指桌子上那堆文件说,这样的侮辱②和那些白纸黑字相比只是小事一桩。"他去世后,人们确实在他的遗物中发现一大捆文件,上面还附了一张纸,纸上写着:"这些都是对我的造谣中伤,我真心祈祷,愿上帝宽恕他们。"

---

① 篡权者:指奥兰治亲王威廉。
② 这样的侮辱:指面具(即嘲讽他虚伪)。

六

蒂洛森大主教生前有个宿敌，此人非同寻常，我想在这里讲一讲，尽管这可能有离题的嫌疑。此人叫塞缪尔·约翰逊。我第一次看到这名字吃了一惊，因为书友们都知道，这个名字通常只指一个人，不可能再有第二人被这么称呼。当然，几百年来，在我们敬爱的约翰逊博士的生前身后，英国出现过成百上千个塞缪尔·约翰逊，但约翰逊博士的名气之大，几乎无人能比，因而一说到塞缪尔·约翰逊这个名字，我们总想到约翰逊博士。此外，真正喜欢约翰逊博士的人不仅喜欢谈论他的个性和智慧、他的见识和仁爱之心，对他的粗心大意和啰里啰唆、他的好吃贪食和文笔浮华也一样津津乐道。有意思的是，我现在要讲到的这个塞缪尔·约翰逊，竟然和后来编纂词典的约翰逊博士还有几分相像——争辩时不容别人说话，不仅脾气暴烈，而且总是坚持己见、从不让步。英国的一方水土有时确实会养育出这种性格的人：他们拒绝承认一件事情可能会有两面，而是坚信唯有自己的看法才是正确的，才是重要的，所以，不管有多大的困难、多大的压力、多大的打击，甚至有牢狱之灾，他们也决不妥协。

这个塞缪尔·约翰逊生于一六四九年，曾就读于圣保罗公学和剑桥三一学院，后被授予神职。不过，由于对当地气候不适应，他没有去履行神职，而是请了助理牧师代劳，自己住在伦敦，受聘为罗素勋爵的家庭牧师。一六八二年，他出版了一本名为《叛教之徒朱利安》的书，猛烈抨击约克公爵①，指责他背叛祖上的信仰，皈依了罗马天主教。这在当时可谓大逆不道，他很快就被捕并遭起诉，罪名是造谣惑众，被判巨额罚金，缴纳之前不得出狱；书被付之一炬。据《国家传记词典》记载，他因缴纳不出罚金一直被关押到一六八五年才获释放。在狱中，他又写了一本言辞激烈的书，还取了个危言耸听的书名——《谦卑而真心地喊话当前军队中的英国新教徒》。他还在狱友的帮助下与外界取得联系，把此书的手稿偷偷送出了监狱。一六八五年，约克公爵即位（即詹姆斯二世），接替他那个相貌堂堂、才能平平的兄长②，而此书正好在此时出版，而且流传甚广，尤其是在军队中。这会导致怎样的可怕后果，他肯定清

---

① 约克公爵：即查理一世的次子，查理二世的弟弟，后来的詹姆士二世。
② 指查理一世的长子查理二世。

楚，但也许是生性桀骜不驯的缘故，他准备承受一切后果。果然，他再次被捕受审，这次不仅被判监禁和罚款，还被判游街和鞭刑，即戴着手铐脚镣在威斯敏斯特、查林十字街和伦敦交易所示众，然后押解到泰伯恩刑场接受鞭刑，再押解至监狱。他以惊人的毅力承受了这种人格侮辱和肉体痛苦，而在此之前，三名效忠新国王的主教和几名伦敦当地的牧师还在圣保罗大教堂的礼拜堂里对他作了降级处分。不过，一六八八年"光荣革命"后，官方宣告对他的判决是非法的，教会承认对他的降级是无效的。

这个塞缪尔·约翰逊有能力、有学问、有胆识，就是脾气大，容不得异见，自信而且自负，有太多雄心壮志。他和罗素勋爵志同道合，而他的入狱也多少和罗素勋爵有点牵连，所以，罗素夫人曾托那时的圣保罗大教堂主教蒂洛森到国王那里去求情。蒂洛森和罗素家族过往甚密，想来一定认识他们家的这位家庭牧师。当然，蒂洛森不可能和他成为朋友，因为两人的个性截然不同：一个刚愎而激奋，一个宽厚而温和。尽管如此，在这个塞缪尔·约翰逊被捕入狱后，蒂洛森还是为他送去了一笔钱。他对此很不屑，但为了缴纳罚款又不得不收下。后来，蒂洛森一直资助这个厄运临头的人，只是不让他知道钱是谁给的。蒂洛森写给罗素勋爵的那封信公开后，这个塞缪尔·约翰逊把蒂洛森骂得狗血喷头，但蒂洛森对他所遭受的迫害依然没有袖手旁观。他平反后，蒂洛森还在威廉国王面前提起过他，威廉国王也似乎想提拔他，只是他这个人实在令人难以捉摸，蒂洛森一时想不出何种职位对他最为合适。确实，这个塞缪尔·约翰逊太不会做人，甚至在法庭上也出言不逊、冷嘲热讽；譬如，有一次他说，鉴于国王只对上帝负责，尾巴议会①应该把查理一世送到上帝那里去才对。最后，威廉国王任命他为富饶的达勒姆教区的教区长，但他要做主教，看不上这个职位，毫不客气地拒绝了。后来，他请求国王发给他一笔养老金，不必再任命他做这做那了。一开始，因为蒂洛森为他说情，国王答应了，但没过多久，国王反悔了。蒂洛森不知何故，掌玺大臣哈利法克斯告诉他，因为陛下觉得，既然他有教会的任命权，又何必从宫廷开支中拨给这个塞缪尔·约翰逊一笔养老金呢。陛下还说，这个塞缪尔·约翰逊对蒂洛森大主教太不敬重，对唯一愿意为他说情的人还这样肆意攻击，此人真是不识好歹。哈利法克斯还暗

---

① 尾巴议会：The Rump Parliament，也称"残缺议会"，指1648年12月6日托马斯·普莱德率军把反对审判查理一世的议员全部驱逐以后残存的议会。

示说，国王好像有意任命他到爱尔兰去做主教，因为那里有几个主教职位空缺。蒂洛森觉得，要是他能接受的话，那也很好。结果呢，当然没成，因为这个塞缪尔·约翰逊只愿意接受英格兰的主教职位，否则免谈。最后如我们所知，国王没办法，只好发给他一大笔养老金。这个人没人会喜欢，但也没人敢轻视。

七

蒂洛森不情愿地接受了大主教一职，上任后很不愉快，所以他离死日也就不远了。他在职期间，总有人不断指责他，有一次布道竟然还引发了许多人的愤怒和抗议。那次，玛丽王后也在场，布道的内容是关于地狱的惩罚是否永恒。他认为，有罪之人遭受地狱的惩罚和上帝的宽容与仁慈是一致的，"如果地狱对罪人的惩罚是永恒的，那就会和上帝的宽容与仁慈相矛盾，上帝决不会那样做（这一点，他比我们肯定知道得更清楚）"。对此，他的论敌指责他否认地狱惩罚的永恒是为了讨好玛丽王后，因为"她正为自己对父亲的忤逆①害怕得要命"。对这样的非难，他忍耐了，没有反驳。那时，教会中的大人物一般都要定期在家里招待同僚和下属，蒂洛森并不例外，他家里常常宾客盈门、高朋满座。他的学生约翰·比尔德莫说"他天性温和、友善、热情，对朋友有求必应，从不推托"，还说他言谈机智、诙谐、幽默，但比尔德莫举的例子不太贴切。譬如，有一次，下议院发言人约翰·特雷弗爵士因为受贿被解职而耿耿于怀，见到兼任上议院议员的蒂洛森大主教便挑衅说："我讨厌大主教职位被马屁精占据。"蒂洛森反唇相讥："我讨厌任何职位被流氓无赖占据。"再譬如，索斯博士写了一本书，把蒂洛森大大嘲讽了一番，还托一个朋友去问蒂洛森对此作何感想。蒂洛森淡淡地说，索斯博士作为一个人写书，写出来的书却像狗咬人。此话传到索斯博士那里，他回应说，他宁愿做咬人的狗，也不愿做拍马的人。蒂洛森反唇相讥说，他宁愿做一只讨人喜欢的贵宾犬，也不愿做一只招人嫌弃的丧家犬。这样的骂来骂去，其实算不上机智、诙谐、幽默。

一六九四年的某个星期天，蒂洛森在白厅小教堂主持仪式时突然感到身体不适，但他觉得不严重，一直坚持到仪式结束。没想到，四天后就去世了，时

---

① 对父亲的忤逆：即指玛丽和丈夫威廉带兵登陆英国，废黜了她父亲詹姆士二世的王位（即"光荣革命"）。

年六十五岁。他一生乐善好施,没有留下什么钱财,除了一些布道词的手稿,也没有留下什么东西。他的家人除了他夫人,还有他的女婿和外孙,他的两个女儿在他之前就已过世。后来,他留下的那些手稿卖出了两千五百英镑的天价。玛丽王后对他的去世深感悲痛,就连威廉国王这样铁石心肠的人也动情地说,蒂洛森大主教是个大好人,是他最好的朋友。所以,他给了蒂洛森夫人每年四百英镑的养老金,后来又增加了两百英镑。他不仅亲自过问这笔养老金,下令国库必须按时发放,而且每次都亲自把养老金送到蒂洛森夫人手上。历代帝王大凡都认为臣民对他们的效忠是天经地义的,不必为此道谢,而对于过世的昔日侍臣,他们更加不会放在心上。由此看来,威廉国王在这一点上还是很令人感动、很令人赞叹的。

蒂洛森生前发表的布道词后来被译成荷兰语和法语。法文版第一卷出版时,伯纳德①先生在其评论集《文学共和国见闻录》的某篇文章中说,蒂洛森的简练文体风格"是英国诸多文体风格中不容忽视的一种,许多不信教的人之所以也喜欢读他的这些布道词,就是因为喜欢这种文体风格"。他还写道:"英国人不喜欢华丽辞藻,不喜欢咬文嚼字,不喜欢把文章写得像神龛里的圣像一样金碧辉煌。他们一读到那种过于修饰的文字就会感到不安,就会紧张起来,生怕事实真相会被那件精致而华丽的外衣掩盖。他们不喜欢刻意雕琢,喜欢自然简洁,觉得过多的雕琢令人压抑。"伯纳德先生这样夸奖我们英国人,我想也不必谦虚,确实如此。

所以,我若从蒂洛森大主教的布道词中选一段放在这里,让读者看看他的文体风格到底好在哪里,那也是应该的。只不过,选哪一段并不容易,如果是托马斯·布朗爵士或者伯克②,就要容易得多。《瓮葬》③ 的开头一段——"塞壬女妖吟唱的是何种曲调……"——谁读了都会对布朗爵士的文体之优美印象深刻。伯克也一样,在他的《致一位尊敬的阁下》中很容易找到一段来证明他的文体之高雅。但是,要从蒂洛森的布道词中选一段就难了,因为在我看来,他既不是了不起的艺术家,也不是什么天才。我曾一再说过,他是个诚实善

---

① 伯纳德:应是保罗·伯纳德(Paul Bernard, 1866—1947),和毛姆差不多同时代的法国剧作家和小说家。
② 伯克:埃德蒙·伯克,18世纪爱尔兰哲学家、政治家、散文家,著有《论崇高与美》《对法国大革命的思考》等。
③ 《瓮葬》:托马斯·布朗的散文名篇。

良、谦虚谨慎的好人，如此而已。他身上确实没有什么可称作天才的东西，如果有人听说他有天才，那是他的传记作家散布的谣言。他的文体就是普通文体。托马斯·布朗爵士和《死得崇高》的作者杰里米·泰勒的文体都不是日常使用的文体，它们就像十七世纪德国纽伦堡的工艺师制作的水晶杯，晶莹剔透、镶金嵌银、精致典雅、世间少有，但只能放在玻璃柜里远远地观赏，你若口渴，还得去拿个普通杯子来喝水。蒂洛森的布道词都是在教堂的圣坛上宣讲的，当然要写得简洁明了，这样听讲的人才能听得懂。所以，他从来不做装饰，从来不用华丽的词语或典雅的修辞，既没有别出心裁的妙语，也没有明喻或者暗喻，免得听讲者分心。他的布道词就像一个稍有学问的人在说话，不求惊天动地，只求把自己要说的话说清楚。至于别人喜欢不喜欢，那是别人的事。实际上，也真有不少人不喜欢这像日常讲话似的文体风格，其中还不乏大作家，譬如福楼拜，就对这种文体嗤之以鼻。他们认为，正式的文体风格要使文学增色，要使文学作品更具艺术性，因而他们大量采用双重或者三重并列结构，采用对偶、明喻、暗喻等修辞手法，尽力（通常是成功的）把语句写得既工整又典雅。确实，和这种文体相比，日常讲话式文体给人的感觉就如一杯清水，无滋无味。但我犹豫之后，还是决定从蒂洛森那些日常讲话式的布道词中选取几段平平常常的文字，几段他当时绝对没想到要被印出来的文字。当然，我选用这几段文字并不仅仅为了展示他的文体风格，还要展示他的思绪。我想，无论谁读了下面这几段文字，都会对这个被恶意中伤的好人深表同情。

人们不禁会想，尼希米[①]为了敬奉上帝而去做那件积德行善的事情[②]，他一定考虑过那件事情不仅费用巨大，而且参与的人各种各样都有，很难相处。但仔细想想，他做那件事情不仅为了积德行善，更为了彰显他的两大美德：一是自我节制，二是自我否定，即否定自满心理。他为了众人总是否定自己，这样他才能每天和众人坐在一起吃饭，特别是当他和他难以相处的人在一起时，他也从不自作主张。

---

① 尼希米：（见《圣经·旧约·尼希米记》）原是在异邦生长的犹太人，在波斯皇宫内任酒政（皇帝的亲信大臣），后来带领犹太人回耶路撒冷重建城墙。城墙竣工后，受波斯王任命为犹太省省长。

② 那件积德行善的事情：即指尼希米重建耶路撒冷城墙。

一个人在世上做事也好，说话也好，有了或大或小的名声也好，当他临死之际，一切都会烟消云散。这大概就是做人的悲哀吧。

如果一个人总想着外面的事情，在自己家里却像个陌生人，这样活着也太令人奇怪了。

整天把自己锁在条条框框里，紧张分分地担心自己会说错一个字、疏忽一件事，既不思考也不反省，那当然叫人受不了。

人们总以为身居最高位的人拥有最大权力，说话和做事享有最多自由。其实正好相反，身居最高位的人最受人关注，最少享有自由。这不是我一个人的见解，还有一个比我聪明得多的人（即托利①）也说过："身居最高位的人往往最倒霉。"他们享尽荣华富贵，却比所有人都不自由。

身居中位的人如果聪明一点，不犯傻，不犯错，就不会招人注意。只有那些经常抛头露面的人，也就是公众人物，他们的一举一动不仅被人注意，还要被人评头论足。

看到那些适合为政府做事的人听从征召而甘愿挑起重担，我们应该感到高兴——是的，还应该感激他们，感激他们不辞辛苦、不骄不躁地为公众服务。可以说，有人天生擅长公共事务，或者至少对他们来说公共事务并非难事，这是全世界的荣幸。多亏有那些明白人愿意为政府做事，因为可以肯定，服从一个公正、明智的政府要比自己来公正、明智地施政容易得多。我对那些投身于公共事务的人一点也不挑剔，他们做得很好，我们应该心怀感激。有些人因为所受教育的缘故，渴望做一番事业，他们在这方面比别人更有能力，做起来更得心应手，特别适合以这种方式侍奉上帝、服务公众。总之，那些勤勤恳恳做实事的人值得我们致以双倍的敬意。

---

① 托利：Tully，即西塞罗，古罗马哲学家、政治家，全称马库斯·托利乌斯·西塞罗（Marcus Tullius Cicero），"托利"是后世英美人对他的简称。

> 凡是诚心诚意、死心塌地、专心致志地过一种生活人，他们的可贵之处就是心无旁骛，不受诸多事物的诱惑。他们的心思只在一件事情上，他们的感情只有一个出处。他们所想的和他们所做的，全都集中在一个大目标和大计划上，故而他们的生活自成一体，至死不变。
>
> 只有当一个人独处之时也有更多善事可做，或者至少有做善事的想法，才能补偿抛头露面的忙乱生活所带来的烦恼和焦虑（当然，心智愚钝的人是不大会有这种感觉的）。

为了不使读者厌倦，我省略了三四段。下面是最后一段：

> 所谓有能力或者有机会表现个人的大善大德，那不过是说说而已，其实是人对权力和名声的渴求。如果我这么说没错（虽然说得太刻薄），那么为了表明自己并不愚蠢，人还总要有点雄心壮志才行。但我想，我要说的一句公正话并无冒犯人的意思，那就是：拒绝名声和追求名声一样也是一种雄心壮志，只不过很少有人这样做，而且也不需要冒风险，所以，这种雄心壮志不被人注意。

显然，这段文字是蒂洛森大主教随手写在那里的，如果他想修改一下的话，肯定会改动几个词，调整一下句型，使这段文字更加紧凑一点。不过，我觉得这段文字仍写得简洁明快，并没有背离他的文体风格。你或许会一边读，一边自言自语："嗯，这有什么稀奇，好像人人都写得出来。"那就听我说：纽约现代艺术博物馆有一幅荷兰画家蒙德里安画的画，画面上只用几根黑色线条纵横交错地画了几个红色、黄色和蓝色的长方形和正方形①，但我却从未想通过，为什么我看了这幅画之后就始终忘不了。这幅画好像有一种魔力，没什么特别含义，却能奇妙地使你心动，使你有一种满足感，而你又说不出到底为何心动，为何感到满足。如果你觉得只要用一把尺和几种颜料就能画出来，不妨试试看。

---

① 此画即蒙德里安作于1930年的几何抽象画《红、黄、蓝的构成》。

关于短篇小说

一

多年前，一位负责编纂那部著名的百科全书①最新版的编辑写信给我，问我愿不愿意写"short story"（短篇小说）这一词条。我觉得很荣幸，但我婉言拒绝了。我虽然写过短篇小说，但要我写词条，难免会有失偏颇。因为作家写小说总是选择最适合自己的方式来写的；不然的话，他就不会写小说而去写其他东西了。也就是说，写小说的方式有多种，而每个作家只选用其中适合他个性的某一种。所以，我觉得百科全书的这一词条应该找从未写过小说的人来写，因为他对小说没有先入为主的偏见。就拿亨利·詹姆斯②的许多小说来说吧，品位高雅的读者都很喜欢。这些读者的爱好当然应该尊重，但我觉得，见过亨利·詹姆斯本人的读者或许更会被他的小说打动。他们会觉得，他简直把自己的嗓音也写进小说里了：你从他的小说中感受到的那种精致细腻，就是你印象中的亨利·詹姆斯那个人，和善宽厚、谈笑风生。不过，我对他的小说不很满意，因为我觉得他的小说不太可信。任何人只要知道一个受白喉折磨的孩子有多么痛苦，就不会相信这个孩子的母亲会仅仅因为担心孩子长大后有可能读到他父亲写的书而无动于衷地看着孩子死去。然而，这却是亨利·詹姆斯的小说《〈拜尔特拉菲奥〉的作者》中的情节。我觉得，亨利·詹姆斯一点也不了解

---

① 那部著名的百科全书：即指《大英百科全书》。
② 亨利·詹姆斯：比毛姆大 31 岁的美裔英国小说家，毛姆认识他。

人是怎么活着的;他写出来的人物既没有肠胃,也没有性器官①。他的小说有些是写知识分子的,据说有人读了之后提出抗议,认为知识分子其实并非像他写的那样。他反驳说:"我没有丑化知识分子,倒有点美化了!"他也许不是他自认为的现实主义者,这一点我虽然不敢肯定,但我想他一定觉得《包法利夫人》②是一部极其恐怖的小说。马蒂斯③有一次向一位夫人展示他的一幅裸体女人画,那位夫人看了之后惊恐地对他说:"女人不是这样的!"马蒂斯回答说:"夫人,这不是女人。这是一幅画。"我想,如果有人大胆向亨利·詹姆斯提出,他的小说脱离生活,他同样会回答说:"先生,这不是生活。这是小说。"

关于这个问题,亨利·詹姆斯自己曾在小说集《大师的教训》的序言中阐述过。可惜那篇序言写得很难懂,我读了三遍,仍然不敢说完全读懂了。我揣摩其要点,大概是这样的:面对"几乎全然是无聊与痛苦的生活",对一个小说家来说,最普通的做法就是去寻找"某些和这种生活相对立或者逃避这种生活的人,以此作为范例"而创造出"和这种生活相抗争"的人物形象;然而,他在现实生活中却找不到这样的范例,所以,他只能凭借自己的想象力来创造这种人物形象。在我看来,就算要这样来创造人物形象,小说家也必须使他们具有某些基本的人类共性;否则的话,他再怎样塑造他们的个性,也很难使读者信服。当然,这是我个人的观点,任何人都可以表示反对。譬如德斯蒙德·麦卡锡④,他每次到里维埃拉来看我,都会和我谈论亨利·詹姆斯的小说,而且谈论很长时间。我现在的记忆力已大不如前了,但我仍然记得,德斯蒙德·麦卡锡不仅是个态度和善的伙伴,还是个言辞犀利的评论家。他知识很广博,对世事也很通达,这是很多评论家没有的优点。他写的评论虽然范围有限(他对造型艺术和音乐一点不感兴趣),但都有条有理,因为他知识广博、世事通达。记得有一次晚饭后,我们几个人坐在客厅里聊天,我大胆地说了一句:亨利·詹姆斯的小说虽然细节描写很精巧,但故事情节大多很单调,而且都差不多⑤。

---

① 此处的"肠胃"和"性器官"喻食欲和性欲,即人的基本欲望。
② 《包法利夫人》:19世纪法国小说家福楼拜的代表作,一般认为是一部典型的现实主义小说。
③ 马蒂斯:20世纪初法国画家、"野兽派"代表人物。
④ 德斯蒙德·麦卡锡:19世纪与20世纪之际英国评论家,以其对亨利·詹姆斯的评论而出名。
⑤ 这其实正是亨利·詹姆斯致力于小说改革的要点,即:小说不依赖故事情节,仅靠小说家的叙述技巧吸引读者,这样小说才能成为一门真正的艺术。但小说又不可能完全没有故事情节;所以,亨利·詹姆斯淡化了故事情节。然而,毛姆却是讲故事的能手,而且主张故事情节是小说的核心,所以对亨利·詹姆斯的小说也就大不以为然了。

德斯蒙德·麦卡锡当即就表示强烈反对，因为他是亨利·詹姆斯的崇拜者。我想戏弄他一下，就灵机一动，当场编了个故事，取名"标准亨利·詹姆斯式故事"。这个故事我现在还记得，大体是这样的：

毕林普上校和夫人住在朗兹广场的一幢豪宅里。今年冬天，他们到里维埃拉去住了一段时间，并在那里结识上了一个名叫（这时我想了一想）勃莱莫顿·费雪尔的美国朋友。费雪尔夫妇很富有而且很大方，不仅款待了毕林普夫妇，还带他们到拉摩托拉、艾克斯和阿维尼翁去游玩，而且一定要支付全部费用。

毕林普夫妇返回英国后，也热情邀请他们的美国朋友到伦敦来旅游。那天早上，毕林普夫人从《晨报》上得知①，费雪尔夫妇已经到达伦敦，住在布朗酒店。显然，毕林普夫妇应该回报费雪尔夫妇的盛情款待。

正当他们商量着怎么招待客人时，有位朋友来访，此人名叫霍华德，是居留英国的美国人，他对毕林普夫人一直怀有一种柏拉图式的爱慕之情。毕林普夫人当然对他的追求从未有过回应，他的追求其实也不怎么迫切。不过，两人的关系还是很微妙。霍华德是在英国住了二十年的美国人，可说比英国人更像英国人。社会名流他都认识，全国各地他都去过。毕林普夫妇于是就跟他谈起他们结识费雪尔夫妇的事情。

毕林普上校想为远道而来的客人举办晚餐会。毕林普夫人对此犹豫不决，因为她觉得费雪尔夫妇是他们在国外认识的朋友，彼此都很有好感，这次在伦敦重聚，要是招待不当，关系可能就会有变；如果举办晚餐会，邀请费雪尔夫妇和他们的一些体面朋友见面，那些朋友固然都很体面，就怕他们会觉得费雪尔夫妇庸俗无聊，这样一来，那对可怜的美国夫妇就会觉得自己和他们夫妇不是"同一路人"。

霍华德很赞同毕林普夫人的担忧，说凭他的过往的经验，像这样的晚餐会几乎无一例外没有什么好收场，都是不欢而散。

"那么，可不可以单独请他们夫妇吃顿晚饭？"毕林普上校说。

毕林普夫人还是犹豫不决，觉得这样的话，费雪尔夫妇会不会认为自

---

① 这是当时欧美上层人士的一种做法，到达某地后就在当地报纸上登一条消息，当地若有人要见面，先前往宾馆拜访，然后再商定正式会见。

己受了怠慢，或者会不会认为他们没有体面的朋友可以引见。于是，毕林普上校又建议带费雪尔夫妇去看戏，然后到萨伏伊饭店用晚餐。不过，这样好像也不妥当。

"我们总得做点什么。"毕林普上校说。

"是啊，我们总得做点什么。"他的夫人应和着。

其实，毕林普夫人是希望她的丈夫不要插手这件事。毕林普上校虽然具有皇家禁卫军上校的所有优良品质，他的"优等服役勋章"也不是骗来的，可是一旦事关社交活动，他就变得一塌糊涂。所以，毕林普夫人觉得这件事应该由她和霍华德来商量决定。既然这样，一直到第二天早上，这件事仍然没有结果，毕林普夫人打电话给霍华德，约他傍晚六点过来喝茶，因为此时她丈夫正在俱乐部打桥牌。

霍华德来了，可是也没有商量出一个结果来。此后的几个星期，毕林普夫人和霍华德一直在反复权衡利弊，从每个角度、每种立场加以斟酌。各种想法都提了出来，都讨论到最最细微处，仍没法做出决定。然而，最终解决问题的竟然还是毕林普上校，这谁能想到？

有一次，上校夫人和霍华德正在商量此事，正当他们商量得头昏脑涨、几乎要绝望时，上校意外地出现了。

"为什么不到宾馆去递张名片呢？"上校说。

"对啊！太对了！"霍华德大声回答。

毕林普夫人惊喜之余也终于舒了口气。她自豪地朝霍华德看了一眼。她知道霍华德看不起毕林普上校，认为他是个自以为是的笨蛋，根本配不上她。她这一眼的意思就是："你看，这就是真正的英国男人，不算太聪明，也不太会说话，但他值得信赖，因为到了紧要时刻，他总能做出正确决定。"

一旦前景明朗，像毕林普夫人这样的女人是从不犹豫的。她马上通知管家，叫他马上把汽车开过来。她还换上一条最时髦的裙子，戴了一顶崭新的帽子，以表示对费雪尔夫妇的敬重。就这样，她手里拿着名片盒，上了车，直往布朗酒店而去——可是，人家却告诉她，费雪尔夫妇今天一早就出发到利物浦①去了，准备在那儿乘豪华邮轮回纽约。

---

① 利物浦：英国西北港口城市。

德斯蒙德·麦卡锡很不舒服地听完我的这个戏谑故事后,冷冷地呵呵一笑,说:"可是,我可怜的威利①,你错了,亨利·詹姆斯要是来写这个故事,一定会写到圣保罗大教堂的古朴庄重、圣潘克拉斯老教堂的阴森可怕,还有……还有沃本修道院被尘封的金碧辉煌。"

他一说完,其他人顿时哄堂大笑。我给他倒了杯威士忌加苏打水。这时天色已晚,大家嘻嘻哈哈地道过晚安后,各自回卧室睡觉去了。

二

二十多年前,我选编了一部十九世纪短篇小说集,还特地为美国读者写了一篇长长的序言。大约十年后,我又用那篇序言作底稿,做了一次有关短篇小说的演讲,听众是皇家文学协会的成员。我选编的那本短篇小说集从未在英国出版,在美国出版后也早已销售一空;我那次演讲的演讲稿虽然被收入皇家文学协会的年鉴和其他演讲稿一起出版了,但仅限于在协会成员之间传阅,而且,我最近重读这两篇文章,发现有些观点我已经改变,有些预测并不正确。所以,我想在此和读者谈谈我现在对这类小说创作的想法。只不过,有许多话我不得不重复说,甚至词句都差不多,因为我想不出新的词句。

人天生喜欢讲故事,短篇小说的源头,我想大概可以追溯到很久很久以前。那时,白天打猎的原始人到了晚上吃饱喝足后,就一起聚在山洞里,围着篝火东拉西扯地讲些稀奇的事情,以此消磨时间。即使到了今天,东方国家的城镇上仍然可以看到说书人坐在那里说书,一群热情的听众围着他,听他讲那些代代相传、永远讲不完的故事。不过,我认为短篇小说作为一种重要的文学体裁,要到十九世纪才逐渐形成。当然,在此之前就有人写短篇小说,而且读者也不少;譬如,古希腊的神话故事、中世纪的劝诫故事,还有《一千零一夜》里的那些脍炙人口的故事。文艺复兴时期,短篇小说在意大利、西班牙、法国和英国一度非常流行;其中,薄伽丘的《十日谈》和塞万提斯的《训诫小说集》还堪称经典。但是,随着长篇小说(novel)的兴起②,短篇小说就渐

---

① 威利:威廉的昵称,毛姆名威廉(威廉·萨姆塞特·毛姆)。
② 一般认为,novel(长篇小说)兴起于18世纪的英国,笛福的《鲁滨孙漂流记》是第一部近代意义上的长篇小说。

渐地不流行了。出版商不再愿意出版短篇小说集，小说家也失去了写短篇小说的热情，因为写短篇小说既不能出名，又赚不到钱。有时，小说家会想到一个主题，但无法写成一部长篇小说，只能写一篇短篇小说，他没办法，又不舍得扔掉，于是就把那篇短篇小说硬塞在某部长篇小说里。

不过，到了十九世纪，有一种新颖的出版物出现在读者面前，而且很快流行起来。那就是杂志，最初好像出现在德国。杂志上刊出散文和诗歌，最初也出现在德国。这为读者提供了丰富的文学读物，据说席勒的《奥尔良姑娘》和歌德的《赫尔曼与窦绿苔》最初也是在杂志上连载的。德国杂志的成功使英国出版商竞相模仿，而且主要是靠短篇小说来吸引读者，以此获取利润。下面我要讲到一个和写作有关的重要问题，读者对此应该有所了解。我们知道，批评家的职责就是指导作家如何写作，但关于这个重要问题，批评家却忽略了。作家写作是因为内心有写作冲动，这没错，但除此之外，作家写作还有和读者分享其写作成果的愿望，以及赚钱来养家糊口的愿望（这一愿望虽不为读者着想，但也并不伤害读者）。换句话说，作家要发挥自己的创作才能，首先要满足他的这两个愿望。下面我要说的话，可能会使相信"作家不应该为现实利益而写作"这一教条的读者大为震惊。但不管怎样，我还是要严肃认真地对作家说，写有市场需求、能赚钱的书，那是再自然不过的。这毫不奇怪，因为作家既是作家，又是读者，也会受到流行观念的影响。想当年，诗剧流行，写诗剧就算发不了大财至少也能出名，所以那时的年轻作家几乎人人都去写五幕悲剧。但是，现在呢，我想很少有年轻作家会去写那种东西了。现在的作家都在写散文剧、长篇小说和短篇故事。是的，近年来有几部诗剧还是相当成功的，但据我对现场演出的了解，观众对诗歌台词其实并不怎么喜欢，只是姑且听之而已，演员则大多觉得很别扭，于是就像念普通台词一样念那些诗歌台词。

作家的作品能否出版，取决于出版商的判断，而出版商的判断取决于读者是否需要。既然杂志兴盛，读者众多，若需要篇幅较长的小说，自然有人会写，而报纸上刊登的小说，篇幅有限，这样短的小说当然也有人会写，这没什么难的。真正会写的作家，既会写一千五百字的短篇故事，也会写一万字的短篇小说。他会根据篇幅要求增减内容、调整写法。莫泊桑有名的短篇小说《遗产》就写过两次：第一次是为报纸写的，只有几百字；第二次是为杂志改写的，增加了几千字。这两种版本的《遗产》都收入了他的全集，我想读过这两种版本的读者都会承认,莫泊桑在不同篇幅内的不同写法是极为相称的。我以此为例是想说,作家与读者的关系本质上是作家必须满足读者的需要。只有认识到这一点,作家才不会觉得自己是在违心地写作,而是自愿的。

总之,在十九世纪初,杂志的出现为作家提供了以短篇小说为主的创作舞台和与读者交流的方式。从此,短篇小说不再像过去那样只是夹在长篇小说里当调味品的东西,而是前所未有地繁荣起来。虽然至今仍有很多人对报纸杂志抱有恶意,把报纸杂志说得一无是处,但不得不承认,十九世纪短篇小说的繁荣确实得益于报纸杂志所提供的机会。在美国,短篇小说的繁荣还造就了一大批才华出众的短篇小说家,乃至于有些不熟悉文学史的人声称,短篇小说是美国人发明的。这当然是胡说,但必须承认,欧洲没有一个国家的作家像美国作家那样精心创作短篇小说,也没有像他们那样精心研究过短篇小说的写法、技巧和创新。

我在选编那部短篇小说集时读了大量的十九世纪短篇小说,对小说的这种体裁有了不少了解。我想严肃地告诉读者,不论小说家采用何种方式写作,其实都是有失偏颇的;因为所有小说家都自以为是,都认为自己的写作方式是最好的。小说家只能尽力而为,至于他会采用何种方式写作,则取决于他是何种人,他有何种个人性格、个人想法,会以何种方式看待事物。这些都基于他的个性,因而要他真心赏识和他自己的个性不相符的作品,是难而又难的。

也正因为如此,当我们读到小说家写的小说评论时,一定要有所提防,因为他说某小说这也好那也好,其实是该小说很像他自己的小说;他说某小说这也不好那也不好,其实是该小说不像他自己的小说。不过,我仍觉得,在我读过的小说评论集中,最好的一本是一位受人尊敬的小说家[①]写的。这位小说家从来都不屑于在小说中讲一个动听的故事,因而他在评论文章中把娓娓动听地讲故事的小说家都说得一塌糊涂,那是可想而知的。但我一点也不想责怪他。虽说宽容是人之美德,如果人人具备这一美德,世界将会更加美好,但要小说家也来讲宽容,我却不敢说这到底是好是坏。因为说到底,小说家呈现给我们的是什么?是他自己。

是的,小说家应该洞察生活的方方面面,但小说家也只能用自己的眼睛、

---

① 一位受人尊敬的小说家:似指亨利·詹姆斯(毛姆与亨利·詹姆斯关系不错,但两人的小说风格迥异:毛姆善于讲故事;亨利·詹姆斯则鄙视故事)。

自己的头脑、自己的心灵去洞察世界，因而他所洞察到的一切，毫无疑问都带有他的个人色彩和个性特点。而且，正因为他的洞察是他个人的洞察，他的作品才具有他的个人特色和个人风格。反之，如果他很喜欢附和他人的看法，人云亦云，那他就没必要辛辛苦苦地写小说来呈现他自己的印象和自己的看法了。

是的，普通人理应明白，任何事情都有两面，不该固执己见，但小说家在写小说时不是普通人，而是艺术家，是要艺术地表现生活，因而他不可能这样想想、那样想想，最后想得心平气和（这样的话，他就不用写小说了），而是必须执着，必须坚信自己的印象是真实的、自己的看法是正确的，普通人的印象是虚假的、普通人的看法是错误的。这样才能做小说家。如果世界上从来就没有几个小说家，如果世界上的人从来就只听从一个人的话①，那么这几个小说家无疑是神经不正常的怪人。然而，世上的小说家并不少，他们大多自行其是，很少随波逐流，故而才能写出许多不同风格的小说，以供不同趣味的读者选择。

要我说最喜欢哪种短篇小说，那当然是我自己写的短篇小说。我写的这种短篇小说，还有很多人也写得很好，但再好也好不过莫泊桑，而要说明莫泊桑的小说到底好在哪里，我想，最好来看看他那篇著名的短篇小说《项链》。

请注意，《项链》中的故事，你就是在餐桌上讲，或者在轮船上的吸烟室里讲，也照样会使人听得津津有味。那是个并不奇特而又令人称奇的故事。故事发生的时间、地点，作者只用寥寥数笔就交代清楚；故事中不多的几个人物，他们的生活状况和遇到的麻烦，都用适当的细节予以简要描述；这样一来，故事的背景就简洁扼要地呈现在读者眼前，而且读者对人物已有所知晓。接下来发生的事情，也许有的读者有点记不清了，容我简单复述一下：玛蒂尔德的丈夫是教育部的一个可怜巴巴的小官员。有一天，教育部长宴请部里的所有官员，他们夫妻俩也在受邀之列。可是，玛蒂尔德却没有合适的首饰，于是就到一个有钱的老同学那里借了一串钻石项链。没想到，不知怎么一来，她竟然在宴会上把那串项链丢了。找来找去找不到，而项链又必须归还。没办法，夫妻俩只好商量买一串相同的项链还给那个老同学，只指望她不要看出来。然而，那串相同的项链竟要三万四千法郎，他们哪里拿得出这笔钱！只好去借高

---

① 只听从一个人的话：暗指基督徒对耶稣基督的信奉。

利贷,买了那串相同的项链去还给那个老同学。幸好,那个老同学没有看出来。但为了偿还高利贷,夫妻俩省吃俭用,玛蒂尔德还外出打工。整整辛苦了十年,才把高利贷还清。十年后的有一天,玛蒂尔德偶尔遇到那个老同学,便把此事告诉了她,希望她原谅。没想到,那个老同学听了大吃一惊,对她说:"啊呀,亲爱的玛蒂尔德,我那串钻石项链是假的,顶多值五百法郎!"

对这个故事,苛刻的评论家或许会据理力争,认为这个故事是有问题的。他们会说,故事通常由开头、中间和结尾三部分组成,讲到结尾处就应该结束,不应该在结尾处再节外生枝;这就如填字游戏,空格已经填满,不应该再硬弄出一个空格来。不过,莫泊桑的这个结尾,虽然不符合讲故事的常规,却颇有讽意,发人深省。几乎每个读者读完这篇小说后都会自问:后来怎样呢?确实,这对可怜的夫妻为了偿还丢失的项链,省吃俭用,苦熬十年,无欢无乐,可谓辛酸,但令人啼笑皆非的是,当真相大白之后,他们却发现自己好像发了一笔小财①。十年光阴,夫妻俩含辛茹苦、心灰意冷,这笔意外的小财到底能不能补偿?其实,这个可怜的女人当初只要理智一点,老老实实对那个老同学说"项链丢了",本不会有什么事的——当然,她这么做,也就没有这篇小说了。那么,她为什么不这么做呢?小说中没有给出任何说得过去的理由。这就是莫泊桑的自信:他不需要理由,因为他知道没有哪个读者会那么冷血,会对他讲的故事毫不动情而怀疑故事的真实性。实际上,像莫泊桑这样的小说家,他们从来就不是照搬生活,而是表现生活;只要表现得生动有趣、令人神往,哪怕是不合常理、怪异莫名之事,读者也会照单全收。要知道,小说家并非忠实记录生活,而是生动演绎生活,所以他宁愿故事不太可信,也不愿影响演绎效果。说穿了,只要读者深受感动或深受启发,小说家就成功了。反之,如果小说家讲的故事和故事中的人物使读者觉得味同嚼蜡,那他的故事再真实可信,他也是失败的。不管怎么说,小说中有不可信的地方并不表明小说一定有问题。只有在历史上的有些时期,读者强烈要求小说要描写他们熟悉的现实生活——这时,现实主义大行其道——而在其他大多数时期,正好相反,读者要求小说写得新奇感人、生动有趣。在这种情况下,你即使写得荒诞不经,读者也愿意相信。小说的真实性没有固定标准,各个时代都不一样,但有一点可

---

① 毫无疑问,那个老同学会归还他们三万三千五百法郎,或者把那串项链还给他们,只要他们赔几百法郎。

以肯定，只要读者相信你讲的东西，你就是真实的。实际上，任何虚构的故事都有可能是不可信的，但读者却很容易相信。因为这是小说，因为只有这样，小说家才能把故事讲得头头是道。

三

我现在所探讨的这类短篇小说，其写作准则，没有人比埃德加·爱伦·坡总结得更准确了。爱伦·坡曾为霍桑的短篇小说集《重述的故事》撰写过一篇全面而详尽的评论。原文很长，我这里只能引用其中的一段：

> 懂行的小说家在构思一篇短篇小说时，只要还算聪明，决不会放弃自己的意图而去迎合现存的故事；恰恰相反，他会精心编造故事，以体现他自己独特的意念。如果故事的第一句话没有达到预期效果，即表明他一开始就失败了。此外，在整篇小说中，不应该有一个词或直接或间接地背离他的内心意念。只有这样，再加上娴熟的技巧，小说才会像一幅画卷一样慢慢展开，才会使小说家自己从中获得极大满足。小说家别无所求，只是想通过故事的讲述把自己的意念准确无误地传递给读者。

不难看出，爱伦·坡认为好的短篇小说应该有一个虚构的故事，这个故事或与人生有关，或与人性有关，而且要有独特之处，要生动有趣，要前后一致，从头到尾要有一根主线贯穿。当然，要虚构这样一个好故事，并非易事，是要有点聪明才智的；虽说不需要什么大智大慧，但也要有这方面的特殊才能，要有足够的想象力和表达能力。在英国小说家中，最符合这一标准的，也许就是鲁德亚德·吉卜林[①]了。就凭他一人，英国短篇小说也可以和法国、俄国一比高下。然而，时至今日，人们并不怎么看重他，几乎把他忘了。这也很正常。一位名作家死了，报纸会登出讣告，凡是和这位作家有过交往的人，哪怕是和他一起喝过一次茶的人，也会纷纷为《泰晤士报》撰文，缅怀这位作

---

① 鲁德亚德·吉卜林：19世纪与20世纪之际英国小说家，曾获1907年诺贝尔文学奖，其作品都以印度、孟加拉等英国殖民地为背景，其小说主人公大多是生活在殖民地的英国人，而其小说主题常有"白人优越论"倾向。

家。然而，过了两个星期，名作家之死不再是新闻，他的名字也就悄然隐去，变得无声无息了。如果这位名作家足够幸运的话，或许在多年后，不知怎么一来（通常和文学毫不相干），会突然被人抬出来大加评论，而且还会被人顶礼膜拜。安东尼·特罗洛普①就是最好的例子：他生前享有盛名，死后二十年默默无闻，但二十年后，大概由于英国人的生活方式变化太快，人们出于怀旧心理，突然发现他的小说很有魅力，于是都趋之若鹜地成了他的崇拜者。

鲁德亚德·吉卜林在成为小说家之初就拥有众多读者，后来也一直如此，但评论界对他的看法却一直很奇怪：在小说技巧方面赞扬他，在小说主题方面鄙视他。这是因为他的小说常显露出帝国主义思想，使许多在政治方面比较敏感的评论家觉得他的思想不合时宜，认为他到了二十世纪还在宣扬帝国主义思想，可耻可鄙。但是，不管怎么说，吉卜林是个非常会讲故事的小说家，所讲的故事风格多样而且都很有创意。他的想象力似乎永远不会枯竭，他不仅把故事讲得令人称奇，而且还讲得有板有眼、跌宕起伏；在这方面，几乎无人能和他相比。不过，小说家都有缺点，他也一样。在我看来，他的缺点是由环境、教养、性格和时代等多方面因素造成的。他对同时代小说家的影响很大，但对他在小说中所写的那些人，影响可能更大。你只要到东方去游玩一次，就会惊讶地发现，你时常会碰到他在小说中所写的那些人，那些吉卜林小说人物的原型。有人说，巴尔扎克笔下的人物更像是下一代人，而不是他着力想写的同时代人。吉卜林所写的那些人呢，也就是生活在大英帝国边远地区②的那些人，据我所知，在吉卜林最出名的第一批短篇小说出版后的二十年间，他们因深受小说的影响而重塑了自我。也就是说，吉卜林以这些人为原型塑造了小说人物；反过来，他所塑造的小说人物又影响这些人，改变了他们的自我定位。这些人是勇敢的、高尚的，他们全凭自己的努力建设殖民地，但不幸的是，他们的努力竟然造成了殖民地原住民对大英帝国的仇恨，其原因，我就不说了。

总的来说，鲁德亚德·吉卜林要使英国人了解大英帝国的处境，而且很成功。不过，这是政治上的问题，在此不必多说；我要说的是，他所写的那些具有异域风情的小说为其他小说家开辟了一片肥沃的新园地。这种小说的背景是

---

① 安东尼·特罗洛普：19世纪英国小说家，一度被人遗忘，至20世纪初才受重视，代表作有《巴塞特那纪事》等。
② 大英帝国边远地区：即指印度、孟加拉等英国殖民地。

大多数读者闻所未闻的遥远国度,小说主题是白人在异乡的经历,即白人和有色人种接触后的感受与反应。这种小说,后来有不少小说家用各自不同的手法写过,而鲁德亚德·吉卜林就是这种小说的开创者。不仅如此,他的小说所具有的那种浪漫情调,那种生动逼真的描写和绚丽多彩的渲染,至今还无人企及。我想,英国对印度的占领总有一天会成为遥远的过去,英国失去印度后的遗憾、沮丧之情,也总有一天会像几百年前英国失去诺曼底①和阿基坦②时那样,化解得无影无踪;到那时,英国人一定会发现,鲁德亚德·吉卜林的那些以印度为背景的小说,如《丛林故事集》和《基姆》,理应在伟大的英国文学史中占有重要一席。

再美的东西,时间久了也会令人生厌;审美需要变化。就以建筑艺术为例:乔治王时代③的建筑外形美观、居住舒适、结构匀称、通敞明亮,可谓已臻完美。这样的建筑,理应世世代代都会满意,但事实并非如此。随着浪漫时代④到来,人们开始喜欢奇特而新颖的建筑,而当建筑师纷纷迎合这种趣味时,建筑艺术便为之一变。同样,爱伦·坡的短篇小说也是浪漫的产物,奇特而新颖。但要每篇短篇小说都写得奇特而新颖,是不可能的。实际上,就是爱伦·坡自己的那几十篇短篇小说中,也有好几篇是重复的、雷同的。可见,这类短篇小说的叙事手法不易掌握,需要高超的技巧,而随着杂志也开始刊登这类小说,人们对这类小说的需求量又越来越大。对此,小说家们很快就找到了窍门,就是把各种各样的故事统统套入一种叙事模式,只求故事讲得奇特,全然不顾是否可信。于是,读者开始抗议,因为他们对小说家用同一种模式反复讲述的那些貌似奇特、其实差不多的故事厌烦透了。他们指责说:现实生活根本不是这样的,哪有这么简单,而是五花八门、错综复杂的;你们把千变万化的生活放在一个套子里是大错特错!——显然,读者已不喜欢奇特,而是想要真实、想要现实主义了。但是,读者啊,小说家是绝对不能照搬生活的,因为他

---

① 诺曼底:位于法国北部,临英吉利海峡,初为高卢人占领,后为诺曼人占据,1066年诺曼底公爵占领英国,成为英王。1204年法国收回部分诺曼底领土,英法百年战争时期英国又占领部分领土,之后,诺曼底公国大陆部分归于法国。
② 阿基坦:位于法国西南部,临大西洋,初为王国,后为大公国,因女大公先后与法王及英王联姻,分别归属法国及英国,英法百年战争末期为法国占领。
③ 乔治王时代:英国历史上由汉诺威王朝的乔治一世至四统治时期,即18世纪20年代至19世纪30年代,是英国建筑艺术的黄金时期。
④ 浪漫时代:即18世纪70年代至19世纪30年代。

是艺术家！关于这一点，只要读一读坎尼斯·克拉克①的《裸体艺术》一书就明白了。克拉克爵士在书中用图片展示，出自古希腊伟大雕刻家之手的人体雕像，根本不是按照模特儿的身体用现实主义手法雕刻的；模特儿的身体只是用来激发雕刻家的想象力，而雕刻家最终雕刻出来的是符合理想美的人体雕像。实际上，只要你仔细观察，你就会惊讶地发现，所有古典人体绘画和人体雕像都不是模特儿的忠实再现。当代立体主义刚刚兴起，人们总觉得立体派雕塑家创作的人体雕塑是自然人体的变形，并认为这是当代艺术的独创，其实并非如此。人们之所以这么想，是因为他们看惯了古典艺术中的变形，便以为这就是现实的再现。实际上，自古到今，艺术家追求的一直是艺术效果，而不是现实复制。

小说家也是如此。不用追溯太远，就以爱伦·坡的短篇小说为例，你很难说，他的小说人物说的是现实生活中的语言。如果说他的小说人物的对话不太像现实生活中的谈话，那是因为他觉得唯有这样的对话才适合这个故事，才能达到他预期的艺术效果。要知道，小说家只有在发现自己太远离现实生活时才需要回归现实；这时他才会倡导自然主义②，即：尽可能精确地描写现实生活。这其实并不是小说的真正目的，但小说又不能完全脱离现实，因而可以将此视为一种有益的校正。

自然主义小说在十九世纪就开始流行，因为浪漫主义已变得过于做作，不合时宜了。一个又一个小说家都旨在于描写现实生活，看到什么写什么，无所畏惧。弗兰克·诺里斯③说："我从不屈服。我从不迎合潮流，更不对潮流脱帽致敬。上帝作证，我讲的都是真理，听不听是你们的事，和我有什么关系？我讲的就是真理，从前我觉得是真理，现在我仍然觉得是真理。"（说出这话固然勇气可嘉，但要说明什么是真理却并非易事；不说谎话，未必说的就是真理。）这一派小说家对生活的看法要比他们的前辈④坦诚，在他们那里很少有那种甜滋滋的粉饰太平和傻乎乎的乐观主义，更多的是恶狠狠的批判现实和坦荡荡的悲观主义；

---

① 坎尼斯·克拉克：20世纪英国艺术史家，曾任博物馆馆长，以BBC著名纪录片《文明》的撰稿人、制片人及解说人而闻名。
② 在欧美，自然主义和现实主义时常是同义的。
③ 弗兰克·诺里斯：19世纪美国小说家，美国自然主义文学先驱，著有《章鱼》《麦克梯格》和《深渊》等。
④ 他们的前辈：即浪漫主义小说家。

他们笔下的人物对话也要自然的多。自从笛福开创小说时代以来①，小说家几乎把现实世界忘记得一干二净，如今的自然主义小说家就是反其道而行之，旨在于塑造来自现实世界的人物。但是，小说家的写作技巧却没有多大变化，至少短篇小说是如此。他们采用的仍是当年的旧形式，即爱伦·坡开创的结构形式，所追求的艺术效果也是爱伦·坡当年所追求的。他们这么做，充分证明这一派②仍有价值，然而他们所做的，却又表明这一派原有不足③。

四

不过，爱伦·坡开创的这种小说形式在有个国家却始终没有流行过，那就是俄国。在俄国，长期流传下来的短篇小说形式似乎与爱伦·坡式的短篇小说大相径庭，而且一直是那里的小说家和读者所喜爱的。但是，也有那么一天，他们也突然发现，自己喜爱的那种短篇小说似乎不那么令人喜爱了，同时也发现，已经有好几位小说家在着手这方面的革新。奇怪的是，那几位俄国小说家的革新成果，即一种简洁明快的叙事方式，竟然过了很久才为西欧各国所关注。譬如屠格涅夫，他的小说早就有了法文译本，他本人翩翩风度、慷慨大方，还是贵族出身，与龚古尔兄弟、福楼拜和法国学术界的名人都有深交；但是，法国读者对他的小说的态度，却是一种居高临下的称赞，就如约翰逊博士对待女人布道的那种态度——约翰逊博士有一次听完一个女人布道后称赞说："她居然讲完了，真是令人惊喜！至于讲得怎样，就不说了。"

俄国文学为巴黎文学界所知，开始于一八八六年德·沃居埃④出版《俄罗斯小说》一书。大约在一九〇五年左右，有人把契诃夫的几篇短篇小说译成法文，颇受好评，但他在英国仍然默默无闻。一九〇四年，契诃夫去世，俄国人称他为"当代第一作家"，但在一九一一年出版的《大英百科全书》第十一版中，"契诃夫"词条却写得很简短，对他的赞誉也仅仅是"安东·契诃夫在短

---

① 一般认为，笛福的《鲁滨孙漂流记》是第一部"小说"（novel），此前的虚构叙事作品称为"传奇"（romance），"小说"和"传奇"有本质区别，但两者是有联系的，前者从后者发展而来。
② 这一派：即浪漫派。
③ 意即浪漫派小说家过于讲究技巧而忽视小说的真实性。
④ 欧仁·梅尔基奥尔·德·沃居埃：19世纪与20世纪之际法国翻译家。

篇小说创作中表明他有相当的才能"。直到加奈特夫人①从契诃夫的大量短篇小说中选译的三卷本出版后,英国读者才注意到他。从那时起,俄国小说家,尤其是契诃夫,便开始声名鹊起,还大大地改变了短篇小说的写作方式和阅读方式。精明的读者不再欣赏那些仅靠技巧而"写得好"的小说,因而写这类小说来取悦读者的小说家,也就被冷落了。

大卫·麦加沙克曾写过一本契诃夫传记,其中讲到他一生的创作成就,当然还讲到了他的糟糕的生活状况——贫困拮据、杂务繁重、环境恶劣、疾病缠身。我从这本内容充实、生动有趣的传记中得知以下事实:

契诃夫出生于一八六〇年,祖父是农奴,后来用积蓄的钱赎回自己和三个儿子的自由②。三个儿子中有一个叫巴维尔,在阿佐夫海边的塔干罗格开了一家小杂货店,结婚后生有五个儿子和一个女儿。五个儿子中的第三个,就是安东·契诃夫。巴维尔是个没有文化的人,愚昧自私、刚愎粗鲁,而且还很迷信。契诃夫多年后还这样讲到他父亲:"我记得我五岁时,父亲就开始管教我,说白了,是开始打我,用鞭子抽我,打我耳光,敲我的头。我每天早上一睁开眼睛,首先想到的是:今天会不会又要挨打?父亲不许我玩游戏,也不许我嬉笑。每天早上和晚上,我们都要去教堂祷告,亲吻神父的手,回家还要读赞美诗……我八岁时开始帮父亲看店铺,帮父亲跑腿,几乎天天都要挨打,我的病根就是那时种下的。后来,我上了中学,一早出去到晚饭时才回家,但吃过晚饭后我还要看店铺,一直到夜里店铺关门。"

契诃夫十六岁时,他父亲因为还不了债,逃到莫斯科去了,那时他的大儿子亚历山大和二儿子尼古拉正在那里上大学。契诃夫留在塔干罗格继续上中学,靠给差生补习功课挣钱养活自己。三年后,他也被大学录取,还获得每月二十五卢布的奖学金,这才和父母在莫斯科团聚。他想学医,于是就进了医学院。那时契诃夫二十岁不到,个子已经很高,有六英尺③多,头发是浅棕色的,眼睛是棕色的,嘴唇很厚实。他们一家租住在贫民区一幢楼房的地下室里,上面是一家妓院。契诃夫带来两个同学租住在他家里,租金是每月四十卢布,另

---

① 加奈特夫人:19世纪与20世纪之际英国翻译家。
② 旧俄农奴制和中国旧时的家奴制有点相像,农奴是失去生活资料而卖身给地主的人,但农奴只要支付赎金,就可脱离地主,成为"自由民"。
③ 6英尺:约1.8米。

外还有一个房客每月付二十卢布，加上契诃夫每月二十五卢布奖学金，总共八十五卢布，要供九个人吃饭，还要付房租。不久，他们搬到了那条肮脏的街上的一套稍大一点的公寓里：他的两个同学住一间，那个房客住一小间，契诃夫和两个弟弟住一间，他母亲和他妹妹住一间，第五间用来吃饭，第六间本是客厅，现在成了他的两个哥哥亚历山大和尼古拉斯的卧室。他父亲巴维尔找到了一份管仓库的差事，每月挣三十卢布，但必须天天住在那里，所以有那么一段时间，因为这个既愚蠢又暴躁的家伙不在身边，家里人都如释重负。

据说，契诃夫天生就有编笑话逗乐朋友的才能。由于家境贫困，他一直想尝试写作。一次，他写了一篇短篇小说，投给圣彼得堡的一家名叫《蜻蜓》的周刊。一月里的一天下午，他从医学院回家路上买了一份《蜻蜓》周刊，发现自己的短篇小说登了出来，稿费是一行五戈比①。在此我要提醒读者，当时一卢布兑二先令，一百戈比是一卢布，所以换算成英镑，这稿费大约是一行一便士。从那时起，契诃夫几乎每星期都会投稿给《蜻蜓》杂志，但登出来的寥寥无几。莫斯科的一家报纸登了他的作品，但稿酬也少得可怜，因为这是一家小报社，有时撰稿人为了一点点稿费，还得坐在报社编辑室里等报童在大街上把报纸卖掉后才能拿到一些零零碎碎的钱。

契诃夫的第一次机会来自圣彼得堡的一个名叫雷金的编辑，他当时正在主编一份名叫《片断》的报纸。雷金向契诃夫约稿，每周一篇一百行的短篇小说，稿费为八戈比一行。然而，这是一份以幽默见长的娱乐报纸，而契诃夫的短篇小说则比较严肃，为此雷金还曾对他抱怨过，说他的小说不合读者口味。其实，契诃夫的短篇小说在另一个地方很受欢迎，而且还颇有名气，但那份报纸却在篇幅和题材上都对他有种种限制，这使他很恼火。好在雷金是个通情达理的人，把他推荐给了《彼得堡公报》。该报约请契诃夫每周写一篇短篇小说，篇幅可稍长，题材不受限制，稿费同样是八戈比一行。就这样，从一八八〇年到一八八五年，契诃夫共写了三百篇短篇小说。

显然，契诃夫的作品都是为挣钱而写的。这种作品英文称作 potboiler，《牛津英语词典》里称该词通常用作贬义词，指为了谋生而粗制滥造的文学作品或艺术作品。不过，报道文学事件的记者们最好不要用这个词。我的意思是，有

---

① 这里的"一行"是个字母数，为了计算方便，当时报纸和杂志上的每一行字母数都是大致相同的。

创作冲动的业余写作者（他们的创作冲动就如性欲冲动一样，其源头何在，至今是个谜）可能会认为写作能使自己出名，但绝不会认为写作能使自己发财。他们不贪财，因为他们并不靠写作来挣钱。然而，一旦他们决心成为职业作家，靠写作为生，那就很难对挣钱无动于衷了。好在，作家的写作动机与读者毫无关系。

契诃夫当时一边要写大量短篇小说，一边还要在医学院攻读学位。白天要去听课，他只能晚上写作，但写作环境很糟糕。尽管房客都被打发走了，他们一家还搬进一间稍小的公寓单独住，但契诃夫在写给雷金的信里说："家里小孩子（我哥哥亚历山大的孩子）哭个不停，我父亲在大声读故事给我母亲听，还有人在拨弄音乐盒，叮叮咚咚的乐声直往我耳朵里灌，奏的是《美丽的海伦》……我的房间里还住了一个外地来的亲戚，这人老是缠着我讨论医学问题。……小孩子又哭闹了！我刚做了决定，将来决不要孩子。我想，法国人孩子生得少就是因为他们爱好文学……"一年后，他在给弟弟伊凡的信里说："我挣的钱比你们的陆军中尉还要多①，可是我自己却用不到多少，我吃得很差，连供我写作的地方也没有。……现在我手里一点钱也没有，就等着下个月了，那时圣彼得堡会寄给我六十卢布稿费，不过钱一到手，马上又会没了。"

一八八四年，契诃夫发现自己咳嗽时会咳出血来，便怀疑自己得了肺结核，但又害怕怀疑得到证实，不到医院里去求诊。他母亲见此很焦虑，他安慰她说，出血是因为喉咙发炎引起的，不是肺结核。这年年底，他通过最后一门考试，成为开业医生。几个月后，他凑足路费第一次去了一趟圣彼得堡。此前，他从来就不觉得自己的小说有多大价值，他不仅承认自己写这些小说只是为了挣钱，而且还说过，每篇都是在一天里草草写出来的。但到了圣彼得堡，他却惊讶地发现自己居然还名气不小。圣彼得堡是当时俄国的文化中心，那里的文化人觉得他的小说虽然篇幅短小，但清新鲜活，视角独特，因而颇为推崇。不仅如此，契诃夫还突然发现自己竟然被人誉为当代最有天赋的小说家之一，各家报纸都纷纷向他约稿，开出的稿费也比以前要高许多。当时俄国最著名的大作家②则鼓励他放弃过去学的那些东西，认真创作严肃文学。这使他很震惊，因为他从未想过要做职业作家。他说："医学是我合法的妻子，文学是我偷情的情人。"

---

① 他弟弟当时在部队服役。
② 即列夫·托尔斯泰。

他返回莫斯科后，仍然一心想做医生。不过，必须承认，他在行医方面并没有花过多少心思，也没有挣过多少钱。他结交的朋友不少，由朋友介绍过来的病人也不少，但他不好意思要他们付钱。他待人开朗，时常乐呵呵的，因而是文人圈子里受人欢迎的常客。他喜欢参加聚会，也喜欢举办聚会，喜欢喝酒，但除了婚礼、命名日（俄国人对生日的称呼）和教会节日，他很少喝醉。他并不完全拒绝女人，曾和几个女人有过风流事，但后来都不了了之。他有了一点钱后就开始经常到圣彼得堡去，还要到俄罗斯各地去走走。每年春天，他都打发掉那些需要诊治的病人，带着家人到乡间度假，直到初秋才返回。人们听说这位著名小说家还是医生，便纷纷来找他看病——当然，他也不好意思要他们付钱。为了挣钱养家，他不得不继续写作，而且越写越成功，稿费也越来越高，但他仍觉得入不敷出。他在写给雷金的一封信中说："你问我钱都用到哪里去了。我既不是败家子，也不是浪荡子，我既没有债要还，也没有情人要养（我享受爱情从来不需要付钱），可是我在复活节前刚从你和苏沃林那里拿到的三百卢布，现在只剩四十了。这四十卢布明天还要付给别人，天知道我的钱用到哪里去了！"

他们家搬进一套新公寓，契诃夫终于有了用于写作的房间，但为了交房租，他还是不得不请求雷金预付稿费。一八八六年，他又在咳嗽时吐血。他知道自己应该到克里米亚①去疗养，那里气候温和，对结核病有好处，就像欧洲的结核病人都到法国的里维埃拉或者葡萄牙去疗养，然后像苍蝇一样死掉。但他没有那么一笔钱。

一八八九年，他哥哥尼古拉死于肺结核，他生前是个颇有才华的画家。这对契诃夫来说既是噩耗，又是警告。到了一八九二年，他的健康状况恶化，已经无法承受莫斯科的冬天。于是他借了点钱，在莫斯科郊外五十英里的梅里科沃村买了一间农舍，带着家人，包括他脾气暴躁的父亲，还有母亲、妹妹和弟弟米哈伊尔，还带着整整一车药，一起住了过去。和以往一样，仍有许多病人到那里去找他看病，他也仍然尽力而为，仍然不要他们付钱。

就这样，他在梅里科沃村断断续续住了五年。这五年算得上是他的幸福时光，其间他写出了最好的小说，拿到了最高的稿费——每行四十戈比，差不多

---

① 克里米亚：黑海北岸一半岛。

合一先令。他参与村里的事务，还出资为村里修了一条路，为村民建了一所学校。他哥哥亚历山大是个酒鬼，也带着老婆孩子一起住了过来。有时有朋友来访，也会在他那里住上几天。尽管他抱怨他们影响他写作，但他又需要他们。尽管他常受病痛困扰，但他总是表现得愉悦、友善、风趣而快活。

他有时会到莫斯科去。一八九七年，一次在莫斯科，他大口吐血，被紧急送往医院，住院期间有好几次生命垂危。他一直拒不相信自己得了肺结核，而这次，医生说他两个肺的上半部分全都受结核菌感染，如果还想活命，必须改变生活环境。后来，他尽管回到了梅里科沃村，但他心里明白，他无法在那里过冬，也不能继续给人看病了。于是，他离开俄国，去过比亚里茨，去过尼斯①，最后他选择住在克里米亚的雅尔塔②。医生建议他在那里永久定居。他为此不得不向他的编辑朋友苏沃林预支稿费，这才在那里建了一间小屋。他手头总是没钱。

不能继续行医对他来说是个沉重打击。我不知道他究竟是哪一科的医生。实际上，他获得医生资格后，在医院里工作至多不过三个月，而且我猜测他治病时很可能是粗略而急躁的。不过，他是个理智而有同情心的人，只要他顺其自然，我相信他会像医术高明的医生一样有助于病人，而行医时的各种体验对他自身也有好处。我认为行医经历对于一个作家来说是非常有益的，他可以从中获得极其宝贵的知识，并由此洞察人性中的至善与至恶③。因为人在生病时往往会害怕，也就顾不上平时的面具了。医生所见往往是病人的本来面目：有自私的、冷漠的、懦弱的，也有坚毅的、豁达的、善良的。对于人性的弱点，医生通常都很宽容，而对于人性的高贵，医生也同样会赞叹不已。

住在雅尔塔尽管使契诃夫觉得很无聊，却使他的身体有所康复。我在前面没有机会提到，契诃夫除了写有大量的短篇小说，还写过两三个剧本，但不太成功。有个剧本排演时，他认识了一个名叫奥尔佳的年轻女演员。两人相爱后，于一九〇一年结婚。此时他仍未停止对家人的资助，尽管他对他们满怀怨恨。婚后的生活是这样安排的：奥尔佳继续在莫斯科演戏，契诃夫继续在雅尔塔养病。也就是说，只有当他去莫斯科或者她有"空档"（演艺界都这么说）来

---

① 比亚里茨和尼斯均为法国地名。
② 雅尔塔：俄国南方小城，濒临黑海。
③ 毛姆本人也是学医的，曾有行医经历。

雅尔塔时，两人才在一起。他写给她的书信全都保留了下来，写得温情脉脉，感人至深。可惜他的身体状况不佳，病情有所加重，整日咳嗽不止，夜里难以入睡，而奥尔佳的流产更使他倍感痛苦。奥尔佳一直要他写一部迎合大众的轻喜剧让她来演，但我想主要是为了取悦妻子，契诃夫又开始写剧本了。这个剧本取名为《樱桃园》，他还答应妻子要再写几个剧本。他在给朋友的信中写道："我每天只写四行，就是这样我也觉得劳累不堪。"但他最终还是写完了这个剧本，并于一九〇四年初在莫斯科上演。同年六月，他接受医生建议，到德国温泉小镇巴登威勒去疗养。有个年轻的俄国文人曾去拜访过他，并记下了他在那里等死的情景。下面这部分转引自麦加沙克的《契诃夫传》：

> 契诃夫穿着长睡衣，披着一件外套，坐在一只沙发上，身旁塞满靠垫，双腿盖着一条毯子。他瘦骨嶙峋，看上去又瘦又小。他双肩耷拉，面颊塌陷，脸色苍白——那衰弱的样子简直使人认不出他了。没想到，一个人的变化竟会如此之大。
>
> 他伸出一只手来。那手又瘦又黄，我都不忍心再看一眼。他看着我，眼神很温和，但不像过去那样笑眯眯的。
>
> "我明天就要走了，"他说，"走得远点去死。"
>
> 他说到死，其实用的是另一个词，比"死"更加冷酷，我不想在此直译。
>
> "走得远点去死。"他又慢慢地说了一遍，"替我向你的朋友们道个别……告诉他们，我会记住他们的，我喜欢他们。请替我向他们祝福，祝他们幸福快乐。我们就要永别了。"

其实，一开始他在巴登威勒恢复得很好，还开始计划到意大利疗养。一天下午，他已经准备上床睡觉了，却突然要陪了他大半天的奥尔佳独自到公园里去散步。等奥尔佳散步回来，他仍没有睡，又要她下楼去吃晚饭。她告诉他，晚饭时间还没到。他说，时间没到就让他讲故事给她听：在某个旅游胜地，挤满了上等游客，有专来品尝美食的银行家和美国人，还有脸庞红通通的英国人。一天傍晚，他们回到酒店，却发现厨师跑了，没有晚餐供应。接着，他就开始绘声绘色地描述这帮饕餮之徒的狼狈相。他讲得很有趣，惹得奥尔佳捧腹大笑。接着，奥尔佳下楼去吃晚饭。等她回来，契诃夫静静地躺着。突然，病情急剧恶化，他一下子不行了。医生马上赶来，奋力抢救，但无济于事。就这样，四十四岁的契诃夫去世了。他说的最后一句话是德语 Ich Sterbe（我死了）。

亚历山大·库普林①在追忆契诃夫时曾说过这么一段话："我想，他从来没有向谁袒露过他的内心，也从来没有真正信任过谁。但是，他对谁都很友善，而他对友情又确实比较冷漠，同时——也许他并不自知——他对友情又极感兴趣。"这样的性格分析颇不寻常，寥寥数语就揭示了契诃夫的个性，而且比我刚才所讲的契诃夫生平中的任何地方都要深刻。

契诃夫的早期作品主要是短篇幽默小说。他写得很轻松，用他自己的话来说，他写那些短篇小说"就像鸟儿唱歌一样毫不费力"，因而他也没把自己写的那些东西当回事。直到他第一次去彼得堡，发现人们把他视为前途无量的杰出小说家，他这才认真起来，开始考虑和练习小说技巧。有一次，有个朋友发现他好像在抄写托尔斯泰的一部小说，就问他这是干吗。他回答说："我在改写这部小说。"那个朋友大吃一惊，他怎么可以任意改写大师的作品？契诃夫解释说，他只是在练习，因为他想（我觉得这个想法很好），改写大师的作品可以使他通过了解大师的表现手法而培养出他自己的写作技巧。事实表明，他的这番努力是有用的，他掌握了创作小说的完美技巧。譬如，他的短篇小说《农民》，其结构之精练，几乎和福楼拜的《包法利夫人》不相上下。此外，他还要求自己写得简洁、清晰，而在这方面，有人认为他已达到了极致。对此，我们这些阅读译本的人无话可说，因为哪怕是最精确的译本，也都丧失了原作的笔法、韵味和语气语调。

契诃夫极其注重短篇小说的写作技巧，而且发表过很多非常有趣的观点。譬如，他认为短篇小说中不能有任何多余的东西："任何无关的东西都应该无情地删除。如果你在第一节里提到墙上挂着枪，那么在第二或第三节里就一定要打一枪。"说得有理。同样有理的是他认为景物描写要简洁，而且要切题。他自己能寥寥数语勾画出一幅夜莺啼鸣的仲夏夜美景，或者一幅冰雪覆盖的荒原冬日景象，这是难得的天赋。但他对拟人化手法的奚落，我不太同意。他曾在一封信里调侃说："大海在微笑，你就欣喜若狂了。可是，这种手法太粗俗、

---

① 亚历山大·库普林：俄国作家、探险家，契诃夫的好友。

太廉价了。……大海既不会微笑，也不会痛哭，它只会隆隆作响或者闪闪发光。看看托尔斯泰是怎么写的吧：'太阳升起又落下，鸟儿不断地鸣叫。'没有什么在笑，也没有什么在哭。这是最重要的——简简单单。"话虽说得有理，但不管怎样，人类在原始时代就已经把大自然拟人化了，因而不是只要稍加努力就可避免的。契诃夫自己确实尽量避免使用拟人化手法，但在短篇小说《决斗》中，他还是不慎写道："一颗星星探出头，小心翼翼地眨了眨眼。"我对这句话一点也不反感，相反，还挺喜欢。他哥哥亚历山大也写短篇小说，只是水平不高。他说小说家绝对不要描写没有亲身体验过的心理活动。这也未必见得。小说家要描写杀人犯行凶时的心理活动，当然没必要自己去杀个人。毕竟，合格的小说家是有足够想象力的，完全可以想象出人物的心理活动和情感状态。

不过，契诃夫最为苛刻的要求，还是他认为短篇小说写完后应该从头到尾删一遍。他自己就是这么做的，以至于他的朋友常说：他的小说一脱稿就要拿走，否则会被他自己删得面目全非，"他会把自己的小说删成一句话：他们俩钟情而相爱，结为夫妇后而终至不幸"。当然，这是刻薄话，而契诃夫回答又是答非所问："可是，你看看周围，事实就是这样。"

契诃夫把莫泊桑视为自己的楷模，要不是他自己说的，我绝对不会相信，因为在我看来，他们两人的写作目的和写作手法可谓大相径庭。莫泊桑总的说来是要把故事讲得富有戏剧性，为了达到这个目的，他从不介意故事的可信度，而契诃夫呢，我觉得他是有意在回避戏剧性情节。他笔下的人物都是凡夫俗子，就如他自己在一封信里所说，"不是跑到北极从冰山上滚下来的探险家，而是上班下班、一日三餐、喝喝白菜汤、偶尔和老婆吵吵架的普通人"。有人可能会对此不以为然，因为确实有人跑到北极，虽然没从冰山上滚下来，但也体验到了极度的危险，小说家没有理由不讲他们的故事。显然，仅仅写上班下班、一日三餐、喝喝白菜汤的普通人不是问题的关键，但若认为要把故事讲得有意思，就要讲贪污盗窃、行贿受贿、虐待老婆、欺骗情人，我相信契诃夫是绝不会同意的，他认为平平淡淡的生活讲起来更有意思。由此看来，小说既可以讲述荒诞离奇的故事，也可以讲述平平淡淡的故事。关键是怎么讲。

契诃夫的医术虽不怎么高明，但他在行医过程中接触到了各种各样的人——农民、商人、工匠、小老板、小官吏，还有破产的地主。对这些人，他似乎还握有生杀大权。但他肯定没有接触过贵族，我能想起来的，他好像仅在一篇题为《公爵夫人》的小说中讲到过贵族。通常，他总是用直白到近乎冷漠的笔调讲述地主的昏庸无能、田园荒废；讲述劳工的艰难困苦、食不果腹，而工厂主却大发其财；讲述农民的愚昧无知、肮脏懒惰，他们整日酗酒，所住的茅草棚里臭气熏天、蚊蝇乱飞。

契诃夫讲述的一切都给人不寻常的真实感，就如读一个诚实的记者所写的新闻报道，使你深信不疑。不过，契诃夫并不是记者，他冷静观察后所得的素材是重新组合过的，其中还含有他个人的揣度和推测。科特林斯基①曾说："契诃夫冷静得无与伦比，他超越个人悲喜而洞察一切。他从不宣扬仁爱，但他却仁慈为怀；他从不多愁善感，但他却富有同情心；他从不指望他人感激，但他却一直在施惠于人。"然而，契诃夫的冷静和超脱却使当时不少俄国知识分子感到愤怒而指责他漠视时代与社会，因为在他们看来，关注时代与社会是俄国作家的责任与义务。对此，契诃夫回答说，作家的责任是讲述真实的故事，至于如何做出反应，应该由读者自己去决定。他还坚持认为，不应该鼓动艺术家去处理具体的社会问题："因为具体问题是由专家处理的。专家的责任才是处理酗酒问题，判断当前社会是好是坏，资本主义何去何从……"这话说得很有道理，我完全赞成。实际上，这也正好是英国文艺界近年来一直在讨论的一个问题，几年前我还曾就这个问题在全国图书联盟做过一次演讲。所以，我想只要从那次演讲中抄几段放在这里就可以了：

> 我经常阅读某周刊，因为它算是英国最好的周刊之一。有一次，我读到一组关于当代文学的评论，其中一位评论家的文章开头就说："某先生不仅仅是个讲故事的人。"我看到"仅仅"二字，觉得就像吞了两只蟑螂，难受极了。于是，从那天起，我就再也不读那本周刊了，免得我会像但丁《神曲》里的保罗和弗兰切丝卡②一样被罚入地狱。这位评论家自己也是个有名的小说家，我虽然从来没有读过他的作品，但我想大概也是写

---

① 科特林斯基：19世纪与20世纪之际俄罗斯文人、翻译家，1911年定居伦敦，经营文学杂志，并将陀思妥耶夫斯基和契诃夫等俄国作家的作品译成英文。
② 保罗和弗兰切丝卡：《神曲·地狱篇》里的人物，他们均为已婚之人，因读了亚瑟王传说中骑士朗斯洛和王后桂妮筱的爱情故事而偷情，最终被罚入地狱。

得不错的吧。可是从他说的这句话里我得知的竟然是,他认为小说家不应该仅仅是小说家。

这种观点在当代作家中好像还很流行,就是认为处在我们这样一个混乱的时代,写小说如果只是为了使读者愉快地消遣消遣,这样的小说家是没有什么价值的。所以,这样的小说被人看不起,被称为"逃避现实",这大家都知道。其实,我觉得"逃避现实"这种说法,和"为钱写作"的说法一样,最好永远不要出现在文学评论家的文章里,因为所有的艺术都是对现实的逃避,莫扎特的交响乐、康斯特布尔①的风景画,都一样。我们读莎士比亚的十四行诗或者济慈的颂诗,如果不是为了愉悦,还有别的目的吗?为什么我们对诗人、作曲家和画家是这样,对小说家却要提更多要求呢?

其实,世界上根本就没有什么"仅仅是故事"这种东西。小说家讲一个故事,就算他只是想使读者喜欢这个故事,实际上他还是把他对生活的某种理解、某种看法传递给了读者。鲁德雅德·吉卜林②在《山间故事集》里讲述关于印度平民和玩马球的英国军官及其家眷的故事,讲述得就像一个正派的年轻记者写的新闻稿,既真实又有点天真,很吸引读者。令人惊讶的是,当初没有一个人从这些故事里读出什么,只是把它们当作故事读,而如今呢,我们一读到这些故事马上就意识到:英国迟早会被迫放弃对印度的统治。契诃夫也是这样,尽管他保持冷静和超脱,只是如实讲述真实的故事,但读者读了他的故事显然会意识到当时俄国人生活中的残忍和无知、穷人的赤贫和堕落、富人的冷漠和自私,而这一切都意味着俄国将不可避免地发生一场暴力革命。

我想,绝大多数人读小说是因为没有别的事可做,想找点乐趣而已。这毫无疑问,但不同的人想要的乐趣却不尽相同,其中之一就是在小说中寻找自己熟悉的生活。现在有那么多读者热衷于读安东尼·特罗洛普③的《巴塞特郡纪事》,原因就是这部分读者大多属于中产阶级,而特罗洛普的

---

① 康斯特布尔:19世纪英国著名风景画家。
② 鲁德雅德·吉卜林:19世纪与20世纪之际英国小说家,其作品大多写在印度的英国人,一般认为有"白人至上"和"帝国主义"意识。
③ 安东尼·特罗洛普:19世纪英国小说家,《巴塞特郡纪事》为其重要系列小说。

书里讲的正是那时这一阶级的生活,所以这部分读者很容易就产生了共鸣。他们读到书中的人物布朗宁先生说"上帝就在天堂,人间处处美好",自然而然就有同感,甚至还有一种得意洋洋的满足感。时间赋予了特罗洛普的系列小说一种特殊的魅力①。我们读他的小说会觉得很有趣,也很诱人,颇有十九世纪风俗画的味道:绅士们留着络腮胡子,穿着双排纽常礼服,戴着大礼帽;太太们一个个华丽多姿,戴着宽檐帽,穿着紧身圈环裙;而且,那些绅士和太太的生活真是令人羡慕,不管遇到什么事情,最后总是大团圆,人人称心如意——要是我们也能这样,那该多好啊!当然,也有部分读者,他们读小说是想看到新奇异样的生活。所以,讲述异国风情或者荒野历险的小说就成了他们最喜欢的热门书。大部分人的生活是枯燥乏味的,而沉浸在一个陌生而危险的小说世界里,哪怕只有几个小时,也足以使人兴奋一阵,从而暂时摆脱生活的单调与无聊。

我想,读契诃夫小说的俄国读者所感受到的乐趣肯定是英国读者无法感受到的,因为他们最熟悉契诃夫笔下那些活生生的人物。而英国读者呢,则会感受到契诃夫小说中的那种阴沉可怕的异国氛围,同时又感受到其中所含有的那种不寻常的、令人难忘的、甚至有点夸张的真实性。

只有天真无知的人才相信,小说家可以为小说读者提供有用信息,或者为我们如何为人处世提供咨询。实际上,小说家的禀性就决定了他是做不到这些的。小说家写小说不是为了说什么道理,而是通过感觉、想象,营造一个小说世界,因而他不会是客观而公正的。小说家无论是选择题材、设置场景,还是塑造人物,全都受制于他的偏见;他的作品所呈现的是他的经历、他的直觉、他的情感、他的个性和他的本能。他还虚构事实,有时他自己也不知道为什么要虚构,有时则很清楚虚构的目的。同时,他又会采用必要的技巧加以掩盖,使读者看不出他在"编造谎言"。亨利·詹姆斯②曾坚持说,小说家应该使生活戏剧化。这话虽说不错,但不太好懂。他其实是说,小说家应该虚构故事,

---

① 特罗洛普的小说刚问世时很受欢迎,其销量甚至超过狄更斯的作品;到了19世纪后期,却变得无人问津,几乎被人遗忘;但到了20世纪初,又赢得大量读者而红极一时。
② 亨利·詹姆斯:19世纪与20世纪之际美裔英国小说家,致力于小说改革,以其著名的"角度论"闻名于世。

这样才能吸引读者。谁都知道，亨利·詹姆斯自己就是这么做的。当然，科学著作和理论著作是不能虚构事实的，所以，如果你关心的是具体的现实问题，那么——就如契诃夫所建议的——你应该去读相关的专题论著，而不应该去读小说。小说家的本职不是指导读者，而是娱乐读者。

　　小说家的生活往往是孤独的。他不会出席达官贵人的盛宴，也不会享受都市生活的狂欢，更不会在游轮上开香槟酒庆祝自己的处女航。小说家或许也有崇拜者，但他的崇拜者不会像电影明星的崇拜者那样聚在宾馆门口看他们的偶像钻进豪车。小说家不会受邀在一群美女的簇拥下为百货公司剪彩，也不会受邀在一片欢呼声中为温布尔登网球赛颁奖。不过，小说家有他自己的回报。自古以来，一代又一代才华出众的男女艺术家不断涌现，他们孜孜不倦地从事艺术创作，从而赋予枯燥而无聊的人生以美感和诗意。凡是去过克里特岛的人都知道，那些从古希腊留传下来的瓷瓶上都有美丽的花纹——这并没有实际用处，却能使人赏心悦目。这就是一代又一代艺术家得到的回报。小说家也是如此——如能得到这样的回报，他也应该满足了。如若把小说当作布道的圣坛或者授课的讲台，那是对小说的滥用。

五

　　我啰里啰唆讲了这么多，如果就此结束而漏掉一位才艺不凡的小说家，那是有失公允的。这位小说家就是凯瑟琳·曼斯菲尔德，她的作品在两次世界大战之间享有盛誉。如果说当今英国的短篇小说家所用的技巧和十九世纪的小说大师有所不同的话，我想是因为他们受了凯瑟琳·曼斯菲尔德的影响——至少，某种程度上的影响。我本不想讲她的生平，但由于她的小说大多有明显的自传成分，我还是简单说一下吧。凯瑟琳·曼斯菲尔德一八八八年出生于新西兰，早年写过几篇短篇小说，颇有写作天赋，立志成为小说家。新西兰的生活使她觉得沉闷无聊，于是就说服父亲，让她留学英国。在英国，她和几个同来的女孩一起上了两年学。其间，她和一个在舞会上认识的年轻男子有了恋情。她的父母都很老派，知道后很是吃惊，但也只好同意她离家自立的要求。她父亲每年给她一百英镑生活费，在那时，这笔钱正好可以维持一个单身女子的生活。她在伦敦和新西兰的朋友恢复了联系，其中有一个叫阿诺德·特洛维尔的朋友，是当时有名的大提琴演奏家。她当初在新西兰时曾疯狂地爱过他，但她到了伦敦之后，转而爱上了他的弟弟，一个小提琴手，两人很快就相恋了。她在伦敦住的是食宿全包的未婚女子公寓，每星期的租金是二十五先令，所剩十五先令用来买衣服和零花。这样的生活还是有点拮据，这使她很烦恼。就在这时，有个名叫乔治·波顿的声乐教师向她求婚。尽管乔治·波顿比她大十岁，她还是答应了。婚礼当天，她身穿黑裙，旁边只有一个女友陪伴，连新婚之夜也是在旅馆里度过的。婚后，她和丈夫意见不合，丈夫想在婚姻中得到的权利，她都不同意，所以她不久便离开了丈夫。她后来写的一篇冷酷无情的短篇小说《雷金纳德·皮考克先生纪念日》，讲的就是她丈夫。之后，她到利物浦去找她的情人，他当时在那里的一个巡回剧团的乐队里拉小提琴。据说，她曾一度加入过该剧团的合唱队。不久，她怀孕了，但她是婚前就知道自己已怀孕呢，还是婚后才发现的，我们不得而知。在此之前，她曾给远在新西兰的父母发过两封电报，一封说她要结婚了，一封说她已离开丈夫。她母亲不知道她究竟出了什么事，亲自赶到英国，结果万分震惊地发现，女儿的情况——用维多利亚时代的话来说——"真叫人好看"。于是，家里人把她送到德国巴伐利亚的沃里舒芬，让她在那里把孩子生下来。在此期间，她读了不少契诃夫的短篇小说（应该是德文译本），自己也写了几篇短篇小说（即后来结集出版的《日耳曼膳宿公寓》）。后来，不知怎么一来，她早产了，生下死胎。等身体恢复后，她回到了英格兰。

凯瑟琳·曼斯菲尔德早期的短篇小说大多发表在奥瑞奇主编的《新时代》杂志上，而且颇受好评。这样，她渐渐结交了一些同行。一九一一年，她认识了密德尔顿·默里。默里在上大学时就办过一份叫《韵律》的杂志，曾向她约过稿，还登过她的短篇小说《商店里的女人》。默里虽然家境一般，但天资聪颖而且勤奋用功，从寄宿学校升到高级中学后获得奖学金入学基督学院，最后又获得奖学金入学牛津大学。他曾多次到巴黎度假，认识了法国文人弗朗索瓦·卡库。据卡库说，默里年轻英俊、相貌堂堂，有一次在蒙马特高地，有两个妓女见了他，不仅愿意免费陪宿，还为此吵了起来。默里很喜欢凯瑟琳，同时对他一直犹豫不决的一个问题做了决定，即：不参加即将举行的优等生考试就离开牛津大学，因为他现在对此已不感兴趣，只想通过毕业考试后继续从事编辑工作。他对牛津大学其实有点失望，觉得牛津大学已经没有什么东西可以教他了。他在校时的导师福克斯教授把他引荐给《威斯敏斯特公报》的主编斯潘德。斯潘德答应试用一下。于是,默里就得在伦敦找到住处。一天,他和凯瑟琳一起吃饭,凯瑟琳答应把她所住的公寓里的一个房间租给他,每星期七先令六便士。他搬了进去。他们两人白天忙各自的事情,她写小说,他做编辑,只有到了晚上才见面,而且依然像年轻时一样,到凌晨两点才睡觉。一天晚上聊天时,她问他:"为什么不让我做你的情人?"他回答说:"哦,不,那样很不好,你不觉得吗?"她说:"是啊。"后来,默里惊讶地发现,他那天的回答使凯瑟琳很不高兴。不过,没多久,他们就睡在一起了。默里在他的自传《两个世界之间》中说到,要不是凯瑟琳是有夫之妇,他们当时马上就会结婚。凯瑟琳的丈夫波顿大概是自尊心很受伤,拒绝和她离婚。他们无法结婚,但还是到巴黎去度了蜜月。之所以选择巴黎是因为默里想让凯瑟琳见见他的好友弗朗索瓦·卡库。回到英国后,他们有时住在伦敦,有时住在乡下。他们每次搬入一处新居,过不了多久,凯瑟琳就会心生厌恶,要找新的居所。这样,他们两年里搬了十三次家,最后决定移居巴黎。当时,默里已是知名记者,有点积蓄,而且还和斯潘德以及《泰晤士报》文学副刊的编辑里奇蒙约好,他到巴黎后为他们撰写有关当代法国文学的稿件。这样,他的储蓄加上稿费,再加上凯瑟琳也有点收入,他们完全能应付巴黎的生活开支。

  他们到巴黎租了一幢小楼,还花了不少运费把他们收藏的家具从英国运过来。他们和弗朗索瓦·卡库经常见面,凯瑟琳很喜欢这个幽默风趣的朋友,用法语说,也许是卡库使她觉得 un petit brin de cour①。可是,默里的稿子却被《威斯敏斯特公报》和《泰晤士报》文学副刊退了回来,他们少了一大部分收入。对此,卡库帮不了忙,因为他自己也很拮据。他们束手无策。这时,默里接到斯潘德的来信说,《威斯敏斯特公报》的艺术评论员一职空缺,如果他回国,可以由他担任。这样,他们极不情愿地回到了英国,那是一九一四年三月。他们还是一次次搬家。到了八月,战争②爆发,默里失业,他们搬到了白金汉郡的科尔斯伯里,正好和 D. H. 劳伦斯夫妇是邻居,两家过往甚密。但他们的生活并不愉快,凯瑟琳喜欢都市热闹,默里喜欢乡村安静。凯瑟琳得了关节炎,无法写作,收入越来越少,于是抱怨默里赚不到钱还装清高——其实,

---

① un petit brin de cour:殷勤有加。
② 指第一次世界大战。

他根本没有机会赚钱。他们开始互相抱怨,那年圣诞节,差一点分手。凯瑟琳从巴黎回来后一直和卡库通信。她也许比卡库更认真,因为她似乎觉得卡库爱上了她——至于她是不是爱他,我们不得而知。她认为卡库会给她默里无法给她的一切,其实默里比她更了解卡库,认定她是在自作多情,也就对此事不闻不问。她的哥哥莱斯利此时正好应征入伍来到英国,给了她一笔钱,这使她可以到法国去找卡库。第二年二月十五号,星期一,默里和她一起从科尔斯伯里回到伦敦。两三天后,她便独自去了法国。

此时,卡库已应征入伍,部队驻扎在一个叫格雷的地方。军营禁止女士入内,她是进不去的,所以卡库去车站接她后,便把她带到一间由部队安排的小平房里。她和他一起在那里待了三天后,痛苦而绝望地回到了巴黎,原因可想而知。默里接到她从法国发来的电报,说她正启程回国。第二天早上八点,默里到维多利亚火车站去接她。一见面,她就告诉默里,她并非回心转意想回到他身边,而是实在无处可去(真坦率,毫无羞耻感)。就这样,他们又重新住在一起,用默里的话来说是"弹药耗尽后的临时停战"。不过,她的这次出轨却给她的短篇小说《我不说法语》提供了素材。她在小说中把卡库写成一个苛刻得不近情理的人,把默里写成一个恶棍。她还把初稿拿给默里看。可想而知,默里很受伤害——这正合她的心意。

关于凯瑟琳·曼斯菲尔德短暂一生的最后岁月,我想尽可能简单地说一下。一九一八年,乔治·波顿终于同意离婚,她和密德尔顿·默里正式结婚。当时,她的健康状况很不好。她早先就经常生病,还至少动过一次手术,现在又患上了肺结核。看了不少医生后,默里说服她接受专家治疗。专家来了,凯瑟琳躺在床上,默里等在楼下,等待检查结果。专家检查后对他说,立刻送疗养院是救治她的唯一办法,否则的话,恐怕只能活两三年——最多四年。下面的引文引自默里的自传:

> 我谢过他(专家)之后送他出门,然后我上楼走到凯瑟琳的床边。
>
> "他说要去疗养院。"她说,"疗养院会要了我的命。"接着,她神情惊慌地看了我一眼:"你想送我去?"
>
> "不,"我镇静地说,"去那里有什么好?"
>
> "你相信疗养院会要了我的命?"

"是的,我相信。"我说。

"你相信我会好起来?"

"是的。"我说。

奇怪,无论是专家,还是默里,竟然都没有想到先送她到疗养院去住一个月,看她能不能适应。譬如在苏格兰的班克里,就有一家很好的疗养院,我想她住在那儿一定会觉得很愉快,说不定还能在那儿得到写小说的灵感。那儿的病人形形色色,有些人养好病就离开了,有些人长年住在那儿,因为他们住惯了,离开后反而会活不下去。当然,也有人死在那儿,但死得平静而从容,应该没什么遗憾。我讲这些是我有切身体会,因为那段时间里我正好在班克里的那家疗养院养病,如果她去的话,我还能认识她。不过,她见了我肯定很讨厌,这是题外话,不说了。

从那时起,她便努力而又绝望地想恢复健康。她由女友艾达·贝克陪伴到国外休养,一路上由艾达照顾她。艾达和她年纪差不多,对她很有奉献精神,但她却把艾达看得不如一只狗,不仅毫无谢意地要她照顾,还时不时地责骂她、痛恨她,有时甚至要杀了她。对此,艾达无怨无悔,忠心耿耿地做她的奴仆。她这个人极端自我中心,动不动发脾气,容不得一点不称心的事,既苛刻又自私,骄傲、自负、专横。这样的个性实在令人讨厌,但她却有另一种魅力。克莱夫·贝尔①认识她,说她很有吸引力。她善于讽刺挖苦,只要她愿意,她会把这种才能发挥得淋漓尽致,令人捧腹大笑。默里因为要工作,不得不留在伦敦,只能有时到国外去看她一回。在这段时间里,他们写了大量书信。后来,默里把她写的信整理出版了,但他自己写的信却没有公开。我想,他这么做当然是不想让读者知道他们当时的真实关系究竟如何。她的信大多写得很动情,但只要默里的信把她惹恼了,她马上就会报之以刻毒之言。她父亲给她的生活费逐年增加,那时已增加到一年两百五十英镑,但她还是常常缺钱。有一次,她写了一封信,愤怒地对默里说,她之前已经写信告诉他,她有一笔额外的支出,为什么没有立即把钱寄过来,难道要她低三下四地求他吗?然而,默里为了支付她的医疗费,已经债台高筑,她却责问他:"你说手头紧,为什么

---

① 克莱夫·贝尔:20世纪初英国艺术鉴赏家、评论家。

要给自己买一面镜子?"天哪,她可怜的丈夫要刮胡子啊。默里在《雅典娜神庙》杂志社做了编辑后,年薪八百英镑,她要求默里每月给她十英镑。如果这十英镑是默里主动给的,那说明默里还算慷慨。现在由她来提要求,也许默里这个人真有点小气。有一点很值得注意,她每次把小说手稿寄给默里去打印时都会特意说明打印费由她自己付,这显然是在挖苦默里。

其实,他们的婚姻本来就不合适。默里相比她虽然稍能体谅对方,但他们两人都很自我中心。默里为人和善,宽容而有耐心,但缺乏幽默感。我们知道,夫妻一旦没有了爱怜之意,就会相互嫉恨,互相折磨。要知道,当她为另一个男人而离开默里时,这对默里来说无疑是奇耻大辱,而当她在卡库那里碰壁后,默里虽然不再爱她,但还是原谅了她,这也够宽宏大量了。对此,我们没有看到她有丝毫愧疚之意,她把默里的宽容视为理所当然。默里这个人(用现在流行的话来说)确实有点"婆婆妈妈",但他并不是等闲之辈。他是个出色的批评家,她的出名很大程度上是靠默里对她的小说所做的评论。此外,默里晚年还写了一部斯威夫特①传记,被公认为最好地记述了这位品性邪恶、文笔完美的作家。

现在看来,那位英国专家的诊断很准确,他说她最多能活四年。她先在意大利住了一段时间,然后到了法国,然后到了瑞士,最后住进了枫丹白露②的古德杰夫疗养院,希望还能有救。但已经晚了。一九二三年,她在那里去世,是年三十四岁。

有不少人说,凯瑟琳·曼斯菲尔德受契诃夫的影响极大,密德尔顿·默里却不这么认为,他说凯瑟琳就算不知契诃夫为何人,也会写出像现在这样的小说。我不同意他的说法。当然,她不读契诃夫也肯定会写小说,因为她命中注定要写小说,但我认为她不读契诃夫的话,她的小说会是另外一种样子。总的来说,她的小说是一个孤独、敏感、神经质、有点病态的女子的内心表露;她身在欧洲,却从未找到精神归宿——这是她的小说内容。她的小说形式却完全来自契诃夫。过去,短篇小说的形式由四个部分构成,即:(一)场景、(二)人物个性、(三)人物行为、(四)结局。当时写短篇小说很自由,小说家想写多长就可以写多长。但是,等短篇小说要在报纸上刊登时,长度就受到

---

① 斯威夫特:18 世纪英国政论家、讽刺家,著有《格列佛游记》等。
② 枫丹白露:巴黎大都会地区的一个市镇。

了严格限制。对此,小说家必须做出调整以适应这种限制,也就是说,必须把小说中不是非要不可的东西统统省略掉。第一部分场景的作用是制造气氛,使读者预先进入某种状态,从而更容易相信小说中将要讲到的事情。这部分其实很容易省略,现在的短篇小说大多没有这一部分。但把第四部分结局也省略掉,让读者自己去想象结局如何,是有点冒险的,因为读者正读得起劲,突然发现没有了,会有一种上当受骗的感觉。不过,如若结局是显而易见的,省略不讲反而会有余味,使读者印象深刻。譬如,契诃夫的《带狗的妇人》就是最好的例证。第二、第三部分是不可少的,否则就不成其为小说了。显然,一篇短篇小说要使读者读上几句就感兴趣,必须一开始就具有某种戏剧性,这样才能把读者吸引住。契诃夫的几百篇短篇小说几乎都是这样写的。虽然他在成名后也为杂志写篇幅较长的小说,但他还是经常会采用这种他熟悉的形式。

这种形式很适合凯瑟琳·曼斯菲尔德的性格和才能。她是有点才能的,但是小才能,不是大才能。狂热崇拜她的人对她赞誉过度,反而有损她的名声。其实,她缺乏创作激情。创作激情很奇妙,往往只有年轻人才有,而且会随着年龄的增长而消退。这很自然,因为创作激情源于自身经历,而随着年龄的增长,经历的事情多了,觉得万事都不新鲜,也就不再冲动,不再像年轻人那样充满创作激情。凯瑟琳·曼斯菲尔德没有什么不寻常的经历,而且她也知道,她需要某些新鲜事物的刺激。她的丈夫默里多少有点鄙夷地说"她就是想钱,想过奢侈生活,想到处闯荡,想在大都市里鬼混"——她当然想,因为她要体验生活,要为自己的小说创作找到素材。小说家要表现真实的世界,就必须混迹于形形色色的人群,投身于熙熙攘攘的生活。如果词典里的解释没错的话,"小说"就是"讲述想象中的人和事",也就是讲故事。但必须承认,凯瑟琳·曼斯菲尔德没有讲故事的天赋。她的天赋在别处,她善于强化某种境况,使其内在的讽意、苦涩、感伤和不幸显现出来;譬如,她的短篇小说《心理》就是最好的例证。她也写过几篇较为写实的短篇小说,而且写得不错,譬如《已故上校的女儿们》和《照片》等,但这样的短篇小说是任何一个称职的小说家都能写出来的,而她最有个性、最具特色的作品通常称作"氛围小说"。我曾问过好几个作家朋友,这"氛围"一词到底什么意思,他们谁也不能或者不愿意给我一个满意的解释。查《牛津英语字典》,也不甚了了,定义之后给出的解释是"比喻义，指周围人的心理或者道德状况"。就小说来说，"氛围"似乎是指有些小说家用来支撑小说的一种罕见的手法，若没有这种手法，他们的小说就不存在了。就是在这方面，凯瑟琳·曼斯菲尔德手法娴熟，令人赞叹。她特别善于观察，这方面的天赋可谓异乎寻常，因而她不仅能感受大自然的气息、乡村特有的气息，还能把微风和雨点、大海和蓝天、树木和花果格外细腻地描绘出来。她还有一种天生的才能，就是在她笔下，哪怕是最普通的场景，比如喝茶聊天，也似乎变得富有深意，使人感叹。天知道她是怎么做到的。她的行文就如喃喃细语，有一种如沐春风的感觉。所以，即使读她的一些最不重要的作品，你也同样会很享受。当然，她的小说不像莫泊桑的《羊脂球》和契诃夫的《第十号病房》那样令人难忘，但那也许是因为要记住某种感觉不像记住某个事实那么容易。跌下楼梯扭伤脚踝，你肯定会记住；爱上某人时的感觉，大概就记不清了。不过，一篇小说令人读之难忘，这到底是优点还是缺点，我就不多说了。

凯瑟琳·曼斯菲尔德在新西兰的时候觉得那地方很乏味，可是等她到了英国后，也不觉得怎样，再加上生病，她反而怀念起新西兰来了。有时她甚至很后悔，觉得自己不应该离开新西兰，那时的生活，现在看来也还是很愉快、很充实的。她忍不住要把这种感觉写出来，最初写了短篇小说《前奏》。那时她和默里在法国的里维埃拉住了三个月，从来没有那么开心过，后来也没有。她起初想把那篇小说取名为《芦荟》，默里认为还是《前奏》好。我想默里肯定是觉得那篇小说其实不像小说，更像是小说的开头。她就是这么写的，可能就是因为这篇小说叫《前奏》，其中的故事非常松散。后来，她陆续以新西兰为背景写了好多篇小说，如《旅程》《人在海湾》和《花园聚会》等。《旅程》写一个小女孩由奶奶照顾在新西兰乘船旅行的故事。没有哪篇小说比这篇小说写得更温情、更迷人了。还有几篇写的是她父亲、她母亲、她哥哥、她姐姐以及表亲和邻居的故事，写得清新生动、自然朴实。虽然她的这些小说也是经过精心构思的，但其中总有一种浑然天成的意味，不像她的其他一些小说那样辛酸，那样迷惘，那样痛苦。在我看来，这些以故乡为背景的小说是她最好的作品。

有人告诉我，凯瑟琳·曼斯菲尔德的小说如今不像二十年代那么热门了。如果她就此被人遗忘，那真是一场悲剧。但我觉得不会——毕竟，她在自己的作品中融入了她独特的个性魅力,而一个作家只要把自己独一无二的个性展现给读者,他的作品就不会被遗忘。亨利·詹姆斯不免荒谬、莫泊桑不免庸俗、吉卜林不免做作,他们的作品却没有被人遗忘,因为它们都有个性。在这一点上,凯瑟琳·曼斯菲尔德当然也一样。

三个勤写日记的人

一

在《牛津英语词典》中，journalist① 一词有两种解释：第一种解释比较常见，即"为报纸杂志撰文谋生的人"②；第二种解释不太常见，是"勤于写日记的人"③。我这里用的是第二种解释。下面我要讲到的三个勤写日记的人分别是龚古尔兄弟（兄弟俩始终要求别人把他们视为一人）、儒勒·雷纳尔和保罗·莱奥托④。

日记作为一种文学载体，在法国比在英国更受重视，这也许是因为英国人不像住在多佛海峡⑤对岸的法国人那样善于表达。《牛津英语词典》把"日记"一词解释为"个人私下对和自己有关或者自己感兴趣的人与事所作的记录"。和回忆录一样，日记从根本上说也是一种自传，只是目的和形式有所不同。还是《牛津英语词典》，对"回忆录"一词的解释是"个人对自己的经历或者熟悉的人和事所作的陈述"。譬如圣西门⑥的《回忆录》就是这样，里面讲的都是他的私事，但最值得一读的却是里面顺便讲到的那些宫廷大事，如皇太子的死和路易十四的私生子曼纳公爵的败落。还有格雷维尔⑦的回忆录，如果你对

---

① 此文标题原文是"Three Journalists"。
② 此种解释的 journalist 最为常用，通常译作"记者"。
③ 此种解释的 journalist 在汉语中没有现存对应词，只好解释性地译作"勤写日记的人"。
④ 龚古尔兄弟、儒勒·雷纳尔和保罗·莱奥托均为法国作家，下文有详论，不注。
⑤ 多佛海峡：英吉利海峡最窄处。
⑥ 圣西门：18世纪法国哲学家、经济学家，其《回忆录》记录了路易十四时期的宫廷生活。
⑦ 格雷维尔：19世纪英国作家，以其日记为后人所铭记。

那个时代的历史感兴趣,也值得一读,只是他太"绅士"(我用这个词是取它在十九世纪的本义,并没有现在的贬义),不屑谈论市井传闻和风流韵事,因此他的回忆录不太有"趣味"。当代学界权威告诉我们,日记所记录的应该是个人每天遇到的或者观察到的事实,而不是个人的思考和感受(关于这一点,法国人的日记就是如此)。我想,就我们英国人来说,有史以来最好的日记无疑是《佩皮斯日记》①。这部日记不仅详细记录了那个时代的诸多事件,还生动地反映出作者的个性,尤其是他那种浅近易懂的文体风格,比任何一部英国人的日记(如约翰·伊夫林②的日记)更像法国人的日记。

龚古尔兄弟的日记首次出版便轰动一时,以致许多作家似乎都觉得自己也应该写日记。前面提到的儒勒·雷纳尔和保罗·莱奥托,就是从那时开始写日记的。还有安德烈·纪德③、夏尔·杜博④也开始写日记,莫里斯·巴雷斯⑤则写了他的《备忘录》。近来,据说保罗·瓦莱里⑥的笔记就要出版,有三十二卷之多。我相信,肯定还有其他作家也在写日记,只是我不知道罢了。所有已经出版的日记,你读过之后得到的最深刻的印象就是,它们全都以自我为中心。这理所当然,作家都是自我中心的。任何事情,我们这些作家都很自然地会认为和自己有关。但是,这在现实生活中却会招来麻烦,因为我们的自我和他人的自我往往是相互冲突的。要和谐共存,我们虽不必完全压制我们的自我,但对自我稍加控制,还是有必要的。克鲁泡特金亲王⑦曾写过一本书,其中举了许多例子证明动物也具有同情心,因而人类更应该相互同情。同情心,还有更为重要的爱心,会使人甘愿为他人做出牺牲。利他主义是从人类与生俱来的利己主义土壤里培育出来的最奇异的果实。然而,并非人人都有同情心,我要说到的这几个勤写日记的人就没有。儒勒·雷纳尔有一次对他夫人说:"你说我太自我中心,可我要是不自我中心,我就不是我了。"保罗·莱奥托也

---

① 《佩皮斯日记》:17世纪的英国作家、政治家塞缪尔·佩皮斯从1660年到1669年的日记。在日记中,他事无巨细地记录了每天的所见所闻,大到伦敦大瘟疫、伦敦大火等重要的事件,小到蛋糕配方,全都记了下来,因而这部日记是反映17世纪英国社会生活的重要文献。
② 约翰·伊夫林:17世纪英国作家,其日记载了17世纪英国的社会、政治和宗教生活。
③ 安德烈·纪德:与毛姆同时代的法国作家,曾获1947年诺贝尔文学奖。
④ 夏尔·杜博:与毛姆同时代的法国批评家。
⑤ 莫里斯·巴雷斯:与毛姆同时代的法国小说家、散文家。
⑥ 保罗·瓦莱里:与毛姆同时代的法国诗人。
⑦ 克鲁泡特金亲王:20世纪初期俄国亲王、与巴枯宁齐名的无政府主义倡导者。

曾说:"我对他人毫无兴趣,我只对自己感兴趣。"他说出了我们每个人只有在最坦率的时候才会说的心里话。他还补充说:"我不是在想自己的事情,就是什么都不想。"

我在本文要讲的这几个勤写日记的人都写过小说,但他们应该被称作文人,不是真正的小说家。我不是说小说家不能同时又是文人,只是说,是不是文人对小说家来说是无所谓的,因为小说家可能文笔不怎么样,也没有多大智慧,文化修养也不怎么好,但他只要有写小说的天赋,就能写出非常不错的小说。龚古尔兄弟算不上小说家,他们的小说只是把他们从各处搜集来的一些素材复述一下而已。儒勒·雷纳尔和保罗·莱奥托也算不上小说家,他们写的小说其实都是自传。你只要把他们写的小说和他们写的日记对照一下,或者把儒勒·雷纳尔写的小说和他的书信对照一下,马上就会发现,他们根本没有小说家应有的想象力和创造力。纪德也是,他的小说写得更细腻,但仍然是自述他个人的经历。有一次,我和马丁·杜·加尔①共进午餐,我知道他和纪德过往甚密,就和他谈起了纪德。我无意中说,纪德其实没有写过别人,写的都是他自己。马丁·杜·加尔点了点头,说他还曾就此当面和纪德说过,纪德对他说,他正在写的一部小说将尽量把他自己排除在外,小说拟名为《伪币制造者》。他还邀请马丁·杜·加尔一起到乡间小住,等小说一写完,他就马上念给他听。马丁·杜·加尔去了。最后,当纪德把小说的前八十页念给他听时,突然发现他一边笑一边摇头。惊异之余,纪德问他笑什么。他回答说:"你曾跟我说过,在这部小说中你要把你自己排除在外,可你还是在写你自己,甚至比你以前的小说还要明显。"确实如此。不过,虽然《伪币制造者》算不上什么杰作,但比有些杰作有趣得多,因为纪德聪明过人,文化修养又好,他在这部小说中把他自己写得那么惟妙惟肖,可说在这一点上是最为成功的。

还有纪德的日记,读来也生动有趣,比我在这里要讲的几个勤写日记的人都要好。他比他们更有才华、更见多识广。在法国作家中,纪德可谓博学多才,特别是对外国文学,涉猎甚广。他还酷爱音乐,钢琴弹得很好。

我在前文中斗胆说,不加控制的自我中心对小说家是有害的。现在我又要说,小说家所能给予读者的,归根结底,除了他的自我,别无其他。表面上

---

① 马丁·杜·加尔:与毛姆同时代的法国小说家,曾获1937年诺贝尔文学奖。

看，这两种说法似乎自相矛盾，其实不然。如果极端自我中心的小说家只对自己感兴趣，从不想了解他人，那他当然不可能创造出生动的人物形象；但是，如果他因为自我中心而非常在意自己对他人的影响，那他就会对他人的自我予以关注，而且，出于创作本能，他还会不知不觉地把他人写入小说。如果这样，他就会非常幸运地创造出比真人还要真实的人物形象；譬如，米考伯先生①。小说家确实都是自我中心的，但实际效果并非想象的那么坏。

就小说家而言，自我中心会使他目光短浅、见识有限。儒勒·雷纳尔和保罗·莱奥托就是这样，除了文学，他们对其他艺术一概不感兴趣。保罗·莱奥托一辈子住在巴黎，却从未去过卢浮宫（每次提到卢浮宫，他总是说他去过，但他去的是卢浮宫旁边的商店，从未去看过卢浮宫里的画作）。有一次他到了卢森堡，那里正在开早期印象派画展，他总算去看了，但看过后却说，那都是些什么乱七八糟的鬼东西。儒勒·雷纳尔也一样，我读了他的日记，里面没有提到一幅画。龚古尔兄弟更加了，直言不讳，称他们在音乐会上不是想睡觉，就是想发火，只有军乐还能容忍。不过，他们对绘画艺术还算爱好。安德烈·比利写过一本不错的《龚古尔兄弟传》，据他说，龚古尔兄弟很喜欢欣赏绘画，但看法奇特之极；譬如，他们认为贝鲁吉诺②比拉斐尔伟大，认为米开朗琪罗"只是雕塑家，不是画家"。真不知道，这兄弟俩有没有抬头看过西斯廷教堂的天顶画③。他们有时还比较正常——譬如，对透纳④很入迷，对康斯坦布尔⑤特别推崇——但是，他们对德拉克洛瓦⑥和安格尔⑦却嗤之以鼻，称这两人根本不会画画。对库尔贝⑧，他们更是不可容忍，称他的画"再难看没有了，堪称平庸之作乃至丑陋之作中的极品"。他们很赏识泰奥多尔·卢梭⑨的画，但每次有人提到马奈、德加或莫奈⑩，他们总是不屑地耸耸肩。

龚古尔兄弟的日记始于一八五一年。保罗·莱奥托的日记始于一八九三

---

① 米考伯先生：狄更斯《大卫·科波菲尔》中的人物，据说以狄更斯之父为原型。
② 贝鲁吉诺：15至16世纪之际意大利画家，拉斐尔之师。
③ 西斯廷教堂的天顶画：米开朗琪罗为西斯廷教堂所作的大型壁画，因画在穹顶上，故称。
④ 透纳：19世纪英国风景画家。
⑤ 康斯坦布尔：19世纪与透纳齐名的英国风景画家。
⑥ 德拉克洛瓦：19世纪法国浪漫主义画派代表画家。
⑦ 安格尔：19世纪法国古典主义画派代表画家。
⑧ 库尔贝：19世纪法国现实主义画派代表画家。
⑨ 泰奥多尔·卢梭：19世纪法国风景画家。
⑩ 马奈、德加、莫奈：均为20世纪初法国印象画派代表画家。

年，已出版的四卷日记止于一九二四年，其实他要多年后才去世①，其间很可能还会写日记，所以，说不定还会有新的日记出版。儒勒·雷纳尔死于一九一〇年。纪德的日记止于一九四九年。这四个人的日记生动记述了法国文学界近一百年来的变迁。十九世纪下半叶，法国涌现出诸多文学名家，譬如圣伯夫②、丹纳③、勒南④、米什莱⑤、福楼拜、阿纳托尔·法朗士⑥和莫泊桑，而所有这些大作家、大批评家，龚古尔兄弟都认识。还有波德莱尔、魏尔伦、兰波、马拉美⑦等大名鼎鼎的诗人，也是他们的同时代人。

二

埃德蒙·德·龚古尔生于一八二二年，其弟儒勒·德·龚古尔生于一八三〇年。他们两人的兄弟之情，可谓世所罕见，不仅志同道合，连喜怒哀乐也如若一人。他们的曾祖父叫安托万·于欧，一看姓名就知道是平民⑧，一个律师。在十八世纪，律师不但很普通，甚至还有点低贱。一七八九年，大革命前三年，这个安托万·于欧不知从哪里弄到那么多钱，竟然在龚古尔乡间买了一个庄园，而且由国王路易十六封为贵族，从此以"德·龚古尔"为姓氏。像这样的贵族，在英国不过是个"地主"，但这个安托万·于欧却像模像样地弄了个盾形纹章，冒充古老的贵族世家。他的孙子，也就是龚古尔兄弟的父亲，曾在拿破仑军队里任职，功勋卓著，在俄法战争中身负重伤。

埃德蒙·德·龚古尔和儒勒·德·龚古尔特别看重自己的贵族出身，他们成名后，有人著文提到他们时说"埃德蒙·于欧和儒勒·于欧，即德·龚古尔兄弟"，误将"德·龚古尔兄弟"当作他们的笔名，兄弟俩对此愤怒之极，坚持要刊登此文的四家报纸声明改正。一八六〇年，有个叫安布洛瓦·雅可贝的人由王室封为贵族，头衔是"安布洛瓦·德·龚古尔"。兄弟俩见此对那人提

---

① 保罗·莱奥托死于1956年。
② 圣伯夫：19世纪法国批评家。
③ 丹纳：19世纪法国历史学家、批评家。
④ 勒南：19世纪法国哲学家、宗教学家。
⑤ 米什莱：19世纪法国历史学家、散文家。
⑥ 阿纳托尔·法朗士：19世纪与20世纪之际法国小说家，曾获1921年诺贝尔文学奖。
⑦ 波德莱尔、魏尔伦、兰波、马拉美：均为19世纪后期法国象征派诗人。
⑧ 法国贵族姓氏前冠有"德"（de），如 de Gaulle（戴高乐）、de Moore（德·莫尔）。

起了诉讼。最后，大法官解释说，你们兄弟俩的祖上在龚古尔拥有一个庄园，安布洛瓦·雅可贝先生的祖上在龚古尔也拥有一个庄园，因而都可用"德·龚古尔"这一头衔。兄弟俩这才撤诉。

他们的父亲英年早逝，家里并不富裕。他们随母亲一起住在巴黎，弟弟儒勒在学校里和同学相处得很不好，据他自己说，那是因为那些同学都出身平民，对贵族出身的他心怀妒忌。其实，他们兄弟俩从小就没有什么贵族的样子。哥哥埃德蒙十九岁到一家律师事务所去做文书，几年后在财政部谋得一职，年薪仅一千两百法郎。他们的母亲死于一八四八年，留给他们大约四千法郎现金，还有就是每年从家族庄园所获的一笔固定收入，数目不详。那年，埃德蒙二十六岁，儒勒十八岁。埃德蒙利用业余时间到艺术学校进修，儒勒也似乎有点绘画天赋，所以，他们决定做艺术家。他们准备好画具之类的东西后，徒步旅行到法国南部，沿途画风景，这样一路到了阿尔及利亚①。画画的同时，他们还事无巨细地记录一路上的所见所闻，埃德蒙后来说，他们之所以会从事写作，就是因为当时做了许多笔记。他们回到巴黎后，租住在圣乔治街的一个公寓里，因为租金便宜，那里的租客大多是妓女。

没有人知道他们是怎么弃画从文的。他们写了三四个剧本，但始终没有哪家剧院愿意上演。一八五一年，他们写了第一部小说，取名《在一八……》，自费出版，印了一千本，仅卖出六十本。据安德烈·比利说，他们的这部小说写得一塌糊涂，纯属胡编乱造而又编造得乱七八糟。后来，他们打算写一本有关十八世纪的历史书，其中既有正史内容，又有野史材料。他们勤奋写作，到一八五四年，终于完成了一本近五百页的书，取名为《大革命时期的法国社会史》，依然是自费出版。在那个年代，搞写作的人一开始都要自费出版，以此赢得评论家的关注。他们捧着书上门去拜访评论家，临走时还留下名片。结果好像还可以。于是，他们又动手写了一本四百五十页的书，取名为《五人执政团②时期的法国社会》，但根本没有引起评论家的注意。不过，他们没有泄气，在一八五六年又写了一本分上下两卷的《十八世纪秘史》，以三百法郎的低价

---

① 那时，阿尔及利亚是法国殖民地，住着许多法国人。
② 五人执政团：法国大革命时期按共和国宪法由五百人议会从十个候选人中选出五人共同担任国家元首，故称。

卖给出版商。毫无疑问,他们是写这种半真半假的历史书①的先驱,书中的那些道听途说的东西至今还有人津津乐道。我不想谎称我把他们的这几本书全都仔细读过了,我只是大概翻翻,感觉写得既冗长又乏味。他们好像没有想过要对素材加以选择和处理,同一件事情会反复讲到,前面已经详细讲了,后面又详详细细讲一遍。要是砍掉一半,效果肯定会好两倍。一八五八年,他们又写了一本玛丽·安托瓦内特②的传记,总算有了点名气。

他们写这些书,当然没有赚到钱,但他们不在意,因为他们并不缺钱,从家族庄园得到的收入足以养活他们。他们在意的是这些书没能得到公众的赏识,因而耿耿于怀。为了报复评论家对他们的冷淡,他们写了小说《夏尔·德马伊》,刻毒攻击评论界,竭力嘲讽文人作家——当然,也遭到这些人的指责。后来几年,他们又写了三部小说,其中一部名为《日米妮·拉塞特》,女主人公的原型是早先他们家一个叫萝丝的女仆。这个女仆在他们家服侍他们二十五年,先是照料他们,等他们长大后,又照料他们的母亲,直到她去世。他们对这个女仆很有感情,但她年纪不大就生病死了。她死后,他们才发现她的另一面。原来,她很想得到男人的喜爱,为此她不惜给他们钱,还时常从主人家偷酒给他们喝。后来,她总算有了一个情人,是个年轻的拳击手,但她很不放心,时常暗中监视他有没有去找其他女人。她之所以会死,就是因为某天晚上她淋着雨去跟踪他,着凉得了胸膜炎。

兄弟俩用萝丝的真人真事写成的这部小说,惊动了公众和评论界。他们自己宣称,这部小说开了现实主义的先河,同时又奇怪地宣称,只有贵族才能写出这样的小说。埃德蒙·龚古尔后来还说,他之所以对这个主题感兴趣,是因为"我是出身贵族的文化人,民众或者说劳苦大众的生活,对我来说是陌生而新奇的,就像长途跋涉到异国他乡去旅游的观光客所看到的奇风异俗"。兄弟俩写作很勤奋,但可惜,他们既缺乏想象力,又缺乏形式感。他们认为事物和人物一样重要,总是不厌其烦地描写某个地方、某幢房子、某些家具或者某件艺术品。在他们所写的小说中,《马奈特·萨洛蒙》算是可读性最强的一部,但即使在这部小说中,对主人公(即画家克里奥利斯)的描写还是很粗略,远不

---

① 这种历史书有点像我们的"演义",如《三国演义》《杨家将演义》等。
② 玛丽·安托瓦内特:18世纪法国国王路易十六的王后,大革命期间和路易十六一起被送上断头台。

如对他的画室的描写那么仔细。这部小说旨在于反映那个时代的画家们的生活,写得很真实,因为兄弟俩一直都在细心记录自己的生活①。小说讲述的是一个才华出众的画家因为娶了他的女模特,一个犹太女人,而毁了自己一生的故事。不过,在你读到这个故事前,你先要耐着性子读完一百五十页与此不相干的内容;譬如,那时艺术学校的学生怎样狂欢作乐、怎样到郊外去游玩、怎样相互恶作剧,等等。我觉得,他们写小说的目的太功利,写一部小说不是因为某个主题或者某些人物值得深入挖掘或者详细描述,而总是指望自己的小说一旦成功就能在文学界赢得地位——他们深信自己有才华、有能力,理应受人尊重。不过,尽管他们的小说总的来说都不怎么样,他们的天资还算不错,目光还算敏锐,所以,有些片段写得还可以,如果写成一个短篇小说或者放在某篇文章中,还是很感人的。我想,他们的小说之所以那么冗长而沉闷,原因就在于他们不会讲故事,有许多地方都没有讲好。帕默斯通②有句名言:"只要用得好,垃圾也能当宝贝。"③ 小说家应该时时记住这句话。

然而,龚古尔兄弟最注重的却是自己的文体风格,即遣字造句的美妙与新颖。他们要独创一种"艺术笔法"。关于这种笔法,阿尔贝·蒂鲍德在他的《十九世纪法国文学史》中说,这是一种"人为制造、晦涩难懂"的笔法,是写作者按自己的语言癖好刻意造出来的一种文体,读者要花许多时间细细揣摩才能欣赏——然而,人生苦短,谁有那么多时间!所以,哥哥埃德蒙在晚年惊恐地发现,他和弟弟儒勒费尽心机创造的"艺术笔法"其实是白费心机,最好的笔法是浑然天成、通俗易懂而又意味深长的笔法。不过,在我看来,他们的最大失败并不在于笔法,而在于啰唆拖沓:任何细节,他们从来不会说过一遍就算了,总要换一种说法再说一遍,然后再换一种说法再说一遍——他们不厌其烦,读者早已厌烦。

兄弟俩辛苦写作之余,当然也要放松放松,也会有风流韵事。他们虽然出身贵族,但和他们交往的人却大多不是贵族,而是记者、演员、落拓文人,还有溜须拍马的小混混,而且都带着女人。这些女人当然不会是什么"良家淑女"。哥哥埃德蒙长相英俊,但性格内向、不善言语;弟弟儒勒个子稍矮,长

---

① 意即他们一直在写日记。
② 帕默斯通:19世纪英国政治家,曾两度出任首相。
③ 这里套用帕默斯通的名言是想说:只要会讲故事,废话也好听。

着一头卷曲的金发、一双秀气的眼睛和一张性感的嘴，性格外向，风趣诙谐，比哥哥更有天分。他有过几次艳遇，但都不了了之；哥哥埃德蒙似乎对这种事情不感兴趣。兄弟俩都没有恋爱过——其实，是他们不允许自己恋爱，因为他们深信，包括恋爱在内的任何柔情，都会影响他们的写作。他们的理想就是成为著名作家，为此他们不惜牺牲一切。正因为这样，他们不知生活乐趣，缺乏人生体验。不过，他们的性生活倒是有着落的，有个名叫玛丽亚的年轻女人经常和他们来往。这个女人十三岁时被人诱奸，从此变得水性杨花，后来又做了助产婆。他们很喜欢这个女人，因为她没心没肺、没羞没耻，整天嘻嘻哈哈。她有一头秀发，胖墩墩的身体裹在紧绷绷的衣裙里，还有一双蓝眼睛，总使兄弟俩想起鲁本斯①笔下的胖美人。她同意做兄弟俩的"情人"，如果这种关系可以称作"情人"的话。不过，我想，这对他们来说确实很"合算"（她上门服务，他们可以省下到妓院去的车费）。至于我觉得有点恶心，那只能说明我这个人太古板。玛丽亚不仅为他们提供"服务"，还时常说起她做助产婆时的所见所闻。兄弟俩听得津津有味，过后还要写在日记里。下面这段日记，是他们对这个女人的评论："像她这样一个没受过教育、没什么文化、天真无知、快快活活的女人，是我们这样的男人所需要的，因为只有这样的女人才会像一只温顺的小动物一样得我们欢心，使我们觉得有趣而时时想到她。反之，如果我们的情人很有修养，不仅懂文学、懂艺术，还想坐下来和我们探讨探讨美学问题，甚至还想对我们的写作、我们的品位指手划脚，那她就会像一架破钢琴，自以为高雅，其实令人讨厌。"

一八六二年，拿破仑的侄女、喜欢结交文人雅士的玛蒂尔德公主托朋友邀请龚古尔兄弟共进晚餐。这位公主读过而且很喜欢兄弟俩写的那本玛丽·安托瓦内特的传记。她平时和她的情夫，还有一个侍女，一起住在巴黎，偶尔才回离巴黎不远的圣格拉蒂恩的府邸小住。那时，公主已四十二岁，还是那样子，身材娇小、容貌清秀。龚古尔兄弟第一次见到她后，对她的印象并不好。第二次稍好一点，觉得她很随和、很爽朗，而且不乏幽默感。不过，他们向来对任何人都有所保留，在日记里这样写道："这位公主既不优雅，也不温柔，而是聪明伶俐、能说会道。这对大众可能很有吸引力，但对我们就不怎么样了……

---

① 鲁本斯：17世纪佛兰德斯画家，其笔下女子体态丰满。

你对她恭恭敬敬、彬彬有礼,她满不在乎,她要你对她顶礼膜拜、五体投地。"从那时起,兄弟俩便经常和公主共进晚餐,还时常应邀到她在圣格拉蒂恩的府邸去做客。渐渐地,兄弟俩疏远了从前结交的那帮落拓朋友。

在结识公主后的第一年,兄弟俩就创办了那个著名的"马尼餐厅聚餐会"。这个主意最初是由喜欢他们、仰慕他们的加瓦尼①提出的,后来得到了圣伯夫②的赞同。有好几个作家,其中包括丹纳③、勒南④、屠格涅夫⑤、福楼拜和戈蒂耶⑥,答应每月前来共进晚餐两次。后来,越来越多的作家经推荐而加入。聚餐会上的主要话题是文学和艺术,时而也会谈论宗教问题和赤裸裸的性问题。尽管这些作家、学者的看法不一、观点分歧,时常会争论得不可开交,甚至拍案对骂也是常事,但到聚餐会一结束,大家就不再计较,仍是好朋友。只是,这些作家、学者不知道,龚古尔兄弟一回到家,弟弟儒勒马上就会把他们刚才在餐桌上所说的话全都详详细细记下来。有时,由哥哥埃德蒙回想并口述,弟弟儒勒笔录。兄弟俩做事一向认真,也许我们可以相信,他们记录的那些名作家、大学者的谈话是真实可信的。然而,真实虽真实,那些名作家、大学者所说的话实在令人失望。这也难怪,你享用大餐,一连喝了几杯红酒,这之后你醉意惺忪,说话自然没有分寸,一句很平常的话,也会说得像是豪言壮语,但等你看到那些话印在纸上时,真是不幸,它们其实平常得很。总之,你若想从这种聚餐会上的谈话中找出什么妙语或者什么思想,那肯定是徒劳的。

最初的聚餐会,兄弟俩觉得气氛很热烈、话题很有趣,但不到两三年,他们就厌倦了,在日记中写道:"马尼餐厅的聚餐会真叫人厌恶透顶!谁能想象,这样的聚餐会竟然是法国文学界一流精英的聚餐会!那些来的人,从戈蒂耶到圣伯夫,好像个个都很有才,可他们没想法,没真正属于他们自己的想法!真是一点个性也没有!"其中,圣伯夫最年长,最有声望,影响力也最大。他偏爱龚古尔兄弟,对他们的作品大加褒奖,甚至称他们是当今最有魅力的人。当兄弟俩想退出聚餐会时,他说,要是他们不来,他也不来了。然而,兄弟俩

---

① 加瓦尼:19世纪法国版画家、插图画家。
② 圣伯夫:19世纪法国大批评家,对文坛的影响力举足轻重。
③ 丹纳:19世纪法国著名文学史家、批评家。
④ 勒南:19世纪法国大学者、宗教学家、历史学家。
⑤ 屠格涅夫:19世纪俄国三大小说家之一,长期旅居巴黎。
⑥ 戈蒂耶:19世纪法国诗人、小说家。

对他却颇为厌恶，说他文章写得呆板，说他没有个性，只会装腔作势，而且胆小怕事、思想狭隘，只会说些陈词滥调。有一次，兄弟俩去拜访圣伯夫，见他穿得像码头工人，住所简陋得像乡村医生的破房子，便自问道：像他们这样出身贵族的艺术家，怎么能和这样一个人交往？然而，他们还是邀请他共进晚餐，还说了许多表示对他感激不尽、仰慕已久的话。戈蒂耶和福楼拜也是聚餐会成员，他们喜欢谈论女同性恋，还有"超验同性恋"，天晓得是什么意思。

龚古尔兄弟应该在一八五七年就遇见过福楼拜，但要多年后才真正认识。奇怪的是，像福楼拜这样真诚、率直而友好的人，居然也没有赢得他们的好感。他们写给福楼拜的信中尽管仰慕之情溢于言表，但他们内心始终对他抱有敌意。聚会时，兄弟俩总是用挑剔的眼光看着他，福楼拜却浑然不觉，依然言无不尽、滔滔不绝。兄弟俩在日记里写道："我们发现福楼拜好像缺少点什么，**我们一直在找他的缺点**。他（就像包法利夫人）缺乏气质，就像他的文体缺乏韵味。"（引文中的重点号是我加的）他们觉得，福楼拜趣味低俗，完全没有艺术家气质。最终的结论是：他是个有点天赋的乡巴佬，他本人比他的小说更加土里土气。

《马奈特·萨洛蒙》出版后，兄弟俩送了一本给丹纳。丹纳回信表示感谢，并对小说中的有些章节表示赞赏，同时对小说的文体风格提出批评，说这种文体不适合普通读者，只适合像他们这样的文人。最后，他还指出了小说中的几个错误之处。兄弟俩本来就不喜欢丹纳，这样一来，不喜欢就变成了厌恶。对勒南也是这样，一开始他们不喜欢他是因为嫌他长得难看，后来又抱怨他为人粗俗、不讲信用，最后等他们进一步了解他之后，尽管承认这个丑八怪待人还是很和气、很亲切的，但他们还是和他反目成仇。

一八六八年，弟弟儒勒患病，不想进食、无法入睡、害怕噪声。他们那时仍住在巴黎的那个公寓里。为了养病，他们决定卖掉一部分家族庄园，买一处僻静的住所。最后，他们在离巴黎市中心二十分钟车程的奥图尔找到了一幢房子。但是，等搬进去后才发现，那里的噪声同样难以忍受。儒勒的病情为此加重，神智也有点不清了，变得就如痴呆，常常一个人坐在树下，用帽子遮着脸，一连几个小时一动不动、一言不发。他不仅记不起他们所写的那些小说，甚至对他亲爱的哥哥也好像不认得了。最后，他连话也不会说了，只会像婴儿似的嘴里发出叽里咕噜的声音。哥哥埃德蒙一度焦躁若狂，想一枪打死弟弟后自杀。他担心自己若死在弟弟之前,弟弟会被人送入精神病院。后来,这种担心变成了恐惧,一直在他心头挥之不去。他在日记里记述儒勒的病情是怎样一步步恶化的,字里行间充满了悲痛,令人不由得感叹,真不知他是怎样安下心来把这样悲痛的事情写入日记的。儒勒的病,医生诊断为"幼稚症"。有一次,在餐馆里,儒勒把桌上的洗手盆弄翻了,埃德蒙说:"小心点,不然我们到哪家餐馆都会被人赶出来。"儒勒泪流满面,一边抽泣,一边嘴里叽里咕噜,像是说:"不能怪我,不能怪我。"他用颤抖的手抓住埃德蒙的胳膊,呜呜地哭起来。最后一刻终究到来,埃德蒙在日记里写道:"他断气了,他终于去了。上帝啊!他像孩子临睡前那样轻轻吸了几口气,然后就睡着了。"

埃德蒙尽力要使自己相信,儒勒是出于对文学的热爱、出于对写作的孜孜不倦和呕心沥血而死的。其实,在我学医时,儒勒的这种病称作 GPI,即麻痹性痴呆症。这种可怕的疾病是由梅毒造成的,而儒勒在二十年前到港口城市勒阿弗尔旅游时感染了这种病。埃德蒙在儒勒的葬礼上泣不成声,站也站不稳,幸亏有人搀扶,才没有为悲痛所压倒。好在,任何悲痛与愁苦总能为时间所抚平,人世间向来如此。后来,普法战争①爆发,法兰西第三共和国垮台,一切又恢复旧样。玛蒂尔德公主结束在布鲁塞尔的流亡生活,回到了巴黎。同时,埃德蒙又开始写他的日记。他已五十多岁,仍孤身一人,朋友们都认为他应该结婚,而且也有两位年轻女士愿意嫁给他。一位是玛蒂尔德公主的侍女,已经向他求婚。尽管这位女士容貌姣好,他很喜欢,但他还是拒绝了,其原因我得从头说起。

埃德蒙自少年时代起就热衷于收藏,一有空就到旧货店里去淘古董或者做点古董买卖。现在的人都很羡慕,那时花几个零钱就能买到某个古代诗人的诗稿或者某个古代画家的素描。运气好的话,花五法郎就能买到拉图尔②的一幅蜡笔画。那时,日本艺术品流行于巴黎,埃德蒙很着迷,认为日本艺术品的收藏价值不亚于古希腊艺术品。他当时就买了喜多川歌麿③的几幅画,还买了其他日本字画、漆器、铠甲、和服,等等。后来,他的收藏范围越来越广,收藏了许多镶花的古壁龛,还有古橱柜、古桌椅、古镜子、古挂毯和古地毯。他后

---

① 普法战争:1870 年普鲁士王国(即德国)与法兰西第三共和国间的战争。
② 拉图尔:17 世纪法国画家。
③ 喜多川歌麿:18 世纪日本浮世绘大师。

来说，那时他每年用于收藏的钱多达八万法郎。可是，他们兄弟俩每年从家族庄园所得不过一万两千法郎，写书又赚不到多少钱，你不禁会问，他从哪里弄到了这么多钱。唯一的可能就是他做了什么事，赚到了不少外快，而他到底做了什么事，我们不得而知。反正，不管怎样，在十九世纪七十年代之前，他已拥有许多价值不菲的收藏品，相当富有。而在此之前，兄弟俩一直想创建一个学院——就是后来的"龚古尔学院"。这并非想和"法兰西学院"唱对台戏，而是出于对这所学院的不满，他们想纠正它的偏执与狭隘——对新人新作的鄙视和压制。按他们的设想，他们创建的新学院每年要选出十个有才华、但为谋生而不得不逢迎大众、写低俗作品的作家，每年资助他们每人六千法郎，让他们专心从事艺术创作，不为生活所困。此外，这些被选中的作家每月还要聚会一次，共进晚餐，对其中最优秀的每年还要授予五千法郎奖金。为了使这一设想得以实现，埃德蒙必须投入他的所有财产。所以，他断绝了结婚的念头。

  儒勒死后，埃德蒙又活了二十七年。我不想谈他在这二十七年间的文学创作，那些作品既没有使他赢得多少名声，也没有使他赚到多少稿费。但是他在这二十七年间坚持不懈写日记，其中一些日记使我觉得很惊讶。譬如，一八九二年五月二十二日，他写道："和美男子普鲁斯特①在拉菲利餐厅共进午餐。"埃德蒙不知道，就是这个相貌英俊的年轻人，后来震惊世界，写了一部令人生畏而又非常有趣的作品②，还在作品中戏仿他的日记③。埃德蒙晚年最亲密的朋友是都德④夫妇——阿尔封斯·都德和朱莉娅·都德。他每星期有两三天要和他们共进午餐或共进晚餐，每年夏天要和他们一起到名叫"香布罗塞"的乡间别墅去避暑。我想，都德的小说如今大概很少有人读了，其实他写得很不错，行文流畅、简洁明快。他最好的小说是《萨福》，主题和《玛奈特·萨洛蒙》相似，但比龚古尔兄弟写得更为可信。都德的小说当初很受读者欢迎，他因此挣了不少钱。他能和埃德蒙·龚古尔这样一个志向大、心眼小的人相处，想来一定是另有一功，特别讨人喜欢，否则的话，埃德蒙是不会不妒忌他的。

  一八八三年七月，埃德蒙和都德夫妇在奥图尔共进午餐。餐后，他念了几

---

  ① 普鲁斯特：比毛姆大三岁的法国小说家（当时他21岁，埃德蒙·龚古尔70岁）。
  ② 即《追忆逝水年华》，共有七卷，数百万字。
  ③ 《追忆逝水年华》第一卷出版于1912年，此时埃德蒙·龚古尔已去世16年，《龚古尔兄弟日记》也已出版十多年。
  ④ 阿尔封斯·都德：比埃德蒙·龚古尔年长1岁的法国小说家。

段他们兄弟俩的日记给他们听。夫妇俩听了很感兴趣，要他再念几段。后来，每年夏天在香布罗塞别墅避暑时，他都会把兄弟俩的日记念给他们听。也许，就是在都德夫妇的鼓励下，他才决定分卷出版他们的日记。他把日记抄了两份，其中一份在他生前出版，是作了删节的，以免得罪别人。另一份是完整的，要到他去世后二十年再出版，因为他觉得，到那时，他们兄弟俩在日记中贬斥的那些人应该都不在人世了。但他没想到，后来在摩洛哥出版的十九卷完整版日记还是招来了好几场官司。

他们的删节版日记第一卷出版于一八八七年，后来几年又出了几卷，最后一卷出版于一八九六年。就是删节版，也是每出一卷就在巴黎文学界引发一次地震。许多人指责他们的日记卑鄙无耻、出言不逊。第一卷日记出版，就有评论家将其称为"浅薄与自负的巅峰之作"，丹纳还写信给埃德蒙表示抗议："我请求你在出版第二卷时把所有和我有关的词句统统删掉，因为我和你们交谈时所说的那些话，还有我和别人交谈时被你们听到的那些话，都是我'私下里'随便说说的，就如可怜的圣伯夫所说……我只对自己经过思考后公开发表的言论负责。"

然而，埃德蒙·龚古尔不予理睬，因为他坚信后人会把他们的日记视为时代的真实写照，是对当时的一些人和一些事的重要记述。也许是因为阿尔封斯·都德在《费加罗报》上发文予以好评，第二卷日记出版后的反应不像第一卷那么强烈，但仍有许多人劝埃德蒙，不要再出版第三卷了。不过，玛蒂尔德公主在拜访埃德蒙时却只字未提日记的事，尽管日记里有好几处说到她。譬如："公主，那算什么，就是最聪明的人也有愚蠢的时候，要不是我们的日记，他们哪里能流芳百世——我们是在为他人做好事，其实也很愚蠢。"

在日记第四卷里，有一段他们当初在马尼餐厅聚餐会上和勒南的对话。勒南看了愤怒之极，写了那篇后来广为流传的文章。文中说："龚古尔先生在日记里所记录的聚餐会谈话都是真的，但他不该以历史学家自居，把这些记录下来。他其实并不理解我们所谈的内容，也没有提出他的想法，因为他根本就没有听懂，只是自认为理解了别人说的话。我非常反感这种恶劣做法，而且相信蠢人说的蠢话是一文不值的。"勒南还在一次采访中说："龚古尔先生既没有度量，又不讲道德。"对此，埃德蒙傲慢地说："勒南先生气急败坏，就像一个被免职的神父。"

都德夫妇担心他树敌太多，听他念到一八七七年的日记时建议他不要再出版了。埃德蒙认为，他们之所以这样劝他，是因为他在日记中写到了都德夫人朱莉娅，因为她也是作家。埃德蒙在日记中是这样写的："说真的，这位夫人很迷人，但也很刻薄。"

第五卷日记出版后，有评论家称，那个时代的文学精英如戈蒂耶、圣伯夫、勒南、丹纳、福楼拜，还有龚古尔兄弟，他们的主要功绩就在于他们为读者描绘了一幅幅奇形怪状、令人恶心的社会场景。此话说得没错，但绝不是夸奖他们。埃德蒙对朋友从来都不笔下留情，唯一的例外大概就是都德夫妇。有人认为，埃德蒙虽不喜欢也不感激都德夫妇，但出于谨慎，他也许不会写冒犯他们的话。实际上，从报纸上发表的第七卷日记节录中可以看出，他甚至写到了都德的母亲。这使都德夫妇大为恼火，都德的弟弟恩斯特还想在报纸上发表公开信谴责他，但被都德劝阻了。恩斯特转而写信给埃德蒙，指出他在日记中所写并非事实，请求他在正式出版时删掉相关段落。对于这一请求，我想，埃德蒙肯定是不耐烦地摇了摇头，总算答应了。

都德患有脊髓痨，也是梅毒后遗症。此症很可怕，时常会痛得难以忍受，每天晚上要服用大剂量氯醛麻醉药才能入睡，最严重的时候要打五六针吗啡才能止痛。都德夫人后来发现，埃德蒙把这些隐私也写在他的日记里，便苦苦哀求他，看在他们多年友情的份上，不要把这些隐私分开，以免她丈夫的名誉受损。埃德蒙断然拒绝，并说他的日记是他们间友情的最好见证。对此，都德夫妇当然不能接受。他们和埃德蒙二十五年来的友情也就到此结束。他们不再邀请他共进晚餐，即便他自己上门拜访，他们也总是找借口冷落他。都德对其他朋友说，他受够了这个龚古尔，而这个龚古尔呢，他的最后两卷日记出版后遭到了更为猛烈的抨击，大量匿名抗议信纷至沓来。对此，他忧伤而高傲地予以蔑视，认定这是有些人对他的恶意中伤，因为他们对他心怀妒忌，妒忌他的公正无私、他的高贵出身和他有固定收入而无须靠写作谋生。

一八九七年，埃德蒙·德·龚古尔七十五岁，有关他和都德夫妇关系紧张的传闻被人说得沸沸扬扬，以至于都德觉得，有必要向公众表明这些传闻并非事实。他们夫妇俩多年来一直和埃德蒙一起到香布罗塞别墅避暑，如果当年没去，那就正好被人用来证明他们的友情出了问题。所以，都德夫妇依然邀请埃德蒙前往香布罗塞别墅。他们先去，埃德蒙则在七月十一日到那里和他们见面。然而，埃德蒙近来的身体状况一直不好，到了那里后就一病不起，而且在七月十七日溘然长逝了。

他没有留下多少遗产，因为他把财产全都用于创建"龚古尔学院"了，而正因为此举，才使他们兄弟俩名留青史。

此外，他们还认为，他们的《热米妮·拉赛特》一书开了现实主义小说的先河；还有他们对十八世纪的历史和日本艺术的研究也有历史功绩。弟弟儒勒曾说："这是十九世纪下半叶文学界的三件大事，我们虽是领头人，可惜无人知晓。不过，事实在此，今后总会被人承认。"这话说得虽有点夸张，但也不是没有道理。

兄弟俩从不怀疑自己学识超群、才华出众。这当然自视太高了。埃德蒙曾写道："当《巴黎回声报》最初刊出我的日记时，我自己读了也很陶醉。"真是名副其实的自我陶醉！像他们这样自命不凡的人，当然看不起别人。埃德蒙曾说："本世纪恐怕只有我，敢于扯掉（诸如勒南、圣伯夫之流）'名人'的假面具，还他们的本来面目，而我这么做，纯粹是出于对事实的尊重，并非针对他们个人。"毫无疑问，他说的"之流"还包括丹纳、米什莱和福楼拜等人。确实，龚古尔兄弟既自负又虚荣，甚至狂妄自大，但说句公平话，你又不得不承认他们对艺术的向往是真心实意的，只是他们常常会误入歧途，如此而已。总之，不管怎样，对于这个肮脏而腐败的世界，兄弟俩敢于说出真相还是难能可贵的（譬如，《辩论报》的大评论家于勒·亚南①曾从玛蒂尔德公主那里得到六千法郎，条件是他对公主的某个朋友不作任何负面评论）。就是他们的狂妄自大，其实也不怎么卑劣，不过是写写日记，指望能引起后人的注意而使自己后世留名。他们不仅知道一本书要经过时间的考验才会成为名著，而且深信，即使失败连连，只要坚持到底，后人终将会还他们以公道。

三

一八八七年，儒勒·雷纳尔开始写日记，最初只是记记流水账而已。但他

---

① 于勒·亚南：19世纪法国作家、批评家。

这个人自我意识极强，总要写到自己，而且写得极其真实，别人读了往往会惊讶不已。后来，不知为何，他竟然想出版他的日记。他在日记中写道，等他的儿子有阅读能力时，应该读读他的日记。我不知道他为什么要这么说，因为谁都会觉得，他儿子读了他的日记后肯定不会再尊敬他这个父亲。因为他的日记反映出他是这样一个人：无情无义、自私自利、粗俗不堪、妒忌成性、冷酷得几近残忍。他死于一九一〇年，那时他生前的熟人还有好几个尚未离世，我曾去拜访过其中的两三个。他们都认为他是个绝顶聪明的人，又是个极其可憎的人。但不管怎样，他还是有值得赞扬的地方，那就是他从不装模作样想把自己装得好一点。

要了解儒勒·雷纳尔的生平并不难，除了他的日记，还有其他资料可查。他写过两部长篇小说，即《胡萝卜须》和《食客》；三个短剧，即《分手的乐趣》《家庭和睦》和《老顽固》；还有一个短篇小说集《情人》——所有这些作品，都是自传性的。儒勒·雷纳尔出生在法国中部涅夫勒省的一个乡村家庭，世代都是农民。他父亲有六个兄弟姐妹，都出生在同一间茅屋里。但不知何故，只有他父亲上过学，后来还做了承包政府项目的建筑商，并在修建维耶特河上的一座桥时赚了不少钱。但他骨子里是个农民，赚到钱后便在齐特里置田购房，告老还乡，每天钓钓鱼、打打猎，在自己的几亩地里耕种，直到老死。儒勒·雷纳尔是他的三个孩子中最小的一个，连母亲都讨厌他，因为他们有了两个孩子后就不想要了，他的出生纯属意外。儒勒·雷纳尔小时候长得很矮小、很难看，一头乱糟糟的红头发，从小就要做家务、干粗活。不过，他后来在小说《胡萝卜须》中讲述的一件事，却比他母亲毒打他更令人气愤。那时他年纪还小，和其他孩子一样时而会尿床。只是，他尿了床，第二天早上总要遭母亲毒打。有一次，有亲戚到他们家住宿，他和母亲睡一张床。那天夜里，他竭力忍住不要尿床，但结果还是没有忍住。第二天，他母亲罚他不准起床，在尿湿的床上躺一整天。到吃晚饭时，他母亲端来一碗汤，用勺子把汤一勺一勺喂进他嘴里。他的哥哥和姐姐在一边看，忍不住想笑。等母亲把汤喂完，他们哈哈大笑，大声嚷着："他喝下去了！他喝下去了！"他母亲对他说，这就是他昨天夜里尿在床上的尿。他听了，轻声说："我知道。"

这部小说中的那个勒皮克先生，就是他父亲。他对儿子不很凶，但对老婆虐待儿子听之任之。他整天闷头闷脑，虽和家人住在一起，却总是自顾自，很少和家人说话。有一次,"胡萝卜须"①想讨他欢喜,他却冷眼以对,致使儿子绝望地说了句伤心话:"我真的不想做孤儿。"儒勒·雷纳尔十岁时被送入涅伏斯寄宿学校,他父亲有时会来看他,平时就写写信。有一次,他父亲回信问他,为什么他写的信每一行开头的字母都是大写的,他回信说:"亲爱的老爸,你没看出那是我写的一首诗?"他的绰号叫"胡萝卜须"是因为他的红头发,并非因为他是个乖孩子。实际上,他既不像小勋爵②,也不像大卫·科波菲尔③,而是个令人厌恶的小坏蛋。他后来讲过他上学时的一件令人吃惊的事情:那时,学生宿舍有个管理员,每天晚上等孩子们上床后都要到宿舍里来巡视,而且每次都坐在某个孩子的床边和他说几句话,然后吻他一下,说声晚安,起身离开。"胡萝卜须"非常妒忌那个孩子,于是就把这件很平常的事情报告给校长,说那管理员对那个孩子不怀好意。结果,那个管理员被开除。真是可怜,此人被弄得名誉扫地,而当他临走时,"胡萝卜须"还要跑去问他:"谁叫你只吻他不吻我?"这行径卑鄙恶劣,但也隐含着他的内心创伤。

不过,他的成绩倒还不错,所以父亲在他十七岁时把他送到巴黎去读高中,每月给他一百五十法郎,相当于那时的六英镑。他找了一家便宜的小旅馆住下,直到一八八三年高中毕业。他开始找工作,但一时没有找到。在此之前,他已经写了不少东西,还曾在一家地方小报《涅夫勒日报》上发表过一篇没有稿费的文章。实际上,他写的那些东西足以编成一本书,他也确实找到过一个出版商愿意出版他写的那些东西,但不知何故,那个出版商后来没了踪迹,再也找不到了。于是,他只好去服兵役。服完兵役后,他回到巴黎,找工作谋生。他最后找到的工作是房地产中介,月薪一百法郎。那家房地产中介公司的老板莱昂先生和他的太太好像很器重他,不仅请他做他们的三个儿子的家庭教师,还给他加了薪水,只是加得并不多。关于儒勒·雷纳尔早年生活的这些情况,我是从亨利·巴希朗为儒勒·雷纳尔的全集撰写的序言中读到的。奇怪的是,亨利·巴希朗讲到这里便语焉不详,有意忽略了后来的一些情况。好在,我们可以从儒勒·雷纳尔的小说《情妇》和业已出版的《儒勒·雷纳尔

---

① 小说主人公的绰号。
② 小勋爵:19世纪与20世纪之际英国儿童文学作家伯内特夫人同名小说中的主人公,从容优雅,宽厚友爱。
③ 大卫·科波菲尔:狄更斯同名小说中的主人公,小时候就很懂事。

父子书信集》中了解到这位序言作者认为不便提及的那些情况。

莱昂老板和他的太太是有点文化的人，儒勒·雷纳尔不仅认识他们的一些朋友，偶尔还应邀去参加他们的聚会。那时他很年轻，身材高挑、红发亮丽，容貌虽一般，但颇有男性气质。有一次聚会之后，他送一位客人回家。那是个女演员，年纪比他大很多，但很有魅力，他在路上就向她求婚。那个女演员大吃一惊，才第一次见面，实在太突然了。但她听了他赤裸裸的表白并没有生气，而是对他说，她是某富人包养的情妇，生活很舒适，不想离开她的恩主。不过，她还是同意和他幽会，地点是儒勒·雷纳尔所住的旅馆，条件是他必须答应，绝对不到她的公寓去找她。就这样，两人开始偷情，两情相悦，而且持续了很长一段时间。在此期间，他那个演员情人不仅帮他出版了诗集，还介绍他到各种聚会上去朗诵他写的诗。他既年轻又彬彬有礼，还有他永远改不掉的外省口音，这些都使他引人注目，于是便有了点名气。然而，他毕竟年轻，一想到自己的女人要和别人分享，就闷闷不乐。有一次，他偶尔得知他的情敌（若能这样称呼的话）要到他的情人那里去，就偷偷守在她的寓所门口。他看到的是一个商人模样的人、一个上了年纪的矮胖子，走了进去。这深深刺痛了他，决定和那只"金丝雀"一刀两断，再也不接受她的资助和礼物，因为那都是另一个男人出的钱，这使他的自尊心大受伤害。于是，他写了一封措辞激烈的长信，准备寄给她。他在信中说，她必须在两个男人中间做出选择，因为他的自尊、他的人格不允许他再沉溺于这种可耻的关系。但是，就在他写信的那天下午，他的情人走进他的旅馆房间，而且像往日一样和他上了床。最终，那封信没有寄出去。他们继续偷情。

莱昂先生的三个孩子到了暑假就不用儒勒·雷纳尔为他们补课，有几个朋友邀请他到海滨去玩几个星期。那几个朋友姓甚名谁，亨利·巴希朗没有告诉我们，他也没有说明他们为什么邀请儒勒·雷纳尔。不过，儒勒·雷纳尔在给他父亲的信里说到了其中的原因。经营十八世纪旧式家具的商人莫努先生想写一本关于旧式家具的书，但又不会写，所以想找人代笔，然后署上自己的名字出版。也许是经莱昂先生的介绍，儒勒·雷纳尔接下了这笔"生意"。他不仅获得了丰厚的酬金，还和莫努夫妇及其女儿相处了一段时间，而就是这段时间里发生的事情，后来成了儒勒·雷纳尔写《食客》一书的素材。这部小说最近刚译成英文，改名为《寄生虫》，被不少英国作家称之为五十年来最好的法国小说。小说情节很简单，几句话就能讲完。主人公是个穷困潦倒的年轻诗人，偶尔结识了一对商人夫妇，后者邀请他到海滨度假，还有他们的一个侄女也一起去了。那侄女的父母均已亡故，她继承了一大笔遗产。那个年轻诗人一心想勾引女主人，后者虽对他也颇为心动，但一时还未能相就。与此同时，那个年轻人正在教他们的侄女学游泳，那个年轻的侄女很快就对他有了好感。这大好机会当然不能放过，他千方百计勾引她。接下来的事情，有点难以启口。反正，该发生的都发生了，说穿了也就那么回事：这一家的一老一小、一个婶婶和一个侄女，都上了他的床，弄得他手忙脚乱、尴尬之极。最后，他觉得还是走为上计，先回巴黎去了。他这一走，小说也就结束了。关于这部小说，儒勒·雷纳尔在日记中说，其中的故事内容是由他记忆中的人和事拼接而成的，而他是个放荡不羁的人，因此可以确认，这部小说写的不仅是真人真事，而且大部分和他本人有关。小说家写小说，大凡如此。

　　海滨度假结束后，儒勒·雷纳尔回到巴黎，开始写莫努先生委托他写的那本书。当时，他几乎身无分文。他在一八八四年一月给父亲的信中说："最近五天里，我连买张邮票也要考虑考虑，我一点没有夸张。去年十二月里特别艰难。"他和莫努一家回巴黎后交往频繁，每天晚上都一起用餐，他也没浪费时间，还做了别的事情。他在二月十八日给父亲的信中说："上次我无意中提到我可能会结婚，现在我已经向她求婚了。"可惜，他提到可能会结婚的那封信没有保存下来，所以读者会很吃惊，他如此窘迫的经济状况怎么可能结婚？然而，他的求婚竟然被接受了。他写信给父亲，要七百五十法郎买订婚戒指。五月底，儒勒·雷纳尔和莫努夫妇的女儿玛丽奈特举行婚礼，然后到巴弗洛去度蜜月。有人或许会觉得奇怪，一个富商家庭怎么会把自己的独生女嫁给一个没什么名气的穷作家。儒勒·雷纳尔唯一的收入是莱昂先生给他的一点薪水。他虽然为一些短命杂志写写文章，但都是没有稿费的。对此，我们很容易想到，很可能是新娘未婚先孕，已成定局，不得不嫁。然而，这说不通，因为他们的第一个孩子是在他们婚后一年出生的。那就只能说，莫努夫妇同意这门亲事乃是出于法国人的旧观念：商人的女儿嫁给一个文人是很有面子的。

　　可以想象，在结婚之前，儒勒·雷纳尔应该已告别了他那个曾在好几个月里和他享尽床笫之乐的演员情人。他在九年后写了一个名为《分手的乐趣》的独幕剧，全剧是一个年轻人和他的年长情人之间的对话。那个年轻人第二天就

要和一个富家小姐结婚，他那个年长情人为将来，也准备找个有钱人嫁了。但他们爱得那么深，那个年轻人看着他那依然楚楚动人的年长情人，想到这是最后一面，不由得无法自制，激动地对她说，只要她说个不字，他就抛开未婚妻，永远和她在一起。那个女人头脑清醒，她知道，偷情之乐固然诱人，但终究不会长久。就这样，他们分了手。这个独幕剧很短，但很感人，演出很成功。首演那天，儒勒·雷纳尔在日记里自问，他那个年长情人布兰吉看了此剧，不知会作何感想。

蜜月结束后，雷纳尔夫妇回到齐特里，和儒勒·雷纳尔的父母同住。儒勒·雷纳尔的母亲很不喜欢玛丽奈特，对儿子娶这样一个"娇小姐"不是嘲讽就是挖苦，尽可能不让这个儿媳妇有好日子过。然而，大概是出于经济原因，他们还是住在一起。直到第一个孩子（儿子）出生，这对雷纳尔夫妇才移居巴黎，在一所公寓里安了家。对此，儒勒·雷纳尔在日记里自嘲道："M 先生（即莫努先生，他的岳父）是不是太幸运、太精明了，所以他这个商人才会把他的宝贝女儿嫁给我这个穷文人？"后来几年里，玛丽奈特生了一个女儿，儒勒·雷纳尔写了很多新闻稿，但报酬极少。我们只能猜测，他那个"太幸运、太精明"的商人岳父在不断资助他们。不过，也不一定，因为上面所引的日记是他最后一次提到他岳父，所以很可能，后来那几年里，那老头已经过世了。一八八八年，儒勒·雷纳尔的第一本书《乡间罪行》出版，这是他早先写的几个短篇小说的合集。他对妻子玛丽奈特是真心相爱的，他在日记里说到别人极少有好话，但每次说到妻子，总是情意绵绵："玛丽奈特一出现，你脚下的大地也好像变得不那么硬邦邦了。"文人作家一旦出了名，往往会移情别恋，儒勒·雷纳尔则不然，他对妻子确实是一心一意的。众所周知，《法国信使》是当时最杰出的先锋杂志，儒勒·雷纳尔不仅是该杂志的创始人之一，还定期为该杂志撰稿。他在一八九二年出版了《食客》之后，又于一八九五年出版《胡萝卜须》。这两本书使他名声大振，成了极富创意的天才作家，尤其是他那种机敏的个人风格，很受评论家推崇。文学界同行也对《食客》予以好评，只是，普通读者不太认可他那种愤世嫉俗的幽默。《胡萝卜须》可说大获成功，所有人都为这部既沉痛又诙谐的小说叫好。后来，儒勒·雷纳尔自己把这两部小说改编成剧本。《食客》搬上舞台时改名为《弗奈特先生》，演出效果令人失望。不过，《胡萝卜须》的演出极为成功，后来又多次重演。

一八九五年，儒勒·雷纳尔的生活状况有了很大改善，这也许是因为玛丽奈特从父亲那里继承了一大笔遗产。他们在离他的家乡齐特里不远的索蒙租了一幢房子，后来又买了一幢周围有一大片空地的房子，在那里养鸡、养鸭、养鹅、养马、养驴、养羊、养猪。他们还养了一头奶牛和一头黄牛。他们雇用一个叫菲利普的农夫饲养牲畜，雇用菲利普的妻子拉戈特做家务，帮太太玛丽奈特照顾孩子和洗菜做饭。从那时起，每年五月到十月，儒勒·雷纳尔总带着妻儿住在索蒙，到了冬季才举家回巴黎。没有什么地方比在乡间更使他舒心了，就如他在文学界的仇人所说，他骨子里是个农民，因为他祖上世代都是农民。他在文学界有许多仇人，他也喜欢与人为仇，喜欢相互恶毒对骂，觉得其乐无穷。那些仇视他的人承认他有才能，但对他那种粗鲁而傲慢的态度恨之入骨。他在乡间和父亲一起打打猎、钓钓鱼，消遣消遣，他和农夫在一起时感觉特别轻松，而在巴黎，就是和朋友在一起，他也不会有这种感觉。

一八九七年，他父亲病重。几星期后，他给特里斯坦·伯纳德写了这样一封短信："亲爱的朋友：昨天，我父亲觉得康复无望，开枪自杀了，一枪打中心脏。我想告诉你，我对他自己选择死亡感到欣慰和敬仰。你伤心的朋友。"他还告诉另一个熟人说，他父亲死得明智、死得勇敢，很有男子汉气概。在给另一个熟人的信中，他写道："我希望在人生最严峻的一刻，我也能像我父亲一样头脑清醒、灵魂不灭。"

他父亲死后，他母亲仍住在齐特里，而且还是那副老样子，严厉、刻毒、偏执。不知她有没有读过《胡萝卜须》，如果读过，不知她对儿子在书中所描绘的她会有什么想法。实际上，她对儒勒·雷纳尔的文学成就大不以为然，她为儿子感到高兴的是，他后来参与当地政治事务，不仅当选为市政厅议员，还当选为市长，当地民众一改对他的冷漠态度，把他视为了不起的大人物。她也没有活到高寿，在她丈夫去世后两年，儒勒·雷纳尔给一个朋友写了这样一封短信："亲爱的朋友：很高兴收到你的来信，我正要写信告诉你，我母亲不慎跌入水井，溺水身亡。我想这纯属意外，太突然了。玛丽奈特和孩子们都好。拥抱你，再谈。"

他真的相信他母亲的死纯属意外？不过，这无关紧要。他料理完母亲的丧事后，决定把索蒙的那幢房子卖掉，全家搬到齐特里的老房子里去住。齐特里虽不是他的出生地，但他一直把它视为故乡。

他在写给演员兼剧院经理安托万的信中说："感谢你在我母亲去世之际写信关心和安慰我。你想象得到，我总觉得这事情太奇怪、太荒诞，所以我这两个星期来一直心烦意乱，一时也说不清，下次再谈。我把家里的老房子稍稍整修了一下，我理应在那里度过我的余生。你喜欢的《老顽固》有的剧院还在上演。"《老顽固》是他写的一个剧本，剧情是一个原本平静和睦的家庭因为母亲要讨好一个乡村牧师而被弄得鸡犬不宁。毫无疑问，剧中的母亲就是他母亲的写照——不过，是有点恶意夸张的。这个剧本在他母亲去世后几个月上演，评论界反应很好，他以为会持续上演，但观众不喜欢，演了没几场就停演了。

后来，由于他的一个独幕剧上演大获成功，他认识了不少戏剧界的名人，譬如剧作家特里斯坦·伯纳德和卡普、演员卢西安·吉特里。但是，他其实只有两个朋友——埃德蒙·罗斯丹①夫妇。埃德蒙·罗斯丹曾为他游说十八个月争取"荣誉勋章"。有意思的是，当他得到这个勋章时，他这个苛刻挑剔、难以相处的人竟然会像孩子一样欢天喜地。他在日记里写道，他到杂货店去买香烟时也要解开大衣纽扣，好让杂货店老板看到勋章上的红缎带。他是不会交朋友的人，就是交了朋友，也维持不了多久。他自己也知道，他不应该交朋友，因为交了朋友也肯定会闹翻。埃德蒙·罗斯丹当时赫赫有名，备受关注。儒勒·雷纳尔则认为埃德蒙·罗斯丹徒有虚名，肯定不会比他好。他在日记中刚写到埃德蒙·罗斯丹时说："唯有他，是我虽然讨厌但仍尊重的人。"但不久，他就写道："完了，我们的友谊完了。""友情不再，真是令人悲哀。"他和埃德蒙·罗斯丹闹翻了，毫无疑问，有错的是他。他写了一个名为《家庭和睦》的独幕剧，剧情是一对夫妇和另一对夫妇一起在乡间度假，主人公皮埃尔对同伴年轻漂亮的妻子很着迷，而且很自信，只要他去勾引她，她肯定会上钩，于是他就开诚布公地和她谈了：他对那个年轻漂亮的女人说，他和他妻子的婚姻很幸福，他一点也不想让妻子感到痛苦；那个年轻漂亮的女人说她有同感，也不想让丈夫感到痛苦，于是他们一致同意，他们之间最好不要有什么婚外情，那实在不值得。这个独幕剧很有趣，如果你觉得这里有什么讽刺意味的话，也许它讽刺的就是装模作样的假正经。

当时，埃德蒙·罗斯丹夫妇就住在儒勒·雷纳尔在索蒙的那幢房子里。埃

---

① 埃德蒙·罗斯丹：比儒勒·雷纳尔小 4 岁、比毛姆大 6 岁的法国剧作家。

德蒙·罗斯丹并不傻，一读到儒勒·雷纳尔的这个独幕剧就意识到，剧中讲的是他和他妻子的事情。他妻子曾对他不忠，这是事实，但看到剧中的两个人竟然在公开讨论婚外情是否正当，感觉当然很不好。再说，他觉得儒勒·雷纳尔写这个独幕剧本身就是很不友善的行为。因为他帮过儒勒·雷纳尔那么多忙，而儒勒·雷纳尔居然在想他的妻子是不是很容易勾引。更为严重的是，这个独幕剧首演时，儒勒·雷纳尔邀请埃德蒙·罗斯丹出席，却愚蠢地没有邀请罗斯丹夫人。这一下，埃德蒙·罗斯丹的疑心得到了证实。他拒绝儒勒·雷纳尔的邀请，说他的独幕剧是"恶意伤人"。儒勒·雷纳尔对天发誓，说他不是这个意思。但埃德蒙·罗斯丹知道他在说谎。因为他知道，儒勒·雷纳尔没有想象力，他在作品中写的通常都是真人真事。事情到了这个地步，儒勒·雷纳尔所能做的就是在日记中写道："罗斯丹自以为是精英，其实是个大俗人。"

除了卡普和特里斯坦·伯纳德，其他剧作家他一概看不起。不过，如果有人把作品寄给他，他又会热情洋溢地回信予以称赞。他说，搞创作的人都很敏感，对他们写的东西还是多加表扬为好。有意思的是，他对评论家也这么认为："对评论家要宽容一点，他们一辈子都在谈论别人，却很少有人来谈论他们。"

一九〇八年，儒勒·雷纳尔的小说《拉戈特》出版。这部小说部分采用舞台剧形式（即像剧本那样，把对话者的名字放在对话前面）；部分采用小说的叙述形式。小说讲述的是他们家的女仆拉戈特和她丈夫菲利普以及几个孩子的故事：拉戈特十二岁就开始做女仆，后来她的女儿出嫁了，她的大儿子保罗总是和她吵架，她的小儿子约瑟夫由儒勒·雷纳尔夫妇带到巴黎，并帮他找了份工作，但他后来病了，送到医院后没几天就死了。没想到，因为这部小说，儒勒·雷纳尔和他多年来一直为其撰稿的《法国信使》杂志终止了关系。多数评论家对这部小说给予好评，说它满怀同情地写了尼瓦内地区的穷人生活，写得引人入胜，等等。《法国信使》杂志上登载的评论是由杂志创始人兼总编瓦莱特的夫人、小有名气的作家拉希尔德写的。据说，就是她这篇写得阴阳怪气的评论，使得儒勒·雷纳尔大为恼火，觉得自己作为该杂志的撰稿人，又是股东和编辑，不该受到这样的评论。于是，他提出辞呈，要辞去编辑职务，但几天后又撤回了辞呈。也许，他是想等一等，看看有没有人来补救，为他写一篇实事求是的评论。但他的希望落空了。于是，他再次提出辞呈，同时卖掉了杂志的股份。杂志总编阿尔弗雷德·瓦莱特对此当然无话可说，因为他一直认为杂志的撰稿人有绝对自由，任何话都可以说，就是因此而引起轩然大波，他觉得也未必不是好事。也许，正因为如此，他才成就了该杂志的辉煌。我为了写此文，不无好奇地找来了那一期《法国信使》，想看看拉希尔德到底写了什么，竟然使儒勒·雷纳尔那么大动肝火。其实，她到文章最后才对小说做出评论，总共只有八行，前面都是对小说的介绍，而且就是这八行字的评论，也不是对小说的直接批评或者称赞；也就是说，她并没有对小说直接做出评价。然而，她说的话却比任何严厉的批评更让人难以接受。她说儒勒·雷纳尔现在身为齐特里市长，又是龚古尔学院的院士，他随便写点什么东西，都会被人大肆赞扬；譬如，她还补充说，她最近就读到一篇吹捧他的文章，写得几近荒唐。对此，我们只能猜想，大概是儒勒·雷纳尔太容易得罪人，不知何处得罪了拉希尔德，她想乘此机会报复他一下。

　　《拉戈特》是儒勒·雷纳尔的最后一部小说。他曾自问："难道我真的有欠于我的家人？难道我真的不知好歹！要知道，是他们为我提供了那些现存的素材。"然而，时到如今，他已经把他所能用的素材全都用过了，已经没有什么东西可写。这对于一个职业作家来说是很不幸的。于是，他只能写写日记了："我习惯把我遇到的事情写下来。我有什么想法，不管多么邪恶的想法，我也会写下来。当然，我在日记里写的不只是我一个人的事情。"

　　其实，他之所以要把他的想法写下来，就是因为他的想法很邪恶，或者很刻薄。譬如："自己觉得幸福还不够，还要看到别人很不幸，那才是真正的幸福。""总想叫别人倒霉，要克制这样的想法需要很大毅力！""有人告诉我说，有个女人总是说我的坏话。我回答说：'我不知道她为什么要这样。不过，我也从来没说过她的好话。'"

　　他生来有点怯弱，而且终身未改，正因为这样，当有人恭维他时，他从来不会报之以恭维。他曾说，宁愿别人对他粗鲁无礼，也不愿别人一眼把他看穿。他早年曾在日记中写道，他写日记不像龚古尔兄弟那样幼稚地只是把话说出来，而是要培养自己的个性，使自己更加完美。他还写道："天堂本不存在，但人们应该相信天堂的存在。"这话说得令人颇感意外。他觉得写日记使他"殚精竭虑"却不是文学创作，但不管怎样，他相信写日记是人生的一件最有意义的大事。也许他是对的，我不知道还有哪个作家像他这样在日记里作了这么真实的自我写照，也许只有佩皮斯，但佩皮斯并没有他那种意图。他对别人心存妒忌，还为妒忌辩护："妒忌固然并不高尚，但虚伪也不高尚，我不知道用虚伪来代替妒忌会有什么好处。"朋友写的书，除非是他佩服的朋友写的，否则他是不会读的："看到别人成功，我总是心烦意乱。不过，如果他的成功是应该的，我感觉会好一点。"他甚至妒忌自己的妻子，还差点对她发火，因为他觉得他妻子和他这么个坏男人在一起竟然还觉得幸福，简直难以容忍。就是到了婚后十七年，他还是不承认妻子玛丽奈特的奉献是无私的。他在日记里问道："女人，你到底为什么要爱他？"并替她回答："因为他需要我。"而关于他自己，他在另一处写道："我既不怀念过去，也不指望未来。我是幸福的，因为我抛弃了幸福的念头。"下面这句话，也许是他日记中最残忍的一句话："没有苦难的人生是不可忍受的。"还有下面这段话，读之令人痛心。一天晚上，他和仆人菲利普一起打猎回来，菲利普怯生生地问他，可不可以给他儿子保罗加点工资（他儿子保罗当时也在儒勒·雷纳尔家里做仆人）。他听了非常生气，不仅把菲利普的妻子拉戈特叫来，还把他儿子保罗也叫了过来："我忍着怒火告诉菲利普，他伤害了我，我不再信任他，他造成了我们之间的隔阂。然后，我叫保罗到别处去找事做吧。他们一家都很沮丧，晚饭只喝了一点汤，一夜没睡。拉戈特第二天还眼泪汪汪。"拉戈特到玛丽奈特那里去苦苦哀求，希望她原谅他们一家。儒勒·雷纳尔在日记里写道："这是我第二次看见拉戈特哭，出于怜悯，出于自我中心（我只能这样，只能这样），我被打动了。她说：'我们觉得很丢脸。'菲利普一整天都在剥豌豆，既害怕又伤心。这个老仆人好像头发也白了许多，后悔自己说了不该说的话。这事谁都知道是要补救一下的——但做主人的必须维护尊严，如果因此而带来痛苦，那就更加令人满意。"

读到这里，读者若觉得儒勒·雷纳尔这个人很可恶，那当然没错。这一点，其实没有人比他自己更清楚。但是，人从来都不是简单的，否则小说家也太容易做了——小说也会太乏味了。人的奇妙之处就在于，一个人身上往往会同时具有好几种极不一致、极不协调的品质；一个人似乎就是一个自相矛盾的集合体。你弄不明白这些相互矛盾的品质是如何共存的，更弄不明白它们怎么会相互融合而构成一个人的个性。像儒勒·雷纳尔这样的人，既自私又暴躁，但同时，又是既仁慈又温柔。他只要和玛丽奈特一分开，就每天都要写信给她，而且开头总会说"我亲爱的，最亲爱的"，最后总会说"亲爱的，我们马上就会相见。你知道，我心里只有你，没有你，我一无所有"。他们有两个孩子，儿子叫范特克，女儿叫波伊尔，他都很喜欢。有一次，他到布鲁日去服短期兵役，一到驻地就给玛丽奈特写信。信中说："我很高兴，道别时你做的那个鬼脸真的很可爱。我走之后你大概哭了吧，可分别的一刻你还是对我微笑。可怜的爱人！我当时也装得若无其事，儿子也是，他在沙地里玩，好像很开心，一点也没什么，还问我：'老爸，你是去科比尼吗？'我说：'不是，是去布鲁日。'他说：'好吧，再见。'说着，就要往沙子里钻。我吻了吻他，他也好像不当回事。我真心爱他，我脸上还有你和女儿的吻。"

两个孩子渐渐长大，波伊尔还在家里，范特克外出求学去了。儒勒·雷纳尔写给儿子的信很有意思，不像父亲写的，倒像是朋友间的通信。他儿子想得奖而没有得到，他写信安慰他。他儿子把作文寄给他看，他写信称赞说："很高兴看到你的作文，写得简洁有力、言之有物，遣字造句也不错。你能自如地表达你心中所想，这真是难能可贵！要是仅仅追求文风华丽，就不会有这种效果。"看到他对妻子玛丽奈特和两个孩子爱得那么真挚，我们也就原谅了他对别人的妒忌和无礼，因为那是他不幸的童年和早年的艰辛生活造成的，致使他有一种近乎病态的阴暗心理，从而扭曲了他的人格，扭曲了他的情感世界。

关于儒勒·雷纳尔，我还有一点补充。一九〇七年，他当选为龚古尔学院的院士，每年有四千法郎津贴，虽然比龚古尔兄弟当年预想的要少，但仍对他大有帮助，因为他为报刊撰文所得实在有限。当时的作家要想过得好一点，唯有写剧本才有可能。儒勒·雷纳尔虽然也写过独幕剧，也赚到过一点钱，但他不会写剧院经理们通常要的三幕剧。他大概是通过莱昂·布鲁姆（也是个文人）认识了那个后来在一九一四年遭人暗杀的让·饶勒斯①，而且受让·饶勒斯的影响，成了一名社会主义者。但他对自己一向悲观，曾在日记里写道："如果我能写三幕剧，我还会成为社会主义者吗？"

那时他并不经常写作，而是忙于其他事务。作为市长，他要尽心尽力履行职责，要到各部门去演讲，还要出席各种各样的宴会。他在欧底昂的一次演讲，还非常出名。此外，他还喜欢打猎，直到有一天他射杀了一只鸟，这才兴致全无。那天他去打猎，看见一只云雀在空中飞，就随便开了一枪。他并不想

---

① 让·饶勒斯：比儒勒·雷纳尔大6岁的法国社会活动家。

射杀那只云雀,只是想看看它会怎样。没想到,那只云雀直落下来,重重摔在地上,奄奄一息,唯有喙还在一张一合。那天他在日记里写道:"云雀啊,愿你化为我最沉痛的哀思和最真挚的悲悯。你无故而死,我就此撕掉持枪证,高挂猎枪,永不再碰。"

我在前文中只是提到儒勒·雷纳尔有一个哥哥和一个姐姐,没有多讲,因为他们和儒勒·雷纳尔完全是两种人,生活境况也完全不同,但儒勒·雷纳尔一直对他们很好,必要时还会为他们出主意,出钱资助他们。一九〇九年底,他写信给他姐姐说,他近来身体欠佳,"玛丽奈特的身体不太好,我也是,但我们会照顾好自己的"。第二年初,他告诉她说,医生说他动脉硬化,很危险——"哦,近来我颅内出血,三十多年来第一次,身体虚弱,半身瘫痪。"三月,大概是为了不让姐姐焦急,他写信说他没事:"这神秘的'动脉硬化'虽叫我有点不安,时时提防,不过眼前并没有多大危险,我准备和它共存。或许,人有点小病,生活才算完整,头脑才会清醒。"一九一〇年四月六日,他写信给戏院经理兼演员卢格内·博伊说,他想让《胡萝卜须》入选法兰西剧院的保留剧目。第二天,他就去世了,年仅四十六岁。想到他一生郁郁寡欢,我总觉得他的不幸在于他既有文字功力,人又绝顶聪明,但却没有足够的想象力,故而他的创作终究有限。如果他一行字也没有写过,反倒会活得很舒畅。

四

下面我要讲的是三个勤写日记的人中的最后一个——保罗·莱奥托。他是三人中寿命最长、名声最差、脾气最坏的一个。但在我看来,他也是三人中最有意思的一个。他的作品并不多,只有两部篇幅不长的自传体小说、两本戏剧评论集和几篇大多刊登在《法国信使》杂志上的文章。但我觉得他不仅才华出众,而且个性独特。他的个性说来既令人惊讶,又令人佩服。他是个人主义者,却从不盛气凌人;他喜欢女人,却从无浪漫情思;他愤世嫉俗,却又悲天悯人;他总是缺钱,却又不爱钱财;他待人苛刻,却对动物温情有加。他从来我行我素,从来不管别人怎样看他。他能说会道,还常常出口伤人。他从不装腔作势,但别人对他装腔作势,他总是一笑了之。所有这些加在一起,就是保罗·莱奥托,一个怪诞之人,下面我就要尽力还原他的一生。我用的资料是前

面提到的两部自传体小说，即《小朋友》和《纪念》，还有他从一八九三到一九二四年的四卷本日记，以及他从一九五〇年十一月到一九五一年七月在广播电台和作家罗贝尔·马莱一起主持的谈话节目。这些资料都很翔实，也很有趣，可以使我们重新认识这个不寻常的人，从而使这个活到八十四岁的老人在默默无闻多年后最终为世人所知晓。不过，与其说使他出名，不如说使他出丑。

保罗·莱奥托生于一八七二年，他父亲费蒙·莱奥托是下阿尔卑斯省①的一个农民的儿子，二十岁到巴黎，在珠宝匠和钟表匠叔叔开在蒙马特高地②的店铺里当学徒。叔叔死后，他考入艺术学院，毕业后做了演员，但由于演技太差，几年后不得不改行在法兰西剧院做提词员③，而且做了三十年之久。除了提词，他还指导年轻演员念台词和发音。他相貌英俊，只要色眯眯地看一眼哪个女人，那个女人就会神魂颠倒。那时，他和一个叫范妮的女演员同居，住在蒙马特高地。一天，范妮十七岁的妹妹珍妮来看望他们，不觉天色已晚，她们的父母家又在蒙帕纳斯，他们不放心让她一个人回家，便要她留下来过夜。他们只有一张床，三人同睡，他还睡在当中。接下来的事情我真不知道怎么说比较文雅：他和范妮一番折腾之后，又趴在她妹妹身上。第二天，珍妮回家，父母斥责她行为不端，在外面过夜，便把她赶出家门。她无处可去，只好再到姐姐那里住下。几天后，范妮气冲冲地走了，珍妮留了下来。这之后，费蒙·莱奥托便和珍妮同居，还生了一个孩子。这个孩子，就是保罗·莱奥托。因为父母要随剧团外出，他生下来就由别人抚养，直到两岁多才回到父亲身边——那时，他母亲珍妮已和他父亲费蒙·莱奥托分手。他父亲雇了一个叫玛丽的保姆来照料他。所以，他从小把玛丽当作母亲，晚上也和玛丽一起睡，因为他一个人睡不好，而且不是睡在父亲在英烈街的公寓里，因为他父亲几乎每天晚上都要带女人回来。他五岁时，母亲珍妮要到柏林去演出，也可能是去和情人相会，临行前和她母亲弗雷斯蒂太太（也就是他的外祖母）一起到玛丽住的阁楼上来看他。他正发着烧，昏昏沉沉地躺在床上，背对着前来看他的两个女人。要不是玛丽催他向她们问好，他都不想理睬她们，而他母亲说的一句话，他又一

---

① 下阿尔卑斯省：即今上普罗旺斯阿尔卑斯省，位于法国东南部。
② 蒙马特高地：巴黎一区域名。
③ 提词员：即在演出时暗中提示演员如何念台词的人，系导演助理。

辈子忘不了。她说:"天哪,这孩子真叫人讨厌!"两个女人坐了五分钟就走了。三年后,他第二次见到母亲。这一次,是他母亲到英烈街的公寓里来,他被带去见她。他很害羞,看都不敢看她,胆怯地叫她"夫人"。他母亲说,明天把他送到她那里去住一天,晚上再把他送到他父亲演出后常去的小酒馆,让他父亲接回来。第二天,他走进母亲的房间时,她正躺在床上。她见他进来,坐了起来,头发披散,双臂赤裸,睡衣滑落,乳房也露了出来。她把他抱在怀里,不停地吻他。她很美、很温柔,也很壮实。等她穿戴完毕,她便带着他一起出门,去和他父亲一起用午餐。这之后,一家三口又乘出租车去了动物园,他还在那里骑了小马。然后,他们到王宫附近的一家餐馆用晚餐。餐后,他母亲带他到夏特勒广场剧院去看戏。看到戏快演完时,他们就出来了,到女神游乐厅去玩。那里在开舞会,他母亲遇到好几个朋友,他却一个也不认识。他们和他母亲打招呼就像见了好久不见的姐妹,他母亲每见到一个总要指着他说"这是我儿子",对方总会说:"哦,是你儿子啊,真可爱!"舞会结束后,他母亲带着他和他们一起到附近的一家小餐馆去吃宵夜。然后,他母亲把他带到了那个小酒馆,他父亲已在那里等着他们。他母亲吻了吻他,就走了。这一走,又要过两三年,他才再和她见过一次,而且只有半个小时。那之后,整整二十年,他母亲音信全无。他只听说,她结婚了。就这样,那年他在母亲身边度过的那一天,成了他永久的记忆。

保罗·莱奥托八岁时,他父亲勾搭上一个住在他们家附近的女孩,叫露易丝,才十五岁,而他父亲已经四十八岁了。有几个晚上,他父亲还让他和他们一起睡。这使玛丽愤怒极了,对他父亲说,你这是在害你的儿子。他父亲大发雷霆,把玛丽赶走了。此后,他一人孤苦伶仃。他父亲后来干脆和那个女孩同居,把他赶到一个小房间里去住。他之前和玛丽在一起总是很温馨,现在和父亲的小情人朝夕相处,真是难受至极。有一次,他朝她扔墨水瓶,被父亲毒打一顿。他父亲一如既往,粗暴、冷酷、放荡,每天晚上都把他锁在那个小房间里,任凭他在黑暗中害怕得瑟瑟发抖,伤心得泪流满面。

这样过了一两年,他父亲决定住到郊外去,便在库伯瓦①买了房子。他就在当地上学。他十五岁到巴黎谋生,每月只赚二十五法郎,而他父亲却觉得他

---

① 库伯瓦:巴黎西北一郊区。

可以自立了。后来几年的情况，我讲得简单一点。他去服兵役，但因为近视眼，七个月后被开除。他在一个手套批发商那里找到一份工作，业余时间写写诗。不久，他辞职，到一家律师事务所去做三等文员。这工作他好像很喜欢，做了十年。后来，他进了雷马克的遗产信托公司，而且显然很胜任这种工作，常常受雷马克的重托去处理一些棘手的事务。譬如，有个富翁死了，不仅留下房产，还留下两百万法郎和八万英镑的遗产，但又留下数不尽的债务。雷马克要求他在处理此类遗产时要尽可能为死者的遗孀多争取一点遗产。他处理得很好（当然，也有点不择手段），顾主很满意，所以他每次打发掉债主后总能得到顾主的一笔酬金。

有一段时间，他每天下班都要到女神游乐厅附近的牛奶店去转转，因为那里常有一些妓女来吃晚饭，饭后还会在那里梳洗打扮，然后到咖啡馆和剧院去招揽客人。他很快就和那些妓女混熟了。她们不仅会问他这顶新帽子或者这条新裙子好看不好看，还会把她们收到的家信给他看，甚至让他帮她们写回信。有时，他还陪她们一起到咖啡馆去，她们知道他没钱，会送他一些香烟或者巧克力。有时，某个妓女到了深夜还没有招揽到客人，会免费和他一起过夜。有时，他在某个妓女那里过夜，只不过是在她床上睡了一觉。有时，某个妓女会请他下午到她那里聊天，和他聊聊她的童年，他也会讲起他的母亲。他说，这样的朋友使他受益良多。也许，他说得没错。

他后来和老板雷马克闹翻，被赶出了公司。那时他已年近三十岁，却失了业，身边除了那笔离职补偿金，一无所有。他和一个小文人——他的老同学凡毕夫——合租房子，两人都穷得心里发慌。他父亲一毛不拔，倒是他的姨妈范妮喜欢他，有一段时间常来看他，给他一点钱和一些廉价的衣服。这虽然帮不上什么大忙，他还是感激不尽。他一直在写诗，很想出一本诗集。后来，凡毕夫做了卢格内·波伊①的秘书，他便问凡毕夫，能不能请卢格内·波依写一封推荐信，把他引荐给《法国信使》的主编阿尔弗雷德·瓦莱特。不过，当他拿着卢格内·波依的推荐信去见阿尔弗雷德·瓦莱特时，这位主编却对他说："到我这儿来不用推荐信，只要把你写的诗拿给我看就可以了。"几个星期后，他看到自己的几首诗被印了出来。

---

① 卢格内·波伊：法国著名演员、导演。

阿尔弗雷德·瓦莱特对他印象很好,觉得他很会说话,说出来的话虽然有点难听,但不乏机敏。确实,他总是妙语连珠,虽有点刻薄,但很有趣。他后来还出版过一本薄薄的书,名为《一天》,是他的格言警句集。有的评论家说,这本书里俏皮话太多,他反驳说,大多数人都很沉闷,听听他俏皮话也没什么不好。阿尔弗雷德·瓦莱特不仅喜欢和他交谈,还鼓励他写散文。所以,后来的三四年里,他写了一些散文刊登在那本杂志上。那些散文大多是用当时流行的那种风格写的,但他不久便放弃那种风格,写得更为简洁,更为有趣。他定期为《法国信使》撰写书评,还和凡毕夫合编了一套当代诗选,出版后很受读者欢迎。在这期间,他还谈过两三次恋爱(如果轻佻的风流韵事也能称作恋爱的话)。不过,这种事情没多大意思,我不想谈,他自己也曾说"恋爱对我来说没什么意思"。到了二十世纪初,凡毕夫结了婚,他却宁愿和一个叫布朗琪的年轻女人同居,住在一个小公寓里。他喜欢那个女人,因为她从不过问他的事,从不打扰他写作。当时,因为阿尔弗雷德·瓦莱特的建议,他正在写一部小说,名为《小朋友》,大体上就是他对早年生活的回忆。但是,当他写到那些和他交往过的妓女时,特别是当他动情地写完一个名叫拉佩罗琪的妓女惨死后,他却写不下去了,而就在这时,发生了一件事,一件他后来说是天打雷劈的事。一天,他收到外祖母弗雷斯蒂太太发来的一封电报,说他的姨妈范妮病重,叫他速去,或许还能见上一面。他外祖母和他姨妈已在加莱定居多年,姨妈一直在当地一个剧团里做演员。他想到他母亲珍妮一定会去,而他已有二十年没见过母亲,想到二十年前他和她一起度过的那一天,想到那时母亲那么年轻漂亮,再想到她如今不知怎么样了,想到她可能变成了一个干瘪老太婆,他都有点不想去了。不过,他最后还是去了。到了加莱,他过去仅见过五分钟的外祖母一见到他就说起他母亲。他虽然知道母亲后来结了婚,但听外祖母说才知道,她和丈夫一起住在日内瓦,有两个孩子,丈夫是有点地位的人,是她当初随剧团到日内瓦演出时认识的,后来相恋了很长时间,一直等她生了一个儿子和一个女儿后,他们才结婚。他外祖母还告诉他,他母亲从来不提起他这个儿子,他说为什么事先不和他说一声,现在她要是来了,看见他在这里,不是很尴尬吗?他外祖母说,不会的,她认不出他。

他此时三十岁,个子虽不高,棕色的络腮胡子和八字胡子却很浓密,还戴了一副金丝边眼镜。他衣着一直很整洁,亚麻布裤子洗得很干净,但有点旧了，他外祖母给他十法郎，要他去买条新的。下午一点半，他母亲来了。那时他正把前来探望姨妈的客人送到门口，听见楼梯上有脚步声。他朝楼梯一看，只见一个身穿黑色长裙、手提一只小箱子的女人在上楼。他一眼就认出来了，随即回去告诉外祖母说他母亲来了，说完就走进了一个小房间。他母亲进来了，吻过他外祖母后，她脱下帽子和外套去看姐姐。这之后，她说她还没吃午饭，就朝厨房走。到厨房要经过那个小房间，他就坐在里面。他母亲看见他，欠身问候："您好，先生。"他回答说："您好，夫人。"他外祖母跟着他母亲进了厨房。他听见他母亲在问，那位先生是谁。他不想听到外祖母的回答，故意在房间里弄出一些声响。过后，他外祖母对他说："我没有告诉她你是谁，怕她会尴尬，我说你是巴黎来的一个朋友，是来帮忙的。"他不相信，他觉得他母亲肯定一眼就认出了他，只是装作不认识罢了。后来，等他母亲回日内瓦后，他外祖母才对他说出实情。当时他母亲在厨房里问："那是谁？"他外祖母说："是保罗。"她说："保罗是谁？"他外祖母说："啊，是你儿子啊。"

不管怎样，当时他母亲从厨房里出来后，就过来坐在他和他外祖母旁边一起说话。她们两个说到她的两个孩子，她说她很喜欢那两个孩子，等等。随后，他外祖母对他说，因为这位夫人来了，要住在他住的房间里，他只能住到附近的旅馆里去了。他母亲还对他说："真是很抱歉，先生，要麻烦您了。"他回答说："没什么，夫人，不必客气。"

后来，他们终于打破了尴尬的沉闷。他母亲趁他外祖母有点事走开，问他巴黎有什么新闻，还说到法兰西剧院，说到那里她从前认识的人。她说到什么，他都对答如流——我说过，他很有口才——她听得津津有味。

晚饭后，他和他母亲坐在范妮姨妈的房间里。沉默了一会儿，她开口说："听着，保罗，我知道你是谁。"然后，她低声说起她早年的经历，说起十五六岁时的初恋，说起她现在的丈夫和他们的孩子。她还解释了为什么这么多年不和他联系的原因。她说她其实时常询问他范妮姨妈和他外祖母，打听他的情况，但她们都说不知道。她说两三年前，她在《法国信使》杂志上看到他发表的文章，她很想和他联系，但又不知道他住在哪里。她说一九〇〇年，她和丈夫带着孩子去看巴黎世博会，那时要是知道他的住址，她肯定会去看他。他知道她在说谎，因为只要写信去问《法国信使》杂志社，她就能打听到他的住址。不过，他什么也没说，等她说完，送她回房间。她吻了他。在他眼里，她仍然那么年轻，那么漂亮。他一把抱住她，亲吻她的脖子，亲吻她的眼睛和她的胸脯，一边说："这不要紧吧？""要紧什么？""我也不知道，只是我吻你的时候好像并不觉得你是我母亲。"这时，她掀开了床罩。他对她说："我到客厅去，等你上了床，我再到你床前来坐坐。"但她说不用了。他说了几次，她都这么说。于是，他径直去了旅馆。等他第二天早上过来，得知范妮姨妈已经去世了。

他有许多事情要做，但那天下午和晚上他还是一直陪着他母亲说话，而他母亲总是问他关于恋爱的事情。他们单独在一起时，她总是搂着他的脖子对他说："快吻我，不要让别人看见我们在偷偷接吻，要不然他们会怎么说？"她还会说："你看，我们像恋人一样，要是在十年前，那会怎样？"他心里想，要是他像亲吻情人一样亲吻她，不知会是什么感觉——她是他母亲，但她毕竟是女人。对她来说也一样，他只是个男人，而且是个年轻男人。他想到她袅娜的身材，但他不知道，她看着他时内心多么骚动。到了晚上道晚安时，她又吻了他。他对她说："你永远不会知道我多么爱你。"同时自问，她是不是也像他一样爱他。谁知道呢，她本来就很风流，从她问的那些问题中可以看出，她可能对他也不无情欲。

不过，他在这山崩地裂般的感情震荡中仍没有忘记，他在巴黎还有一部小说尚未写完。所以，他从见到他母亲的那天起，一有空就会把发生的事情记下来。有一次，被他母亲看见了，问他在写什么，他说在记账。晚上回到旅馆，他一个人在房间里静静地回想这一天发生的所有事情。他对自己说，他母亲就是对他满怀柔情，也说明不了什么。但他同时又觉得，不能对这个可怜的女人要求太高，她已经尽力了。他拿出日记本，把那天发生的事情记了下来。他后来在小说《小朋友》的最后这样写道："做一个文人就是如此！作为儿子，他在二十多年后见到母亲时正在写一本自以为了不起的书，然而他所写的不过是他的所见所闻和所感所想，不管多么崇高的东西，都不过是他能写出来的东西，如此而已。也许，写在书里的东西都不会崇高到哪里去吧。"

第二天，家人为范妮姨妈致哀，并打算把她安葬在巴黎。致哀仪式结束后，他陪外祖母和母亲回到家，然后按计划在当天晚上护送棺木回巴黎。他母亲要第二天一早才离开，中途会在巴黎停留三个小时，然后转车回日内瓦。他们约好，到时候他到巴黎火车站去接她，带她去看看他住的寓所，然后再一起

吃顿饭。第二天凌晨五点，他到了巴黎。上午十点，安葬之事已经办完。他回到寓所，叫布朗琪出去避一避，免得他母亲知道他和女人同居。这一天特别漫长。他下午五点到火车站，路上还买了一束紫罗兰，但还要等一小时火车才到。火车终于来了，但他母亲却不在车上。他看着火车一列接一列开来又开走，一直等到晚上，仍没有接到他母亲。这时，他突然想到，她可能改变了主意，也可能她给他发过电报，说火车在加莱发车晚点了。于是，他赶紧叫了一辆出租车回寓所，虽然坐出租车对他来说很费钱，他也在所不惜了。但是，回到寓所并没有看到有电报送来。他再赶回到火车站，已是八点三十五分，去日内瓦的火车八点五十分发车。他在站台上狂奔，一节车厢一节车厢找。

终于，他看见他母亲了，就坐在一节车厢的一个角落里，正安静地看着车窗外来来往往的人。他冲进车厢。她一见他就问："哦，我的孩子，怎么了？"他哭了。她安慰他说，没什么，就是约好的事情出了点意外。她说："可怜的孩子，下次再约吧。我们还会见面，会补上这一次的。"她吻了吻他。看到她带着大包小包，他知道她根本没打算和他见面，而是提前一站下车，买了许多东西。也许，她不想和这个陌生的儿子单独在一起过上两三个小时，因为她觉得儿子对她的感情使她很尴尬。这时，列车员开始关车门了。他母亲递给他五法郎，这很伤他的自尊心，他拒绝了。他把那束已经凌乱不堪的紫罗兰放在她旁边的座位上，便和她道别了。回到寓所，他扑在布朗琪怀里哭了一整夜。他母亲回到日内瓦后，寄了一张明信片给他外祖母，上面写着："火车到巴黎晚点一个多小时，没有见到保罗。他是不是等得不耐烦就回去了？我很伤心，不知道为什么会这样。"

这事之后，他写了一封十张纸的信给他母亲，责怪她对儿子太无情，但他仍对她说，他是真心爱她的。他母亲收到信后，马上回信说："我只想对你说，我也真心爱你，但为什么总有意外发生，让我们不能共度美好时光？我一直想去看看你住的地方，这样我就可以一直想着你。那天火车开了，带我离你而去，那天晚上你知道我是怎样度过的吗？"最后，她写道："再见了，亲爱的，妈妈温柔地吻你。她从来没有忘记你，你的存在就如阳光照在她心里。"他读到这些，忍不住想："她读了些什么书啊。"

此后，他们几乎天天写信。她的信写得关爱备至，他的信写得热情洋溢。她在一封信里写道："我不得不告诉你，你对我的感情使我很震惊，也很担忧。

我总以为那是因为你多愁善感，可是你的来信有时让我觉得你对我的感情太暧昧、太危险。本来我很想把你的信保存起来，现在看来还是销毁的好。我很苦恼，你是误解了我在信里说的话。不管你对我的爱使我多么高兴，我总觉得很难堪，觉得你是在滥用感情。"但奇怪的是，她在另一封信里又建议他把自己的早年经历写成一部小说。殊不知，他已经开始写了，而且此时正忙于整理这几天他在加莱写的日记。他们的关系后来又因为遗产问题而有点紧张。他外祖母喜欢他，打算把一些股票转送给他，条件是在她活着的时候要把股票所得红利寄给她，等她死后才由他全部继承。但是，当他外祖母把这一想法告诉他母亲时，他母亲气愤地说："你不会把你所有的东西都给这个我们不认识的男人吧！"其实，她丈夫很有钱，而她的儿子正为钱发愁。看来，她不是个不计钱财的女人。

要把他和他母亲之间的事情全部说清楚，还需要一点篇幅。她的信越来越冷淡，而且一再说他误解了她的感情。她似乎认定他们长期没有联系是他的错，而现在她又担心哪天他会到日内瓦来找她。所以，她要求他事先一定要得到她的同意。最后，她又要求他把她写的信都寄还给她。他没寄，她写信对他说："你再不把我写的信还给我，我就不再给你写信。"他仍然没寄，于是她又写信说："我只后悔一件事，我出于做母亲的责任写信给你，你却误以为我对你有男女之情。没有，我没有那种感情，因为我不了解你。如果你能证明你值得我爱，也许我会爱你。好在你不是我亲手养大的，否则的话，会使我羞耻得无地自容。不管你来不来日内瓦，我都无所谓，要是你来了，我会和我丈夫一起接待你……"他用同样不客气的语言给她写了回信。对此，她再次回信，最后写道："我再次对你说，我没有责怪你的意思，你是我儿子，永远是个孩子，你的胡思乱想是你的事，和我无关，我用不着为此羞愧。我最好是不再理睬你，可那又怎样呢？你已经像噩梦一样闯入我的生活，但我相信你很快会从我的记忆中消失。"这之后，他仍给她写信，但她再也没有回信，就连他草草写了两行字告诉她，他父亲——她过去的情人——去世了，她也没有回音。

保罗·莱奥托的《小朋友》一书出版后，坊间议论纷纷，有人赞誉，有人谴责。法国人的母子关系亲密之极，虽说这不过是风俗习惯，但其中的私密之情，老实说，把许多外国读者都吓坏了。保罗·莱奥托自己也很清楚，他对他母亲怀有乱伦之情，至于他母亲，虽然没有鼓励儿子乱伦，但也没有阻止儿子对她的想入非非，这实在令人震惊。保罗·莱奥托说，他和他母亲最后形同陌路，这大概是最好的结果。可是当初，他母亲没有克制住自己的爱子之情，和儿子独处时不是拥抱他，就是亲吻他，还说他们像一对情人而不像母子，甚至暗示，要是早十年，也就是儿子在二十岁时和她相逢，恐怕真会做情人做的事。这使人觉得，她根本就不认为自己对儿子的这种感情有什么问题，而她后来终于克制住自己，也不是出于道德伦理的原因，而是因为她考虑到这会损害她的婚姻。可以肯定，她儿子对她怀有乱伦之情，而大家都知道，这种乱伦之情并非罕见。我认识一个主要研究青少年犯罪问题的精神病学家，他告诉我说，经常有少年犯不无羞愧地承认自己想和母亲上床。我想，他很可能会把这归因于低层社会的生活环境所致。因为在那里，不仅缺乏私密空间、男女关系混乱，而且少年人唯一能得到的爱是母爱，所以当他们刚有性欲时，往往会把母亲当作性对象。保罗·莱奥托不是少年犯，而是童年缺乏母爱，渴望母爱，致使他把母亲理想化了。他念念不忘童年时偶尔看到母亲半裸身体躺在床上的情景，念念不忘母亲把他抱在胸前狂吻时的感觉，所以当他二十多年后看到母亲依然漂亮而迷人时，就有了想和她上床的念头。这其实很自然——当然也很恶心。我并非为他开脱，只是实话实说。你或许会说，他不应该把那三天的加莱乱伦之事写进小说，然而写作是他自我表达的途径，他又缺乏想象力，所以只好写他亲身经历的事情。

一九〇三年，保罗·莱奥托的父亲去世。他父亲的情人露易丝生下一个儿子后，他父亲就和这个跟他同居多年的女人结了婚。保罗·莱奥托讨厌这个女人，但他还是每隔一星期到库伯瓦去看望一次父亲。他父亲去世前六年就半身不遂，要妻子和小儿子扶着才能从这个房间走到那个房间。某个星期天，保罗·莱奥托像往常一样到库伯瓦看望父亲，发现他身体越来越不好，就在那里住了几天才回巴黎。第二天一早，他接到电报要他速往库伯瓦。他赶到库伯瓦，父亲已奄奄一息，四天后就死了。他向来对死亡很感兴趣，在这四天里，他把父亲弥留之际的每个细节和亲朋好友前来探望时的言语举止全都记在心里。当时，垂死之人的妻儿都已不胜烦忧，他自己也不想痛苦地拖下去——无论是谁，都希望他早点了结。

父亲死后，保罗·莱奥托写了一篇题为《怀念》的文章发表在《法国信使》杂志上，致使许多读者很愤怒，不再续订该杂志，但文学界却很欣赏这篇文章，因为它以淡漠冷静的笔调写到他父亲的死，舒笔直写之中又机智地透露出讽意。龚古尔学院的有些院士甚至急于要把当年的龚古尔奖授予他，只可惜这篇文章太短，只有三十多页。然而该奖的候选人还没有着落，于是他们对保罗·莱奥托说，如果他能把这篇文章扩写成一本书，那么他就是该奖的唯一候选人。阿尔弗雷德·瓦莱特非常希望保罗·莱奥托得奖，因为这对杂志来说是最好的宣传。保罗·莱奥托自己也有此心，虽然他常常宣称自己不在乎得什么奖，但得了奖毕竟能使他得到五千法郎（合两百英镑）的奖金，而且还可以使他的书卖出四五千册。他和龚古尔学院讨价还价，并在日记中详细记录了当时的情况。最后，双方做出妥协，他同意改写两篇曾在《法国信使》发表过的旧文，和《怀念》融合成一本书。然而，那两篇旧文都以爱情为题，写的是他早年的情感经历，要和他父亲的死融合在一起，几乎是不可能的。结果，他什么都没做，当年的龚古尔奖授给了他人。

有一段时间，阿尔弗雷德·瓦莱特对杂志的戏剧评论员感到不满，要求保罗·莱奥托接替这个位置。《法国信使》杂志是双周刊，每页稿费只有七法郎，而且规定，每个撰稿人每期的稿费不得超过二十八法郎。这样的稿费当然很低，因为《法国信使》只有三千册发行量，付不出比较高的稿费。保罗·莱奥托犹豫一阵之后，还是接受了，用笔名"莫里斯·博瓦萨"为杂志撰写戏剧评论。这个笔名给人的感觉像是个穷巴巴的老绅士，不是文人而只是个戏剧爱好者。就这样，他写了十七年戏剧评论，最后他把这些评论文章结集成册，分两卷出版。虽然他所评论的那些戏剧大多早已被人遗忘，但他的评论至今读起来还很有趣，写得既生动又刻薄，既片面又不失幽默。他对那些旨在于道德说教的戏剧不屑一顾，他对那些华而不实、矫揉造作的戏剧嗤之以鼻，而对那些轻松愉快或者深沉感人的戏剧，他总是赞赏有加。他坚持认为，剧中人物要像日常生活中的人一样说话，但骂人要骂得痛快，要骂出现实生活中骂不出的话。他特别欣赏萨夏·奎特里①的戏剧，虽然他承认萨夏·奎特里并不是大剧作家，但他认为萨夏·奎特里笔下的人物就像日常生活中的人一样，言语举止自然而真实。他若觉得某部戏剧毫无价值，评论时提一下剧名后会故意离题万里，大谈其他的趣事。这当然使那部戏剧的作者很倒霉，也很愤怒，但读者却很喜欢

---

① 萨夏·奎特里：20世纪上半叶俄裔法国演员、导演、剧作家。

看他的这种文章。有不少读者就是为了读他的戏剧评论才订购该杂志的。当然，最后他们还是得知，这个穷巴巴的老绅士"莫里斯·博瓦萨"原来就是那个写《小朋友》和《怀念》的作者，那个令人反感的保罗·莱奥托。不过，阿尔弗雷德·瓦莱特的夫人拉希尔德却从来就很讨厌保罗·莱奥托。这位夫人每星期二晚上都召集文人聚会，来的人中间有剧作家，也有剧作家的朋友，他们对保罗·莱奥托用"莫里斯·博瓦萨"的笔名讽刺嘲笑他们的剧作或者他们朋友的剧作都大为恼火，聚会时多有怨言。于是，拉希尔德就向丈夫请愿，要求撤换保罗·莱奥托，而她丈夫却说，保罗·莱奥托的戏剧评论有许多读者喜欢看，杂志的销量从来没有这么好过。但由于拉希尔德一再坚持，还找来其他人来帮她说话，阿尔弗雷德·瓦莱特只好让步，不再让保罗·莱奥托继续写戏剧评论。不过，这对保罗·莱奥托来说倒是因祸得福，安德烈·纪德请他为《新法兰西评论》写戏剧评论，稿费比《法国信使》高得多，因为这本杂志要靠他来吸引读者。于是，保罗·莱奥托欣然为《新法兰西评论》撰稿。可惜好景不长，两年后就出了问题。原因是他在一篇戏剧评论中揶揄和嘲讽儒勒·罗曼①的戏剧，使《新法兰西评论》负责审稿的编辑觉得很尴尬，要求他改一改，因为他们也是出版商，儒勒·罗曼的小说由他们出版，如果在杂志上嘲笑他的戏剧，他会愤而去找其他出版商出版他的小说，他们就会受到损失。但是，保罗·莱奥托却一个字也不肯改。无奈之下，他们只好和他解约。这之后，保罗·莱奥托又为《新艺术家》写戏剧评论，仍坚持一字不改，几个月后再次解约。一九二三年后，他再也没有写过戏剧评论。

现在，我们再回到一九〇七年，当时保罗·莱奥托穷愁潦倒。有一次，他甚至不得不把他父亲的手表和袖扣拿去典当，换来三十五法郎。那时他仍和布朗琪同居，他从老板雷马克那里拿到的离职补偿金已经用光，两人走投无路，只好由布朗琪去找她往日的情人借钱，开了个家庭旅馆。家庭旅馆剔除开销，每月能赚两百法郎，加上保罗·莱奥托从《法国信使》杂志得到的一点稿费，总算可以勉强度日。保罗·莱奥托向来认为，作家要保持写作的独立性，不应该靠写作谋生，而要另谋职业解决生活的基本需求。于是，他开始找工作，结果发现没有一种工作适合他做。后来，阿尔弗雷德·瓦莱特让他到《法国信

---

① 儒勒·罗曼：20世纪上半叶法国小说家、剧作家。

使》杂志社做秘书，每天九点半到六点上班，每月工资一百二十五法郎，后来虽极不情愿地加到一百五十法郎，但声明今后绝不再加。布朗琪一开始就不同意保罗·莱奥托去做秘书，因为他已经三十五岁了，也算是颇有名气的作家，去接受工资那么低的工作实在太窝囊。但是，保罗·莱奥托碍于阿尔弗雷德·瓦莱特的情面，不好意思拒绝。再说，他还担心阿尔弗雷德·瓦莱特一不高兴，从此不再向他约稿都有可能。所以，他接受了，一九〇八年一月一日开始上班。他的工作是通知订户续订、接待来访者、替阿尔弗雷德·瓦莱特回绝来访者、接收投稿和阅稿、修改要用的稿子和校对杂志清样，等等；总之，都是些琐碎的杂务。但他做了三十三年，而且总的来说还很喜欢，因为这些杂务可以使他认识许多文人和作家，而且也不是很忙，还有时间做他一生中最喜欢做的事情——找人聊天。

他的《小朋友》一书印了一千册，二十年后才卖完。阿尔弗雷德·瓦莱特一度想把此书在杂志上连载一次，但他没有答应，因为他觉得这本书有好多地方写得"太文学气"，应该重写。"文学"一词在他那里有两种用法：当他说"我的文学"时，是指他自己的作品，而当他宣称"崇高的文学"时，是指他有权毫无敬意地写到母亲，或者毫不爱戴地写到父亲。不过，他母亲也确实不配儿子敬重，他父亲也不配儿子爱戴。保罗·莱奥托只对写作抱有敬意，而且在日记里一再讲到他的写作。他说他写得最好的地方都是他灵光一现时写出来的。我想，他的意思大概是说，他的写作源于"灵感"，因为每当他绞尽脑汁想把要说的话写在纸上时，写出来的东西都很僵硬、死板，而他要写得自然、流畅。他在《小朋友》一书中发现有个语法错误也不改正，因为他觉得那个语法错误比语法正确更为自然。他认为写作时最初想到的词语通常是最好的词语，所以他从来不查词典。有意思的是，契诃夫也是这么认为的。保罗·莱奥托还认为，作家写作时往往用词太多，如果少用一点，效果会更好。譬如，为了平衡一个句子而有意加入几个词，他觉得毫无必要。他认为只要用词恰当，句子自然就会平衡。他很不喜欢诗意散文和散文诗，他写的东西从来没有华丽的辞藻，也从不使用暗喻或者明喻。要写得简洁而生动，他的这些想法很有道理。我们这些作家若能把他的这些想法铭记在心，那么毫无疑问，会写得更好。

当然，保罗·莱奥托也有偏见。譬如，他讨厌福楼拜的文体，称那是人为做作的;他还武断地说,任何人花点工夫都能写出那种东西。他认为作家应该具有个人风格,要让人一眼就能认出那是他写的,这看法固然难能可贵,但他似乎认为,作家只要有个人风格就可以了,那就令人不解了。就拿梅瑞狄斯①的小说来说,任何人读上一页就会看出,只有梅瑞狄斯才会那样写,因此十九世纪末有文学修养的年轻读者都对他推崇备至,但实际上,梅瑞狄斯那种怪异风格就如杂耍,他的小说读起来很艰涩、很不顺畅;所以,不管他的小说有什么优点,反正今天已不大有人读了。

保罗·莱奥托一生未曾离开法国,甚至很少离开巴黎。他喜欢巴黎的街道和商店,他熟悉蒙马特高地的每个角落,熟悉塞纳河左岸的每个地方,特别是圣修尔毕斯教堂和先贤祠。一九一一年,他从巴黎市区搬到了郊区。这个骄傲自负、愤世嫉俗的人,竟然对动物爱怜之至。看到一匹老马吃力地拖着车,他会痛心疾首,一整天都想着这匹老马。看到猫和狗被人遗弃在街头,他会惋惜之至。每次看到流浪狗,他都会去买四个苏②的熟肉来给它们吃,然后想方设法找人收养。他每天晚上都要到肉店去买碎肉来喂养卢森堡花园一带的流浪猫。请记住,他那时很穷,穷得只能勉强填饱肚子。有一次,他口袋里只剩一法郎,还是前天省下来的,但当他看见一只饿得瘦骨嶙峋的流浪狗时,就用那一法郎去买了一块肉给那只流浪狗吃,自己回家吃昨天剩下的干面包。他自己养了一只猫,非常宠爱。布朗琪也是。他和布朗琪经常吵架,之所以没有分手,就是因为他们俩都舍不得那只叫波尔的猫。后来,波尔死了,他又养了一只长相怪异的狗,取名"朋友",溺爱得不得了。他若要换住处,一定要找底层,因为遛狗比较方便。然而,他租住的那种公寓楼都是不准养狗的,为此他就在丰特奈-欧罗兹③找了一幢外面有个院子的小房子,带着"朋友"住在那里,一直住到年老离世。

布朗琪有没有和他一起搬到郊外去住,不太清楚。我在前面说过,保罗·莱奥托的有些戏剧评论会故意离题去讲一些似乎不相干的东西,而就在这样一篇戏剧评论中,他讲到一个女人,大概就是布朗琪,和他同居又爱上别人,弃他而去后又很快回来,然后又弃他而去,又很快回来,弄得他哭笑不得,不知

---

① 梅瑞狄斯:19世纪英国诗人、小说家,其小说非常风格化,曾风靡一时。
② 苏:法国辅币,20苏=1法郎。
③ 丰特奈-欧罗兹:巴黎一郊区名。

拿她怎么办。他说,就是你不再爱的情人投入他人怀抱,你还是会心怀妒忌、愤恨不止的。这话只有他说得出来,说出了他的典型风格。后来,他找到一个地方收养他遇见的流浪猫和流浪狗,总共大约有三十多只。所以,他那时很繁忙,一早要搭乘火车进城,九点半之前赶到《法国信使》杂志社上班,晚上六点下班,搭乘火车回丰特奈-欧罗兹,给那些流浪猫和流浪狗喂食,而每星期至少有两三天,他喂好猫和狗之后还要搭乘火车到市区的剧院看戏,然后再搭乘火车回丰特奈-欧罗兹,通常已是午夜十二点。有好几次,他雇用中年女佣为他做饭和打扫房间,但每次都时间不长,因为女佣总是没做几天就要加工资,而他总是拒绝,女佣总是气冲冲地走了。还不如他一个人过,倒还舒畅些,反正他要求也不高,随便吃点什么都可以,又不喝酒,只是偶尔喝点葡萄酒。他唯一的奢侈品是一杯茶。

时间一年年过去,第一次世界大战爆发了。后来,第二次世界大战也爆发了。保罗·莱奥托的朋友大多死了。譬如,他的老朋友凡毕夫,死了;他最亲密的文坛密友雷米·德·古尔蒙[①],死了;还有阿尔弗雷德·瓦莱特,也死了——他不仅帮保罗·莱奥托出版了第一部诗集,还鼓励他写作,凡是保罗·莱奥托投到《法国信使》杂志的稿子他全都采用;他虽然时而会批评保罗·莱奥托上班迟到、午餐时间太长,但他总是庇护保罗·莱奥托,不让别人说他坏话;还有在保罗·莱奥托身无分文时,他总是倾囊相助。阿尔弗雷德·瓦莱特是个奇特的主编,他从不审阅稿子,要到杂志印出来后才拿来看看。他精心选了几个人,让他们为他审稿,而且对他们说,他只有一个要求:稿子要写得有趣,没趣的稿子一律不要。他就这样把《法国信使》办成了一份颇有影响力、发行量也不错的杂志。有一次,有人问他有没有看过某本书,他回答说:"哦,上帝啊,我没看过,但那本书是我编辑出版的,难道不可以吗?"阿尔弗雷德·瓦莱特死后,接替他做杂志主编的是雅克·伯纳德。有一天,保罗·莱奥托刚到办公室,看门人进来对他说,雅克·伯纳德来了。他说有请,雅克·伯纳德进来了,对他说:"莱奥托,我决定和你说再见,而且很乐意从此不再见到你。"他还补充说:"我何必再从口袋里掏钱,不如留着自己用吧。"保罗·莱奥托向来擅长应答,说:"我很荣幸。这小事一桩,不必多言。"说完,收拾

[①] 雷米·德·古尔蒙:20世纪初期法国象征派诗人、小说家、批评家。

好东西,从他工作了三十三年的办公室里走了出去。遭到这样粗暴无礼的解雇后,他有很长一段时间生活得很艰难,直到六十九岁,他才拿到早先申请的退休金。二战行将结束时,雅克·伯纳德被控犯有通敌叛国罪,当他听说保罗·莱奥托是庭审时的主要证人时,心里非常紧张。但是,保罗·莱奥托的证词轻描淡写,他被判无罪释放。在此几个月前,保罗·莱奥托还遇到一件我们这些作家很少有幸遇到的事情,维希政府①的广播电台说他不幸去世了,人们还纷纷发表文章悼念他。他惊讶地发现,那些悼念文章竟然对他赞誉有加,这是他万万没有想到的。

德国占领法国期间,保罗·莱奥托独居在丰特奈-欧罗兹。天气寒冷,没有煤炭,他只好把院子里的树砍了当柴烧。食物很少,每天靠四只土豆勉强果腹,他算是有饭吃了,但他喂养的那些流浪猫和流浪狗肯定要饿死。无奈之下,他只好把它们放了,让它们重返流浪生活。二战结束后,他靠写新闻稿赚点钱,依然清贫度日。一九五〇年,幸运之神终于光顾他,有人突发奇想,邀请他和作家罗贝尔·马莱一起到电台主持谈话节目。这些谈话节目后来结集出版,而且多次再版,我手里的是第十六版。当时,保罗·莱奥托已七十八岁高龄,还是像往日一样犀利、机智而且偏激,一点也不感伤,依然是既通达明智又孤僻怪异。他的谈话把听众逗得笑声不断。他最终在八十四岁时与世长辞,但愿电台付给他的报酬使他最后几年多少享受到了一点舒适生活。

不知读者对保罗·莱奥托的印象如何,我虽尽力想把他描绘出来,但肯定是不太准确的。他是个奇特之人,不能用一般标准加以衡量。他的个性是自相矛盾的,既冷漠又热情,既自负又谦卑;他对文学成就极有兴趣,但对通过文学成就获取名利又极为鄙视;他对意见和他不合的人极不耐烦,但对他自己喜欢的人又极为顺从。他为自己从未伤害过他人而自豪,但奇怪的是,他从未意识到言语比拳头更能伤人。有人问他为何对动物那么仁慈而对人那么冷酷,他回答说,动物无力自卫,任人摆布,而人是完全可以自我防卫的。我在前面没有说到他有多少男女私情。实际上,他根本没有男女私情,他只对床上的女人感兴趣,也就是只对报纸上谨慎地称之为"亲密关系"的那种事情感兴趣。在

---

① 维希政府:二战时法国沦陷后的傀儡政府,因设在法国中南部的维希市,故称。

他看来，女人都是不诚实的，而且都是贪财的、势利的、愚蠢的，根本不可信任。他自己呢，就是根据他自己所说，也是个朝三暮四的男人——如果读者不嫌麻烦，可以去看看他的日记。"爱情"一词对他是不适用的，尽管这个词其实也不怎么高雅。他从不爱他人，因为他只爱自己。他说爱情源于性欲，没有性欲也就没有爱情。这当然没错，但他不知道，性交之后会产生复杂的感情变化，会有一种深沉的依恋感和由衷的愉悦感。这就是爱情，是值得赞美的。

保罗·莱奥托把他的日记视为他唯一重要的作品。他的《小朋友》一书和《怀念》一文，他自己并不喜欢。他从一九〇三年到一九二四年的日记业已出版，共有四卷，如果他后来还在写日记，一直写到死的话，那还有好多卷将要出版。若是他的日记完全出版，那是对当时法国文学界的生动写照。他的日记里不会写到龚古尔兄弟有幸交往过的那些人，因为那些成就了他们的时代、把法国文学推至世界文化和文明中心的大作家和大诗人如圣伯夫、丹纳、勒南、米什莱、福楼拜、雨果、波德莱尔、魏尔伦、兰波和马拉美，都早已去世。即便是那些比较有名的作家如阿尔封斯·都德和爱弥尔·左拉，也已不在人世。那么，他的日记里会写到哪些人呢？如说这些人无足轻重、微不足道，那也过于轻率。他们都是颇有天赋的作家，只是才华稍逊于前辈作家。譬如，诗人、小说家亨利·德·拉尼耶，诗写得很细腻，小说写得很优雅。还有莫里斯·巴雷斯，他的小说《自我崇拜》使年轻人读得如痴如醉，可惜他后来去从事政治宣传了。还有安德烈·纪德，学识不凡、多才多艺。还有阿纳托尔·法朗士，当年名气颇大，如今阒然无声。还有希腊人莫雷亚斯[①]，不仅他的《绝句集》使保罗·莱奥托为之倾倒，他的谦逊善良和波希米亚[②]气质也使保罗·莱奥托大为赞赏。还有死于一战的波兰人阿波利奈尔[③]，还有保罗·瓦莱里……所有这些活跃于二十世纪三四十年代的诗人和作家全非等闲之辈，只不过名声比同时代其他一些作家小一点，权威性和影响力不及十九世纪的前辈作家那么大。

---

① 莫雷亚斯：希腊裔法国诗人。
② 波希米亚：捷克旧称，因那里有众多吉卜赛人而被西欧人视为自由自在的地方，后用作不受拘束的代名词。
③ 阿波利奈尔：波兰裔法国诗人。

保罗·莱奥托已经出版的几卷日记虽然吸引了许多读者，但日记中的许多内容其实可以跳过不读。保罗·莱奥托喜欢记录一些丑闻，而如今的读者对那些从未听说过的男女如何偷情、如何通奸是不会感兴趣的。不过，保罗·莱奥托对当时巴黎文人的众生相所作的描述却使他的日记价值倍增。俗话说"狗不咬狗"，文人却并非如此。文人相轻不用说了，文人往往还很丑恶。有钱的文人为发表吹捧自己的文章，不惜贿赂报纸编辑；有门路的文人为推销自己的书，到处疏通关系，不以为耻，反以为荣。总之，为了出版作品，为了提高声誉，各种手段层出不穷、屡见不鲜，特别是为了得奖，譬如得龚古尔文学奖，他们更是穷凶极恶、六亲不认。保罗·莱奥托对此虽然心怀妒忌，但他在日记中写的那些丑恶行径，总的来说还是真实可信的。那些文人作家的所作所为，如果要为其辩护的话，那只能说，他们不知羞耻、相互妒忌、相互中伤的根本原因是他们缺钱。作家的稿酬太低，要养家糊口就顾不得礼义廉耻了。保罗·莱奥托做了三十多年秘书，做谁都能做的杂务，目的也是为了钱，为了使他的写作不受钱的约束，因为他认为，作家写作的目的不应该是钱，而是写作本身。他如此超脱，真是令人敬佩。

我在此文中尽我所能讲述了三个勤写日记之人的人生经历，不知读者对他们的看法如何。我想，读者或许会说：不怎么样，他们虽然有个性，但掩盖不了他们的缺点，掩盖不了他们的自私、他们的偏见和他们的恶劣品行。是的，没错，他们从不说别人好话，而别人说了他们坏话，他们又怀恨在心。是的，没错，他们不讲道德、不懂艺术，除了文学，不关心其他，偶尔对音乐、绘画或者雕塑发表一点意见，也很荒唐（当然，这是用我们现在的标准来衡量的）。是的，没错，他们不顾别人，只顾自己，心肠狠毒，冷酷无情。

但是，反过来说，我们之所以那么清楚地知道他们的缺点，却是他们自己告诉我们的。如果你问我，他们是不是比其他人更坏？我不知道怎么回答。有一次，保罗·莱奥托去拜访马格尼尔神父。天主教会时而会有一两个像马格尼尔神父这样大智大慧的人物，不仅常常光顾圣日耳曼大街上的高级餐厅，还常在餐桌上妙语连珠，令众人捧腹大笑。马格尼尔神父虽然混迹于贵族与富豪之中，却从不忘记自己的神圣职责，因为贵族和富豪的灵魂也需要拯救。他曾规劝堕落之人悔过自新，还曾为天主教会说服过好几个宣扬自由的思想家。他出席豪华宴会后，回到自己简陋的住所，在那里接见前来求助于他的穷苦民众。

他没有钱，有钱就倾囊而出救济穷人，人人都说他有一颗慈悲之心。他了解他认识的每一个人，知道保罗·莱奥托是个不信教的怀疑论①者，便对他说："上帝会原谅你的，莱奥托先生，因为你喜欢动物。"

---

① 怀疑论：哲学怀疑论即对客观世界的存在持怀疑态度；宗教怀疑论即对上帝的存在持怀疑态度。